Hans Jansen
Der Madagaskar-Plan

Hans Jansen

Der Madagaskar-Plan

Die beabsichtigte Deportation der europäischen Juden nach Madagaskar

Vorwort von Simon Wiesenthal

Aus dem Niederländischen von

Markus Jung,
Ulrike Vogl
und Elisabeth Weissenböck

Herbig

Übersetzung Markus Jung:
Teil 2, Kapitel I bis VIII, XIV sowie Chronologie der Jahre 1939 bis 1946

Übersetzung Ulrike Vogl:
Vorwort, Prolog, Teil 1, Kapitel I bis VII, Teil 2, Kapitel XV, XVI
sowie Chronologie der Jahre 1920 bis inklusive 1938

Übersetzung Elisabeth Weissenböck:
Teil 2, Kapitel IX bis XIII

Schutzumschlag: Wolfgang Heinzel
Herstellung und Satz: VerlagsService Dr. Helmut Neuberger
& Karl Schaumann GmbH, Heimstetten
Gesetzt aus der 10,5/13 Punkt Stempel-Garamond
Druck : Jos. C. Huber, Dießen
Binden: R. Oldenbourg, München
Printed in Germany
ISBN 3-7844-2605-0

Inhalt

Vorwort von Simon Wiesenthal

Deutsche, französische, englische, polnische und Antisemiten anderer Nationalitäten träumten von einem Europa ohne Juden – aber wie sollte man diese Millionen Juden loswerden? Als mögliche Lösung bot sich eine in französischem Besitz befindliche Insel vor der Ostküste Afrikas an, die den Antisemiten groß genug erschien, um die Millionen europäischer Juden aufzunehmen – die Insel heißt Madagaskar. Zahlreiche private Propagandisten verfaßten Broschüren und Artikel, in denen sie die Ansicht vertraten, die Juden seien ein Fremdkörper in Europa und das Beste wäre, sie alle nach Madagaskar zu deportieren. Manche von ihnen stützten sich dabei auf Martin Luther und seine Schrift *Von den Juden und ihren Lügen*, in der Luther eine Auswanderung beziehungsweise Ausweisung der Juden aus Europa befürwortete.

Im vorliegenden Buch werden Sie einige dieser Propagandisten kennenlernen, wie beispielsweise Henry Hamilton Beamish, Egon van Winghene, Arnold Leese, Charles W. Gore. H. de Vries de Heekelingen und Pierre Drieu LaRochelle.

Aber auch in Polen, wo dreieinhalb Millionen Juden unter 30 Millionen Polen lebten, gab es Befürworter der Deportation wenigstens eines Teiles der jüdischen Bevölkerung nach Madagaskar; es wurde sogar eine Kommission unter der Leitung des polnischen Offiziers Thaddäus Lepecki nach Madagaskar geschickt, der den jüdischen Agronomen Dyk auf diese Expedition mitnahm.

Aber auch dieses Unternehmen brachte keine konkrete Lösung.

Nach der Machtergreifung Hitlers im Jahre 1933 war offenkundig, daß Hitler die Juden aus seinem Herrschaftsgebiet vertreiben wollte. Adolf Eichmann – der sich durch die Erarbeitung einer Studie über die Freimaurerlogen das Wohlwollen der Nazis erworben hatte – wurde beauftragt, sich nunmehr mit der Judenfrage zu befassen. Eichmann las eine Reihe von Büchern über Zionismus und reiste mit einem zweiten Nazi namens Hagen nach Palästina, um sich vor Ort über das Palästina-Problem zu informieren. Er hielt sich dort nur zwei Tage auf, in Kairo traf er mit dem Mufti von Jerusalem, Amin El Husseini, einem erklärten Feind der Juden, zusammen. Als er wieder nach Palästina einreisen wollte, wurde er von den Engländern nicht mehr ins Land gelassen.

Nach der Besetzung Österreichs hatte die Zahl der Juden in Hitlers Einflußbereich stark zugenommen, die Frage, wie man sie rasch und sicher loswerden könnte, gewann an Aktualität, und daher besuchte Eichmann zusammen mit einem anderen

Nazi aus Österreich, Erich Rajakowitsch, das Tropeninstitut in Hamburg, um dort die Möglichkeit der Vertreibung der Juden nach Madagaskar zu studieren.

Nach dem Ausbruch des Zweiten Weltkrieges erreichten die Nazis 1940 die spanische Grenze und hatten damit fast ganz Europa besetzt – das wollte man zum Anlaß nehmen, Frankreich dazu zu bewegen, in einem Friedensvertrag auf Madagaskar zugunsten Deutschlands zu verzichten. Diese Rechnung ist aber nicht aufgegangen, Frankreich wurde in ein okkupiertes und ein nicht-okkupiertes Gebiet geteilt. Damit mußte der Madagaskar-Plan auch ad acta gelegt werden.

Nun kam es zu einer Wende in den deutschen Überlegungen, wie man die Juden endgültig loswerden könne. Die Judenfrage sollte statt durch Vertreibung durch Vernichtung gelöst werden.

Schon zu Beginn des Jahres 1941, nachdem Polen mit seinen Millionen Juden besetzt worden war und der Überfall auf die Sowjetunion bevorstand, nahm der Plan zur Judenvernichtung konkrete Formen an. Hitlers Stellvertreter, Hermann Göring, befahl dem Leiter des Sicherheitsamtes Reinhard Heydrich am 31. August 1941, ein Konzept für die »Endlösung« der Judenfrage zu erarbeiten. Dieses Konzept wurde am 20. Januar 1942 im Rahmen der Wannsee-Konferenz den deutschen Ministerien unterbreitet, die bei der Durchführung des Plans Hilfestellung leisten sollten. Es gab keinen Protest dagegen. Und der Madagaskar-Plan wurde endgültig fallengelassen.

In dem Buch von Hans Jansen wird der Ursprung des Madagaskar-Plans geschildert und über seine zahlreichen »Geburtshelfer« berichtet. Hans Jansen legt damit den – meines Wissens – ersten und umfassendsten Bericht über dieses Thema vor. Der Begriff »Madagaskar-Plan« kommt in vielen Büchern über den Holocaust vor, aber er wird fast überall nur erwähnt oder mit wenigen Sätzen umrissen. Es war daher längst ein Gebot der Zeit, daß eine wissenschaftlich fundierte Arbeit über den Madagaskar-Plan geschrieben wurde.

Simon Wiesenthal

Vorwort zur deutschen Ausgabe

In einigen Interviews, die Daniel Jonah Goldhagen, Autor des aufsehenerregenden Buches *Hitlers willige Vollstrecker*, im September 1996 in Deutschland gab, forderte er seine Kritiker dazu auf, die von ihm aufgestellten Behauptungen zu widerlegen.

Eine der zentralen Aussagen in seinem Buch, das Historiker in Amerika und Europa zu erbitterten Diskussionen veranlaßte, ist die, daß Hitler ein Programm in die Tat umsetzte, das von Anfang an feststand: Hauptziel dieses Programms war, so Goldhagen, die vollständige Vernichtung der Juden – ein Vorhaben, das von der Mehrheit der Deutschen gutgeheißen worden sei. Hitler sei ein besessener Judenhasser gewesen, der bereits in den zwanziger Jahren fest entschlossen gewesen sei, die Juden auszurotten. Er habe nur auf seine Chance gewartet und sie genützt, sobald sie sich ihm bot. Dies bedeute freilich nicht, daß die Nazis einer festen Marschroute gefolgt seien, die Hitler für sie vorgezeichnet habe. Hitlers Judenpolitik sei von Anfang an auf Vernichtung ausgerichtet gewesen, sei jedoch kurzfristig durch internationale politische Ereignisse in eine andere Richtung gelenkt worden.

Goldhagen vertritt demnach die Meinung, daß Hitler von Anfang an geplant habe, die Juden auszurotten – daß er jedoch in den ersten Jahren nicht über die Mittel verfügt habe, diesen Plan auch in die Tat umzusetzen. In einer ersten Phase, von 1933 bis zum Kriegsausbruch, sei das Vernichtungsprogramm nicht durchgeführt worden, da sich die meisten Juden noch außer Reichweite der Deutschen befunden hätten, und weil sich Deutschland (aus einer relativ schwachen Position heraus) auf einen Krieg vorbereiten mußte. Darum hätten sich Hitler und seine Helfer in dieser Phase auf den Einsatz radikaler judenfeindlicher Maßnahmen beschränkt: Sie isolierten die Juden vom sozialen Leben und zwangen sie somit in die Emigration. Goldhagen qualifiziert auch diese Maßnahmen, die die Juden vom sozialen, politischen und wirtschaftlichen Leben ausschlossen, bereits als Teil von Hitlers großem Vernichtungsplan.

Auch in der zweiten Phase, die Goldhagen von Kriegsbeginn bis zum Anfang des Jahres 1941 ansetzt, sei die Zeit für eine gezielte Vernichtung der Juden in all den Ländern, über die Hitler nun herrschte (allein dreieinhalb Millionen Juden in Polen), noch nicht reif gewesen. Millionen Juden lebten in der Sowjetunion außer Reichweite Hitlers, und der wackelige Nicht-Angriffspakt mit der »jüdisch-bolschewistischen« Sowjetunion hätte jederzeit zusammenbrechen können. Wenn, so Goldhagen, Hitler mit der Vernichtung der polnischen Juden vor den Augen der Sowjettruppen begonnen hätte, die im Herzen Polens stationiert waren, hätte sich das für ihn nur nachteilig ausgewirkt. Diese Umstände hätten die Nazis veranlaßt, ein unblutiges Äquivalent zum Genozid zu suchen. Sie hätten darum erwogen, einen Großteil der europäischen Juden in ein entlegenes Gebiet außerhalb Europas zu deportieren und sie dort, weitab vom Rest der Menschheit, zu isolieren und ihrem Schicksal zu überlassen. Für die Urheber dieses Planes habe es sich hierbei um eine Scheinlösung gehandelt, um einen Schritt auf dem Weg zum Völkermord, um eine Zwischenstation, bis die Deutschen für die eigentliche Vernichtungsaktion bereit gewesen wären, und letztlich auch um eine Vernebelungstaktik, um das eigentliche Ziel, die Vernichtung der Juden, zu verschleiern.

Die dritte Phase habe mit den Vorbereitungen zum Angriff auf die Sowjetunion und der Operation »Barbarossa« begonnen. Erst jetzt, so Goldhagen, sei das Töten der Juden auf deutschem Territorium – zumindest aus dem Blickwinkel der nationalsozialistischen Ideologie – angebracht gewesen. In den ersten beiden Phasen seien es sowohl praktische Schwierigkeiten als auch politisch-taktische Überlegungen gewesen, die Hitler an der Durchführung seines Plans gehindert hätten. Die beschränkten Kapazitäten Deutschlands sowie seine heikle militärische und geopolitische Lage hätten die Umsetzung von Hitlers Plänen immer wieder hinausgeschoben. Hitlers allesverzehrender Judenhaß und seine gewalttätigen Neigungen hätten eine andere Lösung als die vollständige Vernichtung jedoch von Anfang an ausgeschlossen. Der Massenmord an den Juden sei für Hitler und seine engsten Mitarbeiter nie eine Notlösung, sondern immer die Ideallösung gewesen. Die Madagaskar-Pläne seien für Hitler, Himmler, Heydrich, Göring, Schacht, Rademacher und Eichmann immer nur Teil einer Vernebelungstaktik gewesen. Zusammenfassend meint Goldhagen: »Es führte ein gerader Weg nach Auschwitz.«

Diese Aussage, die im Zentrum von Goldhagens Argumentation steht, hat ihm in Amerika und Deutschland viel Kritik von seiten verschiedenster Holocaust-Experten eingebracht. Seit mehr als zehn Jahren haben zahlreiche Historiker immer wieder den Nachweis erbracht, daß die Politik der Nationalsozialisten gegenüber den Juden alles andere als linear war. Immer mehr Historiker schließen sich der Meinung von Raul Hilberg an, der einer der bekanntesten Holocaust-Experten ist. Hilberg zeigte schon 1961 in seinem Buch *The Destruction of European Jews*, daß der Holocaust keineswegs so geplant war, wie Goldhagen behauptet. Bis zum Beginn des Krieges und sogar noch bis 1941 war die freiwillige beziehungsweise die erzwungene Emigration der Juden das vorrangige Ziel der Nazi-Führer – von einem Vernichtungsplan war nicht die Rede. Ein Großteil der Juden, die Hitler bis 1941 aus Deutschland vertrieben hatte, wurde nach 1941 zurückgeholt und ermordet. Wenn Hitler von Anfang an geplant hätte, die Juden zu töten, hätte er dafür sorgen müssen, daß sie in Reichweite blieben – bis zu dem Zeitpunkt, da der Vernichtungsplan in die Tat umgesetzt werden konnte.

Goldhagen würde dagegen einwenden, daß Hitler in seiner berüchtigten Rede vor dem Reichstag am 30. Januar 1939 unmißverständlich sagte, daß er alle Juden Europas vernichten wolle. Wörtliches Zitat:

»Ich bin in meinem Leben sehr oft Prophet gewesen und wurde meistens ausgelacht. [...] Ich will heute wieder ein Prophet sein: Wenn es dem internationalen Finanzjudentum in- und außerhalb Europas gelingen sollte, die Völker noch einmal in einen Weltkrieg zu stürzen, dann wird das Ergebnis nicht die Bolschewisierung der Erde und damit der Sieg des Judentums sein, sondern die Vernichtung der jüdischen Rasse in Europa.«

Goldhagen übersieht dabei, daß die Drohung an eine Bedingung geknüpft war: Hitler würde seine Drohung wahr machen, wenn die Juden Amerikas und Englands einen Krieg anzettelten. Ein solcher würde die Umsetzung seines Planes, ein großes »Germanisches Reich« zu errichten, erschweren. Wenn sein Plan mißglückte, würde er die Juden dafür bezahlen lassen. Sie sollten keine Gelegenheit mehr haben, seine Niederlage zu bejubeln. Er wollte dadurch auch von vornherein vermeiden, daß die Juden die Alleinherrscher in Europa würden. Hitler kam später immer wieder auf seine Rede vom 30. Januar 1939 zurück: Am 30. Januar 1941 sagte er beispielsweise während einer Sitzung des Reichstages:

»Und nicht vergessen möchte ich den Hinweis, den ich schon einmal, am 1. September 1939, im deutschen Reichstag gegeben habe. Den Hinweis darauf nämlich, daß wenn die andere Welt von dem Judentum in einen allgemeinen Krieg gestürzt würde, das ganze Judentum seine Rolle in Europa ausgespielt haben wird!«

Am 8. November 1942 drohte Hitler:

»Sie werden sich noch an die Reichstagssitzung erinnern, in der ich erklärte: Wenn das Judentum sich etwa einbildet, einen internationalen Weltkrieg zur Ausrottung der europäischen Rassen herbeiführen zu können, dann wird das Ergebnis nicht die Ausrottung der europäischen Rassen, sondern die Ausrottung des Judentums in Europa sein.«

Schließlich sagte er am 13. Februar 1945:

»Ich habe ihnen bei Kriegsausbruch eine letzte Warnung zukommen lassen. Ich habe sie nicht im ungewissen darüber gelassen, daß sie, sollten sie die Welt von neuem in den Krieg stürzen, diesmal nicht verschont würden – daß das Ungeziefer in Europa endgültig ausgerottet wird.«

Goldhagen läßt jenen Teil der Rede vom 30. Januar 1939 weg, in welchem Hitler ganz offen über die Lösung der Judenfrage durch Zwangsemigration spricht. Hitler meinte dabei, daß es nicht schwierig sein würde, die Judenfrage auf diesem Weg zu lösen, da es in der Welt noch genug Gebiete gäbe, die von europäischen Juden kolonisiert werden könnten. Hitler sagte voraus, daß die deutschen Juden, die in andere europäische Länder ausgewandert waren, den Antisemitismus dort noch verstärken würden und darum früher oder später – nach deutschem Vorbild – auch aus diesen Ländern verbannt werden würden. Hitler wollte damit seinen Zuhörern klar machen, daß die Judenfrage kein deutsches, sondern ein europäisches Problem sei und daher eine europäische Lösung erfordere. Europa würde erst dann zur Ruhe kommen, wenn alle Juden verschwunden wären. Eine gemeinsame Vorgehensweise in der Judenfrage würde die Länder Europas – wie unterschiedlich ihre politischen Ansichten auch wären – einander näher bringen. Die Verbannung der Juden in entlegene Kolonien würde dem »Parasitendasein« der Juden ein Ende setzen, zu dem sie sich selbst »verurteilt« hätten, indem sie sich weigerten, von ihrer Hände Arbeit zu leben.

Dadurch, daß Goldhagen diese Passage aus Hitlers Rede einfach wegläßt, kann er seine Hypothese, daß Hitler nur eine Lösung für die Judenfrage gekannt habe – nämlich die physische Vernichtung der Juden –, viel leichter »beweisen«. Daß Hitler in einer Rede sowohl über Zwangsemigration als auch über die Ausrottung der Juden gesprochen hat, mag zwar paradox erscheinen, war es jedoch nicht. Hitler hatte nämlich, wie Philippe Burrin in seiner Studie *Hitler et les Juifs. Genèse d'un génocide* (Paris 1989; in deutscher Übersetzung: *Hitler und die Juden*, Frankfurt 1993) gezeigt hat, stets zwei Lösungen bezüglich der Judenfrage im Auge: Für den Fall, daß es ihm gelänge, den Krieg zu gewinnen und in Europa ein großes germanisches Reich zu errichten, wollte er Europa für immer vom schädlichen Einfluß der Juden befreien, indem er sie nach dem Krieg in irgendein Reservat am Ende der Welt verbannte. Falls er jedoch den Krieg, den, wie er behauptete, die Juden angezettelt hatten, verlöre, würde er sich an den Juden rächen, indem er sie ausrottete.

So wird auch deutlich, warum Hitler die Juden erst nach dem Krieg nach Madagaskar oder in irgendein anderes Gebiet verbannen wollte – um sie nämlich so lange wie möglich als Geiseln einsetzen zu können.

Ich habe in diesem Buch auf der Basis von Archivmaterial, das Goldhagen nicht berücksichtigte, gezeigt, daß Hitler zur Lösung der Judenfrage außer dem Vernichtungsplan auch noch andere Pläne ernsthaft in Erwägung gezogen hat. Es führte keineswegs ein gerader Weg nach Auschwitz.

Den folgenden Personen bin ich zu besonderem Dank verpflichtet: Götz Aly, Yehuda Bauer, Richard Breitman, Christopher R. Browning, Philippe Burrin, Hans-Jürgen Döscher, Eberhard Jäckel, Karl A. Schleunes und Rolf Vogel. Ohne ihre Werke hätte ich dieses Buch nicht schreiben können. Ich bin jedoch zutiefst davon überzeugt, daß das letzte Wort über den Madagaskar-Plan noch nicht gesagt ist – es ist noch viel an Nachforschungen vonnöten. Eines jedoch steht für mich fest: Der »Super-Intentionalismus« (Götz Aly) von Daniel Goldhagen wird der Komplexität der politischen Entwicklungen in den Jahren 1933 bis 1941 nicht gerecht.

Prolog

Der Madagaskar-Plan der Nationalsozialisten – Vernebelungstaktik oder ernsthafter Plan?

Über den Zweiten Weltkrieg sind schon mehr als 100 000 Bücher erschienen.[1] Über den Madagaskar-Plan noch kein einziges.[2] Dies ist um so bemerkenswerter, wenn man bedenkt, daß dieser großangelegte Evakuierungsplan im Zeitraum von Herbst 1938 bis Herbst 1940 Gegenstand intensiver Beratungen zwischen Hitler und seinen engsten Mitarbeitern Ribbentrop, Göring, Himmler, Heydrich und Frank war. Es fanden sogar Beratungen zwischen Hitler und anderen Regierungschefs und Diplomaten statt. Reichswirtschaftsminister Schacht sprach wiederholte Male mit Hitler und mit Rublee, dem Direktor des Internationalen Flüchtlingskomitees, über den Madagaskar-Plan. Und nach der »Reichskristallnacht« mußte Göring in Hitlers Auftrag den Madagaskar-Plan mit allen führenden Köpfen des Dritten Reiches besprechen. Frank und Eichmann berieten sich mit ihren engsten Mitarbeitern, und Reichsaußenminister Ribbentrop besprach den Plan mit seinen Amtskollegen im Ausland. Schließlich arbeiteten Beamte des Reichsaußenministeriums und des Reichssicherheitshauptamtes im Auftrag ihrer Vorgesetzten im Sommer 1940 einen Madagaskar-Plan bzw. ein Madagaskar-Projekt aus.

Max Weinreich, als Historiker tätig am *Yiddish Scientific Institute* in New York, schrieb 1946 über den Madagaskar-Plan: »Bis die Deutschen Archive zugänglich gemacht werden, wird es wohl weiterhin Diskussionspunkt bleiben, ob es unter denjenigen, die anläßlich der Eröffnung des Instituts zur Erforschung der Judenfrage in Frankfurt (26.–28. März 1941) in ihren Referaten von einer Zwangsemigration aller Juden nach dem Krieg sprachen, auch Referenten waren, die das wirklich ernst meinten.« Weinreich hält es für möglich, daß die »zweite Garnitur« geglaubt hat, daß man 1940/41 wirklich beabsichtigte, die Judenfrage in Europa auf diese Art zu lösen. Sie hielten es für die menschliche und sachliche Lösung eines dringenden Problems: auf der einen Seite würden die Juden nicht mehr verfolgt werden, auf der anderen Seite müßten die Juden der demokratischen Länder die Ausführung des Projekts selbst finanzieren. Außerdem könnten die Deutschen von diesem Projekt finanziell profitieren, wie sie das auch vor dem Zweiten Weltkrieg getan hatten, als sie die Juden, bevor sie sie auswandern ließen, all ihrer Habseligkeiten beraubten. Weinreich hält es aber für ausgeschlossen, daß zum Beispiel ein Alfred Rosenberg, der Direktor dieses neuen Instituts war und der auch 1939 immer wieder über den Madagaskar-Plan gesprochen hatte, jemals wirklich geglaubt haben könnte, daß es sich um einen ernsthaften Plan handelte. Denn der Madagaskar-Plan war als Vernebelungstaktik gedacht, durch die die eigentliche Lösung, die man im Auge hatte (die Vernichtung des europäischen Judentums), verborgen werden sollte.[3] Diese Auffassung ist es, die in den ersten Jahrzehnten nach dem Zweiten Weltkrieg unter Historikern communis opinio war – es gab jedoch auch Ausnahmen.

Henry Picker, der seit 1929 Hitlers »ständiger Tischgast« war und 1951 die *Tischgespräche* Hitlers herausgab, schreibt in seinem Vorwort, daß die meisten Deutschen gegen eine Kollektivverfemung der Juden waren und Hitler es sich darum nicht erlauben konnte, offen über die Ausrottung der Juden zu sprechen. Pickers Auffassung stimmt mit der von Sebastian Haffner überein, dessen Ausführungen später noch zur Sprache kommen werden. Die große Mehrheit der Deutschen hätte sich laut Picker damals gerne dem Standpunkt Churchills angeschlossen:

> »Ich kann durchaus verstehen, daß jemand zornig ist auf Juden, die Unrecht begangen haben oder sich gegen sein Land stellen. Ich kann auch begreifen, daß man sich den Juden widersetzt, die versuchen, in einem bestimmten Teil des öffentlichen Lebens alle Macht an sich zu reißen. Aber, was für einen Sinn hat es, gegen einen Menschen zu sein, nur aufgrund seiner Rasse? Was kann der einzelne Mensch dafür, als was er geboren ist?«

Weil Hitler, so Picker, sehr gut wußte, daß sein Plan, die Juden auszurotten, bei der Mehrheit der Deutschen und auch bei manchen seiner Tischgäste keine Zustimmung finden würde, streute er ihnen, wenn er über die Lösung der Judenfrage sprach, Sand in die Augen, indem er vom Madagaskar-Plan sprach.[4]

Bemerkenswert ist die Aussage von Abel Herzberg, der 1950 im Zusammenhang mit dem Madagaskar-Plan der Deutschen vom Sommer 1940 schrieb, daß es für Historiker nicht möglich sei, herauszufinden, ob die Nazis wirklich vorgehabt hätten, alle europäischen Juden eines Tages nach Madagaskar zu deportieren.

»Ob es je ernst gemeint war, ist nicht nachprüfbar. Es stand jedoch fortwährend auf der Tagesordnung. Es ist gut möglich, daß Männer wie Heydrich, Ribbentrop und Göring die anderen damit hingehalten haben. Sie haben sie einfach reden und werken lassen und haben auf ihre Zeit gewartet, auf die richtige Gelegenheit, um mit den reifenden Plänen an den Tag zu kommen.

Inzwischen ist klar geworden, daß der Plan äußerst gewissenhaft geprüft und ausgearbeitet wurde und daß man dafür unter anderem Informationen beim französischen Kolonialministerium eingeholt hat. In erster Linie zielte der Plan darauf ab, daß Frankreich die Insel Madagaskar als Mandat den Deutschen überlassen müsse und daß auf dieser Insel dann das vielbesprochene ›Judenreservat‹ errichtet werden sollte. Das Auffallende dabei ist – vor allem im Lichte späterer Ereignisse – daß, wie wenig beneidenswert sich das Leben der Juden auf dieser Insel auch gestalten würde, über ihre Ausrottung nie gesprochen wurde. Man ging ganz im Gegenteil stellenweise ausführlich auf die Frage ein, ob und wie die Insel für Europäer bewohnbar zu machen wäre, wie groß die Bevölkerungsdichte sein könnte, wie der Kolonisierungsplan zu finanzieren wäre und dergleichen mehr. Die Juden würden Selbstverwaltung bekommen, natürlich unter deutscher Oberherrschaft. Das Ganze mußte dazu dienen, die Juden gänzlich aus Europa zu ›entfernen‹ und sie definitiv von allen anderen Menschen zu isolieren. Jeder Kontakt, welcher Art auch immer, zwischen ihnen und der Außenwelt sollte abgebrochen werden. Man wollte ein Großghetto errichten, in das innerhalb von vier Jahren alle europäischen Juden gebracht werden sollten, außer, wie manche meinten, ein paar osteuropäischen Juden, die – konzentriert auf das Gebiet von Lublin – als Faustpfand dienen sollten, um die amerikanischen Juden nach dem Krieg unter Druck setzen zu können.

Erst als den Deutschen durch den Krieg gegen die Sowjetunion neue Gebiete zur endgültigen Lösung der Judenfrage zur Verfügung standen, gaben sie den Plan auf. [...] Es ist inzwischen sehr fraglich, ob es die neuen geographischen Möglichkeiten oder die politischen Entwicklungen waren, die die Deutschen zur Aufgabe des Planes bewegten und sie zu dem übergehen ließen, was in der Folge ›Endlösung der Judenfrage‹ heißen sollte – zur völligen physischen Ausrottung aller Juden. [...] Die Vertreibung der Juden aus Europa war nicht mehr als eine Lösung der Judenfrage.«[5]

Es gab in diesen Jahren kaum Historiker, die über den Madagaskar-Plan der Nazis schrieben. Eine Ausnahme ist der Historiker Philip Friedman, der 1953 in einem Artikel zu der Schlußfolgerung kommt: »Die Deportation der Juden auf die Insel Madagaskar war einer von vielen Plänen, um in Osteuropa ganze Volksstämme umzusiedeln. Darum konnte man zunächst kaum vermuten, daß hinter dem unschuldig erscheinenden Plan, um auch die Juden ›umzusiedeln‹, in Wirklichkeit ein Plan ganz anderer Art vorbereitet wurde, nämlich die völlige Ausrottung der Juden.«[6] Dieser Artikel von Friedman war jahrelang richtungsweisend für die Meinung, die bis vor kurzem die große Mehrheit der Historiker zum Madagaskar-Plan vertrat: Es hätte sich dabei nie wirklich um einen Plan gehandelt, sondern um eine Vernebelungstaktik zur Verschleierung der tatsächlich angestrebten Lösung der Judenfrage.

Dennoch gab es damals schon Historiker, die der Meinung waren, daß der Madagaskar-Plan sehr wohl ein ernsthafter Plan gewesen sei. 1955 kommen Leon Poliakov/Josef Wulf in *Das Dritte Reich und die Juden* zu der Schlußfolgerung:

»In einer ausführlichen Denkschrift schlug Eichmann, von Heydrich nachdrücklich unterstützt, Himmler die Insel Madagaskar als Umsiedlungsgebiet für das gesamte europäische Judentum vor. Dieser Vorschlag fand die Zustimmung Himmlers und Hitlers. Eichmann wurde beauftragt, einen genauen Plan auszuarbeiten. Er besorgte sich hierfür Unterlagen aus dem französischen Kolonialministerium in Paris, insbesondere die Jahresberichte der Generalgouverneure und die Untersuchungsergebnisse der vorerwähnten Kommission. Gleichzeitig zog er Fachleute aus der Schiffahrt zu Beratungen heran, um das Transportproblem zu lösen. Die Transporte sollten durch eine Arbeitsgemeinschaft von Hapag und Norddeutscher Lloyd organisiert werden unter Zugrundelegung verschiedener europäischer Einschiffungshäfen. Bei einem Friedensschluß sollte Frankreich gezwungen werden, Madagaskar als »Judenkolonie« herzugeben, und die europäischen Staaten sollten aufgefordert werden, einer Konvention beizutreten und sich dieser Umsiedlungsaktion anzuschließen. Hierzu waren folgende Voraussetzungen nötig:

1. Die Juden in den einzelnen Ländern mußten von den von ihnen bevorzugten intellektuellen Berufen auf handwerkliche und landwirtschaftliche Berufe umgeschult werden.

2. Das jüdische Vermögen mußte nach Möglichkeit bis zum Beginn der Umsiedlung erhalten bleiben, damit es für diesen Zweck eingesetzt werden könnte.

3. Die Aufstellung einer genauen jüdischen Statistik für alle europäischen Länder. Die Umsiedlungsaktion sollte von einer zentralen Stelle in Berlin geleitet werden. Den formellen Vorsitz dieses ganz Europa einbeziehenden ›Umsiedlungsstabes‹ sollte Göring übernehmen, während der ›Chef der Sicherheitspolizei und des SD‹ mit der technischen Durchführung beauftragt werden sollte. Letzteres bedeutete praktisch Eichmann. An diesem Plan hat Eichmann das Jahr 1940 bis zum Sommer 1941 gearbeitet. Im Oktober 1941 war dieser ›Madagaskar-Plan‹ sogar noch Gegenstand von Besprechungen in Berlin, die Eichmann mit seinen Beauftragten in den einzelnen Ländern abhielt. Es handelte sich bei diesen Besprechungen besonders um den Stand der ›Umschulung‹ und ihren weiteren Ausbau. Zur Vorbereitung des ›Madagaskar-Planes‹ begann Eichmann ab August 1940, Beauftragte in einzelne von Deutschland besetzte oder mit ihm verbündete Länder zu entsenden. Diese waren entweder bei den einzelnen ›Befehlshabern der SIPO und des SD‹ eingesetzt, oder als Gehilfen den Polizeiattachés beigegeben, in der Slowakei und Rumänien führten sie die Bezeichnung ›Berater‹. Solche Beauftragte wurden entsandt (nach der Reihenfolge ihrer Beauftragung): Frankreich, Slowakei, Holland, Belgien, Kroatien, Rumänien, Bulgarien. (Die Entsendung von Kommandos nach Griechenland, Italien, Südfrankreich und Dänemark hing nicht mit dem ›Madagaskar-Plan‹ zusammen und wird daher später ausgeführt.) Diesen Beauftragten gab Eichmann die oben angeführten Richtlinien, die bis Frühjahr 1942 nicht aufgehoben wurden.«

Der amerikanische Historiker Raul Hilberg, der 1961 ein Standardwerk über die Vernichtung des europäischen Judentums verfaßte[7], war einige Jahrzehnte lang – zumindest außerhalb Europas – der einzige Historiker, der auf Basis einer gründlichen Studie des Archivmaterials zur Schlußfolgerung kam, daß es sich beim Madagaskar-Plan der Nazis um einen sehr ernsthaften Plan gehandelt hatte. In seiner jüngsten Arbeit faßt er zusammen, was er in seiner Studie von 1961 zu diesem Thema schrieb: »Eine Massenemigration, wie sie in den Jahren 1938 und 1939 immer nachhaltiger angestrebt wurde, war nur für Deutschland und das bereits annektierte Österreich zu verwirklichen. Nach Ausbruch des Krieges war sie für das besetzte Westpolen, das eine viel größere jüdische Gemeinschaft besaß, nicht mehr durchführbar. Nach dem Fall von Frankreich erwogen das Reichsaußenamt und andere Stellen darum ein großes Umsiedlungsprogramm, bei dem alle europäischen Juden in die französische Kolonie Madagaskar ›übersiedeln‹ sollten. Dieser Plan konnte jedoch nicht durchgeführt werden, solange England noch mit Deutschland im Krieg war.«[8]

Es sollte noch viele Jahre dauern, bis sich andere Historiker Hilbergs Interpretation des Madagaskar-Plans anschlossen. Der Einfluß des Historikers Gerald Reitlinger, der ebenfalls 1961 einige Seiten über den Madagaskar-Plan geschrieben hatte, schien nämlich viel größer zu sein: Reitlinger glaubte zeigen zu können, daß besagter Plan von Anfang an nur ein Vorwand der führenden Nazi-Riege gewesen war, um die geplante Ausrottung aller europäischen Juden zu verschleiern.[9]

Vor allem der Eichmann-Prozeß 1962 in Jerusalem hat sicher nicht unwesentlich dazu beigetragen, daß die meisten Historiker den Madagaskar-Plan weiter als Vernebelungstaktik und nicht als ernsthaften Plan ansahen. Eichmann brachte den Madagaskar-Plan während der Vernehmungen ausführlich zur Sprache: Als er in der Zeit von 15. August 1940 bis Sommer 1941 in Zusammenarbeit mit Vertretern von mehr als 15 anderen Dienststellen in Berlin das Madagaskar-Projekt ausarbeitete, wären Berater in die besetzten und befreundeten Länder geschickt worden, um die geplante Massenaussiedlung aller europäischen Juden vorzubereiten.[10]

Heydrich, der für die »Endlösung« der Judenfrage von Hitler Vollmachten erhalten hatte, hätte ihn gefragt, diese Aufgabe zu übernehmen. Er habe daraufhin mit den Leitern aller betroffenen Stellen Gespräche geführt. Das Reichsaußenamt sei durch von Thadden vertreten gewesen, die Führerkanzlei durch Dr. Reischauer. Von Thadden habe auch die Vichy-Regierung in Frankreich über den Fortgang der Gespräche auf dem laufenden gehalten. Lischka, Lange, Suhr und andere hätten als Referendare der verschiedenen Ministerien an den Beratungen teilgenommen. Im Büro von Referat II/112 habe man im genannten Zeitraum ungefähr 20 Besprechungen abgehalten, an denen jeweils ca. 25 Vertreter der betroffenen Stellen teilnahmen. Alle hätten in der sicheren Erwartung einer baldigen Beendigung des Krieges gelebt, aus dem Deutschland als der große Sieger hervorgehen würde. Sie seien davon überzeugt gewesen, daß *diese* definitive Lösung der Judenfrage im Interesse der Juden und im Interesse Europas gewesen sei.

Was die angebliche Bedeutung des Planes für die Juden betrifft, so hat Eichmann wiederholt darauf hingewiesen, daß er im Buch eines gewissen Böhm über den Zionismus gelesen habe, daß sich Theodor Herzl um die Jahrhundertwende für die Gründung eines eigenen jüdischen Staates eingesetzt hatte; um dieses Ziel zu erreichen, hätte er sich gegen Gott und die Welt erhoben und hätte auch Verhandlungen mit dem Sultan des Osmanischen Reiches (zu dem Palästina damals gehörte) aufgenommen. Da sich der Sultan hinsichtlich der Realisierung eines solchen Staates auf seinem Hoheitsgebiet nicht kooperationsbereit zeigte, mußte sich Herzl, so Eichmann, nach einem anderen Gebiet außerhalb Europas umsehen und hätte darum mit der französischen Regierung über Madagaskar verhandeln wollen. Infolge des Widerstandes der »Ostjuden«, für die nur Palästina zur Gründung eines jüdischen Staates in Frage kam, mußte Herzl laut Eichmann von seinem Madagaskar-Plan absehen. Als die englische Regierung 1917 zustimmte, den Juden in Palästina eine nationale Heimat (»Nationalheim«) zu geben, wäre Herzls Plan gänzlich aus dem Rennen gewesen. Als Eichmann dies während des Prozesses in Jerusalem erzählte, zeigte der Präsident des Gerichtshofes offen seine Entrüstung, da Eichmann es gewagt hatte, seinen Madagaskar-Plan von 1940 in einem Atemzug mit dem Namen des großen zionistischen Führers Theodor Herzl zu nennen, der ihn, Eichmann, zu seinem Plan inspiriert haben sollte. Außerdem hätte Herzl nie an Madagaskar gedacht, sondern an Uganda.[11]

In einer ausführlichen Analyse des Eichmann-Prozesses schreibt Hannah Arendt, ihre Entrüstung nur mühsam verbergend, über Eichmanns Äußerungen zum Madagaskar-Plan:

> »Es ist sehr unwahrscheinlich, daß außer Eichmann und ein paar kleineren Nazis irgend jemand den Madagaskar-Plan je als ernsthaften Plan gesehen hat, der einmal in die Praxis umgesetzt werden könnte. Denn die Insel ist bekannt dafür, daß man dort nicht leben kann (zumindest nicht als Europäer), und die Franzosen dachten nicht daran, Madagaskar abzutreten. Überhaupt wäre es unmöglich gewesen, mitten im Krieg, wo englische Kriegsschiffe im Atlantik patrouillierten, ganz einfach vier Millionen Juden dorthin zu verschiffen. Der Madagaskar-Plan war nie etwas anderes gewesen als eine Vernebelungstaktik, mit deren Hilfe die eigentlichen Maßnahmen zur physischen Ausrottung aller westeuropäischen Juden dem Auge des (nicht eingeweihten) Beobachters entzogen werden sollten.«[12]

Jacob Robinson wirft Hannah Arendt einige Jahre später[13] vor, daß sie offensichtlich das Archivmaterial über den Madagaskar-Plan nicht gelesen habe, da sie sonst hätte wissen müssen, daß es nie die Absicht der Nazis war, den Madagaskar-Plan noch während des Krieges zur Lösung der Judenfrage einzusetzen: »Frau Arendt behauptet, daß das Madagaskar-Projekt streng geheim war und daß der Plan mitten im Krieg hätte ausgeführt werden sollen. Es ist schwierig zu verstehen, wie ein ›strenggehütetes Geheimnis‹, wie Arendt behauptet, gleichzeitig eine ›Vernebelungstaktik‹ für die schlußendliche Ausrottung der europäischen Juden hätte sein können. In Wirklichkeit sollte der Plan erst nach einem Sieg über Frankreich ausgeführt werden – Frankreich hätte dann im Zuge von Friedensverhandlungen die Insel an Deutschland abgetreten, und der Seeweg nach Afrika wäre dann nicht länger blockiert gewesen.«

Der niederländische Historiker Ben Sijes hat sich laut Simon Wiesenthal und Simon Speijer, dem Sekretär der Wiesenthal-Stiftung in den Niederlanden, intensiv mit der Problematik des Madagaskar-Plans befaßt. Sein Biograph Dr. Richter Roegholt schreibt dazu: »Ben Sijes hat sich im Zuge seiner Forschungen ziemlich viel mit dem Madagaskar-Plan, so wie er in den offiziellen Nazi-Papieren immer wieder vorkam, beschäftigt. Simon Wiesenthal hätte es gern gesehen, wenn Sijes daraus eine erschöpfende Studie gemacht hätte. Angefangen hat Sijes zwar damit – er ist in Deutschland gewesen, um in Archiven, in erster Linie in Zeitungsarchiven, Material für so eine Studie zu sammeln. [...] Die Ausbeute der Nachforschungen zum Madagaskar-Plan ist in Form von Notizen, Ausschnitten und Zitaten in großen Ordnern in Sijes Nachlaß zu finden. Es ist daraus kein Buch entstanden.«[14] Mittlerweile ist davon in Sijes Nachlaß nichts mehr zu finden. Was von seiner Studie zu diesem Thema bleibt, ist ein kurzer Artikel in seinem Sammelband zur Judenverfolgung.[15]

Am 15. Februar 1965 begann in Wien der Prozeß gegen den Kriegsverbrecher Erich Rajakowitsch, dessen Aufenthaltsort erst 1962 von Wiesenthal entdeckt worden war. Sijes hatte herausgefunden, daß Rajakowitsch, der auch in den besetzten Niederlanden arbeitete, im August 1941 Leiter des neuerrichteten »Sonderreferats Juden« geworden war. Dieses Referat hatte als Aufgabe »die Bekämpfung des gesamten Judentums. Es geht um die Endlösung der Judenfrage durch Aussiedlung aller Juden". Sijes trat während des Prozesses als sachverständiger Zeuge auf. Als der Präsident Rajakowitsch fragte, was er sich unter dem Namen Auschwitz vorgestellt hatte, antwortete dieser, daß er dabei an eine Station in Deutschland gedacht hatte, und er fügte hinzu, daß er noch 1942 geglaubt hatte, an der Vorbereitung und Ausführung des Madagaskar-Plans zu arbeiten.

Sijes bemerkte, daß Heydrich schon im Juni 1940 gesagt hatte, daß der Madagaskar-Plan viel zu umständlich wäre und daß man nicht Millionen Juden auf so eine abgelegene Insel bringen könne; darum müsse eine territoriale »Endlösung« in Osteuropa gesucht werden. Der Verteidiger startete daraufhin zum Gegenangriff und meinte: »Ist Madagaskar denn kein Territorium?« Worauf Sijes antwortete: »Sicher, aber das hat Heydrich nicht gemeint. Zu dieser Zeit gab es nämlich schon drei bis vier Millionen Juden in den von Deutschland kontrollierten Gebieten. Um die dorthin zu bringen, hätte man zehntausende Schiffe gebraucht und das mitten im Krieg.« Der Präsident kam dann selbst zu der Schlußfolgerung: »So etwas wäre tatsächlich Wahnsinn.«[16]

Es ist offensichtlich, daß Ben Sijes, der auch am Eichmann-Prozeß in Jerusalem beteiligt gewesen war, das oben genannte Buch von Hannah Arendt gelesen hatte und mit ihr dahingehend übereinstimmte, daß alles, was mit dem Madagaskar-Plan zu tun hatte, nur eine Vernebelungstaktik gewesen war, um die geplante Vernichtung des europäischen Judentums zu verschleiern.

Soweit wir wissen, hat Sijes zweimal einen Vortrag über den Madagaskar-Plan gehalten. 1967 sprach er vor der Ostjüdischen Vereinigung in Amsterdam, wo er die Idee vertrat, daß die deutsche Führungsriege Panik befürchtete, falls die Wahrheit über die Endlösung in Westeuropa bekannt werden sollte. Selbst im Verwaltungsapparat der SS hätten nicht allzu viele erfahren dürfen, was genau geplant war. Aus diesem Grund hätte man den Madagaskar-Plan in die Welt gesetzt, um den eigenen

Mitarbeitern, dem deutschen Volk und vor allem den Menschen im Ausland Sand in die Augen zu streuen. Sijes macht deutlich, daß die »territoriale Endlösung Madagaskar« als Tarnung für die physische Vernichtung der Juden dienen sollte. War es aber nicht, laut Sijes, angesichts der Machtposition der Alliierten zur See ohnehin ein vollkommen irrealer Plan?

Erst in dem bereits genannten Sammelband über die Judenverfolgung schreibt Sijes differenzierter über den Madagaskar-Plan der Nazis:

»Das RSHA war mit der Aufgabe betraut worden, den Madagaskar-Plan zu realisieren – es beauftragte Mitglieder wie Eichmann und Rajakowitsch, um Material zu sammeln, und gab schließlich Danecker den Auftrag, darüber einen Bericht zu verfassen. Auch wenn die Begeisterung für dieses Projekt beim RSHA vielleicht nie besonders groß war, so hatte der Plan für die Führung des RSHA doch auch seine attraktiven Seiten. [...] So betrachtet erscheint die Bemerkung von M. Luther, daß der Madagaskar-Plan durch das RSHA ›begeistert aufgenommen wurde‹, vielleicht doch zutreffend. Die Hardliner des RSHA haben den Madagaskar-Plan – solange sie das ›Endziel‹ (die Ausrottung der Juden) nicht realisieren konnten, vermutlich gerne ausführen wollen. Er verlieh ihrer Machtposition immerhin den nötigen Glanz. Ihre tatsächlichen Zielsetzungen gingen jedoch viel weiter, und das dürfte ihre Sympathien für den Plan gedämpft haben. [...] Erst als klar war, daß England keinen Frieden schließen würde [...], war der Madagaskar-Plan (soweit er von Hitler, Himmler und Heydrich je ernst genommen worden war), auch für die anderen Stellen aus dem Rennen. [...] Daß der Madagaskar-Plan später sehr wohl noch als Tarnung für die tatsächlichen Vorgänge gedient hat, geht aus ein paar Aussagen Hitlers während seiner berüchtigten Tischmonologe hervor.«

Nachdem Sijes einige Archivstücke eingesehen hatte, hielt er es für nicht mehr ganz ausgeschlossen, daß Himmler, Heydrich und Eichmann eine Zeitlang dachten, daß die Judenfrage in zwei Phasen gelöst werden müsse: Die Juden sollten am besten nach Madagaskar verbannt werden, wo man sie dann in der Folge weit weg von Europa ermorden würde. Auch wenn also die großangelegte Umsiedlungsoperation in die französische Kolonie tatsächlich stattgefunden hätte, hätten die Nazis dennoch den Völkermord an Millionen europäischer Juden begangen. Der Madagaskar-Plan wäre auf keinen Fall eine Alternative zur Vernichtung der Juden gewesen.

Dieser Sichtweise von Ben Sijes schließt sich auch J. Presser an, der 1965 in *Ondergang* über den Madagaskar-Plan schreibt:

»Jetzt ist klar, daß sich diese Entwicklung bei Ausbruch des Zweiten Weltkrieges und vor allem zu Beginn des Krieges gegen die Sowjetunion einfach beschleunigen mußte. Im Zuge der anfänglichen Erfolge der deutschen Armee gegen die Sowjetunion (deren politisches System – den Bolschewismus – Hitler als das jüdische Geistesprodukt schlechthin ansah) kamen hunderttausende Juden (übrigens auch aus dem östlichen

Polen) in Hitlers Machtbereich, noch zusätzlich zu den rund zwei Millionen, die im Herbst 1939 durch die Besetzung Westpolens im deutschen Reich gelandet waren. Gab es also überhaupt noch eine Möglichkeit, den deutschen Machtbereich durch Emigration zu ›säubern‹? Wohl kaum. Aber man wollte, ja, man ›mußte‹ sie loswerden. Daher blieb nur eine Methode übrig: die Massenvernichtung. Kann man mit Sicherheit sagen, wann sich dieser Gedanke in Hitlers Gehirn festgesetzt hat? Sicher nicht. Allerdings wagen wir zu behaupten, daß dieser Gedanke in jedem Antisemiten latent vorhanden ist; in einem von ihnen, Hitler, reifte jedoch aus verschiedenen Gründen – sagen wir Umständen – dieser Gedanke zu einem Plan, der in die Tat umgesetzt wurde. Und auch die Ausführung dieses Plans durchlief gewissermaßen ein Stadium des Reifungsprozesses, wo man auf der einen Seite Gruppen von Juden einfach aus Deutschland vertrieb und auf der anderen Seite an einem einheitlichen ›Emigrationskonzept‹ bastelte, wie beispielsweise noch 1940 am Madagaskar-Plan, dem schon früher konzipierten Plan, um etwa vier Millionen Juden auf Madagaskar zu isolieren und sie in einer Art Reservat unter deutscher Aufsicht Sklavendienste verrichten zu lassen. Ob sich diese ›Lösung‹ so sehr von der systematischen Vernichtung in Polen unterschieden hätte, ist zu bezweifeln.«[17]

Auch in anderen Ländern wird von maßgebenden Historikern immer wieder die gleiche Ansicht vertreten: Der Madagaskar-Plan sei nichts anderes gewesen als eine Vernebelungstaktik. Nora Levin schreibt hierzu 1968 in ihrem berühmt gewordenen Buch über die Vernichtung des europäischen Judentums:

»Die Nazi-Oberen verbreiteten den Mythos ›Madagaskar-Plan‹ – genauso wie den Mythos ›Lublin-Plan‹ –, um den Juden Sand in die Augen zu streuen und um die Öffentlichkeit irrezuführen. Vielleicht gab es ja unter den Nazis ein paar Bürokraten, die der Gedanke, daß alle Juden ausgerottet werden sollten, erschaudern ließ und die darum im Madagaskar-Plan ›Trost‹ suchten, obwohl sie eigentlich wußten, was wirklich geschehen würde. Auf diese Art verdrängten sie den schrecklichen Gedanken an eine völlige Ausrottung der Juden. Möglich ist auch, daß manche den Madagaskar-Plan immer wieder zur Sprache brachten, um Hitler von seinen Vernichtungsabsichten abzubringen. Dr. Felix Karsten, der Masseur von Himmler, schreibt, daß Himmler ihm erzählt habe, daß Hitler ihn nach der Kapitulation von Frankreich ins Führerhauptquartier nach Berlin gerufen hätte, um ihm Instruktionen zur systematischen Ausrottung des europäischen Judentums zu geben. Himmler hätte Hitler daraufhin an den Madagaskar-Plan erinnert und ihn vergeblich zu überreden versucht, auf seine frühere Entscheidung zurückzukommen – nämlich sämtliche Juden auf die Insel Madagaskar zu verbannen.«[18]

In Deutschland ist es vor allem der namhafte Historiker Eberhard Jäckel, der seit 1969 in zahlreichen Publikationen immer wieder die Meinung vertritt, daß der Madagaskar-Plan nie ein ernsthafter Plan gewesen sei, weil Hitler von Anfang an beschlossen hätte, seinen Plan zur Ausrottung der Juden konsequent durchzuziehen. Mochte die Verwirklichung dieses Vorhabens auch zweifelhaft erscheinen, da es um ein so »außergewöhnliches« Unternehmen ging, so stand die Absicht, alle Juden zu töten, in all den Jahren doch im Mittelpunkt. Hitler sah es als seine Pflicht an, seine Mitarbeiter etwas ausführen zu lassen, was noch niemand zuvor in der Geschichte der Menschheit getan hatte (darum konnten sie sich auch noch nicht vorstellen, was sie tun würden): den Völkermord an Millionen europäischer Juden – einfach und allein, weil diese als Juden geboren waren. Darum schreibt Jäckel: »Es gibt keinen Hinweis, daß Hitler den Madagaskar-Plan jemals ernsthaft in Erwägung gezogen hätte.«[19]

Seit Beginn der siebziger Jahre gibt es jedoch auch Historiker, die sich der Auffassung von Raul Hilberg aus dem Jahre 1961 anschließen und mit Nachdruck festhalten, daß der Madagaskar-Plan keineswegs Betrug war, sondern in einer bestimmten Phase des Dritten Reiches ernsthaft erwogen und ausgearbeitet wurde.

Karl A. Schleunes arbeitete 1970 den Gedanken aus, daß das Konzept des Madagaskar-Plans infolge des zu langsam verlaufenden Emigrationsprozesses entstanden war. Als deutlich wurde, daß Deutschland so schnell nicht eine halbe Million Juden durch freiwillige oder erzwungene Emigration loswerden konnte, wäre man zu der Schlußfolgerung gekommen, daß irgendwo auf der Welt ein Ort gefunden werden mußte, wo man die Juden »abladen« konnte. Die Nazis hätten den Madagaskar-Plan zweifelsohne gerne ausgeführt, die politischen Entwicklungen ließen dies jedoch nicht zu.[20]

Auch wenn Uwe Dietrich Adam in den siebziger Jahren meinte, daß kein Historiker ohne weiteres behaupten konnte, daß der Madagaskar-Plan nur eine Vernebelungstaktik war[21], so blieb diese Meinung unter Historikern doch weiter bestimmend, ja mehr noch, es wurde von manchen behauptet, daß der Madagaskar-Plan nur dazu diente, alle Deutschen sowie das gesamte Ausland irrezuführen.[22]

1972 veröffentlichte Leni Yahil in der neuen *Encyclopedia Judaica* einen kurzen Artikel zu diesem Plan, wo sie schrieb: »Als der Madagaskar-Plan im August 1940 offiziell bekannt gemacht wurde, wollte man damit die wahren Absichten der Nazis hinter einem Nebelvorhang verbergen.«[23] Zwei Jahre später schrieb Yahil einen etwas ausführlicheren Artikel über den Madagaskar-Plan, wo sie unter anderem festhielt:

> »Zwischen Sommer 1940 und den ersten Monaten von 1942 machte in Kreisen führender SS-Leute der sogenannte Madagaskar-Plan die Runde. Viele Studien, die sich in den vergangenen Jahren mit dem Madagaskar-Plan beschäftigt hatten, schlugen sich mit der Frage herum, ob das Projekt einer organisierten Massenevakuierung der Juden auf die tropische Insel an der Ostküste Afrikas je als ernsthafter Plan gehandelt wurde. Historiker haben gezeigt, daß es sich dabei in der Hauptsache um eine Vernebelungstaktik handelte, da man die wahren Folgen der ›Endlösung‹ verbergen wollte. [...] Weiters

wäre es möglich, daß der Plan als letzte Station in Richtung einer definitiven Lösung der Judenfrage gedacht war. [...] Der Madagaskar-Plan der Nazis tauchte in einer Welt auf, in der kein Platz mehr war für die Juden. Er wurde zum Symbol für diese unmögliche Situation, die die Nazis bewußt heraufbeschworen hatten, als sie die Vorbereitungen für die ›Endlösung‹ trafen.«[24]

1972 schließt sich Dr. L. de Jong der communis opinio unter Wissenschaftlern über den Madagaskar-Plan an:

»Das Wochenblatt der SS *Das schwarze Korps* hatte kurz nach der ›Reichskristallnacht‹ zur restlosen Vernichtung der Juden gedrängt, falls diese nicht auswandern würden. Das Endziel einer solchen Emigration sollte außerhalb Europas liegen und laut Julius Streicher, dem Herausgeber der Zeitschrift *Der Stürmer*, sollte dies die französische Kolonie Madagaskar sein, womit man zweifelsohne die Hoffnung verband, daß der Großteil der Emigranten auf dieser fernen Insel schon bald ums Leben kommen würde. Der Madagaskar-Plan spukte auch 1940 und 1941 noch in manchen Köpfen herum und es existieren auch ein paar Dokumente, in denen er mehr oder weniger gut ausgearbeitet ist. Dennoch haben wir den Eindruck, daß er von den wirklich Mächtigen im Reich und vor allem von Hitler selbst immer nur als Tarnung gesehen wurde; man könnte auch von einer Denkübung zu Transport und Vernichtung von Millionen Menschen sprechen.«[25]

Auch die amerikanische Historikerin Lucy Dawidowicz weicht in ihrem Buch über den Krieg gegen die Juden in Europa nicht von der gängigen Meinung ab. Dawidowicz basiert ihre Ausführungen nicht auf Quellenstudien, sondern argumentiert von der rassistischen Ideologie der Nazis aus:

»Alles was wir über die nationalsozialistische Ideologie wissen, schließt die Idee von einem jüdischen Reservat als Vorstadium der ›Endlösung‹ völlig aus. In ihrer ›Hierarchie der rassischen Wertigkeit‹ hatten die Nazis die Juden ganz unten gereiht. Es war ihnen ein schlimmeres Schicksal zugedacht als den slawischen Völkern, die etwas höher standen. Himmler sagte, daß die Slawen ›Untermenschen‹ seien, die lernen mußten, den Deutschen wie Gott selbst zu gehorchen. Hitlers Lösung der Slawenfrage bestand darin, diese ›Menschenrasse‹ langsam aussterben zu lassen. Sie durften sich nur so weit fortpflanzen, daß noch genug übrigblieben, um für die Deutschen Sklavendienste zu verrichten. Da die Juden nach der nationalsozialistischen ›Rassenskala‹ noch weniger wert waren als die Slawen, mußte ihnen ein noch schrecklicheres Schicksal beschieden sein. Ein jüdisches Reservat (Lublin oder Madagaskar) konnte daher nur als Übergangslösung der Judenfrage gedacht gewesen sein, etwa so wie die Errichtung von Ghettos, wo die jüdische Bevölkerung eingeschlossen wurde.«[26]

Für den deutschen Historiker Sebastian Haffner ist es ebenfalls unwahrscheinlich, daß der Madagaskar-Plan je ein ernsthafter Plan war, da für Hitler, so Haffner, eine

Sache von Anfang an unwiderruflich feststand: die Vernichtung des europäischen Judentums. Der Madagaskar-Plan paßte genau zu Hitlers Strategie, vor allem die Deutschen selbst so lange wie möglich im unklaren zu lassen, was seinen Plan zur Ausrottung der Juden betraf. Hitler wußte sehr gut, daß er bei seinem Plan zur Ausrottung der Juden nicht mit der Zustimmung der Deutschen rechnen durfte, im Gegenteil, er hätte damit sicher einen gewaltigen Widerstand hervorgerufen, so wie damals, als er die »Aktion Gnadentod« organisieren ließ. Hitler hatte zweimal versucht herauszufinden, wie die Öffentlichkeit auf Gewalt gegen Juden reagiert: 1933, während eines landesweiten Boykotts von jüdischen Geschäften und Betrieben und während des großen Pogroms vom 9. und 10. November 1938, der »Kristallnacht«. Das Ergebnis war in beiden Fällen negativ gewesen, weil die große Masse nicht mitgemacht hatte. Die Aktionen weckten im Gegenteil in vielen Fällen Mitleid mit den Juden. Dazu Haffner:

> »An diesen Befund hielt sich Hitler, was Deutschland betraf. Er ersparte den deutschen Juden nichts; aber er hielt der Masse der Deutschen sorgfältig die Möglichkeit offen, sich unwissend zu halten oder sich vorzumachen, alles sei halb so schlimm. Die Vernichtungsaktionen fanden weit außerhalb Deutschlands statt, im tiefsten Osten Europas, wo Hitler mit mehr örtlicher Zustimmung rechnen konnte und wo im übrigen seit Kriegsbeginn sowieso Mord die Losung war. Für die Deutschen wurden die Juden offiziell nur umgesiedelt. Und da bleibt die Feststellung interessant, daß er in sein größtes Verbrechen seine Landsleute nicht voll einweihte, weil er ihnen nicht traute. Trotz aller antisemitischen Propaganda der letzten zehn Jahre rechnete er nicht mit ihrer Bereitschaft zum Massenmord an ihren jüdischen Mitbürgern.«[27]

Die gängige Auffassung der Historiker zum Madagaskar-Plan schien sich zu verändern, als um das Jahr 1980 der amerikanische Historiker Christopher Browning, der deutsche Historiker Hans-Jürgen Döscher und der französische Historiker Serge Klarsfeld sich im Rahmen von bedeutenden Quellenstudien auch dem Madagaskar-Plan ernsthaft zu widmen begannen.

1978 veröffentlichte Christopher Browning seine Quellenstudie über die Beteiligung des Reichsaußenministeriums an der endgültigen Lösung der Judenfrage. Browning ist im Gegensatz zu vielen anderen Historikern zutiefst überzeugt, daß Hitler in den zwanziger und dreißiger Jahren keine konkreten Pläne zur Ausrottung der Juden hegte. Franz Rademacher, ein Sachverständiger für Judenfragen am Reichsaußenministerium, hatte am 3. Juni 1940, als der Sieg über Frankreich bereits feststand, den Madagaskar-Plan als *die* Lösung der Judenfrage in Europa ausgearbeitet. Browning:

> »Der Plan wurde fast unverzüglich von Hitler aufgegriffen. Hitler und Ribbentrop informierten am 18. Juni 1940 in München Benito Mussolini und den italienischen Außenminister, Graf Galeazzo Ciano, daß Deutschland plante, alle europäischen Ju-

den auf die französische Insel Madagaskar zu verbannen. Zwei Tage später wiederholte Hitler bei seinem Treffen mit Admiral Erich Raeder, daß er den Madagaskar-Plan ganz ernsthaft durchführen wolle. Himmlers enger Mitarbeiter Reinhard Heydrich stimmte in der Folge ebenfalls zu, da auch er zu der Überzeugung gekommen war, daß die Judenfrage schlußendlich auf diese territoriale Weise gelöst werden mußte. Ab diesem Zeitpunkt war man sowohl im Reichsaußenministerium als auch in den Abteilungen des Reichssicherheitshauptamtes damit beschäftigt, den Plan weiter auszuarbeiten. [...] Führende Nazis trafen in dieser Zeit politische Entscheidungen zur Lösung der Judenfrage, die auf der Annahme basierten, daß der Madagaskar-Plan durchführbar war.«[28]

Weil diese Art von Lösungen infolge der politischen Entwicklungen unbrauchbar geworden war, gab Hitler schließlich den Befehl zur Ausrottung der Juden. Browning geht davon aus, daß die Erfahrungen, die Hitler in den Jahren 1940–1941 machte, zu einer Radikalisierung seiner mörderischen Ideen geführt haben. Diese Ideen wären bei ihm zwar schon immer latent vorhanden gewesen, nur hätten sie sich nie in einem praktischen Programm niedergeschlagen. Er gab den Madagaskar-Plan erst auf, als ihm im Sommer 1941, infolge der Operation »Barbarossa«, klar wurde, daß er nach einem Sieg über Rußland in Kürze noch einmal fünf Millionen Juden dazubekommen würde. Der Deutsche Historiker Hans-Jürgen Döscher, der einige Jahre später eine analoge Quellenstudie durchführte, kam zu derselben Schlußfolgerung.[29]

Schließlich zeigte Serge Klarsfeld in seiner großen Quellenstudie über »Vichy-Auschwitz«[30] auf Basis einiger Archivstücke, daß die Nazi-Oberen in ihrer Euphorie über die Besiegung Frankreichs im Sommer 1940 den Madagaskar-Plan zweifellos als ernsthafte Möglichkeit erwogen, um die Judenfrage nach dem Krieg zu lösen.

Historiker, die sich ganz deutlich von den Veröffentlichungen Christopher R. Brownings inspirieren ließen, sind Arno J. Mayer und Philippe Burrin.

Arno Mayer schreibt 1988 über den Madagaskar-Plan:

»Es ist klar, daß die Niederlage Frankreichs eine wesentliche Bedingung darstellte für die Durchführung des Madagaskar-Plans, den man schon einige Jahre als ernsthafte Möglichkeit zur Lösung der Judenfrage gehandelt hatte. Man erwartete, daß nicht nur Frankreich, sondern auch England zustimmen würde, daß Deutschland das Mandat über Madagaskar bekam. Der Transport von vier Millionen europäischer Juden nach Madagaskar innerhalb eines Zeitraums von vier Jahren sollte ein multinationales Unternehmen werden. [...] Für Himmler und Heydrich sowie für andere hohe Funktionäre blieb der Madagaskar-Plan so lange eine reelle Möglichkeit zur Lösung der Judenfrage, bis klar wurde, daß England den Krieg fortsetzen wollte.«[31]

Der zweite Historiker, der von Brownings Studie beeinflußt wurde, ist der Schweizer Philippe Burrin, der in einer bahnbrechenden Arbeit, die bereits ins Englische,

Deutsche und Niederländische[32] übersetzt wurde, versucht, den Leser mit Hilfe zahlreicher Argumente von der Ernsthaftigkeit des Madagaskar-Plans zu überzeugen:

> »Nach dem Lublin-Plan erwies sich auch der Madagaskar-Plan als undurchführbar. Den einen wie den anderen hatte Hitler zu einer Zeit gefaßt, als sich die Lage der Dinge ständig wandelte und Pläne schnell untauglich wurden. Der erste wäre sowieso nur eine Zwischenlösung gewesen. Dagegen sollte der zweite eine definitive Lösung bieten. So kurzlebig sie auch waren, beide Projekte waren ernsthaft in Erwägung gezogen worden, das zweite ganz besonders. Das eine wie das andere lassen einen Hitler sichtbar werden, der bestrebt war, sich auf Kosten anderer Staaten von den Unterhaltskosten für die Deportierten zu befreien. Die Konzentrierung von Millionen Menschen in einem Reservat hätte, wenn sie je verwirklicht worden wäre, mit Sicherheit unzählige Opfer gefordert. Hitler wußte das, aber es kümmerte ihn nicht; sollten doch andere die Verantwortung für das Schicksal der Deportierten übernehmen.
> Die Zeiten der Erfolge trieben ihn jedenfalls nicht in Richtung Vernichtung. Die Abschiebung der europäischen Juden, ihre Abschottung in einem fernen Territorium würden reichen, um das Problem zu lösen.«

Herman Graml meinte 1988, daß der Madagaskar-Plan zwar ein ernsthafter Plan gewesen wäre, daß es jedoch nie in der Absicht seiner Schöpfer gelegen hatte, daß die Juden auf Madagaskar überleben sollten – im Gegenteil.[33]

> »Der Madagaskarplan stand überwiegend bereits im Zeichen einer kaum mehr kaschierten Vernichtigungsabsicht.«

Sie wollten die Juden nicht mit militärischer Gewalt oder unter Zuhilfenahme von Gas vernichten, sondern wollten ihre Vernichtung den Kräften der Natur überlassen. Diesen Plan hatten Menschen ausgeheckt, die die Hoffnung hegten, daß die europäischen Juden, wenn man sie nach dem Krieg nach Madagaskar deportierte, dort ohnehin im Laufe der Zeit an Mangelerscheinungen und Krankheiten zugrundegehen würden. War Madagaskar nicht bekannt dafür, daß es einer der ungesündesten Flecken auf der Erde war? Hitler und andere NS-Führer sprachen oft darüber, wie unerträglich das Klima dort war und wie leicht Epidemien ausbrechen konnten, wodurch die Juden ganz von selbst in diesem »Großghetto« aussterben würden. Man hatte in dieser Hinsicht genügend Erfahrung gemacht mit den Ghettos Osteuropas, wo tausende Juden als Folge von Erschöpfung, Krankheiten, Hunger und Durst gestorben waren, um zu wissen, daß die Juden auf Madagaskar schlußendlich von selbst aussterben würden. Der deutsche Madagaskar-Plan hatte mit dem polnischen nur den Namen gemein. Er paßte viel eher zu dem Vorschlag, den Karl Paasch 1892 gemacht hatte, nämlich daß man die Juden nach Neuguinea deportieren sollte, um sie dort krepieren zu lassen.

Ab Beginn der neunziger Jahre setzt sich bei Historikern wieder die Auffassung durch, daß der Madagaskar-Plan nur eine Vernebelungsaktion war. Im Wissen um die erschreckende Tatsache des Genozids an sechs Millionen Juden kann man sich schwer vorstellen, daß Hitler und seine Gefolgsleute auch noch einen anderen Plan zur »Endlösung« der Judenfrage ausgearbeitet hatten. Darum wird die Rolle des Madagaskar-Plans (häufig unbewußt) auch immer in Beziehung gesetzt zu der Lösung, für die man sich schließlich entschied: der physischen Ausrottung des europäischen Judentums.

Prof. H. W. von der Dunk, emeritierter Professor an der Reichsuniversität von Utrecht, schreibt 1990, daß der Madagaskar-Plan nicht zu Hitlers deterministischer, biologistischer Sichtweise der Juden in der Gesellschaft paßte. Er bemerkt, daß Hitler in seiner berüchtigten Rede vor dem Reichstag am 30. Jänner 1939, bevor er mit der Ausrottung der Juden drohte,

> »noch eine andere Äußerung tätigte, die gewöhnlich in der Literatur nicht berücksichtigt wird. Hitler sagte, daß die Juden, so wie andere Völker auch, sich in einem bestimmten Siedlungsraum einer positiven Aufgabe widmen müßten und nicht einfach als ›Parasiten‹ von anderer Leute Arbeit leben sollten. Gab es für Hitler also doch eine Alternative? Sollten die Juden, wenn sie alle zusammen einen eigenen Staat bilden würden, ein Volk wie jedes andere werden können? Konnte etwas, das in seinen Augen ein schädlicher Bazillus war, sich in eine normale Rasse, ein normales Volk verwandeln? Diese Frage dringt in den Kern seiner Antisemitismus-Theorie und seines Menschenbildes vor: Darum muß die Antwort lauten, daß er diese Möglichkeit von vornherein ausschloß, gerade aufgrund seines deterministischen Biologismus und seiner Idee von ›wertvollen‹ und ›minderwertigen‹ Rassen und Völkern. Aber auch ein ziemlich konsequenter Determinismus läßt ein gewisses Maß an Zögern zu und schließt das Erwägen von Alternativen nicht aus. Es gibt keinen zwingenden Grund, ein gewisses Zögern von Hitlers Seite – unter bestimmten Umständen – von vornherein auszuschließen. Wenn es ein solches gab, dann jedoch nur am Rande und vorübergehend. Hitlers Judenbild war vor allem in psychologischer Hinsicht unentbehrlich für die Verbreitung seiner Lehre. Die oben genannte Äußerung müssen wir darum in erster Linie als taktischen Schritt sehen, als Warnung, von der er wußte, daß die Juden sie nie beherzigen konnten – da er es nämlich verhindern würde –, die ihn jedoch gegenüber der Welt rechtfertigen würde, wenn er zur physischen Ausrottung der Juden überging. Diese Äußerung gewährt gerade einen besonders plastischen Einblick in seine Denkweise: die Juden als eigene Rasse, die sich als ›Parasit im Pelz der anderen Völker‹ eingenistet hat und die die Feinde Deutschlands aufhetzt und beherrscht! Die Zuweisung eines eigenen Siedlungsgebietes in Palästina, Madagaskar, Guayana, Grönland oder sonstwo steht im Widerspruch zu Hitlers tiefgründigem Zorn, seinem unaussprechlichen Haß und seiner Rachsucht wegen der Niederlage von 1918, für die er die deutschen Juden als Werkzeug des internationalen Judentums verantwortlich machte.«[34]

Kürzlich schloß sich ein anderer niederländischer Autor, L. J. Hartog, der Meinung von Hannah Arendt an: »Daß Hitler den Madagaskar-Plan je ernst genommen hat, ist zu bezweifeln; man denke nur an die Konsequenzen, die sich für die Marine daraus ergeben hätten – man hätte unter anderem eine Kriegsflotte im Indischen Ozean stationieren müssen, um die jüdischen Geiseln zu ›beschützen‹. Wahrscheinlich hat Hannah Arendt recht, wenn sie schreibt, daß ›der Madagaskar-Plan von vornherein als Deckmantel dienen (sollte), unter dem die Vorbereitungen für die physische Vernichtung des west-europäischen Judentums vorangetrieben werden konnten‹.«[35]

Nicht nur in den Niederlanden, sondern auch in Deutschland und Amerika erscheinen seit Beginn der neunziger Jahre wieder Arbeiten von Autoren, die sich der communis opinio unter Historikern anschließen, daß der Madagaskar-Plan nie ein ernsthafter Plan zur Lösung der Judenfrage gewesen ist.

1991 schreiben Götz Aly und Susanne Heim:

> »Den Autoren etwa des Madagaskarplans waren Vernichtungsabsichten von Anfang an nicht fremd. Ihnen war klar, daß bei Deportationen dieser Art viele Menschen sterben würden. Dennoch unterschieden sich solche Umsiedlungsvorhaben noch deutlich von der späteren Praxis des systematischen Massenmords. Sie waren ein Schritt dorthin und führten dazu, daß die Planer des deutschen Europa die Aussiedlung von mehreren Millionen Menschen als eine schnell realisierbare Möglichkeit und als feste Größe in ihre Rechnungen einbauten.«[36]

1990 heißt es bei Peter Padfield in seiner großen Himmler-Biografie: »Die Ausführung des Juden-Vernichtungsprogrammes stützte sich voll und ganz auf Betrug. Der Plan beispielsweise, die französische Kolonie Madagaskar für die europäischen Juden zu reservieren, war kennzeichnend für diese Taktik. Er wurde nicht nur in die Welt gesetzt, um die Juden hinters Licht zu führen, sondern auch um die eigenen Leute, das deutsche Volk und die ganze Welt zu betrügen.«[37]

1991 erschien das großartige Werk des amerikanischen Historikers Richard Breitmann über Himmler als Architekten des Genozids an sechs Millionen europäischen Juden. Hierin schreibt er:

> »In den vergangenen Jahren haben Historiker über die Frage diskutiert, ob das Nazi-Regime den Plan zur Massendeportation der europäischen Juden nach Afrika je ernst genommen hat. Wenn Hitler schon beschlossen hatte, so meinten die Historiker, das gesamte Judentum auszurotten, warum ließ er dann noch einen Plan ausarbeiten, um sie alle nach Afrika abzutransportieren? Einige Historiker haben die Vermutung ausgesprochen, daß der Madagaskar-Plan nur als Deckmantel diente, um die Pläne zur Vernichtung des europäischen Judentums zu verschleiern. Manche Historiker hielten es auch für möglich, daß die Nazis Madagaskar als den Platz ausgewählt hatten, wo der Genozid an den europäischen Juden stattfinden sollte, als Ort, wo die Gaskammern ge-

baut werden sollten. Es gab jedoch auch Historiker, die der Meinung waren, daß der Madagaskar-Plan ein seriöses Projekt war, das auch in die Tat umgesetzt werden sollte: Millionen Juden waren dazu bestimmt, unter Aufsicht der Nazis in einem afrikanischen Reservat zu leben. Als sich jedoch herausstellte, daß die Verschiffung der Juden nach Afrika unmöglich war, beschlossen die führenden Köpfe der SS, die Judenfrage auf eine andere Art lösen.«

Richard Breitmann teilt die Meinung derjenigen Historiker, die den Madagaskar-Plan nicht ernst nehmen. Als Himmler, so Breitmann, Hitler im Mai 1940 vorschlug, die Judenfrage in Europa zu lösen, indem man alle Juden in eine afrikanische Kolonie verfrachtete, war das keineswegs ernst gemeint, sondern er wollte vor der Welt den Eindruck erwecken, daß die Nazis in keinem Fall vorhatten, die Judenfrage auf eine ›unverantwortliche‹ (soll heißen unmenschliche) Weise zu lösen.[38]

Dennoch sind in den letzten Jahren immer mehr Historiker zu der Auffassung gelangt, daß es sich beim Madagaskar-Plan doch um ein ernsthaftes Projekt gehandelt hat. Yehuda Bauer, Professor an der Hebräischen Universität in Jerusalem, ist der Meinung, daß der Madagaskar-Plan ein sehr ernsthafter Plan gewesen ist und daß es höchstwahrscheinlich sogar Hitler selbst war, der die Initiative ergriff, um die Judenfrage durch die Deportation der Juden auf diese Insel zu lösen; in diesem Zusammenhang meinte Hitler einige Male, daß die europäischen Regierungen zu einer Einigung kommen müßten, um diesen großangelegten Evakuierungsplan gemeinsam durchzuführen. Dieser Plan implizierte, so Bauer, bereits viel mehr als nur eine erzwungene Emigration. Madagaskar ist eine tropische Insel, und es wäre sehr unwahrscheinlich, wenn eine große Anzahl europäischer Juden auf einer Insel, wo täglich hunderte Eingeborene an Malaria und anderen Krankheiten starben, überleben würden. Die Juden würden dort langsam, aber sicher aussterben.[39]

Auch Anne Grynberg, Professorin an der *Sorbonne* in Paris, schreibt in einem unlängst erschienenen Buch, daß der Madagaskar-Plan einer der ernsthaftesten Pläne zur Lösung der Judenfrage in Europa war. Als Frankreich im Sommer 1940 kapitulierte, bekamen die Abteilungen des Reichsaußenministeriums und des Reichssicherheitshauptamtes in Berlin, die mit der Lösung der Judenfrage betraut waren, von ihren Vorgesetzten den Auftrag, den Madagaskar-Plan auszuarbeiten. Man arbeitete darauf hin, daß während der Friedensverhandlungen eine Übereinkunft getroffen werden sollte, derzufolge man in einem Zeitraum von vier Jahren alle europäischen Juden nach Madagaskar verschiffen würde.[40]

In der jüngsten Arbeit des schon vorher genannten Götz Aly, die im Frühjahr 1995 erschien, kommt der Autor nach gründlicher Quellenstudie in russischen, polnischen und deutschen Archiven zu der Schlußfolgerung, daß der Madagaskar-Plan ein ernsthafter und gut dokumentierter Plan war, den Hitler und seine Gefolgsleute entworfen und ausgearbeitet haben, um die Judenfrage in Europa zu lösen. Ebenso wie Bauer meint auch er beweisen zu können, daß Hitler selbst den Plan als Teil eines »Deutschen Kolonialreichs Mittelafrika« entwarf. Dieses Reich sollte die Rohstoffe liefern für den ausgedehnten Wirtschaftsraum, der das ganze von Deutschland beherrschte Europa umfassen sollte. Die Durchführung des Plans hing ab von einem Sieg über die Briten, von der Zusammenarbeit der Vichy-Regierung mit Berlin und nicht zuletzt von der Vertragstreue Stalins gegenüber Hitler. Der Plan wurde von offiziellen Stellen im Sommer 1940 ausgearbeitet, zu einem Zeitpunkt, da die Achsenmächte, in concreto die italienischen Truppen, bereits bis Addis Abeba und Mogadischu vorgerückt waren und Algerien, Marokko und Tunesien Kolonien des besiegten Frankreich waren. Gegen Kritiker, die behaupten, daß der Madagaskar-Plan ein verrückter und unrealistischer Plan war, der nicht durchgeführt werden konnte, wendet er in seinem Buch ein, daß himmelstürmende Pläne – wie beispielsweise der Turmbau zu Babel – gerade deshalb so gefährlich sind, weil die Menschen an ihre Durchführbarkeit glauben. Der Madagaskar-Plan hatte so eine verheerende Wirkung auf die Gesellschaft, weil Hitler wirklich dachte, daß er durchgeführt werden könnte.[41]

Daniel Goldhagen widmet dem Madagaskar-Plan in seinem 1996 erschienenen, aufsehenerregenden Buch *Hitlers willige Vollstrecker* (1996) nur einen Absatz. Er schreibt:

> »Da 1939 und 1940 ein Genozid aufgrund der geostrategischen Lage nicht durchführbar und es noch fraglich war, wann sich dies ändern würde, wandten sich Hitler und seine Untergebenen der nächstbesten Lösung zu: der Massendeportation. Es gab Pläne, die Juden aus diesen Gebieten, insbesondere aus dem ins Reich eingegliederten Warthegau, auszusiedeln. Die Deutschen begannen auch damit, ließen das Projekt dann aber fallen. Zu den umfassendsten Vorschlägen, die ernsthaft erwogen wurden, zählten erstens die Schaffung eines ›Reservats‹ im Lubliner Gebiet und zweitens die Verschiffung der Juden nach Madagaskar. Wie diese, so waren auch alle anderen Vorschläge zur Massendeportation nichts anderes als – um einen Ausdruck Leni Yahils zu gebrauchen – das ›Phantom einer Lösung‹.«

War der Madagaskar-Plan eine Vernebelungsaktion oder ein ernsthafter Plan? Auf diese Frage kann nur dann eine befriedigende Antwort gefunden werden, wenn zunächst einmal das zur Verfügung stehende Archivmaterial zu diesem Thema studiert wird. Dann stellt sich zum Beispiel heraus, daß man nie beabsichtigte – so wie einige Historiker behaupten –, den Madagaskar-Plan noch während des Krieges in die Tat umzusetzen. Dies sollte erst nach dem Krieg geschehen, wenn Hitler den Krieg als Sieger beendet haben würde. Bei der Quellenstudie wird auch deutlich, daß es nicht *einen* Madagaskar-Plan gab, sondern daß mehrere entworfen wurden: Nicht nur Hitler und seine Anhänger entwarfen einen derartigen Plan, sondern auch die französische, die polnische und die britische Regierung. Die Pläne der verschiedenen Urheber unterscheiden sich meist gewaltig voneinander. Es wurde zu Kriegsende sogar von Juden in Frankreich ein Madagaskar-Plan ausgearbeitet. Dieser Vielfalt von Plänen wird von den meisten Historikern im allgemeinen wenig Aufmerksamkeit geschenkt.

Die Quellen, die sich auf den deutschen Madagaskar-Plan beziehen, machen deutlich, daß es sich um keinen isolierten Plan handelte, sondern daß er Teil eines großen kolonialen Plans war: der Errichtung des »Kolonialreichs Mittelafrika«. Auch diesen Aspekt des Madagaskar-Plans lassen die meisten Historiker außer acht. Weiters kann die oben gestellte Frage nur beantwortet werden, wenn wir den Madagaskar-Plan in seinem historischen Kontext betrachten. Mit Ausnahme von Historikern wie Hilberg, Browning, Burrin, Bauer und Aly schenken die meisten dieser Sichtweise nur geringe Aufmerksamkeit. Außerdem wird klar, daß die Entwicklung des deutschen Madagaskar-Plans ganz wesentlich mit dem Scheitern anderer Pläne zur Lösung der Judenfrage zusammenhängt, wie beispielsweise der »freiwilligen« und erzwungenen Emigration der Juden. Auch das Scheitern der großen Flüchtlingskonferenz von Evian brachte den Madagaskar-Plan hoch in Kurs. Wenn man den unmittelbaren und auch den weiteren Kontext dieses Plans in Betracht zieht, wird deutlich, wieso man sich damals in Deutschland viele Jahre mit dem Plan beschäftigte und sich der Plan in allerlei Varianten entwickelte (wie die Pläne von Schacht, Rademacher und Eichmann).

Da Historiker, die den Madagaskar-Plan des Reichsaußenministeriums und das Madagaskar-Projekt des RSHA als Vernebelungstaktik interpretieren, nur auf die betreffenden Dokumente verweisen, diese Stücke jedoch offensichtlich nicht gelesen haben, kommen sie oft zu Schlußfolgerungen, die dem Inhalt der Dokumente widersprechen. Deshalb ist in Teil 2 Kapitel X der wörtliche Text der beiden Dokumente aufgenommen.

Schließlich ist es auch sehr wichtig, daß die Schriften derjenigen Ideologen, die in den zwanziger und dreißiger Jahren Madagaskar-Pläne entwarfen und auf die in den offiziellen Dokumenten verwiesen wird (Beamish und Egon van Winghene werden namentlich genannt), nicht fragmentarisch zusammengefaßt, sondern ausführlich analysiert werden. Sie argumentierten aus der christlichen Tradition heraus, warum die Zeit reif war, alle Juden aus Europa zu vertreiben, um die christliche Kultur zu retten. Keiner der Historiker, die über den Madagaskar-Plan schrieben, beschäftigte sich damit näher. Sie verweisen zwar auf die Schriften von Beamish und van Winghene als ideologische Grundlagen des Madagaskar-Plans, jedoch ohne inhaltlich darauf einzugehen. Ich verstehe ihr verlegenes Schweigen nur zu gut: Es ist nicht einfach, den Schriften auf die Spur zu kommen. Es kostete mich einige Jahre der Nachforschungen, bis ich Egon van Winghenes Publikation zum Madagaskar-Plan schließlich in der Bibliothek des Zentrums für Antisemitismusforschung der Technischen Universität Berlin aufspüren konnte. Erst einige Monate vor Fertigstellung meines Manuskripts fand ich heraus, daß sich die Abhandlung von Charles W. Gore über den Madagaskar-Plan in den Archiven des *Board of Deputies of British Jews* in

London befinden mußte. Ich habe es den Nachforschungen von Dr. Piet van Boxel zu verdanken, daß ich schließlich eine Kopie davon in die Hände bekam. Wer die Schriften der genannten Ideologen mit dem Text des Madagaskar-Plans (des Reichsaußenministeriums) und des Madagaskar-Projekts (des RSHA) vergleicht, kommt zu der Schlußfolgerung, daß unter anderem Eichmann vom RSHA und Rademacher vom Reichsaußenministerium die ideologischen Grundprinzipien zu einem praktischen Konzept umgearbeitet haben. Sie müssen beide die Texte von Beamish und Van Winghene gelesen haben, da sie in ihren Plänen darauf verweisen.[42]

Mein Dank richtet sich an die folgenden Personen, ohne die ich dieses Buch nicht hätte schreiben können: Dr. J. Th. Houwink ten Cate vom *Rijksinstituut voor Oorlogsdocumentatie* in Amsterdam, den Archivar des *Instituut voor Sociale Geschiedenis* in Amsterdam, Jan Smits von der *Koninklijke Bibliotheek (Centrale Catalogus voor Kartografie)* in Den Haag, Aleid Mooi von der *Koninklijke Bibliotheek* (Fernleihe) in Den Haag, Mr. P. E. Westra und seine Assistentin A. Faranof von der *South African Library* in Kapstadt, Prof. Dr. Rivka Yadlin von *The Leonard Davis Institute For International Relations* der *Hebrew University* in Jerusalem, den Archivar des *Yad Vashem Center of Archives* in Jerusalem, Dina Abramowicz und Fruma Mohrer vom *Yivo Institute For Jewish Research* in New York, Prof. Claude Singer von der *Université Paris (DUEJ-Raschi)*, Dr. Piet van Boxel, Bibliothekar und Dozent am *Leo Baeck College* in London, den Archivar des *Board of Deputies of British Jews* in London, Dr. Lothar Zögner von der Staatsbibliothek Preußischer Kulturbesitz in Berlin, den Bibliothekar der Bibliothek vom Zentrum für Antisemitismusforschung der Technischen Universität in Berlin, den Archivar des Bundesarchivs in Koblenz, die Archivarin Dr. Maria Keipert vom Auswärtigen Amt in Bonn, dem Bibliothekar des Instituts für Zeitgeschichte in München und Paul Hendrix, den Autor der Bibliographie über Henri Wilhelm August Deterding.[43] Hendrix wies mich in einigen äußerst interessanten Gesprächen darauf hin, daß dieser außergewöhnliche niederländische Industriekapitän höchstwahrscheinlich am Madagaskar-Plan von Hjalmar Schacht im Jahr 1938 beteiligt war.

Ich danke auch Mieke van Dalen, Verlagslektorin bei SdU (Den Haag), die mir zahlreiche Ratschläge gab, und Dik van der Meulen, der das Manuskript kritisch durchlas und mir viele wertvolle Ratschläge gab. Mein Dank geht weiters an Jantine van Muiswinkel (Nieuwe Gein) und last but not least danke ich Simon Wiesenthal (Wien) und Simon Speijer, Sekretär der *Stichting Wiesenthal-Fonds* (Alphen aan den Rijn), die mich 1992 fragten, ob ich eine gründliche Studie über den Madagaskar-Plan machen wolle, da hierüber noch kein Buch erschienen war.

Teil 1

Der Madagaskar-Plan
Ein ursprünglich christlicher Plan
Entwicklung einer Ideologie

Kapitel I

Die Vorgeschichte des Madagaskar-Plans

Die Madagaskar-Pläne der Antisemiten Lagarde, Beamish, Van Winghene, Leese und Gore haben eine lange Vorgeschichte. Wenn wir die Schriften lesen, die im 19. und 20. Jahrhundert über die Judenfrage erschienen sind[1], müssen wir zu der Schlußfolgerung gelangen, daß die von Lagarde, Beamish, Van Winghene, Leese und Gore besprochenen Ideen exemplarisch sind für die allgemeine Meinung, die in breiten Schichten der Bevölkerung zu diesem Thema herrschte. Die Auffassung, daß die Juden Europa verlassen und sich anderswo als Kolonisten niederlassen sollten oder daß man sie aus Europa verbannen und in einer unwirtlichen Gegend »abladen« sollte, war weit verbreitet. Das Besondere an den genannten Autoren ist lediglich, daß sie Madagaskar als Endbestimmung für die europäischen Juden (bzw. für alle Juden) im Auge hatten. In vielen anderen Publikationen, die ab Ende des 18. Jahrhunderts, vor allem in Deutschland, erschienen sind, werden andere außereuropäische Gebiete zur Ansiedlung von Juden genannt.[2]

Die ersten Vorschläge zur Vertreibung der Juden aus Europa und ihrer Ansiedlung in einem fernen außereuropäischen Gebiet wurden gegen Ende des 18. Jahrhunderts in Deutschland gemacht, als dort scharfe Auseinandersetzungen zwischen Gegnern und Befürwortern der sogenannten »Judenemanzipation« im Gange waren. Unter Emanzipation verstand man die Anpassung der Juden an die jeweilige Kultur, in der sie lebten. Vorschläge dieser Art basierten auf unterschiedlichen Ansichten hinsichtlich der Fähigkeit der Juden, ihre Lebensweise anzupassen.[3] Gegner der Judenemanzipation waren zutiefst davon überzeugt, daß Juden von Natur aus nicht imstande waren, ihr Verhalten zu ändern, und deshalb eine andauernde Bedrohung für die christliche Gesellschaft darstellten. Sie hielten darum nachdrücklich fest, daß die Juden aus Europa vertrieben werden müßten. Befürworter der Judenemanzipation gingen hingegen davon aus, daß die Juden sehr wohl fähig wären, ihre Lebensweise zu ändern. Sie würden jedoch eine noch viel größere Gefahr für die christliche Kultur darstellen, wenn sie sich einmal in die christliche Gesellschaft integriert hätten. Deshalb dachten auch sie darüber nach, wie man die Juden für immer loswerden könnte.[4]

Während unter Gegnern und Befürwortern der Judenemanzipation einige der Meinung waren, daß man die Juden auf freiwilliger Basis in ein weitläufiges Gebiet außerhalb Europas auswandern lassen sollte, vertraten andere die Auffassung, daß es besser wäre, sie zu verbannen, da die meisten Juden nicht daran dächten, Europa freiwillig zu verlassen. Die Juden würden viel lieber weiterhin »als Parasiten« in einem Gastland leben, als anderswo eine eigene Existenz aufzubauen. Da man meinte, daß die Juden einen schädlichen Einfluß auf das Leben von Nicht-Juden hätten, sollten sie von diesen völlig getrennt werden, um jeglichen Kontakt zu vermeiden. Weil man das System des Ghettos als veraltet und darüber hinaus nicht sehr effektiv ansah (es herrschte noch stets reger Kontakt zwischen Juden und Nicht-Juden), zog man die Möglichkeit einer Massenemigration oder Massenvertreibung der Juden in ein Gebiet außerhalb Europas vor. Nicht immer wurden Gebiete namentlich genannt, aber man schrieb ganz allgemein über völlig ausgestorbene, unbewohnbare Landstriche, über Wüstengebiete, wo aufgrund der Hitze kein Mensch leben konnte, und vor allem über abgelegene, ungastliche Inseln. Das Leben der Juden auf einer fernen Insel sollte auch als Symbol für die unüberbrückbare Kluft zwischen jüdischer und europäischer (christlicher) Kultur dienen.

Als Christian Wilhelm Dohm sein berühmtes Buch über die Notwendigkeit der Judenemanzipation publiziert hatte[5], reagierten Rezensenten mit radikalen Gegenvorschlägen: Sie wollten die Juden in ein Gebiet außerhalb Europas umsiedeln. Einer von ihnen schrieb, daß alle politischen Führer Europas nach gegenseitigen Beratungen den Beschluß fassen müßten, die Juden auf eine Insel im atlantischen Ozean zu deportieren.[6] Falls ganz unerwartet nicht alle Regierungschefs dem Plan zustimmten, würde es ausreichen, wenn ein paar oder auch nur einer von ihnen die Initiative ergreifen würde, um die Juden auf eine einsame Insel zu schicken.

Es gab auch Artikel und Leserbriefe, in denen gefordert wurde, eine Insel im atlantischen Ozean als Strafkolonie für kriminelle Juden zu verwenden. Vorbild für diese Idee war die Praxis von Briten und Franzosen, die ihre Verbrecher in ferne Strafkolonien verbannten. In diesem Zusammenhang wurde mehrmals die britische Strafkolonie Botany Bay in Australien genannt. Da nach Meinung der Verfasser dieser Artikel Verbrecher unter Nicht-Juden die Ausnahme und unter Juden die Regel wären, würde der Großteil der Juden für die Deportation in eine solche Strafkolonie in Frage kommen.[7] Als zehn Jahre später in Preußen hitzige Diskussionen zum Thema Judenemanzipation geführt wurden, machte Karl Wilhelm Grattenauer, Richter in Berlin, den Vorschlag, alle Juden aus Europa zu verbannen. Er ging während einer Debatte ausführlich auf die Motivation seines Vorschlags ein: Für ihn stand unabänderlich fest, daß es in Europa nie ein Zeitalter geben würde, in dem die Juden keinen schädlichen Einfluß auf andere ausüben würden.[8]

Interessant ist, daß man sich in den Diskussionen zwischen Gegnern und Befürwortern der Judenemanzipation auf der einen Seite ausführlich mit allen Aspekten einer möglichen großangelegten Evakuierung der europäischen Juden beschäftigte, auf der anderen Seite jedoch auch die Nachteile einer solchen Aktion in Betracht zog. Es wurde nicht selten darauf hingewiesen, daß die Umsiedlung der Juden eine wirtschaftliche Rezession mit sich bringen könnte. Friedrich Buchholz, Publizist in Berlin, schrieb beispielsweise, daß eine Deportation der Juden vom humanen und juristischen Standpunkt völlig gerechtfertigt war. Man müßte jedoch bedenken, daß eine Vertreibung der Juden nicht nur für die Staaten Schaden bedeutete, aus denen sie vertrieben würden, sondern auch für die Länder, die ihre Grenzen für sie öffnen wollten.[9] Andere waren jedoch ganz einfach der Meinung, daß man die Juden all ihrer finanziellen Mittel berauben sollte, bevor man sie des Kontinents verwies.[10]

Auch der Heidelberger Philosoph Jakob Friedrich Fries war der Auffassung, daß die Vertreibung der Juden aus Europa unvermeidlich wäre, da sie sich als asiatische »Volksverderber« und »Brotdiebe« entpuppt hätten, die von Nicht-Juden zu Recht gehaßt wurden. Genauso wie man in Spanien erleichtert aufgeatmet hätte, als König Ferdinand von Aragon und Königin Isabella von Kastilien alle Juden, die sich nicht bekehren lassen wollten, des Landes verwiesen hätten, würde man in Europa vor Freude jauchzen, wenn die Regierungschefs dem Beispiel folgten und alle Juden für immer aus Europa verbannten.[11]

Die europäischen Regierungen sollten sich ein Beispiel an den spanischen Fürsten nehmen, die sich keinerlei Gedanken über mögliche finanzielle Nachteile im Falle der Vertreibung der Juden gemacht hätten. Die spanischen Herrscher hätten es nicht länger mitansehen können, wie ihre Untertanen von den Juden finanziell ausgenutzt wurden, und hätten darum die Juden ein für allemal aus Spanien verbannt. Die Juden seien aus den meisten Ländern unter dem Vorwand vertrieben worden, daß sie Wucherer wären[12], und so war auch das Hauptziel der Antisemiten zu Beginn des 19. Jahrhunderts die Befreiung der Gesellschaft von den »geldgierigen jüdischen Wucherern«. Ihnen zufolge sollte man ohne Zögern dem Vorbild der illustren Vorgänger (Päpsten, Bischöfen, Kaisern und Königen) folgen, die sich für eine Vertreibung der Juden aus ihrem Land (bzw. Kirchenstaat) entschieden hätten. Einer von ihnen, ein Schüler des vorhin genannten Professor Fries, schrieb, daß man das jüdische Volk am besten nach Jerusalem schicken sollte, da sie von dort eigentlich herkamen. Wenn das nicht möglich wäre, sollte man sie alle in die Hölle schicken, weil sie Gehilfen des Teufels wären – dieser würde sie mit offenen Armen aufnehmen und ihre Heimkehr, nach den langen Irrwanderungen durch Europa, gebührend feiern.

Immer wieder tauchte auch der Vorschlag auf, alle Juden nach Palästina abzuschieben. Die Politiker sollten mit dem türkischen Sultan verhandeln, damit die Juden wieder in ihr eigenes Land zurückkehren könnten. Als Gegenleistung dafür sollte die Türkei Griechenland erhalten. Die Zeit drängte, es war bereits fünf Minuten vor zwölf. Die Juden mußten aus Europa verschwinden. Es wurde ihnen geraten, ihre »Wuchergeschäfte« im Nahen Osten fortzusetzen – da würden sie keinen Ärger verursachen, weil es in der Natur der Asiaten läge, andere auszubeuten. Martin Jucho, Jurist und Mitglied des Frankfurter Senats, und sein Kollege Johann Isaak Freiherr von Gerning waren zutiefst davon überzeugt, daß es an der Zeit wäre, mit dem türkischen Sultan über eine mögliche Rückkehr der Juden nach Palästina zu verhandeln. Sie glaubten fest daran, daß die europäische Kultur nicht überleben würde, wenn die Juden in Europa blieben, weil die jüdische Kultur die größte Bedrohung für den Fortbestand des Christentums darstelle. In Palästina könnten die

Juden wieder ganz das auserwählte Volk sein, ohne anderen (Christen) dadurch Schaden zuzufügen. Sowohl die jüdische als auch die christliche Kultur würde sich dann viel besser entfalten können. Die Geschichte hätte nämlich gezeigt, daß die beiden Kulturen nicht miteinander auskämen.[13]

Einer ähnlichen Argumentation bediente sich H. Pfaff, Professor in Kiel. Er arbeitete die These aus, daß Angehörige der jüdischen und der christlichen Kultur einander nur negativ beeinflussen könnten. Darum wäre es für Christen und Juden in Europa das Beste, wenn die Juden ihr gelobtes Land zurückerhielten. Sie könnten ihren Tempel wieder aufbauen und streng nach den mosaischen Gesetzen leben. Gleichzeitig sah Pfaff Palästina in gewisser Weise auch als Strafkolonie, wo die Juden für die Verbrechen, die sie in den vergangenen Jahrhunderten begangen hätten, büßen sollten.[14]

Im Görres-Kreis in München wurden die Juden als fremdes asiatisches Volk angesehen. Dieser Vereinigung zufolge hätte die Geschichte deutlich gezeigt, daß die Kluft zwischen asiatisch-jüdischer und europäisch-christlicher Kultur unüberbrückbar sei. Juden, die sich zum Christentum bekehren wollten, sollten darum zuerst eine Erklärung abgeben müssen, worin sie allem, was mit dem asiatischen Judentum zusammenhing, gänzlich abschworen. Wenn sie sich nicht bekehren wollten, sollten sie nach Palästina zurückkehren müssen. Man glaubte die christliche Kultur davor bewahren zu müssen, daß sie am »Orientalismus« zugrunde ginge.[15]

Andere äußerten ihre Enttäuschung darüber, daß Napoleon bei seinem Palästina-Feldzug (8. Februar – 1. Juni 1799) nicht weiter als bis Akkon gekommen war, wo sein Heer den Rückzug antreten mußte. Polnische Juden hätten Napoleon bereits als eine Art Messias gesehen, der ihnen nach einem Sieg über die Türken ihr heiliges Land zurückgeben würde. Die Judenfrage hätte somit – europäischen Antisemiten zufolge – bereits zu dieser Zeit gelöst sein können: Alle europäischen Juden hätten Europa verlassen und sich in ihrem angestammten Land, aus dem sie 70 n. Chr. von den Römern vertrieben worden waren, niederlassen können.

Aus zahlreichen Publikationen wird deutlich, daß sich die Autoren von der Auffassung Herders beeinflussen ließen, der unmißverständlich geschrieben hatte, daß die Juden ein asiatisches Volk wären, das auf dem europäischen Kontinent nichts zu suchen hätte. Sie hätten sich im Abendland nie ihrer Abstammung entsprechend entwickeln können. Was für andere Völker galt, gelte, so Herder, auch für die Juden: Man fühlte sich in seinem eigenen Land am meisten zu Hause, da man dort seiner eigenen Identität am besten Ausdruck verleihen könnte. Darum sollte man im Interesse der Christen und auch im Interesse der Juden dem jüdischen Volk die Möglichkeit geben, nach Palästina auszuwandern.

Im Gegensatz zu Herder, der nichts über einen möglichen negativen Einfluß der Juden auf die europäische Kultur geschrieben hatte, behandelten diejenigen, die sich auf ihn beriefen, gerade diesen Punkt besonders ausführlich. Auch Schmidt, der Bürgermeister von Bremen, gehörte zum Kreis derjenigen, die sich für eine Rückkehr der Juden nach Palästina einsetzten.

Von streng protestantischer Seite war man jedoch gegen Palästina als Bestimmungsland für die europäischen Juden. Man träumte im Gegenteil davon, daß Palästina, nach erfolgreicher Zurückdrängung der Türken in die Steppen Asiens und nach drei Jahrhunderten der Beherrschung durch den Islam, wieder das heilige Land der Christen werden sollte. Für die Juden wäre dort kein Platz, da sich in Europa gezeigt hatte, daß sie mit keiner anderen Kultur harmonierten. Der einzige Ort, der als Siedlungsgebiet für die »jüdischen Wucherer« in Frage käme, sei laut dem evangelischen Theologen Johann Friedrich Röhr eine abgelegene unwirtliche Insel.[16]

Je besser die Position der Juden in einigen deutschen Staaten wurde, desto lauter wurden die Rufe derjenigen Autoren, die eine Vertreibung der Juden aus Europa forderten – andernfalls würde über Europa ein großes Unheil hereinbrechen. Aus den Schriften geht auch klar hervor, daß diese Auffassung von einer breiten Bevölkerungsmehrheit geteilt wurde. Die meisten hielten jedoch die Frage offen, ob die Juden auf freiwilliger Basis auswandern durften oder ob sie vertrieben werden sollten. Manche Pläne wurden nur in groben Zügen entworfen, andere bis ins kleinste Detail ausgearbeitet. Beim Entwurf dieser Pläne ging man meist davon aus, daß die Juden nicht freiwillig das Land, in dem sie zu leben gewohnt waren, verlassen würden. Darum schlug man vor, daß die Politiker Gesetze ausarbeiten sollten, die den Juden das Leben schwer machten, sodaß diese irgendwann von selbst die Koffer packen würden. Sobald sie merken würden, daß sie in vielerlei Hinsicht diskriminiert wurden, würden sie kaum länger als nötig im Land bleiben.

Der Widerwille vieler Juden, das Land, in dem sie lebten, zu verlassen, hinge Christian Ludwig Paalzow zufolge auch mit ihrer Messias-Erwartung zusammen; diese Erwartung impliziere das Streben nach der Weltherrschaft um jeden Preis. Aufgrund der Messias-Erwartung könnten die Juden auch nicht gehorsame Untertanen des Staates werden, selbst wenn sie es wollten. Sie müßten einsehen, daß sie Europa den Rücken kehren und sich anderswo niederlassen müßten. Wenn sie sich selbst für ein Land entschieden, in das sie auswandern wollten, würden sie sich selbst viel Elend ersparen. Weigerten sie sich jedoch hartnäckig zu gehen, müßte die Obrigkeit sie zur Auswanderung zwingen. Paalzow dachte dabei an ein ausgedehntes Gebiet in Amerika. Er war zutiefst davon überzeugt, daß die Juden wirtschaftlich immer mehr Macht an sich reißen würden, je mehr sie sich in die Gesellschaft integrierten. Wie so viele seiner Zeitgenossen sah er das Schreckensbild einer »Verjudung« Europas vor sich. Er wußte wohl, daß die Auswanderung der jüdischen Bevölkerung bzw. ihre Vertreibung möglicherweise eine ernsthafte wirtschaftliche Krise in Europa zur Folge hätte. Er war jedoch der Ansicht, daß eine solche Rezession von kurzer Dauer wäre. Seiner Meinung nach wog die Entfernung eines »Herdes der Immoralität« einen kurzzeitigen finanziellen Verlust sehr wohl auf. Auch Paalzow berief sich auf das Vorbild der spanischen Fürsten des 15. Jahrhunderts. Er kritisierte jedoch deren Vorgangsweise, die Juden vor ihrer Vertreibung aller Habseligkeiten zu berauben – er fand, daß man die Juden mitsamt ihrer Besitztümer aus Europa abziehen lassen müsse.[17]

Hundt-Radowsky, der die Deportation der Juden als notwendige Maßnahme betrachtete, um den christlichen Kontinent von allem »Ungeziefer« zu reinigen, war für eine Konfiszierung aller jüdischen Güter. Er nahm sich dabei den ägyptischen Pharao zum Vorbild: Da die Juden sich nach ihrer Vertreibung aus Jerusalem in den Ländern der Diaspora als Parasiten eingenistet und ihre Gastvölker bis aufs letzte ausgenutzt hätten, könnte man sie als Ausgleich bei ihrer Ausweisung zu Recht all ihrer Güter berauben. Hundt-Radowsky sprach daher auch den christlichen Staaten das Recht zu, sich ihr »Eigentum« von den Juden wieder zurückzuholen. Als Möglichkeit nannte er weiters den Verkauf der Juden als Sklaven an die Briten, die sie gerne zur Arbeit auf den indischen Plantagen eingesetzt hätten. Darüber hinaus könnten die Briten die Juden auch für die Suche nach Edelmetallen einsetzen. Da die Juden, so Hundt-Radowsky, eine feine Nase für Gold und Silber hätten, wären sie besser als jeder andere geeignet, Gold- und Silbervorkommen aufzustöbern. Als Draufgabe könnte man sich bei der Gelegenheit auch an jüdischen Frauen vergreifen, um sie zu erniedrigen.[18]

Anton Fröhlich wiederum argumentierte ähnlich wie Paalzow: Da die Juden nicht fähig wären, sich mit ihren Sitten und Gebräuchen in die christliche Gesellschaft zu integrieren, ohne diese dabei in Gefahr zu bringen, müßte ein Evakuierungsplan ausgearbeitet werden. Fröhlich ging dabei davon aus, daß es genug jüdische Millionäre gäbe, die für ihre Glaubensgenossen irgendwo in Süd- oder Nordamerika ein geeignetes Gebiet erwerben könnten. Wenn sie dann im Laufe der Jahre alle dorthin ausgewandert wären, könnten sie sich endlich ihren langgehegten Wunsch erfüllen und einen eigenen jüdischen Staat gründen.[19]

In den Schriften über Emigration oder Verbannung der Juden taucht immer wieder das Motiv auf, daß jüdische Bankiers die ganze Operation (Ankauf des Landes, Transport und Ansiedlung) finanzieren sollten. Dieses Motiv kann man in fast allen Aussiedlungsplänen, so auch in den Madagaskar-Plänen des deutschen Reichsaußenministeriums und der NSDAP, wiederfinden.

Franz von Spaun dachte sich noch eine andere Variante aus, wie man die Aussiedlung der Juden vorantreiben könnte: Man müßte zunächst alle europäischen Juden registrieren und ihnen in der Folge verbieten, Beschneidungen durchzuführen. Wenn sich Eltern nicht an dieses Verbot hielten, würden sie sofort aus Europa verbannt werden. Von Spaun ging davon aus, daß kein Jude in Europa diesem Gesetz Folge leisten würde. Sie würden lieber sterben, als diesen göttlichen Auftrag zu mißachten. Ohne Ausnahme würde man sie dafür mit der Ausweisung bestrafen, und so wäre Europa binnen kürzester Zeit »judenfrei«.[20]

Die Beschneidung der Söhne war nicht das einzige Gesetz, an das sich die Juden streng hielten – Christian F. Koch zufolge waren alle Gesetze des Talmud nur dazu da, um die Juden von allen Nicht-Juden deutlich zu unterscheiden und ihnen bewußt zu machen, daß sie ein eigenes Volk, eine eigene Nation waren.

Der Talmud war für viele die Quelle allen Übels. Koch dachte, daß die Juden sicher nicht bereit wären, die Regeln des Talmud zu verleugnen und ihre Lebensweise an die der modernen Gesellschaft anzupassen. Darum sollten Politiker Gesetze entwerfen, die denen des Talmud widersprachen, um so den Juden ein Leben in Europa unmöglich zu machen. Sollten sich die Juden wider Erwarten den Gesetzen fügen, müßte man härtere Maßnahmen ergreifen und einen Plan zur Deportation der Juden ausarbeiten.[21]

Als 1849 in Bayern Vertreter der Ständeorganisationen über die Gleichstellung der Juden als Bürger berieten, kam auch ein anonymes Flugblatt mit reaktionärem Inhalt zur Sprache, das unter den Abgeordneten verteilt worden war.[22] Der Verfasser dieser Zeilen behauptete, daß der Talmud das jüdische Grundgesetz verkörpere, in dem die Juden dazu angehalten würden, alle Nicht-Juden zu verachten, zu hassen, zu verfolgen und zu vernichten. Außerdem sollte der Talmud die Juden angeblich dazu auffordern, den Reichtum der Erde mit allen Mitteln in ihren Besitz zu bringen. Das Geld sollten sie dazu verwenden, das Land, aus dem sie vor 2000 Jahren vertrieben worden waren, zurückzukaufen. Um die Angehörigen der christlichen Kultur vor der »perversen Moral der Juden« zu beschützen, sollten die Juden in ein Land fern von Europa verbannt werden, wo sie ihren eigenen Staat gründen könnten.

Rudolf Moser war der erste, der einen detaillierten Plan zur Umsiedlung der Juden in dünn besiedelte Gebiete Nord- und Südamerikas entwarf. Diese Gebiete sollten von reichen Juden käuflich erworben werden. Moser erarbeitete ein genaues Konzept zur Finanzierung der geplanten »Umsiedlungsaktion« – so wie es ein Jahrhundert später auch die Organisatoren der Madagaskar-Aktion tun sollten. Er hielt es für wichtig, daß die Juden nicht mittellos ihre Reise nach Amerika anträten, da damit auch den Nicht-Juden sicher nicht gedient wäre. Deshalb sollten die Juden die beweglichen Güter mitnehmen dürfen und die Immobilien verkaufen, wobei sie einen fünfprozentigen Zuschlag bekommen sollten. Für den Fall, daß die Regierungen nicht in der Lage wären, den Juden ihre Immobilien abzukaufen, schlug Moser vor, die fehlenden Beträge durch zusätzliche Steuern wieder hereinzuholen. Die Bürger wären sicher gerne bereit, einen Beitrag zu leisten, wenn sie dadurch vom »Joch der jüdischen Übermacht« befreit würden. Er rechnete aus, daß die Höhe der Zusatzsteuer gering ausfallen würde im Vergleich zu den Kreditzinsen, die die Bürger an die Juden gewöhnlich zu zahlen hätten. Die Verbannung der Juden in das eine oder andere Gebiet in Amerika würde der Entwicklung der europäischen Wirtschaft und Kultur auf lange Sicht zugute kommen. Daher hielt er es für vertretbar, von den Bürgern ein kleines finanzielles Opfer zu verlangen. Laut Moser und vieler seiner Zeitgenossen lebten die jüdischen Bankiers mit den wenigen christlichen Geldverleihern auf Kriegsfuß. Letztere waren darum sehr dafür, die Gesellschaft von den ungeliebten Konkurrenten zu »säubern«. Zur Rechtfertigung seines Evakuierungsplanes zog Moser den Talmud heran. Dieser brachte den Juden angeblich bei, Nicht-Juden nicht als Menschen zu betrachten. Darum, so argumentierte Moser (so wie es schon in den Jahrhunderten zuvor unzählige einflußreiche Autoren vor ihm getan hatten[23]), brauchten auch die Christen den Juden keine Sympathie entgegenzubringen. Objekte christlicher Nächstenliebe waren schlußendlich ausschließlich Menschen. Auf der einen Seite arbeitete Moser den Plan so detailliert aus, um zu zeigen, daß die christliche Kultur aussterben würde, wenn die Juden Europa nicht verließen. Auf der anderen Seite wollte er den Beweis erbringen, daß eine Evakuierungsaktion großen Ausmaßes, nämlich die Umsiedlung der europäischen Juden nach Amerika, sehr wohl realisierbar wäre.[24]

Mosers Evakuierungsplan war als Alternative zum Palästina-Projekt gedacht, das andere ausgearbeitet hatten, um die »asiatischen Horden« wieder in ihr eigenes Land zurückzuschicken. Mosers Konzept stimmte in großen Zügen mit den Plänen überein, die die württembergische Landesregierung zur Vertreibung der Juden ersonnen hatte. Sein Evakuierungsplan wies außerdem zahlreiche Übereinstimmungen mit den verschiedenen Varianten des Madagaskar-Plans auf, die zwischen 1920 und 1940 entworfen wurden.

Weiters hatte man nicht nur Gebiete in Asien und Amerika als Siedlungsgebiet für die europäischen Juden im Auge, sondern dachte auch an die vielen unwirtlichen Regionen Afrikas. Eine ganz neue Sichtweise lieferte Friedrich Wilhelm Frömbling, der vorschlug, die Juden zur Emigration nach Marokko zu zwingen. Sie sollten den Weg für spätere deutsche Kolonisten bereiten, die einmal dieses ausgedehnte Gebiet in Nordafrika germanisieren sollten. Da die Juden in den vergangenen Jahrhunderten so viele europäische Bürger durch ihre Wucherpraktiken an den Bettelstab gebracht hätten, sollten sie, Frömbling zufolge, nicht nur mit der Verbannung nach Nordafrika bestraft werden, sondern auch für die christlichen Kolonisten Sklavendienste verrichten müssen.[25]

Das Motiv der Verbannung der Juden aus Europa war ab Mitte des 19. Jahrhunderts ein fixer Bestandteil des modernen Antisemitismus in all den Ländern geworden, in denen man nach einer Lösung der Judenfrage suchte.[26]

Kapitel II

Der Madagaskar-Plan von Paul de Lagarde

Paul de Lagarde[I] (1827–1891) war der erste, der den Vorschlag machte, die Judenfrage zu lösen, indem man die Juden nach Madagaskar deportierte. Über ihn wird gesagt, daß er philosophisch gesehen ein Idealist war, da für ihn alles, was deutsch war, eine Frage des Geistes und nicht des Fleisches war. Mit seinen Auffassungen stand er Fichte nahe. Seit 1869 war er ordentlicher Professor für semitische Philologie und Bibelwissenschaften an der Universität von Göttingen. Als gut ausgebildeter Orientalist war er ein Schüler von Rückert. Seine Lebensaufgabe sah er im Studium von Schriften zum Ursprung des Christentums. Er war kein Dilettant wie Gobineau und Houston Stewart Chamberlain, sondern ein Gelehrter von Format, der auch viele syrische, koptische, arabische, griechische und lateinische Handschriften herausgab. Darüber hinaus verfaßte er zahlreiche sprachkritische Abhandlungen. Auch engagierte er sich mit Leib und Seele in der Politik. Er stellte für die preußische konservative Partei ein politisches Programm zusammen, in dem er für die Vernichtung verschiedener slawischer Völker plädierte, die er eine »Last aus der Vergangenheit« nannte. Seine philosophischen Untersuchungen stellte er in den Dienst der Erziehung des deutschen Volkes. Er sah sich selbst gern als »Praeceptor Germaniae« (wie ihn auch Thomas Mann später nennen sollte), blieb jedoch zeit seines Lebens ein Außenseiter, der immer das Gefühl hatte, daß er als Wissenschaftler nicht genügend Anerkennung bekam.

Lagarde zerschnitt in seinen Schriften radikal das Band zwischen Altem und Neuem Testament, zwischen den Schriften der Verheißungen und der Erfüllung. Christus und die Kirche wurden aus der jüdischen Tradition herausgerissen. Der Monotheismus der Juden war Lagarde zufolge nie etwas anderes gewesen als Götzendienst, ihre Überzeugung, das auserwählte Volk zu sein, nur Nationalismus und ihre Absonderung gegenüber anderen Völkern purer Hochmut. Die Juden hätten sich als Volk außerhalb der Geschichte gestellt, und ihre Religion bestünde aus nichts weiter als atavistischen Riten und Gebräuchen. In theologischer Hinsicht war Lagarde, genauso wie Nietzsche und Fichte, stark anti-paulinisch. So wie sein Freund Ernest Renan sah er Jesus lediglich als Menschen, der durch Gottes unergründlichen Ratschluß inmitten der Rasse der Semiten geboren wurde und dessen eigentliche Größe sich darin zeigte, daß er kein Jude sein wollte. Lagarde machte keine eindeutigen Aussagen über die Abstammung Jesu. Er wies jedoch wiederholt darauf hin, daß die christliche Lehre, so wie sie im Laufe der Jahrhunderte auf zahlreichen Synoden und Konzilen von Päpsten und Bischöfen vorgetragen worden war, eine Verwurzelung Jesu in der jüdischen Kultur und Tradition ausschließe.

Leider sei, so Lagarde weiter, in den vorangegangenen Jahrhunderten das anti-jüdische Evangelium Jesu verraten worden. Paulus betrachtet er als den großen Verräter an der Botschaft Jesu an die Menschheit.[2] Lagarde wirft Paulus vor, daß er mit seinen Briefen dafür gesorgt habe, daß das jüdische Denken, Fühlen und Handeln, kurz, die jüdische Lebensweise, in das Christentum Eingang gefunden habe und daraus nie mehr verschwinden würde. Jesus würde sich im Grab umdrehen, wenn er wüßte, daß Paulus über seinen Tod als ein alles entscheidendes Ereignis für die Geschichte der Menschheit geschrieben hatte. Nur ein echter Jude könne, so Lagarde, so etwas schreiben. Im Juden Paulus haßte Lagarde das Judentum, von dem Jesus die Menschheit eigentlich hatte befreien wollen, das nun jedoch als »jüdisches Gift« die reine Botschaft des Jesus von Nazareth infiziert hätte. Der größte Fehler, den die Reformatoren, allen voran Luther und Calvin, begangen hätten, wäre ihre hohe Bewertung der hebräischen Bibel und der Briefe des Apostels Paulus gewesen. Anstatt das Christentum zu »entjudifizieren«, indem sie das Alte Testament und die Paulus-Briefe aus dem Kanon strichen, stützten sie sich bei ihrer Erneuerung des Christentums noch stärker als die Kirche der vorangegangenen Jahrhunderte auf eben diese Quellen. Lagarde betrachtete die Juden als mitschuldig an der Reformation, da sie sich immer dafür eingesetzt hätten, daß die Kirche am Alten Testament und an den Briefen des Apostels Paulus festhielt. Sie hätten so versucht, ihren schädlichen Einfluß auf das Christentum zu bewahren. Das Christentum des Paulus nahm so den Platz von Christi Evangelium ein. Diese Umkehrung hätte katastrophale Folgen für die europäische Kultur gehabt. Infolge des tiefgreifenden Einflusses von Paulus Theologie auf die christliche Kultur wären die Christen mit dem »Gift des Judentums« infiziert worden. Jesus wäre gekommen, um das Judentum abzuschaffen, durch das Auftreten von Paulus hätte jedoch die jüdische Lehre die Möglichkeit erhalten, immer wieder im Herzen der christlichen Lehre ihren verderblichen Einfluß geltend zu machen und somit die anti-jüdische Lehre Jesu zu übertönen. Da er die Kirche als vom Paulinismus – vom »gefährlichen und verfluchten Judentum« – infiziert ansah (von dem Jesus die Menschheit eigentlich befreien wollte), übte Lagarde scharfe Kritik an diesen Institutionen, die sich vom anti-jüdischen Evangelium Jesu entfernt hätten. Er warf der Kirche Luthers vor, daß sie nichts anderes täte, als »die verwesten Reste des Christentums weiterzuschleppen«.

Lagarde machte die Juden dafür verantwortlich, daß Deutschland sich langsam von seiner großen Vergangenheit und seiner großartigen Kultur zu lösen begänne. Sein Judenhaß war sicher nicht in erster Linie rassistischer Natur, da er der Reinheit des Blutes kaum Bedeutung zusprach. Auch richtete er sich nicht gegen die jüdische Kultur als solche, sondern gegen die jüdische Kultur, wie sie sich im Laufe der Jahrhunderte in Deutschland entwickelt hätte und das Überleben der germanischen Kultur bedrohe. Das käme, so Lagarde, vor allem daher, daß die Juden ihrer eigenen

Kultur untreu geworden wären und im modernen Zeitalter ein Bündnis mit den Liberalen eingegangen seien. Er nennt das Judentum und den Liberalismus häufig in einem Atemzug, wenn er deutlich machen will, daß er diese beiden für die Stagnation der deutschen Kultur verantwortlich macht.

1881 startete er in einer Abhandlung seinen ersten Angriff gegen die Juden.[3] Er arbeitete darin die These aus, daß die Juden in all ihrem Denken, Fühlen, Schreiben, Sprechen und Handeln von den Deutschen als wesensfremde Personen erfahren würden. Darum glaubte er im Namen des deutschen Volkes sprechen zu können, wenn er sagte, daß zwischen Deutschen und Juden eine unüberbrückbare Kluft bestünde. Lagarde zufolge hatten sich in die jüdische Kultur wesensfremde Elemente eingeschlichen. Der pharisäische Fundamentalismus habe sich erst nach der Zeit Jesu entwickelt. Diese Entwicklung in der Geschichte des jüdischen Volkes habe eine Kultur der toten Buchstaben, der kalten Herzen und der sinnlosen Rituale hervorgebracht, die nicht nur von den Deutschen, sondern auch von anderen Nationen als gewaltige Bedrohung für das christliche Europa empfunden werden müßte. Vor allem die Eßvorschriften waren es, über die sich Lagarde maßlos ärgerte – seiner Meinung nach war das fanatische Festhalten an diesen Regeln eine der Hauptursachen für die unüberbrückbare Kluft zwischen Juden und Nicht-Juden.

Wenn man Lagarde Glauben schenken darf, dann ist es nicht die Kirche gewesen, die die Juden in den vorangegangenen Jahrhunderten in Ghettos eingesperrt hat, sondern hat die jüdische Bevölkerung aufgrund ihrer total anderen Lebensweise diese freiwillig geschaffen, um dort ihre eigene Kultur weiterentwickeln zu können. Er wirft den Juden vor, daß sie sich nach ihrer Emanzipation stets mit Abscheu an die Zeit des Mittelalters zurückerinnerten, eine Zeit, in der sich die deutsche Kultur noch entfalten hatte können. Lagarde wunderte sich, wieso die Juden, die man im Mittelalter in all den christlichen Ländern Europas so gastfreundlich aufgenommen hätte, auf einmal ihre Gastgeber zu hassen begonnen und völlig vergessen hätten, wieviel sie ihnen zu verdanken hätten. Er verglich die Anwesenheit der Juden in der modernen Gesellschaft mit einem fremden Organ, das vom Körper der deutschen Nation abgestoßen würde. Wenn die Juden, so Lagarde, noch immer bereit wären, ihre mosaischen Gesetze aufzugeben, könnten sie Deutsche werden und im Land wohnen bleiben.

In einer zweiten Veröffentlichung, ebenfalls aus dem Jahr 1881, setzte Lagarde seinen Angriff auf die Juden fort.[4] Er bedauerte die Juden ernsthaft dafür, daß sie derartig oberflächliche Menschen wären, die alles, was kulturell von Bedeutung war, schlecht machen mußten. Dabei arbeitete er den Gedanken aus, daß die Juden in ganz Europa ein Bündnis mit den Liberalen geschlossen hätten, das zum Ziel hatte, die christliche Kultur langsam aber sicher aufzulösen.[5] Die Deutschen und andere Nationen sollten endlich – es wäre vielleicht noch nicht zu spät – der Tatsache ins Gesicht sehen, daß es gar nicht mehr (so wie in den vergangenen Jahrhunderten) um die Frage ging, ob die Juden in der christlichen Gesellschaft toleriert werden könnten. Es ginge vielmehr darum, welche Lebensweise sich in Europa durchsetzen würde: die christliche oder die jüdische. Immer wieder kommt Lagarde in seinen Schriften auf die Behauptung zurück, daß es in Europa (und vor allem in Deutschland) eine authentisch christliche Lebensweise – unbefleckt von jüdischen Einflüssen durch die hebräischen Schriften und die Paulus-Briefe – kaum noch gäbe. Die Juden hätten es nämlich geschafft, die Herrschaft über alle modernen Medien an sich zu reißen. Über diese Medien würden sie, so Lagarde, allen Deutschen (Europäern) ihre schamlose Lebensweise aufdrängen.

Ein paar Jahre später, in einer Abhandlung aus dem Jahr 1883[6], reihte Lagarde die Juden unter die »Parasiten« ein, die in der europäischen Geschichte immer auf Kosten ihrer Gastvölker gelebt hätten. Die Juden hätten noch nie einen wichtigen Beitrag zur Entwicklung der europäischen Kultur geliefert. Da sie keine bedeutenden Erfindungen gemacht hätten, hätten sie rein gar nichts zum Fortgang der europäischen Geschichte beigetragen.

Unter dem Einfluß der ersten antisemitischen Parteien und verärgert über kritische Reaktionen auf seine Schriften von seiten mancher Juden, schrieb Lagarde 1885 einen äußerst bitteren Essay über die Juden.[7] Hierin betrachtete er die Juden nicht nur als Fremde und »Parasiten«, sondern als abscheuerregendste und am meisten zu verachtende Mitglieder der Gesellschaft. Er erklärte ganz offen, daß die aktuellen Entwicklungen in Deutschland zur Genüge gezeigt hätten, daß die Emanzipation der Juden ein großer Mißerfolg geworden sei. Lagarde meinte, daß man den Juden nie die gleichen Bürgerrechte hätte zugestehen dürfen. Diese Emanzipation hätte die geplante Germanisierung der Gesellschaft ernsthaft blockiert, da die Juden trotz allem fremde Elemente in der Gesellschaft geblieben wären. Die Juden hätten lediglich die ihnen gebotenen Möglichkeiten genutzt, um alle wichtigen Funktionen an sich zu reißen. Da sie soviel Macht bekommen hätten, könnten sie Nicht-Juden ihre jüdische Lebensweise aufzwingen. Dadurch wären sie auch in der Lage gewesen, eine neue, viel geschlossenere internationale Front gegen das Christentum zu bilden.

In diesem von Judenhaß durchtränkten Essay wirft der Schreiber den Juden vor, daß sie eine moderne Form von Wucher (an der Börse und in den Banken) betrieben, mit dem Ziel, die Herrschaft über ganz Europa zu erlangen. Die emanzipierten und assimilierten Juden hätten sich nicht, so wie ausgemacht, aus ihrem angestammten Beruf des Wucherers zurückgezogen, sondern diesem Berufszweig sogar neue Impulse gegeben. Außerdem, so Lagarde, hätten sie großen Einfluß auf die gesamte Presse und könnten somit Propaganda für ihre asiatische, soll heißen heidnische Lebensweise betreiben. Auch wenn die Juden Lagarde zufolge kein Talent für die Politik hätten, verfügten sie doch über genug politische Macht, um die Monarchie in ihren Grundfesten zu erschüttern. Er glaubte auch zu wissen, weshalb die Juden gegen eine Einverleibung Österreichs in das Deutsche Reich waren und sich auch gegen eine Ausbreitung desselben in Richtung Osten wandten: Die Juden fürchteten angeblich, daß sie so ihre finanzielle Machtposition im Lande verlieren würden.

Lagardes Briefe aus seinen letzten Lebensjahren zeugen ebenfalls von seiner wachsenden Abscheu den Juden gegenüber. Für Lagarde war die Judenfrage gleichbedeutend geworden mit der »deutschen Frage«. Auf die Frage, was für ihn nun genau »deutsch« war, pflegte er zu antworten: »Auf jeden Fall alles, was nicht jüdisch ist!« Lagarde hatte die Gewohnheit angenommen, verschiedene Minister mit Briefen zu überhäufen. Ihm zufolge konnte nämlich die »Germanisierung Deutschlands« – die ihm ein großes Anliegen war, da er als Philosoph die Prämissen dafür ausgearbeitet hatte – ohne die entsprechenden politischen Maßnahmen nicht realisiert werden. Nichts lag ihm mehr am Herzen als die Umsetzung seiner Ideen in die politische Praxis. Deshalb schrieb er unter anderem 1888 einen Brief an Minister Althoff, daß dafür gesorgt werden sollte, daß in Göttingen kein Jude mehr zum Universitätsprofessor ernannt würde.

In so manchen Briefen schrieb er auch über den Ritualmord im ungarischen Tisza Eszlar im Jahr 1882, wo man angeblich ein Mädchen aus christlicher Familie in der Synagoge ermordet hatte. Dieser Bericht entstammte dem tief verwurzelten christlichen (Aber-)Glauben, daß Juden rituelle Morde begehen, da sie für ihre religiösen Riten Blut benötigten. Eine Gruppe Rabbiner hatte Lagarde zu diesem Thema befragt, er hatte ihnen jedoch nicht geantwortet. An Minister Gossler schrieb er hingegen einen sehr langen Brief: Einerseits könne er nicht glauben, daß Juden so etwas täten, nur weil im Talmud ein solch gottloses Gesetz stünde. Andererseits könne er auch nicht ausschließen, daß es in Tisza Eszlar tatsächlich Juden gewesen seien, die das Mädchen getötet hätten, da es dort abergläubische Juden gäbe, die meinten, daß sie für bestimmte Zeremonien Christenblut benötigten.

In den Augen von Paul de Lagarde gehörten Ideologie und praktische Umsetzung zusammen. Daher verwendete er viel Zeit auf die Ausarbeitung von anti-jüdischen Maßnahmen; damit sollte dem verderblichen Einfluß, den die Juden angeblich auf die christliche Gesellschaft hätten, ein Ende gesetzt werden. Lagarde arbeitete beispielsweise ein Konzept für eine neue deutsche Religion aus, aus der alle jüdischen Elemente entfernt werden sollten. In seinem Buch *Die Religion der Zukunft*, das 1878 erschien, schreibt er, daß die Deutschen keine Freiheit und keinen Liberalismus haben wollten, keine »jüdisch-keltischen Theoreme«, die dem aristokratischen Geist der Deutschen fremd wären. Die Besonderheit der deutschen Seele sollte erhalten bleiben. Darum sagt Lagarde: »Wir wollen nicht von einem russischen Kutscher an einer französischen Leine gefahren und mit einer jüdischen Geißel geschlagen werden.«

Da für ihn die Gründung einer neuen deutschen Religion abhängig war von der Eliminierung alles Jüdischen, forderte er in seinen Schriften wiederholt die Vertreibung der Juden aus Europa, da Europa sonst ein einziger großer Friedhof werden könnte. Das Judentum war für ihn ein metaphysisches Prinzip, ein Symbol des Hasses. Er nannte das Judentum sogar »das Ungeziefer, das auf fremdem Leibe schmarotzt«. Und weiter: »Wo eine solche Masse Verwesung angehäuft ist wie in dem Israel Europas, da kommt man mit innerlicher Arznei erst zum Ziele, nachdem man durch einen chirurgischen Eingriff den angesammelten Eiter entfernt hat.« Falls die Juden nicht aus Deutschland entfernt würden, blieben Kirche und Staat krank. Wenn Lagarde über die jüdischen Wucherer sprach, dann betonte er, daß es sicher nicht ausreichen würde, den Juden ihr Geld abzunehmen, da alles Übel aus dem jüdischen Geist käme. Zum Glück hätte Jesus diesem jüdischen Geist die Maske heruntergerissen und ihn an den Pranger gestellt. Darum wäre es von seiten der kirchlichen und weltlichen Autoritäten eines christlichen Staates auch gerechtfertigt, harte Maßnahmen gegen die Juden zu ergreifen – so wie es auch Luther schon getan hatte. Die Christen in Deutschland könnten sich erst dann richtig entfalten, wenn die Juden aufhörten, Juden zu sein.

Lagarde motivierte seinen Aufruf zur Vertreibung der Juden aus der Idee heraus, daß unter den deutschen Christen große moralische Mängel herrschten. Jeder Jude in der christlichen Gesellschaft wäre ein Beweis für die Schwäche des nationalen Lebens und den geringen Wert der christlichen Religion. Kein Wunder also, daß Hitler und seine Anhänger in ihren Ansprachen regelmäßig Lagardes Äußerungen über die Juden zitierten. Lagarde war zutiefst davon überzeugt, daß die Juden mit ihrer asiatischen Abstammung in Europa nichts verloren hätten und daß sie am besten nach Madagaskar deportiert werden sollten. Lagarde träumte von einer Expansion des deutschen Reiches nach Osten und schrieb auch ausführlich über diese Idee:[8]

> »Das von Rußland in Gutem oder Bösem zu erwerbende Land muß weitläufig genug sein, um in Bessarabien und nordöstlich von ihm auch alle in Österreich und in der Türkei lebenden Rumänen (weniger der mit den Juden Polens, Rußlands, Österreichs nach Palästina oder noch lieber nach Madagaskar abzuschaffenden rumänischen Juden) als Untertanen des Königs Karl anzusiedeln. Diese Politik ist etwas assyrisch, aber es gibt keine andere mehr als sie.«

Paul de Lagarde war, wie gesagt, der erste, der den Vorschlag machte, daß die Judenfrage am besten gelöst werden könnte, indem man die Juden nach Madagaskar schickte. Er war jedoch nicht der erste, der davon träumte, daß die Juden eventuell nach Palästina verschifft werden könnten für den Fall, daß eine Verbannung nach Madagaskar nicht möglich wäre.[9] Lagarde war auch nicht der erste, der verlangte, daß sie überhaupt aus Europa verschwinden müßten. Zahlreiche Philosophen hatten dafür plädiert, die Juden nach Palästina zu verbannen, da die Kluft zwischen jüdischer und christlicher Kultur nun einmal unüberbrückbar schien. Und bereits ab dem Ende des 18. Jahrhunderts wurde unter Christen in Deutschland und Frankreich, die sich vehement gegen die Judenemanzipation zur Wehr setzten, die Forderung laut, für einen freiwilligen oder erzwungenen Abzug der Juden aus Europa zu sorgen. Wenn man jedoch darüber schrieb, hatte man nicht Madagaskar im Auge, sondern andere Gebiete außerhalb Europas.[10]

Als man sich später ernsthaft an eine »Germanisierung des Christentums« machte, so wie sie Lagarde vorschwebte, und mit der Verbannung der Juden[11] begann, die er für das Überleben des deutschen Volkes als notwendig erachtet hatte, wurde Lagarde endlich *der* Lehrer der deutschen Nation, der er immer hatte sein wollen.[12] Er wurde der »Prophet« einer neuen »deutschen Religion«, die nur realisierbar war, wenn alle Juden aus Deutschland vertrieben wurden. In Hitlers Drittem Reich, wo sowohl Madagaskar als auch Palästina als Verbannungsorte für Juden in Betracht gezogen wurden, wurde Paul de Lagarde gewissermaßen heiliggesprochen.

Lagarde hatte jedoch schon lange vor Hitler und Rosenberg eine große Zahl von Bewunderern. Sein Einfluß in den Kreisen der deutschen Intelligenz war groß: Wissenschaftler, Dozenten, Geistliche, Herausgeber und Führer antisemitischer Bewegungen, Organisationen und Vereine. Es gab unter ihnen viele enthusiastische Leser, die in ihren Briefen ihre Begeisterung bekundeten zu Lagardes Meinung über die Juden und die von ihm angestrebte Lösung der Judenfrage: die Verbannung der Juden nach Madagaskar. Der folgende Ausspruch Lagardes wurde zum geflügelten Wort:

> »Wir Europäer, wir Christen sind nicht das, was wir sein sollten, wenn noch Juden unter uns sind.«

Lagardes Auffassungen fanden nicht nur in Deutschland[13], sondern auch in pangermanischen Kreisen in Österreich Anklang. Der Zuspruch von österreichischer Seite war sicher nicht gering. Engelbert Pernerstorfer, ein prominenter Publizist und Herausgeber von *Das Deutsche Wort*, dem Organ der deutschnationalen Bewegung, erhielt von Lagarde die Zustimmung, den antisemitischen Essay *Die graue Internationale* und andere antisemitische Aufsätze in *Das Deutsche Wort* zu publizieren. Er hatte Lagarde geschrieben, daß dessen Veröffentlichungen für ihn eine große Quelle der Freude darstellten und daß man am rechten germanischen Weg bliebe, solange es Menschen wie Lagarde gäbe, die solch inspirierende Gedanken zum Pangermanismus entwickelten. Lagarde erteilte gerne seine Zustimmung, da Österreich im Hinblick auf das von ihm angestrebte pangermanische Reich eine große Rolle spielte. Es schmeichelte ihm, daß es in Österreich bereits eine bedeutende pan-germanische Bewegung gab, die in zahlreichen Publikationen von sich hören ließ.

Auch der prominente Antisemit Georg Ritter von Schönerer, ebenfalls eine führende Persönlichkeit in der deutschnationalen Bewegung, bekam die Zustimmung, antisemitische Schriften von Lagarde, wie seinen Essay *Juden und Indogermanen* in sein Propaganda-Organ *Unverfälschte Deutsche Worte* aufzunehmen. Lagarde erteilte seine Zustimmung unter der ausdrücklichen Bedingung, daß die Zeitschrift nicht ihm, dem Schreiber, seine Aufmerksamkeit widmen sollte, sondern einzig und allein dem Inhalt seiner Schriften.

Es ist nicht unwahrscheinlich – um nicht zu sagen fast sicher –, daß der junge Hitler in Wien diese Schriften zu Gesicht bekam und zum ersten Mal in seinem Leben las, was ein prominenter Universitätsprofessor und einflußreicher Wissenschaftler zur Lösung der Judenfrage zu sagen hatte.[14] Auf jeden Fall hat Hitler später deutlich gemacht, daß er den Auffassungen Lagardes über die Juden zustimmte.

In den siebziger Jahren des vorigen Jahrhunderts wurde das 1873 erschienene Werk Lagardes *Über das Verhältnis des deutschen Staates zu Theologie, Kirche und Religion* von den Mitgliedern des Baseler Kreises (Bockhofen, Overbeck und Nietzsche) und des Wagner-Kreises zum Teil positiv aufgenommen. Hierin hatte Lagarde dargelegt, daß die Juden auch dadurch einen verderblichen Einfluß auf Kirche und Universitäten hätten, da man weiterhin über die hebräische Bibel und die Briefe des Apostels Paulus, die die bestehenden Strukturen des Christentums »judifiziert« hätten, predigte und unterrichtete. Die genannten Personen schlossen sich dieser Meinung Lagardes an, zweifelten jedoch daran, daß die Maßnahmen, die er für die Lösung der Judenfrage ausgearbeitet hatte, in der Praxis bestehen konnten.

Es besteht kein Zweifel darüber, daß Lagarde mit seinen Auffassungen zur Judenfrage sowohl gemäßigte Antisemiten wie Stöcker und Treitschke beeinflußt hat als auch ausgesprochen rassistische Judenhasser wie Wilhelm Marr, Liebermann von Sonnenberg, Otto Boeckel und Theodor Fritsch. Alle priesen seine Meinung über die Juden, aber nur die rassistischen Judenhasser stimmten seinem Vorschlag zur Lösung der Judenfrage uneingeschränkt zu. Lagarde hatte persönlichen Kontakt mit Adolf Stöcker aus der ersten Gruppe und mit Theodor Fritsch aus der zweiten. Mit Wilhelm Marr hatte er keinen persönlichen Kontakt; dennoch stimmte Marr in manchen Ideen mit dem überein, was Lagarde in seinen ersten Schriften über die Juden geschrieben hatte. Auch Marr war zutiefst davon überzeugt, daß die Juden sowohl in Europa als auch außerhalb Europas vor allem in finanzieller Hinsicht eine gewaltige Macht geworden waren und es nicht so sicher war, ob die Deutschen dieser Entwicklung physisch und intellektuell gewachsen waren. Beide waren sie der Meinung, daß die Juden und die Liberalen ein Komplott geschmiedet hätten, um die christliche Kultur in Europa zu zerstören. Weiters vertraten sie die Ansicht, daß es zwischen jüdischer und europäischer Kultur eine unüberbrückbare Kluft gäbe.

Durch vielfältigen Kontakt mit Fritsch bekam Lagarde großen Einfluß auf die Entwicklung des deutschen Antisemitismus, da Fritsch Führer der einigermaßen gemäßigten antisemitischen Deutschen Reformpartei in Leipzig war, die später mit der Deutschen Antisemitischen Vereinigung zusammenging. Fritsch war Herausgeber des Blattes *Der Hammer*, in dem antisemitische Artikel zur Geschichte der Juden in den vorangegangenen Jahrhunderten publiziert wurden. Vieles davon war ganz deutlich vom virulent antisemitischen Werk *Indogermanen* von Lagarde inspiriert. Es wurde offensichtlich einiges daraus übernommen. Auch das *Handbuch der Judenfrage* und der *Antisemiten-Katechismus*, die Fritsch herausgab, zeigen Übereinstimmungen mit den Werken von Lagarde. 1940 erstellte eine Redaktionskommission eine revidierte Ausgabe des *Handbuchs der Judenfrage* mit einer Auflage von 255 000 Exemplaren. Es wurde als Katechismus für Schule und Familie herausgegeben, um Kinder wie Erwachsene vom verderblichen Einfluß der Juden auf die Gesellschaft zu überzeugen. Man wollte deutlich herausstreichen, daß es eine Notwendigkeit wäre, die Juden aus Europa zu verbannen. Ein solches Maßnahmenpaket sollte genau mit dem übereinstimmen, was Rom und die Reformation in der Vergangenheit getan hatten.

Houston Stewart Chamberlain nannte Paul de Lagarde in seinem berüchtigten Werk von 1911 *The Foundations of the nineteenth Century*, das in mehreren Auflagen erschien, »einen der wichtigsten Theologen des 19. Jahrhunderts«. Er entnahm Lagardes antisemitischen Werken sehr viel Material, das ihn zur gleichen Schlußfolgerung kommen läßt wie Lagarde: Man sollte die Juden aus Europa verbannen.[15]

Alfred Rosenberg, der Partei-Ideologe der Nazis, zitierte Lagarde unzählige Male in seinen Werken, vor allem in seinem Buch *Der Mythos des 20. Jahrhunderts*, das 1938 erschien. Er versuchte damit dem Leser vor Augen zu führen, daß sein Vorschlag zur Lösung der Judenfrage schon ein halbes Jahrhundert zuvor von einem renommierten Gelehrten von der Universität Göttingen formuliert und wissenschaftlich belegt worden war.[16]

Und schließlich war es Arno Koselleck, der Mitte der dreißiger Jahre dieses Jahrhunderts Parallelen zog zwischen den Auffassungen Lagardes und denen der Nationalsozialisten.[17]

Kapitel III

Warum Madagaskar?

Es ist nicht verwunderlich, daß sowohl Lagarde als auch die Schöpfer des Madagaskar-Plans im 20. Jahrhundert sich für diese Insel entschieden. Zweifellos hing dies mit dem verbreiteten Glauben zusammen, daß zwischen den Juden von Palästina und den Eingeborenen Madagaskars alte Bande bestünden.[1]

Madagaskar, von den Einheimischen *Nosin Dambo* genannt (»Insel der wilden Schweine«), ist die viertgrößte Insel der Welt. Es wird von Afrika durch die 390 bis 1050 Kilometer breite Straße von Mosambik getrennt und erstreckt sich über eine Länge von 1615 Kilometern vom Kap d'Ambre bis zum Kap Ste Marie. Die Fläche beträgt 627 327 Quadratkilometer. Die Bevölkerung von Madagaskar, die sich selbst Malagassi nennt, setzt sich aus vielen großen und kleinen Stämmen zusammen. Sie gehört zwei Hauptvölkern an, die sich inzwischen untereinander vermischt haben. An der Ostküste wohnt ein Volk mit olivfarbener, teilweise auch recht heller Haut, mit glattem oder gekraustem Haar, das mit den Malaien verwandt ist. Die Westküste wird von einem Volk bewohnt, das von Völkern des benachbarten Afrika abstammt. Sie sprechen alle eine Sprache, nämlich Malagasy, das mit den malaiisch-polynesischen Sprachen verwandt ist. Andere Bewohner der Insel sind Araber, Europäer, Inder und Chinesen.

Lange vor der Ankunft der Malaien hatten sich auf Madagaskar semitische Siedler niedergelassen, die Spuren ihrer Anwesenheit hinterließen. In einem alten Manuskript, das in Mayotte gefunden wurde und das die Geschichte der Komoren (eine Inselgruppe im Indischen Ozean) beschreibt, steht geschrieben, daß die größte dieser Inseln, Ngazidya, während der Regierungszeit Salomons von idumäischen Juden aus dem Gebiet des Roten Meeres besiedelt wurde.[2]

Flacourt, der sich vom 10. Oktober bis 18. November 1652 auf den Inseln Fénérive und Ste Marie aufhielt, schreibt, daß er an der Ostküste von Madagaskar Spuren einer jüdischen Siedlung gefunden habe, ebenso auf den Inseln Fénérive und Ste Marie. »Die *Zaffe-Hibrahim* (Nachkommen von Abraham) waren von allen Völkern der Erde die ersten Kolonisten auf Madagaskar. Sie beschneiden die männlichen Nachkommen. Sie haben nichts gemein mit dem Islam; sie haben keine islamitischen Namen. Sie kennen Mohammed nicht einmal, und sie pflegen keinen Kontakt zu den Moslems dieser Insel. Sie feiern den Sabbat am Samstag und arbeiten dann nicht. Ich glaube, daß ihre Vorfahren schon vor Hunderten von Jahren auf diese Insel gekommen sind. Sie waren entweder Juden, die in Ägypten zurückgeblieben waren, als der Auszug unter der Führung von Moses stattfand, oder Juden, die in Jerusalem geblieben waren, als die Juden nach Babylon verschleppt wurden. Sie kennen weder Moses, Isaak, Joseph, Jakob noch Noah.«[3]

Zahlreiche Autoren aus dem 17. und 18. Jahrhundert, die häufig bis ins Detail die Sitten und Gebräuche der Bewohner von Madagaskar und der Komoren beschrieben haben, kommen zu der gleichen Schlußfolgerung wie Flacourt. Sie sind der einhelligen Meinung, daß die Bewohner von Madagaskar viele jüdische Riten, Bräuche und Gewohnheiten bewahrt haben.[4]

Alfred Grandidier, der bei weitem größte Experte, was Madagaskar betrifft, hat in seinem monumentalen Werk[5] den Beweis erbracht, daß sogar schon in der Zeit vor Salomon idumäische Juden Handelsbeziehungen mit den Eingeborenen von Madagaskar unterhielten. Die Malagassi pflegten die Erinnerung an Adam, Abraham, Lot, Moses und Gideon, wußten jedoch nichts von den Propheten aus der Zeit nach David. Das bedeutet, daß die jüdischen Immigranten bereits in ferner Vergangenheit ihr Heimatland verlassen haben müssen, denn wenn die Emigration erst später stattgefunden hätte, hätten sie, so Grandidier, die Namen der großen Propheten nach David nicht vergessen.

Es gab auf Madagaskar nicht nur jüdische Niederlassungen. Es gab auch Schatzsucher an der Südostküste Afrikas, die über Tarsis nach Havila kamen, das in der Nähe von Sofala lag. Das Gold wurde nach Tarsis transportiert und nach Ofir verschifft, einem großen himjaritischen Handelszentrum im südlichen Arabien. Schon zu Salomons Zeiten und möglicherweise bereits in der Regierungszeit seines Vaters David gab es Verbindungen zwischen Juden und den Eingeborenen von Madagaskar. Da die Juden in Afrika keinerlei »Probleme« verursacht hatten und sich im Laufe der Zeit – im Gegensatz zu den europäischen Juden – ganz in die Gesellschaft der Malagassi integriert hatten, sollten die Verbindungen der Juden mit Europa abgebrochen und die mit Madagaskar erneuert werden.

Lagardes Entscheidung für Madagaskar hatte wahrscheinlich auch mit der großen Verbreitung des Cham-Mythos zu tun. Die Auffassung, daß die Juden nicht nach Europa gehörten, kann man bis ins frühste Mittelalter zurückverfolgen. Schriften, Landkarten und Kunstobjekte sind Zeugen dafür, daß diese Meinung weit verbreitet war und sogar durch biblische Argumente unterstützt wurde.[6] Geographen, Künstler und Exegeten beriefen sich dabei auf Genesis 9, 18–27.

Die Griechen hatten die Welt in drei Teile geteilt: Europa, Afrika und Asien. Möglicherweise ist diese Dreiteilung jedoch auch noch älter.[7] In *De Civitate Dei* übernahm Augustinus diese Welteinteilung:

> »Mit Asien meine ich [...] das Gebiet, das als ›ganz Asien‹ bezeichnet wird und das von manchen sogar als einer der zwei Teile angesehen wird, aus denen die Welt besteht. Die meisten sehen es jedoch als den dritten Erdteil, sodaß das Ganze aus Asien, Europa und Afrika besteht. [...] So wird also die Hälfte der Welt von zwei Erdteilen eingenommen – Europa und Afrika – und die andere Hälfte von Asien allein. Der Grund, weshalb man aus Europa und Afrika zwei Erdteile gemacht hat, ist, daß zwischen den beiden

Wasser aus dem Ozean hereinkommt, das zwischen die Länder fließt und unser großes Meer bildet. Teilt man also die Erde in zwei Teile, einen östlichen und einen westlichen, dann liegt Asien in dem einen Teil und Europa und Afrika liegen im anderen.«[8]

Diese griechische Dreiteilung der Erde nahm Isidorus von Sevilla in seine Erklärung von Genesis 9, Vers 18 auf: Nach der Sintflut bekamen die drei Söhne von Noah – Sem, Cham und Jafet – je einen Erdteil zugewiesen. Sem und seine Nachkommen (Kirche der Beschnittenen) verbreiteten sich über Asien, Cham und seine Nachkommen (die Juden) über Afrika und Jafet und seine Nachkommen (Kirche der Unbeschnittenen) über Europa.[9] Daraus folgerte Isidorus von Sevilla, daß die Juden, als Nachfahren von Cham, nicht nach Europa gehörten, sondern nach Afrika. Nur für getaufte Juden war in Europa Platz. Wenn Juden sich taufen ließen, müßten sie während der Tauffeier eine besondere Erklärung abgeben, daß sie das Judentum verfluchten und jeden Kontakt mit ihren Familienmitgliedern, Freunden und Bekannten abbrechen würden. Diese immer wieder aufs neue eingeleitete Kampagne der Kirche, die Juden zu bekehren, fand ihre Motivation und Legitimierung in der stillschweigenden Überzeugung, daß die Juden auf dem europäischen Kontinent nichts zu suchen hätten. Jahrhundertelang haben Bibelgelehrte, Geographen und Künstler die Meinung von Isidorus von Sevilla, dessen Werk großen Einfluß hatte, übernommen.

Honorius von Autun (1090–1156), der als Chronist bis ins 16. Jahrhundert großen Einfluß hatte, arbeitete den Gedanken aus, daß sowohl Schwarze als auch Juden nach Afrika gehörten. In der christlichen Tradition wurde das Schicksal der Juden schon früh mit dem der Schwarzen in Zusammenhang gebracht. In einem apokryphen arabischen Evangelium, wo jüdische Kinder von Jesus in Böcke verwandelt werden, sagt Jesus zu den Müttern: »Die Kinder Israels nehmen unter den Völkern denselben Platz ein wie die Schwarzen.« Honorius von Autun zufolge sind die Schwarzen Nachfahren von Cham. Sie müssen für die Sünden von Cham büßen, und der Fluch äußert sich in ihrer schwarzen Hautfarbe und in ihrem Sklavendasein. Es handle sich um Barbaren, für die in der lateinischen Kultur kein Platz wäre. Gott verfügte jedoch nicht nur, daß die schwarzen Völker in alle Ewigkeit für die Untaten von Cham bestraft werden müßten, sondern auch, daß die Juden wegen der bösen Taten ihrer Vorväter für alle Zeit Chams Los teilen müßten, nämlich Ablehnung und Sklaverei. Da die Juden, so Honorius, Jesus noch immer verspotteten, teilten sie die Strafe ihrer Vorfahren. Wie kein anderer Chronist betont Honorius den Sklavenstatus der Juden, die eigentlich nicht nach Europa, sondern nach Afrika gehörten. Solange sie sich noch in Europa aufhielten, müßten sie als Sklaven der Kirche und der Fürsten angesehen werden.[10]

Dieselbe Meinung zur Stellung der Juden lesen wir auch in der Millstätter Genesis, der Wiener Genesis, beim germanischen Autor Lucidarius und in zahlreichen Bilderbibeln[11]: Freie Menschen seien Nachfahren von Sem, die Ritter stammten von

Jafet ab und unfreie Menschen – Schwarze und Juden – von Cham. Ab dem 12. Jahrhundert bis weit ins 20. Jahrhundert wurden in der christlichen Literatur die Juden immer mehr mit den Schwarzen identifiziert und umgekehrt, auch wenn in erster Linie die Juden als Nachfahren Chams angesehen wurden und erst in zweiter Linie die Schwarzen. Was in der jüdischen Exegese Cham und seinen Nachkommen, den Kanaanitern, vorgeworfen wurde (Lügen, Diebstahl und vor allem sexuelle Entartung), wurde von den christlichen Autoren erst dann auf die Juden übertragen, als diese nicht mehr als Nachkommen Sems betrachtet wurden, sondern als Nachfahren Chams. Später, unter dem Einfluß des Islam, wurde diese Erblast auch auf die dunkelhäutige Bevölkerung übertragen.[12]

Diese Sichtweise von Cham als Prototyp der Juden beschränkte sich nicht auf das Früh- und Hochmittelalter. Man trifft sie auch in Texten aus dem späten Mittelalter an. Johan Verhagen (1415–1475), ein Prior der Karthäuser, brachte in zwei Chroniken und einem Kommentar zum Buch Genesis die Weltgeschichte und die Heilsgeschichte zusammen. Die Juden waren für ihn keine Semiten mehr, seit sie Christus abgelehnt und gekreuzigt hatten, sondern Nachkommen von Cham, dem sie in die Sklaverei folgen mußten. Er nannte Cham und die 30 Völker, deren Stammvater er war, »das kräftige Wachsen des jüdischen Unkrauts«. Außerdem glaubte Verhagen aus der Weltkarte in Isidorus von Sevillas Schriften ablesen zu können, daß die Nachkommen von Cham nicht nach Europa, sondern nach Afrika gehörten.[13]

Der französische Orientalist und Theologe Guillaume Postel (1510–1581) widmete in seinen Schriften der Geschichte Noahs besondere Aufmerksamkeit. Er nannte ihn den ersten Weltherrscher, der die Erdteile Asien, Europa und Afrika seinen Söhnen Sem, Jafet und Cham zugeteilt hat.[14]

Zahlreiche Autoren ließen ihrer Phantasie freien Lauf und konnten Noah nicht an einem Ort wohnen lassen. Sie machten aus dem ersten Weltherrscher gleich einen Weltreisenden: Er soll angeblich über Armenien, wo die Arche landete, nach Skythien am Schwarzen Meer gereist sein und von dort weiter nach Zypern, wo er die Kontinente Asien, Europa und Afrika unter seinen Söhnen aufgeteilt haben soll.

Im 16. Jahrhundert übernahmen auch reformierte Exegeten diesen seltsamen Cham-Mythos. Die Reformation brachte, was das Judenbild betrifft, viel weniger Veränderung, als allgemein angenommen wird. Luther hatte sein Judenbild nämlich aus Dutzenden Werken mittelalterlicher Exegeten übernommen. Außerdem haben noch im 20. Jahrhundert zahlreiche Bibelgelehrte zum Ausdruck gebracht, daß sie Rhabanus Maurus Erklärung zur Verfluchung Chams ernst nahmen. In einer seiner Schriften sagt Luther, daß der Blitz der Verwünschung in das Haus von Cham und seinen Nachkommen gefahren wäre. Aus der Tatsache, daß Cham in dem Text nicht namentlich genannt wird, sondern lediglich sein Sohn Kanaan, dürfe man nicht schließen, daß Cham weniger getroffen worden sei. Im Gegenteil – der Fluch habe den Vater ganz zu Recht getroffen. In einer Predigt über Genesis 9, 20–27 sprach Luther über den Konflikt zwischen Noah, Cham und Kanaan. Im Stile mittelalterlicher

Bibelauslegungen arbeitet er folgenden Gedanken aus: Noah stehe für Christus und Cham für das jüdische Volk. Obwohl Noah getrunken hatte, war er nicht betrunken; er lag nackt da. In dem Augenblick war es Cham, der seinen Vater entehrte. Auf analoge Weise hätten die Juden den wehrlosen Christus, der betäubt und nackt war, verspottet; sie hätten ihn ausgelacht. So wie Cham und seine Nachkommen damals verflucht wurden, wurden auch diese Juden und ihre Nachfahren verflucht.[15]

Für Luther waren die Juden, die sich nicht bekehren wollten, Nachkommen von Cham, die aus Europa verbannt werden sollten, wenn sie an ihrer Weigerung, sich zu bekehren, festhielten. Er gab Fürsten, die sich der Reformation angeschlossen hatten, den dringenden Rat, starrköpfige Juden des Landes zu verweisen. Im Gegensatz zu Bibelgelehrten des Mittelalters sah Luther Cham nicht als Vater der Schwarzen.

Zahlreiche lutherische und auch calvinistische Exegeten schlossen sich im 17., 18. und 19. Jahrhundert Luthers Exegese von der Verfluchung Chams als Vater der Juden an. Unter dem Einfluß des Islams fügten sie noch – zur Rechtfertigung des Sklavenhandels – hinzu, daß Cham auch der Vater der Schwarzen in Afrika wäre.[16] Wie aus Bibelauslegungen, Predigten, Katechese und Abbildungen in Volksbibeln zu erkennen ist, wuchs seit der Reformation die Überzeugung, daß die Juden am Ende des Mittelalters zu Recht aus den meisten Ländern Westeuropas verbannt worden waren und daß die, die noch in Europa lebten, da eigentlich nicht hingehörten. Ihr Zuhause wäre Afrika, das Land Chams.

Die Überzeugung, daß die Juden nicht nach Europa gehörten, sondern nach Afrika, war in den vergangenen Jahrhunderten weit verbreitet. Das wird nicht nur aus der Literatur deutlich, sondern auch aus den überlieferten Weltkarten.[17] Diese *mappae mundi* können wir in einigen mittelalterlichen Handschriften finden. Die älteste stammt aus dem 7. Jahrhundert und diente der Illustration von Handschriften des schon erwähnten Isidorus, Bischof von Sevilla: Der Geograph hat Asien deutlich als das Land von Sem, Europa als das Land von Jafet und Afrika als das Land von Cham angegeben. Der Historiker Pim den Boer schreibt über die *mappae mundi*:

»Die Karten sind nach Osten ausgerichtet, dorthin, wo die Sonne aufgeht. Die Verbreitung dieser Karten ist, angesichts der Verhältnisse, beträchtlich. Aus der Zeit zwischen 8. und 12. Jahrhundert hat man bis heute 330 mappae mundi gefunden, wobei 110, also ein Drittel, aus Isidorus-Handschriften stammen. Auch zwischen 1200 und 1500 ist diese Karte die am meisten verbreitete. Diese Weltkarten wurden folglich jahrhundertelang in Klöstern kopiert, angepaßt und mit Anmerkungen versehen. Es ist wichtig, darauf hinzuweisen, daß diese Adaption der griechischen Geographie (die Einteilung der Welt in Asien, Europa und Afrika) sich weit über das Mittelalter hinaus gehalten hat. Eine monumentale Bibelerläuterung aus dem 18. Jahrhundert, aus der Zeit Montesquieus, enthält eine Neue Karte zur Verbreitung der Völker und einen Stammbaum zeigend die Nachkommen von Noah, im zehnten Kapitel der Genesis vorkommend mit Hinweisen auf die Völker, die sie gegründet haben und die Länder, in denen sie gewohnt haben ... Dies zeigt die unglaubliche Trägheit, die phantastische Dauerhaftigkeit von Gedanken, von Wahnideen, von theologischen Hirngespinsten. Keine einzige politische, ökonomische oder soziale Struktur war je von solcher Dauer. In gewisser Weise sind diese Ideen Teil einer unbewegten und unbeweglichen Geschichte.«[18]

Diese Weltkarten spiegeln deutlich wider, was die oben genannten Autoren über die Bewohner Asiens, Europas und Afrikas in ihrem Kommentar zu Genesis 9, 20–27 schrieben. Bibelgelehrte und Geographen stützten sich jahrhundertelang gegenseitig in ihrer Überzeugung, daß von dem verfluchten Geschlecht der Juden, das eigentlich nach Afrika gehörte, unglücklicherweise zu viele in Europa gelandet waren.

Auch in der Kunst wurde Cham als Prototyp des Juden dargestellt, der Christus in seinem Leiden verspottet und deswegen in Europa nichts zu suchen hat. Das beeindruckende eiserne Kreuz der Abtei von Bury St. Edmunds in England aus dem 11. Jahrhundert spricht für sich.[19] Dieses Kreuz ist ein Kompendium des Streites zwischen Ecclesia und Synagoge im Mittelalter. Es ist nicht nur eine Widerspiegelung der Auffassung von Exegeten und Geographen zur Verfluchung Chams, sondern legt auch Zeugnis ab vom virulenten Judenhaß, der der Verbannung der Juden aus England vorausging. Das Medaillon enthält eine Darstellung der Synagoge und des Lamm Gottes; die Synagoge durchbohrt das Lamm Gottes mit einer Lanze. Rechts vom Lamm Gottes ist ein Engel zu erkennen und darunter der Prophet Jeremias, die beide ein Band in Händen halten, auf dem Texte geschrieben stehen. Die Ecclesia selbst ist auf dem eisernen Kreuz nirgends zu sehen. Ihre Rolle wird, so wie in mittelalterlichen religiösen Stücken, von Engeln, Patriarchen, Propheten und Aposteln wahrgenommen, die der Synagoge gut 60 Bänder vors Gesicht halten, auf denen 108 Verweise stehen. Auf der einen Seite des Kreuzes steht in lateinischer Sprache geschrieben: »Cham ridet dum nuda videt pudebunda parentis, Judei risere dei penam mortis« (Cham lacht seinen Vater aus, als er diesen nackt liegen sieht, die Juden verspotten Gott, als Er hingerichtet wird). Dieser Text spiegelt deutlich die typologische Erklärung von Genesis 9, 20–27 wider, so wie sie auch in der mittelalterlichen Literatur vorkommt.

Experten zufolge ist diese Darstellung auf dem Eisenkreuz in der Abtei von Bury St.Edmund ein Hinweis darauf, daß die Verfluchung von Cham und seinen Nachkommen (den Juden) vom englischen Klerus als Argument verwendet wurde, um ihre Verbannung aus England (aus Europa) im Jahre 1290 zu rechtfertigen. All das, was die Geistlichen den Juden in den Jahrhunderten vor deren Verbannung vorwarfen, war für sie eine Bestätigung für das, was sie im Cham-Mythos über die Juden gelesen hatten. Sie wurden in ihrer Überzeugung bestärkt, daß die Juden nicht nach Europa gehörten, sondern – wie die zahlreichen *mappae mundi* illustrierten – nach Afrika. Diese Art der Darstellung Chams in der christlichen Kunst beschränkte sich nicht auf England, sondern kam bis ins 18. Jahrhundert auch auf dem europäischen Festland vor: In einer *Biblia Pauperum*, die als schmale Randverzierung in einem französischen Brevier aus dem 15. Jahrhundert enthalten ist, wird eine Darstellung Jesu mit der Dornenkrone und dessen Verspottung durch die Juden in Beziehung gesetzt mit einer Darstellung Chams, der seinen Vater Noah verspottet. Ähnliches ist auch in einem *Speculum Humanae Salvatoris* aus dem 18. Jahrhundert zu sehen.[20] Es ist dann auch kein Wunder, daß die Juden angesichts dieser Entwicklungen immer mehr mit den Schwarzen Afrikas identifiziert wurden und daß man beiden dieselben Eigenschaften andichtete.

Wie wurden die Eingeborenen Afrikas und Madagaskars dargestellt?[21] In Literatur und Kunst waren Superioritätsgefühle vorherrschend. Montesquieu, einer der bedeutendsten Denker der Aufklärung, charakterisierte Europa als fortschrittlichen Kontinent, in dem die Wissenschaft blühte. Afrika kam hingegen nicht so gut weg. Über die Bewohner Afrikas schrieb er: »Es ist unmöglich anzunehmen, daß diese Lebewesen Menschen sind. Denn würden wir ihnen zugestehen, Menschen zu sein, dann wären wir selbst keine Christen mehr.«

Als der Philosoph Hegel 1830 an der Universität von Jena Vorlesungen über Afrika hielt, sagte er unter anderem, daß »der Neger« das Symbol für den Naturmenschen mit all seinen wilden und zügellosen Begierden sei. Man müsse ihn sich als Menschen ohne Respekt und Gefühl für Sittlichkeit vorstellen. Der Charakter des »Negers« trage keine menschlichen Züge. Da Afrika Hegel zufolge keine Weiterentwicklung zeigte, war dieser Kontinent mit den dazugehörigen Inseln für ihn kein historischer Teil der Erde.

Sogar kritische Denker wie Marx und Engels ließen sich vom abgedroschenen Motiv von den Afrikanern als Volk ohne Geschichte inspirieren. Da auch über die Juden die Fabel die Runde machte, daß sie sich seit 70 n. Chr. nicht mehr weiterentwickelt hätten, konnte man sie leicht den afrikanischen Völkern zuordnen. So wie man schon im 12. Jahrhundert die Juden mit Tieren verglichen hatte, so tat man dies ab Beginn des 18. Jahrhunderts immer häufiger mit den Eingeborenen Afrikas und Madagaskars. 1725 schrieb James Houston, ein Arzt der *Royal Afrika Company* an der afrikanischen Westküste: »Ihr natürlicher Charakter ist barbarisch und grausam, selbstsüchtig und betrügerisch. Ihre Führer sind genauso barbarisch und ungebildet. Darum sind es die größten Schurken, die bei ihnen das Sagen haben. [...] Was ihre Sitten betrifft, so gleichen sie ihren nächsten Verwandten, den Affen.«

Da man die Eingeborenen Afrikas mit Tieren verglich, wurden sie in zahlreichen Karikaturen und Zeichnungen neben Tieren abgebildet. 1895 erschien in *De Katholieke Illustratie* ein Reisebericht über einen menschenfressenden Baum in Madagaskar.[22] Die schwarze Bevölkerung wird als »primitive Rasse« bezeichnet, die in Höhlen lebt und dem menschenfressenden Baum eine Frau als Opfer darbringt. Dieses Bild der Eingeborenen Madagaskars wird in der Folge theologisch gedeutet:

Die Kirche trifft auf Madagaskar Menschen an, die unter einer zweifachen Sklaverei leiden – der körperlichen und der des Teufels.

1893 arbeitete der italienische Gelehrte Lombroso eine These über Gemeinsamkeiten zwischen einer Prostituierten und einer afrikanischen Frau aus – beide würden eine ungebremste Sexualität ausleben. Diese Gemeinsamkeit wurde in der Literatur rasch ein weit verbreitetes Thema. Die afrikanische Frau und die Prostituierte wurden auch mit der Angst vor Syphilis in Zusammenhang gebracht. Jahrhunderte hindurch hatte man auch den Juden eine entartete Sexualität vorgeworfen. In der viktorianischen Ikonographie, in der Kriminologie, Anthropologie, Biologie, Massenpsychologie und Tiefenpsychologie trafen sich die verschiedenen Motive immer wieder in einem Punkt: Die Beschreibung des Wilden, des Primitiven, des Schwarzen stimmte mit der von Tieren, Verbrechern, Schwachsinnigen und Degenerierten überein. Die Berichte der vielen verschiedenen Wissenschaftler spiegeln eine ebensolche Zahl von Facetten eines Angstsyndroms der westlichen Welt wider: Die Angst vor Selbstverfremdung wurde auf Schwarze und Juden in einem dunklen Afrika projiziert. Eine gefährliche Welt, eine Welt von Monstern, die einer starken Führung bedurfte. Es war kein Zufall, daß sowohl Paul de Lagarde als auch die Nationalsozialisten Madagaskar als Verbannungsort für die europäischen Juden ausgewählt hatten.

Kapitel IV

Der Madagaskar-Plan von Henry Hamilton Beamish und The Britons

The Britons waren die erste Organisation in England, die zur Verbreitung antisemitischer Propaganda gegründet wurde. Aus den Publikationen der Zeit vor, während und nach dem Ersten Weltkrieg geht deutlich hervor, daß die Führer der *Britons* auch Kontakt zu anderen nationalistischen Organisationen hatten, wie den *British Brothers*, der *League*, der *Eugenies Society*, der *Loyalty League*, der *Navy League* und der *Vigilantes Society*.

Seit ihrer Gründung führten *The Britons* eine verbissene Kampagne gegen alle Fremden im Land, zu denen sie in erster Linie die Juden zählten. Sie beschuldigten die Juden, gemeinsam mit den Juden anderer Länder ein Komplott zu schmieden, mit dem Ziel, die Macht über Europa (und in der Folge die ganze Welt) zu erlangen. Man warf ihnen vor, daß sie, obwohl ihnen gleiche politische und bürgerliche Rechte gewährt worden wären, dennoch Fremde bleiben wollten, da sie nicht bereit wären, sich an die englische (europäische) Kultur anzupassen. Kurz: man nahm ihnen übel, daß sie Juden sein und bleiben wollten und damit einen Staat im Staat bildeten. *The Britons* waren der Meinung, daß die Juden sich weigerten, sich in die nicht-jüdische Gesellschaft zu integrieren, da sie vorhätten, ganz Europa zu »verjuden«, das soziale, ökonomische und politische Leben der anderen Völker unter ihre Kontrolle zu bringen und alles den jüdischen Normen und Werten zu unterwerfen.

Vor dem und während des Ersten Weltkrieges erschienen Artikel, in denen sie vor der Macht der »internationalen Bankiers und der jüdischen Rasse« warnten. *The Britons* sahen die Juden in erster Linie als »Parasiten« an, die sich wie eine Plage über das ganze Land verbreitet hätten, um die anderen auszubeuten und auf Kosten ihrer Gastgeber zu leben. Infolge der politischen Entwicklungen wurde die deutsche Abstammung der »jüdischen Parasiten« später nicht mehr erwähnt. Man fühlte ganz im Gegenteil mit der deutschen Bevölkerung mit, die so sehr unter der Last der jüdischen Wucherer zu leiden hätte. Besonders als *The Britons* dahinterkamen, daß es auch in Deutschland nationalistische Organisationen gab, die mit ihnen im Kampf gegen das Judentum zusammenarbeiten wollten, waren sie den Deutschen viel freundlicher gesinnt als in den ersten Jahren ihres Bestehens.

Offiziell wurden *The Britons* erst am 18. Juli 1919 gegründet, und zwar als Organisation, die »das Geburtsrecht der Briten schützen und die britische Gesellschaft vor fremden Einflüssen bewahren« wollte. An der Wiege der *Britons* stand Henry Hamilton Beamish.[1] Sein Leben lang war er vom Gedanken an eine jüdische Verschwörung besessen und glaubte, die christliche Gesellschaft vor der Anwesenheit einer zu großen Zahl Juden warnen zu müssen. Beamish wurde 1874 geboren; seine Familie berief sich stolz auf eine Ahnenreihe von Seeleuten und Militärs. Seine Kindheit und Jugend waren bestimmt von Ordnung und Disziplin, später reiste er durch das Britische Reich und führte ein abenteuerliches und unstetes Leben. So wie auch die anderen Mitglieder der *Britons* hatte Beamish gute Kontakte zu den Kolonien. Er war stolz auf das ausgedehnte Britische Reich und fühlte sich als Botschafter der weißen Herrenrasse.[2]

Ihre wichtigste Aufgabe sahen die Mitglieder der *Britons* darin, den Mythos von der Bedrohung Europas durch die »jüdische Übermacht« zu verbreiten. Die *Britons* waren daher für Einschränkungen innerhalb der Immigrations- und Naturalisierungsgesetze und verlangten, daß alle Bürger, die keine britischen Eltern hatten, von öffentlichen Ämtern und Funktionen ausgeschlossen werden sollten. Nur die Bürger, die nachweisen konnten, daß ihre Eltern und Großeltern rein britisches Blut hatten, sollten bürgerliche und politische Rechte erhalten. Anläßlich der Gründungsversammlung hatte Beamish betont, daß nur diejenigen Mitglieder der *Britons* werden könnten, die ihre britische Abstammung über zwei Generationen zurückverfolgen konnten. Dadurch wollte er in den eigenen Reihen das Bewußtsein stärken, daß sie alle der reinen, überlegenen Rasse der Briten angehörten. 1920 faßte der Vorstand der *Britons* den Beschluß, daß auch Angehörige anderer arischer Rassen den *Britons* beitreten durften – allerdings nur, wenn sie den Nachweis erbringen konnten, daß sie kein jüdisches Blut hatten und auch niemand in ihrer Familie Geschäftsbeziehungen mit Juden unterhielt.

Der pathologische Charakter von Beamishs Judenhaß hing mit seiner tiefen Überzeugung zusammen, daß die Juden für das Überleben der christlichen Völker in Europa eine Bedrohung darstellten. Zwischen 1920 und 1930 besuchte er fast alle Länder Europas und warb um Unterstützung für seinen Kreuzzug gegen die Juden. Er stand in Briefkontakt mit der Redaktion des *Dearborn Independent*, der Zeitung von Henry Ford, die, inspiriert durch die *Protokolle der Weisen von Zion*[3], Anfang der zwanziger Jahre eine hitzige Kampagne gegen den, wie sie es nannten, »verderblichen Einfluß der Juden in allen Bereichen der Gesellschaft« führte. Im Januar 1923 traf er in München mit Hitler zusammen. Beamish brüstete sich damit, daß er Hitler das Einmaleins des Antisemitismus beigebracht und mit ihm über die »beste« Lösung der Judenfrage gesprochen hätte: die Verbannung aller europäischen Juden nach Madagaskar.

Einige Tage nach seinem Treffen mit Hitler hielt er im Zirkus Krone vor Mitgliedern der NSDAP eine Rede über die Lösung der Judenfrage in Europa. Seine auf englisch gehaltene Ansprache wurde von Dietrich Eckart, einem engen Freund Hitlers, übersetzt und von den Zuhörern enthusiastisch aufgenommen. Er unterstrich in seiner Rede, daß das Judentum als der Feind der 2000 Jahre alten christlichen Kultur in Europa angesehen werden müßte und es daher die »heilige Pflicht« eines jeden wäre, die Anhänger dieser Religion zu bekämpfen.

»Ich habe auch, als Infanterist, in der Armee gekämpft. Schon bald wurde mir jedoch klar, daß es nicht gut war, daß die christlichen Nationen Europas einander bekriegten. Es wäre viel besser, wenn die christlichen Völker in den Kampf gegen die Juden zögen. Es sind nämlich die Juden, die uns von einem Krieg in den nächsten hetzen. [...] Ich habe wieder neuen Mut gefaßt, da Sie hier in Deutschland die Lösung der Judenfrage konkret in Angriff nehmen wollen. Ich hoffe, daß sich alle arischen Völker vereinigen werden, um sich gegen den gemeinsamen Feind, der die christliche Kultur in Europa in Gefahr bringt, mit aller Kraft zur Wehr zu setzen.«[4]

Im *Völkischen Beobachter* wandte er sich wiederholte Male an alle nordischen Nationen, daß sie sich im Kampf gegen das internationale Judentum vereinigen sollten. Beamish wußte sehr gut, daß die Ideologie des Nationalsozialismus radikal antisemitisch war, genauso wie die der *Britons.*[5] Das Dogma der NSDAP war, daß sich «All Juda« wie die Pest über die Welt verbreitete. Man war von der Angst besessen, daß das internationale Judentum, unter dem Deckmantel von Kapitalismus und Bolschewismus, alle edlen Menschenrassen vernichten wolle. Dann wäre das Judentum Herrscher über die ganze Welt und würde alle Nicht-Juden zwingen, sich zu unterwerfen. Das war keine Erfindung der Nationalsozialisten, sondern Gemeingut der Antisemiten zu Beginn des 20. Jahrhunderts. Seine Wurzeln liegen im 19. Jahrhundert und in der Geschichte des Christentums. Ausgearbeitet wurde es in den sogenannten *Protokollen der Weisen von Zion.*

Während seiner Unterredung mit Hitler hatte Beamish gemerkt, daß Hitler sich vom Opportunismus leiten ließ: Er hatte kein Interesse für das Christentum gezeigt, wollte sich jedoch im Kampf gegen das Judentum seiner bedienen. In *Mein Kampf* heißt es:

»Ich muß mich auch verwahren dagegen, daß in den Reihen der völkischen Bewegung irgendein unreifer Kopf vermeint, das zu können, was selbst ein Bismarck nicht konnte. Es wird immer die oberste Pflicht der Leitung der nationalsozialistischen Bewegung sein, gegen jeden Versuch, die nationalsozialistische Bewegung in den Dienst solcher Kämpfe zu stellen, schärfstens Front zu machen und die Propagandisten einer solchen Absicht augenblicklich aus den Reihen der Bewegung zu entfernen. Tatsächlich war es auch bis Herbst 1923 restlos gelungen. Es konnte in den Reihen unserer Bewegung der gläubigste Protestant neben dem gläubigsten Katholiken sitzen, ohne je in den geringsten Gewissenskonflikt mit seiner religiösen Überzeugung geraten zu müssen. Der gemeinsame gewaltige Kampf, den die beiden gegen den Zerstörer der arischen Menschheit führten, hatte sie im Gegenteil gelehrt, sich gegenseitig zu achten und zu schätzen.«

Beamish wußte, daß Hitler kurz vor seiner Ankunft in München eine anti-christliche Haltung seiner Partei zurückgewiesen hatte, da er auch die Katholiken und die Protestanten für seinen Kampf gegen das »verderbte Judentum« gewinnen wollte. Seine Entscheidung spiegelte sich auch in der Praxis wider – Mitglieder, die aus ihrer antiklerikalen Haltung kein Hehl machten, wie Mathilde Ludendorff oder Gauleiter Arthur Dinther, wurden aus der Partei ausgeschlossen. Diese Vorgehensweise kam ab 1938 noch stärker zum Tragen, da es galt, einflußreiche Institutionen wie die Kirche für die Partei zu gewinnen. In Hitlers Regierungserklärung vom 1. Februar 1933 stand auch, daß die neue Regierung »das Christentum als Basis für die Moral in unserer Gesellschaft verteidigen werde«. Beamish hätte auch mit seiner Rede in Berlin, in der er die Christen Europas zum Kampf gegen das Judentum aufrief, nicht so große Begeisterung auslösen können, wäre die Haltung der NSDAP damals offen anti-christlich gewesen.

Nach einem langen Aufenthalt im südlichen Rhodesien kehrte Beamish 1935, nachdem er noch Japan und die USA besucht hatte, wieder nach Deutschland zurück. Dem britischen Botschafter zufolge verursachte die Ankündigung seines Besuches einige Unruhe im deutschen Reichsaußenministerium, das auch für die Verbreitung der nationalsozialistischen Ideologie im Ausland verantwortlich war. Man wußte, daß Beamish in Londoner Regierungskreisen aufgrund seiner Auffassungen persona non grata war und hatte darum Angst, daß die britische Regierung der neuen deutschen Regierung gegenüber noch mißtrauischer werden könnte, wenn man Beamish mit allzu offenen Armen empfing. Reichsaußenminister Neurath wischte jedoch alle Einwände vom Tisch, da er selbst Beamishs Vorschlag zur Lösung der Judenfrage vollkommen zustimmte. Deshalb wurde Beamish als Ehrengast in Berlin empfangen.

Beamish hatte dort die Gelegenheit, seine Ideen mit dem Minister ausführlich zu besprechen: Er schlug ihm – wie schon 1923 Hitler – vor, alle Juden nach Madagaskar zu verbannen, wo sie auf die arischen Christen Europas keinen schädlichen Einfluß mehr ausüben könnten. Nach seiner Unterredung mit dem Minister und zahlreichen Beamten bot man ihm die Gelegenheit, in verschiedenen deutschen Städten vor unterschiedlichem Publikum seinen Madagaskar-Plan zu präsentieren. Er begann jede seiner Reden mit einem Angriff gegen das europäische Judentum und präsentierte dann seine Idee, wie man die Judenfrage seiner Meinung nach am effektivsten lösen könnte. Da er Lösungsvorschläge wie Massensterilisation oder Massenmord für unrealistisch hielt, schlug er eine Massendeportation nach Madagaskar vor. Die Juden würden dann keine Bedrohung für das christliche Europa mehr darstellen. Das Problem wäre so lange nicht gelöst, wie die Juden, die er mit Schlangen und ähnlich giftigen Tieren verglich, nicht völlig aus der arischen Gesellschaft entfernt wären. Die Erfahrung mit den Ghettos hätte deutlich gemacht, daß die Isolierung der Juden in eigenen Wohnvierteln nicht ausreichte: Juden und Nicht-Juden unterhielten weiterhin rege Kontakte. Die arisch-christlichen Nationen sollten sie auf Madagaskar wie Leprakranke und Schwerverbrecher behandeln, mit denen arische Christen keinesfalls in Kontakt kommen dürften.

In seinen Ansprachen ging Beamish auch auf die vom Publikum immer wieder gestellte Frage ein, wieso er zu Beginn für eine Umsiedlung der Juden nach Palästina gewesen wäre. Er zitierte dabei aus seinen früheren Artikeln in *Hidden Hand*[6], wo er den Gedanken ausgearbeitet hatte, daß die europäischen Juden in Palästina in einer Art »Großghetto« eingeschlossen werden sollten, sodaß sie die Christen nicht länger negativ beeinflussen könnten (er hatte nichts dagegen, daß die Briten es als »jüdisches Nationalheim« bezeichneten). Er erklärte, daß er schon einige Jahre später, 1923, zu der Schlußfolgerung gekommen wäre, daß das von ihm angestrebte »Großghetto« viel besser auf Madagaskar errichtet werden könnte als in Palästina, wo die dort ansässigen Araber (Christen und Moslems) sich zunehmend über den Einstrom jüdischer Emigranten aus dem Westen zur Wehr setzten. Die weiteren Entwicklungen hätten ihn in seiner Meinung noch bestärkt.

Im Laufe des Jahres 1937 machte Beamish eine weitere Reise durch Deutschland und sprach dabei wieder vor Mitgliedern der NSDAP und anderen Interessierten über die Lösung der Judenfrage. Er versuchte deutlich zu machen, daß es keine bessere Lösung gäbe als die Vertreibung der Juden nach Madagaskar.[7]

The Britons wollten sich aus den Streitereien der politischen Parteien heraushalten und wollten auch nicht als Lobby angesehen werden. Sie waren eine äußerst royalistische, nationalistische, konservative und elitäre Vereinigung, die es sich zur Aufgabe gemacht hatte, ihren Landsleuten ins Bewußtsein zu hämmern, daß die christliche Kultur sich aufgrund der Invasion der emanzipierten Juden einem Abgrund zubewegte. Die Juden wären in alle Bereiche der Gesellschaft eingedrungen, um dort ihren schädlichen Einfluß geltend zu machen. *The Britons* wiesen ihre Leser auch nachdrücklich darauf hin, daß sie die *Morning Post* lesen müßten, die konservative Zeitung schlechthin für die Ultra-Nationalisten. Als treue Anhänger von Beamish setzten sie sich auch dafür ein, daß England nur von »rassenreinen« Briten regiert werden dürfte und daß der *Act of Settlement* von 1700, der die Rechte von Ausländern drastisch einschränkte, wieder eingeführt werden sollte.

The Britons träumten von einem Wiederaufleben der großen Vergangenheit des Britischen Reiches. Mit der alltäglichen Politik wollten sie dagegen nichts zu tun haben. Sie sprachen immer von der »guten alten Zeit« und hielten mit ihrer Ablehnung der aktuellen Politik nicht hinterm Berg. Sie warfen den Regierungsleuten nämlich vor, daß sie Sklaven der »jüdischen kapitalistischen Elite« geworden wären. Immer wieder kamen sie in ihren Artikeln auch auf den schlechten Einfluß der assimilierten Juden auf die moderne Gesellschaft zu sprechen.

Da sie die Probleme ihrer Zeit keiner kritischen Analyse unterzogen, wurden für sie die Juden zu Sündenböcken für alle Probleme der Gesellschaft. Für die Unruhen in Irland machte man subversive jüdische Kräfte verantwortlich: So wie man die Juden in Rußland beschuldigte, daß sie das Feuer der Revolution entfacht hätten, um aus dem größten Land der Welt ein jüdisches und atheistisches Land zu machen, so sah man in Irland De Valera, dem man ebenfalls eine jüdische Abstammung zuschrieb, als Drahtzieher der Unruhen. Er hätte sich, so schrieb man, den Juden ausgeliefert und werde darum von ihnen unterstützt. Es gab keine Ausgabe der *Hidden Hand*, in der nicht vor einer »weltweiten jüdischen Verschwörung« und vor der »Bedrohung durch den jüdischen Bolschewismus« gewarnt wurde.

The Britons huldigten einer pseudo-wissenschaftlichen Variante der Rassenideologie: Sie beriefen sich auf die Forschungsergebnisse zweier bedeutender Mediziner, die in einer Studie in Mesopotamien anhand von Bluttests angeblich festgestellt hätten, daß die jüdische Rasse den anderen Rassen unterlegen wäre: »Es gibt einen deutlichen Unterschied zwischen dem Blut von Weißen und Juden in Europa. [...] Der Jude ist nicht der Bruder des Weißen.« Die Unterschiede zwischen Weißen und Juden waren den *Britons* zufolge in erster Linie biologischer Art. Wenn sie die Juden irgendeiner Untat beschuldigten, fügten sie meist voll Mitleid hinzu, daß diese aufgrund ihrer Abstammung gar nicht anders handeln könnten. Das folgende Zitat aus einem ihrer Artikel spricht für sich: »Die Angehörigen der jüdischen Rasse sind von allen anthropologischen Aspekten her der britischen unterlegen. Sie haben die Zivilisationsstufe der Briten nie erreicht, sie betrügen alle Nicht-Juden. Altruismus ist ihnen fremd; sie ertragen es nicht, zu verlieren, da ihnen sportliche Fairneß unbekannt ist. Im täglichen Umgang mit Nicht-Juden sind sie rachsüchtig und grausam, wild und ohne Mitleid. Sie genießen es, andere zu quälen, wie die Geschichte der vorangegangenen Jahrhunderte nur zu gut gezeigt hat. Christen in Westeuropa hatten unter ihnen zu leiden und beim Ausbruch der jüdisch-bolschewistischen Revolution fielen ihnen hunderttausende Christen in Rußland zum Opfer.«[8]

Da *The Britons* überzeugt waren, daß das britische Volk in rassischer und moralischer Hinsicht allen anderen Völkern überlegen war, glaubten sie fest an das Sendungsbewußtsein der Briten. Sie sahen ihre Aufgabe darin, den anderen Völkern zu einem höheren moralischen Niveau zu verhelfen. In diesem Streben sahen sie sich durch Angehörige der »minderwertigen jüdischen Rasse« behindert. Sie verglichen die »Invasion der großen asiatischen Judenhorden« in die kulturell hochstehende britische Gesellschaft mit dem Eindringen eines fatalen Virus. Die Juden sahen sie als »Gift im nationalen Körper der britischen Gesellschaft«, als den »Krebs der Menschheit« und als »fruchtbaren Nährboden für die Verbreitung von Tuberkulose«. Man urteilte sie pauschal ab als »vornehmlichste Verbreiter aller ansteckender Krankheiten auf dem Planeten Erde« und fügte hinzu, daß sie selbst immun gegen diese Krankheiten seien. In verschiedenen Artikeln, die in *Hidden Hand* erschienen, wurden die Juden beschuldigt, mit weißen Sklaven zu handeln – allein schon dadurch würden sie die Zukunft der britischen Nation aufs Spiel setzen. Auch das traditionelle Vorurteil, daß die Juden in sexueller Hinsicht entartet wären, kam in den Artikeln in *Hidden Hand* immer wieder vor: Adlernasen wurden als Phallussymbole interpretiert und Juden als Sexual-Monster eingestuft, denen weiße

Europäerinnen zum Opfer fielen. Sie riefen die Nation dazu auf, die »Heiligkeit der edlen britischen Rasse« zu bewahren. Eheschließungen zwischen Juden und Nicht-Juden sollten verboten und geschlechtliche Beziehungen zwischen Juden und Nicht-Juden unter Strafe gestellt werden, so wie die Kirche das schon in den vorangegangenen Jahrhunderten getan hätte: »Britische Frauen oder Männer, die die Reinheit des weißen Blutes besudeln, indem sie jemanden aus der asiatisch-jüdischen Rasse heiraten, sollen für immer aus der britischen Gesellschaft ausgeschlossen werden.«[9]

Daß der rassistische Antisemitismus der *Britons* mit allerlei antijüdischen Motiven aus der Geschichte des Christentums vermischt war, zeigt sich auch im folgenden: Für die Mitglieder der *Britons* war die Religion der Juden die Religion des Antichrist, der einer weit verbreiteten mittelalterlichen Legende zufolge selbst jüdischer Abstammung war. Der Antichrist soll angeblich mit den Juden ein Komplott geschmiedet haben, mit dem Ziel, die ganze Welt zu »verjuden« und alle Völker körperlich und geistig ihrer Idee zu unterwerfen. Viele Vorstandsmitglieder der *Britons* waren bekennende Katholiken. Durch Berufung auf verschiedenste Maßnahmen, die weltliche und kirchliche Institutionen in den vorangegangenen Jahrhunderten gegen die Juden ergriffen hatten, wollte man die eigenen Lösungsvorschläge legitimieren. Man wollte den anderen somit klarmachen, daß es sich dabei um vertraute und erprobte Maßnahmen handelte.[10]

Sie forderten ihre Leser dazu auf, nicht mehr das Alte Testament zu lesen, da das Neue Testament das Alte ersetzte. Die Kirche hätte sich auf eine Weisung Gottes hin, als Reaktion auf den Kreuzestod Jesu, von der jüdischen Religion und den Juden gänzlich abgewendet. Deshalb müßte kein Christ ein schlechtes Gewissen haben, wenn er sich dem Streit der *Britons* gegen das unsittliche Judentum anschließe. Christus selbst, katholische und protestantische Kirchenväter, zahlreiche Päpste, Bischöfe und christliche Kaiser, Könige und Fürsten wären ihnen in diesem Kampf vorausgegangen. In einem ihrer Artikel schrieb die Redaktion des *Hidden Hand* das Folgende: »Wir appellieren an die hohe und niedrige Geistlichkeit der christlichen Kirche, sowohl der katholischen als der reformierten, daß sie das Christentum vom sittlichen Verfall, den die Anhänger der jüdischen Religion verursacht haben, reinigen möge. [...] Zur Heilung der Glieder unserer Kirche sowie für die Einheit der christlichen Kirchen Europas ist nichts so wichtig wie das Erkennen der jüdischen Gefahr, die uns tödlich bedroht. Darum muß dieses dringende Problem gelöst werden, indem man alle Juden des Landes verweist. Denn sie sind es, die die Annahme und den Fortschritt unseres wahren Glaubens ernsthaft behindern.«[11]

In diesem Zusammenhang zitierte die Redaktion von *Hidden Hand* immer wieder aus den *Protokollen der Weisen von Zion*, um zu »beweisen«, daß die Juden, als Handlanger des Satans, ernsthaft planten, das gesamte Christentum in Europa auszurotten. Darum bedeute das Tolerieren der jüdischen Minderheit in Europa Selbstzerstörung – die Zerstörung der gesamten europäischen Kultur könnte die Folge sein. Man rief die Christen aller Länder Europas auf, sich im Namen des Glaubens der anti-jüdischen Kampagne anzuschließen: »Niemand kann ein patriotischer Brite sein und dabei kein Antisemit. Es besteht kein Zweifel, daß man nur Christ sein kann, wenn man auch ein Judenhasser ist, da die Juden die einzige absolut antichristliche Macht der Welt sind.«[12]

The Britons fühlten sich dazu berufen, als hochangesehene Vertreter der nordischen Rasse dem Ansturm der Juden auf die christliche Kultur Einhalt zu gebieten. Die Juden müßten aus Europa entfernt werden, so wie der Pharao die Juden seinerzeit aus Ägypten verbannt hätte.[13] In zahlreichen Artikeln in *Hidden Hand* wurden für die Lösung der Judenfrage, die sie vorschlugen, Gründe angegeben: Die Juden lebten als »Parasiten« in der britischen Gesellschaft und unterminierten mit ihrem korrupten Vorgehen im Bankwesen, in der Industrie sowie im Groß- und Kleinhandel die Normen und Werte der christlichen Gesellschaft. Sie verlangten ausdrücklich, daß die Juden bis zu ihrer endgültigen Verbannung aus allen öffentlichen Ämtern und Funktionen entlassen werden müßten. So wie Beamish, der schon in den zwanziger Jahren vorgeschlagen hatte, alle Juden aus Europa zu vertreiben, waren auch *The Britons* zunächst der Ansicht, daß die Juden nach Palästina, das ja ihre ursprüngliche Heimat war, verbannt werden müßten: »Europa kann nur auf eine Art vom jüdischen Unheil befreit werden. Alle Christen der weißen Rasse müssen sich gemeinsam erheben, um alle jüdischen Männer, Frauen und Kinder nach Palästina und die umliegenden Länder zu vertreiben. Um dieses Ziel zu erreichen, müssen drastische Maßnahmen ergriffen werden. Wenn die Juden dann in ihrem eigenen gelobten Land einen zionistischen Staat gegründet haben, werden sie hoffentlich für immer dort bleiben.«[14]

Sie sprachen den Juden nicht das Recht ab zu leben. Sie fanden jedoch, daß die nordische Rasse ebenso das Recht und sogar die Pflicht hätte, sich vor der Gefahr, die die jüdische Rasse darstellte, zu schützen. Darum müßte die Judenfrage in zwei Phasen gelöst werden: In einer ersten Phase sollten sie aus dem wirtschaftlichen, politischen und gesellschaftlichen Leben ausgeschlossen werden. In einem zweiten Schritt sollten sie in einer großangelegten Operation aus allen europäischen Ländern verbannt werden. Dann erst würden sich die Angehörigen der »überlegenen weißen Rasse« entsprechend entwickeln können und ihre eigentliche Bestimmung erreichen. Da Palästina britisches Mandatsgebiet war und die Juden ohnehin lieber nach Palästina wollten als in ein Gebiet in Ostafrika, sahen *The Britons* zu Beginn in Palästina das ideale Emigrationsland für die europäischen Juden.

Ab dem Jahr 1923 richteten *The Britons* ihr Augenmerk auf Madagaskar, und ab dieser Zeit erschienen in *Hidden Hand* einige Artikel über diesen Richtungswechsel bei Beamish und seinen Anhängern. Die Meinungsänderung bei den *Britons* stand in engem Zusammenhang mit den politischen Entwicklungen, die sich nach der *Balfour Declaration*[15] ergeben hatten, bei der sich die britische Regierung offen für die Gründung eines jüdischen Nationalstaates in Palästina ausgesprochen hatte. Die scharfe Kritik von seiten des Vatikans veranlaßte auch die Katholiken im Vorstand der *Britons* zu einer kritischen Haltung gegenüber diesem Plan.[16]

Im Jahr 1918 erklärte Papst Benedikt XV. wiederholte Male, daß er den Juden ihre zionistischen Ideale nicht zerstören und ihnen auch keineswegs das Recht absprechen wolle, im Land ihrer Wahl als gleichberechtigte Bürger zu leben. Sie dürften jedoch nicht damit rechnen, daß er sie in ihrem Bestreben, in Palästina einen jüdischen Staat zu gründen, unterstützen werde. Die vielen neu hinzukommenden jüdischen Kolonisten aus Rußland würden den in Palästina ansässigen Christen und Moslems deutlich zu verstehen geben, daß sie sich ihnen überlegen fühlten. Dadurch hätte sich, so der Papst, die Lage der Christen, verglichen mit den vorangegangenen vier Jahrhunderten, in denen Palästina zum Ottomanischen Reich gehört hatte, verschlechtert. Die Juden hätten außerdem den Christen viele ihrer Ämter und Funktionen weggenommen. Heilige Stätten wären zu profanen Zwecken umfunktioniert und dadurch entweiht worden: Es gäbe ein Vergnügungsviertel auf dem Berg Carmel und ein Tanzlokal am See von Tiberias …

Der Vatikan wurde zur Speerspitze des weltweiten Widerstandes gegen die *Balfour Declaration* vom 2. November 1917. Papst Benedikt rief christliche und nichtchristliche Nationen dazu auf, beim Völkerbund gegen den Zionismus Protest einzulegen. Um ihre anti-zionistische Haltung zu rechtfertigen, versuchten sie, hohe geistliche Würdenträger der jüdischen Gemeinschaft in Tageszeitungen, Wochen- und Monatsblättern zu desavouieren: Die Juden, die in Rußland die Revolution entfesselt hätten, versuchten nun, den gottlosen Bolschewismus ins Heilige Land zu bringen. Als eingefleischte Atheisten würden sie das Heilige Land mit ihrer unmoralischen Lebensweise überschwemmen. So wie schon aus den *Protokollen der Weisen von Zion* ersichtlich wäre, versuchten sie gemeinsam mit den Freimaurern – ausgehend von einem neuen jüdischen Bollwerk Palästina – das Christentum zu vernichten und die ganze Welt zu »verjuden«. Bei der Verbreitung dieser Beschuldigungen spielten vor allem die Redaktionen der Zeitschriften *L'Osservatore Romano, Il Secolo, La Croix, National Catholic News Service, Times, La Documentation catholique, La Civiltà Cattolicà* und *L'Italie* eine große Rolle.

Im Dezember 1918 sprach Kardinal Gasparri, der sich immer mehr als fanatischer Anti-Zionist entpuppte, gegenüber dem belgischen Botschafter im Vatikan seine Verwunderung darüber aus, daß es in England und Amerika kaum Christen gebe, die die Gefahr, die von den Zionisten ausgehe, erkannten. Für ihn bestünde kein Zweifel darüber, daß dieselben Juden, die für die Revolution in Rußland verantwortlich wären, nun auch versuchen würden, aus dem Heiligen Land einen bolschewistischen Staat zu machen. Anläßlich der Eröffnung der Internationalen Friedensverhandlungen 1919 in Paris stellten die Franziskaner, gemeinsam mit amerikanischen Missionaren und dem amerikanischen Konsul in Jerusalem, ein Memorandum zusammen, in dem zu lesen war, daß russische Juden den Bolschewismus ins Heilige Land importieren wollten, daß der Zionismus eine atheistische Bewegung wäre und daß die Gründung eines jüdischen Staates dem weltweiten Antisemitismus neue Nahrung geben würde. Palästina wurde zur Wiege einer heiligen Allianz zwischen Christen und Moslems – mit dem gemeinsamen Ziel, die *Bal-*

four Declaration zu annullieren. Zu Recht meinte darum Balfour, mittlerweile schon britischer Premierminister: »Ich vermute, daß es nicht die Angst vor der Entweihung Heiliger Stätten ist, die die Christen zu ihren Forderungen motiviert, sondern ganz einfach Haß auf die Juden.«

In Palästina bildeten sich zahlreiche kleine Widerstandsgruppen unter Christen und Moslems, die sich in erster Linie des folgenden Arguments gegen die Errichtung eines eigenen jüdischen Staates bedienten: Es käme Gotteslästerung gleich, das Heilige Land an »Christusmörder« und »gottlose Bolschewiken« auszuliefern. Sogar ein Vertreter des britischen Außenministeriums warnte vor der Gefahr des Zionismus. So wie die Juden in Rußland – getarnt als Bolschewiken – die russisch-orthodoxe Kirche ruiniert hätten, würden sie im Heiligen Land die katholische Kirche vernichten. Es wäre kein Wunder, daß der Heilige Stuhl in Panik geraten war.

Sogar Papst Benedikt XV. persönlich schloß sich der Verleumdungsaktion gegen die Zionisten an: Als eine Gruppe von Arabern einen Aufstand gegen jüdische Siedler begann, meinte der Papst, auf die angeblich tragende Rolle der Juden bei der russischen Revolution verweisend, daß er einem Volk, das von revolutionärem Geist erfüllt war, keinesfalls helfen würde. Aus diesem Grund wandten sich führende Katholiken mit dem Vorschlag an zionistische Führer, daß sie keine jüdischen Bolschewiken aus Polen und Rußland im Heiligen Land ansiedeln sollten, sondern Juden aus dem Irak, Persien, Arabien und Ägypten. Arabische Christen, die in Palästina einen Kongreß abhielten, um über die »jüdische Gefahr« zu diskutieren, schlossen sich zu einem gemeinsamen Appell zusammen, in dem sie den Papst und die Regierungschefs auf die »bolschewistische Gefahr« aufmerksam machten, die dem Heiligen Land drohte.

In Palästina wurde 1921 eine spezielle Delegation von Christen und Moslems in den Vatikan gesandt, um sich bei Papst Benedikt XV. für eine Annullierung der *Balfour Declaration* stark zu machen. Eine Delegation hoher Würdenträger (Patriarchen, Bischöfe und bedeutende Moslemführer) kam unter Leitung von Scheich Moussa Kazim el-Husseini, einem ausgesprochenen Judenhasser, am 19. Juli 1921 in Rom an, wo sie von Staatssekretär Gasparri empfangen wurde. Der Kardinal brachte während der Audienz deutlich zum Ausdruck, daß er nur an religiösen Fragen interessiert war, nicht aber an politischen. Unter der Bedingung, daß die Delegation sich dazu bereit erklärte, nicht über Politik zu sprechen, hätte der Papst zugestimmt, sie für einige Minuten zu empfangen. Während der Audienz überreichte El-Husseini dem Papst ein Memorandum. In der Presse war danach zu lesen, daß die Delegation nach Rom gekommen wäre, um Papst Benedikt XV. in seiner Kampagne gegen den Zionismus zu unterstützen.

Währenddessen gingen die Verleumdungsaktionen gegen den Zionismus in der katholischen Presse weiter. *L'Osservatore Romano* veröffentlichte erneut eine Serie anti-zionistischer Artikel, in denen die Autoren herausstrichen, daß der Talmud die Juden lehrte, sich als Volk Gottes zu fühlen, das dazu ausersehen wäre, die Welt zu beherrschen und alle *Goijem* auszubeuten. *La Civiltà Cattolicà* schrieb, daß der

Zionismus vielleicht eine Möglichkeit bieten könnte, Europa von der jüdischen Gefahr zu befreien. Die Schaffung eines Judenstaates würde jedoch die jüdische Bedrohung eher verstärken, da sich die Juden heimlich in verschiedene internationale Organisationen einschlichen, vor allem bei den Freimaurern und in den Völkerbund.

Das Staatssekretariat des Vatikans verstärkte seine diplomatischen Initiativen, um zu verhindern, daß der Völkerbund Palästina als Mandat an die Engländer übertrug. Als Kardinal Gasparri am 2. April 1922 den zionistischen Führer Chaim Weizmann empfing, erzählte er ihm, daß der Heilige Stuhl ein Memorandum an den Völkerbund geschickt hätte. Dieses Memorandum enthielt die Forderung, den zionistischen Tenor der *Balfour Declaration* weitgehend abzuschwächen, den Angehörigen anderer Religionen in Palästina gleiche Rechte zu garantieren, den Einfluß der *L'Agence juive* sehr einzuschränken und eine internationale Körperschaft mit dem Schutz der Heiligen Stätten zu beauftragen. Weizmann machte sich aufgrund persönlicher Erfahrungen keine Illusionen in bezug auf die Haltung des Vatikans gegenüber dem Zionismus. Er war zutiefst davon überzeugt, daß der größte Feind des Zionismus im Vatikanstaat zu suchen wäre; die im *L'Osservatore Romano*, der offiziellen Tageszeitung des Vatikans, erscheinenden Artikel bestärkten ihn in dieser Auffassung. Auch bemühte er sich immer wieder vergeblich um eine Audienz bei Papst Pius XI., der Benedikt XV. am 6. Februar abgelöst hatte.

Äußerst peinlich war die Reaktion im *L'Osservatore Romano* auf einen Vortrag, den Weizmann am 4. April 1922 im Collegio Romano in Rom über das Programm des Zionismus gehalten hatte. Weizmann hatte in seiner Rede unter anderem gesagt, daß die Juden in Europa jahrhundertelang unter dem Antisemitismus zu leiden gehabt hätten und deshalb nun im Land ihrer Väter einen eigenen Staat gründen wollten. Die vatikanische Tageszeitung schrieb daraufhin, daß man die Juden in den vorangegangenen Jahrhunderten in Europa viel gastfreundlicher aufgenommen hätte, als Weizmann in seiner Rede suggeriert hätte. Darum gäbe es weder historische noch soziale Gründe, weshalb die Juden, auf der Flucht vor dem, so die Zeitung, »angeblichen« Antisemitismus, einen eigenen Staat gründen müßten.

Im Frühjahr 1922 veröffentlichte *L'Osservatore Romano* Ausschnitte eines Vortrags, den Monsignore Luigi Barlassina, der lateinische Patriarch von Jerusalem, in Rom gehalten hatte. Es ist kein Geheimnis, daß sich der Heilige Stuhl in diesen Jahren sehr stark von Barlassinis Auffassungen zum Zionismus beeinflussen ließ. Der Patriarch, der durch ganz Europa reiste, um gegen die *Balfour Declaration* Stimmung zu machen, vertrat die Ansicht, daß diese Erklärung unwiderruflich auf die Gründung eines zionistischen Königreiches hinauslaufen würde. Jüdische (soll heißen bolschewistische und atheistische) Emigranten hätten, so Barlassina, der christlichen Bevölkerung in Palästina großen Schaden zugefügt und das gesamte Leben in Palästina aus dem Gleichgewicht gebracht. Auf allen Ebenen der Gesellschaft schrieben nun Juden den Christen und Moslems vor, was sie zu tun hätten, und »infizierten« sie mit ihren unmoralischen Auffassungen. In den Kibbuzim würden die

Zionisten freie Liebe praktizieren und während im Ottomanischen Reich Prostitution verboten gewesen wäre, hätten russische und polnische Zionisten dafür gesorgt, daß es notabene in der Heiligen Stadt Jerusalem, in Jaffa, Nazareth und Haifa von Prostituierten nur so wimmelte. Dadurch würde sich vor allem die Syphilis stark verbreiten. Da der Zionismus Monsignore Barlassina zufolge eine immense Bedrohung für die christliche und islamitische Moral darstellte, müßten Christen und Moslems eine heilige Allianz schließen, um den Zionismus zu bekämpfen. Auf jeden Fall sollte in Palästina den Zionisten der Kontakt mit der einheimischen Bevölkerung verboten werden. Auch in *The Times* und *L'Italie* erschienen Ausschnitte aus den Reden, die der Jerusalemer Prälat in Europa hielt.

Barlassinas Verleumdungskampagne war mit ein Grund dafür, daß Staatssekretär Gasparri vor allem die katholischen Regierungen Frankreichs, Spaniens, Italiens, Polens, Belgiens und Brasiliens dazu mobilisieren konnte, beim Völkerbund auf eine Abschwächung der *Balfour Declaration* zu drängen. In einem Brief, den Gasparri am 15. Mai 1922 an den Generalsekretär des Völkerbundes schickte, schrieb er, daß der Vatikan keine Einwände gegen eine politische und religiöse Gleichstellung der Juden in Palästina hätte. Der Vatikan könne jedoch nicht akzeptieren, daß die Juden den Christen und Moslems bevorzugt würden. Die Rechte der christlichen Gemeinschaft müßten weiter garantiert werden. Der Text dieses Briefes erschien am 30. Juni im *Osservatore Romano*. Der Chefredakteur versah ihn mit der Anmerkung, daß ein internationales katholisches Organ ins Leben gerufen werden müsse, um die Heiligen Stätten gegen das »bolschewistische Judentum« zu verteidigen.

Der Widerstand gegen die *Balfour Declaration* nahm derart zu, daß Winston Churchill, damals Kolonialminister, im Juni 1922 mit einer Erklärung an die Öffentlichkeit trat, aus der die halbherzige Haltung der englischen Politik deutlich wurde. Churchill zufolge wäre es nicht so gedacht gewesen, daß Palästina genauso jüdisch werden sollte wie England englisch: »Die Regierung möchte mit Nachdruck festhalten, daß die *Balfour Declaration* keineswegs darauf abzielt, aus Palästina einen jüdischen Nationalstaat zu machen. Es geht vielmehr darum, in Palästina einen solchen Staat zu errichten.« Trotz schärfsten Widerstandes von seiten der christlichen und islamischen Welt wurde Palästina vom Völkerbund am 22. Juli 1922 als Mandat an England übertragen, mit dem Ziel, dort einen jüdischen Nationalstaat zu gründen.

Vor dem Hintergrund dieser politischen Entwicklungen wird klar, warum der Katholik Beamish und *The Britons* ab 1923 nicht mehr Palästina, sondern Madagaskar als Endziel für die europäischen Juden im Auge hatten. Sie mußten auf den weltweiten Widerstand gegen die Errichtung eines jüdischen Staates in Palästina Rücksicht nehmen, zumal dieser Widerstand vom Vatikan selbst ausging.

In einer Reihe von Artikeln, die 1924 in *Hidden Hand* erschienen, wurden jeweils zwei Möglichkeiten zur Lösung der Judenfrage näher erörtert: Ausrottung aller Juden in Europa oder Verbannung nach Madagaskar. Die Variante der Ausrottung nannte die Redaktion eine »jüdische Methode, wie sie in der hebräischen Bibel vorkommt«. Dabei spielte der Autor darauf an, daß die Israeliten, als sie ins Gelobte Land einzogen, angeblich alle Einheimischen ausgerottet hätten. Da die Ausrottung praktisch nicht durchführbar schien und außerdem unvereinbar mit der »sanften britischen Art« wäre, entschieden sich *The Britons* für die Verbannung aller Juden aus Europa. Auch hatte diese Methode schon eine gewisse »Tradition« – man hatte in der Vergangenheit schon öfter die Judenfrage gelöst, indem man die Juden aus dem Land vertrieb. Darum dachten *The Britons*, daß es auch von seiten des Vatikans wenig Widerstand gegen diese Lösung geben würde.

Der Madagaskar-Plan der *Britons* löste deshalb recht schnell den Palästina-Plan ab.

Kapitel V

Der Madagaskar-Plan von Egon van Winghene

1927 publizierte Egon van Winghene, wohnhaft in Rotterdam, gemeinsam mit dem Kopenhagener U. Tjörn ein Schriftstück zu »Diagnose und Therapie« der Judenfrage.[1] Der Autor analysierte darin die Judenfrage sehr ausführlich und kam zu der Schlußfolgerung, daß dieses Problem nur gelöst werden könnte, indem man die Juden nach Madagaskar verbannte. Den Buchumschlag von van Winghenes Werk zierten eine Landkarte von Madagaskar sowie die Symbole von Judentum, Christentum und Ariertum: der Davidstern, das Kreuz und das Hakenkreuz. Van Winghene präsentierte den Madagaskar-Plan als die einzige zu verantwortende Lösung der Judenfrage. Der Autor, der sicher auch durch die Schriften von Henry Hamilton Beamish beeinflußt wurde, versuchte, das Christentum als Basis für die Rechtfertigung seines Madagaskar-Plans heranzuziehen.

Darum ist es auch wenig verwunderlich, daß er seine Abhandlung mit einem Zitat aus dem Johannes-Evangelium beginnt:

> »Ihr seid vom Vater dem Teufel, und nach Eueres Vaters Lust wollt Ihr tun. Derselbige ist ein Mörder von Anfang und ist nicht bestanden in der Wahrheit, denn er ist ein Lügner und der Vater der Lüge!« (Ev. Johannis Kap. 8, Vers 44)

In seinem Vorwort schreibt van Winghene, daß Mitstreiter wie Gegner ihm davon abgeraten hätten, über die Lösung der Judenfrage ein Buch zu schreiben, da dies für ihn sehr gefährlich werden könnte. Er müsse damit rechnen, daß die Juden versuchen würden, sich an ihm zu rächen. Er hätte Briefe bekommen, in denen stand, daß sie sehr gut verstünden, daß die Pseudo-Kultur der Juden eine Bedrohung für die christliche Kultur darstellte. Es hätte jedoch wenig Sinn, sich dieser Entwicklung unter Lebensgefahr entgegenzustellen. Van Winghene beantwortete diese Warnungen mit einer Frage:[2]

> »Darauf haben wir aber nur Eines zu antworten: Wird ein gewissenhafter, um die Rettung seines Patienten ernstlich besorgter Arzt vor der Heilung einer Krankheit zurückschrecken, weil sie für ihn mit persönlichen Gefahren verbunden ist? Müssen wir nicht vielmehr wünschen, daß unserer geschwächten Rasse und unserer wankenden Kultur möglichst zahlreiche Ärzte erständen, die den Mut haben, aufklärend, reinigend und rettend einzugreifen und bis zum letzten Atemzuge ihre Pflicht zu tun?!«[2]

Die christliche Kultur hätte dann zumindest noch Überlebenschancen.

Van Winghene zufolge sollte an den Universitäten ein Lehrstuhl für die Judenfrage eingerichtet werden. Ziel eines solchen Lehrstuhls sollte es sein, mit Hilfe von wissenschaftlichen Argumenten die Lösungsmöglichkeiten, die im Sinne der christlichen Lehre nicht zu verantworten wären, auszusortieren. Der Madagaskar-Plan sollte in der Folge als ideale Lösung zur Errettung Europas als Wiege der christlichen Kultur präsentiert werden.

Für den Anfang schwebten Van Winghene in erster Linie Vorlesungen, wissenschaftliche Untersuchungen und Publikationen zur »Diagnose« des »Judenproblems« vor. Forscher und Dozenten sollten in ihren Publikationen deutlich zum Ausdruck bringen, daß die Juden im Laufe der Jahrhunderte in Europa ihre eigene Kultur auf Kosten der christlichen Kultur entwickelten. Um der christlichen Kultur in Europa endlich wieder die Möglichkeit zu geben, sich zu entfalten und weiter zu verbreiten, sollten die Juden aus Europa verbannt werden.

Van Winghenes Werk sprach ein großes Publikum an.[3] Die Idee von der Verbannung der Juden nach Madagaskar war daher schon vor Hitlers Madagaskar-Plan in extrem rechten christlichen Kreisen weit verbreitet.

Egon van Winghene schreibt in seinem Werk, daß er auf seinen Reisen durch Europa (und vor allem durch Rußland) immer wieder mit einer sich auflösenden europäischen Kultur konfrontiert gewesen wäre. Diese Konfrontation wäre für ihn der Anlaß gewesen, sich mit den Wurzeln der arisch-christlichen Kultur eingehend zu beschäftigen, den Ursachen ihrer Auflösung auf den Grund zu gehen und nach Möglichkeiten zur Rettung dieser jahrhundertealten Kultur zu suchen.[4] Im Zentrum seiner Schriften steht die Annahme, daß die arische Rasse allen anderen Rassen überlegen und die jüdische Rasse die »minderwertigste aller Rassen« sei.

Die Unterschiede zwischen den Rassen sind Van Winghene zufolge nicht nur physischer und biologischer, sondern auch ethischer Natur. Für ihn sind die Juden der arischen-christlichen Rasse daher vor allem in moralischer Hinsicht unterlegen. Wenn sich die jüdische Rasse weiterhin mit der arischen durch Heirat vermischte, würde dies den Untergang der christlichen Kultur in Europa bedeuten. Sowohl die arischen Christen als auch die Juden hätten eine eigene Kultur entwickelt. Zwischen den beiden Kulturen bestünde eine unüberbrückbare Kluft. Ethisches Handeln im Sinne der christlichen Kultur bedeute nicht weniger als »in seinen Gedanken, Gefühlen und Taten eins zu werden mit Gott, dem Geist, der Seele, dem Herzen und nicht zuletzt mit dem Blut seiner Vorfahren«. Wenn die Christen sich der Moral der Juden anpaßten, würden sie den engen Kontakt mit der Vergangenheit ihres Volkes verlieren und das Christentum wäre von innen heraus bedroht.

Van Winghene glaubt, die Leser vor dem verderblichen Einfluß jüdischer Schriften warnen zu müssen, unter anderem auch vor den Publikationen von Sigmund Freud. Er beschuldigt Vereinigungen wie die Liga für Menschenrechte, die Anhänger von Rudolf Steiner, den PEN-Club, die *Fabian Society*, den *Rotary Club*, die

Christian Science, die *Young Men Christian Association* und nicht zuletzt auch die Freimaurer, daß sie die christliche Ethik und Kultur unterminierten. Er wirft ihnen vor, in ihrem Neuerungswahn und Fortschrittsdenken dem »feinen Gewebe« der christlichen Kultur unwiderruflich Schaden zuzufügen.

Van Winghene zufolge basiert die arisch-christliche Kultur auf 2000 Jahre alten gemeinsamen Wurzeln. Das »Gewebe« der europäischen Kultur setze sich zusammen aus der Erdverbundenheit der Kelten, dem Schönheitssinn der Griechen, dem Gerechtigkeitssinn der Römer, dem Ehrgefühl der Franzosen, der Gefühlsbetontheit der Slawen und dem Sinn für Moral der Germanen. Das Christentum hätte all diese Eigenschaften zum einmaligen Kunstwerk der arisch-christlichen Kultur verwoben.

In den vorangegangenen Jahrhunderten, vor allem seit der Judenemanzipation, hätte sich deutlich gezeigt, daß die jüdische Ethik, so wie sie von den Pharisäern und später den Talmud-Gelehrten ausgearbeitet wurde, mit der Ethik des christlichen Europas unvereinbar sei. Selbst das kleinste Zugeständnis an die jüdische Ethik würde der christlichen Kultur Schaden zufügen. Am Ende würde die christliche Kultur als Ganzes vernichtet werden. Van Winghene verwendet für die christliche Kultur immer wieder das Bild des »Gewebes«, das in Auflösung begriffen sei. »Jüdische Lumpensammler« würden nur darauf warten, das zerrissene Gewebe aufzusammeln und in den Müll zu werfen. Er bezeichnet den arischen-christlichen Geist als den kreativsten von allen, ausgestattet mit einem großen Gespür für Kunst. Die Juden, die keinerlei Kunstsinn besäßen, würden alles daran setzen, das Kunstwerk der christlichen Kultur zu zerstören.

Van Winghene wirft seinen Volksgenossen vor, daß sie zu spät erkannt hätten, daß es Juden waren, die die französische und die russische Revolution entfesselten. Unter dem Vorwand von Reform und Modernisierung der Gesellschaft hätten sie sich zum Ziel gesetzt, die christliche Kultur zu zerstören. Das rationalistische und materialistische Gedankengut der Juden, mit dem so viele Nicht-Juden infiziert wären, würde die größte Bedrohung für die christliche Kultur und Ethik darstellen:

> »Seit etwa hundertfünfzig Jahren – und da setzt mein Studium ein – werden unserem Wesen vollkommen fremde Gedanken als Ideale verkündet, wird uns eine verderbte, geistlose, rein äußerliche Zivilisation als ideale Geistes- und Seelenbildung, als Kulturveredelung eingeredet! – Seit hundertfünfzig Jahren: das ist der Zeitpunkt der französischen Revolution mit ihren hohlen, weil unreellen Schlagworten der ›Freiheit, Gleichheit und Brüderlichkeit‹, – der Zeitpunkt der Judenemanzipation und der liberalen Schein-Demokratie!«[5]

Der Prozeß der Judenemanzipation hätte, so Van Winghene, gezeigt, daß auch Juden, die sich bemühten, sich anzupassen, in ihrem Herzen Fremde, i. e. Juden, geblieben wären. Noch viel ärger wäre es jedoch für die Christen, da sie mitansehen mußten, wie die christliche Kultur sich als Folge der Judenemanzipation langsam aufzulösen beginne, weil die Juden sie mit ihrem materialistischen und unmoralischen Geist infiziert hätten.

Außerdem, so der Autor, begännen viele Nicht-Juden unter dem Einfluß der assimilierten Juden, an den uralten christlichen Werten von Ehe und Familie zu zweifeln. Van Winghene zufolge wären es nicht die Chinesen, die Schwarzen, Indianer oder Japaner, die die christliche Kultur an den Rand des Abgrunds gebracht hätten, sondern die Juden, die ihre Chance darin erkannt hätten, das Ghetto zu verlassen und sich als »Parasiten« in der nicht-jüdischen Gesellschaft »einzunisten«.

Die politische und wirtschaftliche, die wissenschaftliche und kulturelle, die kirchliche und die religiöse Welt wäre bereits so sehr vom internationalen Judentum beeinflußt, daß die europäische Kultur bereits Auflösungserscheinungen zeigte. Dem christlichen Abendland drohe jedoch nicht nur von jüdischer Seite Gefahr – auch sogenannte »Jüdlinge«, also arische Christen, die sich ganz dem jüdischen Denken, Fühlen, Sprechen und Handeln verbunden fühlten, stellten eine Bedrohung für die christliche Kultur dar.

Van Winghene sah deutlich das Schreckensbild eines zerstörten Europas vor sich, in dem die Juden ihre Weltherrschaft errichten würden. Er warf den Juden vor, daß sie genau wüßten, wie sie die Christen zu einer materialistischen, ausschweifenden Lebensweise verführen könnten. Die assimilierten Juden würden die christlichen Werte untergraben, die 2000 Jahre das Fundament der christlichen Kultur gebildet hätten: Sie hätten kein Verständnis für das Gefühl der Schönheit, des Guten und Edlen, das den Christen eigen wäre. Vor allem jedoch mit den christlichen Werten Treue, Recht, Pflicht, Vertrauen, Ehre, Sittlichkeit und Schamgefühl würden sie ihren Spott treiben. Darum meinte Van Winghene, daß die Christen das Recht hätten, sich gegen diese Entwicklung zu wehren. Sie würden sich von der »jüdischen Übermacht« bedroht fühlen und hätten Angst, daß es schon zu spät sein könnte, um ihr reiches kulturelles Erbe zu retten.

In seinen Schriften betont Van Winghene immer wieder, daß man ihn aufgrund dieser Analyse der europäischen Kultur nicht als Antisemiten bezeichnen dürfe. Er hätte nämlich keinen Grund, irgendeinen Juden als Individuum zu verachten oder gar zu hassen. Nach gründlicher Überlegung wäre er zu der Schlußfolgerung gekommen, daß es nur seine christliche Pflicht sei, dem unmoralischen Einfluß der Juden auf alle Bereiche der Gesellschaft ein Ende zu bereiten. Er wolle sich jedoch nur gegen das Judentum im allgemeinen, als Verkörperung dieser Gesinnung, richten. Niemand dürfe ihn deshalb einen simplen Judenhasser schimpfen. Er sei lediglich jemand, dem sein eigenes Volk und seine Rasse über alles gingen. Er hoffte, daß sich viele seiner Überzeugung anschließen würden und vertrat die Meinung, daß Christen nicht einfach wegsehen dürften, wenn eine jahrhundertealte Kultur der Philosophen, Theologen, Architekten, Künstler und Dichter durch die Schuld der Juden zugrunde zu gehen drohte.

»Die Judenfrage ist – das zeigen uns die Forschungen und Erfahrungen der letzten Zeit immer unzweideutiger – vor allem eine Frage ethischer, also reinlicher Weltanschauung, eine Frage der Rasseerhaltung und der Kulturverteidigung! Ohne daß sich die meisten Arier und Christen in ihrer blinden Arglosigkeit bis heute noch dessen so recht bewußt geworden wären, wird der unserer Rasse und unserer Weltanschauung eigentümliche Idealismus, der sich viele Jahrhunderte hindurch in unbefangenem Reinlichkeitssinne für Schönes, Hehres und Edles, für Treue, Recht, Pflicht, Vertrauen, Ehre, Sitte und Schamgefühl zu begeistern wußte, durch die Verführungskünste des Judentums immer mehr dem bedenkenlosen Materialismus, dem zynisch-einseitigen Rationalismus zugetrieben.
In der Gestalt von geheimen oder ihre wirklichen Zwecke geschickt verdunkelnden Organisationsformen der verschiedensten Art schmarotzen fremde Rassenelemente in von Jahrzehnt zu Jahrzehnt aufdringlicherer Weise an dem Kulturgebäude und an den staatlichen und gesellschaftlichen Gebilden der arischen, christlichen Völker, indem sie – der großen, ahnungslosen Masse unkenntlich, weil immer nur in perfider Vermummung – alle für die Arier nun einmal durch Jahrhunderte erprobten, geheiligten Grundsätze des Rechtes und der Logik, der Billigkeit und der Vernunft, der Religion und der Ethik – Grundsätze, die unseren Vätern so eigentümlich und so wert waren – untergraben und zum Wanken bringen.
Daran kranken wir; daran allein! [...]
Wir haben gar nicht mehr die Zeit, den Juden einzeln zu hassen, einzeln zu verfolgen. Es geht um weit Höheres, als um Pogrome und um Radau-Antisemitismus, den wir als sinnlos, weil ergebnislos, ablehnen. Es geht doch um die Rettung unserer Rasse, und nicht zuletzt unseres Friedens vor feindlicher Heimtücke! Es gilt demnach vor allem Pro-Arier zu sein, nicht Antisemit!«[6]

Das christliche Europa wäre, so der Autor, noch nie in seiner Geschichte einer solchen Gefahr ausgesetzt gewesen. Es hätte seine christliche Kultur schon gegen den Ansturm der Mongolen, der Türken, der Araber und der Schwarzen verteidigen müssen und sollte darum auch nicht davor zurückschrecken, das Abendland vor seinen Erzfeinden, den Juden, zu beschützen. Vor allem, weil es hier um einen äußerst durchtriebenen Feind ginge, der mit den Schlagworten »Freiheit, Gleichheit und Brüderlichkeit« und den Idealen Demokratie, Kapitalismus und Kommunismus Millionen auf seine Seite zu ziehen wüßte. In ganz Europa dürfe es darum keinen einzigen geistlichen oder weltlichen Führer geben, der nicht bereit wäre, sich einem Aufstand gegen die Juden anzuschließen. Sie sollten es sogar als ihre Pflicht ansehen, sich gegen einen Feind zu verteidigen, der dabei war, die christliche Kultur zu zerstören.

Van Winghene sah die Gefahr der jüdischen Kultur vor allem in ihrer gesellschaftlichen Dominanz begründet. Er versuchte, die Leser auf diese »jüdische Allgegenwart« aufmerksam zu machen. Den emanzipierten und assimilierten Juden wäre es unglücklicherweise gelungen, in den verschiedensten Institutionen und Organisationen führende Positionen zu erlangen. Dadurch hätten sie großen Einfluß auf die politischen Entscheidungen, die sie zu ihren Gunsten beeinflussen könnten. Dies führte zu einer »Verjudung« des gesamten politischen, sozialen, wirtschaftlichen, kulturellen und religiösen Lebens in Europa. Auch die Anzahl der »Jüdlinge« unter den Christen in Kirche und Gesellschaft nehme dadurch stark zu. Van Winghene empfand es als unverzeihlich, daß der Sozialismus keine »gesunde« arische Bewegung geworden war, da Marx und Lasalle ihn so nachhaltig beeinflußt hätten. Sie hätten aus Christen Juden gemacht. Van Winghene zufolge wäre alles ganz anders gelaufen, hätte man mehr auf den französischen Sozialisten Proudhon gehört, für den der Kampf gegen den jüdischen Kapitalismus an erster Stelle stünde. Für Van Winghene war dies alles ein großes Trauerspiel:

> »Heute kämpfen arische Arbeiter unter jüdischer Führung gegen das arische Bürgertum für den jüdischen Kapitalismus.«

Er gibt in seinem Buch noch zahlreiche andere Beispiele für die »jüdische Allgegenwart«. In der *High Church* in England schwangen angeblich bereits die Juden Glesser und Rosenthal das Zepter und verrieten dadurch die christliche Lehre und Ethik. In Wien hätten die Juden Felix Salten und Raoul Auernheimer, die für ihre skandalösen Schriften bekannt gewesen wären, die Leitung des PEN-Clubs übernommen, mit dem Ziel, die literarischen Werke jüdischer Schriftsteller zu verbreiten.

Die Liste der Organisationen, Einrichtungen, Institute und Presseorgane, die van Winghene zusammengestellt hatte und in denen ihm zufolge Juden eine führende Rolle spielten, war lang. Mit Besorgnis beobachtete er die Verbreitung der anthroposophischen Lehre von Rudolf Steiner, die in ganz Europa viele Anhänger fand. Steiner versuchte, so van Winghene, seine jüdische Abstammung unter der Maske des Christentums zu verbergen. Dennoch wüßte jeder, der mit ihm Bekanntschaft gemacht hatte, daß Steiner sich gerne mit jüdischen Frauen umgebe.

In der *Young Men Christian Association* dürfte niemand das Wort »Jude« in den Mund nehmen, da man um jeden Preis vermeiden wollte, mit dem Judentum in Zusammenhang gebracht zu werden. In Wirklichkeit jedoch ließen sich diese jungen Männer durch jüdisches Gedankengut inspirieren; der christlichen Lehre wäre man längst untreu geworden. Van Winghene beschuldigte außerdem Bibelgelehrte, daß sie die Bibel nach jüdischer Art auslegten und Schriften verbreiteten, in denen christliche Werte und Wahrheiten geleugnet oder zumindest in Zweifel gezogen würden. Insgesamt erweckt Van Winghene den Eindruck, daß es keinen Bereich mehr gebe, in dem die Juden nicht ihren verderblichen Einfluß geltend machten.

Im Kulturbund in Wien hätten die Juden alle wichtigen Funktionen erhalten und an der Spitze der Pan-Europa-Bewegung stünde Graf Richard Nikolaus Coudenhove-Kalergi, der mit Ida Klausner, einer bekannten jüdischen Schauspielerin, verheiratet war. Als Coudenhove-Kalergi 1926 in Wien einen Kongreß organisierte, wären vier Fünftel der Teilnehmer Juden gewesen. Coudenhove-Kalergi hatte 1923 in der *Wiener Freimaurer-Zeitung* geschrieben, daß der zukünftige Europäer der multikulturellen und multireligiösen Gesellschaft angehören würde, in der sich verschiedenste Kulturen und Religionen vermischen würden. Er sprach die Hoffnung aus, daß in Europa eine europäisch-asiatisch-negroide Rasse entstehen würde. Erst dann würde sich zeigen, wie vielseitig der Mensch ist. Die Juden sollten in dieser Angelegenheit die Führung übernehmen. Es sei nämlich ein Geschenk der göttlichen Vorsehung, daß Europa mit der Anwesenheit der edlen jüdischen Rasse beschenkt worden sei.[7]

In diesem Zusammenhang nannte Egon van Winghene auch das ihm zufolge ganz und gar »verjudete« Komitee für Europäische Zusammenarbeit, einen Konkurrenten der vorhin genannten Pan-Europa-Bewegung, in der ebenfalls Juden eine wichtige Rolle spielten.

Auch der Völkerbund bekam seinen Teil ab: Van Winghene bezweifelte, daß diese internationale Organisation wirklich von den großen Politikern Wilson, Clemenceau und Lloyd George ins Leben gerufen worden war, wie allgemein angenommen wurde. Er vermutete, daß es in Wirklichkeit drei jüdische Freimaurer waren, die hinter den Kulissen die Gründung des Völkerbundes vorangetrieben hätten: der Jude Baruch, Herr der amerikanischen Eisenbahnen, der Jude Georges Mandel als Vertreter von Clemenceau und der britische Christ-Jude Sassoon, der als Bankier mit Opiumhändlern zusammenarbeitete. Weiters bemerkt Van Winghene, daß das Personal des Völkerbundes, der seinen Sitz in Genf hatte, zu drei Viertel aus jüdischen Frauen bestünde; man hätte ihre Anstellung damit gerechtfertigt, daß sie so viele Sprachen beherrschten.

Ein weiteres Feindbild Van Winghenes war der Bolschewismus in Rußland, wo unzählige orthodoxe Christen Opfer der jüdischen Racheaktionen geworden wären. Die Juden hätten die jahrhundertealte Kultur der russisch-orthodoxen Kirche zerstört. Die letzten Reste dieser Kultur würden in den folgenden Jahren vernichtet werden, da die Sowjetregierung zu 83 Prozent aus Juden bestünde – unter ihnen Bronstein (= Trotzki), Sobelsohn, Apfelbaum, Rosenfeld, Finkelstein, Cohen, Nechamketsz, Grünbaum, Fürstenberg, Grozsmann, Lurié, Sieger und Hirschfeld. Nur mit Hilfe des Teufels wäre es den Juden gelungen, im größten Land der Erde an die Macht zu kommen, während sie der Welt vorspielten, daß das Land von russischen Bauern und Arbeitern regiert würde.

Van Winghene nennt noch andere Beispiele, aus denen deutlich hervorgehen sollte, daß man in Europa (und auf der ganzen Welt) zu Recht von einer »jüdischen Allgegenwart« sprechen könnte. Er glaubte die Leser auch darauf hinweisen zu müssen, daß der italienische Faschismus nicht wirklich »judenrein« wäre. Schon allein die Tatsache, daß Mussolinis Freundin Sarfatti Jüdin war, spräche Bände. Sie würde dafür sorgen, daß die Juden wichtige Posten bekämen und so ihren Einfluß geltend machen könnten.

Auch in den Vereinigten Staaten von Amerika wäre es nicht anders. Dort hielten fünf einflußreiche und sehr vermögende Juden alle Macht in Händen: der schon erwähnte Baruch sowie Branders, Präsident des Gerichtshofes, Gompers, Vorsitzender der Arbeitgebervereinigungen, und die beiden Bankiers Schiff und Warburg, die im Verkehrsministerium beziehungsweise Finanzministerium über großen Einfluß verfügten. Die beiden Bankiers würden auch den Bolschewismus unterstützen, den sie als neue Etappe auf dem Weg zur Weltherrschaft sähen.

In Deutschland schob man alle Schuld den Juden Ballin, Simons, Bleichröder, Oppenheim, Mendelsohn, Löwe, Warburg, Katzenstein und Rathenau zu und sprach von einer »Jüdischen Republik Weimar«. In Frankreich hätten die Juden Crémieux, Gombetta und Blum der Nation unsagbaren Schaden zugefügt.

Auch in Osteuropa wäre das politische Leben zunehmend in den Einflußbereich der Juden geraten. In Ungarn hätte sich zwar nach dem Fall Béla Kuns einiges zum Besseren verändert. Auch hätten christliche Politiker versucht, der Verjudung Ungarns Einhalt zu gebieten. Es wimmelte in der ungarischen Diplomatie jedoch noch immer von Juden – der Autor nennt hier Graf Nemes, Baron Wodianer, Graf Forgách, Baron Korani-Korn und Hevesti Vischitz. Weiters warnte er vor den noch immer sehr aktiven jüdischen Monarchisten und vor zwei jüdischen Ex-Finanzministern.

In Österreich verfügten die Juden in der christlichen Partei bereits über einen so großen Einfluß, daß man von einer »christlichen« Partei eigentlich nicht mehr sprechen könnte. Auch die adeligen Familien wären zur Gänze »verjudet«, da in jeder Familie zumindest einer mit einer reichen Jüdin verheiratet sei. Mindestens drei Viertel aller Ärzte und Anwälte wären Juden, sie wären die Eigentümer eines Großteils der Häuser in Wien und hätten einen verheerenden Einfluß auf die Theater- und Filmwelt. Als bedrohliches Beispiel für die »jüdische Allgegenwart« sah er auch ihre Macht im Bereich des Pressewesens: Alle großen Presseagenturen (Wolff, Reuter, Havos, Associated Press und Stafani) wären in ihrer Hand, und darum könnten die Juden die gesamte Berichterstattung zensurieren.

Der Autor ging der Frage nach, welche Auswirkungen die Emanzipation der Juden auf das Leben der europäischen Christen gehabt haben könnte. Bis zur Emanzipation wären die Juden von allen Bereichen des öffentlichen Lebens ausgeschlossen gewesen, danach aber hätten sie zu immer mehr kirchlichen und staatlichen Einrichtungen Zugang gefunden und wären am Ende sogar bis in die Intimsphäre der Familie vorgedrungen. In ganz Europa würden sie versuchen, in allen Sektoren der Wirtschaft die höchsten Ämter und Funktionen zu bekleiden, um ihren Einfluß geltend machen zu können. Als unerwünschte, fremde Eindringlinge hätten sie große Teile von Kunst und Kultur, Wissenschaft und Religion, Wirtschaft und Recht für sich erobert und hätten nun überall zu bestimmen. Da sie auch in den Presseagenturen das Sagen hätten, würde die öffentliche Meinung ganz von ihnen gelenkt. Sie machten sich sowohl für den Bolschewismus stark als auch für den Kapitalismus. Sie wären überzeugte Sozialdemokraten oder überzeugte Liberale. Manchmal würden sie sich gegen die bestehende Ordnung wenden, manchmal wiederum zu striktem Gehorsam aufrufen. Juden würden sich als Weltbürger geben oder aber auch besonders nationalistisch bis chauvinistisch.[8]

Die ernste Bedrohung, die sich durch den Zuzug so vieler Juden ergeben hatte, verglich der Autor mit dem trojanischen Pferd. Als die Juden noch in Ghettos lebten, wäre die Gefahr, die sie für die christliche Gesellschaft darstellten, noch ziemlich gering gewesen. Erst jetzt, da sie in die Gesellschaft integriert waren, würden sie diese 2000 Jahre alte Kultur von innen heraus zerstören.

Der Autor sagte eine Zunahme der »jüdischen Allgegenwart« voraus, da die jüdische Bevölkerung beunruhigend stark anwachse. Von der Mitte des 17. Jahrhunderts bis zum Ende des 19. Jahrhunderts hätte sich die Zahl der Juden von einer Million auf knapp über sieben Millionen erhöht, und in den ersten zwei Jahrzehnten des 20. Jahrhunderts wäre sie auf 18 Millionen angestiegen. Diesen statistischen Angaben traute Van Winghene jedoch nicht, da er die Meinung vertrat, daß in Wirklichkeit noch viel mehr Menschen, nämlich insgesamt 27 Millionen, als Anhänger der mosaischen Religion zu bezeichnen wären und zählte man die in Mischehen lebenden Juden hinzu, dann wären es sicher 38 Millionen. Außerdem sollte der Leser nicht vergessen, daß die Lebenserwartung der Juden 40 Prozent höher läge als die der arischen Christen. Um ihre zahlenmäßig dominante Position zu stärken, würden die Juden in den Medien Propaganda für Geburtenkontrolle machen, ihre eigenen Kinder jedoch das Gegenteil lehren. Vor allem in den osteuropäischen Ländern wären die Frauen »erschreckend fruchtbar«.

> »Das Bild der steigenden Verjudung der Welt, das aus allen diesen Daten hervortritt, ist geradezu erschütternd. Das unglaublich rasche Anwachsen der jüdischen Rasse muß umso nachdenklicher stimmen, als sich gleichzeitig ein langsames Absterben der begabtesten, zu höchst stehenden Kulturrasse, der hochgewachsenen, blonden nordischen Rasse, fühlbar macht.«[9]

Was die Kirche in den vergangenen Jahrhunderten durch eine strikte Trennung zwischen Juden und Nicht-Juden hätte vermeiden können, nämlich die »Verjudung« Europas, hätte nach der sogenannten Judenemanzipation in Europa ihren Lauf genommen. Die kirchlichen und weltlichen Führer hätten in den Jahrhunderten zuvor klar erkannt, daß es sich bei den Juden um eine Rasse von Christusmördern, Kindermördern, Frauenschändern, Verrätern und Wucherern handle. Die Kirche hätte ihr gesamtes Programm darauf ausgerichtet, die Christen vor dem schädlichen Einfluß der Juden zu bewahren. Die zunächst angewandte Methode der Ghettos hätte sich als nicht effizient genug erwiesen, und deshalb wären Päpste, Bischöfe und Fürsten dazu übergegangen, die Juden aus ihrem Land zu verbannen. Die Türken, die die Griechen und die Armenier verachteten, sagten Van Winghene zufolge mit Recht: »Ein Armenier ist schlimmer als sieben Griechen, aber ein Jude ist schlimmer als sieben Armenier.« Ein Araber, der doch selbst auch ein Semit sei, zwinge, so

Van Winghene, jeden vorbeireitenden Juden, von seinem Esel abzusteigen, und verlange von ihm, wenn er an einer Moschee vorbeikäme, daß er seine Schuhe auszöge. Außerdem kenne er kein ärgeres Schimpfwort als »Jehûdi«. Sogar Japan, wo es kaum Juden gebe, wolle angeblich nichts von den Juden wissen.

Als Reaktion auf die jüdisch-bolschewistische Revolution wäre in Rußland eine antisemitische Bewegung entstanden. Es würde dort eine anti-jüdische Zeitschrift herausgegeben, in der die Bevölkerung vor der »jüdischen Gefahr« gewarnt würde. Als die katholische Kirche noch von einem »gesunden arischen Geist« erfüllt und Trägerin und Beschützerin der christlichen Kultur war, hätte sie, so der Autor, nie gezögert, das Judentum als ihren Feind zu betrachten und auch dementsprechend gehandelt. Eine lange Liste anti-jüdischer Kanones, die nach Absegnung durch Päpste und Bischöfe ins kirchliche Gesetzbuch aufgenommen worden wären, legten Zeugnis ab von der jahrhundertelangen anti-jüdischen Grundhaltung der katholischen Kirche. Diese Gesetze wären geschaffen worden, um das Kirchenvolk vor dem verderblichen Einfluß der Juden zu schützen. Der Autor stellte bedauernd fest, daß die katholische Kirche einen anderen Kurs eingeschlagen und in der Hoffnung auf materielle Vorteile mit dem Judentum zu »liebäugeln« begonnen hätte. Er sagte voraus, daß sie daran zugrunde gehen würde. Sie hätte auf die kleine Gruppe von »vernünftigen« Christen hören müssen – zu denen der Autor auch sich selbst rechnete –, die schon längst Alarm schlugen und vor dem Untergang der christlichen Kultur warnten. In den letzten eineinhalb Jahrhunderten hätten sich emanzipierte und assimilierte Juden immer häufiger mit der arischen Bevölkerung vermischt, was eine Degeneration der arischen Rasse zur Folge gehabt hätte. Darum wäre die konsequente Trennung von arischen Christen und Juden die einzige Möglichkeit, um das Christentum vor seinem Untergang zu bewahren. Mit Hilfe strenger Maßnahmen sollte diese territoriale Trennung in die Tat umgesetzt werden.[10]

In der Folge geht Van Winghene ausführlich auf die Frage ein, was die Kennzeichen der jüdischen Kultur wären. Er wollte damit den Leser überzeugen, daß die jüdische Kultur der arisch-christlichen völlig wesensfremd wäre. Van Winghene stellt dabei vor allem die jüdische Ethik an den Pranger: Die Juden hätten eine Moral, die der christlichen und auch der aller anderen Kulturen völlig entgegengesetzt wäre. Die Juden würden zum Beispiel lernen, daß Gott sie auserwählt hätte, um sich die Erde untertan zu machen. Sie hätten keinerlei Respekt vor der Frau und wären darum so gefährlich für arische Frauen:

> »Der reine Mann ist das Ebenbild Gottes, des absoluten Etwas. Das Weib, auch das Weib im Manne, ist das Symbol des Nichts […] Die Frauen haben keine Existenz und keine Essenz, sie sind nicht, denn sie sind nichts.«

Im Zusammenhang damit soll der Talmud die Juden lehren, daß sie das Blut nichtjüdischer Frauen vergießen dürften, um sich wieder mit Gott zu versöhnen und seine Gnade zu empfangen. Die Juden sähen es außerdem als ihre Aufgabe an, in ganz Europa eine sexuelle Revolution zu entfachen, um damit das christliche Sakrament der Ehe in Mißkredit zu bringen.

> »Wer sind denn die Mädchenhändler und die Händler von Opium, Kokain und Äther? Wer verseucht Sitte und Moral in Wort und Schrift und Bild? Wer überschwemmt die Welt mit Nacktheit, Bettauer-, Freud- und Hirschfeld-Schweinerei, mit Negerweisen und Negertänzen? Wer bringt uns die volksverderbenden Filme und die geschmackverwirrenden Operetten und Revuen? Wer propagiert die Kinderlosigkeit und zerstört die christliche Familie? Es sind immer die gleichen volksfremden Elemente und die von ihnen verführten oder bestochenen ›Revoluzzer‹ unter den Ariern!«

Van Winghene war zutiefst davon überzeugt, daß die Ethik des Talmud der Todesstoß für die christliche Kultur sein könnte. Schon die Gründer des Christentums hätten vor den »niederen Trieben« des Menschen (womit die Sexualität gemeint war) gewarnt. Van Winghene war der Meinung, daß der Talmud für gut 18 Millionen Juden eine solche Autorität darstellte, daß sie es nicht wagen würden, gegen seine Vorschriften zu verstoßen. Darüber hinaus wäre der Talmud jedoch auch für Millionen assimilierter Juden noch immer richtungsweisend. Die verdorbene Moral wäre bereits in ihrer Natur verankert und würde so von der einen auf die andere Generation übertragen werden. Van Winghene räumt dann noch ein, daß es einem getauften und vollkommen assimilierten Juden eventuell gelingen könnte, seine jüdische Abstammung zu verbergen. Aber selbst in einem solchen Ausnahmefall – es wären ja die Ausnahmen, die die Regel bestätigten – würde er seinen »entarteten jüdischen Geist« auf seine Kinder und Kindeskinder übertragen. Diese würden dann wieder ein durch und durch jüdisches Leben führen. Der Talmud sei ein Produkt des jüdischen Geistes und nicht umgekehrt. Van Winghene hielt es für unmöglich, daß ein Jude mittels Taufe, Emanzipation und Integration in die christliche Gemeinschaft, sein Jude-Sein verleugnen könnte. »Einen Austritt aus dem jüdischen Geist gibt es nicht.«[11] Die Moral des Talmud wäre für ihn das perfekte Spiegelbild des verdorbenen jüdischen Geistes, der in Europa einen derartigen Einfluß erlangt hätte, daß die Pfeiler des Christentums wankten. Darum wäre die Anwesenheit der Juden und vor allem auch die der assimilierten Juden eine Bedrohung für das Überleben der christlichen Kultur. Die arischen Christen hätten die heilige Pflicht, die christliche Kultur vor weiteren Angriffen zu schützen.

Van Winghene zufolge hätten christliche Gelehrte viel zu spät erkannt, daß die Juden ihren Auftrag, das Christentum zu zerstören, aus ihren heiligen Schriften ableiteten. Juden, die sich dieser Aufgabe nicht verpflichtet fühlten, wären keine wahren Juden mehr. Jedoch hätten in den vorangegangenen Jahrhunderten zumindest einige »Propheten« unter den Christen den Ernst der Judenfrage erkannt und darum die Verbannung aller Juden aus Europa vorgeschlagen. Van Winghene verweist dabei auf einige in Vergessenheit geratene Autoren des 19. und 20. Jahrhunderts, die dem verderblichen Inhalt des Talmud auf den Grund gegangen wären und somit die Forderung nach einer Verbannung der Juden legitimieren wollten. Van Winghene streicht damit heraus, daß seine Ansichten keineswegs neu wären, sondern auf eine lange christliche Tradition zurückgingen. Er versuche lediglich, seinen Lesern diese Tradition wieder ins Gedächtnis zu rufen. Aus Van Winghenes Schriften geht deutlich hervor, daß er vor allem die Motive für die Verbannung der Juden aus den Werken derjenigen Autoren übernahm, die er in der Bibliographie nennt.[12] Sein Werk muß also in erster Linie als Zusammenfassung der vorangegangenen Werke gesehen werden. Es war offensichtlich sein Ziel, eine Art »Katechismus« für die (von ihm im Vorwort genannten) rassistischen Vereinigungen Europas zu schreiben.

Im letzten Kapitel seines Buches beschäftigt sich van Winghene mit vergangenen und zukünftigen Wegen zur Lösung der Judenfrage. Zunächst gibt er eine Analyse der »arisch-christlichen Schicksalsgemeinschaft«, um dem Leser deutlich vor Augen zu führen, daß die Judenfrage nun dringender denn je einer Lösung bedürfe. Die arisch-christlichen Völker hätten eine Kultur geschaffen, die in der Geschichte der Menschheit einzigartig wäre. Diese Kultur würde nun vom jüdischen Imperialismus bedroht.

So wie die christliche Kultur in Rußland zerstört worden wäre, würde dies auch in allen anderen Ländern Europas geschehen.

Immer wieder versucht Van Winghene dem Leser klarzumachen, daß jemand, der sich für die Verbannung der Juden aus Europa einsetzte, keineswegs als Antisemit bezeichnet werden dürfte. Bischöfe und Päpste hätten sich im Laufe der Jahrhunderte stets ausschließlich von der Liebe zur Kirche leiten lassen, wenn sie die Juden diskriminierten, stigmatisierten, in Ghettos sperrten und schließlich aus dem Land vertrieben. Genauso würde er, Van Winghene, lediglich aus seiner großen Liebe zum christlichen Europa heraus handeln. Er schreibt:

> »Unsere Aufgabe ist nicht die Vernichtung des jüdischen Volkes, sondern ausschließlich nur das radikale Unschädlichmachen seiner Weltherrschaftspläne, und die Ausschaltung der Schädigung unserer Eigenart durch seine heimlich betriebenen Zersetzungsmethoden. Die Juden müssen gezwungen werden, endlich ihren eigenen Judenstaat zu errichten, und alle Juden müssen zwangsweise nach diesem Judenstaate deportiert werden. Was das jüdische Volk unter sich tut, ist uns gleichgültig. Doch in dem Augenblick, da es einen Einfluß auf unsere Lebensgestaltung nimmt, der uns unerwünscht ist, weil er uns entmannt, müssen wir uns dagegen wehren.«[13]

Da es bei der Judenfrage um ein internationales Problem ginge, müßte auch eine internationale Lösung gefunden werden. Wenn man die Juden beispielsweise nur aus Deutschland vertreibe, würden sie früher oder später wieder zurückkommen, wie die Vergangenheit gezeigt hätte. Außerdem würde Deutschland dann indirekt für eine Verstärkung des Antisemitismus in denjenigen Ländern sorgen, in die die Juden auswanderten.

Van Winghene betont vor allem die christliche Dimension des Judenproblems: Wenn Europa infolge des verderblichen Einflusses der Juden zugrunde ginge, wäre dies nicht so sehr die Schuld der Juden – die ja nicht anders handeln könnten, da das Böse in ihrer Natur läge –, sondern die der Christen, die den Ernst der Lage nicht erkannt hätten.

> »Tagtäglich nimmt jeder von uns Millionen von Bazillen in sich auf. Sind wir gesund, so tötet sie unser Blut durch Abwehrstoffe; sind wir schwach, dann verfallen wir der Krankheit, wir werden infiziert. Daß wir am Juden zugrunde gehen, ist keine Gemeinheit des Judentums, sondern es ist unsere Schwäche. Da es aber einmal schon so weit ist, müssen wir zu allererst trachten, den jüdischen Bazillus zu entfernen, um die Gesundheit wieder zu erlangen – und sind wir soweit, dann ist der Kampf noch nicht zu Ende, dann müssen wir unsere Gesundheit systematisch stählen, um nicht neuerlich sofort der Ansteckung zu verfallen.«

Auf Basis dieser Überlegungen kam Van Winghene zu der Schlußfolgerung, daß die Judenfrage nicht nur die nationale politische, sondern vor allem die kulturelle Ebene beträfe. Die europäische Geschichte hätte gezeigt, daß zwischen jüdischer und nicht-jüdischer Kultur eine nicht zu überbrückende Kluft bestünde.

In der Vergangenheit hätte man versucht, die Judenfrage durch Ghettos, Pogrome (»Radau-Antisemitismus«), Taufe, Emanzipation, Assimilation und Zionismus zu lösen – Van Winghene zufolge jedoch ohne Erfolg. Die emotionalen und »instinktiven« Ausbrüche von Judenhaß in Form von Pogromen, wie in Rußland und Rumänien, hätten in keiner Weise zur Lösung der Judenfrage beigetragen. Auch in der Geschichte des Christentums hätten derartige Aktionen eher die gegenteilige Wirkung erzielt, da man auf diese Weise die Juden zu Märtyrern machte. In der »sanften« Alternative von Taufe und Assimilation sah Van Winghene jedoch ebenfalls keine adäquate Lösung. Ihm zufolge wäre es nur logisch, daß 27 Millionen Juden, voll böser Absichten, sich unmöglich an die christliche Kultur anpassen, sondern im Gegenteil den Christen ihre Kultur und »perverse Moral« aufzwingen würden. Auch eine »Massentaufe«, wie sie Theodor Herzl vorgeschlagen hätte, würde an dieser Tatsache nichts ändern. Die Taufe würde sie weder zu echten Christen machen noch zu echten Deutschen. Die Kirche käme unter jüdischen Einfluß, und ihre Anhänger würden sich einer materialistischen, von irdischen Genüssen gelenkten Lebensweise zuwenden. Was Jahrhunderte zuvor in Spanien und Portugal geschehen sei – daß nämlich Juden auch nach ihrer Taufe ihre jüdische Lebensform beibehielten und somit der christlichen Kultur großen Schaden zufügten –, würde sich im 20. Jahrhundert in Europa fortsetzen.

Das wäre, so Van Winghene, auch der Grund, weshalb protestantische und katholische Führer der Judentaufe stets skeptisch gegenübergestanden wären. Viele wären der Meinung Luthers gewesen, der einmal sagte, daß es »genauso unmöglich sei, einen Juden zu bekehren wie den Teufel«. In der Judenfrage war fast so etwas wie »Ökumene« zu bemerken: Sowohl Katholiken als auch Protestanten lehnten die Taufe als Lösung ab (sogar der Rotterdamer Humanist hätte dieser Alternative keine Chance gegeben) und setzten sich für eine Vertreibung der Juden aus Europa ein.

Dieser Idee schloß sich Van Winghene an, als er am Ende seines Buches seinen Lösungsvorschlag zur Judenfrage formulierte. Obwohl er die Ghetto-Variante als unzureichend erachtete, da der Kontakt zwischen Juden und Christen dadurch nicht gänzlich unterbunden werden könnte, nahm er den Grundgedanken des Ghettos in sein Konzept auf. Die Juden sollten im Zuge ihrer Verbannung aus Europa in einem noch näher zu definierenden Gebiet außerhalb Europas in einer Art Ghetto untergebracht werden.

Gegen die zionistische Lösung äußerte Van Winghene schärfste Bedenken. Erstens wäre Palästina viel zu klein, um 27 Millionen Juden aufnehmen zu können – es wäre dort maximal für 160 000 Juden Platz. Zweitens würden die Araber der Ansiedlung einer so großen Zahl Juden nie und nimmer zustimmen. Drittens würde diese Lösung auf den Widerstand des Vatikans stoßen, der Palästina noch immer als das Heilige Land betrachte. Und viertens wäre es unverantwortlich, den Juden mit einem eigenen Staat in Palästina eine Ausgangsbasis für ihren Angriff auf die Weltherrschaft zu bieten – dies wäre nämlich das eigentliche Ziel des Zionismus. Auch sei der Zionismus mit dem Bolschewismus eng verbunden und man würde aus Palästina nicht nur ein jüdisches, sondern auch ein atheistisches Land machen.

Da sich gezeigt hätte, daß alle bisherigen Lösungsansätze die Problematik sogar noch verstärkt hätten, meinte Van Winghene, daß die Judenfrage nur durch eine »peinliche Ausscheidung der Juden aus Europa« gelöst werden könnte:

> »Es ist der einzige Weg, der zum Ziele führt, so schwierig er auch sein mag. Abhilfe schaffen kann nur der volle, hundertprozentige Zionismus, zu dem wir Arier uns endlich offen bekennen müssen. Wohlgemerkt: der volle Zionismus, d. h. die absolute Ausscheidung des Judenvolkes, als unseres gefährlichsten Kulturfeindes, aus der arischen Welt, und der Zwang zur Seßhaftwerdung der Juden und Judenstämmlinge in einem für sie zu bestimmenden und unter pan-arische Kontrolle zu stellenden Lande, bei gleichzeitiger voller Entrechtung aller Juden in allen arischen Ländern.«[14]

Van Winghene nennt seinen Plan einen »hundertprozentigen Zionismus« und meint damit, daß kein einziger Jude in Europa bleiben dürfte. Es müßte deshalb ein Land gefunden werden, das – im Gegensatz zu Palästina – groß genug wäre, um alle Juden Europas aufzunehmen. Dort sollten sie als Untertanen arisch-christlicher Nationen leben dürfen. Als Erzfeinde der christlichen Kultur müßten sie jedoch auf jeden Fall allesamt aus Europa verbannt werden.

»Diese Rasse muß ein genügend großes, eigenes Land bekommen, damit sie bis zum letzten Manne die Bürgerrechte (die sie sich bei den arischen Völkern nach der französischen Revolution unter falschen Vorspiegelungen und ganz willkürlich und unberechtigt erschlichen hat) daheim und nicht mehr bei uns ausüben könne.
Die Herrschaften werden sich gegen diesen natürlichen Gedanken sicherlich mit Händen und Füßen zur Wehr setzen: wo bliebe denn da schließlich die Ausbeutung der Wirtsvölker? Dann wird man eben – um zum Ziele zu gelangen – den umgekehrten Weg gehen müssen. Man wird sie in den arischen und arianisierten Ländern derart systematisch entrechten, enteignen und unter Fremdenrecht setzen müssen, bis sie sich – auch der Jude wählt ja gerne das kleinere Übel – endlich doch entschließen dürften, sich ein eigenes Land zu schaffen. Dort können sie dann ihre Wirtschaftsexperimente, ihre sozialen Reformen, ihre erotischen Theorien, ihre Moraltheologie, ihre Psychoanalyse und ihre politischen Phantasien am eigenen Leibe erproben.«
»Wir werden die Juden auch in ihrem eigenen Lande – nach den Erfahrungen, die wir bisher mit ihnen gesammelt haben – gewiß nicht kontrollos schalten und walten lassen, solange sie nicht durch ihr Verhalten bewiesen haben werden, daß sie fähig sind, ein nützliches Volksglied der Menschheit zu werden. Das jüdische Volk aller Länder gehört daher ausschließlich nur auf eine Insel! Die Kontrollmöglichkeit ist da die größte und die Ansteckungsgefahr die kleinste.«[15]

Zur Vorbereitung auf eine solche großangelegte Evakuierungsaktion der Juden nach Madagaskar sollte ein Programm erstellt werden, in dem die politischen, wirtschaftlichen, sozialen und juristischen Maßnahmen ausgearbeitet werden sollten, die die Juden zu einer möglichst schnellen Emigration bewegen könnten. Die Aktion, die sicher mehrere Jahre in Anspruch nehmen würde, sollte bis ins kleinste Detail geplant werden, damit nichts dem Zufall überlassen bliebe. Kirchliche und staatliche Autoritäten sollten sofort damit beginnen, Listen mit den Namen getaufter und nicht getaufter, assimilierter und nicht assimilierter Juden anzulegen. Sie sollten dabei im besonderen darauf achten, daß manche Juden nach ihrer Emanzipation arische Namen angenommen hätten, um ihre jüdische Abstammung zu verbergen. In allen Bereichen der Gesellschaft sollten Juden von Nicht-Juden getrennt werden. Vor allem aus der Medienwelt (Radio, Presse) sollten die Juden so schnell wie möglich entfernt werden. Ein wirtschaftlicher Boykott würde die Juden dazu zwingen, ihre Geschäfte und Betriebe zu schließen. Alle Juden in öffentlichen Ämtern sollten innerhalb kürzester Zeit gekündigt werden. Und schließlich sollten die Juden all ihrer politischen und bürgerlichen Rechte sowie ihres durch Wucher erworbenen Besitzes beraubt werden.

Als Vorbereitung auf ihre bevorstehende Verbannung nach Madagaskar sollten sie in den jeweiligen europäischen Staaten in Ghettos leben müssen. Dies wäre ein Vorgeschmack auf ihre endgültige Bestimmung: ein Leben in Abgeschiedenheit, getrennt von allen Nicht-Juden. Sie sollten auf der Insel Madagaskar einen eigenen

Staat gründen dürfen – ihr gesamtes Tun und Handeln würde jedoch der Kontrolle der christlichen Nationen unterliegen.

> »Schaffung des Judenstaates durch Zuweisung und Zwangsbesiedlung eines genügend großen Territoriums (Insel), unter arischer Kontrolle.
> So, und nur so sieht der wirkliche Zionismus aus. Den wollen wir! Scheint dieses Ziel auch noch sehr ferne und fast utopisch, so ist es das Ideal, auf das wir hinarbeiten müssen. Als Herzl mit seinem ›Judenstaat‹ auftrat, lächelten alle klugen Leute über den Narren. Heute ist seine Idee eine Weltgefahr geworden. Die unsere soll die Welterlösung bringen.«[16]

Van Winghene hielt es für möglich, daß die Durchführung des Madagaskar-Plans für die Juden großes Leid bedeuten könnte. Dem Leser sollte jedoch klar sein, daß die Juden diese Behandlung mehr als verdient hätten, da sie die christlich-arische Kultur an den Rand des Abgrunds geführt hätten.

Kapitel VI

Der Madagaskar-Plan von Arnold Leese und der Imperial Fascist League

1929 gründete Arnold Spencer Leese, von Beruf Tierarzt, die *Imperial Fascist League*[1], die die rechtsextremste Organisation im England der Zwischenkriegszeit werden sollte. Sie vertrat eine britische Variante des Antisemitismus.[2] Beamish und Leese hatten einander über den Industriellen Arthur Kitson kennengelernt, mit dem sie beide befreundet waren. Kitson kam in seinen Gesprächen mit Beamish und Leese immer wieder auf das Thema der weltweit ausgezeichnet organisierten Geldmagnaten zu sprechen. Diese »Geldmafia« sah er im internationalen Judentum verkörpert, das er auch für die schlechte wirtschaftliche Lage in Großbritannien verantwortlich machte.[3]

1926 war Leese Mitglied der *British Fascisti* (BF) geworden, einer semi-faschistischen Organisation, die 1924 von Rotha Lintorn-Orman gegründet worden war. Sie war eine große Bewunderin Benito Mussolinis und hatte die BF gegründet, um dessen Ideen in Großbritannien zu verbreiten. Eigentlich war es jedoch eine Organisation, die in allerlei Publikationen die Angst vor dem »jüdischen Bolschewismus« schürte.[4] Der Kontakt mit Beamish und Kitson war in hohem Maße prägend für die weitere Entwicklung von Leese.

Leese war schon zuvor ein Faschist reinsten Wassers gewesen. Von Beamish jedoch lernte er, daß das Judentum eine Bedrohung für das Überleben der britischen (europäischen) Kultur darstellte. Beamish brachte Leese die Grundlagen des Antisemitismus bei und machte ihn mit dem Werk *Die Protokolle der Weisen von Zion* vertraut, das Leeses Leben eine entscheidende Wendung gab. Ab diesem Zeitpunkt glaubte er blindlings an den Mythos von der jüdischen Verschwörung, deren Ziel es wäre, ganz Europa und in weiterer Folge die gesamte Welt der jüdischen Kultur zu unterwerfen. Da er zu seiner großen Enttäuschung keine direkten Hinweise auf eine solche Verschwörung finden konnte (weder in Aussagen jüdischer Führer noch in den *Protokollen der Weisen von Zion*), beschuldigte er die Juden, daß sie ihre eigentlichen Pläne absichtlich verschwiegen. Er beschloß darum auch, die *Protokolle der Weisen von Zion* einem großen Leserkreis zugänglich zu machen und dieses »Evangelium« der rassistischen Judenhasser ohne Unterlaß zu verbreiten.

Kurz nachdem Leese Beamish und Kitson begegnet war, verließ er die BF, da sie ihm zufolge zu wenig Initiative zeigten. Seine *Imperial Fascist League* war autoritär, antisemitisch, antiliberal und richtete sich scharf gegen jede Form von Parteipolitik. Der Bolschewismus wurde von der IFL als größte Bedrohung für die christliche

Kultur angesehen. Ihre Anhänger teilten die Auffassung des Vatikans und vieler anderer politischer und kirchlicher Führer, daß die Juden diese russische revolutionäre Bewegung als Ausgangspunkt nehmen würden, um ihre Machtposition in Europa und danach auf der ganzen Welt zu stärken.

Die IFL setzte sich für eine aggressive Außenpolitik, für eine Stärkung der Militärmacht und für eine Ausweitung des Britischen Reiches ein. Die IFL hatte ein 11-Punkte-Programm[5] ausgearbeitet: Währungsreform, Errichtung eines korporativen Staates (nach dem Modell Mussolinis), Agrarreform und Bekämpfung der Arbeitslosigkeit. Die wichtigsten Punkte konzentrierten sich darauf, die Macht der Juden in allen Sektoren der Gesellschaft zu brechen. Als wesentliche Bedingung für die wirtschaftlichen Reformen nannten sie die Vernichtung des »internationalen Judentums« und des »jüdischen Bolschewismus«. Es ist darum kaum verwunderlich, daß die IFL ein großer Anhänger des Nationalsozialismus war und die britische Regierung immer wieder dazu drängte, ein Bündnis mit Hitler zu schließen, um ihre Pläne auf europäischem Niveau realisieren zu können.

Leese richtete seine Organisation in erster Linie auf das Training von Eliten aus, die die Propaganda antisemitischer Ideen vorantreiben sollten. Die Organisation bestand aus drei getrennten, hierarchisch geordneten Abteilungen. Die erste war die *Graduates Association*, wo die zukünftigen Führer eines faschistisch-korporativen Staates ausgebildet wurden. Die zweite setzte sich aus den faschistischen *Legions* zusammen, die für die Organisation von Demonstrationen zuständig waren. Die dritte Abteilung bildeten die *Activist Confederations*, die regelmäßig jeden Mittwoch abend Lesungen in London, Hackney, Kentish Town, Bristol, Glasgow und Newcastle organisierten.

1937 hielt Hamilton Beamish in London einen Vortrag über die beste Lösung der Judenfrage. Nachdem er sich gegen die Möglichkeiten der Sterilisation und des »sanften Todes« in der Gaskammer ausgesprochen hatte, pries er die Vorteile einer Verbannung der Juden nach Madagaskar.[6]

Leese arbeitete eng mit dem *Literary Board* der IFL zusammen, die für die Themen der abendlichen Lesungen, für die Publikationen der IFL und für die Redaktion der Monatsschrift *The Fascist* verantwortlich zeichnete. Charles W. Gore war ohne Zweifel eines der bedeutendsten Mitglieder des *Literary Board* und schrieb auch zahlreiche Artikel in Leese's Namen. Auch der Herausgeber S. H. E. Fox gehörte zum engen Freundeskreis von Arnold Leese. Er bemühte sich im Auftrag von Leese um gute Kontakte zu Nazi-Führern und empfing diese in London, wo er mit ihnen über die beste Lösung der Judenfrage sprach: die Verbannung der Juden nach Madagaskar.

Leese war von 1928 bis zu seinem Tod 1956 von dem Gedanken besessen, aus dem Antisemitismus politisches Kapital zu schlagen. Nur so, meinte er, könnte die Judenfrage gelöst werden. In der Zeit vor dem Zweiten Weltkrieg schrieb er zahlreiche Artikel in der Monatsschrift der IFL, um seine rassistische Ideologie auszuarbeiten und zu verbreiten. Leese ließ sich dabei stark von Gobineaus Buch *Essai sur l'inégalité des races humaines* beeinflussen und schloß sich dem folgenden Schlußwort voll und ganz an:

> »Die weiße Rasse wird für immer von der Erde verschwinden. Nach dem Zeitalter der Götter, als diese Rasse noch völlig rein war, dem Zeitalter der Helden, als die Vermischung hinsichtlich Stärke und Umfang noch bescheiden war, und dem Zeitalter der Edlen, als die menschlichen Qualitäten noch beträchtlich waren (obwohl sie sich nicht mehr erneuern konnten, da die Quelle versiegt war), ist es – je nach Umgebung – mehr oder weniger schnell bergab gegangen hinsichtlich der Vermischung der Rassen. Die totale Absorption der arischen Rasse rückt nun Tag für Tag näher. [...] Dieser Verschmelzungsvorgang wird das caput mortuum einer endlosen Reihe von Vermischungen und damit von Schwächungen sein. Er wird das letzte Stadium in einer Phase von Mittelmäßigkeit sein, und zwar Mittelmäßigkeit in jeder Hinsicht – in Körperkraft, Schönheit und Geisteskraft. Eigentlich kommt das alles einer Vernichtung gleich.«

In den Briefen Gobineaus fand Leese die gleiche düstere Poesie: »Ich sage den Menschen [in Europa]: Ihr lieget im Sterben.«

Leese glaubte nicht nur an die Verschiedenheit der Rassen, sondern auch an ihre Ungleichwertigkeit. Manche Rassen wären den anderen überlegen und darum müsse Rassenmischung vermieden werden, da dies zu einer Degeneration der überlegenen Rasse führen würde. Rassenmischung hätte im Laufe der Geschichte schon so oft zum Untergang großer Kulturen geführt und würde nun unwiderruflich auch die europäische Kultur zerstören. Europa könnte nur dann überleben, wenn die »überlegenen Rassen« weiterhin über die »minderwertigen« herrschten. Leese glaubte zwar nicht, daß es irgendwo auf der Welt noch absolut reine Rassen gäbe. Er war jedoch zutiefst davon überzeugt, daß eine überlegene Rasse doch relativ »rein« bleiben könnte, wenn sie sich nicht mit anderen Rassen vermischte.

Leese zufolge wären diejenigen, die zur weißen arischen (christlichen) Rasse gehörten, die Schöpfer der erhabenen Kultur, denen Europa und die Welt all ihren Fortschritt zu verdanken hätten. Die arische Rasse wäre den anderen Rassen nicht nur physisch, sondern auch geistig und moralisch überlegen. Angehörige der weißen Rasse wären in hohem Maße mit Tugenden wie Ehrlichkeit, Gerechtigkeit, Liebe und Weisheit ausgestattet und hätten selbstverständlich auch den höchsten IQ. Insgesamt rechnete er alle europäischen Völker zur weißen Rasse, das britische Volk wäre ihm zufolge jedoch herausragend unter den verschiedenen europäischen Völkern und ihnen darum auch überlegen. Das britische Volk wäre schon lange vor Christus arisch geworden. Leese forderte die britischen Politiker dazu auf, Maßnahmen zu ergreifen, um die dominante Rolle der weißen Rasse in der englischen Gesellschaft sowie im Britischen Reich zu stärken. Dies erforderte in erster Linie ein Verbot von Rassenmischung. Ein solches Verbot wäre für ihn die entscheidende Voraussetzung zur Rettung der christlichen Kultur.

Am unteren Ende der »Rassenskala« plazierte Leese die östlichen und die schwarzen Rassen. Diese wären nur zu einer begrenzten geistigen Entwicklung imstande, hätten kein Gefühl für Freiheit und könnten nur ein Minimum an Kultur produzieren (wenn dies überhaupt noch den Namen »Kultur« verdiente). Unter Aufsicht der arischen Rasse könnte es ihnen gelingen, nicht wieder in den Zustand von primitiven Wilden zurückzufallen. Wenn Leese über die Schwarzen sprach oder schrieb, klang Verachtung durch. Er nannte sie »Nigger« und »Gorillas«. Ganz unten reihte Leese die jüdische Rasse.[7]

Leese fühlte sich von Gott berufen, um die Welt vor »the Jewish Menace« zu warnen. Die Juden waren für ihn der Inbegriff des Bösen in Europa. Er war, genauso wie Beamish und Van Winghene, deren Schriften ihn sehr stark beeinflußt hatten, zutiefst davon überzeugt, daß die Juden beabsichtigten, Europa zu erobern, die christliche Kultur zu zerstören und alle Christen der jüdischen Kultur zu unterwerfen.[8] Wenn Leese über die jüdische Gefahr schrieb, nannte er die folgenden Punkte: Die Juden seien die Anstifter der Französischen Revolution, des Amerikanischen Bürgerkrieges, des Ersten und Zweiten Weltkrieges und der Russischen Revolution gewesen und hätten großen Einfluß auf das Bankwesen, die verschiedenen Regierungen, den Vatikan, die Freimaurer und den Völkerbund.[9] Die Juden würden auch eine Bedrohung für das Überleben der christlichen Kultur darstellen, da sie Kindesmörder wären. Leese wärmte die alte Legende von den Ritualmorden wieder auf: Die Juden würden jedes Jahr Kinder aus christlichen Familien töten, da sie ihr Blut für bestimmte religiöse Riten benötigten.[10] Diese Ritualmorde sollten auch Teil eines großangelegten Planes sein, um Palästina wieder von den Christen zurückzuerobern, die aus Palästina zu Unrecht ihr Heiliges Land gemacht hätten.

So wie jahrhundertelang die angeblich von Juden begangenen Ritualmorde der direkte Anlaß für deren Vertreibung aus Ländern und Städten gewesen wären, sollte man jetzt, so Leese, die Juden aus Europa verbannen. Man könnte Kindesmörder in einer Gesellschaft, die so sehr vom Christentum geprägt war, nicht dulden.

Genauso wie Beamish und Van Winghene wollte auch Leese seine Lösung der Judenfrage aus der christlichen Tradition heraus legitimieren. Eine zusätzliche Bedrohung der christlichen Kultur ergäbe sich daraus, daß sowohl Freimaurer als auch Schwarze Bundesgenossen der Juden wären.[11] Darum interpretierte Leese den massiven Zuzug von Immigranten aus der Karibik als neuerlichen Versuch der Juden, die christliche Kultur zu vernichten. Immer wieder forderte er in seinen Artikeln: »Keep Britain white«. Er erwartete, daß die Juden, gemeinsam mit ihren »schwarzen Bundesgenossen«, innerhalb kürzester Zeit die Macht über die weißen arischen Christen erlangen würden. Leese war überzeugt, daß »the ultimate objective by the Jew is Europe domination«. Darum sollten die Juden, so Leese, so bald wie möglich aus Europa vertrieben werden.[12]

Für nicht weniger gefährlich hinsichtlich der Zukunft Europas hielt Leese den *World Zionist Congres*, der für ihn ein Symbol dafür war, daß die Juden die Eroberung aller Kontinente anstrebten. Palästina sollte nämlich, sobald die Juden dort ihren eigenen Staat gegründet hätten, der Ausgangspunkt für die Eroberung Europas durch die jüdische Kultur werden.[13]

Die größte Gefahr sah Leese ohne Zweifel im jüdischen Bolschewismus, der Rußland beherrschte und den Leese als ersten Schritt in Richtung Revolution im westlichen Europa interpretierte. Die IFL machte diese Artikel über die drohende jüdische Gefahr, die schon ab Beginn der zwanziger Jahre in *The Morning Post* und *The Times* erschienen waren, einem größeren Publikum zugänglich.[14]

Im Juli 1920 hatte *The Morning Post*, das »Leibblatt« der IFL-Anhänger, eine Serie von 18 Artikeln zur »jüdischen Gefahr«, die mit der bolschewistischen Gefahr gleichgesetzt wurde, veröffentlicht. Die Verfasser dieser Artikel waren die Journalisten Ian Colin, Nesta Webster, Marsden und H. A. Gwynne. Noch im selben Jahr wurden diese Artikel in ein Buch aufgenommen[15], das der »Katechismus« der IFL wurde. Im Vorwort schrieb Gwynne, daß die Juden schon Jahrhunderte zuvor Pläne geschmiedet hätten, um die christliche Kultur in Europa zu zerstören. Die Russische Revolution wäre ihm zufolge das teuflische Werk von Juden gewesen, die auf diese Art versuchen würden, die Herrschaft über Europa zu erlangen. Es war dem Autor völlig egal, daß sich die *Protokolle der Weisen von Zion* als Fälschung herausgestellt hatten. Die Russische Revolution war für ihn ex post facto der Beweis für die Gültigkeit der *Protokolle*. Da hätte sich nämlich gezeigt, daß die Juden wirklich beabsichtigten, die christliche Kultur zu vernichten. Er sah die Russische Revolution als Bestätigung für diese Abschrift dieses geheimen russischen Dokuments. Niemand dürfte mehr daran zweifeln, daß der Bolschewismus eine rein jüdische Angelegenheit wäre.

In diesem Zusammenhang wurden auch die Publikationen der bekannten Historikerin Nesta Webster[16], die von einem engen Bündnis zwischen Juden und Kommunisten ausging, in den Kreisen der IFL begeistert aufgenommen. Leese fügte hier noch das Rachemotiv hinzu: In Rußland hätten sich die Juden bereits an den Christen der russisch-orthodoxen Kirche gerächt. Nun planten sie einen ebensolchen Rachefeldzug gegen die Christen im Westen. Die Vorbereitung und Durchführung der russischen Revolution sowie den Aufbau der Sowjetunion schrieb Leese ganz und gar den Juden zu.

Der amerikanische Geheimdienst hatte Anfang 1919 ein Memorandum zusammengestellt, das an einen Botschaftsangehörigen der französischen Republik in den Vereinigten Staaten von Amerika weitergereicht wurde. Aus diesem Memorandum konnte man Leese zufolge schließen, daß die Russische Revolution nachweisbar von jüdischer Seite angeregt worden war und daß sie nur dank finanzieller Unterstützung von Seiten jüdisch-amerikanischer Geldmagnaten erfolgreich war. Die Unterstützung, die die Juden den russischen Revolutionären hätten zukommen lassen, wäre nicht nur finanzieller Art gewesen. So mancher hätte sich schon über die Schnelligkeit gewundert, mit der die Bolschewiken das größte Land der Erde reorganisierten.

Die Antwort auf diese Frage wäre in dem Buch von Henry Ford, *The internatio-*

nal Jew, zu finden, in dem der Autor erklärt, daß die Struktur der jüdischen Gemeinschaft in den USA der Struktur des zentralen New Yorker Kahal entspräche. Diese Stadt wäre in 18 Distrikte unterteilt. Jeder Distrikt bestünde aus 100 Sub-Kahals, die von Distrikträten verwaltet würden, die ihre Anweisungen vom zentralen Kahal erhielten.

Der Aufbau des Sowjetstaates wäre eine genaue Kopie der jüdischen Organisationen in den Vereinigten Staaten. Außerdem ginge aus zahlreichen Berichten deutlich hervor, daß 77,2 Prozent des Rates der Volkskommissäre, 79 Prozent des Volkskommissariats für Verteidigung, 70,3 Prozent des Volkskommissariats für innere Angelegenheiten, 70,3 Prozent des Volkskommissariats für auswärtige Angelegenheiten, 86,6 Prozent des Volkskommissariats für Finanzen und 94,7 Prozent des Volkskommissariats für Justizangelegenheiten aus Juden bestünde, obwohl der Anteil der Juden an der russischen Bevölkerung nur 1,77 Prozent ausmachte. Angesichts dieser Zahlen war es für Leese unbegreiflich, daß es in England noch immer Menschen gab, die behaupteten, die russische Bevölkerung würde keineswegs von den Juden unterdrückt.

Für Leese war es kein Zufall, daß es zwei Juden, Marx und Lasalle, waren, die den Sozialismus begründeten, und daß auch in der Folge Juden die Ideologie des Sozialismus bestimmten. Auch wenn viele von ihnen versuchen würden, ihr Jude-Sein zu verbergen, wären sie dennoch, ohne es zu wissen, von einem jüdischen Atavismus geprägt. Das Symbol des Judentums wäre darüber hinaus zum Symbol des Proletariats geworden. Dies zeige sich in der Auswahl des roten fünfzackigen Sterns, der schon seit langem als Symbol für den Zionismus und das Judentum diene.[17]

Die Angst, daß die Juden von Moskau aus (und später von Jerusalem aus, wenn sie dort ihren eigenen Staat gegründet hätten) den Westen Europas erobern würden, mit dem Ziel, die christliche Kultur zu zerstören, war einer der unmittelbaren Anlässe für die Gründung faschistischer Organisationen in England.[18] Neben der ideologischen Bedrohung durch das Judentum beschwor Leese in zahlreichen Referaten auch die wirtschaftliche Bedrohung, die von den Juden ausgehe. Leese war von der Angst besessen, daß die Juden ihre wirtschaftliche Macht über ganz Europa und später über die ganze Welt ausbreiten würden. Die Juden hätten großen Einfluß auf die Börse, das Bankwesen und die europäische Großindustrie. Ihr gesamtes Tun und Handeln würde zu einer großen wirtschaftlichen Krise führen. Diese Krise könnte in weiterer Folge zum Untergang des christlichen Europa führen. Leese versuchte seinen Lesern klarzumachen, daß der »moderne Jude« seine Geldgier nur besser zu verbergen wisse, in Wirklichkeit aber viel gewissenloser vorginge als früher.[19] Leese wußte nur zu gut, daß er einer langen Tradition folgte, wenn er die Juden als Wucherer, Geldmagnaten und unbarmherzige Kapitalisten hinstellte.

Für den schlechten Zustand der europäischen Kultur machte Leese vor allem die Medien (Presse, Radio und Film) verantwortlich. Diese wären nämlich zum großen Teil in jüdischen Händen. Die Juden würden in den Redaktionen von Zeitungen und Zeitschriften, bei den großen Presseagenturen und in den Filmstudios Hollywoods ihren Einfluß geltend machen. Sie hätten dafür gesorgt, daß in Tageszeitungen, Wochen- und Monatsblättern und auch im Radio nichts gesagt oder geschrieben würde, was ein schlechtes Licht auf die Juden werfen könnte. Leese wirft den Juden im besonderen vor, daß sie mit ihren Hollywoodfilmen für einen Sittenverfall gesorgt hätten. Im christlichen Abendland werde nur noch *ein* Gott angebetet, nämlich Bacchus, der Gott der Orgien. Auch die Entartung von Kunst und Musik (»Nigger-Musik«) sah Leese als Bedrohung für die christliche Kultur in Europa.[20] Nicht zuletzt betrachtete er auch die Rassenmischung als ernste Gefahr für den Weiterbestand dieser Kultur. Leese zufolge hätte die Rassenmischung in Europa solche Ausmaße angenommen, daß die weiße Rasse vom Aussterben bedroht wäre. Als Folge der Judenemanzipation hätten viele Juden Nicht-Juden geheiratet. Damit wäre nicht nur die reine arische Rasse »besudelt« worden, sondern wären auch Kinder aus diesen Verbindungen hervorgegangen, die bereits Degenerationserscheinungen zeigten. In diesem Zusammenhang sprach Leese der Kirche ein großes Lob aus, da sie schon in den vorangegangenen Jahrhunderten erkannt hätte, daß Liebe zwischen Juden und Nicht-Juden unter (Todes-)Strafe gestellt werden müsse.[21]

Arnold Leese hatte verschiedene Lösungen für die Judenfrage in Europa parat. Er war zutiefst davon überzeugt, daß es keinen Sinn hätte, den Juden die Möglichkeit zu geben, sich an die Lebensweise der nicht-jüdischen Bevölkerung anzupassen. Dieser Versuch wäre vollkommen sinnlos, da die Juden in den vorangegangenen Jahrhunderten deutlich gezeigt hätten, daß sie nicht willens waren, ihr Jude-Sein aufzugeben. Sie hätten ganz im Gegenteil das großzügige Angebot von Kirche und Staat, sich zu bekehren, für ihre Zwecke ausgenutzt und sich in verschiedensten Institutionen breitgemacht, um dort ihren schädlichen Einfluß geltend zu machen.[22]

Eine zweite erwägenswerte Möglichkeit sah Leese in der Massensterilisation. Dadurch würden die europäischen Juden im Laufe der Zeit ganz von selbst aussterben. Diese Lösung bedürfe jedoch, so Leese, einer so effizienten Administration, daß eine konsequente Durchführung ausgeschlossen schiene. Es wäre kaum zu vermeiden, daß irgendwo in Europa weiterhin jüdische Kinder geboren würden.[23]

Eine weitere Möglichkeit sah Leese in der physischen Ausrottung der Juden. Er plädierte dabei für die »menschliche Variante«, nämlich die Tötung in der Gaskammer. Leese hielt jedoch auch diese Variante für undurchführbar, da die »weichherzigen« Briten sich damit nicht einverstanden erklären würden und dieser Plan auch in anderen Ländern auf Widerstand stoßen würde.

Deshalb schlug Leese vor, alle europäischen Juden zur Emigration nach Madagaskar zu zwingen. Der Madagaskar-Plan wurde auf Vorschlag von Arnold Leese von der *Imperial Fascist League* offiziell als »ideale Maßnahme zur Lösung der Judenfrage« gutgeheißen.[24] Arnold Leese und die *Imperial Fascist League* hatten den Madagaskar-Plan von Hamilton Beamish übernommen. Beamish hatte diesen Plan 1923 mit Hitler persönlich in München besprochen. In einer Rede vor NSDAP-Mitgliedern hatte er im selben Jahr ausführlich dargelegt, warum die Judenfrage am besten auf diese Weise gelöst werden könnte. Seine Rede hatte bei seinen Zuhörern großen Anklang gefunden. 1935 hatte Beamish seinen Plan dem deutschen Reichsaußenminister Neurath vorgelegt und bei dieser Gelegenheit intensive Gespräche mit dessen engsten Beratern geführt. 1935 und 1937 war Beamish durch Deutschland gereist und hatte in verschiedenen deutschen Städten vor Anhängern der NSDAP erneut für seinen Madagaskar-Plan geworben. Er hatte sich dabei vor allem auf die sozialen und ökonomischen Motive konzentriert, die diese Maßnahme seiner Meinung nach erforderlich machten.

Aus diesen Entwicklungen wird deutlich, daß auf der einen Seite die britischen Faschisten viel Gedankengut von den Nationalsozialisten übernahmen, daß jedoch auf der anderen Seite auch die Nationalsozialisten nicht unwesentlich von den britischen Faschisten beeinflußt wurden. Ein Beispiel für diesen Gedankenaustausch ist der Madagaskar-Plan der *Britons* und der *Imperial Fascist League*, der von den Ideen Paul de Lagardes inspiriert wurde und der seinerseits wieder Einfluß auf die Pläne der Nationalsozialisten nahm. Als Hamilton Beamish seinen Madagaskar-Plan in Deutschland präsentierte, konnte er von vornherein mit einer breiten Zustimmung rechnen, da Paul de Lagarde mit seinen zahlreichen Publikationen zur Rolle der Juden in der deutschen Gesellschaft in den Jahren 1917 bis 1940 den Boden für diese Ideen bereitet hatte. In ihren Plänen, die Juden nach Madagaskar zu verbannen, beeinflußten sich englische und deutsche Faschisten gegenseitig.

Die gesamte Insel Madagaskar sollte zu einem jüdischen Nationalstaat gemacht werden. Ein Nationalstaat auf Madagaskar stellte für Leese und die Mitglieder der IFL eine Alternative zum jüdischen Nationalstaat Palästina dar. Die IFL stand der Palästina-Variante kritisch gegenüber und teilte damit die Meinung des Vatikans sowie vieler einflußreicher Briten. In zahlreichen Zeitungen, wie *The Morning Post, The Spectator, The Times, The Daily Mail* und in den Blättern, die von *The Express Group* herausgegeben wurden, äußerten Parlamentsmitglieder ihren Unmut über die Palästina-Politik der britischen Regierung.[25]

Die IFL warf der britischen Regierung vor, daß sie ihr Geld verschwendete, indem sie russische, polnische und andere Juden nach Palästina umsiedelte, das doch ein kleines und unfruchtbares Land wäre. In Palästina lebten außerdem schon jahrhundertelang Christen und Araber, die, nachdem sie endlich von der vier Jahrhunderte dauernden Beherrschung durch die Türken befreit worden wären, nicht unter der noch viel schlimmeren Herrschaft der Juden leben wollten. Man sollte vor allem nicht vergessen, daß es in erster Linie Juden aus Polen und Rußland wären, die nach Palästina zögen. Diese wären in ihren Heimatländern jahrhundertelang von den Christen unterdrückt worden und würden sich nun mit allen ihnen zur Verfügung stehenden Mitteln an den in Palästina lebenden Christen rächen wollen. Sie würden alles daransetzen, um aus dem Heiligen Land ein heidnisches, soll heißen jüdisches Land zu machen.

Außerdem müsse man damit rechnen, daß die russischen Juden, die die jahrhundertealte Kultur des russisch-orthodoxen Christentums zerstört hätten, aus Jerusalem ein zweites Moskau machen würden, von wo aus sie ihre Herrschaft über die ganze Welt ausdehnen würden. Die Mitglieder der IFL konnten nicht verstehen, wieso ein so christliches Land wie England die Möglichkeit geschaffen hatte, daß das Heilige Land, das die Kreuzfahrer einst den Juden und Islamiten abgerungen hätten, nun von den Nachfahren der »Christusmörder« überschwemmt würde. Die Juden hätten sich im 20. Jahrhundert als eingefleischte Atheisten entpuppt, die in allen Ländern Europas das Evangelium des Materialismus und der Immoralität predigten. Russische Juden, die slawisch dachten, fühlten, schrieben und handelten, wären die gefährlichsten Juden von allen.

Darum hatten Leese und seine Anhänger – im Gegensatz zu Beamish und *The Britons* – nie auch nur daran gedacht, an der Gründung eines jüdischen Nationalstaates in Palästina mitzuarbeiten. Sie hatten dagegen von Anfang an die Meinung verteidigt, daß die Judenfrage nur gelöst werden könnte, wenn man die europäischen Juden allesamt nach Madagaskar verbannte. Diese Insel würde genügend Platz für 12 Millionen europäische Juden bieten. Alle arisch-christlichen Nationen Europas müßten sich in den kommenden Jahren zusammenschließen und die Juden (auch die Halb- und Vierteljuden) zur Emigration zwingen. Arische Christen, die mit Juden oder Jüdinnen verheiratet waren, sollten vor die Wahl gestellt werden, sich scheiden zu lassen oder mit ihren Ehepartnern nach Madagaskar auszuwandern. Diejenigen, die weniger als ein Viertel jüdisches Blut hätten, sollten in Europa bleiben dürfen. Sie sollten jedoch all ihrer Ämter und Funktionen enthoben und der zu Unrecht erworbenen politischen und bürgerlichen Rechte beraubt werden.

Natürlich sollte Madagaskar dem französischen Staat abgekauft werden. Alle entstehenden Kosten (Kauf der Insel, Transport und zur Ansiedlung nötige Infrastruktur) sollten von den Juden selbst getragen werden müssen. Da das Vermögen der europäischen Juden dafür nicht ausreichen würde, sollten auch amerikanisch-jüdische Geldquellen dafür herangezogen werden. Außerdem würde man nicht darum herumkommen, die Eingeborenen Madagaskars, die sich anderswo auf dem afrikanischen Kontinent würden ansiedeln müssen, finanziell zu entschädigen. Die 12 Millionen Juden sollten nach ihrer Ankunft auf Madagaskar zunächst in Quarantäne gehalten werden. Nicht-Juden sollte es unter Strafe verboten werden, das »Großghetto« zu betreten und zu versuchen, mit Juden in Kontakt zu kommen. Eine Patrouille, bestehend aus Schiffen der *Aryan Nations* (die die Juden selbst finanzieren müßten), sollte Tag und Nacht Wache halten müssen, um zu verhindern, daß auch nur ein Jude von der Insel entwischte.

Wenn die großangelegte Umsiedlungsaktion schließlich beendet wäre, sollte jeder Jude, der sich noch irgendwo in Europa aufhielt, sofort getötet werden.[26] Europa sollte für die Juden auf ewig verbotenes Terrain bleiben. Schließlich hätten es sich schon in den vorangegangenen Jahrhunderten verschiedenste weltliche und kirchliche Führer zum Ziel gesetzt, ein »judenreines« Europa zu schaffen. Indem sie jedoch die Juden lediglich aus ihrem eigenen Land verbannten, hätten sie das Judenproblem nur von einem Land ins andere verschoben.

Kapitel VII

Der Madagaskar-Plan von Charles W. Gore

Charles W. Gore war Mitglied des *Literary Board* der *Imperial Fascist League* von Arnold Leese und Co-Autor von Leese's Buch *My Irrelevant Defence*, in dem die Juden ritueller Morde beschuldigt wurden. Ein anderes prominentes Mitglied des *Literary Board* war H. H. Lockwood, der regelmäßig Artikel für *The Fascist* schrieb. Lockwood wurde damals als gefährlichster Faschist Englands angesehen. Auch der Historiker John Hooper Harvey gehörte zum Vorstand des *Literary Board*, das gute Kontakte zu S. H. E. Fox pflegte, dem Direktor des *Shell Mex House* Verlages. Fox reiste Anfang der dreißiger Jahre des öfteren nach Deutschland, wo er mit führenden Nazi-Persönlichkeiten unter anderem über eine Verbannung der europäischen Juden nach Madagaskar sprach. Außerdem empfing er in London bedeutende Vertreter der NSDAP und diskutierte mit ihnen oft tagelang über die Lösung der Judenfrage. Leese hatte jahrelang großen Einfluß auf Gore. Gore schrieb dann auch auf Leese's Rat hin eine Abhandlung, in der er die Vorteile einer Verbannung der Juden nach Madagaskar darlegte.[1] Er schickte das Manuskript an Lord Rothschild, der es sofort an das *Board of Deputies of British Jews* in London weiterleitete.

Gore war fest davon überzeugt, daß es sich bei allen Lösungsvorschlägen zur Judenfrage, die seinerzeit gemacht wurden, lediglich um Scheinlösungen handelte. Die Judenfrage wäre ihm zufolge erst dann gelöst, wenn die europäischen Regierungschefs den Juden die Möglichkeit gegeben hätten, den Franzosen Madagaskar abzukaufen, um dort, weit ab von Europa, ihrer jüdischen Kultur gemäß zu leben, ohne anderen Völkern dadurch zu schaden. Der unmittelbare Anlaß, dieses Manuskript zu schreiben, wäre Gore zufolge die unerträgliche Situation gewesen, die nach der Einwanderung tausender jüdischer Flüchtlinge in England entstanden wäre. Er hätte ausgerechnet, daß die jüdische Bevölkerung in England die Drei-Millionen-Grenze bereits überschritten hätte. Gore warf den Juden vor, daß es ihnen innerhalb weniger Jahre gelungen wäre, in allen wichtigen Berufsgruppen die Mehrheit zu bilden, sodaß sie auf allen gesellschaftlichen Ebenen ihren Einfluß geltend machen könnten. Er sprach der nationalen Vereinigung der Hausärzte ein großes Lob aus, da sie sich beim Innenminister für härtere Maßnahmen gegen jüdische Immigranten eingesetzt hätten. Sie fürchteten nämlich, daß andernfalls die gesamte Welt »verjudet« würde. Die Vereinigungen der Zahnärzte, Wirtschaftsprüfer und Anwälte sollten aufgrund ähnlicher Erfahrungen Druck auf die Regierung ausüben, daß diese ein Gesetz ausarbeitete, das es den jüdischen Einwanderern unmöglich machte, diesen Vereinigungen beizutreten. Gore warf auch den jüdischen Führern in England vor, daß sie ihre zuwandernden Landsleute nicht daran hinderten, sich auf so schamlose Weise überall hineinzudrängen, mit dem Ziel, eine Machtposition in der Gesellschaft zu erlangen. Sie sollten ihre Glaubensgenossen lieber darauf hinweisen, daß sie durch ihr Verhalten den bestehenden Antisemitismus noch verstärkten.

Für Gore war es keineswegs verwunderlich, daß sich in der britischen Gesellschaft Unbehagen breitgemacht hatte, da jeder wüßte, daß die Juden in bestimmten Bereichen, vor allem im Gold- und Silbergeschäft, bereits eine Monopolstellung erlangt hätten. Die Schreckensvision einer gänzlich »verjudeten« Gesellschaft stünde ihnen bereits deutlich vor Augen. Es läge, so der Autor, nun einmal in der Natur der Juden, ihren Einflußbereich auf Kosten von Nicht-Juden ausbreiten zu wollen. Wenn die Regierung dieser Entwicklung, die die gesamte Gesellschaft ins Wanken brachte, kein Ende bereitete, würden immer mehr Briten dazu übergehen, die Juden zu hassen. Dieser Haß würde unweigerlich zu gewalttätigen Aktionen gegen Juden führen. Darum müßten Regierung und Parlament zum zweiten Mal in der britischen Geschichte den Beschluß fassen, alle Juden des Landes zu verweisen, auch wenn es völlig ungewiß wäre, wo sie ein neues Zuhause finden könnten.

Gore wies auch immer wieder nachdrücklich darauf hin, daß sich alle Juden die Tatsache ins Gedächtnis rufen müßten, daß sie nicht nach Europa, sondern nach Asien oder Afrika gehörten. Auch das britische Volk sollte dies endlich begreifen. Fast verzweifelt stellte sich Gore die Frage, ob es nicht bereits zu spät wäre, den Briten klar zu machen, daß die Juden nicht nur keine Briten wären (und auch nie Briten werden könnten), sondern daß sie auch nie Europäer gewesen wären. Entgegen allem Anschein lebten die Juden auf dem europäischen Kontinent ausgesprochen asiatisch. Die Juden gehörten nun einmal nicht zur »weißen«, sondern zur »schwarzen«, »braunen« und »gelben« Rasse. Wenn jemand diese Tatsache abstreiten wolle, sollte er sich in die Geschichte von 2000 Jahren Christentum vertiefen. Dann würde er nämlich unweigerlich zu der Schlußfolgerung kommen, daß die Juden in ihrem gesamten Denken, Fühlen, Sprechen und Handeln den Europäern und allem, was ihnen heilig ist, fremd geblieben wären. Juden könnten sich nun einmal nicht in die britische Gesellschaft integrieren oder auch nur in irgendeiner Weise assimilieren. Andere Völker, die sich im Laufe der Jahrhunderte auf der britischen Insel niedergelassen hätten, wären ganz und gar in der britischen Gesellschaft aufgegangen – so beispielsweise die Römer, Angelsachsen, Dänen, Schotten, Iren, Franzosen und Italiener. Nur den Juden wäre dies nie gelungen.

Gore zufolge wollten die Juden sich auch nie wirklich anpassen. Nach dem Fall von Jerusalem im Jahre 70 hätten die »Elders of Sion« weltweit versucht, den Juden der Diaspora einzuprägen, daß sie in den Gastländern getrennt von Nicht-Juden leben und arbeiten sollten. Dies hätte zur Folge gehabt, daß sich die Juden freiwillig für ein Leben in Ghettos entschieden. Nur auf diese Weise wäre es ihnen möglich gewesen, ihren Glauben zu bewahren und trotz des Verlustes ihres Landes, ein Volk und eine Nation zu bleiben. Eigentlich bildeten sie »einen Staat im Staat«. 2000 Jahre

Verfolgung hätten ihr Nationalbewußtsein lediglich gestärkt. Die Briten wüßten einfach nichts über die wahre Art der Juden. Wüßten sie es nämlich, dann hätten sie nie an das Märchen von den in die Gesellschaft integrierten Juden geglaubt. Um diese Auffassung zu untermauern, zitierte Gore dann und wann ein paar jüdische Autoren, die er dasselbe sagen ließ. Er bediente sich damit eines typisch antisemitischen Tricks: Wenn er deutlich machen konnte, daß die Juden selbst seine Auffassung teilten, bekam seine Aussage besonderes Gewicht.

Da Gore, wie viele seiner Zeitgenossen, die Meinung vertrat, daß dem Flüchtlingsstrom deutscher und tschechischer Juden ein noch viel größerer aus Italien, Österreich, Polen und Rumänien folgen würde, schlug er vor, das Thema der jüdischen Nationalität erneut zur Diskussion zu stellen. Auf der einen Seite würden Journalisten und Politiker einfach über deutsche, tschechische, rumänische und polnische Emigranten schreiben, auf der anderen Seite wüßte jeder, daß sie keine Deutschen, Österreicher etc. seien, sondern ganz einfach Juden – auch wenn sie emanzipiert waren und als gleichberechtigte Bürger galten. Aus dieser Ambivalenz sollten die Politiker Konsequenzen ziehen. Da in ganz Europa der Prozeß der Judenemanzipation mißglückt wäre und die Juden Juden geblieben wären, hätte sich das »Judenproblem« erst ergeben. Dieses Problem könnte nicht gelöst werden, indem man die Juden von einem Land Europas ins andere verbannte. Die verantwortlichen Politiker sollten die Judenfrage nüchtern und sachlich analysieren und zu einer Lösung kommen, die für Juden wie Nicht-Juden akzeptabel wäre.

Bei der Lösung dieses dringenden Problems sollte man davon ausgehen, daß auch Juden das Recht hätten zu leben, genauso wie andere Lebewesen auch. Man sollte froh darüber sein, daß die Juden wieder danach strebten, ein Volk mit eigenem Staat zu werden. Es wäre Gore zufolge äußerst förderlich für den Weltfrieden, wenn die Juden wieder ein eigenes Land bekämen. All die Politiker, die sich dafür einsetzten, den Juden irgendwo auf der Welt zu einem jüdischen Staat zu verhelfen, würden sich durch Motive der Menschlichkeit leiten lassen. Die europäischen Nationen sollten vor Freude tanzen, daß die Juden nach 2000 Jahren Verfolgung in Europa zu der Einsicht gekommen wären, daß es das beste wäre, Europa zu verlassen. Der Abzug der Juden aus Europa wäre sowohl für Juden als auch für Nicht-Juden die ideale Lösung.

Die britische Regierung sollte auf jeden Fall verhindern, daß die Juden, die aus Deutschland, Österreich und der Tschechoslowakei vertrieben wurden, in Großbritannien oder in britischen Kolonien »abgeladen« würden. Das würde ohne Zweifel den Untergang des Britischen Reiches bedeuten. Eine Massenemigration von jüdischen Flüchtlingen würde Großbritannien vor enorme ökonomische Probleme stellen, da es in Großbritannien bereits dreieinhalb Millionen Arbeitslose gäbe. Die Aufnahme weiterer jüdischer Flüchtlinge schien Gore darum ausgeschlossen.

Er lobte in diesem Zusammenhang Außenminister Sir Samuel Hoare, der am 21. November 1938 im Abgeordnetenhaus gesagt hatte, daß eine offene Einwanderungspolitik das schwelende Feuer des Antisemitismus leicht entzünden könnte. Da die Juden selbst das Opfer einer allzu freien Einwanderungspolitik werden würden, sollte nur einer sehr beschränkten Zahl Juden die Immigration gestattet werden. Gleichzeitig hatte der Außenminister betont, daß auch die britischen Kolonien nicht für die Aufnahme einer großen Anzahl jüdischer Flüchtlinge in Frage kämen, da diese Gebiete aufgrund ihres Klimas und der schlechten wirtschaftlichen Lage nicht für Kolonisten aus Europa geeignet wären. Außerdem würden sich die Eingeborenen mit Händen und Füßen gegen eine großangelegte Immigration zur Wehr setzen. Im Zusammenhang mit dem jüdischen Flüchtlingsproblem hätten einige Journalisten Australien als mögliches Aufnahmeland genannt – dieser Kontinent wäre dünn besiedelt und verfügte über ausgedehnte Gebiete, in denen sich Kolonisten niederlassen könnten. Sie meinten, daß es für ein so großes Land, das nicht einmal sieben Millionen Einwohner hatte, kein Problem wäre, 12 Millionen Juden aufzunehmen. Als dieser Vorschlag nach Australien durchdrang, hätte der damalige australische Ministerpräsident Hughes sofort unmißverständlich zu verstehen gegeben, daß die Juden diese Idee vergessen könnten, da sich die Australier ausnahmslos gegen diesen großangelegten Immigrationsplan zur Wehr setzen würden. Auch die kanadische Regierung hätte einen Einwanderungsstop für europäische Juden angesetzt, da sie einen Volksaufstand vermeiden wollte.

Der ehrgeizige Plan, British-Guayana für die Ansiedlung europäischer Juden zur Verfügung zu stellen, erschien Gore lächerlich. Das Britisch-Guayana-Projekt sah vor, daß jährlich zehntausende Juden aus Deutschland nach Guayana emigrieren sollten. Gore empfand es als äußerst irritierend, daß die britische Regierung für Fremde, die nicht einmal in Großbritannien wohnten, eine Kolonie zur Verfügung stellen sollte. Ihm erschien es naheliegender, daß deutsche Politiker zur Regelung dieser Angelegenheit mit Vertretern des Weltjudentums Kontakt aufnähmen. Er wollte nicht einsehen, daß die britische Regierung 50 Prozent der Kosten einer solchen Aktion übernehmen sollte, wo doch die Juden die reichste Nation der Erde wären. Die britischen Steuerzahler müßten für die jüdischen Flüchtlinge insgesamt ca. 15 bis 20 Millionen Pfund aufbringen, und dies würde zu Lasten der Millionen Arbeitslosen in Großbritannien gehen. Da die Lage der Juden in den osteuropäischen Ländern noch viel schlechter wäre als die der deutschen Juden, erwartete Gore, daß auch sie sich in absehbarer Zeit zur Emigration gezwungen fühlen würden. Er befürchtete, daß man dann wieder an den britischen Steuerzahler herantreten würde, um ein ähnliches Projekt zu finanzieren.

Die europäischen Juden nach Südafrika zu schicken, erschien Gore genauso unmöglich. Denn dort würde bereits eine große Zahl Juden leben, die großen Einfluß in Politik und Wirtschaft erlangt hätten. Diese würden sich sicherlich gegen den Zustrom mittelloser osteuropäischer Juden zur Wehr setzen. Die reichen südafrikanischen Juden dächten nicht daran, sich mit dem Los ihrer armen Volksgenossen zu beschäftigen. Auch die Sowjetunion hätte deutlich zu verstehen gegeben, daß sie keinesfalls bereit wäre, ein Gebiet zur Ansiedlung von jüdischen Flüchtlingen aus Deutschland, Österreich und der Tschechoslowakei zur Verfügung zu stellen. In einem Gespräch mit Rublee, dem Direktor des Internationalen Flüchtlingskomitees (hierüber später mehr), im November 1938 hätten die Sowjet-Autoritäten betont, daß sie zu keiner Zusammenarbeit bereit wären.

Mit Erstaunen stellte Gore fest, daß die Juden in der Vergangenheit schon häufig die Möglichkeit erhalten hätten, irgendwo auf der Welt ein Stück Land zu erwerben, um dort einen jüdischen Nationalstaat zu gründen. Keiner dieser Pläne wäre jedoch in die Tat umgesetzt worden, da sich die Juden selbst immer wieder solchen Plänen entgegengestellt hätten. 1736 hätte man dem *London Committee of Jews* ein ausgedehntes Territorium im amerikanischen Bundesstaat South-Carolina angeboten. Es hätten jedoch nur wenige Juden von der Möglichkeit, sich dort als Kolonisten niederzulassen, Gebrauch gemacht. Sämtliche Juden Georgias hätten sich daraufhin in South-Carolina angesiedelt, um eine neue Existenz aufzubauen. Es schien Gore, als hätten die Juden einen unauslöschlichen Bund mit Europa geschlossen. 1749 hätte man den Juden ein Gebiet in Nova Scotia angeboten, wo sie eine Kolonie hätten gründen können. Die Juden hätten sich jedoch geweigert, dorthin zu übersiedeln, obwohl sie drei Jahre lang von verschiedenen finanziellen Vorteilen wie zinsenfreien Krediten hätten profitieren können. 1806 hätte Zar Alexander I. ein Dekret ausgegeben, in dem stand, daß Juden, die weniger als 40 Pfund besäßen, die Gelegenheit bekämen, Ackergrund zu erwerben, den sie als Bauern bearbeiten müßten. Es wäre so gedacht gewesen, daß hunderte jüdische landwirtschaftliche Kolonien gegründet werden sollen. Da die Juden sich jedoch weigerten, sich der Landwirtschaft zu widmen, wäre der Plan des Zaren mißglückt. 1825 wäre es dem Juden Mordechai Manuel Noach gelungen, Grand Island in seinen Besitz zu bekommen. Er machte daraufhin Juden in der ganzen Welt das Angebot, sich dort als Kolonisten niederzulassen. Sie sollten die Möglichkeit erhalten, auf dem Gebiet eine autonome Gemeinschaft zu gründen. Sein Plan wäre jedoch mangels Interesse gescheitert. 1891 hätte man den Juden ein großes Gebiet in Argentinien angeboten. Der jüdische Baron Hirsch hätte zusätzlich 500 000 Pfund für die Ansiedlung jüdischer Kolonisten zur Verfügung gestellt. In Absprache mit der russischen Regierung sollten beginnend mit dem Jahr 1892 über einen Zeitraum von 25 Jahren jährlich 25 000 Juden nach Argentinien emigrieren können. Der russische Zar wollte auf diese Weise alle Juden loswerden. Während der ersten drei Jahre machten nur 6000 Juden von dem Angebot Gebrauch. Die übrigen zogen es vor, in Rußland zu bleiben, wo sie Opfer von Pogromen wurden. 1902 hätte die britische Regierung, beunruhigt über die zunehmenden Judenverfolgungen, den Zionisten die Insel Zypern angeboten, die jedoch auf diesen Vorschlag nicht eingingen. Als die britische Regierung kurze Zeit später Herzl die Sinai-Halbinsel zur Verfügung stellen wollte – in erster Linie für die verfolgten Juden in Rußland –, lehnte dieser abermals ab. Herzl, der immer stärker mit dem schrecklichen Schicksal der russischen Juden konfrontiert wurde, hörte dagegen nicht auf, sich bei der britischen Regierung für einen jüdischen Staat in Palästina einzusetzen. 1903 bot die britische Regierung ein großes Gebiet in Uganda als Alternative für Palästina. Obwohl Herzl diesem Plan als Übergangslösung zustimmte, wiesen die Zionisten das Angebot mit der Begründung zurück, daß Palästina der einzig sichere Ort für einen jüdischen Staat wäre. 1912 hätten die Juden ein Angebot von der Regierung von Honduras bekommen, die ihnen ein großes Territorium zur Kolonisation überlassen wollte – auch diese Lösung lehnten die Juden ab. Gore meinte dazu, daß es den Juden offenbar lieber wäre, in einem Land zu leben, in dem sie verfolgt würden, anstatt in ein Gebiet außerhalb Europas zu emigrieren, wo sie in Unabhängigkeit leben könnten. Sie hätten nun schon unzählige Male die Möglichkeit zur Emigration zurückgewiesen. 1923 hätte der mexikanische Präsident Obregon erklärt, daß in seinem Land noch genügend Platz für jüdische Kolonisten wäre und daß es ihn auch nicht stören würde, wenn die Juden vollständige Autonomie erhielten. Er machte es jedoch zur Bedingung, daß die Juden das Gebiet selbst käuflich erwarben. Der Plan gedieh jedoch nicht weiter, da die Juden nicht daran dachten, das Projekt selbst zu finanzieren.

Da Gore sehr gut wußte, daß für die Juden nur Palästina zur Gründung eines unabhängigen jüdischen Staates in Frage kam und sie darum die eben genannten Alternativen abgelehnt hatten, ging Gore ausführlich auf die Frage ein, ob eine großangelegte Ansiedlung von Juden in Palästina überhaupt möglich wäre. Zunächst meinte Gore, historisch belegen zu können, daß Palästina nicht das Ursprungsland der Juden wäre und daß es außerdem in der Geschichte des jüdischen Volkes nie eine Zeit gegeben hätte, während der das gesamte jüdische Volk in Palästina gelebt hätte. Darum stünde auch in der *Balfour Declaration* von 1917 keineswegs, daß die Juden das Land Palästina bekämen, sondern lediglich, daß sie dort einen jüdischen Nationalstaat gründen dürften. Es wäre jedoch von Anfang an deutlich gewesen, daß die Zionisten nicht darauf aus waren, in Palästina eine Zufluchtsstätte für verfolgte europäische Juden zu schaffen, sondern daß sie ganz Palästina für sich in Anspruch nehmen wollten, um dort letztendlich einen unabhängigen jüdischen Staat zu gründen. Mit weniger würden sich die Zionisten nicht zufrieden geben. Dies hätte die weltweite Entwicklung der zionistischen Bewegung deutlich gemacht.

Hierin läge auch der Ursprung des Palästinaproblems, das, so Gore, durch die folgenden Punkte beeinflußt wurde: 1917 hätte die britische Regierung den Juden ein Jüdisches Nationalheim in Palästina versprochen. Der Völkerbund stimmte zu. Währenddessen hätte die britische Regierung den Arabern Selbstverwaltung zugesagt – die Araber würden jedoch immer noch auf die Einlösung dieses Versprechens warten. Darüber hinaus wäre nicht nur Großbritannien, sondern die ganze Welt mit dem Problem konfrontiert, daß eine große Zahl von Juden in verschiedenen europäischen Ländern nicht willkommen war und darum irgendwo auf der Welt einen Ort suchte, wo sie ganz und gar unabhängig leben konnten. Dieses Problem könnte, so Gore, an sich leicht gelöst werden, da es auf der Erde noch genügend weitläufige, unbewohnte Landstriche gäbe, wo sich Millionen Juden niederlassen könnten, um dort einen eigenen Staat zu gründen und eine eigene Kultur zu entwickeln. Es gäbe auch genug Staaten, die ihre Grenzen für die jüdischen Flüchtlinge aus Europa öffnen würden. Allein die Juden würden sich nicht bereitfinden, die wichtigste Bedingung zu erfüllen: sich zu Bauern umschulen zu lassen. Sie hätten sich schon jahrhundertelang geweigert, am Land zu arbeiten. Da einige Regierungen wüßten, daß sich die Juden zu einer solchen Arbeit nie bereit erklären würden, hätten sie von vornherein ihre Grenzen geschlossen, noch bevor man zu ersten Verhandlungen gekommen wäre. Die Juden wollten mit anderen diesbezüglichen Vorschlägen gar nicht erst konfrontiert werden, da ihnen die Zionisten eingeredet hätten, daß sie ein Anrecht auf ihr eigenes Land Palästina (inklusive Transjordanien und Syrien) hätten. Die Zionisten würden planen, aus Palästina ein Welthandelszentrum zu machen, von dem aus die Juden, die nach Gold hungerten, ihren verderblichen Einfluß über die ganze Welt verbreiten könnten.

Gore gab deutlich zu verstehen, daß die Briten seiner Meinung nach nie zustimmen würden, daß die Zionisten aus Palästina einen jüdischen Staat machten. Jeder Schritt, der von Regierung oder Parlament in diese Richtung unternommen würde, würde Widerstand seitens der Bevölkerung hervorrufen. Palästina wäre nämlich, so Gore, das offene Tor, das den Briten Zugang zu den drei Kontinenten Asien, Afrika und Europa gewährte. Deshalb wäre Palästina für sie von größter strategischer Bedeutung. Außerdem hätten die Briten für Palästina einen hohen Preis bezahlt: Sie hätten es mit Hilfe der Araber von der türkischen Herrschaft befreit. In den Kämpfen wären 16 000 Soldaten gefallen und die gesamte Operation hätte Millionen Pfund gekostet. Wenn die britische Regierung auf die Ziele der Zionisten einginge, könnte es passieren, daß die jüdische Regierung des neuen Staates sich gegen sie richtete. Das könnte dann katastrophale Folgen haben.

Gore wies auch darauf hin, daß die Araber deutlich zu verstehen gegeben hätten, daß Palästina nie ein unabhängiger jüdischer Staat werden dürfte und daß sie alles tun würden, um die Gründung eines solchen Staates zu verhindern. Darum könnte Palästina nie ein sicherer Zufluchtsort für die jüdischen Flüchtlinge aus Europa werden. Moslems aus verschiedenen Ländern könnten sich leicht zusammenschließen und so eine gemeinsame Front gegen die Juden bilden. Die Teilnehmer der *All India Moslem Conference*, die als Vertreter von 72 Millionen Moslems auftraten, hätten bereits eine Erklärung abgegeben, worin sie mittels überzeugender Argumente erläuterten, warum der Islam nie zustimmen könnte, daß Palästina ein jüdischer Staat würde. Dies widerspräche der traditionellen Haltung des Islams gegenüber dem Judentum. Außerdem hätten auch sie ein Anrecht auf Palästina, da auch sie dort Heilige Stätten hätten. Die Moslems teilten somit die Kritik des Vatikans an der zionistischen Bewegung und schlossen sich ab dem Jahr 1917 zum gemeinsamen Kampf gegen einen zionistischen Staat in Palästina zusammen.

Außerdem hätten bedeutende jüdische Schriftsteller darauf hingewiesen, daß Palästina viel zu klein wäre, um alle verfolgten Juden Europas aufzunehmen. Gore wunderte sich, warum die Stimmen der jüdischen Antizionisten ungehört blieben und weshalb niemand auf jene Juden hörte, die der Meinung waren, daß sie auf die Ankunft des Messias warten müßten, der sie aus ihrer Knechtschaft befreien und ihnen in das Land ihrer Väter vorausgehen würde.

Für Gore war es äußerst wichtig, eine Lösung für die Judenfrage zu finden. Er sah darin die Ursache für den wachsenden Unfrieden in der Welt. Jeder, der ein bißchen über die politischen Entwicklungen Bescheid wüßte, sollte zugeben müssen, daß sich die 12 Millionen Juden in Polen, Deutschland, Österreich, der Tschechoslowakei, Ungarn, Rumänien und Italien in einer äußerst prekären Lage befänden. Es sei zu befürchten, daß es demnächst zu gewalttätigen Aktionen gegen Juden kommen könnte. Ein Teil von ihnen würde gewaltsam aus dem Land vertrieben werden, der andere Teil flüchten. Da deutlich geworden wäre, daß die Juden auch in Palästina nicht bleiben könnten, wäre nun völlig unklar, wo sie Zuflucht finden könnten.

Gore wehrte sich dagegen, wegen dieser Äußerungen als Antisemit bezeichnet zu werden. Es hätte doch nichts mit Antisemitismus zu tun, wenn ein Nicht-Jude sich dafür einsetzte, daß die Juden ein Land bekommen sollten, in dem sie einen eigenen Staat gründen könnten. Jüdische geistliche Führer (sowie später auch nicht-religiöse Anführer) hätten ihre Untertanen immer wieder dazu ermuntert, in ihr Land zurückzukehren. Sie wären doch in den vorangegangenen Jahrhunderten eine einheitliche Nation geblieben, in der Hoffnung, daß sie in ihr Heiliges Land zurückkehren könnten. Wenn die Juden dies aufrechten Herzens herbeisehnten, dürften sie doch die Pläne verschiedenster großer Politiker nicht zurückweisen, die ihnen ein Territorium zur Verfügung stellen wollten, wo sie ihre eigene Religion, Ethik, Kultur und Politik entfalten und nach ihren eigenen Gesetzen leben könnten. Andernfalls würden sie ihre Glaubwürdigkeit aufs Spiel setzen. Das einzige, was die Juden im Namen der Gerechtigkeit nicht verlangen dürften, wäre, daß Großbritannien der Gründung eines unabhängigen Staates in Palästina zustimmte. Die Araber würden die Juden nämlich sofort angreifen und ins Meer treiben.

Für Gore gab es nur eine Möglichkeit, die Judenfrage zufriedenstellend zu lösen: Die Juden sollten das Problem selbst in die Hand nehmen. Das einzige, worum man die mächtigen Regierungschefs ersuchen müßte, wäre, daß sie ein geeignetes Gebiet zur Verfügung stellten, das die Juden dann käuflich erwerben könnten. Von dem Augenblick an, da sie das besagte Territorium gekauft hätten, sollten sie alles selbst organisieren müssen. Wenn andere Völker sie bei Transport und Ansiedlung unterstützten, würde der Evakuierungsplan sicher schieflaufen. Auch ein Appell an die Großmächte, bei der Finanzierung des Planes zu helfen, wäre Gore zufolge abzulehnen. Die Juden in Europa und Amerika wären reich genug, um die Kosten der Aktion zu tragen.

Deshalb machte Gore den folgenden Vorschlag zur Lösung der Judenfrage: Staatsmänner aus der ganzen Welt (nicht nur aus Europa) sollten so bald wie möglich ein Gipfeltreffen organisieren, auf dem entschieden werden sollte, welches Gebiet man den Juden zum Kauf anbieten würde. Dieses Territorium sollte so groß wie möglich sein, sodaß es nicht nur die 12 Millionen europäischen Juden, sondern auch die übrigen aufnehmen könnte. Dort sollten die Juden ihren eigenen Staat gründen können. Gore ging davon aus, daß man den Vorzug an Madagaskar geben würde, da – wie er zu wissen meinte – Frankreich diese Insel gerne verkaufen wollte. Die Juden wären Gore zufolge reich genug, um die gesamte Operation zu finanzieren. Gore sah den Vorteil Madagaskars darin, daß es doppelt so groß war wie alle britischen Inseln zusammen. Er war außerdem der Überzeugung, daß sich die Juden, da sie doch eigentlich Asiaten wären, inmitten der einheimischen Bevölkerung von Madagaskar wohl fühlen würden. Es gäbe auf Madagaskar zahlreiche Siedlungen von Arabern, die sich schon Jahrhunderte zuvor dort niedergelassen hätten. Sie gehörten zur herrschenden Klasse Madagaskars und wären häufig mit einheimischen Frauen verheiratet. Angeblich würden auf Madagaskar sogar große Gruppen »schwarzer« Juden leben, die sich selbst *Zaky Ibrahim*, also »Nachkommen Abrahams« nannten. Diese hätten sich ebenfalls schon vor Hunderten von Jahren auf der Insel als Kolonisten niedergelassen. Gore war ziemlich sicher, daß die einheimische Bevölkerung Madagaskars gegen die Gründung eines jüdischen Staates auf ihrer Insel nichts einzuwenden hätte. Sie würden vor allem vom ökonomischen Aufschwung profitieren, den die Ansiedlung der Juden unweigerlich mit sich bringen würde. Falls es doch Menschen auf Madagaskar gäbe, die aufgrund des massiven Zustroms von Juden die Insel verlassen wollten, sollten die Juden ihnen Schadenersatz zahlen müssen.

Das Weltjudentum hätte bis vor kurzem kein Interesse für Madagaskar gezeigt, weil sich die Zionisten Gore zufolge ganz und gar auf Palästina fixiert hätten. Seit 1937 hätte sich jedoch auch in jüdischen Kreisen einiges verändert.[2] Man sollte dennoch mit den folgenden Einwänden rechnen, die die Führer des Weltjudentums gegen Madagaskar einbringen könnten: Warum sollten sie den Franzosen diese Insel abkaufen, wenn die meisten Juden ohnehin am liebsten in ihren Gastländern bleiben wollten? Letzteres gelte nicht so sehr für einige europäische Länder, in denen die Juden verfolgt würden, würde jedoch sehr wohl auf die amerikanischen Juden zutreffen, wo die Juden alles bekämen, was sie nötig hätten. Ein weiterer Einwand, so Gore, könnte sein, daß die Juden im Falle eines Krieges gegen Madagaskar der gegnerischen Macht hilflos ausgeliefert wären und in der Folge wieder, so wie schon Jahrhunderte zuvor, unter fremder Herrschaft leben müßten. Mit Palästina als Bestimmungsland könnte dies nicht so schnell geschehen, da die Juden vom Schutz der britischen Flotte und der britischen Armee profitieren könnten. Dies wäre vor allem auch kostensparend. Schließlich würden die jüdischen Führer die Politiker auch darauf aufmerksam machen, daß die Gefahr dann viel größer wäre, daß die Insel zu einem Reservat für Kriminelle und anderes Gesindel werden könnte.

Gore entkräftete derartige Argumente wie folgt: Die Zionisten würden schon fast 50 Jahre darüber sprechen, daß die Juden endlich wieder ein eigenes Land haben müßten, wo sie einen eigenen Staat gründen könnten. Wenn sie das wirklich wollten, müßten sie auch alle Konsequenzen in Kauf nehmen, die die Durchführung eines solchen Plans mit sich bringe. Wenn sie den Franzosen Madagaskar abkauften, könnten sie sich ihren lange gehegten Traum endlich erfüllen. Die jüdischen Anführer, die für ihr Volk, das überall verfolgt wurde, vollkommene Unabhängigkeit erlangen wollten, sollten doch wissen, daß sie für diese Selbständigkeit einen hohen

Preis würden bezahlen müssen: Es gäbe keinen einzigen Staat auf der Welt, der die Kosten für Armee und Polizei auf andere Nationen abwälzte. Wenn sie ihre eigene Sicherheit (Flotte, Luftwaffe, Bodentruppen) nicht finanzieren wollten, sollten sie gleich von der Gründung eines unabhängigen Staates absehen. Die Juden erhielten die Chance ihres Lebens und sollten darum nicht zögern, das Angebot anzunehmen. Nirgendwo auf der Welt könnten sie ihren Traum besser realisieren. Wenn die führenden Köpfe des Weltjudentums am schrecklichen Schicksal der verfolgten Juden wirklich Anteil nähmen, dürften sie das Angebot der Großmächte sowie der anderen Teilnehmer eines solchen Gipfeltreffens keinesfalls ausschlagen.

Die Gründung eines unabhängigen jüdischen Staates auf Madagaskar hätte weitreichende politische Folgen für die gesamte Welt. Die Verschiffung aller Juden nach Madagaskar wäre ein wichtiger Schritt in Richtung Friede in Europa. Die europäischen Nationen könnten dann endlich aufatmen, da sie sich von den Juden nicht mehr bedroht fühlen müßten. Vor allem im Nahen Osten würde sich die politische Lage gewaltig entspannen. Da von einer Ansiedlung von Juden in Palästina dann nicht mehr die Rede wäre, müßten die Araber keine Angst vor der Gründung eines jüdischen Nationalstaates auf ihrem Gebiet mehr haben. Dadurch wäre die Gefahr aus der Welt geschafft, daß die Araber sich als Folge der jüdischen Bedrohung weltweit formieren könnten, um Großbritannien den Krieg zu erklären. Auch die britischen Interessen im Nahen Osten (Erdöl) blieben gewahrt. Darum, so Gores Schlußfolgerung, sollten Juden wie Nicht-Juden ihr möglichstes tun – es ginge hier nämlich um den wichtigsten Schritt zur Wiedererlangung des Friedens in Europa und auf der ganzen Welt.

Teil 2

Die Zukunft der europäischen Juden: Madagaskar
Die politische Entwicklung

Kapitel I

Ein Madagaskar-Plan für polnische und japanische Bauern

Es waren nicht nur Antisemiten in Deutschland, die Madagaskar-Pläne ausarbeiteten. Im Zusammenhang mit den sozial-ökonomischen und demographischen Problemen ihres Landes erstellte die polnische Regierung im Jahre 1926 einen Madagaskar-Plan, um einen Teil der agrarischen Bevölkerung auf diese Insel, die gegen Ende des 19. Jahrhunderts integraler Bestandteil des französischen Reiches geworden war[1], auszusiedeln.

Polen hatte stark unter dem Ersten Weltkrieg gelitten, und der energisch in Angriff genommene Wiederaufbau gestaltete sich äußerst mühsam. Erst 1924 war das monetäre Chaos des Landes soweit überwunden, daß Minister W. Grabski in der Lage war, eine große Währungsreform durchzuführen: Der Zloty wurde neue Währungseinheit. Man war weiters der Meinung, daß ein eigenes Ministerium eingerichtet werden müßte, um die dringenden Agrarreformen, die auch in anderen Ländern Mittel- und Osteuropas unumgänglich geworden waren, durchzuführen. Das Ministerium entwarf einen Plan, um den Großgrundbesitz nach und nach gegen Entschädigung zu enteignen. Die Grundeigentümer durften maximal 180, in den östlichen Grenzgebieten 300 Hektar behalten. Aber dieser Prozeß verlief so langsam, daß der Plan bei Ausbruch des Zweiten Weltkrieges nur zum Teil ausgeführt war. Die Überbevölkerung in dem wenig intensiv und unrentabel bestellten Land bereitete der polnischen Regierung große Sorgen. Zustrom in die Städte und massive Arbeitslosigkeit waren die Folge.

Außer mit diesen sozialökonomischen Fragen hatte die polnische Regierung auch mit einem nationalen Problem zu kämpfen. Zweieinhalb Millionen Polen lebten außerhalb des Staatsgebiets, auf der anderen Seite hatte die Republik Polen bei einer Gesamtbevölkerung von rund 35 Millionen Menschen mehr als 10 Millionen Einwohner, die als nicht-polnisch deklariert wurden, darunter drei Millionen Juden, fünf Millionen Ukrainer (überwiegend Bauern), eine Million Deutsche und Angehörige weiterer Nationalitäten.

So war es auch kein Wunder, daß die polnische Regierung in den zwanziger Jahren erhebliche Anstrengungen unternahm, um große Gruppen von Bauern auszusiedeln. Marcel Olivier empfing während seines Sommerurlaubs in Paris den polnischen Botschafter Graf Chlapowski. Dieser wollte bei Olivier in Erfahrung bringen, ob mehrere tausend Bauern, die von der Landarbeit in Polen abgehärtet waren, nach Madagaskar auswandern könnten.

In seiner Antwort strich Olivier vor allem die klimatischen Schwierigkeiten hervor. Er wollte zwar zugestehen, daß die Hochebene dieser Insel über ein angenehmes Klima verfügte und daß sich die dortige Durchschnittstemperatur nicht wesentlich von jener in Europa unterschied. Andererseits meinte er den polnischen Botschafter vor dem ungesunden Klima warnen zu müssen, da selbst auf der Hochebene viele Menschen an ansteckenden Krankheiten wie Malaria, Schwindsucht und Anämie litten. Eine nicht geringe Anzahl Eingeborener war laut Olivier auch dem extremen Sonnenlicht und der Erdstrahlung zum Opfer gefallen und hatte sich Krankheiten zugezogen, für die es noch immer keine Heilung gab. Nach Ablauf einiger Jahre, wenn die Medizin weitere Fortschritte gemacht haben würde, wäre es eventuell möglich, daß sich Bauern aus Polen dort niederließen, ohne an den genannten Krankheiten zu sterben. Mit Ausnahme des äußersten Nordens der Insel erachtete er es als vollkommen unmöglich, daß Weiße aus Europa auf Madagaskar manuelle Arbeit verrichteten, ohne daran zugrunde zu gehen. Sollte die polnische Regierung einige tausend Bauern auf die Insel aussiedeln lassen, würde sie in folgendes Dilemma geraten: Die Kolonisten würden selbst schwere Arbeit verrichten müssen, was zur Folge hätte, daß sich ihre Reihen schnell lichten würden. Oder sie würden mit finanzieller Unterstützung seitens der polnischen Regierung Eingeborene auf den Plantagen arbeiten lassen müssen. Letzteres würde aber wieder implizieren, daß nur eine sehr begrenzte Anzahl Bauern für die Immigration in Frage kam. Schließlich hatte es auch keinen Sinn, wenn polnische Bauern in dieser Kolonie Frankreichs als Kaufleute oder Händler arbeiten würden, da der Handel vorläufig keine Perspektiven bot. Aus all diesen Gründen kam das Madagaskar-Projekt für polnische Bauern nicht zustande.

1927 traten die Japaner in die Fußstapfen der polnischen Regierung. Es war nicht außergewöhnlich, daß auch die japanische Regierung Mitte der zwanziger Jahre Bauern nach Madagaskar aussiedeln wollte, da auch sie mit beinahe unlösbaren demographischen und agrarischen Problemen zu kämpfen hatte. Der Legende zufolge ist der Ackerbau von der Göttin Tensjoko Daidzjein nach Japan gebracht worden. Ihr Tempel, das große Nationalheiligtum, mußte alle 21 Jahre aus Kinokiholz neu errichtet werden. Dann würde das Land in Frieden leben und die fünf wichtigsten Feldfrüchte (*gokoku*) würden immer gut gedeihen. Die Landwirtschaft war in den zwanziger Jahren unseres Jahrhunderts der wichtigste Sektor. Ungefähr 12 Prozent des Ackerlandes wurden für den Anbau von Handelsgewächsen genutzt. Als wichtigste davon sind zu nennen: Tee, Tabak und Pyrethrum sowie Maulbeeren. Die Landwirtschaft lieferte Reis, Gerste, Weizen und Süßkartoffel für den Markt. Der Obstanbau war von großer Bedeutung und erbrachte unter anderem Äpfel, Birnen, Mandarinen, Weintrauben, Pfirsiche und Datteln. Viehzucht war in diesem Land der Kleinbauern eher marginal vertreten. Ungefähr eineinhalb Millionen Familien waren in der Seidenzucht beschäftigt.

In den zwanziger Jahren aber lebten die Bauern unter elenden Bedingungen: Ungefähr drei Fünftel des Ackerlandes wurden von den Eigentümern bestellt, der Rest durch Pächter. Etwa zwei Drittel aller Bauern waren Pächter, wobei die Pachtsummen unglaublich hoch waren. Die Hälfte der Kleinbauern hatte nicht einmal einen Hektar zu bestellen, ein Viertel der Bauern verfügte noch nicht einmal über einen halben Hektar Grund. Dies hatte zur Folge, daß der Zuzug in die Städte stets größer geworden war, da eine Ausdehnung des Ackerlandes nahezu unmöglich schien. Nur 16 Prozent der Gesamtfläche waren Ackerland. Darüber hinaus kämpfte Japan in den zwanziger Jahren mit dem Problem der Überbevölkerung.

Aus diesem Grund schickte die japanische Regierung im Jahre 1927 eine Kommission nach Madagaskar. Unter der Leitung eines angesehenen Diplomaten sollten Ingenieure, Geographen, Demographen und andere Wissenschaftler die Immigrationsmöglichkeiten untersuchen.[2] Die Kommission hielt sich mehrere Wochen dort auf und bereiste die gesamte Insel, kam aber dann zu dem Schluß, daß eine großangelegte Aussiedlung von Japanern unverantwortlich wäre, da Nicht-Eingeborene das Klima nicht vertragen würden und die Überlebenschancen gleich Null wären. Auch die japanische Regierung kam bald zu dem Schluß, daß diese Insel nicht über jene Ackergründe verfügte, die die Bauern brauchten, und daß es für verarmte und ausgehungerte Japaner so gut wie unmöglich sein würde, in diesem tödlichen Klima eine neue Zukunft aufzubauen.[3] Die japanische Kommission legte ihre Erkenntnisse in einem Bericht dar, den sie Marcel Olivier überreichte.

Kapitel II

Der französische Madagaskar-Plan

Das Entstehen des französischen Madagaskar-Plans hing wesentlich mit der politischen Entwicklung im Deutschland der dreißiger Jahre zusammen. Als Folge des Staatsantisemitismus Hitlers, der 1933 an die Macht gekommen war, verließen zehntausende Juden fluchtartig das Land. Nach der Machtübernahme waren noch keine zwei Monate vergangen, als Hitler 60 Millionen Deutsche aufrief, die Juden im ganzen Land zu boykottieren. Der aufgestaute und indoktrinierte Judenhaß vieler Mitglieder der Nationalsozialistischen Partei hatte sich schon vor 1933 in spontanen und gewalttätigen Aktionen sowie in Provokationen gegen die inneren Staatsfeinde, die Kommunisten und die Juden (die häufig gleichgesetzt wurden), entladen.

Als ausländische Regierungen dagegen Protest anmeldeten, drehte Hitler den Spieß um. Er interpretierte diesen Widerstand von außen als Greuelpropaganda der Juden und verhängte als Reaktion darauf am 1. April 1933 den allgemeinen Boykott der Juden durch die NSDAP. Dies war eindeutig als Warnung an das internationale Judentum gedacht. Der Boykott jüdischer Geschäfte, jüdischer Waren, jüdischer Arztpraxen und Rechtsanwaltskanzleien wurde von lokalen und Bezirksparteigruppen der NSDAP nach Plan durchgeführt. Mit Hilfe organisierter Protestmärsche und Massenversammlungen sowie durch das Einschalten von Presse und Radio wurde der Boykott auf effektive Weise populär gemacht. Der Jude, der als unsichtbarer Feind des deutschen Volkes charakterisiert worden war, wurde durch die Einführung des Gelben Flecks, mit dem jüdische Geschäfte und Büros versehen werden mußten, sichtbar gemacht. Es handelte sich dabei um einen kreisförmigen gelben Punkt, ein mittelalterliches Sonnenrad auf schwarzem Untergrund, der am 1. April 1933 von der Partei offiziell zum Boykottzeichen erklärt wurde. Auf Schaufensterscheiben und Hauswänden wurden große sechszackige Davidsterne (Erkennungszeichen für Juden als ausgestoßene Bürger) geschmiert oder in großen Buchstaben das Wort »Jude« darauf geschrieben. Die Passanten lasen die in roter, blauer oder weißer Farbe geschriebenen Hetzparolen: »Die Juden sind unser Unglück«, »Kauft nicht bei Juden«, »Juda verrecke« und »Hinaus aus dem Land mit den Juden«.

Kein Wunder, daß tausende Juden aus Deutschland flüchteten. Stolz meldete der Stuttgarter *N.S.Kurier*: »Eine große Bresche ist in die jüdische Front geschlagen. Der Jude ist gezeichnet.« Der Boykott der Juden im Jahre 1933 war das Vorspiel für die Judenverfolgung im Dritten Reich. Es folgte eine Flut von Maßnahmen, die von staatlicher Seite verhängt wurden. Sie reduzierten die jüdische Minderheit im Land wieder auf den Status von Parias. Es sollten noch 431 Ausnahmegesetze und Verordnungen erlassen werden, um die Juden vom öffentlichen, kulturellen und ökonomischen Leben fernzuhalten.

1935 traten die Nürnberger Gesetze in Kraft. Das erste Gesetz verbot Ehen zwischen Juden und Angehörigen »deutschen oder verwandten Blutes« bei schwerer Strafe als außereheliche Beziehungen.

Das zweite Gesetz schuf den Unterschied zwischen »Staatsangehörigen« und »Reichsbürgern«. Ersteres brachte für seinen Träger nur Pflichten, letzteres auch Rechte mit sich. »Reichsbürger« konnten nur »Staatsangehörige« werden, die »deutschen oder verwandten Blutes« waren, und bewiesen hatten, daß sie bereit waren, dem deutschen Volk und Reich treu zu dienen. Die erstgenannte Bedingung nahm den Juden ihre Bürgerrechte. Die Juden, die durch die Nürnberger Gesetze als Fremde ohne Bürgerrechte definiert waren, wurden in Deutschland von fast allen Berufszweigen ausgeschlossen, durften keinen Besitz mehr haben, kein nichtjüdisches Personal beschäftigen und mußten in weiterer Folge den Judenstern tragen.

Vor diesem Hintergrund wird verständlich, warum die Regierung Léon Blum im Frankreich Mitte der dreißiger Jahre dieses Jahrhunderts Pläne entwarf, um den aus Deutschland geflüchteten Juden auf Madagaskar Unterkunft zu gewähren. Der französische Madagaskar-Plan war eine Reaktion auf den virulenten Antisemitismus.[1]

Am 16. Januar 1937 berichtete das Deutsche Nachrichtenbüro (DNB), die inoffizielle Presseagentur des Dritten Reiches, daß der französische Kolonialminister Besprechungen mit Vertretern verschiedener jüdischer Organisationen des Landes begonnen hätte. Die französische Regierung wäre bereit, den Juden bestimmte französische Kolonien zur Verfügung zu stellen. Der Minister stünde dem Plan der Regierung positiv gegenüber und hätte ihnen versprochen, mit Hilfe der Gouverneure Wissenschaftler einzuschalten. Er teilte ferner mit, daß Forschungen im Gange wären und ihm bereits Berichte einzelner Statthalter vorlägen. Der Gouverneur von Madagaskar hätte sich schon bereit erklärt, jüdische Immigranten unter der Voraussetzung, daß sie von vertrauenswürdigen Einrichtungen geschickt würden und über die notwendigen Mittel verfügten, aufzunehmen. Sie müßten natürlich ordentlich investieren können. Außer Madagaskar kämen auch Neukaledonien, die Neuen Hebriden und Französisch-Guinea in Frage, wo das Klima viel angenehmer sei als allgemein angenommen.

Nachdem die inoffizielle Presseagentur des Dritten Reiches den französischen Kolonialplan am 16. Januar nüchtern wiedergegeben hatte, gab die offizielle deutsche Presseagentur einige Tage später in einer Radiosendung folgenden Kommentar ab: Die französische Regierung hätte sich von den Juden kaufen lassen. Es wäre dies eine Intrige der jüdischen Weltherrschaft gewesen, die zusammen mit jüdischen Bankiers plante, den Franzosen die Kolonien abzuluchsen und selbst in Besitz zu nehmen.[2]

Die jüdische Zeitung *Trog* in New York ließ unmittelbar darauf eine Warnung los. Der Chefredakteur stellte ausdrücklich klar, daß der Beschluß des französischen Ministers ohne jede Bedeutung wäre. Juden und Nicht-Juden wüßten, so der Kommentar, daß beispielsweise das Klima auf Madagaskar für Europäer gewiß nicht geeignet wäre. Dasselbe gelte für andere französische Kolonien. Es wäre jedenfall töricht, so warnte die jüdische Zeitung, an einen großangelegten Auszug der Juden aus Europa auf eine der französischen Inseln zu denken.

Am 26. Januar 1937 ließ die jüdische *Stimme* in Wien[3] den französischen Minister Marius Moutet zu der Möglichkeit für jüdische Emigranten, sich in französischen Kolonien niederzulassen, selbst zu Wort kommen: »Ich weiß, daß Juden dafür in der Tat in Frage kommen, da sie gute Veranlagungen haben, in der Landwirtschaft zu arbeiten. Es ist eindeutig, daß dies die Voraussetzung und Basis für eine gelungene Kolonialisierung darstellt. Ein besonders geglücktes Beispiel für eine solche Kolonialisierung ist Palästina, wo sich in relativ kurzer Zeit 400 000 Juden angesiedelt haben. Sie haben dort aus Wüsten fruchtbare Äcker gemacht und die Städte blühten auf.« Die französischen Kolonisten in Algerien hingegen arbeiteten schon seit rund 100 Jahren, ohne daß sie dort viel zustande gebracht hätten. Sie waren dort natürlich in viel geringerer Zahl vertreten als die Juden in Palästina.

Im selben Interview betonte der Minister, daß man sich bezüglich der Emigration hunderttausender Juden in die französischen Kolonien keine Illusionen machen dürfte. Dafür fehlten, wie auch der Zionismus erkennen ließ, die finanziellen Mittel, und überdies machte das Klima auf diesen Inseln einen solchen Exodus von Emigranten unmöglich. Schließlich würde ein massiver Auszug der Juden zu viele politische Probleme mit sich bringen. Dessen ungeachtet meinte der Minister, daß es der Mühe wert und machbar wäre, auf französischen Inseln jüdische Kolonien zu gründen. Die französische Regierung wäre bereit, Juden, die guten Willens waren, als Kolonisten willkommen zu heißen. Aber die Gebiete müßten gut ausgesucht werden, und bevor man beginnen könne, wären Untersuchungen nötig. Der Minister bestätigte in dem Interview die Meldung des DNB, wonach er sich von den Gouverneuren und entsprechenden Wissenschaftlern beraten lassen würde. Diesbezügliche Untersuchungen wären schon begonnen worden, und er hätte bereits Rückmeldungen erhalten, daß mehrere Gouverneure das französische Kolonialprojekt für (verfolgte) Juden in Frankreich (Europa) gerne unterstützen würden. Der Minister hatte Gaston Joseph und Bouteille, die beide in seinem Kolonialministerium arbeiteten, den Auftrag gegeben, die Entwicklungen im Auge zu behalten und in der Zwischenzeit Dokumente zu sammeln. »Was mich angeht, wäre ich glücklich, könnte ich einen Beitrag zum Gelingen des Kolonialisierungsprojekts leisten und so vielen Menschen wie möglich helfen, die in ein Elend geraten sind, das sie nicht verdienen. Meine Sympathie gilt den Opfern von politischem und religiösem Fanatismus und von rassischen Vorurteilen.« Ohne Zweifel dachte der Minister vor allem an die Entwicklung in Deutschland.

Die französische Regierung (zu diesem Zeitpunkt mit Léon Blum in der Funktion des Vizepräsidenten) hatte die Initiative ergriffen, Juden, die von den Nationalsozialisten verfolgt wurden, eine koloniale Zuflucht zu bieten. Dabei hatte sie, wie die Presse schrieb, sicher auch an die Entwicklung im eigenen Land, wo der Faschismus ebenfalls wütete, gedacht. Jedenfalls machte der Minister keine Einschränkungen, als er von Juden sprach, die wegen ihres Glaubens und/oder ihrer Rasse in anderen Ländern verfolgt wurden. Für das Gelingen dieses großen kolonialen Projekts war, so der Minister, folgendes Voraussetzung: Eine großangelegte und schlagkräftige Organisation, die über ausreichende Mittel verfügte und für die Lebensfähigkeit des Projekts garantieren könnte. Weiters eine gründliche Untersuchung der in Betracht kommenden Gebiete und eine sorgfältige Auswahl der Kolonisten, um zu vermeiden, daß Menschen, die für die Arbeit ungeeignet waren, zurückgeschickt werden müßten. Die französische Regierung wäre schließlich bereit, das Projekt finanziell zu unterstützen, wenn diese Voraussetzungen erfüllt werden konnten.[4]

Am 27. Januar 1937 veröffentlichte die halboffizielle polnische Zeitung *Gazeta Polska* den Text eines Interviews, das der *Petit Parisien* mit dem französischen Kolonialminister geführt hatte.[5] Auch darin teilte der Minister mit, daß der Gouverneur von Madagaskar bereit wäre, eine gewisse Anzahl Einwanderer (einschließlich Juden) aufzunehmen. Dies unter der Voraussetzung, daß das Kolonialisierungsprojekt von einer Einrichtung finanziell unterstützt werden würde und die Immigranten selbst ausreichend finanzielle Mittel mitbrächten. Der polnische Außenminister Beck hatte sich davor mit der Bitte, die Tore Palästinas für die Juden weiter zu öffnen, an die britische Regierung gewandt. Der Minister wollte die Initiative des Zionisten Vladimir Jabotinsky unterstützen, der sich in diesen Jahren dafür stark machte, eineinhalb Millionen Juden aus Mittel- und Osteuropa nach Palästina auswandern zu lassen.[6]

1923 schrieb Jabotinsky im russisch-zionistischen Wochenblatt *Razsvet* zahlreiche Artikel über die Notwendigkeit der Emigration der »Ostjuden« nach Palästina als der einzigen Möglichkeit, die Verfolgung zu überleben. Als er im selben Jahr zu einer Propagandatournee in den Baltischen Staaten aufbrach und in zig Städten eine Kampagne für den Zionismus führte, waren es vor allem jüdische Jugendliche, die ihn vehement dazu anregten, eine neue Bewegung aufzubauen. Sie wollten auf den Weg zurückkehren, den Herzl in *Der Judenstaat* vorgezeichnet hatte. Jabotinsky erachtete es für nötig, daß ein weltweiter politischer Protest gegen die lächerliche Palästina-Politik der britischen Regierung organisiert wurde. Die Briten sollten veranlaßt werden, einen Weg einzuschlagen, der die Emigration der Juden in das Jüdische Nationalheim in Palästina möglich machte, damit im Land rasch eine jüdische Mehrheit entstehen würde.

Die neue Bewegung rund um Jabotinsky wuchs schnell, und 1935 wurde in Wien die *New Zionist Organisation* (NZO) gegründet, deren Präsident Jabotinsky wurde, und die später 713 000 Mitglieder zählte. Sein Hauptbüro richtete er in London ein.

Jabotinsky trat vor der *Royal Commission on Palestine* auf und sprach dort, nachdem er das bittere Elend von Millionen Juden in Osteuropa geschildert hatte, auf dramatische Weise sein »j'accuse«. Er nahm mit zahlreichen Regierungsführern Kontakt auf, um sie zu motivieren, die Problematik der Juden in ihren derzeitigen Heimatländern dadurch zu lösen, daß man den Juden die Möglichkeit eröffnete, nach Palästina zu emigrieren. Dieses Programm wurde *Policy of alliances* genannt. Ebenso arbeitete er einen Emigrationsplan für die »Ostjuden« aus, der dafür sorgen sollte, mittels eines international dotierten Zehnjahresplans am Ende eineinhalb Millionen Juden nach Palästina emigrieren zu lassen. Jabotinskys Pläne wurden von vielen Juden im Westen heftig bekämpft, da sie fürchteten, dies könnte als jüdisches Anerkenntnis der antisemitischen Theorie, wonach Juden in ihren jeweiligen Ländern Fremde wären, ausgelegt werden.

Jabotinsky fand anfänglich in polnischen Regierungskreisen Resonanz. Dort war man bereit, auf die britische Regierung Druck auszuüben, damit diese mithalf, die Pläne zu verwirklichen und vor der Versammlung des Völkerbundes in Genf zu verteidigen. Aber der polnische Außenminister Beck holte sich in London einen Korb, als er dort vom Emigrationsplan Jabotinskys berichtete. Der britische Botschafter in Warschau, Hugh Kennard, bemerkte Jahre danach, daß »sich die polnische Regierung (später!) gründlich vor Augen geführt hatte, daß Palästina unmöglich alle jüdischen Emigranten aus Polen aufnehmen hätte können. Deshalb mußte man versuchen, für sie noch ein anderes Ziel zu finden und vernünftige Bedingungen für die Emigration zu schaffen.« Seitens der Polen hatte man dann neuerlich an die britische Regierung appelliert und sie gebeten, ob denn eventuell die britischen Kolonien (vor allem jene in Südafrika: Basutoland, Bechuanaland und Swasiland) für die Immigration von Juden aus Polen in Betracht kommen könnten. Dieses Ansuchen wurde allerdings am 29. Januar 1937 von Kolonialstaatssekretär Ormsby-Gore abgewiesen.

Da die polnischen Regierungsmitglieder realistisch genug waren einzusehen, daß die Briten ihrem Vorschlag wahrscheinlich nicht zustimmen würden, hatten sie sich in Parallelverhandlungen auch mit der französischen Regierung in Verbindung gesetzt, um über Madagaskar zu verhandeln. Sowohl Blum als auch Kolonialminister Moutet teilten Beck mit, daß sie keine prinzipiellen Bedenken gegen die Teilnahme Polens an dem französischen Projekt hätten.[7] Ihm wurde allerdings klargemacht, daß dies nur eine beschränkte Anzahl jüdischer Einwanderer betraf, die auf die Insel zugelassen werden könnten. Dessen ungeachtet träumten sowohl die Regierung als auch beinahe alle politischen Parteien Polens davon, daß das Land noch einmal die Gelegenheit bekommen würde, alle Juden auf diese Insel (oder ein anderes überseeisches Gebiet) auszusiedeln.

Am 13. Mai berichtete die *Frankfurter Zeitung*, daß die französische Regierung und die Gouverneure der Kolonien zu jeder Form von Zusammenarbeit bereit wären. Moutet bezog sich dabei auf den Plan der polnischen Regierung, polnische Juden nach Madagaskar zu schicken. Als der Journalist Moutet gefragt hatte, wie sich die französische Regierung verhalten würde, sollte sie die Regierung ihres Nachbarlandes (Deutschland, das nach dem Ersten Weltkrieg alle Kolonien hatte abtreten müssen) bitten, auch deutsche Juden nach Madagaskar schicken zu dürfen, antwortete dieser:

»Wir sind zu jeder Art friedlicher Zusammenarbeit bereit unter der unerläßlichen Bedingung, daß das politische Statut unserer Kolonien oder Mandatsgebiete nicht in Frage gestellt wird und daß man von uns nicht verlangt, die Karte Frankreichs zu ändern. Ich habe keinen Grund zu verheimlichen, daß man bei mir wegen der Bildung französisch-deutscher Wirtschaftsgesellschaften vorgefühlt hat. Diese Unterhaltungen bezogen sich übrigens mehr auf die technische als auf die politische Seite der Angelegenheit. Unter den genannten Bedingungen lehnen wir keinerlei Abkommen ab. Ich habe darum gebeten, daß man mir genaue Vorschläge macht, die dann geprüft werden.«

Neuerlich betonte der Minister, daß von einem Massenexodus verfolgter Juden in französische Kolonien keine Rede sein konnte, sondern an eine Kolonisation im kleinen Maßstab gedacht wäre.[8]

Inspiriert von der Politik der deutschen nationalsozialistischen Regierung (die glaubte, die Judenfrage auf dem Wege der Emigration lösen zu können) wollte die polnische Regierung versuchen, in Zusammenarbeit mit der rumänischen Staatsspitze die Unterstützung der französischen und britischen Amtskollegen zu erhalten, um die Juden als Kolonisten nach Madagaskar gehen zu lassen. Die französische Regierung kam den Polen am 22. Mai 1937 insofern entgegen, als sie mit diesen einen Handelsvertrag schloß, in dem eine künftige Ansiedlung polnischer Juden auf Madagaskar vorgesehen war. Zuvor hatte Moutet in der Tageszeitung *Matin* einen Artikel veröffentlicht, in dem er namens der Regierung Léon Blum mitteilte, daß er einer Ansiedlung von Juden in überseeischen Gebieten positiv gegenüberstand und daß er dabei in erster Linie an Madagaskar dachte.[9] In weiterer Folge stimmte die französische Regierung am 25. Mai der Bildung einer polnischen Untersuchungskommission zu: Mieczyslav Lepecki vertrat die polnische Regierung, Leon Alter war in Warschau Direktor der Dachorganisation für die Emigration der Juden (HICEM). Er erhielt in der Kommission einen Sitz à titre personnel, da die Juden ihre Mitarbeit selbstverständlich nicht für eine zwangsweise Emigration zur Verfügung stellen wollten. Das andere jüdische Mitglied war Salomon Dyk aus Tel Aviv, ein Agraringenieur.[10]

Am 29. Mai meldete die Wiener Tageszeitung *Frontmiliz*, daß die Emigration der Juden nach Palästina zunehmend mit Schwierigkeiten zu kämpfen hätte. Die polnische Regierung hätte sich aus diesem Grund mit der Bitte an die französische Seite gewandt, polnische Juden in französische Kolonien schicken zu dürfen. Die Zeitung berichtete weiters, der französische Kolonialminister hätte erklärt, daß außer Madagaskar keine einzige andere französische Kolonie für jüdische Immigranten in

Frage käme. Außer der polnischen gab es anfänglich keine europäische Regierung, die für die französische Initiative Interesse gezeigt hätte. Die rumänische Regierung ließ in einem späteren Stadium erkennen, daß sie bereit wäre, daran mitzuwirken.[11]

Am 12. Juni 1937 trat das französische Büro für Kolonialfragen an Bernhard Kahn, den europäischen Direktor des *American Jewish Joint Distribution Committee*, und an Joseph Rosen, Direktor von *Agro-Joint*, das landwirtschaftliche Projekte von Juden in der Sowjetunion finanzierte, heran, um ihnen mitzuteilen, daß die franzöische Regierung an einer Teilnahme jüdischer Kolonisten aus Polen am Madagaskar-Plan interessiert wäre.[12] Drei Wochen später stellte *Agro-Joint* 12 000 Dollar für Untersuchungen im Rahmen des Madagaskar-Plans zur Verfügung. Diese Untersuchung wollte Rosen selbst durchführen. Da diese Kommission Ende September desselben Jahres aufgelöst wurde, kam die Untersuchung nicht mehr zustande.[13]

Am 20. Juli erklärte Moutet, daß die polnische Wissenschaftlerkommission bald nach Madagaskar aufbrechen würde, um die Möglichkeiten einer Kolonisierung zu erforschen.[14] Er fügte hinzu, daß zwischen dem Vorhaben der Kommission und dem berühmten Evakuierungs-Projekt der polnischen Regierung, die ein paar Millionen Juden auf die Insel aussiedeln wollte, kein Zusammenhang bestünde.[15] Schließlich wies er noch darauf hin, daß die allfällige Möglichkeit, Juden, die der Verfolgung in Europa entkommen wollten, die Emigration nach Madagaskar in bescheidenem Ausmaß zu ermöglichen, nicht automatisch den Beginn eines Massenexodus hunderttausender jüdischer Immigranten impliziere. Der französische Madagaskar-Plan war von der Regierung Blum nicht dazu entwickelt worden, um die Judenfrage in Europa einer Lösung zuzuführen.[16]

Am 27. November 1937 schickte der deutsche Botschafter in Warschau einen Brief an das Außenministerium in Berlin, in welchem er dieses über die Begegnung zwischen Marius Moutet und Mitgliedern der Madagaskar-Untersuchungskommission unterrichtete. Die Kommission hat nie einen offiziellen Bericht über ihre Erkenntnisse vorgelegt, da die Mitglieder nach einer Untersuchungsdauer von 13 Wochen sehr geteilter Meinung über die Realisierbarkeit des französischen Madagaskar-Plans waren. Während Lepecki zu dem Ergebnis kam, daß sich 5000 bis 7000 Familien auf der Insel niederlassen könnten, schätzte Leon Alter die Zahl auf 500 und Dyk auf noch viel weniger. Laut Alter war auch ein außergewöhnlich heftiger Widerstand der lokalen Bevölkerung gegen diese Pläne zu spüren, heftiger noch als jener der Araber Palästinas gegen das zionistische Projekt. Die beiden jüdischen Vertreter in der Kommission taten sich darüber hinaus mit folgenden drei Fakten schwer: Im Hochland der Insel gab es ernsthafte Kommunikationsprobleme, die beim besten Willen nicht kurzfristig aus der Welt geschafft werden konnten. Angehörige der weißen Rasse würden nicht in der Lage sein, unter dem subtropischen Inselklima körperliche Arbeit zu verrichten. Außerdem war das Risiko, sich eine tödliche tropische Krankheit zuzuziehen, enorm. Mit anderen Worten: Die Gefahr, daß jüdische Familien dort, langfristig gesehen, aussterben würden, war groß.[17]

Der Bericht über seine Erkenntnisse, den Lepecki der polnischen Regierung vorlegte, wurde nie veröffenlicht. Am 28. Dezember 1937 aber erschien zu diesem Thema im *Illustrowany Kurjer Gódziemny* ein Interview mit ihm. Wie zu erwarten, handelte es sich dabei um eine sehr positive Beurteilung der Untersuchung.[18] Im Frühjahr 1938 veröffentlichte er die Ergebnisse eigener Untersuchungen in dem Buch *Madagascar*[19], und am 2. März antwortete er in der *Gazeta Polska* auf die Kritik, die von jüdischer und nicht-jüdischer Seite im In- und Ausland am französischen Madagaskar-Plan geübt worden war. Lepeckis Erkenntnisse beruhten auf Publikationen französischer Experten für Geologie, Landwirtschaft, Demographie und Klimatologie. Er verwendete vor allem die Werke des Geologen Henry Besairie, des Agronomen Dr. Bouriquet, des Klimatologen E. François und des Ingenieurs C. Champenois und verglich deren Angaben mit seinen eigenen Erfahrungen.[20]

Er skizzierte folgendes Bild eines Gebiets auf der Insel, das er für die Besiedlung durch eine weiße europäische Bevölkerung, in casu Juden aus Polen, als geeignet erachtete. Er ging von der allgemeinen Annahme aus, daß nur sehr dünn besiedelte Gegenden auf der nördlichen Hochebene der Insel ihres angenehmen Klimas wegen in Betracht kamen. Es handelte sich um die Regionen Betroka, Itassy und Ankaizina, die auch von französischen Experten untersucht worden waren. Er teilte nicht die Meinung der genannten Wissenschaftler, daß Betroka und Itassy schon zum damaligen Zeitpunkt in Betracht kämen. Er sah hier jedoch sehr wohl Möglichkeiten für die Zukunft. Sofern es sich nur um kleine Gruppen jüdischer Kolonisten aus Polen handelte, wäre seiner Meinung nach vorläufig ausschließlich die Region Ankaizina in Frage gekommen. Diese beschrieb er wie folgt: Es ist ein Gebiet von beinahe 1000 Quadratkilometern mit einer Bevölkerung von rund 30 000 Ureinwohnern. Die Bevölkerungsdichte beträgt knapp mehr als drei Einwohner pro Quadratkilometer. Die Dörfer in dieser Gegend sind sehr klein. Das größte hat 500 Einwohner, es wohnen dort nur 12 Weiße, die allesamt keine manuelle Arbeit verrichten. Die Temperatur schwankt zwischen 18 und 25 Grad Celsius. Das Jahr teilt sich in zwei Saisonen: Der Sommer geht mit schweren Regenfällen, Stürmen und Überschwemmungen einher und dauert von November bis März. Der Winter ist extrem trocken, beginnt im April und endet im Oktober. Der trockene Winter erinnert in vielerlei Hinsicht an den frühen Herbst in Europa. In Ankaizina leiden allerdings viele Eingeborene an Malaria, die man zwar vorübergehend durch die Einnahme von Chinin gut bekämpfen, der auf Dauer aber nur durch die Trockenlegung der ausgedehnten Sümpfe begegnet werden kann. Außerdem, so Lepecki weiter, ist die Syphilis dort – wie übrigens auf der ganzen Insel – weitverbreitet. Hierzu merkt er aber an, daß sich die polnischen Juden dagegen ausgezeichnet würden schützen können. Die Bevölkerung arbeitet nicht im Industriesektor oder auf Plantagen und übt keinerlei Handwerk aus. Die Eingeborenen betätigen sich auf dem Land und betreiben kleine Rinderzuchten. Der Export setzt sich aus Rindern, Reis, Kaffee und ungegerbten Häuten zusammen. Nur Textilien für den täglichen Gebrauch und Haushaltsgeräte aus Metall werden importiert. Man arbeitet sehr primitiv auf dem

Feld und verrichtet beinahe alles mit den Händen: Reis wird angebaut, weiters Gemüse, Korn und Maniok. Die Regierung fördert den Anbau arabischer Kaffeesorten, und die Ergebnisse sind so bemerkenswert, daß die künftige wirtschaftliche Entwicklung davon abhängt. Zukünftige polnische Einwanderer könnten als Kolonisten zum Zug kommen. Weiters ist Ankaizina ein Paradies für Hornvieh, denn davon gibt es mehr als 114 000 Stück, was einem Schnitt von vier pro Einwohner entspricht. Nach Lepeckis Ansicht wäre es nicht möglich, diese Zahl weiter hochzutreiben. Die Einwohner der Dörfer mästen auch viele Ferkel für den Eigenbedarf. Auch das Wasserschwein (Potamochoerus), das auf Plantagen große Verwüstungen anrichten kann, kommt dort vor.[21] Die dortigen Transportmittel sind außergewöhnlich primitiv: Es besteht kein Schienennetz, nur eine einzige schlechte Straße führt an die Westküste, die andere ist während der Regenzeit nicht befahrbar. Von Ankaizina besteht überhaupt keine Verbindung mit der Ostküste und der Hauptstadt. Es gibt bloß einige Flüsse, auf denen kleine Schiffe verkehren können. In diesem Gebiet könnten rund 100 000 Hektar Land kultiviert werden. Grund, den die Franzosen enteignet haben, könnten die Polen ohne große Umstände von ihnen kaufen.

Bemerkenswert ist die Schlußfolgerung, die Lepecki daraus zog: »Ankaizina ist für jüdische Siedler aus Polen bestens geeignet, um dort zu wohnen und Landarbeit zu verrichten. Das Klima ist nämlich besonders angenehm und der Boden sehr fruchtbar.« Ein seltsamer Schluß, wenn man bedenkt, daß unter den französischen Experten, auf die er sich berief, seinerzeit nur ein einziger dieser Ansicht war. Nämlich C. Champenois, der 1933 – als die Arbeitslosigkeit in Frankreich ihren Höhepunkt erreicht hatte – den Generalgouverneur der Insel davon zu überzeugen versuchte, daß sich Europäer durchaus als Siedler in Ankaizina niederlassen könnten. Aber selbst dieser Autor wies in seinem Memorandum darauf hin, daß es nur sehr abgehärtete, verarmte Bauern, die keinerlei andere Perspektive mehr hätten, eventuell aushalten würden. Für ihn stand außer Zweifel, daß jüdische Händler, Kaufleute und Intellektuelle dort keine reelle Chance hätten. Dessen ungeachtet behauptete Lepecki in seinem Bericht an die polnische Regierung, daß zwischen 50 000 und 70 000 jüdische Familien ohne jegliche Gefahr aus Polen nach Ankaizina emigrieren könnten. Es wäre eindeutig, daß die polnische Regierung damit beginnen müsse, rund 30 000 Juden als Siedler zu deportieren. Der Rest würde später folgen.

Die polnische Regierung hat auf diesen Bericht nie offiziell reagiert. S. Dyk, eines der beiden jüdischen Mitglieder der Madagaskar-Kommission, ging aber in einem privaten Memorandum[22] davon aus, daß sich weiße Europäer nie an das Klima auf der Insel gewöhnen würden. Er teilte zwar die Ansicht Lepeckis, daß es auf der Hochebene bestimmte Regionen gebe, wo das Klima angenehm und der Boden fruchtbar wäre. Er warnte aber ausdrücklich vor der äußerst feindlichen Haltung der Eingeborenen gegenüber jüdischen Emigranten aus Europa. Jüdische Immigration würde zweifellos den Antisemitismus der Ureinwohner sowie der katholischen und der protestantischen Mission schüren. Selbst wenn es gelänge, ausreichende

Geldmittel für den Transfer und die Ansiedlung der Juden aufzutreiben, müßte man noch immer damit rechnen, daß die lokale Bevölkerung alle Hebel in Bewegung setzen würde, um die Ankunft der jüdischen Immigranten zu verhindern. Einerseits könnte man, laut Dyk, Ankaizina angesichts seiner geographischen Lage, seiner alluvialen und vulkanischen Gebiete und des gut kultivierbaren Bodens als zur Kolonisierung bestens geeignet bezeichnen. Andererseits aber wäre es doch unverantwortlich, jüdische Siedler dorthin zu schicken, da das Gebiet nicht nur von der Außenwelt sondern auch vom Rest der Insel vollkommen abgeschnitten sei. Auch beeinträchtige die Unzugänglichkeit dieser Gegend die ökonomische Erschließung. Die Errichtung eines Straßennetzes würde schwierig und kostenintensiv sein. Das Eisenbahnnetz hätte bloß eine Länge von 860 Kilometern, das Wegenetz auf der gesamten Insel ein Ausmaß von 25 000 Kilometern, wovon nur 3000 Kilometer ausgebaute Straßen wären.

Am 3. Dezember 1937 schickte der Direktor des Jüdischen Emigrationsbüros in Warschau, Leon Alter, dem polnischen Außenministerium seinen eigenen Bericht. Über seine Beobachtungen auf Madagaskar veröffentlichte er in einer unabhängigen Zeitschrift ebenfalls einen Artikel, der von allen polnischen und einigen ausländischen Zeitungen übernommen wurde.[23] Alter zufolge hatte sich die Kommission bei der Ankunft auf der Insel von Leon Caya, dem Generalgouverneur von Madagaskar, ausführlich informieren lassen. Er besprach mit ihnen vor allem die Frage, ob sich weiße Siedler auf der Insel niederlassen konnten. Zuerst gab er Auskunft über die Einteilung der Insel. Im nördlichen Teil der Ostküste würden tropische Pflanzen gedeihen können, aber Juden aus Polen würden sich nie an das tropische Klima gewöhnen. Der Gouverneur erklärte auch, daß die Ankunft jüdischer Siedler auf der Insel bei den Eingeborenen auf noch heftigeren Widerstand stoßen würde als die jüdische Immigration in Palästina bei den Arabern. Soweit es in seiner Macht stand, würde er als Generalgouverneur alles unternehmen, um eine solche gefährliche Situation zu vermeiden.[24] In diesem Zusammenhang berichtete Alter weiters, daß noch vor der Ankunft der Kommission auf der Insel in der lokalen Presse Artikel erschienen waren, um gegen die jüdische Immigration zu protestieren. Er vermutete, daß es sich dabei nicht nur um Bedenken der Eingeborenen, sondern auch der französischen Beamten handelte. Diese hätten befürchtet, daß sich die Ureinwohner gegen die französische Regierung auflehnen würden, und daß der Zustrom jüdischer Immigranten den französischen Interessen schaden würde. Da die französische Regierung dennoch daran dachte, Madagaskar den jüdischen Flüchtlingen zur Verfügung zu stellen, wies der Generalgouverneur die Mitglieder der Kommission an, sich über die Situation in Ankaizina, dem nördlichen Teil der Hochebene, einen guten Überblick zu verschaffen.

Bei ihrer Ankunft in Ankaizina bekamen die Mitglieder der Kommission vom örtlichen Gouverneur zu hören, daß es für jüdische Kolonisten besonders schwierig werden würde, Grund zu erwerben und zu bestellen. Selbst der Staat, der viele Ureinwohner enteignet hatte, rechne stets damit, daß sie ihr Land zurückfordern würden. Die Eingeborenen hätten nämlich ein ehernes Gesetz, demzufolge ihnen ein Grund, der einmal von ihnen bestellt worden war, unveräußerlich zustand. Das einzige Gebiet, das für Ansiedlungen in Frage käme, gehöre einem Hindu und wäre 40 000 Hektar groß. Davon könnten aber nur 10 000 Hektar bebaut werden. Hier würden sich nicht mehr als 400 bis maximal 500 jüdische Familien niederlassen können, aber selbst das nur unter der Voraussetzung, daß zuerst enorme Summen in die Verbesserung der Infrastruktur investiert würden.

Am 30. November 1937 erschien im *Danziger Vorposten* ein Kommentar zu der Arbeit der polnischen Madagaskarkommission, die von Moutet empfangen worden war, um Bericht zu erstatten. Die Tageszeitung teilte mit, daß die französische Regierung einen wichtigen Schritt gesetzt hätte, um die »Entjudung Polens« zu ermöglichen. Aus diesem Grund würden die Juden in Polen ab Ende November nicht mehr behaupten können, sie hätten kein Gebiet, wohin sie emigrieren könnten. Denn Frankreich hätte ihnen dieses Gebiet zur Verfügung gestellt und ihnen darüber hinaus garantiert, daß sie sich auf dieser Insel in kultureller Hinsicht frei und autonom entwickeln könnten. Nur die Frage der Finanzierung dieses Projekts müsse geklärt werden. Dies aber könne doch für das »kapitalkräftige Weltjudentum« wohl keine Schwierigkeit darstellen. Aber in der Zwischenzeit, so merkte der Kommentator an, habe sich deutlich gezeigt, daß die Juden in Polen gar nicht daran dachten, ihr Land zu verlassen, da sie sich dort viel zu heimisch fühlten. Der Journalist teilte die Ansicht der Redaktion des *Warszawski Dziennik Narodowy*, der die Meinung vertrat, daß es nur ein einziges Mittel gäbe, die Juden zur Ausreise zu bewegen: Man müßte in der polnischen Gesellschaft den Juden gegenüber solche Maßnahmen setzen, die es ihnen nicht mehr erstrebenswert erscheinen ließen, noch länger im Land zu bleiben. Die Juden müßten konsequent aller Funktionen im Finanzsektor enthoben werden, der Handel müßte ihnen verboten werden, ihre politischen Rechte eingeschränkt und jeglicher Einfluß der Juden in der Gesellschaft unterdrückt werden. Damit würde Polen nicht nur sich selbst, sondern ganz Europa einen Dienst erweisen. Wie wir gesehen haben, entwickelte Egon van Winghene dieselbe Strategie, als er seinen Madagaskar-Plan ausführlich auf folgende Weise begründete: Auf dem Wege der Diskriminierung, Stigmatisierung und Segregation die Juden zum Verlassen des Landes (Europas) zu zwingen. Die deutschen Nationalsozialisten folgten seinem Rat, als sie die Nürnberger Gesetze in Hinblick auf die Emigration der Juden erließen.

Aber das war eindeutig nicht die Absicht der französischen Regierung. Im Gegenteil: Der französische Madagaskar-Plan war vom Gedanken getragen, verfolgten Juden zu helfen. Die Mitarbeit der polnischen Regierung daran entsprang allerdings der »Übervölkerung« und dem Bedarf an Kolonien, die Polen mit Rohstoffen versorgen konnten. Auch spielten die bei den polnischen Katholiken vorhandenen traditionellen wie auch aktuellen Vorurteile gegen Juden eine wichtige Rolle. All diese Motive waren denen der französischen Regierung genau entgegengesetzt. Die Franzosen wollten dem dann aber doch nicht nachstehen. Sie wählten verfolgte Juden aus, von denen sie erwarteten, daß sie die bestgeeigneten Siedler wären, um Madagaskar ebenso zur Blüte zu verhelfen wie der jüdischen Kolonie in Palästina. Und an blühenden Kolonien konnte man viel verdienen.[25]

Anfang Dezember 1937 besprach sich der französische Außenminister Delbos in Warschau mit seinem Amtskollegen über die Erkenntnisse der Kommission unter Leitung Lepeckis. Anläßlich dieser Unterredung lobte die Polnische Agentur für Politische Information die französische Regierung in einem Kommuniqué, da sie als erste Kolonialmacht Westeuropas Verständnis für das schwer zu lösende Problem der Überbevölkerung in Polen gezeigt hätte.[26]

Am 9. Dezember erschien im *Westdeutschen Beobachter* (einer nationalsozialistisch orientierten Zeitung) ein Kommentar zum französischen Madagaskar-Plan. Warum wollten die Polen die Juden nach Madagaskar schicken? Die Judenfrage verlangte nach einer kurzfristigen Lösung, da die dreieinhalb Millionen Juden ungefähr 11 Prozent der Gesamtbevölkerung ausmachten. Es wäre kein Wunder, daß diese Situation unerträgliche Spannungen hervorgerufen hatte und Wasser auf die Mühlen der Antisemiten im Lande war. Vor allem die an den Universitäten studierende Jugend führte überall antisemitische Kampagnen, um den Juden deutlich zu machen, daß sie nicht in dieses Land gehörten, da sie »wie Parasiten« stets auf Kosten der Polen lebten. Die Judenfrage stand daher auf der Tagesordnung der Regierung und des Parlaments ganz oben. Minister hätten sich schon für die Emigration jüdischer Siedler aus dem Land ausgesprochen. Aber wohin? Neben Palästina hielten sie Ausschau nach einer zweiten Möglichkeit außerhalb Europas, einem zweiten Emigrationsland. Die südamerikanischen Staaten hätten sich allesamt geweigert, ihre Pforten für ein Volk von hunderttausenden – so der Kommentator – »Parasiten« zu öffnen.

Ein französischer Minister (Moutet) hätte der polnischen Regierung einen Ausweg aus ihren Problemen angeboten. Der Kommentator wußte darüber hinaus zu berichten, daß Madagaskar ein geeigneter Platz für die Juden wäre, da es von den Eingeborenen auch (wie bereits dargestellt) *Nossi-Ndambo* (Insel der wilden Schweine) genannt würde. Und die Juden wären in den vergangenen Jahrhunderten ja oft als Schweine bezeichnet worden. Der Journalist schrieb, daß das Hochland sehr fruchtbar sei und das Klima jenem der französischen Riviera gleiche. Aber der Kommentator meinte die Frage stellen zu müssen, ob sich die Juden allein deshalb dort wohl fühlen würden. Seiner Meinung nach hätten sie nämlich eine ausgeprägte Abneigung gegen Landarbeit, und schwere Arbeit hätten sie überhaupt noch nie verrichtet. Sie ließen lieber andere für sich arbeiten. Man sage, daß die Ureinwohner, unter denen sich auch »Neger« befänden, nicht anti-jüdisch eingestellt wären. Aber das würde sich seiner Meinung nach schnell ändern, wenn diese die Juden erst einmal kennengelernt hätten. Ein »gelobtes Land« würde Madagaskar für die Juden erst dann werden, wenn sie ohne jegliche Anstrengung auf Kosten anderer wie die Könige würden leben können. Es wäre lediglich noch die Frage, ob der Auszug der

Kinder Israels aus Polen nach Madagaskar ins Rollen kommen würde und ob das Land von diesen »Parasiten« befreit werden würde.[27]

Am 10. Dezember 1937 kommentierte auch die *Nordwestdeutsche Zeitung* den französischen Madagaskar-Plan für polnische Juden. Der Journalist bemerkte, daß zwischen den jüdischen und den polnischen Interessen große Gegensätze bestünden. Die Juden fügten der polnischen Bevölkerung seiner Meinung nach großen Schaden zu. Außerdem würden die Juden als Agenten des Bolschewismus angesehen, die im katholischen Polen Materialismus und Atheismus verbreiteten. Aus diesem Grund hätten die polnischen Minister wiederholt darauf hingewiesen, daß eine Lösung der Judenfrage einzig in der großangelegten Emigration jüdischer Siedler bestehen könnte. Da sie nicht mehr nach Palästina ziehen konnten und die südamerikanischen Staaten, die übrigens noch über ausgedehnte Territorien verfügten, keine tausende polnische Juden akzeptieren wollten, wäre die Rettung für die polnischen Juden, so der Journalist, aus Frankreich gekommen. Wenn Madagaskar auch an der Ostküste Afrikas lag, wäre es doch mehr eine asiatische denn eine afrikanische Insel, da die Bevölkerung malayischer Abstammung sei und auch die Tiere diese asiatische Abstammung erkennen ließen. Eigenartigerweise gebe es auch Semiten, die, so sage man, vor der christlichen Zeitrechnung auf diese Insel gekommen wären, um dort Handel zu treiben. Mit anderen Worten: Auf Madagaskar würden sich die Juden, die als Semiten ja aus Asien stammen, unter den Semiten sicher wohlfühlen. Das wäre eine Beruhigung für die polnische Regierung. Auch wäre die Fruchtbarkeit des Landes sprichwörtlich, ebenso das Klima. Die Bevölkerung wäre glücklicherweise nicht anti-jüdisch eingestellt, da sie die westlichen Juden nicht kenne. In jedem Fall würde es interessant werden, die weitere Entwicklung zu beobachten, und man würde schon sehen, wie lange sie es dort aushielten. Der Journalist ging ohne weiters davon aus, daß die Juden auf Dauer gesehen wieder von der Insel verschwänden.[28] Denn auch die Ureinwohner würden von ihnen bald genug haben.

Zahlreich waren die Pressekommentare, die seinerzeit zum französischen Madagaskar-Plan erschienen: Am 20. Mai 1938 veröffentlichte *Der Stürmer*, das Propagandablatt Julius Streichers, das schon früher über den Madagaskar-Plan berichtet hatte, einen Artikel mit dem Titel *Die Juden wollen nicht nach Madagascar. Sie vertragen das Klima nicht*. Die Redaktion des Blattes war der Ansicht, der französische Madagaskarplan müsse so schnell wie möglich realisiert werden, denn dann würde die Welt noch einmal etwas erleben. Die Welt erhielte dann hinsichtlich der Judenfrage Anschauungsunterricht. Dann wären diejenigen, die den französischen Madagaskar-Plan unterstützten, schnell von ihrer »Humanitätsduselei«, der dieser Plan entsprungen wäre, kuriert. Dann würden die nicht-jüdischen Völker endlich erkennen, wer und was ein Jude ist. Sie würden schließlich einsehen, daß ein Jude nicht »auch ein Mensch« ist, wie die französische Regierung behauptete, sondern ein »Bazillus«, ein »Schmarotzer«, ein »Schädling«, ein »Tunichtgut« und ein »Krankheitserreger«, der sowohl die Eingeborenen wie auch die Europäer auf Madagaskar ausrotten würde. Wie kam der Madagaskar-Plan der Franzosen zustande? In der modernen Zeit wären die Gehirne der Nicht-Juden von humanitären Gedanken und Nächstenliebe benebelt und infiziert worden. Der Jude – es ist offensichtlich, daß mit »dem Juden« die Regierung Blum gemeint war – wäre wieder einmal so schlau gewesen, die Nicht-Juden in diese Falle tappen zu lassen. Wenn polnische und rumänische Juden auf diese Insel auswandern würden, würden die dortigen Eingeborenen exakt dieselben Erfahrungen machen, die Engländer, Franzosen, Spanier, Portugiesen, Schweizer, Deutsche, Österreicher, Polen und Russen in den vergangenen Jahrhunderten gemacht hätten. Der Jude würde auch dort als ernsthafte Bedrohung für das Überleben der Ureinwohner für immer von der Insel verjagt werden. Aber, so Julius Streicher, so schlimm würde es schon nicht kommen, da die Juden Polen und Rumänien schließlich gar nicht verlassen wollten, da sie das subtropische Klima der Insel nicht vertragen könnten.[29]

Selbstverständlich gaben auch Korrespondenten zahlreicher Blätter ihren Kommentar ab. Am 16. Dezember 1937 schrieb beispielsweise der Polen-Korrespondent der *Pariser Tageszeitung* folgendes: Nachdem eine eigens eingerichtete dreiköpfige polnische Kommission die Insel vier Wochen lang bereist hatte, um die Realisierungschancen des französischen Kolonialprojekts zu untersuchen, wäre ein Plan ausgearbeitet worden, 25 000 bis 30 000 jüdische Familien aus Polen nach Madagaskar auszusiedeln. Um das zu ermöglichen, müßte eine eigene »Emigrationsgesellschaft« gegründet werden, die sich um die Finanzierung des Unternehmens zu kümmern hätte. Es ging darum, daß jüdisches Kapital aus Amerika, England und Frankreich auf den Tisch käme, um mit diesen Mitteln den Eingeborenen 44 000 und der französischen Regierung 23 000 Hektar Grund und Boden abzukaufen. Der französische Minister Moutet hätte diesem Kolonialprojekt bereits zugestimmt.

Am 30. Dezember meldete der Korrespondent der Reichsausgabe der *Frankfurter Zeitung* aus Warschau, daß sich die polnische Presse intensiv mit der kolonialen Frage befasse. So hätte der Präsident der Polnischen Kolonialen Liga, General Kwasnieski, einen langen Artikel geschrieben, um zu erklären, warum Polen auf die Kolonien Anspruch erhebe. Seiner Berechnung zufolge betrug der Anteil jener Rohstoffe, die aus den Kolonien stammten, rund 50 Prozent der polnischen Importe. Durch die industrielle Entwicklung wäre dieser Prozentsatz an benötigten Grundstoffen immer noch im Steigen. Als Folge weise die polnische Bilanz 1937 ein Defizit von 60 Millionen Zloty auf. Polen könnte unglaublich viele Devisen sparen, wenn es selbst eine Kolonie hätte. Nach Meinung des Generals war Afrika für eine koloniale Expansion des Landes äußerst geeignet, da auf diesem Kontinent genau jene Rohstoffe vorhanden wären, die Polen benötigte. Oft wandte man dagegen ein, daß nur drei Prozent der in Europa damals benötigten Rohstoffe aus Afrika kämen. Aber das war laut Kwasnieski kein stichhaltiges Argument, da aus afrikanischem Boden unendlich mehr herauszuholen wäre. Darum wäre es nötig, daß die Polnische Koloniale Liga eine Handelsorganisation ins Leben rief, um alles gut vorzubereiten.

Das bedeutete auch, daß die polnische Handelsflotte erweitert werden müßte, neue Schiffsrouten gefunden wurden und polnische Unternehmer sich in überseeischen Gebieten niederließen. Die koloniale Frage wäre eine ökonomische Frage und hänge eng mit der Emigrations- und der Bevölkerungsfrage zusammen. Selbst wenn es Polen gelingen würde, die Landwirtschaft zu modernisieren, würde das nicht notwendigerweise bedeuten, daß sich die Millionen armer Bauern auch eine Existenz aufbauen könnten. Da von Überbevölkerung die Rede war, gab es viel zu wenig Grund und Boden zu verteilen. Wenn in Polesien eineinhalb Millionen Hektar Sumpfgebiet trockengelegt würden, könnten rund 750 000 Polen zusätzlich in der Landwirtschaft arbeiten. Damit war das Problem allerdings nicht gelöst, denn die polnische Bevölkerung wuchs jährlich um 400 000. Darum wäre es notwendig, Kolonien zu finden, in die man in großer Zahl auswandern könnte.

Auch das Außenministerium beschäftigte sich mit der Auswanderungsproblematik. Das Ministerium verfügte über eine eigene Abteilung für Emigration. Auch in diesem Ministerium wurden im Zuge der Lösung der Bevölkerungsfrage Vorbereitungen für die zu erwartende Auswanderung polnischer Juden nach Madagaskar getroffen.[30]

Außer in Frankreich, Deutschland und Polen erschienen auch in anderen Ländern Kommentare zum französischen Madagaskar-Plan. Am 16. Februar 1938 erklärte die Redaktion der *Informazione Diplomatica*, das Organ des italienischen Außenministeriums, warum die Gründung eines Judenstaates anstelle Palästinas die einzige Antwort auf die Judenfrage in Europa wäre. Die italienische Regierung unterstützte den französischen Madagaskar-Plan in der Hoffnung, die Zulassung kleiner Gruppen jüdischer Siedler auf die Insel würde den Beginn einer Massenauswanderung der Juden aus Europa bedeuten.

Am 6. April 1938 fand im britischen Parlament eine Debatte über den französischen Madagaskar-Plan statt. Alan Graham wollte von der Regierung erfahren, auf welche Weise man verhindern könnte, daß ein neuer Exodus von Juden aus Mittel- und Osteuropa irgendwo strandete, nun da Palästina so viel wie möglich geschont werden müßte. Die Staatsspitze antwortete: »Die Regierung Ihrer Majestät steht dem Vorschlag, die Juden nach Madagaskar auszusiedeln, natürlich positiv gegenüber, wenn er die vollständige Billigung der französischen Regierung erfahren hat. Sie zieht es aber nicht in Erwägung, in dieser Sache an die französische Regierung heranzutreten.«[31]

Aber der französische Madagaskar-Plan kam nicht nur im britischen Unterhaus zur Sprache: Am 26. April schrieb Kolonialminister Ormsby-Gore an Außenminister Halifax[32]:

> »Würden Sie bitte M. Bonnet fragen, ob Frankreich etwas tun könnte, um jüdischen Flüchtlingen, vor allem Juden aus Österreich, zu gestatten, sich auf Madagaskar anzusiedeln? Wären Sie so freundlich, dem Außenminister zu erklären, daß ich damit ein-

verstanden bin, daß fortan viel weniger Juden nach Palästina gehen, als ich es mir gewünscht hätte? [...] Wenn aber das Ministerium jüdischen Flüchtlingen die Einwanderung nach Palästina verwehrt, um sich die Araber als Verbündete zu erhalten, müssen wir unter Hinweis auf die *Balfour Declaration* wenigstens jeden Einfluß geltend machen, um für Juden, die aus religiösen oder rassischen Gründen anderswo verfolgt werden, Zufluchtsorte zu finden. Madagaskar ist sehr ausgedehnt, dünn besiedelt, unterentwickelt und verfügt über ein gesundes Klima.«

Schon am 2. Mai erhielt Ormsby-Gore von Halifax Antwort. Die französische Regierung, so Halifax, solle überlegen, wie sie den jüdischen Flüchtlingen zu Hilfe kommen könnte. Er bekam aber von Halifax nicht zu hören, daß der Madagaskar-Plan von Léon Blum der damaligen französischen Regierung bereits schwer im Magen lag und daß sich immer mehr französische Politiker zu fragen begannen, ob der Plan nicht besser schnell auf Eis gelegt werden sollte. Am 25. Mai übte Kolonialminister Georges Mandel in einem Brief an Außenminister Georges Bonnet Kritik am französischen Madagaskar-Plan: Er stelle keine Lösung der Judenfrage dar, sondern würde den Antisemitismus sogar noch anheizen.[33]

Mandel war jüdischer Abstammung, und zeit seiner politischen Karriere wurde er regelmäßig von französischen Antisemiten verdächtigt. Er warnte Bonnet davor zu glauben, der französische Madagaskar-Plan würde »heikle politische Probleme lösen«. Würde man jüdischen Emigranten zugestehen, sich in extra für sie reservierten Gebieten anzusiedeln, würde das auch das Entstehen einer jüdischen Frage bedeuten: »Dann könnte man uns zu Recht vorwerfen, daß auch wir in Frankreich jenem Standpunkt huldigen, den viele ausländische Regierungen eingenommen haben. Im Ausland betrachtet man die Juden nämlich nicht als Angehörige ihrer Nation, sondern als Allochtone, für die man normalerweise ein spezielles Statut ausarbeiten muß. So laufen wir Gefahr, daß wir selbst auch den Boden für diskriminierende Bestimmungen und Judenverfolgung bereiten, die nun gerade in entscheidendem Ausmaß zum Massenexodus europäischer Juden beigetragen haben.« Darüber hinaus erachtete es Mandel noch aus einem anderen Grund für gefährlich, große Gruppen ausländischer Juden auf Madagaskar anzusiedeln: »Stellen Sie sich einmal vor, daß es den jüdischen Siedlern in naher oder fernerer Zukunft gelingen sollte, dort eine wohlhabende und beachtliche Gemeinschaft aufzubauen. Müßte man dann nicht mit Recht befürchten, daß die Regierung ihres Herkunftslandes schließlich diese Kolonie, die doch von ihren Leuten bevölkert wird, beanspruchen würde?« Mit anderen Worten: Die Gefahr, daß Frankreich seine Kolonie Madagaskar später würde abtreten müssen, war für Mandel sicher nicht bloß hypothetisch.[34]

George Rendel, Leiter der Abteilung für Östliche Angelegenheiten im Londoner Außenministerium, vertrat dort eine analoge Auffassung, um die Ansiedlung von Juden in Palästina abzulehnen. Am 15. Oktober 1937 sagte er dazu:

»Die Kultur jener Juden, die in Palästina die Führung innehaben, ist, wie ich aus persönlicher Erfahrung weiß, überwiegend deutsch. Die jüdischen Immigranten der besseren Schicht sind vor allem deutscher Abstammung oder stehen in dieser Tradition. Sie praktizieren dort nicht nur eine Kultur, die typisch deutsche Merkmale erkennen läßt, sie sind auch eigenartigerweise Deutschland und den deutschen Idealen treu geblieben. Aus diesem Grund ist das Streben nach einem Judenstaat ein teutonisches Unterfangen. Deshalb ist es keineswegs undenkbar, daß Deutschland in naher Zukunft – wenn es einmal keine antisemitische Politik mehr verfolgen würde – Palästina als eine ›geistige Kolonie Deutschlands‹ annektieren würde, um damit eine Schlüsselposition im Nahen Osten zu erwerben.«[35]

Ministerpräsident Chamberlain war sich vollkommen bewußt, daß England – nun da die Anzahl der nach Palästina auswanderungswilligen Juden drastisch abgenommen hatte – die Pflicht hatte, den Juden, die vor den antisemitischen Wellen aus Deutschland und Österreich flüchteten, eine Alternative anzubieten. Aus diesem Grund wollte er darüber mit Bonnet in Paris Beratungen führen. Am 24. November 1938 kam er mit seinem Außenminister Halifax in Paris an.

Bonnet versicherte seinen britischen Gästen, daß die französische Regierung der Immigration von Juden nach Frankreich auch weiterhin alle Aufmerksamkeit schenken würde, aber daß sein Land einer Immigration jüdischer Flüchtlinge aus Deutschland und Österreich im großen Maßstab nicht mehr gewachsen sei. Frankreich beherbergte, wie er sagte, schon 40 000 jüdische Flüchtlinge und hätte, was Immigranten im allgemeinen betraf, einen Sättigungsgrad von drei Millionen erreicht.[36]

Bonnet wies die britischen Gäste auf folgendes hin: Er sei davon überzeugt, daß die Tragödie der Juden fürchterlich ist, aber auf der anderen Seite hätten ihn der unaufhaltsame Flüchtlingsstrom aus Deutschland und Österreich und der Widerstand beinahe aller Länder, eine größere Anzahl von ihnen aufzunehmen, zurückhaltend werden lassen.

Da die Konferenz von Evian gescheitert war, wurde, knapp bevor die Vertreter der 32 Staaten wieder abreisten, noch ein *Intergovernmental Committee for Refugees* gegründet, das beauftragt wurde, nachträglich Gebiete für die jüdischen Flüchtlinge zu finden. George Rublee, der Vorsitzende dieser Kommission, hatte eine Woche vor den genannten britisch-französischen Verhandlungen in Paris verlautbart, daß die französische Regierung eine sehr mißtrauische Haltung einnehme. Es wäre nämlich seit der Einsetzung der Flüchtlingskommission noch kein Kontakt mit ihr zustandegekommen. Außerdem hätte sie ihren finanziellen Beitrag noch nicht nach London überwiesen.[37] Bonnet wollte seinen Gästen nichts verschweigen. Er teilte ihnen auch mit, daß Henry Béranger, der als Präsident der Auslandskommission des französischen Senats Frankreich in der *Rublee*-Kommission vertrat, den Standpunkt der französischen Regierung in dieser Angelegenheit ausgezeichnet zum Ausdruck gebracht hätte, als er sagte: »Frankreich hat den Punkt der absoluten Sättigung erreicht. Deshalb können wir keine neuen Flüchtlinge mehr aufnehmen, ohne das soziale Gleichgewicht zu stören. Die Grenze ist bei uns schon lange überschritten.«[38]

Die Antwort, die Chamberlain während der Besprechung mit Bonnet gab, wich nicht so sehr vom französischen Standpunkt ab. Er teilte mit, daß seine Regierung keine neuen jüdischen Flüchtlinge mehr im Land aufnehmen wolle, da sie fürchtete, daß dadurch bei den Briten nur allzu leicht antisemitische Gefühle geweckt werden könnten. Aus diesem Grund war Chamberlain der Meinung, daß eine verantwortungsbewußte Politik für die jüdische Flüchtlingsproblematik folgendes umfassen müßte: Zuallererst müßte irgendwo in den Kolonien ein Territorium für diese jüdischen Flüchtlinge gefunden werden. Hier meinte Chamberlain ausdrücklich, daß dafür nur eine begrenzte Anzahl Juden in Frage kommen sollte und daß er hoffte, die Juden selbst würden das Geld zur Verfügung stellen, um beispielsweise ein begrenztes Gebiet in Britisch-Guayana weiter zu entwickeln.[39] Zweitens sollten diplomatische Beratschlagungen mit Deutschland aufgenommen werden, um zu erreichen, daß die deutsche Regierung den Juden erlauben würde, auf »normale« Art zu emigrieren, soll heißen *mit* ihrem Vermögen. Dann würden die Juden in bestimmten Ländern vielleicht doch willkommen sein. Bonnet antwortete, daß eine derartige Politik alles vereinfachen und daß die französische Regierung beide Möglichkeiten prüfen würde.[40] Vom Interesse, das dem Schicksal der verfolgten Juden in Großbritannien entgegengebracht wurde, ermutigt, wie Béranger es ausdrückte, und mit Instruktionen ausgestattet, die der französische Außenminister Bonnet in Beratungen mit ihm sehr präzise definiert hatte, teilte Béranger dem Botschafter der USA in Großbritannien, Joseph Kennedy, am 2. Dezember 1938 in London mit, daß Frankreich die Ansiedlung zehntausender Juden nicht-deutscher Abstammung auf Madagaskar und Neu-Kaledonien in Betracht ziehen wollte. Die französische Regierung war dezidiert gegen eine allfällige Verschiffung deutscher Juden. Sie überlegte aber, 10 000 Juden aus Frankreich dorthin zu schicken und deren Platz von deutschen Juden einnehmen zu lassen.[41]

Anläßlich der Unterzeichnung des französisch-deutschen Freundschaftsvertrages am 6. Dezember 1938 in Paris sprachen Ribbentrop und sein französischer Amtskollege Bonnet am folgenden Tag auch über Madagaskar. Die Begegnung fand im Hotel Crillon statt.[42] Laut Bericht, den Ribbentrop am 9. Dezember 1938 direkt an Hitler abgeschickt hatte, soll ihm Bonnet gesagt haben, daß die französische Regierung der Lösung der Judenfrage viel Bedeutung beimesse. Die Franzosen würden, so Ribbentrop, keine aus Deutschland flüchtenden Juden mehr aufnehmen wollen. Außerdem soll der französische Minister seinen deutschen Kollegen dringend um die Hilfe Deutschlands ersucht haben, um dem Exodus jüdischer Flüchtlinge aus Deutschland nach Frankreich unmittelbar ein Ende zu setzen. Laut dem Bericht Ribbentrops soll Bonnet bei dieser Gelegenheit gesagt haben, daß die französische Regierung bereit wäre, 10 000 Juden nach einem überseeischen Gebiet einzuschiffen, und daß sie dabei an Madagskar dachte. Inoffiziellen Quellen zufolge soll Ribbentrop damals geantwortet haben, daß die Problematik der deutschen Flüchtlinge nach dem Scheitern der Konferenz von Evian von der zu diesem Zweck eingesetzten internationalen Kommission, dem *Intergovernmental Committee for Refugees*, gelöst werden müßte. Diese Kommission, in der Vertreter aus zig Ländern einen Sitz erhalten hatten, diskutierte, wie wir noch sehen werden, endlos, war aber letztendlich bei der Suche nach einem Territorium für jüdische Flüchtlinge außerhalb Europas nicht erfolgreich.[43]

Nach dem Krieg protestierte Bonnet gegen diesen Bericht Ribbentrops. Den Memoiren Bonnets zufolge waren die Verhandlungen nicht nur äußerst lebhaft, sondern auch sehr emotional, da er, einem gelangweilten und teilnahmslosen Ribbentrop gegenübersitzend, im Namen seiner Regierung auf die zutiefst menschlichen und materiellen Probleme, die die Verfolgung der deutschen Juden durch Hitler verursacht hätte, hingewiesen hatte. Bonnet betonte weiters, daß er mit Ribbentrop nie über die Versendung von Juden nach Madagaskar gesprochen hätte, da sich die gesamte Regierung hiergegen völlig widersetzt hätte. Bonnet hätte gerade im Gespräch mit seinem deutschen Amtskollegen mit viel Nachdruck erklärt, daß Frankreich seine Grenzen sperrangelweit für die zu Machtlosigkeit verurteilten Juden öffnen würde.[44]

Dennoch erweckte Bonnet nach dem Krieg in seinen Memoiren einen falschen Eindruck von seinen Verhandlungen.

Am 15. Dezember 1938 sprach Bonnet auch mit dem amerikanischen Diplomaten Wilson über seine Begegnung mit dem deutschen Amtskollegen. Dem Bericht Wilsons zufolge hätten die beiden Minister eine halbe Stunde lang sehr sachlich und emotionslos in Ribbentrops Hotelzimmer miteinander gesprochen, ohne daß die menschliche Problematik der Juden auch nur mit einem Wort erwähnt worden wäre. Ribbentrop hätte im Zuge seiner langen Ausführungen zu Bonnet gesagt, daß es gute und schlechte Juden gebe und daß alle Juden in Deutschland schlecht wären, wohingegen Frankreich und Großbritannien ausschließlich gute Juden hätten. Für Bonnet wäre diese Bemerkung Anlaß gewesen, den deutschen Minister zu unterbrechen und ihm zu erklären, daß er nicht vorhabe, sich mit innenpolitischen Angelegenheiten Deutschlands zu beschäftigen. Er hätte ihm weiters sehr wohl zu verstehen gegeben, daß Deutschland für andere Länder ein ernsthaftes Problem geschaffen hätte, indem es diese gezwungen hätte, Menschen aufzunehmen, die Ribbentrop selbst als »die schlechten Juden« bezeichnete. Bonnet war der Ansicht, daß die Lösung dieser Frage viel leichter in Zusammenarbeit mit Deutschland zu finden wäre. Bonnet hätte sogar eine sehr vorteilhafte Beschreibung seines Amtskollegen gegeben, da jener (mit einem stillschweigenden Hinweis auf die »Reichskristallnacht«) den Eindruck gemacht hätte, persönlich die Art zu bedauern, wie deutsche Behörden unlängst die Judenfrage gehandhabt hätten. Er hätte sich schließlich bereit erklärt, an diese Frage – sofern es in seiner Macht lag – auf anständigere Weise heranzugehen.[45] Alles deutet darauf hin, daß Bonnet in keinster Weise gegen die deutsche Behandlung der Juden protestiert hat und sogar einen gewissen Optimismus erkennen ließ, als es um die französisch-deutsche Zusammenarbeit beim Eindämmen neuer jüdischer Flüchtlingsströme, die Frankreich überrollen würden, ging. Schließlich hatte Bonnet bei dieser Gelegenheit durchaus betont, daß die französische Regierung bereit wäre, 10 000 ausländische Juden nach einem überseeischen Gebiet einzuschiffen, wobei sie an Madagaskar dachte. Die letzten Verhandlungen betreffend den französischen Madagaskar-Plan fanden am 7. Dezember 1938 statt, als der polnische Außenminister Jozef Beck darüber mit seinem französischen Kollegen Yvon Delbos Gespräche führte. Delbos ließ ihn wissen, daß sich die französische Regierung gezwungen sehe, den Plan ad acta zu legen.

Der französische Madagaskar-Plan kam letztlich nicht zustande, da die Juden selbstverständlich nicht bereit waren, ihre eigene Zwangsaussiedelung auch noch zu finanzieren. Es fand sich schließlich niemand, der die kostenintensive Aktion unterstützen wollte, und die französische Regierung rechnete mit zu vielen politischen Komplikationen, und zwar seitens der deutschen Regierung: Man fürchtete, als Folge der jüdischen Usurpation die Kolonie Madagaskar schließlich zu verlieren. Die Mitglieder der Kommission waren sich in weiterer Folge überhaupt nicht darüber einig, wieviele jüdische Siedler sich dort eine neue Existenz aufbauen könnten. Die französische Regierung nahm die Kritik von jüdischer Seite selbstverständlich ernst. Die jüdische Presse Polens hatte den Madagaskar-Plan ironisch und sarkastisch abgelehnt.[46]

Außerdem konnte der französische Madagaskar-Plan als Folge immer lauter werdender Kritik im eigenen Land nicht realisiert werden. Schon am 25. Jänner 1938 berichtete die Wiener Zeitung *Neue Welt* von der Kritik des französischen Journalisten Jacques Buissot an der Bereitschaft seiner Regierung, polnischen Juden Madagaskar zur Verfügung zu stellen: Die Zahl jener europäischen Länder, so der Journalist, die versuchten, einen kleinen Teil ihrer jüdische Bevölkerung auf dem Wege der (zwangsweisen) Emigration loszuwerden, werde immer größer. Nachdem die polnische Regierung beschlossen hätte, einen Teil der Juden nach Madagaskar aussiedeln zu lassen, hätte auch die rumänische Regierung erkannt, daß die Juden einen schädlichen Einfluß auf die Bevölkerung ausübten. Deshalb seien sich Polen und Rumänien einig geworden. Trotzdem meinte der Journalist der *Neuen Welt* hierzu anmerken zu müssen, daß in Frankreich immer mehr Stimmen gegen die Realisierung des französischen Madagaskar-Plans laut würden. Die Ausführung dieses Plans würde nämlich nur große Verwirrung und Chaos auf dieser großen Insel, auf der dreieinhalb Millionen Eingeborene und 35 000 Europäer (darunter 25 000 Franzosen) lebten, entstehen lassen. Da der Plan offensichtlich vorsah, daß sich fürs erste gleich an die 50 000 jüdische Familien aus Rumänien und Polen dort ansiedeln sollten, würden nicht nur die Eingeborenen, sondern auch die Franzosen dagegen revoltieren. Die Eingeborenen und die Franzosen würden sich (so wie einst in der französischen Kolonie Algerien) gegen die Juden verschwören.[47]

Am 10. April 1938 erschien in der Wiener *Reichspost* ein Artikel über die Umsetzung des französischen Madagaskar-Plans. Nach Meinung des Autors setzte die Durchführung dieses Plans die französische Kultur aufs Spiel. Das nationalsozialistische Blatt gab die Meinung des französische Gelehrten Cambillard wieder, der den Madagaskar-Plan der Regierung mit der Begründung ablehnte, dadurch würde die französiche Kultur auf der Insel vernichtet werden. Er gestand ein, daß diese Art, die Juden loszuwerden, ohne Zweifel die humanste Variante wäre und daß die französische (= jüdische) Regierung alles unternahm, um der Welt zu zeigen, daß die humanistischen Ideale der Aufklärung für sie mehr als bloße Lippenbekenntnisse seien.

Die Emigration polnischer, rumänischer (und bald vielleicht auch noch deutscher und österreichischer) Juden aber, so schrieb Professor Cambillard in der französischen Zeitschrift *Œuvre,* wäre schlicht unmöglich. Ziel der französischen Kolonialpolitik wäre es nämlich, die Ureinwohner der Insel auf das Niveau des durchschnittlich zivilisierten Franzosen zu bringen. Wenn das noch kaum zivilisierte Madagaskar innerhalb kürzester Zeit von jüdischen Immigranten überflutet würde, könnte sich die französische Kultur dort nicht entwickeln. Wenn man nicht alles daran setzte, die Pläne der französischen Regierung zu boykottieren, würde die Aufbauarbeit französischer Offiziere, Plantagenbesitzer, Ärzte, Missionare und Lehrer mit einem Schlag zunichte gemacht werden. Weiters müßte man damit rechnen, daß die Juden aus Polen und Rumänien auf der Insel binnen kurzem ihre eigenen Zentren gründen würden, und das allein bedeutete schon den Todesstoß für die französische Kultur. Man würde in Frankreich einsehen müssen, daß der Schutz der europäischen Bevölkerung der Insel genauso wichtig wäre wie die der »Neger«. Und wenn es legitim war, die »Neger« gegen die Juden in Schutz zu nehmen und einen höchst aggressiven Antisemitismus zu predigen, dann wäre es noch leichter zu rechtfertigen, daß die von Judenmassen überrollten Christen in Mitteleuropa gegen diese in Schutz genommen würden. Die Judenfrage bedürfe vor allem in Mittel- und Osteuropa dringend einer Lösung. Frankreich wäre gerne bereit, an der Lösung gesamteuropäischer Probleme mitzuarbeiten, aber nicht um den Preis der erkämpften Werte Gleichheit und Brüderlichkeit. Die französische Regierung erwecke durch das Lancieren ihres Madagaskar-Plans jedoch den Eindruck, daß sie »französische Neger« für wichtiger erachte als französische Christen. Es wäre daher auch nicht verwunderlich, daß es die »vollständig verjudete Regierung Blum« gewesen sei, die mit solch einem Plan dahergekommen wäre.[48]

Der französische Madagaskar-Plan erlitt vor allem wegen folgender drei Faktoren Schiffbruch: Flüchtlingsproblematik, dramatische Entwicklungen im eigenen Land, die auf die Regierung Léon Blum folgten, und traumatische Erinnerungen an die Affäre Crémieux.

Im großen und ganzen hatte der Widerstand mit der Flüchtlingsproblematik in Frankreich zu tun. Diese wurde auf die französische Kolonie Madagaskar projiziert:

Was sich in Frankreich als Folge des Zustroms großer Gruppen jüdischer Immigranten zugetragen hatte, würde höchstwahrscheinlich auch auf der Insel stattfinden, wenn die dortigen Bewohner von einem Strom Juden überschwemmt würden. 1936 betrug der Ausländeranteil in Frankreich fast zweieinhalb Millionen.[49] Frankreich war weltweit zum Einwanderungsland Nr. 1 geworden, und im Sommer 1938 hielten sich 180 000 Flüchtlinge im Land auf. Jenes Land, das in den zwanziger Jahren unseres Jahrhunderts bereitwillig Flüchtlinge aufgenommen hatte, begann in den Dreißiger Jahren immer mehr, sich an ihnen zu stoßen. Die Flüchtlinge waren zum politischen und sozialen Problem ersten Ranges geworden. Es ist allerdings sicher, daß der Anteil der Juden an den genannten Flüchtlingszahlen gewaltig übertrieben worden war. Historiker schätzen, daß Frankreich zwischen 1933 und 1939 rund 55 000 jüdische Flüchtlinge aufgenommen hat.[50] Aber viele emigrierten von Frankreich aus nach England, in die Vereinigten Staaten und nach Palästina oder kehrten nach Deutschland zurück. In Relation zu der Zahl der Juden war jene der Italiener erheblich höher: 1936 waren es schon 720 000, unter ihnen viele Gegner des Faschismus.

Aus zahlreichen Artikeln in Tageszeitungen, Wochen- und Monatsmagazinen kann man schließen, daß die Anwesenheit dieser jüdischen Flüchtlinge (aus Polen, Rußland, Deutschland und Österreich) von Franzosen als dreifache Bedrohung für ihr Land betrachtet wurde: sie gefährdeten ihre Arbeitsplätze und stellten sowohl für die christliche Kultur wie für die Neutralität der französischen Politik gegenüber Deutschland eine Bedrohung dar.[51] Daß letzteres keine bloße Einbildung war, war schon in der *Herschel Grynszpan*-Affäre deutlich geworden.

Die zweitgenannte Gefahr wurde in der Presse nicht minder betont. Viele Journalisten wetterten gegen die verderbte »jüdisch-bolschewistische«, »jüdisch-deutsche« und »jüdisch-slawische« Kultur. Diese würde die französische (christliche) Zivilisation an den Rand des Abgrunds führen, wie das Organ der *Action Française*, das vor allem ab 1936 zahlreiche antisemitische Artikel dieser Tonart aufnahm, mit Nachdruck behauptete. Davon abgesehen gab es aber noch eine ganze Reihe von Wochenmagazinen, die Mitte der dreißiger Jahre in diesem Sinn über die jüdische Gefahr schrieben.

Der Historiker Jacques Bainville, der seit 1935 an der *Académie Française* arbeitete, hatte das literarisch-politische Wochenmagazin *Candide,* das 1936 in einer Auflage von 465 000 Exemplaren erschien, gegründet. Der Redakteur zog gegen den Zustrom jüdischer Flüchtlinge aus Polen und Deutschland äußerst gehässig vom Leder. Georges Imann schrieb in diesem Blatt, daß diese Juden in Frankreich (dem gelobten Land) ein »Chanaan-sur-Seine« erobert hätten, von dem aus sie die übrigen Landesteile besetzen würden. 1936 wurden Blum, Weil, Goldberg, Mendès und andere als Spione bezeichnet, die von diesem »Chanaan-sur-Seine« ausgesandt worden wären, um ganz Frankreich in Besitz zu nehmen.

Horace de Carbuccia gründete das Wochenmagazin *Gringoire*, das 1937 in einer Auflage von 650 000 Exemplaren erschien. Auch dort wurde stets aufs neue vor den

Konsequenzen gewarnt, die das Zulassen so vieler jüdischer Einwanderer aus Deutschland hätte: Jüdische Flüchtlingsströme würden alle großartigen, erhabenen Zeichen der jahrhundertealten christlichen Kultur im Land hinwegspülen. Und seit Léon Blum und seine Freunde an die Macht gekommen waren, brauchte man nicht mehr damit rechnen, daß dagegen ein Damm errichtet werden würde. Sie wären im Gegenteil damit beschäftigt, die schrittweise Vernichtung der christlichen Zivilisation noch zu beschleunigen.

Das am radikalsten antisemitische Wochenblatt war allerdings *Je suis partout*, das 1936 in einer Auflage von 80 000 Exemplaren erschien und dessen Chefredakteur anfänglich der Historiker Pierre Gaxotte und ab 1936 Robert Brasillach[52] war. Um des schädlichen Einflusses der Juden auf die französische Kultur, der um so viel größer geworden wäre, seit ausländische Juden das Land überrumpelt hätten, Herr zu werden, verlangte Brasillach die Aberkennung der französischen Staatsbürgerschaft von Juden, Halbjuden und solchen, die auch nur einen einzigen jüdischen Großelternteil hatten. Es war schockierend, wie viele tonangebende Intellektuelle in diesen Jahren feurige Plädoyers für die Ausweisung jüdischer Flüchtlinge, die man verdächtigte, die Reinheit der französischen Kultur zu besudeln, hielten. In diesem Zusammenhang braucht man nur an Louis Bertrand, Jacques Bainville und Charles Maurras denken, die allesamt Mitglieder der *Académie Française* waren, oder an bedeutende Schriftsteller wie Drieu La Rochelle und Céline.[53]

Vor allem aber scheiterte der französische Madagaskar-Plan an den dramatischen Entwicklungen, die unmittelbar nach dem Antritt der Regierung Blum ins Rollen kamen. Nicht nur rechtsextreme Gruppierungen, die mit Hitlers Nationalsozialismus unter einer Decke steckten[54], sondern auch zahlreiche prominente Politiker und Schriftsteller aus dem katholischen Lager, die mit Hitler gar nichts zu tun haben wollten, wurden sich bewußt, daß der französische Madagaskar-Plan für verfolgte Juden aus Europa nicht rein zufällig von der Regierung Blum lanciert worden war.

Blum war als erster Jude Präsident des französischen Staates geworden. Als die Volksfront bei den Wahlen 1936 einen großen Sieg errungen hatte, bildete Blum am 4. Juni 1936 mit Unterstützung der Kommunisten eine Koalition von Sozialisten und Radikalen. Frankreich befand sich zum damaligen Zeitpunkt in einem Zustand großer sozialer Unruhen. Blums Kabinett versuchte hier, durch beträchtliche Zugeständnisse an die Arbeiter Ordnung zu schaffen. Aber unglücklicherweise sank während seiner Regierungszeit der Wert der französischen Goldreserven von 80 auf 50 Milliarden Francs. Am 21. Juni 1937 verwehrte der Senat der Regierung Blum weitere Vollmachten, und Blum mußte seinen Rücktritt anbieten. Im folgenden Kabinett (unter Chautemps) war Blum Vizepremier und im Frühjahr 1938 noch ein Monat lang Premier. Blum genoß in seinem Land großes Ansehen und hatte den Ruf, vollkommen integer und selbstlos zu sein. Dennoch wurde er das Opfer des eskalierenden politischen Antisemitismus, der die Reaktion auf seine Präsidentschaft war.[55]

Es ist erstaunlich, daß sich Mitte der dreißiger Jahre dieses Jahrhunderts eine westeuropäische Regierung so solidarisch mit den verfolgten Juden erklärte, wie das die französische Regierung tat. In weiten Kreisen der französischen Gesellschaft stellte man sich die Frage, ob sich die anderswo in Europa verfolgten Juden ihr ganzes Elend nicht selbst zuzuschreiben hätten. Hatten sie sich nicht selbst gänzlich unmöglich gemacht, und warum mußte ihnen Frankreich unbedingt als einziges westliches Land sogar eine seiner Kolonien als neue Heimat zur Verfügung stellen? Einige Historiker wiesen in diesem Zusammenhang darauf hin, daß Blum den Antisemitismus die längste Zeit (vor allem als er selbst Präsident war) unterschätzt hatte. Da er zuwenig über die Konsequenzen seiner Politik den Juden gegenüber nachdachte, warfen sie ihm eine gewisse Naivität vor.[56] Der französische Madagaskar-Plan wäre dafür ein gutes Beispiel.

Aber die Kritik an dem Plan war nur ein Teil der Hetzkampagne, die gegen die »République juive« Blums geführt wurde.[57] In zahlreichen Publikationen wurde Blum verdächtigt, ein Geheimagent des jüdisch-bolschewistischen Komplotts und deshalb für alle revolutionären Strömungen in Frankreich verantwortlich zu sein. In seinem 1938 erschienenen Buch *Allemagne* schrieb Abbé Lambert im Zusammenhang mit der Machtübernahme Blums, daß der Bolschewismus eine pathologische und kriminelle Dummheit wäre. Es wären Juden, die diese revolutionäre Bewegung ins Rollen gebracht hätten, und es seien jetzt neuerlich die Juden, die sie leiteten. Es ginge ihnen darum, die zivilisierten Völker Europas zu vernichten und die Alleinherrschaft der Juden zu begründen.[58]

Unmittelbar nach seiner Machtübernahme wurde Blum in einer schändlichen Rufmordkampagne als schmutziger, geiler Jude dargestellt, dem Frauen am besten aus dem Weg gingen.[59] Jean-Charles Legrand erklärte: »Es kann nicht toleriert werden, daß unser Land von einem Juden vertreten wird. Wir sprechen Französisch und kein Jiddisch. Auf französischen Boden gehören Glockentürme und keine Synagogen.« Die Redaktion von *Cahier jaune* schrieb empört: »Schmach wurde Notre Dame in Paris an dem Tag angetan, als es Blum verstand, sich als Nachfolger von Chlodwig, Ludwig dem Heiligen, Richelieu und Napoleon in das Allerheiligste einzuschleichen.« Dieselbe Redaktion gab einige Monate später ihrer Empörung darüber Ausdruck, daß mit Blum als Präsidenten die Juden erleben würden, wie ihre lange gehegten Träume wahr wurden: Die Umwandlung von Kathedralen in Synagogen. Die Redaktion von *Conquête de la France* schrieb, daß sie den Kampf gegen die »satanische Macht der Juden und der Regierung Blum« aufnehmen würde. Auf einem Kongreß der *Jeunesse patriotique* brüllte Charles des Isnards: »Zum ersten Mal in der Geschichte Frankreichs wird ein Fremder dieses durch und durch katholische Land regieren. Ich bin neugierig, welche Kontakte Blum mit der internationalen Finanzwelt, in der seine Glaubensbrüder und Freunde dominieren, knüpfen wird.« Am 11. Mai erklärte Xavier Dubois-Chantal im Namen des *Comité anti-juif de France*: »40 Könige haben Frankreich aufgebaut, sollen wir zulassen, daß ein einziger Jude es für immer verwüstet?« Marcel Jouhandeau schrieb: »Ich verabscheue Blum, weil er über uns herrscht und kein einziger Europäer jemals erfahren wird, was im Kopf dieses Asiaten vorgeht!« Man erzählte sich, daß ein bekannter Katholik, dem der Ruf vorauseilte, den Antisemitismus zu verabscheuen, einem Freund folgendes anvertraut hätte: »Wenn man Léon Blum reden hört [...], versteht man die Pogrome und muß man der Versuchung widerstehen, die Juden zu hassen.«[60]

Zugleich erreichten Ausgaben antisemitischer Schriften in den Jahren der »République juive« absolute Rekordauflagen.[61] Der Leser wurde darauf hingewiesen, daß der Antisemitismus für Frankreich als Träger der europäischen Kultur grundlegend sei und daß die Juden schließlich aus dem Land inklusive der Kolonien verbannt werden müßten, damit in Zukunft nie mehr ein Jude Präsident werden könnte. Dies implizierte, daß die Juden niemals nach Madagaskar gehen dürften. Dies wäre nur das Verdrängen der Judenproblematik in eine der Kolonien, wo die Juden sicher neuerlich auf Kosten von Millionen Ureinwohnern nach der Macht greifen würden.

Eine ständig wiederkehrende Klage bestand auch darin, der »République juive« vorzuwerfen, die Interessen des französischen Staates den jüdischen unterzuordnen. Dies würde sich vor allem am Beispiel des Madagaskar-Plans zeigen. Mit diesem Plan hätte man die Interessen von dreieinhalb Millionen Ureinwohnern und der französischen Siedler vollkommen außer acht gelassen. Der Plan sei einzig und allein von der Solidarität der Regierung mit Juden in Deutschland, Polen und Rumänien inspiriert.

Da in Frankreich damals zahlreiche Anhänger rechtsextremer Parteien hofften, Hitler würde Blum und »seine jüdische Clique« zu Fall bringen und der »République juive« ein Ende setzen können[62], begannen Blum und seine Vertrauten immer mehr einzusehen, daß die Realisierung des Madagskar-Plans die rechtsextremen Gruppierungen eventuell endgültig und mit allen politischen Konsequenzen in die Arme Hitlers treiben würde. Dann hätte Blum das genaue Gegenteil dessen erreicht, was der Madagaskar-Plan ursprünglich bezweckt hatte: die Rettung verfolgter Juden. Blum machte sich keinerlei Illusionen darüber, was Hitler gerne mit der Insel tun würde: Die Umwandlung in ein Endlager, um die Juden dort aussterben zu lassen.

Viele verwiesen schließlich auf die Affäre Crémieux, um zu verdeutlichen, daß ihre Angst vor massivem Widerstand der Eingeborenen gegen den Zustrom jüdischer Flüchtlinge äußerst begründet wäre. Man wollte eine zweite derartige Affäre verhindern, und die französische Regierung nahm dann auch vom Madagaskar-Plan Abstand.

Charles Maurras, der Führer der *Action Française*, schrieb für *Pages africaines* einen Reisebericht über die französische Kolonie Algerien. Der Autor machte kein Hehl aus seiner besonderen Sympathie für die Araber. Zugleich war er aber von Haß gegen die dort arbeitenden Juden erfüllt. So schrieb er, daß die Beziehungen zwischen Franzosen, Arabern und Berbern von Schlichtheit, Reinheit und Herzlichkeit gekennzeichnet wären. Im Gegensatz dazu empfand er den Juden gegenüber Abscheu, weil diese einer »verfluchten Rasse« angehörten.

Er, Maurras, sei ein großer Befürworter der Abschaffung des *Décret Crémieux*, womit den Juden in Algerien 1871 die französische Staatsbürgerschaft verliehen worden war. Maurras sprach sich dafür aus, den »edlen Ureinwohnern Algeriens, die es schon so oft verstanden haben, sich im Dienst der französischen Armee auszuzeichnen«, in französischen Städten einen würdigen Platz zuzuweisen, ohne sich dabei jedoch für ein Stimmrecht der Araber einzusetzen.

Auf seiner monatelangen Reise durch die Kolonie würde er mit massivem Widerstand der Araber gegen die »République juive« Blums konfrontiert werden.[63]

Als Maurras im Zuge seiner Reise auch einmal an einer Versammlung der *Action Française* teilnahm, erlebte er, wie einer der Redner Erinnerungen an den massiven Widerstand der Araber gegen die Franzosen Mitte des 19. Jahrhunderts weckte. Dafür machte man den damaligen Justizminister, den Juden Crémieux[64], verantwortlich, da dieser die Juden in Algerien zu vollwertigen Staatsbürgern erhoben hatte.

Offenbar stimmte Maurras dem vollkommen zu. Er fügte in seinem Reisebericht noch folgendes an: »1938 läuft es in Frankreich nach genau demselben Muster! Die Republik hat sich wieder mit diesen verwöhnten Kindern [den Juden] eingelassen, denn in der Zeitung war zu lesen, daß die französische Regierung bereit wäre, rund 10 000 aus Deutschland vertriebene Juden, die bei uns gelandet sind, in unsere Kolonien emigrieren zu lassen. Wir können leider nicht behaupten, daß unsere Probleme geringer geworden wären, nachdem Léon Blum mit seiner Clique an die Macht gekommen war. Es gab Grund zur Sorge, daß die Eingeborenen vor lauter Haß und Wut gegen Frankreich explodieren würden!« Auch der Redner, den Maurras zitierte, hatte in Analogie zu den Ereignissen von 1871 der Sorge Aus-druck verliehen, daß sich die Ureinwohner auch nun wieder gegen Frankreich erheben könnten. Was sich seinerzeit als Folge einer vollkommen unverantwortlichen Politik eines jüdischen Ministers abgespielt hätte, würde sich auf Madagaskar sicher wiederholen. Da laut Maurras zwischen der »edlen, mutigen arabischen Rasse« und der »parasitären, niederträchtigen jüdischen Rasse« ein absoluter Gegensatz bestünde, müßte das *Décret Crémieux* abgeschafft werden.

Auf fast jeder einzelnen Seite seines Reiseberichts erwies sich Maurras als treuer Schüler Drumonts, für den die Juden das vollkommene Gegenteil der Araber waren: Während Araber und Christen einander in ihrer »edlen und stolzen Lebenshaltung« glichen, würde sich »der Jude in seiner sklavischen Lebenseinstellung« davon unterscheiden. Für Drumont und Maurras bestand zwischen Arabern und Christen eine Heilige Allianz.

Drumont zufolge hatten die Araber im Krieg von 1870 in Algerien heldenhaft für Frankreich gekämpft, während die Juden als Verräter auf der Seite gestanden und anläßlich der Niederlage Frankreichs vor Freude gejauchzt hätten. Dessen ungeachtet trat danach 1871 das *Décret Crémieux* in Kraft, was für die Araber ausgesprochen erniedrigend gewesen sei. Deshalb sei es durchaus verständlich, daß sie sich gegen Frankreich auflehnten, denn in Wahrheit hätten sich die Araber nur gegen den Juden Crémieux aufgelehnt. Deshalb, so noch immer Drumont, müßten die französischen Katholiken mit den Arabern zusammenarbeiten, um das »jüdische Joch« sowohl in Frankreich als auch in seinen Kolonien abzuwerfen.

Als Drumont diese Gedanken 1887 in seinem *La France juive,* dessen erste Ausgabe binnen 48 Stunden ausverkauft war und innerhalb eines Jahres 146 Auflagen erlebte, niederschrieb, sprach er damit aus, was viele Franzosen dachten. Nicht einmal ein Jahr später schrieb Georges Meynié sein Buch *L'Algérie juive*, das er seinem Lehrer Drumont widmete. Als treuer Gefolgsmann Drumonts entwarf er einen absoluten Gegensatz zwischen dem »parasitären, hypokritischen, ordinären, kriecherischen Juden«, der Frankreich verraten hätte, und dem »uneigennützigen, ehrlichen, edlen, aufrichtigen, tapferen Araber«, der sein Leben für den französischen Staat hingegeben hätte. Nur weil das *Décret Crémieux* den »verräterischen Schlangen« in Algerien die französische Staatsbürgerschaft verliehen hatte, hätten sich die Araber aufgelehnt. »Die Feigheit des Volkes Israels ist ebenso sprichwörtlich wie die Tapferkeit des Islam.« »Baron Rothschild und die verjudete Regierung in Paris wollten die Araber und Franzosen in unseren afrikanischen Kolonien zu Dienern der jüdischen Wucherer machen. [...] Die höchsten Posten in der Armee, der Justiz und der Beamtenwelt wären in Algerien an diejenigen vergeben worden, die der ›République juive‹ gut gesonnen waren, soll heißen: an die Juden.«

In ähnlichem Stil schrieb François Gougeot 1894 sein Buch *La domination juive en Algerie*. Es wurde seitdem zu einem jahrzehntelang immer wiederkehrenden Thema in den französichen Medien, daß Juden nicht nur in Frankreich, sondern auch in den französischen Kolonien die höchsten Sprossen der gesellschaftlichen Leiter erklommen hätten, um edle Franzosen und Araber zu unterdrücken.[65] Dies implizierte für Meynié auch, daß man Juden verdächtigte, mit dem gemeinsamen Feind Frankreichs und Algeriens – Deutschland – zu kollaborieren, wie auch die Affäre Dreyfus gezeigt hätte. »Aber«, so schreibt er, »an dem Tag, an dem die Juden versuchen würden, Frankreich an Deutschland zu verraten, würden die Araber Algeriens zu den Waffen greifen und an unserer Seite kämpfen. Die Vernichtung der Juden würde das Resultat dieses Krieges sein.«

Als die Regierung Léon Blums 1936 eingesetzt wurde und sie ihren Madagaskar-Plan vorlegte, fürchteten nicht nur Anhänger rechtsextremer Gruppierungen, daß durch den Zustrom der Juden die dreieinhalb Millionen Eingeborenen rebellieren würden. Die Folgen für Frankreich könnten dann noch um einiges ernster sein als 1871. Man befürchtete, daß sich auf Madagaskar analoge Entwicklungen zu Palästina ergeben würden, wo die Juden 1917 auf Kosten der arabischen Bevölkerung ein Nationalheim erhalten hatten. Die Araber hatten die Fäuste geballt, und es wäre bekannt, daß es die britische Regierung unendlich bereut hätte, die *Balfour Declaration* erlassen zu haben. Wenn die französische Regierung die Grenzen Madagaskars erst einmal für Juden geöffnet haben würde, würde, so vermutete man, die Insel binnen kurzem von Juden überflutet werden. Umso mehr als sich im Sommer 1938 in Evian gezeigt hätte, daß beinahe alle Länder ihre Grenzen für diese dominanten Eindringlinge schon geschlossen hatten.

Kapitel III

Der zweite polnische Madagaskar-Plan

Im August 1935 schrieb der Osteuropa-Experte der I.G. Farben, Anton Reithinger, daß die Überbevölkerung in den osteuropäischen Ländern das größte Problem überhaupt wäre und forderte eine baldige Lösung.[1] Diese Problematik war in den dreißiger Jahren Gegenstand zahlreicher Untersuchungen auf demographischem, wirtschaftswissenschaftlichem, soziologischem und statistischem Gebiet.[2] Der Ökonom Raymond Leslie, ein Berater der amerikanischen Regierung, schrieb 1939 in seinem berühmt gewordenen Buch *Poland – Key to Europe*, daß Polen als Folge der beängstigenden Überbevölkerung auf dem Land Mitte der dreißiger Jahre am Rande eines Bürgerkrieges gestanden wäre. Wirtschaftswissenschafter und Demographen aus Polen, Großbritannien, Frankreich, Deutschland und Amerika waren sich einig, daß diese Überbevölkerung auf dem Land das größte Problem war, mit dem Polen zwischen 1930 und 1940 zu kämpfen hatte.[3] Vor Ausbruch des Zweiten Weltkrieges waren große Teile der polnischen Landbevölkerung in überseeische Gebiete emigriert oder nach Westeuropa (Frankreich und Deutschland) gezogen. Da die traditionellen Einwanderungsländer den Zuzug ab 1920 allerdings stark beschränkt hatten, waren immer weniger Polen in der Lage, ihr Land zu verlassen und sich in Übersee eine neue Existenz aufzubauen. Darüber hinaus waren wegen der Gründung eines unabhängigen polnischen Staates im Jahre 1917 sowie des Anwachsens von Rassismus und der sich zuspitzenden Wirtschaftskrise in Deutschland viele polnische Emigranten-Familien wieder in ihr Land zurückgekehrt. Zugleich wuchs die polnische Bevölkerung von 27 Millionen im Jahre 1921 auf 34 Millionen im Jahre 1937.

So war es auch kein Wunder, daß als Folge der Armut von Millionen Polen und der wachsenden politischen Unruhen die Kriminalität erschreckende Ausmaße angenommen hatte. 1935 lebten 40 Prozent der Industriearbeiter unter dem Existenzminimum, und im Frühjahr 1939 befand sich laut dem amerikanischen Wirtschaftswissenschaftler Buell ein Viertel der Bevölkerung (= achteinhalb Millionen) am Rande des Hungers.

In dieser wirtschaftlich angespannten Situation bekamen vor allem die Anhänger rechtsextremer politischer Parteien einen stets größeren Einfluß auf die gesellschaftlichen Entwicklungen, und es wurden, wie so oft in der Geschichte, die sozialen und ökonomischen Probleme auf die Juden projiziert. Die Polen waren im allgemeinen der Meinung, daß die Überbevölkerung auf dem Land für die wirtschaftliche Entwicklung des Landes *der* katastrophale Faktor schlechthin wäre. Unter dem Einfluß der extremen Rechten jedoch fügten ab 1935 viele unmittelbar hinzu, daß die Anwesenheit von dreieinhalb Millionen Juden (= 10 Prozent der Bevölkerung) die Lösung dieses Problems unmöglich machte. Interessanterweise kamen in den hitzigen Debatten über die Überbevölkerung nie die fünf Millionen Ukrainer, die sich im Land aufhielten, zur Sprache. Während nur sieben Prozent (rund 250 000) der Juden auf dem Land lebten, arbeiteten in den Großstädten 44 Prozent der jüdischen Bevölkerung im Handel und übten 33,8 Prozent dort ein Handwerk aus.[4]

Als Folge der stark anti-jüdischen Politik der polnischen Regierung waren die Juden im 19. Jahrhundert vom Land in die Städte verjagt worden. Juden durften Grund nämlich weder kaufen noch pachten. Und als ihnen später auch der Zugang zur Schnapsbrennerei, der Tabak- und Salzindustrie und dem Gastgewerbe verwehrt wurde, wanderten neuerlich viele Juden in die Städte ab, wo sie Handel trieben. Wegen des hohen Judenanteils in den Städten, wo sie einen breiten Mittelstand gebildet hatten, tauchte in der Hetze gegen diese Bevölkerungsgruppe immer wieder das Bild auf, daß die polnischen Städte – wie auch der gesamte Handel – vollkommen »verjudet« wären.

Als Folge dieser gesellschaftlichen Entwicklung in Polen wurde der Boykott des jüdischen Handels, der 1936 mit Unterstützung der Regierung und der Bischöfe organisiert worden war, ein großer Erfolg. Weiters wurde der Plan der Regierung, von 1935 bis 1939 alle Juden auszusiedeln, praktisch von der gesamten Bevölkerung unterstützt. Dann würden, so sagte man, drei Millionen Polen vom Land in die Städte ziehen können, um dort endlich den Platz der Juden einzunehmen. Die zwangsweise Aussiedlung der Juden wäre zugleich auch ein wichtiger Beitrag zur Lösung der Bevölkerungsfrage.

Der polnische Madagaskar-Plan, der sich aus dem französischen Vorbild heraus entwickelte, hing jedenfalls wesentlich mit den ernsthaften Bevölkerungsproblemen des Landes zusammen. Die polnische Regierung benützte in den ausführlichen politischen und diplomatischen Beratungen mit französischen und englischen Regierungschefs vor allem demographische und und wirtschaftliche Argumente, um die großangelegte Emigration von Juden aus Polen zu rechtfertigen, während die Unterstützung der polnischen Bevölkerung für dieses Projekt auch von ganz anderen Motiven geleitet war.

Der polnische Außenminister Jozef Beck erklärte bereits im Januar 1936 im *Sejm*, daß, so meinte seine Regierung, ein erheblicher Teil der dreieinhalb Millionen Juden aus Polen nach Palästina und/oder einer afrikanischen oder südamerikanischen Kolonie emigrieren müßte.[5] Am 7. Februar 1936 sandte Dr. Stephen Wise im Namen der Vereinigung Polnischer Juden in den USA ein Telegramm an die polnische Regierung. Darin protestierte er gegen die Pläne der Regierung Beck, polnische Juden zum Verlassen des Landes zu zwingen. Er merkte dazu an, daß derartige Maßnahmen dem Vertrag von Versailles und der polnischen Gesetzeslage widersprächen.

Aus diesem Grund müßte man an den »aufgeklärten« Westen appellieren, die diplomatischen Kontakte mit Polen abzubrechen.[6] Im Juni des Jahres 1936 wurde bekannt, daß die polnische Delegation auf der 17. Vollversammlung des Völkerbundes, welche im Herbst in Genf abgehalten werden würde, die Problematik der Rohstoffe für die polnische Wirtschaft und jene der Kolonien und der Emigration zur Sprache bringen wollte. Am 1. Oktober erklärte Beck im Namen seiner Regierung, daß Polen in der Mandatskommission des Völkerbundes vertreten sein wollte.

R. Vansittart telegraphierte im Namen des englischen Botschafters in Warschau, H. Kennard, nach London, daß die polnische Presse diese Erklärung Becks als »einen ersten, sehr bescheidenen Schritt« in Richtung Anerkennung der »demographischen Rechte« Polens (i. e. Anspruch auf Kolonien) betrachtete. Würde auf internationaler Ebene anerkannt werden, daß Polen diese Rechte hätte, könnte Polen auch die Bevölkerungsfrage lösen. Es würde dann, so die polnische Presse, ein Gebiet geben, »in dem sich polnische Einwanderer in großer Zahl unter Wahrung ihrer kulturellen und ökonomischen Rechte, aber ohne Verletzung des gegenwärtigen politischen Status des fraglichen Gebiets ansiedeln könnten«. Baxter schrieb als Antwort auf dieses Telegramm: »Der wahre Grund, warum Polen Kolonien braucht, ist die Tatsache, daß in Polen mehr als drei Millionen Juden leben. Manchmal wünschen sich die Polen, daß sie die eine oder andere Million dieser elenden Juden einfach so in irgendeiner Wüste abladen könnten.«[7]

Von 1936 bis zum Einmarsch der Deutschen 1939 wurden in Polen allerlei Pläne entworfen, um die dreieinhalb Millionen Juden in die Emigration zu zwingen.[8] Am 5. Oktober 1936 berichtete der englische Botschafter in Warschau, H. Kennard, daß die halboffizielle Nachrichtenagentur *Iskra* sehr detailliert gemeldet hätte, welche Themen die polnische Regierung auf der 17. Vollversammlung des Völkerbundes in Genf in den verschiedenen Kommissionen würde besprechen müssen. Es handle sich dabei um die Notwendigkeit, zum Zwecke der industriellen Entwicklung viel mehr Rohstoffe zu importieren, die Problematik der Überbevölkerung und die Lage der Juden im Land. Ebenfalls am 5. Oktober besprach M. Rose im Namen der Delegation zur Kommission II die ökonomischen und finanziellen Probleme, mit denen das Land zu kämpfen hatte. In diesem Zusammenhang ging er ausführlich auf die Problematik der dreieinhalb Millionen armen Juden im Land ein, für die es dort keine Zukunft gebe. Er bat zwar nicht um bestimmte Kolonien, unterstrich aber, daß konkrete Schritte gesetzt werden müßten. Er schien sich sehr wohl bewußt zu sein, daß eine massive Abwanderung von Juden aus seinem Land ernsthafte finanzielle Probleme mit sich bringen würde.

Am 6. Oktober sprach M. Komarnicki namens seiner Delegation in der Kommission VI zum Thema Mandatsgebiete. Zuallererst ließ er seine Freude darüber erkennen, daß die Aussiedlung der Juden nach Palästina glücklicherweise noch immer möglich wäre. Es würden jedoch andere Gebiete für »das immense Reservoir an jüdischer Bevölkerung in Zentral- und Osteuropa« gefunden werden müssen. Er brachte zum Ausdruck, sich durchaus dessen bewußt zu sein, daß der Völkerbund nur schrittweise vorgehen könnte, meinte aber, daß man mehr und konkretere Vorschläge zur Lösung dieser Problematik unterbreiten müßte.

In den folgenden Wochen erschienen in polnischen Tageszeitungen und Wochenmagazinen zahlreiche Kommentare zu den Themen, die Rose und Komarnicki im Namen der polnischen Delegation in Genf aufs Tapet gebracht hatten. Nie zuvor hatte eine polnische Regierung für die Unterbreitung politischer Vorschläge derartig viel Unterstützung von Oppositionsparteien und fast allen gesellschaftlichen Gruppen erhalten, wie jetzt, da es darum ging, das Land mittels zwangsweiser Aussiedlung von den Juden zu »säubern«.[9]

Sir H. Kennard, Warschau, schrieb am 20. Oktober 1936 an Anthony Eden, London, daß die Frage der Juden in Polen nicht gelöst werden könnte, wenn außer Palästina kein anderes Gebiet für die Auswanderung der Juden gefunden würde. Aus diesem Grund hätte die polnische Delegation auf der Vollversammlung des Völkerbundes in Genf zum Erstaunen der Briten ein flammendes Plädoyer für den Erwerb von Kolonien gehalten.[10]

In einer Radioansprache an die Nation erklärte Beck am 26. Oktober offiziell, daß seine Regierung in Verhandlungen mit Regierungschefs anderer Länder das Recht der polnischen Nation auf überseeische Kolonien hervorhob. Weiters müßten internationale Bankinstitute Polen helfen, die zwangsweise Aussiedlung aller in Polen wohnenden Juden zu finanzieren. Die deutsche Regierung wäre an gutnachbarschaftlichen Beziehungen zu Polen interessiert und würde das Land schon nicht angreifen. Im November und Dezember wiederholte Beck diesen Standpunkt.[11] C. O. Neill von der britischen Botschaft in Warschau zitierte am 29. Oktober in einem Memorandum mit dem Titel *On Poland's Colonial Claims* den bereits erwähnten Kommentar Baxters.[12]

Die Pläne der polnischen Regierung wurden auch von den Oppositionsparteien des Landes unterstützt. Schon am 19. Dezember hatte die Polnische Bauernpartei ihre Sicht der Judenfrage dargelegt. In Artikel 8 des neuen Parteiprogramms, das am Parteitag vom 7. und 8. Dezember beschlossen worden war, wurde der Standpunkt der Partei zur Judenfrage wie folgt formuliert: Zwar sollten alle Bürger des Landes – ungeachtet ihrer Religion oder ihrer Nationalität – gleiche Rechte haben, es hätte sich allerdings leider erwiesen, daß die Juden einen Fremdkörper in Polen darstellten und sich nicht anpassen könnten. Als Mitglieder des Mittelstandes übten sie in Polen einen viel größeren Einfluß als in anderern Ländern Europas aus. Infolgedessen hätte sich in Polen kein eigener Mittelstand entwickeln können. Es wäre für den Staat von eminentem Interesse, daß jene Funktionen, die nun von den Juden bekleidet würden, binnen kürzester Zeit von Polen übernommen würden. Obwohl die Partei prinzipiell gleiche Rechte für Juden in Polen anerkennen wollte, strebte sie dessen ungeachtet danach, die jüdische Problematik mittels Zwangsaussiedlung aller Juden zu lösen.[13] Einen gleichlautenden Standpunkt nahmen auch zahlreiche andere Oppositionsparteien ein. 1897 hatten Roman Dmowski, Jan Poplawski und Sigismund Balick die *Stronnictwo Narodowe* (Nationalistische Partei) gegründet. Sie waren die Väter des politischen Antisemitismus in Polen. Der Parteiname wurde abgeändert: Nationale Demokratie, kurz *Endek*. Diese Partei war von Anfang an sowohl hinsichtlich ihrer Zielsetzung als auch ihrer Vorgangsweise anti-jüdisch.

Die *Endek* war die stärkste und bestorganisierte Oppositionspartei Polens, die auch am meisten von sich hören ließ. Keine andere Partei war für die Entwicklung des Antisemitismus in Polen so sehr verantwortlich wie die *Endek*. Lange bevor Hitler die politische Bühne betrat, hatte sie ein ausgesprochen antisemitisches Programm. Darüber hinaus verstand man es, der großen Mehrheit der polnischen Bevölkerung ab den dreißiger Jahren das Gefühl zu geben, die Judenfrage wäre die dringendste. Der *Endek* gelang es, die Problematik der fünf Millionen Ukrainer und der einen Million Deutschen im Land gänzlich in den Hintergrund zu drängen und das Hauptaugenmerk auf die Juden zu lenken. Die Partei sprach sich sowohl für den Boykott der Juden im Land als auch für die zwangsweise Aussiedlung aus. In dieser Partei, deren meiste Mitglieder katholisch waren, wurde diskutiert, welche Methoden man zur Ausschaltung jüdischen Einflusses anwenden sollte.

Die älteren Mitglieder der *Endek* lehnten jegliche Form von Gewalt ab, die große Mehrheit aber behauptete, daß jede Methode (unter anderem auch Pogrome) erlaubt wäre, um das gesteckte Ziel zu erreichen. Als ältere Parteimitglieder nach dem Pogrom von Przytyk bemerkten, daß der Antisemitismus und dessen Ausbrüche mit den Prinzipien des Christentums nicht im Einklang standen, konterte die *Endek* mit folgender offizieller Erklärung: »Wir verspüren nicht das geringste Bedürfnis, zu erklären, der Antisemitismus widerspreche dem Christentum. Eine solche Sichtweise ist rundweg lächerlich! Wer so etwas behauptet, beweist, daß er mit den Traditionen und den Prinzipien der katholischen Kirche in dieser Angelegenheit in keiner Weise vertraut ist.« War es in vergangenen Jahrhunderten jemals vorgekommen, daß die Kirche ein Wort des Mißfallens hatte hören lassen, wenn es um die Verbannung der Juden aus praktisch allen europäischen Ländern ging? Hatten nicht die Päpste selbst in der zweiten Hälfte des 16. Jahrhunderts die Juden aus allen Städten des Kirchenstaates verbannt? Ging Verbannung nicht stets Hand in Hand mit Gewalt, und war dem seinerseits keine Gewalt vorangegangen? Polen fände sich als letztes in dieser Reihe aller Länder ein, und die *Endek* schlage genaugenommen eine viel großzügigere Lösung der Judenfrage vor: die Aussiedlung aller Juden in ein überseeisches Gebiet. In der Vergangenheit hätten sich weltliche und geistliche Anführer absolut keine Gedanken darüber gemacht, wohin die Juden, die sie aus dem Land jagten, gehen sollten. Die polnischen Katholiken, die sich der genannten Partei angeschlossen hatten, wollten die Juden nicht verbannen, sondern aussiedeln. Dies wäre angesichts der Sorge um die Zukunft der Juden etwas vollkommen anderes als die Vorgangsweise kirchlicher und weltlicher Autoritäten in der Vergangenheit.[14]

Im Januar 1937 erklärte der Vorstand der *Endek*, daß der Parteistandpunkt unverändert wäre. Alle Juden müßten mittels Deportation außer Landes gebracht werden. »Es widerspricht der Vernunft und ist für die polnische Bevölkerung in höchstem Maße beleidigend, den Grundsatz gleicher Rechte – ungeachtet der Religion und der Nationalität – auch für die Juden gelten zu lassen. Denn die Juden sind der Ursprung allen Übels und Unglücks in Polen.« Da der Jude, so der Parteistandpunkt, erkennen ließe, daß er der Erzfeind der katholischen Polen wäre, sollte er möglichst bald gezwungen werden, das Land zu verlassen.[15]

Im Januar 1937 stellte die bereits genannte Polnische Bauernpartei in ihrem Wochenmagazin klar, daß die Regierung nicht einmal daran zu denken brauchte, im Zusammenhang mit der Überbevölkerung des Landes den Madagaskar-Plan für polnische Bauern wie schon 1926 wieder aus der Schublade hervorzuholen. Der Standpunkt der Partei war, daß nicht die Bauern, sondern die Juden auf diese Insel auswandern sollten.[16]

Für einen Historiker ist es erschütternd, im Archivmaterial der politischen Parteien Polens zu lesen, daß in diesem Land seit Mitte der dreißiger Jahre unseres Jahrhunderts eine solche Übereinstimmung hinsichtlich der Lösung der dortigen Judenfrage gegeben war. Das Lager der Nationalen Einheit (OZN), eine politische Partei jener Zeit, legte am 22. Mai 1937 einen streng vertraulichen Bericht betreffend ihre Meinung zur Judenfrage in Polen vor. Die wichtigsten Punkte, die Skwarczynski in seiner Rede zu diesem Thema im Februar jenes Jahres herausgearbeitet hatte, waren darin aufgenommen worden. In den folgenden Wochen (am 25., 26. und 27. Mai sowie am 4., 9. und 12. Juni 1937) stellte die OZN ihre Sicht in den berühmt gewordenen *Thesen zur Jüdischen Frage* dar, die in weiterer Folge von Miedzinski in der *Gazeta Polska* kommentiert wurden. Auf Basis dieser Thesen betrieb die polnische Regierung zwischen 1936 und 1939 – als die OZN an der Macht war – ihre Politik zur Lösung der Judenfrage.[17] Ich präsentiere hier – in den Worten der OZN – eine Zusammenfassung dieser Thesen.

Politisch gesehen sind die Juden Staatenlose, sind sie Mitglieder einer weltweiten Gruppierung (*pozapanstwowa grupa*). Darum können ihre Interessen nie mit jenen Polens übereinstimmen. Die Juden schwächen die nationale Entwicklung des Landes, da sie mit rund dreieinhalb Millionen in der polnischen Gesellschaft überrepräsentiert sind. Sie verfolgen eigene Ziele, die mit jenen der polnischen Nation nicht vereinbar sind. Schließlich üben sie in allen sozialen und ökonomischen Bereichen des polnischen Zusammenlebens schädlichen Einfluß aus. Die Juden haben einen schweren Stein um den Hals der polnischen Nation gehängt. Nicht nur weil sie eine Minderheit von dreieinhalb Millionen darstellen, sondern vor allem auch weil sie in hohem Ausmaß am Geldhandel und dem Bankwesen beteiligt sind. In Krisenzeiten geraten sie in Panik, ziehen das Geld von den Banken und den Wechselstuben ab und unterminieren das Vertrauen der Polen in die Regierung. Deswegen ist die Judenfrage in Polen zur Sprache gekommen. Die polnische Nation und der Staat haben der kommunistischen Partei des Judentums den Krieg erklärt. Der konservativ-orthodoxe Flügel des Judentums stellt eine schwere Belastung für Nation und Staat dar, da er in ethischer und kultureller Hinsicht so radikal anders ist. Das Judentum ist ein Fremdkörper in Polen, der sich in den »Volkskörper« eingenistet hat und an dem die Nation erkrankt ist. Da die Juden sowohl wegen ihrer Anzahl als auch wegen ihrer extremen Andersartigkeit eine Gefahr für die Nation darstellen, kann die polnische Nation erst geheilt werden, wenn alle Juden des Landes verwiesen werden.

Die Judenfrage in Polen wird allerdings nicht nur von den genannten politischen, sozialen und ökonomischen, sondern auch von religiösen Faktoren bestimmt. Darin unterscheidet sich die jüdische Problematik wesentlich von jener anderer Minderheiten (wie der Ukrainer und der Deutschen). Da die Juden nach dermaßen eigenartigen religiösen und ethischen Anschauungen leben, stellen sie nicht nur für die katholische Kultur in Polen, sondern für die gesamte europäische Kultur eine große Gefahr dar. Die Partei vertritt die Auffassung, daß Katholiken in Polen und ganz Europa den »Schweinestall«, in den die Juden in manchen Stadtvierteln das religiöse und sittliche Leben verwandelt haben, nur als Beleidigung ihres christlichen Glaubens empfinden können. Kurz: Sie betreiben eine abscheuerregende und lächerliche Form von Zauberei und Aberglauben und imitieren die Praktiken asiatischer Schamanen und schwarzer Stammesführer im afrikanischen Busch, wie zum Beispiel die rituelle Schlachtung von Tieren. Dies sind so elementare kulturelle Unterschiede, daß man sie mit den Gewohnheiten des polnischen oder auch des russischen Volkes nicht einmal vergleichen kann. Die Judenfrage ist zur politisch wichtigsten Frage geworden, die dringend einer Lösung harrt. Diese Lösung steht für die große Mehrheit des polnischen Volks in Zusammenhang mit dem *to be or not to be* der polnischen Nation. Dies bedeutet aber nicht, daß der Antisemitismus der OZN und der Regierung auch vom Rassismus der Nazis in Deutschland gekennzeichnet ist. Wir lehnen die These vom Supremat bestimmter nationaler Werte über andere ab. Dennoch stehen wir auf dem Standpunkt, daß das Eigene und Besondere an der Kultur einer Nation ein unermeßlich großer Wert ist, den wir verteidigen und weiter entwickeln müssen. Dieses »Eigene« einer nationalen Kultur hat mit Rassismus, in concreto mit Antisemitismus, nichts zu tun.

In den Thesen der OZN folgte der Diagnose die »Therapie«: »Die Partei vertritt den Standpunkt, daß sämtliche dreieinhalb Millionen Juden zum Auswandern in ein überseeisches Gebiet gezwungen werden müssen. Nach ihrem Abzug kann die polnische Nation wieder genesen.« Die Politik der polnischen Regierung wurde von dieser Auffassung der OZN getragen.

Daß die OZN die rassistische Variante des Antisemitismus ablehnte, würde sich auch am Standpunkt zeigen, den die polnische Regierung ein Jahr später, 1938, in der *Puder*-Affäre einnahm. Puder, der jüdischer Abstammung war, war nach seiner Konvertierung zum römisch-katholischen Glauben Priester geworden und zum Pfarrer ernannt worden. Die Bekanntgabe von Puders Berufung zum Nachfolger des alten Priesters Trzeciak, eines bekennenden Antisemiten in Warschau, hatte in der nationalsozialistischen und katholischen Presse eine Flut antisemitischer Proteste hervorgerufen. Immer wieder tauchte in den Artikeln auf: »Einmal ein unmoralischer Jude, immer ein unmoralischer Jude.« Da Puder gesagt hatte, er besäße die jüdische Nationalität, schloß man daraus, er hätte sein Polentum verleugnet.

Als er einmal einen Sonntagsgottesdienst in Warschau leitete, brüllte jemand in die volle Kirche: »Welch Gotteslästerung: ein Jude am Altar!« So etwas hatte es im katholischen Polen noch nie gegeben: Ein Priester, der im liturgischen Gewand die Heilige Messe zelebrierte, war von einem Antisemiten als Jude beschimpft worden! Dies löste in der katholischen Welt Polens große Betroffenheit aus. In der Presse wurde die Frage gestellt, ob Antisemitismus ohne Rassismus möglich wäre. Die radikal nationalsozialistische Presse der jüngeren Generation (vor allem Studenten) bezog einen eindeutig rassistischen Standpunkt: »Wie können polnische Kirchgänger an der Heiligen Messe teilnehmen, wenn sie sich dabei einen Priester bieten lassen müssen, der dieses typisch jüdische Äußere hat? Wenn er nicht selbst gesagt hätte, daß er die jüdische Nationalität besäße, hätte ihn allein schon sein typisch jüdisches Gesicht verraten.« Der bekannte Publizist Stanislaw Mackiewicz, Herausgeber der rechtsgerichteten Zeitung *Slowo* in Wilna, schrieb: »Ein Jude ist jemand jüdischer Abstammung.« Aber die regierungsnahe Presse (wie beispielsweise die *Gazeta Polska*) lehnte rassistische Stellungnahmen in der *Puder*-Affäre resolut ab.

Die Regierung wies jede Form rassistischen Antisemitismus als ausländische Erfindung und im Widerspruch mit der polnischen Tradition und Lehre der katholischen Kirche zurück. Viele verstanden nicht, warum die Regierung einerseits alles daran setzte, die Juden zum Auswandern zu zwingen, sich aber andererseits für den Priester Puder einsetzte. Deshalb machte der Schriftsteller und Dichter Jozef Relidzynski den Standpunkt der Regierung (und der OZN) im Bulletin der Vereinigung Polnischer Veteranen noch einmal deutlich. Er behauptete, daß die anti-jüdisch-katholische Sichtweise der Regierung und die daraus resultierende antijüdische Politik nichts mit der rassistischen Variante des Antisemitismus zu tun hätten. Dies würde auch implizieren, daß Katholiken jüdischer Abstammung nie zum Verlassen des Landes gezwungen werden würden.

Dennoch waren die Beweggründe für die zwangsweise Aussiedlung der Juden sicher nicht frei von rassistischen Nebengeräuschen. Wir müssen uns vergegenwärtigen, daß in der polnischen Werteordnung, die stark von einer aristokratischen Tradition bestimmt wird, das Ehrgefühl hoch im Kurs steht. Als die Juden gleiche Bürgerrechte forderten, haben so gut wie alle Polen dies als Verletzung ihres Ehrgefühls und ihrer Integrität empfunden, da die Juden seit dem Mittelalter als eine streng abgeschottete Gruppe innerhalb der polnischen Gesellschaft betrachtet wurden. Eine Gruppe, die durch eigenartige religiöse und moralische Gesetze auffiel.

Wie Lenin sprachen auch die Polen über die Juden als eine Kaste. Da die Juden für die katholische Kirche Polens eine solche Kaste mit inferiorer Lebensweise darstellten, war die Politik der geistlichen Führer stets darauf gerichtet gewesen, die Katholiken vor dem »schädlichen Einfluß dieser Kaste« in Schutz zu nehmen (vergleiche die frühere soziale Situation der schwarzen Bevölkerung in Amerika). Selbstverständlich waren geschäftliche Kontakte zwischen Juden und Polen für die Wirtschaft notwendig. Von Gleichheit zwischen Polen und Juden konnte aber überhaupt keine Rede sein. Es war eine polnische »Volksweisheit«, daß eine überlegene Gruppe (Katholiken) einer inferioren Bevölkerungsgruppe (Juden) keine gleichen Rechte zugestehen konnte. Angehörige der jüdischen Kaste waren Ziel von Verachtung und Spott, im besten Fall von Mitleid.

Nur manchmal wurden positive Eigenschaften einzelner Juden anerkannt. »Auch wenn er Jude ist, ist er doch ein ordentlicher Mensch!« war zur stehenden Redewendung geworden. Wenn Juden jedoch in Anspruch nehmen wollten, den Polen vollkommen gleich erachtet zu werden, wurde dies als Anmaßung und Übertretung der Kasten-Grenzen empfunden. Es wäre ja den Angehörigen einer solchen Kaste inhärent, ein untergeordnetes Leben zu führen. Deshalb riefen Forderungen nach gleichen gesellschaftlichen Rechten für alle Juden bei den meisten Katholiken Verachtung, Abscheu und Haß hervor. Sie sprachen dann von den »stinkenden Juden« und den »niederträchtigen Juden«, von welchen sie aufgrund der radikalen Andersartigkeit ihres Tuns und Lassens auf den Gebieten von Religion, Sprache, Kleidung, Kultur und Wirtschaftsleben bedroht würden. Sie gestanden ein, daß es kultiviert erzogene Juden gab. Dem fügten sie aber sogleich hinzu, daß sich diese nie aus ihrem inferioren Status befreien könnten und als Angehörige einer bestimmten Kaste ihre angeborenen und unabänderlichen Charakteristika nie würden ablegen können. Zwar wäre es noch kein Verbrechen, als Jude geboren zu werden, wie dies die Nationalsozialisten in Deutschland behaupteten; dennoch wurde man im katholischen Polen bereits mit nur einem jüdischen Elternteil als Jude und somit als Mensch zweiter Klasse angesehen. Daran änderte auch die Tatsache nichts, daß sich der Betreffende in jeder Hinsicht vollkommen »polnisch« verhielt und bei jeder Gelegenheit betonte, Pole und nicht Jude zu sein. Das Wort »Pole« war meistens für Katholiken reserviert und wurde selten im Zusammenhang mit Juden gebraucht. Darum hatten sich Ausdrücke wie »Pole jüdischen Glaubens« oder »Polnische Juden« nie eingebürgert.

Juden waren eindeutig stigmatisiert. Selbst wenn ihr Jude-Sein rein äußerlich nicht sichtbar war, reichte die bloße Tatsache aus, als Juden geboren zu sein, um die Stigmatisierung zu »rechtfertigen«. Man sprach vom »Stigma der jüdischen Abstammung«. Die Ahnenreihen politischer Gegner (links und rechts) wurden regelmäßig durchforstet, um herauszufinden, ob sich jüdische Namen darunter befanden. Wenn nachgewiesen worden war, daß jemand jüdische Vorfahren hatte, mußte sich der Betreffende sofort aus der Politik zurückziehen.

Ernsthafte Probleme gab es auch, wenn Katholiken mit gänzlich »polonisierten«

Juden, die bereit waren, sich taufen zu lassen, die Ehe schließen wollten. Es ist interessant, welche Argumente der aufgeklärt-katholische Philosoph und Schriftsteller Stanislaw Witkiewicz diesbezüglich ins Treffen führte. Er, der mit Sholom Asch befreundet war und diesen als seinen Lehrer und sein Vorbild bezeichnete, warnte seinen Sohn vor dem Konflikt, der unausweichlich entstehen würde, wenn dieser eine Jüdin, die vollkommen »polnisch« lebte und sich taufen lassen wollte, heiraten würde: »Zwischen Dir und ihr wird sich sofort ein Abgrund auftun, [...] da sich in Dir unweigerlich ein Gefühl von rassischer und sozialer Überlegenheit, von historischer Überlegenheit ausbreiten wird und in ihr ein Gefühl tiefer Verachtung, welches die Juden nun einmal für den Rest der Menschheit hegen. Denke einmal gut darüber nach, was Du tun würdest, wenn sie ein halbes Dutzend kleiner Juden und Jüdinnen gebären würde und diese dann Deine Kinder sind!«

Obwohl das Gegenteil sehr leicht bewiesen werden konnte, waren Vorurteile bezüglich der Unterlegenheit der Juden im katholischen Polen tief verwurzelt. Die Juden waren auf literarischem Gebiet überdurchschnittlich begabt und das in einem Land, in dem die Zahl der Analphabeten erschreckend hoch war. Oft übertrafen sie die Polen auf dem Gebiet der Nächstenliebe für Arme und Bedürftige innerhalb ihrer Gemeinschaft. Der Anteil an Kriminellen und Verbrechern war unter den Juden um einiges geringer als unter den Polen. In Relation waren ihre schulischen Leistungen besser. Allen Diskriminierungen zum Trotz leisteten sie ihren Beitrag zu Wissenschaft, Unterricht und Kultur. Aber solche Tatsachen wurden, auch wenn man sie schwarz auf weiß hatte, bestritten. Auch bei den Mitgliedern der OZN spielten Vorurteile eine Rolle, als sie im Mai und Juni 1937 das Programm zur zwangsweisen Aussiedlung erstellten. Wenn sich die Juden mit ihren angeborenen, unabänderlichen Charakteristika nicht in die Gesellschaft integrieren könnten, wäre Deportation die bessere Lösung.

In diesem Zusammenhang muß noch erwähnt werden, daß die polnisch-deutschen Beziehungen stark von der Anwesenheit rund einer Million Deutscher in Polen beeinflußt wurden. Diese bekleideten vor allem in den westlichen Gebieten einflußreiche Positionen in der Wirtschaft und unterhielten zu Politikern ihres Vaterlandes hervorragende Beziehungen. Zwischen 1933 und 1935 machten die meisten deutschen Organisationen in Polen einen Nazifizierungsprozeß durch. Die deutsche Presse in Polen veröffentlichte regelmäßig antisemitische Artikel, die hauptsächlich im *Weltdienst*, dem Organ der Antisemitischen Internationale in Erfurt, erschienen. Die Führer der deutschen Organisationen sorgten allerdings dafür, daß in Polen keine großangelegte antisemitische Propaganda verbreitet wurde. Sie waren sich zum Großteil durchaus bewußt, daß es nicht unbedingt notwendig war, die rassistische Variante des Judenhasses zu fördern. Der traditionelle christliche Judenhaß war in allen Gesellschaftsbereichen dermaßen stark präsent, daß man der Ansicht war, damit dasselbe erreichen zu können wie mit dem rassistischen Judenhaß der Nationalsozialisten: die »Entjudung« Polens. Es verstand sich von selbst, daß die polnische Regierung bei ihren Plänen mit breiter Unterstützung der Deutschen im Land rechnen konnte. Verschiedene herausragende polnische Persönlichkeiten dieser Zeit, die mit den im Land lebenden Deutschen verkehrten, gerieten stark unter den Einfluß der rassistischen Variante des Judenhasses. Sowohl der polnische Ministerpräsident Felicjan Slawoj-Skladkowski als auch Außenminister Jozef Beck schrieben später in ihren Memoiren[18], daß die rassistische Ausformung des Judenhasses in jener Zeit in Polen stark zunahm. So machten der Herausgeber der konservativen Tageszeitung *Slowo*, Stanislaw Cat-Mackiewicz, und Professor Wladyslaw Studnicki, die beide aus Wilna stammten, aus ihrer großen Wertschätzung für die rassistische Variante des deutschen Judenhasses ausdrücklich kein Hehl. Studnicki befürwortete eine Stärkung der politischen und ökonomischen Position der deutschen Minderheit in Polen, weil dadurch der notwendige Prozeß der »Entjudung« Polens stimuliert werden würde.[19] Mackiewicz erklärte in aller Öffentlichkeit: »Wir sind Rassisten.« Aus diesem Grund war letztgenannter auch der Ansicht, daß konvertierte Juden keine Polen wären und für die in Aussicht genommene Zwangsaussiedlung in Frage kämen.[20] Es waren nicht wenige katholische Organisationen und Vereinigungen, die immer häufiger dazu übergingen, Katholiken jüdischer Abstammung aus ihrer Mitte fernzuhalten, da diese doch für die Emigration vorgesehen wären. Mit demselben Argument wurden jüdische Katholiken ihrer Ämter und Funktionen enthoben: Sie müßten das Land ohnehin bald verlassen.[21] Aufgrund dieser Entwicklung muß man feststellen, daß die rassistische Ausformung des Judenhasses eine viel größere Rolle spielte, als es den diplomatischen und politischen Dokumenten nach den Anschein hat.

Im Juni 1937 ließ die *Endek* erkennen, daß ihr Vorschlag, die Juden von jeglichem sozialen, ökonomischen und kulturellen Leben in Polen auszuschließen, kein Selbstzweck war, sondern ein Mittel, um ihr Endziel zu erreichen: Deportation der Juden.[22] Am 30. Juni wurde auf einem Kongreß der *Zwionzek Mlodej Wsi* (dem rechten Flügel der organisierten jungen Bauern Polens) in Warschau eine Resolution verabschiedet, in der man davon ausging, daß »die Juden die ersten sind, die aus dem übervölkerten Polen auf eine Insel auswandern müssen, da sie ein fremdes und gefährliches Element innerhalb der polnischen Gesellschaft darstellen«.[23]

Die Polnische Sozialistische Partei war die einzige Partei in Polen, die die Juden im großen und ganzen in Schutz nahm. Als aber im Laufe des Jahres 1937 so gut wie alle politischen Parteien der Ansicht waren, daß die jüdische Frage mittels zwangsweiser Aussiedlung in ein überseeisches Gebiet gelöst werden müßte, fand sich im Herbst sogar in der Sozialistischen Partei eine kleine Minderheit, die diese Auffassung teilte. Es ist erstaunlich, wie massiv die Propaganda war, welche in jenen Jahren praktisch alle politischen Parteien – und nicht nur diese – für die großangelegte Deportation der Juden nach Madagaskar betrieben. So massiv, daß selbst Mitglieder der einzigen Partei, die dem noch ablehnend gegenüberstand, begannen, eben diese Deportation als einzige Möglichkeit zur Lösung der Judenfrage in Polen zu betrachten.

1937 publizierte J. M. Borski eine Schrift über die Lösung der Judenfrage in Polen.[24] Eine Zusammenfassung seiner Meinung erschien in der sozialistischen Tageszeitung *Robotnik*. Wenn der Autor auch keine führende Funktion in dieser Partei ausübte, war er doch ein wichtiger Journalist, der regelmäßig für das genannte Blatt schrieb. In seinem Artikel lehnte Borski die orthodox-marxistische Interpretation des Antisemitismus, wie sie von Victor Adler vertreten wurde, ab. Diese lautete: Der Antisemitismus wird als Produkt des Kapitalismus von selbst verschwinden, wenn erst der sozialistische Staat gegründet sein sein wird. Borski zufolge hatte der Antisemitismus mit ökonomischem Wetteifern und Ausbeutung wenig zu tun. Seiner Meinung nach hatte es eher mit dem »fremden Element« zu tun, das die Juden in der Gesellschaft darstellten. Sie wären so radikal anders und hätten im Lauf der Jahrhunderte eine kulturelle, religiöse, linguistische und sogar physische Identität entwickelt, die den Polen (und anderen europäischen Nationalitäten) wesensfremd wäre. Darum hätten die Juden Polen auch nie als ihr Vaterland betrachtet und eigentlich könnte auch er nicht behaupten, daß die Juden eine Tradition und Geschichte wie alle anderen Völker hätten. Die Juden, so Borski, wären nämlich genaugenommen überhaupt kein Volk. Sie wären im düsteren Mittelalter und den damit verbundenen Angewohnheiten und Traditionen steckengeblieben. Sie würden dies alles nie aufgeben, und unter diesem Aspekt machte es für sie keinen Unterschied, ob Polen eine kapitalistische oder eine sozialistische Nation wäre. Der Jude würde immer der radikal »Andere«, der Anpassungsunwillige, bleiben. Aus diesem Grund könnten die Juden seiner Meinung nach nicht als Ebenbürtige akzeptiert werden; die erzwungene Aussiedlung, um die sie sozusagen selbst gebettelt hätten, wäre die einzige Alternative. Die Polen – und hier vor allem die Sozialistische Partei – wären viel lieber anders als auf dem Wege der Deportation nach Palästina und/oder Madagaskar mit ihnen verfahren. Nebenbei merkte Borski dann doch an, daß die Juden, solange sie noch nicht aus dem Land entfernt worden wären, gleiche Bürgerrechte genießen müßten.

Der 1922 gegründeten Katholischen Partei gehörten vor allem Katholiken und Monarchisten an. Die Gründungsmitglieder waren Graf Tarnowski und Graf Sobanski. Während eines Parteitags in Warschau am 12. Dezember 1937 sagte Prinz Janusz Radziwill: »Aufgrund der Äußerungen Kardinal Hlonds erscheint es gerechtfertigt, dem Einfluß der Juden in wirtschaftlichen und moralischen Bereichen Einhalt zu gebieten. Die jüdische Frage kann allerdings nur dann einer endgültigen Lösung zugeführt werden, wenn die Juden gezwungen werden, das Land zu verlassen und nach Madagaskar zu emigrieren.«[25]

Auch Studentenverbände teilten den Standpunkt der Regierung und praktisch aller politischen Parteien. Die große Mehrheit der Studentenorganisationen und studentischen Verbindungen in Polen war extrem antisemitisch. So zum Beispiel die Nationale Radikale Jugendorganisation (genannt *Nara*), die *Falanga*, die extrem militante *Obez Wielkopolski* und die ABC.

Im Januar 1938 nahmen die Studentenorganisationen die folgende Resolution an: »Der polnische Gesetzgeber muß Vorschriften erlassen, welche die Juden des Landes aller ihrer politischen Rechte berauben und die es ihnen auch verbieten, in den Militärdienst einzutreten. Juden sollten gezwungen werden, ausschließlich in bestimmten Gegenden des Landes zu wohnen (nach russischem Vorbild). Auch sollte es ihnen verboten werden, Geschäfte abzuwickeln oder Handel zu treiben. Sie sollten überhaupt keinen einzigen Beruf ausüben dürfen. In jedem Fall müssen sie aus Gdingen, Kattowitz, Tschenstochau und sämtlichen Grenzgebieten verbannt werden.« All diese Maßnahmen müßten aber im Dienste einer äußerst durchschlagskräftigen Aussiedlungspolitik stehen.[26]

Immer mehr Parteien schlossen sich dem an, was andere schon seit 1935 zu diesem Thema ausformuliert hatten. Am 23. Januar 1938 nahm die *Stronnictwo Pracy* von Ignacy Paderewski auf ihrem ersten Kongreß in Kattowitz in Artikel 8 ihres Parteiprogramms folgendes auf: »Diese Partei wird für die radikale Entfernung der Juden aus Industrie, Handel und Geschäftsleben kämpfen. Die Partei wird jeden Versuch, die Juden kulturell gänzlich von den Polen zu trennen, unterstützen. [...] Die beste Lösung für die Judenfrage in Polen ist Aussiedlung der Juden nach Madagaskar.«[27] Ein Standpunkt, den die Partei am 9. Juni wiederholen würde.[28]

Am 26. Januar schrieb ein Mitarbeiter des *Berliner Tagblatts* über die antisemitische Offensive der rechtsgerichteten Parteien Polens und zitierte Ministerpräsident Slawoj-Skladkowski, der sich zur jüdischen Problematik wie folgt geäußert hatte: »Der Kampf gegen die Juden ist ein Kampf gegen die Übervölkerung, ein Kampf um das tägliche Brot.« Für den Ministerpräsidenten stellte die Judenfrage zuallererst ein demographisches und ökonomisches Problem dar, das nur durch die Aussiedlung der Juden gelöst werden könnte.

Auf Parteitagen jener Jahre stand die jüdische Problematik auf den Tagesordnungen immer ganz oben. Am 20. Juni 1938 konferierte die bereits zuvor genannte Polnische Konservative Partei der Monarchisten und Katholiken unter Vorsitz von Senator Graf Adolf Brinski zum Thema Judenfrage und verabschiedete die folgende Resolution: »Wir erklären, daß man gegen den Einfluß der Juden und ihre Dominanz im ökonomischen und kulturellen Leben entschieden auftreten muß. [...] Die Judenfrage muß mittels Deportation aller Juden gelöst werden.«[29]

Auch die Organe vieler anderer Parteien widmeten diesem Lösungsansatz zur jüdischen Problematik ihre Aufmerksamkeit. Am 25. Juni erschien im Parteiblatt der *Endek* ein Sonderartikel, in dem diese ihren Standpunkt, im Lande müsse alles unternommen werden, um die Juden zum Auswandern zu zwingen, mit zahlreichen Argumenten vertrat.[30] Am 21. November schrieb die »nationaldemokratische« Zeitung *Dziennik Narodowy*, die in jenen Jahren die vielleicht antisemitischste Propaganda von ganz Polen betrieb: »Die Entfernung aller Juden aus Polen ist eine unabdingbare Voraussetzung für die Erneuerung Europas.« Diese Partei hielt unablässig feurige Plädoyers für die Zwangsaussiedlung der Juden in eine französische (Madagaskar) oder eine englische Kolonie (Guayana).

Man gelangt zu dem Schluß, daß seit 1935 alle politischen Parteien Polens derartige Brandreden hielten und daß die Studentenorganisationen ein und derselben Auffassung anhingen.

Die polnische Regierung wurde also von beinahe allen politischen Parteien und von zahlreichen Wissenschaftlern unterstützt. 1938 strich der bereits genannte Peter-Heinz Seraphim die demographische und ökonomische Notwendigkeit eines Madagaskar-Plans hervor. In Osteuropa war nämlich schon von einer »Judenballung«, einem »Verjudungsprozeß« oder einer »Judendichte« die Rede. Es würde eine gewaltige Erleichterung darstellen, wenn zumindest der Madagaskar-Plan der polnischen Regierung als ein erster Schritt, alle Juden zum Auswandern auf diese Insel zu zwingen, zur Ausführung gelangte.

Am 11. Januar 1938 erhielt der polnische Außenminister von seinem deutschen Amtskollegen Neurath einen Bericht, in dem dieser bekundete, die deutsche Regierung stehe den Bemühungen der polnischen Regierung positiv gegenüber.[31]

Auch im polnischen Parlament debattierte man regelmäßig über dieses Thema. Am 24. Januar meldete das Deutsche Nachrichtenbüro, daß der Abgeordnete Wojciechowski im Finanzausschuß des polnischen Parlaments ein leidenschaftliches Plädoyer gehalten hätte, um die Juden in die Emigration zu zwingen. Er hätte die Judenfrage ausführlich zur Sprache gebracht, vor allem im Zusammenhang mit der Bevölkerungsexplosion, mit der das Land zu kämpfen hatte. Da Polen geographisch betrachtet zu klein wäre, so der Abgeordnete, um der gegenwärtigen Bevölkerung eine Zukunft zu bieten, und sich unter den Polen die Ansicht verbreitete, daß die Juden ein fremdes und niemals assimilierbares Element innerhalb der Gesellschaft darstellten, wäre unter der jüngeren Generation (vor allem den Studenten an den Universitäten) ein Proteststurm gegen diese Gruppe losgebrochen. Die Ausarbeitung eines Emigrationsplans für die Juden wäre, so die Meinung des Redners, das wichtigste politische und ökonomische Thema, mit dem sich Regierung und *Sejm* zu beschäftigen hätten. Alle Abgeordneten hätten seiner Ansicht nach die Pflicht, gemeinsam einen Plan zu entwickeln, mit Hilfe dessen das Land vom »jüdischen Element« befreit werden würde. Er fände es in diesem Zusammenhang überflüssig zu erwähnen, daß der Staat gegenüber den Juden, die nach Ende des Ersten Weltkrieges aus Rußland nach Polen gekommen wären, keinerlei Verpflichtungen hätte. Da in Polen kaum genug Platz für die Polen selbst wäre, dürfte der Staat besonders diesen russischen Juden gegenüber keine Gastfreundschaft mehr an den Tag legen. Wojciechowski meldete in weiterer Folge Protest gegen bestimmte Kreise in Amerika und England an, die unter Berufung auf die Humanität die polnischen Juden in Schutz nehmen wollten. Polen würde die reichen Nationen (dabei dachte er vor allem an England) dazu auffordern müssen, jene Juden, die aus Rußland kommend in Polen eingedrungen wären, selbst aufzunehmen oder sie nach Palästina oder in ihre dünn besiedelten überseeischen Gebiete auswandern zu lassen. Von den Juden im In- wie im Ausland erwartete er, daß sie – im Namen der Humanität – die polnischen Pläne unterstützen würden.[32]

Der polnische Madagaskar-Plan fand jedoch im Ausland wenig Resonanz. Am 22. November 1938 schrieb der deutsche Botschafter von Moltke einen Brief an das Reichsaußenministerium in Berlin. Darin berichtete er über diplomatische Beratungen der Polen in verschiedenen Städten Europas, um die Judenfrage auf dem Wege der Emigration zu lösen. Er merkte dazu an, daß die polnische Presse die Vorkommnisse der »Reichskristallnacht« im allgemeinen nicht gerade kritiklos kommentiert hätte.

Das Organ der Polnischen Nationaldemokraten, der *Dziennik Narodowy*, hätte zum Beispiel geschrieben, daß auf diese Weise deutlich geworden wäre, daß die Judenfrage nur dann gut gelöst werden könnte, wenn die Juden in die Emigration gezwungen würden. So gesehen müßten, so der Journalist, die Ereignisse in Deutschland ein zusätzlicher Ansporn für die polnische Regierung sein. In diesem Zusammenhang teilte Moltke mit, daß in den vorhergehenden Wochen zahlreiche diplomatische Beratungen zwischen der polnischen Regierung und ausländischen Regierungschefs stattgefunden hätten. Diese Rücksprache würde von der gesamten polnischen Presse unterstützt. Der Diplomat brachte auch seine Besorgnis darüber zum Ausdruck, daß aufgrund der internationalen Entwicklung (in Deutschland hatte sich die »Reichskristallnacht« ereignet, in Österreich der »Anschluß« stattgefunden, wodurch zehntausende Juden geflüchtet waren; darüber hinaus war die internationale Konferenz von Evian[33] über die Aufnahme der jüdischen Flüchtlinge aus Deutschland und Österreich gescheitert) den Problemen Polens zu wenig Aufmerksamkeit geschenkt werden könnte. Die ganze Welt wäre mit der Lösung der Probleme deutscher und österreichischer Juden beschäftigt, Amerika und England täten aber gerade so, als ob es in Polen keine Juden mehr gäbe. Bei den Besprechungen, die in Evian geführt worden wären, und in den Versammlungen des *Intergovernmental Committee for Refugees* drehe sich alles ausschließlich darum, ein Land für die in Deutschland und Österreich verfolgten Juden zu finden. Dazu sei Moltkes Meinung nach zu bedenken, daß man es in Deutschland nur mit einer knappen halben Million Juden zu tun hatte. Er warnte davor, daß die polnischen Juden Gefahr liefen, zwischen zwei Stühlen auf dem Boden zu landen.[34]

Den Plänen der polnischen Regierung wurde also in der Presse viel Aufmerksamkeit geschenkt. Am 2. Dezember 1938 erschien beispielsweise zu diesem Thema ein Artikel in der *Gazeta Polska*, dem offiziellen Organ der polnischen Regierung. Darin wurde den Juden vor allem vorgeworfen, die Pläne der Regierung nicht ausreichend zu unterstützen. In seinem Bericht verglich der Journalist die Anstrengungen, die die polnische Regierung in den letzten Jahren unternommen hätte, um ein überseeisches Siedlungsgebiet für die Juden zu finden, mit der Bereitschaft der polnischen Juden, an diesem Plan mitzuwirken, was allerdings erst nach den Pogromen von Odessa und Kishinev der Fall gewesen wäre; einzelne jüdische Stimmen seien laut geworden, die forderten, man solle dem Aufruf der Regierung Gehör schenken. Er kreidete es den Juden vor allem an, daß sie offensichtlich nicht bereit wären, den Emigrationsplan auch finanziell zu unterstützen, obwohl sie doch selbst davon profitierten, jenes Land, in dem sie keine Zukunft mehr hätten, so schnell wie möglich zu verlassen. Die Juden wurden in weiterer Folge gewarnt, daß sie im Falle mangelnder Mitwirkung am Madagaskar-Plan Pogrome und die Einführung der Nürnberger Gesetze riskieren würden. Dann würden sie sich zweifelsohne beeilen, das Land zu verlassen.

Auch der polnische Botschafter warnte – wenn auch aus anderen Beweggründen als der Journalist der *Gazeta Polska* – im Dezember 1938, die polnische Regierung könnte sich dazu veranlaßt sehen, die Nürnberger Gesetze einzuführen. Am 9. Dezember traf der Diplomat in London mit W. Strang, einem hohen Beamten des Außenministeriums, zusammen. Der Botschafter, so die Auskunft Strangs, »befürchtete jedenfalls, daß die polnische Regierung unvermeidlich gezwungen wäre, dieselbe Vorgangsweise wie Deutschland zu wählen und sich in ihrer allgemeinen Politik dieser Regierung sogar stärker anzunähern, sollte für die polnischen Juden nichts getan werden«.

Der Botschafter machte folgende Bemerkungen: Die jüdische Problematik wäre in Polen viel ernster als in Deutschland. Nicht nur weil in Polen in Relation viel mehr Juden lebten als in Deutschland, sondern auch weil die deutschen Juden aus dogmatischen (rassistischen) Gründen verfolgt würden. In Polen würden die Juden nicht verfolgt [sic!], sondern werde die Judenfrage im Zusammenhang mit der ökonomischen und der demographischen Frage gesehen. Jetzt, da die Welt zum ersten Mal mit der Existenz einer jüdischen Problematik in Europa konfrontiert werde, wäre es, dem Botschafter zufolge, von großer Bedeutung, das Augenmerk auf die ganz speziellen polnischen Aspekte zu richten. Er unterstellte, daß die jüdische Frage in Deutschland kaum mittels zwangsweiser Aussiedlung gelöst werden könnte (wie das Hitler, Göring und andere Politiker vorgeschlagen hatten), da man in den Kolonien keine jüdischen Intellektuellen, sondern Agraringenieure und Handwerker benötigte. Die deutschen Juden wären allesamt Intellektuelle, die polnischen jedoch Handwerker und Agraringenieure. Da deutsche Politiker in den vergangenen Monaten immerzu von Madagaskar geredet hatten, erwähnte der polnische Botschafter nicht diese französische Insel, sondern den Norden Rhodesiens, einer englischen Kolonie. Dort wären die Juden aus Polen als Siedler sehr gut aufgehoben.

Er schlug vor, pro Jahr an die 100 000 polnische Juden dorthin zu schicken. Der Botschafter hatte vollkommenes Verständnis dafür, daß sich der Vorsitzende des *Intergovernmental Committee for Refugees*, Lord Winterton, nur mit der Suche nach einem außereuropäischen Territorium für jüdische Flüchtlinge aus Deutschland beschäftigen könnte. Dies bedeute aber nicht, daß er die anderen damit verbundenen

Aspekte der jüdischen Frage einfach so vom Tisch wischen könne, wie Winterton das offensichtlich täte. Viele Juden, die sehr lange in Deutschland gelebt hätten, wären im November 1938 dennoch nach Polen ausgewiesen worden, da sie die polnische Staatsangehörigkeit besaßen. Als der polnische Botschafter gemeint hätte, daß die Kommission auch diesen Juden helfen müßte, hätte Winterton nur ausweichend geantwortet. Würde für die polnischen Juden nichts getan werden, so fürchtete der Botschafter, daß seine Regierung dereinst durchaus dasselbe mit den Juden aufführen könnte, wie es die Deutschen bereits getan hätten. Diese hätten den Weg der Diskriminierung, Stigmatisierung und Abschottung, der schließlich in die »Reichskristallnacht« gemündet wäre, beschritten. Die polnische Regierung wäre nach wie vor bereit, die jüdische Frage auf »humane Weise« mittels Zwangsaussiedlung zu lösen.[35]

Am 11. Dezember präsentierte die polnische Regierung ein Finanzierungskonzept für den Madagaskar-Plan.[36] Die Aussiedlung der Juden würde mit ausländischen Krediten finanziert werden müssen, die später mittels zusätzlicher Exportleistungen ratenweise getilgt würden. Diese Exporte bezeichnete die Regierung als »ein Opfer, welches das polnische Volk bringen müßte, um das Land vom Judentum zu reinigen«. Es wäre auch für die polnische Handelsbilanz von großer Bedeutung, könnte man ein überseeisches Gebiet ausfindig machen, in dem polnische Juden die Möglichkeit zur Ansiedelung hätten. Polen habe, da es über keine eigenen Kolonien verfüge, bis zum damaligen Zeitpunkt alle Rohstoffe um teure Devisen importieren müssen. So hätte man zwei Fliegen auf einen Streich: Aufgrund der Abwanderung der Juden wäre die Bevölkerungsproblematik in den nächsten Jahren zu bewältigen, zugleich würde das Handelsbilanzdefizit erheblich sinken.

In der Vergangenheit hatten sowohl die Polnische See-Liga als auch die Polnische Koloniale Liga ähnliche Pläne ausgearbeitet. Als der polnische Staat im Jahre 1918 gegründet worden war und auch ehemalige deutsche Gebiete an Polen fielen, hatten die genannten Ligen daraus gefolgert, der neugegründete Staat müßte auch einen proportionalen Anteil an den deutschen Kolonien erhalten. In weiterer Folge war geplant gewesen, daß polnische Bauern in großer Zahl in eine solche überseeische Kolonie auswandern sollten. Diese Pläne aber waren auf Eis gelegt worden. Ab 1936 ging es nicht mehr darum, selbst Kolonien zu erwerben, sondern die Zustimmung großer Kolonialmächte – Frankreichs und Englands – zu folgendem Plan zu erlangen: die Schaffung eines enormen Reservates für die polnischen Juden, die sich dann zugleich auch um ein großes Reservoir an allen benötigten Grundstoffen kümmern könnten.

Dieses Finanzierungskonzept für die Aussiedlung der Juden nach Madagaskar stieß aber im *Sejm*, bei den politischen Parteien und der Bevölkerung auf dermaßen großen Widerstand, daß es schon bald in der Schublade verschwand. Ein halbes Jahr später, am 4. April 1939, legte die polnische Regierung einen neuen Finanzplan vor, in dem nicht mehr das polnische, sondern das jüdische Volk die Opfer bringen sollte.

Die Kolonialmächte fanden, daß Polen – was die Rohstoffe anging – theoretisch recht hätte. Dennoch wollten sie dem Land in der Praxis nicht entgegenkommen. Einerseits waren sie nicht bereit, an den restriktiven Einwanderungsgesetzen für ihre Kolonien zu rütteln, da sie die Sorge hatten, die vielen armen polnischen Juden würden unter der einheimischen Bevölkerung zuviel Chaos und Unruhe verursachen. Andererseits befürchteten sowohl Frankreich als auch Großbritannien und die USA nach der zwangsweisen Aussiedlung der Juden eine weitere Destabilisierung der polnischen Gesellschaft. Diese Angst wurde vor allem von folgenden zwei Faktoren ausgelöst: Alle drei Mächte hatten gemeinsame finanzielle Interessen zu wahren, da sie in die polnische Wirtschaft viel investiert hatten. Darüber hinaus sahen sie in Polen aber eine Art Strohmann, der ihre Interessen in Osteuropa wahren sollte. Sie erwarteten von Polen, daß es sowohl gegen deutsche als auch gegen russische Expansionsbestrebungen als Puffer fungieren würde. Dennoch brachte die polnische Regierung in den Versammlungen des Völkerbunds das Bedürfnis nach Hilfe seitens der Kolonialmächte immer stärker zum Ausdruck, fand damit jedoch kaum Gehör. In der Frage der Deportation der Juden von Polen nach Madagaskar (oder ein anderes überseeisches Gebiet) waren antisemitische und ökonomische Motive untrennbar miteinander verbunden.

Das größte Problem im Zusammenhang mit dieser Aussiedlung war die beinahe unlösbare Devisenfrage. Selbstverständlich ging man von Anfang an davon aus, daß so viele Juden wie möglich auswandern sollten. Gleichzeitig wollte man aber verhindern, daß die reichen Juden ihr Vermögen und die wertvollen Devisen außer Landes bringen würden.

Am 13. Dezember 1938 schrieb der deutsche Botschafter Moltke einen Brief an das Reichsaußenministerium in Berlin. Dieses Schreiben hatte die Zusammenarbeit der polnischen Regierung mit jüdischen Organisationen zum Inhalt. Moltke wies darauf hin, daß nach Ansicht der polnischen Regierung eine Lösung der Judenfrage nur auf dem Wege der Aussiedlung der Juden gefunden werden könnte. Mit Genugtuung schrieb der Botschafter, daß ihm seitens der Regierung mitgeteilt worden wäre, man strebe danach, das Problem in enger Zusammenarbeit mit Vertretern jüdischer Organisationen in Polen zu lösen. Aus diesem Grund hätte der polnische Außenminister Beck vor kurzem eine Delegation des Jüdischen Komitees für Koloniale Fragen empfangen. Beck hätte in seinen Beratungen mit deren Mitgliedern auf die absolute Notwendigkeit einer konstruktiven Auswanderungspolitik hingewiesen.[37] Unter starkem Druck der polnischen Regierung gründeten die Juden im Dezember 1938 die Kommission zur Förderung Jüdischer Pionierleistungen und Kolonialisierung Madagaskars oder Kenias. Diese Kommission sollte alles unternehmen, um die Juden zur Auswanderung in eines der beiden Gebiete zu bewegen.[38]

In ihren Plänen zur großangelegten Aussiedlung der Juden fühlte sich die polnische Regierung durch Hitler selbst bestätigt. Am 5. Januar 1939 schrieb Moltke an Beck,

Hitler hätte ihn wissen lassen, ein großer Befürworter der Idee zu sein, alle Juden in ein überseeisches Gebiet, möglichst weit weg von Europa, zu deportieren. Da die westeuropäischen Mächte für die kolonialen Ansprüche Deutschlands so wenig Verständnis aufgebracht hätten, so Hitler, hätte er den europäischen Juden noch kein Gebiet irgendwo in Afrika zur Verfügung stellen können.[39]

Am 1. Januar 1939 reagierte der polnische Ministerpräsident Slawoj-Skladkowski auf die Intervention General Skwarczynskis und 116 Abgeordneter zum polnischen Parlament vom 13. Dezember 1938. Er betonte, daß die Möglichkeiten, die Juden auf dem Wege der Diskriminierung zum Verlassen des Landes zu zwingen, ausgeschöpft wären. Die polnische Regierung würde aber dessen ungeachtet weiterhin alles unternehmen, um die Aussiedlung der Juden in ein überseeisches Gebiet zu organisieren. Dazu merkte er an, daß diese Pläne seit 1936 die ungeteilte Zustimmung der meisten Polen erfahren hätten. Endlich würden die Intellektuellen des Landes Grund zur Freude haben, da die polnische Kultur vom schädlichen jüdischen Einfluß (ein Thema, das die Parlamentarier ununterbrochen beschäftigt hatte) »gesäubert« werden würde. Endlich würde der Ausbeutung polnischer Arbeiter ein Ende gesetzt werden und die armen polnischen Bauern in den Städten, wo die Juden eine breite Mittelschicht bildeten, Arbeit finden können.[40]

Einige Tage später, am 3. Januar 1939, bezog sich auch Moltke in einem Brief an das Reichsaußenministerium in Berlin auf diese Intervention. Der General hatte damals beim Ministerpräsidenten darauf gedrungen, die Deportation aller Juden aus Polen kurzfristig zu ermöglichen. Die polnische Regierung würde in Absprache mit ausländischen Regierungen schnell ein ausgedehntes Gebiet finden und darüber hinaus die nötigen Fonds anzapfen müssen, um diese großangelegte Aussiedlung auch finanzieren zu können. Eine solche Maßnahme würde nach Meinung des Generals in völligem Einklang mit den finanziellen, sozialen und kulturellen Wünschen und Bedürfnissen des polnischen Volkes stehen. Mit anderen Worten: Die Deportation der Juden aus Polen fände in der polnischen Gesellschaft breite Zustimmung.

Es ging darum, geeignete Gebiete für dieses Unterfangen zu finden, außerdem würde ein internationaler Fonds gestiftet werden müssen, um das gewaltige Projekt zu finanzieren. Der polnische Rundfunk hatte für weitere Propaganda gesorgt und der Redner bekam ausreichend Gelegenheit, seine im *Sejm* gehaltene Ansprache noch einmal ausführlich zu wiederholen und zu erläutern. Der Abgeordnete wies außerdem darauf hin, daß das stärkste Argument, die Juden zu einer Aussiedlung zu bewegen, zweifelsohne anti-jüdische Gesetze wären, die man kurzfristig beschließen müßte. Jedenfalls wäre in Polen eine paradoxe Situation entstanden: Als Folge des Zustroms jüdischer Flüchtlinge aus Deutschland wäre Polen zum Land der jüdischen Immigranten geworden, wohingegen doch deutlich wäre, daß Polen zugleich das Land der jüdischen Auswanderer par excellence wäre.[41]

In diesem Zusammenhang schrieb der Warschauer Korrespondent des *Berliner Tagblatts* am 24. Januar 1939, daß der polnische Antisemitismus durch den massiven Zustrom jüdischer Flüchtlinge, die aus Deutschland und anderen Ländern kommend Polen überfluten, noch verstärkt würde. Diese Entwicklung wäre nach Ansicht des Korrespondenten Wasser auf die Mühlen von Regierung, *Sejm* und politischen Parteien, um die Judenproblematik des Landes mit Hilfe einer organisierten Massenauswanderung der Juden zu lösen. Die polnische Regierung würde diesen Schritt zweifelsohne setzen, wenn sie nach internationalen Beratungen eine französische oder englische Kolonie bekommen könnte.

In zahlreichen Tageszeitungen sowie in Wochen- und Monatsmagazinen wurde dieser Zustrom jüdischer Flüchtlinge als Argument aufgegriffen, um die Zwangsaussiedlung aller Juden aus Polen zu rechtfertigen. Am 5. Februar schrieb die Redaktion der *Münchener Neuesten Nachrichten*, daß die polnische Regierung fest dazu entschlossen wäre, die Juden aus dem Land zu vertreiben. Um dies alles verwirklichen zu können, hätte die polnische Regierung weltweite diplomatische Beratungen initiiert, auf daß sich die eine oder andere Kolonialmacht bereit erklären würde, die polnischen Juden als Siedler auf ihrem Staatsgebiet tätig werden zu lassen.

Im Frühjahr 1939 befürchtete die polnische Regierung, von England keine Beistandsgarantie für den Fall eines deutschen Übergriffs zu erhalten. Der Außenminister erhielt daraufhin den Auftrag, im Zuge des nächstfolgenden Treffens mit seinem Amtskollegen in London am 30. März die Frage der Deportation der Juden aus Polen neuerlich aufs Tapet zu bringen.[42] Am 4. April kamen England und Frankreich Polen hinsichtlich der Finanzierung dieses Projekts entgegen.[43] Die polnische Regierung ließ sich dabei von jenem Modell inspirieren, das Eichmann und seine Leute zur Vertreibung der Juden aus Wien angewandt hatten.

Nachdem im April die Spannungen in Europa wegen der deutschen Kriegsvorbereitungen immer größer geworden waren, unternahmen Frankreich und Großbritannien den Versuch, sich der Sympathie der polnischen Regierung zu versichern. Die gemeinsame Schenkung eines Devisenpakets und ein Kredit in Höhe von 20 bis 30 Millionen Pfund Sterling waren als ein Beitrag hierzu gedacht. Außerdem garantierte die britische Regierung den Polen, 50 000 Juden pro Jahr die Auswanderung nach Palästina zu ermöglichen. Als Beck London einen Besuch abstattete, wurde beschlossen, daß auswanderungswillige reiche Juden 80 Prozent ihres Vermögens bei einem polnischen Kreditinstitut deponieren müßten. Die restlichen 20 Prozent wären der Preis, den sie zahlen müßten, um für die Auswanderung überhaupt in Betracht zu kommen. Das Kreditinstitut würde dann in weiterer Folge die Aussiedlung armer Juden aus Polen finanzieren. Die reichen Juden würden Kreditbriefe im Gegenwert der von ihnen hinterlegten 80 Prozent erhalten. Nach ihrer Emigration nach Palästina oder »eine dieser extrem dünn besiedelten Weltgegenden« sollten sie mit Hilfe dieses Kreditinstituts und in Absprache mit allen involvierten Parteien Handelsagenturen einrichten, die Rohstoffe nach Polen exportieren würden. Aufgrund dieses Exports sollten die Juden erst Jahre später die restlichen 80 Prozent ihres Vermögens von der Kreditbank in Form von Devisen ausbezahlt bekommen.

Reiche jüdische Händler müßten als »Pioniere der jüdischen Auswanderung« im Ausland Unternehmen etablieren, in denen sie später arme Juden aus Polen würden beschäftigen können.

Madagaskar kam in diesem Finanzierungskonzept nicht expressis verbis vor, nur von Palästina und »vereinzelten noch unbewohnten Gebieten« war die Rede. Dies deshalb, da die französische Regierung ihren eigenen Madagaskar-Plan ad acta gelegt hatte und sich durchaus bewußt war, daß sie wegen der Proteste, die im eigenen Land gegen diesen Plan laut geworden waren, keine einzige französische Kolonie mehr für verfolgte Juden würde bereitstellen können. Dennoch schien die polnische Regierung noch sehr lange die Hoffnung gehegt zu haben, daß Madagaskar dessen ungeachtet zum nächsten Zielhafen für polnische Juden werden würde.

Die französische, britische und polnische Regierung würden an das »Weltjudentum« und vor allem an die jüdischen Finanziers in den USA appellieren, diesen ehrgeizigen Auswanderungsplan mit Geldmitteln auszustatten. Man war sich bewußt geworden, daß dessen Finanzierung nur in sehr beschränktem Maße von reichen polnischen Juden getragen werden könnte. *The Times* schrieb noch am selben Tag, dem 4. April, enthusiastisch und zustimmend, daß die internationale Finanzierung des polnischen Madagaskar-Plans in keiner Weise der Wirtschaft auch nur irgendeines Landes der Welt den geringsten Schaden zufügen würde. Es handle sich schließlich nur um jüdische Emigranten aus Polen, die in einer sehr dünn besiedelten und einsamen Weltgegend arbeiten würden.

Am 10. Mai wiederholte General Skwarczynski in einem Interview, daß sich am Standpunkt der polnischen Regierung in der Judenfrage nichts geändert hätte und daß die Regierung weiterhin danach trachte, die Zahl der Juden im Land drastisch zu verringern.[44] Zwischen 1936 und 1939 war die polnische Regierung so sehr damit beschäftigt, über ein Groß-Polen samt Kolonien (i. e. Mandatsgebiete) zu phantasieren, daß sie die Gefahr, die von Nazi-Deutschland ausging, vollkommen unterschätzte. Das gesamte polnische Volk träumte von einem bequemeren Leben in einem Polen, aus dem die Juden endlich ausgewandert wären. Über Jahre hinweg hörte man aus dem Munde von Kindern wie von Erwachsenen und auch auf Hauswänden konnte man lesen »Jude, verschwinde aus dem Land, geh nach Palästina«, »Jude, scher dich zum Teufel nach Madagaskar«.

Laut einer Notiz des *Foreign Office* vom 10. Juni 1939 hätte der polnische Außenminister Beck während eines Besuchs in London gesagt: »Die polnische Regierung wäre sehr erfreut, wenn sich die britische Regierung, die so viel Verständinis für die Bedeutung dieses Problems für Polen bekundet hat, in der Lage sähe, andere Territorien als gleichwertige Ausweichgebiete für die jüdischen Aussiedler aus Polen zu erschließen.« Die Problematik jüdischer Flüchtlinge aus Deutschland berührte auch polnische Interessen ganz unmittelbar. Auf der einen Seite wurde Polen zum Zufluchtsort für diese deutschen Juden, andererseits wurden auch weitere Gebiete zum Ziel für die aus Deutschland Flüchtenden. Dies hatte zur Folge, daß die Möglichkeiten, eine geordnete Aussiedlung der Juden aus Polen zu verwirklichen, geringer geworden waren. Dennoch sollte die britische Regierung nach Ansicht Becks jetzt, da die Chancen der Juden, nach Palästina zu gehen, stark gesunken wären[45], andere Gebiete zur Verfügung stellen, um deren Auswanderung aus Polen zu ermöglichen. So kämen beispielsweise bestimmte Gebiete in Britisch-Guayana dafür in Frage.

Da der Widerstand gegen den französischen Madagaskar-Plan in Frankreich ganz offensichtlich zu stark geworden war, London aber auch keinen Druck auf Paris ausüben wollte, polnischen Juden diese Insel zur Verfügung zu stellen, waren wieder häufigere diplomatische Beratungen mit der englischen Regierung bezüglich deren Kolonien in Gang geraten. Die polnische Regierung hatte dabei wohl an den Norden Rhodesiens oder Britisch-Guayana gedacht.[46]

Am 23. Juli 1939 veröffentlichte die *Gazeta Polska*, die in allen Belangen stets den Regierungsstandpunkt wiedergab, einen Artikel, in dem klar konstatiert wurde, daß die Regierung die Zwangsaussiedlung aller Juden aus Polen noch immer als *die* Lösung der jüdischen Problematik betrachtete. Aus der Tatsache, daß sich die Beziehungen zu Deutschland verschlechtert hätten, dürfe der Leser nicht schließen, daß diese Variante zur Lösung der Judenproblematik minder aktuell geworden wäre. Die Polen hätten sich, so die Zeitung weiter, nie mit dem internationalen, also dem rassistischen Antisemitismus identifiziert. Der polnische Antisemitismus unterscheide sich von der deutschen, österreichischen, rumänischen oder ungarischen Variante. Es handle sich dabei um eine Ausprägung des Antisemitismus, der in der langen Tradition der katholischen Kirche wurzelte, die wüßte, woran sie mit den Juden wäre. Die Polen strebten ausschließlich nach einer Lösung der Judenfrage im eigenen Land. Es wäre im Interesse des polnischen wie auch des jüdischen Volkes, daß das »jüdische Element« aus dem Land entfernt würde. Man hätte ein eigenes Aussiedlungsprogramm entwickelt, an dem sich auch unter den neuen politischen Gegebenheiten nichts geändert hätte. Die Umsetzung dieses Projekts nähme Jahre in Anspruch, und es stehe fest, daß man es nicht preisgeben würde.[47] Der Einmarsch der deutschen Wehrmacht in Polen im September 1939 machte die Umsetzung des so lange gehegten Madagaskar-Plans der polnischen Regierung schließlich unmöglich.

Als die polnische Regierung ihre Pläne bekanntgab, mittels derer man die Juden zum Auswandern zwingen wollte, entsprach dies der allgemeinen Stimmung im Land.[48] Vor allem die katholische Kirche sorgte dafür, daß die Saat aufging. Wegen ihres enormen Einflusses in der Gesellschaft war die katholische Kirche die einzige Instanz, die der Verbreitung des virulenten Antisemitismus Einhalt hätte gebieten können. Sie tat aber genau das Gegenteil.[49]

In der Vorstellung der meisten Polen waren Katholizismus und Patriotismus untrennbar miteinander verbunden. Zur Zeit der Fremdherrschaft (zwischen 1795 und 1918) hatte sich in der katholischen Kirche das poetische Bild von Polen als dem Christus unter den Völkern entwickelt. In jener Zeit wurde die katholische Kirche zum Vorkämpfer der Entwicklung und Aufrechterhaltung der polnischen Identität und darüber hinaus *das* Symbol für den Widerstand gegen die Fremdherrschaft. Als Polen 1918 wieder unabhängig geworden war, anerkannte die polnische Regierung die zentrale Stellung der Kirche in der Gesellschaft, indem sie ihr eine privilegierte Position zugestand, die später auch in den Dekreten von 1921 und 1935 näher definiert wurde.

Die Geburt des neuen Staates ging Hand in Hand mit zahlreichen antisemitischen Ausschreitungen. Zwischen November 1918 und Januar 1919 brachen mehr als 100 mehr oder weniger ernste Krawalle gegen Juden aus. Diejenigen, die diese Krawalle rechtfertigten, bezeichneten die Juden als parasitäre Ausbeuter und Vergifter der polnischen Seele. Ein tonangebender Geistlicher und Abgeordneter zum *Sejm*, Kazimierz Lutoslawski, schrieb in seinem 1921 erschienenen Buch über *Das Wesen der Judenproblematik* unter anderem: »In den letzten Jahrzehnten haben die Juden die polnische Volksseele systematisch vergiftet. Sie beherrschten die polnischen Literaturzirkel, die Welt der Kunst und der Wissenschaft. Ihr schädlicher Einfluß drang bis ins Herz des nationalen Lebens, nämlich die Politik, vor. Indem sie die schöpferische Kraft des polnischen Geistes vernichteten, machten sie es den Polen unmöglich, noch selbständig zu denken. Als Polen 1918 endlich wieder eine unabhängige Nation geworden war, waren die Juden zu Tode erschrocken, da sie befürchteten, die Regierung würde ihrer parasitären Ausbeutung nun ein Ende setzen.«

Juden wurden vor allem verdächtigt, bolschewistische Spione zu sein.[50] Seit Beginn der zwanziger Jahre hatten nämlich zahlreiche Angehörige des Klerus die Juden beschuldigt, Handlanger des Kommunismus zu sein. Während des polnisch-russischen Krieges von 1920 wurde in der katholischen Presse das Judentum mit dem Bolschewismus gleichgesetzt oder dieser als Instrument zur Eroberung der Weltherrschaft in den Händen der Juden gesehen. Im Sommer 1920 schrieb das polnische Episkopat in einem Hirtenbrief, der – was ganz erstaunlich war –, diesmal an die Katholiken in aller Welt gerichtet war, unter anderem: »Das wahre Ziel des Bolschewismus ist die Eroberung der Welt. Jene Rasse, die sich des Bolschewismus bedient, hat die Welt schon in der Vergangenheit mit Hilfe des Goldes und des Bankierwesens unterworfen. Da ihr Herz vor lauter imperialistischer Gier unbändig schlägt, werden die Angehörigen dieser Rasse nun von dem Wahn angetrieben, sich alle Völker der Welt für alle Zeiten untertan zu machen und dem Joch ihrer Herrschaft zu unterwerfen.«

Zwischen den Weltkriegen war die Kommunistische Partei die einzige in Polen, die im unbegrenzten Wildwuchs des Antisemitismus radikalen Kahlschlag betreiben wollte. Nicht nur theoretisch, sondern tatsächlich war der Katholizismus zur Staatsreligion geworden. In derselben Regierungserklärung von 1937, in der sie ihre Pläne skizzierte, unterstrich die Regierung die privilegierte Stellung der katholischen Kirche.

Die katholische Kirche Polens blieb ein Bollwerk des Antisemitismus, sowohl im traditionellen als auch im »modernen« Sinn des Wortes. In der Vergangenheit hatte sie in der Treue der Juden gegenüber dem Glauben ihrer Vorväter eine Gefahr für den Glauben ihrer eigenen Anhänger gesehen. Nun wurde auch in der wachsenden Säkularisierung der jüdischen Jugend im modernen Polen eine neue Ausprägung der traditionellen Gefahr konstatiert. Die Kirche war in extremer Sorge, daß die Integration der Juden in die polnische Gesellschaft die Verweltlichung des gesamten Lebens mit sich bringen würde. In Predigten und Presseartikeln katholischer Medien jener Zeit kann man nachlesen, daß diese Angst nicht nur bei einfachen Journalisten und Gemeindepfarrern, sondern auch unter Akademikern und Angehörigen des hohen Klerus beinahe hysterische Formen angenommen hatte. In einem Periodikum der Jesuiten mit dem Titel *Przeglad Powszechnij* liest man als Reaktion auf die Pogrome von 1936, daß der Autor die Gewaltanwendung gegenüber Juden zwar verurteilte, er beeilte sich aber hinzuzufügen: »Wir müssen die Juden aus dem christlichen Zusammenleben entfernen. Es ist notwendig, separate Schulen für Juden einzurichten, damit unsere Kinder nicht von ihrer inferioren Moral angesteckt werden!« Am 16. März 1936 beschloß man in der polnischen Bischofssynode, daß jüdische Kinder in den Schulen von nicht-jüdischen Kindern zu trennen wären und daß Juden polnischen Kindern keinen Unterricht erteilen dürften.

Ebenfalls 1936 schrieb der Primas der katholischen Kirche, Kardinal Hlond, in einem Hirtenbrief, der von allen Kanzeln verlesen wurde:

> »Es existiert ein Judenproblem und es wird solange weiterexistieren, solange die Juden Juden bleiben. Dieses Problem ist in den verschiedenen Ländern mehr oder weniger bedrohlich präsent, auch sind die Erscheinungsformen dieses Problems nicht überall gleich. Vor allem in unserem Land stellt es ein besonders schwerwiegendes Problem dar und darum müssen wir uns sehr ernsthaft damit auseinandersetzen. [...] Es ist eine Tatsache, daß die Juden gegen die katholische Kirche kämpfen, daß sie Freidenker sind, daß sie die Vorhut bilden für Atheismus und jene bolschewistische Bewegung, die für die Revolutionen in unserer Welt verantwortlich zeichnet. Es ist weiters eine Tatsache, daß der Einfluß der Juden auf die Moral unseres Volkes ein fataler ist und daß jüdische Verlage pornographische Literatur verbreiten. Es läßt sich nicht leugnen, daß die Juden Betrug und Wucher betreiben und mit weißen Sklaven handeln. Tatsache ist es schließlich auch, daß von jüdischen Halbwüchsigen ein schlechter Einfluß auf das religiöse und ethische Leben der katholischen Jugend ausgeht. [...] Man muß sich gegen den schädlichen Einfluß, der vom Judentum ausgeht, schützen. Aus diesem Grund müssen wir uns in diesem Land gegen alle Äußerungen anti-christlicher Kultur abschirmen und vor allem die jüdische Presse mit ihren demoralisierenden Publikationen boykottieren.«[51]

Die sogenannte Katholische Aktion ging allerdings viel weiter als die anti-jüdische Politik, die die Bischöfe skizziert hatten. In keinem anderen europäischen Land erschienen in der katholischen Presse soviele antisemitische Artikel wie in Polen. Es waren vor allem katholische Priester, die zahlreiche antisemitische Bücher schrieben.[52] Schon allein das Wort »Talmud« rief bei den meisten Polen die Vorstellung vom Juden als Kindermörder und Verbündeter des Teufels hervor. 1938 kam ein beliebter Kalender auf den Markt, in dem der Teufel – umringt von Büchern – dargestellt war. Eines dieser Bücher war der Talmud. Im Klappentext heißt es: »Die Bücher Juda. Satan selbst hat sie mit dem Blut und den Tränen der Nicht-Juden geschrieben.« Und sonntags vergifteten die Priester die polnische Volksseele mit Predigten voller Judenhaß.

Polnische Intellektuelle hatten den Boden aufbereitet, sodaß die Regierungspläne für eine Zwangsaussiedlung aller Juden aus dem Land die Zustimmung der meisten Menschen fanden.[53] In Tageszeitungen, Wochen- und Monatsmagazinen und in Büchern publizierten sie über den sogenannten kulturellen Antisemitismus. Ein stets wiederkehrendes Hauptthema, das in vielen Varianten ausgearbeitet wurde, war, daß Juden im kulturellen Leben Polens zu zahlreich und viel zu prominent vertreten wären und deshalb die authentische polnische Kunst, die polnische Literatur und die polnische Sprache unterminierten. Das antisemitischste Buch war ohne Zweifel *Der Fall des Messias*, das von einigen Intellektuellen der *Endek* unter dem Pseudonym Henryk Rolicki herausgegeben worden war. Es erschien 1930 und erfuhr noch einige weitere Auflagen. Thema des Buches war die »teuflische Macht« der Juden, von der schon ganze Völker zugrunde gerichtet worden wären und die in Polen ihr Endstadium erreicht hätte. Diese Macht müßte ein für alle Mal gebrochen werden, um das kulturelle Erbe des Katholizismus zu retten. Die Juden müßten – auf welche Art auch immer – aus dem Land verbannt werden. Diese Botschaft der Intellektuellen fiel auf fruchtbaren Boden. Bis in die höchsten intellektuellen Kreise Polens herrschte die Überzeugung vor, daß Juden überhaupt keine Kultur und Moral hätten und daß sie stets darauf aus wären, die christliche Kultur und Moral Polens (Europas) zu verwüsten. Das gebildete Polen – geschweige denn das einfache Volk – war sich kaum bewußt, daß Warschau Zentrum der modernen jüdischen Literatur war, für die Juden und Nicht-Juden im Westen große Bewunderung empfanden.

1930 wurden bedeutende jüdische Schriftsteller und Wissenschaftler aus der Akademie ausgeschlossen. Diesem Ausschluß war eine niederträchtige Pressekampagne vorangegangen. In zahlreichen Zeitungen und Zeitschriften waren Artikel erschienen, in denen jüdischen Intellektuellen vorgeworfen wurde, sie hätten die polnische Kultur besudelt, beschmutzt und untergraben.[54] Kultureller Antisemitismus wurde im Jahre 1937 von Staat und Kirche offiziell proklamiert. Oberst Wenda, Mitglied der Partei OZN und Angehöriger des polnischen Parlaments, erklärte im Rundfunk, warum die Polen es nicht tolerieren könnten, daß das kulturelle Leben Polens den »schädlichen jüdischen Einfluß« ertragen müsse. Sein Grundsatz lautete: »Zwischen dem polnischen und dem jüdischen Wesen besteht ein eklatanter Unterschied!« Julian Tuwim, einem jüdischen Dichter, der sich ausschließlich der polnischen Sprache bediente, wurde vorgeworfen, seine Gedichte wären dem polnischen Wesen fremd. Dem nationalistischen Literaturkritiker Zygmunt Wasilewski war er suspekt, da er die heimische Sprache durch die Verwendung des Jiddischen besudelt hätte und sich seine Gedichte durch Vampirismus und sadistische Gemeinheit, die der semitischen Kultur doch so eigen wären, kennzeichneten. Solch antisemitische Ausfälle polnischer Intellektueller hatten vor allem zur Folge, daß »der kleine Mann« in seiner Abneigung gegenüber den Juden bestärkt wurde und dem Plan der Regierung, alle Juden zum Verlassen des Landes zu zwingen, ganz spontan zustimmte.

Sogar in den Archiven des Rates für die Judenhilfe, der *Zegota*, der übrigens viele überzeugte Katholiken angehörten, finden sich viele Berichte, aus denen hervorgeht, wie tief der Antisemitismus in den katholischen Kreisen Polens verwurzelt war. In einem Bericht der polnischen Untergrundbewegung (über den Zeitraum 1. Juni bis 15. Juli 1941), der für die polnische Exilregierung in London bestimmt war und sich mit der katholischen Kirche in Polen befaßte, kann man lesen[55]:

»Was die Judenfrage betrifft, können wir sagen, daß es ein besonderes Zeichen göttlicher Vorsehung ist, daß die Deutschen – ungeachtet der Tatsache, daß sie unserem Land viel Schaden zugefügt haben – deren Lösung in Angriff genommen haben. Sie haben gezeigt, daß die Säuberung der polnischen Gesellschaft möglich ist. Wir erkennen deutlich, daß Gott selbst bei diesem Beitrag, den die Deutschen zur Lösung dieses brennendsten Problems liefern, seine Hand im Spiel hat. Da die polnische Nation weichherzig und unbeständig ist, konnte sie in der Vergangenheit nie genug Energie aufbringen, um jene Maßnahmen zu ergreifen, die zur Lösung des Problems nötig sind. Deren Dringlichkeit zeigt sich an der Tatsache, daß die Juden unserem gesamten religiösen und nationalen Leben unermeßlichen Schaden zugefügt haben. Sie beeinträchtigen nicht nur generell die Entwicklung des polnischen Handels und hindern insbesondere die stark wachsende bäuerliche Bevölkerung daran, Handel zu treiben, sondern sind auch dafür verantwortlich, daß unsere Städte und Dörfer ihren typisch katholischen Charakter verlieren. Sie sind die Quelle für die vielen Strömungen sittlichen Verfalls, welche die gesamte Gesellschaft überfluten. Sie unterstützen Korruption und Bestechlichkeit. Sie verwüsten das öffentliche Leben mit ihrem unheilvollen Einfluß auf Regierung und Beamte. Sie sind verantwortlich für die Häuser, in denen der Prostitution nachgegangen wird, für den Handel mit weißen Sklaven und Pornographie. Sie machen die Polen zu unverbesserlichen Trinkern und korrumpieren unsere Jugend. Sie sorgen dafür, daß sich unmoralische und nicht-katholische Ideen in unserer Literatur, den Künsten und den Medien einnisten. Außerdem schließen sie sich all jenen an, die die Kirche in Polen benachteiligen wollen, sie entehren und kraftlos machen wollen. Trotz der erbarmungslosen Verfolgung, die sie durch die Deutschen erfahren, hassen sie die Polen mehr als die Deutschen. Sie wollen das Übel, dessen Opfer sie wurden, und die Verluste, die sie erlitten haben, an den Polen rächen. Die einflußreichsten Persönlichkeiten des Landes sind der Meinung, daß in einem wiedererstarkten Polen die Judenfrage anders gelöst werden muß. Schlußendlich geht es darum, daß die Juden in irgendein Land im Nahen Osten auswandern. Eine internationale Konferenz sollte ab-

> gehalten werden, um das endlich zu bewerkstelligen. Aber solange dies nicht realisiert werden kann, ist es notwendig, die Juden völlig zu isolieren. Sie müssen ihre Dörfer und die Kleinstädte ausnahmslos verlassen. In den Großstädten sollen sie eigene abgeschlossene Viertel bekommen. Sie müssen eigene Schulen betreiben, und an den Universitäten muß der numerus clausus streng zur Anwendung gelangen. Sie müssen aus dem Militär, öffentlichen Ämtern und dem Unterrichtswesen entlassen werden. Schließlich müssen Mittel und Wege gefunden werden, um die Anzahl der Juden im Parlament, dem Dienstleistungssektor und in gewissen Zweigen von Handel und Industrie zu beschränken. Dies alles ist mit großem Aufwand verbunden [...] aber die Gesundheit unseres Vaterlands – das mit Gottes Hilfe genesen wird – hängt zu einem Gutteil vom Ergreifen solcher Maßnahmen ab.«

Schließlich war es vor allem die polnische Jugend, die jenes Klima geschaffen hatte, in dem die Idee, die Juden des Landes zu verweisen, gereift war. Vor allem junge militante Antisemiten in Polen bedienten sich des Terrors als wichtigster Waffe. Sie waren in folgenden antisemitischen Parteien aktiv: ONR (National-Radikale Partei), OWP (Partei für Großpolen), *Falanga*, ABC, ZMN (Vereinigung Junger Nationalisten) etc. Ihre Anregungen holten sie sich von den Nazis. Es ging ihnen vor allem darum, allen Juden die polnische Staatsbürgerschaft abzuerkennen, ihren Besitz zu enteignen und sie danach aus dem Land zu jagen. Aufgrund des enormen Terrors, den diese Gruppen ausübten, war der Boykott jüdischer Geschäfte und Betriebe ein Erfolg. Auf die Schaufenster der Geschäfte hatten sie »Der Eigentümer ist Jude« geschmiert. Studenten standen bei jüdischen Geschäften Wache, um jene Polen zu verprügeln, die trotz allem hineingingen. Psychoterror wurde angewandt, um Polen, die jüdische Betriebe und Geschäfte in Schutz nahmen, zu diffamieren. Polen, die jüdische Ärzte und Advokaten aufsuchten, war dasselbe Los beschieden. Sie wurden heimlich abgelichtet, ihre Photos wurden auf öffentlichen Straßen und Plätzen affichiert, so daß bekannt wurde, wer mit den Juden »gemeinsame Sache« machte. Sie wurden dann zur Zielscheibe für Spott und Hohn.

Diese Form des Terrors war im Polen der dreißiger Jahre gang und gäbe. Studenten attackierten jüdische Kinder, bewarfen die Juden mit Steinen und hetzten Hunde auf sie.

Diese neuen Terrormethoden kamen nicht von ungefähr, sondern waren wohlorganisiert. Alles geschah ganz systematisch. Niemand wunderte sich darüber, daß solche Aktionen der polnischen Jugend, die im großen und ganzen die Zustimmung der Erwachsenen fanden, in Pogromen münden mußten. Diese fanden dann in Przytyk, Minsk-Mazowiecki und Brest-Litowsk statt. Allein im Gebiet von Bialystok ereigneten sich einem Bericht General Slawoj-Skladkowskis an das Parlament zufolge im Jahre 1936 21 Pogrome und 348 anti-jüdische Krawalle. Wenn die Juden keine Vorsichtsmaßnahmen ergriffen hätten, wären in kleineren Ortschaften noch viel mehr Pogrome passiert. Das Ziel all dessen war klar: die Juden zu zwingen, den Aussiedlungsplänen der Regierung zuzustimmen und das Land zu verlassen.

Als die Studenten mit ihren Aktionen begannen, hatten sie dasselbe Ziel vor Augen. Die Universitäten waren Brutstätten des extremen Antisemitismus. Da sie autonom waren, verfügte die örtliche Polizei nicht über die Kompetenz, auf universitärem Boden einzugreifen; auch dies ein Grund, warum die Studenten mit ihren Aktionen so erfolgreich waren. Ende 1937 kommentierte ein Bulletin des Jüdischen Weltkongresses in New York die Vorkommnisse an polnischen Universitäten wie folgt: »Ein amerikanischer Akademiker hält es nicht für möglich, daß Jugendbanden, die von Politikern aufgehetzt werden und mit wissenschaftlicher Arbeit nicht das Geringste zu tun haben, Studenten zur Ausübung von Terror auf dem Universitätsgelände anstiften.«

Schon seit Beginn der Unabhängigkeit Polens gab es Antisemitismus an den Universitäten. Religiös orientierte Burschenschaften, die Schlafsäle für Studenten betrieben, schlossen Juden aus.

Dies war der entscheidende Grund, warum Juden im Jahre 1922 beschlossen, für jüdische Studenten eigene Schlafsäle zu errichten. 1926 fand in Warschau die feierliche Eröffnung einer solchen Unterkunft statt.

Antisemitische Aktionen an den Universitäten zielten darauf ab, die Zahl der jüdischen Studenten im unabhängigen Polen nach Vorbild des zaristischen Rußlands zurückzudrängen und die Verbliebenen später in die Emigration zu zwingen. Da es in Relation zu ihrem Anteil an der Gesamtbevölkerung zuviele jüdische Studenten gäbe, wollte die größte Oppositionspartei, die nationalistische *Endek*, einen numerus clausus einführen. Auch wenn jüdische Studenten bewiesen hätten, daß sie zum Abschließen ihres Studiums ausreichend qualifiziert waren, müßten sie exmatrikuliert werden, sobald der numerus clausus erreicht wäre. 1921 wurde an der medizinischen und juridischen Fakultät der Universität Lemberg ein numerus clausus für jüdische Studenten eingeführt, der Kultusminister erteilte jedoch dem Rektor magnificus die Weisung, diesen wieder abzuschaffen. Dennoch setzte sich diese Entwicklung fort, und in den Jahren 1924 und 1925 wurde an verschiedenen höheren Bildungsanstalten diese Hürde erneut eingeführt. Jüdische Parlamentarier bekamen auf ihre Proteste hin stets zu hören: »Uns sind die Hände gebunden, die Regierung kann aufgrund der universitären Autonomie nicht eingreifen!«

Die Polnische Studentenkonferenz, die im Februar 1925 in Wilna abgehalten wurde, hatte folgende zwei Resolutionen mit überwältigender Mehrheit verabschiedet: Die Regierung müßte dafür Sorge tragen, daß das Parlament ein Gesetz verabschiedete, welches für Juden einen numerus clausus im universitären Bereich vorsehe. Außerdem würde man ein Gesetz beschließen müssen, demzufolge die von Juden an ausländischen Universitäten erlangten Diplome für ungültig erklärt würden. Auf diese Weise würden auch viel weniger Juden in den diversen Berufsgruppen unterkommen.

Regelmäßig brachen dermaßen heftige antisemitische Krawalle los, daß man – in der Hoffnung, die Wogen würden sich glätten – die vorübergehende Schließung der Universität anordnen mußte. Aber der Feldzug gegen die Juden, der von jungen

Mitgliedern der nationalistischen *Endek* in Zusammenarbeit mit allerlei extremen Splittergruppen geführt wurde, nahm immer unheimlichere Formen an. Die antisemitische Kampagne eskalierte in den Jahren 1936 und 1937 und dauerte bis zur Besetzung durch die Deutschen an. Es gab Universitäten, an denen mit unglaublicher Regelmäßigkeit ein »Tag ohne Juden« ausgerufen wurde. Man wollte sich einen einzigen Tag lang der Illusion hingeben, daß bereits alle Juden des Landes nach Madagaskar ausgewandert wären. Dieser »Tag ohne Juden« wurde schon bald durch eine »Woche ohne Juden« ersetzt.

Die Universitäten entwickelten sich zu Brutstätten des Antisemitismus in Wort und Tat.[56] Die Studenten organisierten Vortragsreihen, in denen Argumente für die bevorstehende Zwangsaussiedlung der Juden in ein überseeisches Gebiet präsentiert werden sollten. Sie stellten den Juden als Mörder Gottes, Wucherer, Landesverräter, den Fremden schlechthin, Brunnenvergifter, Kindermörder, Frauen- und Hostienschänder, Teufel in Person, Sexbesessenen, Bordellbetreiber, Schänder ursprünglicher polnischer Werte, Untermineur der polnischen Nation, Revolutionär, Bolschewisten und Atheisten dar. Um jüdischen Studenten Angst einzujagen, wurden sie von polnischen Kommilitonen, die dabei von terroristischen außeruniversitären Gruppierungen unterstützt wurden, ausgebuht, gedemütigt und verprügelt. Um den Studentenaufstand zu beruhigen, gingen alle Universitäten formell dazu über, einen numerus clausus für jüdische Studenten einzuführen.

Aber die Studenten erfanden stets neue Methoden, um den Juden deutlich zu machen, daß sie das Land besser so schnell wie möglich verlassen sollten, um irgendwo anders zu studieren. Im Oktober 1937 forderten radikal-nationalistische Studenten – die die Regierung dabei unterstützen wollten, die Zwangsaussiedlung der Juden so schnell wie möglich durchzuführen –, daß an den Universitäten separate Sitzbänke für jüdische Studenten eingeführt werden sollten. Im Ausland sprach man bald von *seating ghettos*.

Kultusminister Wojciech Swietoslawski begrüßte diese Ghetto-Bänke als einen weisen Schritt, den die Leiter der Universitäten gesetzt hätten, um Ruhe und Ordnung aufrechtzuerhalten, und als einen weiteren Schritt, um die Juden zum Auswandern zu bewegen. Aufgrund dieser Neuerung eskalierte der Terror an den Universitäten. Von nun an ging es nur noch darum, die Juden vom universitären Betrieb gänzlich auszuschließen. Dies unter dem Motto der militanten Antisemiten unter den Studenten »Ghetto-Bänke als Beginn des numerus nullus«. Jüdische Studenten, die sich weigerten, in diesen Bänken Platz zu nehmen, wurden von Professoren mit Hilfe von Verwaltungspersonal, welches sich wie eine Art Polizei gerierte, aus dem Hörsaal entfernt. Manche Professoren ließen solche Studenten auch nicht zu den Prüfungen zu. Auf den Mauern der Universitätsgebäude war zu lesen: »Juden, schert euch zum Teufel und geht nach Madagaskar!«

Angesichts dieser Entwicklungen innerhalb der katholischen Kirche Polens ist es nicht verwunderlich, daß auch in der zeitgenössischen katholischen Presse die freiwillige oder zwangsweise Aussiedlung der Juden als Lösung der Judenfrage angesehen wurde.[57] Wenn die Juden erst aus dem übervölkerten Polen verschwunden wären, könnten ein paar Millionen armer Bauern deren Platz am Land und in den Städten einnehmen. In katholischen Medien erschien kaum ein Artikel zur immensen Problematik der Überbevölkerung, geschweige denn daß ein Journalist die Geburtenkontrolle als eine der wichtigsten Methoden zur Lösung dieses Problems erwähnt hätte. Als in einer kurzen Betrachtung ein einziges Mal die Bevölkerungsexplosion auch nur erwähnt wurde, beeilte sich der Verfasser des Artikels hinzuzufügen, daß es auf der Welt noch genügend unbewohnte oder dünn besiedelte Gebiete gäbe, in die die überzählige Bevölkerung ausweichen könnte. In der katholischen Presse erschienen zahlreiche Beiträge, in denen die Juden ermahnt wurden, Polen zu verlassen und endlich der polnischen Bevölkerung, die sie vom Land verdrängt hätten, Platz zu machen. Journalisten, die zu diesem Thema publizierten, ließen erkennen, daß sie das fürchterliche Los der Juden, die das Land, in dem sie beinahe ein Millenium gelebt hatten, nicht für immer verlassen wollten, bedauerten. Trotzdem waren katholische Publizisten davon überzeugt, daß die Juden genug Loyalität beweisen würden, um sich der polnischen Nation zuliebe für immer zu verabschieden und diesen Abschied mit Hilfe des Weltjudentums auch noch selbst zu finanzieren.

Da die Briten, so konnte man in katholischen Medien lesen, die Pforten Palästinas beinahe geschlossen hätten und nur eine geringe Zahl Juden zuließen, würde die polnische Regierung andere überseeische Gebiete, in denen ausreichend Siedlungsraum für die Juden vorhanden wäre, ausfindig machen müssen. Die Judenproblematik könnte nur gelöst werden, wenn man die Mithilfe Amerikas, Großbritanniens und der im Völkerbund vertretenen Nationen mobilisieren könnte. In zahlreichen Artikeln drängten die Journalisten darauf, die Regierung müsse für den Erhalt von Kolonien, in die man die Juden verbringen könnte, sorgen. In diesem Zusammenhang fand Madagaskar regelmäßig Erwähnung. Man würde diese Problematik auf der Vollversammlung des Völkerbundes in Genf zur Sprache bringen müssen. Die polnischen Vertreter sollten dort energischer als bisher auftreten, damit Polen endlich auch zu Kolonien käme. Der Völkerbund sollte darüber hinaus die gesamte Evakuierung finanzieren. Für die in den katholischen Blättern Schreibenden verstand es sich von selbst, daß es Polen keinen Groschen kosten dürfte. Außer Madagaskar wurden in der katholischen Presse auch Ecuador und Abessinien genannt.

Vereinzelt bedauerten Journalisten, daß in der weltweiten antisemitischen Propaganda Bolschewismus und Judentum oft gleichgesetzt wurden. Diese Propaganda hätte nämlich zur Folge gehabt, daß viele Länder, die noch bis vor kurzem zur Aufnahme jüdischer Immigranten bereitgewesen waren, nun ihre Grenzen dichtgemacht hätten. Da polnische Juden nach einer Monate dauernden Reise oft vor verschlossenen Türen gestanden wären, seien sie direkt nach Polen zurückgekehrt. Sie seien mit Abermillionen Zloty weggegangen und lebten jetzt, da sie als arme Schlucker zurückgekommen wären, auf Staatskosten.

In der katholischen Presse erschienen Artikel über die Notwendigkeit, sich selbst zu verteidigen. Wenn man sich katholischen Moralvorstellungen zufolge gegen einen Aggressor zur Wehr setzen durfte, so galt dies doch sicher auch, wenn es sich um Juden handelte, die die gesamte Nation demoralisierten. Auf diese Weise versuchten die Katholiken, eine großangelegte Evakuierung der Juden ethisch zu begründen. Zu diesem Thema gaben die Jesuiten ein Buch heraus, in dem sie unter Berufung auf Thomas von Aquin die These aufstellten, daß »die Juden aus dem christlichen Zusammenleben verbannt werden müßten«. Deshalb erachtete man es auch als ethisch gerechtfertigt, vorbereitende Maßnahmen zu setzen, um die Juden zum Verlassen des Landes zu zwingen. Die Regierung sollte ermächtigt werden, den Juden die ihnen verliehenen Bürgerrechte wieder aberzuerkennen. Da es die Juden nicht akzeptieren würden, als Parias in Polen zu leben, würden sie sich schnell etwas einfallen lassen, um aus dem Land wegzukommen.

Journalisten wiesen auch auf die Entwicklung in Frankreich, Deutschland, Österreich, Tschechien und Ungarn hin, wo angeblich schon zehntausende Juden vertrieben worden wären. Warum sollte Polen, so fragte man sich auf katholischer Seite, jene zwei Millionen Juden, die 1905 aus Rußland ins Land gekommen wären, nicht einfach zurückschicken können? Wenn der Völkerbund nicht bereit wäre, die Aussiedlung der Juden zu finanzieren, würde man versuchen müssen, die nötigen Geldmittel auf andere Weise zusammenzubekommen; so beispielweise durch Konfiszierung jüdischen Besitzes oder indem man reiche Juden dazu zwang, ihr Kapital in diese gewaltige Operation, die gut und gern einige Jahre dauern könnte, zu investieren. Jedenfalls würde man, so konnte man der katholischen Presse entnehmen, den erzwungenen Auszug der Juden so dezent wie möglich organisieren müssen. Man würde keine Nazi-Methoden anwenden dürfen. Schließlich wäre Polen ja *die* katholische Nation schlechthin.

Polnische Katholiken hatten den Eindruck, daß die Großmächte der Lösung der Judenproblematik in Europa ihre Aufmerksamkeit nur sehr einseitig schenkten. Warum waren sie so besorgt um die in Not befindlichen Juden in Deutschland, für die sie sogar eine neue Heimat auf einem anderen Kontinent suchen wollten? Es schien gar, als ob Deutschland für seine antisemitischen Maßnahmen auch noch belohnt würde. Anderen Ländern (Polen nämlich, das so viel »menschlicher« mit den Juden verfuhr) würde von den Großmächten nicht geholfen. Katholische Medien waren damals zutiefst davon überzeugt, daß sich die Regierung angesichts einer Vernachlässigung der polnischen Juden seitens anderer Nationen leicht dazu gezwungen sehen könnte, dieselben antisemitischen Maßnahmen wie die Deutschen zu ergreifen.

Kein einziger Historiker, der sich intensiv mit der Entwicklung des Antisemitismus in Polen zwischen den beiden Weltkriegen auseinandergesetzt hat, wird sich darüber wundern, welch breite Zustimmung die polnische Regierung in allen Gesellschaftsschichten erhielt. Nur die Kommunistische Partei war in ihrer Verurteilung einer Deportation der Juden konsequent (sei es aus Prinzip oder aus Opportunismus, um unter den Juden Mitglieder anzuwerben). Unter den herausragenden Polen, die mutig gegen die zwangsweise Aussiedlung der Juden auftraten, waren allerdings nicht nur einige wenige Vertreter der Linken, sondern auch Konservative und Liberale und auch einige ohne jeglichen politischen Bezug. So zum Beispiel der griechisch-orthodoxe Patriarch Grezegorz Chomszyn, die Schriftstellerin Maria Dabrowska, der Soziologe Stefan Czarnowski, der Geophysiker Antoni Dobrowolski, der Altphilologe Tadeusz Gansszynniec, der Linguist Henryk Ulaszyn und die Schriftstellerin Maria Kuncewiczowa. Sie alle wurden als Lakaien der Juden denunziert. Zeitungen und Zeitschriften ließen es sich nicht nehmen, solche Menschen als Verräter der Polen zu diskreditieren.[58]

Inmitten der kleinen Gruppe von Gegnern der jüdischen Deportation befanden sich auch einige, die sich für einen religiösen und kulturellen Pluralismus stark machten. Die meisten von ihnen lehnten die Aussiedlung ab, weigerten sich aber zu akzeptieren, daß die Juden eine eigene nationale Gruppe waren. Ihr Ziel war die vollkommene Assimilierung der Juden, und man war der Ansicht, daß dies am besten unter einem demokratischen Sozialismus möglich wäre. Die meisten Gegner einer Zwangsaussiedlung akzeptierten nicht das Besondere und Eigentümliche der jüdischen Religion und Kultur, sie waren im Gegenteil zutiefst davon überzeugt, daß in einem demokratischen und toleranten Polen die vollkommene Polonisierung der Juden vollzogen werden könnte. Die Deportation betrachteten sie weniger als Lösung der Judenfrage, denn als bloßen Exekutionsaufschub. Irgendwo in den überseeischen Gebieten würde sich jener Prozeß wiederholen, der in den letzten Jahrhunderten bereits in sämtlichen europäischen Ländern abgelaufen war. Die betreffenden Regierungen müßten nämlich allesamt zugeben, daß sie die jüdische Problematik nicht gelöst, sondern lediglich exportiert hatten. In einem demokratischen Polen – so dachten sie – würden aufgeklärte Juden fortan dem polnischen Weg den Vorzug gegenüber einem jüdischen geben.

Am 25. Oktober 1942 teilte der Lagerkommandant von Treblinka den Juden mit, daß Roosevelt und Hitler übereingekommen wären, alle polnischen Juden nach Madagaskar abzuschieben, und daß die ersten Transporte am nächsten Morgen beginnen würden.[59]

Im April 1942 war Zygmunt Kaczynski, Mitglied der Polnischen Nationalversammlung und Vize-Informationsminister der polnischen Exilregierung in London, mit einem Alternativkonzept zum früheren Madagaskar-Plan in die USA gereist. Die Juden sollten nach dem Krieg in das eine oder andere Reservat im Osten Polens oder Bessarabiens (dies mit Zustimmung der rumänischen Regierung) verbannt werden. Offenbar hatte diese Variante auch die Unterstützung der polnischen Untergrundbewegung in Warschau.[60] Im August 1939 wurde eine polnische Novelle mit dem Titel *Die verschwundene Stadt* herausgegeben.[61] Darin beschreibt der Autor das pulsierende Leben einer polnischen Stadt, aus der die Juden, die seinerzeit bis zu 40 Prozent der Bevölkerung ausmachten, und mit ihnen alle Spuren jüdischen Lebens bereits verschwunden waren. Der Autor griff der Zukunft vor, da er jene Situation beschreibt, in der die mehr als drei Millionen Juden bis auf 100 000 bereits des Landes verwiesen worden wären. Die letzten hätten sich vollständig in die polnische Gesellschaft integriert. Da sie nicht nur ihre Religion, sondern auch ihre gesamte jüdische Existenz aufgegeben hätten, könnten sie nach Ansicht des Schriftstellers auch in keiner Weise mehr eine Bedrohung für die polnische Kultur darstellen.

Seit dem Zweiten Weltkrieg und der großen Auswanderungswelle hat sich die jüdische Gemeinde im Nachkriegspolen auf weniger als 10 000 Mitglieder reduziert. Alle Meinungsumfragen der letzten Jahre ließen aber erkennen, daß im Denken der Polen kaum eine Veränderung eingetreten ist. Anläßlich einer Befragung im April 1991 kam das polnische Meinungsforschungsinstitut zu dem Schluß, daß nach wie vor starke negative Vorurteile gegen Juden (oder gegen Polen, die man für Juden hält) bestehen. Vasili Grossman schreibt: »Der Antisemitismus findet sich am Bauernmarkt genauso wie auf einem Treffen der Akademie der Wissenschaften, im Herzen alter Männer wie auf dem Kinderspielplatz. Der Antisemitismus hat aus der Zeit der Kerzenleuchter, Segelschiffe und Spinnräder bis in die Zeit der Düsentriebwerke, Kernreaktoren und Elektronik überdauert. Der Antisemitismus ist das Spiegelbild persönlicher Schwächen einzelner Individuen, gesellschaftlicher Organisationen oder ganzer Staatssysteme. Sag mir, wessen du die Juden beschuldigst, und ich sage dir, wessen du schuldig bist.«[62] Dem Philosophen Adam Michnik zufolge habe der traditionelle Antisemitismus aus der Zeit, da es in Polen drei Millionen Juden gab, einem »magischen« Antisemitismus einer Zeit, in der es so gut wie keine Juden mehr im Land gibt, Platz gemacht. Laut traditionellem Antisemitismus taugte jemand nicht, da er Jude war. Im »magischen« Antisemitismus der letzten Jahre sei es genau umgekehrt: Jemand taugt nicht, also muß es sich bei ihm um einen Juden handeln. Im Zuge eines Wahlkampfs vor einigen Jahren wurde Präsident Tadeusz Mazowiecki, der für politische und wirtschaftliche Reformen und die damit verbundenen Einschränkungen verantwortlich war, plötzlich als Jude bezeichnet (soll heißen ein ganz besonderer Schurke). Und in Warschau wurden auf etliche Hauswände Parolen geschmiert wie »Juden schert euch zum Teufel nach Madagaskar«, »Tod den Juden«, »Juden ab ins Gas«, ohne daß sich eine Protestbewegung gebildet oder ein Bischof seine Ablehnung zum Ausdruck gebracht hätte.[63] Madagaskar regt die Phantasie polnischer Antisemiten noch immer an.

Kapitel IV

Hitler und die »Entfernung der Juden«

Sowohl in *Mein Kampf* als auch in seinen *Tischgesprächen* erzählt Hitler, wie er einmal, als er in der Wiener Innenstadt umherstreifte, einem Juden begegnete, einer »Erscheinung in langem Kaftan und mit schwarzen Locken«. Weiters berichtet er, wie sich diese Gestalt im Laufe eines zwei Jahre dauernden inneren Kampfes langsam aber sicher zu einem mythologischen Phantom auswuchs. Hitler nannte diesen Prozeß, im Zuge dessen er sich vom Weltbürger zum Antisemiten entwickelt hätte, die »problematischste Wende« seines Lebens, gegen die sich seine Vernunft »noch tausend Mal« gewehrt hätte. Dazu schrieb Hitler später:

> »Seit ich mich mit dieser Frage zu beschäftigen begonnen hatte, auf den Juden erst einmal aufmerksam wurde, erschien mir Wien in einem anderen Lichte als vorher. Wo immer ich ging, sah ich nun Juden, und je mehr ich sah, umso schärfer sonderten sie sich für das Auge von den anderen Menschen ab. Besonders die innere Stadt und die Bezirke nördlich des Donaukanals wimmelten von einem Volke, das schon äußerlich eine Ähnlichkeit mit dem deutschen nicht mehr besaß [...] Dies alles konnte schon nicht sehr anziehend wirken; abgestoßen mußte man aber werden, wenn man über die körperliche Unsauberkeit hinaus plötzlich die moralischen Schmutzflecken des auserwählten Volkes entdeckte. Gab es denn da einen Unrat, eine Schamlosigkeit in irgendeiner Form, vor allem des kulturellen Lebens, an der nicht wenigstens ein Jude beteiligt gewesen wäre? Sowie man nur vorsichtig in eine solche Geschwulst hineinschnitt, fand man, wie die Made im faulenden Leibe, oft ganz geblendet vom plötzlichen Lichte, ein Jüdlein [...] Ich begann sie allmählich zu hassen.«[1]

Am 16. September 1919 verfaßte Hitler einen langen Brief zum Thema der Judenfrage. Es war dies die schriftliche Reaktion auf die Frage eines gewissen Gemlich, eines Antisemiten, an die Informationsstelle der deutschen Wehrmacht.[2] Der Text lautet:

> »Wenn die Gefahr, die das Judentum für unser Volk heute bildet, seinen Ausdruck findet in einer nicht wegzuleugnenden Abneigung großer Teile unseres Volkes, so ist die Ursache dieser Abneigung meist nicht zu suchen in der klaren Erkenntnis des bewußt oder unbewußt planmäßig verderblichen Wirkens der Juden als Gesamtheit auf unsere Nation, sondern sie entsteht meist durch den persönlichen Verkehr, unter dem Eindruck, den der Jude als Einzelner zurückläßt und der fast stets ein ungünstiger ist. Da-

durch erhält der Antisemitismus nur zu leicht den Charakter einer bloßen Gefühlserscheinung. Und doch ist dies unrichtig. Der Antisemitismus als politische Bewegung darf nicht und kann nicht bestimmt werden durch Momente des Gefühls, sondern durch die Erkenntnis von Tatsachen. Tatsachen aber sind:

Zunächst ist das Judentum unbedingt eine Rasse und nicht Religionsgenossenschaft. Und der Jude selbst bezeichnet sich nie als jüdischen Deutschen, jüdischen Polen oder etwa jüdischen Amerikaner, sondern stets als deutschen, polnischen oder amerikanischen Juden. Noch nie hat der Jude von fremden Völkern, in deren Mitte er lebt, viel mehr angenommen als die Sprache. Und so wenig ein Deutscher, der in Frankreich gezwungen ist, sich der französischen Sprache zu bedienen, in Italien der italienischen und in China der chinesischen, dadurch zum Franzosen, Italiener oder gar Chinesen wird, so wenig kann man einen Juden, der nun mal unter uns lebt und, dadurch gezwungen, sich der deutschen Sprache bedient, deshalb einen Deutschen nennen. Und selbst der mosaische Glaube kann, so groß auch seine Bedeutung für die Erhaltung dieser Rasse sein mag, nicht als ausschließlich bestimmend für die Frage, ob Jude oder Nicht-Jude gelten. Es gibt kaum eine Rasse, deren Mitglieder ausnahmslos einer einzigen bestimmten Religion angehören.

Durch tausendjährige Inzucht, häufig vorgenommen in engstem Kreise, hat der Jude im allgemeinen seine Rasse, und ihre Eigenarten schärfer bewahrt, als zahlreiche der Völker, unter denen er lebt. Und damit ergibt sich die Tatsache, daß zwischen uns eine nichtdeutsche fremde Rasse lebt, nicht gewillt und auch nicht imstande, ihre Rasseneigenarten zu opfern, ihr eigenes Fühlen, Denken und Streben zu verleugnen, und die dennoch politisch alle Rechte besitzt wie wir selber. Bewegt sich schon das Gefühl des Juden im rein Materiellen, so noch mehr sein Denken und Streben. Der Tanz ums goldene Kalb wird zum erbarmungslosen Kampf um alle jene Güter, die nach unserm inneren Gefühl nicht die höchsten und einzig erstrebenswerten auf dieser Erde sein sollen.

Der Wert des Einzelnen wird nicht mehr bestimmt durch seinen Charakter, der Bedeutung seiner Leistungen für die Gesamtheit, sondern ausschließlich durch die Größe seines Vermögens, durch sein Geld.

Die Höhe der Nation soll nicht mehr gemessen werden nach der Summe ihrer sittlichen und geistigen Kräfte, sondern nur mehr nach dem Reichtum ihrer materiellen Güter.

Aus diesem Fühlen ergibt sich jenes Denken und Streben nach Geld und Macht, die dieses schützt, das den Juden skrupellos werden läßt in der Wahl der Mittel, erbarmungslos in ihrer Verwendung zu diesem Zweck. Er winselt im autokratisch regierten Staat um die Gunst der »Majestät« des Fürsten, und mißbraucht sie als Blutegel an seinen Völkern.

Er buhlt in der Demokratie um die Gunst der Masse, kriecht vor der ›Majestät des Volkes‹ und kennt doch nur die Majestät des Geldes.

Er zerstört den Charakter des Fürsten durch byzantinische Schmeichelei, den nationalen Stolz, die Kraft eines Volkes, durch Spott und schamloses Erziehen zum Laster. Sein Mittel zum Kampf ist jene öffentliche Meinung, die nie ausgedrückt wird durch die Presse, wohl aber immer durch sie geführt und gefälscht wird. Seine Macht ist die Macht

des Geldes, das sich in Form des Zinses in seinen Händen mühe- und endlos vermehrt, und den Völkern jenes gefährlichste Joch aufzwingt, das sie seines anfänglichen goldigen Schimmers wegen so schwer in seinen späteren traurigen Folgen zu erkennen vermögen. Alles was Menschen zu Höherem streben läßt, sei es Religion, Sozialismus, Geld und Herrschgier zu befriedigen.
Sein Wirken wird in seinen Folgen zur Rassentuberkulose[3] der Völker.
Und daraus ergibt sich folgendes: Der Antisemitismus aus rein gefühlsmäßigen Gründen wird seinen letzten Ausdruck finden in der Form von Pogromen. Der Antisemitismus der Vernunft jedoch muß führen zur planmäßigen gesetzlichen Bekämpfung und Beseitigung der Vorrechte des Juden, die er zum Unterschied der anderen zwischen uns lebenden Fremden besitzt. [Fremdengesetzgebung]. Sein letztes Ziel aber muß unverrückbar die Entfernung der Juden überhaupt sein.«

Zusammenfassend kann über diesen vielzitierten Brief gesagt werden: Hitler warf den Juden vor, daß sie – obwohl Fremdlinge – dennoch die gleichen Rechte wie die Deutschen erworben hätten. Der zweite Vorwurf in diesem Brief bezieht sich auf ihren Materialismus, ihr angeblich hemmungsloses Streben nach Geld und Macht. Sie verfolgten diese Ziele noch dazu auf solch rücksichtslose Weise, daß sie sogar die Religion, die Demokratie und den Sozialismus mißbrauchten, um ihre Geld- und Machtgier zu befriedigen. Die dritte Anschuldigung betraf die vorgebliche Tatsache, die Juden hätten durch ihr Verhalten den anderen Rassen eine ansteckende, unheilbare Krankheit beschert. Deshalb stellten die Juden nicht nur für das Überleben der Deutschen, sondern auch für das aller anderen europäischen Völker, ja sogar der gesamten Menschheit, eine ernsthafte Bedrohung dar.

Der Antisemitismus ist ein äußerst komplexes Phänomen in der Geschichte der Menschheit, das sich weder mit religiösen, wirtschaftlichen, kulturellen oder sozialen noch mit nationalen, rassistischen oder sonstwelchen Faktoren erklären läßt. Wenn man sich den Text von Hitlers Brief genauer ansieht, erkennt man, daß Hitler den Juden folgendes vorwarf: Das Judentum stellte für ihn unbedingt eine Rasse und keine Religionsgemeinschaft dar, eine fremde Rasse, die in Deutschland nichts verloren hätte. Die Angehörigen dieser Rasse wären jedenfalls nicht dazu imstande, ihre spezifischen Rassenmerkmale preiszugeben. Sie wollten und könnten sich in die deutsche Volksgemeinschaft weder integrieren noch sich an diese assimilieren. Für Hitler spielte diese Unfähigkeit zur Assimilation, die der jüdischen Kultur anhaftete, eine wichtige Rolle in seiner Einstellung gegenüber den Juden in Europa. Man wird dabei an sein Zögern und die vielen Varianten erinnert, die er laut Auskunft des Zeitzeugen P. Schultze-Naumburg in Betracht zog, als es darum ging, »den Juden« zu definieren. Diese Szenen werden von H. F. K. Günther wie folgt beschrieben: »Hitler saß neben Schultze-Naumburg am Klavier in dessen Bibliothek. Im Laufe unserer Unterhaltung kamen wir auch auf die Rassenfrage zu sprechen. Ich[4] mußte ihm deutlich machen, daß so etwas wie eine jüdische Rasse nicht besteht, ebensowenig wie man von einer deutschen Rasse sprechen kann. Sowohl bei Juden wie auch bei Deutschen kam es zu Rassenvermischungen. [...] Es schien, daß er sich dessen nicht bewußt gewesen war.«

Während Hitler in seinen Reden auch weiterhin auf die Juden als Angehörige einer bestimmten minderwertigen Rasse verwies, zeigte sich, daß er in privatem Rahmen, wie von Martin Bormann dokumentiert, über die Juden als »unversöhnlicher Feind«, einer »religiösen Rasse« sprach, einem Menschenschlag, der sich aufgrund gewisser psychischer und kultureller Eigenschaften nicht mehr assimilieren könnte. Darum stellten die Juden, so Hitler, ein zersetzendes Element im europäischen Zusammenleben dar.

> »Der Jude ist der Fremde schlechthin, der sich nicht assimilieren kann, der sich jeder Assimilation verweigert. Darin unterscheidet sich der Jude von allen anderen Fremden. Unser Rassismus ist nur den Juden gegenüber aggressiv. Wenn auch im wörtlichen Sinn keine jüdische Rasse besteht, so passen wir uns doch dem alltäglichen Sprachgebrauch an, wo oft von einer jüdischen Rasse die Rede ist. Jedenfalls können wir ohne Zweifel behaupten, daß die Juden diesem Bild entsprechen, und die Juden selbst empfinden das genauso. Denn Juden aus allen Teilen der Welt sind sich bewußt, daß sie einer Gruppe von Menschen angehören, die von ein und demselben Geist beseelt ist. Vor allem aber ist die jüdische Rasse eine geistige Rasse. Eine geistige Rasse stellt etwas dar, das solider und dauerhafter ist, als eine gewöhnliche Rasse. Schicke einen Deutschen nach Amerika, und sie machen dort einen Amerikaner aus ihm. Der Jude hingegen, wo auch immer er hingehen mag, bleibt ein Jude. Der Jude paßt sich von Natur aus niemals an, da er einen Charakter hat, der ihn dazu unfähig macht. Genau in dieser Unfähigkeit zur Anpassung liegt das Besondere an der jüdischen Rasse. Nun ja, das ist dann ein Beweis, daß der Geist der Erbanlage des Menschen überlegen ist.«[5]

Welche Maßnahmen schlug Hitler also in seinem Brief von 1919 zur Lösung der Judenfrage vor? Wie bereits dargelegt, hoffte er auf die Einsicht all jener, die sich betroffen fühlten, daß nur ein »Antisemitismus des Verstandes« dieses ernste Problem würde lösen können. Im »Gefühls-Antisemitismus«, der nur zu Pogromen geführt hätte, würde man hingegen bald ein ernstes Handicap bei der endgültigen Lösung dieses Problems erkennen. Für die kommenden Jahrzehnte forderte Hitler, daß die Juden in Deutschland und dem Rest Europas auf legalem Weg bekämpft werden sollten, indem man ihnen gegenüber die Fremdengesetze anwandte. Das Endziel dabei müßte ihre »Entfernung« aus Deutschland (und Europa) sein. In diesem Prozeß, der die Lösung der Judenfrage mit sich bringen würde, unterschied er ganz klar zwei Phasen. In einem ersten Schritt müßten die Juden den rechtlichen Status von Fremden erhalten. Die von ihnen zu Unrecht erworbenen gleichen politischen Rechte müßten ihnen aberkannt werden, sodaß im Lande wieder deutlich würde, was die Juden eigentlich wären: nämlich Fremde. In einem zweiten Schritt müßten sie aus dem Land entfernt werden. Es besteht kaum Zweifel, daß Hitler dabei an eine freiwillige oder erzwungene Aussiedlung der Juden dachte. Dem vermeintlich schädlichen Einfluß, der vom Judentum ausging, und der das Überleben Deutschlands (Europas) gefährdete, könnte nur dann endgültig Einhalt geboten werden, wenn man die Verursacher der »ansteckenden und unheilbaren Rassenkrankheit« des Landes verwies. Nichts deutet darauf hin, daß der immer wiederkehrende Ausdruck »Entfernung der Juden«, den Hitler zwischen 1919 und 1930 in zahlreichen Reden verwendete, etwas anderes als die Entfernung aus dem Land – Emigration oder Verbannung – bedeutete.[6] Schließlich sagte Hitler in seinem Brief vom 16. September 1919 noch, daß der Prozeß der »Entrechtung« und »Entfernung« der Juden nur von einer »Regierung nationaler Kraft« in Gang gesetzt und zu einem Ende gebracht werden könnte. Da sich die Weimarer Republik aus einer Revolution heraus entwickelt hätte, die nach Hitlers Auffassung von den Juden angezettelt worden war, könnte man von den damaligen Regierungsmitgliedern nichts anderes erwarten, als daß sie der antisemitischen Bewegung unerbittlichen Widerstand entgegensetzen würden.

Das Parteiprogramm der Nazis vom 24. Februar 1920 schloß nahtlos an jene Auffassungen an, die Hitler in obengenanntem Brief vertreten hatte. Die Partei formulierte tiefgreifende Veränderungen hinsichtlich der rechtlichen Stellung der Juden in Deutschland.[7] Gefordert wurden die Aberkennung der Bürgerrechte für Juden (Punkt 4), die Anwendung der Fremdengesetze auf diese Bevölkerungsgruppe (Punkt 5) und die Verweigerung des Zugangs zu allen öffentlichen Ämtern für Juden (Punkt 6). Das Parteiprogramm formulierte weiters verschiedene Maßnahmen zur Vertreibung der Juden aus dem Land. Hitlers Auffassung jener Jahre entsprechend, wurden dabei stets die Formulierungen »Entfernung« oder »entfernen« verwendet. Sollten nicht ausreichend Lebensmittel vorhanden sein, um das tägliche Leben des deutschen Volkes sicherzustellen, müßten diejenigen aus dem Land entfernt werden, die eine fremde Nationalität besaßen (Punkt 9). Schließlich müßte weitere Immigration von Fremden verhindert werden. Diejenigen, die seit 2. August 1914, also seit Beginn des Ersten Weltkrieges, als Fremde nach Deutschland gekommen wären, müßten zum Verlassen des Landes gezwungen werden (Punkt 8).

Es ist eindeutig, daß es hier in erster Linie um die »Entfernung« der Juden ging, wenn auch Menschen anderer Nationalität davon nicht ausgeschlossen waren. Hitler blieb in seinen Reden, die er nach dem 24. Februar 1920 hielt, den im Parteiprogramm ausformulierten Ansichten treu. Am 24. Juni 1920 forderte er: »Hinaus mit den Juden, die unser Volk vergiften.«

In einem Brief, datiert vom 3. Juli desselben Jahres, schrieb er: »Der Jude aber wird und wurde durch Jahrtausende hindurch in seinem Wirken zur Rassentuberkulose der Völker. Ihn bekämpfen heißt ihn entfernen.«

Als er am 6. Juli 1920 neuerlich über die »Entfernung« der Juden sprach, fügte er auf einen Zwischenruf hinzu, der Jude solle sich die Menschenrechte »da suchen, wo er hingehört, in seinem eigenen Staate Palästina«.

Stets kehrte das Thema der »Entfernung der Juden« in Hitlers Ansprachen wieder. Am 7. August jenes Jahres sagte er in Salzburg: »Denn denken Sie nicht, daß sie eine Krankheit [den jüdischen Geist] bekämpfen können, ohne nicht den Erreger zu töten, ohne den Bazillus zu vernichten, und denken Sie nicht, daß Sie die Rassentuberkulose bekämpfen können, ohne zu sorgen, daß das Volk frei wird von dem Erreger der Rassentuberkulose. Das Wirken des Judentums wird niemals vergehen und die Vergiftung des Volkes nicht enden, solange nicht der Erreger, der Jude, aus unserer Mitte entfernt ist.«

In weiterer Folge zählte Hitler noch einmal alle Maßnahmen auf, die in Hinblick auf die »Entfernung der Juden« ins Parteiprogramm aufgenommen worden waren.

Am 13. August 1920 hielt Hitler in München eine mehrstündige Rede zum Thema *Warum sind wir Antisemiten?*. Darin bemerkte er, daß es keine andere Schrift gebe, in der die Juden solch unmenschlicher Verbrechen beschuldigt werden wie im Alten Testament. Für die jüdische Rasse wäre seiner Meinung nach Arbeit stets gleichbedeutend mit einem Fluch gewesen. Deshalb hätten die Juden immer andere für sich arbeiten lassen, hätten sie andere ausgebeutet. Demgegenüber hätte die arische Rasse Arbeit allzeit als eine heilige Pflicht angesehen, als einen Dienst an der Menschheit. Aus dem Alten Testament ergebe sich, so Hitler, daß die Juden keinen Anstand kannten, nach keinerlei ethischen Werten lebten und sich wie gänzlich unmoralische Menschen benahmen. Unter dem Beifall des Saalpublikums schilderte er in den buntesten Farben auch, wie der Stammvater der Juden, Abraham, seine Frau an einen Pharao verkaufte, wie gierig seine Nachkommen gewesen wären und wie sie in Ägypten eingedrungen wären. Die Ägypter hätten rechtzeitig erkannt, daß sie die Juden aus dem Land vertreiben müßten, um fortleben zu können, und geistliche und weltliche Führer vergangener Jahrhunderte hätten dasselbe getan. So wären auch die Nationalsozialisten zu keinem anderen Schluß gekommen, als daß die Juden aus dem Land entfernt werden müßten, um Deutschland das Überleben zu ermöglichen. Es wäre nämlich in den letzten Jahren für jedermann deutlich geworden, daß sich die Juden des Sozialismus bedienten, um die Arbeiter zu versklaven.

Hitler schloß seine Rede, indem er neuerlich darauf hinwies, daß die »Entfernung der Juden aus unserem Volke« notwendig wäre. Es steht fest, daß er hier mit »Entfernung« die Verbannung der Juden aus Deutschland meinte, denn er fügte hinzu: »nicht weil wir ihnen ihre Existenz nicht vergönnten, wir gratulieren einer ganzen übrigen Welt zu ihrem Besuche«.[8]

Um die »Entfernung der Juden« zu legitimieren, sprach Hitler zwischen 1920 und 1925 immer häufiger vom »schädlichen Einfluß« des internationalen Judentums. Es existierte seiner Meinung nach nur ein einziger Gegner Deutschlands, nämlich der Jude, der Franzosen, Briten, Russen und Amerikaner als Schachfiguren mißbrauchte, um Deutschland matt zu setzen. Er machte die Juden für den für Deutschland so erniedrigenden Vertrag von Versailles verantwortlich, für die Russische Revolution und die darauffolgende »Blutdiktatur« der Bolschewisten, weiters für die Revolution von 1918 und die Errichtung der »verjudeten« Weimarer Republik. Nicht genug damit, warf er ihnen grausame Spekulationen an der Londoner und New Yorker Börse, die beide in die Hände des internationalen Judentums gefallen wären, vor. Er beschuldigte sie weltweiter tödlicher Transaktionen jüdischer Bankiers sowie des schädlichen Einflusses, den die Juden in allen linksgerichteten politischen Parteien und dem Völkerbund ausübten, und machte sie schließlich auch für den um sich greifenden Sittenverfall verantwortlich.

Kurz: Der Jude war, wie schon so oft in vergangenen Jahrhunderten, als Verursacher allen Übels in der Welt hingestellt worden, als Handlanger des Teufels persönlich. Bereits Petrus Venerabilis, der als Abt von Cluny ein führender Geistlicher war, hatte im 12. Jahrhundert erklärt, daß der Jude kein Mensch wäre.[9] Dieser Gedanke kehrte auch in Hitlers Ansprachen regelmäßig wieder, um die »Entfernung der Juden« zu »rechtfertigen«. Im Zuge einer Rede im Zirkus Krone sagte Hitler einmal: »Der Jude ist wohl Rasse, aber nicht Mensch. Er kann gar nicht Mensch im Sinne des Ebenbildes Gottes, des Ewigen, sein. Der Jude ist das Ebenbild des Teufels. Das Judentum bedeutet Rassentuberkulose der Völker.«[10]

Darum wäre es für das Überleben der Herrenrasse von allergrößter Bedeutung, daß die »Entfernung der Juden« in Deutschland (Europa) zur Ausführung gelange. Da das Judentum bereits in ganz erheblichem Ausmaße im Begriff wäre, ganz Deutschland und Europa in seinen Würgegriff zu bekommen, müßten die Juden unwiderruflich aus Deutschland (Europa) entfernt werden.

Dieses Kapitel beschäftigt sich deshalb so ausführlich mit dem Thema der »Entfernung der Juden«, weil es in Hitlers Ansprachen immer wiederkehrt. Es wird deutlich, daß Hitler in hohem Maße von antisemitischen Schriften beeinflußt war[11], in denen schon seit dem Ende des 18. Jahrhunderts die Verbannung der Juden aus Europa als *die* Lösung der Judenfrage schlechthin ins Spiel gebracht worden war. Man berief sich dabei auf die Autorität von Martin Luther sowie auf jene katholischer Fürsten und Päpste. Die Idee zur »Entfernung der Juden« war also alles andere als neu. Hitler war sich durchaus bewußt, daß die Völker Europas schon seit Jahrhunderten mit einer solchen anti-jüdischen Politik vertraut waren[12] und daß er damit kaum auf den Widerstand geistlicher oder weltlicher Führer stoßen würde. Darin hatte er sich, wie sich später herausstellen sollte, nicht getäuscht. Neben Beamish, Leese, Van Winghene und Gore stand auch Hitler selbst, wie bereits dargestellt wurde, nur exemplarisch für das, was damals etliche Autoren über die Lösung der Judenfrage dachten. Es ist bemerkenswert, daß in den zahlreichen Arbeiten über Hitler, in denen dem Ursprung und der Entwicklung seines Judenhasses selbstverständlich breite Aufmerksamkeit geschenkt wird, dieses Motiv von so gut wie allen Biographen vollkommen vernachlässigt wird.

Ende Dezember 1922 bemerkte Hitler:

> »Die Judenfrage ist nach dem Beispiel Friedrichs des Großen zu lösen, der die Juden dort heranzog, wo er sie sich nützlich machen konnte, sie jedoch dort entfernte, wo sie schädlich wirken konnten. Aus dem politischen Leben sind die Juden auszuschalten,

da sie dort unbedingt schädlich wirken.« [...] »Eine Lösung der Judenfrage muß kommen. Wenn sie mit Vernunft gelöst wird, so wird dies das Beste für beide Teile sein. Wenn dies nicht erreicht wird, so gibt es nur zwei Möglichkeiten, entweder das deutsche Volk wird ein Volk wie die Armenier oder die Levantiner, oder es folgt eine blutige Auseinandersetzung.«

Am 3. Januar 1923 sagte er hinsichtlich der Lösung der Judenfrage: »Der Jude kam, er kann auch wieder gehen. Er verträgt das Klima der ganzen Erde. Er hat überall das ›Staatsbürgerrecht‹, er muß nicht gerade bei uns sein. Aber die innere Reinigung vom Judengeist ist nicht auf platonische Art möglich, denn der Judengeist ist das Produkt der Person des Juden. Treiben wir das jüdische Volk nicht bald aus, so wird dieses in kurzer Zeit unser Volk verjudet haben.«

Am 20. April 1923 sprach Hitler neuerlich über die Notwendigkeit einer »Entfernung der Juden«, die sich aus dem schädlichen Einfluß, den sie auf Nicht-Juden hätten, ergab: »Juden könnten wir nur dulden, wenn sie uns als Gäste nicht schaden würden. Sie schaden aber, und deshalb können wir sie nicht dulden.«

Am 29. Mai desselben Jahres sagte er: »Der Jude ist Gast, und wenn er sich als Gast nicht benehmen kann, dann fort mit ihm. Die Welt ist groß, und er verträgt jedes Klima.«

Schließlich tobte er in einer Rede am 5. August: »Schmeißt die Juden hinaus, und ihr habt Platz für hunderttausende deutsche Intelligenzen.«[13]

Auch in Hitlers Reden und kurzen Ansprachen, die er in der zweiten Hälfte der zwanziger Jahre hielt, kehrte das Motiv der »Entfernung der Juden« regelmäßig wieder.[14] Oft stellte er zwischen deren Notwendigkeit und dem Problem der Überbevölkerung, mit der das Land zu kämpfen hatte, einen direkten Zusammenhang her. Es wäre, so Hitler in einer Vielzahl von Reden, besser gewesen, wenn im 19. Jahrhundert nicht 230 000 Deutsche nach Übersee emigriert wären, sondern die Juden, die immer ein Unglück für das Land gewesen seien. Darüber hinaus handelte es sich bei den Auswanderern von damals seiner Ansicht nach um die besten Deutschen, während diejenigen, die keinerlei Anspruch erheben könnten, Deutsche zu sein, geblieben wären, um der alteingesessenen Bevölkerung das Fell über die Ohren zu ziehen.

Hitler führte viele, auch nächtliche Gespräche mit seinem Intimus Dietrich Eckart, die letztgenannter im März 1924 in Buchform herausbrachte.[15] Hitler ließ darin erkennen, daß er sowohl Luthers judenfreundliche Schrift *Dasz Jésus Christus ein geborener Jude sei* aus dem Jahre 1523 als auch dessen virulent anti-jüdisches Werk *Von den Juden und ihren Lügen* aus dem Jahre 1543 aufmerksam gelesen hatte. Hitler nannte es eine unglaubliche Tragödie, daß diese judenfreundliche Schrift binnen weniger Jahrzehnte zur gänzlichen »Verjudung« von Kirche und Gesellschaft geführt hätte und das Rad der Zeit nicht mehr zurückgedreht werden könnte. Zu spät – nämlich im Jahre 1543, dem Erscheinungsjahr seines anti-jüdischen Pamphlets – hätte

Luther nach Meinung Hitlers seinen Irrtum eingesehen. Aus der Tatsache, daß sich nach 1543 kaum protestantische Fürsten gefunden hätten, die Luthers Rat, die Juden aus dem Land zu jagen, gefolgt wären, ließe sich ermessen, in welch verheerendem Ausmaß jene erste und noch judenfreundliche Schrift gewirkt hätte. Dessen ungeachtet nannte Hitler Luther einen großen Mann, einen Giganten von einem Deutschen, da er nach 20 Jahren doch noch das strahlende Licht des Judenhasses in die Düsternis seiner Liebelei mit den Juden hätte scheinen lassen. Denn plötzlich hätte er – nach Meinung Hitlers – den Juden so gesehen, wie er selbst und so viele andere Antisemiten ihn erst wieder im 19. und 20. Jahrhundert gesehen hätten. Hitler fand es aber umso tragischer, daß Luther zu Beginn seines Auftretens in der Öffentlichkeit den Juden nicht dort erkannt hätte, wo sich dieser am desaströsesten betätigt hätte, nämlich in der katholischen Kirche jener Zeit. Er hätte überhaupt nicht gesehen, daß der Jude diese Kirche von innen her »verjudet« hätte. Wenn er demgegenüber nicht so blind gewesen wäre, hätte er 1523 nicht eine solch judenfreundliche Schrift herausgegeben, sondern den Kampf gegen die Juden unmittelbar aufgenommen und wohl auch gewonnen.

Statt die katholische Kirche aus seinem Leben zu verbannen, hätte er sich besser auf die wahren »Dunkelmänner« in seinem Leben konzentriert und sie alle aus Deutschland vertreiben lassen. Statt das Alte Testament zu glossieren, hätte er es als das Wartezimmer des Antichristen brandmarken sollen. Dann wäre der Jude bereits damals in seiner »widerwärtigen Nacktheit« als Warnung für jedermann und für alle Zeiten vor den Christen gestanden. Die Juden wären so bereits am Beginn von Luthers Auftreten aus Kirche und Gesellschaft entfernt sowie aus den Palästen der Fürsten, den Ritterburgen und Bürgerhäusern gejagt worden. Antisemiten des 20. Jahrhunderts brauchten dann nicht mehr die Verbannung aller Juden aus dem Land fordern.

Als Hitler und Eckart in weiterer Folge über das moderne Judentum (über Moses Mendelssohn und das »komplett verjudete« Berlin) diskutierten, machte der Freund Hitler noch einmal darauf aufmerksam, daß Luther gegen Ende seines Lebens den Mächtigen geraten hätte, Synagogen und jüdische Schulen in Schutt und Asche zu legen und Rabbinern zu verbieten, Kindern jüdischen Unterricht zu geben. Hitler merkte dazu an, daß solche Maßnahmen sich als absolut unzureichend erweisen würden, um die Judenfrage definitiv zu lösen. Denn wären das Alte Testament und der Talmud nicht geschrieben worden, hätte es immer noch den jüdischen Charakter gegeben, der seinen fatalen Einfluß auf Nicht-Juden ausgeübt hätte. Dieser jüdische Charakter wäre von allem Anfang an existent gewesen, und es hätte noch keinen Juden gegeben, der diesen Charakter nicht verkörpert hätte. Vor allem die sogenannten aufgeklärten Juden stellten für Hitler die Verkörperung dieser verabscheuungswürdigen Mentalität dar. Gerade deswegen, so Hitler, hätte Luther den Obrigkeiten den Ratschlag erteilt, die Juden von ihren Territorien zu verbannen.

Wenn es tatsächlich so war, meinte Hitler, daß jeder Jude in Europa den teuflischen Charakter verkörperte, wäre es nicht ausreichend, bloß die erstgenannten

Maßnahmen Luthers auszuführen. Es müßten vielmehr auch die letztgenannten, nämlich die Verbannung der Juden, zur Anwendung gelangen. Diese Verbannung wäre umso dringender geworden, als es den Juden ausschließlich darum ging, die Alleinherrschaft über Europa (und via Europa über die ganze Welt) zu erlangen. Sie würden als Rache für alles, was ihnen die Christen im Laufe der Jahrhunderte angetan hätten, Europa verwüsten und an allen Menschen die »Endlösung« ausführen wollen. Hitler zufolge würden die jüdischen Bolschewiken den Völkern Europas nur ein irdisches Paradies vorspiegeln. In Wirklichkeit wäre das Judentum drauf und dran, das gesamte Abendland in Verzweiflung und Ratlosigkeit zu stürzen. Es ginge ihnen nämlich keinesfalls um die Befreiung der Menschen, sondern um ihre »Endlösung«. Würden die Juden nicht aus Europa verbannt, so hätte dies den Untergang der europäischen Kultur zur Folge.

Es sei schade, daß Luther – übrigens in Übereinstimmung mit jener Politik, die Päpste und Bischöfe, Könige und Fürsten in den vergangenen Jahrhunderten verfolgt hätten – den Obrigkeiten um 20 Jahre zu spät geraten hätte, die Juden außer Landes zu schaffen. Als Folge von Luthers judenfreundlicher Schrift aus dem Jahre 1523 hätten sich die Juden als »Vettern und Brüder unseres Herrn« so fest in der Gesellschaft verankern können, daß sein Rat aus dem Jahre 1543, sie aus allen protestantischen Ländern auszuweisen, kaum Echo gefunden hätte.

In seinem 1925 erschienenen Buch *Mein Kampf* betont Hitler die folgenden Punkte in Zusammenhang mit der Judenfrage. Zentrales Element in allen seinen Reden war, daß die Juden eine ansteckende und unheilbare Rassenkrankheit verursachten und deshalb so bald wie möglich aus dem Land verbannt werden müßten. Dasselbe Motiv findet sich auch in Hitlers Werk. Darin heißt es unter anderem:

> »Das jüdische Endziel ist die Entnationalisierung, die Durcheinanderbastardisierung der anderen Völker, die Senkung des Rassenniveaus der Höchsten, sowie die Beherrschung dieses Rassenbreies durch Ausrottung der völkischen Intelligenzen und deren Ersatz durch die Angehörigen des eigenen Volkes [...] So wie er [der Jude] selber planmäßig Frauen und Mädchen verdirbt, so schreckt er auch nicht davor zurück, selbst in größerem Umfange die Blutschranken für andere einzureißen. Juden waren und sind es, die den Neger an den Rhein bringen, immer mit dem gleichen Hintergedanken und klaren Ziele, durch die dadurch zwangsläufig eintretende Bastardisierung die ihnen verhaßte weiße Rasse zu zerstören, von ihrer kulturellen und politischen Höhe zu stürzen und selber zu ihren Herren aufzusteigen.«[16]

Immer wieder taucht in diesem Buch der Gedanke auf, daß sein Kampf gegen die Juden defensiven Charakter hätte.[17] Er fühlte sich vom internationalen Judentum, welches die Sowjetunion, Frankreich, Italien und die Vereinigten Staaten von Amerika ausnütze, bedroht. Während er glaubte, daß Mussolini in Italien wohl in der Lage wäre, dem verhängnisvollen Einfluß der dortigen Juden Einhalt zu gebieten, ging er davon aus, daß die Juden in Frankreich mit der nationalen Elite ein Komplott geschmiedet hätten, um alle Deutschen zu versklaven. Er zweifelte allerdings, ob sich die britische und die amerikanische Regierung wohl bewußt wären, daß die Juden darauf aus seien, alle Fäden in die Hände zu bekommen und die politische Entwicklung ihren Vorstellungen entsprechend zu gestalten. Am meisten bedroht fühlte er sich jedoch von der Sowjetunion, wo sich der Jude hinter der Maske revolutionärer Bolschewiken verberge, die nicht nur nach der Alleinherrschaft in Europa strebten, sondern die ganze Welt überrennen wollten.

Der Historiker Philippe Burrin sagte dazu:

> »Eine furchtbare Bedrohung, auf die Hitler nur reagierte. Wie er gerne betonte, war sein Kampf ausschließlich defensiv, er war ihm durch die Gefahr der Vernichtung, mit der die Juden dem deutschen Volk drohten, aufgezwungen worden. Diese Denkweise ist in der Politik immer präsent, aber beim rechtsextremen Nationalismus steht sie im Zentrum: die Wahrnehmung von sich und seinem eigenen Tun als Reaktion auf ein Komplott oder eine teuflische Bedrohung. Eine Wahrnehmungsart, die man nicht unterschätzen darf: In Hitlers Augen wären die gegen die Juden ergriffenen Maßnahmen immer Maßnahmen zur Selbstverteidigung oder Vorbeugung und durch eine tödliche Gefahr gerechtfertigt. Diese Vorstellung hängt mit seiner gesamten Denkweise zusammen. Wie der Philologe Klemperer bemerkt hat, bezeugen seine Äußerungen, ›daß in ihm die Überspannung des Cäsarenwahns in ständigem Zwist mit Wahnideen des Verfolgtseins lag‹.«[18]

In zweiter Linie verlieh Hitler in *Mein Kampf* seiner tiefsten Überzeugung Ausdruck, daß die Judenfrage nur mit Hilfe der Politik gelöst werden könnte. Seiner Meinung nach wäre es nämlich vollkommen unmöglich, mit den Juden zu verhandeln. Er hatte bereits in verschiedenen Reden dargelegt, daß die Judenfrage nicht nur ein deutsches, sondern ein gesamteuropäisches Problem wäre, ja ein Problem, das die ganze Welt anging. Diesem Bild begegnet man auch in *Mein Kampf*. Würden die Juden nur aus Deutschland verbannt, könnten sie sich in anderen europäischen Ländern den bereits dort lebenden Juden anschließen, um gegen Deutschland zu agieren. Andererseits meinte er wiederum, daß die Welt vielleicht doch erleichtert aufatmen würde, wenn die Juden schon bald aus Deutschland abgezogen wären. Dann wäre die größte Bedrohung fürs erste abgewendet.

Die Judenfrage wurde von ihm selbst als eine Frage kosmischen Ausmaßes beschrieben: »Siegt der Jude mit Hilfe seines marxistischen Glaubensbekenntnisses über die Völker dieser Welt, dann wird seine Krone der Totenkranz der Menschheit sein, dann wird dieser Planet wieder wie einst vor Jahrtausenden menschenleer durch den Äther ziehen.«

Bereits früher, in den Gesprächen mit seinem Freund Eckart, hatte er behauptet, daß die Juden Europa (die Menschheit) ausrotten wollten und daß man sich deswegen gegen sie zur Wehr setzen müßte. Auch dieses Thema taucht in seinem Buch wieder auf. Darüber hinaus machte er deutlich, daß es bei der Befreiung Europas von den Juden nicht bloß um die Schaffung von Lebensraum, sondern um das nackte Überleben gehe. Denn der Ausgang des Kampfes würde weisen, wer das Erbe des Lebens auf Erden antreten würde: Der Jude, den Hitler nicht als Menschen, sondern als »Gegenmenschen«, »Untermenschen«, »Antimenschen« und »Ebenbild des Teufels« betrachtete[19], oder der Arier, der für ihn das »Ebenbild Gottes« darstellte. Hitler wollte deutlich machen, daß weder in Europa noch sonstwo auf der Welt Platz für den Juden, den »Gegenmenschen« sein könnte, es sei denn auf irgendeiner Teufelsinsel, wo er im Laufe der Zeit ganz von selbst aussterben würde.

Hitler vermeinte, durch die Lösung der Judenfrage ein gottgefälliges Werk zu verrichten: »So glaube ich heute im Sinne des allmächtigen Schöpfers zu handeln: Indem ich mich des Juden erwehre, kämpfe ich für das Werk des Herrn.«

Im Zusammenhang mit dem vorher Gesagten ist es – so auch die Meinung Philippe Burrins – bemerkenswert, daß Hitler in *Mein Kampf* nichts über die Maßnahmen schrieb, die er nach seiner Machtübernahme zur Lösung der Judenfrage ergreifen würde. Bemerkenswert deshalb, weil er den Juden als den großen Gegner Deutschlands charakterisierte, der sogar die europäische Kultur und das Überleben der gesamten Menschheit bedrohe. Es wäre also naheliegend gewesen, wenn er in *Mein Kampf* bereits ein Programm zur Lösung der Judenfrage[20] ausgearbeitet hätte. Um so mehr, als er hinsichtlich der Zielvorgaben der Außenpolitik durchaus schon sehr genaue Angaben machte. Bis in letzte Details beschrieb er, mit welchen Mitteln und in welchen aufeinanderfolgenden Stadien diese Zielvorgaben realisiert werden müßten.[21]

Philippe Burrin erachtet es für sehr wahrscheinlich, daß das Fehlen eines Programms zur Lösung der Judenfrage in *Mein Kampf* wesentlich mit der Beschaffenheit der Judenfrage selbst zusammenhängt.

Wie bisher nachgewiesen wurde, begann Hitler ab 1924 – die Zeit der Gespräche mit Dietrich Eckart – immer stärker zu betonen, daß die Judenfrage nicht nur eine deutsche, sondern auch eine gesamteuropäische, ja sogar weltweite Frage sei. Hitler hatte ständig mit folgendem Widerspruch in der von ihm verfolgten Politik zu kämpfen: Einerseits wollte er die jüdische Problematik im eigenen Land lösen. Zu diesem Zweck hatte er in den vorangegangenen Jahren in zahlreichen Reden und Gesprächen auf die Notwendigkeit einer »Entfernung der Juden« hingewiesen. Andererseits mußte er eine Außenpolitik verfolgen, in der er den Kampf gegen die Juden als größtem europäischen (weltweiten) Feind Deutschlands aufnehmen wollte. Er war sich durchaus bewußt, daß seine Innenpolitik, die darauf abzielte, die Juden außer Landes zu bringen, bei den Juden in anderen europäischen Ländern und den Vereinigten Staaten von Amerika Widerstand hervorrufen würde. Hitler war davon überzeugt, die Bedrohung durch ausländische Juden am besten minimalisieren zu können, indem er die Juden des eigenen Landes als Geiseln benützte.

Ende 1922 hatte er diese Politik zum ersten Mal formuliert. Solange mit Italien, Frankreich, Polen, der Sowjetunion, den Vereinigten Staaten von Amerika und

Großbritannien noch keine Verträge geschlossen wären, würden die deutschen Juden als Geiseln festgehalten werden, um der Vereitelung von Hitlers Plänen etwas entgegenhalten zu können. Hitler muß geahnt haben, daß er vor allem in den ersten Jahren nach der Machtübernahme die Notwendigkeit der »Entfernung der Juden« ständig gegen die Notwendigkeit, sie im eigenen Land als Geiseln zu halten, abwägen würde müssen.[22] Natürlich stand für ihn, wie aus vielen Reden hervorgeht, fest, daß der Moment kommen würde, in dem alle Juden aus Deutschland entfernt würden. Er berücksichtigte aber, daß er die Juden nicht so ohne weiteres binnen weniger Jahre nach der Machtübernahme des Landes verweisen konnte. Schon früh dachte Hitler über eine gesamteuropäische (um nicht zu sagen weltweite) Lösung der Judenfrage nach. Den Memoiren eines seiner früheren Vertrauten[23] zufolge soll Hitler bereits 1931 erklärt haben, daß die Weltmacht des internationalen Judentums nur auf dem Wege der Verbannung aller Juden Europas und der Vereinigten Staaten von Amerika in einen Judenstaat gebrochen werden könnte. Um eine solche Deportation zu verwirklichen, müßten weltweit alle Länder zusammenarbeiten, und Hitler wußte ganz genau, daß davon noch keine Rede sein konnte. »Man sieht hier den Gedanken an ein ›Judenreservat‹ aufkommen, die Konzentration der Juden an einem Ort und unter Aufsicht. In solcher Abhängigkeit wären sie keine Gefahr mehr für den Planeten.«[24]

Kann man nun daraus schließen, daß Hitler in jenen Jahren noch keine Pläne zur Ausrottung der Juden hegte und nur ihre endgültige Verbannung im Auge hatte? Es besteht kein Zweifel, daß Hitler den Gedanken eines Genozids am jüdischen Volk permanent im Hinterkopf hatte. Es wäre aber falsch, wenn Historiker daraus den Schluß zögen, daß es sich bei diesem Genozid von Beginn an um eine konkrete Zielsetzung gehandelt hätte, an der er unverrückbar festhalten wollte. Fälschlicherweise setzen Historiker Hitlers mörderische *Veranlagung*, die unleugbar immer vorhanden war, und seine mörderische *Absicht* gleich. Ich teile die Auffassung Philippe Burrins, daß aus jener Zeit nur ein einziger Text vorliegt, aus dem hervorgeht, daß Hitler schon früh auch die Absicht hatte, an den Juden Europas einen Genozid zu vollziehen. Dem ist aber umgehend hinzuzufügen, daß diese Absicht eindeutig an Bedingungen geknüpft war, wie sich aus einer detaillierten Textanalyse ergibt.

Wenn Hitler 1925 in *Mein Kampf* den patriotischen Enthusiasmus der deutschen Arbeiter beschreibt, der im Sommer 1914 zum Ausbruch kam, und in weiterer Folge deren Entfremdung von den marxistischen Anführern, heißt es:

> »1914 war der Zeitpunkt gekommen, gegen die ganze betrügerische Genossenschaft dieser jüdischen Volksvergifter vorzugehen. Nun mußte ihnen kurzerhand der Prozeß gemacht werden ohne die geringste Rücksicht auf ein etwa einsetzendes Geschrei, oder was noch besser gewesen wäre, ohne Mitleid mit allem Gejammer [...] Wenn an der Front die Besten fielen, dann konnte man zu Hause wenigstens das Ungeziefer vertilgen. [...] Hätte man zu Kriegsbeginn und während des Krieges einmal zwölf- oder fünfzehntausend dieser hebräischen Volksverderber so unter Giftgas gehalten, wie Hun-

derttausende unserer allerbesten deutschen Arbeiter aus allen Schichten und Berufen es im Felde erdulden mußten, dann wäre das Millionenopfer der Front nicht vergeblich gewesen. Im Gegenteil: Zwölftausend Schurken zur rechten Zeit beseitigt, hätte vielleicht einer Million ordentlicher, für die Zukunft wertvoller Deutschen das Leben gerettet.«[25]

Aus diesem Text läßt sich unmöglich schließen, daß Hitler bereits 1925 den Plan zur Ausrottung aller europäischen Juden hegte. Das hieße nämlich, aus dieser Stelle mehr herauszulesen, als sie aussagt. Darüberhinaus würde man deren wahre Bedeutung verkennen.[26]

Als Hitler auf die deutsche Niederlage im Ersten Weltkrieg zurückblickte, suggerierte er, was man damals zumindest in Angriff hätte nehmen können: die Ausrottung der Juden. Ein solcher Mord an tausenden Juden hätte doppelte Bedeutung gehabt. Er hätte vielleicht zum Sieg der deutschen Truppen geführt, dann wären im Ersten Weltkrieg nicht so viele deutsche Soldaten gefallen. Noch viel mehr fällt in diesem Text aber auf, daß eine solche Ausrottung der Juden den Charakter einer Vergeltung erhalten hätte. Der Fronttod Hunderttausender deutscher Soldaten wäre durch den Genozid an tausenden Juden gerächt worden.

Die Frage, die sich nun stellt, ist, ob wir mit Recht behaupten können, daß Hitler in diesen Passagen aus *Mein Kampf* schon der Zukunft vorgriff und den Genozid an den Juden unverblümt ausformulierte. Falls sich dieselbe Situation wie seinerzeit im Ersten Weltkrieg ergeben würde, dann würde Hitler schon dafür sorgen, daß die Juden eine zweite deutsche Kriegsniederlage nicht überlebten. Eine Bemerkung Hitlers aus dem Jahre 1931 scheint diese Interpretation zu bestätigen: »Wir haben aus dem Ersten Weltkrieg viel gelernt, und wir werden in Zukunft auch weiterhin unserer Konsequenzen daraus ziehen! Sollte es trotz unseres gerechten Vorgehens zu kriegerischen Auseinandersetzungen kommen, weil das Weltjudentum noch einmal das Rad der Geschichte zurückdrehen möchte, dann wird es von diesem Rad zermalmt.«[27]

Sollte also ein Zweiter Weltkrieg ausbrechen, aufgrund dessen Hitlers Pläne, ganz Europa mittels »Blitzkriegen« zu erobern, Schiffbruch erleiden würden, sollten die Juden aus diesem Krieg nicht mehr – wie noch seinerzeit im Ersten Weltkrieg – als Sieger hervorgehen. Da Hitler den Juden schon im voraus die Schuld am Ausbruch eines solchen neuen Weltkrieges wie auch einer allfälligen zweiten deutschen Niederlage gab, würde er sich unausweichlich an ihnen rächen.

Philippe Burrin dazu: »In Anbetracht seiner Persönlichkeit und der wahnhaften Logik seines Antisemitismus scheint es mir unwahrscheinlich, daß er ein in jedem Falle, einschließlich eines eventuellen Sieges, zu realisierendes Vernichtungsprogramm im Sinn gehabt hätte. Die erfolgreiche Durchführung seines Vorhabens würde zeigen, daß die Juden alles in allem doch nicht so mächtig wären, wie er gefürchtet hatte; sie in einem Reservat unter Überwachung zu halten, müßte dann reichen; sie würden so seinen Triumph veranschaulichen. Dagegen würde im Falle seines Scheiterns ihr teuflischer Charakter bestätigt sein; dann würde er um so radikaler reagieren, je größer seinem Gefühl nach die Bedrohung sein würde, je schlimmer das Ende seines Unternehmens.«[28]

Diese Ambivalenz in Hinblick auf die Lösung der Judenfrage (Verbannung oder Ausrottung), die in seinem Denken von Beginn an vorhanden war, erklärt, warum Hitler in *Mein Kampf* kein Programm zur Lösung dieser Problematik ausformulierte. In den zwanziger Jahren war Hitler fest dazu entschlossen, nach der Machtübernahme das im Parteiprogramm vom 24. Februar 1920 Festgelegte umzusetzen: Die »Entrechtung« und »Entfernung der Juden«. Die Juden würden innerhalb kürzester Zeit aller öffentlichen Ämter enthoben werden und müßten alle Funktionen zurücklegen, in denen sie auf das nationale Leben Einfluß ausübten. Langfristig würden sie unwiderruflich aus dem Land entfernt werden.

Kapitel V

Die Vorgeschichte der Madagaskar-Pläne Deutschlands

Im Jahre 1931 erklärte Hitler, daß die »Weltherrschaft des Judentums« nur gebrochen werden könnte, indem man alle Juden in einen Juden*staat* (später würde Hitler bevorzugt von einem Reservat sprechen) deportierte. Hitler ließ kaum einmal Zweifel daran bestehen, daß die Juden schlußendlich des Landes verwiesen werden müßten. Er war sich aber durchaus darüber im klaren, daß man sie nicht einfach von heute auf morgen ausweisen konnte. Schon früh vertrat er die Ansicht, daß die Lösung der Judenfrage auf europäischer, wenn nicht gar auf weltweiter Ebene zu suchen wäre. Nur so könnte verhindert werden, daß die Juden beispielsweise in das seiner Ansicht nach komplett »verjudete« Großbritannien oder in die Vereinigten Staaten »emigrierten« und in diesen Ländern einen noch viel größeren Einfluß auf die anti-deutsche Politik der dortigen Regierungen ausübten. Denn damit würde die Situation für Deutschland und ganz Europa noch schlimmer werden, als sie es ohnehin schon wäre. Dies würde bedeuten, den Teufel mit dem Beelzebuben auszutreiben. Als sich die Frage stellte, ob die Juden in Palästina wohl einen Judenstaat gründen dürften, brachte Hitler seine große Sorge zum Ausdruck, daß diese sicher nicht die Absicht hätten, sich allesamt in einem einzigen Staat zusammenzutun (was angesichts der geringen Ausmaße des Landes auch gar nicht möglich wäre). Das Ziel der Zionisten wäre es vielmehr, dort ein globales Zentrum zu errichten, von dem aus sie ihren Einfluß weltweit geltend machen könnten. Von allem Beginn an war Hitler also zutiefst davon überzeugt, daß die »gefährliche jüdische Weltmacht« eigentlich nur dann definitiv gebrochen werden könnte, wenn die Juden zu einem bestimmten Zeitpunkt in ein sehr abgelegenes Gebiet (irgendwo in Afrika oder Südamerika) deportiert würden. Dort sollte dann auf einem schwer bewachten Gebiet ein jüdisches Reservat entstehen. Erst wenn sie vollkommen auf das Wohlwollen anderer angewiesen wären, würden die Juden Hitlers Ansicht nach nicht länger eine »tödliche Bedrohung« für den Planeten darstellen. Für eine solche Verbannung sämtlicher Juden nach Übersee jedoch würde das Zusammenwirken aller Länder nötig sein. Hitler wußte ganz genau, daß davon vorläufig noch keine Rede sein konnte.[1]

Als Reaktion auf die anti-jüdischen Maßnahmen, die die neue Regierung Hitler 1933 ergriffen hatte, versuchten tausende Juden, angesichts der unsicheren Zukunft das Land zu verlassen. Zionistische Verantwortliche Palästinas hofften, daß dadurch eine gut organisierte Emigrationswelle in das Jüdische Nationalheim in Palästina ausgelöst würde. Man war voller Hoffnung, daß die verschlechterte Situation für Juden in Deutschland sie dazu bringen würde, dem Zionismus positiv gegenüberzustehen und in das Land ihrer Vorväter zurückzukehren. In einer großangelegten Aktion verbreiteten sie in jüdischen Kreisen ein Buch Leon Pinskers aus dem Jahre 1882 mit dem Titel *Autoemanzipation. Mahnruf an seine Stammesgenossen von einem russischen Juden*. Das folgende Zitat stammt aus diesem Werk.

> »Auf der großen weiten Erde fand sich kein Platz für uns. Damit wir nur irgendwie das müde Haupt zur Ruhe legen können, baten wir bloß um ein kleines Plätzchen, und so verkleinerten wir allmählich mit unseren Ansprüchen auch unsere Selbstwürde, die in fremden und eigenen Augen bis zur Unkenntlichkeit verwischt wurde. Wir waren der Spielball, den die Völker sich gegenseitig zuwarfen. Wir wurden ebenso gerne aufgefangen wie gestoßen. Man trieb mit uns das böse Spiel umso lieber, je nachgiebiger und elastischer unser nationales Selbstbewußtsein sich in den Händen der Spieler erwies.
> Wie konnte unter solchen Umständen von einer nationalen Selbstbestimmung, von einer freien aktiven Entwicklung unserer nationalen Kraft oder von urwüchsiger Genialität die Rede sein? [...]
> [...] Wenn die nationalen Bestrebungen mancher unter unsern Augen erstandenen Völker eine innere Berechtigung hatten, kann es dann noch fraglich sein, ob auch den Juden diese Berechtigung zukomme? Mehr als jene greifen sie in das internationale Kulturleben ein; mehr als jene haben sie sich um die Menschlichkeit verdient gemacht, haben sie eine Vergangenheit, eine Geschichte, eine gemeinsame, unvermischte Abstammung, eine unverwüstliche Lebenskraft, einen unerschütterlichen Glauben und eine beispielslose Leidensgeschichte aufzuweisen; mehr als an jeder andern Nation haben an ihnen die Völker sich versündigt. Ist das noch immer zu wenig, um sie vaterlandsfähig, vaterlandswürdig zu machen?
> Das Streben der Juden nach einer national-politischen Einheit und Selbständigkeit hat nicht allein eine innere Berechtigung wie das jedes andern unterdrückten Volkes, es müßte auch Zustimmung finden bei den Völkern, denen wir, mit Recht oder Unrecht, unbequem sind. Dieses Streben muß eine Tatsache werden, die sich der internationalen Politik der Gegenwart unwiderstehlich aufdrängt und gewiß auch eine Zukunft haben wird.«[2]

Der Vorsitzende der Zionistischen Vereinigung für Deutschland (ZVfD), Kurt Blumenfeld, sagte am 20. April 1933, daß in Deutschland damals eine einmalige Chance bestanden hätte, die Juden für den Zionismus zu begeistern. Es wäre die heilige Pflicht der Zionistischen Vereinigung, die Juden ausreichend über die Ziele des Zionismus zu informieren.[3]

Am 22. Juni 1933 schickte die ZVfD ein Memorandum an Hitler, in dem die Vereinigung eine Zusammenfassung ihrer zionistischen Politik präsentierte.[4] In diesem Memorandum wurde die Behauptung aufgestellt, die Emanzipationsbewegung der

Juden im 19. Jahrhundert stelle eine der Hauptursachen für das Entstehen der Judenfrage in Deutschland dar. Darüber hinaus schien es durchaus so, als hegte die Vereinigung eine gewisse Sympathie für die »völkischen« Prinzipien des Nationalsozialismus. In dem Memorandum wurde argumentiert, daß der Zionismus damit nicht prinzipiell unvereinbar wäre. Die von der Vereinigung vorgezeichnete Politik, so der Verfasser des Memorandums, hätte zum Ziel, die Immigration von Juden aus Deutschland und Österreich in ein Jüdisches Nationalheim in Palästina zu stimulieren. Palästina wäre groß genug, um den vielen tausenden Juden Heimat sein zu können. Deshalb, so suggerierte das Schriftstück eindeutig, wären die Anliegen der zionistischen Bewegung und jene des Dritten Reiches, aus dem die Juden entfernt werden müßten, nicht unvereinbar.[5]

Dieser Gedanke, der geäußert worden war, um die Mithilfe Hitlers für die Verwirklichung zionistischer Ziele zu gewinnen, besaß eine lange Vorgeschichte.

In der zweiten Hälfte des 19. Jahrhunderts hatte der Zionismus die Prämisse aufgestellt, daß das jüdische Volk aufgrund nationaler und historischer wie auch religiöser und kultureller Faktoren nicht den Weg der Integration und Assimilation gehen dürfte. Zahlreiche christliche Autoren Deutschlands huldigten in der ersten Hälfte des 19. Jahrhunderts einer ähnlichen Auffassung und hatten bereits dem Wunsch Ausdruck verliehen, die Regierung möge in der Palästina-Frage doch mit den Türken in Verhandlungen treten. Man war in diesem Lager nämlich der Ansicht, daß die elende Situation der Juden in ganz Europa nur dann ein Ende finden würde, wenn diese in das Gelobte Land zurückkehren könnten. In Palästina würden sie wieder ganz das Volk Gottes sein können.[6] Vom Ende des 17. bis weit in das 19. Jahrhundert waren bereits verschiedenste »Judenstaatprojekte« entworfen worden, die der Vorgeschichte des Zionismus zuzurechnen sind.[7] Die ersten Anführer der zionistischen Bewegung akzeptierten zwar den Wunsch nach nationaler Isolation, verwarfen aber die sozialdarwinistische Theorie einer rassischen Überlegenheit und eines Rassenkampfs. Eine Theorie, die zum Eckpfeiler der antisemitischen politischen Ideologie im 19. Jahrhundert wurde.

Die Ablehnung der Idee von der Integration und der Assimilation der Juden in die Gesellschaft wurzelte in der zionistischen Überzeugung, daß die Juden eine einzigartige Nation darstellten.[8] Vor dem Ersten Weltkrieg gab es sogar einige deutsche Zionisten (Elias Auerbach und Ignaz Zolleschan), die die Rassentheorien von Joseph Arthur Gobineau teilweise übernahmen.[9] Die zionistische Zeitung *Die Welt* stimmte 1902 Gobineau zu, der sowohl von »rassischer Degeneration« sprach, die es zu verhindern, als auch von »Reinheit der Rassen«, die es zu erhalten gelte. Die Redaktion brachte ihre Freude darüber zum Ausdruck, daß Gobineau die Juden deshalb so bewunderte, weil diese stets in dem Glauben gelebt hätten, ihr Auftrag wäre es, die »rassische Reinheit« zu bewahren. Auch wenn die Zionisten der Ansicht waren, daß das jüdische Volk eine Nation darstellte, lehnten über 90 Prozent jene Rassentheorie ab, wonach es Nationen gebe, die anderen überlegen wären. Unter Berufung auf die Philosophie Hegels hielten die Zionisten oft flammende Plädoyers für die Einrichtung getrennter nationaler Einheiten, jede mit einem separaten Staat, um die jeweils typischen Eigenheiten zu bewahren. Demgegenüber machten die Antisemiten ab der Hälfte des 19. Jahrhunderts mehr als nur qualitative Unterschiede zwischen rassischen und nationalen Gruppierungen, vor allem zwischen Juden und Deutschen. Sie meinten nämlich, daß die Beziehungen zwischen Deutschen und Juden vor allem von den Feindseligkeiten der überlegenen deutschen gegenüber der »minderwertigen« jüdischen Nation geprägt wären. Im Gegensatz zu allen Antisemiten stimmten viele Juden in Deutschland dem liberalen Konzept eines pluralistischen, multi-kulturellen Zusammenlebens zu.[10]

Das zionistische Konzept, welches die Juden als eine gesonderte nationale Gemeinschaft betrachtete, die eigenes Land benötigte, um darauf einen unabhängigen Staat zu gründen, appellierte ab der zweiten Hälfte des 19. Jahrhunderts stark an die nationalistischen Gefühle zahlreicher Antisemiten in Deutschland. Dies führte zu der Vermutung, die Zionisten würden den Ausschluß der Juden aus der deutschen Volksgemeinschaft am Ende doch hinnehmen. Dies deshalb, weil man auf Seiten der Antisemiten die Gründung eines eigenen Staates in Palästina als für die Juden absolut notwendig erkennen und sie zum Verlassen Europas anspornen würde.

Theodor Herzl, der den Emanzipations- und Assimilationsprozeß als mögliche Lösung der Judenfrage deswegen ablehnte, weil der Antisemitismus dadurch nur verstärkt würde, hatte festgestellt, daß zwischen Zionisten und Antisemiten gemeinsame Interessen bestanden.[11] Es bereitet kaum Schwierigkeiten, nachzuweisen, daß Herzl mit dieser Annahme recht hatte. Zahlreiche prominente antisemitische Führer aus der zweiten Hälfte des 19. und der ersten Hälfte des 20. Jahrhunderts unterstützten nämlich seinen Plan, die Juden aus Deutschland (Europa) nach Palästina ziehen zu lassen, wo sie ihren eigenen Staat gründen könnten. Es folgen nun die wichtigsten Autoren[12], die – wie Herzl – gemeinsame Interessen zwischen Zionisten und Antisemiten zu erkennen glaubten.

Johann Gottlieb Fichte rief die Deutschen dazu auf, den ursprünglichen »Volksgeist«, aus dem sich die europäische christliche Kultur entwickelt hätte, zu stärken. Dies sollte geschehen, indem man einerseits den Kampf gegen die Emanzipation der Juden aufnahm und anderseits die Rückkehr der Juden nach Palästina unterstützte.

Eugen Dühring schlug vor, die Juden in irgendein Land der Erde zu verbannen, wo sie ihren eigenen Staat würden gründen können. Dabei dachte er an Palästina.

Heinrich von Treitschke betrachtete in seinen Schriften den Antisemitismus als ein notwendiges Übel. Es handle sich dabei, so schrieb er, um eine ganz natürliche und verständliche Reaktion des »Volksgefühls« auf das Tun und Lassen der Juden. Seiner Meinung nach hätten die Juden mit ihrer hartnäckigen Weigerung, sich zu assimilieren, bewiesen, daß ihre Kultur und Religion jener der Deutschen (Europäer) wesensfremd wäre. Da in seinem Land, so Treitschke weiter, kein Platz wäre für doppelte Loyalität, blieb den Juden ganz einfach nichts anderes übrig, als in das Nationalheim in Palästina oder irgendwo anders hin zu emigrieren.

F. Ghillany war zutiefst davon überzeugt, daß zwischen Juden und Christen, die einander wegen ihrer grundverschiedenen Art und Veranlagung abstießen, eine unüberbrückbare Kluft bestand. Sie könnten unmöglich noch länger in ein und demselben Land leben. Der genannte Autor vertrat die Auffassung, daß jeder, der ein Interesse am Fortschritt der Menschheit und der deutschen Nation hatte, unweigerlich zum Feind der Juden werden würde. Die Juden stellten nun schon mehr als 1000 Jahre ein fremdes Element im deutschen Zusammenleben dar. Gemeinsam mit anderen würde er die Juden unterstützen, damit diese in ihr Vaterland zurückkehren könnten. Sollten sich die Juden allerdings weigern, das Land zu verlassen, würde man sie zur vollkommenen Assimilation an die deutsche Lebensgemeinschaft zwingen müssen. Die beste Lösung für die Judenfrage in Europa wäre es allerdings, wenn die Juden allesamt nach Palästina oder nach Amerika emigrierten. In Hinblick auf die »ethnische Säuberung« würden die Deutschen sogar bereit sein müssen, finanzielle Opfer zu bringen. Nur so würden die Juden in der Lage sein, zu emigrieren und in Palästina einen Judenstaat zu gründen.

Paul de Lagarde, dessen Schriften bereits in anderem Zusammenhang besprochen wurden, ließ keinen Zweifel daran, daß die Juden vor die Wahl gestellt werden mußten, entweder »echte« Deutsche zu werden und das gesamte Judentum hinter sich zu lassen oder nach Afrika (Madagaskar) oder Asien (Palästina) zu emigrieren, wo sie ja schließlich auch herkämen. Dazu merkte er an, daß er und seine Gesinnungsgenossen keine Antisemiten wären. Sie wollten nur deutlich machen, daß sie Judenfeinde wären, da letztgenannte überhaupt nicht nach Europa gehörten.

Wilhelm Marr behauptete, daß die Emanzipation der Juden zur radikalen »Verjudung« ganz Deutschlands geführt hätte. Er sah im jüdischen Volk eine Vermischung von allerlei minderwertigen Rassen. Und auch die Wissenschaft hätte deutlich gemacht, daß diese mit der überlegenen deutschen Rasse unvereinbar wäre. Aber das wüßten die Deutschen bereits seit Jahrhunderten aus eigener Erfahrung. Das im Judentum vorhandene östliche Element, das nach Meinung Marrs überhaupt nichts mit christlicher Moralvorstellung zu tun hätte, wäre mit der deutschen Kultur vollkommen unvereinbar. Die Möglichkeit der Emanzipation als Lösung für die Judenfrage lehnte er ab. Die Juden müßten sich entweder gänzlich an die deutsche Kultur assimilieren (was er nur theoretisch für möglich hielt) oder auswandern. Er bedauerte, daß die Juden nicht mehr über ein eigenes Vaterland verfügten, und daß sie anläßlich der Vertreibung daraus ihr Judentum nicht zurückgelassen hätten. Es wäre aber, schrieb Marr, nicht die Schuld der Deutschen, daß die Juden aus Palästina in Deutschland gelandet wären. Er verstand nicht, warum sich so viele Juden, die in Europa nichts verloren hätten, weigerten, in das Land ihrer Vorväter zurückzukehren und einen eigenen Staat zu gründen.

Richard Wagner war der Ansicht, daß der Jude, der weder Vaterland noch Muttersprache hätte, im Laufe der Weltgeschichte ein erschütterndes Beispiel für die »Rassenkonsistenz« geliefert hätte. Auch die Vermischung mit anderen Rassen hätte ihm schließlich nichts anhaben können. Selbst wenn sich ein Jude oder eine Jüdin mit dem Angehörigen einer anderen Rasse vereinigt, würde er doch immer noch Jude oder Jüdin bleiben. Im privaten Rahmen bemerkte Wagner einmal, daß die Judenfrage deshalb nur mittels Aussiedlung aller Juden (nach Palästina oder irgendein anderes Gebiet) gelöst werden könnte.

Sogar Houston Stewart Chamberlain, der bestimmt kein Verfechter des Zionismus war, da er fürchtete, die Juden würden aus ihrem Staat in Palästina eine Art Zentrum von Weltherrschaftsansprüchen der »Weisen von Zion« machen, um von dort aus die gesamte Welt zu »verjuden«, stimmte aus praktischen Überlegungen für sämtliche Versuche, die Juden nach Palästina auszusiedeln. Wenn darin eine Möglichkeit liege, Deutschland von den Juden zu befreien, hätte diese »Realpolitik« seinen Segen.[13]

Das erste Pro-Palästina-Komitee, das in Deutschland während des Ersten Weltkrieges arbeitete, erhielt auch von jenen Politikern Unterstützung, die dem Strom jüdischer Flüchtlinge aus Osteuropa radikal Einhalt gebieten wollten. Viele Politiker standen tief unter dem Eindruck der Schriften des bereits genannten Heinrich von Treitschke, der nicht nur Ende des 19. Jahrhunderts, sondern auch noch lange danach als Professor großes Ansehen genoß. Von ihm stammte das Klischee vom »undeutschen und raubgierigen Juden aus Osteuropa«. Nach Meinung vieler Politiker wurde die deutsche Kultur von der gewaltigen Invasion der »Ostjuden« ernsthaft bedroht. Diese wurden beschuldigt, sie wären nur deshalb »als Bettler und Hausierer« nach Deutschland gekommen, um sich zu bereichern. Es erschienen zahlreiche Artikel über den verhängnisvollen Einfluß der »Ostjuden« sowie Statistiken, in denen nachgewiesen wurde, daß sich der jüdische Bevölkerungsanteil in Berlin zwischen 1840 und 1895 verdreizehnfacht hätte, während die Zahl deutscher Bürger nur um das Fünffache gewachsen wäre. Angaben dieser Art trafen auch bei Politikern einen wunden Punkt.

Treitschke behauptete, daß der durch und durch »undeutsche« Charakter der sich in Deutschland befindenden Juden am besten als eine einzige große Maskerade polnischer, russischer und galizischer Migranten beschrieben werden konnte. Auf die osteuropäischen Juden verweisend beanspruchte man für sich, die wahre Natur der deutschen Juden entdeckt zu haben. Der osteuropäische Jude stellte für die Antisemiten die zeitgenössische Bestätigung des bereits beschriebenen Klischees dar. Unter Anzug und Krawatte verberge sich – dem deutschen Zusammenleben völlig fremd – immer noch der »finstere Jude«.

Treitschke orakelte, daß die ostjüdischen Immigranten die zukünftigen Beherrscher von Presse, Bankwesen und Unterricht werden würden. In ihrem Kern, und das sei das zentrale Element, um das sich alles drehe, wären seine Aussagen keine Prognosen, sondern Beschreibungen des in Deutschland bereits existierenden Zustandes. Bankwesen, Presse, Rechtswesen und Unterricht würden von »undeutschen« Juden kontrolliert, die sich selbst als Deutsche bezeichneten und sich hinter einer Fassade deutscher Kultur verbargen.

Die Grenzen von Treitschkes »Assimilationismus« waren eigentlich schon von allem Beginn an klar. In *Unsere Aussichten* schrieb er jedenfalls: »Es wird immer Juden geben, die nichts sind als Deutsch redende Orientalen.« Die Reduktion aufs Klischee war die Waffe, mit der Treitschke und andere Antisemiten den modernen, emanzipierten Juden bedrohten. Die Gleichschaltung von deutsch-jüdisch und polnisch-jüdisch wäre der anschaulichste Beweis für die »innerdeutsche« Bedrohung.[14]

Deshalb unterstützten Politiker während des Zweiten Weltkrieges die Arbeit des ersten Pro-Palästina-Komitees und ermutigten emanzipierte Juden in Deutschland, nach Palästina zu gehen. In den Jahren der Weimarer Republik sahen bekannte Antisemiten wie Wilhelm Stapel, Hans Blüher, Max Wundt und der evangelische Pastor Johannes Peperkorn in der Auswanderung aller deutschen Juden nach Palästina die einzig realistische Lösung der Judenfrage. Aus diesem Grund unterstützten sie die Aktivitäten der Zionistischen Vereinigung in Deutschland.[15]

Bereits zu Beginn der zwanziger Jahre unterstützten auch Rosenberg und Hitler theoretisch die Anliegen der Zionistischen Vereinigung in Deutschland. Sie wurden dabei vom ambivalenten Standpunkt, den Houston Chamberlain in dieser Frage eingenommen hatte, motiviert. Einerseits lehnten sie den Zionismus auf ideologischer Ebene ab, da sie besorgt waren (Rosenberg übrigens in weitaus stärkerem Maße als Hitler), daß die Juden in Palästina einen eigenen Staat gründen würden, von dem aus sie die gesamte Welt beherrschen wollten. Andererseits wollten sie aus rein praktischen Überlegungen die Aussiedlungspolitik der Zionistischen Bewegung in Deutschland stimulieren, um die Juden auf diese Weise loszuwerden.[16] Auch Hitler und Rosenberg gingen dabei von der Existenz gemeinsamer Interessen von Zionisten und Antisemiten aus. Sie traten so in die Fußstapfen der bereits erwähnten Antisemiten aus dem 19. und 20. Jahrhundert, die schon früher auf dieses Phänomen hingewiesen hatten.

Am 6. Juli 1920 sprach Hitler im Münchner Bürgerbräukeller. Nachdem er vehement darauf hingewiesen hatte, daß die Juden aus Deutschland vertrieben werden müßten, schrie jemand aus dem Saalpublikum, er dürfe die Rechte des Menschen nicht verletzen. Daraufhin entgegnete Hitler, daß die Juden sehen sollten, wie sie diese Rechte in ihrem eigenen Staat in Palästina, wo sie hingehörten, bekämen.[17]

Im selben Jahr erschienen auch im *Völkischen Beobachter*, dem Organ der NSDAP, anonym verfaßte Artikel, in denen die Zionistische Bewegung unterstützt wurde. Der Grund war wie schon so oft die Hoffnung, auf dem Weg der Aussiedlung der Juden nach Palästina die Judenfrage lösen zu können. Selbst Julius Streicher vertrat während einer Ansprache in München die These, daß es besser wäre, wenn die Juden statt in Bayern zu bleiben nach Palästina gingen.[18] Es gab sogar Antisemiten, die wie Dieter Wisliceny (Leiter des Referates II/112 des Sicherheitsdienstes) in der »zionistischen Abwanderung der Juden aus Deutschland« die »einzig mögliche Lösung der Judenfrage« sahen.[19] Hitler versuchte aller Wahrscheinlichkeit nach noch 1937, die Judenfrage in Deutschland auf diese Weise ein für alle Mal zu lösen. Diese Entwicklungen bildeten den Hintergrund für das oben genannte

Memorandum der Zionistischen Vereinigung für Deutschland vom 22. Juni 1933, in dem Hitler auf die gemeinsamen Interessen der zionistischen Bewegung und des Nazi-Regimes aufmerksam gemacht wurde.

Juden im Ausland, die keine Zionisten oder sogar erklärte Gegner der zionistischen Bewegung waren, wollten die elementaren Grundrechte der deutschen Juden verteidigen; nicht zuletzt um zu verhindern, daß als Folge einer jüdischen Einwanderungswelle der Antisemitismus im eigenen Land zunahm. Die Juden in Palästina wiederum befürchteten, daß ein zu schneller und zu starker Zustrom jüdischer Flüchtlinge noch größeren Widerstand unter den Arabern hervorrufen würde. Würde sich der Auszug der Juden aus Deutschland hingegen schrittweise gestalten, wären die Zionisten eher in der Lage, in Palästina eine neue Gesellschaft aufzubauen. Andererseits wäre die Lage der Juden in Deutschland so prekär, daß ein schneller Abzug aus diesem Land erste Priorität genoß. Dazu kam noch, daß in den Ländern Osteuropas, vor allem in Polen und Rumänien, tausende Juden das Opfer von Armut und eines ökonomisch motivierten Antisemitismus geworden waren. Scharenweise hatten diese Glaubensbrüder bereits ihre Koffer gepackt, um jederzeit nach Palästina auswandern zu können. Den Zionisten Palästinas war es aufgrund der Wirtschaftskrise aber nicht möglich, sie alle sofort aufzunehmen. Vor allem amerikanische Juden hatten bereits seit einigen Jahren notgedrungen die ausreichende Dotierung zionistischer Fonds ausgesetzt. In Palästina war man sich aber bewußt, daß man in den kommenden Jahren eine solide finanzielle Basis schaffen mußte, um die verarmten Juden aus Osteuropa aufnehmen zu können. Keinesfalls jedoch könnte der kleine *Jischuw* in Palästina die immense Problematik, die mit der Auswanderung der Juden aus Mittel- und Osteuropa verbunden war, alleine lösen.

Wer konnte bei der Lösung dieses aktuellen Problems besser helfen als wohlhabende deutsche Juden? Das war auch der Grund, warum man seitens der Zionisten Pläne schmiedete, ein Abkommen mit der neuen deutschen Regierung zu treffen. Dieses Abkommen sollte es den Juden ermöglichen, wenigstens mit einem Teil ihres Vermögens nach Palästina auszuwandern. Auch für den damaligen Leiter der zionistischen Bewegung, Chaim Weizmann, stand fest, daß man mit den Nazis in Verhandlungen treten müßte, um deutschen Juden die Ausreise nach Palästina zu ermöglichen.

Hitler, seine neu zusammengestellte Regierung und die Parteispitzen waren sich Anfang der dreißiger Jahre durchaus bewußt, daß es für die Juden viel schwieriger geworden war, aus Deutschland auszuwandern. Die Wirtschaftskrise hatte in allen Ländern enorme Arbeitslosigkeit verursacht. Darum planten die meisten Regierungen, ihre Einwanderungskontingente eher zu senken denn auszuweiten. Außerdem hätten klassische Einwanderungsländer, die noch bereit wären, jüdische Flüchtlinge aufzunehmen, keinen Bedarf an sogenannten »schöngeistigen« Juden. Gefragt wären vielmehr einfache Bauern, und das waren die Juden gewiß nicht. Als Folge der politischen Entwicklung in Osteuropa waren auch aus diesem Raum zehntausende Juden auf der Suche nach neuem Siedlungsraum. Dies bedeutete, daß die ohnehin beschränkten Einwanderungsquoten nicht allein den Juden aus Deutschland zur Verfügung standen. Und nicht wenige Juden waren der festen Überzeugung, daß es sich bei der anti-jüdischen Politik nur um einen vorübergehenden Alptraum handelte. Deshalb zogen sie, auch wenn dahingehend großer Druck auf sie ausgeübt wurde, eine Emigration gar nicht erst in Erwägung.[20]

Das größte Hemmnis für die Ankurbelung des Aussiedlungsprogramms lag allerdings auf ökonomischem Gebiet. Kein einziges Land fand sich bereit, mittellose Juden aufzunehmen. Auf der anderen Seite vertrat die Deutsche Regierung aber die Auffassung, sie könne es sich nicht leisten, die Juden samt ihrem Vermögen ausreisen zu lassen, da die Staatskasse (wie in allen Verhandlungen immer wieder betont wurde) bereits an einem enormen Devisenmangel litt. So waren die meisten Juden dazu verdammt, im Land zu bleiben.

Das Jüdische Nationalheim in Palästina bot aber, so dachten Ökonomen des Reichswirtschaftsministeriums, eine einmalige Gelegenheit, um die Juden auszusiedeln. Die vermeintlich gemeinsamen Interessen von Zionisten und Antisemiten[21], über die auf beiden Seiten bereits seit mehr als einem Vierteljahrhundert geschrieben worden war, wurden am 28. August 1933 in einem Vertrag, dem sogenannten *Haavara Agreement*, festgehalten. Diese Abmachung wurde zwischen dem Reichswirtschaftsministerium einerseits und der Zionistischen Vereinigung für Deutschland zusammen mit der *Anglo Palestine Bank* andererseits getroffen. Zur Umsetzung des Vertrages wurden in Tel Aviv das *Trust and Transfer Office Haavara Ltd.* und in Berlin die Palästina-Treuhandstelle zur Beratung deutscher Juden eingerichtet.

Zionistische Behörden in Palästina und die deutsche Regierung hatten sich nach monatelangen Beratungen geeinigt, sodaß bestimmte Gemeinschaftsinteressen in einem Vertrag ausformuliert werden konnten. Das *Haavara*-Abkommen regelte die Auswanderung deutscher Juden nach Palästina, ohne daß dadurch der Devisenbestand der Staatskasse zu sehr strapaziert würde. Als Folge dieser Auswanderung würde der Export deutscher Waren nach Palästina entscheidend zunehmen.

Der Vertrag beinhaltete im einzelnen folgende Punkte: Deutsche Juden, die nach Palästina auswandern wollten, mußten ihr Vermögen vor der Abreise auf einem »Sperrkonto« in Deutschland deponieren. Bei jedem Import deutscher Waren nach Palästina brauchten die Zionisten nur 50 Prozent des eigentlichen Preises bezahlen. Die restlichen 50 Prozent würden vom gesperrten Konto abgebucht werden, auf das die deutschen Aussiedler ihr Geld eingezahlt hatten. Bei der Ankunft in Palästina bekämen die Immigranten nur die Hälfte der von ihnen ursprünglich eingelegten Summe zurück. So würden sie wenigstens noch zu einem Teil ihres Vermögens kommen, während sie nach anderen Modellen alles in Deutschland hätten zurücklassen müssen. Reichswirtschaftsminister Schacht war es, der in der Hoffnung, so den Devisenmangel abbauen zu können, auf einen Vertrag dieses Inhalts gedrängt hatte. Zugleich hoffte er, daß diese Abmachung auch dem Export nach Ägypten, Syrien und in den Irak Tür und Tor öffnen würde. Mit Hilfe der Exportsteigerung würde zugleich der angespannte deutsche Arbeitsmarkt entlastet werden und würde nicht zuletzt auch der internationale Boykott deutscher Waren durch den Weltmarkt zumindest teilweise kompensiert werden.[22]

Dieses Abkommen gab auch der wirtschaftlichen Entwicklung Palästinas neue Impulse. Die Neuzuwanderer brachten neben Kapital auch soziale, ökonomische, kulturelle und technische Fertigkeiten mit ins Land und schufen so neue Arbeitsplätze. Der Kontrakt bedeutete den freien Abzug deutscher Juden nach Palästina im Tausch gegen deutsche Exportgüter.

Als Folge dieser Vereinbarung, die bis 1939 in Kraft war, emigrierten innerhalb von fünf Jahren 45 000 deutsche Juden nach Palästina, und auch der Anteil deutscher Exporte in diesen Markt stieg in beachtlichem Ausmaß. Zwischen 1933 und 1936 kletterte Deutschland in der Rangliste jener Länder, die nach Palästina exportierten, vom vierten auf den zweiten Platz, 1937 schließlich, als 16,1 Prozent des deutschen Gesamtexports nach Palästina gingen, erreichte man sogar den ersten Platz.

Hitler befürchtete stets, daß deutsche Juden, die in die Nachbarländer (Frankreich, Belgien, die Niederlande, Tschechoslowakei und Großbritannien) flüchteten, dort anti-deutsche Propaganda betreiben würden. Deshalb war auch er vollkommen damit einverstanden, daß sie in das ferne Palästina auswanderten. Dabei war er fest davon überzeugt, daß die Briten schon dafür sorgen würden, daß sich die Juden in ihrem Mandatsgebiet nicht allzusehr bemerkbar machten. Denn sonst würden sie sich nämlich mit der gesamten arabischen Welt anlegen. Schließlich bot das *Haavara*-Abkommen Hitler noch die einmalige Gelegenheit, sich britischen Kritikern gegenüber als Wohltäter für die Juden darzustellen, wie er das bereits im Oktober 1933 getan hatte. Damals stellte er in einer Rede fest, die Briten würden behaupten, alle Flüchtlinge, vor allem jene aus Deutschland, mit offenen Armen aufzunehmen. Sie würden aber, so Hitler, eine noch weit bessere Figur abgeben, wenn sie die Zahlung etlicher tausend Pfund nicht zur Bedingung für die Einreise nach Palästina machten. Hitler warf der britischen Regierung vor, auf diese Weise nur reichen Juden die Auswanderung zu ermöglichen. Am Ende seiner Rede betonte Hitler, daß die Deutschen, die von den Briten zu Unrecht als Barbaren dargestellt würden, neuerlich bewiesen hätten, daß sie die besseren Menschen wären. Die britische Regierung nämlich hätte die Auswanderung der Juden nach Palästina nur in sehr beschränktem Maße zugelassen.[23]

1934 unterbreitete Himmler Hitler den Vorschlag, irgendwo außerhalb Europas einen Staat für die Juden zu errichten.[24] Heinrich Himmler war Reichsführer SS und Leiter der Gestapo. Schon früh in seiner Laufbahn war er in den Bann Hitlers geraten. Zeit seines Lebens glaubte er daran, daß Hitler ein Prophet und Genie wäre, der in eine Reihe mit den größten religiösen Lehrmeistern zu stellen wäre. Die »wissenschaftliche« Rassenlehre hätte ihm schlicht und einfach die Wahrheit offenbart.

Er war von der Idee der »Reinheit des Blutes« besessen. Für ihn gab es kein höheres Ziel als die Schaffung einer reinen nordischen Aristokratie, deren Mitglieder sich ausschließlich von Ehrgefühl, Gehorsam und Mut leiten ließen. Durch die Aufnahme »reinrassiger« Arier aller Nationalitäten in die Waffen-SS wollte er einen paneuropäischen Ritterorden gründen, der ausschließlich Hitler zu Gehorsam verpflichtet wäre. Die Angehörigen dieses Ritterordens – hierarchisch und liturgisch (Initiationsriten!) organisiert – sollten schwören, den »Heiligen Gral des Reinen Deutschen Blutes« zu verteidigen. Himmler betrachtete sowohl Juden als auch Angehörige slawischer Völker als »Untermenschen«. Er sah es als den Auftrag einer höheren Macht, in Europa, das von diesen »Untermenschen« tödlich bedroht würde, das »Supremat der nordischen Arier« zu begründen. Darum wäre hier auch kein Platz mehr für Juden. Als dessen allerengster Mitarbeiter schlug er Hitler deshalb bereits 1934 vor, außerhalb des europäischen Kontinents für die Juden einen Staat einzurichten, in den sie dann »emigrieren« müßten. Am 21. März 1943 schrieb Himmler seinem Leibarzt Kersten, daß er und seine Mitarbeiter hinsichtlich der Lösung der Judenfrage von 1935 an bis in das Jahr 1940 nichts anderes vor Augen gehabt hätten, als die Aussiedlung konsequent zu verfolgen. Jedoch hätte der Krieg (»und die mit ihm einsetzende Unvernunft«) dem ein Ende gemacht.[25] Himmler machte vor allem Goebbels und Hitler dafür verantwortlich, daß das Aussiedlungs-Projekt zu keinem Abschluß gebracht werden konnte.

Als Folge des *Haavara*-Abkommens von 1933 entwickelte sich im Juni 1934 in bestimmten zionistischen und nationalsozialistischen Kreisen eine gewisse ideologische Entspannung. Das interessanteste Beispiel auf Seiten der Nazis war ohne Zweifel Baron Leopold von Mildenstein, der im Sommer des Jahres 1935 zum Leiter des Referates für Jüdische Angelegenheiten innerhalb des Sicherheitsdienstes bestellt wurde. Er war, im Frühjahr 1933 einer Einladung des deutschen Zionisten Kurt Tuchur folgend, einige Monate lang durch Palästina gereist. War Mildenstein auch Parteimitglied und Angehöriger der SS, so unterstützte er aus realpolitischen Gründen dennoch die zionistischen Bestrebungen, in das Land der Vorväter zurückzukehren. Während eines Aufenthalts in einem Kibbuz war er tief beeindruckt von jenen Menschen, die als hart arbeitende Pioniere auf dem brachliegenden Land tätig waren. Diese bezeichnete er als Vertreter eines neuen Typus Jude, der »im Boden wurzelte«. Er machte aus seiner großen Achtung vor dem zionistischen Juden kein Hehl und brachte seine Hoffnung darüber zum Ausdruck, daß sich daraus ein gänzlich neues jüdisches Volk entwickeln würde. Seine Reise dokumentierte er in einer ausführlichen Fotoreportage, die von 26. September bis 9. Oktober 1934 unter dem Titel *Ein Nazi fährt nach Palästina* in dem von Goebbels herausgegebenen Blatt *Angriff* veröffentlicht wurde. 1934 verstand es von Mildenstein, seine Sympathie für die zionistische Bewegung auch auf andere Mitglieder von Partei und SS zu übertragen. In diesen Jahren, so schließt Robert Wistrich, war die SS unter der Leitung von Heydrich davon überzeugt, daß die Judenfrage nur durch eine großangelegte Aussiedlung der Juden nach Palästina gelöst werden könnte.[26] Es gab SS-Angehörige, die neben Palästina auch noch an andere Gebiete dachten.

Das 1996 erschienene, hervorragende Werk von Michael Wildt mit dem Titel *Die Judenpolitik des SD 1935 bis 1938* enthält 25 Dokumente aus dem erst vor kurzem für Wissenschaftler zugänglich gemachten Sonderarchiv in Moskau. Diese bestätigen allesamt die Vermutung, daß der SD im genannten Zeitraum die Judenfrage mit Hilfe einer Massenaussiedlung in das eine oder andere weitläufige Gebiet in Übersee lösen wollte. Bei dem erst kürzlich in Moskau aufgefundenen Memorandum, welches der Sicherheitsdienst am 24. Mai 1934 für Heydrich erstellte, handelt es sich um das erste offizielle deutsche Dokument, in dem davon die Rede ist, diese Problematik zu lösen, indem man die Juden auf die Insel Madagaskar aussiedelte. Der SD behauptete mit Nachdruck, daß eine Massenaussiedlung der Juden nur dann Aussicht auf Erfolg hätte, wenn irgendwo auf der Welt ein jüdischer Staat gegründet werde. In diesem Zusammenhang nennt der SD im Jahre 1934 bereits die Insel Madagaskar. Diesem Dokument entstammt das folgende, aufschlußreiche Zitat:

> »Das Ziel der Judenpolitik muß die restlose Auswanderung der Juden sein [...] 50 000 Juden sind ausgewandert. 550 000 sollen folgen, dazu noch die getauften Rassejuden. Schon die ersten 50 000 Emigranten sind in den Ländern, in die sie sich wandten, nicht untergebracht worden. Die noch folgenden werden in den kultivierten Ländern erst recht nicht untergebracht werden können. Platz für die Masse der auswandernden Juden läßt sich nur in bisher unerschlossenen Gebieten freimachen und hat die Schaffung eines Judenstaates zur Folge oder zur Voraussetzung.
> Die Gründung eines Judenstaates ist zwar nicht ein deutsches, sondern ein internationales und ein national-jüdisches Problem. Wenn aber Deutschland nicht führend beteiligt ist, wird dieses Problem nicht angefaßt werden. Wenn die Juden draußen keinen Platz finden können, so können wir sie aus außenpolitischen Gründen wahrscheinlich nicht zur Auswanderung zwingen und behalten sie für immer auf dem Hals.
> Als Möglichkeiten für eine Staatsgründung sind bisher Palästina, Syrien, Abessinien, Angola, Madagaskar und Biro Bidschan [autonome Sowjetrepublik] diskutiert worden. Es gehört zu den Aufgaben der deutschen Außenpolitik, diese Möglichkeiten zu überprüfen und ihre Verwirklichung in die Wege zu leiten.
> Mit der Existenz Palästinas allein ist das Problem nicht gelöst, es ist ein Versuch mit durchaus untauglichen Mitteln. Palästina kann auch unter den günstigsten Bedingungen der übrigen Welt nur einen geringen Prozentsatz ihrer Juden abnehmen, die zurückbleibende Mehrheit aber erhält an diesem jüdischen ›Paradestaat‹ einen Vorwand, sich der endgültigen Lösung des Judenproblems zu widersetzen und einen rechtlichen Anspruch, sich als nationale Minderheit behandeln zu lassen. Dabei ist von vornherein zu bedenken, daß jeder Judenstaat das bestehende Kräfteverhältnis entscheidend verändern wird, gleichgültig, ob er auf der Linie England-Indien, in Afrika oder in Südamerika liegt.«

Einen Monat später, im Juni 1934, brachte der SD ein zweites, noch viel ausführlicheres Memorandum zu diesem Thema heraus.[27] Dieser Bericht der SS analysierte alle Probleme, die sich bei der Lösung der Judenfrage ergeben könnten. Für ausgesprochen wichtig erachtete man es, daß in den Informationen für die einfachen deutschen Bürger ausführlich erklärt werden sollte, worin der Ernst dieser Problematik bestand. Wenn sie die Bedeutung dieser Frage erst erkannt hätten, wären die Deutschen auch gerne bereit, an deren Lösung mitzuwirken.

Bei all diesen Versuchen müßte man aber stets damit rechnen, daß das »Weltjudentum« immer wieder versuchen würde, eine solche Lösung zu vereiteln.

Die SS wies auf das ökonomische Dilemma hin, welches sich aufgrund des Boykotts ergeben hätte. Zwei Monate nach seiner Machtübernahme hatte Hitler die 60 Millionen Deutschen dazu aufgerufen, jüdische Geschäfte zu boykottieren. Diese Maßnahme hatte die finanzielle Lage jüdischer Geschäftsleute geschwächt und jene der nicht-jüdischen gestärkt.[28] Schließlich sollte die Boykott-Aktion bewirken, daß die Juden am eigenen Leib spürten, daß ein Leben in Deutschland für sie nicht mehr in Frage kam und sie besser so schnell wie möglich auswanderten. Zugleich aber, so der Bericht der SS, riskierte Deutschland damit, daß im Gegenzug deutsche Waren auf dem Weltmarkt noch konsequenter boykottiert würden. Deshalb lehnte die SS diese Lösungsvariante für die Judenfrage ab. Vielmehr lenkten die Berichterstatter die Aufmerksamkeit auf eine weitaus weniger riskante Methode, nämlich die der Massenaussiedlung aller Juden aus Deutschland. Ganz bewußt wurden in dem Bericht die Probleme nicht bagatellisiert, die die Organisation eines solchen Unterfangens mit sich bringen würde, und man räumte ein, daß die große Mehrheit der in Deutschland lebenden Juden nicht daran dachte, das Land zu verlassen.

Um die Massenaussiedlung, die in den darauffolgenden Jahren etappenweise stattfinden müßte, in Gang zu bringen, sollten alle mit Emigrationsfragen befaßten offiziellen Stellen den deutschen Zionisten »hilfreich« zur Seite stehen. Denn dabei handelte es sich wenigstens um Juden, die sich über einen Verbleib in Deutschland keine Illusionen mehr machten. Auf jede nur erdenkliche Weise sollten zionistische Funktionäre dabei unterstützt werden, unter den Juden ein starkes jüdisches Bewußtsein zu schaffen. Da die Zionisten innerhalb der jüdischen Gemeinde Deutschlands nur eine kleine Gruppe darstellten, würde man sie dazu zwingen müssen, bei den Vorbereitungen für die Auswanderung nach Palästina mit dem Verband Nationaldeutscher Juden und dem Zentralverein zusammenzuarbeiten. Schließlich sollte *B'nai B'rith*[29] zwischen diesen drei so verschiedenen jüdischen Organisationen eine Brückenschlagsfunktion erfüllen müssen, um die Vorbereitungsarbeiten zu koordinieren.

Um ein ausgeprägteres jüdisches Bewußtsein – vor allem bei der Jugend – zu entwickeln, würde es vor allem jüdischer Schulen, jüdischer Sportvereine sowie jüdischer Kultureinrichtungen bedürfen. Deren Gründung und Finanzierung müßte aber an die Bedingung geknüpft werden, daß dies alles im Zeichen einer unwiderruflichen Abreise der Juden aus Deutschland stand. Diese Form der Jugendbetreuung sollte den Mitgliedern aller genannten Vereinigungen, Klubs, Einrichtungen und Organe deutlich machen, daß zwischen der jüdischen und der deutschen Kultur ein unüberbrückbarer Gegensatz bestand. Wären sich die Juden dieser Tatsache erst einmal bewußt, so der Bericht, würden sie selbst einsehen, daß ihre Auswanderung nach Palästina nicht nur in deutschem, sondern in erster Linie in ihrem eigenen Interesse läge.

Schon 1934 berücksichtigte die SS, daß Palästina doch zu klein war, um alle Juden aus Deutschland aufzunehmen, und eine solche Auswanderungswelle angesichts des wachsenden Widerstandes der Araber wohl zum Scheitern verurteilt wäre.

Schließlich nahm die SS auch zur Kenntnis, daß man vor allem im Reichsaußenministerium vom neuen Bestimmungsort Palästina nicht gerade begeistert war. Aus diesem Grund nannte die SS auch das französische Mandatsgebiet Syrien als mögliche Alternative. Die SS schlug vor, daß die Juden selbst mit den französischen Behörden in Verhandlungen treten sollten, um dort 30 000 Quadratkilometer Grund anzukaufen. Sollte dieser Plan aufgehen, wäre dies der Beginn einer europaweiten Lösung der Judenfrage. Denn dann würden sicher noch weitere Gebiete für die Juden aus anderen Ländern Europas gesucht werden. Die Verwirklichung des Syrien-Projekts war jedoch von Faktoren abhängig, auf die weder SS noch Gestapo Einfluß hatten: einerseits von der Bereitschaft der Juden, sich zu organisieren, um den Ankauf des Landstrichs zu ermöglichen, anderseits von der Bereitschaft der französischen Regierung, dieses Gebiet auch tatsächlich an die Juden zu verkaufen. Und selbst wenn beide Seiten die nötige Einstellung erkennen ließen, würde die Frage der Finanzierung – nicht zuletzt wegen der Devisenknappheit – wahrscheinlich unlösbar bleiben.

Dessen ungeachtet muß aber festgestellt werden, daß sowohl die SS als auch die Gestapo zwischen 1935 und 1939 unablässig an der Lösung der Judenfrage arbeiteten, indem sie die großangelegte »Emigration« der Juden propagierten. Sie würden später noch andere Gebiete vorschlagen, so zum Beispiel Ecuador, Madagaskar, Kenia, Alaska, Kanada oder Australien. Man war stolz darauf, aus der europäischen Geschichte »gelernt« zu haben. Diese hätte gezeigt, daß ein Land erst nach der Verbannung sämtlicher Juden zur vollen Blüte gelangen konnte. Nicht selten verwiesen die Mitarbeiter von SS und Gestapo auf die Thesen Gottfried Feders, eines erklärten Nationalsozialisten, die dieser im Jahre 1933 in seinem Buch *Die Juden* dargelegt hatte: »Nicht Untergang bringt die Lösung der Judenfrage im Sinne unseres Programms, sondern neuen Aufstieg. Spanien erlebte seine hohe Blüte erst nach der Ausweisung der Juden, Frankreich stieg erst nach ihrer Vertreibung im Jahre 1394 zu der Blüte unter Heinrich IV. und Ludwig XIV. auf, Englands Aufstieg von bescheidenen Anfängen bis zur Weltbeherrschung geht ohne Juden vor sich. Denn England trieb 1291 die Juden aus und zwar sehr gründlich.«

Warum lancierte die SS vor allem solche Projekte? War die SS auch die erste offizielle Stelle, die die dahingehenden Möglichkeiten untersuchte und konkrete Vorschläge unterbreitete, so konnte sie dennoch vorläufig wenig zu deren Umsetzung beitragen; die Kompetenz für alle Emigrationsangelegenheiten lag nämlich beim Reichsemigrationsbüro des Reichsinnenministeriums.

Jeder Auswanderungswillige mußte sich einer Prozedur unterziehen, die bis ins kleinste Detail festgelegt war. Da jede Emigration notwendigerweise ein Gastland voraussetzt, mußte dieses Verfahren auch ganz genau eingehalten werden. Ohne die Mitwirkung Frankreichs wäre es beispielsweise vollkommen sinnlos gewesen, am Syrien-Projekt weiterzuarbeiten. Sogar bei der Aufnahme einzelner Personen stellte ein Gastland strenge Bedingungen, was Gesundheit, Charakter, Vermögen und Beruf des Immigranten betraf.

Vor allem die Anwendung der amerikanischen Einwanderungsbestimmungen verursachte viele Probleme. Zwar besagten diese Gesetze nicht ausdrücklich, welches Verhältnis zwischen dem Einwanderer in spe und seinem Bürgen bestehen mußte. Dennoch verweigerten in Deutschland viele Konsuln die Ausstellung eines Visums wegen mangelnder familiärer Bande selbst dann, wenn es sich bei den Betreffenden um Geschwister handelte. Viele hunderte Juden, die in jenen Jahren auswandern wollten, wurden so Opfer der amerikanischen Bürokratie. In Hamburg beispielsweise akzeptierte Generalkonsul Erhardt nur beglaubigte Erklärungen der Eltern, Kinder, Onkel oder Tanten des potentiellen Einwanderers. Alle Ablehnungen von Visumsanträgen stützten sich auf die Möglichkeit (nicht auf die Wahrscheinlichkeit!), daß der Antragsteller der amerikanischen Gesellschaft zur Last fallen könnte.

Solange Hitler Wert darauf legte, daß man ihm als Staatsoberhaupt ein Minimum an Akzeptanz entgegenbrachte, war er dazu verpflichtet, diese Bedingungen der Gastländer zu respektieren. Es wäre, so die offizielle Sprachregelung des Reichsaußenministeriums in jenen Jahren, sowohl im Interesse der Juden als auch der deutschen Regierung, daß die Auswanderung regelkonform verliefe. Dies beinhaltete auch, daß asoziale und kriminelle Elemente zurückgewiesen werden mußten und alle Dokumente in Ordnung zu sein hatten. Es waren stets sehr zeitraubende Verfahren, die sich schier endlos dahinschleppten und nicht selten zu gar keinem Ergebnis führten.

Darum konnten SS und Gestapo beim besten Willen nicht glauben, daß die Judenfrage in Deutschland auf dem Wege der traditionellen Emigrations-Prozedur gelöst werden würde. Der dringend notwendige Auszug der Juden würde sich auf diese Weise über Jahre hinziehen. Deshalb lancierten sie zwischen 1934 und 1939 das Palästina-Projekt, das Syrien-Projekt, das Ecuador-Projekt und schließlich das Madagaskar-Projekt. Die SS arbeitete wie in einem Versuchslabor und zeigte den anderen Behörden schon bald, wie man die Judenfrage in den kommenden Jahren endlich lösen könnte: nur mittels Zwangsaussiedlung aller Juden.

Zugleich versuchte die SS, den gesamten Prozeß selbst besser unter Kontrolle zu bekommen. Dies stellte sich jedoch als nicht so einfach heraus, da man beim Bewerben anderer Pläne als dem Palästina-Projekt auf heftigen Widerstand stieß.

Im Juni 1934 reagierte die SS mit dem Bericht über die Massenaussiedlung deutscher Juden geschickt auf die Pläne, die der zionistische Anführer Chaim Weizmann in den Jahren 1933 und 1934 vorgelegt hatte. Diese hatten vorgesehen, mit Zustimmung der französischen Regierung in den Gebieten rund um Palästina – nämlich in Syrien – landwirtschaftlich ausgerichtete Siedlungen deutscher Juden zu gründen.[30] Dabei handelte es sich nicht um eine Idee von Weizmann selbst. Schon um die Jahrhundertwende hatte Herzl als erster solche Pläne entwickelt, um verfolgten osteuropäischen Juden rasch und effizient Unterschlupf bieten zu können.

Herzl hatte erkannt, daß er kurzfristig gesehen nicht mit der Hilfe der Türkei beim Zustandekommen eines Jüdischen Nationalheimes in Palästina rechnen konnte. Außerdem wußte er, daß Millionen russischer Juden ihr Land so schnell wie möglich verlassen wollten, um den dortigen Verfolgungen zu entkommen. So reifte in ihm die Überzeugung, daß er beizeiten an einer Notlösung arbeiten mußte. Am 1. Juli 1898 notierte Herzl in seinem Tagebuch: »Ich denke darüber nach, der Bewegung ein näher liegendes territoriales Ziel zu geben, ohne dabei Zion als Endziel aus den Augen zu verlieren. [...] Vielleicht können wir Zypern von England bekommen [...] bis die Türkei auseinandergebrochen ist.« Als er im Jahre 1900 mit der Flucht zehntausender Juden aus Rumänien konfrontiert wurde, kam Wadi El-Arisch auf der Halbinsel Sinai für ihn als Siedlungsraum in Betracht. Ein halbes Jahr später schlug Herzl in einem Gespräch mit Lord Rothschild und Lord James die Besiedlung der unter englischer Verwaltung stehenden Nachbarregionen Palästinas, nämlich Zyperns[31] und – neuerlich – Wadi El-Arischs[32], vor. Damit wurden einflußreiche britische und jüdische Kreise zum ersten Mal mit der Idee eines nahegelegenen Siedlungsraums unter Beibehaltung des Endziels Palästina vertraut gemacht. Herzl erachtete Palästina weiterhin als *das* Ziel der Bemühungen der zionistischen Bewegung, zeigte sich aber inzwischen einer geordneten, in geregelten Bahnen verlaufenden Emigration der Juden in einen in der Umgebung Palästinas gelegenen Teil des Britischen Empires nicht abgeneigt.

Als sich 1933 bereits abzeichnete, daß Großbritannien die Emigration von Juden nach Palästina mehr und mehr beschränken würde, zeigte sich Chaim Weizmann durchaus nicht abgeneigt, jene Pläne umzusetzen, welche die Gründung von Agrarsiedlungen deutscher Juden in verlassenen Gegenden französischer Kolonien nahe Palästinas vorsahen.[33] Solche Pläne wurden auch von einigen Zeitschriften wie *Goha* und vor allem *La Syrie* befürwortet. Sie schrieben, daß die französischen Mandatsgebiete im Nahen Osten sehr gut einen »poussée sioniste«, einen zionistischen Impuls, gebrauchen konnten. Sogar der maronitische Patriarch Arida unterstützte diese Idee. Auch der Lehrer an der Sorbonne und ehemalige Finanzminister, Martin Germain, und Pastor Bogner, Präsident der *Fédération des Eglises protestants*, unterstützten alle Bemühungen, in Syrien Agrarsiedlungen jüdischer Flüchtlinge zu gründen.

Im Sommer 1933 hatte der Hochkommissar von Beirut jüdische Honoratioren aus dem Libanon und im Februar des darauffolgenden Jahres zwei prominente Mitglieder des französischen Konsistoriums, Edmond Rothschild und Jacques Helbronner, empfangen. Sie waren an ihn mit der Bitte herangetreten, jüdischen Flüchtlingen aus Deutschland die Genehmigung zur Ansiedlung zu erteilen. Der Hochkommissar reagierte erst im August 1934 auf dieses Ansuchen und erklärte, daß in den Kolonien vor allem französische »Kapitalisten« willkommen wären.

Als Weizmann 1934 mit der tragischen Entwicklung in Deutschland konfrontiert wurde, gelangte er zu der Ansicht, daß sowohl Transjordanien wie auch Syrien und der Irak als möglicher Siedlungsraum für jüdische Flüchtlinge in Betracht kämen. Dies aber unter der Voraussetzung, daß in Palästina ein durchschlagskräftiges jüdisches Zentrum existieren würde.[34]

Schließlich trat Weizmann an die französische Regierung mit dem Vorschlag heran, den Franzosen in Syrien Grund abzukaufen. Dabei schwebte ihm vor, daß sich Juden aus Europa oder Araber aus Palästina, die das Land freiwillig verlassen wollten, dort niederlassen könnten. Die französische Regierung hielt absolut nichts davon, schon gar nicht von einer arabischen Kolonie in Syrien. In weiterer Folge war Weizmann zur Gänze von einem neuen Projekt eingenommen, das Maurice Bérard, Direktor der Syrischen und Libanesischen Bank, entwickelt hatte. Es sah vor, die gesamte libanesische Küste bis nach Beirut aufzukaufen, sodaß sich dort etliche Zehntausende Juden aus Deutschland ansiedeln könnten. Ungeachtet der Ablehnung seitens der französischen Regierung unternahm Weizmann zusammen mit einer Gruppe jüdischer Geschäftsmänner weiterhin den Versuch, in Syrien und dem Libanon potentiellen Siedlungsraum für in Europa verfolgte Juden ausfindig zu machen.[35] Als die SS im Sommer 1934 unter anderem das Syrien-Projekt ins Spiel brachte, war sie über diese Entwicklung voll auf dem laufenden.

Im April 1935 verlautete die SS neuerlich, daß die Auswanderung aller Juden aus Deutschland die Lösung der Judenfrage darstellte.[36] Noch stets dachte man bevorzugt an Palästina als potentiellen Bestimmungsort. In einem offiziellen Schreiben wurde allen Juden auf unmißverständliche Weise deutlich gemacht, daß sie gar nicht erst an die Möglichkeit, im Land zu bleiben, denken brauchten. Die SS-Verantwortlichen schrieben darin unter anderem, daß die Bemühungen deutsch-jüdischer Organisationen, die Juden zum Verbleib in Deutschland zu bewegen, sämtlichen nationalsozialistischen Grundsätzen widersprachen und deshalb in aller Form bekämpft werden müßten.

Es ist verständlich, daß man vor allem in den Kreisen der assimilierten Juden, die sich oft mehr deutsch als jüdisch fühlten, dazu neigte, anfänglich etwas lakonisch auf all die Aussiedlungsprojekte der SS zu reagieren. Diese Juden, die Deutschland sehr verbunden waren, konnten nicht glauben, daß die Pläne ernst gemeint waren, und von ihnen tatsächlich erwartet wurde, das Land zu verlassen. Deutschland war in jeder Hinsicht zu ihrem Vaterland geworden, das zu verteidigen sie im Ersten Weltkrieg auch mitgeholfen hatten. Die SS war nicht in der Lage, ihr Vertrauen so einfach zu erschüttern, und sie hofften, daß dieser Alptraum schon bald vorüber sein würde. Nur die Reichen unter ihnen wären vielleicht in der Lage, in Nord- oder Südamerika noch eine neue Zukunft aufzubauen, die anderen hingegen konnten das getrost vergessen.

Am 15. Mai 1935 gab Heydrich bekannt, daß er Himmler bereits ein Jahr zuvor in einem Memorandum zur Aussiedlung der Juden anvertraut hatte, daß man die deutschen Juden in zwei Kategorien einteilen könnte: zionistische und assimilierte Juden. Nach Heydrichs Ansicht nahmen die zionistischen Juden einen rassisch klaren Standpunkt ein, indem sie nach Palästina emigrierten, wo sie gemeinsam mit anderen Juden einen eigenen Staat gründen wollten. Bezüglich der assimilierten Juden vertrat er allerdings die Auffassung, daß diese ihre eigene Rasse verleugneten. Bedauerlicherweise wären die nicht-getauften unter ihnen Deutschland gegenüber loyal, wohingegen die getauften Juden mit der Kirche sympathisierten.[37]

Heydrich brachte seine große Sorge darüber zum Ausdruck, daß alle Bemühungen der SS, mittels eigener jüdischer Schulen, Vereinigungen, Klubs und kultureller Organisationen ein stärkeres jüdisches Bewußtsein zu schaffen, nur mäßige Erfolge zeitigen würden. Für ihn stellte sich vielmehr die entscheidende Frage, ob man der wesentlich umfangreicheren Gruppe der assimilierten Juden wohl plausibel machen könnte, daß sich zwischen allem Semitischen und allem Arischen eine unüberbrückbare Kluft auftat. Heydrich konnte kaum glauben, daß die Emigration von mehr als einer halben Million Juden innerhalb weniger Jahre allein auf »freiwilliger« Basis zu bewerkstelligen wäre. Er tröstete sich mit dem Gedanken, daß die SS 1934 zum Glück so umsichtig gewesen wäre, ein Syrien-Projekt als eine Form der zwangsweisen »Emigration« auf die Beine zu stellen.

Am 25. September saß Walter Gross, der Leiter des Büros für Rassenpolitik der NSDAP, einer Versammlung von Bezirksleitern vor. Er referierte darüber, was Hitler im Zusammenhang mit den Nürnberger Gesetzen beschlossen hatte. Interessant war vor allem die Einleitung des Vorsitzenden, in der dieser noch einmal verdeutlichen wollte, daß die Politik des Dritten Reiches zur Gänze auf die radikale Eindämmung des jüdischen Einflusses in allen Bereichen der deutschen Gesellschaft gerichtet wäre. Diese Zielsetzung könnte nur erreicht werden, indem man die Juden, die in ihrem Wesen der deutschen Kultur fremd wären, aus der Gemeinschaft entfernte.

Um zu verhindern, daß die Juden der staatlichen Armenfürsorge zur Last fielen und womöglich nicht mehr in der Lage wären, für ihre Auswanderung aufzukommen, hätte Hitler höchstpersönlich den Auftrag erteilt, die Boykott-Maßnahmen zu beenden. Aus demselben Grund hätte Hitler auch noch nicht dem ausdrücklichen Wunsch der Partei zugestimmt, die Juden so schnell wie möglich aus dem Wirtschaftsleben zu verbannen. Hitler, der dem *Haavara*-Abkommen von Beginn an sein volles Einverständnis erteilt hatte, wäre darüber hinaus entsprechend der Auffassung der SS aus dem Jahre 1934 der Meinung, daß auch die Auswanderung der Juden in neue überseeische Gebiete stark angekurbelt werden müßte.

Aussiedlung aller Juden aus Deutschland – das war es eindeutig, was Hitler 1935 zur Lösung der Judenfrage vorschwebte.[38]

Deshalb hatten die Anführer des deutschen Judentums ab Dezember 1935 keinen Zweifel mehr daran, daß einer großangelegten Auswanderung gegenüber anderen Lösungsvarianten der Vorzug zu geben wäre. Dabei war man sich vollkommen darüber im klaren, daß die Realisierung eines solchen Plans nur dann möglich wäre, wenn die jüdischen Aussiedler wenigstens einen Teil ihres Vermögens mitnehmen durften.[39] Es gab nämlich kein Land auf der Welt, das mittellose Juden aufgenommen hätte, noch dazu, wenn sie in großer Zahl auftraten. Der jüdische Bankier der *Warburg*-Bank in Hamburg, Max Warburg, der in der Wirtschafts- und Finanzpolitik mehrerer Regierungen der Weimarer Republik eine bedeutende Rolle gespielt hatte, übte Mitte der dreißiger Jahre entscheidenden Einfluß auf die Juden in Deutschland aus. Er hatte mit Hjalmar Schacht, dem Präsidenten der Reichsbank in Berlin, enge Kontakte geknüpft. In seiner Funktion als Vorstandsmitglied der Reichsbank traf er regelmäßig mit Schacht zusammen. Sein Bruder Felix Warburg war Direktor des *American Jewish Joint Distribution Committee* (JDC)[40], der wichtigsten jüdischen Organisation Amerikas, die in Not geratenen Juden im Ausland auf verschiedenste Weise zu Hilfe kam. Nach 1929 war er auch zum einflußreichsten Mitglied in der Geschäftsführung des *American Jewish Committee* (AJC), dem wichtigsten politischen Organ des Judentums, geworden.

Im Dezember 1935 drängte Max Warburg den Vorsitzenden der Reichsvertretung der Juden in Deutschland, Otto Hirsch, vehement dazu, schon bald bei den zuständigen Behörden ein Memorandum einzureichen, in dem ein Plan zur Auswanderung tausender Juden unterbreitet wurde. Einige Wochen später überreichte er das Memorandum im Reichsinnenministerium in Berlin. Hirsch schlug vor, daß binnen kurzem 25 000 Juden aus Deutschland in ein überseeisches Gebiet auswandern sollten und ihnen dabei erlaubt wurde, insgesamt 250 Millionen Mark mitzunehmen. Dazu merkte er noch an, daß junge Juden im Hinblick auf eine allfällige Auswanderung zuerst zu berücksichtigen wären. Die Reichsstelle für Devisenbeschaffung, ein Organ der Reichsbank, äußerte ernsthafte Bedenken gegen Hirschs Plan. Der hohe Betrag stünde in keiner Relation zu der geringen Anzahl an Auswanderern. Darüber hinaus hatte Hirsch zu hören bekommen, daß er sich bei einem neuen Konzept am *Haavara*-Abkommen zu orientieren hätte. In den vergangenen sechs Jahren wären 52 000 Juden nach Palästina ausgewandert und hätten insgesamt nur 140 Millionen Mark »mitgenommen«. Ein Monat später würde Hirsch das Memorandum samt Änderungsvorschlägen noch einmal einreichen.[41] Davon ist aber jede Spur verloren.

Noch im selben Monat, Dezember 1935, unternahm Max Warburg verschiedene Versuche, weitere Pläne für eine großangelegte Auswanderung von Juden aus Deutschland entwerfen zu lassen. Er wirkte hinter den Kulissen, als jüdische Anführer aus England zu ihren amerikanischen Kollegen gereist waren, um den folgenden ehrgeizigen Auswanderungsplan zu besprechen: In den kommenden vier Jahren sollten 100 000 Juden aus Deutschland in ein überseeisches Gebiet ziehen können, um dort für sich und ihre Familien eine neue Zukunft aufzubauen. Nach Ablauf von vier Jahren sollten auch ihre Angehörigen (350 000 Juden) in die Lage versetzt werden, auszuwandern und sich in den neuen Kolonien einzufinden. Die übrigen (Alten) sollten in Deutschland bleiben dürfen, ohne weiteren Belästigungen ausgesetzt zu sein. Das britische und das amerikanische Judentum hätten das gesamte Projekt zu finanzieren. Es wäre zu erwarten, daß in weiterer Folge zwischen zionistischen und nicht-zionistischen sowie zwischen britischen und amerikanischen Juden noch viel und heftig darüber gestritten würde, ob die Juden einen solch gewaltigen Auswanderungsplan überhaupt verantworten könnten, und wenn ja, wer konkret die Finanzierung übernehmen könnte. Aber noch bevor die Diskussionen darüber in jüdischen Kreisen beendet waren und man einstimmig die Auffassung vertrat, daß die Juden ein solches Projekt niemals allein finanzieren und ausführen könnten, war alles wieder hinfällig. Die zuständigen Behörden in Deutschland hatten Warburg am 17. Januar 1936 wissen lassen, daß sie seinen Plan ablehnten und ihm keine Mithilfe angedeihen lassen wollten.[42]

Am 1. Januar 1936 beendete James G. McDonald seine Tätigkeit als Hochkommissar für jüdische und sonstige deutsche Flüchtlinge beim Völkerbund. Gleichzeitig mit seinem Rücktrittsschreiben überreichte er einen 70 Seiten umfassenden Bericht mit ausführlichem Dokumentationsmaterial.[43] In diesem Bericht, einer vernichtenden Anklage, stellte er die Rassenpolitik der Nazis an den Pranger und beschwor alle Nationen der Welt, sofort mit politischen Maßnahmen darauf zu reagieren, bevor es zu spät wäre. Er wies darauf hin, daß er selbst nichts hätte unternehmen können, da er als Hochkommissar nicht unmittelbar von der Autorität des Völkerbundes gedeckt gewesen wäre.

Als Konsequenz aus dieser frustrierenden Bilanz schlug McDonald in seinem Bericht vor, der Generalsekretär des Völkerbundes sollte unmittelbar mit demjenigen in Verhandlungen treten, der das Flüchtlingsproblem verursacht hätte. Dies wäre die deutsche Regierung, die man im Zuge der Verhandlungen soweit bringen müßte, der Zwangsaussiedlung der Juden Einhalt zu gebieten. Sein Bericht endete mit einer nüchternen Prognose:

> »Da ich aber davon überzeugt bin, daß die an Deutschland grenzenden Länder maßlos leiden und eine noch schrecklichere menschliche Katastrophe innerhalb der deutschen Grenzen unvermeidlich scheint – es sei denn die gegenwärtigen Tendenzen im Deutschen Reich werden gebremst oder umgekehrt –, kann ich nicht länger schweigen. [...] Wenn eine Innenpolitik hunderttausenden Juden mit Verbannung droht, müssen die Überlegungen diplomatischer Höflichkeit jenen der schieren Menschlichkeit weichen. Ich hätte versagt, würde ich die Aufmerksamkeit nicht auf die tatsächliche Situation lenken und keine dringende Bitte an die Weltöffentlichkeit richten, um mit Hilfe des Völ-

kerbundes und seiner Mitglieder einzugreifen und die bereits bestehenden und die noch drohenden Tragödien abzuwenden.«

Zwei Jahre lang hatte sich McDonald unermüdlich eingesetzt, um für die jüdischen Flüchtlinge einen Zufluchtsort zu finden. Er hatte dem bereits genannten Philanthropen Felix Warburg in einem Brief vom 1. November 1935 den Vorschlag unterbreitet, einen Plan für die Auswanderung von 15 000 bis 20 000 Juden jährlich nach Amerika auszuarbeiten. Als Präsident Roosevelt diesen Brief, in dem er dringend gebeten wurde, die Einwanderungsquote für deutschstämmige Juden anzuheben, zu Gesicht bekam, überließ er es dem State Department, darauf zu reagieren. In dem an McDonald gerichteten Antwortschreiben hieß es, daß es für Juden keine Quoten gäbe. Der Einwanderungsplan wurde mit keinem Wort erwähnt.[44]

Da McDonald fest davon überzeugt war, daß die Juden in Deutschland keine Zukunft mehr hatten, war er einige Monate vor seinem Rücktritt noch beim *Foreign Office* in London vorstellig geworden. Dort hatte er den Plan vorgelegt, in den folgenden vier bis fünf Jahren hunderttausende Juden aus Deutschland zu evakuieren. Dabei hatte er ausdrücklich darauf hingewiesen, daß jüdische Organisationen dieses Unternehmen finanzieren sollten. Nachdem man ihm versichert hatte, seinen Plan schnell untersuchen zu wollen, nahm das *Foreign Office* telegraphischen Kontakt mit der britischen Botschaft in Berlin auf. Diese riet, nicht auf die Problematik jüdischer Flüchtlinge einzugehen. Auch das amerikanische *State Department* reagierte durch seinen Sprecher Rudolf Schoenfeld ablehnend auf McDonalds Vorschlag: »Das würde bedeuten, daß wir zugunsten einer nicht-amerikanischen Gruppierung intervenieren und diese gegenüber anderen Gruppierungen, zum Beispiel Amerikanern, die in Deutschland Fonds und Immobilien besitzen, bevorzugt behandeln würden.«[45]

Am 14. Februar 1936 wurde Sir Neill Malcolm, ein pensionierter britischer General, vom Völkerbund zum Nachfolger McDonalds ernannt. Schon bald nach dessen Amtsantritt kündigte sich an, daß die Einflußsphäre des Völkerbundes noch kleiner geworden war. Er erklärte: »Es entspricht der Politik des Völkerbundes, sich nur mit dem politischen und gesetzlichen Status der (jüdischen) Flüchtlinge auseinanderzusetzen. Über die Innenpolitik Deutschlands werden wir kein Wort verlieren. Damit beschäftigt sich der Völkerbund nicht. Wir werden uns nur um jene Personen kümmern, die bereits Flüchtlinge sind, und nicht um jene anderen, die es noch nicht sind.«[46]

Da klar geworden war, daß die deutschen Juden vom Völkerbund nichts zu erwarten hatten, ergriffen einige jüdische Wortführer aus Großbritannien, unter ihnen Herbert Samuel, Lord Bearsted und Simon Marks, die Initiative, um Juden aus Deutschland in Sicherheit zu bringen. Sie erbaten dabei die Hilfe jüdischer Organisationen in Amerika. Die Briten schlugen vor, daß sie selbst ein Drittel jener 12 Millionen Dollar, die nötig waren, um den Juden aus Deutschland eine neue Heimat zu schaffen, in einen Fonds einbringen würden. Den Rest sollte die amerikanische Seite aufbringen.

Aber die Initiatoren konnten die entscheidende Frage nicht beantworten: Welches Land würde diese Juden aufnehmen wollen? Auf der ganzen Welt waren die Juden in Palästina wahrscheinlich die einzigen, die bereit waren, Juden aus Deutschland eine neue Heimat zu bieten, da dort seit 1917 ein Jüdisches Nationalheim eingerichtet war. Der Völkerbund hatte dieses 1922 auch anerkannt und Großbritannien angewiesen, Palästina als Mandatsgebiet zu verwalten. Mitte der dreißiger Jahre jedoch war der Widerstand der Araber gegen die Besiedelung durch die Juden dermaßen angewachsen, daß das britische *Foreign Office* den Zuzug immer mehr einschränkte.

Laut Arthur Prinz, einem Mitglied des Hilfsvereins der Deutschen Juden, wären SS und Gestapo in jenen Jahren stets bereit gewesen, Initiativen zur Umsetzung großangelegter Auswanderungspläne – von wem auch immer sie stammen mochten – zu unterstützen. Wie sich aus der Aufmerksamkeit zeigte, die man im August 1936 dem Ecuador-Projekt geschenkt hatte, reichten der SS schon bloße Gerüchte, um auf den Plan zu treten.[47]

Der perfekt organisierte Hilfsverein der Deutschen Juden setzte sich nach dem Ersten Weltkrieg für osteuropäische Juden ein, die in Deutschland angekommen waren und nunmehr von hier aus nach Übersee zu emigrieren versuchten. Die Erfahrungen aus jener Zeit waren zwischen 1933 und 1940 neuerlich von Nutzen. Die Mitglieder des Hilfsvereins stellten aktuelle Informationen über Gastländer zur Verfügung, regelten viele administrative Angelegenheiten und gaben Ratschläge in finanziellen Belangen. Max Warburg und Max Wischnitzer hatten die Leitung dieser Organisation inne. Während die *Jewish Agency*[48] jenen Juden half, die nach Palästina auswandern wollten, konnten Juden, die ein anderes Ziel vor Augen hatten, auf die Unterstützung des Hilfsvereins zählen.

In der zweiten Hälfte des Jahres 1935 hatten sich die Möglichkeiten zur Emigration drastisch verringert. Andere europäische Länder waren kaum bereit, eine größere Zahl Juden aufzunehmen, und die Briten beschränkten unter dem starken Druck der Araber auch weiterhin ständig die Zahl derer, die nach Palästina kommen durften. Anderseits stieg aufgrund der Nürnberger Gesetze ausgerechnet in diesem Zeitraum die Zahl der von Juden eingebrachten Auswanderungsanträge enorm an. Der Hilfsverein eröffnete Büros in allen größeren Städten Deutschlands. Seine Mitglieder suchten in der ganzen Welt nach neuen Siedlungsgebieten und arbeiteten mit anderen jüdischen Hilfsorganisationen in Osteuropa zusammen. Gemeinsam mit dem amerikanischen *Joint Distribution Committee* stellten sie einen Vierjahresplan auf. Jährlich sollten für mindestens 25 000 Juden aus Deutschland Gastländer gefunden werden.[49]

Im Sommer 1936 kam es hochrangigen Funktionären der SS zu Ohren, daß eine jüdische Hilfsorganisation in Schlesien die Zustimmung erhalten hätte, zehntausende Juden in den östlichen Teil Ecuadors auswandern zu lassen. Deshalb bestellte Eichmann sofort einige Mitglieder des Hilfsvereins nach Berlin, um sich von ihnen das Ecuador-Projekt bestätigen zu lassen. Gemeinsam mit ihnen wollte er dann beraten, ob man Juden aus Deutschland mit einbeziehen könnte. Aber dem Ecuador-Projekt war dasselbe Los beschieden wie dem Syrien-Projekt von 1934.

Am 29. September 1936 fanden im Reichsinnenministerium Besprechungen statt, die die Vorbereitung einer Stabsbesprechung über die »Judenpolitik« zum Gegenstand hatten.[50] An diesen Besprechungen nahmen Vertreter des Innenministeriums des Dritten Reiches und Preußens teil. Es handelte sich dabei um Staatssekretär Stuckart, Ministerialdirektor Sommer, Staatssekretär Posse und Reichsamtsleiter Blome. Am Beginn der Beratungen wies Sommer überflüssigerweise noch einmal darauf hin, daß entsprechend der Zielsetzung der nationalsozialistischen Politik alle Juden aus Deutschland zu entfernen wären. Staatssekretär Stuckart war mit Sommer vollkommen einer Meinung und fügte noch hinzu, daß sein Ministerium die »restlose Auswanderung« aller Juden aus Deutschland als Lösung der Judenfrage anstrebe. Ein Vertreter des Wirtschaftsministeriums stellte in weiterer Folge mit Nachdruck fest, daß eine solche »restlose Auswanderung« nur funktionieren konnte, wenn die Juden ihr Vermögen mitnehmen dürften. Anders würden sie für die Emigration gar nicht erst in Frage kommen, da kein Land bereit wäre, Bettler aufzunehmen. Alle Sitzungsteilnehmer betonten, daß die Arbeit zionistischer »Umschulungslager«, in denen deutsche Juden auf ihr neues Leben in Palästina vorbereitet wurden, jede nur erdenkliche Hilfe verdiente.

Im Januar 1937 veröffentlichte das Referat II/112[51], die Abteilung für Jüdische Angelegenheiten im Sicherheitsdienst, einen ausführlichen Bericht über die Lösung der Judenfrage in Deutschland.[52] Der damalige Leiter dieses Referates, SS-Untersturmführer Dieter Wisliceny, hatte Adolf Eichmann den Auftrag erteilt, diesen Bericht zu verfassen. Eichmann war 1934 als SS-Scharführer untergeordneter Beamter im SD Reinhard Heydrichs geworden. Er hatte den Auftrag, für das Archiv des Sicherheitsdienstes (SD) Unterlagen über prominente Freimaurer zu sammeln, und befaßte sich dabei auch näher mit der Geschichte der Loge und deren weltweiten Verzweigungen. So kam er schon bald in Kontakt mit der Judenfrage. Da ihn seine Funktion anfänglich nicht so sehr beanspruchte, hatte er genügend Zeit, sich näher mit dem Judentum auseinanderzusetzen. In SS-Kreisen war er bald als Spezialist für Fragen rund um jüdische Angelegenheiten bekannt. Dies ist gar nicht so verwunderlich, da es unter den Nazis kaum jemanden gab, der wirklich etwas vom Judentum, seiner Geschichte, Kultur, Tradition oder seiner Religion verstand. Im Spätherbst des Jahres 1935 ließ Heinrich Himmler verlauten, daß ein jüdisches Museum errichtet werden müßte, und es war nur logisch, daß er Eichmann mit dieser Aufgabe betraute. Vor allem während dieser Zeit las Eichmann viel über die Geschichte des Judentums und des Zionismus.

Im Herbst 1936 hatte man beim SD das Referat II/112 eingerichtet. Wenn auch Leopold von Mildenstein offiziell der Leiter dieser Abteilung war, hatte aufgrund seiner besseren Sachkenntnis in Wirklichkeit Eichmann die Führung inne. Anfänglich hatte Eichmann die Aufgabe, sich auf zionistische Angelegenheiten zu spezialisieren. Mit der Übernahme der Referatsleitung durch Wisliceny wurde es Eichmann übertragen, die Aussiedlung der Juden aus Deutschland zu organisieren. Zu diesem Zweck verfaßte er viele Berichte an seine Vorgesetzen und analysierte die Hindernisse, die es aus dem Weg zu räumen galt. Eichmann bedauerte es, daß die Mehrzahl der Juden die Notwendigkeit, das Land zu verlassen, noch nicht erkannt hätte. Darüber hinaus, so schrieb Eichmann, wären die Juden finanziell dermaßen geschröpft und aller ihrer Habseligkeiten beraubt, daß viele von ihnen ganz einfach zu arm wären, um das Land zu verlassen. Deshalb müßte man seiner Meinung nach hart daran arbeiten, den Juden die Unabdingbarkeit ihres Abzugs deutlich zu machen und die dafür nötigen Gelder zu sammeln. So hoffte er auf eine Zusammenarbeit der Abteilungen für Jüdische Angelegenheiten des Sicherheitsdienstes und der Gestapo, um diese beiden Probleme so schnell wie möglich einer Lösung zuzuführen.

Schon früher in seinen Berichten hatte Eichmann bei seinen Vorgesetzten vehement darauf gedrängt, daß man die Lösung der Judenfrage in erster Linie dem SD und der Gestapo überlassen sollte. Ohne die Zusammenarbeit dieser beiden Behörden würde dieses Problem nie gelöst werden können. Schließlich warnte er in seinen Aufzeichnungen wiederholt, daß die Nazis mit dem Propagieren des Antisemitismus im Ausland vorsichtig sein müßten, da die Aussiedlung davon nachteilig beinflußt werden könnte. Stellte man Juden nämlich in der Presse allzu oft als gefährliche Zeitgenossen dar, wäre es nur logisch, wenn ausländische Regierungen ihre Einwanderungsquoten senkten.[53]

In dem Bericht des Referates II/112 erklärte der Sicherheitsdienst wie schon 1934, daß eine rasche Aussiedlung der Juden aus Deutschland das Endziel jeder Judenpolitik wäre. Alle Maßnahmen in der Vergangenheit, wie die Boykott-Aktion im Jahre 1933 und die Nürnberger Gesetze aus dem Jahre 1935, hätten nicht das gewünschte Resultat gebracht. Als Gründe für die sinkende Auswanderungsquote[54] wurden genannt:

In gewissen Abteilungen würde Bequemlichkeit eine große Rolle spielen. Es gebe Beamte, denen es egal wäre, ob die Judenfrage nun gelöst werde oder nicht, viele hätten den Ernst der Judenfrage noch nicht begriffen.

Solange die Juden noch erhebliche Anteile an Großindustrie und Handel hielten und enorme Gewinne machten, wären sie klarerweise nicht bereit, das Land zu verlassen und einer unsicheren Zukunft entgegenzugehen.

Als Reaktion auf politische Unruhen im Nahen Osten hätten die Briten die Einwanderungsmöglichkeiten nach Palästina drastisch eingeschränkt.

Die meisten Länder litten noch unter den Folgen der Weltwirtschaftskrise der dreißiger Jahre und hätten mit hoher Arbeitslosigkeit zu kämpfen. Aus diesem

Grund fürchteten die Regierungen zahlreicher europäischer und überseeischer Länder, daß es zu Aufständen der Bevölkerung kommen könnte, sobald eine größere Zahl jüdischer Flüchtlinge ins Land drängte. Außerdem war man besorgt, daß aufgrund derartiger Entwicklungen der Antisemitismus im eigenen Land verstärkt oder überhaupt erst hervorgerufen würde. Wenn es dann doch noch Länder wie Brasilien oder Argentinien gab, die sich zur Aufnahme von Immigranten prinzipiell bereit zeigten, waren diese nur an Industriearbeitern interessiert; das aber waren die Juden gewiß nicht.

Als Folge der Auswanderungswelle, die ja doch bereits eingesetzt hatte, hätte Deutschland viel Kapital verloren. Wenn es in dieser Größenordnung weiterging, könnte Deutschland an den Rand des Bankrotts geraten.

Hunderte Familien, die im Jahre 1933 ausgewandert waren, wären in letzter Zeit zurückgekehrt, da sie von Angehörigen und Bekannten erfahren hatten, daß sich die Situation entspannt hätte und Juden sogar eigene Schulen, Verbände und Kultureinrichtungen betreiben dürften.

Ein nicht zu unterschätzendes Problem sei es schließlich auch, daß Deutschland mit anderen Ländern »konkurrieren« mußte, wollte es seine Juden loswerden. Zwischen 1933 und 1936 hätten jährlich 100 000 Juden aus Polen nach Palästina emigrieren können. Die antisemtische Politik der Regierungen Lettlands, Litauens, Rumäniens und Ungarns hätte ebenfalls Flüchtlingsströme ausgelöst. Außerdem – so noch immer der Bericht von Referat II/112 des SD – wären jüdische Hilfsorganisationen der Ansicht, daß osteuropäische Juden bevorzugt zu behandeln wären, da sie unter noch elenderen Umständen zu leiden hätten als ihre Glaubensgenossen in Deutschland.

Da die SS in der Aussiedlung aller Juden aus Deutschland auch weiterhin die einzige Lösung der Problematik sah, behauptete sie mit Nachdruck, daß die Auswanderung mittels viel radikalerer Maßnahmen in Schwung gebracht werden müßte. Zuallererst müßten die Juden endlich aus dem Wirtschaftsleben entfernt werden. So würden sie am eigenen Leib spüren, daß sie nicht erwünscht wären; es müßte ein viel stärkerer politischer Druck auf sie ausgeübt werden. Schließlich müßte nun endlich die Frage beantwortet werden, wohin genau nach Übersee man die Juden schicken sollte. Welche Länder würden bereit sein, Juden in großer Zahl aufzunehmen, ohne daß dabei die Gefahr drohte, sie könnten im dortigen Wirtschaftsleben soviel Ansehen und Einfluß erlangen, daß Deutschland erst wieder das Nachsehen hätte. Wie sollte schließlich die Zwangsaussiedlung durchgeführt werden? Die SS blieb auch im Januar 1937 ihrer im Jahre 1934 formulierten Linie treu und vertrat die Meinung, daß in Asien nur Palästina und ansonsten nur Länder in Südamerika für eine solch großangelegte Aktion in Frage kämen. Genannt wurden neben Ecuador und Kolumbien auch Venezuela und – unter gewissen Bedingungen – Brasilien. Schließlich appellierte die SS eindringlich an alle Behörden im Dritten Reich, sich nicht an der Aufhetzung der Araber gegen die jüdischen Siedler in Palästina zu beteiligen. Damit würde man nur das *Haavara*-Abkommen gefährden und der Auswanderung weiterer »reicher« Juden dorthin keinen guten Dienst erweisen.

Wenn auch manche SS-Angehörige davon träumten, die Judenfrage durch die Aussiedlung aller Juden nach Palästina zu lösen, so wurde dies von der politischen Entwicklung vollkommen unmöglich gemacht. Für die Juden wurde Palästina als Auswanderungsziel immer unattraktiver, da sich der arabische Widerstand immer heftiger gestaltete. Zwischen 1936 und 1938 brachen regelmäßig Unruhen aus, und die Briten sahen sich gezwungen, den jüdischen Zuzug immer mehr einzuschränken.

Im Sommer des Jahres 1937 ging die britische Regierung auf den Vorschlag ein, in Palästina zwei Staaten zu gründen (einen arabischen und einen jüdischen), da die Gegensätze zwischen den beiden Völkern unüberbrückbar erschienen. Innerhalb der SS bekamen es die meisten Befürworter einer jüdischen Einwanderung daraufhin mit der Angst zu tun, sodaß auch ihre Mithilfe an der Durchführung dieser Abmachung wesentlich bescheidener ausfiel. Die bereits von Houston Chamberlain, Rosenberg und Hitler geäußerte Ansicht, daß die Juden einen eigenen Staat in eine Aktionsbasis zur Eroberung der gesamten Welt umwandeln würden, schien plötzlich an Gewicht zu gewinnen. Dies vor allem, seit bekannt geworden war, daß die zionistischen Anführer den Plan akzeptiert hatten. Diese Angst teilte Hitler hingegen nicht mehr. Er konnte es sich nämlich nicht vorstellen, daß die Araber auch nur eine Sekunde daran dachten, dem Teilungsplan Palästinas zuzustimmen.

Am 7. Juli 1937 veröffentlichte die *Peel*-Kommission ihren Bericht über die Aufteilung Palästinas in einen jüdischen und einen arabischen Staat.[55] Die britische Regierung hatte im Mai 1936 beschlossen, eine königliche Kommission einzusetzen. Diese sollte die Unruhen und die angeblichen Beschwerden von Arabern oder Juden untersuchen. Die renommierte *Peel*-Kommission verdankte ihren Namen dem Vorsitzenden Lord Peel. Es war die bei weitem kompetenteste Untersuchungskommission, die jemals nach Palästina geschickt worden war. Unter den Mitgliedern befanden sich ein ehemaliger Provinzverwalter in Indien, ein Professor für Kolonialgeschichte aus Oxford, ein ehemaliger Botschafter, ein Richter des Obersten Gerichtshofes und ein hervorragender Advokat.

Der Standpunkt der Araber Palästinas wurde im Bericht folgendermaßen zusammengefaßt: Sie wären der Ansicht, daß die *Balfour Declaration* von 1917, auf Grund derer überhaupt erst ein jüdischer Staat in Palästina errichtet werden durfte, keine Rechtskraft besäße, da sie bei deren Zustandekommen nicht beigezogen worden wären. Darüber hinaus hätte der Völkerbund den Briten im Jahre 1922 Palästina ohne Zustimmung der Araber als Mandatsgebiet zugesprochen. Als Folge dieser politischen Entwicklung wären die legitimen Bestrebungen der Araber um nationale Unabhängigkeit und Selbstbestimmung vereitelt worden. Denn seit diesem Zeitpunkt hätten wahre Ströme jüdischer Einwanderer ihr Land »überflutet«. So könnten sie, so zitierte der Bericht, in den Juden nur fremde Eindringlinge sehen. Die Briten müßten sich vor Augen halten, daß der arabische Aufstand von 1936 und die ihm vorangegangenen Ausschreitungen in den Jahren 1920, 1921, 1929 und 1933 nur die logische Konsequenz jener Beschlüsse wären, welche die britische Regierung und der Völkerbund 1917 und 1922 verabschiedet hätten. Mit diesen Kampfmaßnahmen hätten die Araber ihre Feindschaft der britischen Regierung gegenüber und die Angst vor einer weiteren »Verjudung« ihres eigenen Gebiets zum Ausdruck gebracht.

Die Beschwerden der Juden in Palästina liefen wiederum vor allem darauf hinaus, daß sie es in den letzten Jahrzehnten am eigenen Leib zu spüren bekommen hätten, daß das Mandatssystem nicht funktionierte. Die Briten selbst hätten die Gründung und Besiedlung eines jüdischen Lebensraumes sabotiert. Britische Beamte und Funktionäre wurden pro-arabischer Tendenzen beschuldigt, weiters würden sie subversive Aktivitäten auf Seiten der Araber tolerieren. Vor allem die lasche Haltung, die sie dem Großmufti von Jerusalem gegenüber eingenommen hätten, war den jüdischen Siedlern ein Dorn im Auge. Darüber hinaus wurde den Briten noch eine ganze Latte an Vorwürfen entgegengehalten: Sie wären nicht bereit, weiteren Grund für die notwendige Erweiterung des Jüdischen Nationalheimes zur Verfügung zu stellen. Sie würden die Ansiedlung der Juden in Transjordanien verbieten. Auch die öffentliche Sicherheit ließe viel zu wünschen übrig. Schließlich würden sie in einer Zeit, in der zehntausende Juden vor den Verfolgungen Hitlers auf der Flucht wären, die jüdische Einwanderung sogar stark einbremsen.

Als Konsequenz aus all diesen Angaben wurde in dem Bericht der *Peel*-Kommission vorgeschlagen, das britische Mandat über Palästina zu beenden und das Land in zwei Staaten zu teilen: einen jüdischen Staat, der 2000 Quadratkilometer umfassen sollte, und einen arabischen Staat auf der restlichen Fläche. Der unabhängige jüdische Staat müßte dort gegründet werden, wo sich bereits die meisten jüdischen Niederlassungen befanden, was den fruchtbaren Küstenstreifen und den Großteil der Nordregion beinhaltete. Der Rest Palästinas sollte dann – mit Transjordanien zusammengelegt – zu einem unabhängigen arabischen Staat erklärt werden.

Es war weiters beabsichtigt, daß die Briten ein neues Mandat über Jerusalem und Bethlehem bekamen. Zusätzlich sollten Haifa, Safad, Nazareth, Akko und Tiberias im Norden sowie noch einige Städte im Süden, entlang des Golfs von Akkaba, als kleine Enklaven unter britische Verwaltung gestellt werden.

Die Araber in Palästina und in den umliegenden arabischen Staaten lehnten diesen Aufteilungsplan ohne weitere Begutachtung sofort ab. Hätten sie den Vorschlag damals angenommen, könnten sie schon seit 60 Jahren einen eigenen Staat haben. Die Ablehnung seitens der Araber im Jahre 1937 war aber nicht davon geleitet, was gut für sie, sondern was schlecht für die Zionisten war. Nur Amir Abdullah und Anhänger der *Nashashibi*-Partei Palästinas waren bereit, den Plan teilweise zu akzeptieren.

Wenn auch das zur Verfügung gestellte Gebiet für die Gründung eines jüdischen Staates zu klein war, akzeptierten Ben-Gurion und seine Anhänger den Aufteilungsplan schließlich doch. Ben-Gurion, der sich durchaus bewußt war, daß die Immigration für die europäischen Juden immer mehr zu einer Frage von Leben oder Tod geworden war, vertrat die Auffassung, ein kleiner Staat wäre schließlich besser als gar keiner.

Die Tragik aber war, daß sich nur die Juden in Palästina, in deren Namen Ben-Gurion diesen Beschluß faßte, dieser Meinung anschlossen. Sie lebten im hintersten Winkel des Nahen Ostens und konnten kaum über ihr eigenes Schicksal bestimmen. Sie stellten keinen Teil des Britischen Empires dar und hatten nicht einmal das Recht, den verfolgten Juden in Europa zu sagen: »Kommt zu uns, bevor es zu spät ist.« Im nachhinein betrachtet, wird deutlich, daß die Briten selbst nie vorhatten, den Plan der *Peel*-Kommission wirklich umzusetzen. Hätten die Juden damals über einen wenn auch noch so kleinen Staat verfügt, wären vermutlich hunderttausende Juden – wahrscheinlich jedoch noch mehr – vor den Gaskammern gerettet worden.

Auch der große Zionist Chaim Weizmann teilte die Auffassung Ben-Gurions. Gegenüber einer Anzahl religiöser Führer, die Bedenken gegen den viel zu kleinen Judenstaat hatten, sagte er:

> »Ich weiß, daß Gott den Kindern Israels Palästina versprochen hat, aber ich weiß nicht, an welche Grenzen er dabei gedacht hat. Ich nehme an, daß sie weiter waren als jene, die uns jetzt vorgeschlagen werden, und daß auch Transjordanien dazugehört hätte. Wir haben allerdings vom östlichen Teil Abstand genommen, und jetzt verlangt man von uns auch noch, auf einen Teil des Westens zu verzichten. Wenn Gott das Versprechen an sein Volk zu seiner Zeit einhält, ist es unsere Aufgabe als arme Sterbliche, die in einer schwierigen Zeit leben, soviele Überreste des Volkes Israel wie möglich zu erhalten. Wenn wir den Plan akzeptieren, können wir mehr retten, als wir es bei Fortsetzung der Mandatspolitik könnten.«[56]

Überschattet von der wachsenden Nazi-Gewaltherrschaft, wurde im August 1937 in Zürich der 20. Zionistenkongreß abgehalten. Weizmann, der diesen Kongreß leitete, sagte, daß ein Judenstaat – wie klein er auch sein mochte – 100 000 Einwanderer pro Jahr aufnehmen könnte, denen man sonst in keinem anderen Land Zugang gewähren würde. Ein solcher Staat wäre in der Lage, einer jüdischen Bevölkerung im Ausmaß von bis zu drei Millionen das Überleben zu sichern. Darum akzeptierte der Kongreß, der sich anfänglich in Befürworter und Gegner der Aufteilung gespalten hatte, schließlich doch den Plan zur Teilung Palästinas. Über die vorgeschlagene Grenzziehung würde man jedoch noch einmal reden müssen. Chaim Weizmann war bereits zuvor über den Bericht der *Peel*-Kommission informiert worden.

Der zionistische Politiker ließ sich bei seiner Entscheidung für einen unabhängigen jüdischen Staat in Palästina auch von anderen Überlegungen leiten. Der französische Kolonialminister Marius Moutet hatte, wie bereits dargelegt, im Namen der Regierung Léon Blums am 23. Januar 1937 vorgeschlagen, jüdischen Flüchtlingen aus Europa die Insel Madagaskar zur Verfügung zu stellen.[57] Aus verschiedensten Gründen war Weizmann nie ein Freund dieses gutgemeinten französischen Plans gewesen. Sein primärer Einwand war, daß dies dem Ziel der zionistischen Bewegung – der Rückkehr in das Land der Vorväter – schaden würde. Deshalb hoffte Weizmann auch, daß mit der Verwirklichung eines unabhängigen jüdischen Staates in Palästina der französische Madagaskar-Plan schnell ad acta gelegt würde. Die britische Regierung nahm jedoch den Aufteilungsplan, den sie auf Basis des *Peel*-Berichts erstellt hatte, nicht ernsthaft in Angriff. Man verbreitete sogar das Gerücht, daß die Juden gegen diese Aufteilung wären – ein Gerücht, das schon bald überall kursierte.

Während die Mitglieder der *Peel*-Kommission im Herbst 1936 und im Frühjahr 1937 in Palästina ihren Bericht vorbereiteten (60 Zeugen wurden in 30 öffentlichen Sitzungen angehört, weitere 53 in nicht-öffentlichen), stand die Judenpolitik der deutschen Regierung ganz im Zeichen der Förderung von Auswanderungswilligen – womöglich in das bevorzugte Zielgebiet Palästina.

Dies zeigt sich deutlich anläßlich einer Besprechung, die am 29. September 1936 im Reichsinnenministerium stattfand.[58] Zu dieser Besprechung waren außer den Leitern aller Abteilungen des genannten Ministeriums auch noch Vertreter des Außen- und des Wirtschaftsministeriums sowie der Führer- und Reichskanzlei eingeladen worden. In Anlehnung an das Parteiprogramm der NSDAP hielten sie fest, daß die Judenfrage erst dann zur Gänze gelöst wäre, wenn der letzte Jude aus Deutschland verschwunden wäre. Deshalb könnte alles, was nur irgendwie mit »Judenpolitik« zu tun hatte, für sie nichts anderes bedeuten, als an der bedingungslosen Aussiedlung aller Juden zu arbeiten. Das Tempo, in dem die Aussiedlung vorgenommen werden sollte, müßte sich an der Frage orientieren, aus welcher Vorgangsweise das deutsche Volk den meisten Nutzen ziehen konnte.

Zu einem gewissen Grad konnten die Teilnehmer an diesem Gespräch den Auffassungen der SS, die seit 1934 im ganzen Land verbreitet worden waren, zustimmen. Diese besagten, daß selbstorganisierter Unterricht und Erziehung der Juden darauf abzielen sollten, jüdisches Bewußtsein zu schaffen. Die Juden würden dann von selbst zu der Einsicht gelangen, daß sie niemals zur Integration in die deutsche Kulturgemeinschaft fähig wären und es in ihrem wie im Interesse der Deutschen läge, daß sie das Land verließen. In der folgenden Diskussion wurde hervorgehoben, daß die Genehmigung für jüdischen Unterricht und entsprechende Jugendarbeit sehr wohl an die Bedingung zu knüpfen wäre, daß jeder, der daran teilnahm, auch tatsächlich emigrierte.

Dr. Stuckart ging ausführlich auf die Frage ein, in welche Gebiete man die Aussiedler schicken sollte. Wenn die Juden beispielsweise nach Südamerika gingen, so Stuckart, würden sie die dortigen Ureinwohner sicher mit allen sich daraus ergebenden Konsequenzen dominieren. Die Juden würden es in Handel und Industrie zu großem Ansehen bringen und einen solch entscheidenden Einfluß auf die ökonomische Entwicklung jener Länder ausüben, daß die deutsche Exportwirtschaft bestimmt darunter leiden würde.

Gerade weil man solch gefährliche Entwicklungen berücksichtigt hatte, hätte das Ministerium in den vergangenen Jahren beispielsweise dem Syrien-Projekt der SS nicht zugestimmt. Hingegen hätte man dem *Haavara*-Abkommen und der Aussiedlung deutscher Juden nach Palästina vollste Unterstützung angedeihen lassen. Zwar wäre angesichts der möglichen Pläne der Juden, von Palästina aus die ganze Welt zu erobern, nicht jeder im Ministerium glücklich mit diesem Abkommen, es wäre Deutschland in den letzten Jahren aber doch gelungen, mit Hilfe dieses Pakts den Boykott deutscher Waren auf dem Weltmarkt teilweise rückgängig zu machen. Deswegen sollte man sich bei der Aussiedlung der Juden zumindest vorläufig weiterhin ausschließlich auf Palästina konzentrieren, wo »diese Asiaten« ja schließlich auch herkämen.

Andere Gesprächsteilnehmer zeigten allerdings mehr Verständnis für den Standpunkt der SS, daß man sich neben Palästina noch um weitere Gebiete in den USA, Kanada und Australien kümmern sollte. Schließlich kam noch die Finanzierung dieses Unternehmens, das sicher einige Jahre dauern würde, ausführlich zur Sprache. Alle schienen sich darüber einig, daß die Zwangsaussiedlung sowohl von den Juden selbst als auch mit Hilfe ausländischen (sprich jüdischen) Kapitals finanziert werden müßte. In diesem Zusammenhang wurde bemerkt, daß es die Entstehung eines jüdischen Proletariats zu verhindern galt. Denn dann würden die Juden dem Staat nur zur Last fallen und keinen ordentlichen Beitrag zu ihrer eigenen Aussiedlung mehr leisten können. Andererseits müßten die jüdischen Bankhäuser im Ausland eingeschaltet werden, um die Finanzen unter Dach und Fach zu bekommen. Einer der Gesprächsteilnehmer knüpfte hier an und teilte mit, er hätte gehört, daß einige jüdische Banken in Großbritannien dem Wirtschaftsministerium am 24. August 1936 angeboten hätten, die großangelegte Aussiedlung der Juden mit ausländischem Kapital zu finanzieren.

Ein halbes Jahr vor der offiziellen Präsentation des *Peel*-Berichts war bereits so viel über seinen Inhalt bekannt, daß in Deutschland in Kreisen der SS und der Regierung eine Diskussion darüber losbrach.[59] Adolf Eichmann schrieb, daß die Gründung eines unabhängigen Judenstaates bedeuten würde, daß Deutschland einen neuen Feind dazubekäme. Eine derartige Entwicklung hätte darüber hinaus weitreichende Folgen für den gesamten Nahen Osten.[60] Die Abteilung für Rassen- und Siedlungspolitik des Sicherheitsdienstes fügte dem noch hinzu, daß die Regierung eines solchen Judenstaates sicher diversen internationalen Organisationen beitreten würde, wo sie die Judenverfolgung im Dritten Reich zur Sprache bringen würde. Es wäre jedenfalls offensichtlich, daß der neue Staat Mitglied des Völkerbundes werden und dieser dann auf Drängen des neuen Mitglieds den Schutz jüdischer Minderheiten in allen Ländern der Welt binnen kurzer Zeit ganz oben auf die Tagesordnung setzen würde. So käme der schädliche Einfluß der Juden auf das internationale Leben sogar noch zu einer offiziellen Legitimation.[61]

Trotz der ausgesprochen reservierten Haltung, die die SS im Frühjahr 1937 hinsichtlich der jüdischen Auswanderung nach Palästina eingenommen hatte, wurde der Bitte Feivel Polkes, nach Berlin kommen zu dürfen, zugestimmt. Dieser war Mitglied der jüdischen Widerstandsbewegung im palästinensischen Untergrund *Hagana* und wollte in der Hauptstadt des Reiches über die Aussiedlung der Juden nach Palästina beraten. Eichmann bekam den Auftrag, die Gespräche mit Polkes zu führen, die dann auch am 26. Februar 1937 in Berlin stattfanden. Laut dem Protokoll, das der SD darüber anfertigte, wollte Polkes den Nazis Geheiminformationen im Austausch gegen eine Vereinfachung der Auswanderung nach Palästina zukommen lassen. Polkes hielt es für wichtig, daß die deutsche Regierung, wollte sie die Judenfrage auf dem Wege der Aussiedlung lösen, den Juden diese schmackhafter machte. Dazu wäre es seiner Meinung nach notwendig gewesen, daß sie mehr Geld mitnehmen durften, als im *Haavara*-Abkommen festgelegt. Wegen neuerlicher Unruhen in Palästina mußte Polkes abreisen, bevor man die diesbezügliche Besprechung zu einem Abschluß hatte bringen können. Kurz vor seinem Aufbruch lud er Eichmann ein, noch im selben Jahr – 1937 – nach Palästina zu kommen, um die Verhandlungen fortzusetzen.[62]

Am 9. Januar 1937 schickte Walther Hinrich vom »Referat Deutschland« im Reichsaußenministerium ein Memorandum an seinen Vize-Minister. Darin warnte er vor der großen Gefahr, die ein unabhängiger jüdischer Staat, den die Briten in Palästina gründen wollten, darstellen würde.[63] Er war der Meinung, daß noch niemand vorhersagen konnte, welche Bedrohung davon ausgehen würde. In jedem Fall aber würde der »schädliche Einfluß« des internationalen Judentums dadurch beträchtlich gestärkt werden. Sollten die Vorschläge der *Peel*-Kommission verwirklicht werden, würde der neugegründete Judenstaat eine ähnlich üble Rolle spielen wie die *Komintern* – die Kommunistische Internationale – seit 1917 oder der Vatikan schon seit ewigen Zeiten. Hinrich ließ nämlich keinen Zweifel daran, daß Jerusalem dann zum Mittelpunkt einer jüdischen Weltherrschaft werden würde, von wo aus die Juden mit Hilfe diplomatischer Kontakte ihren Einfluß weltweit geltend machen könnten. Deshalb schlug er dem Vize-Außenminister in seinem Memorandum vor, die gegenwärtige Politik des Außenministeriums hinsichtlich der jüdischen Aussiedlung nach Palästina (samt dem *Haavara*-Abkommen von 1933) zu überdenken und, falls nötig, kurzfristig einen Kurswechsel vorzunehmen. Es stehe seiner Meinung nach sehr in Frage, ob die Judenproblematik angesichts der letzten Entwicklungen überhaupt noch teilweise (oder, wie manche gar meinten, zur Gänze) mittels Aussiedlung nach Palästina gelöst werden konnte.

Bülow-Schwante, ein Kollege Hinrichs aus derselben Abteilung des Ministeriums, fügte darüber hinaus noch hinzu, daß man gut daran täte, sich die nächstliegenden Konsequenzen vor Augen zu führen. Ein unabhängiger Judenstaat würde wahrscheinlich Mitglied des Völkerbundes werden und könnte so auf sehr einfache Weise eine Koalition deutsch-feindlicher Nationen ins Leben rufen. Am 21. Januar 1937 schrieb er an das Reichsinnenministerium, daß man es im Reichsaußenministerium für notwendig erachte, die Emigration der Juden aus Deutschland voranzutreiben. Dabei dürfte man jedoch nicht ausschließlich auf Palästina fixiert sein. Nach reiflicher Überlegung wäre man nämlich zu dem Schluß gekommen, daß ein zunehmender Einfluß der Juden in Palästina deutschen Interessen zuwiderlaufen könnte. Man gehe davon aus, daß sich im Nahen Osten binnen kurzem ein jüdischer Staat entwickeln werde, sollte die Auswanderung hochqualifizierter deutscher Juden in dieses Gebiet auch weiterhin unterstützt werden.[64]

Er betonte weiters, daß fortan die »Zerstreuung« der Juden in so viele Länder wie nur möglich – anstelle ihrer »Konzentration« in einem einzigen Land – ein wesentliches Element in der Politik des Reichsaußenministeriums darstellen sollte. Wenn sich deutsche Juden nämlich nur in einem einzigen Land (zum Beispiel Palästina) niederließen, wäre es durchaus denkbar, daß sie dort anti-deutsche Aktivitäten entfalteten.[65] Deshalb würde die Judenfrage in Deutschland nur mittels der bereits genannten »Zerstreuung« (zum Beispiel in Südamerika, wo es noch einsame und sehr ausgedehnte Gegenden gäbe) gelöst werden können. Außerdem könnte man so gleichzeitig auch den Antisemitismus in viele Länder »mitexportieren« und in weiterer Folge Verständnis und Anerkennung für die deutsche Aussiedlungspolitik ernten.

Auch die »Abteilung Orient«(Pol.VII) des Reichsaußenministeriums teilte diese Auffassung des »Referats Deutschland«, wenn man in dieser Abteilung auch folgenden Einwand hatte: Man sollte streng unterscheiden zwischen einem Jüdischen Nationalheim unter britischer Kontrolle und einem »unabhängigen jüdischen Staat«, der von keiner Großmacht mehr in den Griff zu bekommen wäre. Ersteres wäre von der deutschen Regierung immer unterstützt worden, und dabei sollte es auch in Zukunft bleiben. Nur so könnte Deutschland die Juden auf ökonomisch vertretbare Weise loswerden. Das zweitgenannte Phänomen müßte aber unter allen Umständen verhindert werden. In der »Abteilung Orient« war man allerdings prinzipiell davon überzeugt, daß es gar nicht erst so weit kommen würde, weil die Araber schon dafür sorgten, daß nie ein unabhängiger Judenstaat entstehen würde.

Das »Referat Deutschland« im Außenministerium übernahm am 27. April 1937 die Koordination der weiteren Palästina-Politik. In einer ganzen Reihe von Ministerien wurde immer öfter die Frage gestellt, wie sich die deutsche Regierung zu verhalten hätte, sollte in Palästina dennoch unverhofft ein jüdischer Staat gegründet werden. Ende April 1937 schickte Ernst von Weizsäcker[66] an alle betroffenen Abteilungen des Außenministeriums eine Notiz mit Richtlinien betreffend die zu verfolgende Politik. Erneut bekräftigte er, daß es für Deutschland von allergrößter Wichtigkeit war, daß die Regierung die Aussiedlung der Juden auch in Zukunft förderte, um auf diesem Weg die Judenfrage zu lösen. Dem fügte er noch hinzu, daß die betroffenen Ministerialabteilungen alles unternehmen müßten, um eine »Konzentration« der Juden in Palästina zu vermeiden. Dadurch würde nämlich die Wahrscheinlichkeit extrem steigen, daß die jüdischen Auswanderer dort einen eigenen Staat gründeten. Er teilte die Ansicht des seinem eigenen Ministerium zugeteilten »Referat Deutschland«, daß die Juden auf möglichst viele Länder aufzuteilen wären, um eine Stärkung der Macht des internationalen Judentums zu verhindern. Darum dürfte auch Palästina nicht mehr als das alleinige Einwanderungsland für die Juden aus Deutschland gelten.

Am 1. Juni 1937 schickte Außenminister von Neurath ein Memorandum[67] an die deutschen Botschaften in London und Bagdad sowie an das deutsche Generalkonsulat in Jerusalem. Darin erklärte er, welchen Standpunkt das Ministerium zum Aufteilungsplan der *Peel*-Kommission eingenommen hätte. In erster Linie wäre es die Auffassung des Ministeriums, daß die Gründung eines Judenstaates in Palästina den Interessen der Deutschen in keiner Weise entgegenkomme und deshalb abzulehnen wäre. Ein solcher Staat könnte nicht nur die gesamte jüdische Weltbevölkerung (15 Millionen) aufnehmen, sondern würde sich sicher auch zu einer international anerkannten Machtbasis des Judentums entwickeln, vergleichbar mit der Bedeutung des Vatikans für den politischen Katholizismus oder Moskaus für die *Komintern*. In zweiter Linie sollte die noch näher auszuführende Politik des Ministeriums die Stärkung der Araber implizieren, die immerhin ein Gegengewicht zum stets wachsenden, »verhängnisvollen Einfluß« der Juden in Palästina darstellten.

Am 22. Juni 1937 verschickte das Reichsaußenministerium an alle deutschen Botschaften und Konsulate ein Rundschreiben, in dem ausführlich über die Palästina-Frage, den Bericht der *Peel*-Kommission, die Bestrebungen der Zionisten und den Widerstand der Araber dagegen sowie schließlich über die Beziehungen zu Großbritannien informiert wurde.[68] Auch darin wurde wiederholt, daß die mit der Auswanderung der Juden betrauten Stellen der »Zerstreuung« der Juden höchste Aufmerksamkeit zu schenken hätten. Mit der Ausreise des letzten Juden wäre nämlich die einschlägige Problematik noch nicht vom Tisch. Die Entwicklungen der letzten Jahre hätten gezeigt, daß sich die »Jüdische Internationale« zum »weltanschaulichen« und politischen Gegner des nationalsozialistischen Deutschlands entwickelte. Dem würde man nur Einhalt gebieten können, wenn die Juden nicht ausschließlich in ein einziges Land auswanderten. Deshalb wäre auch der Vorschlag der *Peel*-Kommission so gefährlich. Selbst wenn der unabhängige Judenstaat nicht alle seine Glaubensbrüder aufnähme, würde immer noch ein international bedeutendes Machtzentrum entstehen, das für Deutschland eine große Bedrohung darstellte.

Am 7. Juli 1937 wurde, wie bereits erwähnt, der Bericht der *Peel*-Kommission über die Teilung Palästinas in einen jüdischen und einen arabischen Staat offiziell präsentiert. In den darauffolgenden Wochen wurde in Deutschland eine heftige Medienkampagne gegen die Entwicklung des Jüdischen Nationalheimes hin zu einem unabhängigen Staat geführt.[69] Es waren nicht nur Nazi-Journalisten, die mit dem Widerstand der Araber gegen die Aufteilung Palästinas sympathisierten. Sie alle behaupteten undifferenziert, daß die Araber das unbestreitbare Recht besäßen, den arabischen Charakter Palästinas gegen den »schädlichen Einfluß« der »jüdischen Eindringlinge« zu schützen. Das deutsche Generalkonsulat in Jerusalem telegraphierte im August 1937 nach Berlin, daß der Großmufti von Jerusalem und die Araber auf die Pressekampagne in Deutschland mit Begeisterung reagiert hätten.

Drei Wochen nach der Präsentation des Berichts, am 29. Juli 1937, konferierten Vertreter der Reichskanzlei, der Ministerien für Innere und Auswärtige Angelegenheiten, des Wirtschaftsministeriums, der Reichsstelle für Devisenbewirtschaftung, der Direktion der Reichsbank und schließlich von Rosenbergs Außenpolitischem Amt über den Aufteilungsplan. Anläßlich der Frage, wie man das Judenproblem mittels Zwangsaussiedlung lösen könnte, diskutierten die Gesprächsteilnehmer vor allem drei Standpunkte ausführlich.[70] Angesichts der neuesten politischen Entwicklung würde man gänzlich davon Abstand nehmen müssen, die Judenfrage auf dem Wege der Aussiedlung lösen zu wollen. Die Antwort auf diese Frage sei vielmehr in einer schärferen Kontrolle des Tuns und Lassens der Juden im Inland zu suchen. Man sollte nicht länger den Anspruch aufrechterhalten, daß es gelingen müßte, sie alle aus dem Land zu vertreiben. Der zweite Standpunkt ging davon aus, daß die Judenfrage in Deutschland mittels Zwangsaussiedlung durchaus »ordentlich« gelöst werden könnte. Schließlich wäre dies der offizielle Standpunkt, zu dem sich die Regierung schon vor längerer Zeit entschlossen hätte. Man würde jedoch dafür Sorge tragen müssen, daß die Juden über die ganze Welt verteilt würden und Palästina als fortan für die Juden verbotenes Zielland vermieden würde. Schließlich wurde noch eine dritte Position formuliert, die den Vertretern aller genannten Behörden präsentiert wurde: Man sollte die Judenfrage in Deutschland lösen, indem man sich an das *Haavara*-Abkommen von 1933 hielt und die Juden hauptsächlich nach Palästina abziehen ließ. Dem wurde als Erklärung hinzugefügt, daß die britische Obrigkeit den »verhängnisvollen Einfluß« der Juden viel besser eindämmen könnte, wenn diese auf einem Fleck – in Palästina – konzentriert wären.

Aufgrund der vielen Gespräche, die Spitzenbeamte verschiedener Ministerien bereits im ersten Halbjahr 1937 zum Thema der Aufteilung Palästinas geführt hatten, war abzusehen, daß sich die Sitzungsteilnehmer für den zweiten Standpunkt aussprechen würden.

Am Beginn der weiteren Diskussion teilte ein Vertreter des Innenministeriums jedoch mit, daß Hitler alle drei Standpunkte sehr sorgfältig gegeneinander abgewogen hätte und sich schließlich für Variante Drei entschieden hätte: Man würde versuchen müssen, die Judenfrage in Deutschland – zumindest den größten Teil davon – zu lösen, indem man die Juden entsprechend dem *Haavara*-Abkommen vor allem nach Palästina auswandern ließ. In den vergangenen Jahren hätte sich eindeutig gezeigt, so Hitler, daß eine solche Politik deutschen Interessen in vielerlei Hinsicht zugute komme. Zehntausende Juden hätten das Land verlassen, ohne daß es die Staatskasse belastet hätte, darüber hinaus wäre der Exportanteil in ansehnlichem Ausmaß gestiegen. Außerdem hätte er dem Standpunkt, den sowohl Außen- wie auch Innenministerium zur Judenfrage vertreten hätten, – »Zerstreuung« der Juden statt »Konzentration« in einem Land – nie so recht Glauben geschenkt. Er teile die Position der SS, die diese bereits im Jahre 1933 eingenommen hatte. Im Gegensatz zu den meisten Ministern und Staatssekretären wäre er keinesfalls der Ansicht, daß in Palästina innerhalb kurzer Zeit ein unabhängiger jüdischer Staat gegründet werden würde. Die Araber hätten doch den Teilungsplan sofort abgelehnt, und er könne sich nicht vorstellen, daß sie an ihrem Widerstand nicht festhalten würden. Schließlich erkannte Hitler scharfsichtiger als die anderen, daß es in den kommenden Jahren äußerst schwierig werden würde, andere Länder ausfindig zu machen, in die man die Juden ausweisen könnte. Andererseits war Hitler viel zu optimistisch, wenn es darum ging, die Position der Briten einzuschätzen. Diese würden, so Hitlers tiefe Überzeugung, dem Druck der Araber schon standhalten, und er könnte sich mit ihnen darauf einigen, alle Juden nach Palästina auszusiedeln. Damit wäre die Judenfrage für Deutschland ein für allemal vom Tisch. Diese Fehleinschätzung zeigte sich dann auch im Jahre 1937 deutlich.

Die Tagebücher des Hauptmanns Gerhard Engel, eines ehemaligen Adjutanten Hitlers, ermöglichen einen Einblick in Hitlers Haltung gegenüber der jüdischen Auswanderung nach Palästina im Jahre 1937. Engel zufolge hätte Hitler mit ihm zweimal, und zwar am 8. Oktober 1939 und am 2. Februar 1941, über einen Plan gesprochen, den er der britischen Regierung 1937 vorgelegt hatte. Engel dazu wörtlich:

> »Damals hat ihm [Hitler] vorgeschwebt, die 600 000 deutschen Juden in Form eines Geschäftes loszuwerden, und sein Plan, 1937 den Engländern die halbe Million Juden als Arbeitskräfte für Palästina anzubieten, ist ihm durchaus ernst gewesen. Er ist aber bei den Engländern und auch bei den anderen Staaten schlecht angekommen. Die Engländer hatten ihm klipp und klar in einer Note erklärt, daß sie mit diesem Problem in Palästina schon genug zu tun haben und nicht noch weitere Unruhe wünschen.«[71]

In einem an Francis Nicosia adressierten Brief vom 18. Mai 1976 bestätigte Engel diese Tagebucheintragung.[72] In dem genannten Brief erwähnt Engel auch, daß sich Hitler im Rahmen der Aussiedlungspolitik ganz klar für die »Konzentration« der Juden in Palästina (später auch in einem anderen Gebiet) entschieden, und er den anderen Weg – den der »Zerstreuung« über die ganze Welt – stets abgelehnt hätte. Nach Ansicht Hitlers würden die Araber schon dafür sorgen, daß es nicht zur Entstehung eines jüdischen Staates kam, sodaß man sich vor einer möglichen Aktionsbasis des »Weltjudentums« nicht zu fürchten brauchte.

Schließlich wäre ihm allerdings (zu seiner großen Enttäuschung) klar geworden, daß die britische Regierung aus Angst vor dem Widerstand der Araber die Pforten Palästinas für jüdische Einwanderer am liebsten zur Gänze geschlossen hätte. Damals hätte er begonnen, die Verbannung der Juden in eine französische oder britische Kolonie (Madagaskar, Britisch-Guayana) ins Auge zu fassen. Dann wären sie gänzlich von der politischen Bühne verschwunden und könnten keinerlei Einfluß mehr ausüben.

In dem Brief an Nicosia schrieb Engel auch, daß Hitler bereits 1936 – während der Olympischen Spiele in Berlin – seinen Wirtschaftsminister Schacht nach London geschickt hätte, um in politischen Kreisen auszuloten, wie man über einen solchen Handel dächte. Dieser bekam aber dort zu hören, daß man seitens der britischen Regierung rein gar nichts davon hielt. 1937 würde Schacht diesen Plan noch einmal, diesmal mit dem britischen Botschafter in Berlin, Nevile Henderson, besprechen, aber neuerlich eine Absage erhalten. Schließlich sprach der deutsche Wirtschaftsminister anläßlich eines Besuches in London im Jahre 1937 noch einmal mit der britischen Regierung darüber. Aber alle Verhandlungen blieben ergebnislos, und Hitler mußte von seinem Plan Abstand nehmen.

Zwar wird hin und wieder daran gezweifelt, ob Schacht wirklich im Auftrag Hitlers mit den Briten über dieses Thema verhandelt hat. Dennoch paßte ein solcher Plan perfekt in die Aussiedlungspolitik, die Hitler 1937 skizzierte hatte. Das hatte sich bereits während jener Sitzung vom 29. Juli 1937 gezeigt, als ein Vertreter des Reichsinnenministeriums zur großen Überraschung der anderen Teilnehmer wissen ließ, daß Hitler alle noch im Lande befindlichen Juden nach Palästina aussiedeln wolle.

Im Herbst 1937 und zu Beginn des Jahres 1938 wurde Hitler in der Überzeugung bestätigt, daß er diesen Weg beibehalten müßte: Am 18. Oktober 1937 hatte die Reichsstelle für das Auswanderungswesen im Innenministerium Alarm geschlagen, weil die jüdische Auswanderungsquote im laufenden Jahr stark gesunken war. Als Ursachen nannte man den wachsenden Widerstand von immer mehr Staaten, jüdische Einwanderer aufzunehmen, sowie die Unruhe, die in Palästina aufgrund des Aufteilungsplans der *Peel*-Kommission entstanden war.[73] Bereits früher in jenem Jahr, nämlich am 13. Juli, hatten sie in einem Memorandum auf die besorgniserregende Tendenz im Auswanderungsverhalten der Juden hingewiesen.

Anfang November 1937 reiste Eichmann gemeinsam mit Herbert Hagen, dem Leiter der Abteilung für Jüdische Angelegenheiten im SD, zu Feivel Polkes. Wegen der Unruhen in Palästina fanden die Besprechungen am 10. und 11. November in einem Kaffeehaus in Kairo statt, brachten aber keine Ergebnisse. Polkes wollte wissen, was man tun könnte, um die deutschen Juden zur Emigration nach Palästina zu ermutigen. Er meinte, daß ihnen die Nazis erlauben müßten, mehr Geld mitzunehmen. Darüber hinaus versicherte er seinen beiden Gesprächspartnern, daß die britische Regierung wohl bereit wäre, angesichts einer Zahlung von 1000 Dollar pro Einwanderer jährlich 50 000 deutsche Juden nach Palästina zu lassen. Auf diese Weise wäre die Judenfrage Deutschlands binnen zehn Jahren gelöst.

Da Eichmann ganz genau wußte, daß die deutsche Regierung dem nie zustimmen würde (es hätte dies nämlich zu viele Devisen gekostet), lehnte er diesen Plan von

Polkes sofort ab.[74] Die beiden Deutschen kehrten nach Berlin zurück und diskutierten erneut jenen Standpunkt, den die SS seit 1934 zur Aussiedlung vertrat. Dort hatte man schon immer mit dem wachsenden Widerstand der Araber gegen jüdische Siedlungen gerechnet. Man sollte sich daher nicht auf Palästina versteifen, sondern durchaus auch nach anderen Gebieten Ausschau halten.

Auch in deutschen Regierungskreisen stellte man sich nach Bekanntwerden des Aufteilungsplans die Frage, ob die Aussiedlung der Juden nach Palästina wie bisher fortgesetzt werden könnte.

Hitler war jedoch – nachdem er einen Bericht des SD vom Januar 1938 gelesen hatte – mehr denn je davon überzeugt, daß die Palästina-Variante die geeignetste wäre, um sich der Juden zu entledigen. Aus dem vom Sicherheitsdienst verfaßten Bericht sprach eine äußerst pessimistische Sicht der jüdischen Auswanderung. Sogar viele Länder Lateinamerikas wären dem Beispiel der deutschen Nachbarländer gefolgt und hätten die jüdische Einwanderung an immer härtere Bedingungen geknüpft. Es schien also wirklich so, als wäre Palästina als einziges Zielland übriggeblieben. So war diese Anmerkung zu Palästina auch die einzige optimistische Note in jenem Bericht. Die Gefahr, daß ein unabhängiger jüdischer Staat entstehen würde, wäre nicht mehr gegeben, und so war man der irrigen Annahme, daß die Aussiedlung entsprechend dem *Haavara*-Abkommen ganz einfach fortgesetzt werden könnte. Da Hitler vorhersah, daß es in den folgenden Jahren noch schwieriger werden würde, die Juden irgendwohin auszusiedeln, und die Araber einen unabhängigen Judenstaat unmittelbar abgelehnt hatten, beschloß er im Januar 1938, daß am *Haavara*-Abkommen nicht gerüttelt werden durfte.

Ebenfalls im Januar 1938 verfaßte Carl Clodius von der Handelspolitischen Abteilung des Außenministeriums ein an das »Referat Deutschland« gerichtetes Memorandum. Darin erläuterte er, warum die Aussiedlung der Juden nach Palästina mit mehr Vehemenz angegangen werden müßte. Er berief sich dabei auf einen Beschluß, den der Führer selbst erst vor kurzem gefaßt hätte. Nebenbei bemerkte er noch, daß die Gefahr eines unabhängigen Judenstaates nicht mehr bestehe, da die britische Regierung den Teilungsplan auf Eis gelegt hätte.[75]

Noch im selben Monat schrieb Ernst von Weizsäcker einen ausführlichen Bericht, der für das Außenpolitische Amt der NSDAP bestimmt war.[76] Darin faßte er die Diskussionen aus dem Jahre 1937 zum Thema *Haavara*-Abkommen und der Aussiedlung der Juden nach Palästina kurz zusammen. Dazu bemerkte auch Weizsäcker, daß Hitler erst kürzlich beschlossen hätte, daß die Aussiedlung der Juden nach Palästina unverändert fortzusetzen wäre.

In einer Zusammenfassung des Außenhandelsamtes vom 1. Februar 1938 an den Direktor der Auslandsorganisation der NSDAP heißt es: »Nach Beratungen mit Reichsleiter Rosenberg hat der Führer vor kurzem beschlossen, daß die Emigration der Juden mit allen Mitteln fortzusetzen ist und daß Palästina als primäres Zielgebiet ins Auge zu fassen ist.«[77]

Auch ehemalige Zionisten haben diesen Entschluß Hitlers bestätigt. Dr. Ernst Marcus, Vorsitzender der Zionistischen Vereinigung für Deutschland, schrieb 1958 in einem Artikel, daß er im Januar 1938 von Werner Otto von Hentig, dem Leiter der »Abteilung Orient« des Reichsaußenministeriums, über folgende Tatsachen informiert worden wäre: Alle Hindernisse für die Fortsetzung der Auswanderung der Juden nach Palästina wären aus dem Weg geräumt worden, da Hitler höchstpersönlich beschlossen hätte, die Juden auf diesem Wege loszuwerden.[78] Schließlich gab auch der letzte Vorsitzende der Zionistischen Vereinigung für Deutschland, Dr. Benno Cohen, im Zuge des Eichmann-Prozesses in Jerusalem 1961 zu Protokoll, daß die Juden aufgrund des Beschlusses Hitlers weiterhin nach Palästina auswandern hätten können.[79]

Dieser Standpunkt Hitlers beinhaltete, daß er im Jahre 1937 dem ausdrücklichen Wunsch zahlreicher Abteilungen der verschiedensten Ministerien, den arabischen Widerstand gegen die Juden in Palästina zu unterstützen, nicht entsprechen wollte. Hitler hatte verschiedenste Gründe für dieses Verhalten. Solange er die Juden laut *Haavara*-Abkommen nach Palästina ausweisen konnte, stand eine Unterstützung der Araber im Widerspruch mit seiner Aussiedlungspolitik. Darüber hinaus fand er, daß gerade die Kolonialherrschaft der Briten in Afrika und Nahost ein glänzendes Beispiel für die Überlegenheit der weißen Rasse wäre. Deshalb verschwendete er trotz wiederholter Bitten von Araberführern, die ihn für seine antisemitische Politik lobten, bis weit ins Jahr 1939 hinein keinen Gedanken daran, die arabische Befreiungsbewegung zu unterstützen. El Husseini und Raschid Ali, bei denen er den Eindruck erweckt hatte, ihre Bestrebungen ernst zu nehmnen, vertröstete er mit leeren Versprechungen. Schließlich konnte es sich Hitler nicht erlauben, den arabischen Widerstand zu unterstützen, da Mussolini, zu dem er freundschaftliche Beziehungen unterhielt, seine eigenen imperialistischen Ambitionen in Nahost und Nordafrika ausleben wollte. Und die Briten, mit denen er sich unbedingt einigen wollte, hätten es ihm sehr übel genommen, wenn er das Bündnisangebot der Araber angenommen hätte. Aber der ständig wachsende Widerstand der Araber gegen den Zustrom jüdischer Flüchtlinge nach Palästina riß Hitler brutal aus seinen Träumen, die Judenfrage im eigenen Land via Palästina lösen zu können.

Die oben skizzierte politische Entwicklung, aufgrund derer die Einwanderung der Juden nach Palästina stark zurückging, veranlaßte die deutsche Regierung dazu, sich jedenfalls noch nach anderen Gebieten umzusehen. Die Spitzen der SS hatten sich im übrigen schon ab 1934 nicht mehr auf Palästina fixiert und die spätere Entwicklung mehr oder weniger vorhergesehen.

Es gab aber noch andere, die diese Weitsichtigkeit der SS teilten. Goebbels notierte im November 1937 in seinem Tagebuch, daß er mit dem Führer ein langes Gespräch über die Lösung der Judenfrage geführt hätte und Hitler fest entschlossen wäre, die Juden nicht nur aus Deutschland, sondern auch aus ganz Europa auszusiedeln.[80]

In den darauffolgenden Jahren würde Hitler in Gesprächen mit Diplomaten und Regierungschefs stets wiederholen und mit Nachdruck bekräftigen, daß die Judenfrage auf diese Weise und im gesamteuropäischen Maßstab gelöst werden müßte.

Im Dezember 1937 erstellte Eichmann einen Bericht zur Koordinierung der Aussiedlung von Juden in außereuropäische Gebiete, wobei vor allem von südamerikanischen Ländern die Rede war. Um diese Aussiedlung im großen Maßstab zu ermöglichen, müßte eine eigene zentrale Behörde eingerichtet werden. Reiche Juden sollten die Auswanderung der armen Juden mitfinanzieren. Deshalb wäre es erforderlich, eine jüdische Zentralorganisation zu gründen, die Besitztümer und Kapital der reichen Juden beschlagnahmen sollte. Damit würde die Auswanderung der armen Juden finanziert und zugleich verhindert werden, daß diese dem deutschen Staat finanziell zur Last fielen. Um die Länder Südamerikas für eine aufgeschlossene Haltung gegenüber den deutschen Juden zu gewinnen, sollte antisemitische Propaganda im Ausland weitestgehend vermieden werden. Denn diese würde sich sonst als Bumerang erweisen: Wenn die Südamerikaner hörten, welch »schlechte Menschen« die Juden waren, würden sie ihre Grenzen sofort dichtmachen.[81]

Am 10. Februar 1938 publizierte *Das Schwarze Korps*, das Nachrichtenmagazin der SS, einen Artikel, in dem die westlichen Demokratien dafür kritisiert wurden, daß sie den Juden nicht einmal Teilgebiete ihrer Kolonien zur Verfügung stellten. Im selben Artikel wurde Frankreich kritisiert, weil es nicht rasch genug auf die Forderungen Polens reagierte, seine Juden nach Madagaskar auswandern zu lassen. Nur wenn die Juden gezwungen würden, sich außerhalb Europas niederzulassen, könnte die Judenfrage gelöst werden. Mit anderen Worten: Die Juden sollten binnen kurzem nach Madagaskar oder in ein anderes überseeisches Gebiet verbannt werden.

Am 5. März schrieb Heydrich an Eichmann:

> »Ich bitte in der nächsten Zeit Material zusammenzustellen für eine Denkschrift an C, die gemeinsam mit II B 4 zusammengestellt werden soll. Es soll darin klargelegt werden, daß die Judenfrage auf der augenblicklichen Basis (Emigration) nicht zu lösen ist (finanzielle Schwierigkeiten usw.), und daß man darum herantreten muß, eine außenpolitische Lösung zu finden, wie sie bereits zwischen Polen und Frankreich verhandelt wurde.«

Am Rand des Briefes war notiert: »Madagaskar-Projekt«.[82]

Am 5. März 1938 trat der Leiter von Referat II/112, Herbert Hagen, an Eichmann mit der Bitte heran, dieser möge untersuchen, ob sich Madagaskar für eine Massenaussiedlung von Juden eignete. Er bezog sich dabei auf die französisch-polnischen Verhandlungen im Jahre 1937 und bezeichnete diese als einen positiven Schritt.[83]

Am 12. März 1938 hatten sich Dannecker, Hagen und Eichmann unmittelbar nach dem am 12. März 1938 vollzogenen »Anschluß« nach Wien begeben. Hier richtete

Eichmann die Zentralstelle für Jüdische Auswanderung ein, um eine rasche Aussiedlung der 200 000 Juden aus Österreich zu organisieren und zu koordinieren. Kurz nachdem Eichmann sich in Wien eingerichtet hatte, spielte er bereits mit dem Gedanken an eine Zwangsaussiedlung aller Juden des gesamten Dritten Reiches nach Madagaskar.[84]

Am 24. März nannte Dannecker, der in Wien mit Eichmann zusammenarbeitete, den Madagaskar-Plan eine »außenpolitische Lösung der Judenfrage«.[85]

Infolge des »Anschlusses« gerieten 200 000 Juden, von denen die Mehrzahl der äußerst kultivierten jüdischen Gemeinde Wiens angehörte, über Nacht in den Einflußbereich der Nazis. Nirgendwo sonst wurden antijüdische Maßnahmen so schnell beschlossen und durchgeführt wie hier. Eine wahre Terrorwelle brach über die jüdische Gemeinde in Wien und anderen Städten des Landes herein. Jüdische Geschäfte wurden geplündert, ihre Besitzer enteignet, Synagogen wurden zerstört oder in Stützpunkte der SS umgewandelt. Das Wirtschaftsleben wurde »arisiert« und Massenverhaftungen durchgeführt. Juden wurden mißhandelt, in aller Öffentlichkeit erniedrigt, in Konzentrationslager verschleppt, und ein enormer Flüchtlingsstrom setzte sich in Bewegung. Am 16. März wurde Adolf Eichmann in Österreich die Leitung von Referat II/112, der Abteilung für Jüdische Angelegenheiten innerhalb des Sicherheitsdienstes, übertragen.

Die Politik, die Eichmann bis ins letzte Detail vorgezeichnet hatte, war darauf ausgerichtet, die Juden in der »Ostmark« vor die Wahl zu stellen, entweder im eigenen Land zu verhungern oder auszuwandern. Die extrem rasch durchgeführte Diskriminierung und Stigmatisierung sowie die Arisierung des Wirtschaftslebens und die Rassentrennung waren alle nur auf ein Ziel ausgerichtet: Die Zwangsaussiedlung aller Juden aus der »Ostmark«.

Eichmann hatte erkannt, daß zwar alle anti-jüdischen Bestimmungen wichtig waren, um die Juden spüren zu lassen, daß es für sie keine Zukunft in Österreich mehr gab. Die entscheidende Maßnahme, um die Juden in die Emigration zu zwingen, wäre jedoch die Arisierung ihrer Betriebe und die Konfiszierung von Geld und sonstigem Besitz. Erst wenn die Juden finanziell bis aufs letzte Hemd ausgezogen worden wären, würden sie keine Sekunde mehr daran denken zu bleiben. Um das zu erreichen, müßten jüdische Organisationen eingeschaltet werden, um den Prozeß der Zwangsaussiedlung auf allen möglichen Ebenen zu forcieren.

Eichmann war davon überzeugt, daß jüdische Hilfsorganisationen im Ausland schließlich die Kosten für die Auswanderung der österreichischen Juden zu tragen hätten. So war die Einschaltung jüdischer Organisationen in Wien, die als Vermittler zu den potentiellen Geldgebern auftreten sollten, eine absolute Notwendigkeit, um das Land so schnell wie möglich »judenrein« zu bekommen. Deshalb ordnete Eichmann Mitte April 1938 auch an, daß gewisse jüdische Organisationen unbehelligt bleiben sollten. Es handelte sich dabei um den Zionistischen Landesverband für Österreich, der den zionistischen Juden nahestand, und den *Agudas Jisroel* der orthodoxen Juden. Juden, die sich weder den Zionisten noch den Orthodoxen verbunden fühlten, durften den eigenständigen Hilfsverein für Juden gründen.

Am 20. August 1938 wurde schließlich die bereits erwähnte Zentralstelle für Jüdische Auswanderung eingerichtet, deren Leiter zwar SD-Führer Stahlecker, Eichmann aber Exekutivdirektor wurde. Eichmann rechtfertigte deren Gründung wie folgt:

> »Es häuften sich in Wien die Fälle, wo auswanderungslustige Juden tage- und wochenlang vor den zuständigen Dienststellen Schlange standen, um dort ihre Auswanderungspapiere in Ordnung zu bringen. Teils durch Ungeeignetheit der zuständigen Beamten, teils durch mangelhafte Organisierung traten im Laufe der Zeit Unzukömmlichkeiten auf, die entgegengesetzt unserem Interesse an einer forcierten Abwanderung von Juden aus Österreich standen.«[86]

Die Zentralstelle hatte sich mit der geplanten Auswanderung, die jeder Jude nur als Deportation empfinden konnte, zu beeilen. Daneben wurde noch eine »Umschulungsstätte« eingerichtet, wo die Juden auf ihren neuen Aufgabenbereich in Übersee vorbereitet wurden.

Die Aussiedler wurden nicht nur aller ihrer Habseligkeiten beraubt, sie mußten noch dazu die Mittel aufbringen, um dieses Büro und sein Personal zu finanzieren. Sie durften insgesamt nur umgerechnet 30 (später überhaupt nur noch 10) Mark mitnehmen. Da aber kein Land der Welt bereit war, vollkommen mittellose Juden aufzunehmen, mußten sie diesbezüglich an jüdische Organisationen im Ausland appellieren. Konkret bedeutete dies, daß das *American Jewish Joint Distribution Committee*, die *Jewish Agency for Palestine* und der *Central British Fund for Refugees* die Reisekosten übernahmen und für jene finanzielle Ausstattung sorgten, die nötig war, um in einem Einwanderungsland aufgenommen zu werden.

Während es in Berlin, Hamburg und München noch immer mehrere Wochen dauerte, bevor die Aussiedler im Besitz der nötigen Papiere waren, bearbeiteten die Beamten in Wien unter der Leitung Eichmanns alles an einem einzigen Tag. Am Morgen kamen die jüdischen Auswanderer mit ihrem Hab und Gut (ihren Besitz mußten sie bis ins kleinste Detail deklarieren) zum entsprechenden Büro und standen dort einige Stunden vor einem Schalter angestellt. Am Nachmittag desselben Tages verließen sie vollkommen ausgeraubt, aber mit allen etliche Male gestempelten offiziellen Papieren (Paß, Visa etc.) in der Tasche die Zentralstelle, um so schnell wie möglich auszureisen. Praktisch das gesamte Vermögen wohlhabender Juden verschwand auf diese Weise in der Staatskasse.

Auch das Prinzip, wonach die reicheren Juden für die ärmeren aufkommen mußten, wurde von Eichmanns Leuten rücksichtslos eingehalten. Obwohl die Auswanderer wegen der Devisenknappheit ohnehin nur wenig Geld mitnehmen durften, waren die Finanzexperten des Referates II/112 in Berlin dennoch besorgt, daß diese Devisenknappheit infolge der Zwangsaussiedlung noch größer werden würde. Es ging immerhin um zehntausende Menschen, und in letzter Konsequenz sollten alle 200 000 Juden mit dieser Methode aus dem Land vertrieben werden.

Deshalb traten in dieser Phase zahlreiche Fachleute des Wirtschaftsministeriums und des Referates II/112 des SD in Berlin zusammen. Man wollte die Frage beantwortet wissen, in welchem Ausmaß die Zwangsaussiedlung der Juden aus der »Ostmark« unter der Leitung Eichmanns die Staatsfinanzen im Endeffekt belasten würde. In jenen Besprechungen wurde auch bereits der Zukunft vorgegriffen: Man hoffte, auf dieselbe Weise auch die Juden aus Deutschland loswerden zu können, ohne daß dies zuviel an Devisen kosten würde. Die Gesprächsteilnehmer zeigten sich relativ optimistisch, was den finanziellen Aspekt der Zwangsaussiedlung betraf. Sie waren aber der Ansicht, daß dieser Prozeß in Deutschland viel zu schleppend verlief, was wiederum zusätzliche Kosten verursachte. Man müßte vielmehr einen Weg finden, um den Ablauf nach »Wiener Modell« zu beschleunigen.[87]

Beim Lesen der offiziellen Dokumente der SS (des SD) aus jener Zeit fällt sofort auf, daß die Vorgangsweise Eichmanns mit seiner Zentralstelle für Jüdische Auswanderung in Wien die Berliner Führung unglaublich begeistert hat. Vor allem der Leiter von Referat II/112, Hagen, hatte bereits früh den Eindruck, daß Eichmann in Wien ein nachahmenswertes Beispiel dafür lieferte, wie die Judenfrage auch in Deutschland – auch wenn es hier um eine zweimal so große Anzahl Juden ging – gelöst werden könnte.[88]

Eichmann gab ihnen und allen anderen, die für die Lösung der Judenfrage verantwortlich waren, neue Hoffnung, da er bewiesen hatte, daß die Zwangsaussiedlung organisatorisch in relativ kurzer Zeit und noch dazu kostengünstig machbar war. Wenn die Juden in Deutschland finanziell ebenso ausgenommen würden wie in der »Ostmark«, würden genug Devisen in der Staatskasse bleiben. Was man in Berlin an Eichmann besonders bewunderte, war, daß er mit seiner Vorgangsweise bewiesen hatte, daß die rasche Arisierung jüdischer Betriebe, ja der gesamten Wirtschaft des Landes, eine absolute Notwendigkeit für den reibungslosen Ablauf des Aussiedlungsprozesses wäre. Er wäre, so das Urteil der Fachleute, dabei auch sehr präzise vorgegangen und hätte stets berücksichtigt, ob die Schließung jüdischer Betriebe der deutschen Wirtschaft auch keinen Schaden zufügte. Auf diese Weise wären 80 Prozent der 26 000 Betriebe, die sich in jüdischer Hand befunden hatten, geschlossen worden. Anläßlich der Schätzung wären die jüdischen Inhaber mit leeren Versprechungen abgespeist worden.

Da der Arisierungsprozeß so schnell in Schwung gekommen und innerhalb weniger Monate gänzlich durchgeführt war, war es Eichmann gelungen, binnen eines halben Jahres ungefähr 40 000 Juden aus dem Land zu vertreiben.[89] Keine sechs Wochen nach dem »Anschluß« schrieb das offizielle SS-Organ *Das Schwarze Korps* mit einigem Neid und viel Übertreibung, daß man in Österreich »in nur einem Tag« geregelt hätte, was in Deutschland nach mehreren Jahren noch immer nicht geklärt wäre. Hermann Göring betonte wiederholt, daß die »Beraubungs- und Vertreibungsmaschinerie« der Zentralstelle für Jüdische Auswanderung in Wien Modellcharakter für die Arisierung der deutschen Wirtschaft hätte, die nun endlich in Angriff genommen werden müßte, um die Judenfrage mittels Zwangsaussiedlung lösen zu können.

Als Berlin im Frühjahr 1938 von einem Strom von 3000 Juden – wie die Presse schrieb – »überflutet« wurde, fand Goebbels, daß das Maß voll wäre. Deshalb arbeitete er am 23. April 1938 einen Plan aus, um Berlin, das er als »Judenparadies« bezeichnete, ein neues Antlitz zu geben.[90] Es sollte wieder zu einer »echten deutschen Stadt« werden. Nach der Machtübernahme Hitlers war Goebbels Reichsminister für Volksaufklärung und Propaganda geworden. Für seinen Arbeitsstil waren gut inszenierte Massenaufmärsche und fanatischer Antisemitismus charakteristisch. Die Funktion des »Aufklärers« war allerdings in Wirklichkeit bloß Fassade. Dahinter versuchte dieser Minister mit Hilfe zentralgesteuerter Berichterstattung und straffer Organisation des Pressewesens das gesamte geistige Leben, ja das gesamte Denken des Volkes, einer strengen Zensur zu unterwerfen. Neben der Verhinderung mancher Berichte gelang es ihm auch, die deutsche Presse zu zwingen, in großem Umfang antisemitische Beiträge aufzunehmen. Regelmäßig hielt er im Radio und während zahlloser Parteiveranstaltungen im ganzen Land antisemitische Ansprachen. Schon bald hatte sich Goebbels Würgegriff um das gesamte musikalische und literarische Leben in Deutschlands Städten gelegt, um es von jeglichem jüdischen Einfluß zu »säubern«.

Der Gedanke machte ihn halb wahnsinnig, daß es dem Juden, dem »internationalen Feind aller Völker«, in keiner anderen Stadt außer Berlin gelungen wäre, sich dermaßen auszubreiten und das gesamte Leben zu »verjuden«. Er nannte diese Stadt dann auch den »jüdischen Pestherd«, der Tod und Verderben über ganz Deutschland verbreitete. Deshalb wollte er vor allem diese Stadt »judenrein« machen. Hitler hatte diesem Plan äußerst enthusiastisch zugestimmt, um die Reichshauptstadt mit Hilfe drastischer Maßnahmen der Juden zu entledigen. Goebbels phantasierte in seinem Entwurf vom 23. April 1938 vom Niederreißen von »Judenlokalen«, dem Anbringen eines gelben Sterns auf jüdischen Geschäften, um Passanten vor dem Eintreten zu warnen, dem Tragen eines gelben Sterns als Zeichen des Ausschlusses aus der Gemeinschaft, dem Entfernen der Juden aus allen Bereichen des wirtschaftlichen und kulturellen Lebens und schließlich der Kennzeichnung bestimmter Schwimmbäder und Kinos, die ausschließlich von Juden frequentiert werden dürften.

Diese Maßnahmen wollte er binnen weniger Monate durchführen.

Ausgehend von diesem Entwurf Goebbels zur Durchführung einer großangelegten »ethnischen Säuberung« in Berlin, erstellte der Korpsleiter der Berliner Polizei, Heldorf, ein »Anti-Judenprogramm«. Darin wurde das ursprüngliche Konzept detailliert ausgearbeitet. Während der Besprechung des Arbeitspapiers mit Wirtschaftsminister Funk schlug Goebbels auch vor, daß in Berlin ein Ghetto eingerichtet werden sollte. Dort könnte man die Juden festhalten, bis sie nach einiger Zeit nach Polen, Rumänien oder Madagaskar verbannt würden.

Man braucht sich nicht zu wundern, daß Goebbels auch Madagaskar nannte, da auch Heydrich, Eichmann, Hagen und Dannecker in den vorangegangenen Wochen – wie bereits dargestellt – darüber gesprochen hatten. Als Minister für Volksaufklärung und Propaganda war Goebbels über diese damals viel diskutierte Möglichkeit, die Juden ein für alle Mal loszuwerden, gut informiert. Denn wenn die Juden erst einmal auf dieser gigantischen, abgelegenen Insel, auf der Europäer kaum leben konnten, gelandet wären, würden sie schon irgendwann einmal ganz von alleine aussterben. Heldorf war zwar der Ansicht, daß die Juden reich genug wären, um das Ghetto selbst zu finanzieren. Dennoch sagte ihm Goebbels eine Subvention zu, da er befürchtete, daß es sonst – wenn dessen Errichtung von jüdischem Kapital abhängig gemacht würde – nie zu einem solchen Ghetto käme. Infolge der Reaktionen, die Goebbels Plan der »ethischen Säuberung« Berlins auf der ganzen Welt hervorgerufen hatte, verlief die Aktion erheblich langsamer als geplant.

Das Scheitern der Flüchtlingskonferenz von Evian les Bains (siehe das folgende Kapitel), die von 6. bis 15. Juli 1938 abgehalten wurde, kam für den Madagaskar-Plan der Deutschen wie gerufen. Am 23. März, elf Tage nach dem Einmarsch der Deutschen in Österreich, rief Präsident Roosevelt seinen Außenminister Cordell Hull zu sich. Er gab ihm den Auftrag, die Regierungen aller interessierten Länder zu bitten, gemeinsam mit den Vereinigten Staaten von Amerika eine Sonderkommission ins Leben zu rufen. Diese sollte dafür Sorge tragen, daß die Auswanderung politischer Flüchtlinge aus Deutschland und Österreich erleichtert würde. Zwar verlangten der wirtschaftliche Rückschlag seines Landes und die an die 10 Millionen Arbeitslosen dem Präsidenten fast seine gesamte Aufmerksamkeit ab. Dennoch war er der Ansicht, daß er den brutalsten Ausbruch des Antisemitismus seit Hitlers Machtübernahme, der gerade in Österreich stattfand, nicht einfach ignorieren konnte. Geheimberichte, die ins *State Department* und das Weiße Haus geschickt worden waren, hatten ihm einen guten Einblick in die Problematik der daraus resultierenden Flüchtlingsströme gegeben.

Der Atem stockt einem, wenn man liest, wie Stefan Zweig knapp vor seinem Selbstmord im Jahre 1942 den Exodus der Juden beschreibt:

> »Die ersten, die am raschesten Deutschland und Österreich verlassen, hatten noch ihre Kleider, ihre Koffer, ihren Hausrat retten können und manche sogar etwas Geld. Aber je länger einer auf Deutschland vertraut hatte, je schwerer er sich von der geliebten Heimat losgerissen, um so härter war er gezüchtigt worden. Erst hatte man den Juden ihre Berufe genommen, ihnen den Besuch der Theater, der Kinos, der Museen verboten und den Forschern die Benutzung der Bibliotheken: sie waren geblieben aus Treue oder aus Trägheit, aus Feigheit oder aus Stolz. Lieber wollten sie in der Heimat erniedrigt sein als in der Fremde sich als Bettler erniedrigen. Dann hatte man ihnen die Dienstboten genommen und die Radios und Telephone aus den Wohnungen, dann die Wohnungen

selbst, dann ihnen den Davidstern zwangsweise angeheftet; jeder sollte sie wie Leprakranke schon auf der Straße als Ausgestoßene, als Verfemte erkennen, meiden und verhöhnen. Jedes Recht wurde ihnen entzogen, jede seelische, jede körperliche Gewaltsamkeit mit spielhafter Lust an ihnen geübt, und für jeden Juden war das alte russische Volkssprichwort plötzlich grausame Wahrheit geworden: ›Vor dem Bettelsack und dem Gefängnis ist niemand sicher.‹ Wer nicht ging, den warf man in ein Konzentrationslager, wo deutsche Zucht auch den Stolzesten mürbe machte, und stieß ihn dann ausgeraubt mit einem einzigen Anzug und zehn Mark in der Tasche aus dem Lande, ohne zu fragen, wohin. Und dann standen sie an den Grenzen, dann bettelten sie bei den Konsulaten und fast immer vergeblich, denn welches Land wollte Ausgeplünderte, wollte Bettler? Nie werde ich vergessen, welch Anblick sich mir bot, als ich einmal in London in ein Reisebüro geriet; es war vollgepfropft mit Flüchtlingen, fast alle Juden, und alle wollten sie irgendwohin. Gleichviel, in welches Land, ins Eis des Nordpols oder in den glühenden Sandkessel der Sahara, nur fort, nur weiter, denn die Aufenthaltsbewilligung war abgelaufen, man mußte weiter, weiter mit Frau und Kind unter fremde Sterne, in fremde Sprachwelt, unter Menschen, die man nicht kannte und die einen nicht wollten. [...] Und so drängte einer neben dem andern, ehemalige Universitätsprofessoren, Bankdirektoren, Kaufleute, Gutsbesitzer, Musiker, jeder bereit, die jämmerlichen Trümmer seiner Existenz wohin immer über Erde und Meer zu schleppen, was immer zu tun, was immer zu dulden, nur fort von Europa, nur fort, nur fort! Es war eine gespenstische Schar. Aber das Erschütterndste war für mich der Gedanke, daß diese fünfzig gequälten Menschen doch nur einen versprengten, einen ganz winzigen Vortrab darstellten der ungeheuren Armee der fünf, der acht, der vielleicht zehn Millionen Juden, die hinter ihnen schon im Aufbruch waren und drängten, all dieser ausgeraubten, im Kriege dann noch zerstampften Millionen, die warteten auf die Sendungen von den Wohltätigkeitsinstituten, auf die Genehmigungen der Behörden und das Reisegeld, eine gigantische Masse, die, mörderisch aufgescheucht und panisch fliehend vor dem hitlerischen Waldbrand, an allen Grenzen Europas die Bahnhöfe belagerte und die Gefängnisse füllte, ein ganz ausgetriebenes Volk, dem man es versagte, Volk zu sein, und ein Volk doch, das seit zweitausend Jahren nach nichts so sehr verlangte, als nicht mehr wandern zu müssen und Erde, stille, friedliche Erde unter dem rastenden Fuß zu fühlen. [...] Man trieb sie aus den Ländern und gab ihnen kein Land.«[91]

Kapitel VI

Evian les Bains

Am 25. März 1938 gab Roosevelt auf einer Pressekonferenz in Georgia offiziell bekannt, daß er die Abhaltung einer internationalen Konferenz zur Flüchtlingsfrage plante.[1] Er erinnerte die Vertreter der Presse daran, daß die Vereinigten Staaten immer ein Zufluchtsort für politische Flüchtlinge gewesen wären. Roosevelt wollte etwas für die von den Nazis verfolgten Juden aus Deutschland unternehmen, wenn er auch nicht vorhatte, auch nur einen einzigen Dollar dafür auszugeben oder etwas am Quotensystem für die Einwanderung zu ändern. Er wollte unter dem Vorsitz Amerikas ein neues internationales Organ ins Leben rufen, das so viele Mitgliedsländer wie möglich umfassen sollte. Dieses Organ sollte die Nazis in Verhandlungen soweit bringen, daß ausreisewillige Juden wenigstens einen ansehnlichen Teil ihres Vermögens mitnehmen durften. Andere Länder wollten ja nicht mit Juden konfrontiert werden, denen man alles genommen hatte. Es ist offensichtlich, daß der Präsident mit dieser Initiative auch seine Position im eigenen Land festigen wollte. Bei zahlreichen Mitgliedern des Kongresses und unter Diplomaten rief er damit allerdings Widerstand hervor.

Cordell Hull, der die Regierungen von 32 Ländern einladen sollte, hatte noch keine einzige sich ihm bietende Gelegenheit, um den deutschen Juden zu helfen, wirklich genützt. Im Gegenteil, wo immer er dem Hilfsprozeß Hindernisse in den Weg legen konnte, tat er es auch. Thomas Jenkins, ein Republikaner aus Ohio, beklagte, daß der Präsident offenbar infolge einer Vision einen Ausflug in die warmen Gefilde des Altruismus unternommen hätte. Dabei hätte er aber die eisigen Stürme von Armut und Elend außer acht gelassen, die über ein Drittel der amerikanischen Bevölkerung, die schlecht gekleidet, schlecht ernährt und schlecht untergebracht wäre, hinwegfegten.

Hull gab einem seiner engsten Mitarbeiter, Breckinridge Long, die Anweisung, alle Bemühungen in Richtung einer Hilfe für die Juden so weit wie möglich zurückzuschrauben, da so die Kriegsanstrengungen abgeschwächt werden könnten. Breckinridge Long war zutiefst davon überzeugt, daß es nicht der Nationalsozialismus, sondern der Bolschewismus wäre, der Europa und die ganze Welt bedrohte. Wenn die Judenverfolgung in Hitlerdeutschland der Preis dafür wäre, daß nicht schon bald die rote Fahne über Capitol Hill wehte, so sollte man Longs Meinung nach auch bereit sein, diesen zu bezahlen.

Als Hitler von Roosevelts Plänen in Kenntnis gesetzt wurde, war seine erste Reaktion – wie schon so oft – zynisch: Es wäre zu hoffen, daß jene Länder, die bis jetzt mit den »Übeltätern« sympathisiert hätten, wahre Größe zeigten und ihre Sympathie in praktisch angewandte Hilfestellung umsetzten. Die Deutschen täten nichts lieber, als ihnen »all diese Übeltäter zur Verfügung zu stellen«. Wenn es nach ihm ginge, würden die Juden sogar auf Luxusdampfern außer Landes gebracht werden.[2]

Der Präsident bekam im eigenen Land aber auch viel Unterstützung für sein Vorhaben. Die jüdische Organisation für die Unterbringung und Unterstützung von Immigranten war der Meinung, daß es sich bei dem Plan des Präsidenten um eine der wichtigsten humanitären Taten des 20. Jahrhunderts handelte.

Rabbi Stephen S. Wise, ein persönlicher Freund Roosevelts und Vorsitzender des *American Jewish Congress*, hatte ihm gegenüber darauf gedrängt, eine derartige internationale Konferenz abzuhalten. Wise befürchtete, daß nicht nur die Juden in Deutschland und Österreich, sondern auch in anderen Ländern Europas dem rassistischen Judenhaß der Nazis zum Opfer fallen würden.

Es gibt Grund zu der Annahme, daß der Präsident auch der ökonomischen Theorie Jane Addams, einer Wissenschaftlerin aus Chicago, Glauben schenkte. Diese ging im Gegensatz zu der unter Ökonomen vorherrschenden Meinung davon aus, daß eine erhöhte Einwanderungsrate für die wirtschaftliche Entwicklung eines Landes vorteilhaft wäre. Ganz gegen seine persönliche Überzeugung lud Minister Hull 32 Länder zur Teilnahme an jener Konferenz ein, die die Auswanderung politischer Flüchtlinge aus Deutschland und Österreich ermöglichen sollte. Die Liste umfaßte die 20 Republiken Süd- und Mittelamerikas sowie Großbritannien, Frankreich, Italien, Belgien, die Schweiz, Norwegen, die Niederlande, Dänemark, Kanada, Australien, Neuseeland und Südafrika. Anläßlich der Einladung wiederholte der Minister, was Roosevelt schon im Rahmen seiner Pressekonferenz erklärt hatte: Von keinem einzigen Land würde erwartet oder verlangt werden, mehr Emigranten aufzunehmen, als ihm seine momentane Gesetzeslage erlaubte. Alle Völker aber, denen die Freiheit lieb wäre, müßten zusammenarbeiten, um der Flüchtlingsfrage Herr zu werden.

Darüber hinaus teilte Hull in seiner Einladung mit, daß der Transport der politischen Flüchtlinge durch private Einrichtungen der Teilnehmerstaaten zu finanzieren wäre. Da es sich bei den meisten politischen Flüchtlingen um Juden handelte, würde von jüdischen Organisationen und Einrichtungen erwartet, daß sie die Massenflucht aus dem Deutschen Reich auf finanzieller Ebene ermöglichen sollten.

Obwohl man damals die ausgedehnten Landstriche der portugiesischen Kolonien in Afrika (Angola und Mosambik) als geeigneten Siedlungsraum für die Juden erachtete, erging an die Regierung Portugals keine Einladung.

Die britische Regierung nahm die Einladung erst an, nachdem sie mit der amerikanischen Seite eine Geheimabsprache getroffen hatte. Demnach dürfte im Laufe der Konferenz keines der teilnehmenden Länder auf Großbritannien dahingehend Druck ausüben, in seinem Mandatsgebiet weitere Juden zuzulassen. Palästina, so die britische Regierung, hätte mehr jüdische Flüchtlinge aufgenommen als jedes andere Land. Darüber hinaus fragte man sich auf britischer Seite, wie man es verhindern könnte, daß sich Chaim Weizmann, der Leiter der *Jewish Agency* in Palästina, während der Konferenz zum Thema der Emigration nach Palästina äußern würde.

Am 6. Juli wurde die Flüchtlingskonferenz im mondänen Badeort Evian les Bains am französischen Ufer des Genfer Sees eröffnet.[3] Zur Konferenz waren auch Vertreter zahlreicher Flüchtlingshilfsorganisationen eingeladen, die allerdings nur Beobachterstatus hatten.

Drei Wochen zuvor, am 14. Juni 1938, hatten alle Teilnehmer das Programm erhalten. Wenn man die Tagesordnungspunkte jener Konferenz heute liest, fällt sofort auf, daß die Worte »Jude«, »Verfolgung« oder »Nationalsozialismus« darin nicht vorkamen. Und das, obwohl alle wußten, daß es um nichts anderes ging, als den Juden, die in Deutschland und Österreich verfolgt wurden, die Emigration zu erleichtern und ihnen eine neue Heimat anzubieten. Präsident Roosevelt hatte Myron C. Taylor, einen Quäker und ehemaligen Direktor der *US Steel Corporation*, zum Vorsitzenden ernannt.

Schon in seiner Eröffnungsrede wollte er durch das konsequente Vermeiden des Wortes »Jude« gar nicht erst den Eindruck entstehen lassen, daß man sich mit jüdischen politischen Flüchtlingen auseinandersetzen würde. Taylor sagte unter anderem, daß Millionen Menschen auf der ganzen Welt ihre Heimat verloren hätten und ihre Zahl täglich weiter anstieg, während die Regierungen vieler Länder mit den Problemen von Arbeitslosigkeit und Obdachlosigkeit zu kämpfen hätten. Er versicherte den Sitzungsteilnehmern, daß die Vereinigten Staaten von Amerika an ihrer liberalen Einwanderungspolitik der Vergangenheit festhalten würden. Die Regierung hätte erst vor kurzem beschlossen, nicht länger zwischen der deutschen und der österreichischen Einwanderungsquote zu differenzieren. Das bedeutete, daß insgesamt 27 370 Einwanderer in die Vereinigten Staaten zugelassen würden. Dies mag wie eine großzügige Geste erscheinen, war es aber keineswegs. In den vorhergehenden Jahren hatte man nämlich weitaus weniger Flüchtlinge aufgenommen, als – laut Quote – zugesagt worden war.

Nach Taylor ergriff Lord Winterton für die britische Delegation das Wort. Zuallererst stellte er mit einigem Nachdruck klar, daß die britische Regierung die Flüchtlingsproblematik ausschließlich als eine humanitäre Frage betrachtete. Jenes Land, das von seiner Delegation repräsentiert würde, verfüge über eine lange Tradition, wenn es darum ging, jenen Personen Asyl zu gewähren, die ihr Land aus politischen, rassischen oder religiösen Gründen hätten verlassen müssen. Andererseits dürfte man nicht vergessen, daß das Vereinigte Königreich bestimmt kein Einwanderungsland wäre. Es wäre ja zu einem hohen Grad industrialisiert, leide an Überbevölkerung und hätte seine Arbeitslosenproblematik noch lange nicht im Griff. Deshalb stand die britische Regierung auf dem Standpunkt, daß die langjährige Tradition, politischen Flüchtlingen Asyl zu gewähren, wegen der gegenwärtigen sozialen und wirtschaftlichen Probleme nur in sehr beschränktem Ausmaß fortgesetzt werden könnte. Winterton kündigte weiters an, daß die Regierung sorgfältig prüfen wollte, inwieweit man Flüchtlinge aus Deutschland und Österreich in britischen Kolonien aufnehmen könnte. Aber auch dabei müßten die Briten berücksichtigen, daß bereits viele Gebiete zu dicht besiedelt wären und andere wegen des dort herrschenden Klimas für Europäer als Siedlungsraum nicht in Frage kämen. Vor allem aber müßte man sich seitens der britischen Regierung vor Augen führen, daß es auch Gebiete gab, in denen wegen der politischen Entwicklungen vor Ort auch nur die geringste Einwanderung unmöglich wäre. Es war offensichtlich, daß er hiermit auf das britische Mandatsgebiet Palästina anspielte. Zwar hatten sich, wie bereits erwähnt, Briten und Amerikaner zuvor darauf geeinigt, daß das Thema einer allfälligen Einwanderung nach Palästina nicht auf der Tagesordnung stehen sollte. Doch in den Konferenzpausen wurde soviel darüber gesprochen, daß sich Lord Winterton am letzten Tag doch noch dazu veranlaßt sah, auf diese Problematik einzugehen. Er bedauere es sehr, daß es Konferenzteilnehmer gab, die der Ansicht wären, die Flüchtlingsfrage könnte zur Gänze gelöst werden, indem man die Tore Palästinas für eine unbegrenzte Zahl jüdischer Flüchtlinge öffnete. Er erinnerte daran, daß die britische Regierung seinerzeit die »heilige Pflicht« übernommen hätte, die jüdische Enwanderung nach Palästina solange zu fördern, solange die Voraussetzungen dafür günstig wären. Aufgrund des zunehmenden Widerstands der Araber wären die gegenwärtigen Voraussetzungen aber alles andere als günstig. Aus diesem Grund hätte sich die britische Regierung zur Zurückdrängung des jüdischen Zuzugs veranlaßt gesehen, um zu verhindern, daß die Juden dort die Bevölkerungsmehrheit stellten. Deshalb, so sagte er, dürften die Teilnehmer an der Konferenz Palästina nicht länger als jenes Land betrachten, das automatisch für jüdische Einwanderung in Frage käme. Winterton gab bekannt, daß die britische Regierung andere Gebiete in Erwägung zog, so zum Beispiel Britisch-Ostafrika oder Kenia. Am Ende seiner Rede im Namen der britischen Delegation merkte er noch an, daß man von den hochindustrialisierten Ländern nicht erwarten könnte, daß sie vollkommen mittellose Flüchtlinge aufnahmen. In diesem Zusammenhang prangerte er die Politik der Nazis an, die die jüdischen Auswanderer aller ihrer Habseligkeiten beraubten, bevor man sie des Landes verwies. Zwar hatten die Regierungen Polens und Rumäniens dasselbe getan, doch übertraf die deutsche Regierung, was das anging, alles bisher Dagewesene.

Der Wortführer der schottischen Delegation knüpfte daran an, als er sagte: »Die Finanzen sind von entscheidender Bedeutung. Für Immigranten, die ausreichend Kapital mitbringen, gehen alle Grenzbalken in die Höhe, für arme Schlucker hingegen bleiben sie unten.«

In weiterer Folge machte der französische Senator Henry Béranger deutlich, daß Frankreich viel mehr Flüchtlinge als alle anderen Länder aufgenommen hätte. Sein Land, so Béranger, verfüge über eine lange Tradition der Gastfreundschaft gegenüber Asylsuchenden, und die französische Regierung wolle sich auch weiterhin zu dieser Tradition bekennen. Dazu bemerkte er allerdings, daß die französischen Politiker selbstverständlich dafür Sorge zu tragen hätten, daß Frankreich nicht übervölkert würde und die Arbeitslosenrate nicht weiter anstieg. Er hätte die Aufgabe, namens der französischen Regierung mitzuteilen, daß sein Land einen »Sättigungsgrad« erreicht hätte und neue Flüchtlingsströme nicht mehr bewältigen könnte. Er wies nachdrücklich darauf hin, daß die Flüchtlingsfrage eine von internationalem Ausmaß wäre, die man mit Hilfe gemeinsamer Anstrengung aller Völker lösen müßte. Damit brachte Béranger eigentlich indirekt zum Ausdruck, daß die Flüchtlingsproblematik nur gelöst werden könnte, wenn alle anderen Länder in Relation gleich viele Flüchtlinge aufnahmen wie Frankreich. Als Schlußpunkt seiner eindringlichen Rede schlug er dem Konferenzvorsitzenden die Bildung von Ausschüssen vor. Diese sollten zuerst alle Probleme jener Länder, die für die Aufnahme von Flüchtlingen in Frage kämen, analysieren und die Finanzierungsmöglichkeiten des großangelegten Transports aufbereiten. Erst auf Basis dieser Vorarbeiten sollten dann in der Plenarsitzung Beschlüsse gefaßt werden.

Insgesamt sprachen auf der Konferenz von Evian 25 Regierungsdelegierte. Die meisten lasen den Text ihrer Rede, der in den vorangegangenen Monaten in den jeweiligen Außenministerien sorgfältig und wohlausgewogen formuliert worden war, Wort für Wort vom Blatt ab. Beinahe jeder Sprecher verstand es, detailliert zu erklären, warum ausgerechnet seine Regierung nicht in der Lage wäre, politische Flüchtlinge aufzunehmen.

Der Wortführer der Dominikanischen Republik stellte in dieser Hinsicht eine der wenigen wohltuenden Ausnahmen dar. Er teilte mit, daß es in seinem Land noch ausreichend fruchtbaren Boden gab, den europäische Siedler bestellen könnten. Außerdem könnte die Agrarpolitik seines Landes durchaus erfahrene Bauern aus Deutschland und Österreich gebrauchen. Der Sprecher war sich nur nicht bewußt, daß die Juden keine Bauern waren.

Neill Malcolm, Hochkommissar für Deutschlandflüchtlinge, zeigte sich während der Konferenz sehr pessimistisch, was das Ausfindigmachen von Gebieten betraf, in denen man noch bereit wäre, politische Flüchtlinge aufzunehmen. Viele Regierungschefs wüßten nur zu gut, daß der Antisemitismus in ihren Ländern nur schlummerte. Ein gewaltiger Zustrom von Juden würde das schwelende Feuer des Judenhasses entfachen. Selbstverständlich wollte man aber gerade jene Entwicklungen, die sich in Deutschland, Österreich, Polen und Rußland abgespielt hatten, verhindern.

Der Abgesandte von Australien, das noch über enorme unbewohnte Landstriche verfügte, erklärte trocken, daß die Regierung eines Landes, in dem es keinerlei Rassenprobleme gab, nicht die geringste Lust verspürte, diese womöglich zu importieren. Die neuseeländische Delegation bezog auf der Konferenz denselben Standpunkt. Kanada, Kolumbien, Uruguay und Venezuela waren bereit, Immigranten in bescheidenem Ausmaß aufzunehmen, sofern es sich dabei um Bauern handelte. Der Sprecher Argentiniens, das ein Zehntel der Bevölkerung der Vereinigten Staaten zählte, ließ wissen, daß sein Land bereits gleichviele politische Flüchtlinge wie die USA aufgenommen hätte und das Maß nun voll wäre. Die Delegationen Nicaraguas,

Honduras, Costa Ricas und Panamas gaben eine gemeinsame Erklärung ab, in der sie im Namen ihrer Regierungen mit aller Deutlichkeit klarstellten, daß jüdische Kaufleute und Intellektuelle aus Europa in ihren Ländern ganz sicher nicht willkommen wären. Der peruanische Vertreter wiederum sagte, daß sich seine Regierung am Vorbild der Vereinigten Staaten orientierte, wo man den Zuzug mit soviel Umsicht und Weisheit beschränkt hätte. Wenn seine Regierung eventuell noch Einwanderer akzeptierte, dann dürfte es sich dabei keinesfalls um (jüdische) Ärzte oder Juristen handeln, die für die herrschende Klasse sicher eine Bedrohung darstellen würden.

Dänemark ließ wissen, daß das Land bereits viel mehr Flüchtlinge aus Deutschland aufgenommen hätte, als es eigentlich verantworten könnte.

Seitens der Niederlande verlautete, daß man bereits 25 000 jüdische Flüchtlinge aufgenommen hätte, man aber bereit wäre, noch mehr Menschen ein vorübergehendes Asyl anzubieten. Mary Leenders hat in einer gründlichen Untersuchung[4] die Politik der damaligen Regierungen gegenüber jüdischen Flüchtlingen aus Deutschland unter die Lupe genommen. Sie kommt dabei zu dem Schluß, daß diese bei weitem nicht so einwandfrei gewesen sei, wie allgemein angenommen wird. Der Vertreter der Niederlande habe ein vollkommen verzerrtes Bild von der Wirklichkeit wiedergegeben. Leenders dazu:

> »Aus der Analyse der Politik in den Jahren 1933 und 1934 ergibt sich eindeutig, daß innerhalb des Ministerrates keine Einigkeit über den einzuschlagenden Weg bestand. Der Justiz- und der Innenminister sowie jener für Wirtschaftliche und jener für Soziale Angelegenheiten nahmen eine harte Haltung ein und näherten sich dem Problem vor allem von der innenpolitischen Seite. In den Weisungen von Justizminister Van Schaik kam sogar unverkennbar ein rassistisches Vorurteil zum Ausdruck. [...] Der Zuzug in die Niederlande wurde noch weiter erschwert, als man beschloß, ab 21. März 1938 alle Menschen ohne gültige Papiere auszuweisen. Nur bei denjenigen, die eine Gefahr für ihr Leben glaubhaft machen konnten, wurde von dieser Maßnahme abgesehen. Die Inhaber eines Passes mußten bei der Polizei eine Aufenthaltsbewilligung beantragen, die für maximal 14 Tage galt und nicht verlängert werden konnte. Wer die gewährte Aufenthaltsdauer überschritten hatte, wurde ebenfalls hinausgeworfen. [...] Am 5. Mai 1938 wurden die bereits bestehenden Maßnahmen weiter verschärft. Der Flüchtling sollte fortan als ›unerwünschtes Element‹ in der niederländischen Gesellschaft betrachtet werden. Diese ›Unerwünschten‹ müßten draußen gehalten oder – sofern sie sich schon im Land befanden – abgeschoben werden.«

In einer langwierigen Stellungnahme für die Schweiz erklärte Dr. H. Rothmund, daß seine Regierung stets eine sehr liberale Politik betrieben hätte, wenn es um die Aufnahme politischer Flüchtlinge gegangen wäre. In weiterer Folge führte er aus, daß die Politiker seines Landes nun dennoch Maßnahmen ergreifen müßten, um eine »Überschwemmung« des Landes mit jüdischen Flüchtlingen zu verhindern. Die

Schweiz, so Rothmund, könnte die Juden ebensowenig gebrauchen wie Deutschland oder Österreich. Der Delegierte erwähnte jedoch nicht, daß seine Regierung bereits Verhandlungen mit Nazi-Größen in die Wege geleitet hatte, um die Einwanderung von Juden gänzlich unmöglich zu machen. Derselbe Rothmund war es, der die Deutschen später davon überzeugen konnte, daß es eine »gute Idee« wäre, die Pässe der Juden mit dem Buchstaben »J« zu kennzeichnen. So war es den Schweizer Grenzorganen möglich, Juden aus Deutschland und Österreich zu identifizieren und unmittelbar zurückzuschicken. Diese Stigmatisierung hatte darüber hinaus zur Folge, daß der Inhaber eines solchen Passes in vielen Ländern zur persona non grata erklärt wurde.

Senator M. J. M. Yepes, der die Regierung Kolumbiens repräsentierte, sprach als einziger von allen Teilnehmern aus, was sich zwar alle dachten, aber niemand zu sagen wagte:

> »Kann ein Staat einer ganzen Bevölkerungsgruppe die Staatsbürgerschaft einfach so aberkennen, ohne daß unsere Zivilisation dadurch in ihren Grundfesten erschüttert wird? [...] Kann es sich ein Staat erlauben, anderen Ländern mit dieser Vorgehensweise eine Bevölkerungsgruppe aufzubürden, derer er sich selbst entledigen möchte? Kann er andere Staaten für die Konsequenzen seiner teuflischen Politik zahlen lassen?
> Die gesamte Tragödie von tausenden armseligen Flüchtlingen, die von einem Land ins nächste vertrieben und den Launen des Zolls und der Fremdenpolizei ausgesetzt werden, hängt ganz entscheidend mit diesen Fragen zusammen, die niemand stellt.«[5]

Er befürchtete, daß man auf anderen Kontinenten dem schlechten Beispiel folgen würde, das die europäischen Regierungen gegeben hätten. Dann wäre der Punkt erreicht, an dem die Erde nicht mehr länger bewohnbar wäre.

Während der Konferenz ereignete sich etwas Bemerkenswertes. Heinrich Neumann von Hethars, ein berühmter jüdischer Facharzt, war ebenfalls anwesend und bat um eine Unterredung mit den Vorsitzenden aller Delegationen aus dem Westen. Während einer Begegnung mit Taylor erklärte er diesem, daß er von den Nazis geschickt worden wäre. Er sollte die Delegationen davon unterrichten, daß die deutschen Behörden bereit wären, eine halbe Million Juden zum Preis von 250 Dollar pro Person »zu verkaufen«. Diesen Auftrag hätte er von Seyß-Inquart erhalten. Als sich Taylor weigerte, über Lösegeld zu sprechen, antwortete Neumann darauf, daß die Gestapo im Falle der Ablehnung dieses Vorschlags 40 000 österreichische Juden unwiderruflich in Konzentrationslager schicken würde. Daraufhin hätte Taylor angeblich einen Ausschuß gebildet, der unter dem Vorsitz der kolumbianischen Delegation darüber beraten sollte. Die Beratungen führten zu keinem Ergebnis.[6]

Yehuda Bauer bemerkt dazu, daß sowohl in einer britischen als auch in einer amerikanischen Zeitung Artikel über diese Sondermission erschienen wären[7], daß aber kein einziger der Teilnehmer an der Konferenz von Evian später jemals auch nur ein

Wort darüber verloren hätte. Es sei möglich, so Bauer, daß die Abgesandten diesen Vorschlag überhaupt nicht ernst genommen hätten. Möglich sei allerdings auch, daß die Delegationen den Arzt sehr wohl ernst genommen haben, aber unter keinen Umständen mit ihm über Lösegeld reden wollten, das die Nazis von den Westmächten zu kassieren beabsichtigten. Sicher sei nur, so der israelische Historiker, daß die Nazis ihr Gebiet von allen Juden »säubern« wollten und in ihrer Naivität der Meinung waren, daß die westlichen Länder schon bereit wären, ihnen diese Menschen »abzukaufen«.

Als Abschluß der Konferenz wurde am 15. Juli 1938 das *Intergovernmental Committee for Refugees* (IGCR) gegründet, um die Arbeit von Evian fortzuführen. Die Kommission sollte sich direkt mit der deutschen Regierung in Verbindung setzen. Dabei sollten die Problematik der für vogelfrei erklärten Juden besprochen sowie erste Schritte unternommen werden, um für die politischen Flüchtlinge eine neue Heimat ausfindig zu machen. Es war nicht einfach gewesen, hinsichtlich der Gründung des IGCR Übereinstimmung zu erzielen. Denn Briten und Franzosen waren nicht bereit, dem Völkerbund, dem die Vereinigten Staaten von Amerika nicht angehörten, die Aufgabe abzunehmen, für weltweit sämtliche Flüchtlinge zu sorgen. Zu jener Zeit fungierte der bereits erwähnte Sir Neill Malcolm als Flüchtlingshochkommissar für den Völkerbund. Schließlich hatte man sich dann doch noch geeinigt: Der Brite Lord Winterton wurde zum Vorsitzenden des IGCR und der Amerikaner George Rublee zum Direktor des Büros in London ernannt. Rublee sollte mit den Nazis darüber verhandeln, die Juden mit möglichst viel Kapital aus Deutschland ausreisen zu lassen. Darüber hinaus bekam er den Auftrag, in Beratungen mit Deutschland und anderen Ländern ausgedehnte Gebiete außerhalb Europas zu suchen, wo sich die Juden niederlassen könnten.

Die Konferenz von Evian stellte eine beschämende Kapitulation der freien Welt vor einer deutschen Regierung dar, die ihr Land mittels Ausweisungen »judenrein« machen wollte. Evian hatte genau das Gegenteil dessen bewirkt, was Roosevelt sich erwartet hatte. Hitler und seine Komplizen wurden in ihrer Annahme bestätigt, daß die internationale Völkergemeinschaft nur für Mitleidsbezeugungen gegenüber den politischen Flüchtlingen zu haben wäre, nicht aber bereit wäre, ihnen auch eine neue Heimat anzubieten. Fortan hatte er von den Meinungsmachern in der freien Welt, die die deutsche Regierung wegen ihrer Judenverfolgung angeklagt hatten, nichts mehr zu befürchten. Vielmehr konnte er nun seine Aussiedlungspolitik in aller Ruhe fortsetzen. Dabei war sich Hitler aber durchaus bewußt, daß der Emigrationsprozeß infolge der Weigerung praktisch aller Länder, jüdische Flüchtlinge aufzunehmen, in Zukunft noch viel schleppender verlaufen würde. Das Problem könnte wesentlich effizienter gelöst werden, so Hitler im Herbst 1938, wenn er selbst ein Gebiet zur Verfügung oder in Aussicht hätte, das ausreichend Platz bot, um alle Juden seines Reiches dorthin zu schicken. Dann hätte er einen totalen Triumph über Evian erzielt.

Das Scheitern der Konferenz von Evian im Sommer 1938 kam für den deutschen Madagaskar-Plan wie gerufen: Am 7. Juli 1938 schrieb Wirtschaftsminister Schacht seinem Ministerkollegen Frick einen Brief, der gleichlautend an alle Spitzenpolitiker und Parteifunktionäre (inklusive Außenminister Ribbentrop) ging. Darin brachte er seine Meinung zum Ausdruck, daß die deutschen Juden zur Auswanderung nach Palästina (unter britischer Verwaltung), nach Äthiopien (unter italienischer Verwaltung) und nach Madagaskar (unter Verwaltung Frankreichs) gezwungen werden müßten. Ribbentrop würde später auch den Vatikan dazu bewegen, die von Schacht vorgeschlagene Zwangsaussiedlung der Juden aus Deutschland zu unterstützen.[8]

Am 12. Juli 1938 schrieb Alfred Rosenberg im *Völkischen Beobachter* einen Artikel über die Deportation der Juden nach Madagaskar. Am 25. Juli 1938 notierte Goebbels in seinem Tagebuch, daß er mit Hitler ausführlich über seinen Versuch, die Juden aus Berlin zu vertreiben, gesprochen hätte. Die gesamte Operation wäre eigentlich doch enttäuschend gewesen, da einiges nicht so verlaufen wäre, wie er sich das vorgestellt hatte. Und das Schlimmste daran: Das Resultat wäre äußerst mager ausgefallen. Es wäre ihm nicht gelungen, Berlin »judenrein« zu machen. Hitler hätte die Aktion gutgeheißen und ihm gesagt, es brauche ihn nicht weiter zu beunruhigen, daß die ausländische Presse diese gewalttätige Verbannung der Juden aus Berlin mißbilligt hätte. Wörtlich soll Hitler gesagt haben, daß die Verbannung der Juden das Wichtigste wäre. Seiner Ansicht nach müßten sie binnen zehn Jahren aus dem Land vertrieben sein.[9]

Gerhard Engel, zwischen 1938 und 1943 Heeresadjutant Hitlers, schreibt in seinem Tagebuch:

> »Am 13. 8. 1938 sprach der Führer in kleinem Kreis wiederum über die Nürnberger Gesetze und die sich daraus ergebenden Folgen. Wenn er es sich rückläufig überlege, seien diese Gesetze eigentlich noch viel zu ›human‹ gewesen. Man habe dem jüdischen Bürger gewisse Rechte genommen und ihn aus dem Staatsleben entfernt; was aber geblieben sei, sei die Tätigkeit und die Arbeit in der freien Wirtschaft, und das ist ja gerade das, was dem Juden so liege. [...] Er werde sich jetzt überlegen, durch Zuatzgesetze die Einschränkung des jüdischen Lebens in Deutschland so zu provozieren, daß die Masse der jüdischen Bevölkerung in Deutschland einfach nicht mehr bleiben wolle. Das wäre der beste Weg, um sie los zu werden.«[10]

Am 15. September 1938 besprach Hitler mit dem britischen Premier Chamberlain in Berchtesgaden die Möglichkeit, alle Juden Europas in eine der britischen Kolonien zu deportieren. Chamberlain fragte Hitler, wie dieser gedenke, die Judenfrage zu lösen. Hitler wies darauf hin, daß Großbritannien über enorm viele Inseln verfüge. Churchill sollte eine davon für die organisierte Unterbringung der Juden auswählen. Allerdings müßte er bei seiner Wahl darauf achten, daß es dort genügend

Steinbrüche gab. Wenn die Juden Marmor ablieferten, wären die Deutschen bereit, für ihre Verpflegung zu sorgen.[11]

In den Jahren 1938 und 1939 ließ Hitler in zahlreichen Gesprächen vor allem mit Politikern und Diplomaten aus Polen, Ungarn, der Tschechoslowakei und Rumänien seine Sympathie für alle Versuche erkennen, die zu einem Gleichklang zwischen den antisemitischen Regierungen der genannten Länder beitrügen. Gleichklang vor allem hinsichtlich des Plans, Millionen Juden aus Europa nach Madagaskar zu verbannen. Nachdem der ehemalige polnische Botschafter Josef Lipski am 20. September 1938 am Obersalzberg mit Hitler zusammengetroffen war, erstattete er dem polnischen Außenminister Beck darüber Bericht. Darin hieß es, daß Hitler neue Überlegungen zur Lösung der Judenfrage anstelle. Er habe vor, die Juden in Abstimmung mit den Plänen Polens, Ungarns und eventuell auch Rumäniens in Kolonien zu schicken. Er, Lipski, habe ihm daraufhin mitgeteilt, daß ihm die polnische Regierung in Warschau ein hübsches Denkmal errichten würde, sollte es ihm, Hitler, jemals gelingen, einen solchen Plan auszuführen.[12]

Im Oktober 1938 zeigte Sumner Welles, Staatssekretär im *State Department*, großes Interesse am Madagaskar-Plan, von dem Politiker und Diplomaten aus verschiedenen europäischen Ländern als einer möglichen Lösung für die Problematik der jüdischen Flüchtlinge aus Deutschland und Österreich gesprochen hatten. Wie das *Intergovernmental Committee for Refugees*, das hierfür primär zuständig war, machte auch er sich große Sorgen darüber. Immerhin war nach dem Scheitern der Flüchtlingskonferenz in Evian noch deutlicher geworden, daß kaum noch ein Land bereit war, jüdische Flüchtlinge in großer Zahl aufzunehmen. Gerade deshalb war er von der in Europa geführten Diskussion fasziniert, die Juden eventuell auf Madagaskar anzusiedeln.[13]

Am 6. Oktober verabschiedete der Große Rat der Faschisten in Italien eine Resolution, in der festgehalten wurde, daß die »kontrollierte Aussiedlung europäischer Juden in bestimmte Teile Äthiopiens ein erlaubtes Mittel ist, um damit unter anderem die Auswanderung europäischer Juden nach Palästina auf ein äußerstes Minimum zu reduzieren«. Im Dezember 1938 würde sich auch Präsident Roosevelt mit seinem Vorschlag an Mussolini dieser Resolution anschließen. Dieser aber verwarf den Vorschlag der Amerikaner, wiewohl auch er immer wieder Brandreden für die Gründung eines unabhängigen Judenstaates irgendwo auf der Welt hielt.[14]

In der Nacht vom 9. auf den 10. November 1938 wütete in Deutschland ein Pogrom, wie man es in Westeuropa seit Jahrhunderten nicht mehr erlebt hatte. In einer Orgie von Gewalt wurden 195 Synagogen in Brand gesteckt, mehr als 800 Geschäfte zerstört und mehr als 7500 geplündert. Auf den Straßen zahlreicher deutscher Städte lagen die Scherben von zerbrochenen Schaufenstern. Deshalb wurde jene Katastrophe später auch »Kristallnacht« genannt. Die Nazis ließen 20 000 Juden verhaften und brachten sie in die Konzentrationslager Dachau bei

München, nach Oranienburg-Sachsenhausen nördlich von Berlin und Buchenwald in der Nähe von Weimar. In den darauffolgenden Wochen wurden sie unter der Bedingung freigelassen, daß sie eine schriftliche Erklärung abgaben, wonach sie unmittelbar auswandern würden.[15] Offiziellen deutschen Aufzeichnungen zufolge starben damals 36 Juden, aber Journalisten wußten, daß es viel mehr gewesen waren.

Die sogenannte »Kristallnacht« war eine von Goebbels geplante Racheaktion, weil der junge polnische Jude Herschel Grynszpan in Paris den Botschaftsangehörigen Ernst vom Rath erschossen hatte. Herschel hatte miterlebt, wie die Deutschen am 28. Oktober tausende polnische Juden, die schon seit vielen Jahren in Deutschland gelebt hatten (darunter auch seine eigene Familie), auf äußerst brutale Weise aus dem Land vertrieben hatten. Als er nach dem Mord von der französischen Polizei verhaftet wurde, rief er: »Jude zu sein ist doch kein Verbrechen! Ich bin kein Hund. Ich habe ein Recht darauf zu leben, und auch das jüdische Volk hat hier auf Erden seine Existenzberechtigung. Überall wo ich gewesen bin, hat man mich wie einen Hund behandelt.«

Die Nazis der »Ostmark« standen dieser Verwüstung um nichts nach. Alle 21 Synagogen in Wien wurden angezündet, und in einigen Gemeinden brachte man alle Juden in Konzentrationslager. Sir George telegraphierte dem britischen Außenminister Lord Halifax, daß der Mord an vom Rath den schon lange zuvor entworfenen Plan zur Entfernung der Juden nur beschleunigt hätte. 500 000 Juden wären von allen Berufen und Betrieben ausgeschlossen worden. Es herrschten bereits Armut und Verzweiflung, und sobald ihnen die Gelder verweigert würden oder diese aufgebraucht wären, würden die Juden schließlich verhungern. Die Situation der deutschen Juden wäre kein nationales, sondern ein globales Problem, und es würde sich einmal furchtbar rächen, wenn man es jetzt ignorierte.[16]

Propagandaminister Goebbels spielte in einer Pressekonferenz auf die Entrüstung an, mit der das Ausland auf die »Reichskristallnacht« reagiert hatte. Unter anderem sagte er, daß es ihm größtes Vergnügen bereiten würde, sämtliche Juden in eines jener Länder zu schicken, die der Ansicht wären, noch nicht genug Juden zu haben.[17]

Den Sitzungsprotokollen zufolge hatte Göring von Hitler persönlich den Auftrag erhalten, für den 12. November 1938, also nur wenige Tage nach der »Reichskristallnacht«, alle an der Lösung der Judenfrage beteiligten Stellen zu einer Versammlung im Reichsluftfahrtsministerium in Berlin einzuberufen. An dieser Versammlung nahmen außer Göring, der den Vorsitz führte, noch rund 100 geladene Funktionäre teil: Minister, Staatssekretäre, führende Köpfe der SS sowie zahlreiche Sachverständige auf dem Gebiet der Judenfrage, wie Heydrich, Innenminister Frick, Goebbels, Staatssekretär für Wirtschaftliche Angelegenheiten Funk, Finanzminister Graf Schwerin-Krosigk und der ehemalige österreichische Finanzminister Fischböck. Göring hatte unmittelbar nach der »Reichskristallnacht« gegenüber Hitler seiner Empörung darüber Ausdruck verliehen, was sich in jener Nacht abgespielt hatte. Durch die Verwüstung so vieler wertvoller Güter, so Göring, hätte sein Vierjahresplan, der der deutschen Wirtschaft zum Aufschwung verhelfen sollte, ernsthaften Schaden davongetragen. Er hatte Hitler auch erklärt, daß man die Judenfrage so nicht lösen könnte. Göring hatte auch Goebbels, der für diesen Hergang in erster Linie verantwortlich war, am Telephon unzweideutig und mit äußerst scharfen Worten wissen lassen, daß er keine Lust hätte, im nachhinein auf wirtschaftlicher Ebene die Rechnung für dessen unbeherrschte Aktionen präsentiert zu bekommen. Das Treffen verlief stürmisch, und die Hauptakteure zeigten ihr wahres Gesicht. Es wurde eine Sitzung, bei der über das Schicksal der Juden entschieden wurde. Man weiß heute genau, was damals gesagt wurde, da eifrige Stenographen jedes Wort festgehalten haben. Die Protokolle wurden später im Sitzungsgebäude, dem Berliner Luftfahrtsministerium, gefunden.

Den ehemaligen österreichischen Finanzminister Fischböck hatte man ganz bewußt eingeladen, da er aus eigener Erfahrung berichten konnte, aus welchen Gründen die Arisierung der Wirtschaft und die Aussiedlung der Juden in seiner Heimat zu einem solch durchschlagenden Erfolg geworden waren. Es zieht sich wie ein roter Faden durch alle Aufzeichnungen, daß die Sitzungsteilnehmer damals ausgesprochen begeistert von der Methode waren, wie man dieses Problem in der »Ostmark« löste. Wenn also Eichmann und seine Leute im ehemaligen Österreich offenbar Erfolg damit hatten, das wichtigste politische Problem des 20. Jahrhunderts mittels Arisierung der Wirtschaft und der daran anschließenden Aussiedlung der Juden zu lösen, wäre es wohl der Mühe wert, denselben Weg auch in Deutschland zu beschreiten. Darüber hatten in den letzten Monaten nicht nur Hitler und Göring, sondern auch zahlreiche SS-Bonzen miteinander gesprochen.

Nach Beratungen mit Hitler, der ebenso sehr hoffte, die Judenfrage in Deutschland auf dieselbe Weise wie in der »Ostmark« lösen zu können, wollte Göring in der Sitzung vom 12. November gemeinsam mit den wichtigsten Persönlichkeiten des Dritten Reiches zuallererst festgestellt wissen, daß sich die Methode von Goebbels und dessen Leuten totlief. Göring dazu:

»Denn, meine Herren, diese Demonstrationen habe ich satt. Sie schädigen nicht den Juden, sondern schließlich mich, der ich die Wirtschaft als letzte Instanz zusammenzufassen habe. Wenn heute ein jüdisches Geschäft zertrümmert wird, wenn Waren auf die Straße geschmissen werden, dann ersetzt die Versicherung dem Juden den Schaden – er hat ihn gar nicht –, und zweitens sind Konsumgüter, Volksgüter zerstört worden. Wenn in Zukunft schon Demonstrationen, die unter Umständen notwendig sein mögen, stattfinden, dann bitte ich nun endgültig, sie so zu lenken, daß man sich nicht in das eigene Fleisch schneidet. Denn es ist irrsinnig, ein jüdisches Warenhaus auszuräumen und anzuzünden, und dann trägt eine deutsche Versicherungsgesellschaft den Schaden, und die Waren, die ich dringend brauche – ganze Abteilungen Kleider und was weiß ich alles –, werden verbrannt und fehlen mir hinten und vorn. Da kann ich gleich die Rohstoffe anzünden, wenn sie hereinkommen. [...] Ich wäre wirklich dankbar, wenn durch die Propaganda einmal auf diesen Punkt hingewiesen werden könnte, daß der Schaden leider Gottes nicht den Juden trifft, sondern tatsächlich die deutschen Versicherungsgesellschaften. Nun habe ich aber keine Lust, die deutschen Versicherungsgesellschaften diesen Schaden tragen zu lassen. Ich werde deshalb auf Grund meiner Vollmacht eine Anordnung erlassen und bitte da natürlich um die Mitarbeit der zuständigen Ministerien, damit das in das richtige Lot kommt und die Versicherungsgesellschaften den Schaden nicht zu tragen haben.«

Demgegenüber hätte, so Göring, jener Weg, den Eichmann in Wien gewählt hätte, die Lösung der Judenfrage in greifbare Nähe rücken lassen. Die SS hätte übrigens schon seit 1934 in zahlreichen Memoranden zu bedenken gegeben, daß unausweichlich der Zeitpunkt kommen würde, in dem sich die Politiker zur Zwangsaussiedlung der Juden entschließen müßten. Dem Sitzungsprotokoll zufolge sagte Göring:

»Meine Herren, die heutige Sitzung ist von entscheidender Bedeutung. Ich habe einen Brief bekommen, den mir der Stabsleiter des Stellvertreters des Führers, Bormann, im Auftrag des Führers geschrieben hat, wonach die Judenfrage jetzt einheitlich zusammengefaßt werden soll und so oder so zur Erledigung zu bringen ist. Durch telefonischen Anruf bin ich gestern vom Führer noch einmal darauf hingewiesen worden, jetzt die entscheidenden Schritte zentral zusammenzufassen.
Da das Problem in der Hauptsache ein umfangreiches wirtschaftliches Problem ist, wird hier der Hebel angesetzt werden müssen. Selbstverständlich ergeben sich daraus auch eine Reihe rechtlicher Maßnahmen, die sowohl in das Gebiet des Justizministers wie des Innenministers fallen, dann die daraus zu folgenden Propagandamaßnahmen, die in das Gebiet des Herrn Propagandaministers fallen, selbstverständlich auch Maßnahmen des Finanzministers und des Wirtschaftsministers.«

Auch in Deutschland waren viele zu der Überzeugung gelangt, daß finanzielle Demontage die beste Methode wäre, um die Juden in die Emigration zu zwingen (auch in diesem Punkt wollte man sich an das »Wiener Modell« halten). So beschlossen die Teilnehmer in einer Sitzungspause noch schnell, den Juden, denen man im übrigen vorwarf, die »Reichskristallnacht« selbst provoziert zu haben, eine Geldbuße in Höhe von einer Milliarde Mark aufzuerlegen. Der Stenograph hält das Gespräch wie folgt fest:

»Göring: Noch eine Frage, meine Herren: Wie beurteilen Sie die Lage, wenn ich heute verkünde, daß dem Judentum als Strafe diese eine Milliarde als Kontribution auferlegt wird?
Bürckel: Die Wiener werden damit einverstanden sein.

Goebbels: Ich meine, ob die Juden die Möglichkeit haben, sich zu entziehen; etwas auf die Seite zu schaffen.
Brinkmann: Dann machen sie sich schon strafbar.
v. Krosigk: Herr Fischböck, eine Frage: Kann man die Kontribution ausschreiben, ohne gleichzeitig ein Verbot der Versilberung herausgehen zu lassen? Es ist naturgemäß die Gefahr gegeben, daß sie ihre Anleihen auf den Markt schmeißen.
Funk: Das ist alles angemeldet. Das Geld müssen sie auch angeben.
v. Krosigk: Aber sie können vorläufig darüber verfügen.
Göring: Es nützt ihnen nichts, wenn sie das versilbern. Das Geld können sie nicht weggeben.
Funk: Wenn sie ihre Effekten verkaufen, haben sie den Schaden.
Fischböck: Die Gefahr hat schon etwas für sich. Aber ich glaube nicht, daß sie sehr groß ist. Das setzt allerdings voraus, daß man tatsächlich die anderen Maßnahmen im Laufe der nächsten Woche trifft.
v. Krosigk: Spätestens im Laufe der nächsten Woche müssen sie getroffen werden.
Göring: Das würde ich als Bedingung setzen.
Fischböck: Es ist vielleicht gut, wenn wir uns selbst auf diese Weise unter Druck setzen.
Göring: Ich werden den Wortlaut wählen, daß die deutschen Juden in ihrer Gesamtheit als Strafe für die ruchlosen Verbrechen usw. usw. eine Kontribution von einer Milliarde auferlegt bekommen. Das wird hinhauen. Die Schweine werden einen zweiten Mord so schnell nicht machen. Im übrigen muß ich noch einmal feststellen: ich möchte kein Jude in Deutschland sein.«

Reinhard Heydrich hatte eindeutig das »Wiener Modell« Adolf Eichmanns vor Augen, als er in der Sitzung vom 12. November erklärte, daß es nicht so sehr um eine schnelle Abwicklung des Arisierungsprozesses ging, sondern man dabei vielmehr das Endziel nicht aus den Augen verlieren dürfte. Dieses hieße: Aussiedlung aller Juden aus Deutschland.

»Heydrich: Bei allem Herausnehmen des Juden aus dem Wirtschaftsleben bleibt das Grundproblem letzten Endes doch immer, daß der Jude aus Deutschland herauskommt. Darf ich dazu einige Vorschläge machen? Wir haben in Wien auf Weisung des Reichskommissars eine Judenauswanderungszentrale eingerichtet, durch die wir in Österreich immerhin 50 000 Juden herausgebracht haben, während im Altreich in der gleichen Zeit nur 19 000 Juden herausgebracht werden konnten, und zwar ist uns das durch Zusammenarbeit mit dem zuständigen Wirtschaftsministerium und den ausländischen Hilfsorganisationen gelungen. …
Durch legale Maßnahmen sind zum mindesten 45 000 Juden herausgebracht worden.
Göring: Wie war das möglich?
Heydrich: Wir haben das in der Form gemacht, daß wir den reichen Juden, die auswandern wollten, bei der jüdischen Kulturgemeinde eine gewisse Summe abgefordert

haben. Mit dieser Summe und Devisenzuzahlungen konnte dann eine Anzahl der armen Juden herausgebracht werden. Das Problem war ja nicht, den reichen Juden herauszukriegen, sondern den jüdischen Mob.
Göring: Aber, Kinder, habt ihr euch das einmal überlegt? Es nützt doch auch nichts, daß wir vom jüdischen Mob Hunderttausende herauskriegen. Habt ihr euch überlegt, ob dieser Weg nicht letzten Endes so viele Devisen kostet, daß er auf die Dauer nicht gangbar ist?
Heydrich: ... Darf ich vorschlagen, daß wir eine ähnliche Zentrale im Reich unter Beteiligung der zuständigen Reichsbehörden einrichten ...
Göring: Einverstanden.
Heydrich: Das Zweite, um die Juden herauszubekommen, müßte eine Auswanderungsaktion für das Judentum im übrigen Reich sein, die sich auf mindestens 8 bis 10 Jahre erstreckt. Wir kriegen im Jahr nicht mehr als höchstens 8000 bis 10 000 Juden heraus. Es bleibt also eine Unzahl Juden drin. Durch die Arisierung und die sonstigen Beschränkungen wird natürlich das Judentum arbeitslos. Wir erleben eine Verproletarisierung des zurückbleibenden Judentums. Ich muß also in Deutschland solche Maßnahmen treffen, daß sie auf der einen Seite den Juden isolieren, damit er nicht in den normalen Lebenskreis des Deutschen eintritt. Ich muß aber auf der anderen Seite Möglichkeiten schaffen, die den Juden auf einen engsten Kundenkreis beschränken, aber eine bestimmte Betätigung zulassen, in der Rechtsanwaltsfrage, Arztfrage, Friseurfrage usw. ...
Für die Isolierung möchte ich rein polizeilich einige Vorschläge kurz unterbreiten, die auch wegen ihres psychologischen Einflusses auf die öffentliche Meinung von Wert sind. Z. B. die persönliche Kennzeichnung des Juden, indem man sagt: Jeder Jude im Sinne der Nürnberger Gesetze muß ein bestimmtes Abzeichen tragen. Das ist eine Möglichkeit, die viele andere Dinge erleichtert – in bezug auf Ausschreitungen sehe ich keine Gefahr –, die uns auch das Verhältnis zum ausländischen Juden erleichtert.
Göring: Eine Uniform!
Heydrich: Ein Abzeichen.«

»[...]
v. Krosigk: Deswegen möchte ich erst einmal das stark unterstreichen, was Herr Heydrich zu Anfang gesagt hat: Wir müssen alles versuchen, im Wege eines zusätzlichen Exportes, die Juden herauszubringen ins Ausland. Das muß doch immer das Entscheidende sein, daß wir nicht das ganze Gesellschaftsproletariat hierbehalten. Es wird immer eine Last sein, die zu behandeln, die fürchterlich ist.
(Frick: Und eine Gefahr.)
Ich stelle mir den Zwang zum Ghetto auch nicht gerade als angenehme Aussicht vor. Die Aussicht, zum Ghetto kommen zu müssen, ist auch keine angenehme. Infolgedessen muß das Ziel sein, was Heydrich gesagt hat: heraus, was herausgebracht werden kann!«

Warum, so fragten sich die Sitzungsteilnehmer, sollte die Judenfrage nur in Wien und nicht auch in Berlin auf dem Wege der Zwangsaussiedlung gelöst werden können? Und dennoch war ein Problem hinzugekommen, über das Göring nur wenige Tage zuvor, am 9. November, mit Hitler persönlich gesprochen hatte.

Die Flüchtlingskonferenz von Evian hatte in der Zwischenzeit einigermaßen klar werden lassen, daß nur wenige Länder zur Aufnahme von Juden bereit waren. Deshalb stellte sich für Göring die große Frage, ob der Aussiedlungsprozeß in Wien im selben Ausmaß wie in den vergangenen Monaten weitergeführt werden könnte. Die Chance, die Judenfrage im Dritten Reich auf dem Wege der Zwangsaussiedlung zur Gänze lösen zu können, wäre jedenfalls um einiges größer, wenn sich irgendwo auf der Welt ein ausgedehntes Gebiet finden ließ, wohin man die Juden deportieren könnte. Es ist erwiesen, daß Göring nach der »Reichskristallnacht« von Hitler beinahe uneingeschränkte Vollmacht erhalten hatte, um sich intensiv mit der Lösung der Judenfrage auseinanderzusetzen. Aus diesem Grund mußten alle diesbezüglichen Initiativen zwar nicht mit Hitler selbst, jedenfalls aber mit Göring abgesprochen werden.

Während dieser Beratungen war auch Madagaskar zur Sprache gekommen. Unter vier Augen hatte Hitler all jene Länder aufs Korn genommen, die sich während der Konferenz von Evian als nicht bereit erwiesen hatten, Juden aus Deutschland beziehungsweise aus Österreich aufzunehmen. Es handelte sich dabei um dieselben Länder, die auf der anderen Seite Deutschland deshalb in ein schlechtes Licht rückten, weil es seine Juden loswerden wollte. Evian hätte gezeigt, daß sämtliche Länder auf einer Wellenlänge lägen, wenn es um die Juden ging: Alle wollten die Juden am liebsten ausweisen, aber gewiß nicht aufnehmen.

Hitler kündigte an, daß er den anderen Staaten die Lösung der Judenfrage schon noch aufzwingen würde, indem er diese Menschen nach Madagaskar schickte.[18] Das Bemerkenswerteste an der ganzen Angelegenheit ist, daß Hitler zwischen 9. und 12. November Göring auf unmißverständliche Weise erklärte, wie er, der Führer, sich die bestmögliche Lösung der Judenfrage in Europa vorstellte.[19] Am 9. November hatte er Göring zu sich bestellt, um ihm, wie bereits ausgeführt, folgendes zu eröffnen: Es wäre nötig, ein internationales Einverständnis zu erzielen, um die ihres gesamten Besitzes beraubten Juden schließlich nach Madagaskar wegschaffen zu können. Am 10. November erhielt Göring von Hitlers Sekretär Martin Bormann einen Brief, in dem die wichtigsten Punkte des gemeinsamen Gesprächs vom Vortag schriftlich festgehalten waren. Am 11. November rief Hitler Göring persönlich an, um seiner Hoffnung Ausdruck zu verleihen, daß Göring begriffen hätte, was er, Hitler, ihm sowohl mündlich als auch in schriftlicher Form erklärt hatte. Auf der in Berlin am 12. November abgehaltenen Tagung sprach Göring im Auftrag Hitlers, als er sagte:

»Das Zweite ist folgendes: Wenn das Deutsche Reich in irgendeiner absehbaren Zeit in außenpolitischen Konflikt kommt, so ist es selbstverständlich, daß auch wir in

Deutschland in allererster Linie daran denken werden, eine große Abrechnung an den Juden zu vollziehen. Darüber hinaus wird der Führer jetzt endlich einen außenpolitischen Vorstoß machen zunächst bei den Mächten, die die Judenfrage aufgeworfen haben, um dann tatsächlich zur Lösung der Madagaskar-Frage zu kommen. Das hat er mir ab 9. November auseinandergesetzt. Es geht nicht mehr anders. Er will auch den anderen Staaten sagen: ›Was redet ihr immer von den Juden? – Nehmt sie!‹ Dann kann man noch einen Vorschlag machen: Die reichen Juden können in Nordamerika, Kanada oder sonstwo ein großes Territorium für ihre Glaubensgenossen kaufen.«[20]

Yehuda Bauer schreibt zu Recht, daß Hitlers Plan, gemeinsam mit anderen europäischen Nationen über eine großangelegte Aussiedlung der Juden zu beraten, in vielerlei Hinsicht mit jenem Projekt übereinstimmte, welches das in Evian gegründete *Intergovernmental Committee for Refugees* auszuarbeiten hatte. Nachdem Göring auf der Versammlung vom 12. November den Plan in Hitlers Namen lanciert hatte, versuchte George Rublee, Direktor des IGCR-Büros in London, mit den Nazis in Verhandlungen zu treten. Zwar verhielten sich die Beweggründe der beiden diametral entgegengesetzt zueinander, die Gedankengänge waren aber zum Teil doch dieselben. Schließlich wollten beide die Ausreise der Juden aus Deutschland erreichen. Deshalb schreibt Bauer: »Die Parallelen zur Politik der Nazis sind verblüffend.«[21]

Es war Hitler gleichgültig, ob man die Juden nun nach Afrika oder in einen anderen Kontinent brachte. Hauptsache war, daß sie ihm nicht mehr »zur Last« fielen und er nicht für die Kosten aufkommen mußte. Ernst Woermann zufolge hatten die Teilnehmer an der Tagung vom 12. November (Goebbels, Heydrich, Innenminister Frick, Wirtschaftsmininster Funk, Finanzminister Schwerin-Krosigk, um nur die Wichtigsten zu nennen) nicht nur Görings Plan, Deutschland nach österreichischem Vorbild »judenrein« zu machen, zugestimmt, sondern auch Hitlers diesbezüglichen Vorschlag begrüßt.

Göring gab schließlich noch einmal der Absicht Heydrichs seine Zustimmung, eine Zentralstelle für Jüdische Auswanderung nach dem »Wiener Modell« einzurichten. Ausgehend von den Ergebnissen, die Eichmann in Wien erzielen konnte, schätzte Heydrich, daß es in Deutschland acht bis zehn Jahre dauern würde, bis das Land alle Juden auf dem Wege der Zwangsaussiedlung losgeworden wäre. Aber selbst dieser Zeitrahmen könnte nur eingehalten werden, wenn der Arisierungsprozeß schnell in Gang gesetzt und straff durchgeführt würde.

Als Reaktion auf die »Kristallnacht« brachten etliche Länder, die im *Intergovernmental Committee for Refugees* vertreten waren, Vorschläge ein, wie man die Juden aus dem Deutschen Reich in das eine oder andere Land auswandern lassen könnte. Neben Madagaskar wurden als mögliche Ziele noch genannt: Angola, Äthiopien, Brasilien, die Sowjetunion, Belgisch-Kongo, Nordborneo, Südkalifornien, Mexiko,

Venezuela, die Philippinen, Alaska, Bolivien, Argentinien, Paraguay, Chile, Honduras, die Dominikanische Republik, Kuba, Australien, Neuseeland, Kanada, Britisch-Guayana, Tanganjika, Kenia, Nordrhodesien und Njassaland. So gut wie jedes Land verwies auf ein anderes, um seine eigenen Grenzen nicht öffnen zu müssen.[22]

Dr. Virginio Gayda, Chefredakteur des *Giornale d'Italia*, stellte im November 1938 die Frage, warum die westlichen Demokratien zwar stets beteuerten, wie sehr ihnen das Schicksal der Juden naheging, sie aber, wenn es darauf ankam zu helfen, nicht bereit wären, jüdische Einwanderer bei sich aufzunehmen. Gaydas Meinung zufolge wäre die Ursache hierfür in der Entwicklung nach der »Kristallnacht« zu sehen. Den westlichen Ländern wäre der Schreck in alle Knochen gefahren, als sie sahen, wie die Juden scharenweise versuchten, das Land zu verlassen, um sich anderswo niederzulassen.

So befürchteten sie, selbst – mit allen, auch negativen Konsequenzen – von Flüchtlingsströmen überflutet zu werden. Eigentlich, so Gayda weiter, wäre man auch in diesen Ländern der Meinung, daß zwischen der jüdischen und der nichtjüdischen Kultur ein unüberbrückbarer Gegensatz bestände, und eine Vermischung der Rassen weitgehend vermieden werden sollte. Darüber hinaus würden viele der geistlichen und weltlichen Entscheidungsträger in den betreffenden Ländern die Ansicht vertreten, daß der ohnedies schon bedenkliche Einfluß der Juden auf die Politik und das Finanzwesen ihrer Heimat nach einem Zustrom jüdischer Flüchtlinge noch weiter anwachsen würde.[23]

Mittlerweile war der Brite Lord Winterton Vorsitzender des *Intergovernmental Committee for Refugees* geworden, der Amerikaner Myron C. Taylor dessen Stellvertreter. George Rublee, ebenfalls amerikanischer Staatsbürger, bekleidete nun die Position des Direktors des Kommissionsbüros in London. Rublee verwendete viel Zeit darauf, potentielle Siedlungsgebiete für jüdische Flüchtlinge aus Deutschland und Österreich ausfindig zu machen. Bevor er überhaupt mit der deutschen Regierung wegen der Ausreiseerlaubnis für Juden zu verhandeln begann, mußte er erst einmal Länder finden, die zur Aufnahme von politischen Flüchtlingen bereit wären. Nachdem ihm dies bewußt geworden war, führte er mit den Regierungen aller in der Kommission vertretenen Länder nacheinander diesbezügliche Gespräche.

In den Verhandlungen verwies man Rublee regelmäßig an die französische Regierung, die Madagaskar schon im Jahre 1936 für in Europa verfolgte Juden zur Verfügung gestellt hatte. Die Franzosen hatten dieses Projekt zwar noch nicht offiziell aufgegeben, es hatte sich aber schon bald herausgestellt, daß der judenfreundliche Plan der Regierung Blum auf dermaßen großen Widerstand gestoßen war, daß es äußerst fraglich war, ob er jemals realisiert werden könnte. Rublee teilte französischen Regierungsvertretern mit, daß man Madagaskar in vielen Ländern als sehr geeignet erachtete, jüdischen Flüchtlingen aus dem Dritten Reich als Siedlungsraum zu dienen. Daraufhin bekam er in Paris zu hören, daß die französische Regierung deutsche Juden unter keinen Umständen zulassen würde. Denn im Falle eines Krieges könnten diese Juden leicht als fünfte Kolonne fungieren. Trotz allem wurden diese Juden also als Deutsche angesehen, die Frankreich in einem Krieg mit Deutschland bestimmt verraten würden.

Aufgrund dieser Ablehnung machte sich die Kommission auf die Suche nach anderen Gebieten. Präsident Roosevelt sprach sich für die Schaffung eines jüdischen Vaterlandes auf dem afrikanischen Festland statt auf der Insel Madagaskar aus.[24] Sumner Welles hatte als Alternative zu Madagaskar denselben Gedanken wie Roosevelt geäußert: Den Juden aus dem Dritten Reich sollte die Möglichkeit gegeben werden, ins westafrikanische Angola, das damals eine portugiesische Kolonie war, zu emigrieren. Der portugiesische Diktator Salazar weigerte sich allerdings standhaft, auf den Vorschlag von Welles einzugehen. Er erklärte nachdrücklich, daß man die Juden nicht nur in Afrika, sondern auch in Portugal nicht tolerieren würde.

Am 23. November 1938 schrieb Präsident Roosevelt an Myron Taylor:

> »Das Intergovernmental Committee for Refugees, das aufgrund Ihrer engagierten und energischen Bemühungen in Evian ins Leben gerufen und in London eingerichtet wurde, hat noch nicht jene konkreten Resultate geliefert, die ich mir erhofft hatte. Dies ist die Folge von Kräften und Umständen, die nicht in unserem Einflußbereich liegen. Meiner Meinung nach ist aber dennoch der Augenblick gekommen, da wir spezielle Anstrengungen unternehmen müssen, damit die Arbeit der Kommission von Erfolg gekrönt ist. Wir müssen dafür sorgen, daß wir – am besten so schnell wie möglich – herzeigbare und zugleich durchaus praxisorientierte Resultate erzielen.«[25]

Darum hatte Roosevelt auch den Plan aufgegriffen, die Juden aus dem Deutschen Reich in die italienische Kolonie Äthiopien zu schicken. Mussolini ließ ihn allerdings wissen, daß Äthiopien für die Ansiedlung jüdischer Flüchtlinge nicht in Frage käme. Hingegen erschienen ihm Brasilien oder die Sowjetunion als gute Alternative zur französischen Kolonie Madagaskar. Kaum hatte Mussolini die Sowjetunion ins Spiel gebracht, drängten viele Regierungen die Kommission in London dazu, dieses Land ernsthaft in Betracht zu ziehen. Dort wäre in einem sehr weitläufigen Gebiet immerhin schon eine autonome jüdische Provinz ins Leben gerufen worden, in der sicher noch für eine weitere halbe Million Juden Platz wäre.

Bei der genannten Provinz handelte es sich um Biro-Bidschan in Ostsibirien, nördlich des Flusses Amur. Dieses ungefähr 90 Quadratkilometer umfassende Gebiet liegt an den östlichen Ausläufern des Chingangebirges, teils in einer Flußebene, teils in bewaldeten Bergregionen. Im Nordwesten wird Gold geschürft und westlich der Hauptstadt Biro-Bidschan Steinkohle gefördert. Das Flachland eignet sich für Ackerbau und Viehzucht. Im Norden der Provinz quert die Transsibirische Eisenbahn.

Am 7. Mai 1934 bekam Biro-Bidschan, das damals 32 000 Einwohner zählte, den offiziellen Status einer Autonomen Jüdischen Provinz in Sowjet-Rußland. Michail Kalinin, dem Titel nach Staatsoberhaupt, hatte sich in den vorangegangenen Jahren für diese autonome Provinz stark gemacht. Im Jahre 1926 sagte er anläßlich einer Rede: »Das jüdische Volk sieht sich nun mit der gewaltigen Aufgabe konfrontiert, seine eigene Nationalität zu bewahren. Dazu ist es ausgesprochen wichtig, daß sich ein beträchtlicher Teil der Juden der Landwirtschaft widmet.« In der Schaffung einer autonomen Provinz für die Juden sah er die einzige Möglichkeit, den nationalen Status der (russischen) Juden zu normalisieren. So würden die Juden ihre eigene Kultur auch vor dem Hintergrund des Sozialismus weiterhin entwickeln können.

Das russische Experiment rief in der gesamten jüdischen Welt zahlreiche Reaktionen hervor. Vor allem Nicht-Zionisten, die sehr wohl an eine territoriale Lösung der Judenfrage glaubten und sich sowohl innerhalb wie außerhalb der Sowjetunion den Kommunisten angeschlossen hatten, reagierten positiv. Das Zustandekommen dieser autonomen jüdischen Provinz fiel noch dazu mit der Machtergreifung Hitlers und der »Legalisierung« des Antisemitismus durch den deutschen Staat zusammen. Kein Wunder also, daß sich nach 1934 außer russischen auch viele deutsche Juden, die der Verfolgung durch Hitler entkommen wollten, in Biro-Bidschan einfanden.[26]

Auf das bereits erwähnte Drängen zahlreicher Regierungschefs im Herbst 1938 antwortete Außenminister Rublee, daß die Juden in Deutschland nicht einmal eine Sekunde daran dachten, nach Biro-Bidschan zu gehen. Es wären nämlich vor allem deutsche Juden gewesen, die den stalinistischen »Säuberungsaktionen« in jener Provinz in den Jahren 1936 und 1937 zum Opfer gefallen waren.

Seitdem wurden noch viele weitere Alternativen zu Madagaskar aufs Tapet gebracht. Der amerikanische Journalist William Randolph Hearst setzte sich vehement für Belgisch-Kongo ein, während Flüchtlingshochkommissar Sir Neill Malcolm eine starke Präferenz für Nordborneo erkennen ließ. James G. McDonald erschien der Süden Kaliforniens bestens geeignet für eine großangelegte Ansiedlung deutscher Juden. Auch Costa Rica und Alaska wurden neuerlich ins Spiel gebracht.

Viele andere rieten der Kommission in London dazu, die Juden aus dem Dritten Reich nach Mexiko auswandern zu lassen. Roosevelt, der zuvor Äthiopien vorgeschlagen hatte, wollte nun versuchen, die Juden anderswo unterzubringen: zum Beispiel im Orinoko-Tal in Venezuela oder auf der Bukedon-Hochebene von Mindanao auf den Philippinen.

Die Länder Süd- und Mittelamerikas reagierten in den Verhandlungen mit der Flüchtlingskommission in London auf unterschiedliche Weise. In Brasilien, so meldete Rublee, betrage der Immigrantenanteil bereits 10 Prozent der Bevölkerung; darüber hinaus würde die Aufnahme jüdischer Flüchtlinge aus Deutschland für ernsthafte Probleme unter den deutschen Einwanderern sorgen. Diese hätten in der

Zwischenzeit bereits den westlichen Antisemitismus ins Land getragen. Bolivien hingegen würde keine Schwierigkeiten machen, sofern es sich bei den einwanderungswilligen Juden um Landwirtschaftsexperten oder Angehörige von bereits im Land lebenden Juden handelte.

Argentinien und Paraguay ließen die Kommission nach der »Kristallnacht« wissen, daß mit sofortiger Wirkung kein einziger Jude mehr in diesen Ländern aufgenommen würde und alle bereits ausgestellten Visa ihre Gültigkeit verlieren. Chile wollte zwar bei Bedarf seine Grenzen für eine beschränkte Zahl Bauern mit landwirtschaftlicher Erfahrung öffnen, aber das war auch schon alles. Peru stellte sich auf denselben Standpunkt wie Chile. Dem fügte der peruanische Außenminister Dr. Concha noch hinzu, daß das Land bereits dermaßen unter den Flüchtlingsströmen litt (er nannte keine konkreten Zahlen), daß sich seine Regierung veranlaßt gesehen hätte, die Einwanderungsquote drastisch zu senken. Honduras – obwohl das ärmste Land Amerikas – hatte sich mit der britischen Regierung darauf geeinigt, 1000 Juden aufzunehmen. General Rafael Trujillo y Malina aus der Dominikanischen Republik stellte jüdischen Siedlern 70 Quadratkilometer aus seinem Privatbesitz zur Verfügung. Weiters stellte Kuba in Aussicht, immerhin rund 100 000 jüdische Flüchtlinge bei sich aufzunehmen. Aber als das Schiff mit den ersten 1000 Einwanderungswilligen in den Hafen einlief, durften nach zähen Verhandlungen nur 22 von ihnen an Land gehen. Der Rest wurde wieder zurückgeschickt.

Australien unterbreitete das Angebot, über den Zeitraum von drei Jahren 15 000 jüdische Flüchtlinge aufzunehmen, und auch Neuseeland sagte zu, etwas für dieses so unglückliche Volk unternehmen zu wollen. Kanada machte seine Tür für einzelne jüdische Bauern einen Spalt breit auf, Südafrika hingegen weigerte sich dezidiert, da man den Juden unterstellte, sie könnten sich in keiner Weise an bestehende Lebensgewohnheiten anpassen. Auch die leidlich bekannte »unüberbrückbare Kluft« zwischen den Kulturen wurde strapaziert. Britisch-Guayana, Tanganjika, Kenia, Nordrhodesien und Njassaland stellten ein äußerst kleines Gebiet für eine beschränkte Anzahl jüdischer Siedler zur Verfügung.

Am 17. November 1938 informierte der britische Botschafter in Washington den amerikanischen Staatssekretär Summer Welles über die Bereitschaft der britischen Regierung, ihre Einwanderungsquote für das Jahr 1939 (im Umfang von 65 000 Personen) ausschließlich jüdischen Flüchtlingen aus Deutschland vorzubehalten. Welles erinnerte den Botschafter daran, daß der Präsident der USA wenige Tage zuvor auf einer Pressekonferenz mitgeteilt hätte, daß seine Regierung nicht beabsichtigte, die mit 25 000 festgesetzte Quote für Deutsche (Juden aus Deutschland) anzuheben.[27]

Am 21. November 1938 berieten Parlamentarier in London über in Frage kommende Gebiete in den Kolonien des Empires. Chamberlain warnte damals die Abgeordneten des Unterhauses. Es sollte ihnen klar sein, daß den Ureinwohnern der betreffenden Kolonien aus der jüdischen Einwanderung kein Nachteil erwachsen dürfte. Das Ergebnis der Besprechung fiel ausgesprochen mager aus. Schließlich teilte der Kolonialstaatssekretär mit, daß 25 jüdische Emigranten samt ihren Familien nach Kenia gehen dürften.

Ministerpräsident Colijn sagte am 15. November, nur wenige Tage nach der »Reichskristallnacht«, im Parlament in Den Haag, daß es unverantwortlich wäre, die Grenzen der Niederlande für aus Deutschland flüchtende Juden zu öffnen. Er gehe zwar nicht davon aus, daß sämtliche 600 000 Juden versuchen würden, in die Niederlande zu gelangen; mit rund 100 000 Flüchtlingen müsse jedoch in jedem Fall gerechnet werden. Angesichts dieses Szenarios stellte er sich die Frage, ob man zwischen 10 000 und 15 000 Juden die Aufenthaltserlaubnis erteilen sollte. Persönlich wäre er allerdings zutiefst davon überzeugt, daß eine solche Vorgangsweise nicht im Interesse der niederländischen Juden gelegen wäre. Da kein Volk der Welt gänzlich frei von Antisemitismus wäre, könnte die Aufnahme von zu vielen deutschen Juden leicht dazu führen, daß die Stimmung im Lande auch gegenüber den eigenen Juden kippte. Dann würden sowohl deutsche wie auch niederländische Juden Opfer eines rasant ansteigenden Antisemitismus werden.

Mit diesen Ausführungen brachte der niederländische Ministerpräsident jene Meinung auf den Punkt, die so gut wie alle Staaten auf der Konferenz von Evian im Sommer 1938 vertreten hatten.

Kein einziger Historiker wird bestreiten, daß Deutschland die unmittelbare und entscheidende Verantwortung für den Genozid an sechs Millionen Juden trägt. Dennoch zeigen die Entwicklungen jener Tage, daß die katastrophalen Folgen des Antisemitismus – wie sie nie zuvor in der Geschichte um sich gegriffen hatten – nur aufgrund der passiven oder sogar aktiven Beihilfe anderer europäischer und außereuropäischer Nationen möglich geworden waren.

Über die jüdische Immigration in die Niederlande während jener Tage schreibt Mary Leenders:

> »Nach der ›Reichskristallnacht‹ konnten die Flüchtlinge ganz konkret angeben, daß sie in Deutschland mit dem Tod zu rechnen hätten. Darüber hinaus wurden sie von der niederländischen Bevölkerung unterstützt, die auf jenes Ereignis geschockt reagierte und von den Politikern verlangte, die Grenzen zu öffnen. Die Regierung beschloß daraufhin, einige wenige vom Justizminister selbst ausgewählte Flüchtlinge zuzulassen. In Summe sollten 9000 Personen Aufnahme finden, die eines der folgenden Kriterien erfüllen mußten: Familienangehörige eines in den Niederlanden ansässigen Juden, jüdische Waisen oder deutsche Juden, die ›ernsthaft gefährdet‹ waren. Dabei handelte es sich allerdings nur um eine marginale Maßnahme. [...] Die Tür fiel endgültig ins Schloß, als Justizminister Goseling der Generalprokuratur mitteilte, daß jene Flüchtlinge, die nach dem 17. Dezember 1938 über die Grenze kommen sollten, nach Deutschland zurückgeschickt werden würden.«[28]

Wenn man sich eingehend mit der Arbeit des *Intergovernmental Committee for Refugees* beschäftigt, dessen Aufgabe es war, Gebiete zu finden, die so viele Juden wie möglich aus dem Dritten Reich aufnehmen konnten, wird man unweigerlich an die Worte Chaim Weizmanns erinnert, die dieser schon im November 1936 in Jerusalem geäußert hatte: »Für die sechs Millionen Juden in Europa zerfällt die Erde in zwei Teile: In den europäischen Kontinent, wo sie nicht länger leben dürfen, und in die vier anderen Kontinente, wo sie nicht aufgenommen werden.«

Die Gespäche, die am 12. November 1938 unter der Leitung Görings geführt worden waren, hatten weitreichende Konsequenzen. Am 15. November informierte der Sicherheitsdienst – in Übereinstimmung mit dem Ergebnis der Berliner Besprechungen vom 12. November – das Reichsaußenministerium darüber, daß der SD mit dem Aufbau einer Reichszentralstelle für Jüdische Auswanderung beauftragt worden war. Dabei sollte das »Wiener Modell« zur Anwendung gelangen. Ab dem Herbst 1938 waren es nicht mehr allein die SS und speziell der SD, die in der großangelegten Zwangsaussiedlung die einzige Möglichkeit zur Lösung der Judenfrage sahen. Auch Hitler selbst und seine Regierung (hier vor allem das Reichsaußenministerium) vertraten nunmehr diese Linie. Damit verbunden war das Eingeständnis, mit Boykottmaßnahmen und den Nürnberger Gesetzen den gewünschten Effekt – die freiwillige Auswanderung der Juden aus Deutschland – nicht erreicht zu haben.[29]

Am 15. November sprach Hitler mit dem französischen Botschafter François Poncet über die Emigration der Juden nach Madagaskar.[30]

Am 5. Dezember gab Göring auf einem Gauleitertreffen bekannt, daß Hitler jene Entscheidungen, die am 12. November in Berlin getroffen worden waren, gebilligt hätte[31]. Die Aussiedlung müßte nach Wiener Vorbild straff und zentral organisiert werden. Dabei müßte man darauf achten, daß die ärmsten Juden zuallererst zum Verlassen des Landes gezwungen würden. Um der Aussiedlung neue Impulse zu geben, würde man die Arisierung jüdischer Betriebe und Immobilien nun endlich ernsthaft angehen müssen. Nachdem die Arisierung der Wirtschaft realisiert worden wäre, würde auch die Aussiedlung der Juden binnen weniger Jahre abgeschlossen sein.[32]

Auch in den Niederlanden reagierten die Anhänger Hitlers auf den Madagaskar-Plan. So sollte beispielsweise nach Musserts Meinung die Judenfrage in Europa »ordentlich« gelöst werden, da »die Niederländer Vandalismus und Ungerechtigkeit verabscheuten«. Als Alternative zum Madagaskar-Plan arbeitete er einen Guayana-Plan aus.[33] Surinam sowie Britisch- und Französisch-Guayana sollten von ihren jeweiligen Mutterländern (den Niederlanden, England und Frankreich) zur Gründung eines Jüdischen Nationalheimes abgetreten werden. Dabei sollten England und Frankreich keine anderen Gebiete als Kompensation erhalten, da ihnen ohnedies noch genügend Kolonien übrigblieben.

Die Niederlande hingegen sollten sehr wohl entschädigt werden. Portugal sollte jenen Teil von Mosambik (Portugiesisch-Ostafrika), der an Transvaal angrenzte, an die Niederlande abtreten und im Gegenzug von Belgien einen »passenden« Teil von Belgisch-Kongo erhalten. In Surinam und den beiden Guayanas sollte für die dort lebenden »Indianer und Neger« ein Reservat errichtet werden. Ureinwohner, die ihre Gebiete verlassen wollten, sollten auf Kosten jener europäischen Staaten, die ihre Juden dorthin schickten, anderswo untergebracht werden. So könnten sich die Weißen aus Surinam in der dann neuen niederländischen Kolonie bei Transvaal ansiedeln, die Ureinwohner anderer Hautfarbe in Niederländisch-Ostindien. Musserts Meinung nach wäre es die Aufgabe der Vereinigten Staaten von Amerika, »mit ihrer gewaltigen finanziellen Kraft (sprich: jüdischem Einfluß) [...] das Jüdische Nationalheim so zu gestalten, daß das jüdische Volk damit in jeder Hinsicht zufrieden sein könnte«.

Rost van Tonningen bekam den Auftrag, Musserts alternativen Plan in Berlin vorzutragen. Dieser Rost van Tonningen war sein ganzes Leben lang ein radikaler Judenhasser, der jeden Plan zur Verbannung der Juden von ganzem Herzen unterstützte. Er schrieb antisemitische Artikel in *Het Nationale Dagblad* und war auch von allen Abgeordneten in der Zweiten Kammer des Parlaments derjenige, der am heftigsten gegen die Juden auftrat. Wann immer über jüdische Flüchtlinge debattiert wurde, stellte er die Juden als staatsgefährdende und volksfremde Elemente hin, die von der Regierung nicht ins Land gelassen werden dürften. Er hatte zwar dem deutschen Plan von Hitler und Göring zugestimmt, die Juden nach Madagaskar zu verbannen, sah aber jetzt in dem Plan Musserts eine viel bessere Alternative.

Eigentlich war beabsichtigt gewesen, daß Mussolini diesen Plan der Öffentlichkeit präsentieren sollte. Es erschien Mussert jedoch günstiger, wenn die deutschen Behörden zuvor seinem Projekt zustimmten. Da Hitler und seine Anhänger – wie bereits dargestellt wurde – seinerzeit ernsthaft in Erwägung zogen, die Juden nach Madagaskar zu deportieren, lehnte das Reichsaußenministerium in Berlin den Alternativvorschlag ab. Dessen ungeachtet machte Mussert sein eigenes Konzept, den Guayana-Plan, mit viel Aufhebens publik.

Rost van Tonningen schrieb dazu später an Mussert:

> »Dieser Vorschlag ist, wie ich es Ihnen prophezeit hatte, vom Politischen Rat [der NSB] mit Häme aufgenommen worden. Sie haben nicht lockergelassen, Sie haben die politischen Parteien damit in größte Verlegenheit gebracht, und Ihr Plan hat eine hervorragende Basis für Propaganda dargestellt. Nicht nur in zahlreichen Reden, sondern auch aufgrund der Bestätigung, die Ihre Idee in Diskussionen zwischen Wissenschaftlern, auf internationalen Konferenzen und in beiden Häusern des britischen Parlaments erfahren durfte.«[34]

Mussert erhielt auch von den Großmächten keinerlei Unterstützung für seinen Plan. Deshalb sprach er später oft davon, daß sie nicht länger das Recht hätten, gegen die antisemitische Politik des Dritten Reiches zu protestieren. Er verwies auf die mißglückte Konferenz von Evian und die Ablehnung seines eigenen Guayana-Plans und bemerkte dazu, daß sie ja selbst auch nichts unternehmen würden, um die politischen Flüchtlinge aus Deutschland und Österreich aufzunehmen. Einige Jahre später, am 4. Dezember 1940, gab er zu, daß seine politische Konstruktion auf einen »Plan zur Deportation der Juden nach Cayenne«, die unmenschliche Strafkolonie in Französisch-Guayana, hinausgelaufen wäre.

Am 16. November 1938 hatten Visser't Hooft, der Sekretär des *Provisional Committee of the World Council of Churches*, H.L. Henriod, der Generalsekretär der *World Alliance for International Friendship through the Churches*, und Adolf Keller, der Direktor der *Inter-Church Aid*, einen gemeinsamen Brief an alle Mitgliedskirchen verschickt. Darin schrieben sie:

> »Die schreckliche Verfolgung des jüdischen Volkes hat nun in Deutschland und anderen Ländern Mitteleuropas einen gewalttätigen Höhepunkt erreicht. Daher ist es unsere Pflicht, uns darauf besinnen, welchen Standpunkt wir als ökumenische Bewegung im Kampf gegen den Antisemitismus in all seinen Erscheinungsformen einnehmen müssen. Die *World Alliance* hat anläßlich ihrer Vorstandssitzung in Sofia im Jahre 1933 und, erst vor kurzem im August 1938, im Rahmen des Kongresses ihrer internationalen Bewegung die christliche Haltung in Hinblick auf die Problematik des Antisemitismus unmißverständlich definiert. Sie hat die verschiedenen Kirchen aufgerufen, den rassisch Verfolgten zu helfen. Schon 1937 haben die Teilnehmer an der *Conference on Church, Community and State* in Oxford eine gleichlautende Erklärung zum Thema Antisemitismus abgegeben. Wir schlagen nun vor, daß alle Kirchen sofortige Maßnahmen setzen sollten. Fürbitten sprechen; an die Regierungen der verschiedenen Länder herantreten und sie darum bitten, unmittelbar tätig zu werden; sie dringend ersuchen, einen höheren Anteil an nicht-arischen Flüchtlingen vorläufig oder für immer als Immigranten in ihren Ländern aufzunehmen; bei den Regierungen darauf drängen, damit sie ohne weitere Verzögerungen den in Evian beschlossenen Plan durchführen, der die permanente Ansiedlung einer großen Anzahl tatsächlicher oder potentieller nicht-arischer Flüchtlinge irgendwo auf der Welt vorsieht.«[35]

Am 24. November 1938 erschien im offiziellen Organ der SS ein ausführlicher Artikel, in dem der Standpunkt der SS und besonders des Sicherheitsdienstes in der Judenfrage wiedergegeben wurde.[36] In beinahe jedem Satz klangen Empörung und Wut über das Scheitern der internationalen Flüchtlingskonferenz von Evian im Juli desselben Jahres durch. Damals hatte sich herausgestellt, daß jedes Land auf die anderen verwies, wenn es darum ging, jüdischen Flüchtlingen ein Gebiet zur Verfügung zu stellen. Selbst jedoch wollte man die Grenzen am liebsten dichtmachen. Diesem Artikel sind die folgenden Passagen entnommen:

»Weil es notwendig ist, weil wir das Weltgeschrei nicht mehr hören, und weil uns schließlich auch keine Macht der Welt daran hindern kann, werden wir also die Judenfrage nunmehr ihrer totalen Lösung zuführen. Das Programm ist klar. Es lautet: völlige Ausscheidung, restlose Trennung! [...] Das deutsche Volk hat nicht die geringste Lust, in seinem Bereich Hunderttausende von Verbrechern zu dulden, die durch Verbrechen nicht nur ihr Dasein sichern, sondern auch noch Rache üben wollen!
Am wenigsten haben wir Lust, in diesen hunderttausenden verelendeten Juden eine Brutstätte des Bolschewismus und eine Auffangorganisation für das politisch-kriminelle Untermenschentum zu sehen [...] Deutschland selbst ist nicht in der Lage, seine Judenfrage außerhalb Deutschlands zu lösen, denn wir besitzen nichts als dieses Land, das wir von den Juden befreien müssen. Die anderen hingegen, die gepriesenen Demokratien, die teils von Juden und Freimaurern, teils immerhin von Judenfreunden beherrschten Weltmächte, verfügen über Land in Hülle und Fülle.
Sie haben bisher nichts zur Lösung der Judenfrage getan. Weder ihr löblicher Völkerbund noch ihre Flüchtlingskonferenzen noch ihre zahllosen judenfreundlichen Vereinigungen und Ausschüsse haben zur Lösung der Judenfrage auch nur einen Finger gerührt. Und wenn wir jetzt hören, daß beispielsweise Amerika bereit wäre, 40 000 Juden aufzunehmen, oder England die Verfrachtung von 25 000 Juden nach Guayana erwägt, so ist das erst recht ein Beweis dafür, daß sie nichts zu tun gedenken, denn 40 000 Juden sind weniger als nichts. [...] Wer immer also den Mund auftut, um für die Juden einzutreten, muß im gleichen Atemzug die Schaffung eines Judenstaates fordern und betreiben, denn nur durch und in einem solchen Judenstaat außerhalb Deutschlands können die ›deutschen‹ Juden vor dem ihnen sonst sicher drohenden Untergang gerettet werden.
Die Vereinigten Staaten von Nordamerika und erst recht das britische Weltreich sind groß genug, um in irgendeinem Ort der Welt den 20 Millionen Juden, die es auf der Welt geben soll, Lebensraum zu bieten. Ob dieses gelobte Land dann Kenia oder oder Nebraska oder sonstwie heißt, ob die Franzosen Madagaskar hergeben oder die Australier einen Teil ihres menschenleeren Kontinents – das ist uns von Herzen gleichgültig. Nur in unseren Kolonien soll man die Juden nicht ansiedeln, das läge auch nicht in ihrem Interesse, denn sie flögen dort so sicher einmal später heraus wie aus Deutschland. [...] Niemand würde die Schaffung eines Judenstaates so sehr begrüßen wie wir. Denn wenn wir auch ›Barbaren‹ sind, so ist uns diese friedliche Lösung doch lieber als die andere, zu der man uns andernfalls zwingen würde. Wir kennen zwar bei der Bekämpfung jeglichen Verbrechertums gewiß keine Sentimentalität; wir wissen aber sehr genau, was es an Geld und Arbeitskraft kostet, Hunderttausende von Verbrechern zu bewachen, in Lager zu sperren und zu beköstigen. [...] Es ist uns an und für sich gleichgültig, was in wenigen Jahren geschieht oder nicht geschieht, denn daß wir bis dahin unsere Judenfrage gelöst und zwar total gelöst haben werden, ist wohl nicht zu bezweifeln. Man sage jedoch nicht, daß wir nicht bereit wären, konstruktive Beiträge zur Lösung internationaler Probleme beizusteuern.

Wir haben gerade in der Judenfrage viel zu bieten: das gute Beispiel und einen reichen Erfahrungsschatz!«

Daraus geht deutlich hervor, daß es die Juden in Deutschland auszubaden hätten, wenn sich die (»verjudeten«) Großmächte (USA und Großbritannien) definitiv weigerten, ein ausgedehntes Gebiet wie Madagaskar, Kenia oder Alaska zur Verfügung zu stellen. Die Alternative zur großangelegten Zwangsaussiedlung der Juden wäre deren radikale Vernichtung. Dies wäre dann zugleich auch das endgültige Aus für das Judentum in Deutschland.

Im Herbst 1938 war die Zwangsaussiedlung der Juden aus Europa nach Madagaskar Gegenstand zahlreicher diplomatischer Beratungen. Der südafrikanische Verteidigungsminister Oswald Pirow spielte in diesen Beratungen eine wichtige Rolle.[37] Pirow hat sowohl während des Krieges als auch danach in zahlreichen südafrikanischen Printmedien ausführlich über die Verhandlungen berichtet, die er im Laufe des Jahres 1938 mit der britischen Regierung und Hitler über die Lösung der Judenfrage in Deutschland geführt hatte.[38] Pirow bekannte sich öffentlich dazu, Antisemit zu sein. »Ich kenne Juden, die genauso gut sind wie Christen, und ich kenne Christen, die genauso schlecht sind wie die miesesten Juden. Ich glaube aber, daß die Welt ein wesentlich lebenswerterer Ort wäre, wenn alle Juden vom Erdball verschwunden wären.«[39] Er brauchte aber den Rassismus nicht, um ein leidenschaftlicher Judenhasser zu sein. Er verurteilte jegliche Form antisemitischer Propaganda, wenn sie sich rassistischer Argumente bediente, Verbrechensstatistiken zitierte, auf die *Protokolle der Weisen von Zion* verwies oder Argumente anführte, die sich auf alte Legenden – beispielsweise die vom rituellen Mord – bezogen. Seiner Meinung nach müßten sich intelligente Menschen schämen, wenn sie zu solchen Mitteln griffen, um das Judentum zu bekämpfen. In all seinen Artikeln bezeichnete er die Judenfrage als eine weltanschauliche und kulturelle Frage. Niemand, so Pirow, hätte die Judenfrage so scharfsichtig analysiert und beschrieben wie Shakespeare.[40]

Wie also, so Pirow weiter, sollten Vertreter zweier so grundverschiedener Welten und Kulturen in Deutschland (Europa) nebeneinander leben können? Schließlich galt seiner Meinung nach für die Farbigen in Südafrika dasselbe wie für die Juden in Europa: Es gäbe einen unüberbrückbaren Gegensatz zwischen deren Kultur und jener der weißen Bevölkerung. Pirow erkannte sich in Hitler wieder. Beide wären glühende Verfechter des Apartheidsystems. Hitler hätte seinerzeit mehr als andere (Himmler, Heydrich, Rosenberg) den Aspekt des Unversöhnlichen zwischen der jüdischen und der germanischen Kultur betont und daraus die Schlußfolgerung gezogen, daß Juden radikal von Nicht-Juden zu trennen wären.[41]

Pirow betrachtete es als Hoffnungsschimmer, daß die Apartheidpolitik[42], welche die Union von Südafrika unter Smuts seit 1936 praktizierte, in einem europäischen Land unter Hitlers Führung einen Nachahmer gefunden hätte. Nach Meinung des südafrikanischen Verteidigungsministers hätte Deutschland den weltweit höchsten Zivilisationsgrad erreicht.[43] Für dessen Aufrechterhaltung wäre es daher absolut notwendig, daß Hitler sowohl im Interesse der Deutschen wie auch der Juden den letztgenannten einen abgesonderten Platz zuteilte oder sie des Landes verwies.

Die erste Begegnung zwischen Pirow und Hitler hatte 1933 in Berchtesgaden stattgefunden, wobei damals auch Generalkonsul und Hauptmann Fritz Brehmer anwesend war. Dieses erste Zusammentreffen beschrieb er poetisch: »Hitler sprach mit einer wahren Sturzflut an Worten. Er drückte sich kraftvoll aus. ›Kraftvoll‹ ist eigentlich nicht das richtige Wort. Es waren die Sprache und die Weltanschauung eines Führers des 20. Jahrhunderts, des revolutionären Jahrhunderts par excellence. Seine Gedanken waren so gigantisch wie die Berge, auf die man von seinem Zimmer aus blickt. Als ich nach einigen Stunden wieder abreiste, sagte ich zu meinen Freunden: ›Er ist wahrlich der größte Mann seiner Zeit, vielleicht sogar der größte Mann der letzten 1000 Jahre.‹ Und so denke ich noch heute.«

Im Herbst 1938 traf Pirow in Berchtesgaden neuerlich mit Hitler zusammen. Hitler hatte in den Jahren 1938 und 1939 nicht nur mit seinen engsten Mitarbeitern, sondern auch mit ausländischen Politikern und Diplomaten über Madagaskar als der zukünftigen Heimat für die Juden gesprochen. Da diese aber keinerlei schriftliches Material hinterlassen haben, aus dem man den Verlauf dieser Gespräche nachvollziehen könnte, folgt nun ein wörtliches Zitat aus einem Gespräch, das Hitler zum selben Thema mit Pirow führte. Als Hitler den Südafrikaner zum zweiten Mal in Berchtesgaden empfing und dieser das Wort »München« fallen ließ, unterbrach ihn Hitler schroff. Er sagte, daß auf jener Konferenz, die am 28. und 29. September 1938 in München abgehalten worden war, der Grundstein für die zukünftigen Beziehungen zwischen den europäischen Ländern gelegt worden wäre.[44] Pirow sprach daraufhin weiter und teilte Hitler mit, daß er wenige Tage zuvor Chamberlain in London zu dessen mutigem Standpunkt gratuliert hätte, den er auf besagter Konferenz vertreten hätte. Andererseits hätte der Brite damit unglücklicherweise das Ausbrechen des Krieges beschleunigt.

»Hitler: Wie meinen Sie das?

Pirow: Genauso wie ich es sage. In Großbritannien empfindet man das Münchner Abkommen fast überall als gewaltige Niederlage. Die Briten werden jetzt von einem Gefühl der Erniedrigung überwältigt, das nur durch einen erfolgreich geschlagenen Krieg kompensiert werden könnte.

Hitler: Können Sie mir das näher erklären?

Pirow: In ganz London kann man diese Reaktion der Briten auf die Ereignisse von München feststellen: im Buckingham-Palast ebenso wie unter den Spaziergängern im Hydepark. Die Menschen fühlen sich zutiefst gedemütigt.

Hitler: Es sind die Juden, die ihre Gefühle gegen uns aufschaukeln.

Pirow: Gewiß, da stecken die Juden dahinter. Deshalb ist die endgültige Lösung der Judenfrage auch eine der wichtigsten Voraussetzungen für den Frieden in Europa.

Hitler: Es handelt sich um ein internationales Problem, das nicht allein Deutschland betrifft.

Pirow: Das Ausland stellt sich gegen Deutschland, da man denkt, daß hier die Juden ausgerottet würden. Überall erzählt man sich, daß das Land die Juden zwar nicht mehr wolle, die Juden aber auch keine Möglichkeit zum Verlassen des Landes bekämen.

Hitler: Raus mit den Juden. Von mir können sie alle einen Fußtritt bekommen. Und dann sollen sie sich hier nie wieder blicken lassen.

Pirow: Nein, so einfach geht das nicht. Wo sollen die Juden hin, und was geschieht mit ihrem Hab und Gut? Reichskanzler, Sie kennen meinen Standpunkt in der Judenfrage. Ich bin nach Europa gekommen, um überall mit Nachdruck für den Frieden auf diesem Kontinent einzutreten. Der Vorschlag, den ich Chamberlain unterbreitet habe, sieht folgendermaßen aus: Deutschland soll die Möglichkeit gegeben werden, am internationalen Kapitalmarkt [Großbritannien, USA] Kredite in Höhe von 500 Millionen Pfund Sterling aufzunehmen. Mit diesem Geld könnte ein Jüdisches Nationalheim finanziert werden. Den Juden würde der halbe Wert ihres Besitzes, den sie in Deutschland zurücklassen müßten, in bar abgegolten werden.

Hitler: Was halten die Briten davon?

Pirow: Sie würden zustimmen.

Hitler: Und die Juden?

Pirow: Die sind auch einverstanden.

Hitler: Wie soll es dann weitergehen?

Pirow: Die Juden würden natürlich auch weiterhin gegen das neue Deutschland agitieren. Ihrem Widerstand wäre aber der Nerv gezogen.

Hitler: Wo soll das Jüdische Nationalheim entstehen?

Pirow: Im ehemaligen Deutsch-Ostafrika, auf Madagaskar oder in Britisch-Guayana.

Hitler: In Deutsch-Ostafrika, wo so viele Deutsche ihr Leben für das Vaterland gelassen haben? *Dazu* wird es nie kommen. Und außerdem: Warum wollen Sie uns die Kolonien nicht zurückgeben?

Pirow: Was die Kolonien angeht, schätzen Sie die Situation falsch ein. Sie haben nämlich selbst in aller Öffentlichkeit erklärt, daß die Frage der Kolonien auf dem Verhandlungswege gelöst werden muß. Wenn Sie jetzt aber a priori behaupten, die ehemaligen deutschen Kolonien müßten zurückgegeben werden, kann von Verhandlungen keine Rede mehr sein.

Hitler: Dann machen Sie eben einen Vorschlag!

Pirow: Ich als Südafrikaner denke folgendermaßen darüber: Südafrika steht uns zu, da es das einzige Gebiet in ganz Afrika ist, wo Weiße, vor allem Frauen und Kinder, leben können. Dieses Gebiet erstreckt sich bis an den Äquator. Mein Vorschlag wäre es nun, daß Deutschland für das ehemalige Deutsch-Ost- und Deutsch-Westafrika entschädigt wird. Dies könnte in Form von anderen Gebieten, Geld und eventuell bestimmten Sonderrechten geschehen.

Hitler: An welche Gebiete haben sie dabei gedacht?

Pirow: Afrika ist ein großer Kontinent, aber primär kommt die Westküste in Frage.

Hitler: Welche Nationen müssen in die Verhandlungen einbezogen werden?

Pirow: Wenn Großbritannien den Anfang macht, folgen die anderen ganz von selbst. Jedenfalls wird jede Nation bereit sein, zugunsten des Friedens Verzicht zu üben.

Hitler: Die Lösung der kolonialen Frage ist nicht dringend. Das kann auch noch fünf Jahre warten.

Pirow: Ich komme noch einmal auf die Lösung der Judenfrage zurück; die ist durchaus dringend. Wenn Sie nicht damit einverstanden sind, daß Deutsch-Ostafrika zum neuen Zielland für die Juden wird, was halten Sie dann von Madagaskar?

Hitler: Wie denken die Franzosen darüber?

Pirow: Ich habe die Stimmung bei den Franzosen noch nicht ausgelotet, aber ich hoffe, daß ich dazu noch vor meiner Rückkehr nach London, wo ich von unserem Gespräch berichten werde, Gelegenheit habe. Chamberlain ist durchaus der Ansicht, daß die französische Regierung bereit wäre, Madagaskar den Deutschen als Mandatsgebiet zu überlassen, sofern sie dafür entschädigt werden. Würde sich Deutschland an einer solchen Entschädigung beteiligen?

Hitler: Das kann ich Ihnen nicht versprechen. Ich verlasse mich nämlich keinesfalls darauf, daß die Briten, die ja von den Juden aufgestachelt werden, aufhören würden, gegen Deutschland zu agitieren, sobald die deutschen Juden und jene aus der Ostmark allesamt auf Madagaskar wären. Mit der Ausreise der Juden aus Deutschland ist die Judenfrage noch lange nicht gelöst. Churchill und Attlee sind einflußreiche Werkzeuge in den Händen der britischen Juden. Aus diesem Grund sprechen sie sich im Unterhaus beinahe täglich gegen das Hitler-Regime aus. Warum hat Churchill erst vor kurzem ein Rüstungsprogramm im Umfang von eineinhalb Milliarden Pfund vom Unterhaus absegnen lassen? Doch nur, um sich gegen Deutschland aufzurüsten. Und dann tun die Briten vor aller Welt auch noch so, als hegten sie für die Juden wahre menschliche Gefühle. In Wirklichkeit aber unternehmen sie nichts, um ihnen zu helfen. Was würde aus den Juden in Deutschland werden, würde ich meine Hand nicht mehr schützend über sie halten? Die Welt kann sich die Folgen gar nicht ausmalen.«[45]

Nachdem Pirow die Gegenargumente Hitlers entkräftet hatte, schien dieser bereit zu sein, den Madagaskar-Plan Pirows zu akzeptieren. Dies jedoch unter der Bedingung, daß Deutschland für keine wie auch immer gearteten Kosten aufzukommen hätte.

Zwar hatte sich deutlich gezeigt, daß die Großmächte nicht bereit wären, jüdischen Flüchtlingen aus Deutschland und Österreich zu helfen. Dennoch glaubten die deutschen Behörden, die es in Evian sogar einer jüdischen Delegation ermöglicht hatten, sich für deren eigene Sache stark zu machen, daß sich mit dem *Intergovernmental Committee for Refugees* schon irgendwie verhandeln ließe. Vor allem, so meinte man auf deutscher Seite, könnte jene Massenaussiedlung zur Sprache gebracht werden, mit deren Hilfe die Judenfrage in Deutschland (und Österreich) innerhalb einiger Jahre zu einer nahezu vollständigen Lösung gebracht werden müßte. Darüber hinaus hoffte man, daß das Mitleid mit den deutschen Juden – vor allem innerhalb der angenommenen jüdischen Weltmacht – groß genug sein würde, um mit deren Hilfe einen wirtschaftlichen Vorteil für Deutschland herauszuschlagen.

Yehuda Bauer hält es für sehr wahrscheinlich, daß im Herbst 1938 zwischen der deutschen Regierung und dem *Intergovernmental Committee* in London informelle Kontakte hergestellt wurden, um die Zwangsaussiedlung der Juden aus Deutschland zu besprechen.[46] Es erscheint allerdings wahrscheinlicher, daß man nicht viel weiter als bis zum ersten Anknüpfen solcher Kontakte gekommen war. Das Mißlingen dieses Versuchs hat auch mit gewissen Kompetenzstreitigkeiten zwischen den verschiedenen Ministern zu tun. Am 15. November teilte Ribbentrop dem amerikanischen Botschafter in Berlin mit, daß in der Frage der Flüchtlingsproblematik informelle Kontakte mit Rublee aufgenommen werden könnten. Personen, die über solche Kontakte verfügten, sollten am besten in den Niederlanden konferieren.[47]

Für den 8. Dezember 1938 war eine erste diesbetreffende Begegnung zwischen folgenden Personen angesetzt: Robert Peel, einem Assistenten von Rublee, dem aus Österreich stammenden deutschen Wirtschaftsexperten Fischböck und Karl-Heinz Abshagen, einem in London tätigen Journalisten, der auch von Ribbentrop den Auftrag erhalten hatte, das Treffen in London zu organisieren. Das Zusammentreffen wurde im letzten Moment abgesagt. Göring und Schacht hatten nämlich von Hitler den Auftrag erhalten, mit Rublee über eine mögliche Lösung der Judenfrage auf dem Wege der Zwangsaussiedlung aus Deutschland zu verhandeln. Hitler hatte Ribbentrop ganz bewußt umgangen.[48]

Am 16. Dezember 1938 fanden sich alle Regierungspräsidenten zu einem Symposion im Reichsinnenministerium in Berlin ein; ein Symposion, bei dem es ausschließlich um die Frage gehen sollte, wie die Regierung die Judenfrage zu lösen gedenke. Als Vorbereitungsunterlage war jedem Teilnehmer ein Memorandum übermittelt worden, in dem die in dieser Angelegenheit zu verfolgende politische Marschrichtung der Reichsregierung dargestellt war. Ziel des Symposions war es, auch die Regierungspräsidenten über jene Politik zu informieren, die in einer ersten Phase – zwischen 9. und 11. November – von Hitler und Göring ausgearbeitet und in einer zweiten Phase in der Versammlung vom 12. November 1938 von mehr als 100 Spitzenfunktionären des Dritten Reiches abgesegnet worden war.

Diesem Memorandum ist das folgende Zitat entnommen. Die Madagaskar-Pläne von Hjalmar Schacht und Rublee, die Gegenstand der Betrachtungen in den folgenden Kapiteln sind, schließen nahtlos daran an. Sie stellen eine Konkretisierung des hier in groben Zügen Skizzierten dar:

»1. Um die Auswanderung wirksam zu fördern, ist von Reichs wegen zunächst folgendes in Aussicht genommen:
a) Die Juden werden in einer einheitlichen Organisation im ganzen Reich zusammengefaßt. [...]
Der einzige Zweck der Organisation und der ihr eingegliederten Einrichtungen soll die Vorbereitung der Auswanderung der Juden sein. Es soll also der Grundsatz nicht aufgegeben werden, daß die Vorbereitung der Auswanderung der Juden in erheblichem Umfang den Juden selbst überlassen wird. Die Organisation wird einer straffen staatlichen Aufsicht unterstellt werden.
b) Außerdem ist geplant, eine besondere staatliche Reichszentralstelle für die jüdische Auswanderung ins Leben zu rufen. In ihr sollen alle Fäden zusammenlaufen [...] und sie wird sich mit den großen Problemen befassen müssen, die mit der Auswanderung zusammenhängen:
Es ist nicht gleichgültig, ob hauptsächlich die reichen Juden auswandern und das jüdische Proletariat im Reich bleibt.
Die reichen Juden sind ggf. ein wichtiges Pfand in der Hand des Führers.
Die Länder, die Juden aufnehmen, verlangen in der Regel die Vorweisung einer gewissen Mindestgeldsumme; die Frage des Transfers muß daher in irgendeiner Form gelöst werden.
Es kann auch ein Interesse daran bestehen, die Juden in gewisse Länder zu lenken und sie von der Einwanderung in gewisse andere Länder abzuhalten.
Auch auf die Ausbildung der Juden muß gesehen werden; es besteht ein Interesse daran, daß solche Juden zunächst nicht auswandern, die in der Lage wären, im Ausland für die deutsche Industrie Konkurrenzunternehmen zu gründen oder zu leiten. [...]
2. Die Einwanderung: [...] Die Lösung dieses Problems kann nicht den Juden allein überlassen werden, vor allen Dingen bedarf die Lösung der Transferfrage einer Mitwirkung von Reichs wegen. Es werden daher mit dem Ausland gewisse Verbindungen aufgenommen werden. Die Verhandlungen werden ausschließlich durch die Reichsregierung oder die durch sie beauftragten Personen geführt. Alle Arten von Verhandlungen durch andere Stellen sind zu unterlassen und zu unterbinden.
Der Aktion liegt folgender Plan zugrunde:
Es wird eine internationale Anleihe aufgelegt, durch die die Mittel aufgebracht werden sollen, um den auswandernden Juden einen gewissen Betrag ihres Vermögens mitgeben zu können. Die Sicherheit für die Anleihe wird das Reich übernehmen müssen. Es ist geplant, das jüdische Vermögen im Reich für diesen Zweck zu verpfänden. Der Zinsendienst für die Anleihe wird ebenfalls vom Reich übernommen werden müssen. Dazu sind Devisen notwendig, die aber von den Juden beschafft werden müssen. Das kann

nur durch zusätzlichen Export erreicht werden. Die Juden sollen daher veranlaßt werden, den Boykott deutscher Waren im Ausland aufzugeben und eine gewisse Mindestabnahme deutscher Waren zu garantieren. Diese deutschen Waren sollen in erster Linie auf die jüdischen Warenhauskonzerne im Ausland umgelegt werden.
Jeder reiche Jude, der gemäß diesem Plan zur Auswanderung kommt, wird veranlaßt werden, eine gewisse Zahl armer Juden mitzunehmen.
Der ganze Plan ist im Augenblick noch im Stadium der Vorbereitung. […].«

Kapitel VII

Der Madagaskar-Plan von Hjalmar Schacht

Dr. Hjalmar Schacht[1], von 1933 bis 1939 Präsident der Deutschen Bank und von 1934 bis 1937 Reichswirtschaftsminister, sagte wenige Monate vor seinem Tod in einem Interview mit Rolf Vogel am 16. Januar 1970:[2]

> »Als ich das Reichswirtschaftsministerium im August 1934 übernahm, habe ich vorher, bevor ich Hitler meine Zusage gab, an ihn die Frage gestellt: ›Was wird mit den Juden?‹ Darauf hat Hitler geantwortet: ›Die Juden sollen in der Wirtschaft ihre Geschäfte genauso weiterführen wie bisher.‹ Darauf habe ich gesagt: ›Gut, dann bin ich bereit, das Wirtschaftsministerium zu übernehmen.‹ Das ist ein Vorgang, der immer wieder vergessen wird. Kein Mensch weiß heute etwas davon. Ich habe dann mit Schrecken gesehen, wie die ganze Entwicklung in der antisemitischen Frage der Partei – nicht beim deutschen Volk, bei den Bonzen der Partei – immer stärker wurde. Wie der Antisemitismus immer weiter ging. Dann kam schließlich die Kristallnacht am 9. November 1938. Da habe ich mir gesagt, das geht so nicht weiter. Du mußt jetzt etwas tun.«[3]

Einige Wochen nach der »Reichskristallnacht« traf Schacht anläßlich einer Tagung der *Bank for International Settlements* in Basel den Gouverneur der *Bank of England*, Montagu Norman. Er teilte dem englischen Experten mit, daß er bald nach London kommen wollte, um mit ihm und weiteren Fachleuten ökonomische und finanzpolitische Probleme zu besprechen. Dabei sollte nicht zuletzt auch der finanzielle Aspekt der Lösung der Judenfrage in Deutschland zur Sprache kommen.[4]

Die Politiker in Whitehall reagierten überrascht auf die diesbezügliche Mitteilung des Gouverneurs der *Bank of England*. Während einer Kabinettssitzung am 30. November wurde der angekündigte Besuch des deutschen Wirtschaftsministers ausführlich besprochen. Norman bekam den Auftrag, Schacht einen höflichen Brief zu schreiben, in dem ihm mitgeteilt werden sollte, daß er in London herzlich willkommen wäre. Darüber hinaus sollte er den Deutschen in die verschiedensten Kreise einführen. Das Kabinett beschloß weiters, daß ein Treffen zwischen Schacht und dem Premierminister – eventuell im Beisein einiger britischer Minister – arrangiert werden sollte. Von diesem Treffen dürfte jedoch nichts an die Öffentlichkeit dringen. Auch war man seitens der Briten damit einverstanden, daß Lord Winterton, der auch Vorsitzender des *Intergovernmental Committee for Refugees* war, als Vertreter des Außenministeriums sowie Sir Frederick Leith-Ross als Vertreter des Finanzministeriums mit Schacht in London zusammentreffen würden. Dem Kabinett erschien es günstiger, wenn George Rublee an diesen Besprechungen weder als Berater noch als Beobachter teilnahm, da er auf finanziellem Gebiet kein Experte war. Die Regierung wollte Rublee allerdings nicht gänzlich übergehen, sodaß man alles versuchen würde, um ein gesondertes Treffen zwischen ihm und Schacht zustande zu bringen.[5] Es sollte allerdings noch einige Wochen dauern, ehe Schacht nach London kam, um die Finanzierung eines Plans zu besprechen, der alle Juden in Deutschland zum Verlassen des Landes zwingen würde.

Anfang Dezember führte Schacht mit Hitler ein erstes persönliches Gespräch über seinen Plan. In dem eingangs erwähnten Interview sagte Schacht weiter:

> »Nunmehr, nach der Kristallnacht im November 1938, bin ich zu Hitler gegangen und habe mit ihm oben auf dem Obersalzberg eine Unterhaltung gehabt und habe ihm gesagt: ›So können Sie die Judenfrage nicht behandeln. Wenn Sie die Juden los werden wollen, dann müssen Sie ihnen die Möglichkeit dazu geben, das in einer vernünftigen und geordneten Weise zu tun‹.«

In weiterer Folge legte Schacht Hitler einen Aussiedlungsplan vor: Die Juden in Großdeutschland – Schacht schätzte ihre Zahl auf 600 000 – würden zum Verlassen des Landes gezwungen werden müssen. Innerhalb eines Zeitraumes von drei bis fünf Jahren sollten jährlich 30 000 Männer im Alter zwischen 15 und 45 Jahren auswandern. Diesen sollten schon bald ihre Familienangehörigen nachfolgen.[6] Wenn man also davon ausging, so Schacht, daß es in der genannten Altersklasse 150 000 Juden gab, würde dies bedeuten, daß die gesamte jüdische Bevölkerung (abgesehen von Alten und Kranken) binnen fünf Jahren aus Deutschland entfernt wäre. Schacht fügte noch hinzu, daß den Juden während der etwa fünf Jahre dauernden Umsetzung des Plans in Deutschland kein Haar gekrümmt werden dürfte. Weiters sollten die 200 000 Alten und Kranken, die bis an ihr Lebensende im Land bleiben dürften, nicht mit der geringsten Schikane konfrontiert werden. Das gesamte Projekt sollte mit einem Kredit in der Höhe von eineinhalb Milliarden Mark (als Fonds II bezeichnet) finanziert werden. Diesen Kredit würde das *World Jewry* den Juden in Deutschland gewähren müssen. Jeder Emigrant sollte den Gegenwert von 10 000 Mark erhalten, was ausreichen würde, um sich irgendwo außerhalb Europas niederzulassen. In Deutschland würden die Juden eineinhalb Milliarden (das entsprach 25 Prozent des von Schacht geschätzten Vermögens der deutschen Juden) in einen weiteren Fonds (mit der Bezeichnung Fonds I) einbringen müssen. Dieser Fonds sollte der Exportförderung deutscher Waren dienen. Die Fabrikanten würden mit aus diesem Fonds stammenden Mitteln bezahlt werden. Die Emigranten hingegen dürften kein Geld mitnehmen. Von den restlichen 75 Prozent ihres Vermögens sollten sie Exportartikel an- und im Ausland weiterverkaufen müssen. So würde die deutsche Regierung wegen der großangelegten »Evakuierung« von 400 000 Juden keine Devisen verlieren, die ja ohnedies schon knapp wären. Schacht sprach mit Hitler in diesem Zusammenhang auch über eine zusätzliche Steigerung des deutschen Exportvolumens, welche mit der Aussiedlung der Juden einhergehen würde.[7]

Nachdem Schacht in seinen Gesprächen mit Hitler Anfang Dezember 1938 diese Pläne ausführlich erläutert hatte, gab Hitler seine Zustimmung. Über dieses Einverständnis Hitlers sagte Schacht:

> »Merkwürdigerweise hat mir Hitler auf dem Berg Anfang Dezember 1938 zu diesem Plan seine Zustimmung gegeben, woraus ich entnahm, daß es ihm auch angenehm gewesen wäre, die Judenfrage auf eine verständige Weise zu lösen [...] Hitler hatte mir gesagt: ›Wenn Sie glauben, Herr Schacht, daß Sie das fertigbringen, dann würde ich meine Zustimmung dazu geben‹.«

Es könnte also, laut Schacht, keine Rede davon sein, daß Hitler dem Projekt seine Zustimmung nur widerwillig erteilt hätte.

> »[...] im Gegenteil. Ich hatte das Gefühl der Erleichterung bei ihm. Er muß sich also mit dem Problem schon vorher befaßt haben, wie man durch eine große Auswanderungswelle die Juden aus Deutschland herausbekommen könne. Ich halte es durchaus für wahrscheinlich, daß Unterredungen mit Heydrich oder Göring schon vorher stattgefunden hatten. Ich glaube, daß dies durchaus der Fall gewesen ist, daß aber die Ideen von Göring natürlich viel zu vage waren, um auf Hitler Endruck zu machen, während mein positiver Plan ihm natürlich sofort zusagte. Vielleicht dachte er: ›Das wäre ja eine Lösung für das, was Heydrich und Göring mir vorgeschlagen haben und mit mir diskutieren könnten.‹«

Schacht hatte erkannt, daß die Realisierung seines Plans vor allem von der Frage abhing, ob es gelang, ein überseeisches Gebiet zu finden, in dem sich die Juden niederlassen könnten. Es war ihm auch bekannt, daß auf der Konferenz von Evian nur zwei Staaten, nämlich die Dominikanische Republik und Australien, einige Bereitschaft hatten erkennen lassen, jüdische Immigranten aufzunehmen. Und selbst diese Bereitschaft war, wie man gesehen hat, nur verklausuliert zum Ausdruck gebracht worden. Da sich Schacht dieser Faktoren durchaus bewußt war, war sein Plan im wesentlichen an den Madagaskar-Plan gebunden. Schacht wußte ganz genau, daß Hitler bereits mit Göring darüber gesprochen hatte und dieser auf der Sonderkonferenz vom 12. November 1938 in Berlin vor mehr als 100 Spitzenfunktionären von Staat und Partei den Standpunkt Hitlers in der Madagaskar-Frage dargelegt hatte.[8] Schacht aber war der Ansicht, daß sein Madagaskar-Plan unter all den Versionen, die schon seit Monaten in Politiker- und Diplomatenkreisen kursierten, der einzige wäre, der Hand und Fuß hatte. Als nüchterner Ökonom wollte er, wie er nach dem Krieg des öfteren bemerkte, den Madagaskar-Plan mit Hilfe einer gesunden finanziellen Basis überhaupt erst auf ein realisierbares Niveau bringen.

Der Plan zur großangelegten Aussiedlung stammte aller Wahrscheinlichkeit nach von Hans Fischböck, einem hervorragenden österreichischen Wirtschaftswissenschaftler, der diesen sowohl mit Göring als auch mit Schacht besprochen hatte.[9]

In London sah man währenddessen der Begegnung mit Schacht mit Spannung entgegen. Zu dieser Zeit, am 15. Dezember 1938, berichtete Lord Winterton anläßlich einer Begegnung mit dem britischen Außenminister Halifax von seinen Besprechungen mit einer hochrangigen Delegation des *Council for German Jewry*, der die Interessen der Schicksalsgenossen in Deutschland wahrnahm.[10]

Laut Winterton hatte ihm das Delegationsmitglied Samuel auf unmißverständliche Weise erklärt, daß die Lage der Juden in Deutschland wirklich äußerst ernst wäre und daß dringend etwas geschehen müßte. Samuel hätte aus sehr gut informierten Kreisen erfahren, daß sich jene Juden, die in Deutschland blieben, in Lebensgefahr befänden. Aus diesem Grund sollten in Großbritannien und in anderen Ländern der Welt Flüchtlingslager eingerichtet werden. Dort sollten die aus Deutschland geflüchteten Juden aufgenommen und umgeschult werden, damit sie für ein weiteres Leben außerhalb Europas gerüstet wären. Samuel hätte ihm weiters erklärt, warum jüdische Organisationen und Fonds nicht in der Lage wären, das gesamte Projekt allein zu finanzieren, und deshalb die europäischen Regierungen um Unterstützung bitten müßten. Daraufhin hätte er, Winterton, zur Antwort gegeben, daß der Außenminister im Prinzip keine Einwände gegen solche Flüchtlingslager erheben würde, deren Finanzierung jedoch auf einem anderen Blatt stünde. Er hätte wiederholt, was er schon des öfteren erklärt hätte: Das Anzapfen öffentlicher Fonds zugunsten der Juden aus Deutschland würde nicht nur die deutsche Regierung in ihrem Vorhaben, alle Juden zu verbannen, bestärken. Auch andere Regierungen könnten dann auf die Idee gebracht werden, mit den Juden in ihren Ländern ganz ähnlich zu verfahren. Dabei dachte er vor allem an Polen, Rumänien und Ungarn.[11] So beschlossen Halifax und Winterton, daß der bevorstehende Besuch Schachts dazu genützt werden müßte, um ausführliche Informationen über das Schicksal der Juden in Deutschland einzuholen.[12]

In der Zwischenzeit bereitete sich Schacht gewissenhaft auf die Besprechungen vor, die er in London führen würde. Aufgrund des Ausganges der Konferenz von Evian war ihm vollkommen klar, wie unglaublich schwierig es sein würde, irgendwo auf der Welt ein ausgedehntes Gebiet ausfindig zu machen, in das die deutschen Juden über einen Zeitraum von fünf Jahren auswandern könnten. Darum hoffte er mit Hitler und Göring, daß sich Madagaskar als das zukünftige Bestimmungsland für die Juden aus Deutschland erweisen würde. Es würde dann noch immer genügend Platz für die nachkommende Juden aus anderen europäischen Ländern bleiben. Auch erkannte er als Ökonom sehr scharfsichtig, daß es ganz gewiß nicht einfach sein würde, das *World Jewry* eineinhalb Milliarden Mark für die Durchführung seines Aussiedlungsplans aufbringen zu lassen. Deshalb stand es für ihn von Anfang an fest, daß er sich an reiche jüdische Bankiers und Industrielle würde wenden müssen. Wer aber könnte ihn am besten in diese Kreise einführen?

Paul Hendrix, der seine Biographie über Sir Henry Wilhelm August Deterding[13] beinahe fertiggestellt hat[14], erzählte mir, daß er über Hinweise verfügt, die Deterding als jenen Gesprächspartner ausweisen, mit dem Schacht die finanzielle Seite seines Aussiedlungsplans besprochen hatte. Deterding sei es auch gewesen, der Schacht mit jenem Kreis britischer Bankiers bekanntmachte, von denen er sich auch einen Kontakt zur *British Shell* erwartete, jener *British Shell*, die von reichen Juden gegründet worden war. Eine heute noch lebende Tochter Deterdings kann sich laut Hendrix daran erinnern, daß ihr Vater einmal nach Hause kam und sie fragte: »Weißt du, wo Madagaskar liegt? Zeig es mir auf der Karte.« Sowohl Schacht als auch Deterding waren davon überzeugt, daß die Juden am besten aus Deutschland verschwinden sollten.[15]

Schacht hatte bereits seit 1933 Kontakt mit Deterding, den er als einen der besten Berater in seiner Zeit als Präsident der Deutschen Bank und später als Wirtschaftsminister betrachtete. Schacht sah in Deterding nicht nur den besten und wohl größten Industriekapitän der Welt, sondern auch einen großartigen Ökonomen, der zu Recht den Ruf genoß, weit in die Zukunft blicken zu können, wenn es um wirtschaftliche Entwicklungen ging. Bis zu dessen Tod im Februar 1939 blieb Schacht mit ihm in Verbindung. Darüber hinaus war Deterding, der sich 1936 in Deutschland niedergelassen hatte, einer der reichsten Männer der Welt, der wie kein anderer über ausgezeichnete Kontakte zu reichen jüdischen Bankiers und Industriellen in England und Amerika verfügte. Deterdings Überlegungen müssen ungefähr in diese Richtung gegangen sein: Wenn es Schacht überhaupt irgendwo gelingen sollte, den Gegenwert von eineinhalb Milliarden Mark für die Umsetzung seines Aussiedlungsplans zusammenzubekommen, dann sicher nur in den Kreisen jüdischer Bankiers und Industrieller in London.

Deshalb nützte Schacht Ende November 1938 auf besagter Tagung in Basel die Gelegenheit, Montagu Norman gegenüber seinen Wunsch zum Ausdruck zu bringen, zur Besprechung der finanziellen Aspekte seines Plans zur Lösung der Judenfrage nach London zu kommen. Schacht wollte dabei nicht in erster Linie mit Politikern verhandeln, sondern in den Kreisen reicher Juden Geldquellen anzapfen, die die Realisierung seines Aussiedlungsplans sicherstellen sollten. Wenn nämlich das *World Jewry* den genannten Betrag nicht zusammenbekäme, hätte es gar keinen Sinn mehr, mit britischen Politikern darüber zu reden. Gut vorbereitet reiste Schacht am 16. Dezember nach London, um dort mit jüdischen Bankiers jenes Aussiedlungskonzept, dem auch Hitler seine Zustimmung erteilt hatte, zu besprechen.[16] Schacht legte seinem Freund Montagu Norman den nunmehr ausgearbeiteten Plan vor. Norman war, wie Schacht in besagtem Interview mit Vogel angab, davon beeindruckt und sagte: »Das müssen wir mit den Leuten besprechen, aber wer kommt dafür in Frage? Es kommt dafür der zuständige Minister Lord Winterton in Frage und von den Juden würde ich Ihnen vorschlagen Lord Bearsted vom Bankhaus Samuel&Samuel.« Schacht sagte dazu: »Gut, dann werde ich Lord Bearsted aufsuchen und mit ihm darüber sprechen.« Daraufhin antwortete Norman: »Das kommt natürlich gar nicht in Frage. Ich werde Lord Bearsted für morgen vormittag hier auf die Bank bestellen, dann wird er hier mit Ihnen sprechen.« Nachdem Schacht auch ihm seinen Plan vorgelegt und erläutert hatte, sagte Bearsted: »Das ist natürlich ein sehr vernünftiger und diskutabler Plan, dem ich meinerseits sicherlich wohlwollend gegenüberstehen würde. Ich muß aber mit dem jüdischen Führer hier in London sprechen, das ist Chaim Weizmann. Ich werde also zu Chaim Weizmann gehen und Ihnen in ein oder zwei Tagen sagen können, wie wir die Sache behandeln werden.«

Am nächsten Tag führte Schacht keine Gespräche mit dem Premier oder anderen Kollegen, sondern nur mit Winterton und zwei Vertretern des Finanzministeriums: dem bereits genannten Sir Frederick Leith-Ross und einem seiner Mitarbeiter. Quasi in allerletzter Minute durfte auch George Rublee an diesen Besprechungen teilnehmen. Den Gesprächsprotokollen zufolge soll Schacht am Beginn der Unterredung darauf hingewiesen haben, daß die Juden in Deutschland absolut keine Zukunft mehr hätten und besser verbannt werden sollten. Wenn es zu keiner Veränderung käme, würden sie bis dahin schlecht behandelt werden. Deshalb sei er zu dem Schluß gekommen, daß schon allein aus reiner Menschlichkeit etwas unternommen werden müßte.[17]

Nachdem Schacht seinen Aussiedlungsplan Winterton und Rublee gegenüber dargelegt hatte, versicherten ihm diese, daß sein Projekt eine gute Basis für weitere Besprechungen darstellte. Schacht zeigte sich daraufhin bereit, für Rublee ein Treffen in Berlin zu arrangieren, sobald dieser seine endgültige Meinung über das vorliegende Projekt zu erkennen gegeben hätte.

Tags darauf traf Schacht zum zweiten Mal mit Bearsted zusammen. Dieser erklärte Schacht in Gegenwart von Norman: »Es tut mir leid, Chaim Weizmann ist absolut gegen diesen Plan.« Schacht fragte daraufhin: »Können Sie mir irgendeine Begründung für diese Ablehnung geben?« Bearsted: »Das kann ich leider nicht, aber die Judenschaft würde das nicht akzeptieren.«

Als Vogel im Rahmen des genannten Interviews Schacht die Frage stellte, was dieser von der Ablehnung seines Madagskar-Plans durch Chaim Weizmann hielt, gab Schacht zur Antwort:

> »Das kann ich leider nur vermuten: Ich kannte Weizmann gar nicht. Ich hatte nur von ihm gelesen und über ihn gehört. Ich halte es nicht für ausgeschlossen, daß Weizmann sich gesagt hat: ›Mein Ziel, Zion wieder zu errichten, einen jüdischen Staat zu gründen, werde ich nur durchsetzen, wenn ich große Opfer geschehen lasse, die der Sache einen Aufschwung geben.‹ Ich glaube, er hat die Idee gehabt, Opfer zu schaffen. Sonst wüßte ich nicht, warum denn sonst seine harte Ablehnung gekommen ist. Das Geld wäre meines Erachtens mit Leichtigkeit aufzutreiben gewesen. Den Juden wäre das Vermögen erhalten worden. Dieses Vermögen war groß genug, um die Sicherheit der Anleihe zu garantieren. Das war alles in Ordnung. Ich glaube, daß bei ihm die idealistische Auffassung, über die man sich verschieden aussprechen kann, vorgeherrscht hat.«

Unmittelbar nach Schachts Abreise wurden sich Winterton und Rublee einig, daß eine Kommission gebildet werden müßte, die sich aus Wirtschaftswissenschaftlern jener Länder, die im IGCR vertreten waren, zusammensetzen sollte.[18] Dieses Gremium sollte zu einem Urteil über die Durchführbarkeit von Schachts Plan kommen. Tatsächlich trat eine solche Kommission, bestehend aus Vertretern des britischen Finanziministeriums und einigen französischen und niederländischen Finanzexperten, schon am 20. Dezember zusammen. Man kam zu dem Schluß, daß Schachts Plan zwar eine mögliche Diskussionsgrundlage wäre, Verhandlungen darüber in Berlin sich aber gewiß schwierig gestalten würden. Darüber hinaus war die Kommission einhellig der Meinung, daß sich die Besprechungen ewig hinziehen würden.[19] Winterton holte auch den Rat jüdischer Wortführer in Großbritannien und den Vereinigten Staaten ein.

Am 21. Dezember berichtete Winterton dem Regierungskabinett über die Unterredung mit Schacht. Der Premier und der Präsident des *Board of Trade* erklärten, daß sie dem Aussiedlungsplan unmöglich zustimmen könnten, da die Unterstüzung deutscher Juden diesem Plan zufolge auf Kosten britischer Kaufleute gehen würde. Halifax war prinzipiell gegen jeden Plan, der der deutschen Regierung helfen könnte, ihre wirtschaftlichen Probleme in den Griff zu bekommen. Der Innenminister war der Ansicht, daß der Plan in seiner damals vorliegenden Form ganz bestimmt abzulehnen wäre. Außerdem könnte die Flüchtlingsproblematik unmöglich gelöst werden, wenn die Juden als Emigranten nicht zumindest einen Teil ihres Vermögens mitnehmen dürften.[20]

Im Reichsaußenministerium unter der Leitung Joachim von Ribbentrops war man strikt gegen den überdimensionalen Aussiedlungsplan, den Schacht ausgearbeitet und in London besprochen hatte. Ribbentrop wollte unter allen Umständen verhindern, daß 500 000 Juden 75 Prozent ihres Vermögens mitnehmen würden; auch nicht in Form von Exportartikeln, die sie anderswo zu Geld machen könnten. Da Schacht den Plan vor seiner Abreise nach London nicht mehr mit Ribbentrop besprochen hatte, rief ihn der Staatssekretär im Außenministerium, Ernst von Weizsäcker, deswegen unmittelbar nach seiner Rückkehr aus der englischen Hauptstadt an. Er warf ihm vor, daß das Außenministerium überhaupt nicht unterrichtet worden wäre, und er, Schacht, sich als Wirtschaftsminister mit Angelegenheiten beschäftigt hätte, die eindeutig in die Kompetenz Ribbentrops fielen. Schließlich fragte ihn Weizsäcker, wo er die Unverschämtheit hergenommen hätte, in London auf höchster Ebene über eine Lösung der Judenfrage zu referieren, für die das Außenministerium keinerlei Verantwortung übernehmen könnte.[21]

Weizsäcker berichtete Joachim von Ribbentrop wie folgt:

> »Präsident Schacht gab unumwunden zu [...] es handle sich um einen Auftrag des Führers, den er, der Präsident, in dem ihm gesteckten Rahmen in London ausgeführt habe. Der Führer wünsche von ihm Berichterstattung nach Rückkehr. Er, Schacht, habe sich

daher jetzt beim Führer zum Vortrag gemeldet, hoffe diesen in ein bis zwei Tagen erstatten zu können und werde sich danach umgehend auch beim Herrn Reichsminister zur Berichterstatttung einfinden. Wenn er dem Führer Meldung gemacht habe, möchte er sich in der Sache nicht weiter äußern. Im übrigen, so fuhr Präsident Schacht fort, sei ihm durch Feldmarschall Göring gesagt worden, er möge die Besprechungen, welche er geführt habe, in London aufnehmen. Göring und Schacht hätten die Materie eingehend miteinander erörtert. Der Feldmarschall wünsche die Sache aus dem Gebiete der Politik in das rein Wirtschaftliche hinüberzuspielen und habe dazu seinen Äußerungen zufolge auch vom Führer einen ausdrücklichen Auftrag.«

Dies war übrigens auch während der Sitzung vom 12. November 1938 zur Sprache gekommen. Selbstverständlich sollte der Plan erst dann zur Ausführung gelangen, wenn alle Regierungsmitglieder darüber Einvernehmen erzielt hätten. Schon Göring hatte während jener Konferenz klargemacht, daß es Hitler selbst gewesen wäre, der den Plan lanciert hätte. Und ebenso machte jetzt Schacht dem Außenstaatssekretär am Telephon klar, daß Göring von Hitler den Auftrag erhalten hätte, darüber mit ihm, Schacht, zu sprechen. Weiters fügte der Reichswirtschaftsminister telephonisch noch hinzu, daß er auf dem Weg nach Basel und London einen Zwischenstop in München eingelegt hätte, da er seinen Aussiedlungsplan noch einmal mit Hitler beratschlagen hätte wollen. Er hätte eine halbe Stunde mit ihm gesprochen und Hitler hätte »den Auftrag ausdrücklich wiederholt«.[22]

Schacht fuhr noch ein zweites Mal zu Beratungszwecken nach London, da sein Entwurf noch einiger Veränderungen bedurfte. Prominente Juden in London hatten seinen Plan scharf kritisiert, da dessen Umsetzung die wirtschaftliche Entwicklung Deutschlands extrem begünstigt hätte. Um sich der Zustimmung Hitlers zu versichern, hatte ihn Schacht vor seiner zweiten Londonreise noch einmal besucht, um das überarbeitete Konzept mit ihm durchzugehen. Hitler war auch mit der zweiten Version einverstanden, die jedoch größtenteils mit der ersten Version übereinstimmte. In London kamen Schacht und Rublee bezüglich der Zwangsaussiedlung aller deutschen Juden überein.

Mit diesem Plan unternahm die deutsche Regierung – wie bereits dargelegt – den Versuch, »minderwertige Ware«, die man ohnehin loswerden wollte – nämlich die Juden – zu einem hohen Preis zu »verkaufen«. Es sollte dies nicht der letzte Anlauf sein, die Juden »zu Geld zu machen«. Dieser Plan war allerdings der ambitionierteste. Es handelte sich dabei nach dem französischen und dem polnischen Madagaskar-Plan um eine neue Variante[23], und es sollten ihm noch einige andere folgen: Im Sommer 1940 der Madagaskar-Plan des Reichsaußenministeriums und das Madagaskar-Projekt des Reichssicherheitshauptamtes. Das aktuelle Projekt, nach seinen Verhandlern *Schacht-Rublee*-Plan genannt[24], hatte Anfang Januar 1939 noch ein weiteres Mal die Zustimmung Hitlers erhalten.[25] Alle jüdischen Vereinigungen in den USA lehnten den Plan Schachts jedoch ab. Sie hätten darin nämlich nichts anderes sehen können als eine Lösegelderpressung unter Mißbrauch der jüdischen Geiseln in Deutschland. Außerdem würde zugunsten besserer Exportmöglichkeiten mit dem unbeschreiblichen Leid der Juden auch noch Schacher getrieben.[26] Es gelang Schacht, in London gegenüber den Vertretern des Finanzministeriums, Lord Winterton und George Rublee, den humanen Retter der Juden zu spielen und zugleich als eine Art Finanzjongleur die Staatskasse zu füllen. Bei Schachts Plan handelte es sich um eine Art Kopplungsgeschäft: Die 400 000 Juden in Deutschland würden gegen eine Zahlung von eineinhalb Milliarden Mark aus ihrem eigenen Vermögen und weiteren eineinhalb Milliarden, die ihnen das *World Jewry* als Darlehen quasi schenken sollte, in die Freiheit entlassen werden. Dieses »Geschäft« sollte darüber hinaus nur unter der Bedingung abgewickelt werden, daß die Juden einem komplizierten Schema folgend den deutschen Export unterstützten, während sie selbst versuchten, sich irgendwo anders (auf Madagaskar oder in einem anderen ausgedehnten Gebiet) eine neue Existenz aufzubauen. Schacht hatte in London deutlich gemacht, daß die deutsche Regierung unter keinen Umständen bereit wäre, den Juden für ihren neuen Lebensabschnitt finanzielle Unterstützung zukommen zu lassen. Alte und Kranke (insgesamt rund 200 000 Menschen), die im Land bleiben dürften, würden außerdem von Hitler sicher als Geiseln betrachtet werden.

Im Dezember 1938 trafen einander Abgesandte aus Schweden und der Schweiz in London, um an einer Konferenz des *Provisional Committee of the World Council of Churches* teilzunehmen. Dessen Generalsekretär Visser't Hooft hatte diese Tagung einberufen, um gemeinsam zu beraten, auf welche Weise die Kommission vermitteln könnte, um dem großdimensionierten Aussiedlungsplan Schachts mit Hilfe der Engländer doch noch zum Erfolg zu verhelfen. Der orthodoxe Erzbischof Athanagoras unternahm einen gleichlautenden Versuch in Washington.[27]

Kapitel VIII

Der Madagaskar-Plan von Wohlthat und Rublee

Im Januar 1939 unternahm die deutsche Regierung einen weiteren Versuch, dem großangelegten Aussiedlungsplan Schachts doch noch zum Durchbruch zu verhelfen. Dieser Plan, der beim *Intergovernmental Committee for Refugees* und vor allem in jüdischen Kreisen einen Sturm der Entrüstung hervorgerufen hatte, sollte in neuerlichen Verhandlungen mit Rublee gerettet werden. Aufgrund weitreichender Meinungsverschiedenheiten über die finanzpolitische Orientierung Deutschlands entließ Hitler Schacht kurz danach aus dessen Funktion. Göring ernannte daraufhin Ende Januar 1939 Helmuth Wohlthat, den damaligen Berater des Reichswirtschaftsministers, zum Nachfolger Schachts. Er sollte im Namen Görings die weiteren Verhandlungen mit der Flüchtlingskommission in Berlin führen. Göring hatte schon immer den Standpunkt vertreten, daß eine Verfolgung der Juden, wie sie von Goebbels und dessen Leuten betrieben wurde (so zum Beispiel in der »Reichskristallnacht«), Deutschland ausschließlich geschadet hätte. Es wäre unvernünftig, die Juden nicht allesamt aus Deutschland ausreisen zu lassen, sofern es Siedlungsraum für sie gab.

Anläßlich der Verhandlungen, die Rublee mit Wohlthat führte, schrieb das einzige jüdische Blatt, das – unter Kontrolle des Propagandaministeriums – noch erscheinen durfte, daß die Vereinigten Staaten von Amerika, die maßgebenden Anteil am Zustandekommen der Konferenz von Evian gehabt hätten, an ihre moralische Pflicht erinnert werden müßten. Sie sollten anderen Einwanderungsländern mit gutem Beispiel vorangehen und eine großzügige Geste setzen. Wenn man sich dazu durchringen könnte, 100 000 deutsche Juden aufzunehmen, so könnten sich diese im dünn besiedelten Westen der USA niederlassen. Damit wäre ein wertvoller Beitrag zur Lösung der Flüchtlingsfrage geleistet.[1]

Am 2. Februar 1939 erklärte Wohlthat, daß die deutsche Regierung bereit wäre, einem geordneten Abzug der Juden aus Deutschland zuzustimmen. Er war davon unterrichtet, daß Propagandaminister Goebbels inzwischen Alaska als mögliche Alternative zu Madagaskar genannt hatte. Alaska wäre, so sagte er, ein äußerst dünn besiedeltes Gebiet, das sicher eine halbe Million Einwanderer vertragen könnte.

Das Aussiedlungskonzept Wohlthats stellte sich – kurz gefaßt – folgendermaßen dar[2]: Die deutsche Regierung wäre bereit, auf dem Wege einer durchorganisierten Auswanderung Juden nach bestimmten Gebieten einzuschiffen. Man wäre sogar bereit, mit dieser Aktion unverzüglich zu beginnen, sobald feststand, welche Länder zu deren Aufnahme bereit wären. Im Laufe der ersten drei bis fünf Jahre würde die

Regierung 150 000 Juden (im Alter von 15 bis 45 Jahren) die Emigrationsbewilligung erteilen. Die Regierung wäre weiters bereit, den genannten Aussiedlern eine Ausbildung angedeihen zu lassen, sodaß sich diese gut auf ihr neues Leben in Übersee einstellen könnten. Wohlthat sagte sogar zu, daß jene Juden, die bereits in Konzentrationslager verschleppt worden waren, wieder freikommen würden, wenn erst das Emigrationsprojekt angelaufen wäre.

Zur Umsetzung dieser Aussiedlungspolitik sollten im ganzen Land Büros eingerichtet werden, die jeweils unter der Leitung eines Sonderkommissars stehen sollten. In die Arbeit dieser Büros sollten auch Vertreter jüdischer Organisationen und Fachleute aus dem In- und Ausland, die mit den bei der Emigration auftretenden Problemen vertraut waren, eingebunden werden. In jener ersten Phase, während der Familienerhalter emigrierten, dürften keine weiteren diskriminierenden Vorschriften erlassen werden, die den im Land bleibenden Juden das Leben weiter erschweren würden.

Von Sonderfällen abgesehen, sollten diejenigen, die noch auf ihre Auswanderung warten mußten, nicht vom Rest der Bevölkerung abgesondert werden. Sie sollten sich überall frei bewegen dürfen, sollten allerdings auch trachten, ihren Lebensunterhalt soweit wie möglich selbst zu bestreiten, indem sie in den Arbeitsprozeß integriert blieben. In Büros und den Betrieben wäre es allerdings schon vonnöten, sie von den Nicht-Juden zu separieren, um einen Kontakt zwischen den verschiedenen Bevölkerungsgruppen zu vermeiden.

Nach drei bis vier Jahren würden im Rahmen der Familienzusammenführung auch Frauen und Kinder (rund 250 000 Personen) der bis zu diesem Zeitpunkt Emigrierten auswandern dürfen. Alte Menschen würden dafür nicht in Frage kommen. Sie sollten weitestgehend mit jenen Mitteln erhalten werden, welche die Auswanderer in Deutschland zurücklassen müßten. Wohlthat legte zwar nicht präzise dar, wie sich die Finanzierung der großangelegten Aussiedlung gestalten sollte, dennoch schien es im großen und ganzen so, als wäre alles ein bißchen vorteilhafter geregelt als im Madagaskar-Plan Schachts. Es war jedenfalls beabsichtigt, daß die Kosten für die Verschiffung der Emigranten von einem »Treuhandfonds« getragen werden sollten, der wie in Schachts Plan mindestens ein Viertel des noch in Deutschland vorhandenen jüdischen Vermögens umfassen sollte. Drei Personen sollten mit der Verwaltung des Fonds betraut werden: zwei Deutsche und ein Ausländer.

Wohlthat versicherte weiters, daß die Regierung von der sogenannten »Fluchtsteuer« in Höhe von 25 Prozent Abstand nehmen würde. In dieser »Abgabe«, die alle Juden, die in den vorangegangenen Jahren aus dem Dritten Reich emigriert waren, bezahlen hatten müssen, lag eine wesentliche Ursache für die Verarmung der Flüchtlinge.

Dieses Aussiedlungsprojekt, das Wohlthat Jahre später gegenüber einem Journalisten mündlich zusammenfaßte, war auf folgende Weise zustande gekommen:

»Die eigentlichen Verhandlungen mit Rublee wurden Ende Januar 1939 an mehreren Tagen in meinem Büro im Preußischen Staatsministerium geführt. Rublee kam morgens in mein Büro, begleitet von Robert Pell, seinem Assistenten. An den Nachmittagen veranstaltete ich jeweils eine Sitzung, an der dann die Abgesandten der Ressorts informiert wurden. Daran waren das Reichswirtschaftsministerium, das Auswärtige Amt, das Ernährungsministerium, das Arbeitsministerium, das Innenministerium und die Reichsbank beteiligt. Ich versuchte auf diese Weise eine Grundlage für die weiteren Verhandlungen mit Rublee zu schaffen. [...]
Dann stellten wir eine Art Memorandum auf, das Mr. Rublee und ich abstimmten. Dieses Memorandum war eine völlig klare Regelung für die Behandlung der Auswanderer aus Deutschland. Die Staaten der Evian-Konferenz wurden dadurch praktisch aufgefordert, größere Gruppen jüdischer Auswanderer aufzunehmen, wobei immer mehrere Tausend zusammengefaßt werden sollten. [...]
Das Memorandum[3] hat Mr. Rublee mir dann in Form eines Briefes am 1. Februar 1939 übersandt. Das Auswärtige Amt, das durch einen Legationsrat vertreten war, war froh, daß es selbst keine Verantwortung für die Führung der Verhandlungen hatte. Die anderen Ministerien waren ebenfalls hocherfreut, daß sie zu derartigen Besprechungen kommen konnten. Es gab bei den verschiedenen Ministerien keine Unterschiede in der Beurteilung dieser Frage. [...]
Mir gegenüber wurde einmal erwähnt, daß dieses Papier, das ich mit Mr. Rublee ausgearbeitet hatte, natürlich auch Gegenstand von Beratungen der Geheimen Staatspolizei gewesen sei. Hier möchte ich aber auch betonen, daß ich vor der Bestätigung des Papiers, das mir Mr. Rublee zur Abzeichnung zugeschickt hatte, bei Göring Vortrag gehalten habe mit dem Bemerken, daß ich nur mit seiner Zustimmung unterzeichnen werde und daß ich das nur bestätigen würde, wenn ich sicher sein könnte, daß der Inhalt dieses Papiers auch ausgeführt würde. Göring ist dann noch einmal zu Hitler gegangen und hat sich selbst die oberste Zustimmung geholt.[4] Dann erst habe ich Mr. Rublee den Inhalt des Papiers bestätigt. Diese Methode habe ich immer angewandt, wenn es schwierige und heikle politische Entscheidungen gegeben hat.«[5]

Als Rublee diesen Emigrationsplan, der in wesentlichen Punkten mit dem Madagaskar-Plan Schachts übereinstimmte, in London präsentierte, reagierten sowohl der Präsident als auch der Vizepräsident des *Intergovernmental Committee for Refugees* sowie zahlreiche andere Stellen mit Begeisterung auf diesen neuen deutschen Vorschlag. Joseph Kennedy, der Botschafter der Vereinigten Staaten in London, unterbrach seinen Urlaub und brachte sein Erstaunen Rublee gegenüber am Telephon mit folgenden Worten zum Ausdruck: »Wie ist das nur möglich? Warum hat die deutsche Regierung einem solchen Plan nicht schon früher zugestimmt? Ich hätte mir nie gedacht, daß sie sich dazu durchringen würde!«

Dieser Enthusiasmus hing auch mit einem Bericht zusammen, den man einige Tage zuvor völlig überraschend erhalten hatte. Darin war davon die Rede, daß nun als Alternative zu dem von der französischen Regierung abgelehnten Madagaskar-

Plan glücklicherweise doch Gebiete gefunden worden wären, in denen sich die Juden aus dem Dritten Reich eventuell ansiedeln könnten. Die Regierung der Philippinen hätte es in Erwägung gezogen, jährlich 1000 Juden aufzunehmen, darüber hinaus würde sie die Möglichkeit prüfen, deutsche Juden in großer Zahl auf der Hochebene von Mindanao anzusiedeln. Außerdem hätte sich General Trujillo bereit erklärt, in der Dominikanischen Republik 100 000 Juden unter der Bedingung aufzunehmen, daß die Finanzierung des Transports unter Dach und Fach wäre.

Während der Unterredungen von Wohlthat und Rublee über den Emigrationsplan Schachts schrieb Göring einen Brief an den Reichsinnenminister betreffend die zwangsweise Aussiedlung der Juden aus Deutschland. In völliger Übereinstimmung mit den Beschlüssen, die am 12. November 1938 gefaßt und am 5. Dezember 1938 von Hitler abgesegnet worden waren, gab Göring Heydrich den Auftrag, die Reichszentralstelle für Jüdische Auswanderung in Berlin zu errichten.[6] Heydrich sollte diese großangelegte Operation leiten, um – nach Vorbild der Zentralstelle für Jüdische Auswanderung in Wien – Deutschland auf dem Wege der Zwangsaussiedlung innerhalb weniger Jahre vollkommen von den Juden zu »befreien«.

Heydrich sollte sich in den folgenden zwei Jahren anstrengen, um das Ausmaß der Aussiedlung in überseeische Gebiete mit allen nur erdenklichen Mitteln zu erhöhen. So auch, indem er die illegale Auswanderung nach Palästina unterstützte, die von den Zionisten organisiert wurde.[7] Die Reichszentralstelle für Jüdische Auswanderung in Berlin sollte jedoch nicht nur die Arbeit aller in die Zwangsaussiedlung der Juden involvierten Instanzen koordinieren. Vielmehr sollte sie auch die Reichsvereinigung der Juden in Deutschland einrichten, welche die Verbannung unterstützen sollte. Es wäre vor allem Aufgabe dieser jüdischen Vereinigung, im In- und Ausland Kollekten zu organisieren und bei den einflußreichsten unter den jüdischen Finanziers vorzusprechen, um auch armen Juden die Möglichkeit zur Auswanderung zu eröffnen.

Am 1. beziehungsweise 2. Februar 1939 hatten Rublee für das *Intergovernmental Committee* und Wohlthat für die deutsche Regierung ihre Unterschriften unter jene Vereinbarung gesetzt, die vorsah, binnen fünf Jahren 400 000 Juden aus Deutschland auszusiedeln. In diesem Zusammenhang betonte Heydrich in seiner Eröffnungsrede anläßlich der ersten Sitzung der Reichszentrale für Jüdische Auswanderung am 11. Februar 1939, daß sich nun alle Behörden und Organe, die für die Aussiedlung der Juden verantwortlich wären, entsprechend dem *Wohlthat-Rublee*-Plan zu engagieren hätten und alle zur Verfügung stehenden Mittel nützen müßten, um die Aussiedlung der Juden voranzutreiben.[8] Heydrich hatte Wohlthat dazu eingeladen, den vereinbarten Aussiedlungsplan in dieser ersten Sitzung der Dachorganisation zu erläutern.

Zu Eichmanns großer Enttäuschung konnte man in keiner Weise an die »Erfolge« in der »Ostmark« anknüpfen. Im Juni 1939 hatte der Leiter von Referat II/112, Hagen, ausgerechnet[9], daß die Zentralstelle für Jüdische Auswanderung in Wien seit ihrer Gründung 110 000 Juden in die Emigration gezwungen hätte, während die Quote der Berliner Stelle bei weitem geringer ausfiel. In den Monaten Mai und Juni 1939 wären auf diesem Weg »nur« 6000 Juden abgeschoben worden. Deshalb wollte Hagen ehestbaldig eine Versammlung einberufen, um die Frage zu klären, wie man es bewerkstelligen könnte, die Judenfrage in Deutschland auf dieselbe Art und genauso schnell wie in der »Ostmark« zu lösen. Für diese Versammlung sollte man sich mit Heydrich, Müller und Lischka (Vertreter der SS) sowie Eichmann und Six (Vertreter der Kulturpolitischen Abteilung des SD) in Verbindung setzen. Aufgrund des Kriegsausbruchs kam dieses Treffen nicht mehr zustande.

Auf der ganzen Welt wurden auch die deutschen Botschafter über die Pläne, mit denen man die Juden aus dem Land (aus Europa) zu verbannen hoffte, auf dem laufenden gehalten. Am Vorabend der Unterzeichnung des *Wohlthat-Rublee*-Plans wurde allen deutschen Botschaftern und Konsuln ein ausführlicher Bericht des Außenministeriums zugespielt, in dem die politischen Zielsetzungen in Hinblick auf die Juden in Deutschland dargelegt wurden. Langfristig gesehen sollten die Juden in die Emigration gezwungen werden, was in jenen Monaten nur ihre Verbannung nach Madagaskar bedeuten konnte. Kurzfristig war die Politik des Ministeriums darauf ausgelegt, den Antisemitismus in andere Länder zu exportieren. Der Bericht trug den Titel *Die Judenfrage als Faktor der Außenpolitik im Jahre 1938*.[10]

Für das Reichsaußenministerium in Berlin gab es zwei Gründe, eine radikale Lösung der Judenfrage anzustreben. Zum einen hätten die Juden – in weitaus höherem Maße als die politischen Feinde Deutschlands im Ersten Weltkrieg – mit der »zersetzenden Kraft« ihres stets wachsenden Einflusses die Energie und den Willen des deutschen Volkes, wieder auf die Beine zu kommen, in allen Bereichen des Zusammenlebens gelähmt. Zum anderen wäre es nach Ansicht des Ministeriums notwendig, auf die politischen Entwicklungen der letzten Zeit mit einer radikalen Lösung der Judenfrage zu antworten. Durch den »Anschluß« wären zu der halben Million deutscher Juden noch einmal fast 250 000 österreichische Juden hinzugekommen. Darum erklärte das Ministerium in seinem Bericht an die Botschafter unverblümt, daß das außenpolitische Ziel Deutschlands letztendlich lautete: Aussiedlung aller Juden aus dem Reichsgebiet.

Das Ministerium war mit den erzielten Ergebnissen nicht gerade zufrieden, da alle anti-jüdischen Vorschriften (wie beispielsweise die Nürnberger Gesetze) das eigentliche Ziel – nämlich die »freiwillige« Emigration der Juden aus dem Reich – zu einem Großteil verfehlt hatten. Die Auswanderung war äußerst beschränkt geblieben, und viele Juden waren sogar nach Deutschland zurückgekehrt, nachdem die anti-jüdischen Krawalle abgeflaut waren.

Deshalb wären weitere Maßnahmen notwendig, um den Juden das Leben im Reichsgebiet unmöglich zu machen und sie zum Auswandern zu zwingen. Sie verfügten zwar auf politischer, sozialer oder kultureller Ebene über keinen Einfluß mehr, im wirtschaftlichen Leben hingegen stellten sie nach wie vor eine beinahe uneinnehmbare Festung dar. Das »Weltjudentum« würde den Juden in Deutschland solange von einer Auswanderung abraten, wie sie an der deutschen Wirtschaft noch etwas verdienen könnten. Wenn man die Juden auch auf ökonomischem Gebiet ausschaltete, würden sie sich schon beeilen, das Land zu verlassen.

Das Reichsaußenminsterium gab daraufhin den folgenden Bericht und eine eigene Darstellung vom Scheitern der Flüchtlingskonferenz von Evian im Juli 1938: Die westlichen Demokratien hätten unter Leitung der Vereinigten Staaten von Amerika beschlossen(»Es ist bekannt, daß es sich bei den nächsten Beratern Präsident Roosevelts allesamt um Exponenten des Judentums handelt.«), die Emigration der Juden aus Deutschland unter internationale Kontrolle und internationalen Schutz zu stellen. Auf der Konferenz von Evian, im Rahmen derer sich 32 Nationen zu diesem Thema versammelt hatten, ging es um folgende noch offene Fragen:

1) Wie kann die Emigration der Juden aus dem Reich organisiert und finanziert werden?

2) Welches Land ist bereit, ein Gebiet für diese deutschen Emigranten zur Verfügung zu stellen?

Ad 1) Das internationale Judentum wäre bestimmt nicht bereit, selbst einen finanziellen Beitrag zur großangelegten Aussiedlung der Juden aus Deutschland und Österreich zu leisten. Den Juden (i.e. den jüdischen Organisationen, die in Evian vertreten waren) ginge es vor allem darum, Deutschland mit Hilfe der 32 Nationen dermaßen unter Druck zu setzen, daß es bereit wäre, rund eine halbe Million Juden samt ihrem Vermögen ziehen zu lassen. Deutschland sollte für die Emigration aufkommen, indem es den Juden ihr eigenes Vermögen (»deutsches Volksvermögen«) mit auf den Weg gab.

Zugleich bemerkte man seitens des Ministeriums, daß es äußerst fraglich wäre, ob das internationale Judentum überhaupt solch ein großer Verfechter einer Aussiedlung der Juden aus Deutschland wäre, solange noch kein Territorium bereitstand, auf dem man einen Judenstaat gründen könnte. In jedem Fall ginge es den Juden gar nicht so sehr um die Auswanderung einer großen Zahl ihrer Glaubensbrüder, als vielmehr um den Transfer jüdischen Kapitals! Nach Ansicht des Ministeriums stand fest, daß ein solche Transaktion überhaupt nicht in Frage käme. Deutschland litt doch ohnedies bereits unter einem gewaltigen Devisenmangel. Aus diesem Grund, so stellte das Ministerium fest, wäre die Frage nach der Finanzierung der Aussiedlung der Juden noch keineswegs geklärt. Man ging jedoch davon aus, daß im Ausland lebende Juden für ihre Familienangehörigen schon finanziell einspringen würden, um deren Auswanderung zu ermöglichen. Das wäre bereits einmal so abgelaufen, als all die »Ostjuden« das wehrlose Deutschland mit ihrem »Dreck« überflutet hätten.

Ad 2) Auch die zweite Frage, wohin die halbe Million Juden aus dem Reich emigrieren sollte, war in Evian nicht beantwortet worden. Kein einziges Land schien damals bereit, eine große Anzahl Juden bei sich aufzunehmen. Während in den Jahren 1933 und 1934 noch mehr als 100 000 Juden legal oder illegal auswandern konnten, hatten in der Zwischenzeit beinahe alle Länder ihre Grenzen für die »lästigen jüdischen Eindringlinge« geschlossen. Die Möglichkeit einer großangelegten Aussiedlung war somit vorbei.

Bemerkenswert ist, daß das Ministerium weiterhin von der Annahme ausging, die deutsche Regierung plane in dieser Angelegenheit zumindest fürs erste keine Zusammenarbeit mit anderen europäischen Ländern (Polen, Rumänien oder Ungarn). Diesen Ländern ginge es nämlich doch nur darum, wie sie ihre eigenen Juden mit Unterstützung anderer Länder loswerden könnten. Sollte die deutsche Regierung mit ihnen zusammenarbeiten, könnte dies gut und gern dazu führen, daß man zwar an der Aussiedlung von Juden aus Polen und anderen Ländern mitwirkte, selbst aber auf den eigenen Juden sitzenblieb.

Die Erfahrung, welche die deutsche Regierung im Jahre 1938 mit Polen gemacht hatte, sprach für sich selbst: Ende Oktober hatte die polnische Regierung den 60 000 in Deutschland wohnenden polnischen Juden praktisch jede Rückkehrmöglichkeit in ihre alte Heimat genommen. Die SS hatte darauf unmittelbar reagiert und 17 000 Juden polnischer Abstammung an die Ostgrenze gebracht, um sie nach Polen abzuschieben. Da Warschau deren Aufnahme ebenfalls verweigerte, waren beinahe 5000 Menschen im Niemandsland bei Zbonsztyn gestrandet.

Das Ministerium zeigte sich darüber unterrichtet, daß nicht nur Deutschland, sondern auch Frankreich und Polen die Insel Madagaskar für die Aussiedlung ihrer Juden beanspruchten. Aus diesem Grund wären die deutschen Behörden ganz gewiß nicht an einer Mitarbeit am französischen Madagaskar-Projekt interessiert, auch wenn Rumänien an die Deutschen appelliert hätte, seinen Standpunkt aus Gründen der Humanität und der Gerechtigkeit zu überdenken. Denn schließlich wäre nicht nur Polen, sondern auch noch weitere Länder Nutznießer dieses Unterfangens.

Es hätte sich also klar gezeigt, so der Sprecher des Ministeriums Schumburg, daß jedes Land aus einem gesunden Egoismus heraus zuallererst versuchte, seine eigenen Juden auswandern zu lassen, ehe man zu internationaler Zusammenarbeit bereit wäre. Deshalb würde die deutsche Regierung in dieser Frage eigene Initiativen setzen müssen. Aus dem Rundschreiben ging deutlich hervor, daß das Ministerium an einer territorialen Lösung der Judenfrage auf dem Wege der Zwangsaussiedlung arbeitete. Da sich also in Evian und den darauffolgenden Besprechungen des *Intergovernmental Committee for Refugees* herausgestellt hätte, daß praktisch alle Länder ihre Grenzen gegenüber Juden dichtgemacht hätten, würde Deutschland ein eigenes Gebiet zur Ausweisung der Juden ausfindig machen müssen. In jedem Fall würde Palästina hierfür nicht (mehr) in Betracht kommen, da dieses Land für eine halbe Million Juden viel zu klein wäre.

Das Ministerium machte in diesem Zusammenhang zwei kritische Anmerkungen zum *Haavara*-Abkommen von 1934. Das Abkommen hätte nur einer kleinen Gruppe äußerst vermögender Juden die Emigration nach Palästina ermöglicht, wohingegen die große Masse der armen Juden im Land hätte zurückbleiben müssen. Darüber hinaus sollte man sich die Frage stellen, ob eine solche Form der Auswanderung aus außenpolitischer Sicht überhaupt zu verantworten wäre. Der Transfer jüdischen Kapitals nach Palästina hätte jedenfalls in erheblichem Maße zum Aufbau eines jüdischen Staates in jenem Land beigetragen.

Die deutsche Regierung sollte aber sogar in der Entwicklung vom Jüdischen Nationalheim zu einem »Miniatur-Judenstaat«, der nur einem sehr kleinen Teil des »Weltjudentums« Platz bieten könnte, eine reelle Gefahr sehen. Denn so wie der kleinste Staat der Welt, der Vatikan, eine Aktionsbasis für den politischen Katholizismus darstellte, von der aus die ganze Welt dominiert würde, so könnte sich auch ein sehr kleiner jüdischer Staat zur Aktionsbasis des »Weltjudentums« entwickeln, von der aus die »Verjudung« der gesamten Welt betrieben werden würde. Dann würden die *Protokolle der Weisen von Zion* in die Realität umgesetzt werden. Da die Juden – wo auch immer sie sich in Zukunft aufhalten würden – stets der unversöhnliche Feind des Dritten Reiches bleiben würden, müßten die Deutschen alles unterlassen oder verhindern, was die Position der Juden stärken könnte. Ein jüdischer Staat würde dem »Weltjudentum« einen völkerrechtlichen Status mit allen damit verbundenen Konsequenzen verschaffen.

Der Sprecher des Außenministeriums machte sich in weiterer Folge die Gedanken Alfred Rosenbergs zu eigen, die dieser am 15. Januar 1939 in Detmold geäußert hatte:

> »Das Judentum erstrebt heute einen Judenstaat in Palästina. Aber nicht etwa, um den Juden in aller Welt eine Heimat zu geben, sondern aus anderen Gründen, das Weltjudentum müsse einen kleinen Miniaturstaat haben, um exterritoriale Gesandte und Vertreter in alle Länder der Welt senden und durch diese seine Herrschaftsgelüste vorwärtstreiben zu können. Vor allem aber will man ein jüdisches Zentrum, einen jüdischen Staat haben, in dem man die jüdischen Hochstapler aus aller Welt, die von der Polizei anderer Länder verfolgt werden, unterbringen, mit neuen Pässen ausrüsten und dann in andere Teile der Welt schicken kann. Es ist zu wünschen, daß die Judenfreunde in der Welt, vor allem die westlichen Demokratien, die über soviel Raum in allen Erdteilen verfügen, den Juden ein Gebiet außerhalb Palästinas zuweisen, allerdings nicht um einen jüdischen Staat, sondern um ein jüdisches Reservat einzurichten.«

Darin lag also für das Reichsaußenministerium die Lösung der Judenfrage in Deutschland: Jetzt, da immer mehr Länder ihre Grenzen für die Juden aus Deutschland und Österreich geschlossen hätten, ging es darum, eine territoriale Lösung zu finden. Das Ministerium berücksichtigte dabei allerdings, daß Deutschland erst »in der Zukunft« (i.e. nach dem Krieg) über ein solches Gebiet für die eigenen Juden verfügen würde. Sollte sich dann in internationalen Beratungen herausstellen, daß auch andere europäische Länder ihre Juden dorthin schicken wollten, würde Deutschland dagegen sicher keinen Einwand erheben. Dies schon allein deshalb, da

Deutschland andernfalls ja doch wieder von jüdischen Eindringlingen aus anderen Ländern überrollt werden würde.

Mit großer Freude stellte der Ministeriumssprecher weiters fest, daß sich der Antisemitismus im Jahre 1938 sehr rasch über ganz Europa ausgebreitet hätte. Wo auch immer deutsche Juden als Immigranten »eingefallen« wären, wäre dies mit einer Zunahme des Antisemitismus in dem betreffenden Land einhergegangen. Die Politik des Reichsaußenministeriums in Berlin zielte – kurzfristig gesehen – gerade darauf ab, den Judenhaß in ganz Europa zu schüren, indem man auf den »schädlichen Einfluß« der Juden in allen Bereichen menschlichen Zusammenlebens aufmerksam machte. In zahlreichen Ländern wären als Reaktion auf den Flüchtlingsstrom aus Deutschland rechtliche Maßnahmen gegen die Juden ergriffen worden, um dem Prozeß der »Verjudung« des jeweiligen Landes ein für alle Mal Einhalt zu gebieten. Der Zustrom einer großen Zahl gänzlich mittelloser Juden hätte in anderen Ländern Europas nur zur Folge gehabt, daß die Bevölkerung gegen die Immigranten revoltiert und sich gegen die Juden gestellt hätte. Je antisemitischer andere Länder infolge des Zuzugs von Juden aus Deutschland reagieren würden, so das ministerielle Rundschreiben, desto mehr Verständnis würden sie für die Aussiedlungspolitik des nationalsozialistischen Deutschlands aufbringen. So würden sie auch selbst dem Vorbild Deutschlands folgen wollen und lieber heute als morgen mit der Abschiebung der Juden beginnen.

Da man im Ministerium insgeheim damit rechnete, daß sich der Adressat des Schreibens in weiterer Folge fragen würde, wohin die Juden denn schließlich verbannt werden sollten, verwies man auf die Zukunft (in der dann wohl die internationale Zusammenarbeit zur Lösung der Judenfrage notwendig sein würde):

> »Das Ziel dieses deutschen Vorgehens soll eine in der Zukunft liegende internationale Lösung der Judenfrage sein, die nicht von falschem Mitleid mit der ›vertriebenen religiösen jüdischen Minderheit‹, sondern von der gereiften Erkenntnis aller Völker diktiert ist, welche Gefahr das Judentum für den völkischen Bestand der Nationen bedeutet.«

Im historischen Kontext jener Zeit bedeutete dies höchstwahrscheinlich, daß die Juden nach dem Krieg – sprich: nachdem Deutschland den Krieg in Europa gewonnen und damit die Verfügungsgewalt über Madagaskar errungen hätte – auf diese Insel verbannt werden würden. Dann würden sich die Völker Europas kein weiteres Mal von »falschem Mitleid« mit der ausgesiedelten jüdischen Minderheit leiten lassen, sondern nur an die äußerst schlechten Erfahrungen denken, die sie im Laufe der Jahrhunderte mit den Juden gemacht hätten; Erfahrungen, die zeigten, daß diese Volksgruppe stets aufs neue eine konkrete Gefahr für den Fortbestand Europas darstellte.

Vor dem Hintergrund dieser Besprechungen zwischen Wohlthat und Rublee, die Ende Januar 1939 so gut wie abgeschlossen waren, muß man jene Rede Hitlers interpretieren, die dieser am 30. Januar im Reichstag hielt. Darin meinte er, daß sich die Judenfrage in Europa einfach auf dem Wege der Zwangsaussiedlung lösen ließe, da es auf anderen Kontinenten noch genügend Gebiete gebe, die von den Juden besiedelt werden könnten.[11] Hitler prognostizierte, daß jene Juden, die anderswo in Europa als Emigranten aufgenommen worden wären, den Antisemitismus in ihrer neuen Heimat nur weiter verstärken würden, sodaß sie über kurz oder lang – nach deutschem Vorbild – auch von dort abgeschoben werden würden. Damit wollte Hitler seinem Auditorium klarmachen, daß die Judenfrage kein rein deutsches, sondern ein gesamteuropäisches Problem wäre, das dringend nach einer dementsprechenden europäischen Lösung verlangte. Europa würde erst wieder zur Ruhe kommen, wenn die Juden verschwunden wären. Darüber hinaus könnte die gemeinsame Lösung dieser brennenden Frage zu einer engeren Beziehung zwischen allen europäischen Ländern – wie sehr sich diese auch in politischer Hinsicht voneinander unterscheiden mochten – führen. Schließlich würde dies dem »parasitären Leben der Juden« ein Ende setzen. Ein Leben, zu dem sie sich aufgrund ihrer Weigerung, es allen anderen Völkern gleichzutun und auch manuell zu arbeiten, selbst »verurteilt« hätten. Es ist genau diese Passage über die Zwangsaussiedlung (Verbannung) aller Juden aus Europa, die von Historikern stets unberücksichtigt bleibt, wenn sie die Rede Hitlers vom 30. Januar 1939 einer Analyse unterziehen.[12]

Neben dieser territorialen Lösung der Judenfrage nannte Hitler aber noch eine andere: Sollte es soweit kommen, daß das »internationale Finanzjudentum« die Völker der Welt neuerlich in einen Weltkrieg stürzte, würden die Juden daraus nicht als Sieger hervorgehen, um danach mit Hilfe des Bolschewismus die Welt zu »verjuden«, sondern als dessen Opfer.

In seinen Gedankenspielen über alle möglichen Varianten einer »jüdischen Verschwörung« konnte Hitler im Ausbrechen eines solchen Krieges nur den neuerlichen Versuch der Juden sehen, die endgültige Herrschaft über die ganze Welt anzustreben. Schließlich würden Amerikaner und Russen seiner Meinung nach von den Juden aufgestachelt.[13] Deshalb sagte er für diesen Fall auch die Vernichtung der jüdischen Rasse voraus. Wörtlich hieß es:

> »Und eines möchte ich an diesem vielleicht nicht nur für uns Deutsche denkwürdigen Tage nun aussprechen: Ich bin in meinem Leben sehr oft Prophet gewesen und wurde meistens ausgelacht. In der Zeit meines Kampfes um die Macht war es in erster Linie das jüdische Volk, das nur mit Gelächter meine Prophezeiungen hinnahm, ich würde einmal in Deutschland die Führung des Staates und damit des ganzen Volkes übernehmen und dann unter vielen anderen auch das jüdische Problem zur Lösung bringen. Ich glaube, daß dieses damalige schallende Gelächter dem Judentum in Deutschland unterdes wohl schon in der Kehle erstickt ist.
> Ich will heute wieder ein Prophet sein. Wenn es dem internationalen Finanzjudentum in- und außerhalb Europas gelingen sollte, die Völker noch einmal in einen Weltkrieg

zu stürzen, dann wird das Ergebnis nicht die Bolschewisierung der Erde und damit der Sieg des Judentums sein, sondern die Vernichtung der jüdischen Rasse in Europa. [...] Die Völker wollen nicht mehr auf den Schlachtfeldern sterben, damit diese wurzellose internationale Rasse an den Geschäften des Krieges verdient und ihre alt-testamentarische Rachsucht befriedigt. Über die jüdische Parole ›Proletarier aller Länder, vereinigt euch‹ wird eine höhere Erkenntnis siegen, nämlich: ›Schaffende Angehörige aller Nationen, erkennt euren gemeinsamen Feind!‹«[14]

In ein und derselben Rede sprach Hitler also über die Lösung der Judenfrage sowohl auf dem Wege der Zwangsaussiedlung nach Übersee als auch auf dem Wege der radikalen Ausrottung.

»Europa kann nicht mehr zur Ruhe kommen, bevor nicht die jüdische Frage ausgeräumt ist. Es kann sehr wohl möglich sein, daß über diesem Problem früher oder später eine Einigung in Europa selbst zwischen solchen Nationen stattfindet, die sonst nicht so leicht den Weg zueinander finden würden. Die Welt hat Siedlungsraum genügend, es muß aber endgültig mit der Meinung gebrochen werden, als sei das jüdische Volk vom lieben Gott eben dazu bestimmt, in einem gewissen Prozentsatz Nutznießer am Körper und an der produktiven Arbeit anderer Völker zu sein. Das Judentum wird sich genauso einer soliden aufbauenden Tätigkeit anpassen müssen, wie es andere Völker auch tun, oder es wird früher oder später einer Krise von unvorstellbarem Ausmaße erliegen.«

Das mag paradox klingen, ist es aber nicht. Denn im Zusammenhang mit der Judenfrage dachte Hitler bereits von allem Anfang an stets an zwei – alternative – Lösungsmöglichkeiten. Sollte es ihm gelingen, seine Pläne für ein ausgedehntes germanisches Reich (praktisch ganz Europa) zu verwirklichen und als Sieger aus dem Krieg hervorzugehen, wollte er Europa ein für alle Mal vom »schädlichen und verhängnisvollen Einfluß« der Juden »befreien«, indem er sie nach dem Krieg in irgendein koloniales Reservat weit weg von Europa verbannen würde. Sollten ihn die Juden jedoch – so seine Wahnvorstellung – in einen Krieg treiben, in dessen Folge die Verwirklichung seiner Pläne vereitelt würde, würde er sich dafür an den Juden rächen: mit deren Ausrottung.

Nur sehr wenige Historiker haben darauf hingewiesen, daß die Drohung Hitlers mit der Ausrottung *bedingt* formuliert war: Er würde diese Ausrottung durchführen lassen, wenn auf das Drängen der Juden (in Großbritannien und den USA) hin ein Weltkrieg ausbrechen sollte. Denn das würde unter Garantie eine große Gefahr oder sogar das endgültige Aus für seinen Plan eines großen germanischen Reiches bedeuten. Sollte dieser Plan also tatsächlich scheitern, würden die Juden dafür die Rechnung präsentiert bekommen; sie sollten keine Gelegenheit mehr haben, über seine, Hitlers, Niederlage zu jubeln. Zugleich wollte er damit verhindern, daß die Juden nach einer allfälligen Niederlage Deutschlands die Alleinherrscher in Europa würden. Unter diesem Aspekt wird auch verständlich, warum Hitler die Juden erst nach dem Krieg nach Madagaskar verbannen wollte: So könnte er sie (zumindest einen ansehnlichen Prozentsatz der europäischen Juden) möglichst lange als Geiseln und Ziel seiner Vergeltungsschläge benützen. Philippe Burrin hat in seiner Untersuchung auf überzeugende Weise dargestellt, daß diese beiden Varianten zur Lösung der Judenfrage in Hitlers Gedankenwelt von Beginn an parallel nebeneinander existiert haben.[15]

Hitlers Ambivalenz hinsichtlich der Lösung der Judenfrage wurzelt in der pathologischen Fixiertheit seiner Gedanken. Er wäre von Gott auserkoren, um einen weltweiten Feind – das internationale Judentum – zu bekämpfen. Und so kann man anhand der verfügbaren Dokumente auch nachweisen, daß Hitler – jeweils in einer bestimmten Phase – sowohl die Verbannung der Juden aus Europa als auch deren Ausrottung in Erwägung gezogen hat. Darüber hinaus läßt es sich sehr leicht nachweisen, daß zwischen den beiden »Lösungsansätzen« keine einander ausschließende Konkurrenz bestand; die eine Variante stellte die Fortsetzung der anderen dar. Wenn Hitler die europäischen Juden in den Sumpfgebieten Madagaskars aussetzen ließ, würde es eben nur etwas länger dauern, bis sie ausgestorben wären.

Burrin faßt die Einstellung Hitlers in dieser Angelegenheit rund um den Jahreswechsel 1939/1940 wie folgt zusammen:

> »Die antijüdische Politik, wie Hitler sie sich am Anfang des Jahres 1939 vorstellte, setzte sich aus mehreren Elementen zusammen. Die ›Judenfrage‹ in Deutschland wurde soeben durch die Zwangsauswanderung geregelt. Gleichzeitig war die Frage auf die europäische Ebene gehoben und eine Lösung vorgeschlagen worden: Die Ansiedlung der Juden in einem fernen Territorium, entweder durch eine konzertierte Aktion oder durch eine einseitige Maßnahme NS-Deutschlands, wenn es dazu in der Lage war. Die Lösung in Richtung ›Judenreservat‹ wurde ganz unmißverständlich klar. [...] Das alles geht den großen deutschen Siegen und der Errichtung der NS-Vorherrschaft in Europa lange voraus. Schließlich, als letztes Element, die Hypothese eines Scheiterns und die Ankündigung der Vernichtung.« [16]

Vor dem Hintergrund des großdimensionierten *Wohlthat-Rublee*-Plans, über den im Januar 1939 in Berlin eifrigst verhandelt wurde, wird klar, warum auch Hitler in jenem Monat mit Wortführern aus Osteuropa (aus Polen, Rumänien, Ungarn und der Tschechoslowakei) zahlreiche Gespräche über den Madagaskar-Plan führte. Rumänien und Polen hatten Hitler zu erkennen gegeben, daß sie an einem überseeischen Gebiet interessiert wären, wohin sie ihre Juden in die Emigration zwingen könnten. Hitler versuchte, diese Länder in seine Einflußsphäre zu bekommen und sie dazu zu überreden, seinem Beispiel zu folgen. Dies äußerte sich in der Aufstachelung zu einer strikt antisemitischen Politik, mit der die Juden zum Verlassen des Landes gezwungen werden sollten.[17] Am 21. Januar 1939 machte Hitler dem tschechoslowakischen Außenminister Chvalkovksy den Vorschlag, den antisemitischen

Staaten in Europa die Möglichkeit zu eröffnen, die Juden an einen beliebigen Ort zu deportieren.[18]

Chvalkovsky fragte Hitler, wohin er die Juden verbannen sollte. Für sein Land bestand keine Möglichkeit, sie über die deutsche, polnische oder ungarische Grenze zu schicken. Er hätte es mit Ungarn versucht, aber die ungarischen Militärs hätten die Juden postwendend zurückgewiesen. Die Briten hätten ihm vor einiger Zeit in Aussicht gestellt, binnen kurzem 2000, in einem Konzentrationslager gefangene Juden aus der Tschechoslowakei nach Australien oder Neuseeland ausreisen zu lassen. Seitdem hätte aber die britische Regierung diesbezüglich nichts mehr von sich hören lassen. Hitler verwies in seiner Antwort auf die Möglichkeit,

> »daß die Staaten, die daran interessiert sind, irgendeinen Fleck in der Welt nehmen und dort die Juden hinsetzen und den angelsächsischen, humanitätstriefenden Staaten dann sagen: Hier sind sie; entweder verhungern sie oder ihr setzt eure vielen Reden in die Praxis um.«

Hitler wollte vor allem die »Heuchelei« der Briten und Amerikaner entlarven, hatte aber nicht vor, für die Verbannung der Juden aus Europa auch nur einen Groschen zu bezahlen. Seine Idealvorstellung jener Jahre war es, die Juden aus ganz Europa zu vertreiben und sie in einem ungesunden und menschenleeren überseeischen Gebiet auszusetzen, wo sie schließlich ganz von selbst zugrundegehen würden.

Den Angaben des französischen Botschafters in Prag zufolge soll sowohl Hitler als auch Ribbentrop Chvalkovsky gegenüber erklärt haben:

> »Unsere Gutmütigkeit war Schwäche, und wir bereuen sie. Man muß dieses Ungeziefer unschädlich machen. Die Juden sind unsere Erzfeinde, und am Ende dieses Jahres wird es in Deutschland keinen einzigen Juden mehr geben. Weder die Franzosen noch die Amerikaner noch die Engländer sind für die Schwierigkeiten verantwortlich, die sich in unseren Beziehungen zu Paris, London oder Washington zeigen. Verantwortlich sind die Juden. Wir werden ähnliche Erklärungen in Rumänien, in Ungarn und so weiter abgeben.«[19]

In derselben Unterredung mit dem tschechoslowakischen Außenminister erwähnte Hitler auch beiläufig, daß die Juden in Deutschland »vernichtet« werden sollten. Damit meinte er aber eindeutig die Zerstörung der jüdischen Gemeinde und nicht die physische Ausrottung der Gemeindemitglieder.[20]

Im Januar 1939 berichtete der Diplomat Truman Smith, der der Botschaft der Vereinigten Staaten in Berlin als Oberstleutnant zugeteilt war, daß Hitler und seine Vertrauenspersonen unzweifelhaft beschlossen hätten, alle Juden aus Deutschland nach Madagaskar zu verbannen. Seit den zwanziger Jahren hatte dieser Diplomat Gelegenheit gehabt, Hitler, Göring und viele andere Nazis sehr gut kennenzulernen. Auch genoß er in Nazi-Kreisen großes Vertrauen, da er für den »Geist« und die

»Dynamik« des »neuen Deutschland« schwärmte. Im Jahre 1935 hatte er einen Bericht verfaßt, in dem er aus seiner großen Bewunderung für den Parteitag in Nürnberg, auf dem die berüchtigten Nürnberger Gesetze beschlossen worden waren, kein Hehl gemacht hatte. Seiner Ansicht nach ließ Deutschland erkennen, daß es über die klassischen militärischen Tugenden verfügte. Smith geriet beinahe in Ekstase, als er über die Liebe der Deutschen für ihr Vaterland, ihre Abkehr von der Demokratie und ihren fanatischen Haß gegenüber Juden, Bolschewiken und sonstigen »Abweichlern« von der Nazi-Ideologie schrieb. In Berichten, die er nach dem »Anschluß« Österreichs an Deutschland erstattete, verglich er Hitler mit Napoleon. Nach der Konferenz von München zollte er den Achsenmächten großes Lob und pries Hitler und Mussolini überschwenglich, da sie es besser als die Politiker anderer Länder verstanden hätten, gegen die Arbeitslosigkeit in ihren Ländern vorzugehen. Seiner Meinung nach hätte der Westen vom Expansionsdrang Deutschlands absolut nichts zu befürchten, da sich Hitlers Aufmerksamkeit ausschließlich auf den Osten, also auf die UdSSR, konzentrierte. Der amerikanische Diplomat war überzeugt davon, daß Hitler zu einem bestimmten Zeitpunkt zum Anführer eines europäischen Kreuzzugs gegen den Bolschewismus werden würde. Dann würde er die Grenzen Europas neu ziehen, indem er die Asiaten (aus dem asiatischen Teil Rußlands) in die Steppen zurückdrängte, wo sie auch hingehörten. Smith ließ regelmäßig wissen, daß er vom »gemäßigten« Erscheinungsbild überrascht wäre, das der Antisemitismus unter Hitler angenommen hätte. In einem Bericht vom Januar 1939 schrieb er, daß die Juden für die Schrecken der »Reichskristallnacht« selbst verantwortlich wären. Im Sommer 1938 hätte man nämlich ein Komplott aufgedeckt, das die Juden zum Angriff auf Deutschland geschmiedet hätten. Der Diplomat war der Ansicht, daß sich die Deutschen damals zur Verbannung aller Juden nach Madagaskar entschließen hätten sollen. Das alles hätte ihm Göring nach der Sitzung vom 12. November 1938 anvertraut, als sich die europäischen Nationen den Mund darüber zerrissen, wie die Deutschen mit ihren Juden umgingen. Damals hätten sich Vertreter aller Ministerien und Parteiorgane hinter jenen Plan Hitlers gestellt, der eben diesen Nationen zeigen sollte, daß die Juden durchaus nach Madagaskar abtransportiert werden könnten. Smith betonte in seinem Rapport, es könne keinen Zweifel daran geben, daß Hitler und seine Gesinnungsgenossen einen solchen Beschluß gefaßt und es die Juden gar nicht anders verdient hätten.[21]

Auch Alfred Rosenberg, der »Philosoph« und Ideologe des Nationalsozialismus, veröffentlichte in dieser Zeit zahlreiche Artikel über eine großangelegte Aussiedlung der Juden in ein Gebiet außerhalb Europas. Er verfaßte eine Reihe von Beiträgen über Madagaskar als zukünftiges Zielland für die europäischen Juden und sprach darüber auch in einigen Reden und auf Pressekonferenzen. Bereits Anfang Januar 1939 hatte er im *Völkischen Beobachter* geschrieben, daß Madagaskar der künftige Bestimmungsort für die europäischen Juden werden würde. Und in einer Ansprache vor ausländischen Diplomaten und Journalisten in Berlin sagte er am

7. Februar 1939, daß die Behörden den Juden aus Europa Madagaskar als Reservat angewiesen hätten. Dem fügte er aber unmittelbar hinzu, daß sie dort keinen jüdischen Staat gründen dürften. Er stellte Pläne vor, wonach in einem solchen Reservat 15 Millionen Juden untergebracht werden sollten. Einige Monate später sagte er, daß ihm ein gigantisches Konzentrationslager auf einer verwilderten und wie ausgestorbenen Insel vorschwebte, wo das Klima für den Menschen unerträglich wäre und Europäer infolge ständig ausbrechender Epidemien kaum leben könnten. Eine Insel für Aussätzige, von der zivilisierten Welt gänzlich abgeschottet. Die jüdische Rasse, die für das Zusammenleben in Europa bis hinauf in die Gegenwart der dreißiger Jahre stets eine »tödliche Bedrohung« dargestellt hätte, sollte vollkommen isoliert und sich selbst überlassen werden. Eine Rückkehr wäre unmöglich, denn es würde nur einen einzigen Ausweg geben: den Tod.[22]

Am 14. Februar 1939 erschien im *Völkischen Beobachter* neuerlich ein Artikel Rosenbergs, in dem er dieselben Gedanken wie bereits in früheren Artikeln und Reden darlegte. Zuletzt erschien am 23. März ein Artikel in genanntem Blatt. Am 7. Dezember sprach Rosenberg von einem Reservat, in das man die Juden aus Europa abtransportieren könnte. In einem Vortrag stellte er damals die rhetorische Frage, ob es denn wirklich wahr wäre, daß sich die westlichen Demokratien bereit erklärt hätten, ein großes Gebiet zur Verfügung zu stellen, um schließlich alle Juden Europas dorthin in die Emigration zu zwingen. Rosenberg wollte wissen, welches Gebiet sie wohl im Auge hätten. Jedenfalls sollten sie sich bewußt sein, daß ein solches, vom Rest der Welt abgeschnittenes Gebiet Platz für 15 Millionen Juden bieten müßte.

Für die Finanzierung dieses Reservates, das unter dem Kommando einer gut ausgebildeten deutschen Polizeieinheit stehen sollte, würden jüdische Multimillionäre zu sorgen haben. In seinem Referat betonte er mit allem Nachdruck, daß hierbei keine Rede von der Gründung eines Judenstaates sein könnte, sondern es sich lediglich um die Errichtung eines jüdischen Reservates handelte. »Ich betone das Wort *Reservat*, denn von einem Juden*staat* kann weder in heutiger Zeit die Rede sein, wie von einem Judenstaat in der Zukunft.«[23] Obwohl er dabei an Madagaskar dachte, berücksichtigte er auch die Tatsache, daß vorläufig ein Reservat in Ostpolen eingerichtet werden müßte, da vor der Einschiffung von Millionen Juden nach der afrikanischen Insel noch die Lösung vieler Probleme anstand.

Im Jahre 1939 brachte Hermann Erich Seifert ein Buch heraus[24], in dem er die Ansichten Rosenbergs aufgriff. Es müßte den Juden Europas unmöglich gemacht werden, einen Judenstaat in Palästina zu gründen, da ein solcher Staat nur als Ausgangsbasis für die vollständige »Verjudung« Europas und der ganzen Welt dienen würde. Die Juden sollten ausschließlich in Afrika »abgeladen« werden, wo sie als Vertreter einer »minderwertigen Rasse« hingehörten.

Am 24. Januar 1939 machte ein gewisser Hinrich, ein hochrangiger Beamter des Reichsaußenministeriums in Berlin, in einem Schreiben an die sechs wichtigsten der mit der Lösung der Judenfrage betrauten deutschen Behörden kritische Anmerkungen zu jenem Briefwechsel, der sich in dieser Angelegenheit zwischen Roosevelt und Mussolini entsponnen hatte.

Bereits am 7. Dezember 1938 war Roosevelt diesbezüglich mit dem Italiener in schriftlichen Kontakt getreten. Der Präsident der Vereinigten Staaten war gut darüber informiert, daß die italienische Regierung nichts mehr von Madagaskar als dem Bestimmungsland für jüdische Flüchtlinge wissen wollte. Er hatte aber den Eindruck gewonnen, daß man auf Seiten Italiens sehr wohl bereit wäre, die Juden nach Äthiopien auswandern zu lassen, sofern die Frage der Finanzierung geklärt wäre. Die Juden könnten nämlich bei der wirtschaftlichen Entwicklung dieser italienischen Kolonie eine wichtige Rolle spielen. Wären die Italiener damit einverstanden und könnten sie noch andere Länder für diesen Plan gewinnen, wäre er als Präsident der USA gerne bereit, diese Idee als Teil eines großen, gesamteuropäischen Plans zur Emigration jüdischer Flüchtlinge nach Übersee ganz offiziell zu unterstützen.[25]

Am 11. Januar 1939 reagierte Mussolini:

> »Was Äthiopien betrifft, ist es nicht möglich, eine erhebliche Masse jüdischer Auswanderer aufzunehmen. [...]
> Nach meiner Ansicht sind die einzigen Länder, die eine umfangreichere jüdische Auswanderung aufnehmen und organisieren könnten, diejenigen Länder, die über weite, schwach bevölkerte Gebiete mit großen Entwicklungsmöglichkeiten verfügen, die entsprechend ausgenützt werden können. [...]
> Was ich jedoch immer für die zweckmäßigste Lösung gehalten habe und halte, wäre die Errichtung irgendwo eines eigenen jüdischen Staates. Das Experiment des *Jewish Home* in Palästina ist mißlungen, und zwar weil die geschichtlichen Voraussetzungen für die Schaffung eines jüdischen palästinischen Staates denkbar ungünstig waren; der Gedanke, irgendwoanders einen solchen Staat zu gründen, sollte jedoch nicht aufgegeben werden. Selbst wenn es ein gebietlich kleiner Staat wäre, würden doch die Juden darin, wie es alle anderen Völker haben, ihre Heimat und ihren nationalen Rückhalt finden.«

Einige Tage später brachte Mussolini gegenüber Chamberlain und Halifax, die ihm ebenso wie Roosevelt vorgeschlagen hatten, einen Teil Äthiopiens zur Verfügung zu stellen, zum Ausdruck, daß er für die Errichtung des souveränen Judenstaates einem Gebiet in Sibirien, Brasilien oder den USA den Vorzug gab.[26]

Hinrich sah sich veranlaßt, darauf hinzuweisen, daß sich die Auffassung Mussolinis in dieser Frage nicht mit jener der Deutschen deckte. Nach Ansicht deutscher Spitzenpolitiker implizierte ein Judenstaat – wo auch immer und egal wie klein – stets eine Gefahr für die deutschen Interessen. Seiner, Hinrichs, Einschätzung nach ging es dem Judentum gar nicht mehr darum, den Juden eine sichere Heimat zu bieten. Im Gegenteil, das »Weltjudentum« wäre darauf aus, einen Zwergstaat zu erhalten. Dann könnten sie mit Hilfe von Konsuln und Botschaftern alle Länder infiltrieren, die Welt beherrschen und schließlich »verjuden«. In deutschen

Regierungskreisen hätte man nichts dagegen, wenn den Juden irgendwo außerhalb Europas (mit Ausnahme Palästinas) ein Gebiet als jüdisches *Reservat* zugewiesen würde. Sie dürften dort nur keinen jüdischen *Staat* gründen. Dem Schreiben Hinrichs waren offizielle Dokumente beigelegt, um diese Sicht der Dinge zu unterstreichen.[27]

Am 17. Februar 1939 schrieb George Rublee einen letzten Brief an Helmuth Wohlthat.[28] Darin berichtete er ihm von den Unterredungen, die er, Rublee, am 13. und 14. Februar mit allen Mitgliedern des *Intergovernmental Committee for Refugees* bezüglich des von der deutschen Regierung akzeptierten Emigrationsprojekts Wohlthats geführt hatte. An den Besprechungen hatten Vertreter aus folgenden Ländern teilgenommen: Argentinien, Australien, Belgien, Bolivien, Brasilien, Chile, Dänemark, der Dominikanischen Republik, Ecuador, Frankreich, Großbritannien, Guatemala, Haiti, Honduras, Irland, Kanada, Kolumbien, Kuba, Mexiko, Neuseeland, Nicaragua, den Niederlanden, Norwegen, Panama, Paraguay, Venezuela und den Vereinigten Staaten von Amerika. Im Zuge der Diskussion hatte Rublee auch die Kritik zur Sprache gebracht, welche in Kreisen britischer Politiker und Ministerialbeamten am vorliegenden Plan geübt worden war. Im Reichsaußenministerium war man sich bewußt geworden, daß es das Akzeptieren dieses Plans mit sich bringen könnte, daß die Polen, Rumänen und Ungarn mit den Juden ebenso verfahren würden wie die Deutschen. Sie könnten auch versucht sein, die Lösung eines Minderheitenproblems (in diesem Fall der Juden) auf Länder außerhalb Europas abzuschieben.[29] Trotz ernsthafter Bedenken hätten, so Rublee, das Ministerium und die britische Regierung doch schweren Herzens der Vereinbarung zugestimmt, die Wohlthat mit ihm getroffen hätte. Die Umsetzung des Plans bedeutete ja immerhin, daß die Aussiedlung der Juden in den nächsten fünf Jahren in geregelten Bahnen verlaufen würde, der größte Teil der noch im Land befindlichen Juden gerettet werden könnte, und diejenigen, die bleiben durften (Alte und Kranke) wohl nicht mehr verfolgt würden. Nachdem man auf britischer Seite sowohl den Madagaskar-Plan Schachts als auch den Aussiedlungsplan Wohlthats ausführlich studiert hatte, wurde Rublee mit entsprechenden Vollmachten ausgestattet. Er sollte der deutschen Regierung mitteilen, daß sämtliche zuvor genannten Staaten alles in ihrer Macht Stehende unternehmen würden, um im Rahmen des erwähnten Emigrationsprojekts entsprechend den vereinbarten Richtlinien für möglichst viele Juden aus Deutschland und Österreich neue Gastländer zu finden. Während eines Treffens von Vertretern der betreffenden Länder wurde vom Vorsitzenden mitgeteilt, daß der großangelegte Aussiedlungsplan von Wohlthat und Rublee die volle Unterstützung der USA und Großbritanniens erhalten hätte.

Weltweit reagierten die jüdischen Wortführer sehr unterschiedlich auf die Tatsache, daß sich das *Intergovernmental Committee for Refugees* und die Nazis über die Lösung der Judenfrage im Dritten Reich einig geworden waren. Die meisten Zionisten lehnten den Plan entschieden ab. Zwei hochangesehene jüdische Spitzenvertreter in den USA, der Vorsitzende des *American Jewish Congress* Stephen S. Wise[30] und Louis Lipsky, ein einflußreicher Anführer der amerikanischen Zionisten, stimmten dem Plan zu. Während die Jüdische Arbeiterbewegung Amerikas kein gutes Haar an der *Wohlthat-Rublee*-Vereinbarung ließ, stellten sich die meisten nicht-zionistischen Entscheidungsträger entweder hinter den Plan oder nahmen zumindest eine ambivalente Haltung ein. In Großbritannien hingegen unterstützten die meisten Nicht-Zionisten den Aussiedlungsplan, der ihrer Meinung nach innerhalb der nächsten Jahre umgesetzt werden sollte.[31]

Rublee dachte, daß seine Mission mit dem Zustandekommen dieser Vereinbarung mit der deutschen Regierung erfüllt wäre. Und so teilte er einige Tage darauf in London in einer offiziellen Erklärung mit, daß er sich nunmehr wieder so schnell wie möglich seiner Anwaltskanzlei in den USA widmen wollte. Auf einem gut besuchten Abschiedsempfang gratulierten ihm zahlreiche Politiker und Diplomaten zu seinem Erfolg. Dem *Intergovernmental Committee* – dem einzigen zählbaren Resultat der Konferenz von Evian – wäre es dank seiner, George Rublees, Vermittlung endlich gelungen, mit der deutschen Regierung eine Vereinbarung zu treffen, die innerhalb einer gewissen Zeitspanne allen Juden die Emigration ermöglichen würde. Noch vor seiner Abreise ließ Rublee Minister Hull ein Telegramm zukommen. Darin teilte er ihm mit, daß die Deutschen mit der Umsetzung des Projekts beginnen würden, sobald sie die Garantie hätten, daß einige Länder auch wirklich bereit wären, entsprechend den *Wohlthat-Rublee*-Bestimmungen Immigranten aus Deutschland bei sich aufzunehmen.

Zu seinem Nachfolger wurde Sir Herbert Emerson bestimmt. Rublee war der Ansicht, daß der neue Mann in dieser Funktion nichts weiter zu tun hätte, als die Durchführung des von ihm ausverhandelten Projekts zu begleiten. Aber damit hatte er sich ganz gehörig getäuscht. Emerson wurde unmittelbar nach Amtsantritt mit schier unlösbaren Problemen konfrontiert.

Da der Treuhandfonds in Deutschland nur ein Viertel der Transportkosten abdecken konnte, mußte außerhalb der Grenzen des Dritten Reiches noch ein erheblicher Betrag für die Verschiffung der Juden, den Ankauf von Land und den Bau von Häusern aufgebracht werden. Wenn sich gewisse Länder nämlich schon zur Aufnahme einer ansehnlichen Zahl deutsch-jüdischer Immigranten bereit erklärten, dachten sie jedenfalls sicher nicht daran, auch noch die Kosten dafür zu übernehmen. Einige britische Juden ergriffen die Initiative und richteten eine *Coordinating Foundation* ein. Sie hofften, genug Geldgeber zu finden, um den im Elend lebenden deutschen Juden jene drei Milliarden Dollar vorstrecken zu können, die zum Verlassen des Landes erforderlich wären. Beabsichtigt war, daß diese *Coordinating Foundation* vollkommen unabhängig von jenem »Treuhandfonds« agieren sollte, der in Deutschland das jüdische Vermögen »verwaltete«. Die diesbezüglichen Bemühungen fruchteten jedoch nicht.

Darüber hinaus war es Herbert Emerson schnell klar geworden, daß die deutsche Regierung vorläufig noch nicht daran dachte, das Emigrationsprojekt von Wohlthat und Rublee auch wirklich umzusetzen. Obwohl noch kein neuer Siedlungsraum bekannt war, wurde dennoch eine die Situation verschärfende Maßnahme getroffen: Die jüdische Gemeinde Deutschlands sollte der Polizei jeden Tag die Namen von 100 Menschen nennen, die dann binnen zwei Wochen das Land zu verlassen hätten. Die auf diese Weise zum Auswandern gezwungenenen Juden, die nicht einmal wußten, wohin sie gehen sollten, mußten nicht nur zehn Prozent des Bruttowertes ihres Besitzes bezahlen, sondern darüber hinaus auch noch einen Betrag abliefern, der dem Neuwert jener Gegenstände entsprach, die sie mitnehmen wollten. Sämtliche dieser Bestimmungen standen in offenem Widerspruch zu der Vereinbarung, die Wohlthat namens des Amtes für den Vierjahresplan Hermann Görings mit dem *Intergovernmental Committee for Refugees* und dessen Vertreter Rublee getroffen hatte und der auch Hitler selbst ausdrücklich seine Zustimmung erteilt hatte.

Am 6. März 1939 sandte Helmuth Wohlthat im Namen Generalfeldmarschall Hermann Görings, Präsident des Amtes für den Vierjahresplan, einen Brief an vier Ministerien.[32] Darin teilte er mit, daß ihm Sir Herbert Emerson, der Nachfolger George Rublees als Direktor des Londoner Büros der Flüchtlingskommission, mitgeteilt hätte, daß der einvernehmlich beschlossene Emigrationsplan binnen fünf Jahren (eventuell sogar innerhalb von drei Jahren) umgesetzt werden könnte. Man hätte vier Kommissionen gebildet, die sich nach geeignetem Siedlungsraum für die Juden aus dem Dritten Reich umsahen. Es sollte schon mit dem Teufel zugehen, würde es keiner einzigen dieser Kommissionen gelingen, ein ausgedehntes überseeisches Gebiet für die Juden ausfindig zu machen.

Eine britisch-amerikanische Delegation wäre nach Britisch-Guayana gereist und sollte mit Zustimmung der niederländischen Regierung auch Surinam einen Besuch abstatten. Des weiteren wäre eine rein amerikanische Kommission eingesetzt worden, die sich in die Dominikanische Republik begeben hätte, um die dortigen Möglichkeiten einer jüdischen Ansiedlung auszuloten. Eine zweite amerikanische Abordnung sollte auf den Philippinen überprüfen, ob sich das Hochland von Mindanao eventuell für die innerhalb von drei bis fünf Jahren durchzuführende Unterbringung von 400 000 Juden aus dem Dritten Reich eignete. Auch wäre eine britische Kommission gebildet worden, die sich für eine ähnliche Untersuchung nach Nordrhodesien begeben sollte. Lateinamerikanische Länder hätten sich dazu verpflichtet, ihre Grenzen für kleine Gruppen jüdischer Immigranten offenzuhalten.

Wohlthat informierte die vier Ministerien auch darüber, daß die Schwierigkeiten hinsichtlich der Finanzierung des großangelegten Transports und der Ansiedlung der Juden wohl binnen kurzer Zeit aus der Welt geschafft wären. Die Flüchtlingskommission in London hätte nämlich bereits einen diesbezüglichen Bericht der zuvor erwähnten und nunmehr im Aufbau befindlichen *Coordinating Foundation* erhalten. Bearsted, Rothschild, Kuhn Loeb, Warburg sowie weitere amerikanische und britische Bankiers wären diesbezüglich in London bereits in Verhandlungen getreten. Außerdem hätten, so Wohlthat, auch jüdische Bankfachleute in Frankreich und den Niederlanden ein Interesse an der Gründung der *Coordinating Foundation*. Schließlich erachtete er es als höchst wahrscheinlich, daß auch nicht-jüdische Bankiers ihr Scherflein dazu beitragen wollten, das Dritte Reich von den Juden zu »säubern«.

Aus dem erwähnten Brief Wohlthats geht auch hervor, daß er über die Bestellung Sir Herbert Emersons zum Nachfolger George Rublees besonders erfreut war, da dieser weitaus besser als Rublee mit der Problematik der Ureinwohner in den Kolonien vertraut war. Wohlthats Angaben zufolge wäre Emerson über viele Jahre Gouverneur des Punjab gewesen und hätte sich in Londoner Regierungskreisen zu einer maßgeblichen Instanz in kolonialen Fragen entwickelt. Zweifelsohne erwartete sich Wohlthat von einer solchen Persönlichkeit, daß sie schon bald ein ausgedehntes Gebiet irgendwo in den britischen Kolonien finden würde, wohin die Juden geschickt werden könnten.

Nachdem sich Wohlthat Ende März 1939 in London erkundigt hatte, welche Gebiete für die Ansiedlung von Juden aus dem Dritten Reich in Frage kämen, ging aus einem ausführlichen Schreiben Emersons vom 30. März[33] hervor, daß sich noch keine baldige Lösung abzeichnete. Die Verhandlungen mit den Regierungen der betreffenden Staaten verliefen äußerst schleppend; entweder hätten sie nur einer beschränkten Anzahl von Immigranten zugestimmt oder selbst an die Aufnahme kleinster Gruppen Juden zu viele Bedingungen geknüpft. Die bereits erwähnte Delegation, die sich auf die Philippinen begeben hatte, hätte bereits wissen lassen, daß sich die Verhandlungen betreffend die Hochebene von Mindanao noch Monate hinziehen konnten. Jene Kommissionen, die mit Britisch-Guayana und der Dominikanischen Republik Kontakt aufgenommen hatten, könnten nicht vor Mitte April mit einer Antwort rechnen. Jedenfalls wurde deutlich, daß man sich mit der Suche nach potentiellen Einwanderungsländern nicht sonderlich beeilte.

Aber Wohlthats Emigrationsprojekt, das er für das Amt für den Vierjahresplan Görings erstellt hatte, erfüllte auch die anderen beiden Vorgaben nicht. Das deutsche Finanzministerium hatte noch immer keinen Treuhandfonds gebildet, der doch die Verschiffung der Juden teilweise finanzieren sollte, und auch die *Coordinating Foundation* war wegen interner Meinungsverschiedenheiten noch nicht ins Leben gerufen worden.

Britische und amerikanische Bankiers befürchteten, daß die Errichtung einer solchen Stiftung durch die Juden Wasser auf die Mühlen der Antisemiten wäre. Sie würden darin ein weiteres Indiz sehen, daß die Juden die Vorherrschaft in der Finanzwelt anstrebten. Darüber hinaus hätten sie sich die Frage gestellt, ob ihre Mitarbeit an der Umsetzung des *Wohlthat-Rublee*-Projekts nicht auf eine – zumindest indirekte – Zustimmung zur Rassenpolitik Hitlers und seiner Gesinnungsgenossen hinauslief, wodurch die deutsche Regierung für ihre räuberische und diskriminierende Politik sogar noch belohnt würde. Zu allem Überfluß wäre gar nicht sicher, ob die deutsche Wirtschaft nicht womöglich von einer *Coordinating Foundation* profitieren könnte.

Im Frühjahr 1939 bekam eine Delegation der jüdischen Gemeinde Deutschlands von der SS die Erlaubnis, mit Herbert Emerson in London Gespräche zu führen. Die deutschen Juden sollten ihn nachdrücklich darauf hinweisen, daß die Zeit drängte, um die Umsetzung des Emigrationsprojekts von Wohlthat und Rublee in Angriff zu nehmen. Robert T. Pell, der Stellvertreter Emersons, war auch bei diesen Besprechungen zugegen. Seinen Aufzeichnungen verdanken wir die genaue Kenntnis der damaligen Abläufe.[34] Wie aus dem Bericht, den Pell an das *State Department* in Washington übermittelt hatte, hervorgeht, hätten die jüdischen Delegierten auf die Warnungen der SS aufmerksam gemacht, daß sich die Flüchtlingskommission nun wirklich beeilen müßte. Sie sollte ein oder mehrere Gebiete für die Ansiedlung von Juden aus dem Dritten Reich präsentieren und endlich für die Einrichtung der *Coordinating Foundation* sorgen. Sollten die Repräsentanten der jüdischen Gemeinde mit leeren Händen aus London zurückkehren, sähe sich die deutsche Regierung gezwungen, die Juden unbarmherzig des Landes zu verweisen. Damit hätte sie schon früher Erfolge verbuchen können.

Die verzweifelten Juden bekamen allerdings zu hören, daß sich das *Intergovernmental Committee for Refugees* seine Vorgangsweise unter keinen Umständen von der SS diktieren lassen würde. Die SS bräuchte nicht zu glauben, daß sie der Kommission detailliert vorschreiben könnte, was sie zu tun und was sie zu lassen hätte. In den vergangenen Monaten hätten die Kommissionsmitglieder stets aufs neue die Erfahrung gemacht, daß beinahe alle Länder der Aufnahme jüdischer Einwanderer Grenzen gesetzt hätten und daß es sehr gefährlich wäre, diese Grenzen überschreiten zu wollen. Damit wäre auch den Interessen der Juden im Dritten Reich nicht gedient. So wurde der jüdischen Delegation folgende Botschaft mit auf den Weg gegeben: Sie sollte der SS und der deutschen Regierung klarmachen, daß viele Länder in ihrer Politik nur eine Immigration in beschränktem Ausmaß vorgesehen hätten und hiervon nicht abgehen würden.

Die SS hatte den Delegationsmitgliedern offenbar den Auftrag erteilt, dafür zu sorgen, daß London grünes Licht gab, sodaß sich die deutsche Regierung an die Durchführung des Emigrationsplans machen könnte. Deshalb flehten sie den Direktor an, ihnen wenigstens irgendeine Notiz mitzugeben, aus der hervorgehen würde, daß die Flüchtlingskommission ihre Vorarbeiten so gut wie abgeschlossen hätte. Als sich Emerson weigerte, dieser Bitte nachzukommen, forderten ihn die Juden auf, einen Brief an Lord Reading, einen tonangebenden britischen Juden, zu schicken. Darin sollte er versichern, daß es der Kommission ernst wäre, was die Mitarbeit an der Durchführung des *Wohlthat-Rublee*-Projekts betraf. Die Delegation wollte dann eine Kopie dieses Schreibens mitnehmen, um der SS zeigen zu können, daß die Kommission keineswegs schlief, sondern gerade dabei wäre, ihrer Grundlagenarbeit den letzten Schliff zu geben.

Da Emerson auch dazu nicht bereit war, baten ihn die nunmehr ratlosen Juden, ob er dann wenigstens einen Brief an Reading schreiben würde, in dem es hieß, daß das *Intergovernmental Committee for Refugees* auch weiterhin aktiv bleiben würde und hoffte, seinen Auftrag mit Erfolg ausführen zu können. Aber selbst diese minimale Bitte stieß auf taube Ohren, sodaß die jüdische Delegation schließlich mit leeren Händen nach Berlin zurückkehrte.

Herbert Emerson ließ die Katze aus dem Sack, als er einige Zeit später seinem Stellvertreter Robert Pell gegenüber erklärte, die Juden hätten die Schwierigkeiten bei der Umsetzung des Emigrationsprojekts selbst provoziert. Das liege nun einmal in der Natur der meisten Ostvölker, zu denen auch die Juden gehörten. Die Juden wären, so Emerson weiter, stets bereit, einen Plan (im konkreten Fall das *Wohlthat-Rublee*-Projekt), über den man bereits mit allen betroffenen Stellen Einvernehmen erzielt hätte, vollkommen ihren eigenen, mysteriösen Geheimplänen unterzuordnen. Er gab den Juden die Schuld daran, daß weder der Madagaskar-Plan Schachts noch das Aussiedlungsprojekt Wohlthats umgesetzt werden konnten.

Nachdem sich Rublee zurückgezogen hatte, setzte sich Präsident Roosevelt mit Hilfe des *State Department* besonders dafür ein, die Zustimmung der Juden zu jener Vereinbarung zu erlangen, welche die Nazis mit dem *Intergovernmental Committee for Refugees* zur Lösung der Judenfrage in Deutschland getroffen hatten.[35] Roosevelt war sich dabei durchaus bewußt, daß die Umsetzung des *Wohlthat-Rublee*-Plans davon abhing, ob eine *Coordinating Foundation* eingerichtet wurde, deren Aufgabe es wäre, 600 Millionen Dollar für den Transport und die Ansiedlung der deutschen Juden aufzutreiben. Darüber hinaus müßten noch immer Gebiete ausfindig gemacht werden, in denen jüdische Immigranten willkommen wären. Der Präsident wandte sich erneut an Myron Taylor, der am 28. März 1939 mit prominenten nicht-zionistischen Vertretern des *American Jewish Committee* und des *American Jewish Joint Distribution Committee* zusammentraf.

Ein zweites Treffen, an dem noch mehr Persönlichkeiten aus der jüdischen Welt teilnahmen, fand am 15. April 1939 im Büro von Samuel I. Rosenman statt. Unmißverständlich erklärte man dort: »Wir dürfen keine Schritte setzen, die dahingehend ausgelegt werden könnten, daß die jüdische Gemeinde den Nazis das Recht zugesteht, den Besitz von Juden mit deutscher Staatsbürgerschaft zu konfiszieren und sie in weiterer Folge in die Verbannung zu schicken.«[36] Die Vertreter jüdischer Organisationen gaben Taylor zu verstehen, daß er keine rein jüdische, sondern eine allgemeine *Coordinating Foundation* ins Leben rufen müßte, sollte der *Wohlthat-Rublee*-Plan überhaupt Aussicht auf Erfolg haben. Außerdem sollten nicht nur private (jüdische) Fonds angezapft werden. Man müßte auch an die in Evian vertretenen Regierungen appellieren, die damals der Errichtung des *Intergovernmental Committee for Refugees* zugestimmt hätten; sie alle sollten einen ansehnlichen finanziellen Beitrag zur Realisierung des Projekts leisten. Taylor berichtete später an das *State Department*, daß die Juden, mit denen er zusammengetroffen wäre, befürchteten, die Einrichtung einer jüdischen *Coordinating Foundation* würde postwendend als neuer Beweis für die tatsächliche Existenz des berüchtigten »Weltjudentums« interpretiert werden.

Am 29. April 1939 trafen einander 41 jüdische Abgesandte, die dem *Wohlthat-Rublee*-Plan ihre Zustimmung erteilten. Dies veranlaßte den amerikanischen Präsidenten zu einer weiteren persönlichen Begegnung mit jüdischen Wortführern in seiner Heimat. Einige Tage darauf, am 4. Mai 1939, kam es zu einem Treffen zwischen Präsident Roosevelt und Paul Baerwald vom *American Jewish Joint Distribution Committee* (JDC), den Verantwortlichen des *American Jewish Committee* Henry Ittleson, Lewis L. Strauss, Joseph Proskauer und Sol Stroock sowie Samuel Rosenman. Seitens des *State Department* nahmen daran Sumner Welles und Pierepont Moffat teil. Roosevelt drängte gegenüber den Juden auf eine raschestmögliche Gründung der *Coordinating Foundation*, doch die Anwesenden machten dem Präsidenten klar, daß das JDC unter großem Geldmangel litt. Für das Jahr 1939 standen ihm knapp mehr als acht Millionen Dollar zur Verfügung, davon hätte man jedoch bereits eine Million für die Aufnahme zehntausender jüdischer Flüchtlinge in Europa zur Verfügung gestellt. Weiters wurden die glücklosen Passagiere der *St. Louis* genannt, denen man geholfen hätte.[37] Das JDC hätte sich darüber hinaus des Schicksals der Juden in Polen und Rumänien angenommen, die in große finanzielle Schwierigkeiten geraten wären. Woher, so fragte man, sollte das *Distribution Committee* das Geld für ein weiteres 600 Millionen Dollar-Projekt zur Zwangsaussiedlung praktisch aller Juden aus dem Dritten Reich nehmen?

Aus diesem Grund entschloß man sich beim *American Jewish Joint Distribution Committee* dazu, so schnell wie möglich zwei seiner Mitglieder nach London zu entsenden. Sie sollten den dortigen jüdischen Anführern die schließlich doch erteilte Zustimmung der amerikanischen Juden zum *Wohlthat-Rublee*-Plan erläutern und in weiterer Folge über die Errichtung der *Coordinating Foundation* verhandeln. In England konfrontierte man die beiden mit der Tatsache, daß die jüdischen Fonds aufgrund der politischen Situation im Nahen Osten und in Mitteleuropa immer häufiger in Anspruch genommen würden, und deshalb schon bald ausgeschöpft wären. Um den Eindruck zu erwecken, daß sich die britische Regierung der verfolgten Juden annahm, hätte sie am 17. Mai 1939 beschlossen, 10 000 jüdische Kinder aus Deutschland, Österreich und der Tschechoslowakei unter der Bedingung in England aufzunehmen, daß diese Kinder keine Eltern mehr hätten oder zumindest nicht von diesen begleitet würden. Aus jüdischen Fonds wäre plötzlich viel Kapital geflossen, um diesen Kindern zu helfen. Die britische Regierung hätte darüber hinaus den *Report on British Guayana* veröffentlicht, in dem sie 3000 bis 5000 Juden die Möglichkeit eröffnete, sich in diesem tropischen Gebiet in Südamerika anzusiedeln. Es wäre dies ursprünglich als Experiment gedacht gewesen, doch wenige Wochen später hätte der britische Kolonialminister Malcolm MacDonald ausdrücklich klargestellt, daß die Juden dieses Experiment selbst zu finanzieren hätten.[38] Schließlich erklärte man den beiden amerikanischen Delegierten in London noch, daß England in den ersten Monaten des Jahres 1939 bereits mehr als 50 000 Flüchtlinge aufgenommen hätte und die jüdischen Fonds erneut beansprucht worden wären, um Männern, Frauen und Kindern zu helfen. Die beiden Amerikaner machten sich mit der Botschaft auf den Heimweg, daß auch die britischen Juden absolut nicht in der Lage wären, die Durchführung des *Wohlthat-Rublee*-Plans zu finanzieren. Nachdem sie über ihre Besprechungen in London Bericht erstattet hatten, beschloß das *American Jewish Joint Distribution Committee* am 6. Juni 1939, der *Coordinating Foundation* (die noch immer nicht gegründet worden war) eine Million Dollar zur Verfügung zu stellen, obwohl man genau wußte, daß dieser Betrag nicht realistisch war. Die Mitglieder der Kommission wollten zeigen, daß sie jedenfalls bereit wären, Taylor und den Präsidenten bei der Realisierung des *Wohlthat-Rublee*-Plans zu unterstützen. Es folgte noch eine weitere Sitzung jüdischer Entscheidungsträger in New York. Im Zuge der Besprechungen über den auszuführenden Plan übte Joseph Tennenbaum, der die *American Federation of Polish Jews* repräsentierte, scharfe Kritik an der finanziellen Hilfe, die das JDC zugesichert hatte. Seiner Ansicht nach lief der Plan den anti-deutschen Boykotten zuwider und würde nur den deutschen Exporten förderlich sein.

Im *Malcolm MacDonald White Paper*, das die britische Regierung am Abend des 17. Mai 1939 vorstellte, brach sie endgültig jene Versprechen, die sie den Zionisten 1917 in der *Balfour Declaration* gegeben hatte.[39]

Infolge der *Balfour Declaration* waren im britischen Mandatsgebiet Palästina, wo den Juden ein Nationalheim zugestanden worden war, ab 1936 von arabischer Seite unablässig Tumulte provoziert worden. Die Briten befürchteten daher, daß sich die Aufstände im Nahen Osten weiter ausbreiten würden und die Araber sich Hitler und Mussolini anschließen könnten. Immerhin hatten sie 1937 auf einer Konferenz in Bludan bereits damit gedroht. Darüber hinaus war die Vorherrschaft der Briten im Nahen Osten für ihren Imperialismus von großer Bedeutung, erst vor kurzem hatte man in dieser Gegend wichtige Ölquellen entdeckt. Aus kommerzieller Sicht war das Gebiet wegen der Konkurrenzsituation mit den USA von enormer Wichtigkeit. Wenn also auch weiterhin hauptsächlich polnische Juden nach Palästina emigrierten, so befürchtete man auf Seiten der Briten ein Explodieren der Situation samt allen negativen Begleiterscheinungen.

Im Jahre 1935 waren noch mehr als 30 000 polnische Juden nach Palästina emigriert. 1936 waren es noch 13 000, im Jahr darauf nur mehr knapp 4000 Menschen und 1938 und 1939 schließlich 3000 beziehunsweise 4500 Einwanderer.[40] Infolge der britischen Politik schlossen sich für die Juden allmählich die Pforten Palästinas. Als Reaktion auf diese Entwicklung drängte die polnische Regierung bei den französischen und englischen Amtskollegen immer heftiger darauf, für die Aussiedlung ihrer dreieinhalb Millionen Juden andere Gebiete zur Verfügung zu stellen.

Im Mai 1939 kamen die Engländer ungeachtet der zunehmenden Verfolgung der

Juden in Österreich und Deutschland zu dem Schluß, daß die Zeit reif wäre, die Pforten Palästinas ein für alle Mal zu schließen. Die Regierung Chamberlain war dem Druck der arabischen Bedrohung erlegen, ebenso wie sie gerade im Begriff war, den Nazis nachzugeben.

Im März desselben Jahres hatten die Vertreter des Irak, Transjordaniens und Saudi-Arabiens im Zuge von Gesprächen am Runden Tisch eindringlich an die Araber appelliert, ein sofortiges Veto gegen die jüdische Immigration einzulegen. Am 20. April 1941 erklärte Neville Chamberlain im Ministerrat, daß es für die Zukunft Großbritanniens »von sehr großem Interesse« wäre, daß die britische Regierung die Araber in Palästina und dem gesamten Nahen Osten bei Laune hielt. Er fügte hinzu: »Wenn wir also schon nicht anders können, als zwischen zwei Übeln zu wählen, dann sollen wenigstens die Juden das Übel erfahren und nicht die Araber.«

Zugleich hatte aber die britische Regierung auch dem Druck, der von Seiten des Vatikans auf sie ausgeübt worden war, nicht standhalten können. Wenige Monate bevor das *White Paper* veröffentlicht wurde, hatte ein anonymer Autor in *La Cività Cattolicà* noch geschrieben, daß es sich bei der Idee eines Jüdischen Nationalheimes in Palästina um einen großen Irrtum der Briten und des Völkerbundes gehandelt hätte: »Nicht nur die Alleinherrschaft der Juden, sondern sogar das friedliche Nebeneinander mit den Arabern hat sich als vollkommen unmöglich herausgestellt. Das einzige, was den Juden jetzt noch übrigbleibt, ist deshalb: von allen Ansprüchen auf Palästina Abstand zu nehmen und das Land so schnell wie möglich wieder zu verlassen.«

Der eigentliche Anlaß für die Veröffentlichung des *White Paper* am 17. Mai 1939 war das Scheitern der St. James-Konferenz. Die britische Regierung hatte diese Konferenz anberaumt, um das gegenseitige Verständnis zwischen Arabern und Juden in Palästina zu fördern. Vertreter der arabischen Bevölkerung Palästinas und der anliegenden arabischen Staaten einerseits und Abgesandte der *Jewish Agency* auf der anderen Seite nahmen diametral entgegengesetzte Haltungen ein, als die Frage der jüdischen Immigration zur Sprache gebracht wurde.

Die Briten hatten die beiden Parteien zuvor gewarnt, daß sie selbst eingreifen würden, sollten Araber und Juden nicht innerhalb angemessener Frist eine Einigung erzielen. Im *White Paper* hieß es: »Die Regierung Ihrer Majestät erklärt mit allem Nachdruck, daß es nicht Ziel ihrer Politik ist, Palästina zu einem jüdischen Staat werden zu lassen.« Dies würde »ihrer Verantwortung gegenüber den Arabern im Mandatsgebiet« widersprechen. »Die Regierung Ihrer Majestät strebt an, innerhalb von 10 Jahren einen souveränen palästinensischen Staat zu gründen, der sowohl die Interessen der Araber wie auch jene der Juden wahrnehmen soll.« Bis dahin sollte »das palästinensische Volk« nach und nach mehr an der Regierung des Landes beteiligt werden. »Der Ausweitung des Jüdischen Nationalheimes auf dem Wege der Immigration müssen Grenzen gesetzt werden.« Während der nächsten fünf Jahre dürften noch 75 000 Juden hinzukommen, sodaß deren Anteil an der Gesamtbevölkerung schließlich bei einem Drittel liegen würde. Nach Ablauf dieser Zeit dürften keine weiteren jüdischen Immigranten mehr aufgenommen werden, es sei denn, die Araber würden dagegen keine Einwände erheben. Die britische Regierung fühlte sich nicht dazu verpflichtet, die weitere Entwicklung des Jüdischen Nationalheimes auf dem Wege der Einwanderung zu unterstützen, ohne dabei den Wünschen der arabischen Bevölkerung Rechnung zu tragen. Was den Ankauf von Land von der arabischen Bevölkerung betraf, wurde festgestellt, daß es dazu in bestimmten Gegenden Palästinas überhaupt keine Möglichkeiten mehr gäbe und sie in anderen Regionen äußerst beschränkt wären.

Der britische Hochkommissar in Palästina sollte mit Vollmachten ausgestattet werden, um alles ordentlich regeln zu können. In seinen *Land Transfer Regulations* teilte er Palästina in drei Zonen. In Zone A (64 Prozent des Landes) dürften die Juden, von Ausnahmefällen abgesehen, kein Land mehr erwerben; in Zone B (31 Prozent der Landoberfläche) nur mehr in besonders gelagerten Fällen. Schließlich blieb ihnen nur noch die freie Zone C (fünf Prozent des Gebiets).

Die von der britischen Regierung im *White Paper* von 1939 skizzierte und in weiterer Folge auch strikt verfolgte Politik hatte weitreichende Auswirkungen auf die Vorstellungen, welche die polnische, die deutsche und die britische Regierung sowie der *Jischuw* in Palästina (Weizmann und Ben-Gurion) von der Lösung der Judenfrage in Europa hatten. Eine der entscheidenden Konsequenzen war, daß die polnische Regierung nun nicht mehr jährlich tausende Juden nach Palästina umsiedeln konnte und sich daher, wie bereits dargestellt, umso mehr gezwungen sah, die jüdische Problematik in ihrem Land auf dem Wege der Zwangsaussiedlung in andere Gebiete in den Griff zu bekommen. Allem realpolitischem Denken zum Trotz hoffte sie nach wie vor auf Madagaskar. Und das, obwohl schon seit geraumer Zeit klar war, daß die Regierung Frankreichs ihren Madagaskar-Plan für verfolgte europäische Juden nicht würde ausführen können und die Polen darüber hinaus gar nicht in der Lage waren, die strengen Kriterien zu erfüllen, die zur Teilnahme an diesem Projekt berechtigt hätten.

In weiterer Folge kam die im *White Paper* angedeutete Politik der britischen Regierung auch der Entwicklung der verschiedenen Madagaskar-Pläne sehr gelegen, die im Sommer 1940 vom deutschen Reichsaußenministerium und dem Reichssicherheitshauptamt (RSHA) ausgearbeitet wurden. Hitler instrumentalisierte in jenen Jahren sowohl das Scheitern der Konferenz von Evian 1938 als auch den Inhalt des *White Paper* der britischen Regierung aus dem Jahre 1939, um die anderen Völker – hier vor allem die Briten – unablässig an den Pranger zu stellen. In ihrem unmenschlichen Verhalten gegenüber den Juden hätten sie selbst dafür gesorgt, daß diese nirgendwo mehr hin könnten. Ihm hingegen würde das sehr wohl gelingen: Die Juden würden nach Madagaskar gehen.

Schließlich entwickelte die britische Regierung – wie im Folgenden noch gezeigt werden wird – von 1941 an bis in die Zeit nach dem Weltkrieg im Jahre 1946 ihre eigenen Madagaskar-Pläne, um jenen Juden, die der Verfolgung durch die Nazis entkommen waren, die aber unter keinen Umständen nach Palästina emigrieren durften, doch noch irgendwo eine sichere Heimat zu bieten.

Die Auswirkungen des *White Paper* für den *Jischuw* in Palästina beschreibt Golda Meir in ihrer Autobiographie:

> »Seit dem Jahr 1939 habe ich gewiß tausendmal versucht, mir selbst und anderen zu erklären, wie es kam, daß die Briten zur gleichen Zeit, in der sie mit soviel Mut und Entschlossenheit den Nazis entgegentraten, einen fast ebenso langen und bitteren Krieg gegen die Einwanderung von vor den Nazis geflüchteten Juden nach Palästina führten. [...]
> Erst als die britische Regierung es uns, entgegen jeder Vernunft und Menschlichkeit, unmöglich machte, Juden aus den Händen der Nazis zu retten, wurde uns klar, daß unsere politische Unabhängigkeit nicht weiterhin als fernes Ziel betrachtet werden konnte. Die Notwendigkeit, die Einwanderung zu kontrollieren, weil Menschenleben von einer solchen Kontrolle abhingen, brachte uns dazu, eine Entscheidung zu treffen, die sonst vielleicht auf bessere (wenn nicht ideale) Bedingungen hätte warten müssen. Das Weißbuch von 1949, dessen Verfügungen und Vorschriften von gleichgültigen Fremden festgelegt wurden, verwandelte die Frage der Eigenständigkeit des *Jischuw* in eine dringende Notwendigkeit. Aus dieser Notwendigkeit heraus wurde, nur drei Jahre nach Ende des Kriegs, der Staat Israel gegründet.«[41]

Es ist verständlich, daß sich die britische Regierung nach der Veröffentlichung des *White Paper* doch allmählich sehr unbehaglich zu fühlen begann, wenn es darum ging, wo denn nun jene Juden, die aufgrund der Verfolgungen aus dem Dritten Reich emigrieren wollten, eine neue Heimat finden könnten. Der Flüchtlingskommission war es noch immer nicht gelungen, ein Territorium ausfindig zu machen, und noch immer war von jüdischen Finanziers keine *Cooordinating Foundation* eingerichtet worden. Darüber hinaus war die britische Regierung als Folge des *White Paper* einem beinahe gnadenlosen Druck der öffentlichen Meinung (im In- und Ausland) ausgesetzt. Sie sollte doch so schnell wie möglich eine Alternative zu Palästina finden, wo in den folgenden Jahren nicht mehr viele Zuwanderer in das Jüdische Nationalheim aufgenommen werden würden. Deshalb unternahmen die britischen Politiker im Sommer 1939 einen letzten, fast schon verzweifelten Versuch, das Emigrationsprojekt von Wohlthat und Rublee nachträglich doch noch zu retten. Sie schlugen nämlich vor, für die Ansiedlung der Juden aus dem Dritten Reich in Übersee innerhalb eines Zeitraums von fünf Jahren eine Milliarde Dollar buchstäblich zusammenzukratzen. Die Regierungen der 32 auf der Konferenz von Evian vertretenen Länder sollten denselben Betrag, den private Einrichtungen aufgetrieben hätten, in einen Fonds einbringen.

Die britische Regierung war sich durchaus bewußt, daß sie damit von jenen Prinzipien abwich, über die die Teilnehmer der genannten Konferenz im Sommer 1938 Einverständnis erzielt hatten: Die gesamte Finanzierung sowohl der Emigration der

Juden aus dem Deutschen Reich als auch der Ansiedlung in überseeischen Gebieten sollte nämlich mit privaten (soll heißen jüdischen) Mitteln bewerkstelligt werden. Nun aber, da es fünf Minuten vor zwölf war, sah man auf britischer Seite ein, daß das ganze Unternehmen des *Wohlthat-Rublee*-Plans noch vor seinem eigentlichen Beginn zum Scheitern verurteilt wäre, sollten nicht auch die Regierungen Geld zur Verfügung stellen.[42] In der Hoffnung, nach der Veröffentlichung des *White Paper* ihr Gesicht doch noch wahren zu können, kam die britische Regierung im allerletzten Moment mit dieser neuen Variante des *Wohlthat-Rublee*-Projekts daher.

Die amerikanische Regierung war mit einer Ablehnung des Projekts schnell zur Stelle. Namens des *State Department* teilte Hull dem Außenministerium in London mit, daß es der im Kongreß geübten Praxis widersprach, sich für die Finanzierung des genannten Projekts an die amerikanische Regierung und zugleich auch an die amerikanische Öffentlichkeit zu wenden. Darüber hinaus erachteten es amerikanische Diplomaten als eine Utopie, von der amerikanischen Öffentlichkeit und deren Vertretern im Kongreß zu erwarten, daß sie den Einsatz von Regierungsgeldern für diesen Zweck gutheißen würden. Es wäre gut möglich, daß es einzelne Kongreßmitglieder gab, die sich von humanitären Überlegungen leiten ließen. Die meisten Abgeordneten jedoch hätten jedenfalls kein unmittelbares Interesse an der Ausführung dieses Programms.

In Washington und seitens der Botschaft der USA in London brachte man noch andere Argumente vor, um das britische Projekt umgehend vom Tisch zu wischen. Sollte dieser Plan angenommen werden, so der Botschaftschaftsangehörige Theodore Achilles, würde die britische Regierung in eine moralisch starke Position gelangen und diese auch in der Presse ausschlachten. Gemeinsam mit anderen Diplomaten vertrat er die Ansicht, daß die amerikanische Regierung im vorangegangenen Jahr um einiges mehr als die Briten zur Lösung der Problematik der jüdischen Flüchtlinge beigetragen hätte. Darum sollte seine Regierung in der Öffentlichkeit auch die Früchte dieser Investitionen ernten können.

Das einzige greifbare Resultat der endlosen Gebietssuche war die Gründung einer kleinen jüdischen Kolonie in der Dominikanischen Republik. Zwar hatte man seitens dieses Landes zugesagt, zur Eingliederung von 100 000 jüdischen Immigranten bereit zu sein, dennoch könnte schließlich nur ein Bruchteil von ihnen Aufnahme finden. Und selbst das bedurfte des unglaublichen Engagements eines amerikanischen Juristen namens James N. Rosenberg.

Trotz all dieser Mißerfolge blieb das *Intergovernmental Committee for Refugees* bestehen, da sich Präsident Roosevelt gegen die Auflösung des einzigen internationalen Organs für politische Flüchtlinge aussprach. Als es Robert Pell, dem Leiter der für Europa zuständigen Abteilung im *State Department*, zu Ohren kam, daß Roosevelt dieser Kommission doch zu neuem Leben verhelfen wollte, versuchte ihn der Spitzenbeamte in einem wortgewaltigen Memorandum davon abzubringen. Darin hieß es unter anderem:

»Einmal angenommen, dieser Regierung ist es ernst damit, Mittel und Wege zu finden, um das Los der politischen Flüchtlinge zu lindern. Dann muß in aller Offenheit gesagt werden, daß ein Treffen von ein paar Botschaftern und Ministern unter Vorsitz Wintertons in Paris oder an einem anderen Ort dafür kein geeignetes Mittel darstellt. Diese Herren würden wie bereits in der Vergangenheit schöne Reden schwingen oder in den meisten Fällen gar nichts von sich geben. Der liebe Herr Taylor wird ihnen ein großes Bankett bereiten. Einige Abgesandte werden ihren Regierungen Bericht erstatten, aber die meisten geben ganz offen zu, daß sie nicht einmal das tun. Die Flüchtlinge, denen es so elend ergeht, werden neue Hoffnung schöpfen, wenn die Abhaltung einer Konferenz angekündigt wird. Und nach Sitzungsschluß werden sie – genauso wie bei den letzten Malen – in noch tiefere Verzweiflung stürzen.«[43]

Kapitel IX

Die Entwicklung nach dem September 1939

Der israelische Historiker Yehuda Bauer, Professor an der Hebräischen Universität in Jerusalem, vertritt in seinem bereits früher erwähnten Buch *Jews for Sale?* die These, daß Hitlers Zustimmung zum *Wohlthat-Rublee*-Plan seiner Absicht entsprach, Europa durch militärisches Eingreifen unter seine Herrschaft zu bringen.[1] Hitler fühlte sich berufen, ganz Europa zu unterwerfen, und meinte, daß das Problem der Judenfrage, wie er einmal zu Göring gesagt hatte, »so oder so«[2] gelöst werden müßte. Das widersprach nicht seiner Bereitschaft, alle Juden gemäß dem *Wohlthat-Rublee*-Plan, den vor allem Amerika und Großbritannien unterstützten, zur Emigration aus Deutschland und Österreich zu zwingen. Als aber im September 1939 der Krieg ausbrach, England sich Deutschlands Gegnern anschloß und alle Kontakte zwischen den Nazis und der britischen Regierung abgebrochen wurden, konnte der *Wohlthat-Rublee*-Plan nicht mehr durchgeführt werden.

Ich teile die Ansicht Yehuda Bauers, daß in der umfangreichen Literatur über den Krieg seinen eigentlichen Ursachen im allgemeinen wenig Beachtung geschenkt wird. In einer Reihe wichtiger Werke verweisen die Historiker auf Hitlers diplomatische Beweggründe und auf die Politik der Westmächte, der Sowjetunion und Polens. Nicht selten werden auch die militärischen Vorbereitungen auf beiden Seiten erwähnt. Aber meistens bleibt, so Bauer, die Frage unbeantwortet, warum vor allem Deutschland den Krieg wollte. Diese Frage wird noch komplizierter, wenn man sich vergegenwärtigt, daß sich die deutschen Land-, See- und Luftstreitkräfte im September 1938 fast einmütig gegen Hitler auflehnten. Auch ein Jahr später war unter den deutschen Soldaten keine Kriegsbegeisterung zu bemerken. Man muß noch hinzufügen, daß die meisten Großindustriellen des Landes sich deutlich gegen den Krieg aussprachen und auch die Bevölkerung sehr apathisch reagierte. Kein Wunder, daß die führenden Industriellen diesen Standpunkt einnahmen, hatte sich doch die Wirtschaft beachtlich erholt, und die Arbeitslosigkeit war so gut wie überwunden. Die Generäle der Armee sprachen ausdrücklich von Deutschlands wiedergewonnener Stärke und davon, daß es sich vor keiner Bedrohung fürchten müsse. Im Gegenteil, Deutschland war zur Bedrohung für die anderen Völker Europas geworden.

Trotz dieser hoffnungsvollen Entwicklung, auf die sich die Gegner des Krieges beriefen, wollte Hitler dennoch den Krieg. Warum, fragt Bauer. Untersuchungen zeigten, daß Hitler in Besprechungen mit seinen engsten Mitarbeitern und den Armeegenerälen Äußerungen getan hatte, die Schlüsse darüber zulassen, warum er trotz des Widerstandes im eigenen Land den Krieg begonnen hatte.[3] Bauer faßt Hitlers Motive wie folgt zusammen: Hitler hätte schon lange davon geträumt, daß er, von der Vorsehung berufen, im Kampf um die Hegemonie in Europa Deutschland, als Wiege der reinen arischen Rasse, stärken und vergrößern müßte. Um diesen Traum verwirklichen zu können, müßte Deutschland bedingungslos von den Feinden befreit werden, die das Dritte Reich eingekreist hatten und die vom internationalen Judentum angeführt wurden.

Der Sowjet-Bolschewismus bildete in Hitlers Gedankenwelt die gefährlichste Bedrohung, verstand er doch darunter nichts anderes als die Verkörperung des politischen Willens der Juden zur Erringung der Weltherrschaft.[4] Auch Frankreich und Amerika waren in Hitlers Vorstellung ganz in den »Würgegriff« der Juden geraten. Bis September 1939 stand Hitler der britischen Regierung diesbezüglich sehr ambivalent gegenüber: Zeiten, in denen er dachte, daß sie die Juden überlisten würde, wechselten mit Perioden, in denen er glaubte, auch sie wäre ganz in ihren »Würgegriff« geraten. Jedenfalls gab es seiner Meinung nach kein Land der Welt, in dem antisemitische Gruppierungen dem schädlichen Einfluß der Juden so viel Widerstand entgegensetzen würden wie in England. Darum hoffte er, daß es der britischen Regierung letztlich gelänge, die Macht der Juden im Land definitiv zu brechen. Nachdem sich aber die britische Regierung im September 1939 Hitlers Feinden angeschlossen hatte, zweifelte er nicht mehr daran, daß auch sie unter dem »unerträglichen Joch« der Juden zusammengebrochen war und daß es für sie keinen Weg zurück gab.

Paranoid wie er war, fühlte sich Hitler viel mehr vom »Weltjudentum« bedroht, als von einer halben Million Juden im eigenen Land, von denen er wußte, daß er sie mit Sicherheit vom deutschen Boden vertreiben würde. Hitler begann also den Krieg, weil er sich die Alleinherrschaft in Europa und die Möglichkeit zur Errichtung eines weiträumigen, rein arischen Reiches sichern wollte. Zur Erlangung dieses Ziels war es in seinen Augen notwendig, dem internationalen Judentum, das Deutschlands Feinde in seine Gewalt bekommen hatte, den Krieg zu erklären. Darum, so Bauer, wurde dieser Krieg nicht aus pragmatischen Überlegungen oder Interessen geführt, auch nicht aus militärischen, ökonomischen und politischen Erwägungen, sondern aus rein ideologischen Gründen. Der rassistische Judenhaß war das zentrale Element von Hitlers Ideologie. Der Krieg war letztlich ein Krieg gegen die Juden.

Diese Interpretation steht nicht im Widerspruch zu der pragmatischen Art und Weise, in der Hitler dem *Wohlthat-Rublee*-Plan zugestimmt hatte. Betrachtete er doch eine halbe Million Juden in seinem Reich als Anhänger Satans, die natürlich mit dem internationalen Judentum einen Pakt geschlossen hätten. Kurz sah es danach aus, als ob in den Jahren 1938/1939 fast alle Juden aus Deutschland nach Madagaskar oder anderswohin emigrieren könnten. Aber der *Wohlthat-Rublee*-Plan konnte nicht durchgeführt werden. Die Juden selbst zögerten und konnten die

Geldmittel zur Finanzierung einer derartigen Umsiedlung nicht aufbringen. Die westlichen Regierungen (vor allem Amerika und Großbritannien) wollten die Juden zwingen, dem Vertrag zuzustimmen, den Rublee im Namen des *Intergovernmental Committee for Refugees* mit den Nazis geschlossen hatte. Allerdings war keine von ihnen bereit, auch nur einen Teil der Massenaussiedlung zu finanzieren. Außerdem schlossen immer mehr Staaten die Grenzen für jüdische Flüchtlinge. Aber selbst wenn die finanziellen Probleme hätten gelöst werden können, wäre der Plan höchstwahrscheinlich doch nicht durchführbar gewesen: er scheiterte am Ausbruch des Krieges im September 1939. »The enemy was time.«[5] Das bedeutete allerdings nicht das Ende des Plans, die Judenfrage durch eine großangelegte Umsiedlung zu lösen. Im Gegenteil, Hitler betonte am 20. September 1939 im Gespräch mit einem Abgesandten aus Polen, daß er die Judenfrage in Zusammenarbeit mit Polen, Ungarn und Rumänien durch die Verbannung aller Juden in diese Länder lösen wolle.[6]

Die Entwicklung in Polen nach dem deutschen Einmarsch zeitigte Auswirkungen auf die weitere Ausarbeitung des Madagaskar-Plans im Sommer 1940. In Ostpolen hatte Rußland 200 000 Quadratkilometer mit 13 Millionen Einwohnern annektiert; ein Drittel der Bevölkerung waren Ukrainer, ein Drittel Polen und der Rest etwa zu gleichen Teilen Juden (eine Million), Weißrussen und einige kleinere Gruppen. Als Folge des Überfalls auf Polen bekam Deutschland in Nordwestpolen die früheren preußischen Bezirke Danzig, Posen und Ostpreußen und außerdem einen großen Teil Schlesiens zurück. Der Gebietsgewinn für Deutschland betrug 95 000 Quadratkilometer. Von den 10 Millionen Einwohnern dieser von Deutschland besetzten Zone Polens waren ungefähr dreieinhalb Millionen Juden. Zwischen der deutschen und der russischen Besatzungszone lag noch ein Gebiet von 94 000 Quadratkilometern mit den Städten Warschau, Lublin und Krakau. Dieses »Restpolen« wurde, obschon von den Deutschen besetzt, nicht dem Deutschen Reich einverleibt. Es wurde »Generalgouvernement« genannt, in dem Hitler seinen juristischen Ratgeber und Reichsminister Hans Frank als Generalgouverneur einsetzte. Unter den 12 Millionen Einwohnern dieses Gebietes, von denen der Großteil Polen waren, gab es eine große jüdische Minderheit von über zwei Millionen.

Im Sommer 1940 arbeitete sowohl das Reichsaußenministerium als auch das Reichssicherheitshauptamt (RSHA) einen Madagaskar-Plan aus. Um die Bedeutung dieser Pläne erfassen zu können, ist es wichtig, die Politik der Nazis gegenüber den Juden von 1939 (Invasion Polens) bis 1940 genauer zu betrachten[7], die in dieser Periode Teil eines großen demographischen Projekts, einer »rassischen Neuordnung« ganz Osteuropas war. Die Nazis verstanden damals die Begriffe »Lebensraum« und »Endlösung« anders als nach der Operation »Barbarossa«. Aus allen offiziellen Dokumenten von 1939 bis 1940 geht hervor, daß es den Nazis mit diesen Projekten zur Umsiedlung großer Bevölkerungsgruppen ernst war.

Am 21. September 1939 berief Heydrich in Hitlers Auftrag eine Konferenz ein, zu der alle Führer und Stabschefs der SS und der Einsatzgruppen eingeladen waren.

Unter anderem waren Heinrich Müller, Chef der Gestapo, Arthur Nebe, Chef der Kriminalpolizei, und Adolf Eichmann anwesend.[8] Man sprach über die »ethnische Säuberung« Polens; dazu gab es ein von Hitler offiziell genehmigtes Projekt. Westpreußen, der Warthegau und ein Großteil Schlesiens sollten »ethnisch reine« germanische Gaue werden, in denen ausschließlich Deutsche leben dürften. Damit sich dort Deutsche aus osteuropäischen Ländern ansiedeln könnten, müßten alle Polen, Juden und Zigeuner aus diesen Gebieten in den »fremdsprachigen Gau« im Osten Polens ausgesiedelt werden. Mit dem »fremdsprachigen Gau« war das Generalgouvernement gemeint, wo Hans Frank Generalgouverneur wurde. Die ganze Operation sollte ein Jahr dauern. Hitlers Zustimmung galt also einem Plan, Juden aller Länder (inklusive Polens) unter deutscher Herrschaft ins Generalgouvernement umzusiedeln.[9] Innerhalb eines Jahres sollte diese Operation abgeschlossen sein. Später sollten die Juden in die Sowjetunion verbannt werden, um sie dort in irgendeiner unwirtlichen Gegend zu »deponieren«.

Unmittelbar nach der Sitzung verfügte Heydrich, daß in den besetzten Gebieten Polens Judenräte eingesetzt werden müßten, die Mitverantwortung für die Durchführung dieses großangelegten Umsiedlungsprojektes tragen sollten. Yehuda Bauer vergleicht das Sitzungsprotokoll vom 21.September[10] mit dem Text der Verordnung, die ebenfalls am 21. September[11] erlassen wurde, und kommt zu dem Schluß, daß Hitler unbestreitbar beabsichtigte, die Judenfrage durch die Verbannung aller Juden Europas in eine unwirtliche Gegend in der Sowjetunion zu lösen. Bauer erkennt darin auch einen Nachhall anderer Pläne Hitlers, die Judenfrage in Europa durch internationale Vereinbarungen zu lösen: des *Schacht-Rublee*-Plans und des *Wohlthat-Rublee*-Plans. Hitler war klar, daß er nicht ohne Verhandlungen auf internationalem Niveau Millionen europäischer Juden nach Sibirien würde verbannen können.[12]

Bei der Verbannung der polnischen Juden wollten Heydrich und Himmler in zwei Schritten vorgehen. In der ersten Phase müßten 600 000 Juden aus dem besetzten Polen (Westpolen) ins Generalgouvernement umgesiedelt werden. Die jüdische Bevölkerung würde dann dort von knapp eineinhalb Millionen auf fast zwei Millionen anwachsen. In der zweiten Phase müßten diese zwei Millionen Juden im Generalgouvernement in Ghettos untergebracht werden. Man beschloß darum, das gesamte Eisenbahnnetz im Generalgouvernement (die »Ostbahn«) für den Einsatz im Rahmen dieser Operation freizuhalten. Es ging also darum, die Juden in einem riesigen Reservat zusammenzutreiben. Die Juden allerdings, die im Gebiet zwischen Krakau, der tschechoslowakischen Nordgrenze und der deutsch-russischen Grenzlinie lebten, brauchten nicht in Städte umgesiedelt zu werden. Heydrich ging sichtlich davon aus, daß dieses Gebiet einmal ein jüdisches Reservat werden würde. Nachdem die Grenze mit der Sowjetunion definitiv festgelegt worden war, erklärten die Nazis das nördlich gelegene Gebiet um Lublin zum zukünftigen »Reichsghetto«, wie es Heydrich nannte.[13]

Einen Plan zur Vernichtung gab es damals noch nicht, obwohl das Naziregime durch die Invasion Polens rund die Hälfte der 3 300 000 polnischen Juden dazubekommen hatte.[14] Jede neue Eroberung hatte die Lösung der Judenfrage nur noch schwieriger gemacht. Allerdings konnte die Judenfrage nun wenigstens provisorisch gelöst werden, weil man einen Teil des eroberten Gebietes (das Generalgouvernement) dafür verwenden konnte. Die Ideen Alfred Rosenbergs, die mit jenen Hitlers vollkommen übereinstimmten, konnten nun realisiert werden: die Errichtung eines riesigen jüdischen Reservats.

Von 1939 (seit der Invasion Polens) bis 1940 verfolgten Hitler und seine Gefolgsleute eine Politik, die auf eine derartige Lösung des Judenproblems ausgerichtet war. Während das Reichskommissariat für die Festigung des deutschen Volkstums (RKFDV) mit der Koordination der Ansiedlung von »ethnisch reinen« Germanen in den genannten Gebieten beauftragt war, war das RSHA für die Verbannung ganzer Bevölkerungsgruppen ins Generalgouvernement verantwortlich. Dieses sollte nach den Plänen des Rasse- und Siedlungs-Hauptamtes unter Himmlers Leitung eine riesige »Rassen-Mülldeponie« werden.

Zur selben Zeit ernannte Hitler per Dekret Himmler zum Reichskommissar und umschrieb dessen Tätigkeiten wie folgt: Personen deutscher Herkunft, die im Ausland wohnten und dafür geeignet waren, zu repatriieren; den schädlichen Einfluß volksfremder Bevölkerungsgruppen, die für das Reich und das deutsche Volk eine Gefahr bildeten, abzuwehren; durch die Umsiedlung von Bevölkerungsgruppen neue Siedlungsgebiete für Deutsche zu schaffen.[15] Es ging dabei um die Germanisierung ganz Osteuropas. Die ursprüngliche slawische Bevölkerung sollte vertrieben werden, und danach sollten Deutsche und Familien deutscher Herkunft die leerstehenden Häuser mit dem dazugehörenden Grund und Boden in Besitz nehmen.

Schon nach dem Einmarsch der deutschen Armee im März 1939 in Böhmen und Mähren hatte Hitler gehofft, dort mit dem Germanisierungsprojekt beginnen zu können. Himmler hatte ihm damals vorgeschlagen, sechs Millionen Tschechen zu vertreiben und diese durch die deutsche Bevölkerung Südtirols zu ersetzen. Weil aber Hitler sehr schnell erkannt hatte, daß die tschechische Industrie einen wichtigen Beitrag zur deutschen Kriegsindustrie leisten könnte, beschloß er, die Realisierung des Germanisierungsprojekts aufzuschieben. Was in der Tschechoslowakei nicht gelungen war, könnte seiner Meinung nach in Polen erreicht werden. Er erteilte Himmler den Auftrag, möglichst viele Siedler in das besetzte Polen zu holen. Dabei dachte er an die deutschen Minderheiten in den baltischen Ländern, in dem von der Sowjetunion besetzten Gebiet Ostpolens, in Rumänien, Jugoslawien und der Slowakei. Auch wenn diese Deutschen oft schon mehr als 100 Jahre in diesen Ländern ansässig waren, sollten sie dennoch gezwungen werden, Haus und Hof zu verlassen. Sie sollten, ob sie wollten oder nicht, einen Beitrag zur »Reinrassigkeit« der Bevölkerung im ganzen Deutschen Reich leisten.

Die Nazis mußten also drei Fragen lösen: die polnische, die germanische und die Judenfrage. Da es aber nicht möglich war, diese Probleme gleichzeitig in den Griff zu bekommen, mußten Prioritäten gesetzt werden. Heinrich Müller, Chef der Gestapo, beauftragte am 6. Oktober 1939 Adolf Eichmann – nach Rücksprache mit dem Gauleiter von Ostschlesien –, die Deportation aller Juden aus den genannten Gebieten zu organisieren. Müller ging nach dem Umsiedlungsplan vom 21. September vor.

Am 6. Oktober 1939 – dem Tag, an dem Eichmann den Auftrag erhielt, mit der Durchführung der Umsiedlung der Juden zu beginnen – sagte Hitler in einer Rede, daß die Zwangsaussiedlung der Juden durch den Ausbruch des europäischen Krieges schwieriger geworden sei. Er spielte damit auf den *Wohlthat-Rublee*-Plan an, der unter den gegebenen Umständen nicht durchführbar war. Ohne den neuen Plan zur Umsiedlung ausdrücklich zu erwähnen, sagte er weiters, daß die Juden in den Ausläufern Großdeutschlands im Generalgouvernement in Ostpolen zusammengetrieben werden sollten. Hitler war sich wohl bewußt, daß er mit der Eroberung Polens fast zwei Millionen Juden dazubekommen hatte und jede neue Gebietseroberung die Lösung der Judenfrage noch schwieriger machen würde.

Die Umsiedlungen in Polen betrachtete Hitler nicht als eine definitive, sondern als eine provisorische Lösung. Am 17. Oktober 1939, in einer Periode also, in der er überlegte, einen polnischen Staat zu errichten, sagte er bei einer Besprechung mit Keitel, dem Oberbefehlshaber der Wehrmacht, daß der nicht annektierte Teil Polens unabhängig werden sollte und daß die Verantwortlichen dieses Territoriums dem Reich die Zustimmung zur Ansiedlung der Juden aus Europa geben müßten. Einige Wochen vorher hatte der Führer dem schwedischen Vermittler Dahlerus gegenüber erklärt, daß die Juden Europas – nach der Reorganisation des polnischen Staates – dort Asyl bekämen. Das »neue Polen« würde ein von Deutschland unabhängiger Scheinstaat werden.[16]

Hitler betonte immer wieder, daß das Nisko-Reservat bei Lublin nur eine vorläufige Lösung der Judenfrage sei, denn früher oder später würden die Juden Europa auf jeden Fall verlassen müssen.[17] Es ist nicht unwahrscheinlich, daß er wiederum mit dem Gedanken spielte, die Juden ein Jahr später in ein unwirtliches Gebiet irgendwo in Asien (Sibirien) zu verbannen, wie es der Umsiedlungsplan vom 21. September vorsah.[18]

Eichmann machte aus dem Auftrag, den er am 6. Oktober von Müller erhalten hatte, ein ambitiöses Projekt. Er wollte zuerst einen Massenexodus aller Juden aus Österreich und dem Protektorat organisieren und innerhalb von drei bis vier Wochen auch mit der Verbannung der Juden aus Deutschland beginnen. Alle Juden sollten mit Zügen in das Generalgouvernement gebracht werden. Zuerst sollten sie dort im Nisko-Reservat untergebracht und später in die Sowjetunion deportiert werden.[19] Für die Durchführung dieses Auftrags bekam Eichmann die ausdrückliche Zustimmung und Unterstützung Hitlers.[20] Unmittelbar nach dem ersten Transport aus Ostrau/Mähren am 19. Oktober 1939 gab Himmler jedoch den Befehl, Eichmann müsse die Deportationen stoppen. Zu diesem Zeitpunkt hatte die Schaffung von »Lebensraum« in Westpreußen und im Warthegau für deutsche Siedler vom

Balkan, die am 15. Oktober in Danzig angekommen waren, Vorrang vor dem Transport der Juden in das Nisko-Reservat bekommen. Aber der Aufschub bedeutete nicht das Ende des Plans. Am 30. Oktober befahl Himmler, daß bis Ende Februar 1940 etwa 550000 Juden aus den annektierten Gebieten Polens und eine große Anzahl von Juden aus anderen Gebieten in das Generalgouvernement deportiert werden müßten.

Im Dezember 1939 wurde das Memorandum des RSHA über die Lösung der Judenfrage veröffentlicht: Während der Friedensverhandlungen sollte die Errichtung eines weltweiten jüdischen Reservates vorgeschlagen werden, wobei die Verfasser wahrscheinlich an Madagaskar dachten. Als Vorbereitung für eine Besprechung Heydrichs mit seinen engsten Mitarbeitern verfaßte die anti-jüdische Abteilung des RSHA ein Memorandum mit dem Titel *Endlösung des deutschen Judenproblems*. Zum ersten Mal wurde in einem offiziellen Schriftstück über die »Endlösung« der Judenfrage gesprochen, eine Formulierung, die seit damals immer öfter verwendet wurde, bis sie im Jahr 1941 einen entscheidenden Bedeutungswandel erfahren sollte. Der Verfasser des Memorandums stellt die Frage, was mit den Juden geschehen solle: würden sie im Generalgouvernement einem zukünftigen polnischen Staat zur Last fallen oder würden sie dort in einem von Deutschland abhängigen Gebiet leben? Im zweiten Fall sprach er sich für die Selbstverwaltung unter deutscher Obrigkeit aus. »Außenpolitisch wäre ein Reservat außerdem ein gutes Druckmittel gegen die Westmächte. Vielleicht könnte hierdurch bei Abschluß des Krieges die Frage der Weltlösung aufgeworfen werden«: eine Lösung in Form eines globalen jüdischen Reservates. Im historischen Kontext dieser Zeit war es nicht unwahrscheinlich, daß damit noch immer Madagaskar gemeint war.[21]

Am 4. Jänner 1940 betonte Eichmann auf einer Konferenz in Berlin die Dringlichkeit der Verbannung aller Juden aus den annektierten Gebieten in das Reservat von Nisko in den kommenden Monaten. Aber auch dieser zweite Versuch Eichmanns, einen Massenexodus von Juden in das genannte Reservat zu organisieren, schlug fehl. Mit der Durchführung der Deportationen von Juden in das Generalgouvernement stießen Himmler und Eichmann bei den Gauleitern Forster und Koch, bei Göring, Darré und Frank auf großen Widerstand. Die Gauleiter von West- und Ostpreußen waren entschlossen, ihre eigenen Einflußsphären vor der lästigen Einmischung von Mitgliedern der SS zu schützen. Weil Göring das Potential der polnischen Industrie und der Städte in den Vierjahresplan einbeziehen wollte, widersetzte er sich einer allzu schnellen Realisierung des Germanisierungsprojekts, das auf Kosten der ökonomischen Entwicklung gehen würde. Darré verfolgte nur ein Ziel: er wollte die eroberten polnischen Landwirtschaftsbetriebe unter seiner Leitung für die Wirtschaft arbeiten lassen. Nicht minder heftig protestierte schließlich ab Februar 1940 Frank, weil der große Zustrom von polnischen und jüdischen Flüchtlingen ins Generalgouvernement einen enormen Engpaß in der Nahrungsmittelversorgung verursacht hatte.

Noch im Januar 1940 hatte Hans Frank in einem Vortrag erklärt, kein Problem damit zu haben, innerhalb eines Jahres 600 000 Juden aus Westpolen und 400 000 aus Deutschland aufzunehmen. Ihr Aufenthalt sei schließlich nur vorübergehend, denn »nach dem Krieg würde zum Beispiel auf Madagaskar genügend Platz für die Ansiedlung von Millionen Juden sein«.[22] Auch Hitler selbst hatte am 6. Oktober 1939 von einer vorübergehenden Lösung gesprochen. Über die Polen, die Frank im Generalgouvernement aufnehmen sollte, hatte er gesagt, daß sie nach dem Krieg im Rahmen einer Umstrukturierung Osteuropas weiter nach Osten gebracht werden würden, wahrscheinlich nach Sibirien. Nach einiger Zeit aber konnte Frank die Überflutung des Generalgouvernements mit Polen, Juden und Zigeunern nicht mehr verantworten. Darum reiste er am 12. Februar 1940 nach Berlin, um auf einer Konferenz für Ostfragen gegen den Zustrom von soviel »Rassenabfall« zu protestieren. Obwohl Frank in der Überzeugung nach Krakau zurückkehrte, ein absolutes Vetorecht bekommen zu haben, wurde er weiterhin gezwungen, Juden aus dem Westen aufzunehmen.

Am 1. März 1940 gab Frank die Auffassung von Göring, Darré und den Gauleitern wieder, daß Himmlers gigantisches Germanisierungsprojekt[23] sich negativ auf die wirtschaftliche Entwicklung ausgewirkt und mehr Probleme geschaffen als gelöst habe. Auch wenn sie alle Himmlers Idee von einem »ethnisch reinen«, Großdeutschen Reich teilten, waren sie doch der Meinung, daß dieses nur allmählich realisiert werden könnte. Darum müßte man unter anderem mehr Zeit für den Abtransport der Juden in ein Reservat bereitstellen.[24] Die Wirtschaft dürfte auf keinen Fall unter der Eile, in der das geschähe, leiden. Wenn man alles der Errichtung eines Reservates für Mitglieder der »minderwertigsten« Rasse unterordnen würde, so Göring, dann würde man das Überleben der »Herrenrasse« aufs Spiel setzen. Himmler mußte sich mit anderen Möglichkeiten für die Durchführung seines Germanisierungsprojekts für Osteuropa befassen.

Am 11. März 1940 informierte Ribbentrop Papst Pius XII., daß Deutschland die Juden nach Palästina (unter britischer Verwaltung), nach Äthiopien (unter italienischer Verwaltung) und Madagaskar (unter französischer Verwaltung) emigrieren lassen könnte.[25] Camille M. Cianfarra, von 1935 bis 1942 Korrespondent der *New York Times*, war über die Politik des Staatssekretariats des Vatikans unter Pius XI. und Pius XII. in bezug auf die Juden in Europa sehr gut unterrichtet. Am 11. März 1940 empfing Pius XII. Ribbentrop in Audienz. Der Minister besprach mit ihm in einer ungewöhnlich langen Unterredung, die mehr als eine Stunde dauerte, Friedensvorschläge, für die er sich die Unterstützung des Vatikans erhoffte.

Folgende Punkte wurden dabei ausführlich besprochen: allgemeine und gleichzeitige Entwaffnung des Heeres, der Kriegsmarine und der Luftwaffe; eine Rückkehr zum Viermächtebund, der an die Stelle des Völkerbundes treten müßte; dieser neue Viererbund sollte eine neue Ordnung für Europa ausarbeiten, in der die Einflußbereiche der betroffenen Nationen genau abgegrenzt werden müßten; die Völker Europas müßten eine gemeinsame anti-bolschewistische Politik verfolgen und sich auch mit dem Gedanken, Rußland mit Waffengewalt vom Kommunismus zu befreien, auseinandersetzen.

Eine Garantie der deutschen Regierung für absolute Religionsfreiheit war an die Bedingung geknüpft, daß man Deutschland zuerst ermöglicht, alle Juden des Reiches zur Emigration nach Palästina, Äthiopien und Madagaskar zu zwingen. Weiters müßte der status quo auf dem Balkan garantiert werden. Innerhalb von 20 Jahren müßte Deutschland alle früheren Kolonien zurückbekommen oder eine Entschädigung dafür erhalten. In jedem Fall würde man Deutschen die Emigration in bestimmte Gebiete Afrikas erlauben müssen.

Die Zukunft Polens betreffend plädierte Ribbentrop für die Errichtung eines unabhängigen polnischen Staates, der aus der zentralen Zone Polens (mit 10 Millionen Einwohnern) und Gdingen als freiem polnischen Hafen bestehen sollte; auch in Danzig müßten die Polen freien Handel treiben können; durch eine Volksabstimmung sollten die Grenzen des neuen Staates festgelegt werden; die Judenfrage (dreieinhalb Millionen Juden betreffend) und das Problem der anderen Minderheiten (Weißrussen und Ukrainer) sollte durch Zwangsemigration gelöst werden.

Der deutsche Minister äußerte die Ansicht, daß die Tschechen, Slowaken und Ungarn einen mit Deutschland verbündeten trilateralen Staat bilden sollten. Österreich würde selbstverständlich dem Reich einverleibt bleiben. Die beiden Großmächte (Deutschland und Italien), Jugoslawien und Rumänien sowie Böhmen, Slowakei und Ungarn sollten sich nach den Vorstellungen der deutschen Regierung zur sogenannten Donau-Föderation zusammenschließen. Deutschland und Italien müßte man absolute Handelsfreiheit, Zugang zu den Kolonien und ihren Rohstoffen, die Möglichkeit zur wirtschaftlichen Zusammenarbeit mit den Vereinigten Staaten von Amerika und zur Emigration garantieren. Letztlich wollte man den freien Zugang zum Suezkanal erzwingen.

Auffallend war, daß der Vatikan im Gegensatz zu London die Friedensvorschläge nicht zurückwies, sondern einzig und allein mitteilte, daß die deutsche Regierung dabei nicht mit der Unterstützung des Heiligen Stuhles rechnen könne. Einerseits hatte der Vatikan ernste Bedenken gegen einige Vorschläge, die darauf ausgerichtet waren, Deutschland zur stärksten Macht Europas zu machen. Andererseits waren auch Vorschläge darunter, die mit der Politik des Vatikans mehr oder weniger übereinstimmten. Im Vatikan ging man damals von der Hypothese aus, daß Stalin gefährlicher sei als Hitler.

»Den Teufel mit dem Beelzebuben« austreiben, war in vatikanischen Kreisen ein vertrautes Bild. Der deutsche Botschafter beim Heiligen Stuhl, Ernst von Weizsäcker, berichtet im Spätsommer des Jahres 1943, daß laut Kardinal Staatssekretär Maglioni das Schicksal Europas vom siegreichen Widerstand Deutschlands an der Ostfront abhinge, und der Jesuit Leiber berichtet von Pius XII. – nach dessen Ableben –, daß der Papst Rußland immer für gefährlicher gehalten habe als den deutschen Nationalsozialismus.[26]

Es ist nicht unwahrscheinlich, daß sich Pius XII. und Kardinal Maglioni über Ribbentrops Vorschlag, Juden nach Madagaskar emigrieren zu lassen, positiv äußerten, und zwar aus folgenden Gründen: In der Vergangenheit hatten die Päpste nicht ein einziges Mal protestiert, als die Juden aus fast allen Ländern Europas vertrieben wurden. In der zweiten Hälfte des 16. Jahrhunderts hatten die Päpste selbst die Juden aus den Städten des Kirchenstaates verbannt, und in den Jahren 1936 bis 1939, als die polnische Regierung Himmel und Erde in Bewegung gesetzt hatte, um die Juden zur Emigration nach Madagaskar zu zwingen, hatte sich der Vatikan durch sein beharrliches Schweigen dem Verdacht der Zustimmung ausgesetzt. Als Ribbentrop den Papst darüber informierte, wie die Judenfrage in Deutschland, Österreich und Polen gelöst werden würde, war der Vatikan selbst (vertreten durch Kardinal Staatssekretär Luigi Maglioni, Monsignore Domenico Tardini und Monsignore Giovanni Battista Montini) mit der Durchführung des Brasilien-Projekts beschäftigt, das vorsah, 10 000 deutsche Katholiken jüdischer Herkunft nach Brasilien zu bringen. Die italienische Regierung hatte dem Madagaskar-Plan Hitlers schon zugestimmt. Der Vatikan hatte nach dem Vorbild der deutschen Bischöfe einen derartigen Emigrationsplan nie kritisiert. Als das Reichsaußenministerium und das RSHA im Sommer 1940 einen detaillierten Madagaskar-Plan publizierten und die italienischen Zeitungen ausführlich darüber berichteten, fand es der Vatikan nicht der Mühe wert, Widerstand gegen eine derartige Massenvertreibung aller Juden aus Europa zu leisten. Im Jahr 1943 unterstützte der Vatikan indirekt den britischen Madagaskar-Plan, um eine Emigration der Juden nach Palästina zu verhindern.

Am 12. März 1940 sprach Hitler mit dem Journalisten Colin Ross, einem Nazi-Lobbyisten in den Vereinigten Staaten von Amerika, der ihn über das Judenproblem befragte. Hitler meinte, daß die Krise in Osteuropa hauptsächlich durch die Übervölkerung durch Juden verursacht würde und daß diese Krise nur durch die Emigration der Juden in ein größeres Territorium (Lublin hielt er für viel zu klein) behoben werden könnte. Laut einer Aussage Walther Hewels habe Hitler am 12.März 1940 gesagt, daß die Judenfrage ein territoriales Problem sei. Da Hitler im Gegensatz zu Frankreich, Großbritannien und den Vereinigten Staaten über keine Kolonien verfüge, würde er eine andere Lösung suchen müssen. Habe er doch nicht einmal für sein eigenes Volk ausreichend Platz. Hitlers Meinung zufolge sei es sinnlos, in der Umgebung von Lublin (Nisko) einen jüdischen Staat zu gründen. Die Juden würden dort zu gedrängt wohnen und daher keinen angemessenen Lebensstandard erreichen können. Hitler habe Colin Ross mitgeteilt, daß er über eine gute Lösung des Problems sehr froh wäre, daß er aber eine solche unter den derzeitigen politischen Bedingungen noch nicht gefunden hätte.[27]

Hitlers Bemerkungen sind bedeutungsvoll und sie bestätigen, so Philippe Burrin,

»[...] daß sich Hitler des Elends durchaus bewußt war, in das die Gründung eines Reservats die Juden stürzen würde. Natürlich kümmerte ihn ihr Lebensstandard nicht im geringsten. Interessant ist daran, daß er glaubte, sich darum kümmern zu sollen, vor allem aus Rücksicht auf die internationale öffentliche Meinung, in diesem Fall also die amerikanische. [...] Seine Haltung bestätigt außerdem, daß ihn der Gedanke einer Deportation der Juden in den Distrikt Lublin im September und Oktober 1939 reizte, weil er die Last dem polnischen Rumpfstaat aufbürden zu können hoffte, den er damals zu schaffen plante. [...] Und da er schließlich eine solche Lösung immer nur als Zwischenlösung ins Auge gefaßt hatte, fiel es ihm umso leichter, sie fallenzulassen.«[28]

Demographen, Ökonomen, Soziologen und Statistiker trugen seit der Mitte der dreißiger Jahre »wissenschaftliche« Argumente zusammen, um die Zwangsemigration aller »Ostjuden« in irgendein überseeisches Gebiet zu legitimieren. Zahlreiche polnische Politiker hatten sich von 1935 bis 1939 auf diese Argumente berufen, um ihre Teilnahme am französischen Madagaskar-Plan zu rechtfertigen. Nach dem deutschen Überfall auf Polen im Herbst 1939 beriefen sich die Mitglieder der SS und andere Verantwortliche ebenfalls auf ökonomische und demographische Argumente, um ihre eigene Variante des Madagaskar-Plans zu legitimieren, und ergänzten diese durch ihre rassistischen Argumente[29], wie unter anderem aus einem Memorandum Himmlers deutlich hervorgeht (siehe weiter unten). Besonders der schon früher erwähnte deutsche Demograph und Historiker Peter-Heinz Seraphim genoß in SS-Kreisen großes Ansehen. Im Juni 1940 behauptete er in einer seiner Schriften[30], daß die Judenfrage in Osteuropa ein ökonomisches und vor allem ein demographisches Problem sei, weil dort Millionen Juden ohne Zukunftsperspektive lebten. Das mache eine Lösung so schwierig. Die Juden in Ghettos zusammenzutreiben könne nur als vorläufige Lösung angesehen werden. Die Judenfrage in Osteuropa könne seiner Meinung nach, sowohl im Interesse der Juden als auch der Nicht-Juden, nur durch die Evakuierung aller »Ostjuden« aus dem Großdeutschen Reich in Überseegebiete definitiv gelöst werden.

Himmler war inzwischen bewußt geworden, daß die Art und Weise, wie er und Eichmann ab September 1939 im Germanisierungsprojekt für Osteuropa vorgegangen waren, vor allem bei Göring und Frank viel Kritik hervorgerufen hatte. Darum entwarf er am 25. Mai 1940 ein neues Germanisierungsprojekt für Polen, in dem er eine Alternative zum Lublin/Nisko-Reservat vorschlug, um vor allem den Wünschen von Frank entgegenzukommen, der es nicht länger verantworten konnte, daß das Generalgouvernement von zehntausenden Juden aus dem Westen Polens überschwemmt würde, die ausgehungert und zu Tode erschöpft in Krakau ankämen. Himmlers Memorandum trug den Titel *Denkschrift Himmlers über die Behandlung der Fremdvölkischen im Osten.*[31] Philippe Burrin hat zu Recht darauf verwiesen, daß Formulierung und Tonfall des Schriftstückes darauf hinweisen, daß Hitler sich bei der Lösung der Judenfrage auf Himmler verließ und dieser ein allumfassendes Mandat von ihm erhalten hatte.

In diesem Memorandum schlug Himmler vor, die 15 Millionen Menschen im Generalgouvernement und die acht Millionen im ehemaligen polnischen Staat (Polen, Ukrainer, Weißrussen und Juden) »in möglichst viele Teile und Splitter zu zergliedern. [...] denn nur dadurch, daß wir diesen ganzen Völkerbrei [...] auflösen, wird es uns möglich sein, die rassische Siebung durchzuführen [...], die rassisch Wertvollen aus diesem Brei herauszufischen, nach Deutschland zu tun, um sie dort zu assimilieren.« Alle »rassisch Wertlosen« sollten aus Deutschland und den annektierten Gebieten ins Generalgouvernement gebracht werden. Dort würden sie als ethnische Gruppen zu existieren aufhören.

Himmler erwartete, daß sich die Bewohner des Generalgouvernements im Laufe der nächsten zehn Jahre zwangsläufig nur mehr aus »einer verbleibenden minderwertigen Bevölkerung« zusammensetzen würden. Diese sollte als Sklaven an den »ewigen Kulturtaten und Bauwerken« des Dritten Reiches mitarbeiten. Die »minderwertigen« Bevölkerungsgruppen der Polen, Ukrainer und Weißrussen aber würde man nicht alle in das Reservat bringen: die Gebildeten unter ihnen müßten mit den Wurzeln ausgerottet werden.

Das Judenproblem jedoch sollte auf eine andere Art und Weise gelöst werden. Auf lange Sicht hoffte Himmler (er trug dem Vorwurf Rechnung, daß er es besonders eilig habe, die Juden wegzuschaffen), »den Begriff Juden [...] durch die Möglichkeit einer großen Auswanderung sämtlicher Juden nach Afrika oder sonst in eine Kolonie völlig auslöschen zu sehen«. Himmler dachte dabei natürlich an Madagaskar. Hitler hatte darüber selbst Gespräche mit zahlreichen Diplomaten geführt, und Heydrich hatte Eichmann ein paar Tage zuvor beauftragt, ihm detaillierte Information zu verschaffen.

Himmler übergab am 25. Mai 1940, eine Woche bevor die deutsche Armee den Ärmelkanal erreichte, Hitler das Memorandum. Der Zeitpunkt war ausgezeichnet gewählt, und Himmler erntete den gewünschten Erfolg. Er berichtete, daß der Führer das Memorandum für gut und richtig befunden hätte. Er selbst sollte außerdem Generalgouverneur Frank nach Berlin kommen lassen, um ihm das Memorandum persönlich auszuhändigen und um ihm zu sagen, daß der Führer seine Zustimmung gegeben hätte.

Das bisher aus dem Memorandum Zitierte macht deutlich, daß die Lösung der Judenfrage für Himmler damals nicht die Vernichtung war. Dafür gibt es eine weitere Bestätigung. Himmler schlug in diesem Memorandum außerdem vor, polnische Kinder mit einem deutschen Elternteil von ihren Eltern zu trennen und nach Deutschland zu bringen, um sie dort zur Schule zu schicken und schreibt: »So grausam und tragisch jeder einzelne Fall sein mag, so ist diese Methode, wenn man die bolschewistische Methode der physischen Ausrottung eines Volkes aus innerer Überzeugung als ungermanisch und unmöglich ablehnt, doch die mildeste und beste.«[32]

Am Rand des Memorandums vermerkte Hitler an dieser Stelle: »Sehr richtig«. Es geht daraus nicht hervor, ob Hitler damit die »bolschewistische Methode« der physischen Vernichtung mißbilligte oder ob er dem Inhalt des Memorandums im allgemeinen zustimmte, im besonderen der Lösung der Judenfrage.

Himmler kam in seinem Memorandum auf den Madagaskar-Plan zu einem Zeitpunkt zurück, als in Deutschland die Erwartungen bezüglich des Ausganges des deutsch-französischen Krieges hoch waren. Er selbst rechnete mit einem Sieg und hatte schon festgelegt, was die deutsche Regierung bei den Friedensverhandlungen auf die Tagesordnung setzen müßte. Alle Regierungen würden der Forderung der deutschen Regierung zustimmen müssen, daß Frankreich zugunsten Deutschlands auf Madagaskar verzichtet. Zuerst würde man die deutschen Juden nach Madagaskar deportieren und später jene aus den anderen Ländern. Himmler, der selten oder nie eine originäre Idee hatte, wußte von vornherein, daß er mit Hitlers Zustimmung rechnen könne.

Hitler hatte schon verschiedene Male über die Notwendigkeit von Verhandlungen im Zusammenhang mit der Lösung der Judenfrage gesprochen. Himmler erinnerte sich noch gut daran, daß sich Hitler auch am 30. Jänner 1939 in seiner großen Rede deutlich dazu geäußert hatte. Darum ist es gut möglich, daß sich Hitlers Kommentar »Sehr richtig« eher auf den Madagaskar-Plan von 1938 bezieht, als auf seine Mißbilligung der »bolschewistischen Methode« der totalen physischen Ausrottung eines Volkes. Himmlers Plan implizierte allerdings mehr als die Zwangsemigration. Es würde sehr unwahrscheinlich sein, daß europäische Juden auf einer Insel überlebten, auf der täglich hunderte Einheimische an Malaria und anderen Krankheiten starben. Die Juden würden dort langsam aber sicher zugrunde gehen.

Nach der Übergabe des Memorandums fragte Himmler, ob Hitler der Verteilung des Memorandums an die Gauleiter (Erich Koch, Albert Forster, Arthur Greiser und Josef Wagner) zustimme und ob auch Göring ein Exemplar bekommen solle. Auch ob er ihnen in einem Begleitschreiben mitteilen dürfe, daß der Führer selbst dem Memorandum zugestimmt und es autorisiert hatte. Hitler war mit allem einverstanden.

Diese Episode ist von großer Bedeutung, weil sie zeigt, wie der Führerbefehl bezüglich der Verbannung der Juden nach Madagaskar zustande gekommen war.[33] Die Initiative war von Himmler ausgegangen, auch wenn er Hitler keinen fertigen Madagaskar-Plan übergeben hatte. Es ging um die Festlegung eines neuen, definitiven Bestimmungslandes für die Juden Europas: dieser sollte nach dem Krieg im Rahmen der Errichtung eines »ethnisch reinen« germanischen Reiches Madagaskar werden. Das demographische Projekt war aus der rassistischen Ideologie des Nationalsozialismus hervorgegangen.

Hitler überließ die Details den anderen. Er war nicht nur mit dieser Lösung der Judenfrage einverstanden, sondern fand es auch gut, daß alle davon Betroffenen informiert würden. Hitler erteilte Göring, Heydrich, Frank, Eichmann und den Gauleitern Osteuropas bei der Verteilung des Memorandums keinen besonderen Auftrag. Er stimmte nur zu, daß auch sie darüber informiert würden, was er wollte und gebilligt hatte. Es ist nicht unwahrscheinlich, daß im Dritten Reich Beschlüsse zur Lösung der Judenfrage des öfteren auf diese Weise zustande gekommen waren.

Hitlers Zustimmung bewirkte, daß von einem großen Reservat in Nisko keine Rede mehr war und daß Himmlers neuer Plan sehr schnell das Denken aller Nazi-Oberen beherrschte: die Deportation der Juden nach Madagaskar nach dem Krieg. Wegen der großen Entfernung zu Europa, der großen Ausdehnung, des Inselcharakters und der Existenz von Sümpfen, in denen die Juden umkommen würden, regte diese afrikanische Insel mehr und mehr die Phantasie all jener im Dritten Reich an, die für die Lösung der Judenfrage verantwortlich waren.

Am 24. Juni schrieb Himmler ein acht Seiten langes Nachwort zu seinem Memorandum.[34] Darin ging er sehr ausführlich auf die Kritik ein, die das Schriftstück hervorgerufen hatte. So wurde die Frage gestellt, ob nicht besonders für Polen der Abtransport von zehntausenden Menschen einen Mangel an Arbeitskräften zur Folge haben würde. Gäbe es dann noch genügend Bauern und Kaufleute, die das Land bearbeiten und Handel treiben? Himmler antwortete, uneingeschränkt an der vollständigen Durchführung seines Projektes der »ethnischen Säuberungen« festhalten zu wollen. Sieben bis acht Prozent aller Polen und Juden müßten ins Generalgouvernement gebracht werden, wo die Juden bis zum endgültigen Verlassen Europas auf ihre Einschiffung warten könnten. Für die schwere Saisonarbeit könnte man Arbeitskräfte aus den Nachbarländern anfordern und sie für einen Hungerlohn arbeiten lassen. Man müßte natürlich dafür sorgen, daß sie, als Mitglieder »minderwertiger« Rassen, keine Kontakte mit Angehörigen der »überlegenen, arischen« Rasse unterhielten. Man müßte besonders auf der Hut sein, daß es zu keinem sexuellen Verkehr zwischen den beiden Rassen käme. Himmler ließ Hitler das Nachwort zu seinem Memorandum am 30. Juni 1940 im Zug auf der Fahrt von Freiburg nach Appenweier lesen. Hitler fand jeden Punkt des Nachwortes wichtig.[35]

Die zu erwartende Niederlage Frankreichs und der erhoffte Friede mit Großbritannien rückten die Lösung der Judenfrage, wie sie Himmler in seinem Memorandum vorgeschlagen hatte, in den Bereich des Möglichen. Am 27. Mai 1940, einige Tage nachdem Himmler die Zustimmung Hitlers erhalten hatte, sein Memorandum als vertrauliches Rundschreiben an Hans Frank und die Gauleiter zu schicken, gab Ribbentrop zwei Mitarbeitern seines Ministeriums den Auftrag, ihm Vorschläge für die Zwangsemigration der Juden nach Madagaskar zu unterbreiten.

Kapitel X

Die Pläne des deutschen Auswärtigen Amtes und des Reichssicherheitshauptamtes

Der Madagaskar-Plan des Auswärtigen Amtes und das darauf folgende Madagaskar-Projekt des Reichssicherheitshauptamtes vom Sommer 1940 hingen wesentlich mit der Niederlage Frankreichs zusammen. Nach dem Sieg über Frankreich erwarteten Hitler und seine Gefolgsleute ein baldiges Ende des Krieges und eine rasche Einigung mit der britischen Regierung, um die Judenfrage endlich lösen zu können. Bei den Friedensverhandlungen sollte unter anderem beschlossen werden, alle Juden Europas (mit Ausnahme der russischen) innerhalb einiger Jahre nach Madagaskar zu deportieren.

Hitler wurde zwischen 1933 und 1939 von vielen Seiten immer wieder vor einem plötzlichen Eingreifen Frankreichs gewarnt. Die Generäle der Land-, Luft- und Seestreitkräfte glaubten weiterhin, daß Frankreich eine einzigartige Militärtradition hätte und das am besten ausgerüstete Heer in Europa. Im Gegensatz zu ihrer Auffassung verkündete Hitler wiederholt, daß man von Frankreich nichts zu befürchten hätte, weil es kaum gute Offiziere in der französischen Armee gäbe und den französischen Soldaten jegliche Motivation zum Kämpfen fehlen würde. Aber kein einziger General teilte Hitlers optimistische Sicht; ein Sieg über die französische Armee lag für sie in weiter Ferne. Das war auch einer der wichtigsten Gründe, warum sie den schon oft lancierten Madagaskar-Plan – jedenfalls vorläufig – für undurchführbar hielten.

Heute kann ein Historiker kaum nachvollziehen, welchen Eindruck die Eroberung Frankreichs damals auf die meisten Deutschen machte. Hitlers Popularität und sein Ansehen erreichten im Sommer 1940 einen Höhepunkt. Er selbst glaubte, sich in politischer und militärischer Hinsicht mit Bismarck, Moltke und Friedrich dem Großen messen zu können. Der unerwartet schnelle Triumph stieg Hitler und seinen Gefolgsleuten zu Kopfe. Im Siegestaumel zweifelte man nicht, die Judenfrage nach dem Krieg endlich lösen zu können. Aus diesem Grunde wurde im Auswärtigen Amt und in den Abteilungen des RSHA fieberhaft an der Fertigstellung des Madagaskar-Plans gearbeitet.

Franz Rademacher, Legationsrat im Auswärtigen Amt (»Abteilung Jüdische Angelegenheiten«), schrieb in seinen *Gedanken über die Arbeiten und Aufgaben des Ref. D III*[1] vom 3. Juni 1940, daß das Auswärtige Amt vorbereitende Maßnahmen für die Lösung der Judenfrage in Europa treffen müsse. Er schlug Martin Luther, dem Leiter der »Abteilung Deutschland« des Ministeriums[2], drei Optionen zur Auswahl vor:

1. Verbannung aller Juden West-, Mittel- und Osteuropas nach Madagaskar;

2. Verbannung nur der Juden West- und Mitteleuropas nach Madagaskar; Geiselnahme der Juden Osteuropas, um vor allem die Juden in den Vereinigten Staaten in die Knie zu zwingen;

3. Verbannung aller Juden Europas nach Palästina, wo sie ein Nationalheim gründen könnten.

Die letzte Möglichkeit lehnte Rademacher persönlich ab, weil er fürchtete, die Juden könnten aus ihrem Nationalheim ein »zweites Rom« machen und von dort aus die ganze Welt beherrschen.

Wie kam Rademacher zu dem Vorschlag, die Juden nach dem Krieg nach Madagaskar zu deportieren? In einem Memorandum vom 30. August 1940 erklärte er, er habe diese Idee einem Artikel des holländischen [sic!] Antisemiten H. H. Beamish aus dem Jahr 1920[3] entnommen, den er in den Archiven des Referates Deutschland gefunden habe. Tatsächlich verfaßte der Christfaschist Beamish seit Beginn der zwanziger Jahre derartige Artikel; allerdings war er kein holländischer, sondern ein britischer Faschist.

Obwohl in den Archiven des »Referates Deutschland« nie ein Artikel von Beamish gefunden wurde[4], steht fest, daß dieser – einige Jahre bevor Rademacher sein Memorandum schrieb – im Ministerium in Berlin beim Reichsaußenminister zu Gast gewesen war und mit ihm (und seinen engsten Mitarbeitern) über den Madagaskar-Plan gesprochen hatte. Es ist nicht unwahrscheinlich, daß Rademacher, der sich zu jener Zeit in Montevideo aufhielt, von früheren Mitarbeitern des Ministeriums das eine oder andere über den Madagaskar-Plan von Beamish erfahren hatte.

Es ist jedoch ebensogut möglich, daß er diesen Plan anderswo ausgegraben hatte, war doch die Idee, Juden nach Madagaskar zu schicken, ab Mitte der dreißiger Jahre Gesprächsthema unter Politikern, Diplomaten, Journalisten und in Kreisen von Theologen und Schriftstellern. Beamish war übrigens nicht der einzige, der einen derartigen Plan lancierte.

Als die französische Niederlage im Juni 1940 feststand, war Rademacher von einem baldigen Sieg Deutschlands überzeugt – eine Meinung, die damals weit verbreitet war. Deutschland könnte dann bei künftigen Friedensverhandlungen endlich die Verbannung aller europäischen Juden nach Madagaskar verlangen.

In *Gedanken über die Arbeit und Aufgaben des Referates D III* schreibt Rademacher:

»Nach dem kurzen Einblick, den ich in diesen Tagen in die Arbeit des Referats tun durfte, stellt sie sich mir im wesentlichen als die Beschäftigung mit 1000 einzelnen Entscheidungen über – ich möchte sagen – Schicksale einzelner Juden dar (Ausbürgerung, Entschädigungen an Juden ausländischer Staatsangehörigkeit – wegen Schaden im Zusammenhang mit dem Mord an Rath, Auswanderung einzelner Juden); daneben Mitwirken in grundsätzlichen Fragen, wie innerdeutsche Gesetzgebung der Judenfragen,

Erlaß ähnlicher Bestimmungen im Protektorat, im Generalgouvernement, usw. Für die Bewältigung dieser Arbeit läuft der Apparat an sich reibungslos, ein bester Beweis für die Unmenge Arbeit, die bisher das Referat und seine Leiter aufgewendet haben, was sicher nicht einfach war bei den vielen, verschiedenartigen innerdeutschen Dienststellen, die unter einen Hut zu bringen waren, und bei der Bedeutung, die diese Einzelfragen in der Zeit vor dem Kriege hatten, insbesondere mit Rücksicht auf die Greuelpropaganda der westlichen Pseudodemokratien über Judenverfolgungen in Deutschland.

Durch den Krieg selbst und die dadurch heraufbeschworene endgültige Auseinandersetzung mit den westlichen Imperien und den dort herrschenden überstaatlichen Mächten ist die außenpolitische Bedeutung der jeweils zu entscheidenden Einzelfrage in Judensachen zurückgetreten. Dafür steht m. E. die Frage nach dem deutschen Kriegsziel in der Judenfrage zur Entscheidung. Es muß die Frage geklärt werden, wohin mit den Juden? Denkbares Kriegsziel in dieser Beziehung könnte sein:

a) alle Juden aus Europa,

b) Trennung zwischen Ost- und Westjuden; Ostjuden, die den zeugungskräftigeren und talmudsicheren Nachwuchs für die kämpferische jüdische Intelligenz stellen, bleiben z. B. im Bezirk Lublin als Faustpfand in deutscher Hand, damit die Juden Amerikas in ihrem Kampf gegen Deutschland lahmgelegt bleiben.

Die Westjuden dagegen werden aus Europa entfernt, beispielsweise nach Madagaskar.

c) In diesem Zusammenhange Frage eines jüdischen Nationalheims in Palästina (Gefahr eines 2. Roms!).

Für die Klärung dieser Fragen ist bisher im Ref. D III keinerlei sachliche Vorarbeit möglich gewesen.

Als Vorarbeit schwebt mir dabei vor, Aufnahme engerer Besprechungen mit den interessierten innerdeutschen Partei-, Staats- und wissenschaftlichen Stellen. Feststellen der evtl. dort vorliegenden Pläne, Abstimmen dieser Pläne auf die Wünsche des Herrn Reichsaußenministers, Erfassen der sachlichen Unterlagen (schätzungsweise Zahl der zu verpflanzenden Juden, der dazu notwendigen Mittel – geldlicher und sachlicher Art, wieviel Geld und wieviel Schiffe soll für diesen Zweck Frankreich, wieviel England stellen? Feststellen der Evakuierungsfristen, die beiden Ländern im Friedensvertrage auferlegt werden können, usw.).

Für die Bearbeitung dieser Fragen ist m. E. Ref. D III berufen. Die Bearbeitung muß sofort einsetzen, damit die Abteilung nicht bei evtl. aufkommenden Friedensverhandlungen der politischen Abteilung gegenüber ins Hintertreffen kommt; denn es besteht die Gefahr, daß bei der politischen Abteilung sich ein aus der Sache bedingtes imperialistisches Denken durchsetzen wird, und daß dabei leicht übersehen werden kann, Groß-Deutschland im Friedensvertrag soweit nur irgend möglich gegen die überstaatlichen Mächte zu sichern. Der jetzige Krieg hat eben ein doppeltes Gesicht:

ein imperialistisches – die Sicherung des für Deutschland als Weltmacht politisch, militärisch und wirtschaftlich notwendigen Raumes –, ein überstaatliches – Befreiung der Welt aus den Fesseln des Judentums und der Freimaurerei –.

Um die mir vorschwebenden Aufgaben durchführen zu können, wäre 1. festzustellen, welches grundsätzliches Kriegsziel der Reichsaußenminister in der Judenfrage durchsetzen will;
2. eine sofortige Verstärkung des Ref. D III durch einen jüngeren, geschickten Konsulatssekretär, eine Schreibdame und Zuweisung eines Attachés, anstelle des zum Ref. Partei überwiesenen Attachés Neuwirth.
Die angeforderte Personalvermehrung ist für die Bewältigung der aufgezeichneten Arbeit unbedingt erforderlich. Das Referat ist in der bisherigen Gestalt mit Arbeit voll ausgelastet, um nicht zu sagen überlastet.
Wenn ich die mir vorschwebende Aufgabe bewältigen soll, darf ich nicht gleichzeitig mit Akten und Einzelentscheidungen zugepackt sein wie bisher. Es würde dann nicht einmal zeitlich die Möglichkeit bestehen, auch nur eine der Verhandlungen mit den innerdeutschen Stellen zu führen, die m. E. geführt werden müssen, und die keinen Aufschub mehr dulden.

Hiermit

Herrn VLR. Luther

mit der Bitte vorgelegt, von der Niederschrift Kenntnis zu nehmen und sich wohlwollend für die Pläne einzusetzen.

gez. Rademacher

1. Vorst. Aufzeichnung wurde in Urschrift an Herrn VLR. Luther weitergereicht
2. Z. d. A. (Judenauswanderung allgem.)«

Die Aufzeichnungen mit dem Titel *Kurzer Überblick über die neu aufzunehmenden, vordringlichen Aufgaben des Referates D III*[5], die Rademacher ebenfalls am 3. Juni 1940 machte, hatten im Kern denselben Inhalt wie *Gedanken über die Arbeit und Aufgaben des Referates D III.* Wahrscheinlich handelte es sich dabei um Notizen für einen Vortrag über dieses Thema, den Rademacher vor den Mitgliedern des Führungsstabs des Referates D III hielt. Am Rand seiner Aufzeichnungen vermerkte Rademacher am 4. August 1940, daß sich Ribbentrop laut einer Mitteilung Luthers prinzipiell für Option I entschieden hatte, nämlich nach dem Krieg alle Juden West-, Mittel- und Osteuropas nach Madagaskar abzuschieben. Bezüglich der genauen Durchführung des Plans müsse, laut Ribbentrops Mitteilung an Luther, eng mit den Abteilungen des Reichssicherheitshauptamtes zusammengearbeitet werden.

Der Text der Aufzeichnungen lautet:

»Berlin, den 3. Juni 1940

Kurzer Überblick über die neu aufzunehmenden vordringlichen Aufgaben des Ref. D III.
1. Erbitten einer grundsätzlichen Festlegung des deutschen Kriegsziels in der Judenfrage von Herrn Reichsaußenminister.
Möglichkeiten:

a) alle Juden aus Europa,
b) Trennung zwischen Ost- und Westjuden; Ostjuden, die den zeugungskräftigeren und talmudsicheren Nachwuchs für die jüdische Intelligenz bilden, bleiben als Faustpfand in deutscher Hand (Lublin?), um die Amerikajuden lahm zu legen. Westjuden aus Europa (Madagaskar?).
c) Jüdisches Nationalheim in Palästina (Gefahr eines 2. Roms!)
2. Aufnahme engerer Besprechungen mit den interessierten innerdeutschen Partei-, Staats- und wissenschaftlichen Stellen, Erfassen und Abstimmen ihrer Pläne auf die Wünsche des Herrn Reichsaußenministers.
3. Sammeln der sachlichen Unterlagen (Anzahl der Juden in den einzelnen Ländern, die für die Evakuierung notwendigen Geld- und Transportmittel und die dafür möglichen Fristen usw.)
4. Für diese Arbeit notwendig: Sofortige Verstärkung des Ref. D III um einen geschickten, jüngeren Konsulatssekretär und eine Schreibdame, sowie Zuweisung eines neuen Attachés anstelle des zum Ref.Partei überwiesenen Attachés Neuwirth.«

Am 4. Juni 1940, am Tag nachdem er sein Memorandum und seine Aufzeichnungen über den Madagaskar-Plan veröffentlicht hatte, führte Rademacher im Auswärtigen Amt ein ausführliches Gespräch mit Paul Wurm, dem Redakteur für Außenpolitik des Propagandablattes *Der Stürmer*, dessen Chefredakteur Julius Streicher war. Rademacher hatte ihn zu diesem Gespräch eingeladen. Sie diskutierten über zahlreiche Aspekte der Judenfrage und auch über den Madagaskar-Plan.[6]

Am 5. Juni 1940 bedankte sich Wurm bei Rademacher in einem Brief für die Einladung vom 4. Juni 1940. Er legte die Kopie eines Artikels bei, den er ein Jahr zuvor geschrieben und in dem er vorgeschlagen hatte, 15 Millionen »Blutsauger« in Madagaskar anzusiedeln. Wurm fragte ihn, ob die Zeit für die Publikation dieses Artikels gekommen sei.

Der folgende Ausschnitt stammt aus Wurms Artikel:

»WOHIN MIT DEN JUDEN?

Euer Vater ist nicht Gott,
sondern der Teufel.

Zum Teufel müßte sich der Jude scheren; so beantwortet uns die Bibel die obige Frage. Der Jude hat kein Vaterland, der Jude hat keine Heimat. Wo der Teufel sein Vaterland, seine Hölle, hat, wissen wir nicht. Gewisse Vertreter der christlichen Kirche, die als große Judenfreunde bekannt sind, könnten den Platz ausfindig machen. Das Wort der Bibel steht aber im Widerspruch zu den Worten und Taten dieser Leute. Unsere Antwort auf obige Frage lautet: Madagaskar. Diese Insel ist 616 000 qkm groß und kann 15 Millionen Juden aufnehmen. Alle Juden der Welt hätten Platz auf dieser französischen Insel. Als der Jude Blum Ministerpräsident von Frankreich war, wurde wegen Madagaskar mit der polnischen Regierung verhandelt, um dort Juden anzusiedeln.

Die jüdische Hochfinanz besitzt oder besser gesagt, ergaunerte genügend Geld, um diese Insel vom französischen Staat käuflich zu erwerben.

Hat der Jude ein Interesse daran, in einem Lande sich anzusiedeln und ehrlich sein Brot zu verdienen? Nein – Er war, ist und bleibt ein Parasit und Schmarotzer, solange er lebt. Anderes Ungeziefer in der Natur läßt sich auch keiner anderen Bestimmung zuführen. Der Jude kann nur als Blutsauger unter den Gastvölkern leben. Im Laufe der Jahrtausende hatten die Juden öfters Gelegenheit, sich in einem Lande zu sammeln und unter sich zu bleiben. Die jüdischen Verheißungen und Prophezeiungen hinderten sie daran.
(Du wirst alle Völker fressen, die Jahwe in Deine Hand geben wird. 5. Mose 7,16)
(Du wirst aufsaugen die Milch der Völker und der Könige Brüste sollen Dich säugen. Jes. 60, 16)
Noch Hunderte von ähnlichen Beweisen findet man im Alten Testament und im jüdischen Geheimgesetzbuch, dem Talmud.

»Der Jude will keine Heimstätte. Der Jude will die ganze Welt beherrschen. Er wartet auf seinen Messias. Er denkt in großen Zeitabständen. Er erduldet die Verachtung seiner Rasse. Alles erträgt er, nur um sein Ziel zu erreichen.
Palästina als jüdischer Staat bedeutet für das Weltjudentum nur eine Etappe. Jüdische Ansiedlungspolitik bedeutet revolutionäre Aussaat. Der Judenstaat Palästina mit diplomatischen Vertretungen in allen Ländern und beim Völkerbund wäre die Ausstellung eines Freibriefes für alle jüdischen Gauner und Verbrecher. Der Jude würde die Anweisungen seines Geheimgesetzbuches, des Talmud, noch besser zur Anwendung bringen. Nach Entdeckung seiner Gaunerei könnte er nach Palästina flüchten, dort seinen Namen ändern und bei einem anderen Gastvolk mit einer neuen Rolle beginnen.
Das Zusammenspiel der jüdischen Organisationen (B'nai B'rith, Alliance Israélite Universelle u. a.) könnte dann noch besser getarnt werden.
Jetzt hat die geheime jüdische ›Weltregierung‹ ihren Sitz in New York. Getarnt als ›The American Jewish Joint Consultativ Council‹. Der Jude Frank J. Prince ist der oberste Chef. Sein geheimes Büro befindet sich in New York, 750 Fifth Avenue Suite 1102. Die Internationale Freimaurerzentrale ›Grand Suprême Conseil de New York de la Franc-Maçonnerie Internationale‹, die Unabhängige Judenloge B'nai B'rith (Independent Order of B'nai B'rith) die Anti-Nazi-Liga, die Geheimorganisation ›Information and Service Associates‹, 461 Fourth Avenue, unterstehen ebenfalls dem Juden Prince. Dieser internationale jüdische Nachrichten- und Spionagedienst umspannt die ganze Welt und verfügt über 120 000 Mitarbeiter. Möge das Weltjudentum sein Geld für ›arme und bedrängte‹ Emigranten ausgeben. Ein Boykott, sowie Lügen- und Greuelhetze haben im Zeitalter des Rundfunks keinen Erfolg mehr. Das Weltjudentum war seinem Ziele nahe. Die Tat Adolf Hitlers machte ihm einen Strich durch die Rechnung. Die nichtjüdischen Völker erwachsen. Die Abrechnung erfolgt.«
Hans Belzner[7]

Am 12. Juni schrieb Rademacher an Wurm, daß es besser sei, mit der Publikation seines Artikels über den Madagaskar-Plan noch zu warten. »Für den mir übersandten Artikel danke ich. Ich habe ihn mit großem Interesse gelesen. [...] Ich habe aber erst einige grundsätzliche Fragen, die wir neulich in unserem Gespräch berührten, versucht vorher ins reine zu bringen. Ganz geklärt ist die Situation immer noch nicht. Ich möchte sie daher bitten, vorerst von einer Veröffentlichung des Artikels abzusehen. Ferner möchte ich ihre Aufmerksamkeit auf einen Artikel der hier erscheinenden *Jüdischen Rundschau* vom 11. Juni d. J. lenken; danach sind die Juden jetzt scheinbar selbst zu der Erkenntnis gekommen, daß sie bald aus Europa fort müssen.«[8]

Nachdem Hitler von Frankreichs Ersuchen um einen Waffenstillstand erfahren hatte, reiste er am darauffolgenden Tag in Begleitung Ribbentrops nach München, um mit Mussolini zu verhandeln. Am 17. und 18. Juni konferierten Ribbentrop und Hitler mit Ciano, dem italienischen Außenminister, und Mussolini über die Zukunft Frankreichs sowie über Madagaskar. Obwohl die italienische Armee lediglich in der letzten Woche des Frankreichfeldzuges an den Operationen teilgenommen hatte, zeigte sich Mussolini während der Besprechungen doch sehr fordernd, als die Bedingungen für einen Waffenstillstand zur Sprache kamen. Er verlangte, daß Frankreich auf Korsika, Nizza und seine afrikanischen Kolonien verzichte und Großbritannien Malta, Ägypten und den Sudan abtrete.

Hitler bemühte sich den *Duce* zu zügeln. Er wollte beim Festlegen der Bedingungen vermeiden, daß Frankreich sich veranlaßt sehe, den Krieg gegen Deutschland von Nordafrika aus fortzusetzen. Es mußte auch verhindert werden, daß sich die starke französische Flotte (die außerhalb der deutschen Reichweite lag) der britischen Kriegsmarine anschließt. Hitler wollte durch »bescheidene« Waffenstillstandsbedingungen erreichen, daß die britische Regierung sein Friedensangebot seriös erwägen würde. Darum wurde die Besetzung Frankreichs auf den Norden und einen Streifen entlang der Küste im Westen beschränkt. Zwei Fünfteln des Landes, verwaltet von der Regierung Petain in Vichy, billigte er begrenzte Selbständigkeit zu.

Hitler konnte Mussolini davon überzeugen, daß dieser seine territorialen (kolonialen) Forderungen im Rahmen des Friedensvertrages zurückstellen müßte und daß es wichtig wäre, das französische Kolonialreich unangetastet zu lassen. Mussolini war tief enttäuscht, daß Hitler bezüglich der französischen Flotte nicht mehr Forderungen stellen wollte. Für den Schutz ihrer Kolonien durften die Franzosen einen Teil der Flotte behalten, den Rest mußten sie außer Dienst stellen.

Nach dem Treffen mit Mussolini gab Hitler zu den bereits bestehenden Plänen, Madagaskar (nach dem Krieg) zu einem Reservat für europäische Juden unter französischer Aufsicht zu machen, seine Zustimmung. Laut einer einzigen Quelle soll Hitler von der Errichtung eines jüdischen Staates auf Madagaskar gesprochen haben. Auch Ribbentrop schlug seinem Amtskollegen Ciano die Errichtung eines Reservates auf Madagaskar vor. Einige Monate zuvor hatte er sich bereits ähnlich geäußert.[9]

Am 20. Juni 1940 beriet sich Hitler in Anwesenheit Keitels mit Großadmiral Raeder, Oberbefehlshaber der deutschen Flottenverbände, über die Zukunft Madagaskars. Raeder erklärte Hitler, daß Madagaskar für Deutschland strategisch unbedeutend sei, und schlug ihm vor, Portugal für den Verzicht auf den Norden Angolas mit Madagaskar zu entschädigen. Hitler machte dem Admiral allerdings deutlich, daß er »Madagaskar für die Judenunterbringung unter französischer Verantwortung verwenden« wolle.[10] Am 11. Juli 1940 erklärte Raeder in Verhandlungen mit Hitler neuerlich, daß die Bedeutung Madagaskars für die Kriegsmarine von geringem Interesse wäre, weil »der Atlantik Hauptkriegsschauplatz« bleiben würde.[11]

In einem Brief vom 24. Juni 1940 an Ribbentrop stimmte Heydrich dem Madagaskar-Plan des Auswärtigen Amtes zu und ersuchte, in eventuelle Gespräche über eine »territoriale Endlösung« der Judenfrage in Europa einbezogen zu werden:

»Lieber Parteigenosse von Ribbentrop!
Der Herr Generalfeldmarschall hat mich im Januar 1939 in seiner Eigenschaft als Beauftragter für den Vierjahresplan mit der Durchführung der jüdischen Auswanderung aus dem gesamten Reichsgebiet beauftragt. In der Folgezeit gelang es, trotz großer Schwierigkeiten, selbst auch während des Krieges, die jüdische Auswanderung erfolgreich fortzusetzen. Seit Übernahme der Aufgabe durch meine Dienststelle am 1. Januar 1939 sind bisher insgesamt über 200 000 Juden aus dem Reichsgebiet ausgewandert. *Das Gesamtproblem* – es handelt sich bereits um rund 3¼ Millionen Juden in den *heute* Deutscher Hoheitsgewalt unterstehenden Gebieten – kann aber *durch Auswanderung* nicht mehr gelöst werden. Eine territoriale Endlösung wird daher notwendig. Ich darf bitten, mich bei bevorstehenden Besprechungen, die sich mit der Endlösung der Judenfrage befassen, falls solche von dort aus vorgesehen sein sollten, zu beteiligen.«

Aus dem Brief Heydrichs an Ribbentrop geht hervor, daß die »Endlösung« im Sinne einer »definitiven Lösung« der Judenfrage verstanden wurde, welche für Heydrich und Ribbentrop nach Deutschlands Sieg über Frankreich die Verbannung der Juden nach Madagaskar war.[13]

Am 2. und 3. Juli 1940 veröffentlichte das Auswärtige Amt Rademachers Madagaskar-Plan: *Plan zur Lösung der Judenfrage* und *Die Judenfrage im Friedensvertrag*[14]. Aufschlußreich ist der Zeitpunkt der Veröffentlichung: am 3. Juli 1940 versenkten Kommandotruppen der *Royal Air Force* einen Teil der französischen Flotte in Mers-el-Kébir.[15]

Im folgenden der *Plan zur Lösung der Judenfrage* vom 2. Juli 1940:

»Frankreich muß im Friedensvertrag die Insel Madagaskar als Siedlungsraum für die Juden Europas zur Verfügung stellen und seine rund 25 000 dort ansässigen Franzosen aussiedeln und entschädigen. Ebenso werden die weiteren rund 15 000 Fremden (Europäer, Asiaten, besonders Araber, Inder, Japaner usw.) ausgesiedelt. Die 3 Millionen Madagassen bleiben vorerst. Ihr Austausch gegen Juden Südafrikas bleibt vorbehalten.

Die Insel wird Deutschland als Mandat übertragen. Die seestrategisch wichtige Diego-Suarez-Bai sowie der Hafen von Antsirana werden deutsche Marinestützpunkte. Als weitere Marinestützpunkte können auf Wunsch der Kriegsmarine die Häfen (offene Reeden) Tamatave, Andevorante, Mananjary usw. vorgesehen werden. Neben diesen Marinestützpunkten werden geeignete Teile des Landes zur Anlage von Flugstützpunkten aus dem Judenterritorium herausgeschnitten.

Der nicht militärisch benötigte Teil der Insel wird unter die Verwaltung eines deutschen Polizei-Gouverneurs gestellt, der unmittelbar der Verwaltung des Reichsführers SS untersteht. Hierfür spricht, daß von deutscher Seite in erster Linie sicherheitspolizeiliche Gesichtspunkte maßgebend sind.

Die Lösung Madagaskar bedeutet, vom deutschen Standpunkt aus gesehen, Schaffung eines Großgettos. Nur die Sicherheitspolizei hat die nötigen Erfahrungen auf diesem Gebiet; sie hat die Mittel, eine Flucht von der Insel zu verhindern. Sie hat weiter die Erfahrung darin, Strafmaßnahmen, die wegen feindseliger Handlungen von Juden in USA gegen Deutschland erforderlich werden, in der geeigneten Weise durchzuführen. Sie kennt bereits die einzelnen Juden aus deren Überwachung im Inlande. Sie würde auch den Transport zur Insel hin zu gewährleisten haben. Wollte man die Insel daneben noch der Kolonialverwaltung unterstellen, so würde auch dies einmal ein unnützes Überschneiden der Gewalten mit sich bringen, zum andern aber sich auch propagandistisch schwer durchsetzen lassen, die USA-Juden dahin zu bringen, die offizielle Behandlung der Juden als Kolonialvolk stillschweigend hinzunehmen. Die vorgesehene Sonderlösung des Judenmandats läßt sich dagegen propagandistisch gut auswerten.

In dem Judenterritorium von Madagaskar bekommen die Juden im übrigen Selbstverwaltung; eigene Bürgermeister, eigene Polizei, eigene Post- und Bahnverwaltung usw. Für den Wert der Insel haften die Juden als Gesamtschuldner. Zu diesem Zweck wird ihr bisheriges europäisches Vermögen einer zu gründenden europäischen Bank zur Verwertung übertragen. Soweit dieses Vermögen zur Bezahlung der Landwerte, die sie in die Hand bekommen, und der zum Aufbau der Insel notwendigen Warenaufkäufe in Europa nicht ausreicht, werden den Juden von der gleichen Bank bankmäßige Kredite zur Verfügung gestellt. Der Bank wird auch das Judenterritorium Madagaskars als Gesamtwertobjekt zum Schätzungspreis zur Verwertung übertragen. Sie gibt es siedlungsmäßig an die Juden ab. Die Unterverteilung des Landes nehmen die Juden selbst vor gemäß den anteilmäßigen Ansprüchen, die der einzelne Jude an dem der Bank zugeflossenen Gesamtvermögen hat.

Während die politische Verwaltung Madagaskars allein in deutscher Hand ruht, kann die gemeinsame europäische Zusammenarbeit auf dem Judengebiet in der Verwaltung der Bank zum Ausdruck gebracht werden; in das Direktorium bzw. den Aufsichtsrat

der Bank können Vertreter der einzelnen europäischen Staaten, die Juden und deren Vermögen zur Verfügung gestellt haben, berufen werden.
Da Madagaskar nur Mandat wird, erwerben die dort ansässigen Juden nicht die deutsche Staatsangehörigkeit. Allen nach Madagaskar deportierten Juden wird dagegen vom Zeitpunkt der Deportation ab von den einzelnen europäischen Ländern die Staatsangehörigkeit dieser Länder aberkannt. Sie werden dafür Angehörige des Mandats Madagaskar.
Diese Regelung vermeidet, daß die Juden sich etwa in Palästina einen eigenen Vatikanstaat gründen und somit den symbolischen Wert, den Jerusalem für den christlichen und mohammedanischen Teil der Welt hat, für ihre Ziele einspannen können. Außerdem bleiben die Juden als Faustpfand in deutscher Hand für ein zukünftiges Wohlverhalten ihrer Rassegenossen in Amerika.
Propagandistisch kann man den Großmut verwerten, den Deutschland durch Gewährung der kulturellen, wirtschaftlichen, verwaltungs- und justizmäßigen Selbstverwaltung an den Juden übt, und dabei betonen, daß uns unser deutsches Verantwortungsbewußtsein der Welt gegenüber verbietet, einer Rasse, die Jahrtausende keine staatliche Selbständigkeit gehabt hat, sofort einen unabhängigen Staat zu schenken; dafür bedürfe es noch der geschichtlichen Bewährung.«

Die Judenfrage im Friedensvertrag vom 3. Juli 1940:

»Der bevorstehende Sieg gibt Deutschland die Möglichkeit und meines Erachtens auch die Pflicht, die Judenfrage in Europa zu lösen. Die wünschenswerte Lösung ist: Alle Juden aus Europa. Aufgabe des Auswärtigen Amts ist hierbei:
a) diese Forderung im Friedensvertrag zu verankern und die gleiche Forderung durch Einzelverhandlungen mit den nicht vom Friedensvertrag betroffenen Staaten in Europa durchzusetzen,
b) im Friedensvertrag das notwendige Territorium zur Ansiedlung der Juden sicherzustellen und die Grundsätze für die Mitarbeit der Feindstaaten an diesem Problem festzulegen,
c) die staatsrechtliche Stellung des neuen jüdischen überseeischen Siedlungsraumes zu bestimmen,
d) als Vorarbeit
1. Klarlegung der Wünsche und Pläne der interessierten innerdeutschen Partei-, Staats- und wissenschaftlichen Stellen und das Abstimmen dieser Pläne auf die Wünsche des Herrn Reichsaußenministers, wozu weiter gehört:
2. Schaffung einer Übersicht über die bei einzelnen Stellen vorhandenen sachlichen Unterlagen (Anzahl der Juden in den einzelnen Ländern), Verwertung ihres Vermögens über eine internationale Bank,
3. Aufnahme der Verhandlungen mit dem befreundeten Italien über diese Fragen.
Wegen der Aufnahme der Vorarbeiten ist das Referat D III über die Abteilung Deutschland bereits mit Vorschlägen an den Herrn Reichsaußenminister herangetreten und hat

von ihm den Auftrag erhalten, diese Vorarbeiten unverzüglich in die Wege zu leiten. Besprechungen mit der Dienststelle des Reichsführers SS des Innenministeriums und einigen Parteidienststellen haben bereits stattgefunden. Diese Dienststellen billigen folgenden Plan des Referats D III:
Referat D III regt als Lösung der Judenfrage an: Frankreich muß im Friedensvertrag die Insel Madagaskar für die Lösung der Judenfrage zur Verfügung stellen und seine rund 25 000 dort ansässigen Franzosen aussiedeln und entschädigen. Die Insel wird Deutschland als Mandat übertragen. Die seestrategisch wichtige Diego-Suarez-Bai sowie der Hafen von Antsirana werden deutsche Marinestützpunkte (diese Marinestützpunkte werden vielleicht noch je nach Wunsch der Kriegsmarine auch auf die Häfen – offene Reeden – Tamatave, Andevorante, Mananjary usw. ausgedehnt werden können). Neben diesen Marinestützpunkten werden geeignete Teile des Landes zur Anlage von Flugstützpunkten aus dem Judenterritorium herausgeschnitten. Der nicht militärisch erforderliche Teil der Insel wird unter die Verwaltung eines deutschen Polizeigouverneurs gestellt, der der Verwaltung des Reichsführers SS untersteht. In diesem Territorium bekommen die Juden im übrigen Selbstverwaltung: eigene Bürgermeister, eigene Polizei, eigene Post- und Bahnverwaltung usw. Für den Wert der Insel haften die Juden als Gesamtschuldner. Zu diesem Zweck wird ihr bisheriges europäisches Vermögen einer zu gründenden europäischen Bank zur Verwertung übertragen. Soweit dieses Vermögen zur Bezahlung der Landwerte, die sie in die Hand bekommen, und der zum Aufbau der Insel notwendigen Warenaufkäufe in Europa nicht ausreicht, werden den Juden von der gleichen Bank bankmäßige Kredite zur Verfügung gestellt.
Da Madagaskar nur Mandat wird, erwerben die dort ansässigen Juden nicht die deutsche Staatsangehörigkeit. Allen nach Madagaskar deportierten Juden wird dagegen vom Zeitpunkt der Deportation ab von den einzelnen europäischen Ländern die Staatsangehörigkeit dieser Länder aberkannt. Sie werden dafür Angehörige des Mandats Madagaskar.
Diese Regelung vermeidet, daß die Juden sich etwa in Palästina einen eigenen Vatikanstaat gründen und damit den symbolischen Wert, den Jerusalem für den christlichen und mohammedanischen Teil der Welt hat, für ihre Ziele einspannen können. Außerdem bleiben die Juden als Faustpfand in deutscher Hand für ein zukünftiges Wohlverhalten ihrer Rassegenossen in Amerika.
Propagandistisch kann man den Großmut verwerten, den Deutschland durch Gewährung der kulturellen, wirtschaftlichen, verwaltungsmäßigen und justizmäßigen Selbstverwaltung an den Juden übt, und dabei betonen, daß uns unser deutsches Verantwortungsbewußtsein der Welt gegenüber verbietet, einer Rasse, die Jahrtausende keine staatliche Selbständigkeit gehabt hat, sofort einen unabhängigen Staat zu schenken; dafür bedürfe es noch der geschichtlichen Bewährung.«

Um den Madagaskar-Plan »wissenschaftlich« zu untermauern, nahm Rademacher am 4. Juli 1940 unverzüglich Kontakt mit dem Bayerischen Statistischen Landesamt und der Bergakademie in Freiberg auf, mit dem Ersuchen, kurzfristig ein Gutachten bezüglich der demographischen und geologischen Aspekte der französischen Kolonie Madagaskar zu erstellen.[16] So kam das Gutachten von Professor Dr. Burgdörfer vom 17. Juli 1940 über den Madagaskar-Plan des Auswärtigen Amtes mit dem Titel *Zur Frage der Umsiedlung der Juden* zustande. Burgdörfer, Präsident des Bayerischen Statistischen Landesamtes, untersuchte, wie viele Juden für eine solche großangelegte Operation in Frage kämen. Für die Beantwortung dieser Frage verwendete Burgdörfer statistische Angaben einer umfassenden Untersuchung über die Zahl der Juden in Deutschland und in der ganzen Welt, die er einige Jahre zuvor gemacht hatte.[17] Er kam zu dem Schluß, daß in Europa 9800000 Juden lebten, in Asien eine Million, in Afrika 700000, in Amerika 5250000 und in Australien 30000. Von den ungefähr 10 Millionen Juden in Europa lebten 2900000 in der Sowjetunion und 1300000 in dem von Rußland besetzten Teil Polens. Rechnete man die Juden aus den baltischen Staaten noch hinzu (Litauen 250 000 und Lettland 100000), dann lebten in den Gebieten Osteuropas ungefähr fünf Millionen Juden. Kämen diese Juden für die Ansiedlung auf Madagaskar nicht in Frage (Burgdörfer ging bei seinen weiteren Berechnungen jedenfalls davon aus), blieben noch immer ungefähr fünf Millionen Juden in den anderen Ländern Europas übrig.[18] Burgdörfer schätzte die Zahl der Juden außerhalb Europas auf sieben Millionen, von denen 5250000 in Amerika lebten und die sicher nicht nach Madagaskar deportiert würden. Es blieben noch 1750000 Juden in Asien, Afrika und Australien.[19] Burgdörfer hielt in seinem Gutachten fest, daß er nicht beurteilen könne, ob diese nicht-europäischen Juden auch nach Madagaskar verbannt werden müßten, ging aber bei seinen weiteren Berechnungen davon aus, daß das Auswärtige Amt dies sehr wohl beabsichtige: bei der Durchführung seines Madagaskar-Plans müßte es mit der Umsiedlung von 6500000 Juden rechnen.

Nach den Berechnungen war Madagaskar groß genug, um 6500000 Juden aufnehmen zu können. Als Grundlage diente ihm die letzte Volkszählung vom 1. Juli 1936, bei der festgestellt worden war, daß auf der Insel ungefähr 3 800000 Menschen (mehr als drei Millionen Eingeborene) auf einer Fläche von 616000 Quadratkilometern lebten. Das ergibt eine Bevölkerungsdichte von 6,2 pro Quadratkilometer. Nach der Aussiedlung der ursprünglichen Bevölkerung in ein Gebiet Ostafrikas, der Rückkehr der Kolonisten nach Frankreich und nach der Ansiedlung der Juden auf der Insel würde die Einwohnerzahl auf 6500000 und die Bevölkerungsdichte auf 10 pro Quadratkilometer ansteigen. Kämen aber die 6500000 Juden zur ursprünglichen Bevölkerung hinzu, dann würde die Bevölkerungsdichte auf 16 pro Quadratkilometer ansteigen. Laut Burgdörfer hatten Wissenschaftler übereinstimmend festgestellt, daß die Bevölkerungsdichte nirgendwo auf der Welt 16 pro Quadratkilometer übersteigen dürfe. Burgdörfer schloß daraus, daß eine Umsiedlung von 6 500 000 Juden nach Madagaskar aus bevölkerungswissenschaftlicher Sicht absolut vertretbar sei.[20]

Am 29. Juli 1940 veröffentlichte Professor Schumacher, Geologe an der Bergakademie in Freiberg, ein *Gutachten über die mineralischen Bodenschätze Madagas-*

kars[21]. Er wollte damit beweisen, daß es in jeder Hinsicht vertretbar sei, alle Juden Europas nach dem Krieg nach Madagaskar zu deportieren, da ihnen die Insel ausreichende Existenzmöglichkeiten biete.

Nach der Veröffentlichung des Madagaskar-Plans des Auswärtigen Amtes begannen fieberhafte Beratungen. Am 3. Juli 1940 hielt Eichmann in Wien einen Vortrag vor Vertretern jüdischer Organisationen aus Wien und Prag, in dem er ihnen mitteilte, daß man nach Kriegsende eine europaweite Lösung der Judenfrage anstrebe: ungefähr vier Millionen Juden würden Europa verlassen müssen und in einem neuen Land angesiedelt werden. Damit meinte Eichmann eindeutig Madagaskar, auch wenn er die Insel nicht ausdrücklich erwähnte. Weiters gab er den Vertretern der jüdischen Organisationen den Auftrag, in einem Bericht die »allgemeinen Gesichtspunkte, die bei einem solchen Plan zu berücksichtigen wären«[22] aufzuzeigen.

Am 3. Juli sandte Eichmann Theodor Dannecker, der seit 1938 einer der größten Befürworter der Verbannung der Juden nach Madagaskar war, nach Paris. Er wurde zum Leiter des Referates IV J der Sipo/SD in Frankreich ernannt und stand in ständiger Verbindung mit Eichmann in Berlin. Eichmann hatte Dannecker den Auftrag erteilt, unmittelbar nach seiner Ankunft in Paris – im Zusammenhang mit der Veröffentlichung eines eigenen Entwurfs des RSHA-Madagaskar-Projekts – alles in den Archiven des Ministeriums für koloniale Angelegenheiten über Madagaskar (Geschichte, Geographie, Berichte über den französischen Madagaskar-Plan) vorhandene Material zusammenzutragen.[23]

Gestapochef Müller berichtete SS-Standartenführer Brandt ebenfalls am 3. Juli, daß sich Himmler für die zweite Option entschieden habe (als Antwort auf die drei Möglichkeiten, die Rademacher am 2. Juni 1940 Ribbentrop zur Lösung der Judenfrage vorgeschlagen hatte): Verbannung aller Juden aus West- und Mitteleuropa nach Madagaskar und die Geiselnahme der osteuropäischen Juden, um den Einfluß der amerikanischen Juden zu neutralisieren.[24]

Obwohl oft das Gegenteil behauptet wird, waren in Deutschland sowohl Juden als auch Nicht-Juden bereits ein paar Tage nach der Bekanntgabe des Madagaskar-Plans des Auswärtigen Amtes vom 2. und 3. Juli 1940 darüber informiert. Das geht unter anderem aus Victor Klemperers Tagebucheintragung vom 7. Juli 1940 hervor (Victor Klemperer, Tagebücher 1933–1941):

> »Auf dem Weg zur Stadt an der Haltestelle hier zwei Frauen: ›Heil Hitler!‹ – ›Was hören sie von Ihrem Jungen draußen?‹ – ›Vor acht Tagen Gutes, sie freuen sich auf England.‹ In der Stadt Telegramme: Hitler heute in Berlin. Triumphaler Einzug. Graf Ciano Gast der Regierung. Dann beim Schlächter: ›Eben ist durchs Radio gekommen: ›Englische Regierung gestürzt.‹ Nun wird Friede werden. Ganz gut, was sollen sie sich erst zerschießen lassen.‹ – Dann beim Fisch-Paschky: Die englische Regierung ist geflohen.

Eine Frau: Eine Bombe auf diese ganze Gesellschaft! – Dann bei Vogel: Die englische Regierung ist ›getürmt‹. Erst schießen die Hunde auf ihre Verbündeten, und nun türmen sie! – In der Zeitung stand nichts von England. Abends kam Frau Voß: ›Meine Freundin hat im Rundfunk den Rücktritt der englischen Regierung gehört. Nun machen sie Frieden, und wir werden nach Madagaskar verschickt.‹ Wir rätselten herum. Wir können uns das Nachgeben der Engländer und seine Folgen für England, für die Welt, für uns nicht ausdenken; wir sagen zu nichts mehr unmöglich, aber wir hoffen noch immer.«

Am 8. Juli besprach Hitler den Madagaskar-Plan mit Hans Frank. Frank notierte dazu in seinem Tagebuch, daß er stundenlang mit dem Führer über politische, ökonomische und soziale Probleme des Generalgouvernements gesprochen habe und auch über die Lösung der Judenfrage. Hitler habe ihm erzählt, daß nach dem Krieg alle Juden in eine amerikanische oder afrikanische Kolonie abgeschoben werden sollten und daß man sich wahrscheinlich für Madagaskar entscheiden werde.

Am 10. Juli traf Himmler in Berlin Wilhelm Krüger, der Frank später erzählte, daß die Juden aus Deutschland und den anderen von Deutschland annektierten Gebieten nicht mehr nach Polen gebracht würden, weil ihr Endziel nicht das Generalgouvernement, sondern Madagaskar sei. Gleichzeitig teilte er Frank, der schon einen Plan zur Vertreibung der Juden aus Krakau im August verfaßt hatte, mit, daß die Juden nun nicht mehr aus dem Generalgouvernement verbannt werden müßten, weil sie in Kürze (nach Deutschlands Sieg) zusammen mit den anderen europäischen Juden nach Madagaskar deportiert würden.[25]

Nach Hitlers Beschluß war es Himmler und Frank möglich, im Generalgouvernement den status quo aufrechtzuerhalten: es durften weder neue Juden aufgenommen noch die anderen, die sich bereits dort befanden, abgeschoben werden. Frank gab sofort den Auftrag, die Errichtung weiterer Ghettos in seinem Gebiet einzustellen.[26] Ghettos waren nicht mehr notwendig, weil in absehbarer Zeit das ganze Generalgouvernement von den Juden befreit sein würde.[27]

Im Frühjahr 1940 hatte man zur Vorbeugung von Epidemien – als Maßnahme »zum Schutze der Deutschen« – mit dem Bau von Ghettos begonnen. So gaben deutsche Ärzte im Generalgouvernement[28] den Juden an der Verbreitung des Flecktyphus die Schuld, weil sie angeblich die üblichen hygienischen Regeln mißachtet hätten. In zahlreichen Artikeln hatten sie die Theorie entwickelt, daß die Juden selbst nicht Opfer seien, weil sie über genügend Abwehrkräfte verfügten, wohl aber die Deutschen. Diese Theorie entsprach selbstverständlich nicht dem Stand der Wissenschaft, sondern lag ausschließlich in dem tief verwurzelten Vorurteil begründet, daß die Juden in Europa immer die Überträger ansteckender und tödlicher Krankheiten gewesen wären. Wurde nicht Mitte des 14. Jahrhunderts die nichtjüdische Bevölkerung Europas von der Schwarzen Pest dahingerafft, die die Juden verbreitet hätten, während die Juden selbst ihr kaum zum Opfer fielen? Um also der Verbreitung des Flecktyphus vorzubeugen, hatten die Ärzte vorgeschlagen, alle

Juden in Ghettos zu sperren und ganz von der übrigen Stadtbevölkerung zu separieren.

Auch wenn nicht nur Ärzte derartige Vorschläge machten, waren es in Warschau, wo die größte jüdische Gemeinde Europas lebte (150 000), vor allem doch sie, die diese Maßnahme für notwendig hielten, um das Überleben der »arischen« Bevölkerung nicht aufs Spiel zu setzen. Am 4. November 1939 faßte Dr. Rudolf Batz den Beschluß, alle Juden innerhalb von drei Tagen in Ghettos einzuschließen, um der Ansteckungsgefahr vorzubeugen. Allerdings schob General von Neumann-Neurode die Durchführung dieses Beschlusses wegen organisatorischer und ökonomischer Probleme, die zumindest vorläufig unlösbar schienen, auf und erklärte das Viertel, in dem die meisten Juden wohnten, zum Seuchengebiet.

Im April 1940 wurde in einem Vorort von Warschau mit der Errichtung von zwei Ghettos begonnen: die Juden wurden gezwungen, auf eigene Kosten mit der Errichtung einer mehr als zwei Meter hohen Mauer rund um das jüdische Viertel zu beginnen. Dr. Kaminski und Dr. Walbaum erklärten namens der Abteilung Gesundheitswesen, man habe derartige Maßnahmen treffen müssen, weil die Juden, wie so oft in der Vergangenheit, die üblichen hygienischen Regeln nicht beachten wollten.[29] Als Hans Frank im Juli den Befehl gab, die Errichtung der Ghettos einzustellen, war man in Warschau noch lange nicht mit dem Bau der Mauer und der Errichtung der beiden Ghettos fertig.[30]

Der Madagaskar-Plan hatte jedoch noch weitere Konsequenzen: Frank teilte am 12. Juli seinen Mitarbeitern in Krakau offiziell mit, daß die Deportationen von Juden aus Europa ins Generalgouvernement eingestellt würden.[31] Das folgende Zitat stammt aus Franks Rede, die dem Arbeitsgespräch mit seinem Stab in Krakau vorangegangen war:

> »Meine Herren! Ich habe am 8. Juli eine mehrstündige Besprechung beim Führer gehabt und habe bei dieser Gelegenheit dem Führer eingehend berichtet über die Entwicklung des Generalgouvernements und über die politischen, sozialen und sonstigen Probleme, die uns bewegen. Ich habe dabei das vollste Verständnis des Führers für unser Land gefunden, und ich freue mich, Ihnen mitteilen zu können, daß der Führer mir persönlich und damit Ihnen allen seine Anerkennung für die Arbeit, die hier geleistet wurde, zum Ausdruck gebracht hat. Der Führer hat alle meine Vorschläge für die weitere Formung des Gebietes angenommen und sofort in die Tat umgesetzt. Er hat am 8. Juli eine Verfügung dahingehend getroffen, daß mit sofortiger Wirkung der Zusatz ›für die besetzten polnischen Gebiete‹ wegfällt. Die Bezeichnung für unser Gebiet wird künftig lauten: ›Das Deutsche Generalgouvernement Polen‹ oder ›Das Generalgouvernement‹. Die Bevölkerung hier wird bezeichnet als ›die Bevölkerung des Generalgouvernements‹. Daß es sich hierbei nicht nur um eine Umformung des Titels handelt, geht daraus hervor, daß der Führer sagt: Die neue Bezeichnung soll zum Ausdruck bringen, daß das Generalgouvernement ein wesentlicher Bestandteil des Deutschen Reiches ist und für alle Zukunft bleiben wird.

Sehr wichtig ist auch die Entscheidung des Führers, die er auf meinen Antrag gefällt hat, daß keine Judentransporte mehr ins Generalgouvernement stattfinden. Allgemein politisch möchte ich dazu sagen, daß geplant ist, die ganze Judensippschaft im Deutschen Reich, im Generalgouvernement und im Protektorat in denkbar kürzester Zeit nach Friedensschluß in eine afrikanische oder amerikanische Kolonie zu transportieren. Man denkt an Madagaskar, das zu diesem Zweck von Frankreich abgetreten werden soll. Hier wird auf einer Fläche von 500 000 Quadratkilometern reichlich Gelände für ein paar Millionen Juden sein. Ich habe mich bemüht, auch die Juden des Generalgouvernements dieses Vorteils teilhaftig werden zu lassen, sich auf neuem Boden ein neues Leben aufzubauen.«[32]

Im Zusammenhang mit der Durchführung des Madagaskar-Plans schrieb Rademacher am 22. Juli an alle deutschen Botschafter in Europa einen Brief mit der Bitte, herauszufinden, wie viele Juden nach dem Krieg für die Verschiffung nach Madagaskar in Frage kämen, wie viele Juden in der Großindustrie und im Handel arbeiteten und wie groß ihr gesamtes Vermögen sei. Dafür mußten die Botschafter in jedem Fall eine Schätzung vornehmen. Genaue Schätzungen sollten noch vor den bald zu erwartenden Friedensgesprächen der Festsetzung der Anzahl der Schiffe dienen, die für den Abtransport eines jährlich festgelegten Prozentsatzes von Juden aus Europa erforderlich wären, ebenso wie zur Festsetzung des Beitrags, den die Juden für Transport und Ansiedlung leisten müßten. Er ersuchte die Botschafter außerdem, ihrer Antwort – wenn möglich – Unterlagen beizulegen. Im Auswärtigen Amt würde ihre Analyse unter Verwendung weiterer Quellen genauer ausgearbeitet werden. Aus dem Brief an den deutschen Botschafter in Kopenhagen geht hervor, daß Rademacher die Botschaften auch über das voraussichtliche Schicksal der Juden nach dem Krieg informierte und daß er sie in die direkten Vorbereitungen für diese Umsiedlung einbeziehen wollte.[33] Inzwischen schenkte auch die Presse dem Madagaskar-Plan des Auswärtigen Amtes Beachtung: die italienische Presse veröffentlichte zwischen dem 18. und 20. Juli ausführliche Artikel zu diesem Thema.[34]

Am 25. Juli 1940 schrieb Frank in seinem Tagebuch, daß als Folge der Durchführung des Madagaskar-Plans auch das Generalgouvernement in kurzer Zeit »judenfrei« sein würde. An diesem Tag empfing er in Lublin (das er »das Rückgrat des Generalgouvernements« nannte) hohe Gäste, mit denen er das Ghetto, die Entlausungsanstalt und zahlreiche Betriebe besichtigte.

In einer seiner Reden sagte Frank:

»Der Führer hat weiter verfügt, daß Juden in das Generalgouvernement nicht mehr hereintransportiert werden. Im Gegenteil, auch die Juden, die im Generalgouvernement wohnen, werden sämtlich auf Grund eines besonderen Programms einheitlich behandelt, so daß auch das Generalgouvernement in absehbarer Zeit judenfrei wird. Sobald der Überseeverkehr die Möglichkeit des Abtransportes der Juden zuläßt [Heiterkeit], werden die Juden Stück um Stück, Mann um Mann, Frau um Frau, Fräulein um Fräulein, abtransportiert werden. Ich nehme an, daß ich sie darum nicht zu sehr zu beklagen brauche [erneute Heiterkeit]. Ich glaube also, daß wir, wie man so sagt, durch den dicksten Dreck hindurch sind und daß es nunmehr möglich ist, hier wirklich eine anständige, dienstliche, berufliche und auch menschliche Stadt für deutsche Volksgenossinnen und Volksgenossen zu errichten. Wenn wir das schon geschafft haben, dann können wir auch noch weiteres erreichen. Dieser Raum wird in den kommenden Jahrzehnten in zunehmendem Maße mit Angehörigen des deutschen Volkes durchsetzt werden.«[35]

Am 31. Juli 1940 traf Hans Frank die Gauleiter Greiser und Köppe in Krakau, die ihn fragten, ob er vorübergehend 250 000 Juden aus dem übervölkerten Wartheland (hauptsächlich aus dem Ghetto Lodz) aufnehmen könnte, bis sie – in absehbarer Zeit – nach Madagaskar deportiert würden. Bei diesen Gesprächen waren auch führende Vertreter der SS wie SS-Obergruppenführer Krüger und SS-Brigadeführer Streckenbach anwesend. Greiser berichtete, daß ihn eine Woche zuvor Himmler über Pläne, die Juden in Kürze in bestimmte Überseegebiete zu verbannen, informiert habe. Krüger merkte an, daß diese Information vertraulich behandelt werden müsse. Streckenbach (ein Untergebener Heydrichs und Himmlers), Beauftragter für die Vorbereitungen zur Durchführung des Madagaskar-Plans in Krakau[36], unterstrich, daß genaue Informationen noch fehlten. Im Zusammenhang mit der Durchführung des Madagaskar-Plans hatte sein Büro den Auftrag erhalten, herauszufinden, wie viele Juden in Deutschland und in den anderen besetzten Gebieten für eine Deportation nach dem Krieg in Frage kämen. Streckenbach war wie kein anderer darüber informiert, was man in höchsten Kreisen dachte: er hatte vor sechs Tagen noch mit Himmler und Dr. Gerhard Klöpfer, Abteilungsleiter in der Parteikanzlei, darüber gesprochen.

Das folgende Zitat entnehme ich den Notizen in Franks Tagebuch:

»Greiser weist auf gemeinsame Probleme des GG und des Warthelandes hin: Er halte zunächst eine Erörterung des Judenproblems für erforderlich. Hier hätten sich ja die Dinge insofern inzwischen etwas geändert, als man jetzt in der Frage der Judenevakuierung eine andere Stellung eingenommen habe. Er habe auf Grund einer Unterredung mit dem Reichsführer SS feststellen können, daß nunmehr die Absicht bestehe, die Juden über See in bestimmte Gebiete abzuschieben. Er habe in dieser Besprechung erklärt, daß er sich einer solchen Entscheidung selbstverständlich fügen müsse und werde, daß aber das Judenproblem, soweit es seinen Gau interessiere, irgendwie noch vor dem Winter geklärt werden müsse. Das hängt natürlich von der Dauer des Krieges ab. Sollte der Krieg noch länger dauern, dann werde man eine Zwischenlösung finden müssen.

Die Frage der gegenseitigen Grenzziehung werde wohl heute noch nicht restlos zu

klären sein, sie müsse aber mit den beteiligten Reichsstellen in Berlin nochmals einer eingehenden Prüfung unterzogen werden, damit gewisse Unstimmigkeiten endlich aus der Welt geschafft werden könnten.
Reichsstatthalter Greiser geht dann auf das Judenproblem näher ein und hebt dabei hervor, daß man in Lietzmannstadt und Umgebung eine gewisse Massierung von Juden festzustellen habe. In Lietzmannstadt selber habe man die Juden in ein Ghetto gebracht. Die Aktion sei an sich abgeschlossen, habe aber lediglich provisorischen Charakter. In diesem Ghetto befänden sich ungefähr 250 000 Juden. Diese 250 000 Juden, deren Zahl sich vielleicht auf 260 000 erhöhen werde, müßten einmal den Warthegau verlassen. Es sei vorgesehen gewesen, sie in einer zweckmäßigen Form in das Generalgouvernement zu transportieren, und man habe die Form dieser Übernahme heute gleichfalls klären wollen. Inzwischen sei nun die neue Entscheidung gekommen, und er lege größten Wert darauf, daß die Möglichkeit der Übernahme geklärt werde, weil es für den Warthegau sowohl aus ernährungspolitischen wie insbesondere auch aus seuchenpolizeilichen Gründen ein unmöglicher Zustand sei, diese im Ghetto zusammengepferchten Juden noch über den Winter hinaus zu behalten. Man müsse deshalb unter allen Umständen eine Zwischenlösung finden, die die Möglichkeit biete, diese Juden in ein anderes Gebiet abzuschieben.«

Frank merkte danach an, Himmler habe ihm in Berlin von Amts wegen mitgeteilt, daß kein einziger Transport von Juden ins oder aus dem Generalgouvernement organisiert werden dürfe.

»SS-Obergruppenführer Krüger teilt mit, daß die Frage der Aussiedlung der gesamten Judenschaft aus dem Generalgouvernement zur Zeit der Bearbeitung unterläge. Es seien auch schon Denkschriften darüber verfaßt worden, in welcher Form die Aktion nach Übersee durchgeführt werden solle. Er empfehle, für die Frage der Umsiedlung zunächst einmal in erster Linie Lietzmannstadt zu berücksichtigen. SS-Brigadeführer Streckenbach betont, daß sich Genaues über die ganze Aktion noch nicht sagen lasse. Grundsätzlich stehe bisher nur fest, daß seine Dienststelle den Auftrag habe, festzustellen, wie viele Juden im gesamten von Deutschland zur Zeit besetzten Raum vorhanden seien. Die Juden sollten nach dem bisher bestehenden Plan nach Madagaskar verschickt werden. Wann und wie die Verschickung vor sich gehen solle, sei eine Frage des Friedensschlusses. Ob sie tatsächlich nach Madagaskar kommen sollten, sei auch noch nicht endgültig bestimmt.
Der Höhere SS- und Polizeiführer des Warthegaues, Gruppenführer Köppe, weist darauf hin, daß die Lage hinsichtlich der Juden im Warthegau von Tag zu Tag schlimmer werde. Das Ghetto in Lietzmannstadt sei eigentlich auch nur unter der Voraussetzung eingerichtet worden, daß die Abschiebung der Juden spätestens Mitte dieses Jahres beginnen werde.
Er [Hans Frank] müsse mit allem Nachdruck darauf hinweisen, daß sich das Generalgouvernement auch in der Judenfrage zweifellos in einer viel schwierigeren Lage

befinde als der Warthegau. Die Frage der Umsiedlung im Generalgouvernement werde auch angesichts des Umstandes, daß die Anlage neuer Truppenübungsplätze beabsichtigt sei, von Tag zu Tag schwieriger. Dieser Plan der Errichtung von Truppenübungsplätzen mache, wenn er zur Durchführung komme, die Umsiedlung von etwa 180 000 Polen notwendig.«

Gauleiter Greiser glaubte schließlich, auf Grund dieser Tatsachen feststellen zu müssen, daß die 250 000 Juden aus Lietzmannstadt auch nicht vorübergehend (bis zu ihrer definitiven Verbannung nach Madagaskar) ins Generalgouvernement gebracht werden könnten.

Frank teilte diese Meinung vollkommen und schloß daraus, daß sowohl im Generalgouvernement als auch im Wartheland der Zustand der Juden katastrophal zu werden begann.

»Regierungspräsident Mehlhorn betont: Man habe das Ghetto gerade deswegen eingerichtet, weil man die Volksdeutschen und Reichsdeutschen vor Seuchen bewahren wollte. Sollte der Krieg noch länger dauern, dann halte er es für ausgeschlossen, daß die Juden in Lietzmannstadt noch verbleiben; denn man könne unmöglich reichsdeutsche Männer und Frauen der Seuchengefahr aussetzen. Deshalb müsse die Judenfrage auf irgendeine Weise gelöst werden.«[37]

Ribbentrop, der Rademachers Memorandum vom 3. Juni gelesen hatte, teilte Luther am 2. August 1940 mit, daß er sich von den in diesem Memorandum angeführten drei Optionen für Option I entschieden habe: demnach müßten alle Juden nach Madagaskar verbannt werden. Außerdem müsse Ref. D III (Rademacher und seine Mitarbeiter) diesen Plan in Zusammenarbeit mit den Abteilungen des Reichsführers SS weiter ausarbeiten.[38] Sicher bekundete Ribbentrop sein Einverständnis mit dem Madagaskar-Plan Luther gegenüber erst, nachdem er die Zustimmung Hitlers und Himmlers erhalten hatte.

Hitler und Himmler hatten inzwischen ebenfalls den von Ref. D III des Auswärtigen Amtes ausgearbeiteten Madagaskar-Plan zur Kenntnis genommen.

Auch die diplomatischen Verhandlungen über die Verbannung der Juden gingen weiter: am 3. August traf Hitler den neuen deutschen Botschafter in Paris, Otto Abetz. Hitler bekräftigte, daß er die Judenfrage für ganz Europa lösen wolle, daß er die Verbündeten überzeugen und die besetzten Länder zwingen wolle, die Juden nach dem Krieg aus Europa zu verbannen.[39] Laut der Aussage, die Abetz nach dem Krieg machte, hatte Hitler mit ihm nicht über Madagaskar als Bestimmungsort für die europäischen Juden gesprochen, sondern über die Vereinigten Staaten, die laut Hitler Millionen Juden aufnehmen könnten. Es war Hitler letztlich vollkommen gleichgültig, ob die Juden nach Madagaskar oder in die Vereinigten Staaten verbannt würden. Er wußte viel zu genau, daß er den Vereinigten Staaten niemals Millionen Juden aus Europa würde aufbürden können. Er wollte nur möglichst viele maßgebliche Personen in allen europäischen Ländern mit der Idee der Verbannung aller Juden aus Europa vertraut machen.

Am 3. August 1940 schrieb Paul Wurm im Zusammenhang mit der Durchführung des Madagaskar-Plans an Franz Rademacher einen Brief mit der Beilage über *Die Juden in Europa (statistische Angaben über die Zahl der Juden in Europa).*[40] Er verwendete für seine Ausführungen Briefpapier der Anti-jüdischen Weltliga, deren Büro sich in Nürnberg befand. Laut Wurm, der seine Angaben den *Jewish Statistics* in *The Jewish Yearbook* (London 1940) entnommen hatte, kämen ungefähr 10 Millionen Juden aus 19 Ländern Europas (er zählte auch die »Mischlinge« dazu) für eine Verbannung nach Madagaskar nach dem Krieg in Frage.[41]

Sein Brief war die Antwort auf Rademachers Brief vom 25. Juli. Wurm bedauerte außerdem, daß es ihm nicht gelungen war, das gesamte Vermögen der europäischen Juden zu schätzen, worum ihn Rademacher gebeten hatte. Er riet Rademacher, bei seiner Schätzung des gesamten Vermögens der europäischen Juden vom Gesamtvermögen etwa einer halben Million deutscher Juden, die für den Transport in Frage kämen, auszugehen. Es sollte nicht schwierig sein, Experten des Wirtschaftsministeriums diesbezüglich zuverlässige Berechnungen anstellen zu lassen. Nur für die dreieinhalb Millionen polnischer Juden müsse eine eigene Berechnung gemacht werden, weil ihr Lebensstandard unter jenem der deutschen oder französischen Juden liege. Es sei selbstverständlich, daß die reichen Juden neben ihren eigenen Transportkosten auch die ihrer Schicksalsgenossen finanzieren müßten. Wurm schloß seinen Brief mit dem Spruch der Anti-jüdischen Weltliga: »Ohne Lösung der Judenfrage kann die Menschheit nicht erlöst werden.«

Am 12.August veröffentlichte Rademacher einen Plan für die *Gründung einer intereuropäischen Bank für die Verwaltung des Judenvermögens in Europa:*[42]

> »Gedanken über die Gründung einer intereuropäischen Bank für die Verwertung des Judenvermögens in Europa
> Der Leitgedanke ist, sozusagen auf einen Schlag den jüdischen wirtschaftlichen Einfluß in Europa durch den deutschen zu ersetzen, ohne daß Störungen in den Wirtschaften der einzelnen Länder durch Stillegungen jüdischer Großfirmen eintreten. Das jüdische Kapital in Europa würde von der neuen Bank treuhänderisch verwaltet, nach und nach, je nach Zweckmäßigkeit, flüssig gemacht und nach Begleichen der von der Bank vorschüssig verauslagten Kosten der Umsiedlung den Reichsfinanzen als Anzahlung für die Werte zugeführt werden, welche die Juden in Madagaskar erhalten.
> Die Bank würde weiter den staatseigenen Grund und Boden, Gebäudebesitz usw. Madagaskars treuhänderisch verwalten, soweit er für die Ansiedlung der Juden benötigt und vorgesehen wird. Sie würde diese Werte im Laufe der Aufsiedlung nach und nach den Juden übereignen.
> Das von der Bank erfaßte jüdische Kapital wird nicht ausreichen, um diese Werte bar

zu bezahlen. Die Bank müßte die Restzahlungen von den Juden einziehen und laufend an die Reichsfinanzen abführen.
Das jüdische Vermögen in Deutschland könnte, wie bisher, über die Dienststellen des Reichsführers SS bzw. des Reichssicherheitshauptamtes erfaßt werden, da sie bereits die notwendigen Erfahrungen besitzen. Von dort würden die Vermögensstücke an die Bank weitergeleitet werden.
Zum Erfassen der ausländischen Werte wäre eine ähnliche Organisation in den Staatsverträgen, die mit den einzelnen europäischen Ländern über die Regelung der Judenfrage abzuschließen wären, vorzusehen.
Die Bank hätte die notwendigen Gelder für die Kosten der Umsiedlung auf Anfordern des Reichsführers SS vorzustrecken. Der einzelne Jude nimmt nur ein etwas größeres Handgepäck mit. Im übrigen erhält er eine Forderung an die jüdische Gemeinschaft ›Madagaskar‹.
Für die Landhergabe in Madagaskar an die Juden könnten die innerdeutschen Siedlungsverträge als Muster dienen. Für die Beschaffung des notwendigen Gerätes und die Verwertung der jüdischen Erzeugnisse in Madagaskar könnte der Bank eine Art Raiffeisengenossenschaft angegliedert werden, so daß jeder unmittelbare Handel der Juden mit der Außenwelt unterbunden wäre. Einzige zum Aufkauf von Madagaskar-Erzeugnissen berechtigte Stelle würde die Genossenschaft sein, die auch den Weiterverkauf ins deutsche Reichsgebiet bzw. ins Ausland vornimmt.«

Am 15. August 1940 war das Madagaskar-Projekt, das im Auftrag Reinhard Heydrichs vom Reichssicherheitshauptamt[43] verfaßt und von Eichmann, Dannecker und Rajakowitsch entworfen worden war, fertig. Es war viel ausführlicher als der Madagaskar-Plan des Auswärtigen Amtes vom 2. Juli, in dem nur Angelegenheiten, die sich auf die Außenpolitik, das Völkerrecht und die Propaganda bezogen, zur Sprache kamen. Das Madagaskar-Projekt des RSHA umfaßte 14 maschinegeschriebene Seiten über Grundsätzliches zum Madagaskar-Projekt, die Topographie der Insel, die staatsrechtliche Form und Verwaltungsgliederung, die Organisation des Projekts und schließlich über die Finanzierung. Dem wurden noch vier Beilagen hinzugefügt: eine große Karte Afrikas, Angaben über die wirtschaftliche Bedeutung der Kolonien für Deutschland, Angaben über die Durchführung des Madagaskar-Plans in Europa und ein Auszug aus Meyers Lexikon aus dem Jahre 1939, den ebenfalls Eichmann, Dannecker und Rajakowitsch entworfen hatten. In Heydrichs Auftrag brachte ein Bote am 15. August zwei Exemplare des Projekts ins Auswärtige Amt. Das erste Exemplar war für Ribbentrop bestimmt, das zweite für Rademacher. Das Büro des Ministers sorgte dafür, daß alle betroffenen Abteilungen des Ministeriums eine Kopie erhielten: die »Abteilung Deutschland«, die »Abteilung Auswanderung«, die »Abteilung Friedensfragen« und schließlich die kulturpolitische Abteilung.

Der Text des Madagaskar-Projekts lautet:

»Theo Dannecker
SS-Obersturmführer

Berlin W 62, den 15. August 1940,
Kurfürstenstraße 116

Herrn
Legationssekretär Rademacher
Berlin

Lieber Kamerad Rademacher!
Durch Boten übersende ich ein Exemplar der Ausarbeitung »Madagaskar-Projekt« für Ihren persönlichen Gebrauch. Ich darf um besonders vertrauliche Behandlung bitten.
Heil Hitler!

Urschriftlich
mit der Bitte um Rückgabe
Herrn Gesandten Luther
zur Kenntnis vorgelegt. Der Plan selbst ist durch Gruppenführer Heydrich an Herrn Reichsaußenminister unmittelbar weitergeleitet worden, von dort über Kult E zu D III gelangt, von mir an Pol III geleitet. Das anliegende Stück hatte ich inzwischen unmittelbar erhalten. Ich war von der Absicht Heydrichs informiert worden, worüber ich gleich telefonisch an Sie nach Fuschel berichtet habe.

1. Lage und Grundsätzliches.
a) Mit der Errichtung des Generalgouvernements Polen und der Eingliederung der neuen deutschen Ostgaue kamen große Massen von Juden unter unmittelbare deutsche Hoheitsgewalt. Dazu kommen noch die in den unter deutscher militärischer Oberhoheit stehenden Gebieten ansässigen Juden. Die bisherige Praxis zeigte, daß schon die Lösung des jüdischen Problems im Reichsgebiet einschließlich Protektorat Böhmen und Mähren im Wege der Auswanderung infolge der allenthalben auftretenden Schwierigkeiten (verschärfte Einwanderungsgesetzgebung überseeischer Länder, Passagen- und Devisenbeschaffung usw.) in absehbarer Zeit schwer zum Ende geführt werden kann. Nach dem Hinzukommen der Massen des Ostens ist eine Bereinigung des Judenproblems durch Auswanderung unmöglich geworden.

b) Insgesamt ist augenblicklich mit einer Zahl von rund 4 000 000 Juden zu rechnen, die sich wie folgt zusammensetzt:

1.	Deutschland	etwa	743 000	(einschl. der neuen Ostgaue – 500 000)
2.	Generalgouv.	etwa	2 300 000	
3.	Protektorat	etwa	77 000	
4.	Belgien	etwa	80 000	
5.	Holland	etwa	160 000	

6.	Luxemburg	etwa	2500
7.	Dänemark	etwa	7000
8.	Norwegen	etwa	1500
9.	Slowakei	etwa	95000
10.	Frankreich	etwa	270000

c) Die folgende Ausarbeitung stellt den Niederschlag der bisher seitens der Sicherheitspolizei geleisteten Vorarbeiten zu dem Projekt einer Ansetzung dieser rund 4000000 Juden in Madagaskar dar.
Zur Vermeidung dauernder Berührung anderer Völker mit Juden ist eine Überseelösung insularen Charakters jeder anderen vorzuziehen.

II. Geographisches. (Landkarte siehe Anlage I)
a) Klima.
Die Küsten der Insel sind infolge der hohen Temperatur und der dauernd feuchten Luft für Europäer ungesund. Ein großer Teil des Innenlandes bildet eine Hochlandstafel von 800–1500 m Durchschnittshöhe. Diese Zone ist für Europäer geeignet.
Die großen Niederschlagsmengen bedingen das Vorhandensein zahlreicher Wasserläufe und Sümpfe. Dadurch ist naturgemäß in den Niederungen Fiebergefahr vorhanden. Durch Trockenlegungen könnte der Seuchenausbreitung entgegengesteuert werden. Für ein Arbeitsprogramm sind schon hier große Aufgaben zu bewältigen.
b) Volkszahl und Land.
Das Gebiet der Insel entspricht mit fast 600 000 qkm der Größe Frankreichs, Belgiens und Hollands zusammen.
Insgesamt sind 3,8 Millionen Einwohner vorhanden, darunter 3660000 Madagassen, 11 000 Inder und Chinesen sowie 24 000 Europäer, hauptsächlich Franzosen.
c) Wirtschaft.
Industrien sind nur im geringen Umfange vorhanden. Neben dem Reis, der in allen Teilen des Landes angebaut wird, wächst Maniok (Wurzelpflanze, die hier die Kartoffel ersetzt), Kartoffel, außerdem Baumwolle, Erdnuß, Mais, Zuckerrohr, Kaffee, Tee, Nelken, Vanille, Parfümerie- und Medisialpflanzen werden ausgeführt. In den Höhenlagen bis 1000 Meter gedeihen Bananen, Orangen, Zitronen, Kokospalmen, Mango, Litschi, Avokado und Ananas.
Der hohe Viehbestand von ungefähr sieben Millionen Rindern gestattet zur Zeit einen Fleischexport. Die Ernährung ist demnach auch beim Hinzukommen von 4 Millionen Juden gesichert.
Teilweise Erzvorkommen sind vorhanden, aber mangelhaft ausgebaut.
d) Verkehrswege.
Das Eisenbahnnetz der Insel ist nur 600 km lang. Stabile Straßenanlagen, Wege und Brückenbauten müssen in großem Umfange noch geschaffen werden. Auch Stromregulierungen sind weitgehendst erforderlich. Ein großzügiges Arbeitsprogramm zum Ausbau der Verkehrswege würde auf Jahre hinaus Arbeitsmöglichkeiten schaffen.

Die örtliche Leitung des Territoriums müßte bemüht sein, die Wirtschaft dieses Landes autark zu gestalten, damit Verbindungen zwischen den Juden und der übrigen Welt im Rahmen des internationalen Handels ausgeschlossen werden.
Wo dies im Anfang nicht erreicht werden kann, sind deutsche Treuhandgesellschaften zur Lösung dieser Probleme anzusetzen.

III. Staatsrechtliche Form und gebietsmäßige Aufgliederung.
a) Madagaskar ist infolge des insularen Charakters zur Bildung eines jüdischen Reservates geeignet. Jeder Versuch jüdischer Eigenstaatlichkeit muß bei der Findung der staatsrechtlichen Form von vornherein ausgeschaltet werden. Gleichzeitig ist es notwendig, allen etwaigen Einspruchsversuchen, besonders seitens der USA, vorzubeugen.
Als staatsrechtliche Form erscheint aus diesen Gründen die Errichtung einer jüdischen Wohnstätte unter deutscher Oberhoheit gegeben. Tatsächlich müßte aber dieses Mandat im Innern als Polizeistaat aufgezogen werden.
Der Kriegsmarine und der Luftwaffe werden die notwendigen Stützpunkte und Landeplätze freigehalten.
b) Das Gesamtgebiet der Insel ist zweckmäßigerweise aus organisatorischen Gründen, besonders auch in Anbetracht der großen Entfernungen, in vier Distrikte zu unterteilen. Während dem Ansetzungshauptstab als Organisation zur Durchführung zentraler Aufgaben ein zu bildender jüdischer Ältestenrat zur Verfügung steht, haben sich am Sitz der Distriktsstäbe jüdische Distriktsgemeinden zu bilden, die wiederum in Bezirks- und örtliche Gemeinden aufgeteilt werden.
Der örtliche französische Verwaltungsapparat müßte unter Leitung der deutschen Behörden zeitweise weiterarbeiten. Dadurch ist eine dienstliche Entlastung der Ansetzungsstäbe, gleichwie der anderen etwa vorhandenen deutschen Behörden, gegeben.

IV. Organisation. (Organisationsplan siehe Anlag II)

A) Gesamtleitung.
Die Gesamtleitung liegt beim Chef der Sicherheitspolizei und des SD, welcher bereits mit Befehl des Reichsmarschalls vom 24.1.1939 als Sonderbeauftragter für die Judenauswanderung eingesetzt worden ist. Ihm obliegen die zentrale Steuerung der gesamten Aussiedelung und Ansetzung, die Regelung der Transportangelegenheiten, die gesamte Finanzierung, sowohl der Transporte als auch der Ansetzung, und die sicherheitspolizeiliche Aufsicht.

B) Aussiedelung.
1. Technische Durchführung.
Zur technischen Durchführung der Aussiedelung werden folgende Aussiedelungsstäbe gebildet:

West:	Für	Frankreich, Belgien, Holland, Luxemburg
Mitte:	Für	Altreich mit Sudentenland einschließlich neue deutsche Ostgaue, Ostmark, Protektorat Böhmen und Mähren, Slowakei, Dänemark, Norwegen
Ost:	Für	Generalgouvernement Polen.

2. Im einzelnen:

a) Altreich, Sudetengau, neue deutsche Ostgaue.

Die zentrale Steuerung liegt in Händen der Reichszentrale für jüdische Auswanderung Berlin. Verantwortlich für die Durchführung sind hier die Inspekteure der Sicherheitspolizei und das SD, die durch ihre nachgeordneten Dienststellen zu ausführenden Organen werden. Letztere bedienen sich hinsichtlich der Durchführung im einzelnen der Bezirksverbände bzw. Ortsvereinigungen der »Reichsvereinigung der Juden in Deutschland« bzw. in den Ostgauen der »Jüdischen Ältestenräte«.

b) Ostmark.

Die zentrale Steuerung liegt bei der Zentralstelle für jüdische Auswanderung Wien. Ihr steht zur Einzeldurchführung die Israelitische Kultusgemeinde Wien mit ihrem gesamten Apparat zur Verfügung. (Es handelt sich hier lediglich nur um etwa 50 000 Juden.)

c) Protektorat Böhmen und Mähren.

Die zentrale Steuerung liegt bei der dem Befehlshaber der Sicherheitspolizei und des SD unterstellten Zentralstelle für jüdische Auswanderung Prag. Für die Durchführung im einzelnen sind die Staatspolizeileitstellen in Prag und Brünn verantwortlich. Die jüdische Kultusgemeinde Prag hat als Trägerin des gesamten jüdischen organisatorischen Lebens im Protektorat die Einzelarbeiten zu leisten.

d) Slowakei.

Nach dem Muster der Zentralstelle für jüdische Auswanderung wird mit dem Sitz in Preßburg ein besonderer Aussiedelungsstab unter Zuhilfenahme der örtlichen Behörden errichtet und dem Chef der Sicherheitspolizei und des SD unterstellt.

c) Dänemark

Während die Durchführung der Aussiedelung in den unter a), b), c) und d) genannten Gebieten größeren Umfang hat, kann die Aussiedelung in Dänemark, wo sich nur etwa 7500 Juden befinden, so vor sich gehen, daß ein Beauftragter des Stabes Mitte zusammen mit der zuständigen dänischen Polizeibehörde die verhältnismäßig kurze Zeit in

Anspruch nehmenden Arbeiten durchführt. Soweit vorhanden, haben sich hier jüdische Gemeinden bzw. Organisationen an der Einzeldurchführung zu beteiligen.
f) Norwegen.
Hier handelt es sich nur um etwa 1500 Juden, deren Abschub mit einem Transport erledigt ist.
g) Frankreich, Belgien, Holland, Luxemburg.
Von dem Aussiedelungsstab West wird zu den zuständigen Polizeibehörden dieser Länder jeweils ein Beauftragter abgestellt.
Die Durchführung im einzelnen liegt bei den unteren Verwaltungs- bzw. Polizeibehörden der vier Länder. Dabei sind als Hilfsstellen die jüdischen Organisationen bzw. Gemeinden nach ihrer Reorganisation entsprechend dem Aufbau der »Israelitischen Kultusgemeinden« in Wien und Prag bzw. der »Reichsvereinigung der Juden in Deutschland« heranzuziehen.
h) Generalgouvernement Polen.
Die gesamte Verantwortung für die Aussiedelung im Generalgouvernement liegt beim Aussiedelungsstab Ost, der innerhalb des Stabes des Befehlshabers der Sicherheitspolizei und des SD in Krakau tätig ist.
In den einzelnen Distrikten sitzen Distriktsbeauftragte, die unter Einschaltung der örtlichen Dienststellen der Sicherheitspolizei und des SD die Aussiedelungsaktionen durchführen. Dabei haben die Vorarbeiten zur Einzeldurchführung weitestgehend die jüdischen Ältestenräte durchzuführen.
3. Vorarbeiten.
a) Alle mit der Durchführung beauftragten Dienststellen haben zunächst eine genaue Sichtung des gesamten Judentums ihres Gebietes vorzunehmen. Sie sind für die Beantragung und Ausstellung aller – für eine Abwanderung von Juden – notwendigen Vorarbeiten, wie Dokumentenbeschaffung für den Einzeljuden, Vermögenserfassung und Verwertung, sowie Eingliederung in die Transporte, verantwortlich. Die ersten Transporte sollen hauptsächlich Landwirte, Baufachleute, Handwerker und Handarbeiterfamilien bis zu 45 Jahren sowie Ärzte enthalten. Diese werden dann gewissermaßen als Vortrupp zum Zwecke der Vorbereitung der Unterbringung der nachfolgenden Mannen vorausgeschickt und angesetzt.
b) Die Juden dürfen bis zu 200 kg nicht sperrendes Gepäck pro Person mitnehmen. Jüdische Landwirte, Handwerker, Ärzte usw. müssen, soweit vorhanden, die gesamte in ihrem Besitz befindliche und zur Ausübung ihres Berufes notwendige Ausrüstung mitnehmen. Bezüglich der Mitnahme von Bargeld und Edelmetallgegenständen gelten die jeweiligen Bestimmungen.
c) Das zurückbleibende Vermögen der Ausgesiedelten ist der besonders dafür in jedem Lande zu errichtenden »Treuhandstelle für das Judenvermögen« zu melden. Der Gesamterlös nach Verkauf der unbeweglichen Vermögensteile wird dann einem zu errichtenden Zentral-Aussiedelungsfonds zugeführt, der nach dem Muster des Auswanderungsfonds in Wien bzw. des Auswanderungsfonds Böhmen und Mähren erstellt wird und sich dieser Fonds und allfällig weiterer Landesfonds als Untergliederung bedient.

C) Transporte.
1. Schiffsraum.
Um einen rohen Überblick über den notwendigen Schiffsraum zu erhalten, wird unter Zugrundelegung eines durchschnittlichen Fassungsvermögens von 1500 Personen pro Schiff folgende Überschlagsrechnung niedergelegt: Nimmt man für Hin- und Rückfahrt einschließlich der notwendigen Aufenthalte etwa 60 Tage an, dann kommt man zum Ergebnis, daß beim Vorhandensein von 120 Schiffen ähnlichen Inhaltes täglich zwei Transporte mit demnach insgesamt 3000 Juden durchgeführt werden könnten. Pro Jahr würde das eine Zahl von rund 1 Million Juden ergeben. Die Dauer der Durchführung des gesamten Projektes könnte deshalb auf etwa vier Jahre festgesetzt werden. Nach dem Friedensschluß wird zweifellos die deutsche Handelsflotte anderweitig sehr stark in Anspruch genommen sein. Es wird deshalb notwendig, im Friedensvertrag mit aufzunehmen, daß zum Zwecke der Lösung des Judenproblems sowohl Frankreich als auch England den erforderlichen Schiffsraum zur Verfügung stellen.
2. Finanzierung der Transporte.
Die Finanzierung der Transporte wäre im wesentlichen der in den Westmächten ansässigen Judenschaft anläßlich des Friedensvertrages als Wiedergutmachung für jenen Schaden aufzuerlegen, der im Verfolg der Auswirkung des Versailler Vertrages durch die Juden dem Deutschen Reiche in wirtschaftlicher und sonstiger Beziehung zugefügt wurde.

D) Ansetzung.
1. Ansetzungshauptstab.
Der Ansetzungshauptstab des Chefs der Sicherheitspolizei und des SD, dessen Sitz noch zu bestimmen wäre, ist als die direkt Berlin verantwortliche Stelle für die Gesamtleitung der Ansetzung zuständig. Ihm obliegt das gesamte Sicherungswesen, die Transportannahme und -Verteilung (Einwanderungskontingente), das Melde- und Auskunftswesen, Ernährungswesen, Finanzwesen und Währungsfragen, Nachrichtenwesen sowie Aufbau und Kontrolle des jüdischen Gemeinwesens.
2. Ansetzungsstäbe.
Die in den Distrikten arbeitenden Ansetzungsstäbe I–IV, deren Standorte gleichfalls noch zu bestimmen sind, tragen die Verantwortung für die ordnungsgemäße Durchführung der Befehle des Hauptstabes und die unbedingte Einhaltung der von diesem erteilten generellen Richtlinien in ihren Distrikten.
Die jüdischen Distriktsgemeinden unterstehen direkt dem jeweiligen Ansetzungsstab, der seinerseits entsprechend den ihm gegebenen Richtlinien die notwendigen Einzelentscheidungen an Ort und Stelle fällt.
Hauptaufgabe der Ansetzungsstäbe in den Distrikten ist ferner die Kontrolle der zweckmäßigen Ansetzung jüdischer Arbeitskommandos mit dem Ziele, die Unterbringungsmöglichkeiten für die nachfolgenden Transporte zu sichern und zu erreichen, daß insoweit eine sofortige Einschaltung in den Produktionsprozeß erfolgt, als dies zur Bestreitung des jüdischen Eigenbedarfs nötig ist.

3. Arbeitsweise.
Als Grundlage wird durch ein Vorkommando überschlagsmäßig nach Festlegung der Distriktsgrenzen die vermutliche Aufnahmefähigkeit festgestellt. Dann erfolgt die Festsetzung der Schlüsselzahlen für die einzelnen Distrikte.
Die Ansetzungsstäbe der Distrikte können nach Bekanntgabe der Schlüsselzahlen an eine großzügige Planung unter laufender Beteiligung des Ansetzungshauptstabes herantreten.

E) Jüdisches Gemeinwesen.
Wie bereits ausgeführt, wird ein einsatzfähiger jüdischer Organisationsapparat aufgebaut werden, dessen Haupttätigkeit darin besteht, den gegebenen Anordnungen der Ansetzungsstäbe schnellstens Geltung zu verschaffen. Diese Methode hat sich bei der Arbeit der Zentralstelle für jüdische Auswanderung bestens bewährt und wälzt einen Großteil der Arbeit auf die Juden selbst ab.
Die jüdischen Distriktsgemeinden haben die Bezirks- und Ortsgemeinden so durchzuorganisieren, daß während der Durchführung der Ansetzung eine reibungslose Abwicklung gewährleistet erscheint. Ferner haben jüdische Baufachleute und geschulte Landwirte, die mit den Vortrupps ins Land kommen, unverzüglich innerhalb der einzelnen jüdischen Gemeinden an den Ausbau und Aufbau landwirtschaftlicher Siedelungen sowie an die verkehrstechnische Erschließung des Landes heranzugehen.
Die Juden haben ferner für die geordnete Lebensmittelversorgung durch Errichtung eines Verteilungsapparates auf genossenschaftlicher Basis zu sorgen.
Um die sanitäre Betreuung einigermaßen zu sichern, haben die jüdischen Stellen auf die richtige Verteilung aller vorhandenen Ärzte innerhalb der Gebiete zu achten.

F) Finanzierung.
Die Durchführung der vorgeschlagenen Endlösung erfordert bedeutende Mittel. Es ist zu unterscheiden zwischen Mitteln, die für die Aussiedelung der Juden aus dem Reichsgebiet einschließlich Protektorat Böhmen und Mähren, den neuen deutschen Ostgebieten und dem Generalgouvernement aufgebracht werden und solchen Mitteln, die für die Aussiedelung der Juden aus den Ländern in Frage kommen, die bei der Endlösung berücksichtigt werden sollen. Die Aufbringung der letzteren Mittel wäre durch entsprechende Bedingungen anläßlich der Friedensvertragsverhandlungen etwa durch Auflegung einer Kontribution auf das Judenvermögen dieser Länder zu erreichen.
Diese durch Kontribution aufkommenden Mittel können zweifellos bedeutend größer gestaltet werden, als die innerhalb des Reichsgebietes einschließlich Protektorat Böhmen und Mähren aufzubringenden, selbst unter Berücksichtigung der Heranziehung des gesamten jüdischen Privateigentums im Reichsgebiet, Protektorat Böhmen und Mähren, den neuen deutschen Ostgebieten und Generalgouvernement. Durch einen entsprechenden Verteilerschlüssel muß der notwendige Ausgleich dieser beiden Aufbringungsgruppen hergestellt werden. Ebenso wäre noch die Frage zu klären, ob be-

züglich der Aufbringung der Mittel im Reichsgebiet, im Protektorat Böhmen und Mähren, in den neuen deutschen Ostgauen und im Generalgouvernement Enteignungsmaßnahmen geeignet erscheinen, oder aber ob diese Mittel in Form von freiwilligen Rechtsgeschäften unter Einschaltung der jüdischen Kultusgemeinden Prag und Wien, der Reichsvereinigung der Juden in Deutschland und der jüdischen Ältestenräte in den Ostgebieten aufzubringen wären.

G) Vorausmaßnahmen.
Im Falle der endgültigen Bestimmung Madagaskars zur Judenwohnstätte wird vorgeschlagen, ein Kommando der Sicherheitspolizei in entsprechender fachlicher Zusammensetzung an Ort und Stelle zu entsenden.
Aufgabe dieses Vorkommandos ist es, folgende Feststellung zu treffen:
1. Gesamtaufnahmefähigkeit.
2. Möglichkeiten der Erweiterung der Aufnahmefähigkeit durch Lagererrichtung u. ä.
3. Verwendbarkeit der unteren französischen Verwaltungsbehörden bezüglich der Verteilung und Einordnung ankommender Transporte.
4. Allgemeine Verpflegungslage.
5. Landwirtschaft und Wirtschaft allgemein, Arbeitseinsatz.
6. Landemöglichkeiten, Verkehrswege.
Nach Vorliegen des Berichtes des Vorkommandos werden unter Heranziehung der örtlichen französischen Verwaltungsbehörden Vorbereitungsaufgaben in Angriff genommen.
Es wird vorgeschlagen, daß bei den Friedensverhandlungen für den Bereich dieser Angelegenheit ein Beauftragter des RF-SS und Chefs der Deutschen Polizei miteingeschaltet wird.«

Während Eichmann in Berlin vom 15. August 1940 bis zum Sommer 1941 in Zusammenarbeit mit Vertretern von mehr als 15 anderen Dienststellen das Madagaskar-Projekt ausarbeitete, wurden Berater in die besetzten oder befreundeten Länder geschickt, um die große künftige Evakuierung aller Juden aus Europa vorzubereiten.[44] Heydrich, dem Hitler Vollmacht für die Realisierung der »Endlösung« der Judenfrage erteilt hatte, betraute Eichmann mit dieser Aufgabe. Dieser führte Gespräche mit allen betroffenen Instanzen. Das Auswärtige Amt war durch Botschaftsrat Eberhardt von Thadden und die Führerkanzlei durch Dr. Reischauer vertreten. Thadden unterrichtete auch die französische Vichy-Regierung über den Verlauf der Verhandlungen. Lischka, Lange, Suhr und andere nahmen als Referenten verschiedener Ministerien an den Verhandlungen teil. Im Büro des Referates II/112 wurden etwa 20 Gespräche geführt, an denen jeweils etwa 25 Personen teilnahmen.

Einige Juristen wurden beauftragt, die juristischen Aspekte der Evakuierung und der Ansiedlung der europäischen Juden auf Madagaskar zu untersuchen. Sie gingen dabei von der Errichtung eines Polizeistaates auf der Insel unter Aufsicht des RSHA aus, in dem man die Juden zur Zwangsarbeit heranziehen würde.

Die Reichsstelle für das Auswanderungswesen des Reichsinnenministeriums ließ Eichmann alle historischen, demographischen, gesellschaftlichen, ökonomischen, ethnischen, politischen und die Religion betreffenden Informationen über Madagaskar zukommen. Auch Experten von Transport- und Schiffahrtsunternehmen wurden zu den Gesprächen eingeladen.

Rademacher hatte sich intensiv mit dem Problem der Verschiffung von Millionen Juden nach Madagaskar beschäftigt. Er war über einen diesbezüglichen Vorschlag von Viktor Brack sehr froh. Bei Gesprächen von Delegierten des Auswärtigen Amtes mit Vertretern der Kanzlei des Führers am 12. August 1940 hatte Brack vorgeschlagen, die Transportorganisation, die er in Hitlers Auftrag (zur Durchführung des Euthanasieprogramms) aufgebaut hatte, nach dem Krieg für den Transport der Juden nach Madagaskar einzusetzen.[45]

Als dann nach einigen Monaten das Madagaskar-Projekt vom 15. August definitiv ausgearbeitet war, wurde es über die Staatssekretäre zur Unterzeichnung an alle Minister geschickt. Nachdem Göring und Heydrich das fertige Umsiedlungsprojekt zur Ansicht erhalten hatten, folgten noch ergänzende Gespräche in einigen Ministerien, an denen auch Heydrich und Eichmann teilnahmen. Alle erwarteten ein rasches Ende des Krieges, aus dem Deutschland als der große Sieger hervorgehen würde, und waren davon überzeugt, daß die definitive Lösung der Judenfrage auch im Interesse der europäischen Juden liege.

Aus den Beilagen zu Eichmanns Madagaskar-Projekt geht hervor, daß das Madagaskar-Projekt Teil eines künftigen deutschen Mittelafrika-Projekts war.[46] Hitler betrachtete den Madagaskar-Plan immer in diesem Kontext. Seit er selbst mit Regierungsvertretern über die Verbannung der Juden nach Madagaskar gesprochen hatte, war er auch an der Zukunft Afrikas interessiert. Er träumte von der deutschen Hegemonie über ganz Europa und über ein »Kolonialreich Mittelafrika«, das das große Deutsche Reich mit allen wichtigen Rohstoffen versorgen würde.

Hitler und seinen Anhängern war es ein Ärgernis, daß Deutschland nach dem Ersten Weltkrieg seine afrikanischen Kolonien hatte abtreten müssen. Chamberlain versuchte zu einer Einigung mit Deutschland zu kommen, indem er eine Entschädigung für den Verlust der früheren deutschen Kolonien in Afrika anbot. Als Oskar Pirow, der Verteidigungsminister Südafrikas, in München mit Hitler verhandelte und vorschlug, die Juden nach Deutsch-Ostafrika, Britisch-Guayana oder Madagaskar zu schicken (die Briten waren bereit, eventuell auf Guayana zu verzichten), vertrat er faktisch die Meinung der britischen Regierung in London.

Hitler entschied sich damals für Madagaskar und nicht für Britisch-Guayana. Ab Herbst 1938 interessierte sich Hitler sehr für verschiedene Konzepte einer kolonialen Neuordnung Afrikas nach einem deutschen Sieg, die damals von verschiedenen Instanzen und Personen im Dritten Reich entworfen wurden. Zu diesen Instanzen und Personen zählten das Auswärtige Amt (Ribbentrop), die SS, die Luftwaffe und Reichsstatthalter Ritter von Epp, der schon vor Hitlers Machtergreifung ein Experte für Kolonien gewesen war. Die Ergebnisse ihrer Untersuchungen faßten sie in ausführlichen Berichten zusammen.

Es gab Verhandlungen auf diplomatischer Ebene, vor allem zwischen Deutschland und Frankreich. Hitler brachte der Arbeit dieser Gremien, die die Karte eines »Deutschen Kolonialreiches Mittelafrika« zeichneten, großes Interesse entgegen. Er hob im Februar 1939 offiziell die Bedeutung dieser Entwürfe für ein zukünftiges Afrika hervor.

Im März 1939 wurde von Epp offiziell mit der Koordinierung der Vorschläge beauftragt. Nachdem Hitler im Juni 1940 Frankreich erobert hatte und einen baldigen Sieg über England erwartete, unternahm er erste Schritte, um seinen Einflußbereich in Afrika zu erweitern. Das geht aus einer Mitteilung Heinrich Lammers, Chef der Reichskanzlei, vom 15. Juni an alle wichtigen Instanzen des Dritten Reiches hervor.

Natürlich war Hitler klar, daß er mit Ambitionen seines Verbündeten Italien (und seines potentiellen Verbündeten Spanien) rechnen mußte. Aus diesem Grunde vereinbarte er mit Mussolini für den 18. Juni ein Gespräch in München, einen Tag, nachdem Frankreich um einen Waffenstillstand gebeten hatte. In diesem Gespräch betonte Hitler, daß es sehr wichtig wäre, die französische Flotte zu neutralisieren und dafür zu sorgen, daß die französischen Kolonien nicht in die Hände der Briten fielen. Sie diskutierten ausführlich über die neue Aufteilung der Kolonien in Afrika; in diesem Zusammenhang kam auch Madagaskar zur Sprache.

Hitler informierte am 20. Juni Admiral Raeder, Oberbefehlshaber der deutschen Flottenverbände, über den Madagaskar-Plan. Am selben Tag teilte Heydrich allen Ressorts brieflich mit, daß die Sipo und der SD sich mit der Problematik der afrikanischen Kolonien beschäftigen müßten.

Ribbentrop ließ in seinem Ministerium alles, was mit der Übernahme der Kolonien zusammenhing, bis ins Detail ausarbeiten. Jeder betrachtete es in diesem Zusammenhang als selbstverständlich, daß General Epp Kolonialminister werden sollte.

Der afrikanische Kontinent bildete in den kolonialen Plänen das »Scharnier zur Weltherrschaft«: geplant war ein »mittelafrikanischer Ergänzungsraum« zwischen dem Atlantischen Ozean im Westen und dem Indischen Ozean im Osten, zwischen dem Sahelrand der Sahara im Norden und dem Sambesi im Süden. Der »mittelafrikanische Ergänzungsraum« sollte für den »europäischen Großwirtschaftsraum«, aus dem die Juden für immer nach Madagaskar verbannt würden, ein unerschöpfliches Reservoir an Rohstoffen und Arbeitskräften (Sklaven) bilden. Durch die Errichtung ausreichender Flotten- und Luftbasen in Afrika könnte Deutschland – als Alleinherrscher am europäischen Festland – Amerika die Stirn bieten.

Der Historiker Ralph Giordano erklärt, warum derartige koloniale Projekte damals die Unterstützung breiter deutscher Bevölkerungskreise erhielten. Er sieht einen Zusammenhang mit der Legende von der »Kolonial-Idylle Afrika«. Laut Giordano gehört das, was man über die koloniale Politik des Kaiserreiches erzählt, bis heute zu den »dauerhaften deutschen Lebenslügen«.[47] Nach 1918 entstand bei zahlreichen Historikern der Mythos vom »besseren Kolonialismus« der Deutschen in Togo, Kamerun, in Ost- und Westafrika. Die Deutschen seien im Gegensatz zu den Briten, den Franzosen, den Spaniern, den Portugiesen, den Belgiern und den Holländern in ihren afrikanischen Kolonien außergewöhlich human aufgetreten. In Wirklichkeit aber hatten die deutschen Kolonialisten zwischen 1884 und 1918 eine Politik verfolgt, die von Ausbeutung und Gewalt geprägt war, und hatten 30 Jahre lang Krieg geführt, um den Widerstand der Eingeborenen zu brechen. Millionen Afrikaner wurden Opfer unvorstellbarer Grausamkeiten der deutschen Kolonialherrn. Im deutschen Reichstag brachten Abgeordnete der Sozialdemokratischen Partei bis 1914 immer wieder die Skandale in den Kolonien zur Sprache. Die »Legende« wurde erst nach 1918 verbreitet, als Deutschland offensichtlich nicht in der Lage war, die im Ersten Weltkrieg erlittene militärische Niederlage zu verkraften.

Als die Deutschen mit ihrem eigenen Versagen konfrontiert waren, entstand die »Kolonialschuldlüge«: auch wenn es der Wahrheit entsprach, daß die Deutschen im eigenen Land aus ihrem Leben auf allen Ebenen einen Trümmerhaufen gemacht hatten, galt das jedenfalls nicht für ihre Kolonien im fernen Afrika. Über diese Legende entstand eine umfangreiche Literatur. Es gab Schriftsteller, die nicht davor zurückschreckten, frühere Opfer des Kolonialismus als Zeugen zur Verteidigung der Unschuld der Kolonialisten auftreten zu lassen. In der Weimarer Republik wurde diese Legende in großem Umfang in der deutschen Gesellschaft verbreitet.

Kein Wunder also, daß die Nationalsozialisten die Forderung nach Rückgabe der früheren Kolonien in das Parteiprogramm aufnahmen. Im Jahre 1934 wurde das Kolonialpolitische Amt der NSDAP (KPA) eingerichtet, dessen Direktor Franz Ritter von Epp wurde. Epp setzte sich seit 1918 vehement für die Rückgabe der früheren Kolonien an Deutschland ein. In einem Memorandum schlug er Hitler vor, ein Reichskolonialministerium zu errichten. Hitler teilte Epp mit, er solle alle Vorbereitungen treffen, damit im Falle der Rückgabe der Kolonien das neue Ministerium sofort deren Verwaltung übernehmen könne.

Unter Epps Leitung bekam das Kolonialpolitische Amt der NSDAP sehr bald ein neues Gesicht. Er ernannte schon im voraus zahlreiche Generalreferenten, denen die Verwaltung der verschiedenen Kolonien anvertraut werden sollte; er stellte einen Stab für die finanziellen Angelegenheiten zusammen und auch einen für die gesamte Planung einer künftigen Verwaltung. Er hatte wirklich nichts übersehen. In zahlreichen Versammlungen des Stabes wurden meteorologische, geologische, landwirtschaftliche und demographische Fragen behandelt. Auch die Probleme einer eigenen kolonialen Polizei, Pressestelle, von Film und Radio wurden im provisorischen Ministerium diskutiert.

Auf Drängen der SS mußte Epp einen Kolonialrat bilden. Dadurch wollte man eine zu starke Verselbständigung des Kolonialpolitischen Amtes verhindern und gewährleisten, daß es in die Politik der NSDAP integriert bliebe. Im März 1940 forderte Hitler General Epp auf, die vorbereitenden Maßnahmen für eine künftige Verwaltung der Kolonien in Afrika abzuschließen. Hitler legte fest, welche Aufgaben das Kolonialpolitische Amt und welche das Auswärtige Amt wahrnehmen müßten: die Verwaltung der Kolonien gehörte zur Verantwortlichkeit des Ministeriums, und alles die Rückgabe der Kolonien Betreffende fiel unter die Kompetenz des Auswärtigen Amtes.

Von Mai bis in den Herbst 1940 wurden zahlreiche Memoranden entworfen, in denen genau festgelegt wurde, welche Gebiete Afrikas zum »mittelafrikanischen Ergänzungsraum« gehören müßten. Noch bevor Hitler Frankreich besiegt hatte, nahmen die Vorbereitungen in allen Abteilungen der Ministerien, die mit der künftigen Verwaltung der Kolonien auf irgendeine Weise zu tun hatten, sehr rasch konkrete Formen an.

Am 15. Juni schrieb Dr. Lammers von der Reichskanzlei des Führers einen Brief[48] an jene Abteilungen der Partei und der Ministerien, die schon im März vom Führer selbst den Auftrag erhalten hatten, Vorbereitungsarbeiten für eine künftige Verwaltung der Kolonien in Afrika durchzuführen. Epp wurde mit der Koordination der Arbeiten beauftragt. Lammers teilte im Namen des Führers mit, daß im Zusammenhang mit der politischen Entwicklung im Westen (besonders der Eroberung Frankreichs) die Vorbereitungsarbeiten so schnell wie möglich abgeschlossen werden sollten.

Carl Clodius, Mitarbeiter im Auswärtigen Amt, hatte bereits am 30. Mai 1940 ein Memorandum geschrieben[49], das für Ribbentrop bestimmt war. Es müsse ein »europäischer Großwirtschaftsraum« unter deutscher Leitung geschaffen werden, für den ein mittelafrikanisches Kolonialgebiet notwendig sei. Bei der Aufzählung der künftigen deutschen Kolonien (die Neuverteilung der Kolonien würde vor allem auf Kosten des Kolonialbesitzes der Franzosen und Belgier gehen) erwähnte er Madagaskar nicht, weil diese Insel für die Ansiedlung der Juden bestimmt war.

Auch Abteilungen des Verteidigungsministeriums, vor allem der Kriegsmarine, beschäftigten sich mit einer künftigen Aufteilung Afrikas. Epp hatte am 6. Juni ein Memorandum mit dem Titel *Mittelafrikanisches Kolonialgebiet*[50] geschrieben. Darin stellte er, wie schon Clodius, ausdrücklich fest, daß ein deutlicher Zusammenhang zwischen einem großen mittelafrikanischen Kolonialgebiet und dem weiträumigen Deutschen Reich in Europa bestehe. Auch für ihn war es selbstverständlich, daß dieses Deutsche Reich nur unter der Bedingung errichtet werden könne, daß alle Juden nach dem Krieg aus Europa nach Madagaskar verbannt würden, das Frankreich an Deutschland abtreten müsse.

Am 3. Juli, dem Tag, an dem auch Rademacher sein erstes Memorandum vorlegte, verfaßte Frick ein Memorandum mit dem Titel *Raumerweiterung und Stützpunktfragen*, in dem er alle neuen Kolonien detailliert beschrieb, die künftig zu Deutschland gehören und zusammen das »Deutsche Kolonialreich Mittelafrika« bilden sollten.[51] Die Marine forderte ein weiträumiges deutsches Kolonialgebiet in Mittelafrika, das neben Belgisch-Kongo und dem französischen Äquatorialafrika auch das französische Südwestafrika südlich der Mündung des Senegal umfassen müsse, nämlich Dakar, außerdem Französisch-Guinea, die Elfenbeinküste, Dahome, große Teile des französischen Sudan und Nigeria. Die Marine wollte an die Südafrikanische Union das frühere Deutsch-Südwestafrika abtreten und als Entschädigung dafür Nord-Rhodesien und Njassaland erhalten. Wenn möglich sollte das große Kolonialreich in Mittelafrika auch Angola und Mosambik (oder wenigstens Teile davon) umfassen.

Portugal sollte in Übereinstimmung mit einem Vorschlag Admiral Raeders vom 20. Juni für das Abtreten des nördlichen Teils von Angola mit Madagaskar entschädigt werden. Hitler wollte davon natürlich nichts wissen, weil er »Madagaskar für die Judenunterbringung unter französischer Verwaltung« bestimmt hatte.[52] Um den Schutz der atlantischen Verbindung zwischen dem »Kolonialreich Mittelafrika« und Großdeutschland garantieren zu können, müßten in Marokko und auf den Kanarischen Inseln Flottenbasen errichtet werden. In großen Linien stimmte Hitler mit dem Inhalt des Memorandums der Marine überein. Er legte sowohl auf die genannten deutschen Flottenbasen in Afrika großen Wert als auch auf den Erwerb von Französisch- und Belgisch-Kongo, denn erst dann könne man wirklich von einem geschlossenen »mittelafrikanischen Ergänzungsraum« zwischen dem Atlantischen und dem Indischen Ozean sprechen.

Später würde man sich darum kümmern, wie man dieses Kolonialreich nach Süden und (oder) nach Norden erweitern könnte. Das Memorandum der Marine beschäftigte sich im wesentlichen mit einer Neuverteilung des afrikanischen Kontinents nach dem Krieg: der Nordosten Afrikas sollte an Italien, der Nordwesten an Spanien, Mittelafrika an Deutschland fallen, und Südafrika würde entweder bei Großbritannien bleiben oder unabhängig werden.

Es war klar, daß diese Neuordnung von der weiteren politischen Entwicklung in Europa abhing: von einem Kompromiß mit der britischen Regierung, der die Annahme des Memorandums der Kriegsmarine und die Aufhebung der britischen Seeblockade miteinschloß.[53]

Obwohl sich herausstellte, daß sich die britische Regierung Hitlers Willen nicht beugen und die Seeblockade nicht aufheben wollte und daß der Krieg länger dauern würde, als man unmittelbar nach dem Sieg über Frankreich im Sommer 1940 angenommen hatte, arbeitete man in den einschlägigen Abteilungen der Ministerien trotzdem an den verwaltungsmäßigen und organisatorischen Maßnahmen weiter, die für die Übernahme der Kolonien in Afrika und die Abschiebung der Juden nach Madagaskar notwendig waren. Hitler und seine Gefolgsleute waren fest davon überzeugt, daß England kapitulieren würde. Nach dem Memorandum der Marine wurden noch andere Denkschriften veröffentlicht, in denen auch die Zusammensetzung eines künftigen Kolonialreichs in Mittelafrika als Kornkammer für das große Deutsche Reich in Europa bis ins kleinste Detail beschrieben wurde.

Die wichtigsten Denkschriften zu diesem Thema:

Am 6. Juli 1940 veröffentlichte der Stab der Seekriegsleitung (SKL) ein ausführliches Memorandum. Auf Grund der vielen Siege der deutschen Armee würde das intensive Verlangen der Deutschen nach Kolonialbesitz in Afrika letztlich befriedigt werden können. Für die SKL war es selbstverständlich, daß Madagaskar keine deutsche Kolonie, sondern der Verbannungsort für die Juden werden sollte. Der Stab der SKL wußte, daß der Führer selbst in zahlreichen Gesprächen auf diplomatischer Ebene den anderen Regierungen seine Pläne bezüglich Madagaskar mitgeteilt hatte.[54]

Von Etzdorf, Vertreter des Reichsaußenministeriums im OKH, gab am 4. September 1940 einen genauen Überblick über die neue Aufteilung Afrikas unter den Kolonialmächten heraus. Dabei nahm er an, daß Deutschland zu einer Einigung mit England kommen oder als alleiniger Sieger aus dem Krieg hervorgehen würde. Nach der Aufzählung aller Gebiete, die zusammen das deutsche »Kolonialreich Mittelafrika« bilden sollten, merkte er noch an, daß Madagaskar für die Juden bestimmt sei.[55]

Am 6. November veröffentlichte Bielfeld, Leiter des Referates X, ein Memorandum über das Madagaskar-Projekt als integrierendem Bestandteil des »Kolonialreiches Mittelafrika«, mit dem Titel *Die territoriale Kolonialforderung an Frankreich im Rahmen der Gesamtforderung*.[56] Er schrieb, man müsse das »Kolonialreich Mittelafrika« als »kolonialen Ergänzungsraum« für den »europäischen Großwirtschaftsraum« betrachten, der 150 Millionen Menschen ernähren müsse. Auch Madagaskar müsse zu Deutschland gehören, »nicht aus kolonialpolitischen Gründen, sondern zwecks Ansiedlung der Juden«.

Am 18. Oktober 1940 gab Hitler jenen Abteilungen des KPA, die dem Oberbefehlshaber für Belgien/Nordfrankreich unterstanden, den Auftrag, in den Archiven der kolonialen Institutionen in Brüssel und Paris alles Material zu sammeln, das »soweit möglich für die deutsche Kolonialverwaltung (in Afrika) nutzbar zu machen« sei.[57] An diese Instanzen hatten sich schon die Mitarbeiter Rademachers im Juni 1940 zur Vorbereitung seines Madagaskar-Plans, den er Anfang Juli dem Reichsaußenminister überreicht hatte, gewandt. Der Madagaskar-Plan des Auswärtigen Amtes und das Madagaskar-Projekt das RSHA waren, wie auch aus allen Memoranden der einschlägigen Institutionen hervorgeht, mit den Entwürfen für ein großes deutsches Kolonialgebiet in Mittelafrika verwoben. Es besteht kein Zweifel, daß auch Hitler[58] selbst den Madagaskar-Plan so verstand und daß dessen Durchführung auch für ihn von der weiteren politischen Entwicklung abhing.

Die Autoren der Pläne erachteten es für notwendig, daß alle Juden, als Angehörige einer »minderwertigen« Rasse, aus dem künftigen, unter Deutschlands Führung stehenden »europäischen Großwirtschaftsraum« nach Madagaskar deportiert und die

Rassengesetze auch auf den »mittelafrikanischen Ergänzungsraum« angewendet werden. Auch darüber erschienen Memoranden.

Im Jahre 1938 legte das Rassenpolitische Amt der NSDAP in einem Memorandum mit dem Titel *Kolonialfrage und Rassengedanke* die Durchführung der Rassenpolitik in den künftigen Kolonien Afrikas fest. Die Grundlage war eine strenge Trennung der Rassen. Sexueller Kontakt oder Ehen zwischen Schwarzen und Weißen müßten strengstens verboten werden, ja es müßte jeder menschliche Kontakt zwischen den beiden Rassen auf das absolute Minimum beschränkt werden. Schwarzafrikanern müßte die Teilnahme an allen kulturellen Aktivitäten der weißen Europäer verboten werden. Schwarze dürften keine Gelegenheit zu einer höheren Ausbildung erhalten. Nur darin dürften sie unterrichtet werden, was für den Dienst bei ihren weißen Herren wichtig wäre. Es war außerdem selbstverständlich, daß Schwarze keine Staatsbürger des Großdeutschen Reiches in Europa werden könnten.[59]

Im Jahr 1940 stellte das Rassenpolitische Amt der NSDAP Richtlinien für das Leben von Schwarzen und Weißen im großen »Kolonialreich Mittelafrika« auf. Diese Richtlinien gingen von der natürlichen Ungleichheit aller Menschen aus. Das Ziel der Kolonialpolitik in Afrika war die Sicherstellung der wirtschaftlichen Entwicklung in Europa. Weil das aber nur mit Hilfe der Schwarzen erreicht werden konnte, war es wichtig, die Überlegenheit der weißen Führer und den untergeordneten Status der Schwarzen beizubehalten.[60] In diesem zweiten Memorandum wurde genauer festgelegt, daß die Basis der Kolonialpolitik eine strenge Trennung zwischen der schwarzen und weißen Rasse sein müßte: der Vollzug der Apartheid auf allen Ebenen der Gesellschaft. Die Wohngebiete der beiden Rassen müßten getrennt und die Kommunikation zwischen den Rassen auf ein Minimum beschränkt werden. Miteinander Kontakt aufzunehmen sollte nur mit schriftlicher Zustimmung der Behörden möglich sein. Intime Beziehungen zwischen Angehörigen der beiden Rassen müßten bei strenger Strafe verboten werden: auf Liebe eines Afrikaners zu einer Europäerin würde die Todesstrafe stehen. Bis ins kleinste Detail wurden die einstigen Bestimmungen des Kirchenrechtes, die jeden Sexualkontakt zwischen Juden und Christen verboten, auf die Schwarzen Afrikas übertragen. Um das Entstehen intimer Beziehungen von vornherein zu verhindern, dürfte es unverheirateten Weißen nicht erlaubt sein, in afrikanische Kolonien zu gehen; die Dienstzeit unverheirateter Soldaten sollte nicht länger als ein Jahr dauern.

Es waren deutsche Juristen, die vorschlugen, die Nürnberger Rassengesetze auch auf den Umgang zwischen Schwarzen und Weißen in den afrikanischen Kolonien anzuwenden. Um die absolute Trennung zwischen Schwarzen und Weißen im künftigen »mittelafrikanischen Ergänzungsraum« sicherzustellen, dürfte man die Verwaltung der Kolonien nur gut ausgebildeten »Rassenpolitikern« anvertrauen. Dasselbe sollte auch für alle anderen Funktionen in einer der Kolonien gelten.

Am 1. Juli 1940 hatten sich bereits 7 000 Personen für eine Stelle im »mittelafrikanischen Ergänzungsraum« beim Kolonialpolitischen Amt der NSDAP gemeldet. Sie mußten an Kursen des Berliner Grünewald Instituts über die Grundlagen des

Nationalsozialismus, über Rassenpolitik und über die Psychologie der schwarzen Afrikaner teilnehmen. So wie Hitler in zahlreichen Reden und Tischgesprächen Juden und »Neger« gleichsetzte, so taten dies auch die Ideologen des Kolonialpolitischen Amtes der NSDAP, die die oben genannten Memoranden zusammengestellt hatten.

An dem Tag, an dem das RSHA in Berlin sein Madagaskar-Projekt veröffentlichte, erklärte Hans Frank vor den Mitgliedern seines Stabes in Krakau, daß sich die Polen glücklich schätzen könnten, nach 700 Jahren wieder unter dem Schutz der Deutschen zu stehen. Die Vistula würde in Zukunft ein deutscher Fluß bleiben. Im Zuge der Lösung der Judenfrage würde Krakau seinen jüdischen Charakter verlieren. Er könne es schließlich nicht zulassen, daß die Juden in Krakau, der Stadt, in der er das Großdeutsche Reich Adolf Hitlers vertrete, wie Bienen in den Straßen umherschwärmten, sodaß sich anständige Menschen dort nicht mehr aufhalten könnten. Indem er auf den Madagaskar-Plan des Auswärtigen Amtes und das Madagaskar-Projekt des RSHA hinwies, machte der Generalgouverneur am Ende seiner Rede deutlich, daß es nicht nur darum ginge, die Juden aus Krakau zu entfernen, sondern daß sie so schnell wie möglich aus ganz Europa verbannt werden müßten: »Was in Berlin beschlossen wurde, ist ganz klar: die Juden müssen aus Europa entfernt werden.«[61]

Am 17. August 1940 notierte Goebbels in seinem Tagebuch, Hitler habe ihm erzählt, daß die europäischen Juden nach Madagaskar verschifft würden. Dort sollten sie ihren eigenen Staat bekommen. »Kriminelle« wollte man auf eine Insel verbannen. »Asoziale« würde man am besten sofort ausrotten und nicht für eine spätere Revolution konservieren. Weil Hitler in diesem Gespräch von der »Ausrottung der Asozialen« sprach, ist es besonders bemerkenswert, daß er nicht von der *Vernichtung* der Juden, sondern von ihrer *Verbannung* nach Madagaskar sprach: »Der Führer betonte später noch einmal, die Kriminellen aus der Gesellschaft in eine Strafkolonie auf eine Insel verbannen zu wollen. Dort könnten sie dann einen Staat gründen und die Gesetzlosigkeit auf ihre Fahnen schreiben. Bei uns werden sie unschädlich gemacht.« Über die »Asozialen« in der Gesellschaft, die er von den »Kriminellen« unterschied, sagte Hitler zu Goebbels:

> »Gerade im Kriege darf man die Todesstrafe nicht wie im Weltkriege aussetzen, man muß sie verschärfen. Die asozialen Elemente sollen nicht für eine spätere Revolution konserviert werden. Sie bedrohen immer den Staat, vor allem in den großen Städten. Deshalb: ausrotten und für das Volk ein gesundes Gemeinschaftsleben schaffen. Die Autorität ist ja nur eine Fiktion. Gelingt es den asozialen Elementen, sie zu entwerten oder gar zu erschüttern, dann ist der Anarchie Tür und Tor geöffnet. Die Justiz ist unfähig, mit diesen Fragen fertig zu werden. Sie ist steril, anschauungs- und verantwortungslos. Sie reicht gerade noch in ganz ruhigen und konsolidierten Zeiten aus. In Krie-

gen und Revolutionen schafft man sie am besten ab und urteilt nur nach Notwendigkeiten, nicht nach formalen Gesetzen. Die Juden wollen wir später nach Madagaskar verfrachten. Dort können auch sie ihren eigenen Staat aufbauen.«[62]

Am 30. August 1940 veröffentlichte Rademacher im Namen des Reichsaußenministeriums ein Memorandum mit dem Titel *Bisherige Entwicklung des Madagaskar-Plans des Ref. D III*, in dem er die für die Ausführung des Madagaskar-Plans verantwortlichen offiziellen Instanzen seines Ministeriums anführte: das Reichssicherheitshauptamt, die »Dienststelle Vierjahresplan«, das Propagandaministerium und das Auswärtige Amt.[63] Der Grund für dieses Memorandum war folgender: Rademacher hatte Martin Luther, Chef der »Abteilung Deutschland« des Ministeriums, telefonisch wegen des Madagaskar-Projekts des RSHA kontaktiert. Nachdem Luther eine Kopie davon aus dem Büro des Ministers erhalten und gelesen hatte, war er so tief beeindruckt, daß er Rademacher sofort anrief, um ihn zu fragen, welchen Anteil das Reichsaußenministerium daran gehabt habe. Er bat Rademacher am Telefon um eine schriftliche Antwort.

Rademachers Memorandum lautet:

»Die Idee, alle Juden nach Madagaskar zu schaffen, ist zuerst von dem alten holländischen Antisemiten Beamish in den 20er Jahren veröffentlicht worden.
Nachdem auf Vorschlag der Abteilung Deutschland der Herr Reichsminister entschieden hatte, daß die Lösung der Judenfrage im Friedensvertrag von dem Referat D III in der Abteilung Deutschland im Einvernehmen mit den Dienststellen des Reichsführers SS bearbeitet werden sollte, habe ich den anliegenden Grundriß eines Planes zur Lösung der Judenfrage im Friedensvertrage entworfen. Dieser Plan ergibt als praktische Arbeitseinteilung:

1. Führen der Verhandlungen mit den Feindmächten auf Grund des Friedensvertrages und mit den übrigen europäischen Staaten auf Grund von Sonderverträgen – Auswärtiges Amt.
2. Erfassen der Juden in Europa, ihr Transport nach Madagaskar, ihre Ansiedlung dort und die zukünftige Verwaltung des Insel-Gettos – Reichssicherheitshauptamt.
3. Erfassen des jüdischen Vermögens in Europa, Gründen einer intereuropäischen Bank, die dieses Vermögen treuhänderisch zu verwalten und zu verwerten sowie die Finanzierung des Ansiedlungsunternehmens durchzuführen hat – Dienststelle des Vierjahresplans, Staatsrat Wohlthat.
4. Das propagandistische Vorbereiten und Sichern des Planes gegen eine eventuelle Hetzwelle aus USA:
a) für den Bereich des Inlandes das Propagandaministerium. Oberregierungsrat Dr. Taubert, mit seiner ›Antisemitischen Aktion‹,
b) für den Bereich des Auslandes die Informationsabteilung des Auswärtigen Amts.
Gemäß dieses Grundplanes bin ich an die einzelnen Dienststellen herangetreten. Auf

meine Anregung hin und in enger Fühlungnahme mit mir ist dann der Madagaskar-Plan des Reichssicherheitshauptamtes entstanden.
Der Plan der intereuropäischen Bank in der anliegenden Form ist von mir entworfen worden. Ich habe ihn Herrn Staatsrat Wohlthat übersandt, der ihn auf seine Ausführbarkeit hin prüfen und seine praktische Durchführung übernehmen wird.
Die Antisemitische Aktion bereitet von sich aus einen Propaganda-Plan für das Inland vor.
Im Verlauf der Vorbesprechungen mit den innerdeutschen Dienststellen machte Oberbereichsleiter Brake von der Kanzlei des Führers (Stab Bouhler) den Vorschlag, die Transportorganisation, die er als Sonderauftrag des Führers für die Kriegszeit aufgebaut hat, für den Transport der Juden nach Madagaskar später einzusetzen. Ich habe Oberbereichsleiter Brake geraten, sich deswegen mit SS-Gruppenführer Heydrich in Verbindung zu setzen. Meiner Ansicht nach ist sein Plan durchaus beachtlich. Eine eingespielte Organisation mit reichen Erfahrungen kann schlagartiger einsetzen, als eine entsprechende Neubildung, der naturgemäß Kinderkrankheiten anhaften.
Um den Plan sachlich weiter zu fördern, ist es jetzt an der Zeit
a) die erwähnten innerdeutschen Dienststellen zu einer Besprechung im Auswärtigen Amt zusammenzurufen und eine vorbereitende Kommission zusammenzustellen.
b) an die Franzosen heranzutreten, damit sie dieser Kommission die Einreise nach Madagaskar gestatten,
c) Entsenden der Kommission auf ein bis zwei Monate nach Madagaskar, um an Ort und Stelle die Einzelfragen der Ansiedlung und deren Vorbereitung festzustellen.
Daß man die gesamten europäischen Juden, die auf höchstens 6,5 Millionen geschätzt werden, neben der alteingesessenen Bevölkerung in Madagaskar unterbringen kann, ist jetzt schon zu bejahen, wie die von mir eingeholten Gutachten der Professoren Dr. Burgdörfer vom Bayerischen Statistischen Landesamt und Dr. Ing. F. Schumacher von der Bergakademie Freiberg bestätigen. Daß heute noch große Teile der Insel wegen ihres sumpfigen Charakters als ungesund anzusehen sind, steht dem nicht entgegen. Durch Trockenlegungsarbeiten ist dieser Mangel ohne weiteres zu beheben, wie das Beispiel des der Insel gegenüber liegenden portugiesischen Kolonialgebietes von Mozambique, in Südamerika das Beispiel des Hafens Santos gezeigt haben. Die durchschnittliche Bevölkerungsdichte würde sich auf etwa 16 pro qkm ergeben, d. h. dem Stand der Durchschnittsbesiedlungsdichte für die Erdoberfläche entsprechen.
Hiermit Herrn Gesandten Luther mit der Bitte vorgelegt, die Zustimmung des Herrn Reichsaußenministers zu den angeregten Verfahren herbeizuführen.«
Berlin, den 30. August 1940 gez. Rademacher

Im Generalgouvernement betrachtete man die Unterbringung der Juden in Ghettos von Anfang an als eine vorläufige Lösung. Die stark verwahrlosten jüdischen Viertel stellten für die deutschen Beamten ein großes Problem dar. Im Sommer 1940, als bekannt wurde, daß alle Juden nach dem Krieg aus dem Generalgouvernement nach

Madagaskar verbannt werden sollten, schöpfte man Hoffnung. Aber es verstrichen Monate, ohne daß sich die Hoffnung auf ein rasches Ende des Krieges erfüllte. Die Frustration etwa des Kreishauptmannes von Krasnystaw geht aus seinem Monatsbericht vom 10. September 1940 hervor.[64] Er verlangte von den Juden, daß sie ihre polnischen Namen ins Deutsche transkribierten. Nach ihrer Ankunft auf Madagaskar könnten sie, was ihn betraf, madagassische Namen annehmen.

Am 29. August 1940 erklärte der Kreishauptmann von Jaslo im Distrikt Krakau, als sein Gebiet von jüdischen Flüchtlingen aus Krakau überrannt wurde, an der Bereitschaft der Deutschen zu zweifeln, alle Juden aus dem Generalgouvernement nach Madagaskar zu verschiffen. Er äußerte seine Verärgerung über das totale Chaos, das durch die Vertreibung von tausenden Juden im Generalgouvernement entstanden war.[65]

Auch anderswo in Osteuropa zeitigte die Annahme des Madagaskar-Plans Folgen auf die Politik in bezug auf die Juden: vom September 1940 bis zur Deportation der slowakischen Juden wurde der *Ustredna Zidov* (der Judenrat) gezwungen, den Madagaskar-Plan zu unterstützen.[66] Politiker in Polen, in der Slowakei und in anderen Ländern, die im Herbst 1940 auf die Durchführung des Madagaskar-Plans nach dem Krieg hofften, betonten die Notwendigkeit dieser Umsiedlung, die von Wissenschaftlern mit zahlreichen Argumenten untermauert worden war.

Walter Emmerich, Mitarbeiter Franks in Krakau, erklärte im Sommer 1940, daß es für die Zukunft des Generalgouvernements eine demographische und ökonomische Notwendigkeit sei, alle Juden nach Madagaskar zu verbannen. Die Juden müßten die Überfahrt mit dem Erlös aus den konfiszierten Gütern selbst bezahlen.

Im Oktober 1940 wies Peter-Heinz Seraphim, Leiter der Polnischen Abteilung des Königsberger Instituts für Osteuropäische Wirtschaft, auf den unter Demographen, Ökonomen und Statistikern (Gater, Emmerich, Arlt, Meyler, Oberländer, Streckenbach, Kuchenbäcker und Gottong) bestehenden Konsens hin, daß der Madagaskar-Plan eine demographische und ökonomische Notwendigkeit sei.[67]

Für die Demographen wurde die Umsiedlung von Millionen Menschen in Europa zu einer Selbstverständlichkeit. Das ging zum Beispiel aus der Zeitschrift *Archiv für Wanderungswesen*[68] hervor, die seit 1940 mit einer Rubrik *Umsiedlungen* erschien und über stattgefundene Rück-, Um-, An- und Aussiedlungen informierte.

Im Dezember 1940 behauptete Rudolf Gater, der als Ökonom mit dem Reichskuratorium für Wirtschaftlichkeit verbunden war, die Bevölkerungsexplosion im Generalgouvernement würde die Zwangsemigration der Juden nach Madagaskar verlangen.[69] Weil Frank den Analysen der Demographen, Ökonomen und Statistiker blind vertraute, übergab er Hitler am 2. Oktober 1940 einen Bericht[70], in dem er erklärte, daß es allen Experten zufolge nicht länger zu verantworten sei, tausende Juden aus Europa ins Generalgouvernement zu bringen. Für die Zukunft dieses Territoriums sei es notwendig, die Juden nach Madagaskar zu verbannen. Auch Bruno Streckenbach, Chef der Sicherheitspolizei im Generalgouvernement, teilte diese Ansicht.[71]

Am 25. Oktober 1940 beschloß das RSHA[72], die Emigration von Juden aus dem Generalgouvernement in die Vereinigten Staaten zu verbieten. Als Begründung dafür führte das RSHA die besondere Gefährlichkeit der osteuropäischen Juden an. Wegen ihrer religiösen Einstellung und der großen Zahl von Rabbinern und Talmudlehrern könnte ihre Emigration eine »letzte Regeneration des Weltjudentums« mit sich bringen.[73] Sie würden die Reihen jener jüdischen Organisationen stärken, die gehässige Kampagnen gegen Deutschland führen. Kein Jude dürfte einem künftigen Transport nach Madagaskar entkommen.

Am 30.Oktober teilte Oskar Plodek, ein Mitarbeiter Walter Emmerichs, mit, daß die Finanzierung der Deportation aller Juden aus dem Generalgouvernement nach Madagaskar noch nicht gesichert sei, weil die Entfernung der Juden aus dem Handel und die Beschlagnahme ihrer Güter Zeit brauche.[74]

Rudolf Gater äußerte am 21.Januar 1941 Bedenken, den Madagaskar-Plan unmittelbar nach dem Krieg auszuführen. Er ging davon aus, daß das Ghetto in Warschau noch bestehen bleiben müsse:

> »Das GG bleibt bei der Bereinigung des deutschen Ostraums von den Juden für die Dauer des Krieges und wahrscheinlich auch noch für eine längere Zeit nach dem Krieg letzte Etappe. Nach siegreicher Beendigung des Krieges wird der vorhandene Schiffsraum zunächst für die Heranführung von Rohstoffen und die Wiederaufnahme des überseeischen Exports eingesetzt werden müssen, bevor an den Abtransport der Juden gedacht werden kann. Unter Berücksichtigung dieser Verhältnisse sollte ein Zeitraum von fünf Jahren für den j. W. Warschau in Ansatz gebracht werden.«[75]

Auch Hitler sprach im Herbst 1940 noch immer vom Madagaskar-Plan. Am 3. November erhielt Rosenberg einen Brief von Bormann, in dem dieser mitteilte, daß Hitler seinen Artikel *Die Juden in Madagaskar* (den er im Oktober geschrieben hatte) gelesen hätte und daß der Artikel möglicherweise in einigen Monaten veröffentlicht würde.[76] Seither hatte Rosenberg nichts mehr von Bormann gehört. Als er im Frühjahr 1941 eine Rede anläßlich der Eröffnung seines Instituts in Frankfurt vorbereitete, informierte er sich bei Bormann, ob er dessen Artikel über Madagaskar für seine Eröffnungsrede verwenden dürfe. Über Bormanns Antwort ist nichts bekannt.

Am 5. November äußerte Hitler gegenüber einem ungarischen Diplomaten, daß er beabsichtige, bei den Friedensverhandlungen Frankreich zu zwingen, eine seiner Kolonien für die Ansiedlung der europäischen Juden abzutreten.[77]

Am 8. November 1940 hielt Hitler eine Rede im Münchener Löwenbräukeller. Dabei betonte er, daß er immer der Meinung gewesen sei, daß der Zeitpunkt für die Verbannung der Juden aus Deutschland kommen werde.[78] Im historischen Kontext bedeuteten Hitlers Worte, daß er erwartete – trotz des Mißerfolges im Krieg gegen Großbritannien –, die Briten doch einmal besiegen zu können, und daß die Franzosen bei den darauffolgenden Friedensverhandlungen Madagaskar für die Unterbringung der Juden abtreten müßten. Einige Tage zuvor hatte Hitler noch zu Goebbels gesagt, Großbritannien werde heute oder morgen kapitulieren. Die deutsche Wehrmacht müßte nur Geduld haben, Überraschungsangriffe durchführen und zäher sein als die Briten.[79]

Am 11. Dezember führte Frank ein langes Gespräch mit Hitler.[80] Hitler zitierte die japanische Redensart: »Setz nach dem Sieg den Helm fest auf den Kopf.« Damit wollte er sagen, daß sich Europa auch noch nach dem Krieg jahrelang werde bemühen müssen, den ganzen Kontinent von den Juden zu »säubern«. Er ließ deutlich durchblicken, daß er Sympathien für Leute wie Frank hege, der im Generalgouvernement noch immer soviel »Läuse und Juden« am Hals habe. Frank antwortete, daß er die »Läuse und die Juden« nicht in einem Jahr loswerden könnte, daß es ihm aber mit der Zeit gelingen würde. Sie wußten beide, daß man Jahre benötigen würde, um alle Juden nach Madagaskar zu deportieren.

Auch in der nächsten Umgebung des Führers hielt man daran fest, daß die Judenfrage in Europa nach den Plänen des Auswärtigen Amtes und des RSHA vom Sommer 1940 gelöst werden müsse: Viktor Brack, Mitglied der Kanzlei des Führers, teilte im November Philipp Bouhler, Leiter der Führerkanzlei, in einem ausführlichen Schreiben mit, daß der Madagaskar-Plan die einzige vertretbare Lösung der Judenfrage in Europa sei. Er hielt es für richtig, daß das Auswärtige Amt und das RSHA diesen Plan ausgearbeitet hatten. Brack befürchtete, daß die Methode der Vergasung, die im Euthanasieprogramm zur Tötung geisteskranker Patienten angewendet wurde, auch zur Vernichtung der Juden eingesetzt werden könnte und hielt daher an der Durchführung des Madagaskar-Plans fest. Auch er teilte die in jener Zeit weitverbreitete Ansicht, daß der verhängnisvollen »Verjudung« Europas unerbittlich Einhalt geboten werden müsse. Aber er glaubte, daß die Vernichtung – trotz des großen Schadens, den die Juden Deutschland zugefügt hätten – des deutschen Volkes und der Menschheit im allgemeinen unwürdig wäre.[81]

In Kreisen der SS war der Madagaskar-Plan weiter ein beherrschendes Thema. So veröffentlichte Walther Darré, der Leiter des Rasse- und Siedlungshauptamtes der SS gewesen war und danach noch zahlreiche Kontakte mit Mitgliedern der SS unterhielt, am 15. November 1940 in seiner Zeitschrift *Odal* einen von ihm verfaßten Artikel über die Judenfrage. Darin schrieb er unter anderem, daß die Nazis ihre Bemühungen zur Lösung der Judenfrage – auch nach der Verbannung nach Madagaskar – fortsetzen sollten. Er stellte die Frage, ob alle die Juden betreffenden Probleme in Europa zur Gänze gelöst sein würden, wenn der letzte Jude emigriert und Europa von den Juden »gesäubert« wäre. Er war davon überzeugt, diese Frage mit »nein« beantworten zu müssen.[82]

Im Januar 1941 begründete Sturmbannführer Paul Zapp in einer Rede den Madagaskar-Plan auf folgende Weise: Weil die Juden nach der Weltherrschaft strebten, in Rußland dem Bolschewismus zur Macht verholfen hätten, in ganz Europa und in Kürze auf der ganzen Welt die Banken kontrollierten, weil sie die Erzfeinde aller

Nicht-Juden wären und mit den Freimaurern und Kirchen zusammenarbeiteten, die ganz »verjudet« seien, stellten sie eine große Gefahr für das Überleben Europas dar. Darum sei er froh, daß Hitler nicht nur Deutschland, sondern ganz Europa von den Juden »säubern« wolle.[83]

Im Sommer und Herbst 1940 wurde der Madagaskar-Plan nicht nur in offiziellen Kreisen von Hitler und seinen engsten Mitarbeitern häufig erörtert, sondern auch von Journalisten. Hier sei Hermann Erich Seifert, Kolumnist und Berichterstatter der Zeitschrift *Angriff*, erwähnt, der auch eine Reihe von Werken über die osteuropäischen Juden veröffentlichte.[84] Für Seifert waren die polnischen Ghettos nicht nur Reminiszenzen an die »weise« Politik der christlichen Obrigkeit im Mittelalter. Das moderne Ghetto, in dem die Juden vom Rest der Stadtbevölkerung isoliert waren, war für ihn Auftakt zu ihrer Verbannung in ein afrikanisches oder asiatisches Reservat. Dort hätten sie keine Gelegenheit mehr, Nicht-Juden mit ihrem »Virus« zu infizieren. Ein derartiges Reservat müßte es den Juden ermöglichen, ihr Judentum zu pflegen und nach ihren eigenen Gesetzen zu leben, natürlich unter der Aufsicht der SS. Das Leben in den polnischen Ghettos unter der Aufsicht der SS müßte in negativer (die Juden können der nicht-jüdischen Bevölkerung keinen Schaden mehr zufügen) und in positiver Hinsicht (sie können ihr Judentum pflegen) eine Vorbereitung auf ihre Zukunft außerhalb Europas sein.

Seifert bedauerte, daß Ende des 18. Jahrhunderts eine Bewegung in Gang gekommen war, die Juden aus den Ghettos zu befreien und ihnen gleiche Staatsbürgerrechte zu gewähren. In der Folge hätten sich die Juden emanzipieren und assimilieren können, mit allen nachteiligen Folgen: erst dann hätte gezeigt, wie gefährlich ihr Einfluß überall in der Gesellschaft war und wie fremd sie den europäischen Völkern und ihrer christlichen Kultur in ethnischer und rassischer Hinsicht waren. Damals sei jedem, der es sehen wollte, deutlich geworden, daß die Juden nicht nach Europa gehörten, sondern nach Afrika und Asien, wo »farbige« Menschen wohnten und von wo auch die Juden kämen. Es zeuge von großer Weisheit, daß die frommen Päpste der Gegenreformation in der zweiten Hälfte des 16. Jahrhunderts die Juden in allen Städten des Kirchenstaates in Ghettos einsperren ließen und sie dann verbannten, damit sie das Christentum Europas nicht in Gefahr brächten. Die Juden hätten die Ghettos verlassen, sich mit der ihnen fremden Kultur vermischt und dadurch Europa an den Rand des Abgrunds gebracht. Darum müßten die Juden bis zu ihrer endgültigen Verbannung abermals in Ghettos gesperrt werden. Seifert war der Meinung, daß man sich damit vorläufig noch nicht befassen müßte, denn zur Zeit müßte die ganze Aufmerksamkeit auf die Fortsetzung des Krieges gerichtet werden. Der Sieg würde das deutsche Volk vor neue, noch größere Aufgaben stellen. Es würden Probleme auf Deutschland zukommen, die noch schwieriger wären als die der Judenfrage. Darüber wäre das letzte Wort noch nicht gesprochen, aber die Autoritäten würden im richtigen Augenblick Vorschläge zur Lösung machen.[85] Seifert war fest davon überzeugt, daß sich die Juden nur unter

»farbigen« Völkern zu Hause fühlen würden und daß das Auswärtige Amt und das RSHA im Sommer 1940 einen guten Plan für eine vertretbare Lösung der Judenfrage ausgearbeitet hätten, sowohl im Interesse der Juden als auch der Nicht-Juden.

Am 23. Oktober 1940 fuhren sieben Züge mit 7500 vorwiegend deutschen und österreichischen Juden im Bahnhof von Lyon ein; zwei Züge kamen aus Mannheim und fünf aus Karlsruhe. Die Betroffenen waren Juden, die aus Baden (6300) und der Pfalz (1150) ausgewiesen worden waren.[86] Laut eines Berichts des Auswärtigen Amtes vom 30. Oktober, unterzeichnet von Staatssekretär Weizsäcker, wurde diese Ausweisung eindeutig als Vorspiel zur Durchführung des Madagaskar-Plans gesehen. Die Verbannung der Juden aus diesen beiden Städten wäre der Anfang der Verbannung aller Juden in den nicht besetzten Teil Frankreichs. In dem Bericht heißt es: »Da die Absicht besteht, auch die übrigen Juden aus dem Altreich, der Ostmark und dem Protektorat Böhmen und Mähren – insgesamt etwa 270 000 Personen zumeist vorgerückten Alters – nach Frankreich abzuschieben, hat die Regierung von Vichy gegen diese Maßnahmen ihre Bedenken zum Ausdruck gebracht [...].« Die Regierung von Vichy wollte die inzwischen am Fuße der Pyrenäen angekommenen Juden so schnell wie möglich nach Madagaskar weiterschicken, weil für sie weder Platz noch Verpflegung vorhanden war: »Die Weiterleitung der Deportierten nach Madagaskar ist von der französischen Regierung unmittelbar nach Öffnung der Seewege in Aussicht genommen.«[87]

Die Autoren der Pläne des Auswärtigen Amtes und des RSHA gingen nach dem Sieg über Frankreich im Sommer 1940 von den folgenden Überlegungen aus: sie dachten, Deutschland könne nach dem gewonnenen Krieg über das Schicksal aller europäischen Staaten und ihrer Überseegebiete bestimmen; auch könne Deutschland bei den Friedensverhandlungen festlegen, daß die Judenverfolgungen auf den ganzen Kontinent ausgedehnt werden, um Europa endlich von den Juden zu »säubern«.

Hatte Hitler nicht selbst den Plänen zugestimmt und darüber mit Regierungsvertretern gesprochen? War nicht Madagaskar als neuer Bestimmungsort für die europäischen Juden Gegenstand fieberhafter diplomatischer Beratungen gewesen? Hatten nicht außerdem in den vergangenen Jahren zahlreiche Abteilungen der Ministerien in Hitlers eigenem Auftrag ausführliche Pläne für eine neue Aufteilung der Kolonien in Afrika ausgearbeitet? Und hatte man in diesem Zusammenhang nicht über Madagaskar als künftigem Verbannungsort für die europäischen Juden gesprochen? Der Madagaskar-Plan entsprach nicht nur den Erwartungen der Deutschen, man wußte außerdem sehr gut, daß dieser Plan im Ausland auf keinen Widerstand stoßen würde. Suchten nicht im Juli 1938 auf der Konferenz in Evian fast alle Länder der Welt nach einem tropischen Gebiet für die jüdischen Flüchtlinge aus Deutschland und Österreich? Wurde in diesem Zusammenhang nicht auch Madagaskar erwähnt? Hatte es sich nicht gezeigt, daß diese Länder die antisemitische Politik Deutschlands zu Unrecht kritisierten, weil kein einziges Land Juden aufnehmen wollte? Hatte sich nicht herausgestellt, daß eigentlich alle Länder genauso über die Juden dachten wie Deutschland? Müßten sie jetzt nicht dankbar sein, daß Deutschland als einziges Land der Welt bemüht war, für die Juden in Europa ein neues Territorium zu finden? Aus den Diskussionen der Evian-Konferenz und der darauffolgenden Arbeit des *Intergovernmental Committee for Refugees* war deutlich geworden, daß praktisch alle Grenzen der Welt für jüdische Flüchtlinge geschlossen waren.

Ohne Humor hätten die Juden die Verfolgungen der vergangenen Jahrhunderte nicht überlebt. Dazu folgende Episode aus Simon Wiesenthals Roman *Flucht vor dem Schicksal*:

»›Ich muß Ihnen eine kleine Begebenheit erzählen – möglicherweise ist es einer der bitteren Witze, die sich Juden erzählen, um ihre Wunden zu heilen –, die sich in Wien ereignet hat‹, sagte der andere. ›Es dürfte im Dezember 1938 gewesen sein. Ich ging in ein Reisebüro, um mich nach den Ausreisemöglichkeiten zu erkundigen. Für eine Auswanderung nach Palästina war ich schon zu alt; außerdem hatte ich zu wenig Geld. Sie nahmen nur junge Leute oder solche mit Geld. Entfernte Verwandte in Amerika konnten mir nicht zu einem Visum verhelfen. Ich stellte mich abseits, um andere Menschen zu beobachten und zu hören, ob sich für mich nicht doch eine Gelegenheit bieten würde, Österreich zu verlassen. Auf dem Tisch stand ein großer Globus. Als ich das Reisebüro betrat, verhandelte gerade ein Mann mit der Angestellten. Mit dem Zeigefinger fuhr sie über den Globus und sagte: ›Für England bekomme man nur sehr schwer ein Visum. Um nach Schweden auszuwandern, muß man nahe Verwandte haben, für die USA ist die Quote bereits erschöpft. Für China sind Sie schon zu alt, Paraguay, Uruguay und Brasilien verlangen finanzielle Garantien, außerdem dauert es sehr lange, bis man ein Visum für diese Länder bekommt. Australien nimmt keine Flüchtlinge mehr auf. Polen gewährt nicht einmal den ehemaligen polnischen Juden die Einreise; sie warten noch immer an der deutschen Grenze.‹ Resigniert deutete der Mann auf die Erdkugel: ›Und außer dem da haben Sie nichts mehr?‹«

Die Politik der Verbannung der Juden entsprach ganz derjenigen, welche kirchliche und weltliche Autoritäten im Lauf der Jahrhunderte verfolgt hatten: man hatte die Juden von einem Land in das nächste verbannt, weil man fand, daß Juden nicht nach Europa gehörten. Und waren es nicht Christen in England und Deutschland gewesen, die als erste die Verbannung aller europäischen Juden nach Madagaskar mit der Begründung forderten, so die europäische (christliche) Kultur retten zu wollen? Die Verantwortlichen wußten nur allzu gut, daß kein einziger kirchlicher Führer in Europa gegen diesen Plan protestieren würde. Er paßte ganz in die traditionelle Politik der vergangenen Jahrhunderte.

Auch wenn die Autoren mit den Plänen den Eindruck erweckt hatten, den Juden auf Madagaskar die Möglichkeit für ein normales Dasein zu bieten, war das nicht ihre Absicht.[88] Sie wollten die Juden nicht durch militärische Gewalt oder durch Gas vernichten, sondern dies der Natur überlassen. Der Plan war den Gehirnen von Menschen entsprungen, die die Erwartung hegten, daß die europäischen Juden nach dem Krieg auf Madagaskar im Lauf der Zeit von selbst durch Krankheiten umkommen würden. Es ist sicher, daß es auf Madagaskar zu einer hohen Sterblichkeit unter den Juden gekommen wäre. War Madagaskar nicht bekannt als eine der ungesündesten Inseln der Welt? Hitler und andere Führer sprachen des öfteren vom unerträglichen Klima und von Epidemien, an deren Folgen die Juden von selbst sterben würden. Man hatte in Osteuropa, wo tausende Juden in den Ghettos an den Folgen von Erschöpfung und Krankheit, Hunger und Durst umgekommen waren, schon genügend Erfahrungen gesammelt, um zu wissen, daß die Juden auf Madagaskar letztlich keine Überlebenschance hätten. Der polnische Madagaskar-Plan hatte mit den Madagaskar-Plänen des RSHA und des Auswärtigen Amtes nur den Namen gemein. Die deutschen Madagaskar-Pläne glichen mehr dem Vorschlag, den Karl Paasch schon 1892 gemacht hatte, nämlich die Juden aus Deutschland nach Neu-Guinea zu deportieren, um sie dort »krepieren« zu lassen.

Die Ausführung des Madagaskar-Projekts des RSHA hing von einer Einigung mit der britischen Regierung ab, denn für die Verschiffung von Millionen Juden nach Madagaskar müßte der Seeweg frei sein und die deutsche Regierung müßte die britische Königliche Kriegs- und Handelsmarine in Anspruch nehmen können.[89]

In den Monaten nach dem Sieg über Frankreich im Sommer 1940 wuchs der Zorn vieler deutscher Politiker auf Großbritannien, weil es als einziges Land einem »Endsieg« Deutschlands und der Ausführung des Madagaskar-Plans im Weg stand. Hitler verteidigte im Sommer gegenüber Keitel, Weizsäcker und anderen seine These, daß es nicht im Interesse Deutschlands liege, die britische Armee zu besiegen und das britische Imperium zu vernichten. Er fürchtete nämlich, Rußland, Japan und die Vereinigten Staaten würden von einem eventuellen militärischen Sieg über Großbritannien profitieren. Hitler blieb auch im Sommer 1940 seiner früheren Vision treu: wenn ihm die Briten nur freie Hand bei der Beherrschung des europäischen Festlandes ließen, dürfte das ganze britische Imperium bestehen bleiben, wie es war. Hitler wollte an dem Konzept, das er schon zu Beginn 1923 entwickelt hatte, festhalten: eine Allianz mit Großbritannien. Eine Zweiteilung der Welt war auch jetzt die zentrale Idee seiner Außenpolitik: England sollte als Seemacht die Meere und die Überseegebiete beherrschen und Deutschland als unangefochtene Landmacht den europäischen Kontinent. Darum vertrat er die Meinung, eine Zusammenarbeit mit der britischen Regierung liege im Interesse Deutschlands.

Auch im Hinblick auf die Ausführung des Madagaskar-Plans nach dem Krieg suchte er die Zusammenarbeit mit der britischen Regierung: er hoffte auf die Unterstützung seiner Pläne hinsichtlich der Verbannung aller europäischen Juden nach Madagaskar. Da Großbritannien durch die Niederlage Frankreichs den letzten Verbündeten am Festland verloren hatte, ging Hitler davon aus, daß sich die britische

Regierung damit abfinden müßte, daß sie die Alleinherrschaft Deutschlands am Kontinent nicht mehr verhindern könne. Einzig und allein die Anerkennung der Hegemonie Deutschlands auf dem Festland wollte er verlangen und die Bereitschaft zur Rückgabe der früheren deutschen Kolonien.

Aber Hitler wartete vergeblich auf ein Signal aus London. Im Gegenteil: Churchill erklärte am 18. Juni 1940 im Unterhaus, seine Regierung habe beschlossen, den Kampf gegen die Vorherrschaft Deutschlands fortzusetzen. Am 3. Juli gab die britische Regierung der Kriegsmarine den Befehl, die französischen Kriegsschiffe im Hafen der nordafrikanischen Stadt Oran durch Beschuß manövrierunfähig zu machen. Hitler wußte nun, daß Churchills Worte keine leeren Phrasen waren. Als am 19. Juli der Sieg über Frankreich im Berliner Reichstag gefeiert wurde, beendete Hitler seine Rede mit einem direkten Appell an das britische Volk: Churchill müsse ihm seine Prophezeiung glauben, daß ein großes Reich vernichtet werden würde, ein Reich, das er nie habe vernichten wollen, dem er auch nicht feindlich gesinnt war. Sein Gewissen verpflichte ihn, einen letzten Appell an die Vernunft und den gesunden Verstand der Briten zu richten. Ihm als Sieger, der im Namen der Vernunft spreche, stünde das zu, da er nicht wie ein Verlierer um Gnade flehen müsse. Er sehe keinen Grund zur Fortsetzung des Krieges.[90]

Als die britische Regierung trotz dieser Drohung nicht mit der deutschen Regierung verhandeln wollte, dachte Hitler an die folgenden drei Möglichkeiten, um London zu zwingen, Deutschlands Hegemonie auf dem Festland anzuerkennen.[91]

Er könnte nach einer Invasion die britische Armee schlagen und der britischen Regierung dieselben Bedingungen diktieren wie der französischen.

Er könnte aber auch einen militärischen Sieg durch die Eroberung der britischen Stellungen im Mittelmeer und im Nahen Osten erringen. Im Fernen Osten könnte er mit Hilfe Japans die Stellung der Briten merklich schwächen, Unterseeboote und die Luftwaffe müßten in der Folge ihre Operationen gegen britische Schiffe intensivieren.

Schließlich dachte er auch noch an eine dritte Möglichkeit, um die Briten in die Knie zu zwingen: er könnte die britische Regierung vorläufig negieren und sich auf den Osten Europas und die Unterwerfung Rußlands konzentrieren. Deutschland bekäme dadurch Zugriff auf Rohstoffe, die es ihm ermöglichen würden, die britische Regierung später unter Druck zu setzen.

Jedenfalls wollte Hitler den Madagaskar-Plan nicht aufgeben, sondern ihn über kurz oder lang realisieren. Obwohl er mit dem Sieg rechnete, war er sich durchaus bewußt, daß es bis dahin noch einige Jahre dauern könnte. Der weitere Verlauf der politischen Entwicklung zeigte, daß das Ende des Krieges, trotz des unerwartet schnellen Sieges der deutschen Armee über Frankreich, in weiter Ferne lag und daß Hitler die Durchführung des Madagaskar-Plans auf ein späteres Datum würde aufschieben müssen. Als sich aber die Niederlage abzeichnete[92], ließ Hitler den Plan zur Verbannung der Juden aus Europa fallen und entschied sich für die zweite Option: für ihre Vernichtung.

Da die britische Regierung den Krieg gegen Hitler fortsetzte, eröffneten am 13. August 1940 1500 deutsche Flugzeuge die Operation »Adlerangriff«. Obwohl die nächtlichen Angriffe der deutschen Bomber auf London und andere Städte bis in den Winter fortgesetzt wurden, besaß die britische Luftwaffe bei Tageslicht die Luftherrschaft über Großbritannien. In Erkenntnis dieser Tatsache blies Hitler die Invasion am 17. September 1940 ab und verschob sie auf unbestimmte Zeit. Er war entnervt, weil die britische Regierung die Niederlage nicht eingestehen wollte. Darum suchte er andere Wege, um die Briten zur Anerkennung der deutschen Hegemonie auf dem europäischen Festland zu zwingen. Er erwog, sich vorläufig vom Westen abzuwenden und zuerst Rußland zu erobern: hätte er erst einmal Rußland besiegt, dann wäre es nicht mehr schwierig, Großbritannien durch einen Überraschungsangriff zu überrumpeln.

Großadmiral Raeder allerdings stimmte mit Hitlers Strategie nicht überein, für ihn war Großbritannien Deutschlands Erzfeind. Er legte Hitler im Frühherbst 1940 die Eroberung Gibraltars und des Suezkanals, der zwei Schlüsselpositionen der britischen Lebensader durch das Mittelmeer, nahe. Nach dem fehlgeschlagenen Angriff auf Großbritannien besprach er diese Pläne noch einmal mit Hitler. Obwohl Hitler der Durchführung von Operationen im Mittelmeer viel Interesse schenkte und Raeders Pläne sogar mit Mussolini besprach, betrachtete er eine große Offensive im Süden nie als Alternative zur längst beschlossenen Offensive im Osten.

Inzwischen wollte Hitler den Druck auf Großbritannien verstärken und so die Besetzung Nordwestafrikas und der atlantischen Inseln durch die Briten verhindern. Ribbentrop stimmte viel eher mit Großadmiral Raeder als mit Hitler überein: sein Traum von einer anti-britischen Koalition ging am 27. September 1940 in Erfüllung, als Japan, Italien und Deutschland den Dreimächtepakt unterzeichneten. In dieser anti-britischen Koalition kam man überein, daß in Europa unter der Führung Deutschlands und Italiens eine neue Ordnung etabliert werden sollte und daß Japan die Verhältnisse in »Groß-Ostasien« neu organisieren sollte. Der französische Marschall Pétain erklärte sich prinzipiell zur Zusammenarbeit bereit und bestätigte, daß es ein gemeinsames Interesse Frankreichs und der Achsenmächte an einer schnellen Niederlage Großbritanniens gäbe. Im Tausch für eventuelle territoriale Verluste in Afrika versprach Hitler Frankreich als Entschädigung britische Besitzungen. Die Regierung Marschall Pétains unterstützte von Beginn an das deutsche Projekt des RSHA, weil auch sie keine andere Möglichkeit mehr sah, die jüdischen Flüchtlinge noch während des Krieges loszuwerden.[93]

Der französische Admiral Darlan erachtete die Deportation der Juden nach Madagaskar als »keine so schlechte Idee«, berichtete die deutsche Botschaft in Paris am 12. August 1941[94], allerdings meine er, daß ihre Durchführung unmittelbar nach dem Krieg auf unüberwindliche Transportprobleme stoßen würde; man würde die verfügbaren Schiffe für wichtigere Dinge brauchen (vor allem für den Handel) als für den Abtransport der Juden. Außerdem müßte man sich darüber im klaren sein, daß selbst wenn Schiffe zur Verfügung stünden, der Transport von 10 Millionen

Juden Jahre dauern würde. Auch für Darlan wäre es selbstverständlich, daß die Ausführung des Madagaskar-Plans vom Sieg Deutschlands über Großbritannien abhängen und daß man Schiffe der britischen Kriegsmarine benötigen würde, um die Operation nach dem Krieg durchführen zu können.

In den Monaten nach den Siegen im Westen, die Hitler scheinbar die Herrschaft über das europäische Festland gebracht hatten, war alles falsch gelaufen, weil Hitler und das Kommando der Wehrmacht ernste Meinungsunterschiede über die zu verfolgende Strategie hatten. Darum ersuchte das Oberkommando des Heeres am 12. November 1940 Hitler um Aufklärung, welchen militärischen Zielen die Mobilisierung der Streitkräfte dienen sollte. Bei diesem Treffen verlieh der Führer aufs neue seiner Hoffnung Ausdruck, daß Frankreich am Krieg gegen Großbritannien teilnehmen und seine Kolonien in Afrika verteidigen werde. Bei den Besprechungen mit der Wehrmachtsführung zeigte sich außerdem, daß Hitler glaubte, die spanische Regierung zu einer Blockade des Zugangs zum westlichen Mittelmeer durch die Besetzung Gibraltars überreden zu können. In diesem Zusammenhang ordnete er an, daß sich eine Panzerdivision und Truppen der Luftwaffe für eine eventuelle Unterstützung Italiens in Nordafrika bereithalten müßten. Schließlich erklärte er, die Wehrmachtsführung müßte sich Gedanken über die Möglichkeit einer Landung in England im Frühjahr 1941 machen.

Ribbentrop ließ Hitler im Herbst 1940 wissen, daß er einen Anschluß Rußlands an den oben erwähnten Dreimächtepakt (Japan, Italien und Deutschland) für wünschenswert halte. Der deutsche Reichsaußenminister meinte, daß eine weltweite Koalition notwendig sei, um Großbritannien zu besiegen, das britische Imperium aufzuteilen und den Madagaskar-Plan auszuführen.

In Hitlers Auftrag lud Ribbentrop Molotow nach Berlin ein. Es ist wahrscheinlich, daß Hitler die Haltung der Russen kennenlernen und seine Angriffspläne gegen Rußland verschleiern wollte, aber nie ernsthaft erwog, sich mit den Russen zur Unterwerfung Großbritanniens zu verbünden. Während der Gespräche mit Molotow sagte Hitler unter anderem: »Nach der Niederringung Englands würde das britische Weltreich als eine gigantische Weltkonkursmasse von 40 Millionen Quadratkilometern zur Verteilung kommen. In dieser Konkursmasse läge für Rußland der Weg zum eisfreien und wirklich offenen Weltmeer.«[95]

Ribbentrop war ungeschickt genug, diese Gelegenheit zu benützen, um Molotow einen Vertragsentwurf für einen Beitritt der Sowjetunion zum Dreimächtepakt vorzulegen. Der Entwurf enthielt zwei geheime Protokolle, in denen die künftigen Interessenssphären Deutschlands, Italiens, Japans und Rußlands abgegrenzt wurden: Deutschland sollte sich auf Mittelafrika (einschließlich Madagaskar) konzentrieren, Italien auf Nord- und Ostafrika, Japan auf Südostasien und Rußland auf den Indischen Ozean. Sowohl Hitler als auch Ribbentrop waren während der Verhandlungen wiederholt bemüht, das Gespräch auf die entscheidende Frage zu bringen, ob die Sowjetunion bei der Liquidierung des britischen Imperiums mithelfen wolle.

Am 25. November 1940, ca. zwei Wochen nach Molotows Rückkehr, stimmte Stalin dem Vertragsentwurf unter der Voraussetzung zu, daß Hitler seinerseits einige Bedingungen akzeptiere.[96] Trotz mehrfacher Rückfragen seitens der sowjetischen Regierung, schwieg man in Berlin hartnäckig. Hitler hatte sein Angebot in der Absicht gemacht, Stalin von der Entwicklung in Deutschland abzulenken.

Inzwischen versuchte Göring, ähnlich wie Großadmiral Raeder, Hitler davon zu überzeugen, daß es besser wäre, wenn die deutsche Wehrmacht zuerst alle Kräfte für die Vertreibung der Briten aus dem Mittelmeer aufbieten würde. Erst danach sollte die Invasion Rußlands stattfinden, die Göring erst für 1943 oder 1944 plante. Aber auch Göring gelang es nicht, Hitler umzustimmen. Hitlers Überzeugung nach war Großbritannien zu schwach, um Deutschland Schaden zufügen zu können. Die Abrechnung mit den Briten könnte daher bis nach dem Sieg über Rußland warten. Hitler war es vollkommen klar, daß der Madagaskar-Plan vorläufig nicht durchgeführt werden konnte. Aber aus der Art und Weise, in der Hitler sogar noch 1941 über diesen Plan zur Verbannung der Juden aus Europa sprach, wird deutlich, daß der Aufschub des Plans für ihn nicht dessen Ende bedeutete.

Im Dezember 1940 erkannte Himmler, daß er über seine Politik der »ethnischen Flurbereinigung« Rechenschaft ablegen müsse.[97] Er tat das am 10. Dezember in einer Rede mit dem Titel *Über Siedlung*, die er in Berlin vor allen führenden Köpfen des Dritten Reiches und den Gauleitern hielt. Diese Rede ist nicht im Original erhalten geblieben, wohl aber Himmlers Entwurf, den er auf Grundlage von Berichten seiner Mitarbeiter gemacht hatte. Himmler hatte dieses Material 14 Tage davor angefordert. Darunter befanden sich drei Berichte Eichmanns.

Im ersten Bericht führt Eichmann aus, daß zwischen 1933 und 1940 341 975 Juden Deutschland verlassen hatten. Im zweiten Bericht schreibt er über die Vertreibung von Polen und Juden aus den annektierten Gebieten, um »Lebensraum« für die »Volksdeutschen« aus den osteuropäischen Ländern zu schaffen. Insgesamt wurden 305 000 Menschen (Polen und Juden), die nicht zu »reinen« Rasse zählten, in andere Gebiete »evakuiert«. Der dritte Bericht betrifft die Politik zur Lösung der Judenfrage im Wege der Emigration. Der erste Teil des dritten Berichtes trägt den Titel *Anfangslösung der Judenfrage durch Auswanderung*. Darin berechnete Eichmann, daß bis Ende Dezember 1940 501 711 Juden freiwillig oder gezwungenermaßen aus Deutschland und den annektierten Ländern ausgewandert oder vertrieben worden waren.

Himmler hatte ihn um diese Zahlen gebeten, weil seit Dezember 1939 viel weniger Juden ins Generalgouvernement »evakuiert« worden waren, als er damals in Aussicht gestellt hatte. Er wollte in seiner Rede den schleppenden Fortgang dieser Aussiedlung vor hohen Funktionären des Dritten Reiches und der Gaue rechtfertigen. Himmler gab den Rückstand zu. Aus seinen Aufzeichnungen geht hervor, daß er seine Zuhörer darauf aufmerksam machte, daß in Gebieten, aus denen die Juden verjagt worden waren, in jedem Fall »Volksdeutsche« angesiedelt worden waren und daß das ganze Aussiedlungsprojekt gewinnbringend war. Nach der Durchführung des gesamten Projekts würde die Konfiskation des jüdischen Eigentums nach einer Berechnung der Deutschen Umsiedlungs-Treuhand-Gesellschaft im ganzen ungefähr 3,3 Milliarden Mark bringen. Dem stellte Himmler gegenüber, daß im Jahr zuvor für die Durchführung des Umsiedlungsplans lediglich 65 Millionen Mark ausgegeben worden waren. Der zweite Teil von Eichmanns drittem Bericht trägt den Titel *Die Endlösung der Judenfrage durch Umsiedlung der Juden aus dem europäischen Wirtschaftsraum des deutschen Volkes in ein noch zu bestimmendes Territorium.* Dieses Projekt würde rund 5,8 Millionen Juden betreffen. Angesichts der politischen Entwicklung der letzten Monate (Deutschland konnte Großbritannien nicht bezwingen) war es fraglich, ob eine Verbannung der Juden nach Madagaskar in naher Zukunft stattfinden könne. Darum erwähnte Eichmann nicht mehr Madagaskar, sondern bezog sich auf ein noch zu bestimmendes Territorium. Eichmann schrieb, daß rund 5,8 Millionen Juden für eine Verschiffung nach Übersee in Betracht kämen, während er vier Monate zuvor im Madagaskar-Plan des RSHA noch von vier Millionen gesprochen hatte. Wie läßt sich dieser Unterschied erklären? Der Plan vom 15. August betraf nur die Juden, die »unter unmittelbar deutscher Hoheitsgewalt« lebten, während es im Bericht vom Dezember 1940 um alle Juden ging, die in Europa westlich der deutsch-russischen Demarkationslinie lebten.

Himmlers Entwurf läßt die Annahme zu, daß er die folgenden drei Punkte in seiner Rede behandelte. Er versicherte, während des Krieges keine Propaganda mehr für die Ansiedlung von Landarbeitern und ihren Familien aus dem Dritten Reich in den annektierten Gebieten Polens zu machen. Zweitens sollten »Volksdeutsche« künftig nicht mehr nach Polen umgesiedelt werden. Drittens sollte der Aussiedlung der Juden, die im vorhergehenden Jahr in großen Rückstand geraten war, größte Aufmerksamkeit gewidmet werden. Aus Rumänien müßten eine Million Juden ausgesiedelt werden, aus Ungarn eineinhalb Millionen, aus Jugoslawien 150 000 und aus der Slowakei 250 000. Wahrscheinlich glaubte Himmler, daß die Position der deutschen Minderheiten in diesen Ländern dadurch gestärkt würde. In diesem Zusammenhang erwähnte er auch, daß zwei Millionen Juden aus dem Generalgouvernement ausgesiedelt werden müßten. Die frei gewordenen Plätze könnten Polen einnehmen.[98] Götz Aly hält es für wahrscheinlich, daß Himmler den Anwesenden nicht nur mitteilte, sie dürften vorläufig nicht mehr an Madagaskar denken, sondern daß er auch einige mögliche Alternativen erwähnte oder sie um ihre Meinung fragte.[99]

Am 22. Januar 1941 hielt Frank im Deutschen Lichtspielhaus in Lublin eine Rede, in der er im Zusammenhang mit der Geschichte der NSDAP über deren Auftrag für das Jahr 1941 sprach. Er betonte die Notwendigkeit der Einheit der deutschen Volksgemeinschaft, aus der die Juden entfernt werden müßten. Zitat aus Franks Ansprache:

»Nun haben wir es noch mit jenen Restbeständen von Leuten zu tun, die da sagen: Mein

Gott, wie rauh sind die Nationalsozialisten hier gegen die Polen und Juden! Diesen Leuten will ich sagen: Wir werden hier hart, aber gerecht regieren und dafür sorgen, daß der Name des Deutschen hier in aller Ehrfurcht genannt wird, daß niemals wieder jenes Massenmorden beginnt, das das polnische Volk zu seiner eigenen Schande und zur Schande seiner Geschichte an deutschen Menschen begangen hat. Wir werden es niemals vergessen, welche Schandtaten dieses Volk insgesamt und seine einzelnen Vertreter unserer Nation angetan haben. 60 000 Gräber ermordeter, zu Tode gequälter volksdeutscher Menschen in diesem Weichselgebiet klagen an.

Von den Juden rede ich nicht; sie sind nicht mehr interessant genug. Ob sie nach Madagaskar kommen oder sonstwohin, das alles interessiert uns nicht. Wir sind uns klar, daß dieser Mischmasch asiatischer Abkömmlinge am besten wieder nach Asien zurücklatschen soll, wo er hergekommen ist. [Heiterkeit]

Solange die Juden hier sind, sollen sie arbeiten, freilich nicht in dem Sinne, wie die Juden es früher getan haben. Hier appelliere ich an Ihre Entschlossenheit. Wir haben immer noch Reste von Humanitätsphantasten und solchen, die aus lauter echt deutscher Gutmütigkeit die Weltgeschichte zu verschlafen pflegen. Das kann man von uns nicht verlangen, die wir mit dem Führer seit 20 Jahren in diesem Kampfe stehen, daß wir noch irgendwelche Rücksicht auf die Juden nehmen. Das Generalgouvernement hat die gemessene Order, die Heimstätte der Polen zu sein. Möge angesichts unserer Behandlungsmethode, die wir den Polen gegenüber anwenden, der Rückblick auf ihre eigene Geschichte den Polen ein ernster Hinweis sein, um wieviel besser, gerechter und ausgleichender sie von der nationalsozialistischen Führung dieses Gebietes behandelt werden. Wenn heute die Juden in der Welt um Mitleid bitten, so läßt uns das kalt. Wir haben nur dafür zu sorgen, daß das, was wir mit dem Einsatz besten deutschen Blutes erkämpft haben, durch die würdige, geschlossene weitschauende Haltung der nationalsozialistischen Führung gesichert bleibt. [...]«[100]

Im Frühjahr 1941 regte der Madagaskar-Plan weiterhin die Phantasie Hitlers und seiner engsten Vertrauten (wie die Heydrichs und Goebbels) an. Am 2. Februar 1941 sprach er mit Keitel, Bormann, Hewel, Ley und Speer über die Verbannung der Juden nach Madagaskar.[101]

Als Ley die Judenfrage zur Sprache brachte, ging Hitler sehr ausführlich darauf ein. Einerseits beschleunige der Krieg deren Lösung, andererseits werde sie dadurch aber auch erschwert (allein schon weil durch jede Gebietserweiterung mehr Juden hinzukämen). Anfangs sei es nur in seiner Macht gelegen, dem jüdischen Einfluß in Deutschland unerbittlich Einhalt zu gebieten, nun aber habe er es sich zum Ziel gesetzt, die Juden in allen annektierten Gebieten aus allen Bereichen der Gesellschaft zu entfernen. In gewissen Ländern, wie in Polen und der Tschechoslowakei, würde er das wohl mit seinen eigenen Leuten schaffen. In Frankreich sei dies nach dem Waffenstillstand schon viel schwieriger geworden, und gerade dort sei es besonders wichtig. Er wüßte gerne, wohin er die Millionen Juden schicken sollte. Alles in allem wären es nicht so viele. Er wolle mit der Frage an Frankreich herantreten, Madagaskar für die Ansiedlung dieser paar Millionen Juden zur Verfügung zu stellen.

Als Bormann fragte, wie die Juden mitten im Krieg dorthin verschifft werden könnten, antwortete Hitler, daß man darüber noch beraten müsse. Er würde am liebsten die ganze deutsche Flotte dafür bereitstellen. Aber er wäre sich über die damit verbundenen Schwierigkeiten im klaren. Er wolle schließlich nicht, daß deutsche Schiffe von den Feinden torpediert würden.

Hitler dachte nun über verschiedene Dinge anders. Er hatte früher wirklich geglaubt, eine halbe Million deutscher Juden mit britischer Hilfe nach Palästina oder Ägypten abschieben zu können. Als er 1937 sehr diplomatisch mit der Ausführung dieses Plans beginnen wollte, scheiterte er aber am Widerstand der Araber. Diese hatten nämlich schon genug Probleme mit den jüdischen Kolonisten in Palästina und wollten noch größere Unruhe vermeiden. Obwohl Hitler, das Auswärtige Amt und das RSHA begriffen, daß der Madagaskar-Plan jedenfalls vorläufig nicht durchführbar war, weil England sich weiterhin querlegte und nicht kapitulieren wollte, hielten sie doch alle an dem einmal eingeschlagenen Weg fest: die Zeit für eine erzwungene Massenemigration aller Juden aus Europa werde kommen. Die Frage nach dem Bestimmungsort ließen sie das eine Mal offen, das nächste Mal sprachen sie wieder über Madagaskar oder ein Gebiet in Nordasien.

Am 5. Februar 1941 schrieb Heydrich an Luther, daß nach den Friedensverhandlungen die Juden die ersten sein würden, die aus Europa ausgesiedelt würden[102], daß aber der Bestimmungsort noch festzulegen sei. Am 18. März bemerkte Hitler während einer Unterredung mit Goebbels, daß irgendwann alle Juden aus Europa deportiert würden.[103] Am 6. April erklärte er einem ungarischen Diplomaten gegenüber, daß die Judenfrage europaweit durch Zwangsemigration geregelt werden müsse.[104] Er betonte, schon oft mit zahlreichen Regierungsvertretern und Diplomaten darüber gesprochen zu haben. Um ihm deutlich zu machen, daß es keineswegs unmenschlich sei, die Juden zur Emigration zu zwingen und sie sogar »zweiter Klasse« reisen zu lassen, hielt er einen ausführlichen Monolog über Millionen Europäer, die in der Vergangenheit auswandern mußten. Er wolle damit nur sagen, daß der Plan, den er selbst, Ribbentrop, Göring, Himmler, Heydrich, Rosenberg, Frank und Eichmann in den vergangenen Jahren für die Juden Europas entwickelt hatten, alles andere als gänzlich neu sei: nämlich ihre Vertreibung nach Madagaskar oder in ein anderes Gebiet als Konsequenz ihrer Vertreibung aus fast allen Ländern Europas in den vergangenen Jahrhunderten.

Anläßlich der festlichen Eröffnung des Instituts zur Erforschung der Judenfrage, einer Außenstelle der NSDAP in Frankfurt, wurde von 26. bis 28. März 1941 im Bürgersaal des Rathauses eine dreitägige Studienkonferenz abgehalten. Bei der Eröffnung waren folgende Ehrengäste anwesend: die Gauleiter Sprenger, Sauckel, Florian und Eggeling, Generalleutnant Reinecke als Vertreter General Keitels, des Oberbefehlshabers der Deutschen Wehrmacht. Außerdem waren hohe Funktionäre der

NSDAP und aller Ministerien eingeladen, Universitätsrektoren mit ihren Delegationen, Vertreter des kulturellen Lebens, darunter Eugen Fischer, Mitglied der Preußischen Akademie der Wissenschaften, und schließlich Vertreter von neun europäischen Ländern: Vidkun Quisling (Norwegen), Robert van Genechten und Anton Mussert (Niederlande), Professor Alexander Cuza und Professor George Cuza (Rumänien), Alajos Kovacs und Kultsar (Ungarn), Dr. Peter Schischkoff (Bulgarien), Erling Hallas (Dänemark), René Lambrichts (Flandern), Sano Mach (Slowakei) und Professor Veszo (Italien).

Der Partei-Ideologe Alfred Rosenberg feierte einen Triumph. Als Direktor des neuen Instituts hielt er die Eröffnungs- und Schlußrede, die über alle Radiosender übertragen wurden. Rosenbergs »Forschungsinstitut« hatte schließlich den Richtungsstreit gewonnen und den persönlichen Segen des Führers erhalten. Hitler hätte am liebsten an einem bayerischen See eine antisemitische Hochschule errichtet und war dafür schon 1939 bei Rosenberg auf großes Interesse gestoßen. Anläßlich der Eröffnung seines Instituts erklärte Rosenberg:

»Die Judenfrage, die als Aufgabe seit 2000 Jahren den Völkern Europas gestellt und nicht gelöst wurde, wird nunmehr durch die national-sozialistische Revolution für Deutschland und für ganz Europa ihre Lösung finden! Und wenn man fragt, in welcher Form, dann haben wir dazu folgendes zu sagen: Es ist in diesen Jahrzehnten sehr viel von einem Judenstaat als Lösung gesprochen worden, und der Zionismus erscheint manchen harmlosen Leuten vielleicht auch heute noch als ein ehrlicher Versuch, auch jüdischerseits etwas zur Lösung der Judenfrage beizutragen. In Wirklichkeit hat es nie einen jüdischen Staat gegeben und es wird auch nie einen geben. Im Unterschied zu anderen Völkern des Erdballs ist das Judentum keine vertikale Gliederung, die alle Berufe umfaßt, sondern stets eine horizontale Schicht innerhalb der verschiedenen Völker gewesen, jene Schicht, in der materieller und geistiger Zwischenhandel getrieben wurde. Zweitens ist der in Aussicht genommene Raum in Palästina in keiner Weise für irgendeinen Judenstaat geeignet. Er ist zu klein, um die früher 10 und heute 15 Millionen Juden aufzunehmen, d. h. also unfähig, die Judenfrage zu lösen. Der Zweck des Zionismus war ja auch gar nicht der, wirklich die Judenfrage im Sinne der Zusammenfassung des ganzen jüdischen Volkes zu lösen, sondern lag auf ganz anderem Gebiete. Man wollte in Palästina ein rein jüdisches Zentrum bilden, einen richtig legitimierten jüdischen Staat, um zunächst auf allen diplomatischen Konferenzen voll berechtigt als Nationaljude auftreten zu können. Zweitens wollte man aus Palästina ein riesiges wirtschaftliches Aufmarschgebiet gegen den ganzen Nahen Osten machen. Drittens sollte dieser Judenstaat ein Asyl für alle jene jüdischen Abenteurer in der Welt werden, die aus den Staaten, in denen sie wirkten, ausgewiesen worden waren. Dort in Palästina hätte man sie mit neuen Namen und Pässen versehen und dann zu neuer Zersetzungsarbeit unter jene Völker geschickt, bei denen sie noch nicht gewesen waren. Und schließlich dachte man überhaupt nicht daran, die sogenannten Staatsbürgerrechte der Juden in Deutschland, England, Amerika und Frankreich auch nur im geringsten zu verkürzen. Die Juden hätten nämlich die Rechte der Deutschen, Engländer, Franzosen usw. beibehalten, und der raumlose jüdische Weltstaat wäre seiner Wirklichkeit immer näher gekommen, d. h.: ein alljüdisches Zentrum ohne jede Beimischung von Nichtjuden und die jüdische Hochfinanz am Staatsruder in allen übrigen Staaten der Welt. Dieser Traum ist nun ausgeträumt!«[105]

In Anspielung auf den Madagaskar-Plan, dessen vehementester Verfechter er war, sagte er weiter:

»Jetzt haben wir, umgekehrt, zu überlegen, wo und wie wir die Juden unterzubringen haben. Das kann, wie gesagt, nicht in einem Judenstaat geschehen, sondern nur in einer Form, die ich jüdisches Reservat nennen will. Es ist zu hoffen, daß sich kommende Staatsmänner zusammenfinden, um eine Ansiedlung der Juden nach und nach einzuleiten, die unter erfahrener Polizeiaufsicht nunmehr jene nützlichen Arbeiten verrichten sollen, die sie bisher von Nichtjuden verrichtet sehen wollten.
Über die praktische Durchführung und den Ort einer Um- bzw. Aussiedlung ist in diesen Jahren naturgemäß viel gesprochen worden. Es ist nicht notwendig, diese Frage jetzt zu behandeln. Ihre Lösung wird einer künftigen Abmachung vorbehalten bleiben. Bedenkt man jedoch den Schritt: von einer nahezu unbegrenzten jüdischen Herrschaft in allen Staaten Europas zu einer solchen radikalen Umkehr, zur Aussiedlung dieser gleichen jüdischen Rasse nach zweitausendjährigem Schmarotzertum auf dem europäischen Kontinent, dann erst kann man an diesem einen Beispiel begreifen, welch eine ungeheure weltanschauliche und politische Revolution heute durch Europa geht. Hier wird man die Größe der nationalsozialistischen Revolution und ihre Bedeutung für die ganze Weiße Rasse erst ermessen können, die im Zusammenwirken mit der gleichgerichteten faschistischen Bewegung sich anschickt, ein altes Zeitalter abzuschließen und ein neues zu beginnen. Ein solches Zeitalter wird alle Fragen des Lebens erfassen und die Bedingungen eines neuen Daseins stellen, und inmitten des Gesamtkomplexes liegt die Lösung der Judenfrage als eine mitentscheidende Voraussetzung der Wiedergeburt der Völker Europas einbeschlossen.
So steht die Judenfrage heute einigermaßen klar vor unseren Augen. Sie ist das Problem einer einfachen nationalen Sauberkeit. Sie bedeutet die Notwendigkeit der Verteidigung arteigener nationaler Überlieferung für alle Völker, die noch auf Kultur und Zukunft Wert legen. Sie ist ein Wirtschaftsproblem noch für alle jene, die unter der jüdischen Finanzdiktatur die sozialen Fragen nicht zu lösen vermögen. Sie ist ein politisches Machtproblem, weil sich in vielen Staaten noch kein Wille gefunden hat, diese Finanzdiktatur des Judentums zu brechen. Und sie ist letzten Endes ein historisch-weltanschauliches Problem, aufgegeben den Europäern seit den Tagen, da die ersten Juden in Rom einwanderten. Die Gesamtheit dieser Probleme wird gelöst werden. Wir als Nationalsozialisten aber haben auf alle Fragen hier nur eine eindeutige Antwort zu geben: Für Deutschland ist die Judenfrage erst dann gelöst, wenn der letzte Jude den großdeutschen Raum verlassen hat.«[106]

In den Referaten der Eröffnungskonferenz des Instituts in Frankfurt tauchte das Thema der Verbannung aller europäischen Juden erwartungsgemäß immer wieder auf. Als besonders interessant erscheinen die Referate von Dr. Peter-Heinz Seraphim, Dr. Walter Groß, Dr. Wilhelm Grau und Dr. Klaus Schickert:
Seraphim, maßgeblicher Demograph und Geopolitiker im Dritten Reich, untermauerte in seinem Vortrag die These, daß die definitive Lösung der Judenfrage nicht die Errichtung von Ghettos sei. In organisch gewachsenen Städten sei es unmöglich, einen Teil der Bevölkerung vom Rest zu trennen, da dadurch das Leben in der Stadt vollkommen zerrüttet würde. Für die Mehrheit der nicht-jüdischen Bevölkerung würde es zu folgenschweren Kommunikationsproblemen kommen.

Er betonte auch – im Gegensatz zu den Ärzten –, daß die Gefahr von Epidemien in einem dichtbevölkerten Ghetto viel größer sei. Wenn die Juden verstreut unter den Nicht-Juden wohnen blieben, wäre diese Gefahr geringer. Weil ein Ghetto niemals hermetisch von der Außenwelt abgeriegelt werden könnte, würde es bei Epidemien auch unter den Nicht-Juden viele Opfer geben.

Letztlich müßte man auch die wirtschaftlichen Probleme betrachten: die Bewohner des Ghettos würden nicht selbst für ihren Lebensunterhalt aufkommen können und in jeder Beziehung von der nicht-jüdischen Bevölkerung abhängig sein. Daher wäre die »Betreibung« eines Ghettos eine zusätzliche Belastung für die ganze Stadt. Die Juden hätten jahrhundertelang in den europäischen Städten, und in den vergangenen Jahrzehnten auch in Polen und Rußland, die Bürger ausgebeutet. Jene, die Opfer des »Tanzes der Juden um das goldene Kalb« geworden wären, sollten diese nun nicht auch noch am Leben erhalten müssen.

Die Errichtung von Ghettos könnte die Judenfrage niemals lösen, weil die nicht-jüdische Bevölkerung neuerlich das Opfer der Juden würde. Um das in Zukunft auszuschließen, müßte man den Juden ein weitläufiges Territorium außerhalb Europas zuteilen:

> »Die letzte Möglichkeit einer bevölkerungspolitischen Radikallösung der Judenfrage ist die Veranlassung einer Auswanderung der Juden aus Europa.
> Es leuchtet ein, daß eine solche Lösung die Vorzüge einer ›Großghetto-Lösung‹ hat, ohne ihre Nachteile zu besitzen. Die wichtigsten Vorzüge sind:
> 1. Nach Durchführung der Aktion ist Europa endgültig judenfrei. Eine Berührung von Europäern und Juden ist unmöglich gemacht.
> 2. Die Durchführung der Aktion kann etappenweise, länderweise, provinz- oder distriktweise oder nach der Dringlichkeit der Berufsgruppen und nach der Menge der zur Verfügung stehenden Nicht-Juden erfolgen.
> 3. Diese Lösung entspricht dem Bestreben gewisser Kreise der Juden, insbesondere der jüdischen Intellektuellen selbst, welche die Ausweglosigkeit der Lage eingesehen haben; sie ist daher – was wichtig ist – unter Mithilfe der Juden selbst durchzuführen. Eine Um- und Aussiedlung von Nicht-Juden und eine ständige Überlassung eines Teiles Europas an Juden wird vermieden.

4. Ein Zusammenwirken aller europäischen Staaten, die sich in der Form einer Judenkonvention oder in einer anderen staatsrechtlichen Form zu einer solchen Aktion vereinigen, ist durchaus denkbar. Im Rahmen eines Gesamtplanes bleibt aber den einzelnen Ländern freigestellt, Tempo und Art der Durchführung der Aktion autonom zu regeln.«

Seraphim gab zu, daß auch ihm im ersten Augenblick der Plan zur Errichtung eines »Großghettos« im Distrikt Lublin verlockend schien, daß er aber bei näherer Betrachtung entdeckt habe, welche fast unlösbaren Probleme ein solcher Plan mit sich brächte. Ein derart weiträumiges Gebiet könnte niemals finanziell unabhängig sein. Außerdem müßte man fast dreieinhalb Millionen Nicht-Juden aus dem Gebiet aussiedeln, um für fünf Millionen Juden Platz zu schaffen. Das würde bedeuten, so Seraphim, daß Nicht-Juden aus Europa emigrieren müßten. Er müßte doch nicht erklären, daß es für die dreieinhalb Millionen Nicht-Juden in Europa keinen Platz mehr gebe. Er fragte äußerst entrüstet, wer einen so törichten Plan je habe entwerfen können. Die Lösung der Judenfrage dürfe niemals auf Kosten von Nicht-Juden gehen. Außerdem würde ein jüdisches Reservat im Distrikt Lublin viel zu hohe Kosten verursachen, die niemand tragen wolle.

Darum wiederhole er, daß er als Demograph und Geopolitiker immer mehr zur Überzeugung gekommen sei, daß die Judenfrage in Europa durch die Emigration der Juden in ein Überseegebiet ein für allemal gelöst werden müsse. Er habe in den vergangenen Jahren in diesem Zusammenhang des öfteren Madagaskar als einen der möglichen Bestimmungsorte genannt. Er betonte, die finanziellen und organisatorischen Probleme, die eine derart großangelegte Umsiedlung der Juden mit sich brächte, bestimmt nicht bagatellisieren zu wollen. Andererseits aber vertrat er die Meinung, daß alle Probleme gelöst werden könnten, wenn die Juden selbst zur Leistung eines finanziellen Beitrags bereit wären. Es würde schließlich auch in ihrem eigenen Interesse liegen, Europa zu verlassen, wo man sie immer verfolgt habe. Auf Madagaskar (oder anderswo) würden sie einer Zukunft entgegengehen, in der sie endlich ein sorgenfreies Dasein führen könnten.

Die Teilnehmer der Studienkonferenz schöpften nach diesen Bemerkungen Seraphims neue Hoffnung, daß die Judenfrage durch Verbannung gelöst werden könnte.[107] Den finanziellen Beitrag der Juden betreffend, dachte Seraphim an den Erlös aus dem Verkauf der konfiszierten jüdischen Güter.[108]

Dr. Walter Groß erklärte bei der Studienkonferenz in Frankfurt, warum es seiner Meinung nach wegen rassenpolitischer Prämissen notwendig sei, die Judenfrage in Europa nach dem Krieg entsprechend Rosenbergs und Seraphims Vorschlägen zu lösen. Ausdrücklich sagte er, daß für den Juden in Europa kein Platz sei und er daher vom ganzen Kontinent verschwinden müsse. Alles was der Jude denke, fühle, sage und tue, sei dem Wesen der europäischen Völker fremd. In Zukunft müßten sich alle Nationen darüber einig werden, daß man die Juden aus ethnischen und rassischen Gründen aus dem Abendland entfernen müsse.

Er lege, wie er betonte, großen Wert auf den Standpunkt der Wissenschaftler in dieser Frage. Politiker und Parteifunktionäre hätten sich in den vergangenen Jahren zu Recht auf sie berufen, um die Judenfrage auf wissenschaftlich fundierte Weise zu lösen.[109]

In seinem Referat betonte Groß mit Nachdruck, daß man die jüdische Rasse von den anderen semitischen Rassen im Nahen Osten unterscheiden müsse, bildeten doch die Juden eine »gemischte« Rasse. Im Gegensatz zur »minderwertigen« jüdischen Rasse hätten andere semitische Völker eine sehr beachtliche Kultur geschaffen, die bei den Deutschen große Bewunderung hervorgerufen habe. In diesem Zusammenhang sagte der Redner, daß diejenigen, die sich in Europa im gemeinsamen Kampf gegen den teuflischen Einfluß der Juden zusammengefunden hätten, den irreführenden Ausdruck »Antisemitismus« nicht verwenden dürften. Auch die Araber verwendeten dieses Wort nicht, weil auch ihr Kampf nicht den semitischen Völkern im allgemeinen gelte, sondern nur einem, nämlich dem jüdischen Volk, das sich zu Unrecht Palästinas bemächtigt hätte. Da die Araber eine so hohe Kultur entfaltet hätten, für die die Nationalsozialisten große Wertschätzung zeigten, teilten sie deren Zorn gegen die jüdischen Eindringlinge.

Daraus schloß Groß, daß die Judenfrage mit Sicherheit nicht durch die Emigration nach Palästina gelöst werden könne, was den Juden selbst am liebsten wäre. Eines war für den Redner klar: da die Juden ihre historische Rolle in Europa in jeder Hinsicht ausgespielt hätten (oder besser: sich selber letztlich aus dem Spiel gebracht hätten!), müsse man sie von hier endgültig entfernen. Er betonte noch einmal mit Nachdruck, niemand dürfe eine derartig großangelegte Verbannung antisemitisch nennen; das sei für alle Araber eine schwere Beleidigung.[110]

Dr. Wilhelm Grau sprach über zahlreiche Versuche kirchlicher und weltlicher Führer zur Lösung der Judenfrage in der Geschichte. Er zeigte den Zusammenhang auf zwischen der Vertreibung der Juden aus verschiedenen europäischen Ländern in der Vergangenheit und der Verbannung, die Hitler und seine Anhänger vorhatten. Gleichzeitig betonte er, die Judenfrage könne nur durch den Abtransport aller Juden aus ganz Europa in ein Überseegebiet definitiv gelöst werden.

Grau galt schon seit Jahren als *der* Experte für die Geschichte der Juden. Im Jahr 1934 hatte er das Buch *Antisemitismus im Spätmittelalter* veröffentlicht, in dem er nachzuweisen versuchte, daß die anti-jüdische Politik der Nazis die Fortsetzung einer langen christlichen Tradition sei; auf dem Titelblatt seines Buches war ein großer, mittelalterlicher Gelber Fleck abgebildet, den die Juden nach dem vierten Laterankonzil (1215) auf ihren Kleidern tragen mußten.

Es war für die Teilnehmer der Studienkonferenz eine Beruhigung, aus dem Munde eines auf diesem Gebiet erstklassigen Experten zu hören, daß der Madagaskar-Plan nicht aus der Luft gegriffen, sondern tief in der europäischen Tradition verwurzelt sei. Tatsächlich folge das Dritte Reich, so Grau, der Spur, die in der Geschichte 2000 Jahre lang vom Christentum gelegt worden sei; man orientiere sich also am Vorbild weiser Vorgänger.

In seinem Referat führte der Redner unter anderem aus:

»Europa ist heute reicher an geschichtlichem Wissen um die Judenfrage, schärfer im Erkennen weltanschaulicher Probleme, die mit dieser Frage gegeben sind, erfahrener über die zerstörerische Tätigkeit des Judentums und nicht zuletzt entschlossener, diesem Problem nun ein für allemal in diesem Jahrhundert auf dem europäischen Boden eine endgültige Lösung zu geben. Es darf nicht zweifelhaft sein: Das 20. Jahrhundert, das an seinem Beginn den Juden auf dem Höhepunkt seiner Macht gesehen hat, wird am Ende Israel nicht mehr sehen, weil es aus Europa verschwunden sein wird.«[111]

Grau gab auf der Konferenz auch bekannt, daß Rosenbergs Institut zur Erforschung der Judenfrage außer mit dem Institut zur Erforschung des jüdischen Einflusses auf das deutsche kirchliche Leben von Walter Grundmann auch eng mit dem Institut für deutsche Ostarbeit von Hans Frank in Krakau zusammenarbeiten werde.[112]

Dr. Klaus Schickert, ebenfalls ein Mitarbeiter aus Rosenbergs Stab, sprach ausführlich über die Lösung der Judenfrage in Südosteuropa:

»Es bleibt noch übrig, einen Blick auf die Endstufe zu werfen: die völlige Befreiung Südosteuropas von seinen 1 350 000 bis 2 300 000 Juden. Die Auswanderung ist ein von allen Regierungen ersehntes Ziel, aber die Wirklichkeit war vom Ideal bisher weit entfernt. Die Gesamtzahl zum Beispiel für Rumäniens Judenauswanderung, soweit sie nicht heimlich erfolgte, beträgt für die Jahre 1931 bis 1939 nur 9647, und dem stehen 1750 eingewanderte Juden gegenüber, so daß Rumänien um 7897 Juden leichter wurde – für neun Jahre eine erschütternd kleine Zahl. Würde das Ausmaß der bisherigen Auswanderung nach Palästina oder Amerika beibehalten, dann würde sich ein Erfolg überhaupt nicht absehen lassen. Aber alle Regierungen hoffen auf die kommende große Auswanderung, und einige haben diese zu fördern ausdrücklich erklärt. Den Gedanken in die Tat umzusetzen, geht über die Kräfte jedes einzelnen Staates. Hierzu gehörte ein Gesamtplan, und so würden unsere Überlegungen in den Gedanken münden, daß die Judenfrage von Südosteuropa nur nach einheitlichen Richtlinien und in Zusammenarbeit mit dem Deutschen Reiche endgültig gelöst werden kann.«[113]

Schickert hatte schon 1937 in seinem Standardwerk über den Beitrag Deutschlands zur Lösung der Judenfrage in Ungarn geschrieben. Er betonte die Bereitschaft Ungarns zur Zusammenarbeit bei der Durchführung der Verbannung der europäischen Juden mit allen Staaten Europas. Die rassistischen Ideen seien schließlich nicht nur Gemeingut der Deutschen, sondern aller Länder Europas. Würde Europa die Juden verbannen, würde das das Ende des Kapitalismus bedeuten.[114]

Auch die Vertreter anderer Länder gingen näher auf den Madagaskar-Plan ein oder betrachteten es als gegebene Tatsache, daß die Judenfrage nach dem Krieg auf diese Weise gelöst würde.

Quisling erklärte:

»Unsere Zeit ist von den Auswirkungen einer von jüdischer Seite angezettelten Weltverschwörung gegen die europäische Zivilisation erfüllt. Die größten Gegensätze in der heutigen Welt lösen sich tatsächlich letzten Endes in dem Zweikampf zwischen dem Judentum und dem europäischen Prinzip.

Das Judentum ist eine Nation. Aber im Gegensatz zu allen anderen Nationen sind die Juden über die ganze Welt als Parasiten an anderen Völkern verbreitet und allen anderen Nationen gegenüber feindlich eingestellt; sie befinden sich mit ihnen in einem dauernden Kriege. Bewußt oder unbewußt ist ihr Ziel, die natürlichen nationalen Organisationen der anderen Völker niederzubrechen, um die Weltherrschaft ausüben zu können und die jüdische Weltrepublik, ihren Nationalismus, den jüdischen, religiös bestimmten Nationalismus und Imperialismus zu verwirklichen. Das Nachlassen des jüdischen Nationalismus im 19. Jahrhundert wurde von einem gesteigerten Nationalismus im 20. abgelöst, dessen fürchterliche Auswirkung wir jetzt erleben.

Damit wird auch die Lösung der ewigen Judenfrage notwendig. Diese Frage ist ein internationales Problem. Es kann daher nur international, zum mindesten kontinental gelöst werden.

Und da die Judenfrage nicht gelöst werden kann, indem man die Juden einfach ausrottet oder sterilisiert, so muß zweitens ihr Parasitendasein verhindert werden, indem man ihnen wie anderen Völkern eigenes Land gibt. Ihr früheres Land, Palästina, gehört indessen seit Jahrhunderten den Arabern. Es gibt darum kein besseres und milderes Mittel, die Judenfrage zu lösen, als den Juden ein anderes verheißenes Land zu verschaffen und sie alle miteinander dahin zu schicken, um so, wenn möglich, den ewigen Juden und seine gespaltene Seele zur Ruhe zu bringen.«[115]

Robert van Genechten, Generalstaatsanwalt in Den Haag, betonte:

»Deutschland würde den Niederlanden einen großen Dienst erweisen, wenn auch die in den Niederlanden wohnenden Juden, die wir von Deutschland zum Beispiel nach dem August 1914 geschenkt bekommen haben, und das sind einige Zehntausende, nach der Gegend verfrachten würde, die es für die Juden in Polen reserviert hat. Sowohl den jüdischen Zustrom im 17. Jahrhundert, der die Judenfrage in den Niederlanden in ihrer modernen Form entstehen ließ, als auch den großen Judenstrom, der nach 1933 nach den Niederlanden geflossen ist, als Sie das Reich von ihnen aussäuberten, haben wir Deutschland zu verdanken. Wir würden uns herzlich freuen, wenn Sie das von uns so wenig erbetene Geschenk zurücknehmen wollten. Ehe Sie uns niederländische Nationalsozialisten befreiten, gaben unsere Gegner die Losung aus, und das hat man in Holland offen gesagt: ›Hier muß man die Juden frei herumlaufen lassen, und den niederländischen Nationalsozialisten muß man nach Deutschland schicken.‹ So weit konnte diese Arroganz und Frechheit gehen. Heute aber, wo der Nationalsozialismus in die Niederlande seinen Einzug genommen hat und wir gemeinsam unsere germanische Freiheit als freie, selbständige germanische Völker unter dem germanischen Führer verteidigen wollen, bauen wir darauf, daß der Führer bei der europäischen Lösung der Judenfrage die Niederlande nicht vergessen wird, und wir versprechen, von uns aus alles zu tun, um diese Lösung zu erleichtern.«[116]

Am Tag nach dem Ende der Studienkonferenz in Frankfurt begann in Krakau eine Studienkonferenz (28. bis 29. März 1941), die das Institut für deutsche Ostarbeit organisiert hatte. Seraphim war als Ehrengast anwesend. Dr. Coblitz erklärte, daß die Lösung der Judenfrage in enger Zusammenarbeit mit dem wissenschaftlichen Stab des soeben eröffneten neuen Instituts in Frankfurt untersucht werde und daß die »endgültige pan-europäische Lösung der Judenfrage, die der Führer nach dem Krieg durchführen wollte«, höchste Priorität habe.[117] Coblitz spielte hier auf den Madagaskar-Plan an, von dem auch Generalgouverneur Frank in den letzten Monaten so oft gesprochen hatte. Genau ein Jahr später formulierte Coblitz den Auftrag seines Instituts in analogen Worten und betonte, daß man die Judenfrage in Europa nicht erst nach dem Krieg lösen werde.[118] Immerhin war einige Wochen zuvor auf der Wannseekonferenz der Genozid beschlossen worden.

Peter-Heinz Seraphim wurde zum Chefredakteur der Zeitschrift *Weltkampf*, dem Organ des neuen wissenschaftlichen Instituts zur Erforschung der Judenfrage in Frankfurt, ernannt. Der Untertitel der Zeitschrift lautete *Die Judenfrage in Geschichte und Gegenwart.*

Im Vorwort der April-Ausgabe des Jahres 1941 hieß es, daß *Weltkampf* das Sprachrohr der deutschen und europäischen Wissenschaftler werden sollte. Auch für Wissenschaftler wäre die antisemitische Kampagne heute mehr als je zuvor ein echter »Weltkampf«, ein Weltkrieg, von dem alle Völker betroffen wären, die sich ihrer »Identität« bewußt sind.

Die Zeitschrift wollte die Behandlung der Judenfrage durch die Politiker wissenschaftlich untermauern. Abhängig von der politischen Entwicklung dachte man an eine Lösung durch eine großangelegte Umsiedlung in ein Überseegebiet oder durch Genozid. Dem Institut stand eine gigantische Bibliothek zur Verfügung, die Rosenberg mit Hilfe des »Einsatzstabs« aufgebaut hatte.

Im Juni 1939 erfuhren Bibliothekarinnen auf ihrer Jahrestagung in Berlin von Dr. Volkmar Eichstädt, einem führenden Mitarbeiter der berühmten Deutschen Staatsbibliothek, daß in absehbarer Zeit in der »Forschungsabteilung Judenfrage« in München (einer Unterabteilung des Reichsinstituts für Geschichte des Neuen Deutschland in Berlin) eine einzigartige Bibliothek mit anti-jüdischer Literatur eingerichtet werde.[119] Der Redner pries das große Sachverständnis derer, die diese Bücher gesammelt hatten.

Ein Jahr später teilte Günther Schlichting, ein führender Mitarbeiter der »Forschungsabteilung Judenfrage« in München, mit, daß die Bibliothek mit ihrem Bestand von 20 000 Büchern in der Welt einzigartig sei, weil sie ausschließlich Literatur zum Thema Judenfrage umfasse. Als aber Rosenberg in Frankfurt sein Institut aufbaute und er für seinen Stab von Gelehrten eine Bibliothek brauchte, wurde die Bibliothek von München nach Frankfurt übersiedelt. Der »Einsatzstab Rosenberg« durchstreifte auf der Suche nach Büchern das ganze besetzte Europa. Aus der Frankfurter Stadtbibliothek erhielt Rosenberg 40 000 Bände Hebraika und Judaika. Schon vor dem Krieg hatte er viele Privatsammlungen beschlagnahmen lassen. Rosenbergs Stab plünderte in Polen, den baltischen Staaten, den besetzten Teilen Rußlands und in vielen anderen Ländern in Westeuropa Bibliotheken. In der Frankfurter Bibliothek wurden die Amsterdamer *Bibliotheca Rosentaliana*, die Bibliotheken der *Alliance Israélite Universelle*, der Pariser *École Rabbinique*, die Sammlungen der Rabbinerseminare in Wien, Berlin und Breslau untergebracht. Der Frankfurter Gemeinderat stellte dem neuen wissenschaftlichen Institut einen Kredit von 160 000 Reichsmark für die Anschaffung von Nachschlagewerken zur Verfügung.

In verschiedenen Ländern wurden Unterabteilungen von Rosenbergs Institut errichtet. Der deutsche Überfall auf Rußland – im Juni 1941 – bedeutete das Ende für das *Jiddisjer Wisnsjaftlicher Institut* (das YIVO) in Wilna, Litauen. Die große Bibliothek des Instituts fiel dem »Einsatzstab« in die Hände. Die Errichter der Bibliothek in Wilna hatten sich Beginn der zwanziger Jahre die Erhaltung des Erbes der »Ostjuden« zum Ziel gesetzt. Ein wichtiger Teil der Dokumentation wurde von »zamlers«, wie man sie nannte, zusammengetragen. Sie durchstreiften Städte und Dörfer, sammelten Bücher und Dokumente und trugen Geld zusammen. Ein Teil dieser riesigen Bibliothek wurde nach Deutschland gebracht.

Rosenbergs wissenschaftlicher Stab hatte den Auftrag, den »schädlichen« jüdischen Geist in der hebräischen und jüdischen Literatur aufzuzeigen.

Im Laufe des Jahres 1942 wurde die Bibliothek in Frankfurt um drei Millionen Bücher und Dokumente erweitert.[120] Das literarische und wissenschaftliche Material, das im Institut zur Erforschung der Judenfrage zusammengetragen wurde, um die Verbannung aller europäischen Juden oder ihren Genozid zu »legitimieren«, ist noch kaum erforscht.[121] Die Bibliothek, die der »Einsatzstab Rosenberg« aufgebaut hatte, wurde für ein Ziel verwendet, für das noch niemals zuvor in der Geschichte Europas eine Bibliothek errichtet worden war: zur »wissenschaftlichen Rechtfertigung« der Entfernung aller Juden aus Europa. Dieser einzigartigen Bibliothek in Frankfurt sollte, so der wissenschaftliche Stab, auch nach dem Krieg eine wichtige Funktion zukommen: wenn Kinder, Schüler und Studenten die Frage stellten, warum man alle Juden nach Madagaskar verbannt oder ermordet hätte, dann müßte man ihnen antworten, daß namhafte Wissenschaftler durch gründliche Studien in der einzigartigen Bibliothek in Frankfurt zum Schluß gekommen wären, daß ihnen die »verderbliche Gesinnung der Juden« (wie aus ihrer eigenen Literatur hervorgeht) für das Überleben Europas sehr gefährlich schien. Die Politiker des Dritten Reiches hätten darum beschlossen, sie zu verbannen oder zu vernichten.

Auch die französische Regierung rechnete noch im Frühjahr 1941 damit, die Judenfrage in Frankreich nach dem Krieg durch Umsiedlung lösen zu können. Die Deutschen überließen es der Regierung Pétain, ihre eigene Emigrationspolitik zu entwerfen. Die Politik der Regierung Pétain war darauf ausgerichtet, möglichst viele ausländische Juden (polnische, rumänische, deutsche und österreichische) zur Emigration zu veranlassen und die Grenzen für neue jüdische Flüchtlinge zu schließen, wollten doch ohnehin viele dieser Juden Frankreich so schnell wie möglich wieder verlassen und nach Übersee emigrieren.

Am 7. April 1941 erklärte Xavier Vallat, seit 1941 Minister für jüdische Angelegenheiten, auf einer Pressekonferenz, daß die jüdischen Flüchtlinge für das Land eine große wirtschaftliche Belastung darstellten und die Arbeitslosigkeit durch sie noch zunehme.[122] Es war ihm natürlich bewußt, daß eine Emigration in großem Umfang und innerhalb kurzer Zeit kaum zur Debatte stünde und diese auf kleinere Gruppen beschränkt bleiben müßte. Ohne Madagaskar ausdrücklich zu erwähnen[123], sagte er zu den Journalisten, daß der Augenblick kommen werde, in dem die Juden ausgewiesen würden. Auch er war davon überzeugt, daß die Judenfrage erst nach dem Krieg gelöst werden könne.

Im April 1941 erklärte Dr. Blanke, Mitarbeiter der wirtschaftlichen Abteilung des Militärbefehlshabers in Frankreich, daß es bei den künftigen Friedensverhandlungen »zu einer pan-europäischen Lösung der Judenfrage durch Zwangsemigration« kommen werde.[124]

Am 28. April 1941 teilte die Presseagentur der Nazis mit, es gebe Gerüchte über geheime Absprachen im Rahmen des deutsch-französischen Waffenstillstandsabkommens vom Juni 1940, daß die französische Regierung den europäischen Juden gegenüber ihre Zustimmung zur Emigration nach Madagaskar gegeben habe.[125]

Am 29. April 1941 telegraphierte die JTA aus Stockholm, die Nazis hätten führende Juden aus Deutschland, Österreich, Polen und dem Protektorat nach Berlin kommen lassen, um mit ihnen über den Madagaskar-Plan zu sprechen.[126]

Im Deutschen Reich setzte man die Emigrationspolitik der vorangegangenen Jahre hartnäckig fort. Weil aber die Emigration durch den Krieg immer schwieriger geworden war, mußten die Behörden Prioritäten setzen. Es stellte sich heraus, daß Göring die Emigration der Juden aus Deutschland trotz des Kriegszustandes forcieren wollte. Das war auch der Grund, warum das RSHA beschloß, die Juden aus den besetzten Gebieten (Belgien und Frankreich) vorläufig nicht emigrieren zu lassen.[127] So blieben die niedrigen Emigrationsquoten bestimmter Überseeländer für deutsche Juden reserviert.[128] In dem Rundschreiben vom 20. Mai 1941 hieß es, daß die Emigration der Juden aus den besetzten Gebieten im Hinblick auf die baldige Endlösung der Judenfrage verhindert werden müßte.

Ich schließe mich der Interpretation Philippe Burrins an, der behauptet, daß mit »Endlösung« noch immer nicht die Vernichtung der Juden gemeint sein kann: »Eine Anordnung, die nur dann sinnvoll war, wenn diese Endlösung das Ziel hatte, das nationalsozialistische Einflußgebiet von Juden zu räumen, und nicht, möglichst viele zu fassen, um sie zu vernichten.«[129] Der Historiker Uwe Dietrich Adam, der den historischen Rahmen dieses Schreibens ausführlich beleuchtete, schreibt zu Recht: »Der Begriff ›Endlösung‹, der in diesem Rundschreiben verwendet wird, hat Historiker Generationen lang irregeführt, denn damit war damals nicht die physische Ausrottung der Juden, sondern einzig und allein ihre Emigration nach Madagaskar gemeint.«[130]

Wie wir bereits früher gesehen haben, verwendeten die Nazis das Wort »Endlösung« in offiziellen Schriftstücken dazu, um die erzwungene Massenemigration als endgültige Lösung der Judenfrage in Europa zu bezeichnen. Seit dem Sommer 1940 war das ein terminus technicus für die territoriale Lösung der Judenfrage (auch in offiziellen Schreiben in Zusammenhang mit dem Madagaskar-Plan[131]). Sehr viele Historiker wurden durch diese Bezeichnung irregeführt, weil die Nazis zu einem späteren Zeitpunkt darunter die Ausrottung der Juden verstanden.[132]

Hitler erklärte am 2. Juni 1941, kaum drei Wochen vor Beginn der Operation »Barbarossa«[133], Mussolini gegenüber, daß nach dem Krieg alle Juden Europa verlassen müßten und daß man sie »wahrscheinlich« auf Madagaskar ansiedeln werde.[134] Er war zuversichtlich, daß er nach einem siegreichen Ende der Operation »Barbarossa« endlich auch England in die Knie zwingen werde. Dann könnte der Madagaskar-Plan doch noch durchgeführt werden. Die Bedingung dafür war nicht nur der militärische Sieg über Frankreich und die Übergabe der Insel als Mandatsgebiet an Deutschland, sondern auch der freie Seeweg, also die Ausschaltung der britischen Flotte. Obwohl die Invasion Englands gescheitert war, hoffte Hitler noch immer, Großbritannien besiegen zu können.[135] Er war fest davon überzeugt, daß Churchill nach dem deutschen Sieg über Rußland abtreten müßte. Die neue Regierung würde dann sehr bald mit dem Dritten Reich Frieden schließen. Damit wäre der europäische Krieg zu Ende und Hitler würde – als Alleinherrscher am Kontinent – bei den Friedensverhandlungen die Deportation der Juden aus allen Ländern des großen germanischen Reiches nach Madagaskar erzwingen können.

Göring, Himmler und Heydrich allerdings waren, was den Madagaskar-Plan betraf, viel pessimistischer als Hitler. Im Frühjahr 1941 begann man in Kreisen der Vierjahresplanbehörde, des Reichssicherheitshauptamtes und des Reichskommissariates für die Festigung des deutschen Volkstums ernsthaft über eine Alternative zum Madagaskar-Plan nachzudenken.[136] Eichmanns Mitarbeiter Theodor Dannecker schreibt in einem Brief über die Errichtung eines zentralen Judenamtes in Frankfurt:

»Gemäß dem Willen des Führers soll nach dem Kriege die Judenfrage innerhalb des von Deutschland beherrschten oder kontrollierten Teils Europas einer endgültigen Lösung zugeführt werden. [...] Fest steht, daß es sich bei der Ausführung um eine Riesenarbeit handelt, deren Erfolg nur durch sorgfältigste Vorbereitung gewährleistet werden kann. Diese müsse sich sowohl auf die einer Gesamtabschiebung der Juden vorausgehenden Arbeiten als auch auf die Planung einer bis ins einzelne festgelegten Ansiedlungsaktion in dem noch zu bestimmenden Territorium erstrecken.«[137] Darum habe, so Dannecker in seinem Brief, Heydrich von Göring den Auftrag erhalten, ein Konzept für ein »Endlösungs«-Projekt zu entwerfen. Dieses Projekt war eindeutig als Alternative zum Madagaskar-Plan gedacht. Götz Aly macht in seinem schon früher erwähnten Buch glaubhaft, daß Heydrich seinen Entwurf spätestens Ende März 1941 bei Göring einreichte. Im Hinblick auf die neuen Möglichkeiten, die sich durch die Eroberung weiter Gebiete der Sowjetunion durch die deutsche Wehrmacht ergeben würden, schlug Heydrich vor, alle Juden, die keine schwere Arbeit mehr verrichten könnten, in »Sterbereservate« und sogenannte »Rentnerghettos« östlich des Generalgouvernements zu verbannen. Nach der Eroberung der Sowjetunion müßte man sie in die Pripjet-Sümpfe nach Weißrußland bringen. Außerdem beabsichtigte man, die Juden, die man noch für schwere Arbeit einsetzen konnte, ab Sommer 1941 diese Sümpfe trockenlegen zu lassen. Danach sollten sie zur Zwangsarbeit ans Eismeer verbannt werden. Dort würden die Juden eines »natürlichen« Todes sterben. Die einen würden durch Hunger und Kälte umkommen, die anderen würde man so lange zur Verrichtung von Schwerarbeit zwingen, bis sie tot umfielen. Nach Heydrichs Konzept hing das Pripjetsümpfe-Projekt mit dem Eismeer-Projekt zusammen. Auf das Eismeer-Projekt kam Heydrich später noch oft in seinen Reden zurück.[138] Von Heydrichs Konzept, das er wahrscheinlich unter Mitarbeit von Beamten des Reichskommissariats für die Festigung des deutschen Volkstums im Generalgouvernement Hans Franks ausarbeiten ließ, gab es in den Jahren 1941/1942 mehrere Varianten als Alternativen zum Madagaskar-Plan. Auch in einer Zeitschrift erschienen Artikel darüber.[139] Als Folge dieser Entwicklung und der Operation »Barbarossa« begann sich auch Hitler in seinen Reden und Tischgesprächen mit Alternativen zum Madagaskar-Plan auseinanderzusetzen, obwohl es ihm gleichgültig war, welcher Plan letzten Endes ausgeführt würde.

Kapitel XI

Die Vernichtung

Am 22. Juni 1941 wurde die Operation »Barbarossa« gestartet. Hitler hatte im März 1941 das Kommando der Wehrmacht darüber informiert, daß es sich dabei um keinen gewöhnlichen Krieg handeln würde, sondern um einen Kampf auf Leben und Tod zwischen zwei Ideologien. Die Sowjetunion müßte vernichtet werden. Dieses Ziel könnte nur durch die gewaltsame Beseitigung der bolschewistischen Bürokratie und der jüdisch-bolschewistischen Intelligenz[1] erreicht werden. Alan Bullock schreibt:

> »Die Operation Barbarossa bündelte die ideologischen und strategischen Elemente des Hitlerschen Denkens zu einer praktischen ›Lösung‹. Seine rassistische Weltanschauung, sein Glaube an die Überlegenheit der arischen Deutschen über die ›slawischen Untermenschen‹, sein Antisemitismus und Antimarxismus, konvergierend in dem Vorsatz, Europa von der Geißel des jüdischen Bolschewismus zu befreien und zugleich dessen Befehlszentrale in Moskau zu vernichten; sein Drang nach ›Lebensraum‹, um die Zukunft des deutschen Herrenvolkes zu sichern – all dies verband sich ohne Schwierigkeiten mit dem ›profaneren‹ Ziel der Zerschlagung der militärischen Stärke Rußlands, jener strategischen Voraussetzung für eine europäische Vormachtstellung Deutschlands und für den Zugriff auf die Rohstoffe, Lebensmittel und Arbeitskräfte, die Deutschland im Endkampf um die Weltherrschaft gegen die angelsächsischen Länder brauchen würde.«[2]

Die Operation »Barbarossa« implizierte nicht, daß Hitler den Madagaskar-Plan aufgegeben hatte. Ihr Hauptziel war nicht die Vernichtung von fünf Millionen sowjetischer Juden.[3] Die Kirchen Europas unterstützten zwar moralisch den Kampf gegen die jüdisch-bolschewistische Ideologie, nicht aber einen Religionskrieg zur Ausrottung der Juden. Dennoch war diese Operation symbiotisch mit dem Genozid an den Juden verbunden, weil man diese für die Anstifter und Hauptagenten des »gottlosen Bolschewismus« hielt, der die jahrhundertealte christlich-orthodoxe Kultur vernichtet hatte.[4] In der ersten siegreichen Periode des Rußlandfeldzuges wurden die Juden zwar nirgends systematisch niedergemetzelt, es gab aber Opfer unter der jüdischen Bevölkerung. Die Wehrmacht und die Einsatzgruppen hatten es damals vor allem auf die jüdische Intelligenz abgesehen.

Während des Einfalls der Einsatzgruppen in Litauen, Estland, Lettland, Weißrußland und der Ukraine brachen Pogrome aus, die vor allem von der dort ansässigen

Bevölkerung organisiert wurden. Sie begrüßte die Deutschen als Befreier von dem verhaßten »jüdisch-bolschewistischen« Regime und benutzte die Gelegenheit, sich an den Juden zu rächen. Als danach die deutsche Armee in Weißrußland, in der russischen Ukraine und in der Krim einfiel, wo der Bolschewismus schon seit 20 Jahren einen entscheidenden Einfluß ausgeübt hatte und die Juden daran einen gewichtigen Anteil gehabt hatten, kam es zu systematischen Massenmorden an jüdischen Männern, Frauen und Kindern.

Seit dem Beginn der Operation »Barbarossa« war der Kampf der deutschen Armee auf die Eroberung großer Gebiete, die Vernichtung des Sowjetregimes und des Bolschewismus gerichtet, aber nie auf die Ausrottung des osteuropäischen Judentums, wie auch Philippe Burrin betont:

> »Kein Dokument gibt an, daß Hitler die Vernichtung der sowjetischen Juden oder die Vorbereitungen dazu vor Beginn des Rußlandfeldzugs befohlen hätte. Die zur Verfügung stehenden Quellen weisen vielmehr darauf hin, daß das Ziel die Vertreibung der Juden aus Europa und ihre Konzentrierung in einem Reservat blieb. Da Madagaskar in absehbarer Zeit nicht realisierbar zu sein schien, hat Hitler wahrscheinlich statt dessen auf Gebiete im Osten gezielt. Nichts jedoch zeigt, daß er eine Entscheidung gefällt hätte; dafür war Zeit nach dem Feldzug, dessen Ende für nahe gehalten wurde.«[5]

In den ersten Wochen nach dem Einmarsch in Rußland kreisten die Gedanken Hitlers immer noch um Afrika und Madagaskar. Aus einem Tischgespräch vom 30. Juni 1941 geht z. B. hervor, daß Hitler zu dieser Zeit noch an die Errichtung eines »mittelafrikanischen Kolonialreiches« im Anschluß an die eines »deutschen Kontinentalreiches« in Europa dachte. U. a. stellte er fest, daß »das deutsche Imperium der Zukunft kontinentaleuropäisch« sein würde und eine Ergänzung durch Kolonien in Mittelafrika brauche.[6] Er warnte davor, die koloniale Perspektive aufzugeben. Zu den künftigen deutschen Kolonien zählte er: Togo, Kamerun, Belgisch-Kongo und Deutsch-Ostafrika. Eine unabdingbare Voraussetzung für das große europäische Imperium war für Hitler die Verbannung der Juden nach Madagaskar.[7]

Ein deutscher Journalist schrieb am 10. Mai 1941, daß die Nachricht über das plötzliche Verschwinden von Rudolf Hess, Hitlers persönlichem Freund, und über dessen Flug nach Schottland am Berghof »wie eine Bombe eingeschlagen hatte«. Hess, stellvertretender Parteiführer und Minister ohne Portefeuille, war im Verlauf des Krieges immer mehr in den Hintergrund gedrängt worden. Als Hitler Martin Bormann, seinen ehemaligen Assistenten, zu seinem Sekretär ernannte, war Hess verbittert und enttäuscht. Dennoch hielt er Hitler in jeder Hinsicht die Treue und verehrte ihn wie kein anderer.

Es paßt vollkommen in dieses Bild, daß Hess nach einer Möglichkeit Ausschau hielt, durch eine spektakuläre Tat die Gunst seines Führers zurückzugewinnen. Er wußte, daß Hitler nichts lieber wollte als einen Friedensvertrag mit Großbritannien, der ihm die Lösung des »Judenproblems« ermöglichen würde.

In den Gesprächen, die Hess in England führte, betonte er, daß er nicht beabsichtige, mit der britischen Regierung zu verhandeln, sondern einzig und allein die Meinung Hitlers über Großbritannien und das britische Imperium erläutern wolle.[9] Seinen Gesprächspartnern Lord Simon und Kirkpatrick übergab er Aufzeichnungen, die – wie er ausdrücklich erklärte – eine genaue Wiedergabe von Hitlers Plänen enthielten.[10] Hitler habe der Allianz mit Großbritannien immer große Bedeutung beigemessen und sei zu tiefst davon überzeugt, daß Deutschland der natürliche Verbündete Großbritanniens sei. Denn Deutschlands Zukunft liege auf dem Kontinent, der für Großbritannien als Kolonial- und Seemacht keine Bedeutung habe. Darum sei Hitler von Anfang an davon ausgegangen, daß eine Zusammenarbeit im Interesse beider Länder liege. Nach Hitlers Sieg über den letzten Verbündeten Großbritanniens auf dem Festland könne sich die britische Regierung der Hegemonie Deutschlands auf dem Kontinent nicht mehr widersetzen und müsse außerdem der Rückgabe der deutschen Kolonien zustimmen. Mit Großbritannien als Bündnispartner könnte Hitler endlich den Madagaskar-Plan realisieren.

Bezüglich des Madagaskar-Plans sagte Hess am 14. Juli 1941, daß Hitler die Verbannung aller europäischen Juden nach dem Krieg beschlossen hätte. Als voraussichtlichen Verbannungsort nannte er Madagaskar.[11] Niemand kannte Hitlers Beschlüsse in bezug auf die Lösung der Judenfrage besser als Hess.

Durch die politische Entwicklung gezwungen und unter Berufung auf Analysen von Demographen und Statistikern begannen die führenden deutschen Stellen im Sommer 1941, Alternativen zum Madagaskar-Plan auszuarbeiten. Richard Korherr, Himmlers Inspektor für Statistik, war davon überzeugt, daß der Zeitpunkt für eine Massenemigration der Juden aus Europa in Überseegebiete vorbei sei. In Zukunft müßten die betroffenen Staaten die Umsiedlungen innerhalb Europas selbst organisieren. Die Emigration etwa von Deutschen aus osteuropäischen Ländern in von Deutschland annektierte Gebiete (vergleiche Himmlers Memorandum vom 25.Mai 1940) und die »gewaltige Massenbewegung der Juden« würde, laut Korherr, den Bedürfnissen der heutigen Menschen in vielen Ländern Europas entsprechen. Darum sei er stets für eine Deportation von mindestens 400 000 Juden aus Deutschland in ein Gebiet in Nordasien (Sibirien) eingetreten. Das wäre für ihn eine mögliche Alternative zu Madagaskar, falls sich England nicht ergeben sollte.[12]

Im Juli 1941 forderte Helmut Meinhold – ebenfalls als Alternative zu Madagaskar – die Verbannung von 13 Millionen Menschen (einschließlich der Juden) aus dem Generalgouvernement und Ostgalizien in die Pripjetsümpfe in Weißrußland oder nach Nordasien.[13] Im August 1941 postulierte Hans-Kraft Nonnenmacher die demographische und ökonomische Notwendigkeit der Verbannung aller Juden aus Ostgalizien nach Madagaskar oder Sibirien und begründete dies mit einem Bevölkerungsüberschuß von 30 bis 50 Millionen Menschen in Osteuropa.[14]

Frank gab am 5. Oktober seiner Überzeugung Ausdruck, daß man die Juden nach dem Krieg am besten »in Reservate im tiefsten Inneren Rußlands« verbannen sollte.[15] Er meinte, ihm seien zu Unrecht hunderttausende Juden aufgehalst worden, und er teilte Rosenberg am 13. Oktober mit, daß seine Geduld am Ende sei und er die Juden keinen Tag länger im Generalgouvernement behalten wolle. Auf Franks Frage, ob er mit den Vorbereitungen für die Verbannung der Juden nach Nordasien beginnen dürfe, antwortete Rosenberg ablehnend. Er werde jedoch bei der Realisierung dieses Unternehmens nach dem Ende der Operation »Barbarossa« behilflich sein.[16]

Rosenbergs Antwort hing mit einem Plan zusammen, der bald veröffentlicht werden sollte. Am 15. Juli 1941 übergab ein Mitarbeiter Rosenbergs Himmler ein Memorandum mit dem Titel *Generalplan-Ost,* um das Himmler am 24. Juni gebeten hatte. In einem Begleitschreiben wurde festgehalten, daß man von Himmlers Richtlinien ausgegangen war, die dieser in seinem Memorandum vom 25. Mai 1940 formuliert hatte. Damals schlug Himmler die Verbannung aller europäischen Juden nach Madagaskar vor. In dem neuen Plan wurde die Vertreibung von 31 Millionen Menschen aus dem Ostgebiet vorgeschlagen, um Platz für viereinhalb Millionen deutsche Kolonisten zu schaffen. Die ganze Operation würde wahrscheinlich 30 Jahre dauern, und die Vertriebenen müßte man irgendwo in Asien (Westsibirien) »deponieren« .

Die Aussiedlung von fünf bis sechs Millionen Juden aus der Sowjetunion wurde gesondert erwähnt. Es war klar, daß es nicht um ihre Ausrottung, sondern um ihre Zwangsemigration in ein Gebiet jenseits des Ural ging. Von dort seien sie schließlich gekommen.[17]

Aus dem umfangreichen Archivmaterial kann man schließen, daß im Sommer 1941 – als mögliche Alternative zum Madagaskar-Plan – daran gedacht wurde, die »Ostjuden« nach Sibirien zu verschicken.[18]

Noch im Sommer 1941 glaubten alle Verantwortlichen in den Ministerien und in der Wehrmacht, daß Deutschland mit dem erfolgreichen Abschluß der Operation »Barbarossa« den »Endsieg« erringen würde. Sie träumten von der Möglichkeit, die Juden in die endlosen, leeren Sumpfgebiete im Norden und Osten Rußlands deportieren zu können. Infolge dieser Euphorie (die die höchsten Kreise des Heeres und der Partei erfaßt hatte) geriet Madagaskar als Verbannungsort für die europäischen Juden in den Hintergrund; an seine Stelle trat der »Ostraum«.

Dr. Zeitschel, SS-Sturmbannführer und Legationsrat der deutschen Botschaft in Paris, artikulierte diese Meinungsänderung bezüglich der Verbannung der Juden am deutlichsten.[19] Am 22. August 1941 wies er in einem Gespräch mit Botschafter Otto Abetz in Paris darauf hin, daß die »fortschreitende Eroberung und Besetzung der weiten Ostgebiete das Judenproblem in ganz Europa in kürzester Zeit einer endgültigen, befriedigenden Lösung zuführen könnte«. Zeitschel ging davon aus, daß man die in den schon von Deutschland besetzten Gebieten Rußlands lebenden sechs Millionen Juden nach der Neuordnung des »Ostraums« schnell und problemlos nach Asien werde abtransportieren können. Es würde keine allzu großen Probleme verursachen, in weiterer Folge auch die westeuropäischen Juden dorthin zu verbannen. Er präsentierte seinen Vorschlag als Alternative zum Madagaskar-Plan, der ebenfalls die Möglichkeit bieten würde, ganz Europa von den Juden zu »säubern«. Wie Hitler war auch ihm der Verbannungsort gleichgültig, sei er nun Afrika oder Asien. Er sah allerdings in der Verschiffung von Millionen Juden nach Madagaskar ein unüberwindliches Problem. Außerdem würde man dann viel dringendere Probleme lösen müssen, als »große Mengen von Juden auf den Weltmeeren spazieren zu fahren«.

Zeitschel schlug Abetz vor, daß dieser seine Alternative zum Madagaskar-Plan sowohl mit dem Reichsaußenminister in Berlin als auch mit Reichsleiter Rosenberg, der soeben zum Minister für die Ostgebiete ernannt worden war, besprechen sollte und ebenso mit Himmler, Heydrich und Göring.

Im Zusammenhang mit dem Generalplan-Ost beauftragte Göring am 31. Juli 1941 Heydrich, alle Vorbereitungen für eine »Gesamtlösung«[20] der Judenfrage im ganzen deutschen Einflußbereich in Europa zu treffen. Außerdem verlangte Göring von ihm einen Plan für die Realisierung aller Maßnahmen, die nötig wären, um zu einer definitiven Lösung der Judenfrage zu kommen. Damit wurde das Mandat zur Lösung der Judenfrage in Osteuropa, das Heydrich am 24. Januar 1939 von Göring erhalten hatte, auf den ganzen nationalsozialistischen Einflußbereich Europas ausgedehnt. Noch immer gab es keinen Zweifel darüber, daß das Ziel die Emigration oder Umsiedlung der Juden und nicht deren Vernichtung war. Es ist wahrscheinlich, daß Heydrichs Aufgabe darin bestand, ein Programm für eine Deportation nach Rußland auszuarbeiten.[21]

Auch bei Besprechungen am 13. August 1941 in den Büros des RSHA zwischen Vertretern des Auswärtigen Amtes, des Vierjahresplans und der Parteikanzlei zeigte sich neuerlich, daß die Verantwortlichen die Judenfrage noch immer durch Emigration und Umsiedlung lösen wollten.[22] Es wurde unter anderem eine Regelung für Mischehen diskutiert. Eine deutsche Frau sollte zusammen mit ihrem jüdischen Mann und den Kindern ausgewiesen werden. War aber der Mann deutscher Herkunft, müßte man den Wert des einzelnen, die möglichen Auswirkungen auf seine Familie und schließlich die Bestrebungen berücksichtigen, »kein deutsches Blut dem Judenreservoir zuzuführen«. Diese Bestimmungen waren nur im Zusammenhang mit der Vertreibung der Juden und nicht mit deren Vernichtung relevant. Burrin meint dazu: »Nach Auffassung der Nazis würde das rassische Niveau der Juden durch deutsches Blut angehoben.« In Übereinstimmung mit der Politik der vergangenen Jahre forderte der Chef der Gestapo am 21. August 1941 in einem Rundschreiben erneut die Emigration.[23]

Im Sommer 1941 dachte Hitler über die Lösung der Judenfrage wie Göring, Heydrich und Himmler. Er erwähnte am 17. Juli dem kroatischen Marschall Kvaternik gegenüber, daß alle Juden nach Sibirien oder Madagaskar deportiert werden müßten, weil jeder Jude die Gesellschaft »infiziere«. Manche Menschen könnte man eben nicht in die Gemeinschaft integrieren. Auch die beste Erziehung, Gefängnisstrafen und andere Maßnahmen würden »Kriminelle« und »Asoziale« nicht ändern. Wären sie für die Gesellschaft nicht so gefährlich, dann könnte man sie für immer in Konzentrationslager sperren. Weil aber ihr Einfluß mit der tödlichen Wirkung der Pest zu vergleichen wäre, müßte man sie aus Europa verbannen. In der Vergangenheit hätte man sie von einem Land ins nächste vertrieben, aber immer und überall hätten sie Verderben gesät. Die Einheit Europas könnte nur erreicht werden, wenn man es von den Juden befreie.

Hitler nannte als Verbannungsort der Juden Madagaskar oder Nordasien, ohne sich dabei festzulegen.[24] Im Zuge der Operation »Barbarossa« müßte man die »Ostjuden« für immer nach Sibirien vertreiben. Nach einem Sieg im Osten würde es ein leichtes sein, England zu bezwingen. Dann könnte man die Juden Westeuropas nach Madagaskar verbannen und ganz Europa wäre »judenfrei«.[25] Am 11. August äußerte Hitler die Ansicht, daß die afrikanischen Kolonien in vieler Hinsicht weniger wert seien als Sibirien, aber doch wichtig als Rohstofflieferanten für das zukünftige Deutsche Reich in Europa.[26] Es scheint wahrscheinlich, daß Hitler im Sommer 1941 mit dem Gedanken spielte, die Juden aus Europa nach Sibirien zu deportieren, gleichzeitig aber Madagaskar noch nicht ganz fallengelassen hatte.

Auch ein Gespräch Hitlers mit dem rumänischen Staatschef deutete in diese Richtung. Am 16. August beklagte sich Antonescu, daß in der Ukraine Juden aus Bessarabien, die von rumänischen Truppen in den Osten vertrieben worden waren, nun von deutschen Truppen wieder nach Rumänien zurückgedrängt würden. Antonescu forderte die Deutschen auf, davon abzulassen. Auffallend war das Argument, das der rumänische Staatschef gebrauchte: er selbst habe vom Führer in München Richtlinien für die Vertreibung der »Ostjuden« erhalten. Diese müßten, so Hitler zu Antonescu, von den deutschen Truppen nach Sibirien verbannt werden.[27] Es ist nicht unmöglich, daß Hitler alle Juden meinte, als er mit Antonescu über die Verbannung der »Ostjuden« sprach.[28] Es erscheint jedoch wahrscheinlicher, daß Hitler noch immer an Madagaskar als Verbannungsort für die Juden aus Westeuropa dachte.

Schließlich geht aus einem Gespräch, das Goebbels am 18. August mit Hitler führte, hervor, daß Hitler noch im Sommer 1941 die Judenfrage durch Verbannung lösen wollte.[29] Hitler nahm Goebbels Vorschlag an, daß künftig alle Juden, die älter als sechs Jahre waren, einen gelben Stern auf ihrer Kleidung tragen müßten. Als Goebbels bei dieser Unterredung fragte, ob er die Juden aus Berlin vertreiben dürfe, antwortete Hitler, daß dies sofort nach Abschluß der Operation »Barbarossa« geschehen könne. Es war allerdings keine Rede davon (das geht aus Goebbels Antwort hervor), daß damit schon vorher begonnen werden solle.

Aus den zahlreichen Berichten deutscher Ökonomen und Statistiker vom Sommer 1941 wird deutlich, daß – als Alternative zum Madagaskar-Plan – eine großangelegte Deportation von europäischen Juden nach Gebieten in Rußland geplant war. Sie warnten nämlich Politiker immer wieder vor den Problemen, die der Zustrom von Millionen Juden aus (Ost-)Europa in diese Gebiete während des Krieges mit sich brächte. Ein Transport per Bahn sei ausgeschlossen und andere Möglichkeiten würden auf Kosten der Kriegsführung selbst gehen.

Sie gingen davon aus – im Gegensatz zu Hitler und seinen Handlangern –, daß eine Deportation nach Gebieten im Inneren Rußlands noch während des Krieges organisiert und durchgeführt werden müßte. Die Ansiedlung von Millionen Juden im Norden Rußlands würde dort einen gravierenden Mangel an täglich benötigten Lebensmitteln verursachen und damit möglicherweise auch den Hungertod von Millionen Menschen. Die Lebensmittelknappheit könnte auch kaum durch das Öffnen der Getreidespeicher in Afrika behoben werden, weil das wiederum auf Kosten Westeuropas, vor allem aber Deutschlands, ginge. Nach den Warnungen der Wissenschaftler würde die Lösung der Judenfrage durch Deportationen nach Rußland das Deutsche Reich in Kriegszeiten vor unlösbare Probleme stellen und vielleicht sogar die Widerstandskraft der Deutschen im Krieg wesentlich beeinträchtigen.[30]

Sie meinten, daß aus all diesen Gründen die Judenfrage so nicht gelöst werden könne. Während zahlreiche Wissenschaftler in den vergangenen Jahren eine Lösung der Judenfrage durch eine Umsiedlung nach Madagaskar unterstützten, gab es nur wenige, die eine Vertreibung der Juden in die einsamen Steppengebiete Sibiriens befürworteten.

In Besprechungen mit Goebbels am 18. August 1941 erwähnte Hitler seine »Prophezeiungen«. Für ihn gab es seit dem Ende der dreißiger Jahre nur zwei Alternativen: die Verbannung der Juden im Falle des Sieges oder ihre Vernichtung als Ausdruck radikaler Rache, falls er sein Ziel nicht erreichen und den Krieg verlieren würde.[31] Da Hitler im August 1941 – angesichts der Wendung, die der Krieg genommen hatte – zu begreifen begann, daß die Operation »Barbarossa« auch mißlingen könnte, meinte er Goebbels gegenüber: »Im Osten müssen die Juden die Rechnung bezahlen; in Deutschland haben sie für einen Teil schon bezahlt und werden künftig noch mehr bezahlen müssen.« Auch Burrin schreibt: »Hitler nahm sich vor, Rache an den deutschen Juden zu üben, ohne deren Ausmaß festgelegt zu haben. Ihr Los könnte genauso hart wie das der Sowjetjuden sein, es könnte aber auch weniger hart sein. Mit der Zunahme der Schwierigkeiten im Krieg gegen Rußland nahmen auch die Ideen zur Vernichtung der Juden konkretere Formen an.«[32]

Am 3. September 1941 ernannte Hitler Rosenberg zum Minister für die Ostgebiete. Rosenberg hatte sich schon früher mit der Judenpolitik in den Ostgebieten beschäftigt und eine diesbezügliche Analyse in einem Memorandum vom 29. April 1941 veröffentlicht. Er forderte darin die Verbannung aller Juden zusammen mit anderen unerwünschten Bevölkerungsgruppen nach Weißrußland.

Ebenfalls am 3. September präzisierte er für die Mitarbeiter seines Büros den Inhalt seines Memorandums: nach dem Krieg würde die Judenfrage für ganz Europa durch Deportation in ein noch näher zu bestimmendes Gebiet gelöst werden.[33] Vor ihrer Ausweisung müßten die Juden in Ghettos gesperrt und in der Landwirtschaft beschäftigt werden.

Im September 1941 begannen Hitlers Gedanken zwischen Verbannung und Vernichtung der Juden zu schwanken. Die Überlegungen, die Hitler in einem Tischgespräch am 8. September anstellte, wiesen noch deutlich in Richtung Verbannung. Er verglich die Bedeutung Indiens für England (als Kolonialgebiet) mit der Rußlands für das Deutsche Reich. Europa sei kein geographischer Begriff, sondern sei »blutmäßig« bestimmt. Er beginne nun zu begreifen, warum die Chinesen eine Mauer zum Schutz gegen die fortwährenden Einfälle der Mongolen gebaut hätten. Manchmal würde er zu dem Gedanken verleitet, das zu erobernde russische Territorium durch einen »Riesenwall« im Grenzgebiet Archangelsk-Astrachan gegen die riesige Zahl von Asiaten abzuschirmen.

Falls es ein Land auf der Welt gebe, das das Recht habe, Juden auszusiedeln, dann sei das sicher Deutschland. Die Deutschen hätten ihre eigenen Landsleute in der Vergangenheit wiederholt evakuieren müssen: allein in Ostpreußen seien 800 000 Menschen gezwungen worden, sich anderswo anzusiedeln. Das sei für jedermann selbstverständlich gewesen und habe kein Ärgernis erregt. Ebenso selbstverständlich sei nun die Aussiedlung von 600 000 Juden aus Deutschland. Er, Hitler, stehe nun vor der großen Aufgabe, in nächster Zukunft eine »strukturierte Rassenpolitik« ausführen zu müssen.[34]

Einige Wochen später sprach Hitler nicht mehr von Verbannung. In seiner Tischrede vom 12. September spielte er schon mit dem Gedanken der Ausrottung der Juden. Er klagte diese als Anstifter des Zweiten Weltkriegs an und als die Erzfeinde des Deutschen Reiches. Sie steckten, so Hitler, hinter dem Kapitalismus in Amerika und hinter dem Bolschewismus in Rußland und wollten ganz Europa verwüsten.[35] Hitler erwog, sich an den Juden für eine Niederlage im Krieg zu rächen. Die Juden hätten es ganz allein sich selbst zuzuschreiben, wenn sie nach dem Krieg nicht nach Madagaskar oder Sibirien gehen könnten, sondern das Kriegsende nicht überlebten.

Es war kein Wunder, daß Hitler am 12. September auf diese Weise über die Vereinigten Staaten und über das Schicksal der Juden sprach. Er reagierte damit auf einen Beschluß Präsident Roosevelts vom 11. September.

Als Roosevelt im November 1940 Präsident der Vereinigten Staaten geworden war, war ihm bewußt gewesen, daß er nur wenig politischen Spielraum für eine Konfrontation mit dem Führer des Dritten Reiches hatte. Im Frühjahr 1941 beschloß die amerikanische Flotte entscheidende Maßnahmen.[36] Sie patrouillierte auf den Konvoi-Routen nach England, verfolgte deutsche U-Boote und gab den Briten deren Position durch. Die Amerikaner besetzten nacheinander strategisch wichtige Punkte auf Grönland und Island. In der Folge konnten Zwischenfälle nicht ausbleiben. Als Roosevelt am 11. September 1941 den Schießbefehl erteilte, schrieb die

Presse zu Recht über »den nicht erklärten Krieg der Vereinigten Staaten mit den Achsenmächten«.

Nun rechnete Hitler offensichtlich mit dem Ausbruch des Weltkrieges und beschloß im September 1941, alle Juden seines Reiches zu deportieren. Am 18. September teilte Himmler aus dem Führerhauptquartier Greiser, dem Gauleiter des Warthelandes, Hitlers Befehl mit, alle Juden aus dem Reich und dem Protektorat Böhmen und Mähren »so schnell wie möglich« zu deportieren und diese Gebiete bis Ende des Jahres ganz von Juden zu »säubern«. Hitler wollte die Juden vorerst in die annektierten Gebiete bringen lassen, um sie dann später, im Frühjahr 1942, »weiter ostwärts abzuschieben«.[37] Er meinte damit die Sowjetunion.

Roosevelts Schießbefehl war für Hitler ein deutliches Signal. Er wertete ihn als letzten Schritt vor der Kriegserklärung und antwortete mit der Deportation – als letztem Schritt vor der prophezeiten Vernichtung.[38] Allerdings implizierte der Befehl zur Deportation der Juden keinen Auftrag zu ihrer Vernichtung. Würde Hitler in den kommenden Monaten wirklich in einen Weltkrieg verstrickt werden, dann würde er die schon früher erwogene Ausrottung der Juden auch ausführen, um sich an ihnen zu rächen. Sollte er jedoch – später als anfänglich erwartet – Herrscher am europäischen Festland werden, dann würde er die Juden verbannen.

Die politische Entwicklung im Herbst 1941 zeigte, daß Hitlers Beschluß vom 18. September kein Befehl war, die Juden nach ihrer Deportation zu vernichten. Er bewirkte, daß zwischen Anfang Oktober und Dezember 1941 42 Transporte von Juden stattfanden: sie gingen nach Lodz (Wartheland), Kaunas (Litauen), Riga (Lettland) und Minsk.[39] L. J. Hartog schreibt über diese Transporte:

»Sechs dieser Transporte wurden liquidiert. Von einem dieser Massaker, am 30. November in Riga, weiß man, daß es auf einen ›Kommunikationsfehler‹ zurückging und eigentlich nicht hätte stattfinden sollen. Die Tatsache, daß Hitler die Liquidation dieses Transports, im Zusammenhang mit Jägers Liquidation von fünf Transporten, verboten hatte und daß nach dem 30. November im Jahr 1941 keine Massaker mehr im Osten stattfanden, führt zu der Annahme, daß Jäger gegen Hitlers Willen gehandelt hatte. Aber selbst wenn man davon absieht, geben die Zahlen in bezug auf die Deportationen und Liquidationen keinen Anlaß, im Befehl zur Deportation gleichzeitig auch den Befehl zur Vernichtung zu sehen. Von Oktober bis Dezember wurden von den rund 42 000 deportierten Juden 5000 von Jäger und 1000 (›versehentlich‹) von Jeckeln ermordet. Das heißt, daß circa 36 000 Juden nicht liquidiert wurden. Wenn man aber dennoch annimmt, daß es einen allgemeinen Liquidationsbefehl gab (der den Transport nach Riga ausdrücklich ausnahm), kann man sich nur schwerlich der Feststellung entziehen, daß Jäger offensichtlich der einzige war, der Hitlers Befehl gewissenhaft erfüllte und sich in 85 Prozent der Fälle die Offiziere nicht um Hitlers radikale Befehle kümmerten und deren Ausführung sabotierten. Letzteres ist höchst unwahrscheinlich.«[40]

Es verwundert nicht, daß es im Herbst 1941 Fälle gab, bei denen der Deportationsbefehl auch als Befehl zur Vernichtung interpretiert wurde, da die Juden in Europa als vogelfrei galten. Mit Recht schreibt Hartog über diese Morde an Juden:

»Hinsichtlich der antisemitischen Politik war eine Maximalisierung der allgemeinen Richtlinien für die Perfektionisten naheliegend. Da sie an Hitlers Radikalismus glaubten, dachten sie in seinem Sinn zu handeln, wenn sie möglichst radikal auftraten. [...] Das seinerseits barg die Möglichkeit zu Maximalisierung, ›kumulativer Radikalisierung‹ und zum nicht beabsichtigten Massenmord.«[41]

Es war sogar so, daß Hitler am 30. November durch Himmler aus dem Führerhauptquartier Heydrich folgenden Befehl erteilen ließ: »Die Juden müssen aus Berlin deportiert werden, aber sie dürfen nicht liquidiert werden.«[42] Dieser Befehl war weniger kurios, als Historiker im allgemeinen finden, weil er mit der in diesen Monaten praktizierten Politik völlig übereinstimmte. Auch die Millionen Juden im Warthegau und im Generalgouvernement Franks wurden in dieser Zeit nicht vernichtet.

Warum befahl Hitler im September nicht die Vernichtung der Juden? Warum gab er am 30. November sogar den ausdrücklichen Befehl, die Juden aus Berlin zu entfernen, sie aber nicht zu liquidieren? Und warum wurden die Millionen Juden im Generalgouvernement zu diesem Zeitpunkt nicht ermordet? Weil die Bedingung, die Hitler daran geknüpft hatte, nicht erfüllt war: der Ausbruch des Zweiten Weltkrieges. Er wollte die Juden bis zum letzten Moment in »Geiselhaft« halten, um einen Weltkrieg zu verhindern. Anfang Oktober 1941 war Hitler noch in hoffnungsvoller Stimmung, als er im Sportpalast in Berlin ausrief, daß die Macht seines großen Feindes, des »jüdisch-bolschewistischen« Rußland, gebrochen sei und er nicht erwarte, daß Rußland weiterkämpfen werde. Da sich aber das Gegenteil abzeichnete (wofür Hitler die bolschewistischen Juden verantwortlich machte), rechnete Hitler immer mehr mit einer Kriegserklärung Amerikas. Er war davon überzeugt, daß die Juden Amerikas zusammen mit jenen Rußlands nichts anderes im Sinn hatten, als Deutschland zu vernichten.

Noch im Oktober 1941 nahm das RSHA in Lissabon Kontakt mit Vertretern des *Joint Distribution Committee* auf mit der Bitte, von den Briten die Zustimmung für freie Durchfahrt von Schiffen mit jüdischen Emigranten nach Madagaskar zu erwirken. Diese größte jüdische Hilfsorganisation, die für jüdische Flüchtlinge und Emigranten Schiffe mit der Bestimmung USA und Kuba charterte, arbeitete mit deutschen Reisebüros zusammen. Aus Berlin, Wien und Prag fuhren die Züge nach Lissabon. Das *Joint Distribution Committee* wies allerdings die Bitte mit dem Hinweis zurück, daß nur Palästina eine Heimat für die Juden sein könne.

Nachdem einige spanische Juden in Frankreich verhaftet und interniert worden waren, überlegte die spanische Regierung am 13. Oktober, die etwa 2000 spanischen, in Frankreich in Gefangenschaft befindlichen Juden nach Spanisch-Marokko zu bringen. Am selben Tag informierte Martin Luther, deutscher Staatssekretär im Auswärtigen Amt, die Behörden in Frankreich über diesen Plan und bemerkte dazu, daß dieser seiner Meinung nach im Einklang mit der gegenwärtigen Politik stünde. Einige Tage später wurde Luther allerdings vom RSHA informiert, daß die spanische Regierung diesen Plan nicht ausführen dürfe[43], weil die Spanier schon jahrhundertelang keine Erfahrung mehr mit Juden und außerdem sicher nicht die Absicht hätten, als Bewacher der Juden in Marokko aufzutreten. Man kritisierte, daß der spanische Marokko-Plan eine Alternative zum französischen Madagaskar-Plan Léon Blums aus der Mitte der dreißiger Jahre sei. Außerdem sei Marokko zu weit entfernt, um diese spanischen Juden, so Heydrichs Sprecher, in die Maßnahmen einbeziehen zu können, die man nach dem Krieg zur definitiven Lösung der Judenfrage durchführen würde. Das Madagaskar-Projekt hatte allerdings nichts mit dem humanitären Madagaskar-Plan Léon Blums und dem Marokko-Plan der spanischen Regierung gemein.

Das RSHA befürchtete außerdem, daß die spanische Regierung zusammen mit den 2000 spanischen Juden auch noch circa 6000 deutsche und österreichische jüdische Flüchtlinge mitschicken würde, die in Spanien gestrandet waren und seit Monaten auf ein Visum für die Emigration in ein Überseegebiet warteten. Der erwähnte Plan der spanischen Regierung veranlaßte das RSHA, alle Instanzen der Polizei und des SD von Himmlers Befehl zu unterrichten, daß künftig für die Dauer des Krieges die Emigration von Juden aus Deutschland und den annektierten Gebieten ohne Ausnahme strengstens verboten sei.[44]

Die Chance auf ein erfolgreiches Ende der Operation »Barbarossa« wurde immer kleiner, und Hitler rechnete damit, daß er den Kampf gegen das »jüdisch-bolschewistische« Rußland verlieren würde – besonders im Falle einer Kriegserklärung Amerikas. Am 25. Oktober 1941 wiederholte er seine »Prophezeiung« vom 20. Januar 1939, daß er sich an den Juden rächen und es zu keiner Verbannung nach Afrika oder Asien kommen werde. Im Beisein Himmlers und Heydrichs sagte er, daß die Juden zwei Millionen Tote des Ersten Weltkriegs auf dem Gewissen hätten und jetzt schon wieder Hunderttausende. Er schloß die Bemerkung an: »Sage mir keiner: Wir können sie doch nicht in den Morast schicken! Wer kümmert sich denn um unsere Menschen? Es ist gut, wenn uns der Schrecken vorangeht, daß wir das Judentum ausrotten. Der Versuch, einen Judenstaat in Afrika oder Asien zu gründen, wird ein Fehlschlag sein«.[45]

Am 6. November 1941 schrieb Heydrich an das Oberkommando der Wehrmacht, daß er die volle Verantwortung für die Ereignisse in Paris in der Nacht vom 2. auf 3. Oktober übernehme, wo sieben Synagogen durch Sprengstoffanschläge zerstört worden waren. Es handelte sich um Repressalien für eine Reihe von Anschlägen, die gegen die deutsche Armee und gegen kollaborierende französische Politiker (Laval und Déat) gerichtet waren und für die man die Juden verantwortlich machte. Er habe dies erst veranlaßt, so Heydrich, nachdem Hitler ihm gegenüber mit den schärfsten

Worten erklärt hatte, daß die Juden Brandstifter seien und definitiv verschwinden müßten.[46] In Hitlers Vorstellung trugen die Juden die Verantwortung für die drohende Niederlage im Krieg gegen Rußland: sie hätten die Lunte ans Pulverfaß gelegt.[47]

Der japanische Überfall auf Pearl Harbor am 7. Dezember 1941 war für Hitler der eigentliche Beginn des Zweiten Weltkrieges. Es ist daher kein Zufall, daß einen Tag später, am 8. Dezember, im Konzentrationslager Chelmno im Warthegau[48] mit dem Genozid an den Juden durch Vergasung begonnen wurde. Hitler setzte nun seinen Plan zur Vernichtung der europäischen Juden in die Tat um. Der Madagaskar-Plan und analoge Pläne waren nicht mehr ausführbar und der Moment für die »Rache« an den Juden war gekommen: insgesamt wurden in Chelmno mehr als 150 000 Juden vergast.

Am 11. Dezember hielt Hitler im Reichstag seine berühmte Rede, in der er Amerika offiziell den Krieg erklärte und er Roosevelt und den amerikanischen Juden die Schuld am Ausbruch des Zweiten Weltkrieges gab. Er erklärte unter anderem, daß er sehr gut wisse, wer sich hinter dem Präsidenten von Amerika versteckt halte: der »ewige Jude«, der nun auch Deutschland, wie zuvor schon Rußland, zu seinem Opfer machen wolle. Die Nationalsozialisten hätten immer schon gewußt, daß die »britisch-jüdisch-kapitalistische Welt« ein enges Bündnis mit dem »jüdischen Bolschewismus« eingegangen sei. Ein paar Wochen später sprach er von einem »jüdisch-kapitalistisch-bolschewistischen Weltkomplott«, das Deutschland vernichten wolle.[49]

Am 12. Dezember gab Hitler Frank, mit dem er so oft über den Madagaskar-Plan gesprochen hatte, den Auftrag, die Millionen Juden im Generalgouvernement zu töten. Er teilte ihm mit, daß im Januar 1942 eine Konferenz (später Wannsee-Konferenz genannt) über die Art und Weise der Liquidation aller Juden Europas stattfinden werde.

Am 16. Dezember sagte Frank in einer Rede vor seinem Stab in Krakau: »Wir müssen die Juden vernichten.« Auffallend ist, daß der Generalgouverneur die radikale Wende in Hitlers Politik auch begründete. Weil es den Juden in Rußland und Amerika gelungen sei, einen Weltkrieg zu entfesseln, mit der Absicht, Deutschland zu vernichten, würde man die Juden nicht mehr verbannen, sondern ausrotten. Die Juden hätten selbst dafür gesorgt, daß Hitlers »Prophezeiung« nun in Erfüllung gehe. Hitlers Beschluß, die Juden nicht zu verbannen, sondern zu vernichten, sei Ausdruck seiner Rache an den Juden Amerikas, die ihn in einen Weltkrieg getrieben hätten, und an den Juden Rußlands, die die Operation »Barbarossa« hätten scheitern lassen.

Am 20. Januar 1942 organisierte Heydrich als Judenkommissar am Wannsee in Berlin eine Konferenz zur »Endlösung der Judenfrage«. Daran nahmen Vertreter von fünf Ministerien, der Reichskanzlei und der Parteikanzlei teil. Im Protokoll der

Wannsee-Konferenz scheinen Wörter wie »töten« und »eliminieren« nicht auf. Eichmann bestätigte jedoch bei seinem Prozeß in Jerusalem im Jahr 1961, daß man damals die Frage behandelt hatte, auf welche Weise man eine große Anzahl von Juden beseitigen könne. Vom Beginn der Besprechungen an war es allen Teilnehmern klar, daß es um die Ausrottung der europäischen Juden ging. Im Dezember 1941 hat Hitler damit begonnen, die Vernichtung der Juden, die er in den vergangenen Jahren oft im Zusammenhang mit ihrer Verbannung erwähnt hatte, in die Tat umzusetzen. Eichmann, der Verfasser des Protokolls der Konferenz,[50] erklärte, daß dieses keinen wahrheitsgetreuen Bericht darstelle, weil Heydrich die ursprüngliche Version stark abgeändert habe.[51] Es ist sicher, daß Heydrich von Hitler den ausdrücklichen Auftrag erhalten hatte, ihn nicht persönlich als Auftraggeber des Genozids an den Juden zu erwähnen.

Heydrich wußte, daß der Beschluß zur »Eliminierung« der Juden nicht ohne Rücksprache mit den Ministerien und anderen Instanzen des Dritten Reiches ausgeführt werden könnte. Er war daher darauf bedacht, daß Bürokratie, Furcht vor internationalen Reaktionen, Konkurrenzdenken und sogar menschliche Rücksichtnahme bei den Gesprächen keine beherrschende Rolle spielen und nicht zu einer Annullierung des Beschlusses führen. Aber seine Bedenken verflogen schnell, als er merkte, daß die Vertreter der fünf Ministerien ihm nichts in den Weg legten und sogar der Ausarbeitung eines Zeitplans zustimmten.[52]

Es dauerte längere Zeit, bis alle Beamten in den verschiedenen Ministerien über Hitlers Beschluß und über die Ergebnisse der Wannsee-Konferenz informiert waren. Am 21. Januar 1942 (also am Tag nach der Wannsee-Konferenz) faßte Woermann, Leiter der Politischen Abteilung des Auswärtigen Amtes, in dem Bericht *Kolonialpläne*[53], der für Reichsaußenminister Ribbentrop bestimmt war, noch einmal die Situation in bezug auf das Mittelafrika-Projekt und den Madagaskar-Plan zusammen.

Woermanns Memorandum berücksichtigte die Ansprüche Frankreichs auf Kolonialgebiete in Afrika und negierte die der Briten. Er ging davon aus, daß England alle Kolonien in Afrika verlieren würde. Verglichen mit den früher erwähnten Memoranden über das »Kolonialreich Mittelafrika« waren die deutschen Forderungen abgeschwächt. Woermann forderte ausdrücklich Französisch-Äquatorialafrika anstelle von Belgisch-Kongo für das »Deutsche Kolonialreich Mittelafrika«. Dieses müßte außerdem folgende Gebiete umfassen: das frühere Deutsch-Ostafrika, Kamerun, Uganda, Kenia, den Osten Nigerias und, wenn möglich, Nordrhodesien. Er hielt es auch für sehr wichtig, daß Spanisch-Guayana und die Inseln Fernando Póo, die Spanien nicht abtreten wollte, zum Kolonialreich gehören.

Woermann erinnerte an die Begegnung Hitlers mit Franco am 23. Oktober 1940 in Hendaye. Hitler versprach Franco damals für die Teilnahme am Krieg die Erfüllung spanischer Forderungen bezüglich französischer Kolonien in Afrika, soweit es Deutschland gelänge, Frankreich mit anderen Gebieten zu entschädigen. Hitler stellte Franco in diesem Zusammenhang in Aussicht, daß er möglicherweise mit der

Zuteilung Französisch-Marokkos und einem Teil Algeriens rechnen könne. Weigere sich Spanien aber, am Krieg teilzunehmen, dann habe es keinerlei Anspruch auf Kolonien in Afrika.

Woermann ging neuerlich davon aus, daß die Franzosen bei den Friedensverhandlungen Madagaskar den Deutschen für »die Ansiedlung der Juden« überlassen müßten. Er sah allerdings – offenbar im Gegensatz zu anderen Meinungen – keine Notwendigkeit für eine Entschädigung Frankreichs. Die nationalistischen Araber hätten darauf gedrungen, daß Frankreich außer Syrien auch Madagaskar abtrete, damit die Juden nach dem Krieg nicht nach Palästina gingen, sondern nach Madagaskar, wo übrigens viel mehr Platz zur Verfügung stehe. Dadurch solle verhindert werden, daß die Juden in Palästina gegen den ausdrücklichen Wunsch der Araber einen Staat errichten.

Am 10. Februar 1942 schrieb Rademacher, noch bevor das Auswärtige Amt das Protokoll der Wannsee-Konferenz erhalten hatte, an Harald Bielfeld, Leiter des Referates X (Afrika) des Auswärtigen Amtes, und an Werner von Schmieden, Leiter des Referates XII (Friedensfragen), ebenfalls des Auswärtigen Amtes:

»Im August 1940 übergab ich Ihnen für Ihre Akten den von meinem Referat entworfenen Plan zur Endlösung der Judenfrage, wozu die Insel Madagaskar von Frankreich im Friedensvertrag gefordert, die praktische Durchführung der Aufgabe aber dem Reichssicherheitshauptamt übertragen werden sollte. Gemäß diesem Plan ist Gruppenführer Heydrich vom Führer beauftragt worden, die Lösung der Judenfrage in Europa durchzuführen.

Der Krieg gegen die Sowjetunion hat inzwischen die Möglichkeit gegeben, andere Territorien für die Endlösung zur Verfügung zu stellen. Demgemäß hat der Führer entschieden, daß die Juden nicht nach Madagaskar, sondern nach dem Osten abgeschoben werden sollen. Madagaskar braucht mithin nicht mehr für die Endlösung vorgesehen zu werden.«[54]

Harald Bielfeld war über Rademachers Brief sehr überrascht und schrieb am 14. Februar eine kurze Mitteilung: »Bei der Bedeutung, die diese Entscheidung hat, bitte ich Sie um Mitteilung, auf welchen Quellen die Angabe beruht.«[55]

Am 24. Februar erhielt Bielfeld Rademachers Antwort: »Die anliegende Aufzeichnung geht darauf zurück, daß der Madagaskar-Plan des Referates D III auf Grund der neuen Entwicklung, wie sie Obergruppenführer Heydrich Unterstaatssekretär Luther dargelegt hat, hinfällig geworden ist.«[56]

Am 22. Februar erwähnte Hitler in einem Tischgespräch neuerlich das Großdeutsche Reich in Europa, dessen Bewohner von einem großen Kolonialreich in Afrika[57] ernährt werden müßten, ohne dabei Madagaskar zu nennen.[58] Hitler wiederholte, daß ihm der Ausbruch des Zweiten Weltkrieges und der tragische Verlauf des Krieges in Rußland gezeigt hätten, daß er sich an den Juden rächen müsse, indem er sie vernichte.

Interessant ist, daß sich Goebbels auch noch nach dem Befehl zur Vernichtung der Juden mit ihrer Emigration nach Madagaskar beschäftigte. Am 7. März 1942 schrieb er in seinem Tagebuch:

»Ich lese eine ausführliche Denkschrift des SD und der Polizei über die Endlösung der Judenfrage. Daraus ergibt sich eine Unmenge von neuen Gesichtspunkten. Die Judenfrage muß jetzt im gesamteuropäischen Rahmen gelöst werden. Es gibt in Europa noch über 11 Millionen Juden. Sie müssen später einmal zuerst im Osten konzentriert werden; eventuell kann man ihnen nach dem Krieg eine Insel, etwa Madagaskar, zuweisen. Jedenfalls wird es keine Ruhe in Europa geben, wenn nicht die Juden restlos aus dem europäischen Gebiet ausgeschaltet werden.«[59]

Am 7. und 8. Mai 1942 kommentierte Goebbels die Besetzung Madagaskars durch die Briten (im Mai 1942) in seinem Tagebuch, ohne aber Madagaskar als Verbannungsort für die Juden zu erwähnen.[60] Am 14. März 1943 sagte er auf einer Pressekonferenz vor ausländischen Journalisten in Berlin, daß »das internationale Gift [die Juden] auf humane Weise durch die Errichtung eines eigenen, nur für die europäischen Juden reservierten Staates entfernt werden könne«. Die französische Presse schenkte seinen Worten viel Aufmerksamkeit.[61] Als Goebbels 1943 diese Aussage machte, waren schon vier Millionen Juden ermordet worden. Sie diente daher nur der Verschleierung.[62]

Dasselbe galt auch für eine Reihe von Äußerungen Hitlers aus dieser Zeit, etwa in dem Tischgespräch vom 29. Mai 1942:

»Interessant sei weiter, daß sogenannte hochgebildete Juden wie Ärzte, Rechtsanwälte und so weiter, die lange in westeuropäischen Städten tätig gewesen seien, kaum 14 Tage im Getto seien und schon vollkommen gettoisiert in Kaftan und dergleichen herumliefen. Einen klareren Beweis, daß der Jude letzten Endes eben doch Asiat und nicht Europäer sei, könne es kaum geben.
Ganz Westeuropa müsse deshalb nach einer bestimmten Zeit völlig judenfrei sein. Das sei allein schon deshalb erforderlich, als es unter den Juden immer einen gewissen Prozentsatz von Fanatikern gebe, der das Judentum wieder hochzubringen suche. Es empfehle sich deshalb auch nicht, die Juden nach Sibirien abzuschieben, da sie bei ihrer Klimafestigkeit dort nur gesundheitlich noch besonders gehärtet würden. Viel richtiger sei es, sie – da die Araber sie in Palästina nicht haben wollten – nach Afrika zu transportieren und sie damit einem Klima auszusetzen, das jeden Menschen unserer Widerstandsfähigkeit beeinträchtige und damit jede Interessenüberschneidung mit europäischem Menschentum ausschließe.«[63]

Am 24. Juli erklärte Hitler in einem Tischgespräch, daß er nach dem Krieg alle europäischen Städte von Juden »säubern« und sie nach Madagaskar deportieren wolle, wo sie ihren eigenen Staat gründen könnten:

»In diesem Zweiten Weltkrieg als einem Ringen auf Leben und Tod dürfe nie vergessen werden, daß das Weltjudentum nach der Kriegserklärung des Weltzionistenkongresses [am 5. September 1939, H. J.] und seines Führers Chaim Weizmann (in seiner Botschaft an Englands Premier Chamberlain) der unerbittlichste Gegner des Nationalsozialismus, der Feind Nummer 1 sei. Geschäftlich suche das Judentum Europa, Europa müsse es aber schon aus Sakroegoismus ablehnen, da das Judentum rassisch härter sei.«[64]

Würde Hitler den Krieg gewinnen, dann würde Hitler, so Henry Picker, rigoros darauf bestehen, eine Stadt nach der anderen zu zerstören, wenn die Juden nicht schnell ihre Sachen packten und nach Madagaskar oder anderswohin emigrierten, um dort ihren eigenen Staat zu gründen.[65]

Ein Brief Luthers an den Reichsaußenminister vom 21. August 1942 enthielt eine Beilage über die Entstehung des Madagaskar-Plans des Auswärtigen Amtes und des Madagaskar-Projekts des RSHA. Daraus ist der folgende Abschnitt entnommen:

»Der Grundsatz der deutschen Judenpolitik nach der Machtübernahme bestand darin, die jüdische Auswanderung mit allen Mitteln zu fördern. Zu diesem Zweck wurde im Jahre 1939 durch Generalfeldmarschall Göring in seiner Eigenschaft als Beauftragter für den Vierjahresplan eine Reichszentrale für die jüdische Auswanderung geschaffen und die Leitung Gruppenführer Heydrich als Chef der Sicherheitspolizei übertragen. Das Auswärtige Amt ist im Ausschuß der Reichszentrale vertreten, der entsprechende Entwurf eines Schreibens an den Chef der Sicherheitspolizei ist durch den Herrn RAM zu 83/24 B im Februar 1939 genehmigt. Der jetzige Krieg gibt Deutschland die Möglichkeit und auch die Pflicht, die Judenfrage in Europa zu lösen. Mit Rücksicht auf den günstigen Kriegsverlauf gegen Frankreich schlug D III im Juli 1940 als Lösung vor: Alle Juden aus Europa zu entfernen und als Gebiet für die Aufnahme der Juden aus Europa von Frankreich die Insel Madagaskar zu fordern. Der Herr RAM hat grundsätzlich der Aufnahme der Vorarbeiten zur Abschiebung der Juden aus Europa zugestimmt. Es sollte im engen Einvernehmen mit den Dienststellen des Reichsführers SS vorgegangen werden. Der Madagaskar-Plan wurde vom Reichssicherheitshauptamt begeistert aufgenommen, das nach Ansicht des Auswärtigen Amtes die Dienststelle ist, die erfahrungsmäßig und technisch allein in der Lage ist, eine Judenevakuierung im Großen durchzuführen und die Überwachung der Evakuierten zu gewährleisten. Die zuständige Dienststelle des Reichssicherheitshauptamtes arbeitete darauf einen bis ins einzelne gehenden Plan für die Evakuierung der Juden nach Madagaskar und ihrer Ansiedlung dort aus, der vom Reichsführer SS gebilligt wurde. Gruppenführer Heydrich hat diesen Plan unmittelbar dem Herrn RAM im August 1940 zugeleitet. Der Madagaskar-Plan selbst ist durch die politische Entwicklung überholt. Daß der Führer beabsichtige, sämtliche Juden aus Europa zu evakuieren, teilte mir bereits im August 1940 Botschafter Abetz nach einem Vortrag beim Führer mit. Es bleibt mithin für D III die grundsätzliche Weisung des Herrn RAM bestehen, die Evakuierung der Juden im engsten Einvernehmen mit den Dienststellen des Reichsführers SS zu betreiben.«[66]

Im Dezember 1943 vertraute Himmler seinem Leibarzt Felix Kersten an, daß Goebbels und Hitler schuld daran wären, wenn sein Plan zur Verbannung der Juden aus Deutschland nicht ausgeführt werden könnte.[67] Am 21. März 1945 schrieb Himmler an Kersten, daß es ihm der Ausbruch des Zweiten Weltkrieges unmöglich gemacht hätte, die vor dem Krieg angelaufene Emigration der Juden aus Deutschland fortzusetzen.[68]

Hitler und seine Gefolgsleute waren nach dem Sieg über Frankreich im Juni 1940 – am Höhepunkt ihres Erfolgs – gewillt, bei den Friedensverhandlungen nach dem rasch zu erwartenden Kriegsende die Verbannung aller Juden nach Madagaskar durchzusetzen. In der Euphorie des Triumphs ließen sie diesbezüglich vom Auswärtigen Amt einen Plan und vom RSHA ein Projekt (als Teil des kolonialen Mittelafrika-Projekts) ausarbeiten. Als Hitler die Operation »Barbarossa« vorbereitete und – im Gegensatz zu den Generälen der Wehrmacht, der Luftwaffe und der Kriegsmarine – nicht an einem schnellen Sieg über Rußland zweifelte, glaubte er (und er hielt an diesem Gedanken lange fest), daß eines Tages die Zeit reif sein werde für eine Verbannung der Juden auf diese Insel. Er war davon überzeugt, daß er nach dem Fall des russischen Reiches auch Großbritannien schnell bezwingen werde. Als die Operation »Barbarossa« aber eine für ihn unerwartete Wendung nahm und sich die Gefahr abzeichnete, daß er zum großen Verlierer des Krieges werden könnte, entschloß er sich zur gnadenlosen Ausführung des Genozids. Diese Maßnahmen hatte er schon früh für den Fall einer militärischen Niederlage als Alternative zur Verbannung erwogen.[69]

Es steht so gut wie fest, daß die Verlängerung des Krieges über den Herbst 1941 hinaus die Soldaten der Wehrmacht und die Einsatzgruppen an der russischen Front in ihrer antijüdischen und antibolschewistischen Haltung bestärkte.[70] Sie wollten Opfer über Jahre an der russischen Front nicht akzeptieren, wenn die jüdischen Bolschewisten die Chance hätten, die Operation »Barbarossa« zu überleben. Sie gaben den bolschewistischen Juden die Schuld an dem langen Krieg und teilten mit Hitler das Verlangen nach Rache an den Juden.

Der Führer erklärte am 30. Januar 1942 in Berlin: »Zum ersten Mal werden nicht andere allein verbluten, sondern zum ersten Mal wird diesmal das echt altjüdische Gesetz angewendet: ›Aug' um Aug‹, ›Zahn um Zahn‹!«[71]

Zahlreiche Quellen belegen, wie weit der Rachegedanke ab Herbst 1941 verbreitet war. Dazu einige Beispiele: Frank erklärte am 16. Dezember 1941 vor seinen Mitarbeitern, warum der Beschluß, die Juden nach Madagaskar zu transportieren, auf Grund der viel zu lang andauernden Operation »Barbarossa« und der immer wahrscheinlicher werdenden deutschen Niederlage nicht mehr ausgeführt werden könne. Bei dieser Gelegenheit meinte er, daß es einem teilweisen Sieg der Juden gleichkäme, wenn sie die deutsche Niederlage letztlich überlebten, während so viele Deutsche ihr reines Blut auf den Schlachtfeldern Rußlands hätten vergießen müssen.[72] Im übrigen sollte Frank noch mehrmals den Gedanken aussprechen, daß im Krieg eine Situation entstehen könnte, in der man sich an den Juden rächen müßte.

Ein zweites Beispiel: Frank Novak, ein Mitarbeiter Adolf Eichmanns, erklärte nach dem Krieg in seinem Prozeß, Hitler habe sich zur Ausrottung der Juden entschlossen, weil er es angesichts der sich abzeichnenden totalen Niederlage nicht hätte verantworten können, daß die Juden den Krieg überleben sollten, während so viele deutsche Soldaten in den langwierigen Kämpfen den Tod fänden.[73]

In Hitlers Gedankenwelt waren die Juden Handlanger Satans, die sich die Zerstörung des Deutschen Reichs geschworen und darum den Zweiten Weltkrieg angezettelt hatten. In Hinblick auf eine totale Niederlage, für die er die Juden verantwortlich machte, wollte er sich an ihnen rächen.

Aber nicht nur die lange Dauer des Kriegs allein erklärt, warum der Madagaskar-Plan nicht ausgeführt wurde. Philippe Burrin schreibt: »Aber die Verlängerung des Krieges im Osten allein führte nicht zur Vernichtung der europäischen Juden. Der amerikanische Faktor war genauso entscheidend.«[74]

Nach dem Beginn der Operation »Barbarossa« erhöhte sich die Gefahr eines Kriegseintrittes der Vereinigten Staaten von Amerika erheblich. Zugleich riskierte Hitler damit, letztlich zum Verlierer des Kriegs zu werden, den er gerade deshalb begonnen hatte, um die Herrschaft über Europa zu erringen. Als sich im Sommer 1941 die Sowjetunion und die angelsächsischen Länder zusammenschlossen, um einen weltumspannenden Bund gegen das aggressive Auftreten Hitlers in Europa zu bilden, reagierte dieser so, wie er das immer getan hatte: Die Alliierten hätten sich durch die Juden dazu verführen lassen, sich der Machtausbreitung Deutschlands zu widersetzen. Innerhalb dieses politischen Rahmens wurde sein Entschluß, die Juden in seinen europäischen Einflußgebieten auszurotten, nicht allein durch seine anti-bolschewistische Haltung bestimmt. Hitler hatte nie geglaubt, daß der Bolschewismus und der Kapitalismus Gegenpole waren, denn mit ihrem »teuflischen Pakt« zur Vernichtung Deutschlands hatten beide ihre Maske fallen lassen. Für Hitler war es der Jude, der als globaler Feind beide zu einem gemeinsamen Vorgehen aufgehetzt habe. »Die europäischen Juden ereilte damit ihr Schicksal unerbittlich wie in einer Tragödie. Europa konnte nur durch den sowjetischen Widerstand und die amerikanische Intervention vom nationalsozialistischen Joch befreit werden; aber die Erweiterung zum Weltkrieg war auch das Todesurteil für die europäischen Juden. Die Befreiung Europas wurde mit dem Leben der Juden bezahlt.«[75]

Kapitel XII

Die Madagaskar-Pläne: eine »jüdische List«

Nach der Eroberung Madagaskars durch die britischen Streitkräfte am 28. Mai 1942 führte die nationalsozialistische Presse (einschließlich der gleichgeschalteten französischen Presse) eine Kampagne gegen die »perfiden« Juden und die Briten: die Briten würden schon seit 1937 im Kampf gegen Frankreich mit den Juden unter einer Decke stecken, um Madagaskar zugunsten der Juden wegen des idealen Klimas den Franzosen abzunehmen. Man könne mit Sicherheit davon ausgehen, daß die Juden nach ihrer Ansiedlung auf Madagaskar die dort lebenden Eingeborenen als Sklaven für sich arbeiten lassen würden. Die nationalsozialistische Presse vermutete hinter diesem Madagaskar-Plan eine jüdische List. Schon im Jahr 1936 hätte die jüdische Regierung unter Ministerpräsident Blum diese Idee verfolgt, angeblich in der Absicht, um die verfolgten Juden in Sicherheit zu bringen. Tatsächlich aber hätte man ihnen eine neue Gelegenheit zur Ausbeutung anderer Völker (in diesem Fall der dreieinhalb Millionen Eingeborenen) verschaffen wollen. Auf Madagaskar würde sich alles, was die Europäer mit den Juden in der Vergangenheit erlebt hätten, wiederholen. Der Jude würde auf dieselbe Weise wie in den vergangenen Jahrhunderten in Erscheinung treten: als Gottesmörder, Kindesmörder, Brunnenvergifter, Hostienschänder, Verräter, Verschwörer, Wucherer, Lügner, Betrüger, Judas, durchtriebener Händler, niederträchtiger Kaufmann, Frauenschänder, Kapitalist, Kommunist, Pseudo-Wissenschaftler, Ungeziefer, Parasit, Revolutionär, Untermensch, zersetzendes Element, Bazillus, politischer Drahtzieher, unbarmherziger Egoist, unzuverlässiger Bankier, Fremdling, arrogantes Opfer und als allmächtiger Jude, dessen Ziel die »Verjudung« der ganzen Welt (nicht nur Europas) sei. Glücklicherweise hätten damals die Franzosen die wahren Absichten der Juden erkannt und Blum und seine Regierung zur Aufgabe dieses Plans gezwungen.

Die Juden hätten sich danach um Unterstützung für die Realisierung ihres Madagaskar-Plans an die Briten gewandt. Diese hätten aber die »jüdische List« nicht durchschaut und wären auf sie hereingefallen. Die Besetzung Madagaskars im Mai 1942 sei der erste Schritt zur Durchführung des jüdischen Madagaskar-Plans gewesen.[1] In der Folge machte die nationalsozialistische Presse im Jahr 1942 die Juden auch für die Entwicklung in Nordafrika verantwortlich.

Der am 22. Juni 1940 zwischen Frankreich und Deutschland geschlossene Waffenstillstand bedeutete die Besetzung von drei Fünftel des französischen Staatsgebiets. Über seine Kolonien (einschließlich Madagaskar) und die Flotte konnte

Frankreich weiterhin selbst verfügen. Im Mai 1942 eroberten die Briten Madagaskar. Die Entwicklung in Nordafrika im November 1942 brachte eine entscheidende Wende. Der französische Admiral Darlan unterstützte die Amerikaner und stellte sich damit auf die Seite der Alliierten. Damals erkannten die Deutschen den Verlust ihres Einflusses in Vichy und dehnten ihre Besetzung auf ganz Frankreich aus. Die Franzosen versenkten ihre eigene Flotte, die im Hafen von Toulon lag, noch bevor sie den Deutschen in die Hände fallen konnte. Die Flotte war die einzige Verbindung zwischen dem französischen Kolonialreich und dem Mutterland gewesen, die dadurch unterbrochen wurde. Durch diese Ereignisse war das Ende des Kriegs in weite Ferne gerückt.

Die nationalsozialistische Presse in Frankreich interpretierte die Eroberung Madagaskars als eine neue List der Juden, die ihren eigenen Madagaskar-Plan realisieren wollten. Infolge der Eroberung Madagaskars durch die Briten waren die deutschen Pläne zur Verbannung der Juden undurchführbar geworden. In naher Zukunft, so die nationalsozialistische Presse, würden die Juden jedoch selbst den Briten Madagaskar abnehmen und die dort ansässigen Bewohner versklaven. Die nationalsozialistischen Journalisten in Frankreich bedauerten die Tatsache, daß die Briten im Mai und November 1942 nicht genauso schlau waren, wie die Franzosen in den Jahren 1937 und 1938.

Kapitel XIII

Jüdische Reaktionen auf die deutschen Madagaskar-Pläne

In dem Artikel *Life in Wartime Germany*[1] schrieb Max Nussbaum im Herbst 1940, daß in Deutschland vor der Machtergreifung der Nationalsozialisten eine halbe Million Juden gelebt hatten, daß aber in den Jahren vor 1940 als Folge des zunehmenden Antisemitismus 160 000 das Land verlassen hatten. Außerdem faßte er in dem Artikel die antisemitische Politik der Nationalsozialisten zusammen. In den vergangenen Jahren hätten sich jüdische Organisationen vehement für die Emigration nach Palästina und in die Vereinigten Staaten eingesetzt. Dabei seien sie von maßgeblichen deutschen Stellen unterstützt worden, die aber ihrerseits bis zum Ausbruch des Krieges nur wenig unternommen hätten, um die Zahl der Emigranten zu erhöhen. Später sei eine politische Wende bezüglich der jüdischen Emigration eingetreten.

Es sei, so Nussbaum, zu einem Konflikt zwischen der NSDAP und dem Auswärtigen Amt in der Judenfrage gekommen. Während die NSDAP die traditionelle Politik, also eine Steigerung der Emigrationszahlen, habe fortsetzen wollen, sei man im Auswärtigen Amt langsam zu der Überzeugung gelangt, daß es besser wäre, keine Juden mehr emigrieren zu lassen. Man habe nämlich emigrierte Juden verdächtigt, sich der britischen oder französischen Armee im Kampf gegen Deutschland angeschlossen zu haben.

Trotzdem, so Nussbaum, sei die Emigration im kleinen Umfang weitergeführt worden. Es sei doch noch gelungen, Einwanderungsbewilligungen für die Vereinigten Staaten von Amerika zu bekommen, und kleine Gruppen hätten illegal nach Palästina einreisen können.

Plötzlich jedoch verbot der deutsche Reichsaußenminister jegliche Emigration der Juden aus dem besetzten Europa in Überseegebiete. Von offizieller Stelle ließ man dazu verlauten, daß die Alliierten jüdische Emigranten auf der Überfahrt von den Schiffen holen und sie zwingen würden, sich ihren Armeen anzuschließen. Laut Nussbaum hing diese Änderung jedoch mit den unterschiedlichen Auffassungen in den höchsten Kreisen der NSDAP und in den Ministerien zusammen. Jüdische Einrichtungen, die gemeinsam mit den entsprechenden deutschen Instanzen die Emigration organisierten, erfuhren, daß die Ausreise viel zu schleppend verliefe und man die Judenfrage so nicht würde lösen können. Das sei, wie es in offiziellen Kreisen hieß, nicht nur eine deutsche Angelegenheit, sondern eine europäische.

Weil man die jüdischen Stellen nicht sofort über den neuen Kurs informiert hatte, führten diese weitere Verhandlungen und machten zahlreiche Vorschläge für die

Ausreise deutscher Juden in Überseegebiete. Aber die Verhandlungen brachten keine Ergebnisse mehr, und schließlich erfuhren die Juden von der Existenz eines Plans, der vorsah, sofort nach Hitlers »Endsieg« fünf Millionen europäische Juden innerhalb einiger Jahre nach Madagaskar zu deportieren. Die Wahl sei, so die deutschen Autoritäten, auf diese Insel gefallen, weil sie ausreichend Platz biete und außerdem weit genug von Europa entfernt sei, um eine Rückkehr ins christliche Abendland unmöglich zu machen. Man suggerierte den Juden, sie könnten dort ein in jeder Hinsicht eigenes, selbständiges Leben führen. In Wahrheit wären sie auf Madagaskar natürlich Gefangene der SS gewesen.

Zur Durchführung dieser größten Zwangsemigration in der Geschichte der Menschheit würde man viel Geld aufbringen müssen. Vertreter hoher Stellen seien, laut Nussbaum, allerdings davon überzeugt gewesen, daß die *Jewish Agency for Palestine* und jüdische Organisationen in Amerika gerne zur Finanzierung dieser Operation bereit wären. Würden die Juden die für eine gut organisierte Überfahrt erforderlichen finanziellen Mittel nicht aufbringen, dann würden sie riskieren, daß man sie nach dem Krieg aus allen Ländern Europas ausweise und ihrem Schicksal überlasse. Man sei davon ausgegangen, daß Palästina nach dem Sieg der Achsenmächte an Italien fallen und die Grenzen des Jüdischen Nationalheimes sofort geschlossen würden. Dann wäre die *Jewish Agency for Palestine* gezwungen, Geld zur Organisierung eines Transports nach Madagaskar zur Verfügung zu stellen. Abschließend stellte der Autor des Artikels fest, daß die Idee zum Madagaskar-Plan vom Sommer 1940 nicht von deutschen Instanzen stamme, sondern auf einen gewissen Egon van Winghene aus Rotterdam zurückgehe. Dieser hätte als erster im Jahr 1931 eine derartige Lösung für die Judenfrage in Europa in seinem Buch *Arische Rasse, christliche Kultur und das Judenproblem* vorgestellt und ausführlich begründet.

Lohamei Herut Israel (»Kämpfer für Israels Freiheit«), auch bekannt als *Stern Group* oder *Stern Gang*, war eine radikale Strömung innerhalb des Zionismus, die den revisionistischen Maximalismus propagierte. Diese Bewegung entstand Ende der zwanziger Jahre dieses Jahrhunderts und wurde nach 1937 *Irgun Tseva'i Le'ummi* (Nationale Militärische Organisation), kurz *Irgun*, genannt. Die Anhänger dieser Bewegung strebten die Unabhängigkeit Palästinas an, auch ohne eine jüdische Mehrheit im Land.

Abraham Stern *(›Yair‹)* hatte den Zionismus in diese Richtung gelenkt. Nach Kriegsausbruch wollte er seine Vorstellungen realisieren, indem er eine oppositionelle Haltung gegenüber den Briten einnahm. Diese hatten 1939 durch die Herausgabe des *White Paper* die Immigration nach Palästina auf ein Minimum reduziert. Sterns Strategie war der Vladimir Jabotinskys entgegengesetzt. Letzterer suchte als zionistischer Führer in seinem Kampf gegen Hitler die Unterstützung Großbritanniens.

Während einer Versammlung der Wortführer der *Irgun* im Juni 1940 spaltete sich eine kleine Gruppe unter Sterns Leitung ab, die den Briten den Krieg erklären wollte. Sie nannten sich die »Irgun in Israel«. Stern und seine Anhänger waren der Ansicht, daß in der Geschichte immer die stärksten Führer, Männer wie Mussolini, der polnische Staatsmann Jozef Pilsudski und Adolf Hitler, den Sieg erringen.

So wie alle Anhänger radikaler rechter Bewegungen im damaligen Europa war auch die Gruppe um Stern von der Theorie des Sozialdarwinismus beeinflußt. Sie betrachteten den Zweiten Weltkrieg nicht als ideologischen Krieg, sondern als Kampf um die Vorherrschaft in der Welt. Darum wollten sie sich nicht hinter die Briten stellen, sondern suchten eine Annäherung an den Feind, die Achsenmächte.

Stern unterschied zwischen *persecutors* (Verfolgern) und *enemies* (Feinden) der Juden. Jahrhundertelang wollten die Verfolger von Haman bis Hitler die Juden ausrotten. Die Feinde der Juden hingegen wären viel gefährlicher. Für ihn waren die Briten die gefährlichsten Feinde der Juden, da sie deren Land besetzt hielten.

Stern teilte mit Jabotinsky die Auffassung, daß sich der Antisemitismus der Nationalsozialisten von dem der Polen unterscheide. In den vergangenen Jahren konnten Jabotinsky und die polnische Regierung Übereinstimmung bezüglich der Emigration der polnischen Juden nach Palästina erzielen.[2] Daraus folgerten Stern und seine Anhänger, daß es möglich sein müßte, auch mit den Nationalsozialisten zu einer analogen Einigung zu kommen.

Ende 1940 schickte Stern Naphtali Lubenchik als Abgesandten der »Irgun in Israel« nach Beirut (Mandatsgebiet von Vichy-Frankreich), um mit Vertretern der Achsenmächte über die Gründung eines jüdischen Staates in Palästina zu verhandeln. Im Zusammenhang mit der Neuordnung Europas hatte es regelmäßig diplomatische Kontakte darüber gegeben. Lubenchik traf im Januar 1941 Otto Werner von Hentig, einen Vertreter des deutschen Außenministeriums. Lubenchik überreichte ihm ein Memorandum mit dem Titel *Querverbindungen zwischen dem deutschen Entwurf für ein Europa (ohne Juden) und dem jüdischen Entwurf für einen eigenen Staat (in Palästina).* Die »Irgun in Israel« bot Deutschland darin politische und militärische Unterstützung im Kampf gegen die Briten an und erwartete dafür die Zustimmung zur Gründung eines jüdischen Staates und zur Bildung jüdischer Militäreinheiten in den besetzten Gebieten Europas, die an der Eroberung Palästinas teilnehmen sollten.

Stern war gut über Hitlers Gespräche informiert, die dieser seit 1938 mit Himmler, Heydrich, Göring, Goebbels, Frank und Eichmann über Madagaskar als Verbannungsort für die Juden geführt hatte, und ebenso über die detaillierten Pläne des Auswärtigen Amtes und des RSHA vom Sommer 1940. Beginn 1941 gingen Stern und seine Anhänger davon aus, daß Hitler und seine engsten Mitarbeiter eine territoriale, aber nicht-zionistische Lösung der Judenfrage in Europa anstrebten. Außerdem wußten sie, daß Hitler darüber seit 1938 mit zahlreichen Diplomaten und Regierungsvertretern verhandelt hatte. Sie erwarteten, ohne Schwierigkeiten zu einer Einigung mit Hitler über einen gemeinsamen Krieg gegen Großbritannien als Gegenleistung für die Gründung eines jüdischen Staates in Palästina zu gelangen. Ebenso glaubten sie, Hitler für den Plan gewinnen zu können, alle Juden nach Palästina anstatt nach Madagaskar zu »evakuieren«. Die Anhänger der »Irgun in Israel« sahen außerdem Parallelen zwischen der Situation der Juden in den polnischen Ghettos und der der russischen Juden während der Revolution. Die Ghettos in Polen würden heute oder morgen als Basis im Kampf für eine jüdische nationale Heimstätte in Palästina dienen.

Von Hentig antwortete dem Gesandten der »Irgun in Israel«, daß es in Deutschland zwei Auffassungen über die Lösung der Judenfrage gebe. Die eine basiere auf »Realpolitik« und impliziere die Verbannung aller Juden nach Madagaskar (oder in ein anderes Gebiet), die andere sei eine Form von »Idealpolitik« und impliziere ihre Vernichtung. Er betrachte die Vernichtung als die wahrscheinlichere Lösung, besonders wenn die Verbannung noch länger hinausgeschoben würde.

Die erfolglose Mission Lubenchiks führte zu einer Spaltung innerhalb der »Irgun in Israel«. Nach dem Zweiten Weltkrieg betonte man in Kreisen der *Irgun* immer wieder, daß Großbritannien am Genozid der sechs Millionen Juden eine ebenso große Schuld trage wie Deutschland, vor allem auch deshalb, weil britische Politiker unmittelbar nach dem Krieg alles in ihrer Macht Stehende unternommen hätten, um Überlebende der Konzentrationslager an der Emigration nach Palästina zu hindern.[3]

Am 15. Mai 1941 verfaßte Eugene Hevesi im Auftrag des *Research Institute on Peace and Post-War Problems* des *American Jewish Committee* einen Bericht über Madagaskar.[4] Da man über die deutschen Pläne informiert war, hatte das *Committee on Peace Studies* die Abteilung *Migration and Colonization* um einen ausführlichen Bericht über diese französische Kolonie ersucht.

Für den Autor des Berichts[5] bestand auf Grund von amerikanischen Informationen kein Zweifel darüber, daß Hitler, abhängig von der weiteren politischen Entwicklung in Europa, plante, alle europäischen Juden nach Madagaskar zu verbannen. Und zwar nicht in der Absicht, ihnen dort eine Überlebenschance zu geben, sondern um sie langsam aber sicher aussterben zu lassen. In Publikationen über diese Pläne war betont worden, daß man sich für diese Insel entschieden hätte, weil sie für die Aufnahme von fünf Millionen Juden ausreichend Platz bieten würde. Auch sei die Entfernung zu Europa so groß, daß kaum Möglichkeiten für eine Flucht und Rückkehr bestünden. In amerikanischen Regierungskreisen sei man davon überzeugt, so der Autor des Berichts, daß die *Jewish Agency for Palestine* und zahlreiche jüdische Organisationen in Amerika bereit wären, die ganze Operation (Transport und Ansiedlung) zu finanzieren.

Die wichtigste Frage, die Eugene Hevesi beantworten wollte, war: würde es unter Einsatz moderner Technik möglich sein, auf den Hochebenen Madagaskars Kolonien für weiße Europäer (Juden) zu gründen?

Zuerst führte der Autor bedeutende deutsche Wissenschaftler an, die sich mit der Problematik der Kolonisation beschäftigt und drei Arten von Kolonien unterschieden hatten: »Handelskolonien« (I), »Pflanzungskolonien« oder »Herrschaftskolonien« (II), in denen der weiße Kolonialherr die Eingeborenen als Sklaven für sich arbeiten läßt, und schließlich »Siedlungskolonien« (III), in denen die Weißen selbst die schwere physische Arbeit verrichten.[6]

Alle deutschen Wissenschaftler waren einhellig der Meinung, daß Madagaskar (einschließlich der Hochebenen) nicht für die Gründung von »Siedlungskolonien«, sondern höchstens für »Pflanzungskolonien« geeignet wäre.[7]

C. Troll, ein Experte auf diesem Gebiet, hatte darüber 1939 – ein Jahr, bevor die deutschen Behörden das Madagaskar-Projekt lancierten – geschrieben:

> »Ich möchte den Leser darauf aufmerksam machen, daß Ostafrika (oder die ehemaligen deutschen Kolonien im allgemeinen) für die Aufnahme eines Teils jener Deutschen, die im eigenen Land keine Zukunftsperspektive mehr haben, nicht geeignet ist. [...] Die Idee zur Ansiedlung weißer Europäer auf den tropischen Hochebenen dieser Kolonien im großen Umfang geht davon aus, daß die Weißen dort als Bauern leben und sich selbst versorgen können. Dabei läßt man allerdings außer acht, daß Europäer mit Sicherheit große Problem bekommen würden, wenn sie unter derartigen klimatischen Bedingungen physische Schwerarbeit verrichten müßten. Es gibt nämlich noch keine Beweise dafür, daß weiße Europäer längere Zeit hindurch auf den tropischen Hochebenen Schwerarbeit leisten können, ohne daran zugrunde zu gehen. Man muß sich außerdem fragen, ob es in sozialer und rassischer Hinsicht überhaupt wünschenswert ist, daß weiße Europäer zusammen mit schwarzen Eingeborenen auf Ostafrikas Hochebenen arbeiten. [...] Ich komme zu dem Schluß, daß Ostafrika geringe oder keine Bedeutung für die Errichtung von Kolonien hat.«

Eugene Hevesi meinte, daß für Madagaskar – aufgrund von ähnlichen klimatischen Verhältnissen – dasselbe gelte wie für Ostafrika, sodaß die europäischen Juden dort sicher aussterben würden. Für Hevesi war klar, daß die Autoren des Madagaskar-Projekts ganz bewußt diese Insel ausgewählt hatten, weil sie die Vernichtung der Juden wollten.

Hevesi wies auch darauf hin, daß nicht nur deutsche Kolonialexperten, sondern auch Wissenschaftler aus anderen europäischen Ländern zu diesem Ergebnis gekommen waren. Er zitierte aus dem Bericht einer internationalen Studienkonferenz aus dem Jahr 1937:

> »Nach sorgfältigem Studium stellen wir fest, daß Kolonien für eine Lösung des Emigrationsproblems nicht geeignet sind. Der Beitrag, den Kolonien dazu liefern können, ist aus folgenden Gründen minimal: Da sich die wirtschaftliche Entwicklung in den meisten Kolonien nur sehr langsam vollzieht, kann die Zahl der Kolonisten kaum erhöht werden. Außerdem ist das Klima in vielen Gebieten für weiße Europäer ungeeignet. Darum ist eine Massenansiedlung weißer Kolonisten ganz ausgeschlossen. Es wird manchmal die Ansicht vertreten, daß die dünnbesiedelten Gebiete in den bestehenden

Kolonien für größere Gruppen von Einwanderern aus Europa geeignet seien. Dabei wird auf die Hochflächen verwiesen, auf denen nur wenige Eingeborene wohnen. Das ist aber ein großer Irrtum. Da die Hochflächen abseits der bewohnten Gebiete liegen, würde die wirtschaftliche Entwicklung, die die Kolonisten dort in Gang setzen sollten, bald stagnieren – mit allen sich daraus ergebenden Konsequenzen.«[8]

Die Ergebnisse der Wissenschaftler aus Europa und den Vereinigten Staaten wurden, laut Hevesi, in der Vergangenheit durch die Erfahrungen von Kolonisten, die physische Arbeit in den tropischen Hochebenen verrichten wollten, bestätigt. Die Pioniere, die den Aufenthalt auf Madagaskar überlebt hatten, kamen übereinstimmend zu dem Schluß, daß Kolonisation in großem Umfang vollkommen unmöglich sei und auch in Zukunft bleiben würde.[9]

Für Eugene Hevesi ergab sich daraus, daß die europäischen Juden nicht bereit sein würden, sich nach dem Krieg auf einer Insel anzusiedeln, die ihnen keine Überlebenschance biete. Auch würde keine Regierung eines zivilisierten Landes zur finanziellen Unterstützung der Operation bereit sein. Im Gegenteil, man würde einen derart unmoralischen Plan, durch den die Juden in den Tod getrieben würden, ablehnen. Welches Schicksal würde die Juden auf Madagaskar erwarten, wenn die französische Kolonie nach dem Krieg unter deutsche Herrschaft käme? Der Jude »will become but a slave in a German ›master colony‹, subject to the usual Nazi exploitation and reduced, both economically and culturally, to the level of a coolie on a tropical plantation«. Die Deportation von fünf Millionen Juden aus dem Zentrum der zivilisierten Welt nach Madagaskar wäre ein äußerst beschämendes Schauspiel und der sichere Untergang des jüdischen Volkes.

Im Herbst 1941 schrieb Eugene Hevesi in *Contemporary Jewish Record*[10], Hitler habe Madagaskar zur »death chamber of the Jews of Europe« bestimmt. Er betonte, wie er es schon in seinem Bericht getan hatte, daß er nicht an der Ernsthaftigkeit des Madagaskar-Plans zweifle. Er werde, abhängig von der politischen Entwicklung, ausgeführt werden, weil er Hitlers Absicht entspreche, Europa aus dem »Würgegriff der Juden« zu befreien. Hevesi wollte mit seinem Artikel *Hitler's Plan for Madagascar* beweisen, daß jeder Versuch zur Ausführung des Madagaskar-Plans unwiderruflich zu unbeschreiblichem Elend führen und mit dem Auslöschen der jüdischen Rasse enden würde.

Der Autor beschuldigte die Nationalsozialisten des Plagiats, weil sie durch die Diskriminierung, Stigmatisierung und Ausgrenzung der Juden die alten Kirchengesetze neu belebt hätten. Hitler habe gewußt, daß er von seiten der Kirche bezüglich seiner Pläne zur Verbannung der Juden aus Europa keinen Widerstand zu erwarten habe, da diese nahtlos an eine jahrhundertealte kirchliche Tradition anschließen würden. Hatten doch die Päpste im 16. Jahrhundert alle Juden aus den Städten des Kirchenstaats verbannt. In diesem Zusammenhang betonte Hevesi, daß der Madagaskar-Plan christlichen Ursprungs sei, denn er basiere auf Ideen von Egon van

Winghene aus dem Jahre 1931. Würden die Juden einmal von der SS auf der Insel gefangengehalten, dann wäre nach Hitlers Meinung die Gefahr, daß sie auch nur einen Europäer mit ihrem »tödlichen Virus infizierten«, auf ein Minimum reduziert. Hevesi zitierte einen Bericht vom 28. April 1941 der *Nazi Agency,* die Nachrichten aus Deutschland in der ganzen Welt verbreitete: »Hier halten sich hartnäckig Gerüchte, daß man in das Waffenstillstandsabkommen zwischen Frankreich und Deutschland vom Sommer 1940 eine Klausel aufgenommen hätte, wonach sich die beiden Regierungen geeinigt hätten, daß sich alle europäischen Juden nach dem Krieg auf Madagaskar ansiedeln dürften.« Außerdem könne man aus wohlinformierten Kreisen vernehmen, daß sich die französische Zeitung *Le Temps* mit der Aussage, daß in naher Zukunft »eine definitive Lösung der Judenfrage bevorstehe und diese nicht mit Verfolgung einhergehen werde«, auf Madagaskar beziehe. Die *Jewish Telegraphic Agency* in Stockholm habe am 29. April 1941 folgenden Bericht ausgesendet: »Jüdische Vertreter aus Deutschland, Österreich, Polen und dem Protektorat wurden von den nationalsozialistischen Behörden nach Berlin beordert, um sie über den Madagaskar-Plan zu informieren.«

Aus allen jüdischen Reaktionen auf Hitlers Madagaskar-Plan kann man die Warnung heraushören, daß dieser Plan mit Sicherheit nicht zur Rettung der Juden entworfen wurde. Im November 1941 schrieb ein Autor: »It appears that Madagascar may be destined, if Hitler has his way, to become a Devil's Island for the Jews of Europe.«[11]

Kapitel XIV

Der britische Madagaskar-Plan im Zweiten Weltkrieg

Chaim Weizmann schreibt in seiner Autobiographie:

»Das Paradoxe, das bei Kriegsbeginn in die Erscheinung trat, vertiefte sich noch in den folgenden Monaten. Im Kampf mit den Naziungeheuern stand für niemand mehr auf dem Spiel und keiner konnte fanatischer bestrebt sein der allgemeinen Sache zu dienen als die Juden. Gleichzeitig schloß England, das führende Land der gegen die Nazis Verbündeten, die Tore Palästinas für Tausende von unglücklichen Männern, Frauen und Kindern, die den letzten verzweifelten Versuch machten, sich in ihre Nationale Heimstätte zu retten. Wir hatten gehofft, es würde eine Lockerung in den Einwanderungsbestimmungen für Palästina erfolgen, wenn die schändliche Notwendigkeit, die Nazis und die arabischen Führer zu ›befrieden‹, nicht mehr bestände. Doch nichts dergleichen geschah. Die ›Sargschiffe‹ fuhren noch immer kreuz und quer durch das Mittelmeer und konnten ihre Menschenfracht nicht abladen. Der Druck innerhalb Europas verstärkte sich. Und doch mußten wir unsere Menschen und unsere Einrichtungen in Palästina England und seinen Alliierten zur Verfügung stellen. Was blieb uns anderes übrig?«[1]

Der wegen der illegalen Auswanderung jüdischer Flüchtlinge nach Palästina schwelende Konflikt erreichte seinen Höhepunkt, als im November des Jahres 1940 das Schiff *Patria* im Hafen von Haifa explodierte. Dieses Ereignis hatte eine weit zurückreichende Vorgeschichte, die im Folgenden als kurzer Abriß dargestellt werden soll. Ich ziehe zu diesem Zweck dankbar Bernard Wassersteins Werk *Britain and the Jews of Europe 1939–1940* heran.

Im September 1940 erfuhr die britische Regierung aus offiziellen Kreisen, daß sich tausende jüdische Flüchtlinge in Südosteuropa eingefunden hätten, um von dort aus illegal nach Palästina zu emigrieren. Am 3. September hatten sich mehr als 3000 jüdische Flüchtlinge mit Zustimmung deutscher Behörden auf vier Dampfern, die unter der Hakenkreuzfahne fuhren, in Wien, Prag und Danzig eingeschifft, um der Verfolgung in Europa zu entkommen. Unter ihnen befanden sich auch Juden, die den ganzen Winter 1939/1940 an Bord von in der Donau festgefrorenen Schiffen verbracht hatten. Sie hatten die extremen Bedingungen und den strengen Frost nur mit knapper Not überlebt. Das Kolonialministerium in London hatte zwar alles darangesetzt, eine Unterstützung dieser Flüchtlinge zu verhindern, trotzdem war es jüdischen Organisationen gelungen, sie mit Nahrungsmitteln, Kleidung und Geld zu versorgen. Dennoch waren viele vor Hunger und an der Kälte zugrundegegangen.

Am 11. September trafen die vier Dampfschiffe im Hafen von Tulca/Rumänien ein. Von dort aus setzten 1875 Juden ihre Reise mit der *Atlantic* fort, 1015 mit der *Pacific* und 709 mit der *Milos*. Es handelte sich dabei um drei griechische Ozeandampfer, die unter panamesischer Flagge fuhren und die Flüchtlinge nach Palästina bringen sollten.

Am 16. Oktober erreichte die *Atlantic* den Hafen von Kreta. Aufgrund der politischen Entwicklungen wagte der Kapitän nicht, die Fahrt in Richtung Palästina fortzusetzen. Die Situation der Flüchtlinge auf dem Schiff schrie zum Himmel: es mangelte ihnen an allem, und in der Zwischenzeit war auch noch Typhus ausgebrochen. Die Juden hofften auf die Erlaubnis zum Landgang, wenigstens bis die Umstände günstiger wären und sie einen Kapitän finden könnten, der bereit wäre, sie nach Palästina zu bringen.

Die *Pacific* und die *Milos* hatten auf ihrem Weg nach Palästina nicht mit solchen zusätzlichen Schwierigkeiten zu kämpfen. Anfang November liefen sie in den Hafen von Haifa ein. Die britische Regierung war dadurch neuerlich gezwungen, sich auf eine Politik zu besinnen, wie sie schon im *White Paper* von 1939 vorgezeichnet worden war und an der sie lieber nicht rütteln wollte. Als dem britischen Hochkommissar in Jerusalem, Sir Harold Mac-Michael, zu Ohren gekommen war, daß die drei Ozeandampfer auf dem Weg nach Haifa wären, hatte er am 21. September ein Telegramm an das Kolonialministerium in London geschickt. Darin hatte er seine große Besorgnis zum Ausdruck gebracht, daß die Sicherheit in Palästina ernsthaft in Gefahr wäre, sollte sich ein wahrer Strom Tausender jüdischer Flüchtlinge über das Land ergießen. Dazu hatte der Hochkommissar noch auf die durchaus realistische Gefahr hingewiesen, daß sich unter so vielen Juden auch Geheimagenten der Nazis befinden könnten. Deshalb hatte er bei der britischen Regierung darauf gedrängt, die Möglichkeit ins Auge zu fassen, alle illegalen jüdischen Emigranten auf den genannten Schiffen nach Australien umzuleiten.

Am 15. Oktober bekam der Hochkommissar aus London zu hören, daß es unmöglich wäre, die jüdischen Flüchtlinge, die sich an Bord der *Atlantic*, der *Pacific* und der *Milos* befanden, in einen australischen Hafen weiterzuschicken. Das Ministerium würde jedoch prüfen, ob sie nach Mauritius oder einer anderen britischen Kolonie eingeschifft werden könnten. Sollten in der Zwischenzeit jüdische Emigranten den Hafen von Haifa erreichen, müßten sie vorläufig in Lagern interniert werden beziehungsweise sollte man sie zum Verbleib auf den Schiffen zwingen.

Die Insel Mauritius liegt rund 800 Kilometer östlich der Insel Madagaskar im Indischen Ozean. Bereits im 10. Jahrhundert war Mauritius unter arabischen Seefahrern bekannt. Im 15. Jahrhundert machten Malaien Kurs auf die Inselgruppe der Maskarenen, zu denen auch Mauritius und Madagaskar gehören. Im Jahre 1505 entdeckte der Portugiese Pedro Mascarenhas Mauritius für Europa, es wurde jedoch von den Portugiesen nicht besetzt. Durch Jacob van Neck wurde die Insel 1598 den Vereinigten Niederlanden einverleibt. Damals bekam sie – nach Prinz Maurits – auch ihren heutigen Namen. Aber auch die Holländer machten sich nicht sofort daran, die Insel zu besiedeln. Im Jahre 1638 wurde sie von der Vereinigten Ost-Indischen Kompanie besetzt und als Stützpunkt genützt. Um das Jahr 1672 ließen sich rund 40 niederländische Familien auf Mauritius nieder, die sich mit großem Erfolg dem Ackerbau widmeten. Als die Siedler 1710 ihr Interesse an der Insel verloren, zogen sie aufs Kap. 1712 waren es die Franzosen, die die Insel übernahmen und ihr den Namen *Ile de France* gaben. 1810 eroberten schließlich die Engländer die Insel und stellten den alten Namen wieder her. Im Frieden von Paris im Jahre 1814 wurde Mauritius definitiv zu einem Teil des Britischen Empire. Rund die Hälfte der Bevölkerung (53 Prozent) sind Anhänger des Hinduismus. Weitere 32 Prozent sind Christen, 13 Prozent Mohammedaner und ein Prozent Buddhisten.

Am 15. Oktober, demselben Tag, an dem das Kolonialministerium den Hochkommissar davon in Kenntnis gesetzt hatte, daß die jüdischen Flüchtlinge auf den drei genannten Schiffen wahrscheinlich nach Mauritius weitergeschickt werden würden, telegraphierte man dem Gouverneur von Mauritius. Das Ministerium wollte in Erfahrung bringen, ob dieser kurzfristig in der Lage wäre, eine erhebliche Anzahl jüdischer Flüchtlinge unterzubringen, die illegal nach Palästina einreisen wollten. Die geplante Unterbringungsmöglichkeit wurde genau beschrieben: Auf der Insel sollte ein Lager samt Lageraufsehern eingerichtet werden, das mit Stacheldraht umzäunt sein müßte. Der Gouverneur kabelte zurück, daß er bereit wäre, 4000 jüdische Flüchtlinge aufzunehmen, sofern sie ihre eigenen Betten sowie ihr eigenes Geschirr und Besteck mitbrächten. Darüber hinaus müßten sie selbst für ausreichende medizinische Versorgung, Lageraufseher und Dolmetscher sorgen. Selbstredend müßten alle Juden, bevor sie in Haifa an Bord der Schiffe nach Mauritius gingen, nicht nur sich selbst, sondern auch ihre Kleidung von allem Ungeziefer befreit haben und gegen Typhus geimpft sein. In einem weiteren Telegramm nach London hielt es der Gouverneur für nötig, seine Bedingungen noch zu ergänzen: Die jüdischen Flüchtlinge müßten auch genug Nachttöpfe mitbringen ...

Um sie vorläufig unterbringen zu können, sollten in der weitläufigen Eingangshalle und dem Innenhof des größten Gefängnisses der Insel provisorische Zellen eingerichtet werden. Neuerlich bestand er dem Ministerium gegenüber darauf, daß die Juden selbst für die Lageraufseher sorgen müßten. Deren Anzahl sollte sich nach dem Bildungsgrad und dem allgemeinen Niveau der illegalen Emigranten richten.

Am 13. November wurde Churchill von Kolonialminister Lord Lloyd ein Memorandum vorgelegt, das den Vorschlag enthielt, die jüdischen Flüchtlinge, die im Hafen von Haifa landen würden, auf die Insel Mauritius zu deportieren. Lloyd wollte von Churchill wissen, ob er bereit war, diesen Vorschlag zu unterstützen. Einen Tag darauf, am 14. November, antwortete Churchill, daß er dem unter zwei Bedingungen zustimme: Die Juden dürften später nicht in jene Länder zurückgeschickt werden, aus denen sie wegen der dortigen Verfolgung geflohen wären, und sie müßten auf der Insel gut behandelt werden. Lord Lloyd wollte auch den zionistischen Anführer Weizmann zu einer Aussage bewegen, wie dieser über den Abtransport der jüdischen Flüchtinge nach Mauritius dachte. Weizmann kam zu der für ihn äußerst schmerzhaften Erkenntnis, daß er den Ansichten Lord Lloyds und Winston Churchills wohl zustimmen müßte, wollte er die legale Emigration von Juden aus Europa entsprechend dem *White Paper* nicht gefährden. Es verwundert nicht, daß diese von Weizmann in Aussicht gestellte Unterstützung unter Zionisten für viel Aufregung sorgte.

Während man auf Mauritius alles für die Errichtung des Lagers bereitmachte, war es den Juden, die im Hafen von Haifa auf den Schiffen *Pacific* und *Milos* festsaßen, nach wie vor verboten, an Land zu gehen. Mit Gewalt wurden sie zum Verbleib auf den Schiffen gezwungen. Inzwischen wurde die *Patria* bereitgemacht, um die Passagiere der genannten Schiffe nach Mauritius zu überstellen.

Gegen diese beabsichtigte Deportation der jüdischen Flüchtlinge nach Mauritius wurden in Palästina und den Vereinigten Staaten von Amerika heftige jüdische Proteste laut. Am 20. November wurde in Palästina ein Generalstreik ausgerufen. In einer offiziellen Erklärung behauptete der Hochkommissar, daß die Zulassung jener illegalen jüdischen Emigranten nach Palästina, welche durchaus die Sympathie der Regierung Ihrer Majestät genossen, eine ernsthafte Bedrohung für die Wahrung britischer Interessen im Nahen Osten darstellen würde. Aus diesem Grund sollten sie so rasch wie möglich auf die Insel Mauritius geschickt werden, wo sie für die Dauer des Krieges bleiben könnten. Nach dem Krieg würde ihnen anderswo ein fixer Platz zugewiesen werden, unter keinen Umständen jedoch sollten sie dann nach Palästina reisen dürfen. Sollten im Laufe der kommenden Jahre noch mehr jüdische Flüchtlinge versuchen, auf illegale Weise in Palästina einzudringen, würden auch sie auf die Insel Mauritius verfrachtet werden.

Inzwischen hatte Churchill von seinem Privatsekretär J. M. Martin erfahren, daß auf Mauritius bereits Vorkehrungen getroffen würden, um 4000 Juden zu beherbergen und daß man bereits daran arbeitete, ein großes Lager samt Lageraufsehern, von der Außenwelt durch Stacheldraht abgeschnitten, einzurichten. Aufgrund dieser Information schrieb er Lord Lloyd am 20. November, daß er nie auf die Idee gekommen wäre, die jüdischen Flüchtlinge auf der Insel Mauritius in ein Konzentrationslager zu sperren, und daß er weiters nicht glauben wollte, daß sich unter ihnen Geheimagenten der Nazis befänden. Er suggerierte weiters, daß in Zukunft alle jüdischen Emigranten, die illegal nach Palästina zu gelangen versuchten, auf die Insel Mauritius verbannt werden sollten. Jene Flüchtlinge jedoch, die sich auf der *Pacific* und der *Milos* befänden, sollten nach einer strengen medizinischen Untersuchung nach Palästina eingelassen werden. Noch am selben Tag hatte Lord Lloyd ein Telegramm an den Hochkommissar in Jerusalem abgeschickt. Darin schärfte er ihm ein, daß er keinesfalls eine offizielle Erklärung im Namen der englischen Regierung herausgeben dürfte, worin er womöglich die Absicht mitteilte, die im Hafen von Haifa wartenden jüdischen Flüchtlinge nach Mauritius umzuleiten. Aber als die Instruktion in Jerusalem eintraf, hatte der Hochkommissar sein offizielles Statement (siehe oben) bereits abgegeben. Deshalb ersuchte Lloyd Churchill, dem Beschluß zur Deportation der Juden nach Mauritius nachträglich zuzustimmen. Churchill antwortete, daß der Beschluß dann wohl ausgeführt werden müßte, jedoch unter der Bedingung, daß man die Flüchtlinge auf der Insel nicht wie Gefangene behandelte.

Am Morgen des 24. November erreichte die *Atlantic* endlich den Hafen von Haifa. Der Gouverneur von Kreta hatte den jüdischen Flüchtlingen keine Genehmigung erteilt, sich auch nur vorübergehend auf der Insel niederzulassen, da er sie als unerwünschte und gefährliche Fremdlinge betrachtete. In der Zwischenzeit hatte man die Passagiere der *Pacific* und der *Milos* auf die *Patria* verfrachtet, die sie so schnell wie möglich nach Mauritius bringen sollte. Nach der gar nicht mehr erwarteten Ankunft der *Atlantic* hatten die Behörden beschlossen, das Auslaufen der *Patria* zu verschieben, bis auch die jüdischen Passagiere dieses Schiffes an Bord gegangen wären.

Am Morgen des 25. November wurde der Rumpf der *Patria* von einer gewaltigen Explosion entzweigerissen. Das Schiff kenterte und sank. Die meisten Besatzungsmitglieder und Passagiere konnten sich mit knapper Not retten, 267 Juden fanden jedoch den Tod. Zum Zeitpunkt der Katastrophe befanden sich noch viele jüdische Flüchtlinge an Bord der *Atlantic*, da man sie wegen der einbrechenden Dunkelheit nicht noch am selben Tag auf die *Patria* hatte bringen können. Sowohl in Jerusalem als auch in London wurde unmittelbar danach die Vermutung geäußert, daß Zionisten für die Explosion verantwortlich wären. Schon bald stellte sich diese Vermutung als richtig heraus, denn es handelte sich um einen Sabotage-Akt der *Haganah*, der im Untergrund agierenden Widerstandsbewegung der Zionisten Palästinas. Es war natürlich nicht die Absicht der Saboteure gewesen, das Schiff zu versenken; sie wollten es nur beschädigen, um die Weiterfahrt nach Mauritius zu verhindern. Die Aktivisten hatten zuviel Sprengmaterial verwendet und waren sich über den schlechten Zustand des Schiffes nicht im klaren gewesen. Die Überlebenden der *Patria* sowie jene Passagiere, die sich noch auf der *Atlantic* befanden, wurden in ein Internierungslager in Athlit gebracht, wo man die beiden Gruppen voneinander getrennt hielt.

Sowohl die Zionisten in Palästina als auch jene in London waren empört, daß sich die britische Regierung auch nach dem tragischen Ereignis vom 25. November weiterhin auf den Standpunkt stellte, die jüdischen Flüchtlinge müßten nach Mauritius verbannt werden. Am 27. November hatte Moshe Shertok, der Direktor der politischen Abteilung der *Jewish Agency*, bezüglich des tragischen Vorfalls eine Unterredung mit dem Hochkommissar in Jerusalem. Der Hochkommissar, von der Entrüstung Shertoks merklich irritiert, betonte, daß die Juden, die vorübergehend in das Lager bei Athlit gebracht worden wären, Palästina unbedingt zu verlassen hätten. Die britische Regierung hätte sich bei der Entscheidung, die Juden nach Mauritius zu schicken, sicher nicht von inhumanen Motiven leiten lassen. Die Juden würden es auf Mauritius vermutlich viel besser haben als in Deutschland, wo sie von den Nazis verfolgt worden wären.

In London gerieten Weizmann und die britischen Behörden hart aneinander. Der zionistische Anführer teilte nicht nur die Meinung Moshe Shertoks, er übte auch harsche Kritik an dem offiziellen Statement, das der Hochkommissar für Palästina, Sir Harold Mac-Michael, am 20. November herausgegeben hatte. Darin hieß es nicht nur, daß die jüdischen Flüchtlinge auf die Insel Mauritius verbannt werden müßten, sondern auch, daß sie nach dem Krieg unter keinen Umständen nach Palästina auswandern dürften. Weizmann kam zu dem Schluß, daß eine weitere Zusammenarbeit der Zionistischen Bewegung mit der britischen Regierung unmöglich geworden wäre. Angaben von Zeitzeugen zufolge soll er in jenen Tagen gesagt haben, daß er den Ansichten der britischen Regierung solange Widerstand leisten wollte, bis man ihn ins Konzentrationslager schicken würde.

Als die britische Regierung am 27. November zu diesem Thema tagte, wurde deutlich, daß Weizmann nicht vergeblich opponiert hatte. Einige Minister vertraten die Meinung, daß der Hochkommissar für Palästina in seiner Erklärung vom 20. November zu weit gegangen wäre, als er ausdrücklich klargestellt hatte, daß sich die jüdischen Flüchtlinge keine Illusion zu machen brauchten, noch jemals nach Palästina ausreisen zu können. Auch waren die Regierungsmitglieder der Ansicht, daß die Entscheidung, die Juden nach allem, was sie durchgemacht hatten, auf die Insel Mauritius wegzuschaffen, wohl doch eine ziemlich harte wäre. Kolonialminister Lord Lloyd beharrte jedoch auf seinem Standpunkt, daß es zu gefährlich wäre, sie auf Dauer in Palästina aufzunehmen. Denn dann wäre ein Damm gebrochen, und viele Zehntausende illegaler Emigranten aus ganz Europa würden folgen. Er war der Ansicht, daß die Regierung keinen Präzedenzfall schaffen dürfte. Auch versuchte er neuerlich, die Kritik all jener zu entkräften, die meinten, daß die jüdischen Flüchtlinge auf Mauritius nicht in Lagern ausgestattet mit Wachpersonal und Stacheldrähten eingesperrt werden dürften. Diese Maßnahmen wären, so der Minister, leider unumgänglich, da sich unter so vielen Flüchtlingen aus Deutschland mit hoher Wahrscheinlichkeit auch Geheimagenten der Nazis befänden. Er meinte, daß es nicht gerade von Realitätssinn zeugte, wenn man vor dieser Gefahr die Augen verschloß. Schließlich handelte es sich bei Mauritius um eine britische Kolonie, und die britische Regierung trage die Verantwortung für die Sicherheit aller Einwohner. Nach einer hitzigen Debatte beschloß die Regierung, daß jene illegalen jüdischen Emigranten, die die Explosion auf der *Patria* überlebt hatten und in das Lager bei Athlit gebracht worden waren, in Palästina bleiben dürften (»as a special act of clemency, having regard to the sufferings which these immigrants had undergone in the *Patria*«). In Zukunft würde man jedoch alle jüdischen Flüchtlinge, die versuchten, auf illegalem Weg nach Palästina zu gelangen, bedingungslos nach Mauritius oder anderswo in der Welt abtransportieren. Dabei dachte die Regierung – wie in diesem Kapitel noch deutlich werden wird – zweifellos auch an die gigantische Insel Madagaskar, die westlich von Mauritius im Indischen Ozean gelegen ist.

Am 30. November erhielt Verteidigungsminister Anthony Eden ein Telegramm von Wavell, dem britischen General im Nahen Osten. Darin brachte dieser seine große Besorgnis über den Regierungsbeschluß vom 27. November zum Ausdruck. Er wies auf die politischen Konsequenzen hin, die der Beschluß, den überlebenden Opfern der Explosion auf der *Patria* den Aufenthalt in Palästina zu gestatten, nach sich zog. Die Unruhen in Palästina würden stark zunehmen, vor allem würde unter den Arabern der Einfluß des Großmufti von Jerusalem, der sich mit Hitler und dessen Leuten verschworen hätte, an Bedeutung gewinnen. Die syrische Regierung würde in ihrem Mißtrauen gegenüber den Briten bestärkt werden, dem Widerstand der fünften Kolonne in Ägypten könnte man keinen Einhalt mehr gebieten und schließlich würde auch die anti-britische Propaganda im Nahen Osten zunehmen. Mit anderen Worten: Der Regierungsbeschluß war den wirtschaftlichen Interessen Großbritanniens im Nahen Osten in keinster Weise dienlich.

Am 1. Dezember schickte Churchill höchstpersönlich ein Telegramm an Wavell, um ihm den Regierungsbeschluß vom 27. November zu erläutern. Darin hieß es, die Regierung hätte die Leiden der jüdischen Flüchtlinge berücksichtigt, vor allem die Gefahren, denen sie bei der Explosion der *Patria* im Hafen von Haifa ausgesetzt gewesen wären. Es wäre inhuman gewesen, die Überlebenden der Katastrophe gleich wieder nach Mauritius einzuschiffen. Es handle sich also um eine von humanitären Überlegungen und Erbarmen motivierte Ausnahme. Andererseits aber wäre man in der Regierung übereinstimmend der Meinung, daß künftig alle jüdischen Flüchtlinge, die versuchen sollten, auf illegale Weise nach Palästina zu gelangen, nach Mauritius geschickt werden müßten – unter der Voraussetzung, daß sie dort günstige Lebensbedingungen vorfänden.

Wavell erklärte sich schweren Herzens mit der Regierungsentscheidung einverstanden, wies Churchill jedoch noch einmal darauf hin, daß das britisch-zionistische Experiment des Jüdischen Nationalheimes in Palästina immer mehr Widerstand unter der arabischen Bevölkerung hervorrief. Es versteht sich von selbst, daß der Kolonial- und der Außenminister die Auffassungen Wavells teilten und im Rahmen der Kabinettssitzung vom 2. Dezember mehrere Versuche unternahmen, die Diskussion noch einmal auf den Beschluß vom 27. November zu lenken. Diese Versuche blieben jedoch erfolglos.

Damit hatte aber die *Patria*-Affäre noch nicht ihr Ende gefunden. Wie bereits dargestellt, hatte die Regierung entschieden, daß die Überlebenden der Explosion in Palästina bleiben durften. Dieser Beschluß wurde aber wortwörtlich dahingehend ausgelegt, daß jene Flüchtlinge, die wegen des Einbruchs der Dunkelheit noch nicht von der *Atlantic* an Bord der *Patria* gegangen waren, sehr wohl nach Mauritius verbannt werden müßten. Am 4. Dezember schickte die *Jewish Agency* der britischen Regierung ein Memorandum, das von Berl Locker und Lewis Namier unterzeichnet war und in dem die Bitte geäußert wurde, auch den jüdischen Flüchtlingen von der *Atlantic* den Verbleib in Palästina zuzugestehen. Davon unbeeindruckt, blieb die Regierung bei ihrem Standpunkt, daß ihr Beschluß vom 27. November wörtlich zu verstehen wäre.

Die Deportation von 1580 jüdischen Flüchtlingen nach Mauritius wurde am

9. Dezember durchgeführt. In aller Früh wurde das Internierungslager Athlit von Militärs umstellt. Da die Juden beschlossen hatten, sich der Deportation zu widersetzen, blieben sie in ihren Betten liegen und weigerten sich, sich anzuziehen und die Koffer zu packen. So wurden sie mit Gewalt aus den Betten geholt und nackt in den Hafen von Haifa abtransportiert. Wer weiterhin Widerstand leistete, wurde verprügelt. Unter den jüdischen Flüchtlingen befanden sich 621 Frauen und 116 Kinder. Vieles von ihrem Besitz war ihnen bereits bei der Anhaltung im Lager Athlit entwendet worden. Nun nahm man ihnen auch noch den Rest ab und warf ihn ins Meer. Doch der Verlust ihrer Habseligkeiten war noch nicht das Ärgste. Auf dem Weg nach Mauritius brach an Bord eine Epidemie aus, an deren Folgen 22 Flüchtlinge starben. Weitere 19 Juden starben an anderen Krankheiten, die sie sich unterwegs zugezogen hatten. Da die Juden auf Mauritius anfänglich unter erbärmlichen Umständen leben mußten, protestierten diverse jüdische Organisationen, die tschechische Exilregierung sowie die Regierung des Deutschen Reiches (der nicht bewußt war, daß es sich um jüdische Flüchtlinge handelte) und nicht zuletzt sie, die deportierten Juden, selbst gegen die unmenschliche Politik der britischen Regierung. Dies hatte zur Folge, daß ihre Lebensbedingungen verbessert wurden. 1945 befragte man die 1310 Internierten, in welches Land sie gehen wollten, um sich dort definitiv niederzulassen: 81 Prozent entschieden sich für Palästina, wohin sie im August 1945 zurückkehren konnten.

Die britische Regierung setzte auch während des Zweiten Weltkrieges ihre Suche nach Alternativen zu Palästina als Bestimmungsland für die Juden fort. Im Sommer 1941 wurden innerhalb dieser Regierung Stimmen laut, die für die Zeit nach dem Krieg die Lösung der Judenfrage mittels einer großangelegten Aussiedlung nach Madagaskar forderten. Seitdem spukte diese afrikanische Insel kontinuierlich in den Köpfen britischer Politiker herum, wann immer sie die Lösung der Judenfrage und die damit verbundene Flüchtlingsproblematik auf die politische Tagesordnung setzten. Dies war nicht nur in den Jahren 1942 und 1943 der Fall, sondern sogar noch nach dem Weltkrieg, 1946, als es darum ging, wo sich die Überlebenden von Auschwitz niederlassen dürften.

Somit entwickelten die Briten ihren eigenen Madagaskar-Plan, der zumindest ab 1942 dem der Franzosen aus der Mitte der dreißiger Jahre stark ähnelte. Da die Briten nicht nur während des Krieges, sondern auch noch nach 1945 den Zugang nach Palästina für Juden praktisch unmöglich gemacht hatten, mußte ein anderes Gebiet gefunden werden, wo sich die Flüchtlinge und in weiterer Folge die Überlebenden der Konzentrationslager eine neue Existenz aufbauen konnten. Der britische Madagaskar-Plan, dem 1943 auch der Heilige Stuhl zumindest indirekt seinen Segen erteilt hatte, ist bis zum heutigen Tag kaum Gegenstand von Untersuchungen gewesen. Es ist verständlich, daß es die Engländer vorziehen, einen der beschämendsten Abschnitte in der Geschichte Großbritanniens zu bagatellisieren, totzuschweigen oder sogar zu leugnen.[2]

Um verstehen zu können, warum die britische Regierung Madagaskar im Sommer 1941 ins Spiel brachte, muß man sich vor Augen führen, welche Entwicklungen dem vorausgingen.[3] Solange Chamberlain Premierminister war, wollten die Pläne, in Palästina eine jüdische Division zu bilden, nicht so recht in Schwung kommen, obwohl sie von Beginn an die Unterstützung Churchills genossen. Dieser betonte im Ministerrat vom 12. Februar 1940 zum wiederholten Male, daß die Juden in Palästina die einzigen wären, die sich den Briten gegenüber loyal verhielten. Es gelang ihm aber nicht, MacDonald, Halifax und den Verteidigungsminister zu überzeugen. Die Regierung nahm zwar nicht den Vorschlag an, eine eingehende Untersuchung betreffend den Besitz verbotener Waffen im *Jischuw* in Palästina durchzuführen. Sie beschloß jedoch, härter gegen die Mitglieder jener Organisationen vorzugehen, die sich solche verbotenen Waffen beschafft hätten. Gleichzeitig bestanden die britischen Behörden im Nahen Osten auf der strikten Einhaltung der Bestimmungen des Weißbuches, um die Sicherheit der britischen Soldaten im Mandatsgebiet garantieren zu können.

Als Churchill nach dem Einfall deutscher Truppen in Frankreich (Mai 1940) an die Macht gekommen war, schien einige Bewegung in die Formierung jüdischer Divisionen in Palästina zu kommen. Im umgebildeten Ministerrat hatten der neue Kolonialminister Lord Lloyd und der neue Verteidigungsminister Anthony Eden erklärt, sie würden dem bereits »veralteten« Plan, jüdische Divisionen in Palästina operieren zu lassen, keine Unterstützung zuteil werden lassen. In einer ersten Reaktion drängte Churchill darauf, elf Bataillone der britischen Truppen, die in Palästina stationiert waren, abzuziehen. Er wollte, daß die dort lebenden Juden mit Waffen versorgt würden, um sich mit ihren eigenen Divisionen selbst gegen die Araber zur Wehr setzen zu können.

In einem Brief schrieb Weizmann:

> »In einem Krieg, der einen solchen Umfang angenommen hat wie der gegenwärtige, läßt es sich nicht voraussagen, in welche strategische Lage die englische Flotte und das englische Heer noch kommen können, bis der Sieg gewonnen ist. Sollte es zu einer zeitweiligen Aufgabe Palästinas kommen - ein Fall, der hoffentlich niemals eintritt –, so wären die Juden in Palästina einem allgemeinen Massaker von Seiten der Araber ausgesetzt, die von den Nazis und den Faschisten dazu ermutigt und angeleitet würden. Diese Möglichkeit verstärkt unsere Forderung nach dem in diesem Fall elementarsten Menschenrecht, Waffen zu tragen, ein Recht, das man loyalen Staatsbürgern, wenn sich ein Land im Kriegszustand befindet, gerechterweise nicht verweigern dürfte. Das palästinensische Judentum kann eine Streitmacht von 50 000 Mann aufstellen, alle in der Blüte ihrer Jahre, eine Streitmacht, die, richtig ausgebildet, bewaffnet und geführt, nicht zu verachten ist.«[4]

Die Bitte Weizmanns, die gesamte jüdische Bevölkerung in Palästina zu mobilisieren sowie im Land jüdische Divisionen zu formieren (inklusive eines Flugzeuggeschwaders samt entsprechender Mannschaft) war bei Churchill offenbar auf offene Ohren gestoßen. Da jedoch die Realisierung dieser Pläne auch diesmal wieder auf die lange Bank geschoben wurde, drängte Ben-Gurion Kolonialminister Lord Lloyd im Juni 1940, die jüdischen Divisionen rascher aufzustellen. Lloyd war in der Zwischenzeit zu einem großen Verfechter dieser Idee geworden. Einen Monat später schrieb Weizmann einen Brief an Churchill, der dieselbe Bitte zum Inhalt hatte. Gleichzeitig versuchten amerikanische Zionisten in politischen Kreisen Washingtons Unterstützung für diesen Plan zu gewinnen.

Es gab einen Augenblick, da es so schien, als hätten sich Churchill und Lloyd gegenüber ihren Gegnern im Ministerrat durchgesetzt. Am 6. August nämlich informierte Eden das Parlament über die Hintergründe des Regierungsbeschlusses, in Palästina separate arabische und jüdische Militäreinheiten zu bilden, die den *Royal Kentish Fusiliers* (den sogenannten *Buffs*) jeweils als Bataillone zugeteilt werden sollten. In den folgenden Monaten – während die *Jewish Agency* mit der Regierung und dem *War Office* über die Umsetzung dieses Beschlusses verhandelte – erwarteten Weizmann und Ben-Gurion, daß es endlich zur Bildung solcher jüdischen Bataillone kommen würde.

Anläßlich eines Arbeitsessens im September besprachen Weizmann und Churchill ein Fünf-Punkte-Programm, das Weizmann in groben Zügen ausgearbeitet hatte. Dieses Programm mußte Weizmann unmittelbar darauf General Sir John Dill, dem Generalstabschef des Britischen Empires, vorlegen. Der erste Punkt jenes Programms behandelte die »Rekrutierung einer größtmöglichen Anzahl Juden in Palästina für den Gefechtsdienst, einzuteilen in jüdische Bataillone oder größere Formationen«. Der dritte Punkt befaßte sich damit, »Offizierskader – zunächst für eine einzige jüdische Division – unter den Juden in Palästina auszuwählen und in Ägypten auszubilden«. Der vierte Punkt betraf eine jüdische »Wüsteneinheit« und der fünfte die »Rekrutierung ausländischer Juden in England«. Bezüglich dieser Punkte erzielten Weizmann und Churchill Übereinstimmung. Der zweite Punkt jedoch ließ für die Juden nichts Gutes erwarten: »Das Ministerium für Koloniale Angelegenheiten besteht darauf, daß die Zahl der Juden und Araber, die für spezielle jüdische und arabische Einheiten in Palästina angeworben werden, möglichst gleich sein sollte. Da die Rekrutierung unter den Juden in Palästina gewiß eine weitaus größere Mannschaftsstärke ergeben wird als jene unter den Arabern, soll der Überhang an jüdischen Rekruten zu Ausbildungszwecken nach Ägypten oder an andere Orte im Nahen Osten verlegt werden.«

Was diesen zweiten Punkt angeht, so hat Churchill darin seinem Außenminister nachgegeben. Trotz ernsthafter Bedenken stimmte Weizmann zu, in der Hoffnung, daß sich die Juden dann endlich auch selbst würden verteidigen können.

Einen Monat später setzte Lloyd Weizmann davon in Kenntnis, daß die britische Regierung prinzipiell damit einverstanden wäre, insgesamt 10 000 Juden zu rekrutieren (in Palästina nicht mehr als 3000). Diese sollten im Anschluß an eine Grundausbildung in Großbritannien als jüdische Einheiten in die britische Armee eingegliedert werden.

Der überraschende Tod Lord Lloyds, der neben Churchill zu einem der wichtigsten Befürworter jüdischer Bataillone geworden war, bedeutete jedoch, daß der Kabinettsbeschluß nicht zur Ausführung gelangte. Der Nachfolger Lloyds, Lord Moyne, zog es vor, sich bei General A. P. Wavell, dem Oberbefehlshaber der britischen Streitkräfte im Nahen Osten, und unter den dortigen britischen Abgesandten umzuhören. In ihren ersten Gesprächen mit dem neuen Kolonialminister machten sie kein Geheimnis daraus, daß sie von der Bildung jüdischer Divisionen in Palästina nichts hielten. Sie befürchteten, daß die Araber den Briten deswegen nur noch heftigeren Widerstand leisten würden. Den Briten würde von den Arabern ohnehin bereits vorgeworfen, sie hätten die Juden dabei unterstützt, ihnen ein wichtiges Stück Land wegzunehmen. Moyne und Eden, der mittlerweile Außenminister geworden war, gelangten zu der Überzeugung, daß den wirtschaftlichen Interessen des Britischen Empires nur mit einer strikten Umsetzung des Weißbuchs gedient wäre und daß die Bildung jüdischer Divisionen dem eigentlich widersprach. Die Spannungen im Nahen Osten würden dadurch nur angeheizt.

Im März 1941 erfuhr Weizmann von Lord Moyne, daß der Beschluß der Regierung vom Oktober 1940 bestimmt nicht innerhalb des nächsten halben Jahres würde umgesetzt werden können. Die jüngsten Entwicklungen in Nahost hätten die britische Regierung in gehörige Aufregung versetzt. In Ägypten hätten zwei Armeeoffiziere, Anwar el-Sadat und Gamal Abdul Nasser, mit der Moslembruderschaft ein Komplott gegen die Briten geschmiedet. Angeblich hätten sie Adolf Hitler ihre Unterstützung zugesagt, und Nasser soll den Nazis gegenüber angekündigt haben, er würde die Briten aus dem Land werfen, sodaß sie, die Araber, ihre Unabhängigkeit wiedererlangten. Darüber hinaus begann sich die britische Regierung im Frühjahr 1941 große Sorgen über das Auftreten von Hadschi Amin al-Huseini, Großmufti von Jerusalem und ein extrem panarabischer Nationalist, zu machen. Dieser vertrat auf seinen Reisen durch den gesamten Nahen Osten immer vehementer die Auffassung, daß die arabischen Länder (inklusive Palästina) den Arabern gehörten und ausschließlich diese das Recht hätten, dort zu regieren, den Reichtum zu nutzen und über das weitere Schicksal des Landes zu bestimmen.

Außenminister Eden verlas im Ministerrat, was dieser Hadschi Amin al-Huseini am 20. Januar 1941 an Hitler geschrieben hatte:

> »Auf ihrem Weg zu Einheit und Unabhängigkeit stellt Palästina für die anti-jüdisch eingestellten arabischen Länder ein Hindernis dar. Immerhin handelt es sich bei den Juden um gefährliche Feinde, zu deren Geheimwaffen Geld, Korruption und Intrige zählen. Die arabische Nationalbewegung ist Eurer Exzellenz zu Dank und Anerkennung verpflichtet, da Sie in Ihren mitreißenden Reden die Palästina-Frage unermüdlich zur Sprache bringen. Es ist mir ein Bedürfnis, Eurer Exzellenz meinen Dank auszusprechen und Ihnen mitzuteilen, welch große Gefühle der Freundschaft, Sympathie und Bewunde-

rung das arabische Volk für Eure Exzellenz, großer Führer, und für das deutsche Volk empfindet. Ich erlaube mir, mich gegenüber der deutschen Regierung von meinem persönlichen Mitarbeiter vertreten zu lassen, der namens der einflußreichsten und größten arabischen Organisation und auch namens meiner Person Gespräche betreffend die aufrichtige und loyale Zusammenarbeit auf allen Gebieten führen wird.«[5]

Vor allem im Irak, wo er in all seinen Reden die Gründung eines vereinten, unabhängigen arabischen Staates proklamiert hatte, der die Gebiete Palästinas, Jordaniens, Syriens und des Irak umfassen sollte, hatte der Großmufti viele Anhänger gewonnen. In zahlreichen Interviews ging er auf die Fragen irakischer Journalisten ein, warum der Irak und Deutschland einander in einer gemeinsamen Kampagne gegen die Briten und das Weltjudentum unterstützen sollten. Es gab nicht wenige Offiziere, die den Irak als das »antisemitische Preußen der arabischen Welt« ansahen. Sie träumten davon, daß es dem Irak gelingen würde, alle Araber im Kampf gegen die britische Vorherrschaft und den Zionismus zu vereinen.

Angesichts dieser Entwicklungen fanden es sowohl Kolonialminister Moyne als auch Außenminister Eden unverantwortlich, in Palästina jüdische Divisionen zu stationieren und einige Millionen Juden von Europa nach Palästina zu verlegen.

Weizmann und Ben-Gurion hatten vorgeschlagen, rund drei Millionen Juden aus Europa in das Jüdische Nationalheim zu bringen und für diese Operation auch bereits die Mithilfe der britischen Marine erbeten. Für den radikalen Anti-Zionisten Moyne stand seit Beginn seiner Karriere fest, daß die Lösung der Judenfrage in Europa nicht darin liegen könnte, möglichst viele Juden in ihr eigenes Land zu schicken. Dies würde ausschließlich auf Kosten des britischen Einflusses im Nahen Osten und der wirtschaftlichen Interessen des Britischen Empire und seiner Kolonien in diesem Gebiet gehen. Seiner Ansicht nach ließe sich dieses Problem am besten lösen, indem man in den Friedensverhandlungen nach dem Krieg festlegte, daß sich Millionen Juden in Ostpreußen oder auf Madagaskar niederzulassen hätten.[6]

Am 18. Mai 1942 erklärte Moyne im Unterhaus, daß Weizmann die Emigration europäischer Juden nach Madagaskar unter allen Umständen abgelehnt hätte.[7] Davon unbeeindruckt entwarfen die Briten ab 31. Dezember 1942 ihren eigenen Madagaskar-Plan nach französischem Vorbild.

Szmuel Zygielbojm, der nach der Ermordung seiner Frau und seiner beiden Kinder aus dem Warschauer Ghetto entkommen war, hatte einen Sitz im Polnischen Nationalen Rat in London. Unermüdlich intervenierte er bei den alliierten Regierungen, damit diese etwas für jene Juden unternahmen, die er ihm Ghetto zurückgelassen hatte. Unablässig schickte er Briefe und Telegramme an Botschafter und Staatsoberhäupter, blieb jedoch ein einsamer Rufer in der Wüste.

Am 19. Dezember 1942 bat er in einem Telegramm an Churchill neuerlich inständig um Hilfe für die verfolgten Juden in Warschau. Er informierte Churchill, daß im Ghetto nicht tausende, sondern hunderttausende Juden umgekommen wären, von den ursprünglich dreieinhalb Millionen wäre nur noch rund ein Drittel am Leben. Seine Familie und Freunde in Warschau hätten ihn angefleht, bei den Alliierten um der noch Lebenden willen Alarm zu schlagen.

Am 23. Dezember appellierte eine Delegation des *Board of Deputies of British Jews* dringend an Anthony Eden, dieser möge Juden aus den besetzten Gebieten Europas die Flucht über Portugal oder Bulgarien ermöglichen. Im weiteren Verlauf jenes Tages teilte Eden seinen Regierungskollegen mit, daß er der Delegation keine Zusagen hätte machen können, da mit einem Entgegenkommen in dieser Sache allzu große Schwierigkeiten verbunden wären. Eden betonte aber, daß seine Regierung sehr sorgfältig überlegen müßte, welche Schritte sie als Hilfe für das jüdische Volk setzen könnte.

Zu diesem Zweck wurde das *Committee on the Reception and Accommodation of Jewish Refugees* eingesetzt, in dem außer Anthony Eden auch noch die Minister Clement Attlee, Herbert Morrisson und Oliver Stanley vertreten waren. Am 31. Dezember 1942 hielt diese Kommission ihre Antrittssitzung ab.[8] Zu Beginn der Sitzung teilte A. W. G. Randall, der Leiter der Abteilung für Flüchtlingsangelegenheiten im Außenministerium, mit, daß Spanien bereits 10 000 Flüchtlinge »am Hals« hätte, wovon die Hälfte Juden wären. Jeden Tag folgten weitere 50 Menschen, die der Verfolgung durch die Nazis entkommen wären. Als die britische Regierung ihrem amerikanischen Gegenüber den Vorschlag unterbreitet hätte, diese Flüchtlinge über die Straße von Gibraltar nach Nordafrika zu schleusen, wo möglicherweise Platz für Millionen jüdischer Flüchtlinge wäre, hätten die Amerikaner wegen angeblicher militärischer Überlegungen ernsthafte Bedenken dagegen angemeldet. So sahen sich die Minister veranlaßt, über alternative Bestimmungsländer zu reden.

Einer von ihnen merkte an, daß die Niederlande zwar eine kleine Gruppe holländischer Juden nach Surinam verschifft hätten, dort aber noch Platz für weitere Juden aus Deutschland und anderen besetzten Gebieten wäre. Oliver Stanley vertrat die Ansicht, daß Palästina den Juden aus Osteuropa vorbehalten bleiben müßte, da sie viel größeren Gefahren ausgesetzt wären als jene Juden, die sich nach Spanien gerettet hatten. In jedem Fall müßte man, so Stanley, stets im Auge behalten, daß es den jüdischen Flüchtlingen später nicht möglich sein dürfte, von Spanien (und später eventuell von Nordafrika aus) nach Palästina zu emigrieren.

Randall berichtete den Mitgliedern der Kommission – sofern sie es nicht ohnedies schon wußten –, daß es Großbritannien ernsthaft in Erwägung zog, jüdische Flüchtlinge aus Europa nach Madagaskar zu verschiffen, das seit Anfang Mai 1942 keine französische Kolonie mehr war, sondern nunmehr unter britischer Verwaltung stand. Seinen Worten zufolge war die Regierung dabei, ausführliche Informationen über dieses neue Zielland für die Juden einzuholen. Oliver Stanley selbst hatte allerdings eine Präferenz für Transjordanien, da sich die Juden dort sicherer fühlen würden. Darüber hinaus würde Madagaskar bei Juden wie bei Nicht-Juden unweigerlich Assoziationen mit früheren Plänen der Regierung des Deutschen Reiches hervorrufen, die alle europäischen Juden dort wie Abfall abladen und verrecken lassen wollte.

Herbert Morrison meinte im Zuge der Diskussion, daß die britische Regierung bei der Lösung der Flüchtlingsfrage auch das weit abgelegene Madagaskar im Auge behalten sollte, da die Möglichkeiten in Großbritannien selbst doch zu begrenzt wären. Im übrigen war er durchaus der Meinung, daß auch Großbritannien selbst jüdische Flüchtlinge aufnehmen müßte. Das Innenministerium sollte sich bereiterklären, maximal 100 bis 200 Juden aus Deutschland (»jedenfalls keine Ostjuden!«) die Einreise unter der Bedingung zu ermöglichen, daß sie auf die Isle of Man geschickt würden, wo sie so lange wie nötig bleiben könnten. Er ergänzte seine Ausführungen:

> »Ich bin allerdings nicht damit einverstanden, daß die Grenze völlig geöffnet wird und irgendwelche dahergelaufenen Juden hereinströmen. Wir müssen uns bewußt sein, daß sich in unserem Land bereits 100 000 Flüchtlinge, vor allem Juden, aufhalten und daß das Unterbringungsproblem aufgrund neu zu erwartender Luftangriffe ohnedies bereits kaum zu bewältigen ist. In diesem unserem Land lebt im Verborgenen ein starker Antisemitismus. Deshalb werden wir uns in ernsthafte Probleme verstricken, sollte die Zahl der jüdischen Flüchtlinge weiterhin erheblich ansteigen und diese das Land nach dem Krieg nicht wieder verlassen.«

Als die Kommission am 7. Januar 1943 neuerlich zusammentrat, beschlossen deren Mitglieder, daß eine Bezeichnung als *Committee on the Reception and Accommodation of Refugees*, aus der das Wort »Jewish« gestrichen wäre, besser klingen würde. Man erachtete es nicht länger als vertretbar, daß die Bevölkerung womöglich den Eindruck bekam, diese Kommission richtete ihr Hauptaugenmerk auf das Leiden jüdischer Flüchtlinge.

Clement Attlee berichtete, daß Kanada im Jahre 1942 500 jüdische Kinder aufgenommen hätte, aber zur Aufnahme weiterer Flüchtlinge nicht bereit wäre. Australien und Neuseeland wären hingegen von Europa zu weit entfernt, als daß man Flüchtlinge dorthin hätte schicken können.

Oliver Stanley sagte: »Es gibt deutliche Anzeichen, daß die Judenpolitik bestimmter Länder (vor allem Rumäniens[9]) darauf abzielt, die Juden – als Alternative zur Ausrottung – von ihrem Hoheitsgebiet zu vertreiben. Deshalb wäre es äußerst wünschenswert, wenn die Regierung Ihrer Majestät zumindest einer begrenzten Zahl jüdischer Kinder aus Osteuropa in Begleitung einiger weiblicher Personen die Einreise nach Palästina gestatten würde.«

Diese Besprechungen führten dazu, daß die Kommission an diesem 7. Januar 1943 noch während ihrer Sitzung ein Telegramm folgenden Inhalts an den britischen Botschafter in Washington, Lord Halifax, sandte: Die Briten und Amerikaner würden nicht umhinkommen, in der Lösung der Flüchtlingsfrage zusammenzuarbeiten. Die Kommission hielt es bemerkenswerterweise für notwendig, dem Botschafter gegenüber zu betonen, daß es nicht darum ging, sich nur für die »Emigration« jüdischer Flüchtlinge aus Europa einzusetzen, während andere Gruppierungen unberücksichtigt blieben. Schießlich wies man ihn in dem Telegramm darauf hin, daß in jenen Ländern, in denen die Zahl ausländischer Juden in die Höhe geschnellt wäre, die Gefahr steigenden Antisemitismus durchaus nicht von der Hand zu weisen wäre.[10]

Während einer internationalen Konferenz, die vom 19. bis 30. April 1943 auf den Bermudas abgehalten wurde, schlugen mehrere Redner vor, die Zustimmung der französische Regierung einzuholen, um Madagaskar jüdischen Flüchtlingen zur Verfügung stellen zu können.[11]

Am 23. März brachte der Erzbischof von Canterbury, William Temple, im englischen Oberhaus einen Antrag ein, in dem er auf sofortige und weitreichende Maßnahmen drängte, um sämtlichen Juden, die der Verfolgung durch die Nazis entkommen wären, irgendwo auf der Welt Asyl zu verschaffen. In der darauffolgenden Debatte entkräftete er das immer wieder auftauchende Argument, wo auch immer ein Strom jüdischer Flüchtlinge ein bestimmtes Land »überflutet« hätte, wäre ein Ansteigen des Antisemitismus festzustellen gewesen.

Lord Samuel, ein Mitglied des Oberhauses des Parlaments, unterstützte diesen Antrag mit seiner Unterschrift und stellte mit allem Nachdruck klar, daß die britischen Einwanderungsgesetze in dieser Ausnahmesituation radikal adaptiert werden müßten, um womöglich tausende Juden vor dem sicheren Untergang bewahren zu können.

Die britische Regierung reagierte darauf mit der Mitteilung, daß sie mit der amerikanischen Seite bereits Verhandlungen aufgenommen hätte, um in der (jüdischen) Flüchtlingsfrage koordiniert vorgehen zu können. Außerdem wollte die Regierung alles daransetzen, um zu verhindern, daß eine wahre Flut jüdischer Flüchtlinge über das Land hereinbrechen würde. Die verantwortlichen Regierungspolitiker hätten nämlich schon Schwierigkeiten, wenigstens die eigene Bevölkerung mit Lebensmitteln und Unterkünften zu versorgen. Darauf antwortete Lord Samuel: »Die Zahl der jüdischen Flüchtlinge ist in Relation zu einer Gesamtbevölkerung von 47 Millionen so gering, daß es eine Schande ist, wenn es die Regierung überhaupt wagt, auf die Problematik der Versorgung und der Unterbringung hinzuweisen.«

Alle Versuche, die Juden anderswo unterzubringen, waren fehlgeschlagen, darüber hinaus erhöhten sowohl das britische Parlament als auch Kirchen und humanitäre Organisationen den Druck auf die britische Regierung, den jüdischen Flüchtlingen doch noch zu Hilfe zu kommen. In dieser Situation erklärte man sich seitens des britischen Außenministeriums am 20. Januar 1943 in einer Note bereit, die amerikanische Regierung um die Abhaltung einer gemeinsamen Konferenz zu diesem Thema zu ersuchen. Die Note des britischen *Foreign Office* rief zur internationalen Zusammenarbeit bei der Aufnahme jüdischer Flüchtlinge auf. Sollten die Vereinigten Staaten von Amerika dem zustimmen, würde Großbritannien die Möglichkeit in

Erwägung ziehen, trotz der mangelnden Transportmöglichkeiten jüdische Flüchtlinge in seinen Kolonien (und auf dem von den Briten besetzen Madagaskar) aufzunehmen. Nach dem Austausch diplomatischer Noten beschlossen die britische und die amerikanische Regierung, daß die betreffende Konferenz vom 19. bis 30. April auf den Bermuda-Inseln abgehalten werden sollte.[12]

In den Außenministerien der beiden Länder liefen im Februar und März 1943 die Vorbereitungen auf Hochtouren. Der britischen Delegation wurden folgende Instruktionen mit auf den Weg gegeben: Wie bereits in der Note vom 20. Januar erwähnt, sollten sie die amerikanische Regierung bitten, einige tausend Flüchtlinge aus Spanien aufzunehmen. Wenn sich Washington dazu bereit erklärte, würde London die übrigen Flüchtlinge, die in Spanien seit Monaten darauf warteten, nach Übersee emigrieren zu können, in britischen Kolonien – und auf Madagaskar – aufnehmen. Diese Anweisung wurde noch dahingehend ergänzt, daß die Delegation den Amerikanern klarmachen müßte, wie beschränkt die Möglichkeiten in den afrikanischen Kolonien in Wirklichkeit wären.

Deshalb wäre es überhaupt besser, wenn sich die amerikanische Regierung für folgende Variante erwärmen könnte: Sie sollte einen eindringlichen Appell an die Länder Lateinamerikas richten, die in äußerster Not befindlichen europäischen Juden im Zuge einer weitreichenden Liberalisierung ihrer Einwanderungsbestimmungen bei sich aufzunehmen. Auch würden sich die Delegierten mit ihren amerikanischen Gesprächspartnern darauf einigen müssen, nicht explizit über jüdische Flüchtlinge zu sprechen. Natürlich wäre es so, daß die Juden in Europa ausschließlich aufgrund ihres Jude-Seins zum Freiwild erklärt worden wären. Es wäre jedoch besser, den Eindruck zu vermeiden, daß die Alliierten auf den Bermudas eine Konferenz abhielten, die darauf abzielte, den Juden bei ihrer Aussiedlung nach Übersee eine bevorzugte Behandlung angedeihen zu lassen. Außerdem würde eine allfällige Evakuierung von Juden aus Bulgarien in die Türkei nur dann stattfinden können, wenn man sich mit den Alliierten zuvor darauf verständigt hätte, daß diese dann auch dortblieben und nicht etwa nach Palästina weiterzögen.

Auch die britische Presse mischte sich im Frühjahr 1943 in die Diskussionen im Vorfeld der Bermuda-Konferenz ein. In *The Times* vom 3. April 1943 prangerte ein Redakteur die dilettantische Politik der britischen Regierung an, die mit ihren Plänen, die jüdischen Flüchtlinge einmal nach Palästina, dann wieder nach Madagaskar, nach Brasilien oder sonstwohin verschiffen zu lassen, geradezu inflationär um sich warf. Ein Plan wäre »schöner« als der andere, nur wäre aus keinem etwas geworden. Wer sollte angesichts einer solchen Beliebigkeit in der Auswahl der Bestimmungsgebiete dem Vorschlag der Regierung, tausende jüdische Flüchtlinge, die nur knapp der Verfolgung entkommen wären, nach Madagaskar bringen zu lassen, jetzt noch Vertrauen entgegenbringen – die Juden selbst gewiß nicht.

Am 10. April 1943 erschien in *The Times* ein ausführlicher Brief von Archibald James, in dem er folgenden Vorschlag machte: Da es sich in den vergangenen

Jahrhunderten deutlich gezeigt hätte, daß sich die Juden gegen jegliche Form von Integration und Assimilation sträubten, wäre es gut, wenn im Zuge der Friedensverhandlungen nach dem Krieg ein Judenstaat in Südosteuropa anstelle von Madagaskar gegründet werden würde. In diesem Teil Europas hätten sie nämlich über Jahrhunderte hindurch eine Mehrheit dargestellt. Seiner Meinung nach könnten Juden ausschließlich dort leben, wo sie sich nicht an andere Völker und Kulturen anzupassen brauchten. Er hätte nichts dagegen, wenn in Palästina ein Jüdisches Nationalheim weiter bestehen blieb. Seinen Brief beendete er mit den Worten: »Die jüdischen Anführer müssen allerdings ermahnt werden, sich der Realität zu stellen und die Sympathien, die ihnen aufgrund der Nazigreuel von allen Seiten zuteil werden, nicht auszunützen. Denn nicht nur die Juden, sondern auch andere haben zu leiden.«

Die Instruktionen, welche die britische Delegation für ihren Auftritt auf den Bermudas mitbekommen hatte, waren auch in anderen Artikeln Gegenstand von Betrachtungen.

Auch die amerikanische Delegation blieb von Anweisungen zur Vorbereitung der Bermuda-Konferenz nicht verschont. Sie sollte die Besprechungen nicht auf die jüdischen Flüchtlinge beschränken. Beim Einbringen von Vorschlägen zur Finanzierung konkreter Flüchtlingsprojekte (zum Beispiel des Transfers von Spanien nach Nordafrika) dürften Religion oder Rasse der Flüchtlinge nicht zur Sprache gebracht werden. Die Abordnung dürfte mit keinem Wort die Bereitstellung von Schiffen für den Transport zusagen und sollte ausdrücklich darauf hinweisen, daß man sich keine Marine-Eskorten oder Geleitschutz für die Flüchtlinge erwarten dürfte. Die Delegationsmitglieder sollten unmißverständlich klarstellen, daß in den vom Krieg ohnedies beeinträchtigten Fährplänen nicht die geringste Verschiebung oder Verspätung eintreten dürfte. Aus diesem Grund würden leer zurückkehrende Truppentransportschiffe niemals die Erlaubnis erhalten, unterwegs Flüchtlinge an Bord zu nehmen. Die beiden Delegationen sollten primär davon ausgehen, daß Flüchtlinge für die Verschiffung erst dann in Betracht kämen, wenn die Möglichkeiten einer Überstellung in neutrale Länder innerhalb Europas ausgeschöpft wären. Die amerikanischen Abgesandten dürften unter keinen Umständen in Aussicht stellen, daß sie bestimmte Fonds anzapfen könnten, um den Transfer und die Unterbringung der Flüchtlinge zu finanzieren. Denn damit würden sie in die Kompetenzen des Präsidenten und des Kongresses eingreifen. Vor allem jedoch dürften sie keine falschen Hoffnungen in bezug auf die Immigration in die Vereinigten Staaten von Amerika wecken, da eine Änderung der amerikanischen Einwanderungsbestimmungen nicht zu erwarten wäre. Schließlich sollten die Mitglieder der Delegation mit Vehemenz für die Wiederaufnahme der Aktivitäten der Internationalen Flüchtlingskommission eintreten, die 1938 in Evian gebildet worden und mittlerweile so gut wie nicht mehr präsent war. Neue Organe zur Flüchtlingshilfe dürften jedoch nicht ins Leben gerufen werden.

Angesichts solcher Anweisungen lag es auf der Hand, daß die beiden Delegationen die Bermuda-Konferenz nur zum Scheitern bringen konnten. Die amerikanische Seite wurde von Harold Willis Dodds, dem Präsidenten der *Princeton University*, angeführt. Leiter der Briten war Richard Law, Staatssekretär im Außenmininisterium. Interessierte jüdische Organisationen, die sich für die Unterstützung jüdischer Flüchtlinge einsetzten, durften Vorschläge zur Lösung dieser brennenden Frage einbringen.

Namens der *Jewish Agency for Palestine* erklärte Chaim Weizmann in seinem Memorandum, daß Palästina in der Lösung der europäischen Flüchtlingsproblematik, die vor allem zu einer jüdischen Problematik geworden wäre, eine Schlüsselposition einnehme. Wie bereits unzählige Male davor, drängte er die britische Regierung, ihre Politik, die sie 1939 im *White Paper* formuliert und die für die Juden verheerende Konsequenzen gehabt hätte, so schnell wie möglich zu korrigieren, bevor es zu spät wäre.

Dazu Golda Meir in ihrer Autobiographie:

»Wir baten nur darum, den Versuch unternehmen zu dürfen, so viele Juden wie möglich zu retten und sie in ein Land zu bringen, das sie aufnehmen wollte. Als die Briten sich taub gegenüber diesen Forderungen stellten und behaupteten, sie seien der Situation aus allen möglichen technischen, völlig unsinnigen Gründen ›nicht gewachsen‹ (zum Beispiel aus ›Mangel an Schiffen‹, obwohl es Schiffe im Überfluß gab, als es darum ging, 1940 illegale Einwanderer von Palästina nach Mauritius zu bringen) hörten wir zu bitten auf und stellten Forderungen.
Aber weder Bitten noch Tränen, weder Demonstrationen noch Interventionen durch Freunde (so einflußreich sie auch waren) nützten etwas. Das britische Weißbuch blieb in Kraft. Die Tore Palästinas öffneten sich nur gerade so weit, um die Anzahl von Juden hereinzulassen, die in diesem schändlichen Dokument festgesetzt war. Damals wurde uns allen klar, was viele von uns schon immer vermutet hatten: Keine ausländische Regierung konnte oder würde jemals unsere Qualen so spüren wie wir selbst. Keine ausländische Regierung würde je das Leben von Juden so hoch bewerten wie wir. Es war nicht sehr schwer, diese Lektion zu lernen. Doch keiner von uns würde sie je wieder vergessen. Die übrige Welt dagegen scheint das – unglaublich genug – mit sehr wenigen Ausnahmen getan zu haben. Ein paar Länder – dies sei zu ihrer Ehre gesagt - waren bereit, einigen Juden Asyl zu gewähren, vorausgesetzt, daß es ihnen gelang, dem Massenmord zu entrinnen. Aber nirgends auf der Welt außer in Palästina gab es einen Staat, der bereit war, jeden Preis für die Juden zu zahlen und jedes erforderliche Risiko auf sich zu nehmen, um sie zu retten.«[13]

Als im Zuge der Diskussion die Frage auftauchte, ob denn die britische Regierung nicht mehr Möglichkeiten anzubieten habe, um jüdische Immigranten nach Palästina einzulassen, machte die britische Delegation kein einziges Zugeständnis. Oliver Harvey, der Privatsekretär Edens, notierte am 25. April 1943 in seinem Tagebuch: »Unglücklicherweise ist Anthony Eden unerbittlich, wenn es um Palästina geht. Er mag die Araber, haßt aber die Juden.« Die britische Regierung war laut Harvey dafür verantwortlich, daß die jüdischen Flüchtlinge in der kritischsten Phase ihrer rund tausendjährigen Geschichte, als so gut wie alle Länder vor ihnen die Schotten dichtgemacht hätten, nicht einmal in ihr eigenes Land emigrieren durften: nach Palästina nämlich, wo die Verantwortlichen die Tore des Jüdischen Nationalheimes weit geöffnet hätten, um alle Juden aufzunehmen.

Churchill war zu jener Zeit der einzige in der Regierung, der anders darüber dachte. In einem Memorandum vom 27. April 1943 notiert er, daß er nicht nur einen Judenstaat in Palästina in Betracht zog, sondern auch die Möglichkeit, zwei ehemalige italienische Kolonien, nämlich Eritrea und Tripolitana, in jüdische Siedlungsräume umzuwandeln. Notfalls – wenn die Juden das so wollten – könnten diese auch den Status von Kolonien des bereits erwähnten jüdischen Staates in Palästina erhalten.

Nachdem klargeworden war, daß Palästina nicht in Frage käme, beschränkten sich die Delegationen während der Konferenz nur noch darauf, über mögliche Alternativen zu Palästina zu diskutieren, wohlwissend, daß es keine gab. Sol Bloom, ein Mitglied der britischen Abordnung, hielt eine engagierte Rede, die die amerikanische Regierung veranlassen sollte, viele Flüchtlinge aufzunehmen. Allerdings wurde ihm vom Vorsitzenden Dodds sofort das Wort entzogen, da sich alle Delegierten an den bestehenden Einwanderungsgesetzen, die unter keinen Umständen geändert werden sollten, zu orientieren hätten.

Im weiteren Verlauf stellte der Brite Richard Law die Frage in den Raum, ob die Konferenzteilnehmer die Regierung der Vereinigten Staaten nicht ersuchen könnten, einen Appell an die Regierungen lateinamerikanischer Länder zu richten. Denn dort gäbe es noch ausgedehnte Gebiete, in denen sich die Juden ansiedeln könnten. Nachdem dieser Antrag abgelehnt worden war, spielte Senator Lucas den Ball an die britische Delegation zurück und fragte, ob denn deren Regierung den jüdischen Flüchtlingen nicht Britisch-Honduras zur Verfügung stellen könnte. Ein britischer Abgesandter gab zur Antwort, daß sich dort 20 Juden niedergelassen hätten. Die Regierung könnte aber nur schwerlich weitere Flüchtlinge zulassen, da diese dem ungesunden tropischen Klima jener Gegend gewiß nicht gewachsen wären.

Nachdem Schiffahrtssachverständige aus beiden Delegationen erklärt hatten, daß es ein Ding der Unmöglichkeit wäre, Flüchtlinge auf alliierten Schiffen zu transportieren, äußerte ein britischer Experte die Ansicht, daß portugiesische Schiffe sicher an die 15 000 Flüchtlinge in die portugiesische Kolonie Angola bringen könnten. Die anderen Konferenzteilnehmer reagierten sofort ablehnend, indem sie darauf verwiesen, daß die Regierung Portugals dem sicher nicht zustimmen würde. So war es kein Wunder, daß zum wiederholten Male Madagaskar genannt wurde, wohin man die Flüchtlinge im Auftrag der britischen Regierung von Spanien aus schicken könnte.[14] Die Portugiesen würden, davon ging man aus, wahrscheinlich nichts dagegen haben, wenn für den Transfer dieser jüdischen Flüchtlinge portugiesische Schiffe herangezogen würden. Der Vorschlag wurde an die Kommission weitergeleitet.

Die meiste Zeit waren die Konferenzteilnehmer damit beschäftigt, all die Meinungsverschiedenheiten beizulegen, die anläßlich der Frage entstanden waren, wie das praktisch entschlummerte *Intergovernmental Committee for Refugees* seine Arbeit wieder aufnehmen sollte, wollte es schließlich doch noch ein Land für die verzweifelten jüdischen Asylsuchenden namhaft machen können.

Wie bereits dargestellt, war die Insel Madagaskar im Zusammenhang mit der Problematik der 8000 jüdischen Flüchtlinge in Spanien erneut ins Spiel gebracht worden. Einige Mitglieder der britischen Delegation verlangten, daß man sich mit der Bitte an die amerikanischen Militärbehörden wenden sollte, diese mögen die jüdischen Flüchtlinge aus Spanien in Lager in Nordafrika überstellen. Die meisten amerikanischen Abgesandten lehnten ein derartiges Ansinnen ab. Sie waren sich nämlich bewußt, daß ein solcher Strom jüdischer Flüchtlinge den Protest der lokalen arabischen Bevölkerung hervorrufen würde, verbunden mit entsprechenden Konsequenzen für den weiteren Kriegsverlauf.

In diesem Zusammenhang erscheint die Bemerkung des Briten Peak bemerkenswert, der meinte, er hätte selbst gute Erfahrungen mit der Isle of Man gemacht, wo er Leiter eines Internierungslagers gewesen wäre. Dort hätte man seinerzeit die Internierten auf zwei Dörfer der Insel verteilt, die durch Absperrungen von der Außenwelt abgeschnitten gewesen wären. Die Angehaltenen hätten dort ein gewisses Maß an Freiheit genossen, und alles in allem wären sie mit ihrer Situation gewiß nicht unzufrieden gewesen. Er hätte sich im Laufe der Konferenz gefragt, warum man dasselbe nicht auch mit den 8000 Juden in ein paar Dörfern in Nordafrika – wobei er an Marokko dachte – realisieren könnte.

In der Zwischenzeit hatte der Leiter der amerikanischen Delegation mit seinem Außenminister Rücksprache gehalten, der den Konferenzteilnehmern folgendes ausrichten ließ: Das amerikanische Außenministerium wäre unter einer Bedingung damit einverstanden, daß die amerikanische Delegation auf der Bermuda-Konferenz einen Vorschlag einbrachte, der die Verschiffung der 8000 jüdischen Flüchtlinge von Spanien in irgendein Lager in Nordafrika (Marokko) vorsah, wo sie *vorübergehend* bleiben dürften: Die britische Regierung müßte auf General de Gaulle Druck ausüben, damit er diese Juden in weiterer Folge aus Nordafrika auf die Insel Madagaskar verschiffen ließ, wo sie ihr *definitives* Ziel finden sollten.

Am 30. April, dem Abschlußtag der Konferenz, kamen die Mitglieder beider Delegationen überein, die Empfehlungen, die sie formuliert hatten, solange geheimzuhalten, bis beide Regierungen ihr Einverständnis gegeben hätten. Sowohl für die britische als auch für die amerikanische Regierung war ein ausführlicher Bericht erstellt worden, in dem 13 Empfehlungen berücksichtigt waren. Zuallererst sollten die beiden Regierungen in Hinblick auf das endgültige Schicksal der jüdischen Flüchtlinge in Europa dafür sorgen, daß das *Intergovernmental Committee for Refugees* zu neuem Leben erweckt würde. Die 8000 jüdischen Flüchtlinge, die sich in Spanien aufhielten, sollten in irgendeinem nordafrikanischen Lager *vorläufig* Unterschlupf finden und die französische Regierung sollte dazu gebracht werden, daß sie von dort aus auf die Insel Madagaskar verschifft würden, wo sie eine *definitive* Bleibe finden sollten.[15]

In *The Observer* erschien anläßlich des Scheiterns der Bermuda-Konferenz folgender Artikel:

> »Vor dem Hintergrund luxuriöser Strandhotels treffen einander gutgekleidete Herren, um – ganz in der Tradition von Genf – zu konstatieren, daß man ohnehin nicht viel ausrichten könne. [...] Die Eröffnungsreden dieser Konferenz sind hier auf gewaltiges Medieninteresse gestoßen und haben allgemeine Bestürzung und Wut ausgelöst. Man bekam zu hören, daß die Summe der britischen und US-amerikanischen Mittel nicht ausreichen würde, um dieses Problem zu lösen. [...] Wer aber, wenn nicht diese beiden Mächte, soll dazu in der Lage sein? Das dumpfe Desinteresse an menschlichem Leid, von dem sie ein erschreckendes Zeugnis ablegen, ist noch nicht einmal das Schlimmste an den Reden. Dieses Desinteresse hat zur Folge, daß die beiden größten Weltmächte bereit sind, sich zu erniedrigen, sich für bankrott und unfähig zu erklären, nur um den kleinen Unannehmlichkeiten der Nächstenliebe aus dem Wege zu gehen.«[16]

Im britischen Unterhaus fand am 19. Mai 1943 eine ausführliche Debatte zum Thema der gescheiterten Bermuda-Konferenz statt. Kolonel Sir Lambert Ward machte folgenden Vorschlag zur Lösung der jüdischen Flüchtlingsproblematik: Da historisch nachgewiesen werden könne, daß sich die Juden nicht in andere Kulturen integrieren ließen, zumindest nicht in die christliche Kultur Europas, würden sie den Kontinent nach dem Krieg verlassen und sich in Afrika niederlassen müssen. Dort gebe es bereits eine ansehnliche jüdische Bevölkerung, die sie gerne aufnehmen würde. Seiner Meinung nach wären Konflikte vorprogrammiert, wenn man sie auf Madagaskar ansiedelte, wo es schon seit vielen Jahrhunderten keine Juden mehr gab.

Am 14. Mai 1943 hatte Präsident Roosevelt an Minister Hull geschrieben, daß Nordafrika ohne die ungeteilte Zustimmung aller militärischen Autoritäten nicht zu einem dauerhaften Aufenthaltsort für jüdische Flüchtlinge aus Spanien werden dürfte. Er war im übrigen durchaus der Ansicht, daß im Norden Afrikas zwar noch ausreichend Gebiete vorhanden wären, um tausende jüdische Flüchtlinge unterzubringen. Es wäre jedoch extrem unvernünftig, größere Flüchtlingsgruppen dorthin zu verschiffen.

Am 19. Mai 1943 kabelte Minister Eden ein Telegramm an Churchill, der sich zu diesem Zeitpunkt in Washington aufhielt. Darin machte er ihn darauf aufmerksam, daß es durchaus vertretbar wäre, einem Vorschlag der Bermuda-Konferenz entsprechend tausende jüdische Flüchtlinge von Spanien nach Nordafrika zu bringen, sofern es sich dabei um ein Territorium handelte, das weit entfernt von den Zentren der Moslems gelegen wäre. In Anbetracht des *provisorischen* Charakters eines solchen Lagers hatten sich britische Regierungsfunktionäre inzwischen mit den Behörden auf der Insel Madagaskar in Verbindung gesetzt, wo die Juden ja ihren *endgültigen* Bestimmungsort finden sollten. Am 2. Juni 1943 schickte der britische Generalkonsul von Madagaskar der britischen Regierung ein Telegramm, worin er ihr mitteilte, daß der französische Generalgouverneur nach Rücksprache mit seiner Regierung beschlossen hätte, auf der Insel Madagaskar keine jüdischen Flüchtlinge aus Europa aufzunehmen, da die Bedingungen der britischen Regierung »too onerous« wären. Der Generalkonsul hatte dazu noch ergänzend bemerkt, daß der Generalgouverneur nicht daran dachte, »Jewish elements« in die Gesellschaft der Ureinwohner aufzunehmen. Diese sähen in den Juden zweifelsohne eine Bedrohung. Im übrigen stellte sich die Frage, wie denn die Juden, die noch nie auf dem Land gearbeitet hätten, plötzlich zu Landwirten werden sollten?

Am 30. Juni 1943 telegraphierte Churchill an Präsident Roosevelt, daß für die jüdischen Flüchtlinge in Spanien eine schnelle Lösung gefunden werden müßte. Da die Möglichkeiten, die Opfer von Hitlers Judenverfolgung zu unterstützen, äußerst begrenzt wären, sollte in Nordafrika ein einfaches Lager eingerichtet werden. Am 8. Juli 1943 kabelte Roosevelt zurück, daß er die Generäle Eisenhower und Giraud soweit instruieren würde, daß diese die entsprechenden Maßnahmen zur Errichtung eines Lagers für rund 5000 bis 6000 Juden in Nordafrika setzten. In seinem Telegramm unterstrich Roosevelt allerdings die Tatsache, daß es sich dabei um ein *Durchgangs*lager handeln würde. Er wäre nämlich mit den französischen Militärbehörden in Marokko völlig einer Meinung, daß die Juden aufgrund politischer und militärischer Überlegungen schließlich in ein *definitives* Siedlungsgebiet gebracht werden müßten. Dabei schwebten ihm, wie auch anderen Politikern in jenen Tagen, Madagaskar, Tripolitana oder Cyrenaika vor. Am 10. Juli dankte Churchill Roosevelt für seine Mithilfe an der vorläufigen wie auch der definitiven Lösung der in Spanien akuten Flüchtlingsproblematik. Sobald er, Churchill, die Bestätigung erhalten hätte, daß der Präsident den genannten Generälen tatsächlich den Befehl gegeben hätte, ein Lager in Marokko aufzubauen, würde er selbst seinen Generälen ebenfalls ergänzende Anweisungen erteilen.

Die diplomatischen und politischen Beratungen auf Spitzenebene betreffend das weitere Schicksal und das Bestimmungsland der jüdischen Flüchtlinge in Spanien führten zu keinen raschen Ergebnissen, da die französischen Behörden in Nordafrika für massive Verzögerungen sorgten. Als diese dem Nordafrika-Projekt endlich konkrete Züge verliehen hatten, lief es darauf hinaus, daß die Juden schlicht und einfach in einem Gefängnis eingesperrt werden sollten. Aus diesem Grund weigerte sich die amerikanische Regierung, das Projekt zu akzeptieren. Schließlich wurden in Französisch-Marokko zwei Lager – in Fedhala und in Philippeville – eingerichtet. Am 19. Februar 1944 telegraphierte jedoch der britische Botschafter in Madrid nach Washington, daß die jüdischen Flüchtlinge nicht die geringsten Anstalten machten, sich nach Marokko einzuschiffen. Sie hätten Angst, sich dort schließlich doch in einer Art Gefängnis wiederzufinden. Im März 1944 wurden die Juden schließlich zur Abreise nach Nordafrika gezwungen. Im Endeffekt kamen dort jedoch nur 630 von ihnen an, da es in jener Zeit großen Gruppen von Juden gelungen war, sich von Spanien aus nach Palästina oder Nordamerika abzusetzen.

Der Vatikan stellte sich am 18. Mai 1943 hinter den Vorschlag der Bermuda-Konferenz, auf die französische Regierung Druck auszuüben, damit die 8000 jüdischen Flüchtlinge, die sich noch in Spanien aufhielten, doch noch ihr endgültiges Ziel auf der Insel Madagaskar erreichen würden. Die Unterstützung des Heiligen Stuhles kannte unter dem Pontifikat Pius XII. während des Zweiten Weltkrieges nur eine einzige deutliche Einschränkung: sobald es nämlich um die Emigration von Juden nach Palästina ging. Aber die Briten, die die Pforten Palästinas im Jahre 1939 für jüdische Immigranten geschlossen hatten (siehe deren *White Paper*), waren nicht einmal zu diesem Zeitpunkt bereit, sie für die todgeweihten europäischen Juden wieder zu öffnen.

Als Palästina im Frühjahr 1943 nahezu das einzige Land war, in dem Juden noch willkommen waren, schloß sich der Heilige Stuhl der Politik der Briten an: die Emigration der Juden nach Palästina sollte verhindert werden. Dem Sekretariat des Vatikans hatte der Stellvertreter von Präsident Franklin D. Roosevelt, Myron Taylor, ausführlich über die Bermuda-Konferenz berichtet, an der er selbst auch teilgenommen hatte. Im Vatikan war man erleichtert, daß sich im Laufe der Konferenz immer mehr herauskristallisiert hätte, daß Palästina jüdischen Flüchtlingen so gut wie verschlossen bleiben sollte und man deshalb nach anderen, überseeischen Gebieten wie beispielsweise Madagaskar gesucht hätte. Der Heilige Stuhl zeigte sich erfreut darüber, daß er seine anti-zionistische Richtung beibehalten konnte, ohne damit in Schwierigkeiten zu geraten.

Palästina war in den Augen des Vatikans vor allem seit dem Januar 1943 für Juden tabu. Über seinen Nuntius hatte der Kirchenstaat ausrichten lassen, daß die Alliierten andere Gebiete in Übersee in Betracht ziehen sollten, um jüdischen Flüchtlingen dort Unterschlupf zu gewähren. Im Vatikan war man darüber informiert, daß die britische Regierung im Dezember ausführliche Erkundigungen eingeholt hatte, wie es um die Möglichkeit, die Juden allenfalls nach Madagaskar zu verschiffen, bestellt wäre.

Mit Hilfe eines Netzwerks diplomatischer Beziehungen unternahm der Vatikan den Versuch, die Aufmerksamkeit westlicher Politiker und Diplomaten von Palästina abzulenken. Am 20. Januar 1943 hatte Chaim Barlas dem Vertreter des Heiligen Stuhles in Kairo, P. Hughes, einige Vorschläge für die Emigration jüdischer Flüchtlinge nach Palästina unterbreitet. Er hatte konkrete Initiativen angeregt, die der Vatikan setzen könnte, um Juden aus Europa die Flucht nach Palästina zu ermöglichen.

Am 23. Februar schrieb Staatssekretär Maglioni seinem Gesandten in Ägypten, daß der Heilige Stuhl – was die Unterstützung und Rettung von Juden anging – alles in seiner Macht Stehende unternommen hätte. Aufgrund zahlreicher unüberwindbarer Probleme hätten jedoch die meisten Länder ihre Grenzen für Juden geschlossen. In Hinblick auf die Aufnahme von Juden in Palästina bemerkte Maglioni: »[...] was die Verschiffung der Juden nach Palästina angeht, müssen Sie verstehen, daß man die Frage des Zuzugs zu den Heiligen Stätten nicht außer acht lassen darf. In dieser Angelegenheit hat der Heilige Stuhl ein ganz spezielles Interesse.«

Die zionistische Organisation *Aliyah* informierte den Heiligen Stuhl, daß die britische Regierung im Januar 1943 ausnahmsweise ihre Zustimmung erteilt hätte, rund 4000 jüdische Kinder in Begleitung einiger hundert Frauen aus Osteuropa nach Palästina auswandern zu lassen. Staatssekretär Tardini reagierte am 13. März mit den Worten, daß »der Heilige Stuhl den Plan, Palästina in ein Jüdisches Nationalheim zu verwandeln, niemals gutgeheißen« hätte. Maglioni schrieb am 4. Mai 1943 an den apostolischen Nuntius in London, Godfrey:

> »Es ist allgemein bekannt, daß die Katholiken nicht nur ganz besondere historisch erworbene Rechte an den Heiligen Stätten geltend machen. Darüber hinaus fühlen sich Katholiken aus aller Welt dem Lande Palästina überaus stark verbunden und hegen Gefühle von innigster Frömmigkeit für ein Land, das vom Göttlichen Erlöser gesegnet wurde. Aus all diesen Gründen würden sich die Katholiken in ihren religiösen Empfindungen verletzt fühlen, sollte Palästina ausschließlich zum Land der Juden werden. Denn dann wäre ihre Angst vor dem Verlust der historisch gewachsenen Rechte begründet.«

Ziel dieses Briefes war es, Anthony Eden in London den Standpunkt des Vatikan gegenüber dem Beschluß der britischen Regierung, 4000 jüdische Kinder nach Palästina zu verfrachten, näherzubringen.

Der Kirchenstaat unternahm sogar den Versuch, mit Hilfe seines Vertreters in Washington auf die amerikanische Regierung Einfluß zu nehmen. Am 18. Mai schrieb Luigi Maglioni an den apostolischen Vertreter in Washington:

> »Wenn die Juden wirklich beabsichtigen, eine Jüdische Nationalheimat einzurichten, sehe ich kein großes Problem darin, andere Gebiete als Palästina zu finden, die ihren Wünschen und Bedürfnissen besser entsprechen. Kämen die Juden in Palästina an die Macht, hätte das neue und vor allem ernsthafte internationale Probleme zur Folge. Die Katholiken würden ihren Unmut zum Ausdruck bringen und zu Recht ihre diesbezüglichen Klagen beim Heiligen Stuhl vorbringen. Wenn die Juden dafür kein Verständnis zeigen, scheinen sie die liebevolle Sorge vergessen zu haben, die der Heilige Stuhl gegenüber Nicht-Ariern stets erkennen ließ und auch in Zukunft an den Tag legen wird.«[17]

Es ist wahrscheinlich, daß Maglioni bei den Worten »andere Gebiete« an den Vorschlag der amerikanischen und britischen Teilnehmer an der Bermuda-Konferenz dachte, der die Unterbringung der Juden auf Madagaskar vorsah. Dies umso mehr, als ihm auch Taylor ausführlich von diesem Konferenzthema berichtet hatte.

Im übrigen paßte dieser Vorschlag perfekt in die Diplomatie, die das Staatssekretariat des Vatikans in den vorangegangenen Jahren insbesondere hinsichtlich getaufter Juden verfolgt hatte. Das Brasilien-Projekt ist hierfür ein gutes Beispiel: Ende März 1939 traten die deutschen Bischöfe mit der Bitte an den Heiligen Stuhl heran, die Regierung Brasiliens aufzufordern, ein Kontingent von 3000 Aufenthaltsbewilligungen für deutsche Katholiken jüdischer Abstammung zur Verfügung zu stellen. In dieser Angelegenheit engagierten sich Maglioni und seine beiden Sekretäre Domenico Tardini und Giovanni Battista Montini in den Jahren 1940 und 1941 intensiv. Das bescheidene Ergebnis: 1000 Visa für Brasilien.[18]

Es ist nicht unwahrscheinlich, daß auch Monsignore Roncalli (der spätere Papst Johannes XXIII.) den Vorschlag der amerikanischen und britischen Bermuda-Konferenzteilnehmer unterstützt hat, die Insel Madagaskar den 8000 in Spanien wartenden jüdischen Flüchtlingen zur Verfügung zu stellen. Jedenfalls setzte er sich als apostolischer Nuntius in Istanbul dafür ein, daß Gebiete bereitgestellt würden, in denen sich jüdische Flüchtlinge aus Deutschland und der damaligen »Ostmark« niederlassen könnten. Deren Schicksal beschäftigte ihn zwar sehr, dennoch war er der Ansicht, daß er als Katholik nicht an der Emigration von Juden nach Palästina mitwirken dürfte. Er war erleichtert, daß die britische Regierung zwar einerseits die Pforten des Heiligen Landes so gut wie dichtgemacht und eine massive Einwanderung der Juden somit unmöglich gemacht hatte, sich aber andererseits dafür einsetzte, eine Alternative zu finden. Da Roncalli von der (falschen) Annahme ausging, der Heilige Stuhl hätte offiziell seine Mithilfe an der Emigration der Juden nach Palästina zugesagt, äußerte er in einem Brief an Maglioni vom 4. September 1943 seine diesbezüglichen Bedenken:

> »Ich gestehe offen ein, daß ich an der Politik des Heiligen Stuhles zu zweifeln beginne, wenn ich sehe, wie man sich um den Transfer der Juden nach Palästina kümmert, wo sie das Königreich Israel wiedererrichten wollen. Es ist verständlich, daß sich deren Schicksalsgenossen und politischen Freunde so verhalten. Ich halte es jedoch nicht unbedingt für ein Zeichen von ausgeprägtem Fingerspitzengefühl, wenn der Heilige Stuhl in Ausübung der Nächstenliebe den Eindruck erweckt, zumindest indirekt an der Erfüllung des messianischen Traums der Juden mitzuwirken. Es ist gut möglich, daß ich es in dieser Frage zu genau nehme. In jedem Fall aber werde ich jetzt, da ich meine Bedenken geäußert habe, zumindest ein reines Gewissen haben. Es steht fest, und daran gibt es nichts zu rütteln, daß die Wiedererrichtung des Königreiches Juda und Israels eine Utopie bleiben muß.«[19]

Es ist anzunehmen, daß ihn Maglioni mit dem Hinweis auf seinen bereits erwähnten Brief vom 18. Mai 1943 an den apostolischen Nuntius in Washington beruhigt und daß er in diesem Zusammenhang auch Madagaskar erwähnt hat.

Am 25. Juni 1943 wurde im britischen Kabinett wieder der Madagaskar-Plan zur Sprache gebracht, mit dem man sich bereits im Sommer 1941 auseinandergesetzt hatte. Es ging neuerlich um die Frage, in welches außereuropäische Gebiet man die Juden nach Beendigung des Zweiten Weltkrieges schicken könnte. Da die britische Regierung allen Umständen zum Trotz an ihrer im *White Paper* aus dem Jahre 1939 vorgezeichneten Politik festhielt, blieb die Frage unbeantwortet.

Am 20. Juni empfing der Außenminister eine Abordnung von Parlamentariern, die von Lord Samuel angeführt wurde und in der alle politischen Parteien vertreten waren. Sie wiesen ihn darauf hin, daß im Lande Gerüchte kursierten, wonach Juden, die den Nazi-Greueln entronnen wären, vergeblich Einlaß nach Großbritannien begehrt hätten. Deshalb schlugen sie vor, schon bald eine ministeriumsübergreifende Konferenz abzuhalten.

Wenige Tage später erklärte A. W. G. Randall, daß der Minister keinerlei Möglichkeiten sähe, den Wünschen der Parlamentarier entgegenzukommen. Am 25. Juni teilte Finanzminister Lord Cherwell in einer Kabinettssitzung mit, daß der Regierungsausschuß für Nahost-Angelegenheiten dazu geraten hätte, all jene Maßnahmen, die im *White Paper* zur Palästina-Politik skizziert wären, auch wirklich in die Tat umzusetzen. Es war diesem Ausschuß ein Anliegen, Churchill und sein Kabinett daran zu erinnern, daß darin auch ein Artikel enthalten war, der die Notwendigkeit der gänzlichen Einstellung jüdischer Immigration nach März 1944 formulierte – es sei denn, die Araber wären zu Zugeständnissen bereit.

Cherwell wollte die Regierung auch auf ein Memorandum Edens aufmerksam machen. Dieser bat die amerikanische Regierung, die zionistische Propaganda, die auf die Gefühle der Araber nicht die geringste Rücksicht nahm, zu zügeln.

Sowohl der Rat der genannten Regierungskommission als auch das Memorandum Edens waren für den Finanzminister Anlaß, sich eingehender mit der Lösung der Judenfrage in Europa zu beschäftigen.[20] Lord Cherwell war schließlich zu der Auffassung gelangt, daß die mit der Gründung eines eigenen Judenstaates verbundene Problematik am besten gelöst werden könnte, wenn man sich im Zuge der Friedensverhandlungen auf die Gründung zweier Staaten einigte. Der eine sollte »eine kleinere Jüdische Nationalheimat in Palästina« sein, der andere »ein weitaus größeres Gebiet, irgendwo anders auf der Welt«. Dabei könnte es sich beispielsweise um Eritrea oder Tripolitana handeln, wie dies Churchill bereits wiederholt vorgeschlagen hätte, oder »vielleicht Madagaskar«, wozu andere Regierungsmitglieder im Dezember 1942 geraten hätten.

Der entscheidende Punkt in diesem Plan Cherwells war, daß es sich bei dem »weitaus größeren Gebiet, irgendwo anders auf der Welt« um eine Kolonie der »kleinen Jüdischen Nationalheimat« handeln sollte. Die Juden könnten dann, so

Cherwells Überlegungen, selbst bestimmen, wie viele Immigranten sie in ihren kleineren Staatsverband aufnehmen wollten und die übrigen Aufnahmewerber in ihren großen Staat weiterschicken. De facto handelte es sich bei diesem Plan um eine detailliertere Ausarbeitung jener Variante, die Churchill in seinem bereits erwähnten Memorandum vom 27. April 1943 vorgeschlagen hatte.[21] Für Cherwell bedeutete dies, daß die »kleinere Jüdische Nationalheimat« in Palästina von Arabern »gesäubert« werden müßte und vice versa der Rest Palästinas von den Juden. Sollte die Umsetzung dieses Plans unter den Moslems für Aufregung sorgen, könnte man diese nach Ansicht Cherwells leicht besänftigen, indem man ihnen anderswo, beispielsweise in Syrien oder Pakistan, Zugeständnisse machte.

Der Minister machte schließlich noch folgende Bemerkung:

> »Ich neige zu der Ansicht, daß man den Juden im Nahen Osten zu viel Aufmerksamkeit geschenkt hat, dem Einfluß des Judentums weltweit jedoch zu wenig. Einem Einfluß nämlich, der aufgrund der Sympathien, die dem Judentum auf der ganzen Welt während seiner Verfolgung entgegengebracht wurden, stark zugenommen hat. Nach dem Ersten Weltkrieg haben wir den Türken Arabien, das so groß wie Westeuropa ist, abgenommen und den Arabern zurückgegeben. Es würde eigenartig anmuten, gönnte man den Juden nicht ein kleines Gebiet, von den Ausmaßen her vergleichbar mit Wales.«[22]

Der Palästina/Madagaskar-Plan Lord Cherwells wurde einige Tage später von Sir Stafford Cripps, dem für die britische Luftwaffe zuständigen Minister, kritisiert. Dieser vertrat in einem Memorandum die Auffassung, daß die alliierten Mächte die Kriegsziele, die seiner Meinung nach in der Befreiung und Wiederherstellung der Ehre aller europäischen Juden bestünden, sehr genau definieren müßten. Dazu führte er noch ergänzend aus, daß die Juden in allen von der deutschen Tyrannei befreiten Ländern die vollen und gleichberechtigten Bürgerrechte erhalten müßten. Würden die Alliierten eine solche Politik vorgeben und auch umsetzen, würden die Juden selbst erkennen, daß ihnen Palästina, verglichen mit dem von den Nazis befreiten Europa, wenig zu bieten hätte.

> »Die unausgewogene emotionale Haltung, welche die amerikanischen (und in geringerem Ausmaß die britischen) Zionisten in der Palästina-Frage an den Tag legen, zeugt von der Hysterie, von der die jüdische Gemeinschaft weltweit aus unerfindlichen Gründen erfaßt wurde. Es überrascht keineswegs, daß immer mehr Juden, die mit der Tragödie der rassisch motivierten Ausrottung in Europa konfrontiert waren, von ihren Gefühlen überwältigt sind und in diesem Zustand die Ansicht vertreten, daß die Gründung eines eigenen jüdischen Staates in Palästina von vitalem Interesse für das Überleben ihrer Gemeinschaft wäre. Solange jedoch die Juden dermaßen hysterisch reagieren, besteht die Gefahr, daß sich die übrigen Völker dadurch ernsthaft in Verlegenheit ge-

bracht sehen und den Juden ihre eigene Hysterie schließlich zum Verhängnis wird und sie sozusagen die Rechnung präsentiert bekommen.«

In dieser Kritik von Minister Cripps am Palästina/Madagaskar-Plan Cherwells zeichnete sich bereits ab, daß er den Zionismus in Europa nach dem Krieg mit Hilfe einer Kampagne gegen den Antisemitismus bekämpfen wollte.[23]

Am 2. Juli teilte Kolonialminister Oliver Stanley im Minsterrat mit, daß der Regierungsbeschluß vom 7. Januar 1943, der den Transfer von rund 4000 jüdischen Kindern aus Osteuropa in Begleitung von 400 Frauen via Bulgarien nach Palästina vorgesehen hatte, nicht zur Ausführung gelangte, da die Deutschen die bulgarische Regierung gezwungen hätten, ihre Grenzen für Juden ein für allemal zu schließen. Er vergaß hinzuzufügen, daß es vor allem der Heilige Stuhl gewesen war, der in den vorangegangenen Monaten Gott und die Welt in Bewegung gesetzt hatte, um diesen Transport jüdischer Kinder zu verhindern.

Ungeachtet der Tatsache, daß die illegale Immigration nach Palästina die einzige noch verbleibende Möglichkeit für verfolgte Juden war, aus Europa zu entkommen, legte Lord Cranborne in weiterer Folge dar, daß die britische Regierung alles daransetzen müßte, um eben diese illegale Immigration nach Palästina zu verhindern. Trotzdem nahm der Ministerrat den folgenden Antrag an: Wenn Juden den Greueln der Nazis entkommen und in der Türkei oder einem der neutralen Staaten gelandet wären, sollten sie sehr wohl für die Immigration nach Palästina in Betracht kommen. Dennoch müßten sie zuerst in Lagern untergebracht und erst nach einiger Zeit zur Weiterreise nach Palästina entlassen werden.

Ende Juni 1943 beklagte Harold Laski, daß Churchill in seiner letzten Rede die Juden nicht einmal mehr erwähnt hätte. Am 10. Juli reagierte der Ministerpräsident auf diesen Vorwurf: »Als ich über den Schaden sprach, den Hitler den souveränen Staaten Europas zugefügt hat, dachte ich zugleich auch an das unermeßliche Leid der Juden. Ich beschäftige mich ununterbrochen mit der Frage, wie wir ihnen helfen könnten, und zwar nicht nur während des Krieges, sondern auch noch danach. Denn dann müssen wir irgendwo ein endgültiges Ziel für sie finden.« Es ist sehr wahrscheinlich, daß er bei dem »endgültigen Ziel« an seinen eigenen Vorschlag dachte, den er am 27. April 1943 in einem Memorandum dargelegt und den sein Finanzminister in weiterer Folge am 25. Juni im Ministerrat konkretisiert hatte: Ein kleinerer Staat in Palästina und ein größerer in Eritrea, Tripolitana oder auf Madagaskar.[24]

Kapitel XV

Der jüdische Madagaskar-Plan am Ende des Zweiten Weltkrieges

Gegen Ende des Zweiten Weltkrieges machten jüdische Gefangene im Konzentrationslager Drancy den Vorschlag, nach dem Krieg auf Madagaskar einen eigenen Staat für die europäischen Juden zu gründen. Sie waren der Meinung, daß der Antisemitismus in Europa aufgrund seiner 2000jährigen Geschichte unausrottbar sei.[1]

Georges Wellers beschreibt in seiner Autobiographie die Erfahrungen, die er als französischer Jude in Drancy gemacht hat. Er geht darin besonders ausführlich auf die Vielschichtigkeit des Judentums ein und betont die starken Gegensätze zwischen dem »Ostjudentum« und der jüdischen Gemeinschaft im Westen. In Drancy prallten die kulturellen Welten von »Ost- und Westjudentum« aufeinander. Trotz widrigster Umstände hätten die Juden aus den osteuropäischen Ländern (Polen, Rumänien, Weißrußland und Ukraine) weiterhin an ihren jüdischen Lebensgewohnheiten und Riten festgehalten. Wellers sah dies als Zeichen besonderer seelischer Größe.

Wellers zufolge war die Haltung der meisten »Ostjuden« von Pessimismus und teilweise sogar von Fatalismus geprägt: Die Zukunft des Judentums in Europa sahen sie in den düstersten Farben, was kaum verwunderlich war, da sie in ihrer Heimat selbst Zeuge und auch Opfer von Verfolgungen geworden waren. Sie sahen den Antisemitismus als immer wiederkehrende Plage, der sie wie einer Naturkatastrophe hilflos ausgeliefert waren. Sie wagten es nicht, sich zu wehren, als sie mißhandelt, beraubt und geschändet wurden, und was noch viel schlimmer war, sie dachten fast schon, daß es so sein müßte. Immer wieder, wenn es ihnen nicht gelungen war, die Antisemiten zu besänftigen, hatten sie sich aufgemacht und waren erneut in die Fremde gezogen. Da es für sie auf der Erde keinen Platz zu geben schien, wo sie in Ruhe leben konnten, hatten sie sich immer nur ein kleines Gebiet gesucht, um dort zu leben. Durch die ständige Feindschaft, die ihnen die Völker des Ostens entgegenbrachten, hatten sie beinahe jedes Selbstvertrauen und jegliche Tatkraft verloren. Da sie fast nur schmerzhafte Erfahrungen mit Nicht-Juden gemacht hatten, begannen sie zu glauben, daß alle Nicht-Juden Judenhasser wären. So gesehen waren die Franzosen für sie nicht schlimmer als die Polen oder die Russen. Sie waren in Drancy zur Überzeugung gelangt, daß nur die Deutschen den Juden noch feindlicher gesinnt waren als die übrigen Völker.

Auch im Konzentrationslager sonderten sich die Juden aus Osteuropa von denen aus Westeuropa (Deutschland und Frankreich) ab.

Im Gegensatz zu den »Ostjuden« waren sich die Juden aus Westeuropa kaum der Tatsache bewußt, daß sie Juden waren. Sie fühlten sich als Deutsche oder Franzosen, als Kapitalisten oder Proletarier. Nur wenige von ihnen fühlten sich in erster Linie als Juden.

Wellers zufolge gab es in Drancy kaum Möglichkeiten, sich in die jüdischen Traditionen zu vertiefen.

Um sich der Schwäche des Judentums bewußt zu werden, aber auch, um die Absurdität des rassistischen Judenhasses zu begreifen, hätte es, so Wellers, keinen »besseren« Ort gegeben als Drancy.[2] In Drancy wurden die westeuropäischen Juden mit allen möglichen Facetten der christlichen Kultur konfrontiert; man las *La vie de Jésus* von François Mauriac, die *Pensées* von Pascal und die Werke von Renan – niemand jedoch interessierte sich für die hebräische Bibel und den Talmud. Die »Ostjuden« im Lager verstanden oft nicht, womit sich die »Westjuden« beschäftigten. Dennoch fanden sie zueinander in dem Glauben, daß Leiden und Tod des Juden Jesus als Beispiel zu sehen war für das jahrhundertelange Märtyrertum des jüdischen Volkes.[3] Langsam wuchs unter den Juden aus Ost- und Westeuropa das Bewußtsein, daß sie *ein* Volk waren und daß sie nur wegen ihres Jude-Seins verfolgt wurden.

Gegen Ende des Zweiten Weltkrieges verband die Juden im Konzentrationslager von Drancy auch immer mehr die Frage, wie die Zukunft des Judentums nach dem Krieg aussehen könnte. Sie diskutierten diese Frage ausführlich unter Leitung von Dr. Lévy Coblenz. Vor allem die »Westjuden« waren der Meinung, daß sich das Problem von selbst lösen würde, wenn Hitler den Krieg verlöre – mit Hitler würde auch der Nationalsozialismus (und mit ihm der Antisemitismus) verschwinden. Die »Ostjuden« waren jedoch überzeugt, daß eine Niederlage der Nazis kein Ende des Antisemitismus bedeuten würde. Der Judenhaß wäre in den vergangenen 2000 Jahren immer wieder zum Ausbruch gekommen und hätte zu Leid und Zerstörung geführt. Für sie gab es keinen Grund zu glauben, daß mit Hitler auch der Antisemitismus aussterben würde. Die »Ostjuden« hielten nachdrücklich fest, daß es sinnlos wäre, nach der Ursache dieser offenbar unheilbaren, ansteckenden Krankheit zu suchen, die in den vergangenen Jahrhunderten für Millionen von Juden den Tod bedeutet hatte. Juden aus Ost- und Westeuropa kamen gemeinsam zum Schluß, daß eine Lösung gefunden werden müßte, die den Juden nach dem Krieg ein Leben in Sicherheit ermöglichte. Niemand zweifelte daran, daß die sicherste Lösung die Gründung eines eigenen jüdischen Staates außerhalb Europas wäre. Sie stärkten einander in dem Bewußtsein, daß die Juden Europas keine lebende Nation mehr waren, sondern Fremde, die in allen Ländern verachtet und verfolgt wurden. Die Entwicklungen in den vorangegangenen Jahrhunderten hätten deutlich gezeigt, daß die politische und bürgerliche Gleichstellung der Juden nicht ausgereicht hatte, um sie in den Augen der anderen Völker zu wirklich gleichberechtigten, geachteten Bürgern zu machen.

Für die Gefangenen von Drancy war der einzige Ausweg die Schaffung eines eigenen jüdischen Staates. Die Juden sollten ein Volk mit eigenem Grund und Boden werden. Die Emanzipation der Juden, ihre Gleichstellung gegenüber anderen Völkern, sollte durch den Erwerb eines eigenen Landes erreicht werden. Keiner der Lagerinsassen glaubte noch, daß Humanität und Bildung Europa von der Krankheit des Antisemitismus, würde heilen können. In zahlreichen Diskussionen wurde immer wieder betont, daß der Mangel an nationalem Selbstbewußtsein, an politischer Initiative und politischer Einheit der größte Feind einer nationalen Wiedergeburt des jüdischen Volkes waren. Damit sie nicht wieder gezwungen würden, von einem Exil ins nächste zu ziehen, sollte man nach dem Krieg ein geeignetes Gebiet suchen, das allen Juden Europas (und anderer Teile der Welt) als Zufluchtsort und Sammelpunkt dienen könnte.

Dieser Plan sollte sofort nach dem Krieg in die Tat umgesetzt werden, da dies der absolut günstigste Zeitpunkt wäre. Für die europäische (weltweite) Judenfrage sollte eine nationale Lösung gefunden werden.

Man stellte sich immer wieder die Frage, ob nicht auch das jüdische Volk das Recht auf ein eigenes Land hätte. Die Juden hätten soviel Positives für Europa bewirkt, und man hätte sie dennoch, wie kein anderes Volk, diskriminiert und mißhandelt. Europas Juden, die auf eine gemeinsame Abstammung, einen starken Glauben, aber auch auf eine unendliche Leidensgeschichte zurückblicken konnten, sollten sich nun nach einem eigenen Land umsehen. Das Streben der Juden nach einer national-politischen Einheit sollte auch bei jenen Völkern, die die Anwesenheit der Juden in den vorangegangenen Jahrhunderten (zu Recht oder zu Unrecht) als Last empfunden hatten, auf Zustimmung stoßen. Jeder der Diskussionsteilnehmer war der Ansicht zugetan, daß ein Gebiet, das zur Gründung eines jüdischen Staates in Frage käme, groß genug sein müßte, um einige Millionen europäische Juden aufnehmen zu können. Ein solches Territorium müßte unwiderruflich jüdisches Eigentum werden. Besonders wichtig war für sie außerdem, daß man sich auf ein einziges Gebiet außerhalb Europas einigte, da die Verteilung der Juden auf verschiedene Gebiete eine neuerliche Diaspora bedeuten würde.

Viele dachten damals, daß der Plan der Zionisten, in Palästina einen Judenstaat zu gründen, zum Scheitern verurteilt wäre, da das Land viel zu klein schien, um Millionen europäische Juden aufzunehmen, und das darüber hinaus von arabischen Völkern umringt war, die den Juden äußerst feindselig gegenüberstanden. Die Entwicklungen seit der Gründung des Jüdischen Nationalheimes im Jahre 1917 bestärkten diese Ansicht.

Vor allem französische Juden zeigten sich äußerst mißtrauisch gegenüber der Palästina-Lösung. Dies hing in erster Linie mit dem sogenannten Massada-Projekt zusammen.[4] Zum Jahreswechsel 1942/1943 hatte Pater Joseph Catry dem Kabinettchef von Pétain, André Lavagne, einen Brief des jüdischen Advokaten Kadmi Cohen überreicht. Catry hatte den Orden der Jesuiten verlassen, da er ein antisemitisches Werk mit dem Titel *L'Église et les Juifs* veröffentlicht und darüber hinaus mit den Deutschen kollaboriert hatte. Auf der einen Seite stand Catry dem staatlich verordneten Antisemitismus der Vichy-Regierung ablehnend gegenüber, auf der anderen Seite berief er sich auf die traditionelle Politik von Bischöfen und Päpsten und setzte sich vehement für eine strikte Trennung von Juden und Christen in der französischen Gesellschaft ein. Er war zutiefst davon überzeugt, daß die Juden eine Gefahr für die christliche Kultur darstellten. Er zweifelte nicht daran, daß es im Interesse sowohl der Juden als auch der Christen wäre, wenn die Juden in Palästina einen eigenen Staat bekämen. Erst wenn die Juden Europa verlassen hätten, würden beide Völker die Chance bekommen, die ihnen eigene Kultur entsprechend zu entfalten.

Darum wollte Catry auch das Massada-Projekt von Kadmi Cohen, der ein Schüler Vladimir Jabotinskys war, unterstützen. Cohen und seine Anhänger (eine Gruppe von Intellektuellen) lehnten die Emanzipation beziehungsweise Assimilation der europäischen Juden ab, da sie überzeugt waren, daß die Judenfrage auf diese Weise nicht gelöst werden könnte. Emanzipation und Assimilation bedeutete für sie, daß das gesamte Judentum preisgegeben werden müßte. Sie warfen den Juden, die sich assimiliert hatten, einen Mangel an Selbstachtung vor, eine zutiefst materialistische Einstellung sowie eine Verleugnung des ureigensten Ichs.[5] Sowohl Catry als auch Cohen wollte die französische Regierung dazu bringen, den Massada-Plan so schnell wie möglich in die Tat umzusetzen und die Juden nach Palästina gehen zu lassen – jeder hatte jedoch andere Beweggründe dafür. Als Pétain jegliche Kooperation verweigerte, wies ihn Cohen 1943 in einem Brief darauf hin, daß die Juden sich nach dem Krieg an Pétain wegen dessen antisemitischer Politik rächen würden und daß er lieber klein beigeben sollte.

Da die Briten Palästina nicht für die europäischen Juden freigeben wollten, hatte das Massada-Projekt von Anfang an wenig Aussicht auf Erfolg. Außerdem hatte es die Anliegen des Zionismus bei den französischen Juden weiter in Mißkredit gebracht.

Dies alles hatte dazu geführt, daß die west- und osteuropäischen Juden des Konzentrationslagers von Drancy die Gründung eines jüdischen Staates in Palästina ablehnten und sich dafür vehement für Madagaskar einsetzten, wo ihrer Meinung nach genügend Platz für Millionen europäische Juden wäre. Wellers schreibt in seiner Biographie dazu das Folgende: »Nach dem Krieg haben die Juden Europas die einzigartige Chance, irgendwo ein großes Gebiet zu bekommen, zum Beispiel auf Madagaskar. Warum sollte man nicht einen jüdischen Staat innerhalb der französischen Gemeinschaft gründen? Die Zukunft des jüdischen Volkes wäre so auf jeden Fall gesichert. Frankreich würde von der Kolonisierung Madagaskars durch die Juden am meisten profitieren und Europa hätte die Judenfrage ein für allemal gelöst. Dieses Problem vergiftet die ganze Welt und wird es auch weiterhin tun, wenn man jetzt keine Lösung findet.«[6] Diejenigen jedoch, für die nach wie vor nur die Gründung eines jüdischen Staates in Palästina in Frage kam (und das waren vor allem die Ostjuden), wandten sich vehement gegen die Errichtung eines jüdischen Staates auf Madagaskar.

Kapitel XVI

Der britische Madagaskar-Plan nach dem Zweiten Weltkrieg

Das *Foreign Office* in London machte nach dem Krieg die Mitteilung, daß das Ministerium die Möglichkeit in Betracht zog, Juden nach Madagaskar zu schicken. Man würde bereits Erkundigungen einziehen, wie dies in der Praxis zu geschehen habe.[1] Die britische Regierung täte ihr Möglichstes, um zu verhindern, daß die Überlebenden von Auschwitz nach Palästina emigrierten.

Der Versuch, den die britische Regierung am 4. April 1946 unternahm, um den Madagaskar-Plan, der während des Krieges entworfen worden war, doch noch in die Tat umzusetzen, hatte folgenden tragischen Hintergrund: Als mit Beendigung des Krieges rund 10 Millionen Flüchtlinge in ihre Heimatorte zurückkehrten, mußten 600 000 von ihnen erfahren, daß ihre Familien ausgerottet waren und daß insgesamt mehr als 30 000 jüdische Gemeinschaften, die jahrhundertelang Mittelpunkt jüdischen Glaubens, jüdischer Wissenschaft und Kultur gewesen waren, vernichtet worden waren. Darüber hinaus war nicht nur die erwachsene Generation der Juden vergast worden – eine Million Kinder, die Generation der Zukunft, war ebenfalls ausgerottet.

Da zehntausende Juden in ihren Ursprungsländern erneut auf erschreckende Weise mit Antisemitismus konfrontiert wurden, versuchten viele, über die Mittelmeerhäfen Frankreichs und Italiens illegal nach Palästina zu gelangen, in der Hoffnung, dort eine neue Heimat zu finden.

Auch die Machtübernahme der *Labour Party* im Jahre 1945 änderte nichts an der Lage der Juden. Obwohl die Anhänger der britischen Arbeiterpartei die Einwanderungsbeschränkungen für Juden, die nach Palästina wollten, stets verurteilt und außerdem eine prozionistische Erklärung nach der anderen abgegeben hatten, kam es zu keinen Verbesserungen zugunsten der Juden.

Auf der Konferenz vom Juni 1943 hatte die britische *Labour Party* zum wiederholten Male ihre Unterstützung für das Jüdische Nationalheim in Palästina bekräftigt. Im Bericht des Nationalen Exekutivrats der *Labour*, der im April 1944 erschien, wurden in bezug auf die Araber Maßnahmen empfohlen, die weit über das offizielle Programm der Zionisten hinausgingen. Dieser Bericht enthielt folgende Passage:

> »Fest steht, daß ein Jüdisches Nationalheim weder Sinn noch Perspektive hat, wenn wir nicht bereit sind, Juden, wenn sie es wollen, in einer Zahl nach Palästina einreisen zu lassen, daß sie dort eine Mehrheit bilden. Schon vor dem Krieg hat es genug Argumente

für ein solches Vorgehen gegeben, und jetzt, nach den unaussprechlichen Grausamkeiten der kaltblütigen, berechnenden Nazi-Pläne, denen zufolge alle europäischen Juden ermordet werden sollten, wiegen diese Argumente noch viel stärker. [...] Die Araber sollten dazu ermutigt werden, aus Palästina zu emigrieren – in dem Maße, wie die Juden nach Palästina immigrieren sollen. Man sollte die Araber für den Verlust ihres Landes ausgiebig entschädigen und gleichzeitig dafür sorgen, daß ihre Ansiedlung in anderen Gebieten sorgfältig organisiert und finanziell unterstützt wird.«[2]

Die Regierung Attlee annullierte das *White Paper* jedoch nicht und erklärte öffentlich, daß sie nicht einsehe, wieso sie sich an die feierlichen Versprechen halten müßte, die die *Labour Party* in der Vergangenheit in bezug auf Palästina abgelegt hatte. Die britische Regierung »wollte keineswegs den Standpunkt einnehmen, daß die Juden aus Europa vertrieben werden müßten oder daß ihnen nicht mehr erlaubt werden sollte, wieder ohne jegliche Benachteiligung in den Ländern Europas zu leben und mit ihren Fähigkeiten und ihrem Talent dazu beizutragen, daß der Wohlstand wieder nach Europa zurückkehrte.«

Weizmann schrieb dazu:

»Die englische Regierung wollte sich die Auffassung nicht zu eigen machen, daß sechs Millionen Juden in Europa getötet worden waren durch die verschiedensten in Massen angewandten wissenschaftlichen Methoden, und daß der europäische Antisemitismus so lebendig wie je war. Die englische Regierung verlangte, daß die Juden dablieben und ihre Talente (wie ich später im Spezialkomitee für Palästina der Vereinten Nationen sagte) für den Wiederaufbau Deutschlands einsetzten, damit die Deutschen noch einmal Gelegenheit bekämen, die letzten Reste des jüdischen Volkes zu vernichten [...] Hier waren nun über sechshunderttausend Juden, die fähig waren, eine lang vorbereitete Aktion zu Gunsten des überlebenden Judentums in Europa zu unternehmen [...] sie brannten darauf es zu tun, und man erlaubte es ihnen nicht [...] Jede objektive Prüfung ergab für das dringende Problem des europäischen Judentums auf lange Sicht nur eine Lösung: so schnell wie möglich eine Massenevakuierung nach Palästina, soweit die wirtschaftliche Aufnahmefähigkeit des Landes es zuließ. Jeder objektive Bericht gab auch zu, daß die palästinensischen Juden imstande waren, von sich aus das Problem zu lösen. Und nichts wurde getan.«

Anstatt eine großangelegte Umsiedlung der Juden nach Palästina zu organisieren, so wie die *Labour Party* dies wiederholt versprochen hatte, gab die britische Regierung die Zustimmung, daß pro Monat 1500 Überlebende von Auschwitz nach Palästina emigrieren durften. Ernest Bevin, der neue Außenminister, war in erster Linie dafür verantwortlich, daß die anti-zionistische Politik der vorherigen Regierung fortgesetzt wurde – zu einer Zeit, da Europa ein einziger Friedhof von Millionen von Juden war, und die Überlebenden nur an einen Ort auf der Erde wollten, nämlich ins Nationalheim nach Palästina. Auf einer Pressekonferenz hatte er aus Anlaß dieses politischen Vorgehens seiner Regierung (was eigentlich einem Verrat gleichkam) erklärt: »Wenn die Juden – wie sehr sie auch gelitten haben mögen – sich zu sehr in den Vordergrund drängen, besteht die Gefahr, daß es zu einer neuen Welle des Antisemitismus kommt.«

Golda Meir schreibt dazu in ihrer Autobiographie:[3]

> »Es war für mich schwer, fast unmöglich, zu glauben, daß eine britische Labour-Regierung, die nach diesem furchtbaren Krieg an die Macht gekommen war, trotz ihrer feierlichen Versprechungen, ihr Bestes zu tun, das Fundament für die jüdische Unabhängigkeit in Palästina zu legen, nun bereit war, britische Soldaten in den Kampf gegen unschuldige Menschen zu schicken, die nur um eines baten: daß man ihnen erlaubte, ihre letzten Lebensjahre unter anderen Juden in Palästina zu verbringen. Es war, nach allem, was geschehen war, keine große Bitte, doch Bevin lehnte sie mit beispielloser Härte und Starrköpfigkeit ab, so als hänge das Schicksal und die Zukunft des gesamten britischen Empire davon ab, diese paar hunderttausend halbtoter Juden daran zu hindern, Palästina zu betreten. Ich konnte und kann auch heute noch nicht die blinde Wut begreifen, mit der die britische Regierung diese Juden – und uns – verfolgte. Diese Wut ließ uns keine andere Alternative, als die Herausforderung anzunehmen, obwohl wir dafür gewiß nicht gut ausgerüstet waren. Zwischen dem Sommer 1945 und dem Winter 1947 transportierten wir etwa 70 000 Juden aus den DP-Lagern auf unseren völlig unzureichenden Schiffen nach Palästina. Wir brachten sie durch eine Blockade, die hartnäckig von einer Regierung aufrechterhalten wurde, deren bewegende Bekenntnisse zum Zionismus ich selbst bei zahllosen Konferenzen der Labour Party gehört hatte.«

Die britische Regierung sandte ihre Land- und Seestreitkräfte nach Palästina und ins Mittelmeer, um die Überlebenden von Auschwitz abzufangen. Als diese Tatsache in der Öffentlichkeit bekannt wurde, rief Präsident Truman die britische Regierung dringend dazu auf, ab sofort 100 000 jüdische Opfer des Holocaust nach Palästina einreisen zu lassen, unabhängig von den Bestimmungen des *White Paper*, ganz einfach als Geste der Menschlichkeit.

Im Herbst 1945 hatte Earl Harrison Präsident Truman berichtet, daß Palästina die einzige Lösung der Judenfrage wäre. Dennoch schafften es Attlee und Bevin, sich Truman zu widersetzen und sein Ansuchen zurückzuweisen.

In der Folge wurde eine britisch-amerikanische Untersuchungskommission eingesetzt. Als Weizmann dazu aufgefordert wurde, vor dieser Kommission zu erscheinen, plädierte er noch einmal für die radikale Lösung der Judenfrage in Europa: die Emigration der Überlebenden von Auschwitz nach Palästina.

Die Kommission sprach vorsichtige positive Empfehlungen aus – sie schlug – wie schon zuvor Präsident Truman – unter anderem die Zulassung der 100 000 Überlebenden von Auschwitz vor. Das einzige Resultat, das die Beratungen brachten, war der Beweis, daß die britische Regierung offenbar nie geplant hatte, einen positiven Schritt zu setzen.

Das *White Paper* blieb trotz allem in Kraft, und es durften nur 1500 Juden pro Jahr in ihr eigenes Nationalheim in Palästina. Am 25. März 1946 erklärte Golda Meir als Vertreterin des »Histadrut« in Palästina gegenüber der Kommission:[4]

> »Ich weiß nicht, meine Herren, ob Sie, die Sie das Glück haben, den zwei großen demokratischen Nationen, der britischen und der amerikanischen, anzugehören, selbst beim besten Willen begreifen können, was es bedeutet, Mitglied eines Volkes zu sein, dessen elementares Recht zu existieren ständig in Frage gestellt wird: unser Recht, Juden zu sein, weder besser noch schlechter als andere in dieser Welt, mit unserer eigenen Sprache, unserer Kultur, unserem Recht auf Selbstbestimmung [...] Wir verlangen nur, was allen Völkern der Welt von Natur aus gegeben ist: wir wollen Herren unseres eigenen Schicksals sein, nicht Herrn über das Geschick der anderen. Wir wollen rechtmäßig und nicht nur geduldet leben. Wir wollen die überlebenden jüdischen Kinder, von denen es nicht mehr sehr viele in der Welt gibt, in dieses Land bringen.«

Während die Kommission noch damit beschäftigt war, ihren Bericht zusammenzustellen, ging die britische Regierung in ihrem Krieg gegen die jüdischen Flüchtlinge noch einen Schritt weiter: Die britische Marine, die britische Luftwaffe und tausende britische Soldaten wurden eingesetzt, um entlang der gesamten Küste Palästinas Patrouillen zu bilden, mit dem erklärten Ziel, die »gefährlichen politischen Gesetzesbrecher« daran zu hindern, nach Palästina zu gelangen.

Zu eben dieser Zeit, als die Briten Palästina hermetisch für die Überlebenden des Holocaust abgeschlossen hatten, holte die britische Regierung den Madagaskar-Plan wieder aus der Versenkung und erwog ernsthaft, die verzweifelt im Mittelmeer herumtreibenden jüdischen Flüchtlinge nach Madagaskar zu bringen. Sie nahm mit den Behörden der Insel Kontakt auf, um die Möglichkeiten auszuloten. Der Bericht vom 6. April 1946 lautete jedoch, daß Madagaskar keine »city bred Jews who were worn and amaciated through long confinement in concentration camps ...« benötigte – andere Kolonisten könnten sie jedoch sehr wohl gebrauchen.[5]

Als die britische Regierung mit dieser Weigerung der Autoritäten Madagaskars, jüdische Kolonisten aufzunehmen, konfrontiert wurde, bedeutete dies keineswegs, daß sie ihr politisches Vorgehen änderte.

Im Gegenteil: Im Laufe des Jahres 1947 wandelte sich der Kampf der britischen Regierung gegen die einwanderungswilligen Überlebenden des Holocaust zu einem offenen Krieg, den die Briten nicht nur gegen den *Jischuw*, sondern auch gegen die Überlebenden selbst führte.

Ernest Bevin, der weiter die Macht des Britischen Reiches gegen den Überlebenswillen der Juden einsetzte, versuchte mit allen Mitteln, die Juden von ihrem eigenen Vaterland fernzuhalten. Im Februar 1947 entschied Bevin jedoch, daß die Regierung der ganzen Sache überdrüssig geworden war und es nun Sache der Vereinten Nationen wäre, das Problem zu lösen.

Es wurde eine spezielle Kommission zusammengestellt, die in aller Eile nach Palästina reiste, um sich vor Ort zu informieren, warum die Juden Palästinas nicht bereit waren, von ihrem Recht Abstand zu nehmen, die Überlebenden des Holocaust nach Palästina zu holen.

Golda Meir schrieb dazu:[6]

»Kurz bevor das UN-Komitee Palästina verlassen wollte, beschlossen die Briten aus Gründen, die weder ich noch sonst jemand je verstehen werden, auf unmißverständliche Weise ihre brutale und tyrannische Haltung gegenüber uns und der Frage der jüdischen Einwanderung zu demonstrieren. Vor den schockierten Augen der UNSCOP-Mitglieder sperrten sie gewaltsam 4500 Flüchtlinge, die an Bord des Hagana-Schiffes ›Exodus 1947‹ nach Palästina gekommen waren, ein und brachten sie nach Deutschland zurück. [...] Und wenn ich hundert Jahre alt werde, werde ich nie das grauenhafte Bild aus meinem Gedächtnis tilgen, wie Hunderte von britischen Soldaten in voller Kampfausrüstung mit Knüppeln, Schußwaffen und Granaten auf die armen Flüchtlinge der ›Exodus‹ losgingen, unter denen sich vierhundert schwangere Frauen befanden, die ihre Kinder in Palästina zur Welt bringen wollten. Ebensowenig werde ich je den Schock vergessen, den ich erlitt, als ich hörte, daß diese Menschen wie Tiere in ihren Käfigen in die DP-Lager des Landes zurückgebracht werden sollten, das sie mit Recht für den Friedhof der europäischen Judenschaft hielten.«

Anmerkungen

Anmerkungen zum Prolog

Der Madagaskar-Plan der Nationalsozialisten – Vernebelungstaktik oder ernsthafter Plan?

[1] Dick van Galen Last, Literatuuroverzicht 1982–1989, in: Oorlogsdocumentatie 1940–1945 Jaarboek van het Rijksinstituut voor Oorlogsdocumentatie 1989, De Walburg Pers 1989, 179–210 (179).
[2] Im April 1997, als die Übersetzung meines Buches ins Deutsche beinahe abgeschlossen war, erschien folgende Dissertation an der Universität Bonn: Magnus Brechtken, Madagaskar für die Juden. Antisemitische Idee und politische Praxis 1885–1945, München 1997. Ich konnte diese Arbeit nicht mehr zu Rate ziehen.
[3] Max Weinreich, Hitler's Professors. The Part of Scholarship in Germany's Crimes against the Jewish People, Yiddish Scientific Institute – YIVO, New York 1946, 112.
[4] Henry Picker, Hitlers Tischgespräche im Führerhauptquartier, Berlin 1989, 44
[5] Abel J. Herzberg, Kroniek van de Jodenvervolging 1940–1945, Amsterdam 1978, 16–43 (Erster Druck in Teil III: Onderdrukking en verzet, Amsterdam 1950).
[6] Philip Friedman, The Lublin Reservation and the Madagascar Plan. Two Aspects of Nazi Jewish Policy during the Second World War, in: YIVO Annual of Jewish Social Studies, VII, 1953, 151–177. 1956 übernimmt Y. Tennenbaum in *Race and Reich, New York 1956*, die Auffassung von Friedman.
[7] Raul Hilberg, The Destruction of the European Jews, Chicago 1961 (sein Werk erschien auch in deutscher und französischer Übersetzung).
[8] Raul Hilberg, Daders, Slachtoffers, Omstanders. De joodse catastrofe 1933–1945, Amsterdam, 1992, 23.
[9] Gerald Reitlinger, The Final Solution. The Attempt to Exterminate the Jews of Europe. 1939–1945, New York 1961, 77–79.
[10] Adolf Eichmann, Ich, Adolf Eichmann, Augsburg 1980, 170–174; Das Eichmann-Protokoll Tonbandaufzeichnungen der israelischen Verhöre. Mit 48 Faksimile-Dokumenten, Wien 1991, 25–65; Dieter Wisliceny sagte aus, daß Eichmann von August 1940 bis Sommer 1941 das Madagaskar-Projekt, dessen Entwurf am 15. August 1940 an alle betroffenen Stellen geschickt worden war, weiter ausgearbeitet hat (Léon Poliakov, Harvest of Hate. The Nazi Propaganda for the Destruction of the Jews of Europe, New York 1979, 46).
[11] Nachdem 1901 das Sinai-Projekt gescheitert war, brachte Chamberlain einen neuen Plan aufs Tapet. Er war gänzlich eingenommen von der Idee, daß eine organisierte Emigration aus Osteuropa notwendig war und schlug damals vor, aus Uganda in Britisch-Ostafrika eine autonome jüdische Niederlassung unter britischer Hoheit zu machen. Es sollte dort für eine Million Weiße Platz sein. Auf dem 6. Kongreß der Zionisten verteidigte Herzl, noch ganz unter dem Eindruck seiner Rußlandreise und tief getroffen durch das Elend der dort lebenden Juden, das Uganda-Projekt als vorläufige Notlösung. Natürlich mußte Palästina das eigentliche Ziel bleiben. Schlußendlich lehnte der Kongreß das Projekt ab.
[12] Hannah Arendt, Eichmann in Jerusalem. A Report on the Banality of Evil, London 1963, 70–73.
[13] Jacob Robinson, And The Crooked shall be made Straight. The Eichmann Trial, The Jewish Catastrophe, and Hannah Arendt's Narrative, London 1965, 51.
[14] Dr. Richter Roegholt, Ben Sijes. Een biografie, Den Haag 1988, 228.
[15] Ben Sijes, Het Madagascarplan, in: Ben Sijes, Studies over Jodenvervolging, Assen 1974, 53–60
[16] Henk Kolb, in: Haagsche Courant vom 10 Februar 1965
[17] Dr. J. Presser, Ondergang. De vervolging en verdelging van het Nederlandse Jodendom 1940–1945, Teil I und Teil II, Den Haag 1965 (hier: Teil I, 6–7).
[18] Nora Levin, The Holocaust. The Destruction of European Jewry 1933–1945, New York 1978, 89, 199–203, 298–299, 431, 530.

19 Eberhard Jäckel, Hitlers Herrschaft. Vollzug einer Weltanschauung, Stuttgart 1988, 99.
20 Karl A. Schleunes, The Twisted Road to Auschwitz. Nazi Policy Toward German Jews 1933–1939, Chicago 1970, 184–185; Karl A. Schleunes, Un tortueux itinéraire. Les politiques nazies envers les Juifs allemands 1933–1939, in: L'Allemagne nazie et le génocide juif, Paris 1985, 117–134.
21 Uwe Dietrich Adam, Judenpolitik im Dritten Reich, Düsseldorf 1972; Uwe Dietrich Adam, Les mésures nazies concernant les Juifs du début de la Seconde Guerre mondiale jusqu'à l'attaque allemande contre l'URSS, in: L'Allemagne nazie et le génocide juif, Paris 1985, 177–190.
22 Ich verweise hier auf die Arbeit von H. Krausnick, Anatomy of the SS State, London 1968, 72–74.
23 Leni Yahil, Madagaskar-Plan, in: Encyclopedia Judaica, Vol II, Jerusalem 1974, 674–675.
24 Leni Yahil, Madagascar. Phantom of a Solution for the Jewish Question, in: Bela Vago/George L. Mosse (Eds.), Jews and non-Jews in Eastern Europe 1918–1945, New York 1974, 324.
25 Dr. L. de Jong, Het Koninkrijk der Nederlanden in de Tweede Wereldoorlog, Teil 4, Mai 1940 – März 1941, Den Haag 1972, 744.
26 Lucy Dawidowicz, The War against the Jews 1933–1945, Penguin Books, 1975, 156–157.
27 Sebastian Haffner, Anmerkungen zu Hitler, München 1978, 175.
28 Christopher R. Browning, The Final Solution and the German Foreign Office. A Study of Referat D3 of Abteilung Deutschland 1940–1943, New York 1978; Christopher R. Browning, Madagascar Plan, in: Encyclopedia of the Holocaust, Vol. 3, London 1990, 935–937; Christopher R. Browning, La décision concernant la solution finale, in: L'Allemagne nazie et le génocide juif, Paris 1985, 190–217; Christopher R. Browning, The Path to Genocide. Essays on launching the Final Solution, Cambridge 1992, 3–28; Christopher R. Browning, L'origine de la solution finale. Du contexte militaire et politique à la prise de décision 1939–1941, in: François Bédarida, La politique nazie d'extermination, Paris 1989, 156–157.
29 Hans-Jürgen Döscher, Vom Madagaskar-Plan zur Wannsee-Konferenz, in: Hans-Jürgen Döscher, SS und Auswärtiges Amt im Dritten Reich. Diplomatie im Schatten der »Endlösung«. Frankfurt am Main 1991, 215–239.
30 Serge Klarsfeld, Vichy-Auschwitz, Band I und II, Paris 1983/1985; Robert Wistrich schreibt in seinem Werk *Der antisemitische Wahn. Von Hitler bis zum heiligen Krieg gegen Israel, London 1985* auf Seite 197:
»Einiges deutet darauf hin, daß auch Hitler den Plan zu dieser Zeit in Erwägung zog. Am 18. Juni 1940 teilte er Mussolini in München mit, es könne sein, daß im Rahmen einer kolonialen Neuordnung Afrikas in Madagaskar ein jüdischer ›Staat‹ errichtet werde. Doch so sehr ein jüdisches Reservat unter SS-Aufsicht auf der abgeschiedenen Insel Madagaskar sich für eine diskrete Durchführung der ›Endlösung‹ geeignet hätte, war das Projekt doch offensichtlich unrealistisch, solange die Briten die Schiffahrtswege beherrschten und den Kampf gegen Nazideutschland noch nicht aufgegeben hatten. Der Plan konnte ohnehin nur im Kontext eines deutschen Kolonialreichs in Afrika durchgeführt werden, das aber noch nicht existierte, und das sich vielleicht erst nach einem Friedensschluß mit England im Zusammenwirken mit dieser Macht würde errichten lassen.«
siehe auch: J. Michman, Met voorbedachten rade. Ideologie en uitvoering van de Endlösung der Judenfrage, Amsterdam 1987, 35–36: »Der Madagaskar-Plan war eine der Ideen, um Hitlers Auftrag zur ›Endlösung‹ der Judenfrage (i.e. zur Entfernung der Juden aus Europa) in die Tat umzusetzen.«
31 Arno J. Mayer, Why Did the Heavens not Darken? The Final Solution in History, New York 1990, 196.
32 Philippe Burrin, Hitler und die Juden, Frankfurt 1993, 87.
33 Herman Graml, Reichskristallnacht. Antisemitismus und Judenverfolgung im Dritten Reich, München 1988, 203–204.
34 H. W. von der Dunk, Voorbij de verboden drempel. De Shoah in ons geschiedbeeld, Amsterdam 1990, 167–168.
35 L. J. Hartog, Hoe ontstond de jodenmoord? Hitler, Amerika en de Endlösung, Den Haag 1994, 22.
36 Götz Aly/Susanne Heim, Vordenker der Vernichtung. Auschwitz und die deutschen Pläne für eine neue europäische Ordnung, Hamburg 1991, 490.
37 Peter Padfield, Himmler. Reichsführer SS, London 1990, 306.
38 Richard Breitmann, To Madagaskar and Back, in: Richard Breitmann, The Architect of Genocide. Himmler and the Final Solution, New York 1991, 116–145.
39 Yehuda Bauer, Jews for Sale? Nazi-Jewish Negotiations 1933–1945, London 1994, 30–43, 55–61; auch G Miedzianagora und G. Jofer kommen zu der Schlußfolgerung, daß der Madagaskar-

Plan ein ernsthafter Plan war, aber auch sie betonen in *Un état-mouroir. Madagascar*, aufgenommen in: Yehuda Bauer, Objectif Extermination. Volonté, résolutions et décisions de Hitler, Brussel 1994, 67–79, daß das eigentliche Ziel des Madagaskar-Plans das Aussterben-Lassen aller europäischen Juden war.

40 Anne Grynberg, La Shoah. L'impossible oubli, Paris 1995 (= Teil 236 der Reihe Découvertes Gallimard).

41 Götz Aly, Endlösung. Völkerverschiebung und der Mord an den europäischen Juden, Frankfurt 1995.

42 Der deutsche Theologe Hans Küng bemerkte einmal, daß es sich bei jeder Maßnahme, die das Dritte Reich zur Lösung der Judenfrage traf, um ein Plagiat handelte: Keine einzige anti-jüdische Maßnahme von Hitler und seinen Helfern war neu. Verbot von Mischehen, Ausschluß von bestimmten Berufen, Stigmatisierung (Tragen des Gelben Sterns), Verbrennen jüdischer Literatur, Anstiftung zu Pogromen, Deportation und Internierung in Ghettos, das alles gab es schon im »christlichen« Mittelalter (vgl. beispielsweise das große vierte Konzil von Lateranen 1215) und in der Zeit von Reformation und Gegenreformation. Auch die rassistische Motivation war nicht neu, wie viele annehmen. Neu bei der Durchführung der anti-jüdischen Maßnahmen war die schauerliche organisatorische Gründlichkeit, die technische Perfektion und die gräßliche Industrialisierung des Mordens. Dasselbe galt auch für die ernsthaften Pläne, die das Nazi-Regime zwischen 1938 und 1941 ausarbeitete, um alle europäischen Juden nach Afrika, in concreto nach Madagaskar zu verbannen. In den Worten des Historikers Hilberg: »Die Politik der Verbannung wurde von den Nazis [von Päpsten und christlichen Fürsten] übernommen und blieb bis 1941 das Ziel aller antisemitischen Aktivitäten.«

43 SdU Uitgevers, Den Haag 1996.

Anmerkungen zu Teil 1 – Kapitel I
Die Vorgeschichte des Madagaskar-Plans

1 Ich verweise hier auf die Bibliographie I B I.

2 Jacob Toury, Emanzipation und Judenkolonien in der öffentlichen Meinung Deutschlands 1775–1819, in: Jahrbuch des Instituts für Deutsche Geschichte, XI, 1982, 17–53; Rainer Erb/Werner Bergmann, Die Nachtseite der Judenemanzipation. Der Widerstand gegen die Integration der Juden in Deutschland 1780–1860, Berlin 1989, 97–136, 159–174.

3 Rainer Erb/Werner Bergmann, Die Nachtseite der Judenemanzipation. Der Widerstand gegen die Integration der Juden in Deutschland 1780–1860, Berlin 1989, 173.

4 Hans Jansen, Christelijke oorsprong van racistische jodenhaat Een vergelijkend onderzoek, Kampen 1995, 77–113.

5 Christian Wilhelm Dohm, Über die bürgerliche Verbesserung der Juden, 1781.

6 Ephemeriden der Menschheit, 1782.

7 Die Akademie der Wissenschaften veranstaltete am Vorabend der Judenemanzipation in Frankreich ein Preisausschreiben, wo es darum ging, Vorschläge zur Verbesserung des Verhaltens der Juden zu machen. Einige Teilnehmer stellten die Behauptung auf, daß die Juden sich einfach nicht bessern könnten und daß man sie am besten in irgendeine Strafkolonie auf eine abgelegene Insel verfrachten sollte. Es gab auch einen Teilnehmer, der vorschlug, sie in die Wildnis von Guayana zu schicken (Arthur Hertzberg, The French Enlightenment and the Jews, New York 1968, 289f, 329f).

8 Karl Wilhelm Friedrich Grattenauer, Über die physische und moralische Verfassung der heutigen Juden, Stimme eines Kosmopoliten, Leipzig 1791.

9 Friedrich Buchholz, Moses und Jesus. Oder über das intellektuelle und moralische Verhältnis der Juden und Christen, Berlin 1803.

10 ohne Verfasser, Können die Juden ohne Nachtheil für den Staat, bei ihrer jetzigen Verfassung bleiben?, Berlin 1803.

11 Jakob Friedrich Fries, Über die Gefährdung des Wohlstandes und Charakters der Deutschen durch die Juden, Heidelberg 1816.

12 Hans Jansen, Europa zonder joden, in: De verbeelding van de antisemieten Geschiedenis van de verbanning van joden, 1996.

13 Jucho/Gerning, Ansichten, 1816.

14 Christoff Heinrich Pfaff, Über das Verhältniss christlicher Regierungen und Staaten gegen Juden, in dem gegenwärtigen Zeitpunkte. Mit besonderer Berücksichtigung auf 2 Abhandlungen des Herrn Statsrathes von Schmidt-Phiseldek in Kopenhagen über diesen Gegenstand, in: Kieler Blätter, 1819, Band 2, 122–165.

15 Historisch-Politische Blätter, 1838.

16 Johann Friedrich Röhr, Palästina. Oder historisch-geografische Beschreibung des jüdischen Landes zur Zeit Jesu, zur Beförderung einer anschaulichen Kenntnis der evangelischen Geschichte, Zeitz, 1819.

17 Christian Ludwig Paalzow, Helm und Schild. Gespräche über das Bürgerrecht der Juden, Ber-

lin 1817; Christian Ludwig Paalzow: Über den Juden-Staat (de civitate Judaeorum) oder über die bürgerlichen Rechte der Juden, Berlin 1803.

18 Hundt-Radowsky, Judenspiegel, 1819.

19 Anton Fröhlich, Allgemeiner Anzeiger der Deutschen, 1817.

20 Franz von Spaun, Politische und literarische Phantasien, Germanien 1817, Kap II: Können die Juden, insofern sie Juden sind, und bleiben, Bürger irgendeiner Nation werden?

21 Christian F Koch, Juden im Preuszischen Staate, 1833.

22 ohneVerfasser, Das Judentum und die Emanzipation der Juden, 1849.

23 Hans Jansen, Raymond Martini's manuscript »Pugio Fidei« (»dolk van het geloof«) infecteert West en Oost Een receptiegeschiedenis van middeleeuwse literatuur over joden, Kampen 1990 (Inaugurationsrede).

24 Rudolf Moser, Die Juden, 1828.

25 Friedrich Wilhelm Frömbling, Die Feld- und Waldfortifikation für Deutschland. Entworfen nach einer Bewaldungsskala mit Rücksicht auf Agrikultur und Forstwissenschaft, Königsberg 1844.

26 Paul Lawrence Rose, Revolutionary Antisemitism in Germany. From Kant to Wagner, New Jersey 1990, 35–39, 120–121, 258–259, 275, 286 und 367; vgl. auch: Rena R. Auerbach (Ed.), The Jewish Question in German-Speaking Countries 1849–1914, New York 1994.

Anmerkungen zu Teil 1 – Kapitel II

Der Madagaskar-Plan von Paul de Lagarde

1 Anna de Lagarde/Paul de Lagarde, Erinnerungen aus seinem Leben, Leipzig 1918; Ludwig Schemann/Paul de Lagarde, Ein Lebens- und Erinnerungsbild, Leipzig 1919; G. Dost, Paul de Lagarde's National Religion, München 1915; Fritz Krog, Lagarde und der deutsche Staat, München 1930; Wilhelm Mommsen, Paul de Lagarde als Politiker, in: Göttinger Beiträge zur deutschen Kulturgeschichte, Augustus 1927; Richard Breitling, Paul de Lagarde und der großdeutsche Gedanke, Leipzig 1927; Mario Krammer, Die Wiedergeburt durch Lagarde, Stuttgart 1925; Arno Koselleck, Die Entfaltung des völkischen Bewußtseins bei Paul de Lagarde, in: Historische Vierteljahrschrift 20, 1935–1936; K. Schiffmann, Lagarde's Kulturanschauung, 1938; F. Stern, The Politics of Cultural Despair, Berkeley 1961.

2 Hans Walter Schütte, Legarde und Fichte. Die verborgenen spekulativen Voraussetzungen des Christentumverständnisses bei Paul de Legardes, Dissertation Göttingen, Gütersloh 1965, 67–123; Karl Fischer, ›Das Paulus- und Lutherbild Lagardes‹, in: ZZ, 11 (1933) 78–93; Lothar Schmid, Paul de Legardes Kritik an Kirche, Theologie und Christentum, Tübingen 1935 (= Tübinger Studien zur Systematischen Theologie 4).

3 Paul de Lagarde, Die Stellung der Religionsgesellschaften im Staate, 1881, 252–256.

4 Paul de Lagarde, Die graue Internationale, 1881, 316–322.

5 Dieser Gedanke war Ende des 19. Jahrhunderts in Europa weit verbreitet, wie auch aus dem kürzlich erschienenen Buch von Hans Vermeulen, *De Maasbode – De bewogen geschiedenis van de »Beste Courant van Nederland«, Zutphen 1995*, hervorgeht. 1886 erschien in dieser Zeitung eine Serie von Artikeln unter dem Titel *Die Emanzipation der Juden*, worin geschrieben stand: »Wenn man die liberalen Blätter liest, die vor allem von ungläubigen Juden geschrieben werden, ist man überrascht von ihrer enormen Undankbarkeit oder ihrer großen Unwissenheit. [...] Erschreckend oft werfen die Tageszeitungs-Juden – auch Meuchelmörder der Presse genannt – eine Handvoll Dreck auf die Heilige Römisch-Katholische Kirche.«

6 Paul de Lagarde, Programm für die konservative Partei Preußen, 1884, 365.

7 Paul de Lagarde, Juden und Indogermanen, in: Paul de Lagarde, Mitteilungen, Vol. II, Göttingen 1887, 338ff.

8 Paul de Lagarde, Deutsche Schriften 1903, 449.

9 Nathan Michael Gelber, Zur Vorgeschichte des Zionismus. Judenstaatsprojekte in den Jahren 1695–1845, Wien 1927.

10 Jacob Toury, Emanzipation und Judenkolonien in der öffentlichen Meinung Deutschlands 1775–1819, in: Jahrbuch des Instituts für Deutsche Geschichte, 1982, 17–53. 1782 schrieb Ignatz Klinger: »Die Juden sollten befragt werden ob sie nicht auch Amerika zu pachten Lust hätten.« Ein anonymer Briefschreiber 1783: »Alle europäischen Mächte, oder einige oder auch nur eine, sollten in dem atlantischen Meere eine Insel ausersehen und sie zu einem Deportations- oder Versetzungsort der Juden machen.« 1817 schrieb Anton Fröhlich: »Die Juden mögen auswanderen, und gibt es für sie in Europa keinen Raum mehr, so gibt es doch in anderen Welttheilen noch ungeheure leere Räume. Und welches große Verdienst könnten die viele? Millionäre unter den Juden sich nicht erwerben, wenn sie große Landstrecken in Nord- oder Südamerica ankaufen, viele ihrer

Glaubensgenossen dorthin verpflanzen und so einen eigenen Staat für das Judenthum errichten wollten. [...] Auf alle Fälle aber würde in einem solchen Staate, und nur in einem solchen, eine bürgerliche Verbesserung der Juden zu erwarten sein.«

11 Wanda Kampmann schreibt über den Judenhaß von Lagarde folgendes: »Das Problem Lagarde ist nicht einfach. Man darf die Äußerungen von Judenhaß, die so schlimm waren, daß Hitler sie wörtlich wieder aufnehmen konnte, nicht isolieren; sie stehen im Zusammenhang einer theologischen und einer politisch-religiösen Grundüberzeugung, deren Wurzeln zurückreichen in mittelalterliche, in romantische und deutsch-idealistische Vorstellungen vom Judentum. Sie werden dadurch nicht besser, aber man muß den Boden kennen, auf dem solche Gefühle wachsen. Auch beim jungen Hegel erscheint in der Antithese zum absoluten Geist der Gott des Alten Testament als ein ›Dämon des Hasses‹.« (Wanda Kampmann, Deutsche und Juden. Die Geschichte der Juden in Deutschland vom Mittelalter bis zum Beginn des Ersten Weltkrieges, Frankfurt am Main 1979, 304).

12 Ich mache hier dankbar Gebrauch von: Robert W. Lougee, Paul de Lagarde 1827–1891. A Study of Radical Conservatism in Germany, Cambridge 1962, 218–255.

13 Zu denjenigen, die seine Auffassung über die Juden teilten, gehörten unter anderem: Treitschke, Prinz Hohenlohe-Schillings, George Hoffmann, Eduard Schnöder, Adolf Ermann, Pastor Holtermann, Paul Natorp, A. Bezzenberger, Adolf von Harnack, Pastor August Mammbrauer, Ilse Gilse und Georg Carel. Ludwig Schemann, der zum Göttinger Kreis gehörte, war sicher einer der größten Bewunderer von Lagardes Meinung über die Juden; er hatte das rassistische Werk Gobineaus über die Ungleichheit der Rassen aus dem Französischen übersetzt und gründete die Gobineau-Vereinigung. Er wurde mehr als jeder andere von Lagarde beeinflußt. Auch die von Lagarde angestrebten Maßnahmen zur Lösung der Judenfrage fanden bei ihm große Zustimmung.

14 Robert W. Lougee, Paul de Lagarde 1827–1891. A Study of Radical Conservatism in Germany, Cambridge 1962, 227: »Lagarde's relation to the German national movement in Austria was certainly significant and by this means Lagarde played his part in shaping the mind of that impressionable young man who drank so freely from this fountain at the turn of the century, Adolf Hitler.«

15 H. S. Chamberlain, The Foundations of the Nineteenth Century, Teil I und II, New York 1911, I: 235, 519ff; II: 373, 374, 502.

16 Alfred Rosenberg, Der Mythos des 20. Jahrhunderts, München 1938; auf den Seiten 22, 138, 143, 237, 433, 444, 457, 458 und 526–531 verweist Rosenberg auf Lagarde.

17 Arno Koselleck, Die Entfaltung des Völkischen Bewußtseins bei Paul de Lagarde, in: Historische Vierteljahrschrift 30, 1935–1936, 320ff.

Anmerkungen zu Teil 1 – Kapitel III
Warum Madagaskar?

1 Alfred Grandidier, Histoire physique, naturelle et politique de Madagascar, Vol. IV: Ethnografie de Madagascar, Paris 1901, 96–104, 189–190, 405–406, 621, 629–630; Madagascar, in: Encyclopaedia Universalis, Corpus 14, Paris 1992, 212–229.

2 Dieses Manuskript wird genannt von Gevrey, Essai sur les Comores, 1878, 74.

3 Flacourt, Histoire de Madagascar, 1658, 3, 4, 101, 102, 103, 108.

4 Alfred Grandidier, Histoire physique, naturelle et politique de Madagascar, Vol. IV, 100, Anmerkung I (sehr ausführliche Anmerkung, in der er 35 Übereinstimmungen zwischen den Sitten der Juden und denen der Malagassi nennt).

5 Alfred Grandidier, Histoire physique, naturelle et politique de Madagascar, Vol. IV: Ethnografie de Madagascar, Paris 1901.

6 David Brion Davis, Slavery and Human Progress, New York 1984, 86–87, 337 (Anmerkung 144); J. M. v.d. Linde, Over Noach met zijn zonen. De Cham-ideologie en de leugens tegen Cham tot vandaag, Leiden 1933; Arno Borst, Der Turmbau von Babel, Teil I-VI, 1957–1963; Jan van Laarhoven, Europa in de Bijbel. Kanttekeningen bij een middeleeuws concept, Nimwegen 1991; Pim den Boer, Europese cultuur. Geschiedenis van een bewustwording, Nijmegen 1989.

7 D. Hay, Europe. The emergence of an idea, Edinburgh 1957.

8 Augustinus, De civitate Dei, XVI, 17, Augustinus: De stad Gods, Amsterdam 1984, 759–760.

9 J. M. v.d. Linde Over Noach met zijn zonen. De Cham-ideologie en de leugens tegen Cham tot vandaag, Leiden 1933, 21.

10 Borst, Der Turmbau von Babel, Teil I-VI, 1957–1963, 653–667

11 J. M. v.d. Linde, Over Noach met zijn zonen. De Cham-ideologie en de leugens tegen Cham tot vandaag, Leiden 1933, 47–52.

12 Maurice Dorrès, La Beauté de Cham, Paris 1992, 39–49.
13 Arno Borst, Der Turmbau von Babel, Teil I-VI, 1957–1963, 1024.
14 Arno Borst, Der Turmbau von Babel, Teil I-VI, 1957–1963, 1128–1131.
15 Luther Werke (WA.), 24, 42.217.313.411; 26, 206; 42, 411.416.
16 Raoul Allier, Une énigme troublante. La race nègre et la malédiction de Cham, 1930; N'Guessan-Avit Sokro, La malédiction de Cham signifie-t-elle une malédiction des Noirs?, 1964; J.A.A. Stoop, De vervloeking van Cham in Afrika, in: New faces of Africa. Essays in honour of Ben (Barend Jacobus) Marais, Pretoria 1984, 153–164.
17 M. Destombes, Mappesmondes AD 1200–1800, Amsterdam 1964, 54; A. D. van den Brincken, Kartografische Quellen. Welt-, See- und Regionalkarten, Turnhout 1988, 54-55; K. Miller, Mappae mundi, Teil VI, Stuttgart 1898; Pim den Boer, Europese cultuur. Geschiedenis van een bewustwording, Nimwegen 1989, 10–13.
18 Pim den Boer, Europese cultuur Geschiedenis van een bewustwording, Nijmegen 1989, 13.
19 Th. P. F. Hoving, The Bury St. Edmunds Cross, in: The Metropolitan Museum of Art Bulletin, 1964, 317–340 (mit 36 Abbildungen).
20 Jan van Laarhoven, De beeldtaal van de christelijke kunst Geschiedenis van de iconografie, Nimwegen 1992, 322, 324.
21 Diese Angaben stammen aus: J. Nederveen Pieterse, Wit over zwart. Beelden van Africa en zwarten in de westerse populaire cultuur, Amsterdam 1990, 86–186.
22 Th. Salemink, Taai theologisch antisemitisme. Familieblad De Katholieke Illustratie 1867–1968, in: Ter Herkenning, 21, 1993, 161–178.

Anmerkungen zu Teil 1 – Kapitel IV
Der Madagaskar-Plan von Henry Hamilton Beamish und The Britons

1 BA. Kosmin, Colonial Careers for Marginal Fascists. A Portrait of Hamilton Beamish, in: Wiener Library Bulletin, Vol. 27, Nr. 30/31, 1973/1974, 16–23; Gisela G. Lebzelter, Henry Hamilton Beamish and the Britons. Champions of Anti-Semitism, in: Kenneth Lunn/Richard C. Thurlow, British Facsism. Essays on the Radical Right in Interwar Britain, London 1980, 41–56; Gisela G. Lebzelter, Political Anti-Semitism in England 1818–1939, London 1979, 49–85; Richard Thurlow, Fascism in Britain. A History 1918–1985, Oxford 1987, 63, 65–70, 73, 80, 96–97, 170, 114; C. Holmes, Anti-Semitism in British Society 1876–1939, London 1979, 49–85.
2 Es gab bei den *Britons* mehrere Mitglieder, die durch verschiedene Teile des Britischen Reiches gereist waren und dadurch nicht nur mit dem Mythos von der Überlegenheit der weißen Rasse vertraut waren, sondern auch mit dessen politischer Realität Fregattenkapitän H.M. Fraser war beispielsweise der Gründer der *Silver Badge party for Ex-Servicemen* und hatte viele Jahre in Indien gelebt; A. E. N. Howard zeichnete sich dadurch aus, daß er sogar in China für die Anliegen der *Britons* geworben und dabei mit Missionaren zusammengearbeitet hatte; Oberstleutnant A. H. Lane hatte mit Lord Kitchener in Ägypten und mit Lord Milner in Südafrika den Militärdienst versehen; Lord V. E. Marsden, Korrespondent der *Morning Post* und Übersetzer der *Protokolle der Weisen von Zion* hatte 1920 den Prinzen von Wales auf seiner Reise durch das Britische Reich begleitet; Bessie Pullen-Burry, Geographin und Mitglied zahlreicher geographischer Institute im Ausland, galt als eine der bestinformiertesten Frauen ihrer Zeit; das bekannteste Mitglied der *Britons*, Lord Sydenham of Coombe, war in Australien Gouverneur von Victoria gewesen und hatte danach in Bombay/Indien die gleiche Funktion bekleidet.
3 Im letzten Jahrzehnt des 19. Jahrhunderts schrieb ein Unbekannter, der in Paris für die russische Geheimpolzei *Ochrana* arbeitete, die sogenannten *Protokolle der Weisen von Zion* mit dem Ziel, die Politik des Zaren gegenüber den Juden zu beeinflussen. Der Verfasser entnahm sein Material dem Buch des französischen Journalisten Maurice Joly *Dialogue aux enfers entre Machiavel et Montesquieu, ou la politique au XIXe siècle* aus dem Jahre 1864, das übrigens keine Anspielungen auf das Judentum und die Juden enthält. Joly schrieb das politische Pamphlet gegen Napoleon III., dem er vorwarf, die ganze Welt unterwerfen zu wollen. Diesen erfundenen »Dialog« zwischen Machiavelli und Montesquieu gab der Verfasser der *Protokolle* als Protokoll eines Treffens von Rabbinern aus, in dem er diese einen Plan zur Erlangung der Weltherrschaft aushecken ließ. Als Zar Nikolaus II. dieses Schriftstück aus Paris 1905 in die Hände bekam, schrieb er an den Rand die Notiz: »Man merkt hier die steuernde und destruktive Hand des Judentums.« Ungeachtet der Tatsache, daß der englische Journalist Philip Graves 1921 bewiesen hatte, daß die *Protokolle* eine Fälschung waren, wurden sie in viele Sprachen übersetzt. Kein antisemitisches Werk erfuhr eine solche weltweite Verbreitung wie diese *Protokolle*, die

Hitler und seine Komplizen dazu verwendeten, die Verfolgung der Juden zu rechtfertigen.

4 Hidden Hand, Vol 4, Nr. 1, Februar 1923, 2.

5 Kein Wunder also, daß Beamishs Rede in München, in der er zu Aktionen gegen die Juden aufrief, so großen Anklang fand. Beamish wußte auch, daß die NSDAP nicht wirklich anti-christlich war. Viele Mitglieder der NSDAP suchten nach einer Synthese zwischen Nationalsozialismus und Christentum.

6 Ab Februar 1920 erschien das Monatsblatt der *Britons*, das zunächst *Jewry über Alles* hieß (in Anspielung auf die vermeintliche jüdische Weltherrschaft) und in der Folge unter dem Namen *Hidden Hand* erschien (der Name bezog sich auf die Juden als unerwünschte Eindringlinge, die überall ihre Hände im Spiel hätten) und schlußendlich *British Guardian* genannt wurde. Das monatlich erscheinende Blatt wurde von *The Britons Publishing Society* herausgegeben, deren Direktor zuerst J. H. Clarke, danach R. T. Cooper und schließlich W. A. Peters war. In den dreißiger Jahren veröffentlichte dieser Herausgeber die *Protokolle der Weisen von Sion*.

7 C. C. Aronsfeld, The Britons, in: The Wiener Library Bulletin, XX (1966) 24–31; Clin Cross, The Fascists in Britain, New York 1963, 120–122.

8 Hidden Hand, Vol 1, Nr. 11, Dezember 1920, 8.

9 Hidden Hand, Vol 5, Nr. 10, Dezember 1920, 8.

10 Hidden Hand, Vol 5, Nr. 4, April 1924, 51.

11 British Guardian, Vol 6, Nr. 1, 9. Januar 1925, 1.

12 British Guardian, Vol 5, Nr. 5, Mai 1924, 69.

13 Hidden Hand, Vol 4, April 1923, 5.

14 Die Meinung von Beamish in: H. H. Beamish, The Jew's Who is Who, London 1920, 43; die Auffassung der Mitglieder der [Kursiv ein]Britons in: Hidden Hand, Vol. 4, Nr. 5, Mai 1923, 2.

15 Am 2. November 1917 schrieb Lord Balfour, zu diesem Zeitpunkt britischer Außenminister, im Namen seiner Regierung in einem Brief an Edmond Rothschild: »Die Regierung Ihrer Majestät steht der Gründung eines jüdischen Nationalstaates in Palästina äußerst positiv gegenüber und wird ihr Möglichstes tun, um die Ausführung dieses Planes zu erleichtern. Sie wird sich jedoch auch dahingehend einsetzen, daß die Rechte der anderen religiösen Gemeinschaften auf diesem Gebiet unangetastet bleiben und daß weiters der politische Status der Juden in anderen Ländern gewährleistet bleibt.«

16 Sergio I. Minerbi, The Vatican and Zionism. Conflict in the Holy Land 1895–1925, Oxford 1990.

Anmerkungen zu Teil 1 – Kapitel V

Der Madagaskar-Plan von Egon van Winghene

1 Egon van Winghene, Arische Rasse. Christliche Kultur und das Judenproblem, zweite, erweiterte Auflage, aus dem Holländischen übersetzt, U. Boding-Verlag, Erfurt 1931; wahrscheinlich ist »Egon van Winghene« das Pseudonym des Deutschen Rudolf Meikert.

2 Egon van Winghene, Arische Rasse. Christliche Kultur und das Judenproblem, U. Boding-Verlag, Erfurt 1931, 5.

3 In seinem Vorwort bemerkt van Winghene, daß er dieses Buch geschrieben hätte, um seinen Schwestern und Brüdern in allen Ländern Europas zu helfen, das Judenproblem richtig zu analysieren und eine passende Lösung dafür zu finden: die Verbannung aller Juden nach Madagaskar. Er nennt die folgenden christlichen Instanzen, Organisationen und Vereinigungen, an die er sein Buch verschickte: die deutschen Freunde von »Weltkampf«, von der Hammer-Gemeinde und der Rechtsschutzverbände gegen Übergriffe des Judentums; die französischen Freunde von *L'Ordre*, von der *Revue Internationale des Sociétés Secrètes* und der *Partie nationale populaire*; die Schweizer Freunde der Schweizer Heimatwehr, vom Vaterländischen Ring und von der *Nouvelle Revue Romande*; die österreichischen Freunde des Arisch-christlichen Kulturbunds, vom Bund für Volksaufklärung und vom Deutschen Kulturamt; die ungarischen Freunde von der *Tajvédö-Egyesület*, der *Keresztény Nemzeti Liga* und von der *Magyar-Kultur- Liga*; die englischen Freunde von *The Britons*; die norwegischen Freunde von der *Nationalt Tidiskrift*; seine polnischen Freunde von der *Rozwój*; seine rumänischen Freunde von der *Liga Nationala* und seine Freunde von der *Ostara* und der *Alliance chrétienne Aryenne* auf der ganzen Welt.

4 Der Autor bezog viele Grundlagen für seine Ideen aus: Dr. Kofur, Katholische Kirche und Judentum, München, o.J.

5 Egon van Winghene, Arische Rasse. Christliche Kultur und das Judenproblem, U. Boding-Verlag, Erfurt 1931, 11.

6 Egon van Winghene, Arische Rasse. Christliche Kultur und das Judenproblem, U. Boding-Verlag, Erfurt 1931, 14.

7 Egon van Winghene, Arische Rasse. Christliche Kultur und das Judenproblem, U. Boding-Verlag, Erfurt 1931, 19.

8 Egon van Winghene, Arische Rasse. Christliche Kultur und das Judenproblem, U. Boding-Verlag, Erfurt 1931, 24.

9 Egon van Winghene, Arische Rasse. Christliche Kultur und das Judenproblem, U. Boding-Verlag, Erfurt 1931, 23.
10 Als Juden, die für diese territoriale Trennung in Betracht kamen, galten Personen, die zu einer Gemeinschaft gehörten, die »sich als vorderasiatisch-mongolisch-ostisch-nordisch-orientalisch-negroid-hamitisch-orientalisch-westliches Rassengemisch darstellt«; Personen, die die mosaische Religion ausübten oder dieser früher angehört hatten, und schließlich Personen, deren Eltern, Großeltern oder Urgroßeltern Anhänger der jüdischen Religion gewesen waren (Egon van Winghene, Arische Rasse. Christliche Kultur und das Judenproblem, U. Boding-Verlag, Erfurt 1931, 35).
11 Egon van Winghene, Arische Rasse. Christliche Kultur und das Judenproblem, U. Boding-Verlag, Erfurt 1931, 41.
12 Die wichtigsten Werke (fast alle Werke nimmt er ohne Jahresangabe in seine Bibliographie auf), derer er sich bediente, sind: Mgr. Umberto Benigni, Storia Sociale della Chiesa, 5 Teile; Houston Chamberlain, Die Grundlagen des XIX. Jahrhunderts; Graf Heinrich Coudenhove-Kalergi, Das Wesen des Antisemitismus; Arthur Dinther, Die Sünde wider das Blut; Edouard Drumont, La France Juive; Henry Ford, Der internationale Jude; Theodor Fritsch, Handbuch der Judenfrage; Gougenot des Mousseaux, Der Jude, das Judentum und die Verjudung der christlichen Völker; Mgr. Ernest Jouin, Le Péril Judéo-Maçonique; Dr. Justus, Judenspiegel; Kernholt, Vom Ghetto zur Macht; Dr. Kofler, Katholische Kirche und Judentum; Roger Lambelin, L'Impérialisme d'Israel; Martin Luther, Von den Juden und ihren Lügen; R. Linostonsky, Der Blutrausch des Bolschewismus; D. Petrovsky, La Russie sous les Juifs; Die Protokolle der Weisen von Zion; Revue Catholique des Institutions et du Droit; Revue Internationale des Sociétés Secrètes; Prof. Rohling, Der Talmud-Jude; Alfred Rosenberg, DiePest in Rußland; Stauf von der March, Die Juden im Urteile der Zeiten; Arthur Trebitsch, Deutscher Geist oder Judentum; David Trietsch, Der Wiedereintritt der Juden in die Weltgeschichte; Adolf Wahrmund, Das Gesetz des Nomadentums und die heutige Judenherrschaft; Der Weltkampf: Monatsschrift für Weltpolitik, völkische Kultur und die Judenfrage aller Länder.
13 Egon van Winghene, Arische Rasse. Christliche Kultur und das Judenproblem, U. Boding-Verlag, Erfurt 1931, 58.
14 Egon van Winghene, Arische Rasse. Christliche Kultur und das Judenproblem, U. Boding-Verlag, Erfurt 1931, 64.
15 Egon van Winghene, Arische Rasse. Christliche Kultur und das Judenproblem, U. Boding-Verlag, Erfurt 1931, 71–72.
16 Egon van Winghene, Arische Rasse. Christliche Kultur und das Judenproblem, U. Boding-Verlag, Erfurt 1931, 74.

Anmerkungen zu Teil 1 – Kapitel VI
Der Madagaskar-Plan von Arnold Leese und der Imperial Fascist League

1 Arnold Leese/Robert M. Gorman, Racial Antisemitism in England. The Legacy of Arnold Leese, in: Wiener Library Bulletin, XXX, 1977, New Series, Nr. 41/42, 65–74; Johann Morell, Arnold Leese and the Imperial Fascist League. The Impact of Racial Fascism, in: Kenneth Lunn/Richard C. Turlow, British Fascism. Essays on the Radical Right in Inter War Britain, London 1980, 57–75; Richard Thurlow, Arnold Leese and the IFL, in: Richard Thurlow, Fascism in Britain. A History. 1918–1987, Oxford 1987, 70–91.
2 Frederic Mullally, Fascism Inside England, London 1946, 12–23.
3 Arthur Kitson, Road to Ruin, in: The Living Age, November 1931, 208–213.
4 Robert Benewick, The Fascist Movement, London 1972, 27–35.
5 The Fascist, Dezember 1930, 3; The Fascist, November 1931, 3.
6 Intelligence Report vom 15. April 1937, IFL Dokument, Board of Deputies of British Jews.
7 The Fascist, Nr. 75, August 1935, 4: Die Juden seien »a mongrel conglomeration of Hither Asiatics indigenious to Asia Minor and Armenia, Hamitic and Negroid blood from Egypt, and East Baltic, Inner Asiatic (Mongoloid) and Alpine strains from the Khazar Empire«.
8 Arnold Leese, The Colour problem of Britain, in: The Fascist, Juni 1932, 3.
9 Arnold Leese, Gentile Folly: the Rothschilds, (Guildford: IFL 1940), 1–64; Arnold Leese, Devilry in the Holy Land (London: IFL 1938), 2–16; Arnold Leese, The Jewish War of Survival, 1938, 108–109; Arnold Leese, The Semitic Campaign to Pervert Europe, in: The Fascist, Juli 1934, 3–4; Arnold Leese, The British Jewnion of Fascist, in: The Fascist, November 1933; Arnold Leese, Jewish Fascism, in: The Fascist, Februar 1933.
10 Eine große Zahl unterschiedlicher Quellen macht die weite Verbreitung der Legende von den

Ritualmorden in Europa deutlich. Bei diesen Quellen handelt es sich um Zeugenaussagen von Juden, Protokolle von offiziellen Untersuchungen kirchlicher und staatlicher Machthaber, gerichtliche Verhöre und Gerichtsurteile, Protokolle von Gemeindesitzungen, Korrespondenz zwischen Magistraten, Kirchenfürsten (Päpsten und Bischöfen), Laien und Priestern, Prinzen, Königen und Kaisern, Volkslieder, Geschichten, Schmähschriften, Karikaturen, Pamphlete, Holzschnitte, Volksbücher, theologische Schriften, Predigten, Katechismen und persönliche Erinnerungen. In den vergangenen Jahrhunderten wurden Juden an den folgenden Orten beschuldigt, Kinder ermordet zu haben: 12. Jh.: Norwich, London, Gloucester, Winchester, Saragossa, Blois, Paris, Bamberg und Boppard; 13. Jh.: Lincoln, Norwich, Gloucester, London (3x), Saragossa, Varleas, Bern (2x), Endingen, Metz, Pforzheim, Fulda (2x), Frankfurt, Konstanz, München (4x), Bamberg und Velhartice; 14. Jh.: Chinon, Annecy, Köln, Uberingen, Zürich (2x), Fulda (2x), München (2x), Prag und Messina; 15. Jh.: Laguardia, Sepulveda, Turin, Pavia, Padua (2x), Meran, Landshut, Pfullendorf, Trient, Treviso, Reggio, Mantua, Arena, Portobuffuola, Verona, Vicenza, Rinn, Linz, Diessenhofen, Endingen, Ravensburg (2x), Regensburg (2x), Trnava, Breslau und Krakau; 16. Jh.: Fulda, Frankfurt, Poesing, Polna, Verden, Berlin (2x), Gostynin, Sochaczew, Olkusz, Bielsk, Witow, Rawa, Budapest und Wilna; 17. Jh.: Lublin, Miedzyrzec, Wlodawa, Rozyszcze, Olyka, Dunajgorod, Zaslav, Shepetovka, Zhitomir, Oster, Yampol, Grodno, Leczyca, Sochaczew, Krakau, Siedlce, Berlin, Tongeren, Metz, Wien, Stribo, Posen, Rozana, Brest, Bjala, Bamberg, Sandomierz und Frankfurt; 18. Jh.: Viterbo, Orkuta, Ungvar, Yampol, Lublin, Sandomierz, Izyaslav, Kiev, Shepetovka, Saslawl, Poznan, Woislawize, Tasnad und Sienno; 19. Jh.: Bamberg, Polna, Budapest, Nagy Szokol, Korfu, Rhodos, Galata, Damaskus (3x), Antiochia, Aleppo (3x), Alexandria (2x), Tripolis, Beirut (2x), Dayr al-Qamar, Jerusalem, Kairo (2x), Mansourah, Damanhur (4x), Istanbul (2x), Büyükdere, Kuzguncuk, Eyub, Edirne, Izmir, Kutais, Bakau, Grodno, Miedzyrzecz, Wlodawa, Siedlce, Sandomierz, Lublin, Atov, Velizh, Telsiai, Xanten, Königsberg, Skurz, Izyaslav, Krakau, Zborov, Szalacs, Kaschau, Tisza Eszlar; in der zweiten Hälfte des 19. Jahrhunderts wurden Juden in Konstantinopel und Smyrna und in anderen Städten der Türkei einige Jahre hindurch in der Osterwoche ritueller Morde beschuldigt; 20. Jh.: Kairo (2x), Port Said (2x), Alexandria (2x), Petrovo Silo, Kiev, Dubossari, Kishinev, Beiliss, Wilna; in den zwanziger Jahren auch in verschiedenen Städten in Dagestan, Memel, Komitz, Manau, Bamberg und München (das sind die bekanntesten Städte, in denen Juden ritueller Morde beschuldigt wurden). Zu der Rolle, die diese Legende 1933–45 in der Strategie spielte, Juden verdächtig zu machen, siehe S. Rohrbacher/M. Schmidt, Ritualmord und Völkermord, in: S. Rohrbacher/M. Schmidt, Judenbilder. Kulturgeschichte antijüdischer Mythen und antisemitischer Vorurteile, Hamburg 1991, 355–359. In den sechziger Jahren dieses Jahrhunderts wurden Juden in der ehemaligen Sowjetunion (und zwar in Dagestan, Usbekistan und Litauen) ritueller Morde beschuldigt (Benjamin Pinkus, Blood Libels in the Soviet Union, in: Benjamin Pinkus, The Soviet Government and the Jews 1948–1967. A Documentary Study, Cambridge 1984, 141–146).

11 Arnold Leese, Gothic Ripples, Nr. 131, 3.

12 Arnold Leese, The Jewish War of Survival, Guilford 1945, 64.

13 Arnold Leese, The Fascist, Februar 1932, 4.

14 The Times vom 11. April und 28. März 1917; 28. Juni 1919; 10., 14., 20., 21., 22., 25., 26., 27., 28. und 29. November 1919 und 1., 4., 6. und 20. Dezember 1919; The Morning Post vom 26. und 27. April 1922, 10., 11., 15. und 16. Juni 1922.

15 H.A. Gwynne, The Cause of World Unrest, London 1920.

16 Nesta Webster, The Origines and Progress of the World Revolution, London 1921.

17 Arnold Leese, Bolshevism is Jewish (The Imperial Fascist League, London o.J.) 6; The Fascist, Nr. II, Februar/März 1935, 3.

18 R. J. Benewick, Political Violence and Public Order, London 1969, 27–31.

19 Arnold Leese, Mightier Yet (The IFL, London 1935) 17; Arnold Leese, Political and Economic Planning (The IFL, London 1934) 9; The Fascist, Nr. 73, Juni 1935, 1.

20 Arnold Leese, Jewish Press Controll (The IFL, London 1937) 2; The Fascist, Nr. 39, August 1932, 3.

21 Arnold Leese, Our Jewish Aristocracy (The IFL, London 1936), 4–5.

22 Arnold Leese, The Destiny of the Jews, in: The Fascist, März 1931, 3–4.

23 Arnold Leese, The Situation in Palestine, in: The Fascist, Juli 1936, 1.

24 Arnold Leese, The Destiny of the Jews, in: The Fascist, März 1931, 3–4; Arnold Leese, The Segregation of the Jews, in: The Fascist, Februar 1935, 2; Arnold Leese, Devilry in the Holy Land, Imperial Fascist League 1938, 15–16; Arnold

Leese, Future Home for the Jews, in: The Fascist, September 1932, 4.

[25] Morning Post vom 17., 18. und 24. März 1921, 22. und 26. April 1921, 2. November 1921, 18. Juli 1922, 16. Oktober 1922, 6. und 16. November 1922; The Spectator vom 6. Mai 1922 und vom 11. und 18. November 1922; The Times vom 8. und 17. Februar 1922, 7. August 1922 und 9. November 1922; Daily Mail vom 20. Januar 1921, 5. und 17. Februar 1921, 11, 22. und 23. April 1922, 4. und 10. November 1922, 18. und 22. Dezember 1922, 20. und 26. Januar 1923 und 8. Februar 1923; Sunday Express vom 15. Februar 1922, 28. Mai 1922, 5. November 1922, 11. und 18. Februar 1923 und 8. April 1923; Daily Express vom 27. und 28. Oktober 1922; 12. und 16. November 1922, 4. und 6. Januar 1923.

[26] Arnold Leese, Future Home for the Jews, in: The Fascist, September 1932, 4.

Anmerkungen zu Teil 1 – Kapitel VII
Der Madagaskar-Plan von Charles W. Gore

[1] Charles W. Gore, The Island of Madagascar as a National State for the Jewish People and Why?, Januar 1939 (Manuskript); aufbewahrt im Archiv des Board of Deputies of British Jews in London (Rogues Gallery File C6/9/3/2).

[2] Charles Gore verweist auf einige Artikel in jüdischen und nicht-jüdischen Zeitungen und Wochenmagazinen, in denen bereits über einen Madagaskar-Plan gesprochen wurde; er nennt unter anderem den Daily Telegraph vom 24. November 1938, den Star vom 4. Dezember 1937, den Evening Standard vom 30. Dezember 1937 und die Jüdische Rundschau vom 30. Dezember 1937.

Anmerkungen zu Teil 2 – Kapitel I
Ein Madagaskar-Plan für polnische und japanische Bauern

[1] Im Jahre 1506 war Madagaskar von den Portugiesen entdeckt worden. In der ersten Hälfte des 19. Jahrhunderts dehnte der Stamm der Hova unter König Radama I. seine Herrschaft über die gesamte Insel aus. Im selben Jahrhundert begann auch die christliche Missionsarbeit auf Madagaskar: Die protestantische Missionierung wurde von England unterstützt, die katholische von Frankreich. Frankreich behauptete, seit dem 17. Jahrhundert über bestimmte Protektoratsrechte über die Ureinwohner der Insel zu verfügen. 1853 versuchten die Hovas, Herren im eigenen Land zu bleiben oder die Christen auszurotten. Schon Radama II. aber mußte sein Land dem fremden Handel öffnen, und Königin Ranavalo II. konvertierte schließlich gemeinsam mit einem Großteil des Adels zum Protestantismus. Der französische Ministerpräsident Jules Fery beschloß 1883, den wachsenden britischen Einfluß auf die Insel schachmatt zu setzen. Er nahm den Widerstand französischer Betroffener als Vorwand, um die Insel blockieren zu lassen. Aber mangels ausreichender Unterstützung seitens des französichen Parlaments gab sich die Regierung in Paris vorläufig mit einem Pakt zufrieden, der Königin Ranavalo III. zwar als Herrscherin über die Insel anerkannte, ihre Außenpolitik jedoch unter französische Kontrolle stellte. Der Republik gelang es, mit England übereinzukommen: Gegen Kompensation in Westafrika anerkannte England 1890 das französische Protektorat. 1895 folgte die Eroberung durch General Duchesne, der nach einem fünfwöchigen Feldzug Tananarivo besetzte und die Hova-Königin dazu brachte, den Protektoratsvertrag zu unterzeichnen. Im Jänner 1896 wurde Madagaskar integraler Bestandteil des französischen Reiches. Der erste Generalgouverneur war Gallieni, diesem folgte Marcel Olivier (A. You, Madagascar. Histoire, organisation, colonisation, 1905).

[2] Marcel Olivier, Raisons, difficultés et moyens d'une solidarité européenne en Afrique, Reale Academia d'Italia, Rome 1940.

[3] Eugene Hevesi, Hitler's Plan for Madagascar, in: Contemporary Jewish Record, Vol.4, 1941, 389.

Anmerkungen zu Teil 2 – Kapitel II
Der französische Madagaskar-Plan

[1] Rolf Vogel, Ein Stempel hat gefehlt. Dokumente zur Emigration deutscher Juden, München 1977, Dokument 24.

[2] Eugene Hevesi, Madagascar. Report No.I of the Division of Migration and Colonization, American Jewish Committee. Research Institute on Peace and Post-War Problems, May 1941, 20.

[3] Rolf Vogel, Ein Stempel hat gefehlt. Dokumente zur Emigration deutscher Juden, München 1977, Dokument 25: »Schon am 24. Jänner 1937 hatte die jüdische *Stimme* in Wien die Nachricht aufgenommen, daß jüdische Organisationen in Paris in Zusammenarbeit mit amerikanischen und englischen Stellen Vorbereitungen für die Entsendung einer jüdischen Kommission nach Madagaskar treffen. Die Kommission solle im Auftrag des

französischen Kolonialministers Moutet untersuchen, ob die Insel für jüdische Siedler geeignet wäre.«
4 Rolf Vogel, Ein Stempel hat gefehlt. Dokumente zur Emigration deutscher Juden, München 1977, Dokument 26.
5 PRO FO 371/20763, 167/8.
6 Y.B. Schlechtermann, Fighter and Prophet. The Vladimir Jabotinsky Story, Vol.II, New York 1961, 334–363.
7 Philip Friedman, The Lublin Reservation and the Madagascar Plan. Two Aspects of Nazi Jewish Policy During the Second World War, in: Yvo Annual Of Jewish Social Science, 7, 1953, 151–177.
8 Rolf Vogel, Ein Stempel hat gefehlt. Dokumente zur Emigration deutscher Juden, München 1977, Dokument 27.
9 Michael R. Marrus/Robert O. Paxton, Vichy et les Juifs, Paris 1981, 96.
10 Eugene Hevesi, Madagascar. Report No.I of the Division of Migration and Colonization, American Jewish Committee. Research Institute on Peace and Post-War Problems, May 1941, 20: »Am 26. Mai 1937 kam ein Bericht aus Madagaskar, daß die Immigration verfolgter Juden aus Europa auf heftigen Widerstand der dortigen protestantischen und katholischen Mission stoßen würde.«
11 Rolf Vogel, Ein Stempel hat gefehlt. Dokumente zur Emigration deutscher Juden, München 1977, Dokument 28.
12 CDJC-XLIV-29.
13 CDJC-V-2, Rosen zu Lehman, 8. August 1937.
14 Pressedienst Hansa vom 23. 9. 1937: »Die Kommission reiste am 23. September 1937 in die französische Kolonie Madagaskar, um zu untersuchen, ob und inwieweit die Insel für polnische Juden, die dort hoffentlich eine beschränkte Anzahl Kolonien würden gründen können, geeignet wäre.«
15 Siehe: Teil 2 Kapitel III
16 Eugene Hevesi, Madagascar. Report No.I of the Division of Migration and Colonization, American Jewish Committee. Research Institute on Peace and Post-War Problems, May 1941, 19.
17 Eugene Hevesi, Hitler's Plan for Madagascar, prepared on the inititiative of the American Jewish Committee's Research Institute on Peace and Post-War Problems, New York 1941, 28 (Bericht von Leon Alter).
18 PRO FO 371/20763, 205.
19 M. Lepecki, Madagaskar, Verlag Roj, Warschau 1938.
20 Henri Besairie, Contribution à l'Etude de Sols de Madagascar, Tanarive 1937; C. Champenois, Memorandum on White Settlement in Ankaizina, Tanarive 1933.
21 Madagaskar wurde von den Eingeborenen *Nosin Dambo* genannt, was soviel wie »Insel der wilden Schweine« bedeutet. In der polnischen Presse las man damals, daß Juden aufgrund ihrer »verwerflichen Talmud-Ethik«, die »nichts als Gestank« verbreiten würde, zu den Schweinen gehörten. Aus diesem Grund hielt man Madagaskar für einen idealen Ort für die polnischen Juden.
22 Eugene Hevesi, Madagascar. Report No. I of the Division of Migration and Colonization, American Jewish Committee. Research Institute on Peace and Post-War Problems, May 1941, 20–21.
23 Eugene Hevesi, Madagascar. Report No. I of the Division of Migration and Colonization, American Jewish Committee. Research Institute on Peace and Post-War Problems, May 1941, 28–30.
24 Im Oktober 1938 hielt der ehemalige französische Gouverneur Madagaskars, Marcel Olivier, auf dem 8.Kongreß der *Royal Academy of Italy* in Rom, der gänzlich der Entwicklung in Afrika gewidmet war, einen Vortrag, in dem er wegen des heftigen Widerstands der Eingeborenen neuerlich sehr eindringlich vor der Realisierung des polnisch-französischen Madagaskar-Plans warnte.
25 Rolf Vogel, Ein Stempel hat gefehlt. Dokumente zur Emigration deutscher Juden, München 1977, Dokument 30.
26 L. Yahil, Madagascar. Phantom of a Solution for the Jewish Question, in: Bela Vago/George L. Mosse (Eds.), Jews and Non-Jews in Eastern Europe 1918–1945, New York 1974, 315–334.
27 Rolf Vogel, Ein Stempel hat gefehlt. Dokumente zur Emigration deutscher Juden, München 1977, Dokument 32.
28 Rolf Vogel, Ein Stempel hat gefehlt. Dokumente zur Emigration deutscher Juden, München 1977, Dokument 33.
29 Rolf Vogel, Ein Stempel hat gefehlt. Dokumente zur Emigration deutscher Juden, München 1977, Dokument 38.
30 Rolf Vogel, Ein Stempel hat gefehlt. Dokumente zur Emigration deutscher Juden, München 1977, Dokument 35.
31 PRO FO 371/21616, 87.
32 PRO FO 371/21876 – E2570, Ormsby-Gore/ Colonial Office to Halifax/ Foreign Office, 26. April 1938.
33 Mandel à Bonnet, 25. Mai 1938, Archives du ministère des Affaires étrangères.
34 Auffallend ist, daß George Mandel dem fran-

zösischen Madagaskar-Plan von Léon Blum eine vollkommen neue Bedeutung gab: Die französische Regierung hatte diesen Plan 1936 nämlich nicht vorgeschlagen, um die jüdische Problematik ganz Europas zu lösen. Man wollte nur kleinen Gruppen Juden, die in bestimmten europäischen Ländern verfolgt wurden, die Möglichkeit geben, sich als Siedler auf Madagaskar niederzulassen.

35 Martin Gilbert, Exile and Return. The Emergence of Jewish Statehood, London 1978, 188.

36 Diese Angaben sind entnommen aus: Michael R. Marrus/Robert O. Paxton, Vichy et les Juifs, Paris 1981, 91–110.

37 Foreign Relations of the United States, 1938, I, 769–772, 834.

38 Centre de documentation et de vigilance, Bulletin, 1938, 15.

39 Dieser Vorschlag stand nicht in Widerspruch zu jenem, den Chamberlain dem südafrikanischen Verteidigungsminister Oswald Pirow einige Tage zuvor unterbreitet hatte, als er explizit Madagaskar und Deutsch-Ostafrika genannt hatte. Mit der französischen Regierung verhandelte Chamberlain über einen Zufluchtsort für Juden aus Deutschland und Österreich, während er mit Pirow (jedenfalls nach dessen eigenen Angaben) über eine zwangsweise Aussiedlung aller noch im Deutschen Reich anwesenden Juden (einige Millionen) sprach. Ich verweise betreffend die Besprechungen zwischen Chamberlain und Pirow auf Teil 2 Kapitel VI.

40 Bericht über die britisch-französischen Besprechungen am 24. November 1938: Documents on British Foreign Policy, 3. Serie III, 294–296.

41 Foreign Relations of the United States, 1938, I, 851.

42 Ich verweise hier auf: Michael R. Marrus/Robert O. Paxton, Vichy et les Juifs, Paris 1981, 94–96.

43 Documents on German Foreign Policy, Serie D, Vol.IV, 451–452.

44 Georges Bonnet, Fin d'une Europe, Vol.II. De Munich à la guerre, Paris 1967.

45 Foreign Relations of the United States, 1938, I, 871–73; britischen Quellen zufolge soll Bonnet zu Ribbentrop gesagt haben, daß Frankreich den Strom jüdischer Flüchtlinge nicht endlos über sich ergehen lassen könne: Documents on British Foreign Policy, 3.Serie, III, 397.

46 J. Bialoskórski, Pieklo na Madagaskarze, in: Chwila Poranna vom 18. Januar 1938; anonymer Autor, Madagaskariada, in: Chwila Poranna vom 11. März 1938; anonymer Autor, Legenda madagaskarska w proch sie rozwiala, in: Chwila Poranna vom 12. März 1938; anonymer Autor, Niechaj jada do Madagaskaru, tam ich zniszczy dzuma i tyfus, in: Chwila Wieczorna vom 5. März 1938, und weitere Artikel in diesem Blatt: 10. Januar 1938 und 26. Februar 1938. Auch die jüdische und nicht-jüdische Presse im Ausland machte kritische Anmerkungen: Kommentar in: The Manchester Guardian vom 31.12.1937 über den polnisch-französischen Madagaskar-Plan: Hunderte polnische Jugendliche wären bereit, auf Madagaskar Pionierarbeit zu verrichten. Der Journalist merkte weiters an, daß die polnische Presse ganz gewiß nicht enthusiastisch auf den Plan reagiert hätte und daß die Teilnahme am Madagaskar-Plan in Polen von echten Antisemiten propagiert würde. Kommentar in: News Chronicle vom 31.12.1937 über den polnisch-französischen Madagaskar-Plan: Die Redaktion gab die Sorge der polnischen Regierung wieder, daß sie wahrscheinlich keine Unterstützung vom Völkerbund bekommen würde und daß sich außerhalb Polens keine Finanziers für das Projekt finden würden. Kommentar in: Jüdische Rundschau vom 31.12.1937 zum polnisch-französischen Madagaskar-Plan: Politiker und Diplomaten (und auch die Presse) hätten gut vorgesorgt, damit vor allem im Ausland der Eindruck entstand, daß sich die Polen von den besten Motiven leiten lassen würden, um den französischen Madagaskar-Plan zu unterstützen, jetzt da man eine Alternative für Palästina suchen mußte. Tatsächlich aber würde es sich um eine gut organisierte Aktion von Antisemiten handeln, die die Juden irgendwo abladen wollten; Rolf Vogel, Ein Stempel hat gefehlt. Dokumente zur Emigration deutscher Juden, München 1977, Dokument 34.

47 Rolf Vogel, Ein Stempel hat gefehlt. Dokumente zur Emigration deutscher Juden, München 1977, Dokument 36; Madagascar-Terre d'Asile?, in: Illustration vom 19. Februar 1938: Der Kritik Jacques Buissots in der Presse folgte am 19. Februar 1938 jene von Marcel Olivier, dem ehemaligen französischen Gouverneur von Madagaskar, der eindringlich vor der Realisierung des französischen Madagaskar-Plans warnte. Im Februar 1938 erschienen in *La Dépeche*, der einflußreichsten Tageszeitung auf Madagaskar, mehrere Artikel, in denen die heftige Opposition der Inselbevölkerung gegen den französischen Madagaskar-Plan thematisiert wurde.

48 Rolf Vogel, Ein Stempel hat gefehlt. Dokumente zur Emigration deutscher Juden, München 1977, Dokument 37.

49 Jean-Charles Bonnet, Les pouvoirs publics français et l'immigration dans l'entre-deux-guerres, Lyon 1976, 190–193.

50 Yehuda Bauer, My Brother's Keeper. A History of the American Joint Distribution Committee, Philadelphia 1974, 237–239.
51 Helmut Heiber, Der Fall Grynszpan, in: Vierteljahrhefte für Zeitgeschichte, 5, 1957, 134–172.
52 W. Tucker, The Fascist Ego. A Political Biography of Robert Brasillach, University Press of California, Berkeley 1975.
53 Candide vom 31. März 1938; Gringoire vom 6. Mai 1938; Je suis partout vom 15. April 1938 (Sonderheft mit dem Thema *Les Juifs*), 2. September 1938, 21. Oktober 1938, das Buch Célines, *Bagatelles pour un massacre* von 1937 wurde in *Je suis partout* vom 4. März 1938 als ein »Meisterwerk« rezensiert; auch in den Tageszeitungen *Le Matin* (in einer Auflage von 600 000) und *Le Jour* (in einer Auflage von 183 000) erschienen regelmäßig Artikel, in denen auf die Bedrohung, die von so vielen jüdischen Flüchtlingen (vor allem den »Ostjuden«) auf die christliche Zivilisation aus ginge, hingewiesen wurde. (z. B. in: Le Matin vom 12. und 13. November 1938).
54 Richard Millman, Les nationalistes antisémites, in: Richard Millman, La question juive entre les deux guerres. Ligues de droite et antisémitisme en France, Paris 1992, 270–280.
55 Joel Colton, Paris 1967; William L'Ougee, Léon Blum. The Formative Years 1872–1914, Illinois University Press, 1973; Jean Lacouture, Léon Blum, Paris 1977; Israel Eldan, The main Features of the Jewish Condition in Léon Blum biography, in: Yalkut Moreshet (Hebräisch) Nr.40; Helmut Gruber, Léon Blum, French Socialism and the Popular Front. A case of international Contradictions, Cornell Studies in International Affairs, 1986; L. Blum, L'Œuvre de Léon Blum 1937–1940, Paris 1981.
56 Richard Millman, La question juive entre les deux guerres. Ligues de droite et antisémitisme en France, Paris 1992, 252.
57 Die folgenden Angaben entnehme ich dankbar aus: Pierre Birnbaum, Un mythe politique: La »République juive«. De Léon Blum à Pierre Mendès France, Paris 1988; weitere Angaben sind entnommen aus: Richard Millman, La question juive entre les deux guerres. Ligues de droite et antisémitisme en France, Paris 1992, 243–297.
58 G. Lambert, Allemagne, imprimerie Plaza, Oran 1938, 139.
59 Pierre Birnbaum, Hermaphrodisme et perversion sexuelle, in: Pierre Birnbaum, Un mythe politique: La »République juive«. De Léon Blum à Pierre Mendès France, Paris 1988, 196–236. Zahlreich waren auch die Artikel, in denen Blum verdächtigt wurde, in hohem Maße sexuell pervers zu sein. In den letzten Jahrzehnten des 19. und zu Beginn des 20. Jahrhunderts war der uralte Mythos des perversen Juden in antisemitischen Kreisen wieder zu hören. Man braucht sich hier nur an die Art zu erinnern, wie während der Affaire Dreyfus bekannte jüdische Frauen wie Sarah Bernhardt, Léonie Léon, Rachel, Marguerite Steinheil und andere von Drumont, Daudet und Gleichgesinnten als wollüstige Figuren dargestellt wurden, die von unersättlichen sexuellen Gelüsten getrieben würden. 1907 hatte Léon Blum ein Essay über *Du mariage* publiziert, von dem allein im ersten Jahr sieben Ausgaben erschienen und das 1947 die 152. Auflage erfuhr.
60 Joseph Bonservin, Y-a-t-il en France un réveil d'antisémitisme?, in: Etudes, CCXXII, 1935, 110.
61 Dem *Centre de documentation et de vigilance* (Bulletin 15, nr. 3) zufolge verbreitete das *Centre antisémitique de documentation et de propaganda* allein in diesen Jahren 1 800 000 antisemitische Traktate, 95 000 antisemitische Bücher und Broschüren und 525 000 Anschlagzettel.
62 Louis-Ferdinand Céline schrieb: »Ich würde gerne ein Bündnis mit Hitler eingehen, denn ich schätze Hitler 12mal höher ein als den allmächtigen Blum.«; Der Gedanke einer jüdischen Herrschaft über Europa und schließlich über die ganze Welt verfolgte ihn sein Leben lang: »Es ist in Europa nicht so, daß Neger-Juden unter uns leben, sondern daß wir alle uns ihrem Joch beugen.« (Céline, Bagatelles pour un massacre, Denoël, Paris 1937, 53, 250). Céline brachte nur zum Ausdruck, was in weiten Kreisen extrem nationalistischer Gruppierungen, die mit dem Nationalsozialismus liebäugelten, an Gedankengut vorhanden war.
63 Die hier folgenden Angaben entnehme ich aus: Pierre Birnbaum, La France aux Français. Histoire des haines nationalistes, Paris 1993, 260–266.
64 Adolphe Isaac Crémieux (1796–1880) war ein herausragender Advokat und Politiker. Als Advokat erwarb er sich als Verteidiger der Rechte der Juden einen ausgezeichneten Ruf. Als im Jahre 1840 die Damaskus-Affäre dem Antisemitismus in Europa Auftrieb gab, war er Mitglied einer Delegation unter Leitung von Moses Montefiori, die in den Nahen Osten reiste. In Damaskus gelang es ihm, die Freilassung der Juden zu erreichen. Er war mehrmals Justizminister, und als Präsident der *Alliance Israélite Universelle* machte er von all seiner juristischen und politischen Erfahrung Gebrauch, um verfolgten Juden in Ländern Osteuropas zu Hilfe zu kommen: Ab 1866 war er aktiv

an der Hilfestellung für marokkanische, rumänische und russische Juden beteiligt. 1866 reiste er nach St. Petersburg, wo er mit Erfolg für die Freilassung von Juden plädierte, die verdächtigt worden waren, in einen rituellen Mord in Saratow verwickelt gewesen zu sein. In weiterer Folge wurde er als Justizminister mit den Problemen der Juden in Algerien konfrontiert, denen 1871 die französische Staatsbürgerschaft verliehen wurde.

65 Michel Abitbol, From Crémieux to Pétain. Antisemitism in Colonial Algeria 1870–1940, Shazar, Jerusalem 1988.

Anmerkungen zu Teil 2 – Kapitel III
Der zweite polnische Madagaskar-Plan

1 Anton Reithinger, Das europäische Bevölkerungsproblem, in: Europäische Revue, 10, 1935, Heft 9.

2 Götz Aly/Susanne Heim, Vordenker der Vernichtung. Auschwitz und die deutschen Pläne für eine neue europäische Ordnung, Hamburg 1991, 69–125.

3 Institut d'Economie Sociale, La Structure Sociale des Campagnes Polonaises (=Questions agraires Nr.1), Warschau 1937 (Französische Zusammenfassung eines polnischen Vortrags); Hugh Seton-Watson, Osteuropa zwischen den Kriegen 1918–1941, Paderborn 1948; Georg Kagan, Agrarian Regime of Pre-War Poland, in: Journal of Central European Affairs, Nr.3, Oktober 1943; Edward Lipinski, Deflation als Mittel der Konjunkturpolitik in Polen, Jena 1936.

4 In Warschau 30,1 Prozent, in Lodz 33,5 Prozent, in Lwów 31,9 Prozent, in Krakau 25,8 Prozent, in Wilna 28,8 Prozent, in Tschenstochau 21,9 Prozent, in Lublin 34,7 Prozent und in Soszowiec 19,1 Prozent.

5 Pawel Korzec, Documents on the Jewish Problem in Poland on the Eve of World War II, in: Michael (Tel Aviv) 6, 1980, 115–148.
Zur Politik der polnischen Regierung (zwischen 1935 und 1939) in bezug auf die Deportation der dreieinhalb Millionen Juden in überseeische Gebiete (Palästina, Madagaskar, Britisch-Guayana, Rhodesien), siehe folgende Literatur: Emmanuel Melzer, Hadiplo atiyah Hapolanit Ube'ayat Hahagirah Ha-yehudit Ba-shanim 1935–1939, in: Gal-Ed, 1973, 211–249 (Englische Zusammenfassung: XVIII-XX); Taddeusz Jedruszczak, Pilsudezycy bez Pilsudskiego. Powstanie Obozu Zjednoczenia Narodowego w 1937, Warschau 1963, 140–144, 205–206; E. Szerer, Istota Emigracjonizmu, in: Nowie Zycie, Februar 1939; Jozef Haller, Pamientniki, London 1964.

6 YIVO archives, American Jewish Congress. Federation of Polish Jews in USA, Report vom 7. Februar 1936.

7 PRO FO 371/19964.

8 Wladsyslaw Pobog-Malinowski, Najanowsza historia polityczna Polski 1864–1945, 2. Auflage, London 1967, 806–821; Jan Borski, Sprawa zydowska a socjalizm, Warschau 1937; Materialy zrodlowe do historii polskiego ruchu ludowego 3, Warschau 1966, Dokument 92; Adam Tartakower, Emigracja zydowska z Polski, Warschau 1933; Adam Tartakower, Jewish Emigration from Poland in Post-War years, in: Jewish Social Service Quarterly, 14, 1940, 272–290; J.L. Zieminski, Problem emigracji zydowskiej, Warschau 1937; W. Ormicki, Warumki i mozliwosci emigracji zydowskiej, in: Sprawy Narodowosciowe, II, 1937, 200–280; M. J. Pollner, Emigracja i przewarstwowienie Zydow polskich, Warschau 1939; Edward D. Wynot jr., A Necessary Cruelty. The Emergence of Official Anti-Semitism in Poland 1916–1939, in: The American Historical Review, Vol. 76, Nr. 4, Oktober 1971, 1035–1058; Joel Cang, The Opposition Parties in Poland and their Attitude Towards the Jews and the Jewish Problem, in: Jewish Social Studies, Vol.1, 1939, 241–256.

9 PRO FO 371/19964.

10 PRO FO 371/19964.

11 P. Wasserman, Polityka Kolonialna Polski a Problem Emigracji Zydowskiej do Palstyny, in: Czas vom 26. Oktober 1936, 4; Mozliwosci Kolonialne Polski-Odezyt Profesora Hipolita Gliwicy, in: Czas vom 9. November 1936, 5; Przemowienie Ministra Becka, in: Czas vom 20. Dezember 1936.

12 PRO FO 371/19964.

13 Biuletyn Wszystkich Stronnictw vom 19. Dezember 1935, Nr.51/439.

14 Warszawski Dziennik Narodowy vom 14. März 1936.

15 Biuletyn Wszystkich Stronnictw, Januar 1937.

16 Zielony Sztandar, Januar 1937.

17 Die Position der OZN in der jüdischen Frage. Streng vertraulich: 1937, Archiv OZN, Teil 12; die *Thesen zur Jüdischen Frage* und der Kommentar von Miedzinski wurden nacheinander publiziert in: Gazeta Polska vom 22., 25., 26. und 27. Mai 1937, sowie vom 4., 9. und 12. Juni 1937; Thesen und Kommentar wurden von der OZN auch als Broschüre herausgegeben: Boguslaw Miedzinski, Uwagi w sprawie zydowskiej, Warschau 1938.

18 Felicjan Slwoj-Skladkowski, Nie estatnie

slowo oskarzonego, London 1964, 225; Jozef Beck, Final Report 1926–1939, New York 1975, 32.
19 Wladyslaw Studnicki, Sprawa polsko-zydowska, Wilna 1936, 88–90; W. Studnicki w swietle dokumentow Hitlerowskich II Wojny Swiatowej, in: Zeszyty Historyczne, Paris 1967, 3–4, 42; W swietle prasy, in: Chwila vom 3. August 1937.
20 Stanislaw Cat-Mackiewicz, in: Warszawski Dziennik Narodowy vom 24. April 1937.
21 Raphael Mahler, Jews in Public Service and the Liberal Professions in Poland 1918–1939, in: Jewish Social Studies, 6, 1944, 291–350.
22 Warszawski Dziennik Narodowy, Juni 1937; Yehuda Bauer, My Brother's Keeper. A History of the American Joint Distribution Committee, Philadelphia 1974, 193.
23 Sprawy Polityczne, Biuletyn nr.11/490 und nr.12/491, 210–212, 1. bis 10. Juni 1937.
24 J. M. Borski, Sprawa zydowska a socjalizm. Polemika z Bundem (Die jüdische Frage und der Sozialismus. Eine Polemik auf den Bund), 1937.
25 Sprawy Polityczne, Biuletyn Wszystkich Stronnictw Nr.28/507 und Nr.29/508 vom 21. Dezember 1937.
26 Sprawy Polityczne Eszystkich Stronnictw, Januar 1938.
27 Nasz Przeglond vom 23. Januar 1938.
28 Nasz Przeglond vom 9. Juni 1938.
29 Sprawy Polityczne, Biuletyn Wszystkich Stronnictw vom 20. Juni 1938.
30 Warszawski Dziennik Narodowy vom 25. Juni 1938.
31 P.A., Pol.Abt.V: Politik I, 234a, 11. Januar 1938.
32 P.A., Politik 36, Polen, Nr. 23.
33 Siehe: Teil 2 Kapitel V
34 P.A., Politik 36, Polen.
35 PRO FO 371/22540.
36 Kattowitzer Zeitung vom 11.12.1938.
37 P.A., Politik 36, Polen, P II 7a/12.38.
38 Abraham J. Edelheit/Herschel Edelheit, History of the Holocaust. A Handbook and Dictionary, Oxford 1994, 356.
39 ADAP, D 5, doc.119, 5. Januar 1939.
40 E. Szerer, Istota Emigracjonizmu, in: Nowie Zycie, Februar 1939.
41 P.A., Politik 36, Polen, P II 7a/1.39.
42 Emmanuel Melzer, Hadiplomatiyah Hapolanit Ube'ayat, Ha-hagirah Ha-yehudit Bashanim 1935–1939, in: Gal-Ed I, 1973, XIX-XX.
43 Kattowitzer Zeitung vom 4.4.1939.
44 W Mlynie Opinii, in: Nasz Prseglad vom 10. Mai 1939, 5.
45 Siehe: White Paper von 1939: Martin Gilbert, The Violation of the Pledge, in: Martin Gilbert, Exile and Return. The Emergence of Jewish Statehood, London 1978, 216–233.
46 PRO FO 371/24034.
47 P.A., Politik 36, Polen, Warschau 23.7.39.
48 Für die hier folgenden Angaben ziehe ich dankbar nachstehende Werke heran: Celia S. Heller, On the Edge of Destruction. Jews of Poland between the two World Wars, New York 1980; Yisrael Gutman (Ed.), The Jews of Poland between two World Wars, London 1989; Ronald Modras, The Catholic Church and Antisemitism. Poland 1933–1939, Harwood 1994.
49 Ronald Modras, Poland, Jews and the Catholic Church. History and Context, in: Ronald Modras, The Catholic Church and Antisemitism. Poland 1933–1939, Harwood 1994, 1–45.
50 Ronald Modras, The Soviet Union and Judeo-Communism, in: Ronald Modras, The Catholic Church and Antisemitism. Poland 1933–1939, Harwood 1994, 103–129; Ronald Modras, The Protocols in Poland, in: Ronald Modras, The Catholic Church and Antisemitism. Poland 1933–1939, Harwood 1994, 89–103; Ronald Modras, Liberalism. The Massonic-Jewish Alliance, in: Ronald Modras, The Catholic Church and Antisemitism. Poland 1933–1939, Harwood 1994, 45–89.
51 Ronald Modras, The Bishops of Poland, in: Ronald Modras, The Catholic Church and Antisemitism. Poland 1933–1939, Harwood 1994, 345–354.
52 Ronald Modras, Accusations against the Talmud, in: Ronald Modras, The Catholic Church and Antisemitism. Poland 1933–1939, Harwood 1994, 189–213. Einer der bekanntesten war Jozef Kruszynski. Er schrieb zahlreiche Artikel und Bücher über die »schändliche Lehre und Moral der Juden«. Sein bekanntestes Werk trägt den Titel *Der Talmudunterricht*. Bei dem 1925 erschienenen Werk handelt es sich um ein Kompendium von Rohlings *Der Talmudjude*. Stanislaw Treciak schrieb 1930 sein Evangelium des Hasses mit dem Titel *Anti und Pro der Verschwörung im weltpolitischen Programm der Juden*. Es ist dies eine polnische Version der Hetzschrift *Die Protokolle der Weisen von Zion*. In zahlreichen Tageszeitungen, Wochen- und Monatsmagazinen sowie in Pamphleten wurde von diesen Priestern rabiater Judenhaß verbreitet. Man ließ die scharfsinnige Widerlegung solcher Mythen, die der bedeutende polnische Orientalist Tadeusz Zaderecki in seinem Buch *Der Talmud im Gerede* 1936 publiziert hatte, links liegen.
53 Eugenia Prokop-Janiec/Hanna Volovici, The

»Jewish Question« in Polish Culture 1919–1939 (= Teil des Felix Posen Bibliographic Project), Oxford 1994. Es erschienen in jenem Zeitraum mindestens 150 Bücher zur Lösung der Judenproblematik in Polen. Ebenso erschienen -zig Periodika, welche antisemitische Artikel oder Artikel zur Judenfrage veröffentlichten. Zwischen 1921 und 1939 erschienen das Wochenmagazin *Mysl Narodowa* (Nationaler Gedanke) und das Monatsmagazin *Przeglad Judaistyczny* (Jüdische Zeitschrift), später unter dem Titel *Przelom* herausgegeben. Beide Periodika waren gegründet worden, um die Judenfrage auf hohem intellektuellen Niveau zur Sprache zu bringen. *Mysl Narodowa* war eine der wichtigsten Zeitschriften für die Leitfiguren der extremistisch-nationalistischen *Endek*-Partei, für die nichts so dringend war, wie die Lösung der Judenfrage auf dem Wege der Zwangsaussiedlung aller Juden aus Polen.

54 Ronald Modras, A Culture Catholic or else not Polish, in:
Ronald Modras, The Catholic Church and Antisemitism. Poland 1933–1939, Harwood 1994, 243–269.

55 Yad Vashem Archives 0–25/89.

56 Ronald Modras, Violence at the Universities and in the Streets, in: Ronald Modras, The Catholic Church and Antisemitism. Poland 1933–1939, Harwood 1994, 301–325.

57 Ronald Modras, The Catholic Church and Antisemitism. Poland 1933–1939, Harwood 1994, 269–301.

58 Ronald Modras, By Way of Contrast. The Polish Opponents of Antisemitism, in: Ronald Modras, The Catholic Church and Antisemitism. Poland 1933–1939, Harwood 1994, 359–395.

59 Sakowska, Archivum Ringelbluma, Dokument Nr. 62.

60 M. Wischnitzer, To Dwell in Safety, Philadelphia 1948, 247.

61 Siehe dazu: M. Mazor, La cité engloutie, in: Le monde juif, 5, 1950, Nr. 33.

62 Zitat in: Peter Michielsen, Het eeuwige Polen. Een biografie van de verandering, Amsterdam 1991, 124.

63 Peter Michielsen, Het eeuwige Polen. Een biografie van de verandering, Amsterdam 1991, 122.

Anmerkungen zu Teil 2 – Kapitel IV
Hitler und die »Entfernung der Juden«

1 Adolf Hitler, Mein Kampf, 1925, 740, 749.

2 E. Jäckel/A. Kuhn (Hg.), Adolf Hitler. Sämtliche Aufzeichnungen 1905–1924, DVA, Stuttgart 1980, Nr. 61, 89–90; Werner Maser, Hitlers Briefe und Notizen. Sein Weltbild in handschriftlichen Dokumenten, Düsseldorf 1988, 223–226.

3 So wie Koch den Tuberkulosebazillus entdeckt hatte, so glaubte Hitler, jene »pathogene Bakterie« gefunden zu haben, die die Rassen unheilbar erkranken ließ: »Die Entdeckung des jüdischen Virus ist eine der größten Revolutionen, die in der Welt unternommen worden sind. Der Kampf, den wir führen, ist von derselben Art wie im vergangenen Jahrhundert derjenige von Pasteur und Koch. Wie viele Krankheiten gehen auf den jüdischen Virus zurück!« (Ende Februar 1942).

4 Hier spricht P. Schultze-Naumburg.

5 Hans F. K. Günther, Mon témoignage sur Adolf Hitler, 1990, 104.

6 Eberhard Jäckel, Hitlers Weltanschauung. Entwurf einer Herrschaft. Erweiterte und überarbeitete Neuausgabe, Stuttgart 1991, 57: »Hitler erläuterte den von nun an immer wiederkehrenden Begriff der Entfernung nicht. Gemeint war zumindest die Auswanderung oder Ausweisung aus Deutschland.« Zu Unrecht fügt Jäckel dem unmittelbar hinzu: »Obwohl gerade wegen der undeutlichen Formulierung nicht ausgeschlossen werden kann, daß sogar schon an die Tötung gedacht war«.
J. Michman, Met voorbedachten rade. Ideologie en uitvoering van de Endlösung der Judenfrage, Amsterdam 1987, II, worin es zu Unrecht heißt: »Jäckel hat angemerkt, daß das Wort Entfernung auch physische Liquidierung bedeuten kann.« Aus dem Kontext, in dem Hitler diesen Ausdruck in jenen Jahren in zahlreichen Reden gebrauchte, wird mehr als einmal deutlich, daß er »nur« an Emigration oder Verbannung dachte.

7 Eberhard Jäckel, Hitlers Weltanschauung, 4. Auflage, Stuttgart 1991, 57–58.

8 Die Zitate aus Hitlers Reden sind enthalten in: E. Jäckel/A. Kuhn (Hg.), Adolf Hitler. Sämtliche Aufzeichnungen 1905–1924, DVA, Stuttgart 1980, 24. Juni 1920: 152, 3. Juli 1920: 156, 6. Juli 1920: 159, 7. August 1920: 176ff, und 13. August 1920: 184ff.

9 Petrus Venerabilis, Adversus Iudaeorum inveteratam duritiem, in: PL 507–650. Er schrieb diesen Traktat gegen die Juden, um »die bestialische Mißgeburt des Talmud aus dem Stall zu holen und auf die Bühne des Welttheaters zu stellen, damit alle in Gelächter ausbrechen!«. Der Talmud beinhaltet nach Meinung des Abts alle geheimen Pläne der Juden, um die Nicht-Juden ins Verderben zu stürzen. In diesem Werk stehe bereits das Motiv der jüdischen Verschwörung im Mittelpunkt. Der Talmud beraube die Juden ihres Verstandes. Da der Talmud teuflischen Ursprungs sei, seien die

Juden keine Menschen. Als weitere Folge der Missetaten, die sie früher begangen hätten, liege es in ihrer Art, ein solch teuflisches Produkt wie den Talmud hervorzubringen. Es würde ihnen von Gott nie vergeben werden, daß sie solches geschrieben hätten. Einerseits sei der Talmud die Ursache dafür, daß die Juden »minderwertiger als Tiere« seien, andererseits sei er ein Werkzeug in Gottes Hand, um sie für ihr fehlerhaftes Verhalten jetzt und in vergangenen Tagen zu bestrafen.

[10] PND, Nr. 409, DC 1477. Hitler schenkte dem, was Richard Wagner an seinem Sterbetag, dem 11. Februar 1883, in Venedig geschrieben hatte, enormen Glauben: »Die Vermischung des Blutes und das dadurch hervorgerufene Sinken des Rassenniveaus sind die alleinige Ursache für das Aussterben alter Zivilisationen; die Menschen gehen nämlich nicht an verlorenen Kriegen zugrunde, sondern am Verlust jener Widerstandsfähigkeit, die nur dem sauberen Blut eigen ist. Was auf dieser Welt von keiner guten Rasse abstammt, ist Spreu.« Deshalb würde der Spreu mit Hilfe der »Entfernung der Juden« vom Weizen getrennt werden müssen.

[11] Siehe vor allem: 1. Teil, Kapitel I.

[12] Kenneth R. Stow, The Expulsion of the Jews, in: Kenneth R. Stow, Alienated Minority. The Jews of Medieval Latin Europe, London 1992, 281–311; B. L. Abrahams, Expulsions of the Jews, in: JQR 7 (1984/95) 75–100, 236–258, 428–458; A. Marx, Expulsion of the Jews, in: JQR 20 (1907/08), 240–271; Hans Jansen, Europa zonder joden in de verbeelding van de antisemieten. Geschiedenis van de verbanning van de Joden, 1996.

[13] Die obengenannten Zitate sind enthalten in: E. Jäckel/A. Kuhn (Hg.), Adolf Hitler. Sämtliche Aufzeichnungen 1905–1924, DVA, Stuttgart 1980, 775, 778ff, 909, 931 und 965.

[14] Hitler. Reden, Schriften, Anordnungen. Februar 1925 bis Januar 1933, Band I: Die Wiedergründung der NSDAP, Band II: Vom Weimarer Parteitag bis zur Reichstagswahl, Teil 1: Juli 1926–Juli 1927, Teil 2: August 1927–Mai 1928, München 1992.

[15] Dietrich Eckart, Der Bolschewismus von Moses bis Lenin. Zwiegespräche zwischen Adolf Hitler und mir, Hoheneichen-Verlag, München 1923.

[16] Adolf Hitler, Mein Kampf, Erster Band, 1925, 357 (449, 630, 458).

[17] Adolf Hitler, Mein Kampf, 458.

[18] Philippe Burrin, Hitler und die Juden, Frankfurt 1993, 27–28.

[19] Hitler: »Der Arier und der Jude [...], wenn ich den einen als Menschen bezeichne, muß ich den anderen anders nennen« (Hermann Rauschning, Gespräche mit Hitler, New York 1940, 227).

[20] L. J. Hartog, Hoe ontstond de Jodenmoord? Hitler, Amerika en de Endlösung, Den Haag 1994. Darin heißt es auf Seite 25 zu Unrecht: »Der braune Messias schwang sich dazu auf, in diesem Kampf voranzuschreiten und gab Ziel und Mittel vor. [...] Indem er [in *Mein Kampf*] ausführte, worum es ging, brachte Hitler zugleich die einzig mögliche Lösung ins Spiel: Einen Massenmord, der aufgrund des Naturrechts als Notwehr legitimiert werden konnte.«

[21] Die folgenden Angaben sind von mir dankbar entnommen: Philippe Burrin, Hitler und die Juden, Frankfurt 1993, 30–37.

[22] L. J. Hartog, Hoe ontsond de jodenmoord? Hitler, Amerika en de Endlösung, Den Haag 1994, 75: »Es ist merkwürdig, wie wenig der Kernbegriff – die jüdische Geiselschaft – in der Geschichte beachtet worden ist [...] Das Hinwegsehen über das Geiselthema ist bemerkenswert, wenn man die Situation des Dritten Reiches mit Hitlers Wünschen und der Art, wie er Politik betrieb, vergleicht. Denn: Aufgrund der Kombination dreier Faktoren (dem Wunsch, ein europäischer Krieg möge nicht in einen Weltkrieg ausarten; dem Glauben an die beherrschende Rolle der Juden in der amerikanischen Politik; der Anwesenheit von Millionen Juden in Europa) drängte sich die Methode der Geiselnahme als Mittel zur politischen Erpressung geradezu auf.«

[23] H. A. Turner jr.(Ed.), Hitler. Memoirs of a Confidant, Yale-University Press, New Haven/London 1985, 186.

[24] Philippe Burrin, Hitler und die Juden, Frankfurt 1993, 31.

[25] Adolf Hitler, Mein Kampf, 199, 841.

[26] Christopher R. Browning, La décision concernant la solution finale, in: L'Allemagne nazie et le génocide juif, Paris 1985, 190–216 (hier: 194); »Il est certain que le passage fréquemment cité de *Mein Kampf*, où Hitler regrette que douze ou quinze mille Juifs n'aient pas été gazés pendant la guerre, a plus de sens dans le contexte de la légende du ›coup de poignard dans le dos‹ que comme prophétie ou allusion caché à la solution finale. Si l'on admet la prémédiation à long terme, la conséquence ›logique‹ de la thèse des Juifs traîtres de guerre aurait dû être le massacre ›préventif‹ des Juifs allemands avant l'offensive en Occident ou du moins avant l'attaque contre la Russie.«

[27] Zitat in: Philippe Burrin, Hitler und die Juden, Frankfurt 1993, 34.

[28] Philippe Burrin, Hitler und die Juden, Frankfurt 1993, 36.

Anmerkungen zu Teil 2 – Kapitel V
Die Vorgeschichte der Madagaskar-Pläne Deutschlands

[1] H. A. Turner jr .(Ed.), Hitler. Memoirs of a Confident, Yale University Press, New York/London 1985.
[2] Leon Pinsker, Autoemanzipation. Mahnruf an seine Stammesgenossen von einem russischen Juden, Brünn 1882, 15–16, 20–21.
[3] CZA (Central Zionist Archives, Jerusalem): Z4/3567–VII.
[4] PA Inland II A/B, Band I, 83–21.
[5] Selbstverständlich akzeptierte die ZVfD die anti-jüdische Gesetzgebung nicht. Sie versuchte, die Unterstützung Hitlers zur Auswanderung deutscher Juden nach Palästina sowie deren Schutz, solange sie noch nicht ausgereist waren, zu erreichen. Andererseits war es immer das Ziel der ZVfD gewesen, die Assimilations-Bestrebungen der deutschen Juden zu kompensieren. Sie wollte ihnen ein neues jüdisches Nationalbewußtsein vermitteln, um ihre Unterstützung für den Zionismus werben und sie dazu bewegen, selbst nach Palästina zu gehen (Francis R. Nicosia, The Third Reich and the Palestine Question, University of Texas Press, Austin 1985, 50–64).
[6] Jucho von Gerning/Johann Isaak von Gerning, Ansichten und Bemerkungen über die bürgerlichen Rechtsverhältnisse der Juden in der freyen Stadt Frankfurt am Main, 1816, 15; Schreiber, Die Judenschaft von Frankfurt und ihre Rechte, 1817, 6–7, 52; Weisen-Becker, Die Christen und die Juden oder Richterspruch der Vernunft über das Leben, Dichten und Trachten der Juden, Frankfurt 1819, 85.
[7] Nathan Michael Gelber, Zur Vorgeschichte des Zionismus. Judenstaatprojekte in den Jahren 1695–1845, Wien 1927; Jacob Toury, Emanzipation und Judenkolonien in der öffentlichen Meinung Deutschlands 1775–1819, in: Jahrbuch des Instituts für Deutsche Geschichte, XI, 1982, 17–53 (hier: 40, 45ff).
[8] Leon Pinsker, Autoemanzipation. Mahnruf an seine Stammesgenossen von einem russischen Juden, Brünn 1882.
[9] G.L. Mosse, Toward the Final Solution. A History of European Racism, New York 1978, 123–124.
[10] Francis R. Nicosia, The Third Reich and the Palestine Question, University of Texas Press, Austin 1985, 16–19.
[11] Theodor Herzl, The Jewish State. An Attempt of a Modern Solution of the Jewish Question, New York 1943, 95ff; Ernst Pawel, The Labyrinth of Exile. A Life of Theodor Herzl, New York 1989, 269.
[12] Siehe dazu auch folgende Werke: Paul Lawrence Rose, Revolutionary Antisemitism in Germany. From Kant to Wagner, Princeton University Press, New Jersey 1990, 120 (J. Fichte), 38 (Konstantin Frantz), 217–218 (H. Laube), 367 (R. Wagner), 259–260 (F. Ghillany), 286 (W. Marr), 20 (E. Dühring); Francis R. Nicosia, The Third Reich and the Palestine Question, University of Texas Press, Austin 1985, 16–21; Peter Pulzer, The Rise of Political Antisemitism in Germany and Austria. Revised Edition, London 1988 (passim); Jacob Katz, From Prejudice to Destruction. Antisemitism 1700–1933, 1980, 90, 122.
[13] Andere Autoren, die denselben Gedanken vertraten:
H. Laube, der schrieb, daß die Juden bereits mehr als 1000 Jahre als fremde östliche Nation in Deutschland gelebt hätten. Da, wie sich gezeigt hätte, zwischen Deutschen und Juden ein unüberbrückbarer Gegensatz bestünde, müßten die Juden nach Palästina (oder sonstwohin in der Welt) verbannt werden. Sollten sie sich dem widersetzen, würde es der deutschen Nation freistehen, sie zur totalen Assimilation zu zwingen.
Heinrich Class, Leiter des Alldeutschen Verbands, knüpfte die Lösung der Judenfrage an den Gedanken einer deutschen Expansion nach Osteuropa. Im Zusammenhang mit dem »Lebensraum«, den die Deutschen benötigten, präsentierte er einen Plan, um die Juden zur Gänze nach Palästina und die Polen und Russen nach Sibirien zu schicken.
Ludwig Woltmann, der um die Jahrhundertwende Direktor einer bekannten Anthropologen-Schule gewesen war, arbeitete die Prinzipien von Reinheit und Überlegenheit gewisser Rassen heraus. In diesem Zusammenhang unterstützte er die zionistische Zielsetzung der Gründung eines Jüdischen Nationalheimes in einem eigenen jüdischen Land.
Konstantin Frantz riet den Juden, nach Palästina zu emigrieren, bevor es zu spät wäre. Er war der Meinung, daß als Folge des stets wachsenden Einflusses der Juden in der deutschen Gesellschaft langsam, aber sicher ein solch unerträglicher Zustand entstehen würde, daß sich das Volk dagegen auflehnen würde. Er war überzeugt davon, daß Polizei und Militär die Juden dann nicht in Schutz nehmen würden.
Johannes Scherr vertrat die Meinung, daß die Juden ganz einfach in Palästina oder irgendwo an-

ders auf der Welt einen eigenen Staat gründen sollten. Der Pfarrer Adolf Stroecker schließlich, der mit seiner christlich-sozialen Bewegung stets am Rande des rassistischen Abgrunds balancierte, befürwortete immer wieder die Rückkehr der Juden nach Palästina.

[14] Zitat in: Willem du Gardijn, Ahasverus in Duitsland. Oosteuropese joden en modern antisemitisme 1881–1923. Utrechtse historische cahiers, jaargang 12, 1991, nr. 2, 44–45.

[15] Fichte: E. L. Schaub, J. G. Fichte and Antisemitism, in: The Philosophical Review, 49, 1940, 37–52; J. Levy, Fichte und die Juden, Berlin 1942; A. Low, Jews in the Eyes of the Germans. From the Enlightenment to Imperial Germany, Philadelphia 1979, 143–154; Eugen Dühring, Die Judenfrage als Frage der Rassenschädlichkeit für Existenz, Sitte und Kultur der Völker, 4.Druck, 127ff; Heinrich von Treitschke, Unsere Aussichten; Heinrich von Treitschke, Die jüdische Einwanderung in Deutschland; Heinrich von Treitschke, Die jüdische Einwanderung in Preußen, alle in: Preußische Jahrbücher, Jg.1879, 1881 und 1883; F. Ghillany, Die Judenfrage. Eine Beigabe zu Bruno Bauer's Abhandlung über diesen Gegenstand, Nürnberg 1843, 45–55; F. Ghillany, Das Judentum und die Kritik oder Es bleibt bei den Menschenopfern der Hebräer und bei der Notwendigkeit einer zeitgemässen Reform des Judenthums, Nürnberg 1844; Paul de Lagarde, Über die gegenwärtige Lage des Deutschen Reichs, in: Schriften, Vol.I, 137–141; Paul de Lagarde, Programm für die konservative Partei Preußens, in: Schriften, Vol.I, 422; Wilhelm Marr, Der Judenspiegel, 5. Auflage, Hamburg 1862, 36, 52; Cosima Wagner, Tagebücher, Band 3, 424 (11.10.1879); H. Laube, Dramatische Werke, 4, Leipzig 1847, 9–47; H. Class, Wider den Strom. Vom Wachsen und Werden der nationalen Opposition im alten Reich, Leipzig 1932, 131; Ludwig Woltmann, Politische Anthropologie, Leipzig 1903, 309, 288–289, 255, 294, 289, 293; Konstantin Frantz, Ahasverus oder die Judenfrage, 1944; Konstantin Frantz, Die Religion des Nationalliberalismus, 1872; Konstantin Frantz, Der Nationalliberalismus und die Judenherrschaft, 1875; Konstantin Frantz, Die Weltpolitik, Vol.III, 1876; Hans Engelmann, Kirche am Abgrund. Adolf Stoecker und seine anti-jüdische Bewegung. Studien zu jüdischem Volk und christlicher Gemeinde, Band 5, Berlin 1984 (passim); Houston Stewart Chamberlain, Die Grundlage des 19. Jahrhunderts, Berlin 1989 (passim); Egmont Zechlin, Die Deutsche Politik und die Juden im Ersten Weltkrieg, Göttingen 1969, 434–435; Donald Niewijk, Jews in Weimar Germany, Louisiana State University Press, 1980, 139–141.

[16] Francis R. Nicosia, The Third Reich and the Palestine Question, University of Texas Press, Austin 1985, 21–26 (Alfred Rosenberg, Zionism and the Conspiracy Theory), 26–29 (The Emergence of Hitler's Attitude toward Zionism).

[17] Reginald Phelps, Hitler als Parteiredner im Jahre 1920, in: Vierteljahreshefte für Zeitgeschichte, II, 1963, 305.

[18] Völkischer Beobachter vom 31. März und vom 27. Juni 1920. Text der Rede Julius Streichers vom 20. April 1926 in: BA NS/26–508.

[19] BA: R 58/544, 28 (7. April 1937).

[20] Hermann Graml, Die Auswanderung der Juden aus Deutschland zwischen 1933 und 1939, in: Gutachten des Instituts für Zeitgeschichte, Vol.I, 79–80; Die jüdische Emigration aus Deutschland 1933–1941. Die Geschichte einer Austreibung, Frankfurt am Main 1985 (passim).

[21] Zu diesem Thema erschien folgendes faszinierendes Buch: Yehuda Bauer, Jews for Sale? Nazi-Jewish Negotiations 1933–1945, London 1994.

[22] G. Krojanker, The Transfer. A Vital Question of the Zionist Movement, Tel Aviv 1936; W. Feilchenfeld/Dolf Michaelis/Ludwig Pinner, Haavara-Transfer nach Palästina und Einwanderung deutscher Juden 1933–1939, Tübingen 1972; Y. Gelber, Zionist Policy and the Transfer Agreement 1933–1935, in: Yalkut Moreshet, 17. Januar 1974, 97–152 und 18. November 1974, 23–100.

[23] Völkischer Beobachter vom 26.10.1933.

[24] Felix Kersten, The Kersten Memoirs, New York 1957, 162.

[25] Felix Kersten, The Kersten Memoirs, New York 1957.

[26] Robert Wistrich, Der antisemitische Wahn. Von Hitler bis zum Heiligen Krieg gegen Israel, München 1987, 289; Himmler File, T175 (408) 2932496–503: Lagebericht-Judenfrage, Mai/Juni 1934.

[27] Karl A. Schleunes, Emigration. Signpost to the Future, in: Karl A. Schleunes, The Twisted Road to Auschwitz. Nazi Policy Toward German Jews 1933–1939: With a new Bibliographical Essay by the author, 2.Auflage, Chicago 1990. 169–214; Hermann Graml, Die Auswanderung der Juden aus Deutschland zwischen 1933 und 1939, in: Gutachten des Instituts für Zeitgeschichte, München 1958, 79–85; Otto Prinz, The Role of the Gestapo in Obstructing and Promoting Jewish Emigration, in: Yad Vashem Studies, 2, 1958, 205–218; Werner Rosenstock, Exodus 1933–1939. A Sur-

vey of Jewish Emigration from Germany, in: Year Book 1 of Leo Baeck Institute, 1956, 339–358; Die jüdische Emigration aus Deutschland 1933–1941. Die Geschichte einer Austreibung. Eine Ausstellung der Deutschen Bibliothek Frankfurt am Main unter Mitwirkung des Leo Baeck Institute New York, Frankfurt am Main 1985; Herbert Strauss, Jewish emigration from Germany. Nazi politics and Jewish responses, I, II, in: Leo Baeck Institute. Year Book 25, New York 1980, 313–361 sowie Year Book 26, 1981, 343–409; Francis R. Nicosia, The Third Reich and the Palestine Question, University of Texas Press, Austin 1985, 150–159.

28 Während dieser Aktion wurde der »unsichtbare Volksfeind« sichtbar gemacht, denn der Gelbe Fleck erfüllte seinen Zweck: »Zur Kennzeichnung jüdischer Geschäfte müssen auf den Eingangstüren Plakate oder Schilder mit dem Gelben Fleck auf schwarzem Hintergrund angebracht werden.« Große sechszackige Davidsterne wurden auf Schaufenster und Hauswände geschmiert, in großen Buchstaben wurde das Wort »Jude« geschrieben.

29 Encyclopaedia Judaica, Vol. 4, Jerusalem 1976, 1144–1145: »B'nai B'rith is the world's oldest and largest Jewish service organization, with lodges and chapters in 45 countries. [...] B'nai B'rith was founded on october 13th 1843. [...] The founders chose B'nai B'rith (»Sons of the Covenant«) as the name of their new organization and the Menorah as its insignia. They formulated its aims in the following preamble to the B'nai B'rith constitution: B'nai B'rith has taken upon itself the mission of uniting persons of the Jewish faith in the work of promoting their highest interests and those of humanity; of developing and elevating the mental and moral character of the people of our faith; of inculcating the purest principles of philanthropy, honor and patriotism; alleviating the wants of the poor and neddy: visiting and attending the sick; coming to the rescue of victims of persecution; providing for, protecting and assisting the widow and orphan on the broadest principles of humanity.«

30 Catharine Nicault, La France et le sionisme 1897–1948. Une rencontre manquée?, Paris 1992, 163–167.

31 Ernst Pawel, The Labyrinth of Exile. A Life of Theodor Herzl, Toronto 1989, 416–417, 463, 477–479.

32 Ernst Pawel, The Labyrinth of Exile. A Life of Theodor Herzl, Toronto 1989, 478–480, 488, 493–495, 507, 513–517.

33 M. Weisgal, The Letters and Papers of Chaim Weizmann, 23 Bände, London/Jerusalem 1968–1985 (hier: XVI nr.135).

34 M. Weisgal, The Letters and Papers of Chaim Weizmann, 23 Bände, London/Jerusalem 1968–1985, 23. Mai 1934, XV nr.272 und 14. August 1934, XVI nr.24.

35 Catharine Nicault, La France et le sionisme 1897–1948. Une rencontre manquée?, Paris 1992, 167.

36 Schumacher Archiv, Folder 240 I, BDC.

37 H. Heydrich, Der unsichtbare Feind, in: Das Schwarze Korps vom 15. Mai 1935.

38 BA NS 2/143.

39 Yehuda Bauer, Jews for Sale? Nazi-Jewish Negotiations 1933–1945, London 1994, 23–24.

40 Encyclopaedia Judaica, Vol.2, Jerusalem 1976, 827–828: »American Jewish Joint Distribution Committee (popularly known as the JDC and the »Joint«), organization founded on november 27th 1914 as the Joint Distribution Committee of American Funds for the Relief of Jewish War Suffers, under the chairmanship of Felix M. Warburg. Alarmed by the sufferings of Jews in wartime, a group of wealthy Jews of German-Jewish background, led by Jacob H. Schiff, Louis Marshall and Warburg, established the American Jewish Relief Committee on october 24th 1914. Together with the Central Relief Committee, founded at the same time by Orthodox leaders, the JDC was formed to distribute the funds collected by the two bodies. [...] In 1933–39 emigration from Europe was partly dealt with the JDC which also subventioned HICEM, and the JDC-office in Paris became the center of non-political action to help German Jewry in emigration, vocational training and relief. No dollars were sent into Germany or, later, German-occupied countries. Instead emigrants paid local currency to Jewish communal organizations and were assisted with dollars by the JDC after their emigration.«

41 CZA S35/9755, Folder 2.

42 Yehuda Bauer, My Brother's Keeper, Philadelphia 1974, 153ff; Yehuda Bauer, Jewish Reactions to the Holocaust, Tel Aviv 1989, 37–38; Yehuda Bauer, Jews for Sale? Nazi-Jewish Negotiations 1933–1945, London 1994, 24. Max Warburg richtete auch die Allgemeine Treuhandstelle für Jüdische Auswanderung (Altreu) ein. Darüber sagt Bauer: »This office arranged for capital transfers to countries other than Palestine, but on conditions that were much worse than Ha'avarah.«

43 *The Christian Century* veröffentlichte am 15. Januar 1936 den Text des Entlassungsgesuches und den Bericht samt allen Beilagen.

44 Immigration von deutschstämmigen Juden in

die Vereinigten Staaten (=Titel eines diplomatischen Akts, vorhanden in den *National Archives Washington*) Aktenkennzahl 150.626/J1744.

45 Arthur D. Morse, Terwijl de zes miljoen stierven. Met een voorwoord van Prof.Dr. J. Presser, Ede 1968, 185.

46 Arthur D. Morse, Terwijl de zes miljoen stierven. Met een voorwoord van Prof.Dr. J. Presser, Ede 1968, 187.

47 Encyclopaedia Judaica, Vol. 6, Jerusalem 1976, 360–361: »In 1935 the Comité pour l'étude de l'Industrie de l'Immigration dans la République de l'Equateur was established in Paris by the territorialist organization, the Freeland League of Jewish Colonization, with the purpose of creating a settlement program in Ecuador. An agreement was reached with the Ecuadorian government to transfer 500 000 acres of land to the Committee's jurisdiction for a period of 30 years to be settled by immigrants regardless of race, religion, or nationality [...] The president signed the agreement several months later on the condition that a detailed program be presented by may 1937 and that if the Committee could not manage to invest $ 8000 and settle at least 1000 families, the agreement would be abrogated. In the following year, two experts visited Ecuador to investigate the possibilities of settlement. Their findings were that such settlement was feasible and would not exceed an output of $ 360–465 on each family. These findings, however, proved unacceptable to Jewish organizations such as HICEM, which claimed that the land under consideration was too far from population centers and that the climate was too severe. The result of thes objections was the total abandonment of the project.« Siehe weiters: Arthur Prinz, The Role of the Gestapo in Obstructing and Promoting Jewish Emigration, in: Yad Vashem Studies, 2, 1958, 205–218 (209).

48 Encyclopaedia Judaica, Vol. 10, Jerusalem 1976, 26: »Jewish Agency: international, non government body, centered in Jerusalem, which is the executive and representative of the World Zionist Organization, whose aims are to assist and encourage Jews throughout the world to help in the development and settlement of Erez Israel.«

49 M. Rinot, Die Deutsch-Jüdische Hilfsorganisation. Ihr Entstehen und ihr Kampf, Jerusalem 1972 (auf Hebräisch).

50 BA: R 18/5514, 199–211.

51 Encyclopaedia of the Holocaust, Vol. 4, London 1990, 1338: »It was only in 1935 that the Jewish Section of the SD (Referat II/112) adopted a basic policy and its own independent modus operandi. The concept that the Jews, by their very nature, were enemies of the state and of the Nazi regime determined the SD's goal and methods. [...] From december 1936 the SD kept the Jewish organizations and institutions under its surveillance and supervision in order to harras the Jews and exert pressure on them to leave Germany.«

52 BA: R/58–956, Aufzeichnung des SD (II/112) zum Judenproblem, Januar 1937, 2–24; Microfilmed Records of the Reichs Leader of the SS and chief of the German Police, National Archives Washington, Himmler File, T175 (508), 9374076.

53 Karl A. Schleunes, The Twisted Road to Auschwitz. Nazi Policy Toward German Jews 1933–1939, Chicago 1990, 201–205; Hans Safrian, Die Eichmannmänner, Zürich 1993, 23–68.

54 1933 waren 37 000, 1934 23 000 und 1935 21 000 Juden ausgewandert, dies bei einer Gesamtanzahl von 500 000 Juden (was 0, 76 Prozent einer Gesamtbevölkerung von 66 Millionen entspricht). Siehe dazu: Karl A. Schleunes, The Twisted Road to Auschwitz. Nazi Policy Toward German Jews 1933–1939, Chicago 1990, 185–195.

55 Great Britain, Commission Report, Cmd. 5479.

56 Chaim Weizmann, Memoiren. Das Werden des Staates Israel, 1953, 617.

57 M. A. E. Levant, Palestine, 67, bulletins de l'agence télégraphique Juive, 17 et 23 janvier 1937.

58 BA: R/18–5514.

59 Die Angaben zur Rezeption des Aufteilungsplans der *Peel*-Kommission entnehme ich dankbar folgendem Werk, das eine detaillierte Übersicht bietet: Francis R. Nicosia, The Peel Partition Plan and the Question of a Jewish State, in: Francis R. Nicosia, The Third Reich and the Palestine Question, University of Texas Press, Austin 1985, 109–140.

60 Himmler File T175 (411), 2936193.

61 Himmler File T175 (140), 2934828.4.

62 Himmler File T175 (411), 2936189–94.

63 PA Inland II A/B, 83–21a, Band 1a.

64 PA Inland II A/B, 83–21a, Band 1a.

65 In den offiziellen Dokumenten der SS und der Ministerien, in denen es um die Aussiedlungspolitik zwischen 1933 und 1938 geht, stößt man immer wieder auf die Begriffe »Zerstreuung« (oder »Zersplitterung«) und »Konzentration«. Allgemein kann gesagt werden, daß man in Kreisen der SS die Judenfrage durch Aussiedlung in ein überseeisches Land lösen wollte (= »Konzentration«). Demgegenüber hatte man in Regierungskreisen (vor allem im Außenministerium) eine Präferenz für die Verteilung der Juden über soviele Länder wie nur möglich, um eine Verschwörung gegen Deutschland unmöglich zu machen (= »Zerstreu-

ung«). Während die deutsche Regierung erst im Laufe der Jahre zähneknirschend die Politik der »Konzentration« von der SS übernommen hatte, entschied sich Hitler von Beginn an für diese Variante (Die jüdische Emigration aus Deutschland 1933–1941. Die Geschichte einer Austreibung. Eine Ausstellung der Deutschen Bibliothek Frankfurt am Main unter Mitwirkung des Leo Baeck Instituts New York, Frankfurt am Main 1985).

66 Encyclopaedia of the Holocaust, Vol. 4, London 1990, 1643: »Ernst von Weizsäcker: German Foreign Office official. [...] While he abhorred Nazi demagogy and extremism, fearing that the Nazis would lead Germany to war and defeat, Weizsäcker nevertheless became state secretary of the Foreign Office under Joachim von Ribbentrop in 1938. [...] His involvement in Nazi Jewish policy was scarcely less ambivalent.«

67 ADAP D, V, Nr. 561.

68 ADAP D, V, Nr. 564.

69 Artikel in: Völkischer Beobachter vom Juli/August 1937; siehe auch: PRO FO 371/21884–E 6725.

70 PA Pol. VII, Politik 2, Palästina, Band I.

71 Hildegart von Kotze (Hg.), Heeresadjutant bei Hitler 1938–1943. Aufzeichnungen des Majors Engel, Stuttgart 1974, 65.

72 Francis R. Nicosia, The Third Reich and the Palestine Question, University of Texas Press, Austin 1985, 265, Anmerkung 107: Brief Engels an Nicosia vom 18. Mai 1976.

73 IfZ (Institut für Zeitgeschichte, München), F71/4–9.

74 Himmler File T175 (411), 2936104–08.

75 ADAP D, V, Nr. 579.

76 PA Pol. VII, Politik 2, Palästina Band I.

77 PA Inland II A/B, 83–24a, Band 1.

78 Ernst Marcus, The German Foreign Office and the Palestine Question in the Period 1933–1939, in: Yad Vashem Studies, 2, 1958, 193.

79 Transcript of the Trial in the Case of the Attorney General of the Government of Israel vs. Adolf, the Son of Karl Adolf Eichmann, in the District Court of Jerusalem. Criminal Case 40/61, card 16, 15th session 15, april 25th 1961.

80 Die Tagebücher von Joseph Goebbels, K.G. Sauer, München 1987, I/3, 351.

81 Himmler File T175 (280), 2774476–77.

82 Aus den Protokollen des Eichmann-Prozesses geht hervor, daß Heydrich am 5. März 1938 Eichmann diesen Befehl gegeben hatte. Documents of the Eichmann Trial, T III.

83 BA: R/58 979, G II-113/47, Hagen an II/112, 3. und 5. März 1938.

84 Eichmann Trial, card 105, session 91, july 11th 1961.

85 CDJC, XXXVII, 28.

86 BA: R58/486, 6.

87 Himmler File T175 (411), 2935760–63.

88 BA: R 58/486, 6.

89 BA: R 58/486, 26; Am 13. Mai 1939 schrieb der *Völkische Beobachter*, daß es die Zentralstelle für Jüdische Auswanderung in Wien zustande gebracht hätte, binnen 10 Monaten 99 672 österreichische Juden zum Verlassen des Landes zu zwingen.

90 Joseph Goebbels, Tagebücher, Band 3, 1935–1939, München 1992, 1218, 1227.

91 Stefan Zweig, Die Welt von gestern, Suhrkamp, Frankfurt am Main 1947, 490–491.

Anmerkungen zu Teil 2 – Kapitel VI
Evian les Bains

1 H. L. Feingold, The Politics of Rescue. The Roosevelt Administration and the Holocaust 1938–1945, New Brunswick/N. J. 1970; S. Z. Katz, Public Opinion in Western Europe and the Evian Conference of July 1938, in: Yad Vashem Studies, 9, 1973, 105–132; M. R. Marrus, The Unwanted, New York 1985; J. B. Stein, Great Britain and the Evian Conference of 1938, in: Wiener Library Bulletin, 29/1, 1976, 40–52; D. S. Wyman, Paper Walls. America and the Refugee Crisis, Amherst/Mass. 1978.

2 Arthur D. Morse, Terwijl de zes miljoen stierven. Met een voorwoord van Prof. Dr. J. Presser, Ede 1968, 199.

3 Proceedings of the Intergovernmental Committee, Verbatim Record, London 1938; S. Adler-Rudel, The Evian Conference, in: Year Book XIII, Leo Baeck Institute, London 1968, 235–273.

4 Mary Leenders, Ongenode gasten. Van traditioneel asielrecht naar immigratiebeleid 1815–1938, Utrecht 1993, 244–246.

5 Anthony Read/David Fisher, Kristallnacht. Unleashing the Holocaust, London 1989, 231.

6 Yehuda Bauer, Jews for Sale? Nazi-Jewish Negotiations 1933–1945, London 1994, 32.

7 New York Times vom 7. Juli 1938; Daily Express, London, vom 12. Juli 1938.

8 H. Genschel, Die Verdrängung der Juden aus der Wirtschaft im Dritten Reich, Göttingen 1966, 169–170, Anmerkungen 139, 141.

9 Die Tagebücher von Joseph Goebbels I/3, K. G. Saur, München 1987, 490.

10 Hildegard von Kotze (Hg.), Heeresadjutant bei Hitler 1938–1944. Aufzeichnungen des Majors Engel, Stuttgart 1974, 31–32.

11 Fragment aus: Karl Wilhelm, Zehn Jahre Kammerdienst bei Hitler, Hamburg [o.J.], 367.
12 Jedrzejewicz, Diplomat in Berlin 1933–1939. Papers and Memoirs of Josef Lipski, Ambassador of Poland, New York 1968, Doc.Nr.99, 411.
13 Michael R. Marrus/Rober O. Paxton, Vichy et les Juifs, Paris 1981, 97.
14 Joshua Starr, Italy's Antisemites, in: Jewish Social Studies Vol.1, 1939, 117.
15 Philippe Burrin, Hitler und die Juden, Frankfurt 1993, 59.
16 Arthur D. Morse, Terwijl de zes miljoen stierven. Met een voorwoord van Prof.Dr. J. Presser, Ede 1968, 217–218.
17 Arthur D. Morse, Terwijl de zes miljoen stierven. Met een voorwoord van Prof.Dr. J. Presser, Ede 1968, 221.
18 IMT, Vol.28, 1816–PS, 538–539.
19 Yehuda Bauer, Jews for Sale? Nazi-Jewish Negotiations 1933–1945, London 1994, 37.
20 Leon Poliakov/Josef Wulf, Das Dritte Reich und die Juden. Dokumente und Aufsätze, Berlin 1955, 75–80.
21 Yehuda Bauer, Jews for Sale? Nazi-Jewish Negotiations 1933–1945, London 1994, 31.
22 Anthony Read/David Fisher, Kristallnacht. Unleashing the Holocaust, London 1989, 233–253 (»The world chose not to look.«).
23 Giornale d'Italia vom 22. November 1938.
24 Eliahu Ben Elissar, La Diplomatie du IIIme Reich et les Juifs 1933–1939, Julliard, Paris 1968, 411ff.
25 Arthur D. Morse, Terwijl de zes miljoen stierven. Met een voorwoord van Prof. Dr. J. Presser, Ede 1968, 229.
26 J. Lvavi, Ha-Hityashevet ha-Yehudit be-Birobidzhan, Jerusalem 1965; J. Emiot, Der Birobidzhaner Inyen, 1960: Nach dem Zweiten Weltkrieg wurde Biro-Bidschan ein zweites Mal mit einem erheblichen Zustrom von Juden aus der Sowjetunion konfrontiert, die glaubten, in dieser autonomen Provinz der Verfolgung durch Stalin entkommen zu können. Der Aufbau eines autonomen jüdischen Lebens mit der dazugehörenden Kultur wurde von Stalins »Säuberungswellen« sowohl in den Jahren 1936/1937 als auch 1948/1949 brutal unterbrochen. Stalins Antisemitismus war der schwerwiegendste Grund für das letztendliche Scheitern dieses Experiments.
27 Hierzu muß man anmerken, daß die Vereinigten Staaten von Amerika zwischen 1933 und dem 1. Juli 1938 nur 27 000 Juden aus Deutschland aufgenommen hatten (Nora Levin, The Holocaust. The Destruction of European Jewry 1933–1945, New York 1978, 126).
28 Mary Leenders, Ongenode gasten. Van traditioneel asielrecht naar immigratiebeleid 1815–1938, Utrecht 1993, 245–246.
29 Inland II A/B, 83–24 Bd I, Der Chef der Sicherheitspolizei/Berlin, Heydrich, an AA/Berlin, Schnellbrief S-VI Nr.703/38–151–V.A.W. 83–24 B 15/11, 15. November 1938.
30 Fragment aus: Staatsanwaltschaft Nürnberg-Fürth, AZ: 3 C JS 1321–24/49, Anklageschrift gegen Franz Rademacher und Dr. Karl Klingelfuss, 1949.
31 Artikel in: Das Schwarze Korps, 4, 1938, 46, 17. November, I: Bemerkenswert ist, daß Hitlers Worte in diesem Artikel anders wiedergegeben werden, als sie dieser laut den Sitzungsprotokollen vom 12. November 1938 in der Besprechung mit den führenden Köpfen des Dritten Reiches formuliert haben soll.
32 Uwe Dietrich Adam, Judenpolitik im Dritten Reich, Düsseldorf 1972, 217.
33 Volk en Vaderland vom 18. und 25. November 1938; Mussert, Note vom 4. Dezember 1940 an Generalkommissar Schmidt; Fünf Noten Musserts an Hitler, siehe: L. de Jong, Het Koninkrijk der Nederlanden in de Tweede Wereldoorlog, Kapitel I: Voorspel, Den Haag 1969, 538–539.
34 David Barnouw, Rost van Toningen. Fout tot het bittere einde, Amsterdam 1994, 55.
35 Archives of the World Council of Churches, Genf.
36 Juden, was nun?, in: Das Schwarze Korps, 4, 1938, 47, 24. November, 1–2.
37 ADAP D, IV, Nr.268, 287ff: Von Dirksen an AA vom 15.11.1938; D. C. Watt, South African Attempts to Mediate between Britain and Germany 1935–1938, in: Studies in International History, London 1967, 402–440.
38 Mein Dank gilt insbesondere dem Personal der *South African Library* in Kapstadt für die Kopien aus folgenden Medien, in denen Oswald Pirow zu diesem Thema publizierte: Die Vaderland vom 8. März 1941, 1. Juni 1942, 12. und 14. Dezember 1942; New Letter vom 2.Mai 1945; Die Nieuwe Orde vom 4. Oktober 1945, sowie 16. Januar, 21. Februar, 12. September, 4. und 18. Oktober, 13. Dezember 1946; The Star vom 12. März 1943; Dagbreek en Sondagnuus vom 22. Februar 1948; The Natal Mercury vom 13. April 1948; Rand Daily Mail vom 13. Dezember 1947, sowie 15. und 30. April 1948; The Friend vom 23. März 1940.
39 O. Pirow, Die joodse vraagstuk, in: Die Nieuwe Orde. Weekblad waarbij ingelyf is advokaat Pirow se Nuusbrief, J. 1, 4. Oktober 1945, Nr. 1, 2.

40 In dessen Theaterstück *Der Kaufmann von Venedig* repräsentiert Shylock den »typischen« Juden. Shakespeare hätte ein für allemal auf brillante Weise deutlich gemacht, daß die Gegensätze zwischen der christlichen und der jüdischen Kultur, zwischen denen sich ein tiefer Graben auftue, unüberbückbar wären. In Shakespeares Stück bringen alle Figuren (Christen) ihre Abscheu über Shylock (den Juden) zum Ausdruck. Eine ganze Weltgeschichte sei in dieser Symbolik enthalten: Shylock ist grausam und habgierig, er denkt nur in den Kategorien von Geld und Gütern, er unterscheidet sich in absolut allem von seiner Umgebung. Die anderen sind der Ansicht, daß sie das Recht hätten, ihn zu verspotten und zu verteufeln. Sämtliche Christen, die in diesem Stück auftreten, spucken Gift und Galle auf den Juden. Solanio, ein Freund des Kaufmanns Antonio, bezeichnet ihn als den »gnadenlosesten Hund, der jemals unter Menschen lebte«, und der Doge von Venedig charakterisiert ihn als einen »hartherzigen Feind, ein Unmensch, für Mitleid unzugänglich, mit einer Herzenskälte ohne einen Funken Erbarmen«. Der Kaufmann Antonio sagt über ihn: »Eher könnte man das Härteste wagen, als zu versuchen, sein jüdisches Herz – was gibt es Härteres? – zur Milde zu bewegen.« Und Gratiano, ein anderer Freund Antonios, nennt ihn einen »barbarischen Juden«, da »kein Metall, ja nicht einmal ein Henkersbeil, so scharf geschliffen ist wie die Klinge seines Herzens«. Weiters bemerkt er noch, daß im Schoß seiner Mutter der verschlagene Charakter eines Wolfes von ihm Besitz ergriffen hätte, »denn seine Begierden sind die eines Wolfes, blutrünstig, hungrig und raubgierig«.

41 Hans Jansen, Diagnose van racisme en antisemitisme in Europa, Sdu, Den Haag 1994, 144–145.

42 Die Apartheidpolitik war ein Versuch, den verschiedenen Bevölkerungsgruppen in der Union von Südafrika jeweils einen eigenen Platz in der Gesellschaft zuzuweisen. Dies sollte sich auf politischer Ebene ebenso auswirken wie auf sozialem, wirtschaftlichem, kulturellem und – sofern möglich – auch auf geographischem Gebiet. Da das Land groß genug war, könnten die verschiedenen ethnischen Gruppen ihre Zentren weit entfernt voneinander aufbauen. Wenn sich dann jede Gruppierung ein eigenes Verwaltungssystem, eigene Produktionsmechanismen und dergleichen schaffen könnte, wäre die Apartheid eine zwar teure, aber immerhin aussichtsreiche Methode, um Streitigkeiten zwischen den Vertretern völlig verschiedener Kulturen vorzubeugen. Innerhalb der Union lebten damals 14,5 Millionen Menschen. Von diesen waren fast drei Millionen Weiße, neuneinhalb Millionen Bantus, mehr als eine Million sogenannte Farbige und fast eine halbe Million Asiaten (vor allem Inder). Die Unions-Regierung wollte die Bantus, die sich in den Städten oder in den für die Weißen vorgesehenen Agrarregionen niedergelassen hatten, in ein eigens ihnen zugewiesenes Territorium verbannen.

43 O.Pirow, Die Duitsers se Beskawingspeil, in: Dagbreek en Sondagnuus vom 22. Februar 1948, 18.

44 Auf der Konferenz in München, die am 28. und 29. September 1938 stattfand, waren Großbritannien (Neville Chamberlain), Frankreich (Edouard Daladier) und Italien (Benito Mussolini) damit einverstanden, daß Deutschland (Hitler) bestimmte Teile der Tschechoslowakei annektieren würde. Sie dachten, daß dies der Preis für den Frieden wäre, beschleunigten damit aber nur den Ausbruch des Zweiten Weltkrieges (T. Taylor, Munich. The Price of Peace, London 1979; J.W. Wheeler-Bennett, Munich. Prologue to Tragedy, New York 1948).

45 Pirow, Ek loop 'n Potjie met die Führer, in: Dagbreek en Sondagnuus vom 7. März 1947.

46 Yehuda Bauer, Jews for Sale? Nazi-Jewish Negotiations 1933–1945, London 1994, 32–33.

47 FRUS, 1938, I, 824.

48 PRO FO 371/22538, W 15727/104/98.

Anmerkungen zu Teil 2 – Kapitel VII
Der Madagaskar-Plan von Hjalmar Schacht

1 Hjalmar H. G. Schacht, My First Seventy-Six Years. The Autobiography of Hjalmar Schacht, London 1995.

2 Rolf Vogel, Ein Stempel hat gefehlt. Dokumente zur Emigration deutscher Juden, München 1977, Dokument 58, 208.

3 Abraham Barkai, Hjalmar Schacht, in: Encyclopedia of the Holocaust, Vol.4, London 1990, 1329–1330: »All in all, Schacht's statements and memorandums on the persecution of the Jews are evidence that the persecution and the anti-Jewish policy as a whole did not mean enough to him to impel him to an open confrontation with Hitler or other top Nazi Leaders. The boycott of Jewish business and the elimination of Jews from German economy proceeded throughout the time that Schacht was in office, and there is no record of any important issue on which he gave support to the Jews, even in matters that were under his direct authority.«

4 DGFP V, 911–912.

5 CAB 23/96.

[6] Für sein großdimensioniertes Aussiedlungsprojekt, das er mit Hitler und Göring bespach, hatte Schacht höchstwahrscheinlich eine Anleihe beim nicht minder großangelegten Auswanderungsplan Max Warburgs gemacht, den dieser im Dezember 1935 von jüdischen Spitzen in England hatte ausarbeiten lassen und in weiterer Folge mit Kollegen in den Vereinigten Staaten besprochen hatte. Wie bereits dargelegt wurde, unterhielt Warburg zu Schacht gute Kontakte. Es ist offensichtlich, daß Warburg mit Schacht über seinen Emigrationsplan gesprochen hat. Jedenfalls sind – bei allen Unterschieden – gewisse Übereinstimmungen festzustellen.

[7] Abraham Barkai, The Nazi Economy. Ideology, Theory, Policy, Tel Aviv 1986; A. Simpson, Hjalmar Schacht in Perspective, Den Haag 1969.

[8] Es ist interessant, daß Schacht in dem Interview den Eindruck zu erwecken versuchte, er wäre seinerzeit nicht im geringsten davon unterrichtet gewesen, daß Hitler und seine Leute untereinander und sogar schon mit ausländischen Regierungschefs über den Madagaskar-Plan gesprochen hätten. Fast fünfzig Jahre später sagte er dazu, daß er damals nur die starke Vermutung gehabt hätte, daß solche Besprechungen stattgefunden hätten. In diesem Punkt wurde Schacht 1970 von seinem Gedächtnis ganz gehörig im Stich gelassen.

[9] Am 7. Juli 1938 hatte auch Schacht selbst unter anderem Madagaskar als zukünftiges Bestimmungsland für die Juden aus Deutschland genannt. Dies geht aus einem Brief hervor, den er an Frick schrieb und der in Kopie an alle Minister, Staatssekretäre und führenden Köpfe der SS erging.

[10] Die Delegation setzte sich zusammen aus: Viscount Samuel, Viscount Bearsted, Mr. Robert Cohen, Mr. Simon Marks und Mr. Neville Laski. An den Besprechungen nahmen auch teil: D. P. Reilly vom Außenministerium und H. E. Brooks, ein Assistent Lord Wintertons.

[11] PRO FO 371/22539, W 16410/104/98.

[12] PRO FO 371/22540, W 16641/104/98.

[13] Deterding wurde im Jahre 1900 Direktor der *Koninklijke Nederlandse Petroleum Maatschappij*, zwei Jahre später deren Generaldirektor. Er war auch der Gründer der *Asiatic Petroleum Co.* 1907 gelang ihm die Vereinigung der *Koninklijke Nederlandes Petroleum Maatschappij* mit der *Shell Tansport and Trading Co.* Unter Deterdings Führung wuchs das Unternehmen zu einem der größten Weltkonzerne, der *Standard Oil* ebenbürtig.
Deterding war seit 1919 *Knight of the British Empire* mit dem Titel eines *Sir*. Die Universität von Delft verlieh ihm 1929 ein Ehrendoktorat. Literatur zu diesem Thema: C. Gerretson, Geschiedenis der Koninklijke, 1. und 2. Band, Utrecht 1939/1942; Sir Henri Deterding. An International Oilman. As told to Stanley Naylor, London 1934; Glyn Roberts, The most powerful man in the world. The Life of Sir Henri Deterding, New York 1938.

[14] Die Biographie über Deterding erscheint bei Sdu in Den Haag.

[15] Bezüglich Deterdings Einstellung zu den Juden sei verwiesen auf: Dr. L. de Jong, Het Koninkrijk der Nederlanden in de Tweede Wereldoorlog. Teil 1. Voorspel, Den Haag 1969, 392–401.

[16] Rolf Vogel, Ein Stempel hat gefehlt. Dokumente zur Emigration deutscher Juden, München 1977, Dokument 58, 209–210.

[17] DGFP III, 675–677.

[18] PRO FO 371/22541, W 16931/104/98.

[19] PRO FO 371/22541, W 16832/104/98.

[20] CAB 23/96.

[21] Joh. Mendelsohn (Ed.), The Holocaust. Documents, Garland Press, New York 1982 (hier: Vol.6, Jewish Emigration 1938–1940. Rublee Negotiations and the Intergovernmental Committee.) Mein Dank gilt Aleid Mooi von der *Koninklijke Bibliotheek* (Fernleihe), der besonders viel Mühe darauf verwendet hat, dieses Buch zu beschaffen.

[22] Joh. Mendelsohn (Ed.), The Holocaust. Documents, Garland Press, New York 1982, Vol.6, Jewish Emigration 1938–1940. Rublee Negotiations and the Intergovernmental Committee, 18.

[23] J. Michman, Met voorbedachten rade. Ideologie en uitvoering van de Endlösung der Judenfrage, Amsterdam 1987, 35: »Anläßlich der Verhandlungen über den *Schacht-Rublee*-Plan, die Schacht in London führte, brachte er auch den Madagaskar-Plan zur Sprache.«

[24] Zum Madagaskar-Plan Schachts: Rolf Vogel, Ein Stempel hat gefehlt. Dokumente zur Emigration deutscher Juden, München 1977, Dokument 58: »Die Idee war, die Juden möglichst friedlich aus Deutschland abzuschieben.«

[25] E. Ben-Elissar, La Diplomatie du IIIme Reich et les Juifs 1933–1939, Paris 1969, 378–399.

[26] Am 21. Dezember 1938 sagte Präsident Roosevelt, Schachts Plan verlange von der Welt, »to pay a ransom for the release of hostages in Germany and barter human misery for increased exports«. (Henry L. Feingold, The Politics of Rescue, New Brunswick 1970, 52).

[27] Henry Picker, Hitlers Tischgespräche, 340–341.

Anmerkungen zu Teil 2 – Kapitel VIII
Der Madagaskar-Plan von Wohlthat und Rublee

1 Arthur D. Morse, Terwijl de zes miljoen stierven, Ede 1968, 234–235.
2 Rolf Vogel, Ein Stempel hat gefehlt. Dokumente zur Emigration deutscher Juden, München 1977, Dokument 78 und 79, 246, 251.
3 Rolf Vogel, Ein Stempel hat gefehlt. Dokumente zur Emigration deutscher Juden, München 1977, Dokument 78, 246–251.
4 Hitler hatte dem Madagaskar-Plan Schachts bereits Anfang Dezember 1938, noch bevor ihn dieser in London präsentiert hatte, seine Zustimmung erteilt. Darum war es zu erwarten, daß er auch dem Emigrationsplan Wohlthats, der nur eine Variante darstellte, ohne weiteres zustimmen würde.
5 Rolf Vogel, Ein Stempel hat gefehlt. Dokumente zur Emigration deutscher Juden, München 1977, Dokument 77, 242–246. Daß das Memorandum auf diese Weise zustandegekommen und von höchsten deutschen Stellen offiziell genehmigt worden war, wurde auch von George Rublee Mitte der sechziger Jahre bestätigt (siehe: Rolf Vogel, Ein Stempel hat gefehlt. Dokumente zur Emigration deutscher Juden, München 1977, Dokument 76, 229–242).
6 BA: R 58/276, 195.
7 Francis R. Nicosia, The Third Reich and the Palestine Question, University of Texas Press, Austin 1985, 159–168 (»The Promotion of illegal Immigration System to Palestine«).
8 DGFP V, 933–936.
9 BA: R 58/623, 67ff; siehe auch: BA: R 58/544, 211.
10 ADAP D-VI, Dokument Nr.664, Schumburg-Rundschreiben.
11 Dokumente der Deutschen Politik, Junker/Dünnhaupt, Verlag Berlin, Band 7, 476–479.
12 Auch L. J. Hartog läßt in seinem – ansonsten ausgezeichneten – schmalen Band *Hoe ontstond de jodenmoord? Hitler, Amerika en de Endlösung, Den Haag 1994* (49–50) bei einer eingehenden Untersuchung von Hitlers Rede diese Passage beiseite.
13 Kurz vor seinem Selbstmord im Jahre 1945 sagte Hitler: »Churchill war schon völlig verjudet. [...] Ich selbst habe eines unterschätzt: das Ausmaß des jüdischen Einflusses auf die Engländer Churchills.« (Adolf Hitler, Monologe im Führerhauptquartier 1941–1945, München 1982, 430; Hitler war zutiefst davon überzeugt, daß in Washington die Juden das Sagen hätten: Auch Präsident Roosevelt wäre gänzlich »verjudet«, er wäre der »Auserwählte des Judentums« (Adolf Hitler, Monologe im Führerhauptquartier 1941–1945, München 1982, 56, 103).
14 Später kam Hitler immer wieder auf den Inhalt dieser Rede vom 30. Januar 1939 zurück und erklärte neuerlich, daß der Plan zur Ausrottung unter einer *Bedingung* stand: Er sollte zur Ausführung gelangen, wenn es zu einem Weltkrieg mit allen daraus resultierenden Konsequenzen kommen sollte. Um einige Beispiele zu nennen: Am 30. Januar 1941 sagte er in einer Reichstagssitzung: »Und nicht vergessen möchte ich den Hinweis, den ich schon einmal, am 1. September 1939, im deutschen Reichstag gegeben habe. Den Hinweis darauf nämlich, daß *wenn* die andere Welt von dem Judentum in einen allgemeinen Krieg gestürzt würde, das ganze Judentum seine Rolle in Europa ausgespielt haben wird!« Am 30. September 1942 hieß es: »Ich habe am 1. September in der damaligen Reichstagssitzung zwei Dinge ausgesprochen: Erstens, daß, nachdem man uns diesen Krieg schon aufgezwungen hat, keine Macht der Waffen und auch nicht die Zeit uns jemals niederzwingen werden, und zweitens, daß, *wenn* das Judentum einen internationalen Weltkrieg zur Ausrottung etwa der arischen Völker Europas anzettelt, dann nicht die arischen Völker ausgerottet werden, sondern das Judentum. Die Juden haben einst auch in Deutschland über meine Prophezeiungen gelacht. Ich weiß nicht, ob sie auch heute noch lachen, oder ob ihnen das Lachen bereits vergangen ist. Ich kann aber auch jetzt nur versichern: Es wird ihnen das Lachen überall vergehen.« Und am 8. November 1942 erklärte Hitler: »*Wenn* das Judentum sich etwa einbildet, einen internationalen Weltkrieg zur Ausrottung der europäischen Rassen herbeiführen zu können, dann wird das Ergebnis nicht die Ausrottung der europäischen Rassen, sondern die Ausrottung des Judentums in Europa sein.« Schließlich hieß es in einer Rede Hitlers am 13. Februar 1945: »Ich habe ihnen bei Kriegsausbruch eine letzte Warnung zukommen lassen. Ich habe sie nicht im ungewissen darüber gelassen, daß sie, *sollten* sie die Welt von neuem in den Krieg stürzen, diesmal nicht verschont würden – daß das Ungeziefer in Europa endgültig ausgerottet wird.« (Max Domarus, Hitler. Reden und Proklamationen 1932–1945, Wiesbaden 1973, Band II, Zweiter Halbband, 1637, 1937 und 1920.
15 Philippe Burrin, Hitler und die Juden, Frankfurt 1993, 28, 35, 41, 53, 57, 59, 60, 66, 81, 84.
16 Philippe Burrin, Hitler und die Juden, Frankfurt 1993, 66–67.

[17] Philippe Burrin, Hitler und die Juden, Frankfurt 1993, 64.
[18] ADAP D-IV, Dokument Nr.158, 170–171.
[19] ADAP D-IV, Dokument Nr.170; siehe auch: Le Livre Jaune Français. Documents Diplomatiques, Paris 1939, 60ff (=Antwort von Victor de Lacroix an Georges Bonnet vom 7. Februar 1939).
[20] Philippe Burrin, Hitler und die Juden, Frankfurt 1993, 64–65.
[21] Shlomo Shafir, American Diplomats in Berlin and their Attitude to the Nazi Persecution of the Jews 1933–1939, in: Yad Vashem Studies, 9, 1972, 71–104.
[22] Völkischer Beobachter vom 8. Februar 1939; eine gekürzte Version von Rosenbergs Rede ist in hebräischer Übersetzung auch enthalten in: Moshe Prager, Hurban yisrael beeropa, Ayn Harod 5708, 269–70.
[23] Völkischer Beobachter vom 8. Februar 1939, 7.
[24] Erich Seifert, Palästina: Judentstaat? England als Handlanger des Weltjudentums, Berlin 1939.
[25] Rolf Vogel, Ein Stempel hat gefehlt. Dokumente zur Emigration deutscher Juden, München 1977, Dokument 20.
[26] Rolf Vogel, Ein Stempel hat gefehlt. Dokumente zur Emigration deutscher Juden, München 1977, Dokument 21.
[27] Rolf Vogel, Ein Stempel hat gefehlt. Dokumente zur Emigration deutscher Juden, München 1977, Dokument 22.
[28] Rolf Vogel, Ein Stempel hat gefehlt. Dokumente zur Emigration deutscher Juden, München 1977, Dokument 80.
[29] PRO FO 371/24080, W 2146/520/48.
[30] Encyclopaedia Judaica, Vol. 2, Jerusalem 1976, 826: »American Jewish Congress, one of the central agencies in American Jewish community relations [...]. The Congress set goals related to American Jewish affairs, as well as to Palestine and the world Jewish scene. In the 1930s the Congress emerged as a leading force in the anti-Nazi movement and in efforts to aid the victims of Hitlerism. It sought to arouse American public opinion and to combat anti-Semitic manifestations in America [...]. In the mid-1930s the Congress led in the formation of the World Jewish Congress, of which the American Jewish Congress is also an affiliate.«
[31] Yehuda Bauer, Failure of a Last-Minute Rescue Attempt, in: Yehuda Bauer, Jews for Sale? Nazi-Jewish Negotiations 1933–1945, London 1994, 30–43 (39).
[32] Rolf Vogel, Ein Stempel hat gefehlt. Dokumente zur Emigration deutscher Juden, München 1977, Dokument 82.
[33] Rolf Vogel, Ein Stempel hat gefehlt. Dokumente zur Emigration deutscher Juden, München 1977, Dokument 83.
[34] FRUS 1939, Teil II, 110–114.
[35] Ich beziehe mich dankbar auf folgendes Werk: Yehuda Bauer, Jews for Sale? Nazi-Jewish Negotiations 1933–1945, London 1994, 39–43.
[36] Zitat in: Yehuda Bauer, Jews for Sale? Nazi-Jewish Negotiations 1933–1945, London 1994, 40.
[37] Antony Read/David Fisher, Kristallnacht. Unleashing the Holocaust, 1989, 241: »In may 1939 the liner St.Louis anchored off the coast of Cuba with 1 128 refugees on board, only twenty-two were allowed to land, and those after long negotiations. The Cubans refused to provide even a temporary refuge for the others, despite the fact that more than 700 of them held quota numbers permitting them entry to the USA in three year's time. [...] The ship was forced to return across the Atlantic with the remaining 1 106 refugees still on board.«
[38] Yehuda Bauer, Jews for Sale? Nazi-Jewish Negotiations 1933–1945, London 1994, 41.
[39] Martin Gilbert, The Violation of the Pledge, in: Martin Gilbert, Exile and Return. The Emergence of the Jewish Statehood, London 1978, 216–235.
[40] Ezra Mendelsohn, The Jews of East Central Europe between the World Wars, Indiana University Press, 1987, 79.
[41] Golda Meir, Mein Leben, Hamburg 1975, 161.
[42] FRUS (Auslandsbeziehungen der Vereinigten Staaten, jährlich vom Außenministerium in mehreren Bänden herausgegeben, Washington 1939, Band II, 124).
[43] Arthur D. Morse, Terwijl de zes miljoen stierven, Ede 1968, 242.

Anmerkungen zu Teil 2 – Kapitel IX
Die Entwicklung nach September 1939

[1] Yehuda Bauer, Jews for Sale? Nazi-Jewish Negotiations 1933–1945, London 1994, 42–43.
[2] Yehuda Bauer, Jews for Sale? Nazi-Jewish Negotiations 1933–1945, London 1994, 36: »Finally, Hitler told Göring: ›The Jewish question is to be summed up and coordinated once and for all and solved one way or the other‹.«
[3] Yehuda Bauer, Jewish Reactions to the Holocaust, Tel Aviv 1989, 37–38: »In 1936 the Nazi four year plan, which prepared Germany for the Second World War, was initiated. In his instructions for this four year plan, which were, of course, secret, Hitler maintained that unless Ger-

many started a war within four years, international Jewry would massacre the German nation [...].«

4 Dabei dürfen wir nicht vergessen, daß Hitler mit derartigen Ansichten ein Vertreter dessen war, was damals in breiten Bevölkerungskreisen Deutschlands und in anderen europäischen Ländern verbreitet war. Auch der Vatikan dachte gewiß nicht anders darüber. In der Bibliographie werden sehr viele Werke angeführt, die – in den ersten vier Jahrzehnten des 20.Jahrhunderts geschrieben – den Leser vor der jüdisch-bolschewistischen Gefahr alarmieren sollen. Die Titel dieser Werke sprechen für sich. Die geistlichen Führer aller Kirchen Amerikas und Europas standen dabei in vorderster Reihe: Bibliographie IB I.

5 Yehuda Bauer, Jews for Sale? Nazi-Jewish Negotiations 1933–1945, London 1994, 43.

6 W. Jadrzejewicz (Hg.), Jozef Lipski. Diplomat in Berlin 1933–1939, New York 1968, Dokument 99.

7 Christopher R. Browning, Nazi Resettlement Policy, in: The Path to Genocide. Essays in Launcing the Final Solution, Cambridge 1992, 3–27 (= leicht veränderte Version von Brownings Artikel in: German Studies Review, 9/3, 1986, 492–519); Raul Hilberg, Die Vernichtung der europäischen Juden, Band I, München 1990, 215–225; Götz Aly/Susanne Heim, Vordenker der Vernichtung. Auschwitz und die deutschen Pläne für eine neue europäische Ordnung, Hamburg 1991.

8 National Archives Microfilm T 175/239/2728524–8.

9 Laut Bauer ging die Initiative zu diesem Umsiedlungsplan wahrscheinlich von Hitler selbst aus: Yehuda Bauer, Jews for Sale? Nazi-Jewish Negotiations 1933–1945, London 1994, 56: »In other words, the approval of Hitler (at his initiative, most probably, to judge from precedents) had been given to a plan of extruding all Jews under German rule into the Government-General and then removing them further, including the Polish Jews, into the Soviet Union over the course of a year. The policy was not yet one of total physical annihilation, but it was designed to rid all German-held territories of Jews by force.«

10 Eichmann Trial Documents, 06–983.

11 IMT PS-3363.

12 Yehuda Bauer, Jews for Sale? Nazi-Jewish Negotiations 1933–1945, London 1994, 56.

13 BA: R 58/825.

14 Die übrigen Juden wohnten in dem Gebiet Polens, das die Sowjetunion bereits vor Ausbruch des Krieges im September 1939 besetzt hatte.

15 J. Noakes/G. Pridham, A History in Documents and Eyewittness Accounts 1919–1945, Vol. 2, New York 1988, 930 (nr.649).

16 Philippe Burrin, Hitler und die Juden, Frankfurt 1993, 76.

17 Der großdeutsche Freiheitskampf. Reden Adolf Hitlers, München 1941, Bd. I, 95.

18 Philippe Burrin, Hitler und die Juden, Frankfurt 1993, 77: Der Autor ist der Meinung, daß Hitler noch andere Gründe hatte, immer wieder zu betonen, daß das Zusammentreiben der Juden in einem großen Reservat irgendwo in Polen eine befristete Lösung sei: »Wenn er ihm (dem Reservat in Polen) die Aufnahme aller Juden des Reiches zur Auflage machte, erschwerte sich Hitler jedoch ein späteres Eingreifen. Offensichtlich ging es ihm vor allem darum, die Belastung nicht mehr tragen zu müssen, die die Konzentration von Millionen Menschen in einem zu kleinen und armen Land mit sich brächte. Er hatte in der Vergangenheit deutlich gemacht, daß er keine Kosten für die Juden übernehmen wollte. Er hatte seinen Standpunkt nicht verändert, wenn er sich von einer Bürde zu befreien versuchte, die umso schwerer werden würde, je weiter die Verarmung seiner Opfer fortschritt und je mehr ihre Zahl wuchs.«

19 P. Friedman, The Lublin Reservation and the Madagascar Plan. Two aspects of Nazi Jewish Policy during the Second World War, in: P. Friedman, Roads to Extinction. Essays on the Holocaust, Philadelphia 1980, 34–58; Seev Goshen, Eichmann und die Nisko-Aktion, in: Vierteljahresheft für Zeitgeschichte, 27, 1981, 74–96; F. Moser, Nisko. The First Experiment in Deportation, in: Simon Wiesenthal Center Annual, 2, 1985, 1–30.

20 Yehuda Bauer, Jews for Sale? Nazi-Jewish Negotiations 1933–1945, London 1994, 57: »The idea of concentrating all jews in the Lublin area was pursued then and later – again with the explicit support of Hitler.«

21 Phillippe Burrin, Hitler und die Juden, Frankfurt 1993, 80–81.

22 Vorlage für den nationalitätenrechtlichen Ausschuß der Akademie für Deutsches Recht (nicht unterzeichnet, aber höchstwahrscheinlich von Hans Frank, dem Präsidenten der Akademie, verfaßt), in: PS-661.

23 Göring beispielsweise unterstützte ein SS-Programm für »die Verbesserung des deutschen Blutes«. Das deutsche Blut konnte leicht durch Mischehen (von Juden und Nicht-Juden) besudelt werden. Aber Himmler glaubte, daß dieses Blut für die »reine Rasse« zurückgewonnen werden könne, selbst wenn es durch jüdische Adern

fließe. Im Rahmen dieses Programms wurde in Polen der Selektion von Kindern, die aufgrund von unverkennbaren Rassenmerkmalen zur »überlegenen« Rasse gehörten, viel Aufmerksamkeit geschenkt. Es ging hauptsächlich um Kinder, die, wie Göring einmal bemerkt hatte, von »SS-Deckhengsten« gezeugt worden waren. Die Heime dieser SS-Einrichtungen mußten tausende Kinder versorgen, die ihren Eltern, welche in einer Mischehe lebten, weggenommen worden waren, um sie als »reine Arier« zu erziehen.

24 Im Februar 1940 widmeten Hillel Zeidman und Alfred Nossig im Büro der Gestapo in Warschau allen möglichen Emigrationsprojekten, in erster Linie aber der Emigration der Juden nach Madagaskar, ihr Interesse (Zeidman's Togbuch fun varshever geto, Buenos Aires 1947, 246–48). Im Frühjahr 1940 verbreitete sich in Warschau das Gerücht, daß die Juden binnen kurzer Zeit nach Madagaskar deportiert werden würden. Der Historiker Ringelbaum schreibt in seinem Tagebuch drei Mal über derlei Pläne. (Emmanuel Ringelbaum, Notes from the Warschau Ghetto, 1958, 110, 155–156)

25 Camille M. Cianfarra, The Vatican and the War 1944, New York 1945, 209–211.

26 Ton H.M. van Schaik, Vertrouwde vreemden. Betrekkingen tussen katholieken en joden in Nederland 1930–1990, Baarn 1992, 49.

27 ADAP D, Band 8, 716.

28 Philippe Burrin, Hitler und die Juden, Frankfurt 1993, 82–83.

29 Es ist der besondere Verdienst von Götz Aly/Susanne Heim, daß sie in ihrem Buch *Vordenker der Vernichtung. Auschwitz und die deutschen Pläne für eine neue europäische Ordnung, Hamburg 1991*, überzeugend aufgezeigt haben, daß Ökonomen, Demographen und Soziologen den deutschen Madagaskar-Plan mit ihren Argumenten unterstützt haben. Siehe auch: Rudolf Gater, Rudolf Wittich, Fritz Gerlach, Der Einheitskostenplan für Industriebetriebe im Generalgouvernement. Leitfaden für die Einführung eines geordneten Rechnungsverkehrs, Berlin 1942; Walter Emmerich, Aufbau im neuen Wirtschaftsraum, in: Berliner Börsenzeitung vom 30. November 1940; Fritz Arlt, Vom Sinn und Aufbau des Gruppendezernats Bevölkerungswesen und Fürsorge, in: Fritz Arlt, Die Ordnung der Fürsorge und Wohlfahrt im Generalgouvernement, Krakau 1940; Fritz Arlt, Übersicht über die Bevölkerungsverhältnisse im Generalgouvernement, Krakau 1940; Konrad Meyer, Eröffnungsrede bei der Ausstellung *Planung und Aufbau im Osten*, Posen, 23. Oktober 1941, Dokumente der Prozesse vor dem amerikanischen Militärgericht in Nürnberg Nr. 3348; Theodor Oberländer verwies auf sein 1935 publiziertes Buch mit dem Titel *Die agrarische Überbevölkerung Polens*, Berlin 1935; Karl Kuchenbäcker, Bodenordnung im Generalgouvernement, in: Najnowszen Dzieje Polski 8, 1965, 112–138; Heinrich Gottung, Die Juden im Generalgouvernement, in: Das Vorfeld, Jahrgang 1940; Hans Frank, Das Diensttagebuch des deutschen Generalgouverneurs in Polen, Stuttgart 1975: 12. Juli 1940, 25. Juli 1940, 31. Juli 1940 und 22. Jänner 1941.

30 Peter-Heinz Seraphim, Die Judenfrage im Generalgouvernement als Bevölkerungsproblem, in: Die Burg I, 1940, Heft 1, 63.

31 NA RG 242, T 175/R 94/2615221; NA RG 242, T 175/R 94/2615218; NA RG 242, T 175/R 119/2645120–21; Nachdruck in: Helmut Krausnick, Denkschrift Himmlers über die Behandlung der Fremdvölkischen im Osten, Mai 1940, in: Vierteljahreshefte für Zeitgeschichte, 5, 1957, 194–198.

32 Im Sommer 1940 begründete Heydrich die Verbannung der Juden nach Madagaskar genauso, wie es Himmler einige Monate vorher in seinem Memorandum getan hatte: »Die Juden sind uns wegen ihres Rassenstandpunktes feindlich gesinnt. Wir können sie daher nicht im Reich brauchen. Wir müssen sie beseitigen. Eine biologische Vernichtung wäre aber des deutschen Volkes als einer Kulturnation unwürdig. Wir werden daher den Feindmächten nach dem Siege die Aufgabe erteilen, mit ihrem Schiffsraum die Juden mit ihren Sachen nach Madagaskar oder sonstwohin zu schaffen.« (AGK, SOP/154, 288)

33 Christopher R. Browning, Nazi Resettlement Policy, in: Christopher R. Browning, The Path to Genocide. Essays on Launcing the Final Solution, Cambridge 1992, 17.

34 BA: NS 19/3282.

35 Götz Aly, Endlösung. Völkerverschiebung und der Mord an den europäischen Juden, Frankfurt 1995, 141, Anmerkung 9.

Anmerkungen zu Teil 2 – Kapitel X

Die Pläne des Auswärtigen Amtes und des Reichssicherheitshauptamtes

1 PA des AA, Inland II A/B347/3.

2 Die Abteilung Deutschland des Auswärtigen Amtes umfaßte die folgenden drei Abteilungen: D I: Verkehr zwischen dem Auswärtigen Amt und den Dienststellen der NSDAP, D II: Angelegenheiten des Reichsführers-SS und des Reichssi-

cherheitshauptamtes; internationale, polizeiliche Zusammenarbeit, D III: Judenfrage, Rassenpolitik; Information der Auslandsvertretungen über wichtige innenpolitische Vorgänge (s. ADAP D XI, 1034).

3 PA Inland II g 177, Rademacher Memorandum, Bisherige Entwicklung des Madagaskar-Plans des Referats D III, 30.August 1940; T 120/1512/372050–2.

4 Christopher R. Browning, The Final Solution and the German Foreign Office. A Study of Referat D III of Abteilung Deutschland 1940–43, New York 1978, 37.

5 PA des AA, Inland II g 177.

6 PA Inland II A/B 55/2.

7 PA Inland II A/B 55/2, Wurm an Rademacher, 5. Juni 1940, Artikel: Wohin mit den Juden?; Antwort Rademachers vom 12. Juni 1940; T 120/2029/444597–600.

8 PA Inland II A/B 55/2.

9 Galeazzo Ciano, The Ciano Diaries 1939–1943, New York 1947, 265–266; Paul Schmidt, Hitler's Interpreter, New York 1951, 178.

10 G. Wagner (Hg.), Lagevorträge des Oberbefehlshabers der Kriegsmarine vor Hitler 1939–1945, München 1972.

11 Andreas Hillgruber, Hitlers Strategie. Politik und Kriegsführung 1940–1941, Frankfurt am Main 1965, 245, Anmerkung 20.

12 NA RG 242, T 120/R 780/372047.

13 23.Juni 1940: Philipp Bouhler, Leiter der Kanzlei des Führers, wollte, daß Hitler ihn (nach dem Krieg) zum Generalgouverneur von Ostafrika (inklusive Madagaskar) ernenne. Hitler wies diesen Vorschlag zurück (NA RG 242, T 84/R 387/497). Philipp Bouhler und Karl Brandt hatten im Jahr 1939 von Hitler den Auftrag erhalten, das Euthanasieprogramm auszuführen. Alle geistig behinderten Juden in psychiatrischen Einrichtungen wurden ab Mitte Juli 1940 ohne vorherige Diagnose getötet, wahrscheinlich um zu verhindern, daß sie (nach dem Krieg), wenn die Juden nach Madagaskar deportiert würden, während der Schiffsreise Panik verursachten. (Götz Aly/ Susanne Heim, Vordenker der Vernichtung. Auschwitz und die deutschen Pläne für eine neue europäische Ordnung, Hamburg 1991, 262).

Am 1. Juli 1940 erzählte ein SS-Mann dem Leiter des Judenrates in Warschau, Czerniakov, daß, falls der Krieg innerhalb eines Monats vorüber sei, alle Juden nach Madagaskar gebracht würden. (Adam Czerniakov, Warschauer Ghetto. Das Tagebuch des Adam Czerniakov 1939–1942).

14 PA Inland II g 177; T 120/1512/372104.

15 H. Böhme, Deutschland und Frankreich im Zweiten Weltkrieg 1940–1944. Beilagen zur Wochenzeitung *Das Parlament* vom 3. und 17. 8. 1966, Beilage I, S.13: Mers-el-Kébir – die ungenützte Chance.

16 Nürnberger Dokument NG – 3586 und NG – 5764.

17 F. Burgdörfer, Die Juden in Deutschland und in der Welt. Forschungen zur Judenfrage, Band 3, herausgegeben vom Reichsinstitut für Geschichte des neuen Deutschland, 1938; er verwendete für sein Gutachten auch Angaben aus: P.H. Seraphim, Die Wanderungsbewegung des jüdischen Volkes. Schriften zur Geopolitik, Heft 18, Heidelberg 1940.

18 Nach Burgdörfers Berechnungen lebten in Deutschland und den annektieren Gebieten 2,217 000 Juden, in Belgien 70 000, im europäischen Teil Großbritanniens 400 000, in Bulgarien 50 000, in Frankreich 250 000, in Griechenland 90 000, in Italien 50 000, in Jugoslawien 75 000, in den Niederlanden 120 000, in Rumänien 700 000, in der Schweiz 20 000, in der Slowakei 170 000, in Spanien 12 000, in der Türkei (europäischer Teil) 70 000, in Ungarn 550 000 und in den übrigen Ländern 50 000 Juden.

19 In Asien eine Million Juden (Palästina 430 000, Irak 120 000, Iran 60 000, im asiatischen Teil Sowjet-Rußlands 130 000, im asiatischen Teil der Türkei 30 000), in Afrika 700 000 (Ägypten 70 000, in den französischen Kolonien 350 000, in den italienischen Kolonien 125 000 und in der Südafrikanischen Union 150 000).

20 PA Inland II A/B 35/2; T 120/3071/612577–80.

21 PA Inland II g 177; T 120/1512/372099–102.

22 Aktennotiz, Rücksprache im Reichssicherheitshauptamt von Jakob Edelstein, Prag, Franz Weiszmann, Prag, Josef Löwenherz, Wien, Paul Eppstein, Berlin, 3.Juli 1940, Dok. Pd I 1143.

23 Serge Klarsfeld, Vichy-Auschwitz, Nördlingen 1989, 38.

24 NA RG 242, T 581/R 39A.

25 Richard Breitman, The Architect of Genocide. Himmler and the Final Solution, New York 1991, 126.

26 Das Diensttagebuch des deutschen Generalgouverneurs in Polen 1939–1945, Stuttgart 1975, 252, 258–262.

27 Waldemar Schön, Leiter der neuen Ansiedlungen im Distrikt Warschau, sagte am 20. Januar 1941 in einem Vortrag, daß im Sommer 1940 der Befehl aus Krakau gekommen sei, den Bau der Ghettos einzustellen, weil in Übereinstimmung mit Hitlers Plänen nach dem Krieg alle Juden nach

Madagaskar deportiert würden. (Dokument 101: Documents on the Holocaust. Selected Sources on the Destruction of the Jews of Germany and Austria, Poland and the Soviet Union, edited by Yitzak Arad, Yisrael Gutman, Abrahm Margaliot, Jerusalem 1980.)

28 Jost Walbaum (Hg.), Kampf den Seuchen! Deutscher Ärzte-Einsatz im Osten. Die Aufbauarbeit im Gesundheitswesen des Generalgouvernements, Buchverlag Deutscher Osten, Krakau 1941. Das Buch ist eine Anthologie von Artikeln, die Dr. Jost Walbaum, Leiter der Abteilung Gesundheitswesen im Generalgouvernement, und Mitglieder seines Stabes im Jahr 1940 geschrieben haben.

29 YVO, 0-53/102/391–99.

30 FGM, 110.

31 Das Diensttagebuch des deutschen Generalgouverneurs in Polen 1939–1943, Stuttgart 1975, 12. Juni 1940, 252.

32 Diensttagebuch des deutschen Generalgouverneurs in Polen 1939–1945, Stuttgart 1975, 252.

33 PA Inland II A/B, Band 63/1, R.994/13.

34 Artikel vom 18. Juli 1940 in: La Stampa. Die Redaktion schreibt, daß Deutschland offiziell beschlossen habe, alle Juden nach dem Krieg nach Madagaskar zu verbannen; Artikel vom 20. Juli 1940: C. Barduzzi, *La soluzione della questione giudaica, il Madagascar*, in: La Difesa della Razza, Rom 1940. Die Annahme des Madagaskarplans sei die Lösung der Judenfrage in Europa, weil Juden nichts mit christlicher Kultur zu schaffen hätten und sich niemals im christlichen Europa integrieren könnten.

35 Das Diensttagebuch des deutschen Generalgouverneurs in Polen 1939–1945, Stuttgart 1975, 258.

36 Götz Aly/Susanne Heim, Vordenker der Vernichtung. Auschwitz und die deutschen Pläne für eine neue europäische Ordnung, Hamburg 1991, 228, Anmerkung 69.

37 Das Diensttagebuch des deutschen Generalgouverneurs in Polen 1939–1945, Stuttgart 1975, 260–262.

38 PA des AA, Inland II g 177; T 120/1512/372108: siehe Rademachers Randbemerkung.

39 AA-PA, Inland II g 177.

40 PA Inland II A/B, K 331282.

41 Auswärtiges Amt, D III 1575, eingelangt im August 1940 mit einer Beilage (Archiv Bonn).

42 PA Inland II g 177; T 120/1512/372106.

43 PA Inland II g 177; T 120/1512/372056–71.

44 Ich, Adolf Eichmann, Augsburg 1980, 170–174; Das Eichmann-Protokoll. Tonbandaufzeichnungen der israelischen Verhöre. Mit 48 faksimilierten Dokumenten, Wien 1991, 25–65, Eichmann über das Madagaskar-Projekt. Dieter Wisliceny erklärte, daß Eichmann vom August 1940 bis zum Sommer 1941 das Madagaskar-Projekt, das am 15. August 1940 an alle betroffenen Instanzen geschickt worden war, weiter ausarbeitete. (Léon Poliakov, Harvest of Hate. The Nazi Propaganda for the Destruction of the Jews of Europe, New York 1979, 46.)

45 PA Inland II g 177; T 120/1512/372106.

46 Andreas Hillgruber, Kolonialreich Mittelafrika als ›Alternative‹ zur Ost-Lösung?, in: Andreas Hillgruber, Hitlers Strategie. Politik und Kriegsführung 1940–1941, Frankfurt 1965, 242–255.

47 Ralph Giordano, Die Sonne Afrikas über dem Reich, in: Ralph Giordano, Wenn Hitler den Krieg gewonnen hätte. Die Pläne der Nazis nach dem Endsieg, Hamburg 1989, 125–153.

48 BA: R 2/4965, Schreiben des Reichsministers und Chefs der Reichskanzlei, Dr. Lammers, an die Obersten Reichsbehörden vom 15.6.1940.

49 ADAP D IX, Dok.354: Aufzeichnungen des Gesandten und Ministerialdirigenten Clodius vom 30.5.1940, 390 ff.

50 ADAP D IX, Dok.367: Aufzeichnungen des Botschafters Ritter von Epp, 1.6.1940, 407 ff.

51 IMT, XXXIV, S. 240 ff., Dok. C = 41; am 27. Juli 1940 verfaßte der Stab der Kriegsmarine ein neues Memorandum über dasselbe Thema: AA, Polit. Abt., Akte 61120, 3. Blatt.

52 Andreas Hillgruber, Hitlers Strategie. Politik und Kriegsführung 1940–1941, München 245.

53 Diese Blockade trat am 27. Juni 1940 in Kraft; sie betraf alle von Deutschland besetzten Gebiete vom Nordkap bis zur spanischen Grenze.

54 Klaus Hildebrand, Vom Reich zum Weltreich. Hitler, NSDAP und Koloniale Frage 1919–1945, München 1969, Dokument 63; Artikel von Minister Lammers: Grundlagen und Ziele der künftigen deutschen Kolonialverwaltung, veröffentlicht in: Reichsverwaltungsblatt, Band 61, Heft 27, Berlin, am 6. Juli 1940.

55 ADAP D XI, Dok.16.

56 ADAP D XI, Dok.298.

57 BA: R 43 II/627.

58 Ralph Giordano, Wenn Hitler den Krieg gewonnen hätte. Die Pläne der Nazis nach dem Endsieg, Hamburg 1989, 134: »Angesichts solcher interkontinentalen Sandkastenspiele reibt man sich die Augen, aber die Dokumente lassen keinen Zweifel daran, daß diese Spiele ab Mitte 1940 keineswegs nur als Beschäftigungstherapie spezieller Kolonialorganisationen gedacht waren, sondern sowohl den damaligen Visionen Hitlers

als auch denen der Wehrmachtsführung entsprachen«.

59 Richard Lakowski, Apartheid auf Deutsch, in: Deutsche Kolonialismus-Materialien zur Hundertjahrfeier 1984, Gesellschaft für entwicklungspolitische Bildungsarbeit, Hamburg 1983, Dok.83.

60 Richard Lakowski, Apartheid auf Deutsch, in: Deutsche Kolonialismus-Materialien zur Hundertjahrfeier 1984, Gesellschaft für entwicklungspolitische Bildungsarbeit, Hamburg 1983, Dok.83.

61 Faksimile-Ausgabe der Krakauer Zeitung vom 15.August 1940, Nachdruck in: The Jewish Bulletin, London, Nr. 45, Mai 1945; die Überschrift von Hans Franks Rede lautete: *Die Juden müssen aus Europa verschwinden.*

62 Die Tagebücher von Joseph Goebbels, K.G. Saur, München 1987, I/4, 17. August 1940.

63 PA Inland II g 177; T 120/1512/372050–2.

64 Monatsbericht des Kreishauptmanns von Krasnystaw, 10. September 1940, Yad Vashem Mikrofilm JM 814.

65 Monatsbericht des Kreishauptmanns von Jaslo, 29. August 1940, JM 814.

66 Livia Rothkirchen, The Destruction of Slovak Jewry: A Documentary History, Yad Vashem, Jerusalem 1961.

67 Peter-Heinz Seraphim, Die Judenfrage im Generalgouvernement als Bevölkerungsproblem, in: Die Burg I, 1940, Heft I.

68 Archiv für Wanderungswesen und Auslandskunde. Studien und Mitteilungen zur Wanderungsbewegung der Kulturvölker und zu ihrer Auswirkung auf Staat, Gesellschaft und Wirtschaft, vereinigt seit 1940 mit: Deutsche Kultur in der Welt, herausgegeben im Auftrag des Instituts für Auslandskunde und Deutschtum im Ausland von Professor Dr. Hugo Grothe.

69 Götz Aly/Susanne Heim, Vordenker der Vernichtung. Auschwitz und die deutschen Pläne für eine neue europäische Ordnung, Hamburg 1975, 248.

70 Das Diensttagebuch des deutschen Generalgouverneurs in Polen 1939–1945, Hamburg 1975, 261–262.

71 Götz Aly/Susanne Heim, Vordenker der Vernichtung. Auschwitz und die deutschen Pläne für eine neue europäische Ordnung, Hamburg 1975, 228–229, 281–282.

72 Das Dekret ist vom 25.Oktober 1940 datiert; ein Teil des Textes wurde am 23.November 1940 in ein Rundschreiben des Generalgouvernements aufgenommen; später veröffentlicht in: Faschismus-Getto-Massenmord. Dokumentation über Ausrottung und Widerstand der Juden in Polen während des Zweiten Weltkriegs, Berlin 1960, 59 (Publikation des Jüdischen Historischen Instituts Warschau).

73 Max Weinreich, Hitler's Professors. The Part of Scholarship in Germany's Crimes against the Jewish People, Yiddish Scientific Institute-Yivo, New York 1946, 92: »This Eastern Jewry for long had been the chosen object of anti-Jewish hatred because it represented Jewry at its fullest. Walter Frank, in his swan song on may 18th 1940, had stressed the peculiar character of this Eastern Jew, who, indeed, was different from his Western-European brother. In its traditional variant, Eastern Jewry had created a way of life that has been second to none in its ethical and moral standards. During the last century, it created modern Yiddish and Hebrew literature. It essentially contributed to the upbuilding of the American Jewish community and virtually alone built up the present-day Jewish community of Palestine. Within two generations, it gave the world at large many brilliant representatives of literature, art, and scholarship. It actively participated in the struggle for liberty in all countries of Eastern Europe.«

74 Götz Aly/Susanne Heim, Vordenker der Vernichtung. Auschwitz und die deutschen Pläne für eine neue europäische Ordnung, Hamburg 1975, 226.

75 Referat über die Bildung des jüdischen Wohnbezirks in Warschau. Vortrag am 21.1.1941: BA-MA, RW 19/1499.

76 CDJC,XXLIII-259.

77 A. Hillgruber (Hg.), Staatsmänner und Diplomaten bei Hitler, Teil I und II, München 1970, Dokument 46.

78 Hitlers Rede vom 8. November 1940: Keesings Archiv der Gegenwart 1940, 4766.

79 Joseph Goebbels Tagebücher, Band 4, 1940–1942, München 1992, 1494–1495.

80 NA RG 242, T 992/R 2/1158–59.

81 Richard Breitmann, The Architect of Genocide. Himmler and the Final Solution, New York 1991, 140–141.

82 NA RG 238, T 1139/R 18/1333. Darrés Artikel zum Teil in: Zeitschriftendienst vom 15. November 1940 und NS Landpost vom 22.November 1940.

83 NA RG 242, T 175/R 15/2518530–42; am 21. Januar 1941 machte Carl Theo Zeitschel, Spezialist für Judenfragen der deutschen Botschaft in Paris, eine Anspielung auf Hitlers Plan, die Juden nach dem Krieg in eine noch näher zu bestimmende Kolonie zu deportieren. (CDJC, CV-5).

84 Hermann Erich Seifert, Der Jude an der Ostgrenze, Berlin 1940; Hermann Erich Seifert, Der Jude zwischen den Fronten der Russen, der Völker, der Kulturen, Berlin 1941.
85 Hermann Erich Seifert, Der Jude an der Ostgrenze, Berlin 1940, 82, 88ff.
86 Barbara Vormeier, Die Deportierung deutscher und österreichischer Juden aus Frankreich, Paris 1980, 12ff.
87 Serge Klarsfeld, Vichy-Auschwitz. Die Zusammenarbeit der deutschen und französischen Behörden bei der »Endlösung der Judenfrage« in Frankreich, Nördlingen 1989.
88 Dr. L. de Jong, Het Koninkrijk der Nederlanden in de Tweede Wereldoorlog, Bd.5, zweite Hälfte, März 1941 – Juli 1942. Den Haag 1974, 984: »Es war dabei nicht beabsichtigt, ihnen in dem Gebiet, in dem man sie konzentrieren wollte, die Möglichkeit zu einem annähernd normalen Dasein zu bieten – im Gegenteil: das Reservat sollte so gewählt werden, daß die meisten Juden eines ›natürlichen‹ Todes sterben würden; es würde der nationalsozialistischen Rassenlehre widersprechen, hätte man dann die Überlebenden, die Stärksten, unbehelligt gelassen. Man kann also die Meinung vertreten, daß sich die Reservat-Lösung (manchmal als ›territoriale Endlösung‹ bezeichnet) nicht‹ unterschieden hätte. Bei der ›territorialen Endlösung‹ dachte man an verschiedene Gebiete.«
89 Philip Friedman, The Lublin Reservation and the Madagaskar Plan. Two Aspects of Nazi Jewish Policy during the Second World War, in: Roads to Extinction, 46–49, 50–52. Leni Yahil, Madagaskar Phantom. Solution for the Jewish Question, in: B. Vago/G. Mosse, Jews and non-Jews in Eastern Europe, New York 1974, 315–334.
90 Alan Bullock, Hitler und Stalin. Parallele Leben, Berlin 1991, 894. Zur selben Zeit sagte Hitler: »Wenn England schlau gewesen wäre, so könnte zwischen England und Deutschland ein Verhältnis engster Freundschaft bestehen. Deutschland als stärkste Militärmacht der Welt, England als stärkste Seemacht der Welt würden die gigantischste Macht der Welt darstellen.« (Klaus Hildebrand, Vom Reich zum Weltreich. Hitler, NSDAP und Kolonialfrage 1919–1945, München 1969, 591).
91 Alan Bullock, Hitler und Stalin. Parallele Leben, Berlin 1991, 894–906.
92 Philippe Burin, Hitler und die Juden, Frankfurt 1993, 35: »Ob es nun um das Territorium Deutschlands oder des künftigen Großdeutschen Reiches ging, die Ausreise der Juden war zwingend, weil sie eine große Gefahr für die rassische Reinheit und den nationalen Zusammenhalt darstellten.[...] Andererseits gab ihre Anwesenheit auf deutschem Boden Hitler ein Druckmittel auf das ›internationale Judentum‹, [...] außerdem hatte er ein Racheobjekt in der Hand für den Fall des Scheiterns seiner globalen Pläne. Soweit sich das beurteilen läßt, hatte keiner dieser beiden Aspekte Priorität: In seiner Vorstellung koexistierten sie und bildeten, genau genommen, eine Ambivalenz, deren Wurzel der zwanghafte Wille war, gegen einen vorgeblich weltweiten Feind zu kämpfen.«
93 Michael R. Marrus/Roberto Paxton, Vichy et les Juifs, Paris 1981, 487.
94 Bulletin du Centre de Documentation juive Contemporaine, V-15, Paris 1945.
95 Alan Bullock, Hitler und Stalin. Parallele Leben, Berlin 1991, 905.
96 Alan Bullock, Hitler und Stalin. Parallele Leben, Berlin 1991, 906: sofortiger Rückzug aller deutschen Truppen und die Annahme eines russisch-bulgarischen Vertrages, der zusammen mit einer von der Türkei genehmigten Basis am Bosporus den Russen die Kontrolle über den Zugang zum Schwarzen Meer ermöglichen würde.
97 Götz Aly, »Endlösung«. Völkerverschiebung und der Mord an den europäischen Juden, Frankfurt 1995, 195–203.
98 BA NS 19/4007, BA NS 19/3979.
99 Götz Aly, »Endlösung«. Völkerverschiebung und der Mord an den europäischen Juden, Frankfurt 1995, 198.
100 Das Diensttagebuch des deutschen Generalgouverneurs in Polen 1939–1945, Stuttgart 1975, 330–331.
101 Heeresadjutant bei Hitler 1938–1943. Aufzeichnungen des Major Engel, herausgegeben und kommentiert von Hildegard von Kotze, Stuttgart 1974, 94–95.
102 AA, Inland II A/B, 80–41, III.
103 Die Tagebücher von Joseph Goebbels, München 1987, 1/4, 543.
104 L. Kerekes (Hg.), Allianz Hitler-Horthy-Mussolini, Budapest 1966, Dokument 102.
105 Der Text der Referate wurde in *Weltkampf*, (April-September 1941, Nr. 1 und 2, 6–98), dem Blatt des Instituts zur Erforschung der Judenfrage, publiziert. Alfred Rosenberg referierte über *Die Judenfrage als Weltproblem* und *Natioalsozialismus und Wissenschaft*, (3–6 und 64–72); Wilhelm Grau über *Die geschichtlichen Lösungsversuche der Judenfrage* (7–15) und *Das Institut zur Erforschung der Judenfrage* (8–21); Giselher Wirsing über *Die Judenfrage im Vorderen Orient* (22–29); Klaus Schickert über *Die Judenemanzi-*

pation in Südosteuropa und ihr Ende (30–42); Peter-Heinz Seraphim über *Bevölkerungs- und wirtschaftspolitische Probleme einer europäischen Gesamtlösung der Judenfrage* (43–51); Walter Groß über *Die rassenpolitischen Voraussetzungen zur Lösung der Judenfrage* (52–63); Vertreter von acht verschiedenen Ländern sprachen über *Die politische Entwicklung der Judenfrage in Europa;* August Schirmer, Deutschland, (73–77), Vidkun Quisling, Norwegen, (77–83), Van Genechten, Niederlande, (84–88), George Cuza, Rumänien, (89–92), Kovacz, Ungarn, (92–96), Peter Schischkoff, Bulgarien, (96–98), Erling Hallas, Dänemark, (98–99) und René Lambrichts, Flandern, (99). Die Texte der Referate von Grau (2), Groß, Seraphim und Rosenberg (2) wurden 1943 auch in der Serie *Kleine Weltkampf-Bücherei,* Hoheneichenverlag München, veröffentlicht.

106 Weltkampf, I/2, 1941, 66–71.

107 Das geht aus einem Artikel Rüdingers, dem engsten Mitarbeiter Rosenbergs, hervor: Völkischer Beobachter vom 26.März 1941.

108 Weltkampf, I/2 (April-September), 1941, Rede Seraphims: 43–51.

109 Außer dem hier erwähnten Institut zur Erforschung der Judenfrage, das im Frühjahr 1941 errichtet wurde, gab es noch drei weitere Institute, in denen Wissenschaftler die Judenfrage studierten: in Berlin wurde 1936 das Reichsinstitut für Geschichte des neuen Deutschland errichtet, dessen Direktor Walter Frank war; das Institut hatte in München eine Unterabteilung »Forschungsabteilung Judenfrage«; dieses Institut gab nacheinander umfangreiche Publikationen mit dem Titel *Forschungen zur Judenfrage* heraus. In diesen Publikationen erschienen Beiträge folgender 35 Universitätsprofessoren und -dozenten: Johannes Alt, Hans Behrens, Hans Bogner, Erich Botzenhart, Friedrich Burgdörfer, Rudolf Craemer, Volkmar Eichstädt, Wilfried Euler, Julius Evola, Richard Fester, Eugen Fischer, Walter Frank, Karl Richard Ganzer, Oscar Grosse, Hans Alfred Grundky, Johannes Heckel, Heinrich Heerwagen, Clemens August Hoberg, Otto Höfler, Gerhard Kittel, Franz Koch, Karl Georg Kuhn, Ottokar Lorenz, Herbert Meyer, Hermann Meyer, Herbert Michaelis, Kleo Pleyer, Bolko Freiherr von Richthofen, Joseph Roth, Günther Schlichting, Wilhelm Stapel, Bruno Thüring, Otmar Freiherr von Verschür, Max Wundt und Wilhelm Ziegler. Im selben Jahr errichtete Goebbels das Institut zum Studium der Judenfrage, dessen Direktor Ziegler wurde. Im Jahr 1939 wurde das Institut zur Erforschung des jüdischen Einflusses auf das deutsche kirchliche Leben errichtet, dessen Direktor der Neutestamentler Walter Grundmann wurde. Er hatte zahlreiche Mitarbeiter, die an theologischen Fakutäten Lehrstühle innehatten.

110 Weltkampf, I/2 (April-September), 1941, Referat Groß: 52–63.

111 Weltkampf, I/2 (April-September), 1941, Referat Grau: 7–21.

112 Verordnungsblatt des Generalgouverneurs für die besetzten polnischen Gebiete I, 20.April 1940, Nr.30; Dokumente der deutschen Politik. Der Kampf gegen den Esten, Teil 2, bearbeitet von Dr. Hans Volz, Berlin 1943. Dr. Josef Sommerfeld war der Direktor der Abteilung für Jüdische Angelegenheiten des Instituts in Krakau; er promovierte über *Die Judenfrage als Verwaltungsproblem in Südpreußen* und schrieb *Die Juden in den polnischen Sprichwörtern und sprichwörtlichen Redensarten*, in: Die Burg II, 1942, 313–345. Dr. Wilhelm Coblitz war der Direktor des Instituts in Krakau.

113 Weltkampf, I/2 (April-September), 1941, Referat Klaus Schickert: 30–42.

114 Dr. Klaus Schickert, Die Juden in Ungarn, 1937 (2.Auflage, Essen 1942), 288.

115 Weltkampf, I/2 (April-September), 1941, Rede Quislings: 73–99.

116 Weltkampf, I/2 (April-September),1941, Ansprache Van Genechten: 73–99.

117 Weltkampf, I, 1941, 176.

118 Dr. Max Freiherr Du Prel, Das Generalgouvernement, Würzburg 1942, 187.

119 Dr. Volkmar Eichstädt veröffentlichte eine Bibliographie zur Geschichte der Judenfrage, Band I, 1750–1848, Hamburg 1938. Diese Bibliographie umfaßte mehr als 3000 Titel zur Judenfrage. Der zweite Band, rund 7000 Titel, konnte nicht mehr erscheinen, weil das Material im Krieg verlorenging. Eichstädt schätzte, daß in Deutschland bis 1933 mindestens 10 000 Bücher zur Judenfrage publiziert wurden.

120 Nach dem Krieg beschlagnahmte die amerikanische Armee diese drei Millionen Bücher und Dokumente, die auf Drängen des YIVO in New York und mit Unterstützung des State Departements in die Vereinigten Staaten gebracht wurden. Dieses Material aus der Bibliothek in Wilna, zirka die Hälfte des ursprünglichen Bestands, bildet den Kern der Bibliothek des *YIVO Institute for Jewish Research* in New York, das das wichtigste Forschungs- und Dokumentationszentrum für die Geschichte und Kultur des osteuropäischen Judentums ist. Die Bibliothek umfaßt mehr als 350 000 Bände, das Archiv zirka 22 Millionen Dokumente und Fotos. Das Institut in New York ist

das Nachfolgeinstitut des YIVO in Wilna, das 1923 im »Jerusalem Litauens« gegründet wurde. Vor einigen Jahren fand man in Wilna in einem ehemaligen Franziskanerkloster einen Teil der zweiten Hälfte der Bibliothek des YIVO, den man verloren glaubte: 200 000 verschiedene Publikationen.

121 Hans Jansen, Rymond Martinis Manuskript, *Pugio Fidei* (Dolch des Glaubens) infiziert West und Ost. Eine Rezeptionsgeschichte der mittelalterlichen Literatur über Juden (Inaugurationsrede), Kampen 1990.

122 Interview Xavier Vallats, in: Le Temps vom 7. April 1941.

123 Seit dem Amtsantritt der Regierung von Marschall Pétain machten alle möglichen offiziellen und nicht-offiziellen Instanzen dem Kabinett Vorschläge für den Abtransport der französischen Juden nach Madagaskar. Dabei muß man anmerken, daß diese Vorschläge und Pläne nicht mehr den Motiven Léon Blums folgten (den verfolgten Juden zu helfen), sondern durch den virulenten Judenhaß motiviert waren (Michael Marrus/Roberto Paxton, Vichy et les Juifs, Paris 1981, 33).

124 Délégation française auprès de la commission allemande d'armistice. Recueil de documents publiés par le gouvernement français, Band IV, Paris 1947, 313.

125 Der Weltdienst vom 21.April 1941.

126 Philip Friedman, The Lublin Reservation and the Madagascar Plan. Two Aspects of Nazi jewish Policy during the Second World War, in: YIVO Annual of Jewish Social Studies, 8, 1953, 703–727 (727).

127 Die deutschen Behörden, die bis Herbst 1941 die Emigration der Juden aus dem eigenen Land förderten, wollten die Emigration der Juden aus den besetzten Gebieten verhindern. Sie befürchteten nämlich, ein Massenexodus aus diesen Gebieten würde zur Folge haben, daß es zu wenig Schiffe geben könnte und sie mit ihren eigenen Juden sitzenblieben. Da die Länder Visa nur in beschränkter Zahl ausstellten, befürchteten sie außerdem, daß deutsche Juden dabei zu kurz kämen.

128 Dokument Nürnberg, NG 3104.

129 Philippe Burrin, Hitler und die Juden, Frankfurt 1993, 99.

130 Uwe Dietrich Adam, Les mesures nazies concernant les Juifs de début de la Seconde Guerre mondiale jusqu'à l'attaque allemande contre l'URSS, in: L'Allemagne nazie et le génocide juif (Colloque de l'école des hautes études en sciences sociales), Paris 1985, 177–187 (187).

131 Hans Jürgen Döscher, SS und Auswärtiges Amt im Dritten Reich. Diplomatie im Schatten der ›Endlösung‹, Frankfurt 1991, 220: »Festzuhalten ist, daß die Termini ›Lösung der Judenfrage‹ und ›Endlösung‹ im Sommer 1940 die Vertreibung der Juden aus Europa und deren Ansiedlung auf Madagaskar umschrieben. Tötungsabsichten oder gar die Vorbereitung zum Massenmord sind den Akten in diesem Zusammenhang nicht zu entnehmen.«

132 Philippe Burrin, Hitler und die Juden, Frankfurt 1993, 99–100.

133 Arno J. Mayer, Why did the Heavens not Darken? The »Final Solution« in History, New York 1990, 200–233 (Conceiving operation Barbarossa).

134 A. Hillgruber (Hg.), Staatsmänner und Diplomaten bei Hitler, München 1970, 573–574, Dokument 79.

135 Im Juni 1941 gab es in Kowno/Polen das Gerücht, die Deutschen würden alle Juden nach Madagaskar schicken. Der 25jährige Leon Bauminger aus Krakau hatte sich in Kowno als Nicht-Jude ausgegeben und konnte so einer Razzia entkommen. Als er aber sah, daß man die Juden aus Kowno in ein eigenes Ghetto nach Slobodka brachte, in dem es auch eine berühmte Talmudschule gab, beschloß er, sich freiwillig anzuschließen: »Was den Juden widerfährt, soll mir auch widerfahren.« Leon Bauminger erinnerte sich später, daß er sich damals sagte : »Auf der Insel Madagaskar werde ich Robinson Crusoe sein.« (Martin Gilbert, The Holocaust. The Jewish Tragedy, London 1986, 154–155).

136 Götz Aly, »Endlösung«. Völkerverschiebung und der Mord an den europäischen Juden, Frankfurt 1995, 268–279.

137 Götz Aly, »Endlösung«. Völkerverschiebung und der Mord an den europäischen Juden, Frankfurt 1995, 269.

138 Götz Aly, »Endlösung«. Völkerverschiebung und der Mord an den europäischen Juden, Frankfurt 1995, 274, Anmerkung 27.

139 Richard Bergius, Die Pripjetsümpfe als Entwässerungsproblem, in: Zeitschrift für Geopolotik (herausgegeben von Karl Haushofer), 18, 1941, 667ff.; Hans Julius Schepers, Pripjet-Polesien, Land und Leute, in: Zeitschrift für Geopolitik, 19, 1942, 278–287.

Anmerkungen zu Teil 2 – Kapitel XI
Die Vernichtung

1 Hitler: »Der Sowjetstern ist in Wirklichkeit der Stern Davids, das Wahrzeichen der Synagoge. Das

Symbol der Rasse der Welt! Einer Herrschaft von Wladiwostok bis nach dem Westen! Der Herrschaft des Judentums. Der goldene Stern bedeutet dem Juden das gleißende Gold.« (Robert Wistrich, Der antisemitische Wahn. Von Hitler bis zum Heiligen Krieg gegen Israel, München 1987, 83.)

2 Alan Bullock, Hitler und Stalin. Parallele Leben, Berlin 1991, 911.

3 Arno J. Mayer, Why did the Heavens not darken? The Final Solution in History, New York 1990: »Even so, and notwithstanding the unparalleled magnitude of the Jewish suffering, the extermination of eastern Jewry never became the chief objective of Barbarossa. The fight for ›Lebensraum‹ and against bolshevism was neither a pretext nor an expedient for the killing of Jews. Nor was it a mere smoke screen to desguise the jewish massacres as reprisals against partisans. The assault on the Jews was unquestionably intertwined with the assault on bolshevism from the very outset. But this is not to say that it was the dominant strand in the hybrid ›Judeobolshevism‹ that Barbarossa targeted for destruction. In fact, the war against the Jews was a graft onto or a parasite upon the eastern campaign, which always remained its host, even or especially once it became mired deep in Russia.« (270).

4 Hitler schrieb: »Mit Hilfe der bolschewistischen Revolution wurde unter unmenschlichen Martern und Grausamkeiten die russische Oberschicht und auch die russische nationale Intelligenz ermordet und restlos ausgerottet. Die Gesamtopfer dieses jüdischen Kampfes um die Vorherrschaft in Rußland betrugen für das russische Volk 28 bis 30 Millionen Menschen an Toten. 15 mal so viel, als der erste Weltkrieg Deutschland gekostet hat. [...] Eine Bolschewisierung dieser Länder würde aber zwangsläufig mit der Abschlachtung der gesamten geistigen Elite der ›arischen‹ Völker und mit der Errichtung einer allgemeinen ›jüdischen Diktatur‹ einhergehen.«, Mein Kampf, 2.Teil, 1927.

5 Philippe Burrin, Hitler und die Juden, Frankfurt 1993, 115–116.

6 KTB Halder, Band III, 29, 30. Juni 1941.

7 Henry Picker, Hitlers Tischgespräche im Führerhauptquartier, Berlin 1989, 197, 340–341, 366: Aus zahlreichen Tischgesprächen in diesen Jahren geht hervor, daß Hitler dieses Reich am liebsten »Germanisches Reich« genannt hätte. Am 5. April 1942 sagte er zum Beispiel:« Man müsse sich immer das eine vor Augen halten, daß jeder, wenn er nicht von seiner blutsmäßigen Zugehörigkeit zum Germanischen Reich als der neu zu schaffenden größeren Einheit Europa durchdrungen sei, sich als Verräter an seinem Volk fühlen müsse.« In einem Tischgespräch vom 8. Juni 1942 sagte Hitler, daß er gerne Berlin in »Germania« umbenennen würde in einem großen Germanischen Reich, zu dem nur reinrassige germanische Menschen gehören dürften. In einem Tischgespräch am 30. Mai 1942 beschrieb Hitler dieses »Germanische Reich« als Gegenstück zum »Tausendjährigen Reich der Juden«, das sie mit Unterstützung der Bolschewisten gründen wollten. Gebe es das »Germanische Reich« nicht, bedeute das Chaos für Europa, das 2000 bis 3000 Jahre dauern würde.

8 Ernst Hanfstängel, 15 Jahre mit Hitler, München 1980, 165; Alfred Leitgens Aussage vom 19.12.1952: Institut für Zeitgeschichte, München; Schwerin von Krosigk, Es geschah in Deutschland, Tübingen 1951, 239; ein anonymer Nazi-Arzt bestätigte: »Hess wußte genau, was Hitler dachte. [...] Er war der einzige, der in all der Zeit innig mit ihm verbunden war.« Jay Robert Lifton, The Nazi Doctors, London 1986, 129.

9 Ausführlich in: Lord Simon Papers, Bodleian Library, Oxford.

10 PRO PREM 3, 210/7, 103–107, 117–118.

11 Newton Scott, The economic background to appeasement and search for Anglo-German detent before and during World War II, in: Lobster 20 ff. (Hess in Gesprächen am 14. Juli 1941).

12 Richard Korherr, Europäische Wanderungsströme, in: Der Wirtschafts-Ring, 14, 1941, Heft 9, 210–213, 28. Februar 1941; Prof. Karl von Loesch nannte 12 verschiedene Möglichkeiten für die Umsiedlung von Volksgruppen in Europa: »Grenzschutzsiedlung, Grenzsicherungsumsiedlung, Bevölkerungsaustausch, Zwangsumsiedlung, Rückumsiedlung, Wiederaufbau, Ordnungsumsiedlung, Sicherungssiedlung und Wiederbesiedlung frisch verwüsteter Gebiete« (von Loesch, Die Umsiedlungsbewegung in Europa, in: Franz Six, Jahrbuch der Weltpolitik, Berlin 1942, 36–69).

13 Götz Aly/Susanne Heim, Vordenker der Vernichtung. Auschwitz und die deutschen Pläne für eine neue europäische Ordnung, Hamburg 1991, 249–251.

14 Götz Aly/Susanne Heim, Vordenker der Vernichtung. Auschwitz und die deutschen Pläne für eine neue europäische Ordnung, Hamburg 1991, 253–254.

15 Bundesarchiv Koblenz, Sammlung Brammer, ZSg 101/41.

16 Das Diensttagebuch des deutschen Generalgouverneurs, München 1987, 413.

17 Wetzel, Stellungnahme und Gedanken zum Generalplan Ost des Reichsführers SS, in: Vierteljahresheft für Zeitgeschichte, Juli 1958, 297–324; Dietrich Eichholz, Der Generalplan Ost, in: Jahrbuch für Geschichte, 26, 1982, 256, Dokument 2.
18 Serge Klarsfeld, Vichy-Auschwitz, Nördlingen 1989, 367–368.
19 Dokument V-15 von CDJC, Paris.
20 Abraham J. Edelheit /Herschel Edelheit, History of the Holocaust. A Handbook and Dictionary, Oxford 1994, 242: »Early term for the ›Endlösung‹. The term did not necessarily imply extermination: For example, ›Gesamtlösung‹ was used during the stages of the so-called Madagascar Plan. The term did, however, imply comprehensive, methodical and systematic action against the Jews.«
21 PS-710; Martin Broszat, Hitler und die Genesis der ›Endlösung‹. Aus Anlaß der Thesen von David Irving, in: Vierteljahreshefte für Zeitgeschichte, 25/4, 1977, 747 (auf englisch erschienen in: Yad Vashem Studies, XIII, 1979, 73–125); Uwe Dietrich Adam, Judenpolitik im Dritten Reich, Düsseldorf 1972, 308–309.
22 Philippe Burrin, Hitler und die Juden, Frankfurt 1993, 197, verweist auf: Dr. Feldscher, Ergebnis der Besprechung im Hauptamt Sicherheitspolizei über die Lösung der europäischen Judenfrage, 13.8.1941, D. Irving-collection, Hitler's War, Microfilm 97125/8.
23 Hubert Rosenkranz, Verfolgung und Selbstbehauptung. Die Juden in Österreich 1938–1945, Wien 1978, 269.
24 ADAP D 13, Beilage III, 838.
25 Hillgruber, Staatsmänner und Diplomaten bei Hitler, Frankfurt 1967, 609–615 (611 und 614).
26 H. R. Trevor-Roper, Hitler's Table Talk 1941–1944, London 1953, 24 (11.8.1941).
27 ADAP D 13, Dok. 207, 264.
28 Philippe Burrin, Hitler und die Juden, Frankfurt 1993, 162.
29 Goebbels, Tagebücher, Bundesarchiv Koblenz, NL 118/90, 19. August 1941, 45 und 20. August 1941, 22.
30 126–EC, in: IMT, XXXVI, 141, 145.
31 Siehe: Dokumente der deutschen Politik, Junker und Dünnhaupt Verlag, Berlin, Band 7, 476–479, Hitlers Rede vom 30. Januar 1939, in der er über eine »territoriale« Lösung der Judenfrage, aber auch über die Vernichtung sprach. Die historische Entwickung werde zeigen, für welche der beiden Lösungen er sich entscheiden werde, um den »verderblichen Einfluß des internationalen Finanzjudentums und der bolschewistischen Internationale« (die einander bei der Errichtung der Weltherrschaft unterstützten) in Europa auszuschalten.
32 Philippe Burrin, Hitler und die Juden, Frankfurt 1993, 167.
33 CDJC, CCXC-10, 2. April 1941; Yitzak Arad, Alfred Rosenberg and the Final Solution in the Occupied Sovjet Territories, in: Yad Vashem Studies, XIII, 1979, 263–286.
34 Henry Picker, Hitlers Tischgespräche im Führerhauptquartier, Berlin 1989, 69–70.
35 Philippe Burrin, Hitler und die Juden, Frankfurt 1993, 169.
36 L. J. Hartog, Hoe ontstond de jodenmoord? Hitler, Amerika en de Endlösung, Den Haag 1994, 46–47. Der große Verdienst dieses Werkes ist, daß es überzeugend aufzeigt, welchen entscheidenden Einfluß der Eintritt Amerikas in den Krieg auf das Schicksal der Juden in Europa hatte.
37 BA NS 19/2655.
38 L. J. Hartog, Hoe ontstond de jodenmoord? Hitler, Amerika en de Endlösung, Den Haag 1994, 61.
39 Raul Hilberg, Deportationen, in: Raul Hilberg, Die Vernichtung der europäischen Juden, Band 2, Frankfurt am Main 1990, 411–927.
40 L. J. Hartog, Hoe ontstond de jodenmoord? Hitler, Amerika en de Endlösung, Den Haag 1994, 59.
41 L. J. Hartog, Hoe ontstond de jodenmoord? Hitler, Amerika en de Endlösung, Den Haag 1994, 60.
42 David Irving, Hitler's War, London 1977, 505.
43 PA Pol. III 246, Martin Luthers Memoranden vom 13. und 17. Oktober 1941.
44 Uwe Dietrich Adam, Judenpolitik im Dritten Reich, Düsseldorf 1972, 353, Nr.256.
45 W. Jochmann (Hg.), Monologe im Führerhauptquartier 1941–1944, München 1980, 106.
46 Philippe Burrin, Hitler und die Juden, Frankfurt 1993, 145.
47 Philippe Burrin, Hitler und die Juden, Frankfurt 1993, 146: »Die Zerstörung der Pariser Synagogen war wie eine Kriegserklärung, die symbolische Anmeldung der kommenden Vernichtung.«
48 Israel Gutman, (Hg.), Encyclopedia of the Holocaust, Band I, London 1990, 283–287.
49 Max Domarus, Hitler. Reden und Proklamationen 1932–1945, Band VI, Wiesbaden 1973, 1808–1810.
50 Das Wannsee-Protokoll: Nürnberger Dokument NG-2586.
51 Jochen von Lang, Das Eichmann-Protokoll, Frankfurt 1982, 82–86.

52 Dr. J. Michman, Met voorbedachten rade. Ideologie en uitvoering van de Endlösung der Judenfrage, Amsterdam 1987, 54.
53 Memorandum »Kolonialpläne« des »Büro Unterstaatssekretär« (Polit. Archiv des AA, Bonn).
54 PA AA, Inland II, g 177, D III, 145/42; veröffentlicht in: Akten zur Deutschen Auswärtigen Politik E I, Nr.227, 403.
55 PA Pol.X 7 q 183 (E 050132).
56 PA Pol.X 7 q 183 (E 050132).
57 H.R. Trevor-Roper, Hitler's Table Talk 1941–1944, London 1953, 328 (22.2.1942).
58 Geheime Reichssache. Besprechungsprotokoll [...], der am 20.1.1942 in Berlin, Am Großen Wannsee Nr. 56/58, stattgefundenen Besprechung über die Endlösung der Judenfrage. [...], in: Rober M. W. Kempner, Eichmann und Komplizen, Zürich, Europa-Verlag 1961, 133–147: »Anstelle der Auswanderung ist nunmehr als weitere Lösungsmöglichkeit nach entsprechender vorheriger Genehmigung durch den Führer die Evakuierung der Juden nach dem Osten getreten [...] im Hinblick auf die kommende Endlösung der Judenfrage [...]. Im Zuge dieser Endlösung der europäischen Judenfrage kommen rund 11 Millionen Juden in Betracht.«
59 Die Tagebücher von Joseph Goebbels, München 1987, I/4, 115–116.
60 Die Tagebücher von Joseph Goebbels, München 1987, I/4, 207–209.
61 Ich erwähne hier nur zwei Artikel: Pariser Zeitung vom 15. März 1943; Y aura-t-il un État juif?, in: Le Nouvelliste, Lyon vom 18. März 1943: über die Bedeutung der Errichtung eines jüdischen Staates außerhalb Europas.
62 Die Tagebücher von Joseph Goebbels, München 1987, I/4, 115–116.
63 Hitler hatte schon früher erklärt, daß man die »Ostjuden« nach Sibirien verbannen könnte.
64 Henry Picker, Hitlers Tischgespräche im Führerhauptquartier, Berlin 1989, 340.
65 Henry Picker, Hitlers Tischgespräche im Führerhauptquartier, Berlin 1989, 456.
66 PA AA, Inland II g 177.
67 The Memoirs of Dr. Felix Kersten, New York 1947.
68 The Memoirs of Dr. Felix Kersten, New York 1947.
69 Philippe Burrin, (Hitler und die Juden, Frankfurt 1993), hat diese Ansicht mit starken Argumenten untermauert; der Madagaskar-Plan ist einer der besten Beweise dafür.
70 Was Christopher R. Browning in seinem Buch *Des hommes ordinaires. Le 101e bataillon de réserve de la police allemande et la solution finale en Pologne,* Paris 1994, 236–238, über die ideologische Ausstattung der deutschen Soldaten in Polen schreibt, gilt auch für die deutschen Soldaten an der russischen Front: »Sans trop se soucier de consistance logique, la brochure de 1943 sur ›La politique de la race‹ (pour les soldats) affirme ensuite que le Juif conserve sa propre race pure tout en portant atteinte à la race hôte par le mélange des sangs. Il n'est pas de coexistence concevable entre un peuple conscient de sa race et les Juifs. Seule la lutte est possible – un combat qui ne sera gagné que lorsque le dernier Juif aura quitté notre part de cette terre. La guerre présente étant précisément un combat de ce type, c'est elle qui décidera du sort de l'Europe: Avec la destruction des Juifs, la dernière menace d'effodrement européen disparaîtra.«
71 Philippe Burrin, Hitler und die Juden, Frankfurt 1993, 177.
72 Das Diensttagebuch des deutschen Generalgouverneurs in Polen 1939–1943, Stuttgart 1975, 457.
73 Philippe Burrin, Hitler und die Juden, Frankfurt 1993, 178.
74 L. J.Hartog, Hoe ontstond de jodenmoord? Hitler, Amerika en de Endlösung, Den Haag 1994, schreibt, daß der Ausbruch des Zweiten Weltkrieges für die Durchführung von Hitlers Entscheidung zur Vernichtung der Juden von entscheidender Bedeutung war. Leider schenkt der Autor Hitlers Plänen bezüglich einer Verbannung der Juden – die er jahrelang erwogen hatte – kaum Beachtung.
75 Philippe Burrin, Hitler und die Juden, Frankfurt 1993, 179.

Anmerkungen zu Teil 2 – Kapitel XII
Die Madagaskar-Pläne: eine »jüdische List«

1 Claude Wacogne, Les juifs et Madagascar, in: L'Appel vom 28. Mai 1942. Jean Boissel, Madagascar aux juifs, in: Le Reveil du Peuple vom 1. September 1942: Die Madagaskar-Pläne seien von Anfang an eine jüdische Angelegenheit gewesen, weil sich die Juden in der Absicht, die dort ansässige Bevölkerung zu versklaven, auf der Insel niederlassen wollten.

Anmerkungen zu Teil 2 – Kapitel XIII
Jüdische Reaktionen auf die deutschen Madagaskar-Pläne

1 Ausschnitt aus dem Artikel von M. Nussbaum, Life in Wartime Germany, in: Contemporary Jewish Record, III, 1940, 577–586.

[2] Y. B. Schlechtermann, Fighter and Prophet. The Vladimir Jabotinsky Story, Teil I und II, New York/London 1961.

[3] Lohamei Herut Israel, Writings, Bd. I und II, Tel Aviv 1959/1961; J. Orenstein, Enchained, Tel Aviv 1973; D. Yisraeli, The Palestine Problem in German Politics 1889–1945, Ramat Gan, Israel 1974.

[4] Eugene Hevesi, Hitler's Plan for Madagascar, New York, Mai 1941. Im Auftrag des *American Jewish Committee's Research Institute on Peace and Post-War problems* wollte E. Hevesi aufzeigen, daß Madagaskar für die europäischen Juden keine Heimat werden könne: »Sending Jews masses to Madagascar would mean sending them to their grave.«

[5] Der Bericht, den mir das *Yivo Institute for Jewish Research* zur Verfügung stellte, umfaßt 19 Kapitel: Introduction (I), History (II), General Physical Description (III), Climatic Conditions (IV), Sanitary Conditions (V), Population (VI), Occupations (VII), Government (VIII), Finance (IX), Agriculture (X), Pastoral Industry and Stock Farming (XI), Industry (XII), Trade (XIII), Communications (XIV), Problems of Colonization (XV), Costs of Settlement (XVI), White Settlement in the Tropical Highlands (XVII), Communications of Mr. Leon Alter (XVIII) und Conclusions (XIX). Der Bericht schließt mit einer Bibliographie.

[6] Der Autor des Berichts verweist auf: André Touzet, Le problème colonial et la Paix du monde, Paris 1937, der die Erkenntnisse deutscher Spezialisten über Probleme der Kolonisation zusammenfaßte.

[7] Darüber waren sich die wichtigsten kolonialen Instanzen einig: der Deutsche Akademische Kolonialbund, die Deutsche Kolonialgesellschaft und andere koloniale Institute in Deutschland.

[8] Aus dem Bericht der 10. Internationalen Studienkonferenz des *Institute of Intellectual Co-Operation,* die im Jahr 1937 in Paris abgehalten wurde.

[9] Sogar die Zahl jener europäischen Einwanderer, die in den ehemaligen deutschen Kolonien in Afrika andere als physische Arbeit ausübten, war wegen des Klimas beschränkt geblieben: 1933 gab es nach einer Periode von 30 Jahren Kolonisation bloß 20 000 weiße Europäer in den deutschen Kolonien (in einem Gebiet dreimal so groß wie Madagaskar), davon waren 17 000 Deutsche und 2500 Briten. Die meisten blieben nur ein Jahr. Die Zahl derer, die ins Mutterland zurückkehrte, war immer größer als die der Immigranten.

[10] Eugene Hevesi, Hitler's Plan for Madagascar, in: Contemporary Jewish Record, Bd.4, 1941, 381–394.

[11] Projects for Jewish Mass Colonization, in: Jewish Affairs, November 1941.

Anmerkungen zu Teil 2 – Kapitel XIV
Der britische Madagaskar-Plan im Zweiten Weltkrieg

[1] Chaim Weizmann, Memoiren. Das Werden des Staates Israel, 1953, 617.

[2] Soweit ich es beurteilen kann, haben diesen Aspekt nur Martin Gilbert in seiner gründlichen Studie *Auschwitz and the Allies, London 1981*, und Bernard Wasserstein in seinem Werk *Britain and the Jews of Europe 1939–1945, Oxford 1979*, berücksichtigt.

[3] Yehuda Bauer, From Diplomacy to Resistance. A History of Jewish Palestine 1939–1945, Philadelphia 1970, 153–162; Monty Noam Penkower, The Jews were expendable. Free World Diplomacy and the Holocaust, University of Illinois Press, Chicago 1983, 3–29 (The Struggle for an Allied Jewish Fighting Force).

[4] Chaim Weizmann, Memoiren. Das Werden des Staates Israel, 1953, 619–620.

[5] J. B. Schlechtman, The Mufti and the Führer. The Rise and the Fall of Hai Amin al Husseni, New York, 105. Bezüglich weiterer Kontakte zwischen Hitler und dem Mufti siehe: Robert Wistrich, Der antisemitische Wahn. Von Hitler bis zum Heiligen Krieg gegen Israel, München 1987, 287–310.

[6] Memorandum Moynes vom 30. September 1941, PRO PREM 4/52/5, I-II; Gespräche Moynes mit Ben-Gurion, August 1941, BGA (= David Ben-Gurion Archive, S. de Boker, Israel); Brief Weizmanns an Moyne vom 20. Oktober 1941, CSA S 25/7569.

[7] PRO PREM 4/65/26.

[8] Die vorliegenden Angaben stammen aus: Martin Gilbert, Auschwitz and the Allies. How the Allies responded to the news of Hitler's Final Solution, London 1981, 108–110; Bernard Wasserstein, Britain and the Jews of Europe 1939–1945, Oxford 1979, 190–215.

[9] Wie schon zuvor ausgeführt, hätte im Jahre 1938 neben der polnischen auch die rumänische Regierung gerne am französischen Madagaskar-Plan für verfolgte Juden teilgenommen. 1942/1943 setzten die Rumänen alle Hebel in Bewegung, um die Juden in die Türkei abzuschieben und auf diese Weise deren Ausrottung zuvorzukommen. (Jean Ancel, Roumania, in: Encyclope-

dia of the Holocaust, Vol.2, New York 1990, 1289–1300).

10 Central Zionist Archives, 25/1681; PRO PREM 4/51/8; Beschlüsse des Kriegskabinetts (Nr.172ff) aus dem Jahre 1942 (ebenfalls enthalten in: PRO PREM 4/51/8); Committee on the Reception and Accommodation of Jewish Refugees, erste Sitzung vom 31. Dezember 1942, PRO PREM 4/95/15.

11 M. Wischnitzer, To Dwell in Safety, Philadelphia 1948, 247.

12 H. L. Feingold, The Politics of Rescue, New Brunswick 1970; Bernard Wasserstein, Britain and the Jews of Europe 1939–1945, Oxford 1979; D. S. Wyman, The Abandonment of the Jews. America and the Holocaust 1941–1945, New York 1984; M. Wischnitzer, To Dwell in Safety, Philadelphia 1948, 247.

13 Golda Meir, Mein Leben, Hamburg 1975, 162–163.

14 In einem jüdischen Kommentar ist zu lesen: »This was especially deplorable in view of the unsavory reputation the Madagascar venture had earned in connection with plans of the pre-1939 Polish government and the Nazi government to ship European Jews there.« (M. Wischnitzer, To Dwell in Safety, Philadelphia 1948, 247).

15 Bermuda-Konferenz: Bericht in: PRO Colonial Office Papers, 733/449/76208/2.

16 Arthur D. Morse, Terwijl de zes miljoen stierven, Ede 1968, 61.

17 Ich entnehme diese und vorangegangene Angaben folgender zuverlässiger Quelle: Meir Mendes, Le sionisme dans Le Saint-Siège et les victimes de la guerre, in: Meir Mendes, Le Vatican et Israel, Paris 1990, 245–247. Mendes war kein Diplomat wie alle anderen. Im Namen der israelischen Regierung stellte er seine Arbeit in Rom gänzlich in den Dienst der Beziehungen zwischen dem Staat Israel und dem Vatikan.

18 Zahlreiche Beispiele für eine derartige Politik finden sich in: P. Blet/R. Graham/A. Martini/B. Schneider, Actes et Documents du Saint-Siège relatifs à la Seconde Guerre Mondiale (9 Bände), Rom 1965–1975; John F. Morley, Vatican diplomacy and the Jews during the Holocaust 1939–1943, New York 1980.

19 Meir Mendes, Le sionisme dans Le Saint-Siège et les victimes de la guerre, in: Meir Mendes, Le Vatican et Israel, Paris 1990, 247.

20 Martin Gilbert, Auschwitz and the Allies. How the Allies responded to the news of Hitler's Final Solution, London 1981, 146–148.

21 PRO PREM paper 178, 1943; PRO PREM 4/66/36.

22 Hier kommt die Wahrheit ans Tageslicht: einzig und allein aus diesem Grund sollten die Juden Europa nach dem Krieg verlassen und eine neue Zukunft in einem kleinen jüdischen Staat in Palästina und einem großen in Eritrea, Tripolitana oder auf Madagaskar aufbauen.

23 Es ist interessant, daß Papst Pius XI. bereits in den dreißiger Jahren versuchte, dem Zionismus durch Bekämpfung des Antisemitismus den Wind aus den Segeln zu nehmen. Einerseits wollte Pius XI. in der Tradition seiner Vorgänger Pius X. und Benedikt XV. alles unternehmen, um die Gründung eines Judenstaates in Palästina zu verhindern, andererseits rührte ihn das Schicksal der Opfer des Antisemitismus, und er war zu vielem bereit, um deren Leiden zu lindern. Im Jahre 1926 verurteilte er die *Action Française* nicht zuletzt wegen ihres antisemitischen Programms, und 1928 verurteilte er generell den Antisemitismus mit für die damalige Zeit ungewöhnlich scharfen Worten: »Aus christlicher Liebe hat der Heilige Stuhl das jüdische Volk stets vor ungerechtfertigten Schikanen in Schutz genommen. So wie wir jede Form des Zorns oder der Zwietracht zwischen den Völkern mißbilligen, verurteilen wir im besonderen und vorbehaltlos jeglichen Haß gegenüber jenem Volk, das einst von Gott auserwählt wurde; einen Haß, den man gemeinhin als Antisemitismus bezeichnet.« Diese scharfe Verurteilung des rassistischen Antisemitismus durch Pius XI. war untrennbar mit seiner Politik gegenüber dem Zionismus verbunden. Wenn die Juden, so die Überlegungen des Papstes, vor allem aufgrund des aktuellen Antisemitismus in das Land ihrer Vorväter zurückkehren wollten, ließe sich ein solch massiver Auszug der Juden nach Palästina doch am einfachsten verhindern, indem man dessen Ursache – also den Antisemitismus – bekämpfte. Pius XI. hatte bereits in einem frühen Stadium seines Pontifikats deutlich aufgezeigt, daß der Antisemitismus der Nazis unweigerlich auf die Gründung eines Judenstaates in Palästina hinauslaufen würde. Nicht zuletzt deshalb setzte er stets neue Schritte, um diesen Antisemitismus zu bekämpfen. So ging er 1938 auf einen Vorschlag Edith Steins ein, den ihm diese bereits 1933 in einem versiegelten Brief zukommen hatte lassen: die Veröffentlichung einer neuen Enzyklika zum Thema des »modernen« Antisemitismus. Im Juni 1938 gab er John LaFarge, einem Jesuiten amerikanischer Abstammung, den Auftrag, einen entsprechenden Text zu verfassen (Georges Passelelcq/Bernard Suchecky, L'Encyclique cachée de Pie XI, Paris 1995). Im Februar 1939, nur wenige Monate vor dem Tod Pius XI., hatte der Ge-

neraloberst der Jesuiten, der Pole Wladimir Ledochowski, das Manuskript LaFarges erhalten. Er war über bestimmte Passagen dermaßen entsetzt, daß er mit äußerster Diplomatie vorging, um zu verhindern, daß das Manuskript in die Hände von Pius XI. gelangte, der es womöglich drucken und als Enzyklika aussenden lassen würde. So war es kein Wunder, daß Pius XI. das Manuskript nie zu Gesicht bekam. Bereits im Sommer 1938 hatte er eingegriffen, um den Antisemitismus der Jesuiten einzudämmen. Pius XI. war somit nach Petrus der erste Papst, der in aller Öffentlichkeit eine Verwandtschaft zwischen Semitismus und Kirche verkündete und als Konsequenz den Antisemitismus scharf anprangerte. Keiner der bis dahin 259 Nachfolger Petri hatte sich jemals mehr – aber auch erfolgloser – für den Schutz der Juden eingesetzt als dieser Pius XI. Aber es war bereits zu spät, um in Europa das Blatt noch zu wenden und zu verhindern, daß immer mehr Juden in das Land ihrer Vorväter zurückkehren wollten, um den Verfolgungen zu entkommen.

24 Colonial Office papers 733/446; PRO PREM 4/52/5, 1130–1132; PRO PREM 4/52/5, Memorandum von Sir Stafford Cripps vom 1. Juli 1943; War Cabinet 92, 1943. Protokolle 1, 2 und 3 (Kopie in: PRO PREM 4/52/5; PRO PREM 4/51/8).

Anmerkungen zu Teil 2 – Kapitel XV

Der jüdische Madagaskar-Plan am Ende des Zweiten Weltkrieges

1 Georges Wellers, L'Etoile jaune à l'heure de Vichy, Paris 1973

2 Georges Wellers, De Drancy à Auschwitz, Editions du Centre, Paris, 1946, 38–39, 75, 84–85, 94, 219

3 Seit 1907 tauchte in der jiddischen Literatur immer wieder das Motiv des gekreuzigten Juden auf: David G. Roskies, Jews on the Cross, in: David G. Roskies, Against the Apocalypse. Responses to catastrophe in Modern Jewish Culture, Cambridge 1984, 258–310; Lamed Shapiro, Le Royaume juif (von verschiedenen Autoren aus dem Jiddischen übersetzt), Le Seuil, Paris, 1987. Ab 1938 malte Marc Chagall einige Dutzend Kompositionen des gekreuzigten Christus als Symbol für das Märtyrertum des jüdischen Volkes.

4 Michael R. Marrus/Robert O. Paxton, Vichy, l'abbé Catry et les Sionistes de »Massada«, in: Michael R. Marrus/Robert O. Paxton, Vichy et les Juifs, Paris 1981, 431–438.

5 Cohen hatte diesen Gedanken schon früher ausgearbeitet, und zwar in Nomades: essai sur l'âme juive, Paris 1929; Kadmi Cohen, L'Abomination américaine, Paris 1930.

6 Georges Wellers, De Drancy à Auschwitz, Editions du Centre, Paris, 1946, 219.

Anmerkungen zu Teil 2 – Kapitel XVI

Der britische Madagaskar-Plan nach dem Zweiten Weltkrieg

1 PRO FO, 371/57690/1085

2 Chaim Weizmann, Memoiren, Das Werden des Staates Israel, 1953, 644.

3 Golda Meir, Mein Leben, Hamburg 1975, 190–191.

4 Golda Meir, Mein Leben, Hamburg 1975, 192–193.

5 Aus: Consul-General Madagascar to Foreign Office PRO FO, 371/57690/1086.

6 Golda Meir, Mein Leben, Hamburg 1975, 209.

Chronologie

1920

24. Februar Das Parteiprogramm der Nationalsozialisten kündigt schwerwiegende Veränderungen für die in Deutschland lebenden Juden an. Es werden Maßnahmen getroffen, die auf eine Vertreibung der Juden abzielen.

6. Juli Hitler spricht im Bürgerbräukeller in München über die »Entfernung« der Juden. Das Recht auf eine »menschengerechte« Behandlung hätten sie nur in Palästina.

13. August Hitler schließt in München eine mehrstündige Rede mit der Bemerkung, daß er die Juden nicht deshalb zur Emigration zwinge, weil er ihnen jegliche Daseinsberechtigung untersage. Ganz im Gegenteil: Er wünsche den Ländern, die Juden aufnähmen, sogar Glück.

Im *Völkischen Beobachter*, dem Parteiorgan der NSDAP, erscheinen anonyme Artikel, in denen sich die Autoren für die Pläne der zionistischen Bewegung stark machen, da sie offenbar hoffen, daß die Judenfrage durch eine großangelegte Emigration nach Palästina gelöst werden könnte.

Seit *Anfang der zwanziger Jahre* unterstützen Rosenberg und Hitler die zionistische Bewegung in Deutschland. Sie sind zwar im Prinzip gegen den Zionismus, da sie fürchten, daß die Juden in Palästina einen eigenen Staat gründen könnten, um von dort aus die Macht über die ganze Welt anzustreben; andererseits hoffen sie jedoch, mit Hilfe des Zionismus und seiner Auswanderungspolitik einen Großteil der Juden zur Ausreise bewegen zu können.

1921

Im *Oktober* veröffentlicht der britische Faschist Henry Hamilton Beamish in *Hidden Hand* einen Artikel über den Madagaskar-Plan.

1922

Im *Dezember* verkündet Hitler in einer Ansprache, daß er die Judenfrage so lösen wolle wie Friedrich der Große, der die Juden immer wieder aus seinem Land vertrieben habe, wenn sich herausstellte, daß sie einen »schädlichen« Einfluß auf die Bevölkerung ausübten.

1923

Im *April* veröffentlicht Beamish einen weiteren Artikel über den Madagaskar-Plan in *Hidden Hand.*

5. August Hitler verlangt, die Juden aus Deutschland zu verbannen; hunderttausende deutsche Intellektuelle könnten deren Plätze einnehmen.

In einem Gespräch mit seinem engen Freund Dietrich Eckart bedauert Hitler, daß Martin Luther der Regierung zu spät den Rat erteilt habe, die Juden aus Deutschland zu vertreiben. Luthers judenfreundliche Abhandlung aus dem Jahre 1523 habe die Position der Juden derart gefestigt, daß seine Forderung im Jahre 1543, die Juden aus allen protestantischen Ländern zu vertreiben, auf taube Ohren gestoßen sei.

1926
Auf einem internationalen Antisemiten-Kongreß in Budapest, an dem auch Beamish teilnimmt, werden von den Sprechern deutscher antisemitischer Gruppierungen Vorschläge eingebracht, wie man Europa von den Juden »säubern« könnte. Einer dieser Vorschläge beinhaltet die Deportation der Juden nach Madagaskar.

1927
Egon van Winghene rechtfertigt in einer Abhandlung seinen Madagaskar-Plan.

1931
Im *März* veröffentlicht Arnold Leese in *The Fascist* einen Artikel mit dem Titel *The Destiny of the Jews* und plädiert für die Abschiebung der Juden, »des Abschaums der christlichen Gesellschaft«, nach Madagaskar.

Hitler erklärt, daß die Macht des Judentums nur gebrochen werden könne, wenn man alle Juden in einem »Judenstaat« zusammenfasse (später wird Hitler vorzugsweise von einem »Reservat« sprechen). Er vertritt die Meinung, daß die Judenfrage auf europäischer – wenn nicht sogar auf internationaler Ebene – gelöst werden müsse.

1932
Im *September* veröffentlicht Leese in *The Fascist* den Artikel *Future Home for the Jews* und unterstreicht damit neuerlich, daß eine Verbannung nach Madagaskar die beste Lösung für die Judenfrage darstelle.

1933
Am *28. August* Die gemeinsamen Interessen von Zionisten und Antisemiten werden im sogenannten *Haavara*-Abkommen festgelegt. Der Vertrag wird von Vertretern des deutschen Wirtschaftsministeriums und der Zionistischen Vereinigung für Deutschland sowie der *Anglo Palestina Bank* unterzeichnet. In Tel Aviv wird die *Trust and Transfer Office Haavara Ltd* und in Berlin die Palästina-Treuhandstelle zur Beratung deutscher Juden errichtet.

Im *September* veröffentlicht die Zeitschrift *Pro Christo* einen Artikel, in welchem darauf hingewiesen wird, daß die polnische Nation die Pflicht habe, sich zu verteidigen. Wenn der katholische Glaube es zulasse, daß man sich gegen einen Aggressor zur Wehr setze, dann müsse dies auch für den »jüdischen Aggressor« gelten, der die gesamte Nation demoralisiere. Polnische Katholiken versuchen somit schon in den dreißiger Jahren, eine großangelegte Judendeportation ethisch zu rechtfertigen.

1934
Himmler unterbreitet Hitler den Vorschlag, außerhalb Europas einen eigenen Staat für die Juden zu gründen. Er betrachtet es als eine »heilige Mission«, Europa vor der Bedrohung durch die jüdischen »Untermenschen« zu bewahren und die Vorherrschaft der Arier zu sichern.

Im *Juni* veröffentlicht das Reichssicherheitshauptamt einen Bericht, in dem von einer Massendeportation deutscher Juden nach Palästina und Syrien die Rede ist. Es ist dies das erste offizielle Nazi-Dokument, das Pläne zur Zwangsemigration der Juden enthält.

Als Weizmann *1934* mit den tragischen Entwicklungen in Deutschland konfrontiert wird, kommt er zum Schluß, daß Transjordanien (sowie Syrien und der Irak) für die Errichtung jüdischer Kolonien in Frage kämen. In Palästina solle ein jüdischer Staat entstehen.

1935
Im *Februar* veröffentlicht Leese in *The Fascist* einen Artikel unter dem Titel *The Segregation of the Jews*, in welchem er sich erneut für die Verbannung der Juden nach Madagaskar ausspricht.

Im *April* verkündet die SS, daß man die Judenfrage mittels Zwangsemigration zu lösen gedenke. In einem offiziellen Schreiben wird den Juden klar zu verstehen gegeben, daß sie keinesfalls in Deutschland bleiben dürfen.

Am *15. Mai* gibt Heydrich bekannt, was er schon ein Jahr zuvor Himmler in einem Memorandum anvertraut hat: Er äußert Zweifel darüber, daß hunderttausende Juden Deutschland freiwillig verlassen würden. Heydrich lobt den »Weitblick« der SS, die bereits 1934 ein Syrien-Projekt ins Leben gerufen habe – ein Projekt, das auf der Zwangsemigration der Juden basiert.

Im *August* schreibt Anton Reithinger, der als Osteuropa-Experte bei I.G. Farben tätig ist, daß laut polnischer Auffassung die Überbevölkerung in ländlichen Gegenden eine Katastrophe für die wirtschaftliche Entwicklung des Landes darstelle. Unter dem Einfluß rechtsextremer Kräfte würden viele Polen die Meinung vertreten, daß dreieinhalb Millionen Juden (= 10 Prozent der Bevölkerung) eine Lösung dieses Problems unmöglich machten.

8. Dezember Die Polnische Bauernpartei stellt im Rahmen eines Parteitages ein neues Programm vor, das in Artikel 8 die Judenfrage behandelt: Prinzipiell erkennt die Partei die Rechte der Juden in Polen an. Dennoch strebt sie eine Lösung der Judenfrage durch Emigration der Juden nach Palästina und in andere Gebiete (beispielsweise Madagaskar) an.

Im *Dezember* macht Otto Hirsch, Vorsitzender der Reichsvertretung der Juden in Deutschland, auf Drängen des Bankiers Max Warburg in einem an das deutsche Innenministerium gerichteten Memorandum den Vorschlag, daß man kurzfristig 25 000 Juden zur Emigration aus Deutschland bewegen solle – mit dem Zugeständnis, daß sie 250 Millionen Mark mitnehmen dürften.

Im *Dezember* einigen sich die Führer jüdischer Organisationen in England und in den Vereinigten Staaten – wieder auf Drängen von Warburg – auf den Vorschlag, in den kommenden vier Jahren die Emigration von 100 000 Juden aus Deutschland zu organisieren. Nach vier Jahren sollten auch deren Familienangehörige (350 000 Juden) nachkommen. Die übrigen (vor allem älteren) Juden sollten unbehelligt in Deutschland bleiben dürfen.

1936
Im *Januar* erklärte der polnische Außenminister im *Sejm*, daß ein Großteil der polnischen Juden nach Palästina, Madagaskar oder Südamerika emigrieren müsse.

1. Januar James G. McDonald tritt als Hochkommissär für Flüchtlingsfragen beim Völkerbund zurück. Vor seinem Rücktritt hat er noch Felix Warburg – Leiter des *Joint Distribution Committee* – den Vorschlag gemacht, einen Plan zur jährlichen Immigration von 15 000 bis 20 000 Juden auszuarbeiten.

7. Februar Stephen Wise schickt im Namen der Vereinigung Polnischer Juden in den USA der polnischen Regierung ein Telegramm, worin er gegen den Plan, die Juden zum Verlassen Polens zu zwingen, Protest einlegt.

Da deutlich geworden ist, daß die Juden vom Völkerbund keine Hilfe zu erwarten haben, ergreifen einige jüdische Führer aus Großbritannien (unter anderem Herbert Samuel, Lord Bearsted und Simon Marks) im Frühjahr die Initiative, um die Juden aus Deutschland zu evakuieren. Sie wenden sich an jüdische Organisationen in Amerika. Die britischen Juden schlagen vor, ein Drittel zu einer Gesamtsumme von 12 Millionen Dollar beizutragen, die nötig sein würde, um den Juden aus Deutschland ein neues Zuhause zu verschaffen. Die amerikanischen Juden sollten den Rest des Betrages aufbringen.

14. März Der polnischen *Stronnictwo Narodowe* gelingt es, vom Problem der fünf Millionen Ukrainer und der einen Million Deutschen in Polen abzulenken und die Aufmerksamkeit auf die Judenfrage zu richten. Sie setzt sich für einen Boykott der Juden und für eine Zwangsemigration aller Juden nach Palästina, Madagaskar oder in andere Gebiete ein.

Im *Juni* schreibt Baxter, die wahre Ursache für den Interventionsversuch des polnischen Außenministers beim Völkerbund sei darin zu suchen, daß es in Polen mehr als drei Millionen Juden gebe und die jüdische Bevölkerung sich dieser entledigen wolle.

Im *Sommer* sagt Arthur Prinz, Mitglied des Hilfsvereins der Deutschen Juden, daß die SS und die Gestapo jede Art von Initiative unterstützen würden, die eine großangelegte Emigration von Juden beinhalte. Schon Gerüchte sind offenbar ausreichend, um die SS in Aktion zu bringen – dies wird aus der Tatsache deutlich, daß man dem Ecuador-Projekt große Aufmerksamkeit widmet. Es gibt Gerüchte, daß eine Hilfsorganisation in Schlesien die Zustimmung erhalten habe, zehntausende Juden in den Osten Ecuadors umzusiedeln. Eichmann beauftragt Mitglieder des Hilfsvereins, die Meldung zu überprüfen und herauszufinden, ob auch Juden aus Deutschland an dieser Umsiedlungsaktion »teilnehmen« könnten. Das Ecuador-Projekt erleidet jedoch dasselbe Schicksal wie das Syrien-Projekt im Jahre 1934.

29. September Im deutschen Innenministerium wird eine Mitarbeiterversammlung zur »Judenpolitik« vorbereitet, an der Minister und Staatssekretäre teilnehmen. Einige vertreten die Meinung, daß die Umsiedlungspolitik in erster Linie auf Palästina ausgerichtet werden sollte, da die Juden Asiaten seien und aus dieser Gegend stammten. Andere Teilnehmer wiederum zeigen mehr Verständnis für den Vorschlag der SS, auch Gebiete in Amerika, Kanada und Australien in Betracht zu ziehen. Die Zwangsumsiedlung sollte auch mit jüdischem Kapital im Ausland finanziert werden.

6. Oktober M. Komarnicki spricht in der Kommission VI des Völkerbundes in Genf im Namen der polnischen Regierung von Mandatsgebieten, die Polen dringend benötigte. Er zeigt sich erfreut, daß eine Emigration von Juden nach Palästina noch immer möglich ist. Ihm zufolge müßten jedoch auch noch andere Gebiete für die Millionen Juden Zentral- und Osteuropas gefunden werden.

20. Oktober Der Brite H. Kennard schreibt von Polen aus an Anthony Eden, daß die Judenfrage in Polen nicht gelöst werden könne, wenn man außer Palästina nicht noch andere Gebiete finde. Darum setzte sich die polnische Delegation auf der Völkerbundversammlung (zum Erstaunen der Briten) auch so vehement für den Erwerb von Kolonien ein.

26. Oktober Der polnische Außenminister Beck erklärt in einer Radioansprache an die Nation, daß seine Regierung – nach Rücksprache mit anderen Regierungsführern – das polnische Recht auf Kolonien verteidigt. Internationale Banken müßten Polen helfen, die Zwangsemigration aller in Polen wohnender Juden zu finanzieren.

29. Oktober C. O. Neill von der britischen Botschaft in Warschau schreibt in seinem Memorandum *On Polands Colonial Claims*, daß Polen nur deshalb nach Kolonien strebe, weil es seine jüdischen Bewohner zur Ausreise zwingen wolle.

Im *November* sagt Chaim Weizmann in Jerusalem, daß die Erde für die Juden in zwei Teile geteilt sei: Europa, wo sie nicht mehr leben dürften, und die übrigen Kontinente, in die sie nicht auswandern dürften.

1937
Im *Januar* erklärt die Oppositionspartei *Endek* in Polen, daß ihr Standpunkt hinsichtlich der Judenfrage unverändert sei: Alle Juden müßten zur Emigration gezwungen werden, da sie die »Quelle allen Unheils« seien.

Im *Januar* bringt die Polnische Bauernpartei in ihrem Wochenblatt deutlich zum Ausdruck, daß die polnische Regierung als Mittel gegen die Überbevölkerung nicht wie 1926 einen Madagaskar-Plan für polnische Bauern hervorzaubern solle. Nicht die Bauern sollten auswandern, sondern die Juden.

9. Januar Walter Hinrich vom Referat Deutschland des Außenministeriums warnt vor der Gefahr eines unabhängigen Judenstaates, wie die Briten ihn in Palästina gründen wollten.

16. Januar Das Deutsche Nachrichtenbüro (DNB), die inoffizielle Presseagentur des Dritten Reiches, berichtet von der Erklärung des französischen Kolonialministers Marius Moutet, der die Bereitschaft der französischen Regierung unterstreicht, Kolonien zur Ansiedlung von Juden zur Verfügung zu stellen. Außer Madagaskar kämen noch folgende Gebiete in Frage: Neukaledonien, die Neuen Hebriden und Französisch-Guinea. Der französische Madagaskar-Plan ist eine Reaktion auf den virulenten Antisemitismus in Europa.

24. Januar Die jüdische *Stimme* in Wien berichtet, daß jüdische Organisationen in Paris in Zusammenarbeit mit amerikanischen und englischen Stellen Vorbereitungen für die Entsendung einer Kommission nach Madagaskar träfen, die im Auftrag von Moutet herausfinden soll, ob die Insel für jüdische Immigranten geeignet sei.

24. Januar Die New Yorker Zeitung *Trog* stellt fest, daß der Beschluß Frankreichs ohne jede Bedeutung sei. Es sei allgemein bekannt, daß das Klima Madagaskars für Europäer völlig ungeeignet sei. Dasselbe gelte für andere französische Kolonien. Es sei darum ganz und gar unsinnig, eine Massenemigration europäischer Juden auf eine der französischen Inseln auch nur in Erwägung zu ziehen.

26. Januar Die jüdische *Stimme* bringt ein Interview mit Moutet: man solle sich nicht der Illusion hingeben, eine große Zahl von Juden in französische Kolonien deportieren zu können; eine solche Massendeportation bringe viel zu viel politische Probleme mit sich.

27. Januar Moutet teilt mit, daß sich der Gouverneur von Madagaskar bereit erklärt habe, eine bestimmte Anzahl Auswanderungswilliger (inklusive Juden) aufzunehmen – unter der

Bedingung, daß das Projekt finanziell unterstützt würde und die Juden selbst genug Geld ins Land brächten.

29. Januar Der britische Kolonialminister weist das Ansuchen der polnischen Regierung zurück, britische Kolonien in Südafrika (Basutoland, Bechuanaland und Swasiland) für jüdische Emigranten aus Polen zu öffnen.

Im *Januar* veröffentlicht das Referat II/112 der SS einen ausführlichen Bericht über die Lösung der Judenfrage in Deutschland, wobei man den Richtlinien, die 1934 aufgestellt wurden, treu bleibt. Man weist nachdrücklich darauf hin, daß sich für eine Massenemigration europäischer Juden nur Palästina und eventuell noch Gebiete in Südamerika (Ecuador, Kolumbien, Venezuela und unter Vorbehalt auch Brasilien) eigneten.

26. Februar Eichmann spricht in Berlin mit Feivel Polkes, einem Mitglied der jüdischen Untergrundbewegung *Hagana* in Palästina. Polkes hatte angeboten, geheime Informationen an die Nazis weiterzugeben, wenn sie im Gegenzug die Emigration von Juden nach Palästina erleichterten. Für Polkes ist es besonders wichtig, daß man den Juden gestattet, mehr Kapital mitzunehmen, als im *Haavara*-Abkommen festgelegt wurde.

15. April Beamish, inzwischen Vize-Präsident der *Imperial Fascist League*, bringt seine Hoffnung zum Ausdruck, daß Hitler möglichst bald eine internationale Konferenz organisieren möge, auf der über die Lösung der Judenfrage gesprochen werden könnte.

11. Mai Xavier Dubois-Chantal erklärt im Namen des *Comité anti-juif de France*, daß 40 Könige die französische Kultur geschaffen hätten – eine Kultur, die sich bis in die französischen Kolonialgebiete verbreitet habe. Aus diesem Grund sollte verhindert werden, daß ein einziger Jude – Léon Blum – sie für immer zerstöre. Marcel Jouhandeau bemerkt in diesem Zusammenhang, daß kein Europäer wisse, was im Kopf »dieses Asiaten« vorgehe.

13. Mai Moutet betont, die französische Regierung sei im Zusammenhang mit dem Madagaskar-Plan zu jeder Form von friedlicher Zusammenarbeit bereit; man könne von Frankreich jedoch nicht verlangen, daß es seine Landkarte verändere.

22. Mai Die OZN (Lager der Nationalen Einheit), die zu diesem Zeitpunkt in Polen an der Macht ist, erstellt einen streng vertraulichen Bericht über ihre Sicht der Judenfrage in Polen. Sie betont darin, daß es sowohl für die Juden als auch für die Polen viel besser sei, wenn die Juden aus Polen verbannt würden, da sie sich aufgrund unveränderlicher äußerer Merkmale niemals in die polnische Gesellschaft integrieren könnten.

22. Mai Polen und Frankreich schließen ein Handelsabkommen, in dem von einer zukünftigen Ansiedlung von Juden auf Madagaskar die Rede ist. Zuvor hatte Moutet in der Tageszeitung *Matin* im Namen der Regierung von Léon Blum geschrieben, daß man der Ansiedlung von Juden auf Madagaskar positiv gegenüberstünde.

25. Mai Frankreich stimmt dem Ansuchen Polens zu, eine Untersuchungskommission einzusetzen, der folgende Personen angehören: Mieczyslav Lepecki, ein polnischer General, der die polnische Regierung vertritt, Leon Alter, Direktor der Dachorganisation für die Emigration der Juden in Warschau, und Salomon Dyk, ein Agraringenieur aus Tel Aviv.

Der Historiker Jacques Bainville, Mitglied der *Académie Française*, zieht in zahlreichen Artikeln im literarisch-politischen Wochenblatt *Candide* (mit einer Auflage von 465 000) über die jüdischen Flüchtlinge aus Polen und Frankreich her, die in Frankreich Asyl suchten. Georges Imann schreibt in *Candide*, daß die Juden in Frankreich ein »Chanaan-sur-Seine« erobert haben, von wo aus sie auch die übrigen Gebiete des Landes sowie die französischen Kolonien besetzen würden. Blum, Weil, Goldberg, Mendès und Co werden als Spione bezeichnet, die ausgeschickt wurden, um ganz Frankreich mitsamt seinen Kolonien für das Judentum zu erobern.

Horace de Carbuccia schreibt im Wochenblatt *Gringoire* (Auflage 650 000), daß die jüdischen Flüchtlingswellen, die Frankreich und die Kolonien »überfluteten«, die jahrhundertealte christliche Kultur gefährden.

Brasillach schreibt in der am stärksten antisemitischen Wochenzeitung *Je suis partout*, daß der »verderbliche Einfluß« der Juden auf die französische Kultur viel stärker geworden sei. Darum müsse verhindert werden, daß sich auf Madagaskar eine große Zahl von Juden niederließen, da nicht nur die Franzosen, sondern auch die einheimische Bevölkerung Madagaskars die Anwesenheit der Juden als Bedrohung für ihre eigene Kultur empfänden.

29. Mai Die Wiener Tageszeitung *Frontmiliz* meldet, daß die französische Regierung beschlossen habe, außer Madagaskar keine französische Kolonie für die Ansiedlung von Juden zur Verfügung zu stellen; Polen und Rumänien nähmen an diesem Projekt teil.

1. Juni Von Neurath, der deutsche Außenminister, schickt ein Memorandum an die deutsche Botschaft in London und in Bagdad sowie an das deutsche Konsulat in Jerusalem, worin er schreibt, daß die Gründung eines jüdischen Staates in Palästina abgelehnt werden müsse. Palästina sei nicht groß genug, um alle Juden aufnehmen zu können, und außerdem würde man damit eine international anerkannte Machtbasis für das internationale Judentum schaffen, die vergleichbar wäre mit der Bedeutung des Vatikans für die Katholiken und der Moskaus für die *Kominter*.

Im *Juni* äußert Chaim Weizmann, der kein Anhänger des französischen Madagaskar-Plans ist, die Hoffnung, daß der Verteilungsplan der *Peel*-Kommission realisiert würde, sodaß in Palästina ein kleiner unabhängiger jüdischer Staat gegründet werden könnte.

12. Juni Das französische Büro für Kolonialfragen wendet sich an Bernhard Kahn, den europäischen Direktor des *American Jewish Joint Distribution Committee*, und an Joseph Rosen, den Direktor von *Agro-Joint*, das landwirtschaftliche Projekte in der Sowjetunion finanziert, und teilt ihnen mit, die französische Regierung sei daran interessiert, daß Polen an der Realisierung des Madagaskar-Plans teilnehme.

22. Juni Das deutsche Außenministerium schickt an alle deutschen Botschaften und Konsulate ein Rundschreiben, in dem festgehalten wird, daß alle Stellen, die für die Emigration von Juden zuständig seien, genau darauf zu achten hätten, daß die Juden über möglichst viele Länder aufgeteilt würden. Das Ministerium lehnt den Vorschlag der *Peel*-Kommission mit der Begründung ab, daß ein kleiner unabhängiger jüdischer Staat nicht alle Juden der Welt aufnehmen könne. In Wirklichkeit befürchtet man jedoch, daß den Juden eine international anerkannte Machtbasis ermöglicht würde, die vor allem Deutschland gefährlich werden könnte.

30. Juni In Warschau wird auf einem Kongreß der *Zwionzek Mlodej Wsi* (dem rechten Flügel der organisierten Jungbauern Polens) eine Resolution verabschiedet, in der festgelegt wird, daß die Juden die ersten sein würden, die zur Emigration aus dem überbevölkerten Polen gezwungen werden, da sie eine große Gefahr für die polnische Gesellschaft darstellten. *Mitte Juli* gibt die *Endek* deutlich zu verstehen, daß die angestrebte Ausschließung der Juden vom sozialen, politischen und kulturellen Leben in Polen der Erreichung des Endziels dienen soll: der Zwangsdeportation aller polnischen Juden.

29. Juli Vertreter der Reichskanzlei, der Innen- und Außenministerien, des Wirtschaftsministeriums, der Reichsstelle für Devisenbewirtschaftung, der Reichsbank und Rosenbergs Außenpolitischem Amt beraten über den Verteilungsplan. Während einige die Ansicht vertreten, daß eine Lösung der Judenfrage nur in der Zwangsemigration gefunden werden könne (mit dem Zusatz, daß die Juden über die ganze Welt verteilt werden müßten – mit Ausnahme von Palästina, das ab sofort für Juden verboten werden sollte), sind andere der Überzeugung, daß die beste Lösung darin bestünde, alle Juden nach Palästina zu schicken (in Übereinstimmung mit dem *Haavara*-Abkommen aus dem Jahre 1933).

29. Juli Während der Versammlung wird bekanntgegeben, daß Hitler zu dem Entschluß gekommen sei, die Juden hauptsächlich nach Palästina auszusiedeln. Er habe sich somit für den Weg der »Konzentration« der Juden entschieden und nicht für deren »Zerstreuung« über alle Erdteile.

Gerhard Engel, einer von Hitlers früheren Adjutanten, schreibt in seinem Tagebuch, daß Hitler ihm zweimal (am 8.Oktober 1939 und am 2. Februar 1941) erzählt habe, daß er Hjalmar Schacht, den Minister für Finanzen, im Sommer 1937 nach London geschickt habe, damit dieser der britischen Regierung einen ernsthaften Evakuierungsplan vorlege: Die Briten erhielten die »Verfügungsgewalt« über eine halbe Million Juden, die sie als Kolonisten in Palästina für sich arbeiten lassen könnten. Die Araber würden auf jeden Fall dafür sorgen, daß aus Palästina nie ein jüdischer Staat entstünde; daher müsse auch niemand befürchten, daß das Land ein Stützpunkt für die Eroberungsabsichten des »Weltjudentums« werden könnte.

Im *August* wird im Schatten der zunehmenden Bedrohung durch die Nationalsozialisten der 20. Zionistenkongreß abgehalten. Chaim Weizmann erklärt, daß ein jüdischer Staat in einem Teil von Palästina 100 000 Immigranten pro Jahr, die in keinem anderen Land zugelassen würden, aufnehmen könne. Insgesamt könnte das Land zweienhalb bis drei Millionen Menschen versorgen; der Kongreß spricht sich grundsätzlich für den Palästina betreffenden Verteilungsplan aus.

8. August *Agro-Joint* stellt 12 000 Dollar zur Verfügung, um die Möglichkeiten des französischen Madagaskar-Plans prüfen zu lassen. Diese Untersuchung will Rosen selbst durchführen. Die Kommission wird jedoch Ende September desselben Jahres aufgelöst; die angestrebte Untersuchung wird infolgedessen nicht realisiert.

9. August Der deutsche Botschafter informiert das Ministerium für Auswärtige Angelegenheiten in einem Telegramm über die polnische Kommission, die untersucht, ob Madagaskar für die Ansiedlung polnischer Juden geeignet wäre.

23. September Die polnische Kommission reist nach Madagaskar.

Im *November* schreibt J. M. Borski, Mitglied der Polnischen Sozialistischen Partei, in der sozialistischen Tageszeitung *Robotnik*, daß die beste Lösung der Judenfrage die Zwangsdeportation aller polnischen Juden wäre.

10. November Eichmann und Herbert Hagen, Vorstand der Abteilung für Jüdische Angelegenheiten des SD in Kairo, diskutieren mit Feivel Polkes die Frage, wie man die deutschen Juden dazu ermutigen könnte, nach Palästina zu emigrieren. Polkes versichert seinen beiden Gesprächspartnern, daß die britische Regierung bereit wäre, pro Jahr 50 000 deutsche Juden nach Palästina einwandern zu lassen, wenn für jeden Immigranten 1 000 Dollar bezahlt würden. Auf diese Weise könne die Judenfrage in Deutschland innerhalb von zehn Jahren gelöst werden.

11. November Hagen und Eichmann teilen Polkes mit, daß sie sich seinem großangelegten Evakuierungsplan nicht anschließen könnten, da die deutsche Regierung einem solchen Plan nicht zustimmen würde: Er sei zu kostspielig.

27. November Der deutsche Botschafter in Warschau schreibt an das Ministerium für Auswärtige Angelegenheiten, daß Moutet einige Mitglieder der Madagaskar-Untersuchungskommission getroffen habe. Die Kommission habe nie einen Bericht veröffentlicht, da die verschiedenen Mitglieder nach 13 Wochen Untersuchung bezüglich der Lebensqualität der Insel Madagaskar unterschiedlicher Meinung waren.

30. November Der Chefredakteur des *Danziger Vorposten* schreibt, daß die französische Regierung bereit sei, Madagaskar für die Ansiedlung polnischer Juden zur Verfügung zu stellen und sie einen wichtigen Schritt gesetzt habe, um die »Entjudung Polens« zu ermöglichen. Außerdem könne das kapitalstarke »Weltjudentum« das koloniale Projekt leicht finanzieren.

Im *Herbst* hält Goebbels in seinem Tagebuch fest, daß er mit dem Führer ein langes Gespräch über die Judenfrage geführt habe und dieser fest entschlossen sei, die Juden nicht nur aus Deutschland, sondern aus ganz Europa zu vertreiben.

Anfang Dezember spricht der französische Minister für Auswärtige Angelegenheiten, Delbos, in Warschau mit seinem polnischen Amtskollegen über die Erkenntnisse, die die Mitglieder der Madagaskar-Kommission auf ihrer Reise gewonnen haben.

10. Dezember Die *Nordwestdeutsche Zeitung* schreibt, daß der französische Madagaskar-Plan die Judenfrage in Polen nicht lösen könne, da nur höchstens 25 000 Juden nach Madagaskar emigrieren könnten. Die Juden, die als »Agenten des Bolschewismus« den Materialismus und den Atheismus im Land verbreiteten, würden jedoch insgesamt 11 Prozent der Bevölkerung ausmachen.

Im *Dezember* schreibt das katholische Monatsmagazin *Przeglad Katolicki*, daß sich die Katholiken des schrecklichen Schicksals der Juden bewußt seien, die es nicht über sich bringen, ein Land, in dem sie fast ein Jahrtausend lang gewohnt haben, zu verlassen. Die Katholiken seien jedoch davon überzeugt, daß die Juden – um den Fortbestand des Landes zu sichern – Polen freiwillig verlassen würden. Die Führer des Weltjudentums wären sicher bereit, die Umsiedlung zu finanzieren. Der Autor des Artikels legt der polnischen Regierung darum nahe, sich nach Kolonien für Polen umzuschauen.

16. Dezember Der Polen-Korrespondent der *Pariser Tageszeitung* schreibt im Zusammenhang mit dem französischen Madagaskar-Plan, daß man eine »Emigrationsgesellschaft« gründen müsse, die sich um die Finanzierung dieses Unternehmens kümmern solle. Konkret geht es dabei darum, finanzielle Mittel aus Amerika, England und Frankreich zu beschaffen, um den Eingeborenen 44 500 Hektar und der französischen Regierung 23 000 Hektar Land abzukaufen.

21. Dezember Die Konservative Partei in Polen erklärt, daß die Judenfrage nur dann definitiv gelöst werden könne, wenn man die Juden zur Emigration nach Madagaskar zwinge.

28. Dezember Der *Illustrowany Kurjer Gódziemny* bringt ein Interview mit Lepecki über dessen Erkenntnisse in bezug auf Madagaskar. Lepecki äußert sich sehr positiv zu den dortigen Lebensbedingungen.

30. Dezember Der Korrespondent der *Frankfurter Zeitung* in Warschau meldet, daß die Außenminister Polens und Frankreichs sich positiv zum Madagaskar-Plan geäußert hätten. Frankreich sei das erste Land, das für die ungeheuren Probleme, mit denen Polen zu kämpfen habe, Verständnis gezeigt habe.

31. Dezember *The Manchester Guardian* schreibt, daß der französische Madagaskar-Plan von Antisemiten in Polen propagiert werde.

31. Dezember Der *News Chronicle* schreibt, daß die polnische Regierung die Befürchtung hege, daß ihre Deportationspläne von seiten des Völkerbundes keine Unterstützung erfahren könnten und es außerhalb Polens vermutlich keine reichen jüdischen Bankiers gebe, die die Teilnahme Polens am französischen Madagaskar-Plan finanzieren würden.

Ende Dezember berichtet die *Jüdische Rundschau*, es habe dank der Unterstützung von Politikern, Diplomaten und Journalisten den Anschein, daß die polnische Regierung aus lauteren Motiven die Teilnahme am französischen Madagaskar-Plan anstrebe. In Wirklichkeit handle es sich jedoch um eine gezielte Aktion von Antisemiten.

Im *Dezember* schreibt Eichmann in einem Bericht über die Koordination der Emigration deutscher Juden, daß antisemitische Propaganda im Ausland vermieden werden sollte, da dies die Wirkung eines Bumerangs haben könne: Wenn die Südamerikaner hörten, daß die Juden Menschen von schlechtem Charakter seien, würden sie ihre Grenzen sofort schließen.

1938
1. Januar Julius Streicher veröffentlicht im *Stürmer* einen Artikel über den französischen Madagaskar-Plan.

10. Januar Ein anonymer Journalist äußert sich in der jüdischen Zeitschrift *Chwila Wieczorna* ironisch über den französischen Madagaskar-Plan.

11. Januar Der polnische Minister für Auswärtige Angelegenheiten erhält von seinem deutschen Amtskollegen einen Bericht, in dem steht, daß die deutsche Regierung für die Versuche Polens, die Juden nach Madagaskar zu schicken, vollstes Verständnis habe.

18. Januar J. Bialoskórski spricht sich in der jüdischen Zeitschrift *Chwila Poranna* gegen den französischen Madagaskar-Plan aus.

Im *Januar* erklärt ein Großteil der Studentenorganisationen in Polen, daß die Juden – in Erwartung ihrer Abschiebung nach Madagaskar – gezwungen werden müßten, in bestimmten Teilen Polens zu wohnen.

23. Januar Die polnische *Stronnictwo Pracy* von Ignacy Paderewski erklärt auf ihrem ersten Kongreß in Kattowitz in ihrem Parteiprogramm, daß sie jede Initiative, die darauf abziele, die Juden kulturell von Polen zu trennen, unterstützen würde. Die ideale Lösung der Judenfrage sehe sie in einer Zwangsemigration nach Madagaskar.

24. Januar Das Deutsche Nachrichtenbüro schreibt, daß ein gewisser Wojciechowski, Abgeordneter zum polnischen Parlament, die reichen Nationen der Welt dazu aufgefordert habe, die Juden, die von Rußland nach Polen eingedrungen seien, aufzunehmen oder in ein anderes Gebiet emigrieren zu lassen. Wojciechowski erwarte von den Juden selbst, daß diese die polnischen Emigrationspläne aus Gründen der Humanität unterstützen.

25. Januar Ein Mitarbeiter des *Berliner Tagesblatts* schreibt, daß die Judenfrage für den polnischen Ministerpräsidenten vor allem ein demographisches und ein ökonomisches Problem sei, das nur durch die Emigration sämtlicher polnischer Juden nach Madagaskar gelöst werden könne.

25. Januar Der französische Journalist Jacques Buissot kritisiert in der *Neuen Welt* (Wien) den französischen Madagaskar-Plan, da seine Durchführung auf Madagaskar ein großes Chaos verursachen würde.

Im *Frühjahr* faßt Lepecki die Resultate seiner Madagaskar-Untersuchung in dem Buch *Madagaskar, kraj, ludzie, kolonizacja* zusammen.

10. Februar Das Schwarze Korps, die Zeitung der SS, kritisiert die französische Regierung, da sie dem Wunsch der polnischen Regierung, die polnischen Juden nach Madagaskar emigrieren zu lassen, nicht nachkomme. Die Judenfrage könne nur gelöst werden, wenn man die Juden dazu zwinge, sich irgendwo außerhalb Europas niederzulassen.

16. Februar Die Redaktion von *Informazione Diplomatica*, dem Organ des italienischen Ministeriums für Auswärtige Angelegenheiten, erklärt, warum die Gründung eines jüdischen Staates außerhalb Palästinas die einzige Antwort auf die Judenfrage sein könne. Aus diesem Grunde unterstütze die italienische Regierung den Madagaskar-Plan.

19. Februar M. Olivier, der ehemalige französische Gouverneur von Madagaskar, warnt vor der Durchführung des französischen Madagaskar-Plans.

Im *Februar* erscheinen in *La Dépêche*, der einflußreichsten Zeitung von Madagaskar, Artikel, in denen von einem heftigen Widerstand der Bevölkerung gegen den französischen Madagaskar-Plan die Rede ist.

26. Februar Ein anonymer Journalist kritisiert in *Chwila Wieczorna* den französischen Madagaskar-Plan.

2. März Lepecki reagiert in *Gazeta Polska* auf die Kritik, die von seiten jüdischer und nichtjüdischer Gruppen gegen den Madagaskar-Plan eingebracht wird.

5. März Ein anonymer Autor spricht sich in der jüdischen Zeitschrift *Chwila Wieczorna* gegen den französischen Madagaskar-Plan aus.

5. März Heydrich ersucht Eichmann, ein Memorandum zu verfassen, in dem deutlich gezeigt würde, daß die Judenfrage im Augenblick nicht durch freiwillige Emigration gelöst werden könne und man eine nicht-politische Lösung finden müsse, über die die französische und die polnische Regierung schon verhandelt hätten. Am Rand des Blattes steht »Madagaskar-Projekt«.

5. März Eichmann wird von Herbert Hagen, Vorsitzender des Referates II/112–3, dazu aufgefordert, herauszufinden, ob Madagaskar für die Ansiedlung von Juden geeignet wäre und ob die Judenfrage auf diese Weise gelöst werden könnte. Er bezieht sich dabei auf die französisch-polnischen Verhandlungen von 1937, die er als wichtige Schritte in Richtung »judenreines Europa« bewertet.

11. März Ein anonymer Journalist schreibt in *Chwila Poranna* sarkastisch über den französischen Madagaskar-Plan.

12. März Ein anonymer Journalist spricht sich in *Chwila Poranna* abermals gegen den französischen Madagaskar-Plan aus.

Im *März* halten sich Dannecker, Hagen und Eichmann unmittelbar nach dem Anschluß (12. März) in Wien auf. Eichmann spielt bereits kurz nach seiner Ankunft in Wien mit dem Gedanken, die Juden zur Emigration nach Madagaskar zu zwingen.

24. März Dannecker nennt den Madagaskar-Plan eine »außenpolitische Lösung der Judenfrage«.

6. April Die britische Regierung bekundet ihre Sympathie für den Madagaskar-Plan, betont jedoch, daß sie nicht erwäge, in dieser Sache an die französische Regierung heranzutreten.

10. April Die *Reichspost* (Wien) hält nachdrücklich fest, daß, wenn Madagaskar demnächst von jüdischen Emigranten »überflutet« würde, die französische Kultur ganz und gar verschwinden könnte. Die Arbeit der vielen französischen Offiziere, Plantagenbesitzer, Missionare und Lehrer wäre dann völlig umsonst gewesen.

26. April Ormsby-Gore, der britische Kolonialminister, ersucht Außenminister Halifax im Gespräch mit seinem französischen Amtskollegen Bonnet, dafür zu sorgen, daß Madagaskar vor allem für Juden aus Österreich zugänglich gemacht werde.

20. Mai Streicher schreibt im *Stürmer*, daß der französische Madagaskar-Plan so schnell wie möglich in die Tat umgesetzt werden müsse, da die nicht-jüdischen Völker dann endlich erkennen würden, wie die Juden seien. Sie würden einsehen, daß ein Jude nicht »auch ein Mensch« ist, wie die französische Regierung behaupte, sondern ein »Verbrecher«, der sowohl die Eingeborenen als auch die Europäer ausrotten werde.

25. Mai Georges Mendel, der französische Kolonialminister, schreibt an Georges Bonnet, daß die Durchführung des französischen Madagaskar-Plans keine Lösung der Judenfrage bringen würde – er würde ganz im Gegenteil den Antisemitismus noch verstärken. Er ist der

Meinung, daß die französische Regierung zu den Regierungen gehört, die die Juden nicht als Mitbürger, sondern als Fremde betrachten.

9. Juni Die polnische *Stronnictwo Pracy* von Ignacy Paderewski erklärt neuerlich, daß die Emigration aller Juden aus Polen die beste Lösung der Judenfrage sei.

20. Juni Die Polnische Konservative Partei der Monarchisten und Katholiken erklärt, daß man sich dem Einfluß der Juden und ihrer Dominanz im wirtschaftlichen und kulturellen Leben widersetzen und die Judenfrage durch Zwangsemigration gelöst werden müsse.

25. Juni Im Parteiorgan der polnischen *Endek* wird mit zahlreichen Argumenten der Standpunkt verteidigt, daß alles getan werden müsse, um die Juden zur Emigration zu zwingen.

Von *6. bis 15. Juli* wird in Evian-les-Bains eine Flüchtlingskonferenz abgehalten. Das Scheitern dieser Konferenz bestärkt die Deutschen in ihrem Vorhaben, den Madagaskar-Plan in die Tat umzusetzen. Die Evian-Konferenz ist die jämmerliche Kapitulation der freien Nationen vor der Politik der Deutschen, die ihr Land durch Zwangsemigration »judenrein« machen wollen. Evian hat das Gegenteil von dem erreicht, was Roosevelt eigentlich damit bezweckte: Die Nationalsozialisten werden in ihrer Auffassung bestärkt, daß die internationale Gemeinschaft den Flüchtlingen nur Mitleid bieten kann, jedoch kein neues Zuhause.

Während der Konferenz von Evian teilt ein berühmter jüdischer Arzt, Heinrich Neumann von Hethars, den Delegationen mit, daß die deutschen Behörden bereit seien, eine halbe Million Juden für 250 Dollar pro Person zu »verkaufen«. Er erklärt weiters, daß es Seyß-Inquart, der Führer der Nationalsozialisten in Österreich, gewesen sei, der ihm diesen Auftrag erteilt habe. Als Taylor sich weigert, über Lösegeld zu sprechen, antwortet Neumann, daß die Gestapo 40 000 österreichische Juden in Konzentrationslagern internieren würde, sollten die westlichen Delegationen dieses Angebot ablehnen.

7. Juli Wirtschaftsminister Schacht schreibt an Wilhelm Frick, den Minister für Innere Angelegenheiten, daß die Juden zur Emigration nach Palästina (unter britischer Verwaltung), nach Äthiopien (unter italienischer Verwaltung) und nach Madagaskar (unter französischer Verwaltung) gezwungen werden sollten.

8. Juli Rosenberg schreibt im *Völkischen Beobachter* über die Notwendigkeit einer Deportation der Juden nach Madagaskar.

15. Juli Am Ende der Konferenz von Evian wird das *Intergovernmental Committee for Refugees* gegründet, um die Arbeit von Evian fortsetzen zu können. Die Kommission soll direkt mit der deutschen Regierung Kontakt aufnehmen, um die Problematik der für vogelfrei erklärten Juden zu besprechen und erste Schritte zu setzen, um für die politischen Flüchtlinge ein neues Zuhause zu finden.

25. Juli Goebbels notiert in seinem Tagebuch, daß die Juden Hitler zufolge vertrieben werden müßten. Binnen zehn Jahren sollte Deutschland »judenfrei« sein.

13. August Gerhard Engel, Heeresadjutant von Hitler, schreibt in seinem Tagebuch, daß Hitler zufolge noch zusätzliche gesetzliche Bestimmungen notwendig wären, um das Leben der Juden in Deutschland weiter einzuschränken, sodaß sie Deutschland schließlich freiwillig verlassen würden. Das wäre laut Hitler der beste Weg, um die Juden loszuwerden.

15. September Hitler führt in Berchtesgaden Gespräche mit Chamberlain. Als Chamberlain ihn fragt, wie er die Judenfrage lösen wolle, meint Hitler, daß das Britische Reich viele Inseln zur Auswahl habe.

Im *September* verteidigt Peter Heinz Seraphim die These, daß die Durchführung des Madagaskar-Plans aus demographischen Gründen zwingend wäre. Es sei bereits ein großer Fortschritt, wenn zumindest der französische Madagaskar-Plan in die Tat umgesetzt würde.

19. September Polnische Jesuiten veröffentlichen ein Buch, in dem sie unter Berufung auf Thomas von Aquin die These ausarbeiten, daß die Juden aus der christlichen Gesellschaft verbannt werden müßten. Deshalb halten sie es für ethisch gerechtfertigt, daß die Regierung vorbereitende Maßnahmen ergreift und die Juden ihrer Bürgerrechte beraubt. Da die Juden es nicht akzeptieren würden, in Polen wie Parias zu leben, würden sie das Land bald freiwillig verlassen.

Im *September* wirft das polnische Blatt *Przeglad Katolicki* den Großmächten vor, daß sie an die Lösung der Judenfrage völlig einseitig herangingen. Man würde sich zu sehr um die in Deutschland lebenden Juden bemühen und damit indirekt Deutschland für seine antisemitische Politik belohnen. Um andere Länder (wie beispielsweise Polen, das die Juden doch viel menschlicher behandle) würden sich die Großmächte viel weniger bemühen.

20. September Josef Lipski, der polnische Botschafter, trifft Hitler am Obersalzberg. Nach diesem Gespräch teilt Lipski Beck mit, daß Hitler erwäge – in Übereinstimmung mit den Plänen Polens, Ungarns und Rumäniens –, die Judenfrage durch Zwangsdeportation der Juden nach Madagaskar zu lösen. Lipski meinte dazu, daß die polnische Regierung Hitler ein Denkmal setzen würde, falls es ihm gelinge, den Plan in die Tat umzusetzen.

Im *Oktober* unterstreicht Sumner Welles, Staatssekretär im *State Department*, sein Interesse für den Madagaskar-Plan. Er befürchtet, daß es dem *Intergovernmental Committee for Refugees* nicht gelingen würde, ein Gebiet zu finden, das für die Juden groß genug wäre.

Im *Oktober* warnt Marcel Olivier auf dem 8. Kongreß der *Royal Academy of Italy* in Rom, der ganz den Entwicklungen in Afrika gewidmet ist, erneut vor der Durchführung des französischen Madagaskar-Plans.

6. Oktober Der Große Rat der Faschisten in Italien verabschiedet eine Resolution, in der die Erlaubnis zu einer kontrollierten Emigration europäischer Juden in einige Teile Äthiopiens erteilt wird. Man versucht damit zu erreichen, daß die Emigration von Juden nach Palästina auf ein Minimum beschränkt bleibt.

9. November Hitler hat eine Unterredung mit Göring, der für die Lösung der Judenfrage zahlreiche Vollmachten erhält. Während des Gesprächs beklagt sich Hitler über jene Länder, die auf der Evian-Konferenz keinerlei Bereitschaft gezeigt hätten, Juden aus Deutschland und Österreich aufzunehmen. Sie hätten lediglich versucht, Deutschland in ein schlechtes Licht zu stellen, nur weil es seine Juden loswerden wolle. Hitler kündigt an, daß er einen politischen Angriff gegen das Ausland tätigen werde, um den Madagaskar-Plan durchzusetzen. Als Alternative für Madagaskar sieht Hitler ein Gebiet in Nordamerika, das reiche Juden für ihre ärmeren Glaubensgenossen kaufen könnten.

9./10. November Reichskristallnacht

10. November Göring erhält einen Brief von Hitlers Sekretär Martin Bormann, in dem Hitler schriftlich festhalten ließ, was er Göring am 9. November anvertraut hatte.

12. November Im Reichsluftfahrtministerium in Berlin findet eine Sondersitzung statt (mit ungefähr 100 Geladenen), die Göring im Auftrag Hitlers einberufen hat, um allen Ministerien und sonstigen Stellen, die mit der Lösung der Judenfrage zu tun haben, mitzuteilen, wie die Judenfrage gelöst werden müsse. Göring wiederholt, was Hitler am 9. November gesagt hat.
Alle Teilnehmer erklären sich mit Hitlers Vorschlag einverstanden und stimmen dem Vorschlag Heydrichs zu, nach dem »Wiener Modell« eine Zentralstelle für jüdische Auswanderung zu errichten. Heydrich spricht die Vermutung aus, daß es rund acht bis zehn Jahre dauern würde, bis alle Juden Europa verlassen hätten.

Als Reaktion auf die »Kristallnacht« (Nacht vom 9. auf den 10. November) bringen einige Länder, die dem *Intergovernmental Committee for Refugees* angehören, Vorschläge ein, wie man den deutschen Juden zu Hilfe kommen könnte. Außer Madagaskar werden noch einige andere Länder genannt. Die meisten Länder weichen dem Problem jedoch aus und schieben es auf andere ab.

15. November Der SD informiert – in Übereinstimmung mit dem Beschluß vom 12. November – den Minister für Auswärtige Angelegenheiten, daß eine Reichszentrale für Jüdische Auswanderung errichtet werden soll. Als Vorbild soll Wien dienen, da Eichmann dort bewiesen habe, daß die Judenfrage sehr wohl durch Zwangsemigration gelöst werden könne.

15. November Ribbentrop teilt dem amerikanischen Botschafter in Berlin mit, daß Deutschland trotz des augenscheinlichen Unwillens der 32 Länder, die an der Evian-Konferenz teilgenommen hatten, vorläufig bereit sei, informellen Kontakt mit dem *Intergovernmental Committee for Refugees* aufzunehmen.

15. November Hitler spricht mit dem französischen Botschafter in Berlin, François Poncet, über die Emigration von Juden nach Madagaskar.

16. November Visser 't Hooft, Sekretär des *Provisional Committee of the World Council of Churches*, und Keller, Direktor von *Inter-Church Aid*, rufen alle Mitgliedskirchen auf, bei den jeweiligen Regierungen darauf zu drängen, daß sie sofort den Plan, der in Evian gefaßt wurde, in die Tat umsetzten: die Ansiedlung einer großen Zahl nicht-arischer Flüchtlinge.

17. November Göring schreibt, daß Hitler bei anderen europäischen Regierungen einen Vorschlag einbringen werde, um eine Übereinstimmung über die Massenemigration der Juden nach Madagaskar zu erzielen.

18. November Mussert schreibt, daß die Judenfrage »ordentlich« gelöst werden müsse, da die Niederländer Vandalismus und Ungerechtigkeit ablehnten. Darum arbeitet er den Guayana-Plan als Alternative zum Madagaskar-Plan aus. Rost van Tonningen soll diesen in Berlin mit den Behörden besprechen.

20. November Der deutsche Wirtschaftsminister Schacht trifft während einer Sitzung der *Bank for International Settlements* in Basel mit Montagu Norman, dem Gouverneur der *Bank of England*, zusammen und teilt ihm mit, daß er demnächst nach London kommen werde, um die finanzielle Seite der Lösung der Judenfrage zu besprechen.

21. November Die »national-demokratische« Zeitung *Dziennik Narodowy*, die wie keine andere Zeitung in Polen antisemitische Propaganda betreibt, schreibt, daß die »Entfernung« aller Juden aus Polen eine wichtige Voraussetzung für die Erneuerung Europas sei. Die *Endek* spricht sich immer wieder leidenschaftlich für eine Zwangsemigration der Juden aus.

21. November Britische Parlamentarier sprechen bei einem Treffen in London von Kolonien, in denen sich jüdische Flüchtlinge aus Deutschland niederlassen könnten. Chamberlain verlangt, daß die Interessen der Bewohner durch die jüdischen Immigranten nicht verletzt werden.

22. November Moltke, der deutsche Botschafter in Polen, schreibt dem Ministerium für Auswärtige Angelegenheiten in Berlin, daß es in den vergangenen Wochen einige diplomatische Beratungen zwischen der polnischen Regierung und anderen Staatsoberhäuptern gegeben habe. Polen habe versucht, dem Ausland klar zu machen, daß die Aussiedlung der Juden eine äußerst dringende Angelegenheit sei.

24. November *Das Schwarze Korps* schreibt, daß in den Vereinigten Staaten und vor allem im Britischen Reich genug Platz für die 20 Millionen Juden vorhanden wäre. Der SS sei es völlig egal, ob die Juden nach Madagaskar oder nach Australien deportiert würden.

24. November Oswald Pirow, der Verteidigungsminister von Südafrika, erzählt Hitler in Berchtesgaden, daß er in London einen Plan präsentiert habe, mit dem Chamberlain sofort einverstanden gewesen sei: Die deutsche Regierung sollte die Möglichkeit erhalten, auf dem internationalen Kapitalmarkt 500 Millionen Pfund aufzunehmen. Mit diesem Geld sollte ein Jüdisches Nationalheim finanziert werden. Außerdem sollten den Juden die Hälfte ihres Besitzes, den sie in Deutschland zurückließen, in bar abgegolten werden. Das Jüdische Nationalheim sollte in Ostafrika, auf Madagaskar oder in Britisch-Guayana errichtet werden.

24. November Bonnet meint während eines Gesprächs mit Chamberlain, daß die französische Regierung noch immer all ihre Aufmerksamkeit der Immigration von Juden nach Frankreich widme. Eine Zuwanderung größeren Ausmaßes würde jedoch die Kapazitäten Frankreichs übersteigen. Chamberlain betont, daß in Britisch-Guayana nur für eine begrenzte Anzahl Juden Platz wäre – außerdem müßten die Juden alles selbst finanzieren.

30. November Das britische Kabinett berät über den angekündigten Besuch des deutschen Wirtschaftsministers. Norman erhält den Auftrag, Schacht freundlich mitzuteilen, daß er gerne an den Besprechungen zur Lösung der Judenfrage teilnehmen darf.

2. Dezember Béranger, der Vorsitzende des französischen Senats, teilt in London Joseph Kennedy, Botschafter der Vereinigten Staaten in Großbritannien, in London mit, daß die französische Regierung erwäge, auf Madagaskar und in Neukaledonien 10 000 Juden nichtdeutschen Ursprungs anzusiedeln. Frankreich weigere sich jedoch, dort auch deutsche Juden zuzulassen. Darum wolle es 10 000 französische Juden in die Kolonien schicken und statt dessen deutsche Juden in Frankreich aufnehmen.

2. Dezember Die *Gazeta Polska*, das Organ der polnischen Regierung, wirft den Juden vor, daß sie die Pläne der Regierung, ein Siedlungsgebiet in Übersee für sie zu finden, nicht genügend unterstütze. Die Juden riskierten die Einführung der Neurenberger Gesetze in Polen sowie Pogrome.

Im *Dezember* gründen die Juden unter starkem Druck der polnischen Regierung eine Kommission zur Förderung jüdischer Pionierarbeit und Kolonisation auf Madagaskar oder in Kenia. Diese Kommission muß alles tun, um die polnischen Juden zu zwingen, in einse der beiden Gebiete zu emigrieren.

5. Dezember Göring gibt bei einem Treffen der Gauleiter bekannt, daß Hitler die Beschlüsse vom 12. November bestätigt habe. Die Emigration der Juden nach Madagaskar müsse Göring zufolge straff und zentral organisiert werden, ganz nach dem Wiener Vorbild.

5. Dezember Hitler genehmigt Schachts Madagaskar-Plan. Das Unternehmen soll durch ein Darlehen von eineinhalb Milliarden Mark (Fonds II) finanziert werden. Dieses Darlehen solle die *World Jewry* den Juden in Deutschland gewähren. Jeder Emigrant soll den Gegenwert von 10 000 Mark erhalten, der ausreichen müßte, um sich außerhalb Europas niederzulassen. In Deutschland müssen die Juden eineinhalb Milliarden in Fonds I einzahlen.

6. Dezember Ribbentrop und sein französischer Amtskollege Bonnet führen aus Anlaß eines deutsch-französischen Freundschaftsvertrages ein Gespräch in Paris. Bonnet protestiert nicht gegen die Behandlung der Juden in Deutschland. Er sagt, daß die französische Regierung bereit sei, 10 000 Juden nach Madagaskar zu verschiffen.

7. Dezember Roosevelt, der darüber informiert ist, daß sich Mussolini gegen Madagaskar als Zielland für jüdische Flüchtlinge ausgesprochen hat, schreibt diesem, er habe den Eindruck, daß der italienische Regierungschef doch bereit sei, jüdische Flüchtlinge aus Europa in Äthiopien aufzunehmen – unter der Bedingung, daß das Projekt finanziell unterstützt würde.

7. Dezember Der polnische Minister Beck führt mit seinem französischen Kollegen Delbos Verhandlungen über den französischen Madagaskar-Plan, der fast schon aufgegeben worden ist.

9. Dezember Der polnische Botschafter in London schlägt einem Beamten des *Foreign Office* vor, jedes Jahr 100 000 Juden in den Norden der britischen Kolonie Rhodesien zu schicken. Wenn keine Siedlungsgebiete für die polnischen Juden gefunden würden, könnte es passieren – so der polnische Botschafter –, daß die polnische Regierung die Juden behandle wie die Deutschen.

11. Dezember Die polnische Regierung legt einen Plan zur Finanzierung des polnischen Madagaskar-Plans vor: Die Emigration der Juden aus Polen soll mittels ausländischer Kredite finanziert werden, die man später in Raten durch zusätzlichen Export zurückzahlen würde. Die polnische Regierung betrachtet dies als Opfer, das die polnische Bevölkerung bringen müsse, um Polen vom Judentum zu »säubern«.

13. Dezember General Skwarczynski und 116 Parlamentsmitglieder (von der OZN) drängen den Ministerpräsidenten, eine Kolonie aufzutreiben und die nötigen finanziellen Mittel zu beschaffen, um die Emigration der polnischen Juden in Gang zu setzen. Eine Zwangsemigration würde, so die Parlamentsmitglieder, den Wünschen und Bedürfnissen der polnischen Bevölkerung entsprechen.

13. Dezember Moltke, deutscher Botschafter in Warschau, schreibt an das Ministerium für Auswärtige Angelegenheiten in Berlin, daß der polnischen Regierung zufolge die Judenfrage in Polen nur gelöst werden könnte, wenn die Juden das Land verließen. Darum würde sie auch mit jüdischen Organisationen zusammenarbeiten.

14. Dezember Göring informiert in einem Rundschreiben alle wichtigen Stellen des Deutschen Reiches, daß man eine schnellere Emigration der Juden anstrebe. Hitler habe ihm, Göring, eine Reihe von Vollmachten gegeben, und niemand dürfe ohne seine Zustimmung Entscheidungen treffen.

15. Dezember Charles Maurras von der *Action Française* schreibt, daß die dreieinhalb Millionen Eingeborenen Madagaskars sich vermutlich gegen die französische Regierung erheben würden, falls diese den Madagaskar-Plan doch noch in die Tat umsetze. Er spricht im Namen von Millionen Franzosen, die die Befürchtung hegen, daß sich auf Madagaskar ein ähnliches Bild ergeben könnte wie in Palästina, wo 1917 auf Kosten der Araber ein Jüdisches Nationalheim gegründet worden war.

Im *Dezember* beschuldigen Journalisten Léon Blum, daß er Geheimagent der »jüdisch- bolschewistischen Verschwörung« sei und für revolutionäre Strömungen in Frankreich die Verantwortung trage. Wenn seine Regierung den Madagaskar-Plan verwirkliche, würden Franzosen wie Eingeborene zu Opfern der »ewigen jüdischen Rebellion« werden.

Im *Dezember* schreibt Pater Lambert in seinem Buch *Allemagne* im Zusammenhang mit der »Machtergreifung« Blums, daß der Bolschewismus eine »pathologische, kriminelle Geisteskrankheit« sei. Es seien Juden gewesen, die diese revolutionäre Bewegung in Gang setzten, und es seien nun wiederum Juden, die sie anführten. Sie legten es darauf an, die französische Kultur, die auch in den Kolonien (Algerien, Madagaskar) ihren Niederschlag gefunden habe, zu zerstören und den Grundstein für eine jüdische Alleinherrschaft zu legen.

Im *Dezember* schreibt die Redaktion von *Cahier jaune*, daß an dem Tag, als Léon Blum als Nachfolger von Chlodwig, Ludwig dem Heiligen, Richelieu und Napoleon Präsident Frankreichs wurde, Notre Dame geschändet wurde.

15. Dezember Die französische Regierung läßt den Madagaskar-Plan aus folgenden Gründen fallen: Die Juden zeigten keinerlei Bereitschaft, Transport und Ansiedlung selbst zu finanzieren; man hatte Angst, Madagaskar letztlich zu verlieren; die jüdische Presse äußerte sich immer wieder sarkastisch und ironisch zum Madagaskar-Plan; der Widerstand gegen den Plan wurde sowohl im eigenen Land als auch auf Madagaskar selbst immer stärker; man befürchtet, daß die Durchführung des Planes die rechtsextremen Gruppierungen endgültig in Hitlers Arme treiben könnte.

15. Dezember Winterton teilt Halifax mit, daß er einer Delegation des *Council for German Jewry* erklärt habe, daß er im Prinzip nichts gegen die Errichtung von Flüchtlingslagern für deutsche Juden habe. Wenn man jedoch öffentliches Kapital für deren Finanzierung verwende, würde dies die deutsche Regierung in ihrer Deportationspolitik bestärken. Außerdem würden vielleicht andere Länder dazu inspiriert, es den Deutschen gleichzutun.

15. Dezember Schacht, der sich auf dem Weg nach London befindet, macht einen Zwischenstop in München, wo er noch einmal mit Hitler zusammentrifft, um mit ihm seinen Emigrationsplan zu erörtern. Hitler erlaubt Schacht, den Evakuierungsplan mit jüdischen Bankiers und Politikern in London zu besprechen.

16. Dezember Schacht macht seinen Gesprächspartnern in London deutlich, daß die Juden Deutschland auf jeden Fall verlassen müßten. Bearsted aus der Bankiersfamilie Samuel & Samuel, meint, daß es sich um einen vernünftigen Plan handle. Winterton, Frederick Leith-Ross vom Finanzministerium und George Rublee, Direktor des *Intergovernmental Committee for Refugees* (IGCR), versichern Schacht, daß das Emigrations-Projekt einen guten Ausgangspunkt für weitere Verhandlungen biete. Chaim Weizmann gibt zu verstehen, daß er den Plan ablehnt.

18. Dezember Winterton und Rublee einigen sich darauf, daß eine Kommission von Finanzexperten aus allen Mitgliedsländern des IGCR zusammengestellt werden müsse. Diese Kommission solle über die Durchführbarkeit von Schachts Plan entscheiden.

20. Dezember Eine Kommission, bestehend aus Vertretern des britischen Finanzministeriums und einigen französischen und niederländischen Finanzexperten, kommt zu dem Schluß, daß Schachts großangelegter Evakuierungsplan zwar eine gute Gesprächsbasis darstelle, die Verhandlungen jedoch mit großen Schwierigkeiten verbunden sein werden.

21. Dezember Der Ministerpräsident und der Präsident des *Board of Trade* erklären, daß sie Schachts Plan auf keinen Fall zustimmen könnten, da die Hilfe für die deutschen Juden auf Kosten der britischen Kaufleute gehe. Halifax äußert gegenüber jedem Plan Bedenken, den die deutsche Regierung zur Lösung ihrer wirtschaftlichen Probleme in Angriff nimmt.

21. Dezember Von Weiszäcker, Staatssekretär für Auswärtige Angelegenheiten, wirft Schacht vor, daß er den Plan vor seiner Londonreise nicht mit dem Außenminister besprochen habe. Schacht erwidert, daß er im Auftrag Hitlers gehandelt habe und der Führer in dieser Angelegenheit von ihm einen Bericht zu empfangen wünsche. Göring habe ihn bereits im November zu sich gerufen und ihm erklärt, warum die Verhandlungen auf rein wirtschaftlicher Ebene zu geschehen hätten.

Ende Dezember fährt Schacht ein zweites Mal nach London, um über seinen Emigrationsplan zu sprechen, weil einflußreiche Juden den Plan scharf kritisiert hatten. Da er sicher sein möchte, daß Hitler mit seinem Vorgehen einverstanden ist, sucht er ihn ein drittes Mal auf. Hitler gibt auch zur angepaßten Version des Plans sein Einverständnis. In London erreichen Schacht und Rublee noch vor Jahresende eine Übereinstimmung über die Zwangsemigration aller deutschen Juden.

Im *Dezember* treffen Abgeordnete aus Schweden und der Schweiz in London zusammen, um an einer Versammlung des *Provisional Committee of the World Council of Churches* teilzunehmen. Man überlegt, wie man England zur Mitarbeit bewegen könnte, um dem Plan Schachts doch noch zum Erfolg zu verhelfen. In Washington unternimmt der orthodoxe Erzbischof Athanagoras einen ähnlichen Versuch.

Ende Dezember 1938 erhält das *Board of Deputies of British Jews* von Rothschild ein Manuskript von Charles W. Gore, einem Mitarbeiter des britischen Faschisten Arnold Leese. Das Manuskript trägt den Titel *The Island of Madagascar as a National State for the Jewish People and Why?*

1939

1. Januar Der polnische Ministerpräsident Slawoj-Skladkowski reagiert auf die Intervention vom 13. Dezember 1938. Er konstatiert, daß die Möglichkeiten, die Juden mit Hilfe diskriminierender Maßnahmen aus dem Land zu vertreiben, ausgeschöpft seien. Die polnische Regierung setze nunmehr alles daran, die großangelegte Zwangsaussiedlung der Juden zu organisieren. Ergänzend bemerkt er, daß ein Großteil der polnischen Bevölkerung bereits seit 1936 voll hinter diesen Plänen stehe.

5. Januar Der deutsche Botschafter in Warschau schreibt an Beck, Hitler habe ihm gegenüber erklärt, er würde die Aussiedlung der Juden in ein von Europa möglichst weit entferntes Land befürworten. Daß er den Juden noch kein Territorium zur Verfügung habe stellen können, liege ausschließlich daran, daß die westeuropäischen Mächte bisher so wenig Verständnis für die kolonialen Forderungen Deutschlands gezeigt haben.

11. Januar Mussolini beantwortet den Brief Roosevelts vom 7. Dezember 1938. Er schreibt, daß es unmöglich sei, die jüdischen Flüchtlinge in großer Zahl nach Äthiopien emigrieren zu lassen. Ausschließlich dünn besiedelte Gebiete mit entsprechendem Entwicklungspotential würden dafür in Frage kommen. Weiters heißt es in dem Schreiben, daß die Lösung der Judenfrage schließlich in der Gründung eines eigenen, unabhängigen Judenstaates zu suchen sein würde. Einige Tage später erklärt er gegenüber den britischen Regierungsmitgliedern Chamberlain und Halifax, daß er starke Präferenzen für einen unabhängigen Judenstaat in Sibirien, Brasilien oder den Vereinigten Staaten habe.

Im *Januar* führt Hitler mit führenden Persönlichkeiten Osteuropas zahlreiche ausführliche Gespräche, in denen es um den Madagaskar-Plan als Antwort auf die Judenfrage geht. Rumänien und Polen haben Hitler bereits zu verstehen gegeben, daß sie an einer solchen außereuropäischen Lösung äußerst interessiert seien. Hitler versucht daraufhin, diese Länder in seinen Einflußbereich zu bekommen und sie in weiterer Folge dazu zu bewegen, seinem Beispiel zu folgen. Durch das Einschlagen einer strikt antisemitischen Linie sollten die Juden zum Verlassen der jeweiligen Länder gezwungen werden.

Ebenfalls im *Januar* schreibt der Diplomat Truman Smith, welcher der US-amerikanischen Botschaft in Berlin als Oberstleutnant zugeteilt ist, es bestehe kein Zweifel, daß Hitler und seine Gefolgsleute beschlossen haben, deutsche Juden nach Madagaskar zu verbannen.

16. Januar Alfred Rosenberg schreibt im *Völkischen Beobachter*, daß nicht Palästina, sondern Madagaskar der Bestimmungsort für die europäischen Juden sein müsse. Dort würden sie gänzlich isoliert und sich selbst überlassen sein. Eine Rückkehr sei unmöglich, es gebe nämlich nur *ein* Entkommen: den Tod.

Ebenfalls noch im *Januar* veröffentlicht Hermann Erich Seifert ein Buch, in dem er die eben skizzierte Vision Rosenbergs aufgreift: Den Juden Europas müsse die Gründung eines eigenen Staates in Palästina vereitelt werden. Einen solchen würden sie schließlich doch nur als Aktionsbasis für die totale »Verjudung« Europas und des Rests der Welt mißbrauchen.

21. Januar Hitler erklärt gegenüber dem tschechoslowakischen Außenminister Chvalkovsky, daß er den antisemitischen Staaten Europas die Möglichkeit geben werde, ihre Juden an einen beliebigen Ort der Welt zu deportieren, wobei es ihm vor allem darum gehe, die »Heuchelei« der Briten und Amerikaner zu entlarven. Schließlich gibt er in diesem Gespräch noch zu erkennen, daß er nicht daran denke, für die Verbannung der Juden auch nur eine Mark zu bezahlen.

24. Januar Der Warschauer Korrespondent vom *Berliner Tagblatt* schreibt, daß der Antisemitismus in Polen durch den massiven Zustrom jüdischer Flüchtlinge aus Deutschland zusätzlich angeheizt werde. Diese Entwicklung sei Wasser auf die Mühlen von Regierung, Parlament und politischen Parteien. Sie alle wollen die Judenfrage in Polen durch einen organisierten Exodus der Juden lösen, sobald die Regierung aufgrund internationaler Beratungen eine französische oder englische Kolonie für sie gefunden habe.

24. Januar Ein gewisser Hinrich, ein hochrangiger Beamter im Reichsaußenministerium in Berlin, schreibt an die sechs wichtigsten mit der Lösung der Judenfrage befaßten deutschen Behörden. In seinem Brief heißt es, daß man in Regierungskreisen überhaupt nichts dagegen habe, den Juden irgendwo außerhalb Europas (nicht aber in Palästina) ein bestimmtes Gebiet als jüdisches Reservat zuzuweisen. Einen jüdischen Staat würden sie dort jedoch nicht gründen dürfen.

24. Januar Zum Thema der Zwangsaussiedlung der Juden schreibt Göring einen Brief an den Reichsinnenminister. In völliger Entsprechung der Beschlüsse vom 12. November 1938 gibt er Heydrich die Vollmacht zur Errichtung einer Reichszentrale für Jüdische Auswanderung in Berlin. Heydrich solle jene Operation leiten, die Deutschland auf dem Wege der Zwangsaussiedlung binnen weniger Jahre »judenrein« machen würde.

25. Januar Alle deutschen Botschafter und alle Konsuln des Reichsaußenministeriums erhalten einen Brief, in dem die politischen Zielsetzungen in Hinblick auf die Juden dargelegt werden. Diese sind auf einen einzigen Punkt reduziert und lauten: Zwangsaussiedlung (was in jenen Monaten nur die Deportation nach Madagaskar oder ein anderes fernes Gebiet bedeuten kann).

30. Januar In einer Rede vor dem Reichstag erklärt Hitler, daß die Judenfrage in Europa mit Hilfe der Zwangsaussiedlung einfach gelöst werden könne. Schließlich gebe es noch genügend außereuropäische Gebiete, die von den Juden kolonisiert werden könnten. Er prophezeit, daß jene Juden, die Deutschland als Emigranten verlassen werden, den Antisemitismus in anderen Ländern schüren würden, sodaß sie über kurz oder lang auch von dort abgeschoben werden würden. In derselben Rede kündigt Hitler auch an, daß er die jüdische Rasse in Europa vernichten werde, sollte es dem internationalen Judentum gelingen, die Völker der Welt noch einmal in einen Weltkrieg hineinzutreiben.

In der *letzten Januarwoche* unternimmt die deutsche Regierung einen neuerlichen Anlauf, um den Madagaskar-Plan Schachts zu retten, indem sie weitere Verhandlungen mit Rublee einfädelt. Aufgrund von finanzpolitischen Meinungsverschiedenheiten wird Schacht kurz darauf von Hitler seiner Position enthoben. Göring ernennt daraufhin *Ende Januar* Helmuth Wohlthat, einen Berater des Reichswirtschaftsministeriums, zum Nachfolger Schachts.

2. Februar Wohlthat gibt die Zustimmung der deutschen Regierung zum *Wohlthat-Rublee*-Projekt bekannt. Man sei bereit, Juden nach Übersee zu verschiffen und damit auch unverzüglich zu beginnen, sobald bekannt sei, welche Länder zu deren Aufnahme bereit seien. Im Laufe der ersten drei bis fünf Jahre würde die Regierung 150 000 Juden die Emigrationserlaubnis erteilen. Nach drei bis fünf Jahren sollen auch die zurückgelassenen Frauen und Kinder (250 000 Personen) im Zuge der Familienzusammenführung emigrieren dürfen. Die Alten sollen zurückbleiben. Im Gegensatz zum *Schacht-Rublee*-Plan vermeidet es Wohthat, präzise darzulegen, wer die Emigration finanzieren solle.

5. Februar Die *Münchener Neuesten Nachrichten* melden, daß Polen die Juden aus dem Land vertreiben wolle. Um dieses Ziel verwirklichen zu können, habe die polnische Regierung weltweite politische Beratungen in Gang gesetzt. Damit solle erreicht werden, daß sich eine Kolonialmacht finde, welche die polnischen Juden in ihrem Hoheitsgebiet leben und arbeiten lasse.

7. Februar In einer Ansprache vor ausländischen Diplomaten und Journalisten in Berlin sagt Alfred Rosenberg, daß sich die Entscheidungsträger für Madagaskar als Reservat der europäischen Juden ausgesprochen haben. Fast reflexartig fügt er hinzu, daß sie dort keinen Judenstaat gründen dürften. Er kündigt an, daß man die Unterbringung von 15 Millionen Juden (nicht nur solcher aus Europa) in einem Reservat plane.

11. Februar In seiner Eröffnungsrede anläßlich der ersten Sitzung der Reichszentrale für Jüdische Auswanderung betont Heydrich, daß sich alle mit der Emigration der Juden betrauten Behörden und Organe im Sinne des *Wohlthat-Rublee*-Plans nun besonders anstrengen und alle verfügbaren Mittel einsetzen müssen, um die Aussiedlung voranzutreiben. Heydrich hat Wohlthat eingeladen, in dieser Sitzung anwesend zu sein und seinen von den zuständigen Stellen angenommenen Aussiedlungsplan zu erläutern.

14. Februar Alle im *Intergovernmental Committee for Refugees* vertretenen Länder stimmen dem Emigrationsplan von Wohlthat und Rublee zu. Rublee wird ermächtigt, der deutschen Regierung auszurichten, daß die Mitgliedsländer alles unternehmen werden, um die Realisierung des Projekts zu ermöglichen und Gebiete zu finden, die zur Aufnahme möglichst vieler Juden aus Deutschland und der »Ostmark« bereit wären.

14. Februar Im *Völkischen Beobachter* erscheint ein weiterer Artikel Rosenbergs, in dem dieser seine bereits in früheren Artikeln und Reden bezüglich der Deportation der Juden nach Madagaskar angestellten Überlegungen wiederholt.

6. März Wohlthat gibt im Namen Görings, des Präsidenten des Amtes für den Vierjahresplan, in einem an vier Ministerien gerichteten Brief bekannt, Herbert Emerson, der Nachfolger Rublees als Direktor der Flüchtlingskommission in London, habe mitgeteilt, daß das Emigrationsprojekt binnen fünf (eventuell auch schon binnen drei) Jahren ausgeführt werden könne.

23. März Der *Völkische Beobachter* veröffentlicht erneut einen Beitrag Rosenbergs, der zum wiederholten Male darzulegen versucht, warum die Verbannung der europäischen Juden nach Madagaskar notwendig sei. In seinen Ausführungen heißt es, er denke bei Madagaskar an ein gigantisches Konzentrationslager auf einer wild überwucherten und so gut wie ausgestorbenen Insel, deren Klima für die Menschen tödlich sei. Europäer könnten dort aufgrund von Epidemien kaum überleben.

28. März Im Auftrag Roosevelts trifft Taylor mit prominenten nicht-zionistischen Entscheidungsträgern zusammen. Es sind dies Repräsentanten des *American Jewish Committee* und des *American Jewish Joint Distribution Committee*. Nach dem Rücktritt Rublees bemüht sich der amerikanische Präsident mit Hilfe des *State Department* besonders, die Zustimmung der Juden zur Vereinbarung zwischen den Nazis und dem IGCR zu gewinnen.

30. März Emerson schreibt, daß man sich mit dem Ausfindigmachen möglicher Emigrationsziele offensichtlich nicht besonders beeile. Davon abgesehen mangle es dem Emigrationsprojekt Wohlthats noch an den beiden anderen entscheidenden Grundpfeilern: Das deutsche Ministerium für Finanzen habe noch keinen Treuhandfonds ins Leben gerufen, sodaß ein Teil der Verschiffung der Juden nicht finanziert werden könne. Außerdem existiere aufgrund akut entstandener Meinungsverschiedenheiten noch keine *Coordinating Foundation*, die jedoch drei Milliarden Mark zusammenbekommen müsse, um für die restlichen Transportkosten sowie die Unterbringung vor Ort aufkommen zu können.

30. März Die polnische Regierung drängt ihren Außenminister, bei der nächsten Begegnung mit seinem Amtskollegen in London die Aussiedlung der Juden aus Polen neuerlich aufs Tapet zu bringen. Man befürchte nämlich, daß die britische Regierung für den Fall, daß Polen von Deutschland überfallen werde, keine Beistandsgarantie abgeben würde.

Ende März erhält eine Delegation der jüdischen Gemeinde Deutschlands von der SS die Genehmigung, in London mit Herbert Emerson zu sprechen. Die Mitglieder dieser Abordnung sollen ihn nachdrücklich darauf hinweisen, daß es hoch an der Zeit sei, das Emigrationsprojekt von Wohlthat und Rublee in die Tat umzusetzen. Aus dem Bericht, den Emersons Stellvertreter Pell an das *State Department* in Washington sandte, geht hervor, daß die Geduld der SS den Angaben der jüdischen Delegierten zufolge zu Ende war. Aus diesem Grund sollte sich die Flüchtlingskommission sowohl mit der Nominierung potentieller Siedlungsgebiete für die jüdischen Flüchtlinge aus dem Dritten Reich als auch mit der Gründung der *Coordinating Foundation* beeilen.

Anfang April macht Emerson die Bemerkung, daß es die Juden seien, von denen die Probleme im Zusammenhang mit dem Emigrationsprojekt ausgehen. Denn es liege nun einmal in der Natur der meisten Ostvölker, Vorhaben, die nur zu ihrem Besten gedacht seien, ihren eigenen, mysteriösen Plänen zu opfern.

4. April Sowohl Frankreich als auch Großbritannien unterbreiten der polnischen Regierung den Vorschlag, ihr bei der Finanzierung eines Emigrationsprojekts für polnische Juden entgegenzukommen. Die Polen haben sich bei ihren Plänen von jenem Modell inspirieren lassen, das Eichmann in Wien anwendet. Da die Spannungen in Europa infolge der deutschen Kriegsvorbereitungen immer mehr zunehmen, unternehmen die französische und die britische Regierung nunmehr den Versuch, sich der polnischen Sympathien zu versichern. Sie schlagen vor, den Polen ein Devisenpaket und einen Kredit in Höhe von 20 bis 30 Millionen Pfund Sterling unentgeltlich zu überlassen. Darüber hinaus ist die britische Regierung bereit, ihren polnischen Amtskollegen die Emigration von 50 000 Juden jährlich nach Palästina zu garantieren.

15. April Einflußreiche Vertreter nicht-zionistischer Organisationen treffen auf Initiative Roosevelts im Büro von Samuel I. Rosenman zusammen, um neuerlich über den *Wohlthat-Rublee*-Plan zu beraten. Unmißverständlich erklären sie, daß sie nicht bereit seien, irgendwelche Schritte zu setzen, die falsch interpretiert werden könnten. Es dürfe keinesfalls der Eindruck entstehen, daß die jüdische Gemeinschaft ein Recht der Nazis anerkenne, den Besitz von Juden zu konfiszieren und sie in weiterer Folge ins Exil zu schicken.

29. April 41 jüdische Entscheidungsträger konferieren im Auftrag des amerikanischen Präsidenten in Washington und stimmen der Realisierung des *Wohlthat-Rublee*-Plans prinzipiell zu.

4. Mai Paul Baerwald vom *American Jewish Joint Distribution Committee* sowie Henry Ittleson, Lewis L. Strauss, Joseph Proskauer und Sol Stroock als Leiter des *American Jewish Committee* und Samuel I. Rosenman treffen mit Präsident Roosevelt zusammen. Für das *State Department* sind Sumner Welles und Pierepont Moffat anwesend. Roosevelt drängt die jüdischen Repräsentanten dazu, die *Coordinating Foundation* so schnell wie möglich ins Leben zu rufen. Diese antworten jedoch unmißverständlich, daß amerikanische und britische Fonds nicht ausreichen, um einen solch großangelegten Emigrationsplan (dem sie ja prinzipiell ihre Zustimmung erteilt haben) zu finanzieren.

10. Mai General Skwarczynski wiederholt in einem Interview namens der polnischen Regierung, daß sich am Standpunkt Polens in der Judenfrage nichts geändert habe und die Regierung auch weiterhin darauf hinarbeite, die Zahl der Juden im Land drastisch zu reduzieren.

17. Mai Die britische Regierung veröffentlicht das *Malcolm MacDonald White Paper*, mit dem sie endgültig all jene Versprechen bricht, die sie den Zionisten 1917 in der *Balfour Declaration* gegeben hat. Die Pforten Palästinas schließen sich nach und nach für die Juden. Als Reaktion darauf interveniert die polnische Regierung immer heftiger in Paris und London, damit für die polnischen Juden andere Gebiete gefunden würden.

17. Mai Die britische Regierung veröffentlicht den *Report on British-Guayana*, in dem sie 3000 bis 5000 Juden anbietet, sich in diesem Teil des Empires anzusiedeln. Es ist dies eigentlich als Experiment gedacht, aber wenige Wochen später erklärt der britische Kolonialminister MacDonald ausdrücklich, daß die Juden dieses Experiment selbst zu finanzieren hätten.

6. Juni Das *American Jewish Joint Distribution Committee* beschließt, für die *Coordinating Foundation* (die noch immer nicht gegründet ist) einstweilen eine Million Dollar zur Verfügung zu stellen, obwohl man weiß, daß die Mittel fehlen, um diesen Betrag auch tatsächlich überweisen zu können. Die Mitglieder der Kommission wollen damit nur ein Zeichen setzen, daß sie prinzipiell bereit sind, Taylor und den Präsidenten bei der Umsetzung des Emigrationsplans zu unterstützen.

Noch im *Juni* folgt wenige Wochen später in New York ein weiteres Treffen jüdischer Wortführer. Im Zuge der Besprechungen über den noch auszuführenden *Wohlthat-Rublee*-Plan übt Joseph Tannenbaum, der die *American Federation of Polish Jews* repräsentiert, scharfe Kritik an der Finanzhilfe, die das JDC zugesagt hat. Er ist der Ansicht, daß der Plan den antideutschen Boykott unterläuft und deutsche Exporte nur fördern werde.

Am *10. Juni* sagt der polnische Außenminister Beck in London, daß die britische Regierung Gebiete für polnische Juden zur Verfügung stellen müsse. In zahlreichen Unterredungen lotet er aus, ob gewisse Gebiete in Britisch-Guayana hierfür in Frage kommen würden, da die Möglichkeit einer Emigration nach Palästina äußerst gering sei und die französische Regierung ihren Madagaskar-Plan auf Eis gelegt habe.

23. Juli Die regierungsnahe Zeitung *Gazeta Polska* verlautet, daß man in Polen die Lösung der Judenfrage noch immer in der Zwangsaussiedlung der Juden sehe. Aus der Verschlechterung der Beziehungen zu Deutschland dürfe nicht der Schluß gezogen werden, daß die Lösung dieser Frage nicht mehr aktuell sei. Die Realisierung des polnischen Emigrationsprojekts werde Jahre in Anspruch nehmen und werde nie mehr aufgegeben werden.

Im *August* erscheint in Polen eine Erzählung mit dem Titel *Die verschwundene Stadt.* Darin wird das pulsierende Leben in einer polnischen Stadt beschrieben, in der alle Anzeichen jüdischen Lebens ausgelöscht worden sind. Alle Juden sind des Landes verwiesen worden, nur 100 000 von ihnen sind zur Gänze in die polnische Gesellschaft integriert. Da sie – so der Inhalt des Buches – nicht nur ihre Religion, sondern ihre gesamte jüdische Existenz aufgegeben haben, stellen sie in keiner Hinsicht mehr eine Bedrohung für die polnische Kultur dar.

Im *August* zeichnet sich klar ab, daß die Juden die zur Umsetzung des *Wohlthat-Rublee*-Plans erforderlichen finanziellen Mittel nicht einmal annähernd zusammenbekommen werden. Die westlichen Regierungen (allen voran jene Amerikas und Großbritanniens) zwingen die Juden zwar weiterhin, dem Abkommen zuzustimmen, sind aber selbst nicht bereit, auch nur einen Bruchteil davon zu finanzieren. Damit nicht genug, machen sie ihre Grenzen für jüdische Flüchtlinge immer mehr dicht. Aber selbst wenn die finanziellen Schwierigkeiten zu bewältigen gewesen wären, hätte sich der Plan höchstwahrscheinlich doch als undurchführbar erwiesen. Das endgültige Aus wäre spätestens durch den »Blitzkrieg« in Polen gekommen, infolge dessen England und Frankreich den Nazis den Krieg erklärten.

1. September Überfall deutscher Truppen auf Polen

18. September Die polnische Regierung, die sich bereits am 5. September nach Lublin zurückgezogen hat, flieht über Rumänien nach London. Der polnische Madagaskar-Plan und alle weiteren polnischen Emigrationspläne sind endgültig gestorben.

20. September Hitler teilt dem polnischen Botschafter mit, daß er vorhabe, die Judenfrage in Zusammenarbeit mit Polen, Ungarn und Rumänien durch die Verbannung der Juden in Kolonien zu lösen.

21. September Im Auftrag Hitlers beruft Heydrich eine Sondersitzung ein, zu der er alle Leiter und Stabschefs der SS und der Einsatzgruppen eingeladen hat. Thema ihres Treffens ist das von Hitler höchstpersönlich gutgeheißene Projekt betreffend die »ethnische Säuberung« Europas. Das gesamte Unternehmen solle ein Jahr dauern. Hitler hat einen Plan abgesegnet, der vorsieht, die Juden aus all jenen Ländern, in denen er an der Macht ist, im Generalgouvernement in Polen zu konzentrieren. Innerhalb eines Jahres soll diese »Evakuierungsmaßnahme« abgeschlossen sein. Im Anschluß daran würden sie in ein unwirtliches Gebiet in der Sowjetunion verbannt werden.

21. September Heydrich erläßt eine Verordnung, wonach in den besetzten Gebieten jüdische Räte gebildet werden müssen, die dann für die Durchführung von Hitlers Aussiedlungsprojekt mitverantwortlich wären. Hitler erkennt, daß es ihm nicht gelingen würde, ohne Verhandlungen auf internationalem Niveau Millionen Juden nach Sibirien zu verbannen.

22. September Heydrich teilt dem Generalquartiermeister der Wehrmacht mit, daß das Judenreservat bei Krakau errichtet werden soll.

29. September Um 4.00 Uhr am Morgen erklärt Hitler einem kleinen Kreis von Vertrauensleuten, warum sämtliche Juden des ausgedehnten Deutschen Reiches in ein Gebiet in Polen »zwischen Weichsel und Bug« verbracht werden müßten.

Anfang Oktober erklärt der Führer dem schwedischen Vermittler Dahlerus gegenüber, daß die Juden im reorganisierten Polen Asyl bekommen könnten. Hitler betont allerdings, daß die Konzentration der Juden im Nisko-Reservat bei Lublin nur eine vorübergehende Lösung der Judenfrage sei. Früher oder später würden sie Europa dennoch verlassen müssen.

6. Oktober Eichmann erhält von Müller den Auftrag, das neue Aussiedlungsprojekt in Angriff zu nehmen. Zuerst soll ein Massenexodus der Juden aus der »Ostmark« und dem Protektorat organisiert werden. Binnen drei bis vier Wochen solle dann auch mit der Verbannung aller Juden aus Deutschland begonnen werden. Mit dem Zug sollen sie in das Generalgouvernement in Polen verfrachtet werden. Anfänglich würden sie im Resevat bei Nisko untergebracht, später in ein Gebiet in der Sowjetuninon geschickt werden. Eichmann bekommt für die Ausführung seines Auftrags die ausdrückliche Unterstützung von Hitler höchstpersönlich.

6. Oktober In einer Rede stellt Hitler fest, daß die Zwangsaussiedlung der Juden infolge des Krieges in Europa schwieriger geworden sei. Er spielt damit ganz offensichtlich auf den *Wohlthat-Rublee*-Plan an, der nun nicht mehr zur Ausführung gelangen kann. Ohne den neuen Plan zur Deportation ausdrücklich zu nennen, sagt er in weiterer Folge, daß die Juden in den Ausläufern Großdeutschlands, also im Generalgouvernement in Ostpolen, zusammengetrieben werden sollen.

7. Oktober Hitler erklärt, daß die Judenfrage im Zuge des Aufbaus eines »sauberen arischen Europa« gelöst werden würde. Dieses »arische Europa« wird sich als Folge der »ethnischen Flurbereinigung«, die konsequent durchgeführt werden sollte, einstellen.

11. Oktober Es wird beschlossen, daß das enorme Judenreservat nicht, wie ursprünglich beabsichtigt, in der Gegend von Krakau, sondern südlich von Lublin errichtet werden soll.

17. Oktober Während seiner Besprechungen mit dem Oberbefehlshaber der Wehrmacht, Keitel, sagt Hitler, daß der nicht besetzte Teil Polens unabhängig werden solle. Die Entscheidungsträger in jenem Gebiet müßten es dem Deutschen Reich jedoch gestatten, die Juden dorthin zu bringen.

30. Oktober Himmler gibt den Befehl aus, daß bis Ende Februar 1940 550 000 Juden aus den annektierten Gebieten Polens sowie einer großen Zahl weiterer Gebiete entfernt und in das Generalgouvernement überstellt werden müßten.

8. November Himmler ordnet an, in den kommenden Monaten alle Juden aus Polen zu evakuieren und sie im Judenreservat östlich der Weichsel unterzubringen.

7. Dezember Rosenberg referiert über ein Reservat, in das man die Juden aus Europa deportieren könnte. Er stellt die rhetorische Frage, ob es denn wirklich so sei, daß die westlichen Demokratien den Juden ein großes Territorium zur Verfügung stellen wollten? Ein derartiges Territorium müsse aber jedenfalls Platz für 15 Millionen Juden bieten. Rosenberg betont, daß in diesem Zusammenhang von der Errichtung eines Judenstaates keine Rede sein könne. Für die Finanzierung eines solchen Reservates, das dem Kommando einer gut ausgebildeten deutschen Polizeitruppe unterstellt werden sollte, würden jüdische Multimillionäre sorgen müssen.

19. Dezember Sämtliche Abteilungsleiter des Reichssicherheitshauptamtes besprechen den Bericht *Endlösung des Judenproblems*. Ohne Gegenstimme sind sie mit dem Beschluß einverstanden, die Juden aus Deutschland, Polen, dem ehemaligen Österreich und Böhmen in das Judenreservat in Polen zu deportieren. Sie merken jedoch an, daß es sich dabei nur um eine vorübergehende Lösung der Judenfrage handle. Nach dem Krieg könne die deutsche Regierung dieses Judenreservat gut gebrauchen, um im Zuge der Friedensverhandlungen auf die anderen Nationen Druck auszuüben und ihnen eine Zustimmung zur »Weltlösung der Judenfrage« abzupressen.

21. Dezember Anläßlich des Projekts »Ethnische Flurbereinigung« erklärt Heydrich seinen engsten Mitarbeitern, daß sich die Deportation von 600 000 Juden verzögern werde. Es sei nämlich nicht jedermann bereit, der Deportation aller Juden in das Judenreservat in Polen höchste Priorität einzuräumen. Statt dessen werde von vielen Seiten die Überstellung von »Volksdeutschen« in »saubere arische Gebiete« bevorzugt behandelt.

1940
Anfang Januar erklärt der Chef des Generalgouvernements, Hans Frank, daß ihm jener Befehl, den er im Herbst 1939 erhalten habe, keine Schwierigkeiten bereite. Damals ist ihm aufgetragen worden, binnen eines Jahres 600 000 Juden aus Westpolen und 400 000 Juden aus Deutschland in dem von ihm verwalteten Gebiet aufzunehmen. Deren Anwesenheit sei ja doch nur vorübergehend, nach dem Krieg werde es beispielsweise auf Madagaskar ausreichend Platz für die Ansiedlung von Millionen Juden geben. Auch Hitler selbst habe nur von einer provisorischen Lösung gesprochen.

4. Januar Eichmann bespricht sich mit Vertretern der Sicherheitspolizei sowie der Reichsministerien für Wirtschaftliche Angelegenheiten, Finanzen und Verkehr. Sie alle kommen zu dem Schluß, daß die Juden so schnell wie möglich in das Judenreservat in Polen abtransportiert werden müssen.

12. Februar Während einer Stabsbesprechung übt Göring scharfe Kritik an der mangelhaften Durchführung der »ethnischen Flurbereinigung« und bittet alle Anwesenden an einer in geordneten Bahnen verlaufenden Deportation der Juden in das Judenreservat mitzuwirken.

19. Februar Heydrich teilt Göring schriftlich mit, daß der Umstand, daß die Juden nicht mehr auf regulärem Weg nach Übersee emigrieren könnten, die Lösung der Judenfrage immer schwieriger mache. Diese Juden könnten ja schließlich nicht allesamt in das Judenreservat verbannt werden. Er schlägt vor, nur mehr jene Juden die nicht aus Deutschland, der »Ostmark« und Böhmen stammen, dorthin zu verfrachten.

29. Februar Himmler zeigt Verständnis für die ernstzunehmenden Probleme, die sich aufgrund der Deportation von so vielen Juden in solch kurzer Zeit ergeben haben. Aus diesem Grund sollen sich in den folgenden Monaten alle Verantwortlichen vor allem mit der Frage auseinandersetzen, ob die Transportmöglichkeiten ausreichend wären und ob es für die Juden im Judenreservat genug zu essen gebe.

Im *Februar* beschäftigen sich Dr. Hillel Zeidman und Dr. Alfred Nossig im Gestapo-Büro Warschau mit allerlei Emigrationsprojekten, vor allem jedoch mit der Emigration der Juden nach Madagaskar.

Im *Frühjahr* pfeifen es schon die Spatzen von den Dächern, daß die Juden bald nach Madagaskar deportiert werden sollen.

1. März Frank bringt die Auffasssung Görings, Darrés und zahlreicher Gauleiter auf den Punkt, wenn er sagt, daß das gigantische Germanisierungsprojekt Himmlers auf Kosten der so notwendigen Entwicklung der Wirtschaft gegangen sei und mehr Probleme geschaffen als gelöst habe. Damit meint er, daß man für den Abtransport der Juden in ein Reservat nunmehr viel mehr Zeit als ursprünglich vorgesehen einkalkulieren müsse. Wenn man jedoch dem Aufbau eines Reservates für die »minderwertigste Rasse« alles unterordne, so Göring, würde man damit womöglich das Überleben der »Herrenrasse« selbst aufs Spiel setzen.

11. März Im Laufe einer außergewöhnlich langen Audienz bespricht Ribbentrop mit Papst Pius XII. mögliche Friedensvorschläge, für die er die Unterstützung des Vatikans zu erhalten hofft. In diesen Denkmodellen wird absolute Freiheit der Religionsausübung garantiert, was jedoch dahingehend zu verstehen ist, daß es Deutschland zuvor erst ermöglicht werden müßte, alle Juden in die Emigration nach Palästina, Äthiopien oder Madagaskar zu zwingen. Bemerkenswert ist, daß Ribbentrop wortwörtlich jenen Vorschlag übernimmt, den Schacht am 7. Juli 1938 in seinem Brief an Frick formuliert hat und wovon er auch Ribbentrop eine Abschrift übermittelte.

12. März Hitler diktiert dem Journalisten Colin Ross (einem Nazi-Lobbyisten) in den Notizblock, daß es sich bei der Judenfrage um eine territoriale Frage handle. Es sei schwer, eine Lösung zu finden, da die deutsche Regierung im Gegensatz zu den Franzosen, Briten und Amerikanern nicht über ausgedehnte Gebiete verfüge. Unter den gegenwärtigen Umständen gebe es jedenfalls keine Aussicht auf Lösung, da er nicht einmal für die Angehörigen seines eigenen Volkes genug Platz habe.

23. März Göring verbietet weitere Deportationen in das Judenreservat im Generalgouvernement.

19. Mai Zum zweiten Mal wird angeordnet, daß die jüdische Bevölkerung Warschaus aufgrund der Unrealisierbarkeit des Reservates in einem Ghetto eingesperrt werden müsse. Mit den Bauarbeiten dazu sei am 1. Juli zu beginnen.

25. Mai Eine Woche bevor deutsche Truppen den Ärmelkanal erreichen, übergibt Himmler Hitler ein Memorandum mit dem Titel *Denkschrift Himmlers über die Behandlung der Fremdvölkischen im Osten*. Darin schlägt er Hitler vor, die Juden langfristig gesehen auf dem Wege der Deportation nach Afrika aus dem Deutschen Reich zu entfernen. Er sei nämlich aus tiefster innerer Überzeugung gegen die »bolschewistische Methode« der physischen Ausrottung eines Volkes, da diese seiner Ansicht nach dem germanischen Geist widerspreche. Himmler schwebt dabei Madagaskar vor, da Hitler und seine Gefolgsleute ab 1938 ständig darüber gesprochen haben.

27. Mai Ribbentrop erteilt an zwei seiner Mitarbeiter den Auftrag, ihm Vorschläge für die Emigration der Juden nach Afrika zu unterbreiten.

30. Mai Clodius, Mitarbeiter im Reichsaußenministerium, schreibt in einem für Ribbentrop bestimmten Memorandum, daß ein »Großwirtschaftsraum« unter deutscher Führung geschaffen werden sollte, der seinerseits über ein »Mittelafrikanisches Kolonialgebiet« verfügen würde müssen. In der Auflistung der zukünftigen deutschen Kolonien wird Madagaskar absichtlich nicht genannt, da diese Insel für die Juden vorgesehen sei.

3. Juni In einem Memorandum mit dem Titel *Raumerweiterung und Stützpunktfragen* liefert Admiral Fricke eine detaillierte Beschreibung aller neuen Kolonien, die dem Deutschen Reich in Afrika angehören und zusammen das »Deutsche Kolonialreich Mittelafrika« bilden würden. Auch Fricke nennt – aus denselben Gründen wie Clodius – Madagaskar nicht als eine neue deutsche Kolonie.

3. Juni In der Schrift *Gedanken über die Arbeiten und Aufgaben des Ref. D III* fordert Franz Rademacher, daß das Reichsaußenministerium vorbereitende Maßnahmen zur Lösung der Judenfrage setzen müsse. Man sollte sich für eine von drei möglichen Varianten entscheiden: Alle Juden aus West-, Mittel- und Osteuropa nach Madagaskar verbannen (1), nur die Juden aus West- und Mitteleuropa nach Madagaskar verbannen und jene Osteuropas als Geisel benützen, um vor allem die Juden in den USA in die Knie zu zwingen (2), alle Juden nach Palästina verbannen (3).

3. Juni Am Nachmittag dieses Tages geht Rademacher in einem Vortrag vor Stabsangehörigen mit dem Titel *Überblick über die neu aufzunehmenden, vordringlichen Aufgaben des Ref. D III* auf den Text eines Memorandums ein, das er erst am Morgen Martin Luther, dem Leiter der »Abteilung Deutschland« des Außenamtes überreicht hat.

4. Juni Rademacher hat eine lange Unterredung mit Paul Wurm, dem außenpolitischen Redakteur des *Stürmer*. Sie diskutiern die Lösung der Judenfrage und den Madagaskar-Plan.

5. Juni Wurm übermittelt Rademacher einen Artikel, den er ein Jahr zuvor geschrieben hat, und worin er den Vorschlag macht, 15 Millionen »Blutsauger« nach Madagaskar zu schicken. Er bittet um die Erlaubnis zur Publikation dieses Artikels.

6. Juni Ritter von Epp, der in allen Ministerien als zukünftiger Kolonialminister gehandelt wird, schreibt in einem Memorandum mit dem Titel *Mittelafrikanisches Kolonialgebiet*, daß zwischen einem »Mittelafrikanischen Kolonialreich« und dem ausgedehnten Deutschen Reich in Europa ein eindeutiger Zusammenhang bestehe. Auch für ihn steht es außer Zweifel, daß dieses Reich erst gegründet werden könne, wenn die Juden nach dem Krieg nach Madagaskar verbannt werden würden.

Im *Juni* wird die Verbannung der Juden nach Madagaskar auch »wissenschaftlich fundiert«. Seit dem Überfall der Deutschen auf Polen berufen sich Angehörige der SS und zahlreiche andere Führerfiguren auf ökonomische und demographische Argumente, um den Madagaskar-Plan zu rechtfertigen. Trotzdem fügen sie nicht selten noch rassistische Argumente hinzu, wie sich unter anderem aus dem Memorandum Himmlers vom 25. Mai ablesen läßt.

Im *Juni* behauptet der deutsche Demograph und Historiker Peter-Heinz Seraphim, der in SS-Kreisen hohes Ansehen genießt, daß es sich bei der Judenfrage in Osteuropa um ein ökonomisches und vor allem demographisches Problem handle, da in dieser Region Millionen Juden ohne Zukunftsperspektiven leben. Triebe man die Juden dort in Ghettos zusammen, würde dies nur eine vorübergehende Lösung darstellen. Die Judenfrage könne in Osteuropa langfristig nur gelöst werden, wenn alle »Ostjuden« aus dem Großdeutschen Reich nach Madagaskar verschifft würden.

12. Juni Rademacher schreibt Wurm, daß es besser sei, den Artikel über den Madagaskar-Plan noch nicht zu veröffentlichen, da das eine oder andere Detail noch unklar sei. Er macht den Journalisten auch darauf aufmerksam, daß es in einem Artikel in der *Jüdischen Rund-*

schau vom 11. Juni den Anschein hat, als haben die Juden selbst auch erkannt, daß sie Europa schnell verlassen müßten.

15. Juni Der Chef der Reichskanzlei Lammers verfaßt einen Brief an zahlreiche Sektionen der Partei und jene Ministerien, die bereits im Frühjahr des Jahres 1940 vom Führer den Befehl erhalten haben, die zukünftige Administration in den afrikanischen Kolonien vorzubereiten. Nunmehr teilt er im Namen des Führers mit, daß diese Vorbereitungsarbeiten aufgrund der politischen Entwicklung so schnell wie möglich zu einem Ende gebracht werden müßten. Deutschland würde nämlich die ehemaligen Kolonien wahrscheinlich schon bald zurückbekommen. Dann würde ein »Kolonialreich Mittelafrika« gegründet werden können, wobei man Madagaskar für die Juden »reservieren« würde.

17. und 18. Juni In München besprechen Ribbentrop und Hitler mit dem italienischen Außenminister Ciano und Mussolini die Zukunft Frankreichs und den Madagaskar-Plan. Sie erzielen Einvernehmen darüber, daß Madagaskar nach dem Krieg europäischen Juden unter der Aufsicht der Franzosen vorbehalten werden solle.

20. Juni In Anwesenheit Keitels beratschlagt Hitler mit Admiral Raeder, dem Oberbefehlshaber der deutschen Flottenverbände, über die weitere Entwicklung Madagaskars. Raeder erklärt Hitler, daß Madagaskar für Deutschland von keinerlei strategischer Bedeutung sei. Er schlägt vor, Portugal für den Verzicht auf den Norden von Angola mit der Übergabe der Insel Madagaskar zu entschädigen. Hitler macht dem Admiral jedoch klar, daß er aus Madagaskar ein Reservat für die Juden machen wolle.

22. Juni Am Tag der Kapitulation Frankreichs gibt Göring dem Reichswirtschaftsministerium den Auftrag, die ökonomische Umstrukturierung Europas unverzüglich in Angriff zu nehmen.

23. Juni Philipp Bouhler, der Büroleiter der Führerkanzlei, bemüht sich vergeblich um die Zusage Hitlers, nach dem Krieg zum Generalgouverneur von Ostafrika bestellt zu werden.

24. Juni Himmler ergänzt das Memorandum vom 25. Mai um ein Nachwort im Umfang von acht maschinengeschriebenen Seiten. Darin geht er ausführlich auf die Kritik ein, die das ursprüngliche Papier hervorgerufen hat. Er sagt klipp und klar, daß er an seiner Entscheidung, die »ethnische Säuberung« Europas zur Gänze auszuführen, unverrückbar festhalten wolle. Darüber hinaus müßten sieben bis acht Prozent aller Polen und Juden in das Generalgouvernement abtransportiert werden, wo die Juden die Zeit bis zu ihrer Ausreise aus Europa überbrücken könnten.

24. Juni Heydrich schreibt an Ribbentrop, daß er mit dem Madagaskar-Plan des Reichsaußenministeriums einverstanden sei und bittet ihn, den Besprechungen über eine »territoriale Endlösung« der Judenfrage in Europa hinzugezogen zu werden. Immerhin sei er ja von Göring mit der Aussiedlung der Juden betraut worden.

Später in diesem *Sommer* begründet Heydrich die Verbannung der Juden nach Madagaskar mit denselben Argumenten wie Himmler einige Monate zuvor in seinem Memorandum. Auch er vertritt die Ansicht, daß eine physische Vernichtung der Juden des deutschen Volkes, das ja doch über eine hochstehende Kultur verfüge, unwürdig sei. Nicht zuletzt deshalb sollten die Feinde Deutschlands nach dem Krieg den Befehl erhalten, die Juden mit ihren Schiffen nach Madagaskar zu bringen.

26. Juni Der Führer läßt wissen, daß er Himmlers Memorandum vom 25. Mai gelesen habe und dessen Inhalt »ausgezeichnet« finde. Der Führer verlangt weiters, daß Himmler Frank nach Berlin zitiert, um ihn das Memorandum lesen zu lassen. Im weiteren Verlauf des Gesprächs fragt Himmler, ob Hitler damit einverstanden sei, das Memorandum unter den Gauleitern Osteuropas zirkulieren zu lassen und auch Göring ein Exemplar zu übermitteln. Weiters ist es ihm ein Anliegen, in einem Begleitschreiben mitteilen zu dürfen, der Führer höchstpersönlich habe das Memorandum für gut befunden und unterstütze es mit seinem gesamten politischen Gewicht. Auch dem stimmt Hitler zu.

30. Juni Himmler legt Hitler das Nachwort zu seinem Memorandum vor. Hitler erachtet jeden einzelnen Punkt für wichtig.

1. Juli Ein Angehöriger der SS erzählt dem Leiter des jüdischen Rates in Warschau, Czerniakov, daß es für den Fall des Kriegsendes binnen eines Monats geplant sei, alle Juden nach Madagaskar zu schaffen.

2. Juli Der Madagaskar-Plan des Reichsaußenministeriums wird unter dem Titel *Plan zur Lösung der Judenfrage* vorgestellt. Einen Tag später erscheint dessen zweiter Teil *Die Judenfrage im Friedensvertrag*. Es ist symptomatisch, daß der Plan Rademachers ausgerechnet an jenem Tag präsentiert wird, an dem ein Teil der französischen Flotte von der *Royal Air Force* in Mers-el-Kébir versenkt wird. Rademachers Anmerkungen beginnen mit den Worten: »Aufgrund der zu erwartenden raschen Niederlage Frankreichs hat Deutschland nicht nur die Möglichkeit, sondern meiner Ansicht nach auch die Pflicht, die Judenfrage in Europa zu lösen. Die beste Lösung ist: Alle Juden raus aus Europa.«

3. Juli In Wien hält Eichmann einen Vortrag vor Vertretern jüdischer Organisationen aus Wien und Prag. Er legt dar, daß man sich nach Kriegsende um eine europäische Lösung der Judenfrage bemühen müsse. Ungefähr vier Millionen Juden müßten Europa verlassen und in einem anderen Land angesiedelt werden. Wenn er es auch nicht konkret anspricht, ist damit doch Madagaskar gemeint.

3. Juli Eichmann schickt Dannecker mit dem Auftrag nach Paris, in den dortigen Archiven des Kolonialministeriums sämtliches Material zusammenzutragen, das nur irgendeinen Bezug zu Madagaskar habe, da er, Eichmann, die Publikation des Madagaskar-Planes des RSHA vorbereiten müsse.

3. Juli Heinrich Müller berichtet Rudolf Brandt, daß sich Himmler im Zusammenhang mit jenen drei Möglichkeiten zur Lösung der Judenfrage, die Rademacher am 3. Juni zur Auswahl gestellt hatte, für Variante Zwei entschieden habe: Alle Juden West- und Mitteleuropas sollten nach Madagaskar verbannt werden, jene aus Osteuropa jedoch als eine Art Geiseln gehalten werden, um den Einfluß der amerikanischen Juden zu neutralisieren.

4. Juli Rademacher bittet das Bayerische Statistische Landesamt und die Bergakademie in Freiburg, rasch eine Studie über die demographischen und geologischen Eigenheiten Madagaskars zu erstellen.

6. Juli Der Stab der Seekriegsleitung veröffentlicht ebenfalls ein Memorandum. Man sei davon überzeugt, daß das deutsche Streben nach Kolonien endlich Erfüllung finden werde, da die deutsche Armee bereits so viele Siege erzielt habe.

7. Juli Viktor Klemperer notiert in seinem Tagebuch, daß die europäischen Juden wohl schon bald nach Madagaskar deportiert würden. Im Radio sei bereits die Kapitulation Englands gemeldet worden. Er gehe davon aus, daß Deutschland den anderen Nationen im Zuge der Friedensverhandlungen die Erlaubnis zur Deportation der Juden nach Madagaskar abpressen werde.

8. Juli Gemeinsam mit Hans Frank geht Hilter den Madagaskar-Plan durch. In seinem Tagebuch notiert Frank, er habe mit dem Führer über die politischen, wirtschaftlichen und sozialen Probleme im Generalgouvernement gesprochen, wobei auch die Lösung der Judenfrage zur Sprache gekommen sei. Hitler habe ihm erzählt, er plane, die Juden nach dem Krieg in eine Kolonie zu verbringen. Madagaskar sei dafür der aussichtsreichste Kandidat.

10. Juli Krüger erzählt Frank, Himmler habe ihm in Berlin mitgeteilt, daß die Juden aus Deutschland und aus den annektierten Gebieten nicht mehr nach Polen gebracht werden sollen. Ihr Bestimmungsland werde nämlich nicht das Generalgouvernement, sondern Madagaskar sein.

11. Juli In Krakau ergeht der Befehl, den Bau von Ghettos einzustellen; dies in Entsprechung der Pläne Hitlers, die Juden nach dem Krieg nach Madagaskar deportieren zu lassen.

11. Juli Raeder erklärt neuerlich, daß Madagaskar für die Marine von untergeordneter Bedeutung sei, da »der Atlantik Hauptkriegsschauplatz« bleibe.

12. Juli Frank teilt seinen Mitarbeitern in Krakau mit, daß die Deportationen ins Generalgouvernement definitiv beendet werden sollen, da die Juden nach einem Friedensschluß in ein überseeisches Gebiet geschickt werden würden. Die gesamte »Judensippschaft« im Deutschen Reich, dem Generalgouvernement und dem Protektorat solle nach Madagaskar transportiert werden.

17. Juli Professor Burgdorfer, Präsident des Bayerischen Statistischen Landesamtes, übermittelt Rademacher sein Gutachten über den Madagaskar-Plan. Darin kommt er zu dem Schluß, daß eine Umsiedlung von sechseinhalb Millionen Juden vom demographischen Standpunkt her vertretbar sei.

18. Juli Die italienische Zeitung *La Stampa* meldet, daß Deutschland offiziell beschlossen habe, nach dem Krieg alle Juden Europas nach Madagaskar zu verbannen.

20. Juli In seinem Werk *La Difesa della Razza* schreibt C. Barduzzi, daß die dem Madagaskar-Plan entgegengebrachte Akzeptanz der eigentliche Durchbruch für die Lösung der Judenfrage in Europa darstelle. Die christliche Kultur sei den Juden fremd, und diese wären niemals imstande, sich in ein christliches Europa zu integrieren.

22. Juli Im Zusammenhang mit der Umsetzung des Madagaskar-Plans in Europa schreibt Rademacher an den deutschen Botschafter in Kopenhagen.

22. Juli In einem Vortrag im Institut für Deutsche Ostarbeit in Krakau sagt Seraphim, daß es nicht ausreiche, die Juden in Ghettos einzusperren, um deren »schädlichen Einfluß« Einhalt zu gebieten. Man müsse vielmehr an einer »konstruktiven« Lösung arbeiten, nämlich an deren Verbannung aus Europa.

22. Juli In Anspielung auf die Durchführung des Madagaskar-Plans schreibt in Krakau der Soziologe Fritz Arlt, daß für polnische Bauern eineinhalb Millionen neue Arbeitsplätze entstehen würden. Dieser Beschäftigungseffekt würde sich automatisch einstellen, sobald die Juden nach der Realisierung der größten ökonomischen Umstrukturierungsmaßnahme Europas aus dem Generalgouvernement in ein überseeisches Gebiet verschifft worden wären.

25. Juli Frank empfängt hohe Gäste und führt sie durch das von ihm geleitete Generalgouvernement. Er teilt ihnen mit, daß der Führer entschieden habe, nicht nur keine weiteren Juden in dieses Gebiet zu transportieren, sondern sogar binnen absehbarer Zeit alle Juden wegzuschaffen. Es sei nämlich geplant, die Juden nach dem Krieg so schnell wie möglich nach Madagaskar gehen zu lassen.

26. Juli Der rumänische Ministerpräsident Ion Gigurtu teilt Hitler mit, daß die Regierung seines Landes die ersten Schritte zur Lösung der Judenfrage gesetzt habe. Die Vorgangsweise in Rumänien sei jedoch in jeder Phase eng mit der endgültigen Lösung verknüpft, die der Führer für ganz Europa anstrebe.

29. Juli Der Geologe Schumacher von der Bergakademie in Freiberg hat das von Rademacher in Auftrag gegebene *Gutachten über die mineralischen Bodenschätze von Madagaskar* fertiggestellt. Darin kommt er zu dem Ergebnis, daß Madagaskar den Juden ausreichende Möglichkeiten biete, um einer materiell sorgenfreien Zukunft entgegenzugehen.

31. Juli Frank trifft in Krakau mit den Gauleitern Greiser und Koppe zusammen, die ihn bitten, vorübergehend 250 000 Juden aus dem übervölkerten Wartheland aufzunehmen, bis diese nach einiger Zeit nach Madagaskar auswandern würden. Bei dieser Besprechung sind auch führende Vertreter der SS, wie Krüger und Streckenbach, anwesend. Greiser erwähnt, daß er eine Woche zuvor mit Himmler gesprochen habe. Dieser habe ihn von dem Plan, die Juden binnen kurzem zu verbannen, unterrichtet.

1. August Walter Emmerich, Wirtschaftsminister im Generalgouvernement, erklärt, daß sich die zu erwartende Aussiedlung aller Juden nach Madagaskar auf die Wirtschaft durchaus positiv auswirken werde.

2. August Nachdem er die Memoranden Rademachers vom 3. Juni und 2. beziehungsweise 3. Juli gelesen hat, läßt Ribbentrop Luther wissen, daß er sich nach Rücksprache mit Hitler für die erste der drei genannten Optionen entschieden habe. Nach dem Krieg sollten sämtliche Juden nach Madagaskar verbannt werden. Abgesehen davon müsse Referat D III (Rademacher und seine Leute) diesen Plan in Zusammenarbeit mit den Abteilungen des Reichsführers SS noch detaillierter ausarbeiten.

3. August Einem Brief an das Reichsaußenministerium legt Wurm in Hinblick auf die Umsetzung des Madagaskar-Plans statistisches Zahlenmaterial betreffend die Anzahl der Juden in Europa bei. Wurms Ansicht zufolge würden für Madagaskar rund 10 Millionen Juden in Frage kommen.

3. August Gegenüber dem neuen deutschen Botschafter in Paris, Otto Abetz, bekräftigt Hitler, daß er in Absprache mit den Verbündeten die Judenfrage für ganz Europa lösen wolle, wobei er die besetzten Länder zwingen werde, ihre Juden nach dem Krieg zu verbannen. Hitler spricht diesmal nicht von Madagaskar, sondern von den USA, die seiner Ansicht nach leicht Millionen Juden aufnehmen können. Das Bestimmungsland für die Juden ist Hitler letztendlich egal.

12. August Im Zusammenhang mit dem Madagaskar-Plan wird Rademachers Memorandum über die *Gründung einer innereuropäischen Bank für die Verwaltung des Judenvermögens in Europa* präsentiert. Das in Deutschland befindliche jüdische Vermögen solle wie bisher von den Stellen des Reichsführers SS beziehungsweise dem RSHA eingesammelt werden, da diese bereits über die nötige Erfahrung verfügen. Von diesen Stellen solle dann das Vermögen der Bank überlassen werden.

12. August Viktor Brack, ein Mitarbeiter der Führerkanzlei, macht während einer Besprechung mit Vertretern des Reichsaußenministeriums den Vorschlag, die Transportlogisitk, die er in Hitlers Auftrag zur Durchführung des Euthanasieprogramms aufgebaut hat, nach dem Krieg für den Transport der Juden nach Madagaskar zur Verfügung zu stellen.

14. August Emmerich, ein Mitarbeiter Franks, berechnet, daß die Aussiedlung der Juden aus dem Generalgouvernement sowohl demographisch als auch wirtschaftlich unabdingbar sei. Die Juden müßten für Verschiffung und Unterbringung mit Mitteln aus dem konfiszierten selbst Besitz aufkommen.

15. August Luther teilt Rademacher schriftlich mit, worüber Hitler Abetz am 3. August informiert hat.

Unter den Befürwortern des Madagaskar-Plans des Reichsaußenministeriums finden sich in diesem *Sommer* nicht nur Ökonomen, Soziologen, Demographen und Statistiker, sondern auch Journalisten und Schriftsteller. So meint E. Seifert, daß die Juden nicht der weißen, sondern der farbigen Rasse angehören würden. Schon allein deshalb sollten die 10 Millionen Juden so weit weg wie nur möglich aus Europa verbannt werden.

15. August Das von Eichmann, Dannecker und Rajakowitsch ausgearbeitete Madagaskar-Projekt des Reichssicherheitshauptamtes wird veröffentlicht. Auf 14 maschinengeschriebenen Seiten werden der Ist-Zustand als Ausgangspunkt für den Plan, die Topographie der Insel, die staats- und verwaltungsrechtlichen Aspekte, die Abwicklung des Projekts und schließlich dessen Finanzierung behandelt. Des weiteren enthält die Präsentationsmappe vier Beilagen: Eine große Afrika-Karte, allgemeine Fakten über die wirtschaftliche Bedeutung von Kolonien für Deutschland, Material bezüglich der Umsetzung des Madagaskar-Plans in Europa und einen Auszug aus Meyers Lexikon aus dem Jahre 1939.

Von 15. August 1940 bis in den Sommer 1941 arbeitet Eichmann in Kooperation mit mehr als 15 weiteren Stellen das Madagaskar-Projekt in Berlin noch genauer aus. Mit den Leitern aller beteiligten Behörden ist er in ständigem Kontakt, im Büro von Referat II/112 werden allein zu diesem Thema rund 20 Besprechungen abgehalten.

17. August Goebbels notiert in seinem Tagebuch, Hitler habe ihm von Madagaskar erzählt, wo die Juden ihren eigenen Staat bekommen könnten.

29. August Da sein Gebiet von jüdischen Flüchtlingen überrannt wird, läßt der Kreishauptmann von Jaslo im Bezirk Krakau die Bemerkung fallen, er beginne langsam daran zu zweifeln, ob Hitler auch wirklich ernsthaft bereit wäre, alle Juden aus dem Generalgouvernement nach Madagaskar zu verschiffen. Frustriert macht er damit auf jenes Chaos aufmerksam, welches durch ein scheinbar planloses Hin- und Hergeschiebe der Juden innerhalb des Generalgouvernements entstanden ist.

30. August Für das Reichsaußenministerium publiziert Rademacher ein Memorandum mit dem Titel *Bisherige Entwicklung des Madagaskar-Plans des Ref. D III*. Darin listet er auf, welche offiziellen Stellen für die Umsetzung des von seinem Ministerium ausgearbeiteten Madagaskar-Plans zuständig seien: das RSHA, die »Dienststelle Vierjahresplan«, das Reichspropagandaministerium und das Auswärtige Amt.

4. September Von Etzdorf, der das Reichsaußenministerium im OKH vertritt, gibt einen Überblick, wie Afrika unter den Kolonialmächten vollkommen neu verteilt werden könnte, sollte Deutschland mit England eine Einigung erzielen oder als alleiniger Sieger aus dem Krieg hervorgehen. Nachdem er alle Gebiete genannt hat, die zusammen das »Deutsche Kolonialgebiet Mittelafrika« bilden sollen, hebt er noch extra hervor, daß Madagaskar für die Juden vorgesehen sei.

10. September Der Kreishauptmann von Krasnystaw verlangt, daß die Juden ihre polnischen Namen »eindeutschen« sollen. Wenn sie nach dem Krieg erst einmal auf Madagaskar gelandet wären, könnten sie ja, wenn ihnen danach wäre, sogar die Namen der Ureinwohner der Insel annehmen.

Von September 1940 bis zur Deportation der slowakischen Juden wird der *Ustředna Židov*, der jüdische Rat, gezwungen, den Madagaskar-Plan zu bewerben.

Im *Septembe*r schlägt Arlt vor, eineinhalb Millionen Juden aus dem Generalgouvernement nach Madagaskar emigrieren zu lassen.

Im *Oktober* faßt Peter-Heinz Seraphim in Worte, worüber zwischen Demographen, Wirtschaftswissenschaftlern und Statistikern Einigkeit herrscht: Bei der Realisierung des Madagaskar-Plans handle es sich schlicht um eine Notwendigkeit.

2. Oktober Frank übergibt Hitler einen Bericht, in dem er unmißverständlich darlegt, daß es nach Meinung aller Fachleute nicht länger zu verantworten sei, Juden in das Generalgouvernement zu überstellen. Es sei für die Zukunft dieses Gebietes im Gegenteil sogar notwendig, sie nach Madagaskar zu verbannen. Der Leiter der Sicherheitspolizei im Generalgouvernement, Bruno Streckenbach, teilt diese Ansicht.

15. Oktober Dem Hochkommissar für Palästina wird aus London mitgeteilt, daß es nicht möglich sei, jene jüdischen Passagiere der *Atlantic*, der *Pacific* und der *Milos*, die sich auf dem Weg nach Haifa befinden, nach Australien umzuleiten. Das Kolonialministerium werde jedoch die Möglichkeit einer Unterbringung auf Mauritius, östlich von Madagaskar, prüfen.

15. Oktober In einem Telegramm an den Gouverneur von Mauritius erkundigt sich der britische Kolonialminister, ob man auf der Insel in der Lage sei, kurzfristig für die Unterbringung jüdischer Flüchtlinge zu sorgen. Diese würden sonst versuchen, illegal nach Palästina einzudringen. Man möge prüfen, ob sich Mauritius als Standort eines streng bewachten Lagers eigne.

18. Oktober Hitler gibt den Dienststellen des KPA, die dem Oberbefehlshaber für Belgien und Nordfrankreich unterstehen, den Auftrag, in den Kolonialarchiven von Brüssel und Paris sämtliches Material zusammenzutragen, das sich im Hinblick auf ein »Kolonialreich Mittelafrika« auswerten läßt.

22. und 23. Oktober 6500 Juden aus Baden und Saaspfalz werden in das nicht-besetzte Gebiet Frankreichs gebracht. Dies geschieht mit dem Hintergedanken, sie später nach Madagaskar zu verbannen.

25. Oktober Das RSHA beschließt, daß individuelle Emigration einzelner Juden aus dem Generalgouvernement in die USA nicht länger in Frage komme. Nach Ansicht des RSHA handle es sich bei den »Ostjuden« um besonders gefährliche Figuren, die imstande seien, bei einer ganzen Reihe jüdischer Organisationen in den Vereinigten Staaten dahingehend zu agitieren, eine noch gehässigere Kampagne gegen Deutschland zu führen. Kein einziger Jude dürfe sich dem geplanten Transport nach Madagaskar entziehen.

30. Oktober Oskar Plodek, ein Mitarbeiter Walter Emmerichs, teilt mit, daß sich die Finanzierung der Deportation aller Juden aus dem Generalgouvernement noch etwas verzögern werde, da die Eliminierung der Juden aus dem Handel und die Beschlagnahme ihres Besitzes viel Zeit in Anspruch nehme.

3. November Bormann schreibt an Rosenberg, daß Hitler seinen Artikel *Die Juden in Madagaskar* gelesen habe und dieser eventuell in einigen Monaten veröffentlicht werden könne.

5. November Hitler prophezeit Goebbels, daß der Moment kommen werde, da alle Juden aus Europa deportiert würden.

Im *November* vertraut Hitler einem ungarischen Diplomaten an, daß er vorhabe, Frankreich nach dem Krieg Madagaskar für die Juden aus Europa abzupressen.

6. November Der Leiter von Referat X des Reichsaußenministeriums, Harald Bielfeld, verfaßt ein Memorandum, das den sperrigen Titel *Die territoriale Kolonialförderung an Frankreich im Rahmen der Gesamtförderung* trägt. Darin heißt es wörtlich, man müsse das »Kolonialreich Mittelafrika« als »kolonialen Ergänzungsraum« für den »europäischen Großwirtschaftsraum« betrachten, der die Versorgung von rund 150 Millionen Menschen gewährleisten solle. Madagaskar müsse demzufolge ebenfalls zu Deutschland gehören.

Im *November* teilt Brack dem Leiter der Führerkanzlei, Philipp Bouhler, seine Ansicht mit, daß nur der Madagaskar-Plan eine vertretbare Antwort auf die Judenfrage sei. Er begrüßt es, daß das Reichsaußenministerium und das RSHA diesen Plan ausgearbeitet haben.

13. November Churchill wird ein Memorandum des Kolonialministers Lord Lloyd zugespielt. Darin schlägt dieser vor, jene jüdischen Flüchtlinge, die den Hafen von Haifa ansteuern, nach Mauritius zu deportieren. Lord Lloyd bittet Churchill um Unterstützung dieses Plans.

14. November Churchill reagiert positiv auf den Vorschlag seines Kolonialministers. Es müsse jedoch sichergestellt werden, daß die Juden später nicht in jene Länder zurückgeschickt würden, aus denen sie vor Verfolgung geflüchtet wären; als weitere Bedingung für seine Zustimmung nennt er die humane Behandlung der Juden auf Mauritius.

15. November Walther Darré, Leiter des Rasse- und Siedlungshauptamtes der SS, schreibt in seiner eigenen Zeitschrift *Odal*, daß die Nazis ihre Bemühungen zur Lösung der Judenfrage auch dann fortsetzen sollten, wenn bereits alle Juden nach Madagaskar verbannt wären.

20. November Im Namen der britischen Regierung erklärt der Hochkommissar für Palästina, daß die illegalen jüdischen Immigranten eine ernsthafte Bedrohung für die Interessen Großbritanniens im Nahen Osten darstellen. Aus diesem Grund sollen sie möglichst rasch nach Mauritius gebracht werden. Nach dem Krieg dürfe man ihnen keinesfalls gestatten, nach Palästina auszureisen.

Im *November* schreibt ein deutscher Jude, daß die SS ein Madagaskar-Projekt initiiert habe und mit finanzieller Hilfe der jüdischen Vertretung für Palästina und jüdischer Organisationen in den USA die Verschiffung von fünf Millionen Juden nach Madagaskar plane.

9. Dezember Das in der Nähe von Haifa gelegene Internierungslager Athlit wird von britischen Militärs umstellt, um 1580 jüdische Flüchtlinge nach Mauritius abzuschieben. Da sich die Juden der Deportation widersetzen, werden sie mit Gewalt aus den Betten geholt und nach Haifa abtransportiert.

10. Dezember In einer Rede in Berlin legt Himmler vor sämtlichen führenden Köpfen des Dritten Reiches sowie vor den Gauleitern Rechenschaft über die »ethnische Flurbereinigung« ab. Dabei stützt er sich auf die drei Berichte Eichmanns betreffend die Lösung der Judenfrage. Angesichts der politischen Entwicklung der letzten Monate gilt es durchaus nicht mehr als sicher, daß die Juden wirklich binnen kurzem nach Madagaskar verbannt werden würden. Aus diesem Grund spricht Himmler auch von einem »noch näher zu bestimmenden Gebiet« für die Juden.

11. Dezember Frank hat eine lange Unterredung mit Hitler, in deren Verlauf der Führer anmerkt, daß sich Europa nach dem Krieg noch jahrelang wird anstrengen müssen, um den gesamten Kontinent von den Juden zu »säubern«.

1941
Im *Januar* zählt Sturmbannführer Paul Zapp in einem Referat jene Faktoren auf, die seiner Ansicht nach den Madagaskar-Plan überhaupt erst erforderlich gemacht haben: Jüdisches Streben nach Weltherrschaft, Unterstützung der Bolschewisten in Rußland, Kontrolle über Banken in Europa und der ganzen restlichen Welt. Die Juden seien die Erzfeinde aller Nicht-Juden, würden aber mit Freimaurern und Kirchen, die selbst allesamt »verjudet« seien, gemeinsame Sache machen. Deshalb würden die Juden eine große Gefahr für das Überleben Europas darstellen.

Im *Januar* glauben die *Lohamei Herut Israel* (»Kämpfer für die Freiheit Israels«), die auch unter den Bezeichnungen *Stern-Group* beziehungsweise *Stern-Gang* bekannt geworden sind, daß sie mit Hitler leicht ins Geschäft kommen würden. Sie wollen ihm ihre Unterstützung in einem Krieg gegen Großbritannien anbieten, als Gegenleistung aber die Gründung eines Judenstaates in Palästina zugesichert bekommen. Ihrer Ansicht nach würden die Nazis schon dafür zu gewinnen sein, die europäischen Juden statt nach Madagaskar nach Palästina abzuschieben.

8. Januar Wahrscheinlich schon an diesem Tag erhält Heydrich von Göring den Befehl, das Konzept für ein »Endlösungs«-Projekt zu entwerfen. Dieses Projekt ist eindeutig als Alternative zum Madagaskar-Plan gedacht.

21. Januar Carltheo Zeitschel, der Spezialist für jüdische Angelegenheiten an der deutschen Botschaft in Paris, spielt in einem Gespräch auf den Plan Hitlers an, die Juden nach dem Krieg in eine überseeische Kolonie abzuschieben.

21. Januar Der Wirtschaftsfachmann Gater meldet Bedenken dagegen an, den Madagaskar-Plan bereits unmittelbar nach Kriegsende umsetzen zu wollen. Denn dann würden die Schiffe für den Import von Rohstoffen und den Export deutscher Güter benötigt. Für diese Entwicklungs- und Aufbauphase müssen, so der Ökonom, rund fünf Jahre einkalkuliert werden, sodaß der Madagaskar-Plan erst danach realisiert werden könne.

21. Januar Der Bevollmächtigte für jüdische Angelegenheiten bei der Sipo/SD spricht in Paris von einer »endgültigen Lösung« der Judenfrage. Damit meint er die Evakuierung der Juden in ein noch nicht näher bestimmtes Gebiet.

21. Januar Eichmanns Mitarbeiter Theodor Dannecker schreibt, es stehe fest, daß die Aussiedlung der Juden nach Übersee nach dem Krieg nur dann Aussicht auf Erfolg habe, wenn alles gut vorbereitet wäre und auch für die Ansiedlung bzw. Unterbringung der Juden bis ins kleinste Detail gesorgt werde.

22. Januar Im Deutschen Lichtspielhaus in Lublin sagt Frank, daß er ausnahmsweise einmal nicht über die Juden reden werde, da es ihm herzlich egal sei, wo sie schlußendlich landen würden. Dennoch sei er – ganz persönlich – davon überzeugt, daß es wohl am besten wäre, wenn »dieser zusammengewürfelte Haufen asiatischer Abkömmlinge« auch wieder nach Asien zurückginge.

30. Januar In einer Rede vor dem Reichstag sagt Hitler, daß sämtliche Juden ausgerottet werden würden, sollten sie Europa neuerlich in einen Weltkrieg stürzen. Ein solcher Krieg wäre nämlich nichts anderes, als der Versuch der Juden, endgültig an die Weltherrschaft zu gelangen.

2. Februar Hitler spricht mit Keitel, Bormann, Hewel, Ley und Speer über die Verbannung europäischer Juden nach Madagaskar. Er werde sich an die Franzosen wenden und sie bitten, auf Madagaskar Siedlungsraum für einige Millionen Juden aus Europa zur Verfügung zu stellen.

5. Februar Heydrich schreibt an Luther, daß nach den Friedensverhandlungen als erste die Juden umgesiedelt werden sollten.

28. Februar Richard Korherr, Himmlers Berater für statistische Fragen, hält ein flammendes Plädoyer für die Aussiedlung von mindestens 400 000 Juden aus Deutschland. Dabei denkt er vor allem an Sibirien, das somit zugleich als Alternative zu Madagaskar ins Spiel gebracht wird.

18. März Hitler macht in einer Unterhaltung mit Goebbels die Nebenbemerkung, daß dereinst alle Juden aus Europa deportiert werden sollen.

26. März Anläßlich der Eröffnung des Instituts zur Erforschung der Judenfrage in Frankfurt sagt Rosenberg, daß nach dem Krieg ein Reservat für alle euopäischen Juden eingerichtet werden solle. Es sei jedoch im Moment noch nicht angebracht, sich allzusehr damit zu beschäftigen, wo genau es denn liegen solle. Diese Frage solle im Rahmen eines internationalen Abkommens geregelt werden, wobei es wenig Unterschied mache, ob die Ausführung des Umsiedlungsplans nun 5, 10 oder 15 Jahre dauern würde.
Aus den Äußerungen zahlreicher Wissenschaftler, die nach der Eröffnung des Instituts an einem Symposion zum Thema Judenfrage teilnehmen, ist derselbe Grundtenor herauszuhören.

Was Madagaskar als zukünftiges Bestimmungsland für die Juden angeht, sind Göring und Himmler im Laufe des Monats *März* um einiges pessimistischer geworden als Hitler. In Kreisen der Behörde für den Vierjahresplan, des RSHA und des Reichskommissariats für die Festigung des deutschen Volkstums beginnt man, sich ernsthaft nach Alternativen umzusehen.

Ende März übergibt Heydrich Göring seinen Entwurf des »Endlösungs«-Projekts: Alle Juden, die nicht für schwere körperliche Arbeit geeignet sind, sollen in östlich des Generalgouvernements gelegene »Sterbereservate« und »Rentenghettos« verbannt werden. Nach der Eroberung der Sowjetunion würden sie in den Pripjetsümpfen Weißrußlands verschwinden müssen. Jene Juden, die durchaus schwere Arbeit verrichten können, sollten ab dem Sommer 1941 ebenfalls in die Sumpfgebiete gebracht werden, um diese trockenzulegen.

6. April Im Gespräch mit einem ungarischen Diplomaten erklärt Hitler, daß die Judenfrage auf europäischer Ebene auf dem Wege der Zwangsaussiedlung geregelt werden müsse. Er legt Wert auf die Feststellung, daß er Regierungschefs und Diplomaten bereits mehrmals auf die Notwendigkeit eines internationalen Abkommens hingewiesen habe.

7. April Xavier Vallat, der im Kabinett Pétains Minister für Jüdische Angelegenheiten ist, meint auf einer Pressekonferenz, daß eines Tages der Moment kommen werde, an dem die Juden in ein überseeisches Gebiet ausgewiesen würden, die Judenfrage jedoch erst nach dem Krieg gelöst werden könne.

Im *April* sagt Dr. Blanke, ein Mitarbeiter der wirtschaftswissenschaftlichen Abteilung der Militärbefehlshaber in Frankreich, daß es im Zuge der kommenden Friedensverhandlungen zu einer pan-europäischen Lösung der Judenfrage kommen werde, die in der Zwangsaussiedlung bestehen werde.

28. April Die Presseagentur der Nazis meldet Gerüchte, wonach die französische Regierung den Juden Europas anläßlich des französisch-deutschen Waffenstillstands im Juni 1940 in einer Geheimabsprache die Zusage erteilt habe, nach dem Krieg nach Madagaskar emigrieren zu dürfen.

29. April Die JTA meldet aus Stockholm, daß die Nazis jüdische Entscheidungsträger aus Deutschland, der »Ostmark«, Polen und dem Protekorat in Berlin zusammengetrommelt habe, um mit ihnen über den Madagaskar-Plan zu sprechen.

15. Mai Im Auftrag jüdischer Organisationen in den USA deutet Eugene Hevesi in einem sehr detaillierten Bericht an, daß Hitlers Plan, die Juden nach Madagaskar zu schicken, unweigerlich deren Tod bedeuten würde.

20. Mai In einem Rundschreiben gibt Göring bekannt, daß die Emigration von Juden in von Deutschland besetztes Gebiet im Hinblick auf die nahende »Endlösung« verhindert werden müsse. Wie schon in früheren Memoranden und Briefen bedeutet »Endlösung« auch in diesem Zusammenhang die Zwangsaussiedlung der Juden.

23. Mai Ökonomen vom »Wirtschaftsstab Ost« warnen davor, die Lösung der Judenfrage ausschließlich in der Deportation der Juden nach Rußland zu suchen. Denn dann würde Deutschland mit schier unlösbaren Problemen konfrontiert werden, welche auch die Widerstandsfähigkeit der Deutschen im Krieg erheblich schwächen würden.

2. Juni Knappe drei Wochen vor Beginn der Aktion »Barbarossa« erklärt Hitler gegenüber Mussolini, daß die Juden Europa nach dem Krieg verlassen müßten und voraussichtlich nach Madagaskar gehen könnten.

30. Juni In einem seiner Tischgespräche kündigt Hitler an, er werde einmal ein »Mittelafrikanisches Kolonialreich« gründen, nachdem er in Europa ein »kontinentales Imperium« errichtet hätte. Die Verbannung aller Juden nach Madagaskar stelle eine conditio sine qua non für ein solches gesamteuropäisches Imperium dar.

Im *Juni* macht in Kowno das Gerücht die Runde, die Deutschen würden alle Juden nach Madagaskar schicken.

14. Juli In einem Gespräch mit Simon und Kirkpatrick erwähnt Hitlers Sprachrohr Rudolf Hess nebenbei, daß Hitler beschlossen habe, nach dem Krieg sämtliche Juden nach Madagaskar auszuweisen.

15. Juli In Himmlers Memorandum *Generalplan Ost* wird davon ausgegangen, daß fünf bis sechs Millionen Juden in die Sowjetunion abgeschoben werden müßten. Es handle sich nicht um deren Ausrottung, sondern um deren Zwangsaussiedlung in ein Gebiet jenseits des Urals, in Asien, »wo sie ja schließlich auch herkämen«.

15. Juli Die Untergrundbewegung zur Unterstützung der Juden, die *Zegota*, gibt einen Bericht heraus, mit dem sie sich vor allem an die polnische Exilregierung in London wendet. Nach Ansicht des Vorstands der *Zegota* seien die meisten einflußreichen Persönlichkeiten des Landes der Meinung, daß man sich in einem wiedererstarkten Polen um eine gänzlich andere Lösung der Judenfrage werde bemühen müssen. Schließlich gehe es darum, daß alle Juden in den Nahen Osten emigrierten. Aus diesem Grund müsse eine internationale Konferenz abgehalten werden.

17. Juli Hitler erklärt dem kroatischen Marschall Kvaternik, die Juden müßten nach Sibirien oder nach Madagaskar deportiert werden, da deren Einfluß auf die Bevölkerung mit der Pest zu vergleichen sei.

Im *Juli* erklärt Helmut Meinhold, daß sämtliche im Generalgouvernement oder in Ostgalizien befindliche Juden in die Pripjetsümpfe oder nach Sibirien verbannt werden sollen. Für ihn stellen diese Gebiete Alternativen zu Madagaskar dar.

31. Juli Göring gibt Heydrich den Auftrag, alle für die »Gesamtlösung« der Judenfrage erforderlichen Vorbereitungen zu treffen. Heydrich solle versuchen, mit den Mitteln der Emigration und der Aussiedlung eine optimale Lösung zu finden.

Im *August* erklärt der Wirtschaftswissenschaftler Hans-Kraft Nonnenmacher, daß die Abschiebung der Juden aus Ostgalizien nach Madagaskar oder Sibirien demographisch wie auch wirtschaftlich gesehen eine absolute Notwendigkeit sei, da es in Osteuropa einen Bevölkerungsüberhang von bis zu 50 Millionen Menschen gebe.

11. August Hitler meint, daß afrikanische Kolonien im allgemeinen weniger wert seien als jene in Asien, wenn man die Rohstoffe unberücksichtigt lasse, die jedoch für das Deutsche Reich unverzichtbar seien.

12. August Die deutsche Botschaft in Paris meldet, daß es sich nach Ansicht von Admiral Darlan beim Madagaskar-Plan prinzipiell um keine schlechte Idee handle. Jedoch werde man bei der Verschiffung unmittelbar nach Kriegsende auf unüberwindbare Transportprobleme stoßen. Die Schiffe würden dann nämlich für wichtigere Dinge (nämlich den Handel) benötigt werden, als für die Abschiebung von ein paar Juden. Darüber hinaus müsse man sich im klaren sein, daß der Transport von 10 Millionen Juden selbst unter günstigsten Umständen mehrere Jahre dauern würde.

16. August Das rumänische Staatsoberhaupt Antonescu berichtet, er habe vom Führer seinerzeit selbst Anweisungen für die Vertreibung der »Ostjuden« erhalten. Es sei vorgesehen gewesen, daß die Juden von deutschen Truppen nach Sibirien gebracht würden.

21. August Der Leiter der Gestapo fordert in einem Rundschreiben zur Aussiedlung der Juden auf.

22. August In der deutschen Botschaft in Paris läßt Legationsrat Zeitschel Botschafter Abetz wissen, daß der Madagaskar-Plan zwar gut, aber schwer durchführbar sei. Es wäre wohl besser, die Juden in ein ausgedehntes Gebiet im Osten abzuschieben, welches deutsche Truppen im Zuge der Aktion »Barbarossa« eroberten.

3. September Rosenberg, der inzwischen zum Reichsminister für die Ostgebiete aufgestiegen ist, erzählt Mitarbeitern seines Büros, was er bereits am 29. April in einem Memorandum zur Judenfrage geschrieben hat. Diese solle nach dem Krieg mittels Deportationen in ein noch auszuwählendes Territorium gelöst werden. Die Zeit bis zu ihrer Abschiebung sollten die Juden in Ghettos eingesperrt oder in der Landwirtschaft beschäftigt verbringen.

8. September In einem Tischgespräch behauptet Hitler, Deutschland habe mehr als jedes andere Land der Welt das Recht, die Juden auszusiedeln, da man in der Vergangenheit oft genug gezwungen gewesen sei, sogar die eigenen Leute zum Verlassen des Landes zu bewegen. In diesem Licht betrachtet, müßte die Entscheidung, nun 600 000 Juden aus Deutschland abzuschieben, nur umso verständlicher erscheinen.

30. September Innerhalb der britischen Regierung werden Stimmen laut, die Judenfrage nach dem Krieg zu lösen, indem man diese Menschen nach Madagaskar emigrieren ließe. Ab diesem Zeitpunkt spukt die Insel in den Köpfen britischer Politiker herum, wann immer die Juden- beziehungsweise die Flüchtlingsfrage auf der Tagesordnung steht.

1. und 2. Oktober Das RSHA nimmt in Lissabon Kontakt mit dem *Joint Distribution Committee* auf, um von den Briten die Zusage zu erhalten, daß Schiffen mit Kurs auf Madagaskar mit jüdischen Emigranten an Bord freie Fahrt gewährt werden würde.

5. Oktober Frank ist der festen Überzeugung, daß die Juden nach dem Krieg statt auf Madagaskar besser hinter dem Ural verschwinden sollten.

13. Oktober Luther teilt den französischen Behörden mit, daß sie mit der spanischen Regierung Verhandlungen aufnehmen sollten, um jene 2000 spanischen Juden, die in Frankreich gefangengehalten werden, nach Spanisch-Marokko abschieben zu können. Eine derartige Vorgangsweise würde auch dem Prinzip der in Aussicht genommenen Lösung der allgemeinen Judenfrage entsprechen: Zwangsaussiedlung in ein überseeisches Gebiet.

13. Oktober Frank ist der Ansicht, die Juden dürften nicht länger im Generalgouvernement bleiben und will sie deshalb sofort nach Sibirien abtransportieren lassen. Rosenberg gibt ihm zu verstehen, daß er damit noch etwas zuwarten müsse, bis die Operation »Barbarossa« beendet sei.

25. Oktober Gegenüber seinen engsten Mitarbeitern Himmler und Heydrich meint Hitler, daß alle Versuche der Juden, einen eigenen Staat zu gründen, von vornherein zum Scheitern verurteilt seien.

Im *November* kommentiert ein jüdischer Wortführer in den USA den Madagaskar-Plan des deutschen Reichsaußenministeriums und das Madagaskar-Projekt des Reichssicherheitshauptamtes mit den Worten, Hitler habe Madagaskar als »the death chamber of the Jews of Europe« auserkoren.

Ebenfalls im *November* schreiben jüdische Organisationen in den USA, daß Madagaskar zur »Teufelsinsel« für die Juden werden würde, sollte Hitler seine Politik ungehindert weiterverfolgen können.

8. Dezember Einen Tag, nachdem Amerika Deutschland den Krieg erklärt hat, geht Hitler dazu über, seine Ankündigungen, die europäischen Juden im Falle eines neuerlichen Kriegsausbruchs vernichten zu wollen, in die Tat umzusetzen. Der Punkt ist erreicht, an dem Hitler beginnt, sich an den Juden zu »rächen«, und der Madagaskar-Plan und vergleichbare Vorhaben somit nicht mehr aktuell sind.

11. Dezember In seiner berühmt-berüchtigten Rede vor dem Reichstag erklärt Hitler, wer seiner Ansicht nach hinter dem Präsidenten von Amerika und dessen Politik stecke: Der »ewige Jude«, der nun seine Zeit gekommen sehe, auch über Deutschland jenes Leid zu bringen, dem bereits die Russen vor den Augen aller Welt zum Opfer gefallen seien. Hitler zufolge haben es die Nationalsozialisten schon immer gewußt, daß die »britisch-jüdisch-kapitalistische Welt« einen engen Bund mit dem »jüdischen Bolschewismus« eingegangen sei.

12. Dezember Hitler erteilt Frank den Auftrag, Millionen Juden im Generalgouvernement töten zu lassen. Er setzt ihn weiters davon in Kenntnis, daß im Januar 1942 eine Konferenz abgehalten werden würde, um die Art und Weise festzulegen, wie zukünftig sämtliche Juden Europas liquidiert werden sollten.

16. Dezember In einer Ansprache vor seinem Stab in Krakau erklärt Frank, Hitler sei von seinem ursprünglichen Vorhaben, die Juden zu verbannen, abgekommen und habe sich nunmehr entschlossen, sie auszurotten.

1942
20. Januar In seiner Funktion als Judenkommissar beruft Heydrich am Wannsee eine Konferenz über die »Endlösung der Judenfrage« ein. Thema ist die Massenvernichtung der Juden in Europa, zu der sich Hitler schon früher entschlossen hat.

21. Januar Der Leiter der Politischen Abteilung des Auswärtigen Amtes, Woerman, geht in einem für Ribbentrop bestimmten Bericht mit dem Titel *Kolonialpläne* noch einmal auf den Madagaskar-Plan ein. Es dauerte also noch einige Zeit, bis sämtliche Beamten der verschiedenen Ministerien von Hitlers Kurswechsel in Kenntnis gesetzt wurden.

10. Februar Rademacher schreibt an Bielfeld und Werner von Schmieden, den Leiter des Referates XII (Friedensfragen) des Auswärtigen Amtes, daß sich aufgrund des Krieges in der Sowjetunion inzwischen die Möglichkeit ergeben habe, der Endlösung der Judenfrage andere Gebiete zur Verfügung zu stellen. Außerdem habe auch der Führer selbst entschieden, daß die Juden nicht nach Madagaskar, sondern in Richtung Osten verbannt werden sollten.

22. Februar In einem seiner Tischgespräche schneidet Hitler neuerlich das Thema eines Großdeutschen Reiches an, dessen Einwohner von einem großen Kolonialreich in Afrika mit Nahrungsmitteln versorgt werden sollten. Von Madagaskar als möglichem Bestimmungsort für die Juden ist nicht länger die Rede, da auf der Wannsee-Konferenz Hitlers Entscheidung, alle 11 Millionen europäischen Juden zu vernichten, bestätigt wurde. Hitler erklärt nochmals, daß ihm der Ausbruch des Zweiten Weltkrieges und der tragische Kriegsverlauf in Rußland klar gemacht haben, daß man sich an den Juden »rächen« müsse, indem man sie ausrotte. Er beschuldigt das »internationale Finanzjudentum« und das »jüdisch-bolschewistische Rußland«, den Weltkrieg angezettelt zu haben.

Im *April* begibt sich Zygmunt Kaczynski, Mitglied der Polnischen Nationalversammlung und Vize-Informationsminister der polnischen Exilregierung, in die USA. In seinem Gepäck befindet sich eine Alternative zum ursprünglichen Madagaskar-Plan. Diese Variante sieht vor, die Juden aus Polen nach dem Krieg in ein Reservat in Ostpolen oder in Bessarabien abzuschieben. Auch die polnische Untergrundbewegung in Warschau steht hinter dieser Alternative zum früheren Plan.

7. März Goebbels meint, die Judenfrage müsse in jedem Fall auf europäischer Ebene gelöst werden, wobei die Nationen Europas nach dem Krieg beispielsweise Madagaskar für die Juden auswählen könnten.

7. und 8. Mai In seinen Tagebuchaufzeichnungen kommentiert Goebbels die Besetzung Madagaskars durch die Briten. Daß die Insel eventuell der Unterbringung europäischer Juden dienen könnte, wird hier nicht mehr erwähnt.

18. Mai Im Unterhaus des britischen Parlaments berichtet Lord Moyne, der zionistische Politiker Weizmann lehne eine Auswanderung europäischer Juden nach Madagaskar unter allen Umständen ab.

28. Mai Nachdem britische Streitkräfte Madagaskar erobert haben, startet die französische Nazi-Presse eine Kampagne gegen die »perfiden Juden und die Briten«. Diese haben angeblich bereits seit 1937 unter einer Decke gesteckt, um den Franzosen die Insel schließlich abzujagen. Die Juden ihrerseits würden die Eingeborenen bestimmt versklaven, wenn sie sich erst einmal eingelebt hätten.

29. Mai In einem Tischgespräch läßt Hitler die Bemerkung fallen, daß die Juden, die von den Arabern nicht mehr nach Palästina eingelassen würden, am besten nach Afrika deportiert werden sollten, wo das ungünstige Klima ihre körperlichen Abwehrkräfte schwächen werde.

24. Juli In einem weiteren Tischgespräch kündigt Hitler an, er werde nach dem Krieg alle europäischen Städte von den Juden »säubern« und diese nach Madagaskar deportieren lassen, wo sie auch einen eigenen Staat gründen könnten.

21. August Luther schreibt an den Reichsaußenminister, daß der Madagaskar-Plan seines Ministeriums im Sommer 1940 vom RSHA begeistert aufgenommen worden sei und man die Auffassung vertrete, nur das RSHA sei in der Lage, eine großangelegte Aussiedlung der Juden zu organisieren sowie in weiterer Folge deren Bewachung auf Madagaskar sicherzustellen. Luther beendet seinen Brief mit der Information, daß das Ministerium momentan daran arbeite, die Aussiedlung in Kooperation mit dem RSHA vorzubereiten.

30. September Hitler weist nochmals darauf hin, daß er in den vergangenen Jahren bereits wiederholt angekündigt habe, die Juden zu vernichten, sollten sie es wagen, Deutschland in einen Weltkrieg hineinzuziehen. Damals haben sie gelacht, doch dieses Lachen werde ihnen jetzt vergehen, da er entschlossen sei, Wort zu halten.

25. Oktober Der Lagerkommandant von Treblinka teilt den Juden mit, daß Roosevelt und Hitler eine Vereinbarung geschlossen haben. Demzufolge sollten alle polnischen Juden nach Madagaskar gebracht werden; die ersten Transporte würden sich schon am folgenden Morgen in Bewegung setzen.

8. November Hitler erklärt, die Juden hätten sich ihre Auslöschung selbst zuzuschreiben.

31. Dezember A. W. G. Randall berichtet den anderen Mitgliedern des *Committee on the Reception and Accommodation of Jewish Refugees*, daß die britische Regierung überlege, jüdische Flüchtlinge nach Madagaskar zu verschiffen, das ja nunmehr von Großbritannien besetzt sei. Seinen Ausführungen zufolge sei die Regierung dabei, ausführliche Informationen über diesen für sie neuen Bestimmungsort einzuholen. Oliver Stanley läßt allerdings eine Präferenz für Transjordanien erkennen, da sich die Juden dort sicherer fühlen würden. Madagaskar hingegen würde sowohl bei Juden wie bei Nicht-Juden unweigerlich Assoziationen mit den früheren Plänen der Deutschen hervorrufen.

1943
14. März Auf einer Pressekonferenz in Berlin sagt Goebbels vor ausländischen Journalisten, das »internationale Gift« – die Juden – könne auf »humane« Weise neutralisiert werden, indem man einen Staat ins Leben rief, der dann ausschließlich den europäischen Juden vorbehalten sein sollte.

3. April Ein Redakteur von *The Times* kritisiert die dilettantische Politik der britischen Regierung mit ihren wirren Plänen, die jüdischen Flüchtlinge einmal nach Palästina, ein anderes Mal nach Madagaskar, dann wiederum nach Brasilien oder sonstwohin verschiffen zu lassen. Wer solle, so der Tenor des Artikels, angesichts einer solchen Beliebigkeit in der Auswahl der Bestimmungsgebiete dem Vorschlag mit Madagaskar noch Vertrauen entgegenbringen?

10. April Ebenfalls in *The Times* schreibt Archibald James, es sei in den vergangenen Jahrhunderten klar erkennbar gewesen, daß sich die Juden stets jeglicher Form von Integration und Assimilation widersetzt haben. Deshalb halte er es für eine gute Lösung, wenn man sich nach dem Krieg dazu durchringen könnte, statt auf Madagaskar irgendwo in Südosteuropa einen Judenstaat zu gründen.

19. bis 30. April Im Laufe der Bermuda-Konferenz schlagen mehrere Redner vor, die britische Regierung zu bitten, Madagaskar jüdischen Flüchtlingen zur Verfügung zu stellen.

27. April In einem Memorandum schreibt Churchill, daß er nicht nur an einen zukünftigen Judenstaat in Palästina denke, sondern auch an die Möglichkeit, die beiden ehemaligen italienischen Kolonien Eritrea und Tripolitana in jüdische Kolonien umzuwidmen. Zur Not – falls die Juden das so wollten – könnten diese auch den Status von Kolonien eines jüdischen Staates in Palästina erhalten.

28. April Die amerikanische Delegation auf der Bermuda-Konferenz hält Rücksprache mit ihrem Außenministerium. Dieses gibt folgende Stellungnahme ab: Die britische Regierung solle auf General de Gaulle Druck ausüben, damit dieser 8000 jüdischen Flüchtlingen die Weiterreise von Nordafrika nach Madagaskar ermögliche, wo sie definitiv bleiben sollen. Wenn diese Bedingung erfüllt werde, sei man im US-Außenministerium bereit, die 8000 Flüchtlinge nach Nordafrika zu verschiffen, um ihnen dort vorläufig Unterschlupf zu gewähren.

30. April Am Schlußtag der Bermuda-Konferenz schlagen die britische und die US-amerikanische Delegation vor, in einer gemeinsamen Aktion möglichst rasch für die vorübergehende Unterbringung von 8000 jüdischen Flüchtlingen in Nordafrika zu sorgen. Die französische Regierung müsse jedoch dazu gebracht werden, die Juden in weiterer Folge nach Madagaskar zu transportieren.

18. Mai Der Vatikan stellt sich ausdrücklich hinter den britischen Madagaskar-Plan. Staatssekretär Maglioni schreibt dem apostolischen Nuntius in Washington, daß es seines Erachtens keine Schwierigkeiten bereiten könne, für die Juden ein anderes Gebiet als Palästina ausfindig zu machen.

19. Mai Im britischen Unterhaus wird ausführlich über das Scheitern der Bermuda-Konferenz debattiert. Als Beitrag zur Lösung der Juden- beziehungsweise der Flüchtlingsfrage schlägt Colonel Lambert Ward vor, die Juden nach Kriegsende zum Verlassen Europas zu verpflichten. Da sich anhand der Geschichte leicht nachweisen lasse, daß sich die Juden nicht in andere Kulturen, jedenfalls nicht in die christlich-europäische Kultur, integrieren, sollten sie sich besser in Afrika niederlassen.

19. Mai Minister Eden weist Churchill in einem Telegramm darauf hin, daß es durchaus vertretbar sei, entsprechend dem Vorschlag der Bermuda-Delegationen tausende jüdische Flüchtlinge von Spanien nach Nordafrika zu verschiffen, wo sie die Zeit bis zu ihrer definitiven Unterbringung überbrücken sollen. Das Ministerium Edens nimmt mit den Behörden auf Madagaskar Kontakt auf, da man davon ausgeht, daß es sich bei der Insel um das definitive Zielgebiet der Juden handle.

2. Juni Der britische Generalkonsul auf Madagaskar teilt der brtischen Regierung telegraphisch mit, daß der französische Generalgouverneur nach Rücksprache mit der Regierung in Paris beschlossen habe, keine jüdischen Flüchtlinge auf Madagaskar aufzunehmen. Die Bedingungen der britischen Regierung seien »too onerous«.

25. Juni Der britische Finanzminister Lord Cherwell gelangt zu dem Schluß, daß die Judenfrage nach dem Krieg am besten durch die Gründung zweier Staaten gelöst werden könnte: ein kleines Jüdisches Nationalheim in Palästina und ein größeres Gebiet anderswo. Beim größeren Gebiet könnte es sich um Eritrea oder Tripolitana handeln, wie dies Churchill wiederholt vorgeschlagen habe, genausogut aber auch um Madagaskar, wozu andere Regierungsmitglieder im Dezember 1942 geraten haben. In jedem Fall solle dieses größere Gebiet verwaltungstechnisch als Kolonie des kleineren Judenstaates in Palästina gelten.

8. Juli Präsident Roosevelt informiert Churchill, daß er die Generäle Eisenhower und Giraud anweisen werde, alle Maßnahmen zu setzen, die zur Errichtung eines Lagers in Nordafrika für bis zu 6000 aus Spanien kommende jüdische Flüchtlinge erforderlich seien. Aus politischen und militärischen Überlegungen müssen die Juden letztendlich jedoch nach Madagaskar (alternativ dazu: Tripolitana oder Cyrenaika) verschifft werden.

10. Juli Churchill dankt Roosevelt für dessen Bereitschaft, sowohl an der vorläufigen (Nordafrika), als auch der definitiven Lösung der Flüchtlingsproblematik (Madagaskar) mitzuwirken.

10. Juli Churchill schreibt, daß er sich unentwegt mit der Frage beschäftige, wie die britische Regierung den Juden schon während des Krieges helfen könne. Darüber hinaus sei er der Ansicht, daß sie nach dem Krieg unbedingt einen fixen Lebensraum bekommen müßten.

1945
Gegen Ende des Zweiten Weltkrieges machen jüdische Gefangene des Lagers Drancy den Vorschlag, nach Kriegsende auf Madagaskar einen eigenen Staat für alle Juden der Welt zu gründen. Dies sei notwendig, da der Antisemitismus bereits 2000 Jahre lang andauere und diese Stimme des Hasses und der Unvernunft wohl niemals zum Verstummen gebracht werden könne.

1946
4. April Das *Foreign Office* in London zieht in Erwägung, Juden nach Madagaskar zu schicken, und läßt zu diesem Zweck von den dortigen Konsularmitarbeitern die diesbezüglichen Möglichkeiten ausloten.

6. April In London trifft die Meldung ein, Madagaskar könne keine Juden gebrauchen, die etliche Jahre in Konzentrationslagern verbracht haben. Andere Siedler hingegen seien durchaus willkommen.

Quellen- und Literaturverzeichnis

I. Primärquellen

A. Unveröffentlichte Quellen

Archives nationales Paris
AG 520CC104F

Ben-Gurion Archives, C. de Boker, Israel
Gespräche von Lord Moyne mit Ben-Gurion im August 1941

Berlin Document Center
Schumacher Archiv: Folder 240 I, Judenfrage

Board of Deputies of British Jews London
Charles W. Gore, The Island of Madagascar as a National State for the Jewish people and Why?, London 1938, Rogues gallery File C6/9/3/2

Bundesarchiv (BA) Koblenz
NS 19 – Persönlicher Stab Reichsführer-SS
R 58 – Reichssicherheitshauptamt
Z Sg. 133 – Dokumentation zur NS-Außenpolitik

Central Zionist Archives Jerusalem
Z4/3567–VIII
S25/1681
S25/7569
S35/9755, Folder 2

Centre de documentation juive contemporaine Paris
V-15
XXX-21
XXX-22
XXXVII-28
XLIV-29
XXLIII-259
CCXC-10

D. Irving-collection, Hitler's War
Microfilm 97125/8

Institut für Zeitgeschichte (IFZ) München

Zeugenschrifttum (ZS) ehemaliger Diplomaten und SS-Führer
F71/4–9

National Archives (NA) Washington

Mikrofilm:
T84(R387)497
T120(R780)372047
T120(1512)372050
T120(1512)372104
T120(1512)372099
T120(1512)372056
T120(3071)612577
T175(R15)2518530
T175(R94)2615221
T175(R94)2615218
T175(R119)2645120
T175(140)2934828
T175(239)2728524
T175(408)2932496
T175(411)1936193
T175(411)2936189
T175(411)2936104
T175(411)2935760
T175(508)93740076
T175(280)2774476
T581(R39A)
T992(R2)1158
T1139(R18)1333

Politisches Archiv des Auswärtigen Amtes Bonn (PA des AA)

Inland II g
Inland II A/B
Dienststelle Ribbentrop
Handakten Luther

Public Record Office London

FO 371/19964
FO 371/20763
FO 371/21616
FO 371/21876
FO 371/21934
FO 371/22538
FO 371/22539
FO 371/22540
FO 371/22541
FO 371/24034
FO 371/24080
FO 371/24084
FO 371/57690

PREM 3/210/7
PREM 4/51/8
PREM 4/52/5
PREM 4/95/15
PREM 4/65/26
Colonial office Papers
733/446
733/499

Wiener Library London
Zur Evian-Konferenz: Mimeographed Report of the Reichsvertretung, Berlin 1938.

Yad Vashem Archives Jerusalem
Mikrofilm JM 814

Yivo Institute For Jewish Research New York
053/102/391–99 und Report from February 7, 1936: Federation of Polish Jews in U.S.A.

B. Veröffentlichte Quellen

1. Publikationen bis 1945

Abrahams, B. L., ›Expulsions of the Jews‹, in: JQR 7 (1984/95), 75–100, 236–258, 428–458.
Abramovitsch, L'Afrique orientale et ses possibilités d'immigration, Lyon 1941–1942 (Broschüre).
Abramovitsch, Madagascar, Lyon 1941–1942. (Broschüre).
Abramovitsch, Possibilité de colonisation en Angola, Lyon 1941–1942 (Broschüre).
Abramovitsch, L'Éthiopie et ses possibilités de colonisation, Lyon 1941–1942 (Broschüre).
Abramovitsch, La Colonisation en Australie, Lyon 1941–1942 (Broschüre).
Abramovitsch, La Colonisation en Canada, Lyon 1941–1942 (Broschüre).
Abramovitsch, La Colonisation en Amérique du Sud, Lyon 1941–1942 (Broschüre).
Actes de comité intergouvernemental. Evian vom 6. bis 15. Juli 1938 – Compte rendu des séances plénières du comité. Résolutions et rapports, Juli 1938.
Archiv für Wanderungswesen und Auslandskunde. Studien und Mitteilungen zur Wanderungsbewegung der Kulturvölker und zu ihrer Auswirkung auf Staat, Gesellschaft und Wirtschaft, vereinigt seit 1940 mit: Deutsche Kultur in der Welt, herausgegeben im Auftrag des Instituts für Auslandskunde und Deutschtum im Ausland von Professor Dr. Hugo Grothe.
Agthe, Margarete, Das Judentum. Das wahre Gesicht der Sowjets, 2. Auflage 1942.
Ahlwardt, Hermann, Der Verzweiflungskampf der arischen Völker mit dem Judentum, Berlin 1890.
Aldag, Dr. Peter, Juden beherrschen England, 1941.
Alt, Dr. Johannes, ›Grundlagen und Voraussetzungen der wissenschaftlichen Bearbeitung der deutschsprachigen jüdischen Literatur‹, in: Forschungen zur Judenfrage 1, 1937.
Altmann, Adolf, Das früheste Vorkommen der Juden in Deutschland, Trier 1932.
Ambrunnen, Arnold, Dokumente zur Judenfrage in der Schweiz, Zürich 1935.

Ambrunnen, Arnold, Juden werden ›Schweizer‹, Zürich 1935.
Andersen, Aage H., Er ›Zions Vises Protokoller‹ et Falsum?, 3. Auflage, Charlottenbund, Denny Tid's Informationsbureau, 1941.
Andersen, Aage H., ›Die jüdischen Vernichtungspläne und der Luftterror‹, in: Die Judenfrage, September 1943.
Anonym, Können die Juden ohne Nachtheil für den Staat, bei ihrer jetzigen Verfassung bleiben?, Berlin 1803.
Anonym, Das Judentum und die Emanzipation der Juden, 1849.
Arlt, Fritz, Die Ordnung der Fürsorge und Wohlfahrt im Generalgouvernement, Krakau 1940.
Arlt, Fritz, Übersicht über die Bevölkerungsverhältnisse im Generalgouvernement, Krakau 1940.
Arlt, Fritz, ›Vom Sinn und Aufbau des Gruppendezernats Bevölkerungswesen und Fürsorge‹, Ders., in: Die Ordnung der Fürsorge und Wohlfahrt im Generalgouvernement, Krakau 1940.

Bangha, B., ›Jodendom en katholicisme‹, in: Gazet van Antwerpen vom 21. Juni 1933.
Ballensiefen, Heinz, Juden in Frankreich. Die französische Judenfrage in Geschichte und Gegenwart, Berlin 1939.
Barduzzi, C., ›La soluzione della questione giudaica, Il Madagascar‹, in: La Difesa della Razza, Rom, 20. Juli 1940.
Beamish, Henry Hamilton, Artikel über Deportation von Juden Europas auf die Insel Madagaskar, in: Hidden Hand, Vol. 4, Nr. 4 und Nr. 5; Vol. 5, Nr. 1 und Nr. 4.
Beamish, Henry Hamilton, The Jew's Who's Who, London 1920.
Beaufays, I., L'idéal d'Israël et les Juifs modernes, Brüssel 1922.
Bergius, Richard, ›Die Pripjetsümpfe als Entwässerungsproblem‹, in: Zeitschrift für Geopolitik (herausgegeben von Karl Haushofer), 18 (1941), 667 ff.
Berkhoff, Ds. A.M., Wereldproblemen. Rondom den wandelenden Jood, Assen 1934.
Berman, Léon, Contes du Talmud, choisis et transcrits de l'hébreu, Paris 1927.
Bertram, Dr. Georg, ›Paulus, Judensendling und Christusapostel‹, in: Christentum und Judentum 3 (1943) 83–136.
Besairie, Henri, Contribution à l'Etude de Sols de Madagascar, Tanarive 1937.
Beyer, Dr. Hans Joachim, ›Hauptlinien einer Geschichte der ostdeutschen Volksgruppen‹, in: Historische Zeitschrift 162 (1940), 509–539.
Bischoff, Erich, Das Buch vom Schulchan Aruch, Leipzig 1929.
Blessinger, Karl, Mendelssohn, Meyerbeer, Mahler. 3 Kapitel Judentum in der Musik als Schlüssel zur Musikgeschichte des 19. Jahrhunderts, Berlin 1939.
Blüher, Hans, Erhebung Israels gegen die christlichen Güter, Hamburg 1931.
Boissel, Jean, ›Madagascar aux Juifs‹, in: Le Réveil du Peuple, 1. Sept. 1942.
Bulletin du Centre de Documentation Juive Contemporaine, Nov. 1945, 2–3.
Boonen, Edgar, Antisemitische Artikel, in: Dietbrand vom 3. Juli 1936, 257–270, vom 3. Oktober 1936, 388–392 und vom 4. Januar 1937, 23–26.
Boom, W. ten, Die Entstehung des modernen Rassen-Antisemitismus (besonders in Deutschland), Leipzig 1928.
Borski, Jan Sprawa zydowska a socjalizm, Warschau 1937.
Bostunic, Grigorij, Der jüdische Imperialismus, Berlin 1930.
Bostunic, Grigorij, Der jüdische Imperialismus. 3000 Jahre hebräischer Schleichwege zur Erlangung der Weltherrschaft, Leipzig 1937.
Botzenhart, Dr. Erich, ›Der politische Aufstieg des Judentums von der Emanzipation bis zur Revolution von 1848‹, in: Forschungen zur Judenfrage III, 1938.

Brafmann, Jacob, Das Buch von der Verwaltung der jüdischen Gemeinde, Leipzig 1928.
Brans, Jan, ›Het Joodsche vraagstuk‹, in: Roeping, 1939, 277–286, 331–347.
Breitling, Richard, Paul de Lagarde und der großdeutsche Gedanke, Leipzig 1927.
Brennende Fragen, herausgegeben von Theodor Fritsch: Nr. 16, Nr. 17, Nr. 19, Nr. 20, Nr. 26, Nr. 29, Nr. 34, Nr. 38, Nr. 39 und Nr. 40.
Brimann, Aron, Judenspiegel oder 100 Neuenthüllte, heutzutage noch geltende Gesetze der Juden, Paderborn 1883.
Brown, Bernard, From Pharaoh to Hitler, Chicago 1933.
Browne, Lewis, Wondere waarheid. Geschiedenis van de Joden vanaf de vroegste tijden tot heden. Artikel über die Deportation von Juden Europas auf die Insel Madagaskar, Amsterdam 1926.
Buchholz, Friedrich, Moses und Jesus, oder über das intellektuelle und moralische Verhältnis der Juden und Christen, Berlin 1803.
Burgdörfer, Dr. Friedrich, ›Die Juden in Deutschland und in der Welt‹, in: Forschungen zur Judenfrage III, 1938.
Burgdörfer, F., ›Die Juden in Deutschland und in der Welt‹, in: Forschungen zur Judenfrage, Band 3, herausgegeben vom Reichsinstitut für Geschichte des neuen Deutschlands, 1938.

Cang, Joel, ›The Opposition Parties in Poland and Their Attitude Towards the Jews and the Jewish Problem‹, in: Jewish Social Studies, Vol. 1 (1939) 241–256.
Céline, Louis Ferdinand, Bagatelles pour un massacre, Paris, Denoël 1937.
Centre d'Action et Documentation, Paris: Broschüren 1942/1943: Jean Bertrand/Claude Wacogne, ›La fausse éducation nationale, l'emprise judéo-maçonnique sur l'école française‹; Henri-Robert Petit, ›Où va l'Eglise?‹; Ders., ›Les Juifs au pouvoir; La règne des Juifs‹; Ders., ›L'invasion juive‹.
Chamberlain, H. S., Die Grundlagen des neunzehnten Jahrhunderts, Band I und II, München 1899.
Chamberlain, H. S., The Foundations of the Nineteenth Century, Band I und II, New York 1911.
Champenois, C., Memorandum on White Settlement in Ankaizina, Tanarive 1933.
Charles, ›Les Protocoles des Sages de Sion‹, in: Nouvelle Revue Théologique, Jahrgang 1938; als Broschüre herausgegeben von Casterman, Paris-Tournai 1938.
Chaumet, André, Juifs et Américains, Rois de l'Afrique, Paris 1943.
Chaumet, André, Petit Catéchisme anti-juif. Einleitung von Jean Drault, Paris 1942.
Chevallard, Abbé P., Saint Agobard, archévèque de Lyon, sa vie et ses écrits, Lyon 1869.
Chwila Poranna: hier erschienen Artikel polnischer Juden zu den Plänen der polnischen Regierung, die Juden nach Madagaskar zu verbannen: ›Pieklo na Madagaskarne‹, in der Ausgabe vom 18. Januar 1938; ›Madagaskariada‹, in der Ausgabe vom 11. März 1938; ›Legenda madagaskarska w proch sie rozwiala‹, in der Ausgabe vom 12. März 1938.
Chwila Wieczorna: hier erschienen Artikel polnischer Juden zu den Plänen der polnischen Regierung, die Juden nach Madagaskar zu verbannen: ›Niechaj jada do Madagaskaru, tam ich zniszczy dzuma i tyfus‹, in der Ausgabe vom 5. März 1938; außerdem erschienen Artikel hierüber in den Ausgaben vom 10. Januar und 26. Februar 1938.
Class, H., Wider den Strom. Vom Wachsen und Werden der nationalen Opposition im alten Reich, Leipzig 1932.
Cohen, Kadmi, L'Abomination américaine, Paris 1930.
Cohen, Kadmi, Nomades: essai sur l'âme juive, Paris 1929.
Cohn, Selig Sigmund, Die Theorie des Bevölkerungsoptimums, rechts- und staatswissenschaftliche Dissertation, Marburg 1934.

Cuza, Dr. Alexander, ›Das Problem des Judentums in Rumänien‹, in: Volk im Osten, 1943, 72–79.

Dantinne, L. G., La question juive, Lüttich 1938.
De Waag (Nederland), Jahrgänge 1937/1938.
Decleeme, A., Het rassenvraagstuk door een katholiek gezien, boekhandel ›Volk en Staat‹, 1937.
Delassus, Mgr. Henri, La question juive, Paris 1911.
Deploige, Simon, ›Saint-Thomas et la question juive‹, in: Revue Néo-Scholastique, November 1896, 358–379, und Mai 1897, 99–123.
Deschamps, Claudio, Jannet, N., Les societés secrètes et la societé, Paris 1882.1883, 3 Bände.
Deterding, Sir Henri, An International Oilman, As told to Stanley Naylor, London 1934.
Deutsch-Soziale Blätter (herausgegeben von Theodor Fritsch, Leipzig 1893: Nr. 231, Nr. 240, Nr. 251, Nr. 265, Nr. 271, Nr. 272 und 273).
Dohm, Christan Wilhelm, Über die bürgerliche Verbesserung der Juden, 1781.
Dokumente der Deutschen Politik. Der Kampf gegen den Esten, Band 2, bearbeitet von Dr. Hans Volz, Berlin 1943.
Dost, G., Paul de Lagarde's National Religion, München 1915.
Drach, P. L. B., De l'harmonie entre l'Eglise et la Synagogue, Paris 1844, 2 Bände.
Drumont, Edouard, La France juive, Bände I und II, Paris 1885.
Drumont, Edouard, Le Testament d'un antisémite, Paris 1891.
Dühring, Eugen, Die Judenfrage als Frage des Rassencharakters und seiner Schädlichkeiten für Existenz und Kultur der Völker, 6. erweiterte Auflage, Leipzig 1930.

Eckart, Dietrich, Der Bolschewismus von Moses bis Lenin. Zwiegespräche zwischen Adolf Hitler und mir, München 1923.
Eichstädt, Dr. Volkmar, Bibliographie zur Geschichte der Judenfrage 1 (1750–1848), Hamburg 1938.
Eisenmenger, Johann-Andreas, Entdecktes Judenthum, Frankfurt 1700, 2 Bände.
Emmerich, Walter, ›Aufbau im neuen Wirtschaftsraum‹, in: Berliner Börsenzeitung, 30. November 1940.
Engberts, Ir. E., Het antisemitisme critisch bezien, Baarn 1933.
Engelhardt, Eugen von, Jüdische Weltmachtpläne, Leipzig 1936.
Euler, Wilfried, ›Das Eindringen jüdischen Blutes in die englische Oberschicht‹, in: Forschungen zur Judenfrage VI, 1941.
Evola, Giulio, Sintesi di dottrina della razza, Mailand 1941.
Evola, Giulio, ›Über die Entstehung des Judentums als zerstörische Kraft‹, in: Forschungen zur Judenfrage IX, 1944.

Fasolt, Walter, Die Grundlagen des Talmud. Der nichtjüdische Standpunkt, Breslau 1935.
Fehst, Herman, Bolschewismus und Judenthum, Berlin 1934.
Feller, F. M., Antisemitismus. Versuch einer psychoanalytischen Lösung des Problems, Berlin 1931.
Ferenzy, Oscar de, Les juifs et nous chrétiens, Paris 1935.
Feilchenfeld, Werner, Five Years of jewish Emigration from Germany and the Haavara Transfer, 1933–1938, Tel Aviv, Trust and Transfer Office: Haavara Ltd., 1938.
Fischer, Dr. Eugen, ›Rassenentstehung und älteste Rassengeschichte der Hebräer‹, in: Forschungen zur Judenfrage, III, 1938.
Fischer, Karl, ›Das Paulus- und Lutherbild Lagardes‹, in: ZZ, II (1933) 78–93.
Flacourt, Histoire de Madagascar, 1658.

Fleischhauer, Ulrich, Die echten Protokolle der Weisen von Zion. Sachverständigengutachten, Erfurt 1935.

Ford, Henry, Der internationale Jude. Ein Weltproblem. Das erste amerikanische Buch über die Judenfrage, Leipzig 1921.

Frank, Dr. Friedrich, Der Ritualmord vor den Gerichtshöfen der Wahrheit und der Gerechtigkeit, Regensburg, 1901.

Frank, Dr. Friedrich, Die Kirche und die Juden. Eine Studie, Regensburg 1892.

Frank, Dr. Walter, Deutsche Wissenschaft und Judenfrage, Hamburg 1937.

Frank, Dr. Walter, ›Die Erforschung der Judenfrage. Rückblick und Ausblick‹, in: Forschungen zur Judenfrage IV, 1940.

Frank, Dr. Walter, ›England und Juda‹, in: Das neue Europa, 3 (1943) nr. II.

Frantz, Konstantin, Ahasverus oder Die Judenfrage, Berlin 1844.

Frantz, Konstantin, Das größere Deutschland, 1935.

Frantz, Konstantin, Der Nationalliberalismus und die Judenherrschaft, München 1874.

Freiherr Du Prel, Dr. Max, Das General-Gouvernement, Würzburg 1942.

Freimann, A., History of the Jews in Frankfort, New York 1929.

Freimut, Bernardin, Die jüdischen Blutmorde von ihrem ersten Erscheinen in der Geschichte bis auf unsere Zeit, Münster i. W, 1895.

Freimut, Bernardin, Jüdische Religionsgeheimnisse nach dem Talmud, 1893.

Freund, Walter, Die großen Unbekannten der amerikanischen Weltpolitik, Essen 1942.

Friedenheim, Constantin Ignaz Anton, Die Irrthümer und Geheimnisse des Judenthums nachgewiesen aus der Vernunft, der Heiligen Schrift, besonders aus dem Talmud und anderen rabbinischen Schriften, Würzburg 1893.

Friedrich, Bernhard, Die Judenverfolgungen des Mittelalters und ihre Ursachen, München 1922.

Fries, Jakob Friedrich, Über die Gefährdung des Wohlstandes und Charakters der Deutschen durch die Juden, Heidelberg 1816.

Fritsch, Theodor, Antisemiten-Katechismus, Leipzig 1887; von diesem Werk erschien 1893 die 25., erweiterte Auflage.

Fritsch, Theodor, Handbuch der Judenfrage, Hamburg 1907; 47. Auflage 1942.

Fritsch, Theodor, ›Die geistige Unterjochung Deutschlands II‹, in: Hammer, Nr. 184, 93–100.

Fritsch, Theodor, ›Die geistige Unterjochung Deutschlands IV‹, in: Hammer, Nr. 186, 149–153.

Fritsch, Theodor, ›Jesus, der arische Galiläer‹, in: Hammer, Nr. 212, 214–216.

Fritsch, Theodor, Die zionistischen Protokolle, 1924.

Fröhlich, Anton, Allgemeiner Anzeiger der Deutschen, 1817.

Frömbling, Friedrich Wilhelm, Die Feld- und Waldfortifikation für Deutschland. Entworfen nach einer Bewaldungsskala mit Rücksicht auf Agrikultur und Forstwissenschaft, Königsberg 1844.

Feuchtwanger, Sigbert, Die Judenfrage als wissenschaftliches und politisches Problem. Sonderdruck aus der Zeitschrift für Politik, IX. Band, 1916, Heft 3/4, Berlin 1916.

Gater, Rudolf, Rudolf Wittich, Fritz Gerlach, Der Einheitskostenplan für Industriebetriebe im Generalgouvernement. Leitfaden für die Einfürung eines geordneten Rechnungsverkehrs, Berlin 1942.

Gelber, Nathan Michael, Zur Vorgeschichte des Zionismus. Judenstaatsprojekte in den Jahren 1695–1845, Wien 1927.

Genechten, Dr. Robert van, ›Nederland onder invloed van kapitalisme‹, in: Nieuw Nederland, Juni 1942, 882–914.

Geste, Frederik, Die Wahrheit über die jüdischen Ritualmorde, Berlin 1943.
Geiger, Ludwig, Die deutschen Juden und der Krieg, Berlin 1915.
Gerecke, Karl, BiblischerAntisemitismus. Der Juden weltgeschichtl. Charakter. Schuld und Ende des Propheten Jona. Judenspiegel, München 1920.
Germanentum, Christentum und Judentum. Studien zur Erforschung ihres gegenseitigen Verhältnisses, Band 1, Leipzig 1941, Band 2, Leipzig 1942.
Gerning, Jucho und Johann Isaac von, Ansichten und Bemerkungen über die bürgerlichen Rechtsverhältnisse der Juden in der freyen Stadt Frankfurt am Main, 1916.
Gerretson, C., Geschiedenis der Koninklijke, 1. und 2. Band, Utrecht 1939/1942.
Gevrey, Essai sur les Comores, 1878.
Ghillany, Dr. F. W., Die Menschenopfer der alten Hebräer, Nürnberg 1842.
Ghillany, F., Die Judenfrage: Eine Beigabe zu Bruno Bauers Abhandlung über diesen Gegenstand, Nürnberg 1843.
Gielen, Josephus Johannes, De wandelende jood in volkskunde en letterkunde, Amsterdam 1931.
Gildemeister, Otto, Judas Werdegang in vier Jahrtausenden, Leipzig 1921.
Gobineau, Arthur Graf, Die Ungleichheit der Menschenrassen, Berlin 1935.
Goebbels, Joseph, Revolution der Deutschen, Oldenburg 1933.
Goebbels, Joseph, Vom Kaiserhof zur Reichskanzlei. Eine historische Darstellung in Tagebuchblättern, München 1934.
Goedsche, Hermann, Das Geheimnis der jüdischen Weltherrschaft, Berlin 1919.
Goedsche, Hermann, Auf dem Judenkirchhof in Prag, 1933.
Goedsche, Hermann, Die Geheimnisse des Judenfriedhofes in Prag, 1942.
Göring, Hermann, Reden und Aufsätze, München 1940.
Goldeman, Salomon, Löst der Kommunismus die Judenfrage? Rote Assimilation und Sowjet-Zionismus, Wien 1937.
Collationes Gandavenses, Mai 1935, 425–427.
Collectanea Mechliniensia, 1935, 103–104
Goslar, Hans, Jüdische Weltherrschaft, Berlin 1919.
Gottmann, Jean, Le problème de la migration juive, Lyon 1941–1942 (Broschüre).
Gottmann, Jean, L'économie de la colonisation juive en Palestine, Lyon 1941–1942 (Broschüre).
Gottong, H., ›Zwei rassenkundliche Untersuchungen im General-Gouvernement‹, in: Volk und Rasse, 1943.
Gottong, H., ›Die Judenfrage und die Anfänge ihrer Lösung im General-Gouvernement‹, in: Der Deutsche im Osten, 1941, 92–100.
Gottong, H., ›Stand der anthropologischen Forschung im früheren Polen‹, in: Deutsche Forschung im Osten, 1941, 11–17.
Gougenot des Mousseaux, Henri Roger, Der Jude, das Judentum und die Verjudung der christlichen Völker, München 1921.
Granderath, Th., ›Die Trümmer des israelitischen Volkes als Zeugen für den göttlichen Ursprung des Christenthums‹, in: Stimmen aus Maria Laach. Katholische Blätter, Band 17, 42–66, 181–200.
Grandidier, A., Histoire Physique naturelle et politique de Madagascar, Vol. IV: Ethnografie de Madagascar, Paris 1917.
Grattenauer, Karl Wilhelm Friedrich, Über die physische und moralische Verfassung der heutigen Juden. Stimme eines Kosmopoliten, Leipzig 1791.
Grau, Wilhelm, Die Judenfrage in der deutschen Geschichte, Leipzig 1937.
Grau, Wilhelm, Die geschichtlichen Lösungsversuche der Judenfrage, München 1943.
Green, Max, Die Judenfrage und der Schlüssel zu ihrer Lösung, Leipzig 1911.

Grimpen, Albert, Antisemitismus und Christentum, lassen sie sich mit einander vereinigen? Eine zeitgemäße Untersuchung, Hamburg 1919.
Gröbler, F., Das Blutopfer der talmudischen Juden. Eine Untersuchung der Frage, ob dieselben Christenblut zu geheimen Zwecken gebrauchen und ob der Talmud den Christenmord gestattet oder sogar zur Pflicht macht. Auf Grund sorgfältigen Quellenstudiums beleuchtet, München 1883.
Groebler, Oskar, Das ›Völkerfressende‹ Judentum; seine Helfer und seine Opfer, 1931.
Groener, Maria, Schopenhauer und die Juden, München 1920.
Groos, René, Enquête sur le problème juif, Paris 1923.
Gross, Henri, Gallia judaica. Dictionnaire géographique de la France d'après les sources rabbiniques, Paris 1897.
Gross, Dr. Walter, ›Die Rassenpolitischen Voraussetzungen zur Lösung der Judenfrage‹, in: Weltkampf (1941) 52–63.
Gross, Dr. Walter, Der Weltumbruch im jüdischen Mythos, Düsseldorf 1936.
Grühn, Dr. Werner, Der Zar, der Zauberer und die Juden. Erinnerungen des Geheimsekretärs G. Rasputins, Berlin 1942.
Grundmann, Dr. Walter, ›Mendelssohn und Hamann. Zur religiösen und geistigen Eigenart des Judentums‹, in: Germanentum, Christentum und Judentum, 3 (1943) 1–48.
Grundmann, Dr. Walter, ›Moses Mendelssohn und der Einbruch des Judentums in das deutsche Geistesleben‹, in: Weltkampf (1944) 9–20.
Grundmann, Dr. Walter, Das religiöse Gesicht des Judentums, Leipzig 1942.
Grundmann, Dr. Walter, Jesus der Galiläer und das Judentum, Leipzig 1940.
Grunsky, Hans Alfred, Der Einbruch des Judentums in die Philosophie, Berlin 1937.
Grunsky, Karl, Richard Wagner und die Juden, München 1920.
Guett, Artur, Bevölkerungs- und Rassenpolitik, Berlin 1935.
Günther, Hans F. R., Rassenkunde des jüdischen Volkes, München 1931.
Gurian, Waldemar, Bolschewismus als Weltgefahr, Luzern 1935.
Gütt, Dr. Arthur, Die Rassenpflege im Dritten Reich, Hamburg 1940.
Gütt, Dr. Arthur, ›Jetzt wird Rumänien endlich frei werden. Der Leidensweg eines vom Judentum unterjochten Landes‹, in: Welt-Dienst, 1, 1940.
Gwynne, H. A., The Cause of World Unrest, London 1920.

Hagani, Baruch, L'émancipation des juifs, Paris 1928.
Hallas, Erling, Racekamp, Vejledning til Forstaaelse af Jödeproblemet, Kopenhagen 1941.
Halt, Maurice, La Guyane, Lyon 1941–1942 (Broschüre).
Hauptmann, Hans, Bolschewismus in der Bibel, 1935.
Hayn, Hugo, Übersicht der (meist in Deutschland erschienenen) Literatur über die angeblich von Juden verübten Ritualmorde und Hostienfrevel, Jena 1906.
Heckel, Dr. Johannes, ›Der Einbruch des jüdischen Geistes in das deutsche Staats- und Kirchenrecht durch Friedrich Julius Stahl‹, in: Forschungen zur Judenfrage 1, 1937.
Heer, Johannes de, Het duizendjarig vrederijk, Zeist 1934.
Heer, Johannes de, Het joodsche vraagstuk, Zeist 1935.
Heerwagen, Heinrich, ›Das Bild des Juden in der englischen Literatur‹, in: Forschungen zur Judenfrage V, 1941.
Hermans, W., Het Boek der Stoute Waarheden. West-Europeesche Perspectieven, Langemark 1935.
Hermans, W., Jodendom, marxisme en wereldheerschappij, Langemark 1933.
Hermans, W., antisemitische Artikel in De Klauwaert (Organ des Vlaamsch Nationaal Verbond Mechelen), Jahrgang 1933.

Herzl, Theodor, The Jewish State: An Attempt of a Modern Solution of the Jewish Question, New York 1943.
Hevesi, E., Hitler's Plan for Madagascar, New York 1941, including Bibliography, prepared on the Initiative of the American Jewish Committee's Research Institute on Peace and Post-war Problems.
Hevesi, E., ›Hitler's Plan for Madagascar‹, in: Contemporary Jewish Record, Vol. 4 (1941), 381–394.
Hier Dinaso (Organ der Belgischen Verdinaso): Antisemitische Artikel in den Jahrgängen 1934–1937.
Himmler, Heinrich, Die Schutzstaffel als antibolschewistische Kampforganisation, München 1936.
Hitler, Adolf, Mein Kampf, 1925.
Hoberg, Dr. Clemens August, ›Die geistigen Grundlagen des Antisemitismus im modernen Frankreich‹, in: Forschungen zur Judenfrage IV, 1940.
Hoberg, Dr. Clemens August, ›Perspektiven der Judenfrage. Ein Vergleich mit dem Mittelalter‹, in: Das Reich, 28. September 1941.
Hoberg, Dr. Clemens August, ›Judengegnerschaft im Zeitalter der Aufklärung‹, in: Forschungen zur Judenfrage IX, 1944.
Hoenig, Kurt, Die Entwicklung der Rechtseinheit des Ghettos im Rahmen des Judenrechts des deutschen Mittelalters, Münster 1942.
Hundt-Radowsky, Judenspiegel, 1819.

Jahrbuch der Auslandsorganisation der NSDAP 1942, 4. Jahrgang, Berlin 1944.
›Jews of Poland‹, in: The Times vom 4. April 1939.
›Juden-Hausse in Polen‹, in: Berliner Tageblatt vom 24. Januar 1939.
Jesus und die Juden, Weimar 1937 (Serie: Deutsche Christen im Kampf).
Het jodenvraagstuk. Deel I: Jodendom en christelijke naastenliefde, Tielt 1934.
Het jodenvraagstuk. Deel II: Protocollen van de samenkomsten der wijze ouderlingen van Sion, Tielt 1940.
Joly, Maurice, Dialogue aux enfers entre Machiavel et Montesquieu, ou la politique au XIXe siècle, 1864.
Jouin, Mgr. Ernest, Le péril judéo-maçonnique, Paris 1921.
›Die Juden in Deutschland (II)‹, in: Antisemitisches Jahrbuch, Hg. W. Giese, Berlin 1900, 29–66.
›Die Juden in Deutschland (III)‹, in: Antisemitisches Jahrbuch, Hg. W. Giese, Berlin 1901, 100–161.
›Die Juden in Deutschland (IV)‹, in: Antisemitisches Jahrbuch, Hg. W. Giese, Berlin 1902, 49–150.
›Die Judenfrage wird in Polen akut‹, in: Deutsche Allgemeine Zeitung, 22. Dezember 1938.
›Die Judenfrage in Polen‹, in: Neue Freie Presse Wien, 14. Januar 1938.
Jüdische Rundschau, 31. Dezember 1937.

Kagan, Georg, ›Agrarian Regime of the Pre-War Poland‹, in: Journal of Central European Affairs, Nr. 3, Oktober 1943.
Kastein, Josef, Een geschiedenis der joden. Geautoriseerde vertaling uit het Duitsch door Dr. J. L. Snethlage, Arnheim 1938.
Kautzsch, Karl, Semitisches und Antisemitisches im Alten Testament, Leipzig 1933.
Keane, Augustus, The Gold of Ophir. Whence Brought and by Whom, 1901.
Keipert, Hans, Die Behandlung der Judenfrage im Unterricht, Berlin 1937.
Kitson, Arthur, ›Road to Ruin‹, in: The Living Age, November 1931, 208–213.

Kittel, Dr. Gerhard, ›Die Entstehung des Judentums und die Entstehung der Judenfrage‹, in: Forschungen zur Judenfrage 1, 1937.
Kittel, Dr. Gerhard, ›Die ältesten Judenkarikaturen‹, in: Forschungen zur Judenfrage IV, 1940.
Kittel, Dr. Gerhard, ›Die Ausbreitung des Judentums bis zum Beginn des Mittelalters‹, in: Forschungen zur Judenfrage V und IX, 1941 und 1944.
Koch, Christian F., Juden im Preußischen Staate, 1933.
Kofur, Dr., Katholische Kirche und Judentum, München o. J.
Kohnstamm, Ph., Psychologie van het ongeloof Nr.3: Psychologie van het Anti-Semitisme,Amsterdam 1935.
Korherr, Richard, ›Europäische Wanderungsströme‹, in: Der Wirtschafts-Ring 14 (1941), Heft 9, 210–213.
Koselleck, Arno, ›Die Entfaltung des Völkischen Bewußtseins bei Paul de Lagarde‹, in: Historische Vierteljahresschrift 20 (1935–1936), 320 ff.
Krammer, Mario, Die Wiedergeburt durch Lagarde, Stuttgart 1925.
Kraske, Erich, Handbuch des auswärtigen Dienstes, Halle a. d. Saale 1939.
Krasnowski, Zbigniew, Die jüdische Weltpolitik, 1937.
Krieck, Dr. Ernst, ›Die Verjudung des Christentums im Mittelalter‹, in: Volk im Werden, 1941, Heft 5.
Krog, Fritz, Lagarde und der deutsche Staat, München 1930.
Krojanker, G., The Transfer: A Vital Question of the Zionist Movement, Tel Aviv 1936.
Kruszynski, Józef, Talmud Co Zawiera i Co Naucza, Lublin 1925.
Kruszynski, Józef, Rola Swiatowa Zydowstiva, Lublin 1921.
Kruszynski, Józef, Dazenia Zydów w Dobie Obecnij, Lublin 1921.
Kruszynski, Józef, Antysmityzm, Antyjudaizm, Antygoizm, Wlochawek, 1924.
Kruszynski, Józef, Zydzi a Polska, Poznan 1921.
Kuhn, Dr. Karl Georg, ›Die inneren Voraussetzungen der jüdischen Ausbreitung‹, in: Deutsche Theologie 1, 1935.
Kuhn, Dr. Karl Georg, ›Die Entstehung des talmudischen Denkens‹, in: Forschungen zur Judenfrage 1, 1937.
Kuhn, Dr. Karl Georg, ›Weltjudentum in der Antike‹, in: Forschungen zur Judenfrage II, 1937.
Kuhn, Dr. Karl Georg, ›Ursprung und Wesen der talmudischen Einstellung zum Nichtjuden‹, in: Forschungen zur Judenfrage III, 1938.
Kuhn, Dr. Karl Georg, Der Talmud. Das Gesetzbuch der Juden, Tübingen 1941.
Kuyper, Abraham, Liberalisten en joden, Amsterdam 1878.
Kulturkämpfer. Zeitschrift für öffentliche Angelegenheiten, herausgegeben von Otto Glagau: antisemitische Artikel in Heft 72, 79, 86, 114 und 118.

Labroue, Henri, ›Voltaire Anti-Juif‹, in: Documents Contemporains, 1942.
Lagarde, Paul de, Die Stellung der Religionsgesellschaften im Staate, 1881.
Lagarde, Paul de, Die graue Internationale, 1881.
Lagarde, Paul de, Programm für die konservative Partei Preußen, 1884.
Lagarde, Paul de, ›Juden und Indogermanen‹, in: Ders., Mitteilungen, Bd. 11, Göttingen 1887.
Lagarde, Paul de, Deutsche Schriften, 1903.
Lagarde, Anna de, Paul de Lagarde. Erinnerungen aus seinem Leben, Leipzig 1918.
[Lagarde, Paul de], Deutscher Glaube, deutsches Vaterland, deutsche Bildung. Das Wesentliche aus seinen Schriften ausgewählt und eingeleitet von Friedrich Daab, Jena 1914.

Lagarde, Paul de, Drei Deutsche Schriften. Mit einem Nachwort und Anmerkungen von Frantz Hahne, Leipzig 1924.
Lagarde, Paul de, Die Wiedergeburt durch Paul de Lagarde. Eine Auswahl und Würdigung, von Mario Krammer, Gotha 1925.
Lagarde, Paul de, Deutsche Politik und Religion. Eine Auswahl aus den Schriften von Paul de Lagarde, Leipzig 1927.
Lagarde, Paul de, Ausgewählte Schriften. Als Ergänzung zu Lagardes ›Deutsche Schriften‹. Von Paul Fischer, München 1934
[Lagarde, Paul de], Paul de Lagardes deutsche Sendung. Auswahl aus seinen Schriften. Besorgt von Konrad Lindemann, Paderborn 1934.
Lagarde, Paul de, Schriften für das Deutsche Volk, München 1934–1937.
Lagarde, Paul de, Deutsche Schriften, München, Lehmann, 1937.
Lagarde, Paul de, Nationale Religion, Jena, 1941.
Lambelin, Roger, Le règne d'Israël chez les Anglo-Saxons, Paris 1921.
Lambert, G., Allemagne, Oran, imprimerie Plaza, 1938.
Langhe, Jef E. de, antisemitische Artikel, in: Hier Dinaso, Jahrgänge 1934–1937.
Langhe, Jef E. de, Het Jodengevaar: de verderfelijke invloed der joden op onze gemeenschap, Brüssel 1937.
Laube, H., Dramatische Werke, Leipzig 1847.
Launoy, Eugène de, L'action de la franc-maçonnerie (d'après un document secret), du judaisme et des terreurs de cadavres en Espagne soviétique, Brüssel 1938.
Launoy, Eugène de, Lassaut de notre civilisation. Juifs, franc-maçons, anarchistes à l'oeuvre pour la guerre civile mondiale, Brüssel 1938.
Le IIIe Reich et les Juifs. Essai d'une documentation, par Comité pour la défence des Droits des Juifs, Antwerpen 1933.
Lemann, Abbé Joseph, Le prépondérance juive. Ses origines (1789–1791), Paris 1889.
Leers, Dr. Johann von, Juden hinter Stalin, Berlin 1942.
Leers, Dr. Johann von, Geschichte auf rassischer Grundlage, Leipzig 1934.
Leers, Dr. Johann von, Blut und Rasse in der Gesetzgebung. Ein Gang durch die Völkergeschichte, München 1936.
Leers, Dr. Johann von, Forderung der Stunde: Juden raus, 1934.
Leers, Dr. Johann von, 14 Jahre Judenrepublik. Die Geschichte eines Rassenkampfes, Bd. 1 und 2, Berlin 1933.
Leers, Dr. Johann von, Spenglers weltpolitisches System und der Nationalsozialismus, Berlin 1934.
Leers, Dr. Johann von, Die Verbrechernatur der Juden, Berlin 1944.
Leese, Arnold, ›The Destiny of the Jews‹, in: The Fascist, März 1931.
Leese, Arnold, ›Future Home for the Jews‹, in: The Fascist, September 1932.
Leese, Arnold, ›The Segregation of the Jews‹, in: The Fascist, Februar 1935.
Leese, Arnold, Jewish Ritual Murder, London 1938.
Le Grelle, M., La Franc-Maçonnerie (Collection d'études de doctrine catholique), Löwen-Paris-Mailand 1932.
Lehmann-Haupt, Karl Friedrich, Die Geschichte Judas und Israels im Rahmen der Weltgeschichte, Tübingen 1911.
Leibrandt, Dr. Georg, Jüdische Weltpolitik in Selbstzeugnissen, Berlin 1938.
Leipoldt, Dr. Johannes, Antisemitismus in der alten Welt, Leipzig 1933.
Leipoldt, Dr. Johannes, Jesu Verhältnis zu Griechen und Juden, Leipzig 1941.
Leipoldt, Dr. Johannes, ›Antisemitismus‹, in: Reallexikon für Antike und Christentum, Leipzig 1942, 469–476.
Lenin, Über die Judenfrage, Werke, 1903, S. 92–103.

Léon, Pierre, Recherches sur les possibilités de création d'un état juif, Lyon 1941–1942 (Broschüre).
Lepecki, M., Madagaskar, kraj, ludzie, kolonizaija, Warschau 1938.
Leslie Buell, Raymond, Poland – Key to Europe, New York 1939.
Levy, J., Fichte und die Juden, Berlin, 1942.
Lindström, Theodor, ›Paul de Lagarde, ein Vorkämpfer Deutsch-sozialer Reform‹, in: Antisemitisches Jahrbuch, Berlin 1898, 4–25.
Linton, Ralph, ›Report on Madagascar‹, in: Etudes, 1932.
Lipinski, Edward, Deflation als Mittel der Konjunkturpolitik in Polen (= Kieler Vorträge, Band 42), Jena 1936.
Le Livre jaune Français. Documents Diplomatiques, Paris 1939.
Loesch, Karl C. von, ›Die Umsiedlungsbewegung in Europa‹, in: Franz Six, Jahrbuch der Weltpolitik, Berlin 1942, 36–69.
Loy, Friedrich, Verjudung des Evangeliums?, München 1935.
Lorenz, Dr. Ottokar, ›Karl Marx und der Kapitalismus‹, in: Forschungen zur Judenfrage II, 1937.
[Ludendorff, Mathilde], Mathilde Ludendorff. Ihr Werk und Wirken. Herausgegeben von Erich Ludendorff. Geschrieben von ihm und anderen Mitarbeitern, München 1937.
Ludendorff, Erich, Judengeständnis. Völkerzerstörung durch Christentum, München 1936.
Luther, Martin, Ausgewählte Werke: Schriften wider die Juden, 1936.
[Luther, Martin], Martin Luther über die Juden: Weg mit ihnen! Herausgegeben von Bischof Martin Sasse, Freiburg 1938.
[Luther, Martin], Luthers Wandlungen in seiner Stellung zu den Juden, von Georg Buchwald, Dresden 1931.
[Luther, Martin], Flugschriften Luthers für unsere Zeit, 1931.
Luther, Martin, Wider die Juden, 1940.
Luther, Martin, Von den Juden und ihren Lügen, Volksausgabe von Hans Ludolf Parisius, München 1935.
Luykx, T., Een inleiding tot de Rassen- en Germanenkunde, Löwen 1938.
Luzsenszky, A., Der Talmud in nicht-jüdischer Beleuchtung, Budapest 1932, 6 Bände.

Magnus, Laurie, The Jews in the christian era, London 1929.
Mahler, Raphael, ›Jews in Public Service and the Liberal Professions in Poland, 1918–1939‹, in: Jewish Social Studies, 6 (1944) 291–350.
Maignial, Mainfroy, La question juive en France en 1789, Paris 1903.
Man, Herman de, Over de joden en hunne vervolgers, Baarn 1933.
Mann, Heinrich, Arthur Holitscher, Lion Feuchtwanger, Max Brod, Richard Nikolaus Graf Coudenhove-Kalergi, Gegen die Phrase vom jüdischen Schädling, Prag 1933.
Manifest an die Regierungen und Völker der durch das Judenthum gefährdeten christlichen Staaten laut Beschlusses des ersten Internationalen Anti-jüdischen Kongresses zu Dresden am 11. und 12. September 1882, Chemnitz 1882.
Markov, Nikolai, Der Kampf der dunklen Mächte. Jahr 1 u. Ztr. bis 1917, Frankfurt am Main 1944.
Markov, Nikolai, Der Jude ist der Parasit des Bauerntums, Frankfurt am Main 1944.
Marr, Wilhelm, Der Judenspiegel, 5. Auflage, Hamburg 1862.
Marx, A., ›Expulsions of the Jews‹, in: JQR 20 (1907/08) 240–271.
Maurach, Dr. Reinhart, ›Die russische Judenpolitik und ihre Ausstrahlung auf das Judenproblem Ost- und Mitteleuropas‹, in: Weltkampf (1941) 145–149.
Mazor, M., ›La cité engloutie‹, in: Le Monde juif, Vol. V (1950), Nr. 33.
Meerbergen, J., De Kerk van Satan, Löwen 1920.

Meinhold, Helmut, ›Die nichtlandwirtschaftliche Überbevölkerung im ehemaligen Polen‹, in: Ostraumberichte, Neue Folge 1 (1942).

Meyer, Hermann, ›Karl Wilhelm Friedrich Grattenauer (1774–1838) und sein Kampf gegen die Wortführer der aufklärerischen Judenbefreiung‹, in: Forschungen zur Judenfrage IX, 1944.

Meyer-Christian, Dr. Wolfgang, Die englisch-jüdische Allianz, Rom 1941.

Meyer-Christian, Dr. Wolfgang, Der Einfluß der Juden auf das englische Christentum, Weimar 1940.

Miedzinski, Boguslaw, Uwagi w sprawie zydowskiej, Warschau 1938.

Molenbroek, Dr. P., Doodgravers van het Britsche Imperium, Amsterdam 1943.

Mombert, Paul, Bevölkerungsentwicklung und Wirtschaftsgestaltung, Leipzig 1932.

Mommsen, Wilhelm, ›Paul de Lagarde als Politiker‹, in: Göttinger Beiträge zur deutschen Kulturgeschichte, August 1927.

Montandon, Dr. Georges, ›Rassenforschung und Antisemitismus‹, in: Weltkampf (1942), 89–97.

Montandon, Dr. Georges, ›La science française devant la question raciale au XIXe et XXe siècles‹, in: Deutschland-Frankreich, Vierteljahresschrift des Deutschen Instituts, Paris I, 3 (1943) 104–120.

Moser, Rudolf, Die Juden, 1828.

Nachrichtenblatt des Reichsministeriums für Volksaufklärung und Propaganda, 28. Februar 1941: Referate von Dr. Eberhard Taubert über den Kampf gegen das Weltjudentum.

Nationalsozialistische Monatshefte, 1:15. Jahrgang, 1930–1944.

Nes, J. van, In der eeuwen ballingschap. De joden in de schaduw van het Kruis, Amsterdam 1934.

Nossig, Alfred, Integrales Judentum, Wien 1922.

Le Nouvelliste vom 18. März 1943: Artikel über den Madagaskar-Plan.

Nikuradse, A., Bibliothek des Reichstags, Ausgewählte Neuerwerbungen, Juli-August 1942, Nr.1274.

Die Nürnberger Gesetze vom 15. September 1935. Sämtliche Gesetze mit den bisher erschienenen Verordnungen und Erlässen. Textausgabe mit ausführlichen Anmerkungen. 4. Auflage, Leipzig 1938.

Nussbaum, M., ›Life in Wartime Germany‹ (über den Madagaskar-Plan), in: Contemporary Jewish Record, Vol. III, 1940, 577–586.

Oberländer, Theodor, Die agrarische Überbevölkerung Polens, Berlin 1935.

Odeberg, Dr. Hugo, ›Hellenismus und Judentum. Verjudung und Entjudung der antiken Welt‹, in: Die völkische Gestalt des Glaubens, Leipzig 1943, 101–108.

Odeberg, Dr. Hugo, Germanentum, Christentum und Judentum, Leipzig 1943, 69–82.

Olivier, M., Raisons. Difficultés et Moyens d'une Solidarité Européenne en Afrique, Rom 1940.

Olivier, M., ›Madagascar, Terre d'Asyle?‹, in: L'Illustration, 19. Februar 1938, 197–198.

Ons Geloof, Januar 1935, 46–47.

Ons Volksbelang (De Misthoorn), Jahrgang 1937/1938.

Ormicki, W., ›Warumki i mozliwosci emigracji Z.Ydowskiej‹, in: Sprawy Narodowosciowe, 11 (1937) 200–280.

Ouwerx, Paul, Les cagoulards démasqués. Répertoire des francs-maçons belges, Löwen 1939. Ouwerx, Paul. Les précurseurs du Communisme. La Franc-maçonnerie peinte par elle-même, Löwen 1940.

Paalzow, Christian Ludwig, Helm und Schild. Gespräche über das Bürgerrecht der Juden, Berlin 1817.
Paalzow, C. L., Über den Juden-Staat (de civitate judaeorum) oder über die bürgerlichen Rechte der Juden, Berlin 1903.
Paasch, Karl, Eine jüdisch-deutsche Gesandtschaft und ihre Helfer. Geheimes Judenthum, Nebenregierungen und jüdische Weltherrschaft, Leipzig 1891.
Paasch, Karl, Ein deutscher Pentateuch. Rüstzeug zum Kampf gegen das Judenthum. Für Politiker und Abgeordnete aller Parteien, Leipzig 1892.
Passelecq, F., Pour bien connaître le système de Charles Maurras, Brüssel 1925.
Pariser Zeitung vom 15. März 1943: Artikel über den Madagaskar-Plan.
Passarge, Siegfried, Das Judentum als landschaftskundlich-ethnologisches Problem, München 1929.
›Projects for jewish Mass Colonization‹, in: Jewish Affairs, November 1941.
Paul, Dr. Otto, ›Hauptdaten zur Geschichte Palästinas‹, in: Weltkampf, 1943.
Persyn ›Naar de dieperik [...] door de partijen en de joden‹, in: Hier Dinaso vom 1. April 1939.
Pfaff, Christoff Heinrich, ›Über das Verhältniss christlicher Regierungen und Staaten gegen die Juden, in dem gegenwärtigen Zeitpunkte. Mit besonderer Berücksichtigung auf 2 Abhandlungen des Herrn Statsrathes von Schmidt-Phiseldek in Kopenhagen über diesen Gegenstand‹, in: Kieler Blätter, 1819, Band 2, 122–165.
Pfeffer, Dr. Karl Heinz, ›Das Judentum in der Politik‹, in: Handbuch der Judenfrage, 38. Auflage, 1935.
Picard, Synthèse de l'antisémitisme, Brüssel-Paris 1892.
Pirow, Oswald: Artikel in südafrikanischen Blättern über seine Gespräche mit Hitler betreffend den Madagaskar-Plan: Die Vaterland: 8. März 1941, 1. Juni 1942 und 12. und 14. Dezember 1942; New Letter: 2. Mai 1945; Die Nieuwe Orde: 4. Oktober 1945, 16. Januar 1946, 21. Februar 1946, 12. September 1946, 4. Oktober 1946, 18. Oktober 1946, und 13. Dezember 1946; The Star: 12. März 1943; Dagbreek en Sondagnuus: 22. Februar 1948; The Natal Mercury: 17. März 1937, 13. April 1948; Rand Daily Mail: 15. und 30. April 1938 sowie 13. Dezember 1947; The Friend: 23. März 1940.
Pitt-Rivers, G. The world significance of the Russian revolution, Oxford 1920.
Pleyer, Dr. Kleo ›Das Judentum in der kapitalistischen Wirtschaft‹, in: Forschungen zur Judenfrage II, 1937.
Ploeg, J. P. M. van der, Het joodsche vraagstuk. Een maatschappelijk probleem, Nimwegen 1940.
Pohl, Dr. Johannes, Die Religion des Talmud, 2. Auflage, Berlin 1942.
Pohl, Dr. Johannes, Streiflichter aus dem New Yorker jiddischen ›Forwerts‹, Frankfurt 1942.
›Polen erstrebt Massenabwanderung der Juden‹, in: Berliner Börsen-Zeitung vom 22. Dezember 1938.
›Polens Kolonialforderung‹, in: Münchener Neueste Nachrichten vom 5. Februar 1939.
›Polen wünscht an kolonialer Tätigkeit beteiligt zu werden‹, in: Deutsches Nachrichtenbüro vom 7. Dezember 1937.
Pollner, M. J., Emigracja i przewarstwowienie Zydow polskich, Warschau 1939.
›Polnischer Plan zur Finanzierung der jüdischen Auswanderung‹, in: Kattowitzer Zeitung vom 11. Dezember 1938.
›Polnische Minderheiten-Politik. Ministerpräsident Slawoj-Skladkowski über die Judenfrage‹, in: Berliner Tageblatt vom 25. Januar 1938.
Pos, H. J. [red.], Anti-Semitisme en Jodendom. Een bundel studies over een actueel vraagstuk, Arnheim 1939.
Prager, Moshe, Hurban yisrael beeropa, Ayn Harod 5708.

Preziosi, Giovanni, L'internazionale ebraica – Protocolli dei Savi anziani di Sion, Mailand 1921.
Preziosi, Giovanni, Come il giudaismo ha preparato la guerra, Rom 1940.
Preziosi, Giovanni, Giudaismo, Bolscevismo, Plutocrazia, Masoneria, Mailand 1941.
Price, A., ›Refugee Settlement in the Tropics‹, in: Foreign Affairs, Juli 1940.
Het priesterblad (Belgien), Dezember 1934, 77–78, 1940.
Proceedings of the Intergovernmental Committee, Verbatim Record, London 1938.
Pudor, Heinrich, Amerikanische Finanzjuden. Die internationalen verwandtschaftlichen Beziehungen der jüdischen Hochfinanz, Halle 1936.
Pugel, Theodor, Antisemitismus der Welt in Wort und Bild, 1933.
Puymbrouck, H. van, Vlaanderen in de nieuwe wereldorde, Kalmthout 1940.

La Question juive. Étude historique, Lille-Brügge 1883.

Rappoport, Angelo S., Pioneers of the Russian Revolution, London 1918.
Rauschning, Hermann, Gespräche mit Hitler, Zürich-New York 1940.
Reiter, Emil, Der Jude als Weltparasit. Eine historische Skizze von Emil Reiter und Erich Schwarzburg, Frankfurt am Main 1944.
Reinach, Josef Ludwig, Ein pangermanisches Deutschland. Versuch über die Konsequenzen der gegenwärtigen wissenschaftlichen Rassenbetrachtungen für unsere politischen und religiösen Probleme, Berlin 1905.
Reithinger, Anton, ›Das europäische Bevölkerungsproblem‹, in: Europäische Revue, 10 (1935), Heft 9.
Reithinger, Anton, ›Das europäische Agrarproblem‹, in: Europäische Revue, 10 (1934), Heft 8 (Sonderheft ›Der Balkan‹).
Rélink, Karl, Der ›Judenspiegel‹. ›Der Jude nach dem Talmud‹. Aus bekannten Kennern der rabbinischen Literatur wie: de Lamarque. Mit 36 Ill. Von Karl Rélink, Leipzig 1926.
Remann, Eberhard, Die jüdische Sonderrechtsstellung in der Rechtswissenschaft des XVII–XIX. Jahrhunderts, Dissertation Breslau 1943.
Report of the Palestine Royal Commission, Berlin 1937.
Retterspitz, Friedrich, Die Geheimnisse des Judenthums gegen alle Nicht-Juden. Wissenswerthe und sehr interessante Enthüllungen von unschätzbarem Werth und zur Aufklärung und Belehrung für alle Kreise und Schichten der ganzen christlichen Bevölkerung, Nürnberg 1892.
Revue internationale des sociétés secrètes, vierzehntägige Zeitschrift, Paris 1890–1914.
Richthofen, Freiherr Dr. Bolko von, ›Judentum und bolschewistische Kulturpolitik‹, in: Forschungen zur Judenfrage VIII, 1943.
Ridgewell, H. A., The Great Island Madagascar, London 1937.
Rigg, J. M., Select pleas, starrs and other records from the Rolls of the Exchequer of the Jews, London 1901.
Robert, A., Les Protocoles des Sages de Sion, Brüssel 1935.
Roberts, Glyn, The most powerful man in the world, The Life of Sir Henri Deterding, New York 1938.
Rodocanachi, Emmanuel Le, Saint-Siège et les Juifs, Paris 1891.
Roessel, J. van, De duivelse drieëenheid, Soest 1938, erweiterte 2. Auflage 1940.
Rohling, August, Der Talmudjude. Zur Beherzigung für Juden und Christen aller Stände, Münster 1872.
Rohling, August, Die Polemik und das Menschenopfer des Rabbinismus, Paderborn 1883.
Rohling, August, Wat is toch de Talmud? En wat is toch een Talmud-Jood? Iets uit en over de verderfelijke geloofspunten en praktijken van het jodendom. Geheel herzien en verbe-

terd door Maximilien de Lamarque, en door den vertaler vermeerderd met de geboden en verboden van den israëlitischen godsdienst naar Maimonides, Leiden 1889.
Rohr, Johann Friedrich, Palästina, oder historisch-geografische Beschreibung des jüdischen Landes zur Zeit Jesu, zur Beförderung einer anschaulichen Kenntnis der evangelischen Geschichte, Zeitz 1819.
Rosenberg, Alfred, Artikel über die Deportation von Juden nach Madagaskar, in: Völkischer Beobachter, 1. September 1927, 8. Juli 1938, 8. Februar 1939, und 16. Januar 1939. Rosenberg, Alfred, ›Die Judenfrage als Weltproblem‹, in: Weltkampf, 1941, 64–72.
Rosenberg, Alfred, Blut und Ehre. Ein Kampf für deutscheWiedergeburt. Reden und Aufsätze von 1919–1933, München 1934.
Rosenberg, Alfred, Der Bolschewismus als Aktion einer fremden Rasse, 5. Auflage, München 1935.
Rosenberg, Alfred, Der Mythos des 20. Jahrhunderts. Eine Wertung der seelisch-geistigen Gestaltenkämpfe unserer Zeit, München 1938.
Rosenberg, Alfred, Die Protokolle der Weisen von Zion und die jüdische Weltpolitik, 4. Auflage, München 1934.
Rosenberg, Alfred, Protestantische Rompilger. Der Verrat an Luther und der Mythos des 20. Jahrhunderts, München 1937.
Rosenberg, Alfred, Die Spur des Juden im Wandel der Zeiten, 3. Auflage, München 1937.
Rosenberg, Alfred, Unmoral im Talmud, München 1935.
Rosenberg, Alfred, Der staatsfeindliche Zionismus, München 1938.
Roth, Joseph, ›Die katholische Kirche und die Judenfrage‹, in: Forschungen zur Judenfrage 1 V, 1940.
Rougement, Denis de, Een jaar in het Derde Rijk, Amsterdam 1939.
Rougement, Denis de, Les juifs, Paris 1938.
Rottenberg, J., Is jezus de Messias?, Den Haag 1933.
Roussel, Gueydan, ›Die Voraussetzungen der französischen Judenemanzipation‹, in: Weltkampf, 1942, 108–117.
Ruppin, Arthur, Les juifs dans le monde moderne, Paris 1934.
Russillon, Henry, ›Un Petit Continent Madagascar‹, in: Revue Mondiale 1930.
Ruttke, Dr. Falk-Alfred, Archiv für Bevölkerungswissenschaft und Bevölkerungspolitik, 1940.
Ruttke, Dr. Falk-Alfred, Archiv für Rassen- und Gesellschaftsbiologie, 1940.

Sacerdos, März 1934, 77–78.
Schattenfroh, Franz, Britenfaust und Judengeist, Berlin 1940.
Schaub, Edward L., ›J. G. Fichte and Anti-Semitism‹, in: The Philosophical Review 49 (1940) 37–52.
Schepers, Hans-Julius, ›Pripjet-Polesien, Land und Leute‹, in: Zeitschrift für Geopolitik, 19 (1942) 278–287.
Schemann, Ludwig, Paul de Lagarde: Ein Lebens- und Erinnerungsbild, Leipzig 1919.
Schickert, Dr. Klaus, ›Ungarns Judenfrage als wirtschaftliches und geistiges Problem‹, in: Volk im Osten, IV (1943) 41–52.
Schickert, Dr. Klaus, ›Kriegsschauplatz Israel‹, in: Wille und Macht, XI (1943) 7–32.
Schiffmann, K., Lagardes Kulturanschauung, 1938.
Schlichting, Dr. Günther, ›Die Britisch-Israel-Bewegung‹, in: Forschungen zur Judenfrage VI, 1941.
Schmid, Lothar, Paul de Lagardes Kritik an Kirche, Theologie und Christentum, Tübingen 1935.

Schönemann, Dr. Friedrich, ›Der Anglo-Amerikaner und das Judentum‹, in: Weltkampf, 1942.
Schönemann, Dr. Friedrich, ›Das geistige Gesicht Amerikas‹, in: Nationalsozialistische Monatshefte, Oktober 1947, 657–666.
Schönemann, Dr. Friedrich, ›Hintergründe und Tendenzen des USA-Imperialismus‹, in: Volk und Reich, 1942, 697–706.
Schönemann, Dr. Friedrich, Die Vereinigten Staaten von Nordamerika, Berlin 1943.
Schreiber, Die Judenschaft von Frankfurt und ihre Rechte, 1817.
Schwarz, Dieter, Das Weltjudentum. Organisation, Macht und Politik, Berlin 1944.
Schwartz-Bostunitsch, Gregor, Jüdischer Imperialismus, Landsberg am Lech, 1935.
Schwarzburg, Erich, Der jüdische Bolschewismus und die Judäo-Freimaurerei als Urheber des spanischen Bürgerkrieges, Frankfurt am Main 1944.
Schwarzburg, Erich, Der Jude als Weltparasit, 1944.
Schwarzburg, Erich, Die jüdische Kriegshetze in den USA, Frankfurt am Main 1944.
Das Schwarze Korps, Jahrgänge 1935–1945.
Schyrgens, J., ›Les forces secrètes de la révolution‹, in: La Revue catholique des Idées et des Faits, 8. Januar 1932.
Seemann, Horst, Das Weltjudentum. Zitate aus Politik, Kultur und Wirtschaft (vom 1. September 1944 an monatlich erscheinende Zeitschrift).
Seemann, Horst, ›Juden in der Sowjetpresse‹, in: NS-Pressebrief 1941, Nr. 11.
Seemann, Horst, ›Japans Kampf gegen das Weltjudentum. Das Ende der jüdisch-plutokratischen Ausbeutungsmethoden in Ostasien‹, in: Der NSKK-Mann, 10. Januar 1943.
Seifert, Hermann Erich, Der Jude zwischen den Fronten der Russen, der Völker, der Kulturen, Berlin 1941.
Seifert, Hermann Erich, Der Jude an der Ostgrenze, Berlin 1940.
Seifert, Hermann Erich, Palästina: Judenstaat? England als Handlanger des Weltjudentums, Berlin 1939.
Seraphim, Peter-Heinz, Polen und seine Wirtschaft, Königsberg 1937.
Seraphim, Peter-Heinz, Die Wanderungsbewegung des jüdischen Volkes (= Schriften zur Geopolitik, Heft 18), Heidelberg 1940.
Seraphim, Peter-Heinz, Das Judentum im osteuropäischen Raum, Essen 1938.
Seraphim, Peter-Heinz, ›Polen, das Land der großen Unterschiede‹, in: Frankfurter Zeitung vom 30. April 1939.
Seraphim, Peter-Heinz, ›Die Judenfrage im Generalgouvernement als Bevölkerungsproblem‹, in: Die Burg I (1940), Heft 1.
Seraphim, Peter-Heinz, ›Bevölkerungs-und Wirtschaftsprobleme einer europäischen Gesamtlösung der Judenfrage‹, in: Weltkampf (1941) Heft 1/2.
Seton-Watson, Hugh, Osteuropa zwischen den Kriegen 1918–1941, Paderborn 1941.
Sombart, Werner, Die Juden und das Wirtschaftsleben, München 1918.
Sommerfeldt, Josef, Die Judenfrage als Verwaltungsproblem in Südpreußen, 1943.
Sommerfeldt, Josef, ›Die Aufgaben des Referats Judenforschung (Institut für deutsche Ostarbeit)‹, in: Deutsche Forschung im Osten 1 (1941), Heft 7.
Sommerfeldt, Josef, ›Die Juden in den polnischen Sprichwörtern und sprichwörtlichen Redensarten‹, in: Die Burg II (1942) 313–345.
Spaun, Franz von, Politische und literarische Phantasien, ›Germanien‹ 1817, Kap. II.
Stapel, Dr. Wilhelm, ›Die literarische Vorherrschaft der Juden in Deutschland, 1918–1933‹, in: Forschungen zur Judenfrage 1, 1937.
Stapel, Dr. Wilhelm, ›Wilhelm Raabes Meinung über Juden und Christen‹, in: Judentum und Christentum 1940.
Starr, Joshua, ›Italy's Antisemites‹, in: Jewish Social Studies, Vol. 1, 1939.

Stark, Dr. Johannes, jüdische und deutsche Physik, Leipzig 1941.
Stauf von der March, Ottokar, Die Juden im Urteil der Zeiten. Eine Sammlung jüdischer und nicht-jüdischer Urteile, München 1921.
Stoffers, Wilhelm, Juden und Ghetto in der Deutschen Literatur bis zum Ausgang des Weltkrieges, Graz 1939 (Dissertation Nimwegen).
Streicher, Julius, Artikel über Deportation der Juden nach Madagaskar: in Der Stürmer, Jahrgang 16, Nummern 1 und 20 (Januar und Mai 1938).
Strobel, Gustav, Kann ein Christ Antisemit sein?, 1937.
Strunk, Josef, Zu Juda und Rom. Ihr Ringen um die Weltherrschaft, München 1938.
Szerer, E., ›Istota Emigracjonizmu‹, in: Nowie Zycie, Februar 1939.

Tartakower, Adam, Emigracja zydowska z Polski, Warschau 1933.
Tartakower, Adam, ›Jewish Emigration from Poland in Post-War years‹, in: Jewish Social Service Quaterly, 14 (1940), 272–290.
Teich, Dr. Gerhard, ›Russische Assimilationserfolge in Estland‹, in: Deutsche Arbeit. Die Volkstumspolitische Monatsschrift, 1943, 33–44.
Teich, Dr. Gerhard, Völker, Volksgruppen und Volksstämme auf dem ehemaligen Gebiet der UdSSR, Leipzig 1942.
Tharaud, Jérôme, Quand Israel est roi, Paris 1921.
Thüring, Dr. Bruno, ›Einsteins Umsturzversuch der Physik und seine inneren Möglichkeiten und Ursachen‹, in: Forschungen zur Judenfrage IV, 1940.
Touzet, André, Le Problème Colonial et la Paix du Monde, Paris 1937.
Treitschke, Heinrich von, ›Unsere Aussichten‹, ›Die jüdische Einwanderung in Deutschland‹, ›Die jüdische Einwanderung in Preussen‹, in: Preussische Jahrbücher, Jahrgang 1879, 1881 und 1883.
Troll, C., Deutsche Kolonialprobleme, Berlin 1937.
Trzeciak, Stanislaw, Program Swiatowej Polityki Zydowskiej. Konspiracja i Dekonspiracja, Warschau 1936.
Trzeciak, Stanislaw, Kwestja Zydowska, Warschau 1934.

Utikal, Gerhard, Der jüdische Ritualmord, 11. Auflage 1941.

Vecht, C. F. Ph. D. van der, Israël. Daniëls laatste wereldrijk. De Angel-Saksische volken voortzetting van Israël?, Den Haag 1946.
Velders, Ds. W. J. J., Over joden en jodengenooten, Wageningen 1929.
Vermeylen, A., De wandelende jood, 1906.
Verordnungsblatt des Generalgouverneurs für die besetzten Polnischen Gebiete 1, 20. April 1940.
Verschaeve, C., Judas, 6. Auflage, Brügge 1936.
Verschür, Freiherr Dr. Otmar von, ›Was kann der Historiker, der Genealoge und der Statistiker zur Erforschung des biologischen Problems der Judenfrage beitragen?‹, in: Forschungen zur Judenfrage II, 1937.
Verschür, Freiherr Dr. Otmar von, ›Rassenbiologie der Juden‹, in: Forschungen zur Judenfrage III, 1938.
Villemain, Pierre, ›Christianisme et ethno-racisme français‹, in: La Question Juive, II, 1943, Nr. 11, 3–24.
Vries de Heekelingen, Prof. Dr. H. de, Het joodsche Volk, Brüssel 1942.
Vries de Heekelingen, Prof. Dr. H. de, De joden in de christelijke samenleving, Wien 1938; Ders., zahlreiche anti-jüdische Broschüren, die viele Auflagen erfuhren: ›Le Fascisme et ses résultats‹, ›Die nationalsozialistische Weltanschauung‹, ›Israël, son passé, son avenir‹,

›L'orgueil juif‹, ›Juifs et Catholiques‹, ›Les Protocoles des Sages de Sion constituent-ils un faux?‹, ›L'antisémitisme italien‹ und ›Le Talmud et le non-Juif. Expertise‹.

Wacogne, Claude, ›Les juifs et Madagascar‹, in: L'Appel, 28. Mai 1942.
Walbaum, Jost (Hg.), Kampf den Seuchen! Deutscher Ärzte-Einsatz im Osten. Die Aufbauarbeit im Gesundheitswesen des Generalgouvernements, Krakau: Buchverlag ›Deutscher Osten‹, 1941.
Wasserman, P., ›Polityka Kolonialna Polski a Problem Emigracji Zydowskiej do Palestyny‹, in: Czas, 26. Oktober 1936.
Wasserman, P., ›Mozliwosci Kolonialne Polski-Odezyt Profesora Hipolita Gliwicy‹, in: Czas, 9. November 1936.
Wasserman, P., ›Przemowienie Ministra Becka‹, in: Czas, 20. Dezember 1936.
Webster, Nesta, The Origines and Progress of the World Revolution, London 1921.
Weinländer, Karl, Die entdeckten Henker und Brandstifter der Welt und ihr 2000jähriges Verschwörungssystem. Der Schlüssel zur Weltgeschichte und Weltpolitik. Aus Geheimarchiven und Bekenntnissen von einem Eingeweihten. Mit vielen Abbildungen, München 1928.
Weisen-Becker, Die Christen und die Juden oder Richterspruch der Vernunft über das Leben, Dichten und Trachten der Juden, Frankfurt am Main 1819.
Welter, L., Het jodendom ontmaskerd als aartsvijand, Teil 1, Kortrijk-Brüssel-Paris 1937.
Weltfront, Die Stimmen zur Judenfrage, Teil 1, Berlin 1935.
Weltkampf, Nr. 1 und 2: Artikel über die Lösung der ›Judenfrage‹ mittels Verbannung aller Juden aus Europa: Rosenberg: 3–6 und 64–72; Grau: 7–15 und 16–21; Wirsing: 22–29; Schickert: 30–42; Seraphim: 43–51; Gross: 52–63.
Wiebe, Dr. Karl Friedrich, Deutschland und die Judenfrage, Berlin 1938.
Wiele, Jef van de, antisemitische Artikel in: De Vlag (Organ der Deutsch-Flämischen Arbeitsgemeinschaft, entstanden in den universitären Kreisen in Löwen und Köln), April-Juli 1937.
Wiersma, J. T., F. J. C. Bredschneyder, H. van der Linde, Het Raadsel der joden, Amsterdam 1941.
Winghene, Egon van, Arische Rasse. Christliche Kultur und das Judenproblem. Unter Mitarbeit von A. Tjörn, zweite erweiterte Auflage aus dem Holländischen übersetzt, Erfurt 1931.
Wirsing, Dr. Giselher, The Hundred Families that Rule the Empire, Scotch Plains, Flanders Hall, 1941.
Wirsing, Dr. Giselher, Der maßlose Kontinent. Roosevelts Kampf um die Weltherrschaft, Jena 1942.
Woltmann, Ludwig, Politische Anthropologie, Leipzig 1903.
Wundt, Dr. Max, Der ewige Jude. Ein Versuch über Sinn und Bedeutung des Judentums, München 1933.
Wundt, Dr. Max, ›Nathan der Weise oder Aufklärung und Judentum in der Philosophie‹, in: Forschungen zur Judenfrage II, 1937.
Wundt, Dr. Max, Die Wurzeln der deutschen Philosophie in Stamm und Rasse, Berlin 1944.

Yacoel, Simon, Israël. Réflexions sur la grande guerre et l'avenir des peuples, Saloniki 1921.
The Yellow Spot. The outlawing of half a million human beings: a collection of facts and documents relating to three years' persecution of German Jews, derived chiefly from National Socialist sources, very carefully assembled by a group of investigators, with an introduction by the bishop of Durham, London 1936.
You, A., Madagascar, Histoire, Organisation, Colonisation, 1905.

Zaderecki, Tadeusz, Talmud w Ogniu Wieków, Warschau 1936.
Zechlin, Walter, Diplomatie und Diplomaten, Stuttgart/Berlin 1935.
Ziegler, Ignaz, Das magische Judentum. Eine Studie zu Oswald Spenglers ›Der Untergang des Abendlandes‹, Leipzig 1923.
Zieminski, J. L., Problem emigracji zydowskiej, Warschau 1937.
Zirus, Werner, Ahasverus. Der ewige Jude, Berlin 1930.
Zoppola, Guiseppe, Imperialismo spirituale e imperialismo materiale, Venedig 1928.
Zschaeck, Fritz, ›Die Judenfrage in der genealogischen Literatur‹, in: Weltkampf (1942) 162–167.
Zschaeck, Fritz, ›Der deutsche Judenvertreibungsplan von 1516‹, in: Weltkampf (1943), 1–18.
Zuckerkandl, Viktor, Die Weltgemeinschaft der Juden, Zürich, 1936.
Zuncke, Walter, Die Judenpolitik der fränkisch-deutschen Könige und Kaiser bis zum Interregnum, Dissertation Jena 1941.
Zwart Front (Niederlande), Jahrgang 1937.

2. Memoiren, Tagebücher und Briefe

Abetz, Otto, Das offene Problem. Ein Rückblick auf zwei Jahrzehnte deutscher Frankreichpolitik. Mit einer Einführung von Ernst Achenbach, Köln 1951.
Annet, Armand, Aux heures troublées de l'Afrique française, Paris 1952.

Calic, E., Hitler sans masque. Entretiens Hitler-Breiting, Stock, Paris 1969.
Cianfarra, C. M., The Vatican and the War, New York 1944.
Ciano, Galeazzo, Tagebücher 1937/38, Hamburg 1949.
Czerniakov, Adam, Warschauer Ghetto, Das Tagebuch des Adam Czerniakov 1939–1942.

Das Diensttagebuch des deutschen Generalgouverneurs in Polen (Hans Frank),1939–1943, Stuttgart 1975.
Dirksen, Herbert von, Moskau, Tokio, London. Erinnerungen und Betrachtungen zu 20 Jahren deutscher Außenpolitik 1919–1939, Stuttgart 1949.
Drieu la Rochelle, Pierre, Journal 1939–1945, présenté et annoté par Julien Hervier, Paris 1992.

[Eichmann, Adolf], Ich, Adolf Eichmann: Ein historischer Zeugenbericht, hg. von Rudolf Aschenauer, Augsburg 1980.
Engel, Gerhard, Heeresadjutant bei Hitler 1938–1943. Aufzeichnungen des Majors Engel. Herausgegeben und kommentiert von Hildegard von Kotze, Stuttgart 1974.

François-Poncet, André, Als Botschafter in Berlin 1931–1938, Berlin und Mainz 1962.
François-Poncet, André, Als Botschafter im ›Dritten Reich‹. Die Erinnerungen des französischen Botschafters in Berlin, September 1931 bis Oktober 1938, Mainz 1980.

Goebbels, Joseph, Tagebücher 1945. Die letzten Aufzeichnungen, Hamburg 1977
Günther, Hans F. K., Mon témoignage sur Adolf Hitler, 1980.

[Hassel, Ulrich von], The Ulrich von Hassel Diaries, New York 1947.
Hentig, Werner Otto von, Mein Leben eine Dienstreise, Göttingen 1963.

Herwarth, Hans von, Zwischen Hitler und Stalin. Erlebte Zeitgeschichte 1931–1945, Frankfurt/Berlin/Wien 1982.
Hilger, Gustav, Wir und der Kreml. Deutsch-sowjetische Beziehungen 1918–1941. Erinnerungen eines deutschen Diplomaten, Frankfurt/Bonn 1964.
Hindenburg, Herbert von, Am Rande zweier Jahrhunderte. Momentbilder aus einem Diplomatenleben, Berlin 1938.
Hitlers politisches Testament. Die Bormann-Diktate vom Februar und April 1945, Hamburg 1981.

Jadrzejewicz, W., Jozef Lipski, Diplomat in Berlin, 1933–1939, New York 1968.

Kersten, Felix, Heinrich Himmler, Hamburg 1952.
Klemperer, Victor, Ich will Zeugnis ablegen bis zum letzten. Tagebücher 1933–1945, Berlin 1995.
Krause, Karl Wilhelm, Zehn Jahre Kammerdiener bei Hitler, Hamburg, o. J.

Pätzold, Kurt, und Erika Schwarz, Tagesordnung: Judenmord. Die Wannsee-Konferenz am 20. Januar 1942. Eine Dokumentation zur Organisation der ›Endlösung‹, Berlin 1992.
Präg, Werner, und Wolfgang Jacobmeyer, Das Diensttagebuch des deutschen Generalgouverneurs in Polen (Hans Frank) 1939–1945, Stuttgart 1975.

Rauschning, Hermann, Hitler m'a dit, Paris 1939.
Ribbentrop, Joachim von, Zwischen London und Moskau. Erinnerungen und letzte Aufzeichnungen. Aus dem Nachlaß herausgegeben von Annelies von Ribbentrop, Leoni am Starnberger See 1953.
Ringelbaum, Emanuel, Notes from the Warsaw Ghetto, 1958.
Riesser, Hans E., Von Versailles zur UNO. Aus den Erinnerungen eines Diplomaten, Bonn 1962.
Rosen, Friedrich, Aus einem diplomatischen Wanderleben. Aus dem Nachlaß herausgegeben von Herbert Müller-Werth, Wiesbaden 1959.

Schacht, Hjalmar, 76 Jahre meines Lebens, 1955.
Schacht, Hjalmar, My first seventy-six Years: the Autobiography of Hjalmar Schacht, London 1955.
Schlesinger, Moritz, Erinnerungen eines Außenseiters im diplomatischen Dienst. Aus dem Nachlaß herausgegeben und eingeleitet von Hubert Schneider, Köln 1977.
Schmidt, Paul Otto, Statist auf diplomatischer Bühne 1923–1945. Erlebnisse des Chefdolmetschers im Auswärtigen Amt mit den Staatsmännern Europas, Bonn 1950.
Seraphim, Hans-Günther, Das politische Tagebuch Alfred Rosenbergs 1934–1935 und 1939–1940, München 1964.
Speer, Albert, Erinnerungen, Frankfurt/Berlin 1969.

Tartakover, Aryeh, ›Shedlekhe spekulasyes‹, in: Yidisher kemfer, 29. November 1940.
Thyssen, Fritz, I paid Hitler, New York, 1941.
Turner, H. A., Hitler, Memoires of a Confident, Yale University Press, New Haven/London 1985.

Warburg, Max M., Aus meinen Aufzeichnungen, 1952.
Weizmann, Chaim, Memoiren. Das Werden des Staates Israel, 1953.
Wellers, Georges, De Drancy à Auschwitz, Paris 1946.

Wellers, Georges, Un Juif sous Vichy, Paris 1991.
Wischnitzer, Mark, ›Jewish Emigration from Germany, 1933–1938‹, in: Jewish Social Studies 2 (1940) 23–44.

Zechlin, Walter, Fröhliche Lebensfahrt. Diplomatische Erinnerungen, Stuttgart/Berlin 1936.
Zeidman, Dr., Togbuch fun varshever geto, Buenos Aires 1947.

3. Publikationen nach 1945

Akten der Reichskanzlei Regierung Hitler, 1933–1938, Boppard am Rhein 1983, Teil 1.
Akten zur deutschen auswärtigen Politik 1918–1945, Serie C, D und E, Baden-Baden 1950–1956, Frankfurt am Main 1961–1964, Bonn 1965 und Göttingen 1969–1979.
Actes et documents du Saint-Siège relatifs à la Seconde Guerre Mondiale, hg. P. Blet, R. Graham, A. Martini, B. Schneider, Rom 1965–1975, 9 Bände.

Bärbel, Dusik, Hitler: Reden, Schriften, Anordnungen, Band 1: Februar 1925–Juni 1926; Band II/1: Juli 1926–Juli 1927; Band II/2: August 1927; Mai 1928, München 1992.
Baynes, N. H., Hitler's Speeches 1922–1939 (2 Bände), Oxford University Press, 1942.
Beck, Jozef, Final Report, 1926–1939, New York 1957.
Bibliographie zum Antisemitismus. Die Bestände der Bibliothek des Zentrums für Antisemitismusforschung der Technischen Universität Berlin, herausgegeben von Herbert A. Strauss, bearbeitet von Lydia Bressem (Katalog) und Antje Gerlach (Sachregister), Teil 1 (A-G), Teil 2 (H-P), Teil 3 (Q-Z), Teil 4 (Sachregister), München 1989/1993.

Comité d'histoire de la Deuxième Guerre mondiale, Paris: Le document sur Madagascar dans: Questions juives. Mesures antisémites.

Daim, Wilfried, Der Mann, der Hitler die Ideen gab. Die sektiererischen Grundlagen des Nationalsozialismus, Wien 1985.
Der großdeutsche Freiheitskampf. Reden Adolf Hitlers, München 1941, Band 1.
Die jüdische Emigration aus Deutschland 1933–1941. Die Geschichte einer Austreibung (Dokumente), Frankfurt am Main, 1985.
Documents on German Foreign Policy, Serie D, Vol. IV.
Documents on the Holocaust. Selected Sources on the Destruction of the Jews of Germany and Austria, Poland and the Soviet Union, edited by Yiyzhak Arad, Yisrael Gutman, Abrahm Margaliot, Jerusalem 1980.
Documents relatifs aux relations extérieures des États-Unis.
Dokumente der deutschen Politik und Geschichte, 4 Teile. Nationalsozialistische Diktatur, 1933–1938, Teil 1, Berlin o. J.
Domarus, Max (Hg.), Hitler, Reden und Proklamationen 1932–1945. Kommentiert von einem deutschen Zeitgenossen, 2 Bände, Wiesbaden 1973.
Das Dritte Reich und die Juden. Dokumente und Aufsätze, Berlin 1955.

Elissar, E. Ben, La Diplomatie du IIIe Reich et les Juifs 1933–1939, Paris 1968.
Encyclopedia of the Holocaust, Israel Gutman (hg.), Vol. I, II, III und IV, London 1990.

Foreign Relations of the United States, 1938. Vol. I, Washington 1955.

Hanfstängel, Ernst, 15 Jahre mit Hitler, München 1980.
Hillgruber, Andreas (Red.), Staatsmänner und Diplomaten bei Hitler, Bände I und II, München 1970.
Hitler, Adolf, Zweites Buch. Ein Dokument aus dem Jahr 1928, eingeleitet und kommentiert von Gerhard L. Weinberg, Stuttgart 1961.
Hitler, Reden, Schriften, Anordnungen, Februar 1925 bis Januar 1933, Band I: Die Wiedergründung der NSDAP, Band II: Vom Weimarer Parteitag bis zur Reichstagswahl, Teil 1: Juli 1926–Juli 1927, Teil 2: August 1927–Mai 1928, München 1992.
Hofer, Walther, Der Nationalsozialismus: Dokumente 1933–1945, Frankfurt am Main, 1957.

Jäckel, Eberhard, und Alex Kuhn, Adolf Hitler: Sämtliche Aufzeichnungen 1905–1924, Stuttgart 1980.
Jacobsen, Hans-Adolf, und Werner Jochmann (Hg.), Ausgewählte Dokumente zur Geschichte des Nationalsozialismus 1933–1945, Bielefeld 1961–1966.
Jochmann, Werner (Hg.), Adolf Hitler. Monologe im Führerhauptquartier 1941–1944. Die Aufzeichnungen Heinrich Heims, Hamburg 1980.

Kerekes, L., Allianz Hitler-Horthy-Mussolini, Budapest 1966.
Kotze, H. von, und H. Krausnick, Es spricht der Führer. Sieben exemplarische Hitler-Reden, Gütersloh 1966.
Krausnik, Helmut, ›Denkschrift Himmlers über die Behandlung der Fremdvölkischen im Osten (Mai 1940)‹, in: Vierteljahreshefte für Zeitgeschichte 5 (1957) 194–198.
Kuchenbäcker, ›Bodenordnung im Generalgouvernement‹, in: Najnowszen Dzieje Polski 8 (1965) 112–138.

Lang, Jochen von (Hg.), Das Eichmann-Protokoll. Tonbandaufzeichnungen der israelischen Verhöre. Mit 66 faksimilierten Dokumenten, Berlin 1982.

Maser, Werner, Hitlers Briefe und Notizen. Sein Weltbild in handschriftlichen Dokumenten, Düsseldorf 1988.
Materialy zrodlowe do historii polskiego ruchu ludowego 3, Warschau 1966.
Melzer, Emmanuel, ›Hadiplo atiyah Hapolanit Ube'ayat Ha-hagirah Ha-yehudit Bashanim 1935–1939‹, in: Gal-ed 1 (1973), 211–249 (polnischer Madagaskar-Plan).
Melzer, Emmanuel, ›Yahadut polin ba-maavak ha-medini al kiuma be-shot 1935–1939‹, in: Gal-ed 3 (1975), 127–154 (polnischer Madagaskar-Plan).
Michaelis, Herbert, und Ernst Schraepler, Das Dritte Reich. Die Zertrümmerung und die Grundlegung der Diktatur. Dokumentensammlung, Berlin o. J.
Mommsen, Hans, ›Dokumentation: Der nationalsozialistische Polizeistaat und die Judenverfolgung vor 1938‹, in: Vierteljahreshefte für Zeitgeschichte, 10 (1962) 68–87.
Morley, John F., Vatican Diplomacy and the Jews during the Holocaust, 1939–1943, New York 1980.

Nazi Conspiracy and Aggression, 8 Bände, Washington 1946.
Noakes, J., Pridham G., Nazism. A History in Documents and eyewitness accounts, 1919–1945, Vol. II, New York 1988.

Pawel, Korzec, ›Documents on the Jewish Problem in Poland on the Eve of World War II‹, in: Michael, Tel Aviv, 6 (1980) 115–148.
Picker, Henry, Hitlers Tischgespräche im Führerhauptquartier 1941–1942, herausgegeben von P. E. Schramm, Berlin 1989.

Poliakov, Léon, und Josef Wulf, Das Dritte Reich und seine Diener. Dokumente, Berlin 1956.
Prozeß gegen die Hauptkriegsverbrecher vor dem Internationalen Militärgerichtshof Nürnberg, 14. November 1945 – 1. Oktober 1946, 42 Bände, Nürnberg 1947–1949.

Ritter, Gerhard, Hitlers Tischgespräche im Führerhauptquartier, 1941–1942, Bonn 1951.
Rotkirchen, Livia, The Destruction of Slovik Jewry: A Documentary History, Jerusalem 1961.

Schmidt, Hitler's Interpreter, New York 1951.

Topographie des Terrors. Gestapo, SS und Reichssicherheitshauptamt auf dem ›Prinz-Albrecht-Gelände‹. Eine Dokumentation. 8. Auflage, Berlin 1991.
Trevor-Roper, H. R., Hitler's Table Talk 1941–1944, London 1953.

Verfolgung, Vertreibung, Vernichtung. Dokumente des faschistischen Antisemitismus 1933–1942, Leipzig 1983.
Vogel, Rolf, Ein Stempel hat gefehlt. Dokumente zur Emigration deutscher Juden, München 1977 (Dokumente 163–179: Madagaskar-Pläne).

Wagner, G., Lagevorträge des Oberbefehlshabers der Kriegsmarine vor Hitler, 1939–1945, München 1972.
Wetzel, A., ›Stellungnahme und Gedanken zum Generalplan Ost‹, in: Vierteljahresheft für Zeitgeschichte, Juli 1958, 297–324.
Wildt, Michael, Die Judenpolitik des SD 1935 bis 1938, 1996.
Woodward, E. L., und Rohan Butler, Documents on British Foreign Policy, 1919–1939, Serie 2, Teil 5, 1933, London 1956.

II. Sekundärliteratur

Abitbol, Michel, From Crémieux to Pétain: Antisemitism in Colonial Algeria, 1870–1940, Jerusalem: Shazar, 1988.
Abramsky, Chimen, The Jews in Poland, New York 1986.
Adam, Uwe Dietrich, Judenpolitik im Dritten Reich, Düsseldorf 1972.
Adler-Rudel, S., ›Das Auswanderungsproblem im Jahre 1938‹, in: Bulletin des Leo Baeck Instituts, 10 (1967) 159–215.
Adler-Rudel, S., ›The Evian Conference‹, in: Year Book XIII of the Leo Baeck Institute, 1968, 235–273.
Alcuinus, ›Interrogationes et responsiones in Genesis‹, in: PL 100.
L'Allemagne nazie et le Genocide juif, Paris 1985 (Symposiums-Beiträge).
Allier, Raoul, Une énigme troublante: la race nègre et la malédiction de Cham, 1930.
Aly, Götz, und Susanne Heim, Vordenker der Vernichtung. Auschwitz und die deutschen Pläne für eine neue europäische Ordnung, Hamburg 1991.
Aly, Götz, ›Endlösung‹. Völkerverschiebung und der Mord an den europäischen Juden, Frankfurt am Main 1995.
Arad, Yitzak, ›Alfred Rosenberg and the Final Solution in the Occupied Sovjet Territories‹, in: Yad Vashem Studies, XIII (1979) 263–286.
Arendt, Hannah, Eichmann in Jerusalem. A Report on the Banality of Evil, London 1963.

Aronsfeld, C. C., ›The Britons‹, in: The Wiener Library Bulletin, XX (1966) 24–31.
Aronson, Shlomo, ›Hitlers Judenpolitik, die Alliierten und die Juden‹. In: Vierteljahreshefte für Zeitgeschichte, 1984, 29–65.
Auerbach, Rena R. (Hg.), The Jewish Question in German-Speaking Countries, 1849–1914, New York 1994.
Augustinus, ›De civitate Dei‹, in: PL 16.
Avineri, Shlomo, The Making of Modern Zionism. The Intellectual Origins of the Jewish State, New York 1980.

Banister, J., England in the Hell of the Jew, London 1907.
Bankier, David, The Germans and the Final Solution. Public Opinion under Nazism, Oxford 1992.
Bankier, David, ›Hitler and the Policymaking Process on the Jewish Question‹, in: Holocaust and Genocide Studies 3 (1988).
Barkai, Abraham, The Nazi Economy: Ideology, Theory, Policy, Tel Aviv 1986.
Barkai, Abraham, Vom Boykott zur ›Entjudung‹. Der wirtschaftliche Existenzkampf der Juden im Dritten Reich, 1933–1943, Frankfurt am Main 1987.
Barkai, Abraham, ›Hjalmar Schacht‹, in: Encyclopedia of the Holocaust, Vol. 41, London 1990.
Barnouw, David, Rost van Tonningen. Fout tot het bittere einde, Amsterdam 1994.
Bauer Yehuda, From Diplomacy to Resistance. A History of Jewish Palestine, 1939–1945, Philadelphia 1970.
Bauer, Yehuda, My Brother's Keeper. A History of the American Joint Distribution Committee, Philadelphia 1974.
Bauer, Yehuda, Jewish Reactions to the Holocaust, Tel Aviv 1989.
Bauer, Yehuda, Jews for Sale? Nazi-Jewish Negotiations, 1933–1945, London 1994.
Becker, J., und A. Hillgruber, Die deutsche Frage im 19. und 20. Jahrhundert, München 1983.
Beda, ›In Pentateuchum commentarii‹, in: PL 91.
Benewick, R. J., Political Violence and Public Order, London 1969.
Benewick, R. J., The Fascist Movement, London 1972.
Bennett, Marion T., American Immigration Policies: A History, Washington, 1963.
Benz, Wolfgang, Die Juden in Deutschland 1933–1945. Leben unter nationalsozialistischer Herrschaft, München 1988.
Berding, Helmut, Histoire de l'antisémitisme en Allemagne, Paris 1991.
Bergler, Siegfried, »Erlösung dem Erlöser«: Richard Wagner zwischen Antisemitismus und Anti-Judaismus‹, in: Judaica 48 (1992) 165–176.
Billig, Joseph, La Solution finale de la question juive, Paris 1977.
Birnbaum, Pierre, ›La France aux Français‹: histoire des haines nationalistes, Paris 1993.
Birnbaum, Pierre, Un Mythe politique: ›La République juive‹. De Léon Blum à Pierre Mendès-France, Paris 1988.
Birnbaum, Pierre, Histoire politique des juifs de France, Paris 1990.
Birnbaum, Pierre, Les Fous de la République. Histoire politique des Juifs d'État, de Gambetta à Vichy, Paris 1992.
Blum, L., L'Oeuvre de Léon Blum 1937–1940, Paris 1981.
Blume, H., A history of antisemitic groups in England 1918–1940, Dissertation an der University of Sussex 1971 (unveröffentlicht).
Blumental, N., »Zur Genesis der ›Endlösung der Judenfrage‹« in: Essays über Naziverbrechen. Simon Wiesenthal gewidmet, Amsterdam 1973, 20–58.

Boer, Pim den, Europese cultuur. Geschiedenis van een bewustwording, Nimwegen 1989.
Bonnet, Jean-Charles, Les pouvoirs publics français et l'immigration dans l'entre-deux-guerres, Lyon 1976.
Bonnet, Georges, Fin d'une Europe, Vol. II: De Munich à la guerre, Paris 1967.
Borst, Arno, Der Turm von Babel. Geschichte der Meinungen über Ursprung und Vielfalt der Sprachen und Völker, Stuttgart 1957–1963.
Bortchagovski, Alexandre, l'Holocauste inachevi. Ou comment Staline tenta d'éliminer les Juifs d'URSS, 1995.
Bracher, Karl Dietrich, La dictature allemande, Toulouse 1986.
Breitman, Richard, The Architect of Genocide. Himmler and the Final Solution, New York 1991.
Briant, Joseph, l'Hébreu à Madagascar, 1930.
Brincken, A. D. van den, Kartografische Quellen. Welt-, See- und Regionalkarten, Turnhout 1988.
Broszat, Martin, Hitler und die Genesis der »Endlösung«: aus Anlaß der Thesen von David Irving, in: Vierteljahreshefte für Zeitgeschichte 25 (1977) 739–775.
Broszat, Martin, Hitler and the Genesis of the »Final Solution«: An assessment of David Irving's Thesis, in: Yad Vashem Studies 13 (1979), 73–125 (85–102: Madagaskar-Plan).
Broszat, Martin, The Hitler State: The Foundation and Development of the International Structure of the Third Reich, London 1981.
Browning, C. R. ›Nazi Resettlement Policy and the Search for a Solution to the Jewish Question, 1939–1941‹, in: German Studies Review, 3 (1986) 492–519.
Browning, C. R., The Final Solution and the German Foreign Office. A Study of Referat D 3 of Abteilung Deutschland, 1940–1943, New York 1978.
Browning, C. R., ›Referat Deutschland. Jewish Policy and the German Foreign Office, 1933–1940‹, in: Yad Vashem Studies, XII (1978) 25–54.
Browning, C. R., ›La décision concernant la solution finale‹, in: L'Allemagne nazie et le génocide juif (Colloque de l'école des hautes études en sciences sociales), Paris 1985, 190–217.
Browning, C. R., ›L'origine de la solution finale: du contexte militaire et politique à la prise de décision (1939–1941)‹, in: François Bidarida, La politique nazie d'extermination, Paris 1985, 156–177.
Browning, C. R., ›Madagascar Plan‹, in: Israel Gutman, Encyclopedia of the Holocaust, Vol. 3, London 1990, 935–937.
Browning, C. R., Fateful Months: Essays on the Emergence of the Final Solution, New York 1985, überarbeitete Ausgabe 1991, 8–38.
Browning, C. R., The Path to Genocide. Essays on Launching the Final Solution, Cambridge 1992.
Browning, C. R., Des hommes ordinaires. Le 101e bataillon de réserve de la police allemande et la solution finale en Pologne, Paris 1994.
Bullock, Alan, Hitler und Stalin. Parallelle Leben, Berlin 1991.
Burrin, Philippe, Hitler und die Juden, Frankfurt 1993.
Burrin, Philippe, Het onstaan van een volkerenmoord, Amsterdam 1991.

Les Cahiers de la Shoah, sous la direction d'André Kaspi. Conférences et séminaires sur l'histoire de la Shoah, Université de Paris I, 1993–1994, Liana levi, 1994.
Les Cahiers de la Shoah, sous la direction d'André Kaspi. Conférences et séminaires sur l'histoire de la Shoah, Université de Paris I, 1994–1995, Liana levi, 1995.

Carr, William, Hitler. A Study in Personality and Politics, London 1978.
Cohn, Norman, Warrant for Genocide. The Myth of the Jewish World-conspiracy and the Protocols of the Elders of Zion, Chicago 1981.
Cross, Clin, The Fascists in Britain, New York 1963.

Davis, David Brion, Slavery and Human Progress, New York 1984.
Dawidowicz, Lucy, The War against the Jews 1933–1945, Penguin Books 1975.
Destombes, M., Mappemondes AD 1200–1800, Amsterdam, 1964.
Dorès, La Beauté de Cham, Paris 1992.
Dorpalen, Andreas, Heinrich von Treitschke, New Haven, 1957.
Döscher, Hans-Jürgen, SS und Auswärtiges Amt im Dritten Reich. Diplomatie im Schatten der ›Endlösung‹, Frankfurt am Main 1991.
Dunk, H. W. von der, Voorbij de verboden drempel. De Shoah in ons geschiedbeeld, Amsterdam 1990.

Edelheit, Abraham J., und Herschel Edelheit, History of the Holocaust. A Handbook and Dictionary, Oxford 1994.
Eldan, Israel, ›The main Features of the Jewish Condition in Léon Blum's biography‹, in: Yalkut Moreshet (Hebräisch), Nr. 40.
Emiot, J., Der Birobidzhaner Inyen, 1960.
Encyclopedia of the Holocaust [Hg. Israel Gutman], Vol. 1, 2, 3 und 4, London 1990. Information zum Madagaskarplan: 366, 427, 490–491, 571, 573, 657, 910–911, 935–937, 1161, 1218, 1239.
Engel, David, ›The Polish Government in Exile and the Deportation of Polish Jews from France in 1942‹, in: Yad Vashem Studies, 1983, Vol. XV, 91–123.
Engelmann, Hans, Kirche am Abgrund. Adolf Stoecker und seine anti-jüdische Bewegung. Studien zu jüdischem Volk und christlicher Gemeinde, Band 5, Berlin 1984.
Ergang, Robert R., Herder and the Foundations of German Nationalism, New York 1966.
Erb, Rainer, und Werner Bergmann, Die Nachtseite der Judenemanzipation. Der Widerstand gegen die Integration der Juden in Deutschland 1780–1860, Berlin 1989.
Esh, Shaul, ›Between Discrimination and Extermination: The Fateful Year Of 1938‹, in: From Hatred to Extermination, Jerusalem 1959.

Fabre, Henri, ›Le mirage des lieux saints‹ (1933–1945), in: Ders., L'Eglise catholique face au fascisme et au nazisme. Les outrages à la vérité, Brüssel 1994, 61–74.
Fabre, Henri, L'Eglise catholique face au fascisme et au nazisme. Les outrages à la vérité, Brüssel 1994.
Feilchenfeld, W., Dolf Michaelis und Ludwig Pinner, Haavara-Transfer nach Palestina und Einwanderung deutscher Juden 1933–1939, Tübingen 1972.
Feingold, H. L., The Politics of Rescue: The Roosevelt Administration and the Holocaust, 1938–1945, New Brunswick, N. J., 1970.
Fest, Joachim, Hitler. Eine Biographie, I u. II, 1979.
Fest, Joachim, Das Gesicht des Dritten Reiches, München 1963.
Fischer, Karl, ›Das Paulus- und Lutherbild Lagardes‹, in: ZZ II (1933), 78–93.
Fischer, Albert, Hjalmar Schacht und Deutschlands ›Judenfrage‹. Der ›Wirtschaftsdiktator‹ und die Vertreibung der Juden aus der deutschen Wirtschaft, Köln/Wien 1995.
Fleming, Gerald, Hitler und die Endlösung, 1982.
Fleming, Gerald, Hitler and the Final Solution, London 1984.
Friedländer, Saul, ›From Anti-Semitism to Extermination: A Historiographical Study of

Nazi Politics toward the jews and an Essay in Interpretation‹, in: Yad Vashem Studies, 1984, Vol. X-Vl, 1–50.
Friedländer, Saul, ›La spécifité des crimes nazis: débats et réinterprétations‹, in: François Bédarida, La politique nazie d'extermination, Paris 1989, 313–320.
Friedländer, Saul, ›De l'antisémitisme à l'extermination. Esquisse historiographique et essai d'interprétation‹, in: L'Allemagne nazie et le génocide juif. Colloque de l'école des hautes études en sciences sociales, Paris 1985, 13–39.
Friedländer, Saul, ›Introduction‹, in: Gerald Fleming, Hitler and the Final Solution, London 1984, VII-XXXIII.
Friedman, Philip ›The Lublin Reservation and the Madagascar Plan: Two aspects of Nazi Jewish Policy during the Second World War‹, in: YIVO Annual of Jewish Social Studies, 7 (1953) 151–177.
Friedman, Philip, ›The Lublin Reservation and the Madagascar Plan: two aspects of Nazi jewish Policy during the Second World War‹, in: Studies in Modern Jewish Social History, sous la direction de Joshua A. Fishman, New York 1972, 165–196.
Friedman, Philip, ›The Lublin Reservation and the Madagascar Plan: Two aspects of Nazi Jewish Policy during the Second World War‹, in: Roads to Extinction: Essays on the Holocaust, edited by A. J. Friedman, 34–58, Philadelphia 1980.

Gardijn, Willem du, ›Ahasverus in Duitsland. Oosteuropese joden en modern antisemitisme (1881–1923)‹, in: Utrechtse historische cahiers 12 (1991) Nr. 2.
Gelber, Yoav, ›Hamediniut Hatzionit Veheskem Haha'avrah‹. In: Yalkut Moreshet, Nr. 18, 1974, 23–100.
Genschel, Helmut, Die Verdrängung der Juden aus der Wirtschaft im Dritten Reich, Göttingen 1966.
Gheel Gildemeester, Francis von, ›Joodse samenzwering‹ (Serie), in: Kerkbode (Den Haag) vom 29. April 1921, 6., 13. und 20. Mai 1921.
Gilbert, Martin, The Holocaust. The Jewish Tragedy, London 1986.
Gilbert, Martin, Auschwitz and the Allies. How the Allies responded to the news of Hitler's Final Solution, London 1981.
Gilbert, Martin, Exile and Return. The Emergence of Jewish Statehood, London 1978.
Giordano, Ralph, Wenn Hitler den Krieg gewonnen hätte. Die Pläne der Nazis nach dem Endsieg, Hamburg 1989.
Goldhagen, Daniel Jonah, Hitlers willige Vollstrecker. Ganz gewöhnliche Deutsche und der Holocaust, Berlin 1996.
Gorman, Robert M., ›Racial Antisemitism in England: The Legacy of Arnold Leese‹, in: The Wiener Library Bulletin, XXX (1977), New Series, Nr. 41/42, 65–74.
Gordon, Sarah, Hitler, Germans, and the ›Jewish Question‹, Princeton 1984.
Goshen, Seev, ›Eichmann und die Nisko-Aktion‹, in: Vierteljahreshefte für Zeitgeschichte, 27 (1981) 74–96.
Graml, Hermann, Der 9. November 1938, ›Reichskristallnacht‹. Antisemitismus und Judenverfolgung im Dritten Reich, München 1988.
Graml, Hermann, ›Die Auswanderung der Juden aus Deutschland zwischen 1933 und 1939‹, in: Gutachten des Instituts für Zeitgeschichte, München, 1958, 79–85.
Graml, Hermann, Die Jüdische Emigration aus Deutschland 1933–1941. Die Geschichte einer Austreibung, Frankfurt am Main 1985.
Gribetz, Judah, The Timetables of Jewish History. A Chronologv of the most important people and events in Jewish History, New York 1993.
Groshen, Seev, ›Eichmann und die Nisko-Aktion im Oktober 1939‹. In: Vierteljahreshefte für Zeitgeschichte, 1981, 74–96.

Grossman, Kurt R., ›Zionist and Non-Zionist under Nazi Rule in the 1930's‹, in: Herzl Year Book, 4 (1961–1962) 329–344.
Gruber, Helmut, Léon Blum, French Socialism and the Popular Front. A case of internatio-nal Contradictions, Cornell Studies in International Affairs, 1986.
Grynberg, Anne, ›Du plan Madagascar à l'opération Barbarossa‹, in: Ders., La Shoah l'impossible oubli, Paris 1995.
Gutman, Yisrael, The Jews of Poland between two World Wars, London 1989.

Haffner, Sebastian, Anmerkungen zu Hitler, München 1978.
Hagemann, Jürgen, Die Presselenkung im Dritten Reich, Bonn 1970.
Hall, Richard, Great Zimbabwe, 1905.
Haller, Jozef, Pamientniki, London 1964.
Hartog, L. J., Hoe ontstond de jodenmoord? Hitler, Amerika en de Endlösung, Den Haag 1994.
Hay, D., Europe. The Emergence of an Idea, Edinburgh 1957.
Hayes, P. ›The contribution of British intellectuals to fascism‹, in: K. Lunn und R. Thurlow, British Fascism, London 1990, 168–186.
Heller, Celia S., On the Edge of Destruction. Jews of Poland between the two World Wars, New York 1980.
Heiber, Helmut, ›Der Fall Grynszpan‹, in: Vierteljahreshefte für Zeitgeschichte, 5 (1957), 134–172.
Herzberg, Abel J., Kroniek van de jodenvervolging 1940–1945, Amsterdam 1978.
Hertzberg, Arthur, The French Enlightenment and the Jews, New York 1968.
Heydecker, J. J., und J. Leeb, Opmars naar de galg. Het proces van Neurenberg, Amsterdam 1984.
Hilberg, Raul, Die Vernichtung der europäischen Juden, Band I, II, III, München 1990.
Hildebrand, Klaus, Vom Reich zum Weltreich, Hitler, NSDAP und Koloniale Frage 1919–1945, München 1969.
Hildebrand, Klaus, Deutsche Außenpolitik 1933–1945, Kalkül oder Dogma?, Stuttgart 1971.
Hilberg, Raul, The Destruction of the European Jews, Chicago 1961.
Hilberg, Raul, Perpetrators, victims, bystanders: the Jewish catastrophe, 1933–1945, New York 1992.
Hillgruber, Andreas, Hitlers Strategie. Politik und Kriegsführung 1940–1941, Frankfurt am Main 1965.
Hillgruber, Andreas, Staatsmänner und Diplomaten bei Hitler, Bände I und II, München 1970.
Hillgruber, Andreas, ›Die ideologisch-dogmatische Grundlage der national-sozialistischen Politik der Ausrottung der Juden in den besetzten Gebieten der Sowjetunion und ihre Durchführung 1941–1944‹, in: German Studies Review 2, 1979.
Hofer, Walther, ›Stufen der Judenverfolgung im Dritten Reich‹, in: Herbert A. Strauss und Norbert Kampe, Antisemitismus. Von der Judenfeindschaft zum Holocaust, Bonn 1984,172–186.
Holmes, C., Anti-Semitism in British Society 1876–1939, London 1979.
Hoving, Th. P. F., ›The Bury St. Edmunds Cross‹, in: The Metropolitan Museum of Art Bulletin, 1964, 317–340 (mit 36 Abbildungen).
Hrabanus Maurus, Commentarii in Genesis I, 14. De Clericorum institutione III, 3, PL CVII.

Irving, David, Hitlers Krieg, München 1983.

Isidorus von Sevilla, ›Etymologiae‹, in: PL 82, 325–341 und 495–512.
Israel, Lohamei Herut, Writings, Vol. I und II, Tel Aviv 1959/1961.

Jäckel, E., und F. Rohwer, Der Mord an den Juden im Zweiten Weltkrieg, DVA, Stuttgart 1985.
Jäckel, E., Hitlers Herrschaft. Vollzug einer Weltanschauung, DVA, Stuttgart 1988.
Jäckel, E., Hitlers Weltanschauung. Entwurf einer Herrschaft, erweiterte und überarbeitete Neuausgabe, DVA, Stuttgart 1991.
Jedruszczak, Taddeusz, Pilsudezycy bez Pilsudskiego – Powstanie Obozu Zjednoczenia Narodowego w 1937, Warschau 1963.
Jewish Black Committee, The Black Book: The Nazi Crime Against the Jewish People, New York 1946.
Jong, L. de, Het Koninkrijk der Nederlanden in de Tweede Wereldoorlog, Band 1: Voorspel, Den Haag 1969.
Jong, Dr. L. de, Het Koninkrijk der Nederlanden in de Tweede Wereldoorlog, Band 5, 2. Teilband, März 1941–Juli 1941, Den Haag 1974.
Die jüdische Emigration aus Deutschland 1933–1941. Die Geschichte einer Austreibung, Eine Ausstellung der Deutschen Bibliothek, Frankfurt am Main, 1985.

Kaltenbrunner, Gerd-Klaus, ›Houston Stewart Chamberlains germanischer Mythos‹, in: Politische Studien, 175 (1967) 568–583.
Kampmann, Wanda, Deutsche und Juden. Die Geschichte der Juden in Deutschland. Vom Mittelalter bis zum Beginn des Ersten Weltkrieges, Frankfurt am Main 1979.
Katz, Jacob, From prejudice to destruction. Anti-Semitism, 1700–1933, Cambridge 1980.
Katz, S., The Holocaust in Historical Context, Vol. 1, Oxford 1994.
Katz, S., ›Public Opinion in Western Europe and the Evian Conference of July 1938‹, in: Yad Vashem Studies, 9 (1973) 105–132.
Kempner, Robert M. W., Eichmann und Komplizen, Zürich 1961.
Kershaw, Ian, The ›Hitler Myth‹. Image and Reality in the Third Reich, Oxford 1987.
Kershaw, Ian, The Nazi Dictatorship, Problems and Perspectives of Interpretation, London 1989.
Klarsfeld, Serge, Vichy-Auschwitz. Die Zusammenarbeit der deutschen und französischen Behörden bei der ›Endlösung der Judenfrage‹ in Frankreich, Nördlingen 1989.
Korman, Gerd, Hunter and Hunted. Human History of the Holocaust, New York 1973.
Kosmin, B. A., ›Colonial Careers for Marginal Fascists – A Portrait of Hamilton Beamish‹, in: Wiener Library Bulletin, Vol. 27, Nr. 30/31 (1973/4), 16–23.
Krausnick, Helmut, ›Denkschrift Himmlers über die Behandlung der Fremdvölkischen im Osten (Mai 1940)‹, in: Vierteljahrshefte für Zeitgeschichte 5 (1957) 194–198.
Krausnick, Helmut, Anatomy of the SS State, London 1968.
Kulka, Otto Dov, ›Major Trends and Tendencies in German Historiography on National Socialism and the ›Jewish Question‹, 1924–1984‹, in: Leo Baeck Institute Yearbook 30, 1985.

Laarhoven, Jan van, Europa in de Bijbel. Kanttekeningen bij een middeleeuws concept, Nimwegen 1991.
Laarhoven, Jan van, De beeldtaal van de christelijke kunst. Geschiedenis van de iconografie, Nimwegen 1992.
Lacouture, Jean, Léon Blum, Paris 1977.
Lakowski, Richard, ›Apartheid auf Deutsch‹, in: Deutsche Kolonialismus-Materialien zur Hundertjahrfeier 1984, Gesellschaft für entwicklungs-politische Bildungsarbeit, Hamburg 1983.

Lanting, Frans, Gerard Durell, Alison Jolly, John Malk, Madagascar: een wereld verdwaald in de tijd, Amsterdam 1990.
Laqueur, Walter, Histoire du sionisme, Bände I und II, Paris 1973.
Lebzelter, G., ›Henry Hamilton Beamish and the Britons. Champions of anti-Semitism‹, in: K. Lunn and R. C. Thurlow, British Fascism. Essays on the Radical Right in interwar Britain, London 1980, 41–56.
Leibovici, Solange, »›Ontsmetting! Schoonmaak!‹ Céline en Drieu La Rochelle«, in: Bulletin 23 (1994) 61–68.
Leenders, Mary, Ongenode gasten. Van traditioneel asielrecht naar immigratiebeleid, 1815–1938, Utrecht 1993.
Levin, Nora, The Holocaust. The Destruction of European Jewry 1933–1945, New York 1978.
Lewis, Bernard, Race et esclavage au Proche-Orient, Paris 1993.
Lichtheim, Richard, Die Geschichte des deutschen Zionismus, Jerusalem, 1954.
Lifton, Jay Robert, The Nazi Doctors, London 1986.
Linde, Jan M. v.d., Over Noach met zijn zonen. De Cham-ideologie en de leugens tegen Cham tot vandaag, Leiden 1993.
Lougee, Robert W., Paul de Lagarde 1827–1891. A study of Radical Conservatism in Germany, Cambridge, 1962.
Low, A., Jews in the Eyes of the Germans. From the Enlightenment to Imperial Germany, Philadelphia 1979.
Lunn, K., und R. Thurlow, British Fascism, London 1980.
Luther, Martin, WA 24, 26 und 42.
Lvavi, J., Ha-Hityashevet ha-Yehudit be-Birobidzhan, Jerusalem 1965.

Macdougall, H. A., Racial Myth in English History, Montreal 1982.
›Madagascar‹, in: Encyclopaedia Universales, Corpus 14, Paris 1992, 212–229 (mit nahezu vollständiger Literaturliste).
Marcus, Ernst, ›The German Foreign Office and the Palestine Question in the Period 1933–1939‹, in: Yad Vashem Studies, 2 (1958) 179–204.
Marrus, Michael und Robert Paxton, Vichy et les Juifs, Paris 1981.
Marrus, Michael, The Unwanted, New York 1985.
Marrus, Michael, The Holocaust in History, Hannover 1987.
Mason, Tim, ›Intention and Explanation: A Current Controversy about the Interpretation of National Socialism‹, in: The Führer State: Myth and Reality. Studies on the Structure and Politics of the Third Reich, [Hg. Gerhard Hirschfeld und Lothar Kettenacker], Stuttgart 1981.
Messing, Paul W., Rehearsal for Destruction: A Study of political Anti-Semitism in Imperial Germany, New York, 1949.
Mayer, Arno J., Why did the Heavens not darken? The ›Final Solution‹ in History, New York 1990.
Meir, Golda, Mein Leben, Hamburg 1975.
Mendelsohn, Ezra, The Jews of east Central Europe between the World Wars, Bloomington, 1987.
Michielsen, Peter, Het eeuwige Polen. Een biografie van de verandering, Amsterdam 1991.
Michman, J., Met voorbedachten rade. Ideologie en uitvoering van de Endlösung der Judenfrage, Amsterdam 1987.
Miedzianagora, G., ›Un état-mouroir: Madagascar‹, in: Ders., Objectif extermination.
Volonté, résolution et décisions de Hitler, Brüssel 1994, 61–81.

Miller, K., Mappae mundi, Teil VI, Stuttgart 1898.
Millman, Richard, ›Les nationalistes antisémites‹, in: Ders., La Question juive entre les deux guerres. Ligues de droite et antisémitisme en France, Paris 1992.
Minczeles, Henri, Histoiregénérale du Bund. Un mouvement révolutionnaire juif, Paris 1995.
Minerbi, Sergio, The Vatican and Zionism. Conflict in the Holy Land, 1895–1925, Oxford 1990.
Modras, Ronald, The Catholic Church and Antisemitism. Poland, 1933–1939. Harwood Academic Publishers, 1994.
Mommsen, Hans, «Die Realisierung des Utopischen«: Die »Endlösung der Judenfrage« im Dritten Reich‹, in: Geschichte und Gesellschaft 3 (1983) 381–420.
Mommsen, Hans, ›The Realization of the Unthinkable: The »Final Solution« of the Jewish Question in the Third Reich‹, in: The Politics of Genocide: Jews and Soviet Prisoners of War in Nazi Germany, Boston 1986.
Morell, J., The Life and opinions of A. S. Leese. A Study in extreme antisemitism, unpublizierte Prüfungsarbeit, University of Sheffield 1974.
Morell, J., ›Arnold Leese and the Imperial Fascist League: The Impact of Racial Fascism‹, in: Kenneth Lunn und Richard C. Thurlow, British Fascism. Essays on the Radical Right in Inter War Britain, London 1980, 57–75.
Morley, John F., Vatican diplomacy and the jews during the Holocaust 1939–1943, New York 1980.
Morse, Arthur D., While Six Million Died. A Chronicle of American Apathy, New York 1967.
Morse, Arthur D., Terwijl de zes miljoen stierven. Hoe Amerika en Engeland onverschillig bleven en zelfs bewust tegenwerkten bij vele pogingen om het joodse volk te redden van Hitlers Endlösung. Met een voorwoord van Prof. Dr. J. Presser, Ede 1968.
Moser, F., ›Nisko: The First Experiment in Deportation‹, in: Simon Wiesenthal Center Annual 2 (1985) 1–30.
Mosse, G. L., Toward the Final Solution: A History of European Racism, New York 1978.
Mullally, Frederic, Fascism Inside England, London 1946.
Müller, Rolf-Dieter, Hitlers Ostkrieg und die deutsche Siedlungspolitik, Frankfurt am Main 1991.

N'Guessan-Avit, Sokro, La malédiction Cham signifie-t-elle une malédiction des noirs?, 1964.
Nederveen Pieterse, J., Wit over zwart. Beelden van Africa en zwarten in de westerse populaire cultuur, Amsterdam 1990.
Neumann, Franz, Béhémoth, Paris 1987.
New Encyclopedia of Zionism and Israel, hg. von G. Wigoder, zwei Teile, Jerusalem 1994.
Nicault, Catharine, ›L'abandon des juifs avant la Shoah: La France et la conférence d'Evian‹, in: André Kaspi, Les cahiers de la Shoah. Conférence et séminaires sur l'histoire de la Shoah. Université de Paris 1, 1993–1994, Liana Levi 1994, 101–130.
Nicault, Catharine, La France et le sionisme 1897–1948. Une rencontre manquée?, Paris 1992.
Nicosia, Francis R., The Third Reich and the Palestine Question, Austin 1985.
Niewijk, Jews in Weimar Germany, Louisiana State University Press, 1980.

Orenstein, J., Enchained, Tel Aviv 1973.
L'Ougee, William, Léon Blum. The Formative Years, 1872–1914, Illinois University Press, 1973.

Padfield, Peter, Himmler. Reichsführer SS, London 1990.
Padfield, Peter, Hess Flight for the Führer, London 1991.
Parfitt, De verdwenen stad. Het mysterie van de zwarte joden in Afrika, Baarn 1993.
Passelecq, Georges und Bernard Sushecky, L'encyclique cachée de Pie XI. Une occasion manqui de l'église face à l'antisemitisme, Paris 1995.
Pauly, Bruce F., From Prejudice to Persecution. A History of Austrian Antisemitism, London 1992.
Pawel, Ernst, The Labyrinth of Exile. A Life of Theodor Herzl, New York 1989.
Pawel, Korzec, ›Antisemitism in Poland as an Intellectual, Social and Political Movement 1919–1939‹, in: Studies in Polish Jewry [Hg. Joshua Fishman], New York, Yivo Institute for Jewish Research, 1974, 1–104.
La Politique nazie d'extermination, Paris 1989 (Symposiums-Beiträge).
Pendorf, Robert, Mörder und Ermordete. Eichmann und die Judenpolitik des Dritten Reichs, Hamburg 1961.
Penkower, Monty Noam, The Jews were expendable. Free World Diplomacy and the Holocaust, Chicago 1983.
Pfahl-Traugheber, Armin, Der antisemitisch-antifreimaurerische Verschwörungsmythos in der Weimarer Republik und im NS-Staat, Wien 1993.
Phelps, Reginald, ›Hitler als Parteiredner im Jahre 1920‹, in: Vierteljahreshefte für Zeitgeschichte 11 (1963).
Pinsker, Leon, Autoemanzipation. Mahnruf an seine Stammesgenossen von einem russischen Juden, Brünn 1882.
Pobog-Malinowski, Wladsyslaw, Najanowsza historia polityczna Polski, 1864–1945, 2. Auflage, London 1967.
Presser, J., Ondergang. De vervolging en verdelging van het Nederlandse jodendom 1940–1945, Den Haag 1965.
Prinz, Arthur, ›The Role of the Gestapo in Obstructing and Promoting Jewish Emigration‹, in: Yad Vashem Studies 2 (1958) 205–218.
Poliakov, Léon, Harvest of Hate. The Nazi Propaganda for the Destruction of the Jews of Europe, New York 1979.
Prokop-Janiec, Eugenia, und Hanna Volovici, The ›Jewish Question‹ in Polish Culture 1919–1939 (= Teil des Felix Posen Bibliographic Project), Oxford 1994.
Pulzer, P.G.J., The Rise of Political Anti-Semitism in Gemany and Austria, revised edition, London 1988.

Rabinowicz, Harry M., The Legacy of Polish Jewry: A History of Polish Jews in the Inter-War Years 1919–1939, New York 1965.
Read, Anthony, and David Fisher, Kristallnacht. Unleashing the Holocaust, London 1989.
Reitlinger, Gerald, Die Endlösung. Hitlers Versuch der Ausrottung der Juden Europas 1939–1945, Berlin 1956.
Reitlinger, Gerald, Final Solution. The Final Attempt to exterminate the Jews of Europe, 1939–1945, New York 1961.
Ringelbaum, Emmanuel, Notes from the Warschau Ghetto, 1958.
Rinot, M., De Duits-Joodse Hulporganisatie. Zijn ontstaan en strijd, Jerusalem 1972.
Robinson, J., And the Crooked Shall be Made Straight. The Eichmann Trial, the Jewish Catastrophe and Hannah Arendt's Narrative, London 1965.
Roegholt, Richter, Ben Syes. Een biografie, Den Haag 1988.
Rohrbacher, S. und M. Schmidt, ›Ritualmord und Völkermord‹, in: Ders., Judenbilder. Kulturgeschichte, antijüdische Mythen und antisemitische Vorurteile, Hamburg 1991, 355–359.

Rose, Paul Lawrence, Revolutionary Antisemitism in Germany. From Kant to Wagner, New Jersey 1990.
Rosenkranz, Hubert, Verfolgung und Selbstbehauptung. Die Juden in Österreich, 1938–1945, Wien 1978.
Rosenstock, Werner, ›Exodus 1933–1939: A Survey of Jewish Emigration from Germany‹, in: Leo Baeck Institute Year Book 1, 1956, 373–390.
Roskies, David G., ›Jews on the Cross‹, in: Ders., Against the Apocalypse. Responses to Catastrophe in Modern Jewish Culture, Cambridge 1984, 258–310.
Rothkirchen, Livia, The Destruction of Slovak Jewry: A Documentary History, Yad Vashem, Jerusalem 1961.

Safrian, Hans, Die Eichmannmänner, Zürich 1993.
Salemink, Theo, ›De mythe van een joodse samenzwering in katholieke ogen‹, in: Ter Herkenning 17 (1989) 1–15.
Salemink, Theo, ›Taai theologisch antisemitisme‹, Familieblad De Katholieke Illustratie 1867–1968‹, in: Ter Herkenning 21 (1993) 161–178.
Seev, Goschen, ›Eichmann und die Nisko-Aktion im Oktober 1939: Eine Fallstudie zur NS-Judenpolitik in der letzten Etappe vor der »Endlösung«‹, in: Vierteljahreshefte für Zeitgeschichte, 29 (1981) 74–96.
Schlechtermann, Y. B., Fighter and Prophet. The Vladimir Jabotinsky Story, Band I und II, New York/London 1961.
Schleunes, Karl A., The Twisted Road to Auschwitz, Nazi Policy Toward German Jews, 1933–1939, with a new bibliografical essay by the author, 2. Auflage, Chicago 1990.
Schleunes, Karl A., ›Un tortueux itinéraire: Les politiques nazies envers les juifs allemands, 1933–1939‹, in: L'Allemagne nazie et le génocide juif. Colloque de l'école des hautes études en sciences sociales, Paris 1985, 117–134.
Schütte, Hans Walter, Lagarde und Fichte. Die verborgenen spekulativen Voraussetzungen des Christentumsverständnisses Paul de Lagardes, Dissertation Göttingen, Gütersloh 1965.
Schwerin von Krosigk, Es geschah in Deutschland, Tübingen 1951.
Seton-Watson, Hugh, Osteuropa zwischen den Kriegen 1918–1941, Paderborn 1948.
Shafir, Shlomo, ›American Diplomats in Berlin (1933–1939) and their Attitude to the Nazi Persecution of the Jews‹, in: Yad Vashem Studies IX, 1972, 71–104.
Shapiro, Lamed, Le Royaume juif, Paris, Le Seuil 1987.
Sherman, A. J., Island Refuge. Britain and Refugees from the Third Reich 1933–1939, Frank Cass, 1973.
Simpson, A., Hjalmar Schacht in Perspective, Den Haag 1969.
Slawoj-Skladkowski, Felicjan, Nie estatnie slowo oskarzonego, London 1964.
Stein, J. B., ›Great Britain and the Evian Conference of 1938‹, in: Wiener Library Bulletin 29/1, 1976, 40–52.
Stern, F., The Politics of Cultural Despair, Berkeley 1961.
Stern, Fritz, Kulturpessimismus als politische Gefahr, Bern 1963.
Stoop, J. A. A., ›Die vervloeking van Cham in Afrika‹, in: New faces of Africa. Essays in Honour of Ben Marais, Pretoria 1984, 153–164.
Stow, Kenneth R., ›The Expulsion of the Jews‹, in: Ders., Alienated Minority. The Jews of Medieval Latin Europe, London 1992, 281–311.
Strauss, Herbert, ›Jewish emigration from Germany. Nazi politics and Jewish responses‹, Teile I und II, in: Leo Baeck Institute. Year Book, New York, 25 (1980) 313–361.
Strauss, Herbert A., ›Hostages of World Jewry: on the Origins of the Idea of Genocide in German History‹, in: Holocaust and Genocide Studies 1988/2, 125–136.

Studnicki, Wladyslaw, Sprawa polsko-zydowska, Wilna 1936.
Sijes, B. A., ›Het Madagascarplan‹, in: Ders., Studies over jodenvervolging, Assen 1974, 53–60.
Sijes, B. A., ›Die Endlösung der Judenfrage‹, in: Essays über Naziverbrechen. Simon Wiesenthal gewidmet, Amsterdam 1973, 58–88.

Tal, Uriel, Christians and Jews in Germany. Religion, Politics and Ideology in the Second Reich, 1870–1914, London 1975.
Taylor, T., Munich: The Price of Peace, London 1979.
Tennebaum, J., Race and Reich, New York 1963.
Thurlow, R., Fascism in Britain. A History, 1918–1985, Oxford 1987.
Toury, Jacob, ›From Forced Emigration to Expulsion. The Jewish Exodus over the Non-Slavic Borders of the Reich as a Prelude to the »Final Solution«‹, in: Yad Vashem Studies, 1986, Vol. XVII, 51–91.
Toury, Jacob, ›Emanzipation und Judenkolonien in der öffentlichen Meinung Deutschlands (1775–1819)‹, in: Jahrbuch des Instituts für Deutsche Geschichte, XI, 1982, 17–53.
Tucker, W., The Fascist Ego. A Political Biography of Robert Brasillach, Berkeley, University Press of California, 1975.

Vormeier, Barbara, Die Deportierung deutscher und österreichischer Juden aus Frankreich, Paris 1980.

Wagner, Cosima, Tagebücher, Band 3, (11.10.1879).
Wasserstein, B., Britain and the Jews of Europe, 1939–1945, Oxford 1979.
Watt, D. C., ›South African Attempts to Mediate between Britain and Germany 1935–1938‹, in: Studies in International History, London II, 402–440.
Webster, N., Secret Societies and Subversive Movements, London 1928.
Webster, N., World Revolution, London 1919.
Weinberg, Gerhard L., The World in the Balance: Behind the Scenes of World War II, Hannover 1981.
Weinreich, Max, Hitler's Professors. The Part of Scholarship in Germany's Crimes against the Jewish People, New York 1946.
Weisgal, M., The Letters and Papers of Chaim Weizmann, 23 Teile, London/Jerusalem 1968–1985.
Wellers, Georges, L'étoile jaune à l'heure de Vichy, Paris 1973.
Wellers, Georges, De Drancy à Auschwitz, Paris, Editions du Centre 1946.
Wheeler-Bennett, J. W., Munich, Prologue to Tragedy, New York 1948.
Wieviorka, Annette, Déportation et génocide. Entre la mémoire et l'oubli, Paris 1992.
Wijdeveld, G., Augustinus: De stad Gods, Amsterdam 1984.
Winock, Michel, Edouard Drumont et Cie. Antisémitisme et fascisme en France, Paris 1982.
Wischnitzer, Mark, To Dwell in Safety: The Story of Jewish Migration since 1800, Philadelphia 1948.
Wistrich, Robert, Der antisemitische Wahn. Von Hitler bis zum heiligen Krieg gegen Israel, München 1987.
Wodak, Ruth [Hg.], ›Wir sind alle unschuldige Täter‹. Diskurshistorische Studien zum Nachkriegsantisemitismus, Frankfurt am Main 1990.
Wyman, D. S., Paper Walls: America and the Refugee Crisis, Amherst, Mass., 1978.
Wyman, D. S., The Abandonment of the Jews: America and the Holocaust, 1941–1945, New York 1984.
Wynot, Edward D. Jr., ›»A Necessary Cruelty«: The Emergence of Official Anti-Semitism

in Poland, 1936–1939‹, in: The American Historical Review, Vol. 76, Nr. 4, Oktober 1971, 1035–1058.
Wynot, Edward D., ›The Catholic Church and the Polish State, 1935–1939‹, in: Journal of Church and State, 15 (1973) 223–240.

Yahil, Leni, The Holocaust, New York 1990.
Yahil, Leni, ›Madagascar Phantom of a Solution for the Jewish Question‹, in: Bela Vago and George Lachmann Mosse, Jews and non-Jews in Eastern Europe 1918–1945, New York 1974, 315–334.
Yahil, Leni, ›Madagascar Plan‹, in: Encyclopedia Judaica, Teil II, Jerusalem 1974, 678–679.
Yisraeli, D., The Palestine Problem in German Politics, 1889–1945, Ramat Gan, Israel 1974.

Zechlin, Egmont, Die deutsche Politik und die Juden im Ersten Weltkrieg, Göttingen 1969.
Zweig, Ronald W., Britain and Palestine During the Second World War, London 1986.
Zweig, Stefan, Die Welt von gestern, Suhrkamp, Frankfurt am Main 1947.

Summary

The history of the so-called Madagascar plan, as described by Lagarde, Beamish, Van Winghene, Leese, and Gore, has been around since the early 19th century. After having read the publications on the jewish question of the 19th and 20th century, one has to come to the conclusion that the articles by Lagarde, Beamish, Van Winghene, Leese, and Gore are illustrative for the ideas of large groups in the society of that time. The common idea was that it would be better if the jews left Europe to settle elsewhere as colonists, or that they should be banned from Europe and be dumped in a desolate place. But in contrast to others, the authors mentioned above appointed Madagascar as the future destination of the jews of Europe (the world), while in dozens of publications that appeared, mainly in Germany, from the end of the 18th century, other territories outside Europe were suggested.

At the end of january 1937, the French Minister of Colonies, Moutet, announced that his government considered the possibility of offering Madagascar to jewish colonists to settle down. There is no doubt, that the French government had the recent developments in Germany in mind. The French government had taken the lead in offering a colonial haven to jews, persecuted by the national-socialists. However, the French government did not want to confine to jews who were persecuted in various countries of Europe because of their religion and/or race. For the success of a large colonial project like this, the following items needed to be met with: a largely planned and decisive organisation (foundation), that had access to enough means and could guarantee the practicability of the project; a thorough research on possible areas and a careful choice of colonists, in order to avoid sending the people back who were not suitable for the work. The French government was, eventually, prepared to support the project financially, if the conditions mentioned above were dealt with. The minister strongly emphasized that one should not have any illusions about the emigration of thousands of jews to the French colonies. As the Zionism showed, the means lacked for such an emigration, and also the climate on these islands made such an exodus of emigrants impossible. Furthermore, a massive exodus of jews would cause too many political problems.

On December 11th 1938 the Polish government forwarded a financial plan to support the Madagascar project: the emigration of the jews should be financed by foreign credits, that would be repaid in later instalments by extra export from Poland. This extra export was interpreted by the government as »a sacrifice the Polish people should make to clear the country from the Jews«. At the same time it would be of great importance for the Polish balance of trade to find a colony overseas where jews from Poland could settle, until then Poland had to import all raw materials against expensive foreign currencies, as it did not possess colonies itself. The profit would be dual: when the Jews had left the population issue would be under control and the trade gap would lessen considerably. This financial aid plan of December 11th 1938 encountered so much resistance with the Sejm, the political parties, and the people, that it was soon mothballed. Half a year later, on April 4th 1939, the Polish government forwarded a new financial aid plan, according to which only the Jewish people had to sacrifice, instead of the Polish people.

The detailed documentation about the German Madagascar plan clearly shows that in a period of almost 3 1/2 years, i.e. from summer 1938 till autumn 1941, not only Göring, Himmler, Heydrich, Eichmann, Rosenberg, von Ribbentrop, Schacht, Goebbels and Frank, but also Hitler himself had seriously considered forcing the jews to emigrate to the island of Madagascar. Not only the departments of the Ministry of Domestic Affairs and of the RHSA were involved, but also sections of other ministries. Furthermore it should be noted that Hitler and his closest co-workers did not abandon the Madagascar plan due to disappointing political developments. They continued to hope that the time would come that they could execute this large scale emigration plan. Last but not least, the documents show clearly that Hitler played a leading role in the design, promotion, management, and execution of this plan.

On November 9th 1938 Hitler sent for Göring to discuss the solution of the jewish question. At this discussion the island of Madagascar was also mentioned, as proposed by Hitler to be a possible destination for the European jews. At this meeting Hitler criticized all countries that, as had become evident at the Evian conference, were not prepared to offer shelter to the jews from Germany/Austria, while they, on the other hand, did not do anything else but discredit Germany for sending away its jews. Evian showed that all countries had the same attitude concerning the policy on the Jewish question: exile or not accept them. Hitler said that he would force the other European countries to solve the jewish question by exiling them to the island of Madagascar. It should be noted that between November 9th and 12th 1938 Hitler interrupted not less than three times to make it undoubtedly clear to Göring in which way the Führer thought the Jewish question in Europe could be best solved. On November 9th he sent for Göring to tell him that an international agreement should be reached to exile all European jews to Madagascar, after they had been deprived of all their possessions. On November loth Göring received a letter from Martin Bormann, Hitler's secretary, in which Hitler had put in writing what he had confided to Göring on November 9th about a massive evacuation of all European Jews to the island of Madagascar, after the leaders of the governments had reached a consensus. On November 11th Hitler himself rang Göring to tell him, that he hoped Göring had exactly understood what he had said to him and had put in writing about the solution of the Jewish question. On the meeting of November 12th in Berlin, Göring spoke on behalf of Hitler, when he said that the Führer would eventually attack the foreign countries politically, especially those governments that raised the jewish question. They should agree with Hitler's plan for solving the Jewish question by forcing the jews to emigrate to Madagascar.

On the same day that Göring informed the »Gau«-leaders that Hitler had agreed with the decision made by the authorities on November 12th, concerning the forced emigration of the jews to Madagascar, Hitler approved of the large scale emigration plan by Hjalmar Schacht, President of the German Bank and Minister of Economic Affairs. On December 5th he met Hitler on the Obersalzberg and discussed how he could or could not solve the jewish question. If Hitler wanted to get rid of the jews, he should not listen to Goebbels, who was responsible for the Reichskristallnacht, but to Göring, who wanted to solve the jewish question in a sensible way. Schacht implicated that the solution should not be at the expense of the German economy. Then Schacht proposed an emigration plan: the jews from Germany and Austria – Schacht estimated their number at 600 000 – should be forced to emigrate. Within a period of three to five years every year thirty thousand men between 15 and 45 years old would have to emigrate, soon to be followed by their relatives. As there were 150 000 jews of that age group, after five years the whole jewish population (except for the elderly and sick people) would be removed from Germany. Schacht added that during the 5-year execution of the plan, the German Jews would not be harmed at all and that the 200 000 elderly and sick people who would be allowed to stay in the country until their death, would not be hindered at all. This whole operation would be financed by a loan of 1.5 billion mark (the so-called Fund II). The German Jews would be granted with this loan by the World Jewry. Each emigrant would receive the equivalent of 10 000 mark, that would be sufficient to settle somewhere outside Europe. In Germany the Jews should allocate 1,5 billion (0,25% of property of German Jews as estimated by Schacht) to a fund (the so-called Fund I). This fund should be used for the profit of the export of German ware; the manufacturers would be paid with marks from this fund. The emigrants would not be allowed to take money out of the country, they should buy export articles with the remaining 75% of their property and sell these abroad. In this way the German government would not loose any credits, of which it had a shortage, because of the large scale evacuation of 400 000 people from its country. Schacht told Hitler that it would imply an extra increase of the German export. Schacht considered his plan to be the tool for all the plan that had been circulating among politicians and diplomats for months of emigrating all jews to Madagascar. After Schacht had explained this plan extensively to Hitler in the beginning of December 1938, Hitler approved of it.

In a memorandum at the end of May 1940 Himmler returned to the plan that Hitler and Göring initiated in autumn 1938 and which had been approved of by more than hundred top men in the party and government on November 12th 1938: One should strive for an international agreement to deport all European Jews to the island of Madagascar. Himmler returned to this plan, when Germany had great expectations about the ending of the German-French war. One counted on a fast victory of the German forces and the capitulation of France. Himmler counted on a successful ending of the war and for himself he had decided what the German government should put on the agenda of the peace negotiations. All representatives of the European governments should have to agree with the demand of the German government that France should cede the island of Madagascar to Germany. In that case the jewish question in Europe would be solved at last by evacuating all jews to Madagascar. It is obvious that first all German jews would be evacuated, followed by those from the other countries. Of course, there would be no real international negotiations, on the contrary, Germany would exact agreement from the other countries. Himmler, who hardly ever had an original idea, realised on the fore hand that he could count on Hitler's approval, if he would let him read in between the lines that he would have to use the forthcoming peace negotiations in order to be able to dispose of the island of Madagascar through an international ›discussion‹ with the other european governments. For Hitler had spoken already several times about the urgency of such negotiation in connection with a solution of the jewish question. After having read Himmler's memorandum, the Führer informed him that he completely agreed. Furthermore he asked Himmler to send for Hans Frank, governor-general, from Krakow, to hand over the memorandum in person, so he could read it. Himmler was to tell him that the Führer had agreed. Then Himmler had asked Hitler, whether he agreed that the memorandum was spread among the ›gau‹leaders (Erich Koch, Albert Forster, Arthur Greiser, and Josef Wagner) in East Europe and that Göring would receive a copy. To that question he added, whether he could inform them with an accompanying letter that the Führer himself had approved of the memorandum and had confirmed it. Hitler also approved of this proposal.

On July 2nd 1940 the Ministry of Foreign Affairs published a Madagascar plan, titled »Plan zur Lösung der Judenfrage«, and on July 3rd 1940 »Die Judenfrage im Friedensvertrage«, by Franz Rademacher. It is significant that Rademacher's Madagascar plan of July 3rd was published on the same day that commandos of the Royal Air Force sunk a part of the French fleet at Mers-el-Kébir. Rademacher's notes start with: »The expected near victory over France will allow Germany, and in my opinion will even oblige Germany to solve the jewish question in Europe. The best solution is: all jews out of Europe.« In the peace treaty France should put the island of Madagascar at the disposal of the European jews, by evacuating and compensating the 25 000 French inhabitants. At the same time the remaining 15 000 foreigners (Europeans, Asians, mainly Arabs, Indians, Japanese etc.) should be evacuated. The three and a half million of Madagascans would be allowed to stay. They planned to swap the Madagascans against South African jews. The island would be conferred to Germany as a mandate.

On August 15th 1940 the »Madagaskar-Projekt« was published, that was drawn up by order of Reinhard Heydrich of the Reichssicherheitshauptamt. It was designed by Eichmann, Dannecker, and Rajakowitsch. It was more detailed than the Madagascar plan of the Ministry of Foreign Affairs of July 2nd 1940, which only covered in short the matters connected with the foreign policy, people's rights and propaganda. The »Madagaskar-Projekt« of the RHSA contained 14 type-written pages on the principles of the 'Madagaskar-Projekt', the geography of the island, the constitutional form and division, the organisation of the project and lastly the financing. Four appendixes were added: a large map of Africa, data on the economic importance of the colonies to Germany, data on the execution of the Madagascar plan in Europe and a fragment from Meyers Lexikon of 1939 (designed by Eichmann, Dannecker, and Rajakowitsch). By order of Heydrich two copies of the project were delivered by a messenger to the Ministry of Foreign Affairs. The first one was of course meant for Von Ribbentrop, Minister of Foreign Affairs, the second one was for Rademacher, as he had designed the Madagascar plan some weeks before by order of von Ribbentrop. The cabinet of the minister took care that all involved departments of its ministry received a copy: the Department Germany, the Department Emigration, the Department for Peace Questions, and last but not least the Cultural Political Department of the Ministry. While in Berlin from August 15 1940 till summer 1941 Eichmann was elaborating the Madagascar project in cooperation with representatives from more than fifteen other services, advisors were sent to the occupied or friendly countries to prepare the future large evacuation of all European jews. Hitler had granted Heydrich full authority to find a definite solution (»Endlösung«) to the jewish question. He discussed the plan with the heads of all institutions involved. The Ministry of Foreign Affairs was represented by von Thadden and the Führerkanzlei by Dr. Reischauer. The Vichy government in France was kept informed on the progress of the negotiations by von Thadden. Lischka, Lange, Suhr and others took part in the negotiations as senior officials of several Ministries. At the office of Referat II/112 about twenty meetings were held, in each of which about twenty five representatives of the institutions involved took part.

The execution of the Madagascar project of the RHSA was, however, totally dependent on an agreement with the British government, as for the transportation of millions of jews to the island of Madagascar the sea route should be open and the German government should be able to appeal to the British Royal Navy and the British Royal Merchant Navy. In the months following the victory over France in the summer of 1940, the anger of many German politicians rose against Great Britain, as it appeared to be the only country that stood in the way for a definite German victory and the execution of the Madagascar plan after the peace agreement. When it became apparent that the British government did not want to bend to Hitler and did not want to raise the sea blockade either, and that the war would last longer than expected after the victory over France in the summer of 1940, the departments of the ministries involved just continued to make all administrative and organisational arrangements necessary to take over the colonies in Africa and the transportation of jews to Madagascar. Hitler and his coworkers expected that the moment would come that England would be prepared to capitulate. Then the coordinated plans could be executed to found a »Mittelafrikanischen Ergänzungsraum«, the exile of the European jews to Madagascar and the foundation of a »europäischen Großwirtschaftsraum« under German supervision. After the memorandum of the navy a lot of »Denkschriften« were published by official institutions, in which the composition of a future colonial government in Middle Africa was described in detail as being the storehouse of the large German empire in Europe.

The victory over France induced euphoria on Hitler and his people. They ordered the Ministry of Foreign Affairs and the RHSA to develop a plan and a project (part of a colonial Middle Africa project) to prepare and organise the large scale evacuation of all European Jews to this island. When Hitler was preparing the Barbarossa operation, he was convinced that he also would defeat the Russians soon (in contrast to the generals in the army, air force and navy). At that time he still thought that the time would come that he could ban the jews to this island. He expected that after the fall of the Soviet Union, Great Britain would also soon surrender. But when the Barbarossa-operation took an unexpected turn and it became a real threat that Hitler would be the loser of the war, he decided at the beginning of December 1941, after the United States had declared war, to execute immediately the alternative for the exile of the jews to the Island of Madagascar or to another area overseas. From the beginning he had thought that he might loose the war and therefore he decided in an early phase to destroy all the European jews.

In December 1942 the British government considered seriously to embark Jewish refugees from Europe to the island of Madagascar. Madagascar had been occupied by Great Britain since the beginning of May 1942. The Government had been thoroughly informed on this new destination for European Jews. On the 3rd of April 1943 a journalist from The Times strongly disapproved of the completely sterile policy of the British government with its nice plans to embark the Jewish refugees either to Palestine, or the island of Madagascar, or Brazil or anywhere else. Each plan was even ›nicer‹ than the former one, but no plan was ever executed. On June 25th 1943 Lord Cherwell, Minister of Finances, concluded that the jewish question could be better solved after the war at the international peace talks, by founding two states: a small jewish National Home in Palestine and a huge territory somewhere else in the world, e. g. Eritrea of Tripolitana, as Churchill had proposed more than once, or maybe the island of Madagascar, as the government advised in December 1942. This territory should become, at any rate, a colossal colony of the small National Jewish Home in Palestine. On April 4th 1946 the Foreign Office in London considered to send the jews who survived Auschwitz to the island of Madagascar and therefore its representatives from the consulate had to inquire after real possibilities over there. The British government wanted at any price to prevent jewish refugees going to the Jewish National Home in Palestine.

Abkürzungsverzeichnis

AA	Auswärtiges Amt (Bonn)
ABC	Vereinigung Junger Nationalisten (poln.)
ADAP	Akten zur Deutschen Auswärtigen Politik
AGK	Archivum Glównej Komisji Badania Zbrodni Hitlerowskich w Polsce (Archiv der Zentralkommission zur Untersuchung der Verbrechen Hitlers und seiner Gefolgsleute in Warschau)
AN	Archives Nationales (Paris)
BA	Bundesarchiv (Koblenz)
BA MA	Bundesarchiv - Militärarchiv (Freiburg)
BDC	Berliner Document Center (Berlin)
BGA	David Ben-Gurion Archives (Israel)
CAB	British Cabinet Papers (London)
CDJC	Centre de Documentation Juive Contemporain (Paris)
CZA	Central Zionist Archives (Jerusalem)
DBFP	Documents on British Foreign Office
DGFP	Documents on German Foreign Policy
DNB	Deutsches Nachrichten Büro
Dziennik Narodowy	Organ der Polnischen Nationaldemokraten
Endek	Polnische Nationaldemokratische Partei
Falanga	Vereinigung Polnisch-Nationalistischer Jugendlicher
FGM	Faschismus, Ghetto, Massenmord
FO	Foreign Office (London)
FRUS	Foreign Relations of the United States
GG	Generalgouvernement (Polen)
HICEM	Jüdische Auswanderunghilfsorganisation (Fusion von HIAS: Hebrew Immigrant Aid Society, ICA: Jewish Colonization Association und EMIGDIRECT: Emigrationsdirektorium)
HIJEF	Hilfsverein für jüdische Flüchtlinge im Ausland
IDO	Institut für Deutsche Ostarbeit (Krakau)
IFL	Imperial Fascist League
IFZ	Institut für Zeitgeschichte (München)
IGCR	Intergovernmental Committee for Refugees
IMT	International Military Tribunal
JA	Jewish Agency for Palestine

JDC	American Jewish Joint Distribution Committee
JQR	Jewish Quarterly Review
KPA	Kolonialpolitisches Amt der NSDAP
KTB	Kriegstagebuch von Franz Halder
NA	National Archives (Washington)
NARA	Polnische National-Radikale Jugendorganisation
NG	Nürnberger Dokumente in den National Archives (Washington)
NSDAP	Nationalsozialistische Deutsche Arbeiter-Partei
OKH	Oberkommando des Heeres
ONR	National Radikale Partei
OZN	Polnische Partei der Nationalen Einheit
OWP	Partei für ein Großpolen
PA	Politisches Archiv (Bonn)
PL	Patrolgia Latina
PREM	Prime Minister Papers (London)
PRO	Public Record Office (London)
PRO FO	Public Record Office: Foreign Office
RSHA	Reichssicherheitshauptamt
RV	Reichsvertretung der Juden in Deutschland
SD	Sicherheitsdienst
Sipo	Sicherheitspolizei
SS	Schutzstaffel
VIP	Vierjahresplan
VJHZ	Vierteljahreshefte für Zeitgeschichte
VLAg	Organ der Deutsch-Flämischen Arbeitsgemeinschaft
VNV	Vlaamsch Nationall Verbond
WA	D. Martin Luthers Werke. Kritische Gesamtausgabe, Weimar ab 1883
WJC	World Jewish Congress
YIVO	Yiddish Scientific Institute (New York)
YV	Yad Vashem (Jerusalem)
ZMN	Vereinigung Junger Nationalisten (poln.)
ZVfD	Zionistische Vereinigung für Deutschland

Register